Querverweise innerhalb der einzelnen Artikel. **In eckigen Klammern** [...] stehen Querverweise der Herausgeber; sie stellen den Zusammenhang mit andern Bestimmungen her; verwiesen wird auch auf analoge und weiterführende Vorschriften. Querverweise **in runden Klammern** (...) stammen vom Gesetzgeber; sie bilden Bestandteil des Gesetzestextes.

Verweise auf früheres Recht. Unmittelbar hinter den fettgedruckten Artikelziffern des ZGB stehen [in eckigen Klammern] die einschlägigen Artikel einer früheren Gesetzesfassung.

Anmerkungen als Fussnote (^{1}), *Note oder direkt am Ende eines Artikels. Sie enthalten informative Einzelheiten zum zugehörigen Gesetzestext. Zum Beispiel verweisen sie auf laufende Revisionen, auf andere Erlasse oder auf einzelne Bestimmungen anderer Erlasse. Für revidierte Gesetzesartikel werden in der Regel der Änderungserlass und das Datum des Inkrafttretens angegeben.

Stand der Gesetzgebung. Die Textausgabe entspricht dem Stand der Gesetzgebung am 1. Juli 2006. Hinweise auf laufende Revisionen finden sich im Vorspann der Textausgabe.

Aktualisierung per Internet. Da die Rechtsentwicklung weitergeht, offeriert der Verlag einen unentgeltlichen Update-Service im Internet. Das Update aktualisiert die in der 46. Auflage veröffentlichten Texte. Ausgehend vom Stichtag des 1. Juli 2006 werden die in der Amtlichen Sammlung des Bundesrechts (AS) publizierten Änderungen in kurzen Zeitabständen erfasst. Der Zugriff erfolgt über die **Internet-Adresse**: www.schulthess.com/update/. Mit dem Stichtag der nächsten Auflage beginnt das Update von vorne.

SCHWEIZERISCHES ZIVILGESETZBUCH

Eine Textausgabe
mit vielen Vorteilen

Diese seit 1912 bewährte Textausgabe bietet auch in der 46. Auflage **weit mehr als eine blosse Wiedergabe des Gesetzestextes.** So enthält sie auch:

- Einschlägige **Nebengesetze, Übereinkommen und Verordnungen,** die in den Anhängen abgedruckt und systematisch geordnet sind.

- **Hunderte von hilfreichen Querverweisen.** Eingefügt in den Gesetzestext, stellen sie den Zusammenhang mit jeweils anderen Gesetzesbestimmungen her.

- Ein detailliertes **Inhalts- und Abkürzungsverzeichnis** sowie ein **ausführliches Sachregister,** das den themenbezogenen Zugang zu den Gesetzesbestimmungen erleichtert.

- Nützliche **Hinweise auf bevorstehende Gesetzesänderungen** und viele **Anmerkungen** mit informativen Einzelheiten zum zugehörigen Gesetzestext.

Ein **Update-Service des Verlages** aktualisiert in kurzen Zeitabständen die in der 46. Auflage veröffentlichten Texte. Der unentgeltliche Service ist über Internet abrufbar.

Update-Service:
www.schulthess.com/update

Schweizerisches Zivilgesetzbuch

vom 10. Dezember 1907

Textausgabe

mit Anhängen, Querverweisen, Sachregister
und Anmerkungen

begründet von	fortgesetzt von
Dr. Hugo Oser	**Dr. Dr. h.c. Wilhelm Schönenberger**
a. Bundesrichter	a. Bundesrichter
1863–1930	1898–1985

herausgegeben von

Dr. Dr. h.c. Peter Gauch

Ordentlicher Professor an der
Universität Freiburg
und Ständiger Gastprofessor an der
Universität Luzern

in Zusammenarbeit mit
lic. iur. Daniela Gmünder Perrig
Rechtsanwältin, LL.M.

46. Auflage

Stand: 1. Juli 2006

Schulthess § 2006

Die Deutsche Bibliothek – CIP-Einheitsaufnahme

Alle Rechte, auch die des Nachdrucks von Auszügen, vorbehalten. Jede Verwertung ist ohne Zustimmung des Verlages unzulässig. Dies gilt insbesondere für Vervielfältigungen, Übersetzungen, Mikroverfilmungen und die Einspeicherung und Verarbeitung in elektronische Systeme.

© Schulthess Juristische Medien AG, Zürich · Basel · Genf 2006
Printed in Switzerland
Schulthess Druck AG, Zürich
ISBN 3 7255 5151 0

Vorwort zur 46. Auflage 2006

Die stetige Fortentwicklung der schweizerischen Rechtsordnung macht es erforderlich, die seit 1912 bewährte Textausgabe periodisch nachzuführen. *Die 46. Auflage*, die jetzt vorliegt, entstand wiederum in Zusammenarbeit mit Frau DANIELA GMÜNDER PERRIG, Rechtsanwältin, LL.M., St. Gallen.

Die Neuauflage entspricht dem *Stand der Gesetzgebung am 1. Juli 2006*. Sie berücksichtigt die seit der Vorauflage eingetretenen, vielfältigen Änderungen. Unter anderem beinhaltet sie *die revidierten Bestimmungen zum ZGB und zu verschiedenen Nebenerlassen* (z.B. zur Grundbuchverordnung), die in den Anhängen zum ZGB abgedruckt sind.

Obwohl der 1. Juli 2006 als Stichtag gewählt wurde, ist die Neuauflage auch *zukunftsweisend*. So enthalten die Anhänge zum ZGB auch das Partnerschaftsgesetz, das erst im Januar 2007 in Kraft treten wird. Zusätzlich gibt es einen besonderen Anhang mit wichtigen Hinweisen auf zivilrechtliche Änderungsbestimmungen, die vom Gesetzgeber im Rahmen verschiedener Gesetze beschlossen wurden, am Stichtag aber noch nicht in Kraft getreten sind. Auf die bevorstehenden Änderungen, die sich aus dem beschlossenen Änderungs- und Anpassungsgesetz zum GmbH-, Aktien-, Genossenschafts-, Handelsregister- und Firmenrecht (kurz: «GmbH-Gesetz») ergeben, wird an den betroffenen Stellen des ZGB und des IPR-Gesetzes verwiesen. Künftige Änderungen, die auf dem beschlossenen Partnerschafts-, Bundesgerichts- oder Verwaltungsgerichtsgesetz beruhen, sind bei den einschlägigen Stellen der Textausgabe in eckigen Klammern an- oder auf andere Weise im Wortlaut vorgemerkt.

Auch die 46. Auflage enthält nützliche Hinweise auf die Materialien. Überhaupt bringt sie *weit mehr als eine blosse Wiedergabe des Gesetzestextes*. In den systematisch geordneten Anhängen zum ZGB finden sich zugehörige Nebengesetze, Übereinkommen und Verordnungen. Ein ausführliches Inhaltsverzeichnis und ein stark detailliertes Sachregister erleichtern die Übersicht und den Zugang zu den einschlägigen Stellen. Zahlreiche Querverweise, die in den Text der einzelnen ZGB-Artikel eingefügt sind, stellen über das ZGB hinaus den Zusammenhang mit jeweils anderen Bestimmungen her. Informative Anmerkungen orientieren über laufende Revisionen und wichtige Merkpunkte, die es in der Praxis zu beachten gilt. Aber auch sonst ist die Textausgabe *ganz auf die praktischen Bedürfnisse zuge-*

schnitten, was sich namentlich in der Darstellung und in der Auswahl des Stoffes zeigt.

Frau DANIELA GMÜNDER PERRIG und allen, die bei der Vorbereitung und Drucklegung der 46. Auflage mitgeholfen haben, sage ich herzlichen Dank. Insbesondere danke ich auch den Kolleginnen und Kollegen der Bundesverwaltung, die uns mit wertvollen Auskünften über den oft nur schwer abschätzbaren Gang der Gesetzgebung oder sonstwie zur Seite gestanden sind.

Freiburg, 1. Juli 2006   PETER GAUCH

Erinnerungen

Jede Neuauflage unserer Textausgabe ist ein Ereignis, das mannigfache Erinnerungen weckt. So erinnert sie uns auch an zwei grosse Schweizer Juristen, an Dr. HUGO OSER (1863–1930) und an Dr. WILHELM SCHÖNENBERGER (1898–1985), deren berufliche Leben bemerkenswerte Parallelen aufweisen:

Beide, HUGO OSER und WILHELM SCHÖNENBERGER, gehören zu den bekanntesten Kommentatoren des schweizerischen Obligationenrechts. Beide begannen ihre berufliche Laufbahn als Professoren der Freiburger Rechtsfakultät, wo sie schon in jungen Jahren Privatrecht dozierten. Beide wechselten aus der akademischen Lehrtätigkeit an das Bundesgericht, wo es ihnen jahrelang vergönnt war, die Praxis der Ersten Zivilabteilung mitzugestalten. Und beide haben sich intensiv auch um unsere Textausgabe gekümmert, die sie mit Hingabe, umfassendem Wissen und Tatkraft betreuten.

Begründer der Textausgabe ist HUGO OSER. Er hat die ersten sieben Auflagen herausgegeben. Die erste Auflage erschien 1911/1912, die siebte Auflage im August 1929. Die achte Auflage, die nach dem Tod von HUGO OSER herauskam, enthielt einen unveränderten Nachdruck, was damals noch möglich war. Mit der neunten Auflage (1933) ging die Verantwortung auf WILHELM SCHÖNENBERGER über, der von da an, länger als ein halbes Jahrhundert, die Textausgabe in stetiger Arbeit und mit ausserordentlicher Gewissenhaftigkeit betreute.

Als WILHELM SCHÖNENBERGER im März 1985 verstarb, hinterliess er ein Manuskript zur 36. Auflage, das nach seinem Tod fertiggestellt und 1986 veröffentlicht wurde. Schon längere Zeit vor seinem Tod hatte er Prof. PETER GAUCH gebeten, für die Fortsetzung der Textausgabe besorgt zu sein, was dieser seit der 37. Auflage (1988) tut.

Die Erinnerung erfüllt uns mit Dankbarkeit. Wir danken HUGO OSER und WILHELM SCHÖNENBERGER, aber auch PETER GAUCH und allen andern, namentlich Frau GMÜNDER PERRIG, die zum Fortbestand und Ansehen unserer traditionellen Textausgabe beitragen. Besonderen Dank schulden wir den Juristinnen und Juristen, welche die Textausgabe seit Generationen benützen. Ihre Treue und die Treue unserer Herausgeber gehören zum Schönsten, was wir im Laufe unserer eigenen Verlagsgeschichte erleben durften.

Schulthess Juristische Medien AG

Abkürzungen

aOR	= BG über das Obligationenrecht vom 14. Juni 1881 (ausser Kraft).
Abs.	= Absatz.
AFG	= BG vom 18. März 1994 über die Anlagefonds (Anlagefondsgesetz, AFG) (SR 951.31).
AG	= Aktiengesellschaft.
ANAG	= BG vom 26. März 1931 über Aufenthalt und Niederlassung der Ausländer (SR 142.20).
ArG	= BG vom 13. März 1964 über die Arbeit in Industrie, Gewerbe und Handel (SR 822.11).
Art.	= Artikel.
ARV 1	= V vom 19. Juni 1995 über die Arbeits- und Ruhezeit der berufsmässigen Motorfahrzeugführer und -führerinnen (Chauffeurverordnung, ARV 1) (SR 822.221).
ARV 2	= V vom 6. Mai 1981 über die Arbeits- und Ruhezeit der berufsmässigen Führer von leichten Personentransportfahrzeugen und schweren Personenwagen (ARV 2) (SR 822.222).
AS	= Amtliche Sammlung der Bundesgesetze und Verordnungen.
AVEG	= BG vom 28. September 1956 über die Allgemeinverbindlicherklärung von Gesamtarbeitsverträgen (SR 221.215.311; in vorliegender Textausgabe: Anhang VI A zum OR).
AVG	= BG vom 6. Oktober 1989 über die Arbeitsvermittlung und den Personalverleih (Arbeitsvermittlungsgesetz) (SR 823.11; in vorliegender Textausgabe: Anhang VI B zum OR).
AVIG	= BG vom 25. Juni 1982 über die obligatorische Arbeitslosenversicherung und die Insolvenzentschädigung (Arbeitslosenversicherungsgesetz) (SR 837.0).
BankG	= BG vom 8. November 1934 über die Banken und Sparkassen (SR 952.0).
BB	= Bundesbeschluss.
BBG	= BG vom 13. Dezember 2002 über die Berufsbildung (Berufsbildungsgesetz, BBG) (SR 412.10).
BBl	= Bundesblatt.
BBPG	= BB vom 6. Oktober 1989 über eine Pfandbelastungsgrenze für nichtlandwirtschaftliche Grundstücke (ausser Kraft).
BBSG	= BB vom 6. Oktober 1989 über eine Sperrfrist für die Veräusserung nichtlandwirtschaftlicher Grundstücke und die Veröffentlichung von Eigentumsübertragungen von Grundstücken (ausser Kraft).

Abkürzungen

BBV	= V vom 19. November 2003 über die Berufsbildung (Berufsbildungsverordnung, BBV) (SR 412.101).
BEHG	= BG vom 24. März 1995 über die Börsen und den Effektenhandel (Börsengesetz, BEHG) (SR 954.1; in vorliegender Textausgabe: Anhang VIII zum OR).
BEHV	= V vom 2. Dezember 1996 über die Börsen und den Effektenhandel (Börsenverordnung, BEHV) (SR 954.11).
BEHV-EBK	= V der Eidgenössischen Bankenkommission vom 25. Juni 1997 über die Börsen und den Effektenhandel (Börsenverordnung-EBK, BEHV-EBK) (SR 954.193).
Bem.	= Bemerkung.
Ber. 20	= Bericht vom März 1920 betr. Revision der Titel 24–33 des OR; Beilage zum Entwurf von 1919.
Ber. 23	= Zweiter Bericht vom Dezember 1923 betr. Revision der Titel 24–33 des OR.
betr.	= betreffend.
BewG	= BG vom 16. Dezember 1983 über den Erwerb von Grundstücken durch Personen im Ausland (SR 211.412.41; in vorliegender Textausgabe: Anhang X A zum ZGB).
BewV	= V vom 1. Oktober 1984 über den Erwerb von Grundstücken durch Personen im Ausland (SR 211.412.411; in vorliegender Textausgabe: Anhang X B zum ZGB).
BG	= Bundesgesetz.
BGBB	= BG vom 4. Oktober 1991 über das bäuerliche Bodenrecht (BGBB) (SR 211.412.11; in vorliegender Textausgabe: Anhang IX A zum ZGB).
BGBM	= BG vom 6. Oktober 1995 über den Binnenmarkt (Binnenmarktgesetz, BGBM) (SR 943.02).
BGE	= Amtliche Sammlung der Entscheidungen des Schweizerischen Bundesgerichts.
BGer	= Bundesgericht.
BGFA	= BG vom 23. Juni 2000 über die Freizügigkeit der Anwältinnen und Anwälte (Anwaltsgesetz, BGFA) (SR 935.61; in vorliegender Textausgabe Anhang XIII zum OR).
BGG	= BG vom 17. Juni 2005 über das Bundesgericht (Bundesgerichtsgesetz, BGG) (SR 173.110, AS 2006 S. 1205; in Kraft erst am 1. Januar 2007).
BG/GmbH	= BG vom 16. Dezember 2005 über die Änderung des OR (GmbH-Recht sowie Anpassungen im Aktien-, Genossenschafts-, Handelsregister- und Firmenrecht) (publiziert als Referendumsvorlage in BBl 2005 S. 7289; in vorliegender Textausgabe: Anhang XIV

	zum OR), Inkrafttreten voraussichtlich in der zweiten Hälfte des Jahres 2007.
BG-HAÜ	= BG vom 22. Juni 2001 zum Haager Adoptionsübereinkommen und über Massnahmen zum Schutz des Kindes bei internationalen Adoptionen (BG-HAÜ) (SR 211.221.31; in vorliegender Textausgabe: Anhang V B zum ZGB).
BMM	= BB vom 30. Juni 1972 über Massnahmen gegen Missbräuche im Mietwesen (ausser Kraft).
Botsch.	= Botschaft.
Botsch. 04, 07	= Botschaft des BR vom 28. Mai 1904 zu einem BG, enthaltend das schweizerische ZGB (BBl 1904 IV 1, 1907 VI 367).
Botsch. 05	= Botschaft des BR an die Bundesversammlung (betr. Revision des OR) vom 3. März 1905.
Botsch. 09	= Botschaft des BR an die Bundesversammlung (betr. Revision des OR) vom 1. Juni 1909 (Nachtrag zur Botsch. 05).
Botsch. 28	= Botschaft des BR an die Bundesversammlung vom 21. Februar 1928 über die Revision der Titel 24–33 des OR.
Botsch. 39	= Botschaft des BR an die Bundesversammlung vom 20. Dezember 1939 zur Revision des Bürgschaftsrechts.
BPG	= Bundespersonalgesetz (BPG) vom 24. März 2000 (SR 172.220.1).
BR	= Bundesrat.
BRB	= Bundesratsbeschluss.
BS	= Bereinigte Sammlung der Bundesgesetze und Verordnungen 1848–1947.
Bst.	= Buchstabe.
BüG	= BG vom 29. September 1952 über Erwerb und Verlust des Schweizer Bürgerrechts (SR 141.0).
BV	= Bundesverfassung der Schweizerischen Eidgenossenschaft vom 29. Mai 1874 (SR 101).
BVers	= Bundesversammlung.
BVG	= BG vom 25. Juni 1982 über die berufliche Alters-, Hinterlassenen- und Invalidenvorsorge (BVG) (SR 831.40).
BVV 2	= V vom 18. April 1984 über die berufliche Alters-, Hinterlassenen- und Invalidenvorsorge (BVV 2) (SR 831.441.1).
BZG	= BG vom 4. Oktober 2002 über den Bevölkerungsschutz und den Zivilschutz (Bevölkerungs- und Zivilschutzgesetz, BZG) (SR 520.1).
CIM	= Einheitliche Rechtsvorschriften für den Vertrag über die internationale Eisenbahnbeförderung von Gü-

	tern; im Anhang B zu COTIF (SR 0.742.403.1 und SR 0.742.403.11).
CIV	= Einheitliche Rechtsvorschriften für den Vertrag über die internationale Eisenbahnbeförderung von Personen und Gepäck; im Anhang A zu COTIF (SR 0.742.403.1 und SR 0.742.403.11).
CMR	= Übereinkommen vom 19. Mai 1956 über den Beförderungsvertrag im internationalen Strassengüterverkehr (SR 0.741.611).
COTIF	= Übereinkommen vom 9. Mai 1980 über den internationalen Eisenbahnverkehr (SR 0.742.403.1) mit Protokoll 1990 betreffend die Änderung des Übereinkommens (SR 0.742.403.11).
DesG	= BG vom 5. Oktober 2001 über den Schutz von Design (Designgesetz, DesG) (SR 232.12; in vorliegender Textausgabe: Anhang II F1 zum OR).
DesV	= V vom 8. März 2002 über den Schutz von Design (Designverordnung, DesV) (SR 232.121; in vorliegender Textausgabe: Anhang II F2 zum OR).
DSG	= BG vom 19. Juni 1992 über den Datenschutz (DSG) (SR 235.1; in vorliegender Textausgabe: Anhang XI A zum ZGB).
E 19	= Entwurf eines BG betr. Revision der Titel 24–33 des OR vom Dezember 1919.
E 23	= 2. Entwurf eines BG betr. Revision der Titel 24–33 des OR vom Dezember 1923.
E 28	= Entwurf des BR zu einem BG über die Revision des OR vom 21. Februar 1928.
EG	= Einführungsgesetz.
EGG	= BG vom 12. Juni 1961 über die Erhaltung des bäuerlichen Grundbesitzes (ausser Kraft).
EHG	= BG vom 28. März 1905 über die Haftpflicht der Eisenbahn- und Dampfschiffahrtsunternehmungen und der Schweizerischen Post (SR 221.112.742; in vorliegender Textausgabe: Anhang III A2 zum OR).
EigVV	= V des Bundesgerichts vom 19. Dezember 1910 betreffend die Eintragung der Eigentumsvorbehalte (SR 211.413.1; in vorliegender Textausgabe: Anhang VI A zum ZGB).
EleG	= BG vom 24. Juni 1902 betreffend die elektrischen Schwach- und Starkstromanlagen (Elektrizitätsgesetz, EleG) (SR 734.0).
Entw.	= Entwurf.
Entwurf 1900	= Vorentwurf zu einem schweizerischen ZGB, veröffentlicht 1900.
Entwurf 1904	= Entwurf des BR zum schweizerischen ZGB vom 28. Mai 1904 (BBl 1904 IV 1).

EOG	= BG vom 25. September 1952 über den Erwerbsersatz für Dienstleistende und bei Mutterschaft (Erwerbsersatzgesetz, EOG) (SR 834.1).
Erl.	= Erläuterungen zum Vorentwurf (Entwurf 1900), herausgegeben vom Eidg. Justiz- und Polizeidepartement (1902), 2. Ausgabe, 2 Bände, 1914.
ExpKom.	= Protokoll der Expertenkommission zur Beratung des Zivilgesetzbuches, 2 Bände; zur Beratung des OR, 1908/9.
ExpKom. II	= Protokoll der Expertenkommission betr. Revision der Titel 24–33, herausgegeben 1928.
f./ff.	= folgende Seite(n).
FMedG	= BG vom 18. Dezember 1998 über die medizinisch unterstützte Fortpflanzung (Fortpflanzungsmedizingesetz, FMedG) (SR 814.90; in vorliegender Textausgabe: Anhang V E zum ZGB).
Fn.	= Fussnote.
FusG	= BG vom 3. Oktober 2003 über Fusion, Spaltung, Umwandlung und Vermögensübertragung (Fusionsgesetz, FusG) (SR 221.301; in vorliegender Textausgabe: Anhang IX zum OR).
FZG	= BG vom 17. Dezember 1993 über die Freizügigkeit in der beruflichen Alters-, Hinterlassenen- und Invalidenvorsorge (Freizügigkeitsgesetz, FZG) (SR 831.42; in vorliegender Textausgabe teilweise abgedruckt als Anhang IV A zum ZGB).
GAV	= Gesamtarbeitsverträge.
GBV	= V vom 22. Februar 1910 betreffend das Grundbuch (GBV) (SR 211.432.1; in vorliegender Textausgabe: Anhang VIII zum ZGB).
GeBüV	= V vom 24. April 2002 über die Führung und Aufbewahrung der Geschäftsbücher (Geschäftsbücherverordnung, GeBüV) (SR 221.431; in vorliegender Textausgabe: Anhang VII C zum OR).
GestG	= BG vom 24. März 2000 über den Gerichtsstand in Zivilsachen (Gerichtsstandsgesetz, GestG) (SR 272; in vorliegender Textausgabe: Anhang I B zum ZGB).
GlG	= BG vom 24. März 1995 über die Gleichstellung von Frau und Mann (Gleichstellungsgesetz, GlG) (SR 151.1; in vorliegender Textausgabe: Anhang VI D zum OR).
GmbH	= Gesellschaft mit beschränkter Haftung.
GRV	= V vom 27. September 1910 über das Güterrechtsregister (SR 211.214.51; in vorliegender Textausgabe: Anhang IV B zum ZGB).
GSchG	= BG vom 24. Januar 1991 über den Schutz der Gewässer (Gewässerschutzgesetz, GSchG) (SR 814.20).

Abkürzungen

GTG	= BG vom 21. März 2003 über die Gentechnik im Ausserhumanbereich (Gentechnikgesetz, GTG) (SR 814.91).
HArG	= BG vom 20. März 1981 über die Heimarbeit (Heimarbeitsgesetz) (SR 822.31).
HAÜ	= Übereinkommen vom 29. Mai 1993 über den Schutz von Kindern und die Zusammenarbeit auf dem Gebiet der internationalen Adoption (Haager Adoptionsübereinkommen, HAÜ) (SR 0.211.221.311; in vorliegender Textausgabe: Anhang V A zum ZGB).
HRAG	= BG vom 13. Juni 1941 über das Anstellungsverhältnis der Handelsreisenden (BS 2 S. 776), aufgehoben gemäss Art. 6 SchlB zum 10. Titel des OR (am Schluss des OR).
HRegV	= V vom 7. Juni 1937 über das Handelsregister (SR 221.411; in vorliegender Textausgabe: Anhang VII A zum OR).
i. K.	= in Kraft.
insbes.	= insbesondere.
IPRG	= BG vom 18. Dezember 1987 über das Internationale Privatrecht (SR 291; in vorliegender Textausgabe: Anhang I A zum ZGB).
IVG	= BG vom 19. Juni 1959 über die Invalidenversicherung (SR 831.20).
JSG	= BG vom 20. Juni 1986 über die Jagd und den Schutz wildlebender Säugetiere und Vögel (Jagdgesetz) (SR 922.0).
KG	= BG vom 6. Oktober 1995 über Kartelle und andere Wettbewerbsbeschränkungen (Kartellgesetz, KG) (SR 251; in vorliegender Textausgabe: Anhang II A1 zum OR).
KGTG	= BG vom 20. Juni 2003 über den internationalen Kulturgütertransfer (Kulturgütertransfergesetz, KGTG) (SR 444.1).
KHG	= Kernenergiehaftpflichtgesetz vom 18. März 1983 (SR 732.44).
KIG	= BG vom 5. Oktober 1990 über die Information der Konsumentinnen und Konsumenten (Konsumenteninformationsgesetz) (SR 944.0; in vorliegender Textausgabe: Anhang XII A zum OR).
KKG	= BG vom 23. März 2001 über den Konsumkredit (KKG) (SR 221.214.1; in vorliegender Textausgabe: Anhang XII B1 zum OR).
KVG	= BG vom 18. März 1994 über die Krankenversicherung (KVG) (SR 832.10).
LEG	= BG vom 12. Dezember 1940 über die Entschuldung landwirtschaftlicher Heimwesen (ausser Kraft).

LFG	= BG vom 21. Dezember 1948 über die Luftfahrt (Luftfahrtgesetz) (SR 748.0).
lit.	= litera (Buchstabe).
LPG	= BG vom 4. Oktober 1985 über die landwirtschaftliche Pacht (SR 221.213.2; in vorliegender Textausgabe: Anhang V A zum OR).
LTrV	= V vom 17. August 2005 über den Lufttransport (LTrV) (SR 748.411).
LugÜ	= Übereinkommen vom 16. September 1988 über die gerichtliche Zuständigkeit und die Vollstreckung gerichtlicher Entscheidungen in Zivil- und Handelssachen (SR 0.275.11; in vorliegender Textausgabe: Anhang II B2 zum ZGB).
LVA	= Warschauer Abkommen vom 12. Oktober 1929 zur Vereinheitlichung von Regeln über die Beförderung im internationalen Luftverkehr (mit Zusatzprotokoll) (SR 0.748.410).
LwG	= BG vom 29. April 1998 über die Landwirtschaft (Landwirtschaftsgesetz, LwG) (SR 910.1).
MG	= BG vom 3. Februar 1995 über die Armee und die Militärverwaltung (Militärgesetz, MG) (SR 510.10).
MSchG	= BG vom 28. August 1992 über den Schutz von Marken und Herkunftsangaben (Markenschutzgesetz, MSchG) (SR 232.11; in vorliegender Textausgabe: Anhang II E1 zum OR).
MSchV	= Markenschutzverordnung vom 23. Dezember 1992 (MSchV) (SR 232.111; in vorliegender Textausgabe: Anhang II E2 zum OR).
MVG	= BG vom 19. Juni 1992 über die Militärversicherung (MVG) (SR 833.1).
N	= Note.
NatR	= Nationalrat; siehe auch StenBull.
OG	= BG vom 16. Dezember 1943 über die Organisation der Bundesrechtspflege (SR 173.110). Mit Inkrafttreten des Bundesgerichtsgesetzes (BGG) am 1. Januar 2007 wird das OG aufgehoben.
OR	= BG vom 30. März 1911 betreffend die Ergänzung des Schweizerischen Zivilgesetzbuches (Fünfter Teil: Obligationenrecht) (SR 220).
PartG	= BG vom 18. Juni 2004 über die eingetragene Partnerschaft gleichgeschlechtlicher Paare (Partnerschaftsgesetz, PartG) (SR 211.231; in vorliegender Textausgabe: Anhang IV E zum ZGB); in Kraft erst am 1. Januar 2007.
PatG	= BG vom 25. Juni 1954 über die Erfindungspatente (Patentgesetz, PatG) (SR 232.14).

PauRG	= BG vom 18. Juni 1993 über Pauschalreisen (SR 944.3; in vorliegender Textausgabe: Anhang XII C zum OR).
PAVO	= V vom 19. Oktober 1977 über die Aufnahme von Kindern zur Pflege und zur Adoption (PAVO) (SR 211.222.338; in vorliegender Textausgabe: Anhang V D zum ZGB).
PBV	= V vom 11. Dezember 1978 über die Bekanntgabe von Preisen (Preisbekanntgabeverordnung, PBV) (SR 942.211; in vorliegender Textausgabe: Anhang II D zum OR).
PfG	= Pfandbriefgesetz vom 25. Juni 1930 (SR 211.423.4; in vorliegender Textausgabe: Anhang VII zum ZGB).
PG	= Postgesetz vom 30. April 1997 (PG) (SR 783.0).
POG	= BG vom 30. April 1997 über die Organisation der Postunternehmung des Bundes (Postorganisationsgesetz, POG) (SR 783.1).
PrHG	= BG vom 18. Juni 1993 über die Produktehaftpflicht (Produktehaftpflichtgesetz, PrHG) (SR 221.112.944; in vorliegender Textausgabe: Anhang III B2 zum OR).
Prot.	= Protokoll.
PüG	= Preisüberwachungsgesetz vom 20. Dezember 1985 (SR 942.20; in vorliegender Textausgabe: Anhang II B zum OR).
RAG	= BG vom 16. Dezember 2005 über die Zulassung und Beaufsichtigung der Revisorinnen und Revisoren (Revisionsaufsichtsgesetz, RAG) (publiziert als Referendumsvorlage in BBl 2005 S. 7349), Inkrafttreten voraussichtlich in der zweiten Hälfte des Jahres 2007.
RLG	= BG vom 4. Oktober 1963 über Rohrleitungsanlagen zur Beförderung flüssiger oder gasförmiger Brenn- oder Treibstoffe (Rohrleitungsgesetz, RLG) (SR 746.1).
R-UEK	= Reglement der Übernahmekommission vom 21. Juli 1997 (Reglement-UEK, R-UEK, SR 954.195.2).
SchKG	= BG vom 11. April 1889 über Schuldbetreibung und Konkurs (SR 281.1).
SchKK	= Schuldbetreibungs- und Konkurskammer des Bundesgerichts.
SchlB	= Schlussbestimmungen.
SchlT	= Schlusstitel zum ZGB (Anwendungs- und Einführungsbestimmungen).
Schl- und UeB	= Schluss- und Übergangsbestimmungen.
SR	= Systematische Sammlung des Bundesrechts (erscheint seit 1970).

SSG	= BG vom 23. September 1953 über die Seeschiffahrt unter der Schweizer Flagge (Seeschiffahrtsgesetz) (SR 747.30).
StändeR	= Ständerat; siehe auch StenBull.
StenBull.	= Amtliches stenographisches Bulletin der Bundesversammlung; seit 1967: Amtliches Bulletin der Bundesversammlung (Nationalrat, Ständerat).
StGB	= Schweizerisches Strafgesetzbuch vom 21. Dezember 1937 (SR 311.0).
SVG	= BG vom 19. Dezember 1958 über den Strassenverkehr (SR 741.01; in vorliegender Textausgabe teilweise abgedruckt als Anhang III B1 zum OR).
SVKG	= V vom 12. März 2004 über die Sanktionen bei unzulässigen Wettbewerbsbeschränkungen (KG-Sanktionsverordnung, SVKG) (SR 251.50; in vorliegender Textausgabe: Anhang II A3 zum OR).
TG	= BG vom 4. Oktober 1985 über den Transport im öffentlichen Verkehr (Transportgesetz) (SR 742.40).
TrolleybusG	= BG vom 29. März 1950 über die Trolleybusunternehmungen (SR 744.21).
UeB	= Übergangsbestimmungen.
UEV-UEK	= V der Übernahmekommission vom 21. Juli 1997 über öffentliche Kaufangebote (Übernahmeverordnung-UEK, UEV-UEK) (SR 954.195.1).
USG	= BG vom 7. Oktober 1983 über den Umweltschutz (Umweltschutzgesetz) (SR 814.01).
UVG	= BG vom 20. März 1981 über die Unfallversicherung (SR 832.20).
UWG	= BG vom 19. Dezember 1986 gegen den unlauteren Wettbewerb (SR 241; in vorliegender Textausgabe: Anhang II C zum OR).
V	= Verordnung.
VAdoV	= V vom 29. November 2002 über die Adoptionsvermittlung (VAdoV) (SR 211.221.36; in vorliegender Textausgabe: Anhang V C zum ZGB).
VAG	= BG vom 17. Dezember 2004 betreffend die Aufsicht über Versicherungsunternehmen (Versicherungsaufsichtsgesetz, VAG) (SR 961.01).
VBB	= V vom 4. Oktober 1993 über das bäuerliche Bodenrecht (VBB) (SR 211.412.110; in vorliegender Textausgabe: Anhang IX B zum ZGB).
VDSG	= V vom 14. Juni 1993 zum Bundesgesetz über den Datenschutz (VDSG) (SR 235.11; in vorliegender Textausgabe: Anhang XI B zum ZGB).
VGeK	= V vom 20. Dezember 1937 über den Genossenschaftskonkurs (VGeK) (SR 281.52).

VGG	= BG vom 17. Juni 2005 über das Bundesverwaltungsgericht (Verwaltungsgerichtsgesetz, VGG) (SR 173.32, AS 2006 S. 2197; in Kraft erst am 1. Januar 2007).
vgl.	= vergleiche.
VKKG	= V vom 6. November 2002 zum Konsumkreditgesetz (VKKG) (SR 221.214.11; in vorliegender Textausgabe: Anhang XII B2 zum OR).
VMWG	= V vom 9. Mai 1990 über die Miete und Pacht von Wohn- und Geschäftsräumen (SR 221.213.11; in vorliegender Textausgabe: Anhang V C zum OR).
VoeB	= V vom 11. Dezember 1995 über das öffentliche Beschaffungswesen (VoeB) (SR 172.056.11).
VRA	= V vom 31. Januar 1996 über Rahmenmietverträge und deren Allgemeinverbindlicherklärung (VRA) (SR 221.213.151; in vorliegender Textausgabe: Anhang V E zum OR).
VRV	= V vom 13. November 1962 über die Strassenverkehrsregeln (SR 741.11).
VStrR	= BG vom 22. März 1974 über das Verwaltungsstrafrecht (SR 313.0).
VV	= Vollzugsverordnung, Vollziehungsverordnung.
VVG	= BG vom 2. April 1908 über den Versicherungsvertrag (Versicherungsvertragsgesetz, VVG) (SR 221.229.1; in vorliegender Textausgabe: Anhang III C zum OR).
VVV	= Verkehrsversicherungsverordnung vom 20. November 1959 (SR 741.31).
VZG	= V des Bundesgerichts vom 23. April 1920 über die Zwangsverwertung von Grundstücken (VZG) (SR 281.42).
VZV	= V vom 27. Oktober 1976 über die Zulassung von Personen und Fahrzeugen zum Strassenverkehr (SR 741.51).
z.B.	= zum Beispiel.
ZDG	= BG vom 6. Oktober 1995 über den zivilen Ersatzdienst (Zivildienstgesetz, ZDG) (SR 824.0).
ZertES	= BG vom 19. Dezember 2003 über Zertifizierungsdienste im Bereich der elektronischen Signatur (BG über die elektronische Signatur, ZertES) (SR 943.03).
ZGB	= Schweizerisches Zivilgesetzbuch vom 10. Dezember 1907 (SR 210).
Ziff.	= Ziffer.
ZStV	= V vom 1. Juni 1953 über das Zivilstandswesen (SR 211.112.1; in vorliegender Textausgabe: Anhang III zum ZGB).

XIX

Inhaltsverzeichnis

	Seite
Vorwort	V
Erinnerungen	VII
Abkürzungen	IX
Einleitung	XXXI
Laufende Revisionen	XXXIV
Schweizerisches Zivilgesetzbuch	1
Anhänge zum ZGB (Übersicht S. XXV)	279
Sachregister	1*

Schweizerisches Zivilgesetzbuch

	Art.
Einleitung	1/10

Erster Teil

Das Personenrecht

Erster Titel

Die natürlichen Personen

	Art.
Erster Abschnitt. Das Recht der Persönlichkeit	11/38
Zweiter Abschnitt. Die Beurkundung des Personenstandes	39/51

Zweiter Titel

Die juristischen Personen

	Art.
Erster Abschnitt. Allgemeine Bestimmungen	52/9
Zweiter Abschnitt. Die Vereine	60/79
Dritter Abschnitt. Die Stiftungen	80/89bis

Zweiter Teil

Das Familienrecht

Erste Abteilung

Das Eherecht

Dritter Titel

Die Eheschliessung Art.
Erster Abschnitt. Das Verlöbnis 90/3
Zweiter Abschnitt. Die Ehevoraussetzungen 94/6
Dritter Abschnitt. Vorbereitung der Eheschliessung und
    Trauung 97/103
Vierter Abschnitt. Die Eheungültigkeit 104/110

Vierter Titel

Die Ehescheidung und die Ehetrennung
Erster Abschnitt. Die Scheidungsvoraussetzungen 111/6
Zweiter Abschnitt. Die Ehetrennung 117/8
Dritter Abschnitt. Die Scheidungsfolgen 119/34
Vierter Abschnitt. Das Scheidungsverfahren 135/58

Fünfter Titel

Die Wirkungen der Ehe im allgemeinen 159/80

> Wirkungen der Ehe **alte Fassung ZGB 1907:**
> www.schulthess.com/update/

Sechster Titel

Das Güterrecht der Ehegatten
Erster Abschnitt. Allgemeine Vorschriften 181/95a
Zweiter Abschnitt. Der ordentliche Güterstand der
    Errungenschaftsbeteiligung 196/220
Dritter Abschnitt. Die Gütergemeinschaft 221/46
Vierter Abschnitt. Die Gütertrennung 247/51

> Güterrecht der Ehegatten **alte Fassung ZGB 1907:**
> www.schulthess.com/update/

Zweite Abteilung

Die Verwandtschaft

Siebenter Titel

Die Entstehung des Kindesverhältnisses   Art.
Erster Abschnitt. Allgemeine Bestimmungen 252/54
Zweiter Abschnitt. Die Vaterschaft des Ehemannes 255/59a
Dritter Abschnitt. Anerkennung und Vaterschaftsurteil 260/3
Vierter Abschnitt. Die Adoption 264/69c

Achter Titel

Die Wirkungen des Kindesverhältnisses
Erster Abschnitt. Die Gemeinschaft der Eltern und Kinder 270/5a
Zweiter Abschnitt. Die Unterhaltspflicht der Eltern 276/95
Dritter Abschnitt. Die elterliche Sorge 296/317
Vierter Abschnitt. Das Kindesvermögen 318/27

Neunter Titel

Die Familiengemeinschaft
Erster Abschnitt. Die Unterstützungspflicht 328/30
Zweiter Abschnitt. Die Hausgewalt 331/34bis
Dritter Abschnitt. Das Familienvermögen 335/59

Dritte Abteilung

Die Vormundschaft

Zehnter Titel

Die allgemeine Ordnung der Vormundschaft
Erster Abschnitt. Die vormundschaftlichen Organe 360/67
Zweiter Abschnitt. Die Bevormundungsfälle 368/75
Dritter Abschnitt. Die Zuständigkeit 376/78
Vierter Abschnitt. Die Bestellung des Vormundes 379/91
Fünfter Abschnitt. Die Beistandschaft 392/97
Sechster Abschnitt. Die fürsorgerische Freiheitsentziehung 397a/397f

Elfter Titel

Die Führung der Vormundschaft Art.
Erster Abschnitt. Das Amt des Vormundes 398/416
Zweiter Abschnitt. Das Amt des Beistandes 417/19
Dritter Abschnitt. Die Mitwirkung der vormundschaftlichen Behörden 420/25
Vierter Abschnitt. Die Verantwortlichkeit der vormundschaftlichen Organe 426/30

Zwölfter Titel

Das Ende der Vormundschaft
Erster Abschnitt. Das Ende der Bevormundung 431/40
Zweiter Abschnitt. Das Ende des vormundschaftlichen Amtes . 441/50
Dritter Abschnitt. Die Folgen der Beendigung 451/56

Dritter Teil

Das Erbrecht

Erste Abteilung

Die Erben

Dreizehnter Titel

Die gesetzlichen Erben 457/66

Vierzehnter Titel

Die Verfügungen von Todes wegen
Erster Abschnitt. Die Verfügungsfähigkeit 467/69
Zweiter Abschnitt. Die Verfügungsfreiheit 470/80
Dritter Abschnitt. Die Verfügungsarten 481/97
Vierter Abschnitt. Die Verfügungsformen 498/516
Fünfter Abschnitt. Die Willensvollstrecker 517/18
Sechster Abschnitt. Die Ungültigkeit und Herabsetzung der Verfügungen 519/33
Siebenter Abschnitt. Klagen aus Erbverträgen 534/36

Inhaltsverzeichnis XXIII

Zweite Abteilung

Der Erbgang

Fünfzehnter Titel

Art.

Die Eröffnung des Erbganges 537/50

Sechzehnter Titel

Die Wirkungen des Erbganges
Erster Abschnitt. Die Sicherungsmassregeln 551/59
Zweiter Abschnitt. Der Erwerb der Erbschaft 560/79
Dritter Abschnitt. Das öffentliche Inventar 580/92
Vierter Abschnitt. Die amtliche Liquidation 593/97
Fünfter Abschnitt. Die Erbschaftsklage 598/601

Siebzehnter Titel

Die Teilung der Erbschaft
Erster Abschnitt. Die Gemeinschaft vor der Teilung 602/06
Zweiter Abschnitt. Die Teilungsart 607/19
Dritter Abschnitt. Die Ausgleichung 626/33
Vierter Abschnitt. Abschluss und Wirkung der Teilung 634/40

Vierter Teil

Das Sachenrecht

Erste Abteilung

Das Eigentum

Achtzehnter Titel

Allgemeine Bestimmungen 641/54a

Neunzehnter Titel

Das Grundeigentum
Erster Abschnitt. Gegenstand, Erwerb und Verlust des
    Grundeigentums 655/66
Zweiter Abschnitt. Inhalt und Beschränkungen des Grund-
    eigentums 667/712
Dritter Abschnitt. Das Stockwerkeigentum 712a/712t

Zwanzigster Titel

Das Fahrniseigentum 713/29

Zweite Abteilung

Die beschränkten dinglichen Rechte

Einundzwanzigster Titel

Die Dienstbarkeiten und Grundlasten
Erster Abschnitt. Die Grunddienstbarkeiten 730/44
Zweiter Abschnitt. Nutzniessung und andere Dienstbarkeiten . 745/81
Dritter Abschnitt. Die Grundlasten 782/92

Zweiundzwanzigster Titel

Das Grundpfand
Erster Abschnitt. Allgemeine Bestimmungen 793/823
Zweiter Abschnitt. Die Grundpfandverschreibung 824/41
Dritter Abschnitt. Schuldbrief und Gült 842/74
Vierter Abschnitt. Ausgabe von Anleihenstiteln mit Grundpfandrecht 875/83

Dreiundzwanzigster Titel

Das Fahrnispfand
Erster Abschnitt. Faustpfand und Retentionsrecht 884/98
Zweiter Abschnitt. Das Pfandrecht an Forderungen und andern Rechten 899/906
Dritter Abschnitt. Das Versatzpfand 907/15
Vierter Abschnitt. Pfandbriefe 916/18

Dritte Abteilung

Besitz und Grundbuch

Vierundzwanzigster Titel

Der Besitz 919/41

		Art.
	Fünfundzwanzigster Titel	
Das Grundbuch	....	942/77

Schlusstitel

Anwendungs- und Einführungsbestimmungen

Erster Abschnitt. Die Anwendung bisherigen und neuen Rechts		1/50
Zweiter Abschnitt. Einführungs- und Übergangsbestimmungen		51/61

Anhänge zum ZGB

		Seite
I.	**IPR- und Gerichtsstandsgesetz**	285
	A. Bundesgesetz über das Internationale Privatrecht (IPRG)	286
	B. Bundesgesetz über den Gerichtsstand in Zivilsachen (Gerichtsstandsgesetz, GestG)	338
II.	**Internationale Übereinkommen (A–F), unter Einschluss des Lugano-Übereinkommens (B2)**	351
	A1. Übereinkommen zur Beseitigung jeder Form von Diskriminierung der Frau	352
	A2. Übereinkommen über die Rechte des Kindes	363
	B1. Übereinkommen zum internationalen Zivilprozessrecht – Übersicht	382
	B2. Übereinkommen über die gerichtliche Zuständigkeit und die Vollstreckung gerichtlicher Entscheidungen in Zivil- und Handelssachen (**Lugano-Übereinkommen**)	383
	C. Übereinkommen über die Anerkennung von Ehescheidungen und Ehetrennungen	417
	D1. Übereinkommen, Abkommen und Gegenseitigkeitserklärungen zum Unterhaltsrecht – Übersicht	423
	D2. Übereinkommen über das auf Unterhaltspflichten anzuwendende Recht	424
	D3. Übereinkommen über die Anerkennung und Vollstreckung von Unterhaltsentscheidungen	429
	D4. Übereinkommen über die Geltendmachung von Unterhaltsansprüchen im Ausland	437
	E1. Europäisches Übereinkommen über die Anerkennung und Vollstreckung von Entscheidungen über das Sorgerecht für Kinder und die Wiederherstellung des Sorgerechts...................................	442

		Seite
E2.	Übereinkommen über die zivilrechtlichen Aspekte internationaler Kindesentführung..................	450
E3.	Übereinkommen über die Zuständigkeit der Behörden und das anzuwendende Recht auf dem Gebiet des Schutzes von Minderjährigen......................	460
E4.	Übereinkommen über den Schutz von Kindern und die Zusammenarbeit auf dem Gebiet der Internationalen Adoption (Haager Adoptionsübereinkommen, HAÜ) siehe Anhang V A zum ZGB......................	532
F.	Übereinkommen über das auf die Form letztwilliger Verfügungen anzuwendende Recht	466

III. Zivilstandsverordnung (ZStV) 471

IV. Eherecht, Güterrecht und Partnerschaft 507
  A. Freizügigkeitsgesetz, scheidungsbezogene Bestimmungen 508
  B. Kreisschreiben vom 24. Februar 1986 an die kantonalen Aufsichtsbehörden über das Güterrechtsregister . 511
  C. Verordnung betreffend das Güterrechtsregister 514
  D. «Altes Eherecht» 516
  E. Bundesgesetz über die eingetragene Partnerschaft gleichgeschlechtlicher Paare (Partnerschaftsgesetz, PartG) 517
  Bei Erscheinen dieser Textausgabe ist das PartG noch nicht in Kraft getreten. Es wird auf den 1. Januar 2007 in Kraft gesetzt.

V. Adoption, Pflegekinder und medizinisch unterstützte Fortpflanzung 531
  A. Übereinkommen über den Schutz von Kindern und die Zusammenarbeit auf dem Gebiet der Internationalen Adoption (Haager Adoptionsübereinkommen, HAÜ) 532
  B. Bundesgesetz zum Haager Adoptionsübereinkommen und über Massnahmen zum Schutz des Kindes bei internationalen Adoptionen (BG-HAÜ) 544
  C. Verordnung über die Adoptionsvermittlung (VAdoV) 553
  D. Verordnung über die Aufnahme von Kindern zur Pflege und zur Adoption (PAVO) 559
  E. Bundesgesetz über die medizinisch unterstützte Fortpflanzung (Fortpflanzungsmedizingesetz, FMedG) 570

VI. Eigentumsvorbehalt 583
  A. Verordnung des Bundesgerichtes betreffend die Eintragung der Eigentumsvorbehalte 584

		Seite
B.	Verordnung des Bundesgerichtes betreffend die Bereinigung der Eigentumsvorbehaltsregister	591

VII. Pfandbriefgesetz (PfG) 593

VIII. Grundbuchverordnung (GBV) 605

IX. Bäuerliches Bodenrecht 653
    A. Bundesgesetz über das bäuerliche Bodenrecht (BGBB) 654
    B. Verordnung über das bäuerliche Bodenrecht (VBB)   689

X. Grundstückerwerb durch Personen im Ausland 693
    A. Bundesgesetz über den Erwerb von Grundstücken durch Personen im Ausland (BewG) 694
    B. Verordnung über den Erwerb von Grundstücken durch Personen im Ausland (BewV) 712

XI. Datenschutz 725
    A. Bundesgesetz über den Datenschutz (DSG) 726
    B. Verordnung zum Bundesgesetz über den Datenschutz (VDSG) 741

XII. Bevorstehende Gesetzesänderungen 755

Sachregister (am Schluss der Ausgabe)

In den Anhängen zum OR:

		Seite/OR*
I.	**Bundesgesetz über den Gerichtsstand in Zivilsachen (Gerichtsstandsgesetz, GestG)**	439
II.	**Wettbewerb, Marken und Design**	451
	A1. Bundesgesetz über Kartelle und andere Wettbewerbsbeschränkungen (Kartellgesetz, KG)	452
	A2. Verordnung über die Kontrolle von Unternehmenszusammenschlüssen	472
	A3. Verordnung über die Sanktionen bei unzulässigen Wettbewerbsbeschränkungen (KG-Sanktionsverordnung, SVKG)	479
	B. Preisüberwachungsgesetz (PüG)	484

---

* Die Seitenzahlen beziehen sich auf den OR-Teil.

		Seite/OR*
C.	Bundesgesetz gegen den unlauteren Wettbewerb (UWG)	490
D.	Verordnung über die Bekanntgabe von Preisen (Preisbekanntgabeverordnung, PBV)	499
E1.	Bundesgesetz über den Schutz von Marken und Herkunftsangaben (Markenschutzgesetz, MSchG)	509
E2.	Markenschutzverordnung (MSchV)	530
F1.	Bundesgesetz über den Schutz von Design (Designgesetz, DesG)	548
F2.	Verordnung über den Schutz von Design (Designverordnung, DesV)	561

III. Haftung und Versicherung ... 573

A. Zivilrechtliche Haftpflichtbestimmungen ausserhalb des ZGB/OR
  a. Überblick ... 574
  b. Wichtige Einzelbestimmungen
   1. Verweis auf andere Anhänge im ZGB und OR ... 575
   2. BG über die Haftpflicht der Eisenbahn- und Dampfschiffahrtsunternehmungen und der Schweizerischen Post ... 576
   3. BG über die Trolleybusunternehmungen ... 580
   4. BG über Rohrleitungsanlagen zur Beförderung flüssiger oder gasförmiger Brenn- oder Treibstoffe (RLG) ... 581
   5. Postgesetz (PG)/Postorganisationsgesetz (POG) ... 584
   6. Umweltschutzgesetz (USG) ... 585
   7. Gewässerschutzgesetz (GSchG) ... 588
   8. Gentechnikgesetz (GTG) ... 589
   9. BG über explosionsgefährliche Stoffe (Sprengstoffgesetz) ... 591
   10. Anlagefondsgesetz (AFG) ... 592
   11. BG über die Banken und Sparkassen ... 592
B1. Haftpflicht und Versicherung nach dem Strassenverkehrsgesetz (SVG) ... 594
B2. Bundesgesetz über die Produktehaftpflicht (Produktehaftpflichtgesetz, PrHG) ... 609
C. Bundesgesetz über den Versicherungsvertrag (VVG) ... 612

IV. Regress- und Subrogationsbestimmungen im Sozialversicherungsrecht ... 645

V. Pacht und Miete ... 659

A. Bundesgesetz über die landwirtschaftliche Pacht (LPG) ... 660

---

* Die Seitenzahlen beziehen sich auf den OR-Teil.

		Seite/OR*
B.	Verordnung über die Bemessung des landwirtschaftlichen Pachtzinses (Pachtzinsverordnung)	679
C.	Verordnung über die Miete und Pacht von Wohn- und Geschäftsräumen (VMWG)	683
D.	Bundesgesetz über Rahmenmietverträge und deren Allgemeinverbindlicherklärung	691
E.	Verordnung über Rahmenmietverträge und deren Allgemeinverbindlicherklärung (VRA)...........	697

VI. Arbeitsrecht und Gleichstellung 701
    A. Bundesgesetz über die Allgemeinverbindlicherklärung von Gesamtarbeitsverträgen (AVEG) 702
    B. Bundesgesetz über die Arbeitsvermittlung und den Personalverleih (Arbeitsvermittlungsgesetz, AVG) .. 710
    C. Bundesgesetz über die Information und Mitsprache der Arbeitnehmerinnen und Arbeitnehmer in den Betrieben (Mitwirkungsgesetz) 729
    D. Bundesgesetz über die Gleichstellung von Frau und Mann (Gleichstellungsgesetz, GlG)............ 733

VII. Handelsregister, Geschäftsfirmen, kaufmännische Buchführung 741
    A. Handelsregisterverordnung (HRegV) 742
    B. Anleitung und Weisung an die kantonalen Handelsregisterbehörden betreffend die Prüfung von Firmen und Namen....................................... 791
    C. Verordnung über die Führung und Aufbewahrung der Geschäftsbücher (Geschäftsbücherverordnung, GeBüV) 833

VIII. Bundesgesetz über die Börsen und den Effektenhandel (Börsengesetz, BEHG) 837

IX. Bundesgesetz über Fusion, Spaltung, Umwandlung und Vermögensübertragung (Fusionsgesetz, FusG) 857

X. «Altes Aktienrecht» 899

XI. Internationale Übereinkommen, unter Einschluss des «Wiener Kaufrechts» 901
    A. Übereinkommen betreffend das auf internationale Kaufverträge über bewegliche körperliche Sachen anzuwendende Recht 902

---

* Die Seitenzahlen beziehen sich auf den OR-Teil.

Seite/OR*

- B. **«Wiener Kaufrecht»**: Übereinkommen der Vereinten Nationen über Verträge über den internationalen Warenkauf 905
- C. Übereinkommen über das auf Strassenverkehrsunfälle anzuwendende Recht 930
- D. Lugano-Übereinkommen siehe Anhang II B2 zum ZGB

XII. Konsumentenschutz (Konsumenteninformation, Konsumkredit, Pauschalreisen).................. 935
- A. Bundesgesetz über die Information der Konsumentinnen und Konsumenten (Konsumenteninformationsgesetz, KIG).................. 936
- B1. Bundesgesetz über den Konsumkredit (KKG) 940
- B2. Verordnung zum Konsumkreditgesetz (VKKG).... 954
- C. Bundesgesetz über Pauschalreisen (PauRG)........ 960

XIII. Bundesgesetz über die Freizügigkeit der Anwältinnen und Anwälte (Anwaltsgesetz, BGFA).................. 967

XIV. Bundesgesetz vom 16. Dezember 2005 über die Änderung des OR (GmbH-Recht sowie Anpassungen im Aktien-, Genossenschafts-, Handelsregister- und Firmenrecht) 979

Bei Erscheinen dieser Textausgabe ist das BG vom 16. Dezember 2005 noch nicht in Kraft getreten. Es wird voraussichtlich in der zweiten Hälfte des Jahres 2007 in Kraft gesetzt.

XV. Bevorstehende Gesetzesänderungen 1025

---

* Die Seitenzahlen beziehen sich auf den OR-Teil.

Einleitung

I. Die Entstehung des Zivilgesetzbuches vom 10. Dezember 1907*

1. Ein zur Zeit der Helvetik unternommener Versuch, ein eidgenössisches Zivil- und Strafrecht zu schaffen, scheiterte an den unsicheren politischen Verhältnissen. In der Folge gingen die einzelnen Kantone an die Kodifikationsarbeit innerhalb ihres Gebietes. Während des 19. Jahrhunderts entstanden nach und nach in drei Vierteln der Kantone mehr oder weniger vollständige Zivilgesetzbücher.

2. Bestrebungen zur Schaffung eidgenössischen Zivilrechts setzten zunächst hinsichtlich einzelner Materien ein, die durch den Verkehr besonders stark berührt werden, wie das Wechselrecht, dann das Handelsrecht überhaupt. Sie fanden vorerst darin Ausdruck, dass im Entwurf einer Bundesverfassung von 1872 die Vereinheitlichung des ganzen Zivilrechts vorgesehen wurde. Der Verfassungsentwurf scheiterte, u.a. gerade am Widerstand gegen diese Bestimmung. Die Bemühungen führten schliesslich zum Art. 64 der Bundesverfassung von 1874, der dem Bund die Gesetzgebung über das OR mit Inbegriff des Handels- und Wechselrechts übertrug. In dessen Ausführung wurden das OR von 1881 und einige zugehörige Nebengesetze erlassen.

3. Im Jahre 1884 veranlasste der Schweizerische Juristenverein auf Antrag von Bundesrat *Ruchonnet* eine Zusammenstellung der kantonalen Privatrechte. So entstand das von *Prof. Dr. Eugen Huber* verfasste Werk «System und Geschichte des schweiz. Privatrechts», 4 Bände, 1884 bis 1893. Es schaffte Klarheit über Bestand und Geschichte des Zivilrechts; im letzten Bande vermittelte es auch Ausblicke auf eine mögliche zukünftige Gestaltung des Zivilrechts. Nunmehr nahm sich auch der Bundesrat der Idee der Rechtseinheit an.

Am 17. November 1893 wurde ein Memorial über die Art und Weise des Vorgehens bei Ausarbeitung eines Zivilgesetzbuches an die Kantonsregierungen und an das Bundesgericht gesandt. Auf deren Vernehmlassung hin verfasste *Prof. Eugen Huber* Teilentwürfe über Ausschnitte aus dem Privatrecht, nämlich über die Wirkungen der Ehe (1893), das Erbrecht (1894) und das Grundpfand (1898), mit Erläuterungen. Diese Teilentwürfe wurden in Spezialkommissionen durchberaten.

---

* Die noch von a.Bundesrichter Dr. W. Schönenberger verfasste Entstehungsgeschichte wurde materiell unverändert auch in diese Auflage übernommen.

Das ganze Gebiet des Privatrechts (abgesehen vom Obligationenrecht) regelten die Departementalentwürfe über das Personen- und Familienrecht (1896), das Sachenrecht (1897) und das Erbrecht (1900), die mit wenig Änderungen im Herbst 1900 als *Vorentwurf* des Justiz- und Polizeidepartements zum ZGB gedruckt wurden. Dazu erschienen drei Hefte *Erläuterungen von Prof. Huber,* nämlich zum Personen- und Familienrecht 1901, zum Erbrecht 1901, zum Sachenrecht 1902. (Diese Erläuterungen wurden im Jahre 1914 vom Eidg. Justiz- und Polizeidepartement in neuer Auflage in 2 Bänden herausgegeben.)

4. Unterdessen war aber, nachdem die Stimmberechtigten sich anhand der Entwürfe eine Ansicht hatten bilden können, wie das zukünftige Zivilrecht etwa aussehen würde, die Frage der Verfassungsrevision zur Entscheidung reif geworden. Sie wurde am 13. November 1898 mit 264 914 gegen 101 767 Stimmen und von 15³/2 Ständen bejaht.

Daraufhin wurde der Vorentwurf von 1900 einer Expertenkommission von durchschnittlich etwa 35 Mitgliedern unterbreitet, die unter dem Vorsitz vorerst von Bundesrat *Comtesse,* dann von Bundesrat *Brenner* und im Anschluss an Referate des Redaktors, *Prof. Huber,* in vier Tagungen 1901–1903 darüber beriet. Über die Verhandlungen wurde ein Protokoll aufgenommen, das, in zwei Bänden vervielfältigt, den öffentlichen Bibliotheken zur Verfügung gestellt wurde.

Auf Grund der Beratung wurde nun durch *Prof. Huber* in Verbindung mit einer Redaktionskommission ein neuer Entwurf ausgearbeitet, der, mit einer *Botschaft* vom 28. Mai 1904 versehen, als *Entwurf des Bundesrates* an die Bundesversammlung weitergeleitet wurde. Beigefügt wurden Übergangsbestimmungen, die – zugleich mit dem revidierten Entwurf des Obligationenrechts – von einer kleinen, im Herbst 1904 in Langenthal tagenden Kommission vorberaten worden waren, ferner die Einleitung.

5. In der Bundesversammlung stand die Priorität der Behandlung dem Nationalrat zu. Präsident der Kommission war *Bühlmann;* Referenten *Eugen Huber* (in deutscher), *Gottofrey* und *Rossel* (in französischer Sprache). Präsident und Referent der ständerätlichen Kommission war *Hoffmann*. Die Verhandlungen dauerten vom Juni 1905 bis zum Dezember 1907. Darüber wurde das übliche stenographische Bulletin aufgenommen. Die Schlussabstimmung vom 10. Dezember 1907 ergab in beiden Räten die einstimmige Annahme. Vom Referendum wurde kein Gebrauch gemacht, sodass das Gesetzbuch am 20. März 1908 rechtskräftig wurde. Am 1. Januar 1912 trat es in Kraft.

II. Änderungen des ZGB seit 1912

Seit seinem Inkrafttreten im Jahre 1912 ist das ZGB vielfach abgeändert worden. Die Änderungen sind so zahlreich, dass deren Aufzählung mehrere Seiten benötigen würde. Ausserdem steht mit Gewissheit fest, dass demnächst weitere Änderungen folgen werden. Zu den Revisionen, die zurzeit geplant oder im Gange sind, siehe nächste Seite.

Laufende Revisionen

Seit seinem Inkrafttreten im Jahre 1912 ist das ZGB vielfach abgeändert worden. Wichtige Gesetzesänderungen, die bevorstehen, sind in Anhang XII zum ZGB aufgeführt (S. 755). Mit weiteren Änderungen ist zu rechnen. So sind die folgenden Revisionen geplant oder im Gange:

a) **Ausländerinnen und Ausländer.** Gemäss BG vom 16. Dezember 2005 über die Ausländerinnen und Ausländer (AuG, publiziert als Referendumsvorlage in BBl 2005 S. 7365) sollen im ZGB neu die Art. 97a, 105 Ziff. 4 und 109 Abs. 3 eingefügt werden. Gegen das AuG wurde das Referendum ergriffen. Die Volksabstimmung findet am 24. September 2006 statt.

b) **Art. 48 Abs. 2 ZGB.** Gemäss BG vom 23. Juni 2006 über die Harmonisierung der Einwohnerregister und anderer amtlicher Personenregister (Registerharmonisierungsgesetz, RHG, publiziert als Referendumsvorlage in BBl 2006 S. 5789) soll im Zivilgesetzbuch Art. 48 Abs. 2 geändert werden. Die Referendumsfrist für das RHG läuft am 12. Okober 2006 ab.

c) **Neuer Art. 89bis Abs. 6 Ziff. 5a.** Mit BG vom 23. Juni 2006 über die Änderung des AHVG (Neue AHV-Versichertennummer, publiziert als Referendumsvorlage in BBl 2006 S. 5777) soll in Art. 89bis Abs. 6 ZGB eine neue Ziffer 5a eingefügt werden. Die Referendumsfrist für das Änderungsgesetz läuft am 12. Oktober 2006 ab.

d) **Schutz der Persönlichkeit gegen Gewalt, Drohungen oder Nachstellungen.** Gemäss BG vom 23. Juni 2006 über die Änderung des ZGB (Schutz der Persönlichkeit gegen Gewalt, Drohungen oder Nachstellungen, publiziert als Referendumsvorlage in BBl 2006 S. 5745) sollen die Art. 28d Abs. 2 und 3, Art. 172 Abs. 3 sowie die Marginalien zu Art. 28a, 28c und 28g geändert und ein neuer Art. 28b eingefügt werden. Die Referendumsfrist für das Änderungsgesetz läuft am 12. Oktober 2006 ab.

e) **Bedenkfrist im Scheidungsrecht** (Art. 111 ZGB). Nach einer parlamentarischen Initiative vom 18. Juni 2004 soll die obligatorische Bedenkfrist des Art. 111 Abs. 2 ZGB «flexibilisiert» werden. Der Initiative wurde in den Räten Folge gegeben. Bericht und Entwurf der Kommission für Rechtsfragen des Nationalrates sind in Vorbereitung.

f) **Vormundschaftsrecht.** Für das Vormundschaftsrecht ist eine Totalrevision vorgesehen. Am 28. Juni 2006 hat der Bundesrat Botschaft und Entwurf zu einem BG über die Änderung des ZGB (Erwachsenenschutz,

Personenrecht und Kindesrecht) verabschiedet. Die Vorlage soll im Herbst 2006 im Bundesblatt publiziert werden.

g) **Immobiliarsachen- und Grundbuchrecht.** Gemäss einem Vorentwurf vom März 2004 sollen die Bestimmungen des ZGB zum Immobiliarsachen- und Grundbuchrecht umfassend revidiert werden. Botschaft und Entwurf des Bundesrates sind auf Mitte des Jahres 2007 geplant.

h) **Vereinheitlichung des Zivilprozessrechts.** Mit der Einführung einer Schweizerischen Zivilprozessordnung (ZPO) gemäss Botschaft und Entwurf des Bundesrates vom 28. Juni 2006 soll auch das ZGB an verschiedenen Stellen angepasst werden. Die Publikation der Vorlage im Bundesblatt ist auf den Herbst 2006 vorgesehen.

i) **Schweizerische Strafprozessordnung.** Gemäss Botschaft und Entwurf des Bundesrates vom 21. Dezember 2005 zu einer Schweizerischen Strafprozessordnung soll im ZGB Art. 139 Abs. 3 geändert werden (BBl 2006 S. 1085, 1533).

Einleitung

Entwurf 1900 Art. 1/4, Erl. I, S. 25 ff., 31 ff.; Entwurf 1904 Art. 1/12, Botsch. S. 13 ff.; NatR XVI, S. 1034/43; StändeR XVII, S. 111/6; NatR XVII, S. 349, 355, 361, 365; StändeR XVII, S. 316/9.

A. Anwendung des Rechts.

1. [1] Das Gesetz findet auf alle Rechtsfragen Anwendung, für die es nach Wortlaut oder Auslegung eine Bestimmung enthält.

[2] Kann dem Gesetze keine Vorschrift entnommen werden [1[1]], so soll das Gericht[1]) nach Gewohnheitsrecht und, wo auch ein solches fehlt, nach der Regel entscheiden, die es als Gesetzgeber aufstellen würde.

[3] Es folgt dabei bewährter Lehre und Überlieferung.

---
[1]) Geänderter Ausdruck gemäss Ziff. I 4 des BG vom 26. Juni 1998 über die Änderung des ZGB (Personenstand, Eheschliessung, Scheidung etc., AS 1999 S. 1118, i.K. 1. Januar 2000). Diese Änderung wurde im ganzen ZGB unter sprachlicher Anpassung auch der konnexen Worte (z.B. «es» statt «er») berücksichtigt.

B. Inhalt der Rechtsverhältnisse.
I. Handeln nach Treu und Glauben.

2. [1] Jedermann hat in der Ausübung seiner Rechte und in der Erfüllung seiner Pflichten nach Treu und Glauben zu handeln.

[2] Der offenbare Missbrauch eines Rechtes findet keinen Rechtsschutz.

II. Guter Glaube.

3. [1] Wo das Gesetz eine Rechtswirkung an den guten Glauben einer Person geknüpft hat, ist dessen Dasein zu vermuten.

[2] Wer bei der Aufmerksamkeit, wie sie nach den Umständen [4] von ihm verlangt werden darf, nicht gutgläubig sein konnte, ist nicht berechtigt, sich auf den guten Glauben zu berufen.

III. Gerichtliches[1]) Ermessen.

4. Wo das Gesetz das Gericht auf sein Ermessen oder auf die Würdigung der Umstände oder auf wichtige Gründe verweist, hat es seine Entscheidung nach Recht und Billigkeit zu treffen.

---
[1]) Geänderter Ausdruck gemäss Ziff. I 4 des BG vom 26. Juni 1998 über die Änderung des ZGB (Personenstand, Eheschliessung, Scheidung etc., AS 1999 S. 1118, i.K. 1. Januar 2000). Diese Änderung wurde im ganzen ZGB berücksichtigt.

C. Verhältnis zu den Kantonen.
I. Kantonales Zivilrecht und Ortsübung.

5. [1] Soweit das Bundesrecht die Geltung kantonalen Rechtes vorbehält, sind die Kantone befugt, zivilrechtliche Bestimmungen aufzustellen oder aufzuheben.

[2] Wo das Gesetz auf die Übung oder den Ortsgebrauch verweist, gilt das bisherige kantonale Recht als deren Ausdruck, solange nicht eine abweichende Übung nachgewiesen ist.

II. Öffentliches Recht der Kantone.

6. ¹ Die Kantone werden in ihren öffentlich-rechtlichen Befugnissen durch das Bundeszivilrecht nicht beschränkt.

² Sie können in den Schranken ihrer Hoheit den Verkehr mit gewissen Arten von Sachen beschränken oder untersagen oder die Rechtsgeschäfte über solche Sachen als ungültig bezeichnen.

D. Allgemeine Bestimmungen des Obligationenrechtes.

7. Die allgemeinen Bestimmungen des Obligationenrechtes über die Entstehung, Erfüllung und Aufhebung der Verträge [OR 1/40, 68/109, 114/42] finden auch Anwendung auf andere zivilrechtliche Verhältnisse.

E. Beweisregeln.
I. Beweislast.

8. Wo das Gesetz es nicht anders bestimmt, hat derjenige das Vorhandensein einer behaupteten Tatsache zu beweisen, der aus ihr Rechte ableitet [OR 963].

II. Beweis mit öffentlicher Urkunde.

9. ¹ Öffentliche Register und öffentliche Urkunden erbringen für die durch sie bezeugten Tatsachen vollen Beweis, solange nicht die Unrichtigkeit ihres Inhaltes nachgewiesen ist.

² Dieser Nachweis ist an keine besondere Form gebunden.

III. Beweisvorschriften.

10. Wo das Bundesrecht für die Gültigkeit eines Rechtsgeschäftes keine besondere Form vorsieht, darf das kantonale Recht auch für die Beweisbarkeit des Rechtsgeschäftes eine solche nicht vorschreiben.

ERSTER TEIL

Das Personenrecht

NatR XVIII, S. 230/44.

Erster Titel

Die natürlichen Personen

Erster Abschnitt

Das Recht der Persönlichkeit

Entwurf 1900 Art. 6/36, Erl. I, S. 45 ff., S. 64 ff.; ExpKom. I, S. 2 ff., S. 86 ff.; Entwurf 1904 Art. 13/39; Botsch. S. 17 ff.; NatR XV, S. 446/70; StändeR XV, S. 907/20; StändeR XVII, S. 287/90. – Botsch. und Entw. des BR vom 5. Mai 1982 betr. Änderung des ZGB (Persönlichkeitsschutz; Art. 27/28, 28a/28 l; BBl 1982 II 636); StändeR 1983 S. 132, S. 654, S. 724; NatR 1983 S. 1376, S. 1385, S. 1871. – Botsch. und Entw. des BR vom 17. Februar 1993 über die Änderung des ZGB (Herabsetzung des zivilrechtlichen Mündigkeits- und Ehefähigkeitsalters, Unterhaltspflicht der Eltern), BBl 1993 I 1169.

A. Persönlichkeit im allgemeinen.
I. Rechtsfähigkeit.

11. [1] Rechtsfähig ist jedermann.

[2] Für alle Menschen besteht demgemäss in den Schranken der Rechtsordnung die gleiche Fähigkeit, Rechte und Pflichten zu haben.

II. Handlungsfähigkeit.
1. Inhalt.

12. Wer handlungsfähig ist, hat die Fähigkeit, durch seine Handlungen Rechte und Pflichten zu begründen.

2. Voraussetzungen.
a. Im allgemeinen.

13. Die Handlungsfähigkeit besitzt, wer mündig [14] und urteilsfähig [16] ist.

b. Mündigkeit.[1]

14.[1]) Mündig ist, wer das 18. Lebensjahr vollendet hat.[2])

---

[1]) Fassung gemäss Ziff. I des BG vom 7. Oktober 1994 über die Änderung des ZGB (Herabsetzung des zivilrechtlichen Mündigkeits- und Ehefähigkeitsalters, Unterhaltspflicht der Eltern, AS 1995 S. 1126), i.K. 1. Januar 1996.

[2]) **Art. 45a IPRG:** «IV. *Mündigkeit.* Unmündige mit Wohnsitz in der Schweiz werden mit der Eheschliessung in der Schweiz oder mit der Anerkennung der im Ausland geschlossenen Ehe mündig.»

c. ...

15. (Aufgehoben gemäss Ziff. I des BG vom 7. Oktober 1994 über die Änderung des ZGB [Herabsetzung des zivilrechtlichen Mündigkeits- und Ehefähigkeitsalters, Unterhaltspflicht der Eltern, AS 1995 S. 1126].)

Das Personenrecht

d. Urteilsfähigkeit.

16. Urteilsfähig im Sinne dieses Gesetzes ist ein jeder, dem nicht wegen seines Kindesalters oder infolge von Geisteskrankheit, Geistesschwäche, Trunkenheit oder ähnlichen Zuständen die Fähigkeit mangelt, vernunftgemäss zu handeln.

III. Handlungsunfähigkeit.
1. Im allgemeinen.

17. Handlungsunfähig sind die Personen, die nicht urteilsfähig [16], oder die unmündig [14] oder entmündigt [369/72] sind.

2. Fehlen der Urteilsfähigkeit.

18. Wer nicht urteilsfähig ist, vermag unter Vorbehalt der gesetzlichen Ausnahmen [z.B. OR 54] durch seine Handlungen keine rechtliche Wirkung herbeizuführen.

3. Urteilsfähige Unmündige oder Entmündigte.

19. [1] Urteilsfähige unmündige oder entmündigte Personen können sich nur mit Zustimmung ihrer gesetzlichen Vertreter [304, 407] durch ihre Handlungen [410[1], 305[1]] verpflichten.

[2] Ohne diese Zustimmung vermögen sie Vorteile zu erlangen, die unentgeltlich sind, und Rechte auszuüben, die ihnen um ihrer Persönlichkeit willen zustehen.

[3] Sie werden aus unerlaubten Handlungen [OR 41 ff.] schadenersatzpflichtig.

IV. Verwandtschaft und Schwägerschaft.
1. Verwandtschaft.[1])

20. [1] Der Grad der Verwandtschaft[1]) bestimmt sich nach der Zahl der sie vermittelnden Geburten.

[2] In gerader Linie sind zwei Personen miteinander verwandt, wenn die eine von der andern abstammt, und in der Seitenlinie, wenn sie von einer dritten Person abstammen und unter sich nicht in gerader Linie verwandt sind.

---
[1]) Fassung gemäss Ziff. I 3 des BG vom 30. Juni 1972 betreffend die Änderung des ZGB (Adoption, AS 1972 II 2819), i.K. 1. April 1973. «Verwandtschaft» ersetzt den Ausdruck «Blutsverwandtschaft».

2. Schwägerschaft.

21. [1] Wer mit einer Person verwandt[1]) ist [20], ist mit deren Ehegatten[, deren eingetragener Partnerin oder deren eingetragenem Partner][2]) in der gleichen Linie und in dem gleichen Grade verschwägert.

[2] Die Schwägerschaft wird durch die Auflösung der Ehe [38[3], 109, 111 ff.] [oder der eingetragenen Partnerschaft][2]), die sie begründet hat, nicht aufgehoben.

---
[1]) Siehe Art. 20 Fn. 1.

[2]) Text in eckigen Klammern hinzugefügt durch das Partnerschaftsgesetz (PartG, Anhang IV E zum ZGB), in Kraft erst am 1. Januar 2007.

V. Heimat und Wohnsitz.
1. Heimatangehörigkeit.

22. [1] Die Heimat einer Person bestimmt sich nach ihrem Bürgerrecht.

[2] Das Bürgerrecht wird durch das öffentliche Recht bestimmt [161].[1])

³ Wenn einer Person das Bürgerrecht [22²] an mehreren Orten zusteht, so ist für ihre Heimatangehörigkeit der Ort entscheidend, wo sie zugleich ihren Wohnsitz [23/6] hat oder zuletzt gehabt hat, und mangels eines solchen Wohnsitzes der Ort, dessen Bürgerrecht von ihr oder ihren Vorfahren zuletzt erworben worden ist.

¹) Siehe dazu das BüG (SR 141.0).

23. ¹ Der Wohnsitz einer Person befindet sich an dem Orte, wo sie sich mit der Absicht dauernden Verbleibens aufhält [26].

² Niemand kann an mehreren Orten zugleich seinen Wohnsitz haben.

³ Die geschäftliche Niederlassung wird von dieser Bestimmung nicht betroffen [z.B. OR 934/6].

¹) Zu den Wohnsitzverhältnissen im internationalen Privatrecht vgl. Art. 20 IPRG (Anhang I A zum ZGB).

2. Wohnsitz.¹)
a. Begriff.

24. ¹ Der einmal begründete Wohnsitz einer Person bleibt bestehen bis zum Erwerbe eines neuen Wohnsitzes.

² Ist ein früher begründeter Wohnsitz nicht nachweisbar [8] oder ist ein im Ausland begründeter Wohnsitz aufgegeben und in der Schweiz kein neuer begründet worden, so gilt der Aufenthaltsort als Wohnsitz.

b. Wechsel im Wohnsitz oder Aufenthalt.

25.¹) ¹ Als Wohnsitz des Kindes unter elterlicher Sorge²) [296 ff.] gilt der Wohnsitz der Eltern oder, wenn die Eltern keinen gemeinsamen Wohnsitz haben, der Wohnsitz des Elternteils [23], unter dessen Obhut das Kind steht; in den übrigen Fällen gilt sein Aufenthaltsort als Wohnsitz.

² Bevormundete Personen haben ihren Wohnsitz am Sitz der Vormundschaftsbehörde [361, 377].

c. Wohnsitz nicht selbständiger Personen.

¹) Fassung gemäss Ziff. I 2 des BG vom 5. Oktober 1984 über die Änderung des ZGB (Wirkungen der Ehe im allgemeinen, Ehegüterrecht und Erbrecht, AS 1986 I 122), i.K. 1. Januar 1988.

²) Geänderter Ausdruck gemäss Ziff. I 4 des BG vom 26. Juni 1998 über die Änderung des ZGB (Personenstand, Eheschliessung, Scheidung etc., AS 1999 S. 1118, i.K. 1. Januar 2000). Diese Änderung wurde im ganzen Erlass berücksichtigt.

26. Der Aufenthalt an einem Orte zum Zweck des Besuches einer Lehranstalt und die Unterbringung einer Person in einer Erziehungs-, Versorgungs-, Heil- oder Strafanstalt begründen keinen Wohnsitz.

d. Aufenthalt in Anstalten.

Das Personenrecht

B. Schutz der Persönlichkeit.[1])
I. Vor übermässiger Bindung.

27. [1] Auf die Rechts- [11] und Handlungsfähigkeit [12/6] kann niemand ganz oder zum Teil verzichten.

[2] Niemand kann sich seiner Freiheit entäussern oder sich in ihrem Gebrauch in einem das Recht oder die Sittlichkeit verletzenden Grade beschränken [OR 19/20].

---

[1]) Durch das BG vom 16. Dezember 1983 betr. Änderung des ZGB (Persönlichkeitsschutz, AS 1984 II 778) wurden Art. 27 (Randtitel) und Art. 28 neu gefasst und durch die Art. 28a–28 l ergänzt; gleichzeitig ist Art. 49 OR abgeändert worden. Gesetzesmaterialien siehe vor Art. 11.

Der Schutz der Persönlichkeit von Personen, über die Daten bearbeitet werden, bildet Gegenstand eines besonderen BG über den Datenschutz (DSG, Anhang XI A zum ZGB) mit zugehörigen Verordnungen (VDSG: Anhang XI B zum ZGB). Dem Schutz der Persönlichkeit dient auch das BG vom 18. Dezember 1998 über die medizinisch unterstützte Fortpflanzung (Fortpflanzungsmedizingesetz, FMedG, Anhang V zum ZGB).

II. Gegen Verletzungen.
1. Grundsatz.

28. [1] Wer in seiner Persönlichkeit widerrechtlich [28[2]] verletzt wird, kann zu seinem Schutz gegen jeden, der an der Verletzung mitwirkt, das Gericht anrufen [28a].

[2] Eine Verletzung ist widerrechtlich, wenn sie nicht durch Einwilligung des Verletzten, durch ein überwiegendes privates oder öffentliches Interesse oder durch Gesetz [z. B. OR 52] gerechtfertigt ist.

2. Klage.

28a. [1] Der Kläger kann dem Gericht beantragen:
1. eine drohende Verletzung zu verbieten;
2. eine bestehende Verletzung zu beseitigen;
3. die Widerrechtlichkeit einer Verletzung [28[2]] festzustellen, wenn sich diese weiterhin störend auswirkt.

[2] Er kann insbesondere verlangen, dass eine Berichtigung oder das Urteil Dritten mitgeteilt oder veröffentlicht wird.

[3] Vorbehalten bleiben die Klagen auf Schadenersatz und Genugtuung [29[2], 46[1], 429a[1]; OR 41, 47, 49] sowie auf Herausgabe eines Gewinns entsprechend den Bestimmungen über die Geschäftsführung ohne Auftrag [OR 423].

Gerichtsstand: GestG 7[2], 12 lit. a, 25.

3. ...

28b. (Art. 28b betreffend den Gerichtsstand wurde aufgehoben gemäss Ziff. 2 des Anhangs zum GestG [Anhang I B zum ZGB]. Heute: Art. 7 Abs. 2, Art. 12 lit. a und Art. 25 GestG.)

Neuer Art. 28b. Gemäss BG vom 23. Juni 2006 über die Änderung des ZGB (Schutz der Persönlichkeit gegen Gewalt, Drohungen oder Nachstellungen) (publiziert als Referendumsvorlage in BBl 2006 S. 5745, Ablauf der Referendumsfrist am 12. Oktober 2006) soll ein neuer Art. 28b (Klage bei Gewalt, Drohungen oder Nachstellungen) eingefügt werden. Ausserdem sollen Art. 28d Abs. 2 und Abs. 3, Art. 172 Abs. 3 und die Marginalien zu Art. 28a, 28c und 28g geändert werden. Der Text der neuen oder geänderten Bestimmungen ist ab Inkrafttreten (voraussichtlich am 1. Januar 2007) abrufbar im Internet unter www.schulthess.com/update/.

Das Recht der Persönlichkeit

28c. ¹ Wer glaubhaft macht, dass er in seiner Persönlichkeit widerrechtlich [28²] verletzt ist oder eine solche Verletzung befürchten muss und dass ihm aus der Verletzung ein nicht leicht wiedergutzumachender Nachteil droht, kann die Anordnung vorsorglicher Massnahmen verlangen.

² Das Gericht kann insbesondere:
1. die Verletzung vorsorglich verbieten oder beseitigen;
2. die notwendigen Massnahmen ergreifen, um Beweise zu sichern.

³ Eine Verletzung durch periodisch erscheinende Medien kann das Gericht jedoch nur dann vorsorglich verbieten oder beseitigen, wenn sie einen besonders schweren Nachteil verursachen kann, offensichtlich kein Rechtfertigungsgrund vorliegt und die Massnahme nicht unverhältnismässig erscheint.

Gerichtsstand: GestG 12 lit. a, 33.

4. Vorsorgliche Massnahmen.
a. Voraussetzungen.

28d. ¹ Das Gericht gibt dem Gesuchsgegner Gelegenheit, sich zu äussern.

² Ist es jedoch wegen dringender Gefahr nicht mehr möglich, den Gesuchsgegner vorgängig anzuhören, so kann das Gericht schon auf Einreichung des Gesuchs hin Massnahmen vorläufig anordnen, es sei denn, der Gesuchsteller habe sein Gesuch offensichtlich hinausgezögert.¹)

³ Kann eine vorsorgliche Massnahme dem Gesuchsgegner schaden, so kann das Gericht vom Gesuchsteller eine Sicherheitsleistung verlangen [28f³].¹)

b. Verfahren.

―――
¹) Zur geplanten Gesetzesänderung (Schutz der Persönlichkeit gegen Gewalt, Drohungen oder Nachstellungen) s. Anmerkung bei Art. 28b («Neuer Art. 28b»).

28e. ¹ Vorsorgliche Massnahmen [28c] werden in allen Kantonen wie Urteile vollstreckt.

² Vorsorgliche Massnahmen, die angeordnet werden, bevor die Klage rechtshängig ist, fallen dahin, wenn der Gesuchsteller nicht innerhalb der vom Gericht festgesetzten Frist, spätestens aber innert 30 Tagen, Klage erhebt.

c. Vollstreckung.

28f. ¹ Der Gesuchsteller hat den durch eine vorsorgliche Massnahme entstandenen Schaden [OR 42] zu ersetzen, wenn der Anspruch, für den sie bewilligt worden ist, nicht zu Recht bestanden hat; trifft ihn jedoch kein oder nur ein leichtes Verschulden, so kann das Gericht das Begehren abweisen oder die Entschädigung herabsetzen [OR 43/44].

² ...¹)

d. Schadenersatz.

³ Eine bestellte Sicherheit [28d³] ist freizugeben, wenn feststeht, dass keine Schadenersatzklage erhoben wird; bei Ungewissheit setzt das Gericht Frist zur Klage.

Gerichtsstand: GestG 25.

---

¹) Aufgehoben gemäss Ziff. 2 des Anhangs zum GestG (Anhang I B zum ZGB). Heute: Art. 25 GestG.

5. Recht auf Gegendarstellung.
a. Grundsatz.

28g. ¹ Wer durch Tatsachendarstellungen in periodisch erscheinenden Medien, insbesondere Presse, Radio und Fernsehen, in seiner Persönlichkeit unmittelbar betroffen ist, hat Anspruch auf Gegendarstellung [28h].

² Kein Anspruch auf Gegendarstellung besteht, wenn über öffentliche Verhandlungen einer Behörde wahrheitsgetreu berichtet wurde und die betroffene Person an den Verhandlungen teilgenommen hat.

b. Form und Inhalt.

28h. ¹ Der Text der Gegendarstellung ist in knapper Form auf den Gegenstand der beanstandeten Darstellung zu beschränken.

² Die Gegendarstellung kann verweigert werden, wenn sie offensichtlich unrichtig ist oder wenn sie gegen das Recht oder die guten Sitten verstösst.

c. Verfahren.

28i. ¹ Der Betroffene muss den Text der Gegendarstellung innert 20 Tagen, nachdem er von der beanstandeten Tatsachendarstellung Kenntnis erhalten hat, spätestens jedoch drei Monate nach der Verbreitung, an das Medienunternehmen absenden.

² Das Medienunternehmen teilt dem Betroffenen unverzüglich mit, wann es die Gegendarstellung veröffentlicht oder weshalb es sie zurückweist.

d. Veröffentlichung.

28k. ¹ Die Gegendarstellung ist sobald als möglich zu veröffentlichen, und zwar so, dass sie den gleichen Personenkreis wie die beanstandete Tatsachendarstellung erreicht.

² Die Gegendarstellung ist als solche zu kennzeichnen; das Medienunternehmen darf dazu nur die Erklärung beifügen, ob es an seiner Tatsachendarstellung festhält oder auf welche Quellen es sich stützt.

³ Die Veröffentlichung der Gegendarstellung erfolgt kostenlos.

e. Anrufung des Gerichts.

28 l. ¹ Verhindert das Medienunternehmen die Ausübung des Gegendarstellungsrechts, verweigert es die Gegendarstellung oder veröffentlicht es diese nicht korrekt, so kann der Betroffene das Gericht anrufen.

² ...¹)

³ Das Gericht entscheidet unverzüglich aufgrund der verfügbaren Beweismittel.
⁴ Rechtsmittel haben keine aufschiebende Wirkung.

Gerichtsstand: GestG 12 lit. b.

---

¹) Aufgehoben gemäss Ziff. 2 des Anhangs zum GestG (Anhang I B zum ZGB). Heute: Art. 12 lit. b GestG.

29. ¹ Wird jemandem die Führung seines Namens bestritten, so kann er auf Feststellung seines Rechtes klagen.

² Wird jemand dadurch beeinträchtigt, dass ein anderer sich seinen Namen anmasst, so kann er auf Unterlassung dieser Anmassung sowie bei Verschulden auf Schadenersatz [OR 41 ff.] und, wo die Art der Beeinträchtigung es rechtfertigt [4], auf Leistung einer Geldsumme als Genugtuung klagen [28a³, OR 49].

Gerichtsstand: GestG 7², 12 lit. c, 25.

III. Recht auf den Namen.
1. Namensschutz.

30. ¹ Die Regierung des Wohnsitzkantons [23/6] kann einer Person die Änderung des Namens bewilligen, wenn wichtige Gründe vorliegen.¹)

² Das Gesuch der Brautleute, von der Trauung [101/2] an den Namen der Ehefrau als Familiennamen zu führen [160¹], ist zu bewilligen, wenn achtenswerte Gründe vorliegen [4; ZStV 12¹].²)

³ Wer durch Namensänderung verletzt wird, kann sie binnen Jahresfrist, nachdem er von ihr Kenntnis erlangt hat, gerichtlich anfechten.

Gerichtsstand: GestG 7², 12 lit. c, 25.

2. Namensänderung.

---

¹) Fassung gemäss BG vom 25. Juni 1976 über die Änderung des ZGB (Kindesverhältnis, AS 1977 I 237), i.K. 1. Januar 1978.

²) Fassung gemäss Ziff. I 2 des BG vom 5. Oktober 1984 über die Änderung des ZGB (Wirkungen der Ehe im allgemeinen, Ehegüterrecht und Erbrecht, AS 1986 I 122), i.K. 1. Januar 1988.

31. ¹ Die Persönlichkeit beginnt mit dem Leben nach der vollendeten Geburt und endet mit dem Tode.

² Vor der Geburt ist das Kind unter dem Vorbehalt rechtsfähig, dass es lebendig geboren wird [544].

C. Anfang und Ende der Persönlichkeit.
I. Geburt und Tod.

32. ¹ Wer zur Ausübung eines Rechtes sich darauf beruft, dass eine Person lebe oder gestorben sei oder zu einer bestimmten Zeit gelebt oder eine andere Person überlebt habe, hat hiefür den Beweis zu erbringen [8, 33/4].

² Kann nicht bewiesen werden, dass von mehreren gestorbenen Personen die eine die andere überlebt habe, so gelten sie als gleichzeitig gestorben.

II. Beweis.
1. Beweislast.

Das Personenrecht

2. Beweismittel.
a. Im allgemeinen.

33. [1] Der Beweis für die Geburt oder den Tod einer Person wird mit den Zivilstandsurkunden [39, 9] geführt.

[2] Fehlen solche oder sind die vorhandenen als unrichtig erwiesen, so kann der Beweis auf andere Weise erbracht werden.

b. Anzeichen des Todes.

34. Der Tod einer Person kann, auch wenn niemand die Leiche gesehen hat, als erwiesen betrachtet werden, sobald die Person unter Umständen verschwunden ist, die ihren Tod als sicher erscheinen lassen.

III. Verschollenerklärung.
1. Im allgemeinen.

35. [1] Ist der Tod einer Person höchst wahrscheinlich, weil sie in hoher Todesgefahr verschwunden oder seit langem nachrichtlos abwesend ist, so kann sie das Gericht auf das Gesuch derer, die aus ihrem Tode Rechte ableiten, für verschollen erklären [38].

[2] ...[1])

Gerichtsstand: GestG 13.

---

[1]) Aufgehoben gemäss Ziff. 2 des Anhangs zum GestG (Anhang I B zum ZGB). Heute: Art. 13 GestG.

2. Verfahren.

36. [1] Das Gesuch kann nach Ablauf von mindestens einem Jahre seit dem Zeitpunkte der Todesgefahr [35[1]] oder von fünf Jahren seit der letzten Nachricht [35[1]] angebracht werden.

[2] Das Gericht hat jedermann, der Nachrichten über den Verschwundenen oder Abwesenden geben kann, in angemessener Weise öffentlich aufzufordern, sich binnen einer bestimmten Frist zu melden.

[3] Diese Frist ist auf mindestens ein Jahr seit der erstmaligen Auskündung anzusetzen.

3. Wegfallen des Gesuches.

37. Meldet sich innerhalb der Frist [36[2, 3]] der Verschwundene oder Abwesende, oder laufen Nachrichten über ihn ein, oder wird der Zeitpunkt seines Todes nachgewiesen [32], so fällt das Gesuch dahin.

4. Wirkung.

38. [1] Läuft während der angesetzten Zeit [36[2, 3]] keine Meldung ein, so wird der Verschwundene oder Abwesende für verschollen erklärt, und es können die aus seinem Tode abgeleiteten Rechte geltend gemacht werden, wie wenn der Tod bewiesen wäre [546/50].

[2] Die Wirkung der Verschollenerklärung [38[1]] wird auf den Zeitpunkt der Todesgefahr oder der letzten Nachricht [35[1]] zurückbezogen [z. B. 255[3]].

[3] Die Verschollenerklärung löst die Ehe auf.[1])

---

[1]) Eingefügt gemäss Ziff. I 4. des BG vom 26. Juni 1998 über die Änderung des ZGB (Personenstand, Eheschliessung, Scheidung etc., AS 1999 S. 1118), i. K. 1. Januar 2000.

Zweiter Abschnitt

Die Beurkundung des Personenstandes *

Entwurf 1900 Art. 37/68; Erl. I, S. 77 ff.; ExpKom. I, S. 32 ff.; Entwurf 1904 Art. 40/59; NatR XV, S. 472/3; StändeR XV, S. 921/5; BG vom 24. Dezember 1874 betr. Feststellung und Beurkundung des Zivilstandes und die Ehe. – Botsch. und Entw. des BR vom 15. November 1995 über die Änderung des ZGB (Personenstand, Eheschliessung, Scheidung etc.), BBl 1996 I 1.

39 [39¹]. ¹ Zur Beurkundung des Personenstandes [ZStV 7] werden elektronische Register geführt [48/9].¹)   **A. Register.**
I. Allgemeines.

² Zum Personenstand gehören insbesondere:
1. die eine Person unmittelbar betreffenden Zivilstandstatsachen wie die Geburt [31], die Heirat [101/2], der Tod [31];
2. die personen- und familienrechtliche Stellung einer Person wie die Mündigkeit [14], die Abstammung, die Ehe;
3. die Namen [29/30];
4. die Kantons- und Gemeindebürgerrechte;
5. die Staatsangehörigkeit.

---
¹) Fassung gemäss BG vom 5. Oktober 2001 über die Änderung des ZGB (Elektronische Führung der Personenstandsregister, AS 2004 S. 2911), i.K. 1. Juli 2004.

40 [39²]. ¹ Der Bundesrat bestimmt die Personen und Behörden, die verpflichtet sind, die zur Beurkundung des Personenstandes nötigen Angaben [39²] zu melden [48]²).   II. Meldepflicht.¹)

² Er kann vorsehen, dass Verstösse gegen die Meldepflicht mit Busse geahndet werden.

³ …³)

---
¹) Fassung gemäss BG vom 5. Oktober 2001 über die Änderung des ZGB (Elektronische Führung der Personenstandsregister, AS 2004 S. 2911), i.K. 1. Juli 2004.
²) Siehe dazu die ZStV, Anhang III zum ZGB, insbes. Art. 34 ff. ZStV.
³) Aufgehoben gemäss BG vom 5. Oktober 2001 über die Änderung des ZGB (Elektronische Führung der Personenstandsregister, AS 2004 S. 2911).

41. ¹ Wenn Angaben über den Personenstand [39²] durch Urkunden zu belegen sind, kann die kantonale Aufsichtsbehörde [45] den Nachweis durch Abgabe einer Erklärung vor der Zivil-   III. Nachweis nicht streitiger Angaben.

---
* Durch das BG vom 26. Juni 1998 über die Änderung des ZGB (Personenstand, Eheschliessung, Scheidung etc., AS 1999 S. 1118, i.K. 1. Januar 2000) sind u.a. die Art. 39–51 (Zweiter Abschnitt des ersten Titels) des ZGB vom 10. Dezember 1907 aufgehoben und durch die neuen Art. 39–49 ersetzt worden.

standsbeamtin oder dem Zivilstandsbeamten [44] bewilligen, sofern es sich nach hinreichenden Bemühungen als unmöglich oder unzumutbar [4] erweist, die Urkunden zu beschaffen, und die Angaben nicht streitig sind.

² Die Zivilstandsbeamtin oder der Zivilstandsbeamte ermahnt die erklärende Person zur Wahrheit und weist sie auf die Straffolgen einer falschen Erklärung hin.

ZStV 17.

IV. Bereinigung.
1. Durch das Gericht.

42 [45¹]. ¹ Wer ein schützenswertes persönliches Interesse glaubhaft macht, kann beim Gericht auf Eintragung von streitigen Angaben über den Personenstand [39²], auf Berichtigung oder auf Löschung einer Eintragung klagen. Das Gericht hört die betroffenen kantonalen Aufsichtsbehörden [45] an und stellt ihnen das Urteil zu [ZStV 30].

² Die kantonalen Aufsichtsbehörden [45] sind ebenfalls klageberechtigt.

Gerichtsstand: GestG 14; ZStV 30².

2. Durch die Zivilstandsbehörden.

43 [45²]. Die Zivilstandsbehörden beheben von Amtes wegen Fehler, die auf einem offensichtlichen Versehen oder Irrtum beruhen [ZStV 29].¹)

---

¹) Siehe auch das Übereinkommen vom 10. September 1964 betreffend die Entscheidungen über die Berichtigung von Einträgen in Personenstandsbüchern (Zivilstandsregistern), SR 0.211.112.14.

V. Datenschutz und Bekanntgabe der Daten.

43a.¹) ¹ Der Bundesrat²) sorgt auf dem Gebiet der Beurkundung des Personenstandes für den Schutz der Persönlichkeit [28] und der Grundrechte der Personen, über die Daten bearbeitet werden.

² Er regelt die Bekanntgabe von Daten an Private, die ein unmittelbares schutzwürdiges Interesse nachweisen können.

³ Er bestimmt die Behörden ausserhalb des Zivilstandswesens, denen die zur Erfüllung ihrer gesetzlichen Aufgaben nötigen Daten regelmässig oder auf Anfrage bekanntgegeben werden. Vorbehalten bleiben die Vorschriften über die Bekanntgabe nach einem kantonalen Gesetz.

⁴ Auf Daten, die für die Überprüfung der Identität einer Person notwendig sind, haben im Abrufverfahren Zugriff:
1. die ausstellenden Behörden nach dem Bundesgesetz vom 22. Juni 2001³) über die Ausweise für Schweizer Staatsangehörige;
2. die für die Führung des automatisierten Fahndungssystems nach Artikel 351bis des Strafgesetzbuches⁴) zuständige Stelle des Bundes und die Filtrierstellen der im Fahndungssystem ausschreibenden kantonalen und städtischen Polizeikorps;

3. die für die Führung des automatisierten Strafregisters nach Artikel 359 des Strafgesetzbuches zuständige Stelle des Bundes;
4. die für die Nachforschungen nach vermissten Personen zuständige Stelle des Bundes[5]).

---

[1]) Eingefügt gemäss BG vom 5. Oktober 2001 über die Änderung des ZGB (Elektronische Führung der Personenstandsregister, AS 2004 S. 2911), i.K. 1. Juli 2004.

[2]) Siehe dazu die ZStV, Anhang III zum ZGB, insbes. Art. 44/61.

[3]) SR 143.1.

[4]) StGB, SR 311.0.

[5]) Zurzeit das Bundesamt für Polizei.

44 [41[2,3]]. [1] Die Zivilstandsbeamtinnen und Zivilstandsbeamten [48[3], 49] erfüllen insbesondere folgende Aufgaben: **B. Organisation.** I. Zivilstandsbehörden. 1. Zivilstandsbeamtinnen und Zivilstandsbeamte.
1. Sie führen die Register [39].
2. Sie erstellen die Mitteilungen und Auszüge.
3. Sie führen das Vorbereitungsverfahren der Eheschliessung [98/100] durch und vollziehen die Trauung [101/2].
4. Sie nehmen Erklärungen zum Personenstand [39/40] entgegen.

[2] Der Bundesrat kann ausnahmsweise eine Vertreterin oder einen Vertreter der Schweiz im Ausland mit diesen Aufgaben betrauen[1]).

---

[1]) Siehe dazu Art. 5[2] ZStV.

45 [40[1], 43]. [1] Jeder Kanton [49] bestellt die Aufsichtsbehörde. 2. Aufsichtsbehörden.
[2] Diese Behörde erfüllt insbesondere folgende Aufgaben:
1. Sie beaufsichtigt die Zivilstandsämter [44].
2. Sie unterstützt und berät die Zivilstandsämter.
3. Sie wirkt bei der Registerführung [39] und beim Vorbereitungsverfahren der Eheschliessung [98/100] mit.
4. Sie erlässt Verfügungen über die Anerkennung und die Eintragung im Ausland eingetretener Zivilstandstatsachen sowie ausländischer Entscheidungen, die den Personenstand [39[2]] betreffen [IPRG 32].
5. Sie sorgt für die Aus- und Weiterbildung der im Zivilstandswesen tätigen Personen.

[3] Der Bund übt die Oberaufsicht aus. Er kann gegen Verfügungen der Zivilstandsbeamtinnen und Zivilstandsbeamten sowie der Aufsichtsbehörden die kantonalen Rechtsmittel einlegen.[1])

---

[1]) Eingefügt gemäss BG vom 5. Oktober 2001 über die Änderung des ZGB (Elektronische Führung der Personenstandsregister, AS 2004 S. 2911), i.K. 1. Juli 2004.

14 Das Personenrecht

Ia. Zentrale Datenbank.

45a.[1]) [1] Der Bund betreibt für die Kantone eine zentrale Datenbank.

[2] Die Datenbank wird von den Kantonen finanziert. Die Kosten werden nach der Einwohnerzahl aufgeteilt.

[3] Der Bundesrat[2]) regelt im Rahmen des Gesetzes und unter Mitwirkung der Kantone:
1. das Verfahren der Zusammenarbeit;
2. die Zugriffsrechte der Zivilstandsbehörden;
3. die zur Sicherstellung des Datenschutzes und der Datensicherheit erforderlichen organisatorischen und technischen Massnahmen;
4. die Archivierung.

---

[1]) Eingefügt gemäss BG vom 5. Oktober 2001 über die Änderung des ZGB (Elektronische Führung der Personenstandsregister, AS 2004 S. 2911), i. K. 1. Juli 2004.

[2]) Siehe dazu die ZStV, Anhang III zum ZGB, insbes. Art. 76 ff.

II. Haftung.

46 [42]. [1] Wer durch die im Zivilstandswesen tätigen Personen in Ausübung ihrer amtlichen Tätigkeit widerrechtlich [OR 41[1]] verletzt wird, hat Anspruch auf Schadenersatz [OR 42/4] und, wo die Schwere der Verletzung es rechtfertigt, auf Genugtuung [OR 49; ZGB 28a].

[2] Haftbar ist der Kanton; er kann auf die Personen, welche die Verletzung absichtlich oder grobfahrlässig verursacht haben, Rückgriff nehmen.

[3] Auf Personen, die vom Bund angestellt sind, findet das Verantwortlichkeitsgesetz[1]) Anwendung.

OR 61[1].

---

[1]) SR 170.32.

III. Disziplinarmassnahmen.

47 [44]. [1] Vorsätzliche oder fahrlässige Amtspflichtverletzungen der auf den Zivilstandsämtern tätigen Personen werden von der kantonalen Aufsichtsbehörde [45] mit Disziplinarmassnahmen geahndet.

[2] Die Disziplinarmassnahme besteht in einem Verweis, in Busse bis zu 1000 Franken oder, in schweren Fällen, in Amtsenthebung.

[3] Vorbehalten bleibt die strafrechtliche Verfolgung.

C. Ausführungsbestimmungen.
I. Bundesrecht.

48 [39[2]]. [1] Der Bundesrat erlässt die Ausführungsbestimmungen.[1])

[2] Er regelt namentlich:
1. die zu führenden Register [39[1]] und die einzutragenden Angaben [39[2]];
2. die Registerführung;
3. die Aufsicht [45[2] Ziff. 2, 45[3]].

³ Zur Sicherstellung eines fachlich zuverlässigen Vollzugs kann der Bundesrat Mindestanforderungen an die Aus- und Weiterbildung der im Zivilstandswesen tätigen Personen sowie an den Beschäftigungsgrad der Zivilstandsbeamtinnen und Zivilstandsbeamten erlassen.

⁴ Er legt die im Zivilstandswesen zu erhebenden Gebühren fest.²)

⁵ Er bestimmt, unter welchen Voraussetzungen es zulässig ist, auf elektronischem Weg:
1. Zivilstandsfälle zu melden;
2. Erklärungen zum Personenstand abzugeben;
3. Mitteilungen und Registerauszüge zuzustellen.³)

---

¹) ZStV, Anhang III zum ZGB.

²) Siehe V vom 27. Oktober 1999 über die Gebühren im Zivilstandswesen (ZStGV), SR 172.042.110.

³) Eingefügt gemäss BG vom 5. Oktober 2001 über die Änderung des ZGB (Elektronische Führung der Personenstandsregister, AS 2004 S. 2911), i.K. 1. Juli 2004.

49 [40]. ¹ Die Kantone legen die Zivilstandskreise fest. | II. Kantonales Recht.

² Sie erlassen im Rahmen des Bundesrechts die nötigen Ausführungsbestimmungen.

³ Die kantonalen Vorschriften, ausgenommen diejenigen über die Besoldung der im Zivilstandswesen tätigen Personen, bedürfen zu ihrer Gültigkeit der Genehmigung des Bundes.

50 und **51.** (Aufgehoben gemäss Ziff. I 1. des BG vom 26. Juni 1998 über die Änderung des ZGB [Personenstand, Eheschliessung, Scheidung etc., AS 1999 S. 1118].)

Zweiter Titel

Die juristischen Personen

Erster Abschnitt

Allgemeine Bestimmungen

Entwurf 1900 Art. 70/7, 108/9; Erl. I, S. 59 ff., S. 79 ff., S. 96 f.; ExpKom. I, S. 37 ff., S. 83 ff.; Entwurf 1904 Art. 61/9; NatR XV, S. 473/78; StändeR XV, S. 926 f.

A. Persönlichkeit.

52. [1] Die körperschaftlich organisierten Personenverbindungen und die einem besondern Zwecke gewidmeten und selbständigen Anstalten erlangen das Recht der Persönlichkeit [53] durch die Eintragung in das Handelsregister [OR 927/43, 643, 764[2], 783, 838].

[2] Keiner Eintragung bedürfen die öffentlich-rechtlichen Körperschaften und Anstalten [59], die Vereine, die nicht wirtschaftliche Zwecke verfolgen [60 ff.], die kirchlichen Stiftungen und die Familienstiftungen [80 ff.].

[3] Personenverbindungen und Anstalten zu unsittlichen oder widerrechtlichen Zwecken [OR 20[1]] können das Recht der Persönlichkeit nicht erlangen [57[3]].

B. Rechtsfähigkeit.

53. Die juristischen Personen sind aller Rechte und Pflichten fähig [11], die nicht die natürlichen Eigenschaften des Menschen, wie das Geschlecht, das Alter oder die Verwandtschaft, zur notwendigen Voraussetzung haben.

C. Handlungsfähigkeit.
I. Voraussetzung.

54. Die juristischen Personen sind handlungsfähig [12], sobald die nach Gesetz und Statuten hiefür unentbehrlichen Organe bestellt sind.

II. Betätigung.

55. [1] Die Organe sind berufen, dem Willen der juristischen Person Ausdruck zu geben.

[2] Sie verpflichten die juristische Person sowohl durch den Abschluss von Rechtsgeschäften als durch ihr sonstiges Verhalten [z.B. 69; OR 718a, 722, 814, 899].

[3] Für ihr Verschulden sind die handelnden Personen ausserdem persönlich verantwortlich.

56. Der Wohnsitz[1] [23/6] der juristischen Personen befindet sich, wenn ihre Statuten [z.B. 60[2]; OR 626, 641, 764[2], 776, 781, 832, 836] es nicht anders bestimmen, an dem Orte, wo ihre Verwaltung geführt wird.[2])

D. Wohnsitz.

---

[1]) Mit Inkrafttreten des BG/GmbH vom 16. Dezember 2005 (voraussichtlich in der zweiten Hälfte des Jahres 2007) wird Art. 56 geändert; statt «Wohnsitz» heisst es dann neu «Sitz» (s. Anhang XII zum ZGB, S. 755 ff., 757).
[2]) Über eine vorübergehende Sitzverlegung siehe den BRB vom 12. April 1957 betreffend vorsorgliche Schutzmassnahmen für juristische Personen, Personengesellschaften und Einzelfirmen (SR 531.54) und die VV vom 12. April 1957 dazu (SR 531.541).
   Zu den Wohnsitzverhältnissen von Gesellschaften im internationalen Privatrecht vgl. Art. 21 IPRG (Anhang I A zum ZGB).

57. [1] Wird eine juristische Person aufgehoben, so fällt ihr Vermögen, wenn das Gesetz, die Statuten, die Stiftungsurkunde oder die zuständigen Organe es nicht anders bestimmen, an das Gemeinwesen (Bund, Kanton, Gemeinde), dem sie nach ihrer Bestimmung angehört hat.

[2] Das Vermögen ist dem bisherigen Zwecke möglichst entsprechend zu verwenden.

[3] Wird eine juristische Person wegen Verfolgung unsittlicher oder widerrechtlicher Zwecke [52[3]] aufgehoben [z.B. 88[1] Ziff. 2], so fällt das Vermögen an das Gemeinwesen, auch wenn etwas anderes bestimmt worden ist.[1])

E. Aufhebung.
I. Vermögensverwendung.

---

[1]) Fassung gemäss Ziff. I des BG vom 8. Oktober 2004 über die Änderung des ZGB (Stiftungsrecht, AS 2005 S. 4545), i.K. 1. Januar 2006.

58. Das Verfahren bei der Liquidation des Vermögens der juristischen Personen richtet sich nach den Vorschriften, die für die Genossenschaften aufgestellt sind [OR 913].

II. Liquidation.

59. [1] Für die öffentlich-rechtlichen und kirchlichen Körperschaften und Anstalten bleibt das öffentliche Recht des Bundes und der Kantone [6[1]] vorbehalten.

[2] Personenverbindungen, die einen wirtschaftlichen Zweck verfolgen, stehen unter den Bestimmungen über die Gesellschaften [OR 530/827] und Genossenschaften [OR 828 ff.].

[3] Allmendgenossenschaften und ähnliche Körperschaften verbleiben unter den Bestimmungen des kantonalen Rechtes.

F. Vorbehalt des öffentlichen und des Gesellschafts- und Genossenschaftsrechtes.

Zweiter Abschnitt

Die Vereine *

Entwurf 1900 Art. 78/96; Erl. I, S. 85 ff.; ExpKom. I, S. 53 ff.; Entwurf 1904 Art. 70/89; NatR XV, S. 478/85; StändeR XV, S. 939/48; NatR XVII, S. 406/9. – Parl. Initiative, Festlegung der Beitragspflicht von Vereinsmitgliedern: Bericht der Kommission für Rechtsfragen des StR vom 22. April 2004 (BBl 2004 S. 4835); Stellungnahme des BR vom 18. August 2004 (BBl 2004 S. 4843).

A. Gründung.
I. Körperschaftliche Personenverbindung.

60. [1] Vereine, die sich einer politischen, religiösen, wissenschaftlichen, künstlerischen, wohltätigen, geselligen oder andern nicht wirtschaftlichen Aufgabe [59[2]] widmen, erlangen die Persönlichkeit [52/3], sobald der Wille, als Körperschaft zu bestehen, aus den Statuten ersichtlich ist [52[2, 3]].

[2] Die Statuten müssen in schriftlicher Form errichtet sein und über den Zweck des Vereins, seine Mittel und seine Organisation [64/9] Aufschluss geben.

II. Eintragung.[1])

61. [1] Sind die Vereinsstatuten angenommen und ist der Vorstand bestellt, so ist der Verein befugt, sich in das Handelsregister [OR 927 ff.] eintragen zu lassen [HRegV 10[1] lit. h, 97/100].

[2] Betreibt der Verein für seinen Zweck [60[1]] ein nach kaufmännischer Art geführtes Gewerbe [OR 934[1]; HRegV 52 ff.], so ist er zur Eintragung verpflichtet.[1])

[3] Der Anmeldung sind die Statuten und das Verzeichnis der Vorstandsmitglieder beizufügen.

Zur Auswirkung auf die Konkursfähigkeit vgl. SchKG 39/40.

---

[1]) Mit Inkrafttreten des BG/GmbH vom 16. Dezember 2005 (voraussichtlich in der zweiten Hälfte des Jahres 2007) werden Art. 61 Randtitel und Absatz 2 geändert (s. Anhang XII zum ZGB, S. 755 ff., 757).

III. Vereine ohne Persönlichkeit.

62. Vereine, denen die Persönlichkeit nicht zukommt, oder die sie noch nicht erlangt haben [60[1]], sind den einfachen Gesellschaften [OR 530 ff.] gleichgestellt.

IV. Verhältnis der Statuten zum Gesetz.

63. [1] Soweit die Statuten über die Organisation und über das Verhältnis des Vereins zu seinen Mitgliedern keine Vorschriften aufstellen, finden die nachstehenden Bestimmungen Anwendung.

[2] Bestimmungen, deren Anwendung von Gesetzes wegen vorgeschrieben ist [64[3], 65[3], 68, 70[2], 75, 77], können durch die Statuten nicht abgeändert werden.

---

* Auf Fusionen, Umwandlungen und Vermögensübertragungen von Vereinen kommt das Fusionsgesetz (Anhang IX zum OR) mit den darin enthaltenen Sonderbestimmungen z.B. auch über den Fusions- oder Umwandlungsbeschluss der Generalversammlung (Art. 18, 64 Abs. 1 FusG) oder das Austrittsrecht der Mitglieder bei Fusionen (Art. 19 FusG) zur Anwendung.

B. Organisation.
I. Vereinsversammlung.
1. Bedeutung und Einberufung.

64. [1] Die Versammlung der Mitglieder bildet das oberste Organ des Vereins.

[2] Sie wird vom Vorstand [69] einberufen.

[3] Die Einberufung erfolgt nach Vorschrift der Statuten und überdies von Gesetzes wegen [63²], wenn ein Fünftel der Mitglieder die Einberufung verlangt.

2. Zuständigkeit.

65. [1] Die Vereinsversammlung beschliesst über die Aufnahme [70¹] und den Ausschluss [72] von Mitgliedern, wählt den Vorstand und entscheidet in allen Angelegenheiten, die nicht andern Organen des Vereins übertragen sind.

[2] Sie hat die Aufsicht über die Tätigkeit der Organe und kann sie jederzeit abberufen [OR 404¹], unbeschadet der Ansprüche, die den Abberufenen aus bestehenden Verträgen zustehen.

[3] Das Recht der Abberufung besteht, wenn ein wichtiger Grund [4] sie rechtfertigt, von Gesetzes wegen [63²].

3. Vereinsbeschluss.
a. Beschlussfassung.

66. [1] Vereinsbeschlüsse werden von der Vereinsversammlung gefasst.

[2] Die schriftliche Zustimmung aller Mitglieder zu einem Antrag ist einem Beschlusse der Vereinsversammlung gleichgestellt.

b. Stimmrecht und Mehrheit.

67. [1] Alle Mitglieder haben in der Vereinsversammlung das gleiche Stimmrecht.

[2] Die Vereinsbeschlüsse werden mit Mehrheit der Stimmen der anwesenden Mitglieder gefasst.[1])

[3] Über Gegenstände, die nicht gehörig angekündigt sind, darf ein Beschluss nur dann gefasst werden, wenn die Statuten es ausdrücklich gestatten.

---

[1]) Für den Fusionsbeschluss s. Art. 18 Abs. 1 lit. e und Absatz 5 und 6 FusG, für den Umwandlungsbeschluss Art. 64 Abs. 1 lit. e FusG.

c. Ausschliessung vom Stimmrecht.

68. Jedes Mitglied ist von Gesetzes wegen [63²] vom Stimmrechte ausgeschlossen bei der Beschlussfassung über ein Rechtsgeschäft oder einen Rechtsstreit zwischen ihm, seinem Ehegatten oder einer mit ihm in gerader Linie [20²] verwandten Person einerseits und dem Vereine anderseits.

II. Vorstand.[1])

69. Der Vorstand hat das Recht und die Pflicht, nach den Befugnissen, die die Statuten ihm einräumen, die Angelegenheiten des Vereins zu besorgen und den Verein zu vertreten.

---

[1]) Mit Inkrafttreten des BG/GmbH vom 16. Dezember 2005 (voraussichtlich in der zweiten Hälfte des Jahres 2007) wird Art. 69 Randtitel geändert und heisst dann «II. Vorstand. 1. Rechte und Pflichten im Allgemeinen» (s. Anhang XII zum ZGB, S. 755 ff., 757).

Neue Art. 69a, 69b, 69c. Mit Inkrafttreten des BG/GmbH vom 16. Dezember 2005 (voraussichtlich in der zweiten Hälfte des Jahres 2007) werden neu die Art. 69a, 69b und 69c ins Gesetz eingefügt (s. Anhang XII zum ZGB, S. 755 ff., 757 f.).

C. Mitgliedschaft.
I. Ein- und Austritt.

70. [1] Der Eintritt von Mitgliedern kann [65[1]] jederzeit erfolgen.

[2] Der Austritt ist von Gesetzes wegen [63[2]] zulässig, wenn er mit Beobachtung einer halbjährigen Frist auf das Ende des Kalenderjahres oder, wenn eine Verwaltungsperiode vorgesehen ist, auf deren Ende angesagt wird.[1])

[3] Die Mitgliedschaft ist weder veräusserlich noch vererblich.

---
[1]) Für das Austrittsrecht bei der Fusion von Vereinen s. Art. 19 FusG.

II. Beitragspflicht.

71. [1]) Beiträge können von den Mitgliedern verlangt werden, sofern die Statuten dies vorsehen.[2])

---
[1]) Fassung gemäss Ziff. I des BG vom 17. Dezember 2004 über die Änderung des ZGB (Festlegung der Beitragspflicht von Vereinsmitgliedern, AS 2005 S. 2117), i. K. 1. Juni 2005.

[2]) Betreffend persönliche Haftung und statutarische Nachschusspflicht siehe Art. 99 HRegV (Anhang VII A zum OR).

III. Ausschliessung.

72. [1] Die Statuten können die Gründe bestimmen, aus denen ein Mitglied ausgeschlossen werden darf, sie können aber auch die Ausschliessung ohne Angabe der Gründe gestatten.

[2] Eine Anfechtung der Ausschliessung wegen ihres Grundes ist in diesen Fällen nicht statthaft.

[3] Enthalten die Statuten hierüber keine Bestimmung, so darf die Ausschliessung nur durch Vereinsbeschluss [65[1]] und aus wichtigen Gründen [4] erfolgen.

IV. Stellung ausgeschiedener Mitglieder.

73. [1] Mitglieder, die austreten oder ausgeschlossen werden, haben auf das Vereinsvermögen [75a] keinen Anspruch.

[2] Für die Beiträge [71] haften sie nach Massgabe der Zeit ihrer Mitgliedschaft.

V. Schutz des Vereinszweckes.

74. Eine Umwandlung des Vereinszweckes [60[2]] kann keinem Mitgliede aufgenötigt werden.

VI. Schutz der Mitgliedschaft.

75. Beschlüsse, die das Gesetz oder die Statuten verletzen, kann jedes Mitglied, das nicht zugestimmt hat, von Gesetzes wegen [63[2]] binnen Monatsfrist, nachdem es von ihnen Kenntnis erhalten hat, beim Gericht anfechten.[1])

---
[1]) Zur Anfechtung von Fusion, Umwandlung und Vermögensübertragung s. Art. 106 FusG.

75a. [1]) Für die Verbindlichkeiten des Vereins haftet das Vereinsvermögen [73]. Es haftet ausschliesslich, sofern die Statuten nichts anderes bestimmen.

C^{bis}. **Haftung.**

---
[1]) Eingefügt gemäss Ziff. I des BG vom 17. Dezember 2004 über die Änderung des ZGB (Festlegung der Beitragspflicht von Vereinsmitgliedern, AS 2005 S. 2117), i. K. 1. Juni 2005.

76. Die Auflösung des Vereins kann jederzeit durch Vereinsbeschluss [66] herbeigeführt werden.[1])

D. Auflösung.
I. Auflösungsarten.
1. Vereinsbeschluss.

---
[1]) Für die Fusion s. Art. 3 ff. FusG.

77. Die Auflösung erfolgt von Gesetzes wegen [63^2], wenn der Verein zahlungsunfähig ist, sowie wenn der Vorstand [69] nicht mehr statutengemäss bestellt werden kann.

2. Von Gesetzes wegen.

78. Die Auflösung erfolgt durch das Gericht auf Klage der zuständigen Behörde oder eines Beteiligten, wenn der Zweck des Vereins widerrechtlich oder unsittlich ist [52^3, 57^3].

3. Urteil.

79. Ist der Verein im Handelsregister eingetragen [61$^{1,\,2}$], so hat der Vorstand oder das Gericht dem Registerführer die Auflösung behufs Löschung des Eintrages mitzuteilen [vgl. auch HRegV 100].

II. Löschung des Registereintrages.

Dritter Abschnitt

Die Stiftungen*

Entwurf 1900 Art. 97/107; Erl. I, S. 92 ff.; ExpKom. I, S. 76 ff.; Entwurf 1904 Art. 90/98; NatR XV, S. 485/9; StändeR XV, S. 1237/41. – Parlamentarische Initiative, Revision des Stiftungsrechts: Bericht der Kommission für Wirtschaft und Abgaben des StR vom 23. Oktober 2003 (BBl 2003 S. 8153); Stellungnahme des BR vom 5. Dezember 2003 (BBl 2003 S. 8191).

80. Zur Errichtung einer Stiftung bedarf es der Widmung eines Vermögens für einen besondern Zweck [52^3, 335].

A. Errichtung.
I. Im allgemeinen.

---
* **a.** Durch das BG vom 8. Oktober 2004 über die Änderung des ZGB (Stiftungsrecht, AS 2005 S. 4545) sind die Art. 57, 81 und 83–89 geändert worden; die Art. 83a und b, 84a und b sowie 86a und b wurden neu ins Gesetz eingefügt. Dieses BG ist auf den 1. Januar 2006 in Kraft getreten.
b. Mit Inkrafttreten des BG/GmBH vom 16. Dezember 2005 (voraussichtlich in der zweiten Hälfte des Jahres 2007) wird das Stiftungsrecht erneut revidiert. Die Art. 83–83b werden geändert, Art. 83c und d neu eingefügt und Art. 84b aufgehoben (s. Anhang XII zum ZGB, S. 755 ff., 758 f.).
c. Auf Fusionen und Vermögensübertragungen von Stiftungen kommen die Art. 78 ff. des Fusionsgesetzes (Anhang IX zum OR) mit den darin enthaltenen Sonderbestimmungen zur Anwendung.

22 Das Personenrecht

II. Form der Errichtung.

81. [1] Die Stiftung wird durch eine öffentliche Urkunde [SchlT 55[1]] oder durch eine Verfügung von Todes wegen [493, 498/511, 512/5] errichtet.

[2] Die Eintragung in das Handelsregister [52; HRegV 10, 101/104a, 121] erfolgt auf Grund der Stiftungsurkunde [81[1]] und nötigenfalls nach Anordnung der Aufsichtsbehörde [84] unter Angabe der Mitglieder der Verwaltung.[1])

[3] Die Behörde, welche die Verfügung von Todes wegen eröffnet [538, 551], teilt dem Handelsregisterführer die Errichtung der Stiftung mit.

---

[1]) Zur Auswirkung auf die Konkursfähigkeit vgl. SchKG 39/40.

III. Anfechtung.

82. Eine Stiftung kann von den Erben oder den Gläubigern des Stifters gleich einer Schenkung [494[3], 527] angefochten werden.

Zur Anfechtung nach SchKG vgl. SchKG 286, 288.

B. Organisation.*
I. Im Allgemeinen.

83. [1] Die Organe der Stiftung und die Art der Verwaltung werden durch die Stiftungsurkunde [81[1]] festgestellt.

[2] Ist die vorgesehene Organisation nicht genügend, fehlt der Stiftung eines der vorgeschriebenen Organe oder ist eines dieser Organe nicht rechtmässig zusammengesetzt [z.B. 83a[2]], so ergreift die Aufsichtsbehörde [84; OR 914a] die erforderlichen Massnahmen. Sie kann insbesondere:
1. der Stiftung eine Frist zur Herstellung des rechtmässigen Zustandes setzen;
2. das fehlende Organ oder einen Sachwalter ernennen.

[3] Kann eine zweckdienliche Organisation der Stiftung nicht gewährleistet werden, so wendet die Aufsichtsbehörde das Vermögen [80] einer anderen Stiftung mit möglichst gleichartigem Zweck zu.

[4] Die Stiftung trägt die Kosten der Massnahmen.

II. Revisionsstelle.
1. Bezeichnung.

83a. [1] Das oberste Stiftungsorgan [83] bezeichnet eine Revisionsstelle [87[1bis]; HRegV 102 lit. h, 121].

[2] Die mit der Revision beauftragten Personen [11 ff.; 52 ff.] müssen von der Stiftung unabhängig sein [83[2]]. Sie dürfen insbesondere nicht:
1. einem anderen Stiftungsorgan angehören;
2. in einem Arbeitsverhältnis [OR 319 ff.] zur Stiftung stehen;

---

* Mit Inkrafttreten des BG/GmbH vom 16. Dezember 2005 (voraussichtlich in der zweiten Hälfte des Jahres 2007) werden die Art. 83–83b geändert, Art. 83c und d neu eingefügt und Art. 84b aufgehoben (s. Anhang XII zum ZGB, S. 755 ff., 758 f.).

Die Stiftungen

3. enge verwandtschaftliche Beziehungen zu Mitgliedern von Stiftungsorganen haben;
4. Destinatäre der Stiftung sein.

[3] Der Bundesrat kann bestimmen, unter welchen Voraussetzungen die Stiftung ausnahmsweise einen besonders befähigten Revisor beiziehen muss[1]).

[4] Die Aufsichtsbehörde kann eine Stiftung von der Pflicht befreien, eine Revisionsstelle zu bezeichnen. Der Bundesrat[1]) legt die Voraussetzungen der Befreiung fest [HRegV 103a].

---

[1]) Siehe V vom 24. August 2005 über die Revisionsstelle von Stiftungen (SR 211.121.3), i.K. 1. Januar 2006, abrufbar über www.schulthess.com/update/.

83b. Die Revisionsstelle [83a[1]] prüft jährlich die Rechnungsführung [84b] und die Vermögenslage der Stiftung und erstellt einen Bericht zuhanden des obersten Stiftungsorgans [83].

2. Tätigkeit.

84. [1] Die Stiftungen stehen unter der Aufsicht des Gemeinwesens (Bund, Kanton, Gemeinde), dem sie nach ihrer Bestimmung angehören.

C. Aufsicht.[1])

[1bis] Die Kantone können die ihren Gemeinden angehörenden Stiftungen der kantonalen Aufsichtsbehörde unterstellen.

[2] Die Aufsichtsbehörde [HRegV 103] hat dafür zu sorgen, dass das Stiftungsvermögen seinen Zwecken [80] gemäss verwendet wird.

---

[1]) Zur eidgenössischen Stiftungsaufsicht vgl. die V vom 24. August 2005 über die Gebühren der Eidgenössischen Stiftungsaufsicht (GebV, Stiftungsaufsicht) (SR 172.041.18).

84a. [1] Besteht begründete Besorgnis, dass die Stiftung überschuldet ist oder ihre Verbindlichkeiten längerfristig nicht mehr erfüllen kann, so stellt das oberste Stiftungsorgan [83] auf Grund der Veräusserungswerte eine Zwischenbilanz auf und legt sie der Revisionsstelle [83a[1]] zur Prüfung vor. Verfügt die Stiftung über keine Revisionsstelle, so legt das oberste Stiftungsorgan die Zwischenbilanz der Aufsichtsbehörde [84] vor.

C[bis]. Massnahmen bei Überschuldung und Zahlungsunfähigkeit.

[2] Stellt die Revisionsstelle fest, dass die Stiftung überschuldet ist oder ihre Verbindlichkeiten längerfristig nicht erfüllen kann, so legt sie die Zwischenbilanz der Aufsichtsbehörde vor.

[3] Die Aufsichtsbehörde hält das oberste Stiftungsorgan zur Einleitung der erforderlichen Massnahmen an. Bleibt dieses untätig, so trifft die Aufsichtsbehörde die nötigen Massnahmen.

[4] Nötigenfalls beantragt die Aufsichtsbehörde vollstreckungsrechtliche Massnahmen; die aktienrechtlichen Bestimmungen

---

Zur **bevorstehenden Gesetzesänderung** s. Note* zu Art. 83 und Anhang XII zum ZGB, S. 755 ff., 758 f.

über die Eröffnung oder den Aufschub des Konkurses [OR 725a] sind sinngemäss anwendbar.

C^ter. Buchführung.

84b. [1] Die Stiftung ist zur Buchführung verpflichtet. Die Bestimmungen des Obligationenrechts über die kaufmännische Buchführung [OR 957 ff.] sind sinngemäss anwendbar.

[2] Betreibt die Stiftung ein nach kaufmännischer Art geführtes Gewerbe [OR 934[1]; HRegV 52 ff.], so sind für die Rechnungslegung und für die Offenlegung der Jahresrechnung die Bestimmungen des Aktienrechts [OR 662 ff.] sinngemäss anwendbar.

D. Umwandlung der Stiftung.
I. Änderung der Organisation.

85. Die zuständige Bundes-[1]) oder Kantonsbehörde kann auf Antrag der Aufsichtsbehörde [84] und nach Anhörung des obersten Stiftungsorgans [83] die Organisation der Stiftung ändern, wenn die Erhaltung des Vermögens oder die Wahrung des Stiftungszwecks die Änderung dringend erfordert.

---

[1]) Departement des Innern (EDI); vgl. Art. 3 Abs. 2 der Organisationsverordnung für das EDI (SR 172.212.1) in Verbindung mit Art. 43 Abs. 2 und 47 Abs. 2 des Regierungs- und Verwaltungsorganisationsgesetzes vom 21. März 1997 (RVOG, SR 172.010).

II. Änderung des Zwecks.
1. Auf Antrag der Aufsichtsbehörde oder des obersten Stiftungsorgans.

86. [1] Die zuständige Bundes-[1]) oder Kantonsbehörde kann auf Antrag der Aufsichtsbehörde [84] oder des obersten Stiftungsorgans [83] den Zweck der Stiftung ändern, wenn deren ursprünglicher Zweck [80] eine ganz andere Bedeutung oder Wirkung erhalten hat, so dass die Stiftung dem Willen des Stifters offenbar entfremdet worden ist.

[2] Unter den gleichen Voraussetzungen können Auflagen oder Bedingungen [OR 151/7], die den Stiftungszweck beeinträchtigen, aufgehoben oder abgeändert werden [482].

---

[1]) Siehe Art. 85/Fn. 1.

2. Auf Antrag des Stifters oder auf Grund seiner Verfügung von Todes wegen.

86a. [1] Die zuständige Bundes-[1]) oder Kantonsbehörde ändert den Zweck einer Stiftung auf Antrag des Stifters oder auf Grund von dessen Verfügung von Todes wegen, wenn in der Stiftungsurkunde eine Zweckänderung vorbehalten worden ist [HRegV 102 lit. e] und seit der Errichtung der Stiftung oder seit der letzten vom Stifter verlangten Änderung mindestens zehn Jahre verstrichen sind.

[2] Verfolgt die Stiftung einen öffentlichen oder gemeinnützigen Zweck nach Artikel 56 Buchstabe g des Bundesgesetzes vom 14. Dezember 1990[2]) über die direkte Bundessteuer, so muss der geänderte Zweck ebenfalls öffentlich oder gemeinnützig sein.

Zur **bevorstehenden Gesetzesänderung** s. Note* zu Art. 83 und Anhang XII zum ZGB, S. 755 ff., 758 f.

³ Das Recht auf Änderung des Stiftungszwecks ist unvererblich und unübertragbar. Ist der Stifter eine juristische Person, so erlischt dieses Recht spätestens 20 Jahre nach der Errichtung der Stiftung.
⁴ Haben mehrere Personen die Stiftung errichtet, so können sie die Änderung des Stiftungszwecks nur gemeinsam verlangen.
⁵ Die Behörde, welche die Verfügung von Todes wegen eröffnet [538, 551], teilt der zuständigen Aufsichtsbehörde [84] die Anordnung zur Änderung des Stiftungszwecks mit.

---

1) Siehe Art. 85/Fn. 1.
2) SR 642.11.

86b. Die Aufsichtsbehörde [84] kann nach Anhörung des obersten Stiftungsorgans [83¹] unwesentliche Änderungen der Stiftungsurkunde vornehmen, sofern dies aus triftigen sachlichen Gründen als geboten erscheint und keine Rechte Dritter beeinträchtigt.

III. Unwesentliche Änderungen der Stiftungsurkunde.

87. ¹ Die Familienstiftungen [335, 80 ff.] und die kirchlichen Stiftungen [80 ff.] sind unter Vorbehalt des öffentlichen Rechtes der Aufsichtsbehörde [84] nicht unterstellt.
¹ᵇⁱˢ Sie sind von der Pflicht befreit, eine Revisionsstelle zu bezeichnen [83a¹].
² Über Anstände privatrechtlicher Natur entscheidet das Gericht.

E. Familienstiftungen und kirchliche Stiftungen.

88. ¹ Die zuständige Bundes-¹) oder Kantonsbehörde hebt die Stiftung auf Antrag oder von Amtes wegen auf [HRegV 104¹], wenn:
1. deren Zweck unerreichbar geworden ist und die Stiftung durch eine Änderung der Stiftungsurkunde [86¹] nicht aufrechterhalten werden kann; oder
2. deren Zweck widerrechtlich oder unsittlich [OR 20] geworden ist [52³, 57³].

² Familienstiftungen und kirchliche Stiftungen [87] werden durch das Gericht aufgehoben [HRegV 104³].

F. Aufhebung und Löschung im Register.
I. Aufhebung durch die zuständige Behörde.

---

1) Siehe Art. 85/Fn. 1.

89. ¹ Zur Antragsstellung oder zur Klage auf Aufhebung der Stiftung berechtigt ist jede Person, die ein Interesse hat.
² Die Aufhebung ist dem Registerführer [81²] zur Löschung des Eintrags anzumelden [HRegV 104, 104a].

II. Antrags- und Klagerecht, Löschung im Register.

89ᵇⁱˢ.¹) ¹ Für Personalfürsorgeeinrichtungen²), die gemäss Artikel 331 des Obligationenrechts in Form der Stiftung errichtet worden sind, gelten überdies noch folgende Bestimmungen.³)

G. Personalfürsorgestiftungen.²)

² Die Stiftungsorgane [83] haben den Begünstigten über die Organisation, die Tätigkeit und die Vermögenslage der Stiftung den erforderlichen Aufschluss zu erteilen.

³ Leisten die Arbeitnehmer Beiträge an die Stiftung, so sind sie an der Verwaltung [83¹] wenigstens nach Massgabe dieser Beiträge zu beteiligen; soweit möglich haben die Arbeitnehmer ihre Vertretung aus dem Personal des Arbeitgebers zu wählen.³)

⁴ ...⁴)

⁵ Die Begünstigten können auf Ausrichtung von Leistungen der Stiftung klagen, wenn sie Beiträge an diese entrichtet haben oder wenn ihnen nach den Stiftungsbestimmungen ein Rechtsanspruch auf Leistungen zusteht.

⁶ ⁵) Für Personalfürsorgestiftungen, die auf dem Gebiet der Alters-, Hinterlassenen- und Invalidenvorsorge tätig sind, gelten überdies die folgenden Bestimmungen des Bundesgesetzes vom 25. Juni 1982 über die berufliche Alters-, Hinterlassenen- und Invalidenvorsorge⁶) über:

1. die Definition und Grundsätze der beruflichen Vorsorge sowie des versicherbaren Lohnes oder des versicherbaren Einkommens (Art. 1),
2. *die zusätzlichen Einkäufe für den Vorbezug der Altersleistung (Art. 13a Abs. 8)*⁷),
3. die Begünstigten bei Hinterlassenenleistungen (Art. 20a),
4. die Anpassung der reglementarischen Leistungen an die Preisentwicklung (Art. 36 Abs. 2–4)⁸),
5. die Verjährung von Ansprüchen und die Aufbewahrung von Vorsorgeunterlagen (Art. 41),
6. die Verantwortlichkeit (Art. 52),
7. die Kontrolle (Art. 53),
8. die Interessenkonflikte (Art. 53a),
9. die Teil- oder Gesamtliquidation (Art. 53b–53d),
10. die Auflösung von Verträgen (Art. 53e),
11. den Sicherheitsfonds (Art. 56 Abs. 1 Bst. c und Abs. 2–5, Art. 56a, 57 und 59),
12. die Aufsicht (Art. 61, 62 und 64),
13. die Gebühren (Art. 63a),
14. die finanzielle Sicherheit (Art. 65 Abs. 1 und 3, Art. 66 Abs. 4, Art. 67 und 69),
15. die Transparenz (Art. 65a),
16. die Rückstellungen (Art. 65b),
17. die Versicherungsverträge zwischen Vorsorgeeinrichtungen und Versicherungseinrichtungen (Art. 68 Abs. 3 und 4),
18. die Vermögensverwaltung (Art. 71),
19. die Rechtspflege (Art. 73 und 74),
20. die Strafbestimmungen (Art. 75–79),
21. den Einkauf (Art. 79b),

22. den versicherbaren Lohn und das versicherbare Einkommen (Art. 79c),
23. die Information der Versicherten (Art. 86b).[5]

---

[1]) Eingefügt durch das BG vom 21. März 1958 betr. Ergänzung des Dienstvertrags- und Stiftungsrechts (Wohlfahrtseinrichtungen für das Personal, AS 1958 I 379). Art. 89bis und Art. 343bis OR (heute Art. 331/331e OR) traten an die Stelle der Art. 673 Abs. 2/4 und 862 des OR von 1936.

[2]) In den Artikeln 331 ff. OR wird jetzt von «Personalvorsorge» statt «Personalfürsorge» gesprochen. – Für Fusionen, Umwandlungen und Vermögensübertragungen von Vorsorgeeinrichtungen beachte das 7. Kapitel des Fusionsgesetzes (Anhang IX zum OR), das in Art. 88 Abs. 3 die Bestimmungen des Stiftungsrechts vorbehält.

[3]) Fassung gemäss Art. 2 Schl- und UeB zum 10. Titel des OR.

[4]) Aufgehoben gemäss Ziff. III des BG vom 21. Juni 1996 über die Änderung des BVG (AS 1996 S. 3067).

[5]) Fassung des Art. 89bis Abs. 6 gemäss Ziff. 1 des Anhangs zum BG vom 3. Oktober 2003 über die Änderung des BVG (1. BVG-Revision). Die Ziffern 6, 7, 10–12, 14 (ausser Art. 66 Abs. 4, welcher am 1. Januar 2005 in Kraft trat), 15, 17–20 und 23 des Art. 89bis Abs. 6 wurden auf den 1. April 2004 in Kraft gesetzt, die Ziffern 3–5, 8, 9, 13, 14 (Art. 66 Abs. 4) und 16 auf den 1. Januar 2005, Ziffern 1, 21 und 22 auf den 1. Januar 2006 (AS 2004 S. 1677). Zu Ziffer 2 vgl. nachstehende Fussnote [7]).
Gemäss BG vom 23. Juni 2006 über die Änderung des AHVG (Neue AHV-Versichertennummer) (publiziert als Referendumsvorlage in BBl 2006 S. 5777, Ablauf der Referendumsfrist am 12. Oktober 2006) soll ein *neuer Art. 89bis Abs. 6 Ziff. 5a* eingefügt werden.

[6]) BVG, SR 831.40.

[7]) Art. 89bis Abs. 6 Ziff. 2 sollte gleichzeitig mit der vom Volk abgelehnten Vorlage zur 11. AHV-Revision in Kraft treten (AS 2004 S. 1677, 1700). Nach Ablehnung dieser Vorlage tritt Ziffer 2 voraussichtlich erst mit der nächsten Vorlage zur 11. AHV-Revision in Kraft.

[8]) Gemäss BG vom 18. Juni 2004 über die Änderung des BVG wurde Art. 89bis Abs. 6 Ziff. 4 erneut geändert (AS 2004 S. 4635, i.K. 1. Januar 2005).

ZWEITER TEIL

Das Familienrecht

Erl. I, S. 95 ff.; StändeR XVII, S. 290/9.

Erste Abteilung

Das Eherecht

Entwurf 1900 Art. 110/276; Erl. I, S. 101 ff.; ExpKom. I, S. 95 ff.; Entwurf 1904 Art. 99/261; NatR XVII, S. 244/59.

Dritter Titel

Die Eheschliessung*

Botsch. und Entw. des BR vom 15. November 1995 über die Änderung des ZGB (Personenstand, Eheschliessung, Scheidung etc.), BBl 1996 I 1.

Erster Abschnitt

Das Verlöbnis

A. Verlobung.   **90** [90, 91[1]]. [1] Das Verlöbnis wird durch das Eheversprechen begründet.

[2] Unmündige [14] oder Entmündigte [369 ff.] werden ohne Zustimmung des gesetzlichen Vertreters [304, 385[3], 407, 410[2]] durch ihre Verlobung nicht verpflichtet.

[3] Aus dem Verlöbnis entsteht kein klagbarer Anspruch auf Eingehung der Ehe [27[2]].

B. Auflösung des Verlöbnisses.
I. Geschenke.   **91** [94]. [1] Mit Ausnahme der gewöhnlichen Gelegenheitsgeschenke können die Verlobten Geschenke [OR 239], die sie einander gemacht haben, bei Auflösung des Verlöbnisses zurückfordern, es sei denn, das Verlöbnis sei durch Tod aufgelöst worden.

---

* Durch das BG vom 26. Juni 1998 über die Änderung des ZGB (Personenstand, Eheschliessung, Scheidung etc., AS 1999 S. 1118, i.K. 1. Januar 2000) sind u. a. die Art. 90–136 (Dritter Titel) des ZGB vom 16. Dezember 1907 aufgehoben und durch die neuen Art. 90–110 ersetzt worden. Zu beachten ist auch Art. 7 SchlT.

² Sind die Geschenke nicht mehr vorhanden, so richtet sich die Rückerstattung nach den Bestimmungen über die ungerechtfertigte Bereicherung [OR 62 ff.].

92 [93, 94]. Hat einer der Verlobten im Hinblick auf die Eheschliessung in guten Treuen [3] Veranstaltungen getroffen, so kann er bei Auflösung des Verlöbnisses vom andern einen angemessenen Beitrag verlangen, sofern dies nach den gesamten Umständen nicht als unbillig erscheint [4]. *II. Beitragspflicht.*

93 [95]. Die Ansprüche aus dem Verlöbnis verjähren [OR 127 ff.] mit Ablauf eines Jahres nach der Auflösung. *III. Verjährung.*

Zweiter Abschnitt

Die Ehevoraussetzungen

94 [96, 97, 99]. ¹ Um die Ehe eingehen zu können, müssen die Brautleute das 18. Altersjahr zurückgelegt haben [14] und urteilsfähig [16] sein [105 Ziff. 2, 107 Ziff. 1].[1]
² Die entmündigte Person [369 ff.] braucht die Zustimmung des gesetzlichen Vertreters [385³, 407]. Sie kann gegen die Verweigerung dieser Zustimmung das Gericht anrufen. *A. Ehefähigkeit.*

---

[1]) **Art. 45 Abs. 2 IPRG:** «Sind Braut oder Bräutigam Schweizer Bürger oder haben beide Wohnsitz in der Schweiz, so wird die im Ausland geschlossene Ehe anerkannt, wenn der Abschluss nicht in der offenbaren Absicht ins Ausland verlegt worden ist, die Vorschriften des schweizerischen Rechts über die Eheungültigkeit zu umgehen.»

95 [100]. ¹ Die Eheschliessung ist zwischen Verwandten [20] in gerader Linie [20²] sowie zwischen Geschwistern oder Halbgeschwistern, gleichgültig ob sie miteinander durch Abstammung oder durch Adoption [267] verwandt sind [105 Ziff. 3], verboten.[1])
² Die Adoption [264 ff.] hebt das Ehehindernis der Verwandtschaft [95¹] zwischen dem Adoptivkind [267] und seinen Nachkommen einerseits und seiner angestammten Familie andererseits nicht auf. *B. Ehehindernisse.
I. Verwandtschaft.[1])[2])*

---

¹ Fassung gemäss Ziff. 8 des Anhangs zum PartG (Anhang IV E zum ZGB), i.K. 1. Januar 2006.
²) Zum Verbot der Anwendung eines Fortpflanzungsverfahrens siehe Art. 22 Abs. 3 FMedG (Anhang V E zum ZGB).

96 [101]. Wer eine neue Ehe eingehen will, hat den Nachweis zu erbringen, dass die frühere Ehe für ungültig erklärt [104/110] oder aufgelöst worden ist [38³, 105 Ziff. 1]. *II. Frühere Ehe.*

Dritter Abschnitt

Vorbereitung der Eheschliessung und Trauung*

A. Grundsätze.

97 [113, 118[2]]. [1] Die Ehe wird nach dem Vorbereitungsverfahren [98/100] vor der Zivilstandsbeamtin oder dem Zivilstandsbeamten [44] geschlossen [101/2].

[2] Die Verlobten [90] können sich im Zivilstandskreis [49] ihrer Wahl trauen lassen [99[3]; vgl. auch 44[2]].

[3] Eine religiöse Eheschliessung darf vor der Ziviltrauung [101/2] nicht durchgeführt werden.

B. Vorbereitungsverfahren.
I. Gesuch.

98 [105, 106]. [1] Die Verlobten [90] stellen das Gesuch um Durchführung des Vorbereitungsverfahrens beim Zivilstandsamt des Wohnortes [23/5] der Braut oder des Bräutigams [44[1] Ziff. 3].

[2] Sie müssen persönlich erscheinen. Falls sie nachweisen, dass dies für sie offensichtlich unzumutbar ist [4], wird die schriftliche Durchführung des Vorbereitungsverfahrens bewilligt.

[3] Sie haben ihre Personalien [268c[1]] mittels Dokumenten zu belegen und beim Zivilstandsamt persönlich zu erklären, dass sie die Ehevoraussetzungen [94/6] erfüllen; sie legen die nötigen Zustimmungen [z.B. 94[2]] vor.

II. Durchführung und Abschluss des Vorbereitungsverfahrens.

99 [107, 114[1]]. [1] Das Zivilstandsamt [44[1] Ziff. 3] prüft, ob:
1. das Gesuch ordnungsgemäss eingereicht worden ist [98];
2. die Identität der Verlobten [98[3]] feststeht; und
3. die Ehevoraussetzungen [94/6, 98[3]] erfüllt sind.

[2] Sind diese Anforderungen erfüllt, teilt es den Verlobten den Abschluss des Vorbereitungsverfahrens sowie die gesetzlichen Fristen für die Trauung [101/2] mit.

[3] Es legt im Einvernehmen mit den Verlobten im Rahmen der kantonalen Vorschriften [103] den Zeitpunkt der Trauung [100] fest oder stellt auf Antrag eine Ermächtigung zur Trauung in einem andern Zivilstandskreis [49[1]] aus [97[2], 101[2]].

III. Fristen.

100 [112, 113[2], 114[2], 115]. [1] Die Trauung [101/2] kann frühestens zehn Tage und spätestens drei Monate, nachdem der Abschluss des Vorbereitungsverfahrens mitgeteilt [99[2]] wurde, stattfinden.

[2] Ist einer der Verlobten in Todesgefahr und ist zu befürchten, dass die Trauung bei Beachtung der Frist von zehn Tagen [100[1]] nicht mehr möglich ist, so kann die Zivilstandsbeamtin oder der Zivilstandsbeamte auf ärztliche Bestätigung hin die Frist abkürzen oder die Trauung unverzüglich vornehmen.

---

* Vgl. dazu die ZStV (Anhang III zum ZGB), insbes. die Art. 62 ff. ZStV.

101 [113, 116]. ¹ Die Trauung findet im Trauungslokal des Zivilstandskreises [49¹] statt, den die Verlobten gewählt haben [97², 99³].

² Ist das Vorbereitungsverfahren in einem andern Zivilstandskreis durchgeführt worden, so müssen die Verlobten [90¹] eine Trauungsermächtigung [99³] vorlegen.

³ Weisen die Verlobten nach, dass es für sie offensichtlich unzumutbar ist [4], sich in das Trauungslokal zu begeben, so kann die Trauung an einem andern Ort stattfinden.

C. Trauung.
I. Ort.

102 [116¹, 117]. ¹ Die Trauung ist öffentlich und findet in Anwesenheit von zwei mündigen [14] und urteilsfähigen [16] Zeuginnen oder Zeugen statt.

² Die Zivilstandsbeamtin oder der Zivilstandsbeamte [44¹ Ziff. 3] richtet an die Braut und an den Bräutigam einzeln die Frage, ob sie miteinander die Ehe eingehen wollen.

³ Bejahen die Verlobten die Frage, wird die Ehe durch ihre beidseitige Zustimmung als geschlossen erklärt.

II. Form.

103 [119]. Der Bundesrat und, im Rahmen ihrer Zuständigkeit, die Kantone erlassen die nötigen Ausführungsbestimmungen.¹)

D. Ausführungsbestimmungen.

---

¹) Siehe dazu die ZStV (Anhang III zum ZGB), insbes. die Art. 62 ff. ZStV.

Vierter Abschnitt

Die Eheungültigkeit

104 [131]. Die vor der Zivilstandsbeamtin oder dem Zivilstandsbeamten geschlossene Ehe [102] kann nur aus einem in diesem Abschnitt vorgesehenen Grund [105, 107] für ungültig erklärt werden [109].

A. Grundsatz.

105 [120, 122², ³]. Ein Ungültigkeitsgrund liegt vor, wenn:
1. zur Zeit der Eheschliessung [102³] einer der Ehegatten¹) bereits verheiratet ist und die frühere Ehe nicht durch Scheidung [111 ff.] oder Tod des Partners [38³] aufgelöst worden ist [96];
2. zur Zeit der Eheschliessung [102³] einer der Ehegatten nicht urteilsfähig ist [16, 94¹, 107 Ziff. 1] und seither nicht wieder urteilsfähig geworden ist [107 Ziff. 1];

B. Unbefristete Ungültigkeit.
I. Gründe.

32 Das Familienrecht

3. die Eheschliessung infolge Verwandtschaft unter den Ehegatten verboten ist [95].[2])

---

[1]) Es handelt sich um einen feststehenden Rechtsbegriff, der sich auf Personen beider Geschlechter bezieht (im Gegensatz zu den Ausdrücken «Ehemann» und «Ehefrau»).
[2]) Fassung gemäss Ziff. 8 des Anhangs zum PartG (Anhang IV E zum ZGB), i.K. 1. Januar 2006.

II. Klage.

106 [121, 122¹, 135]. ¹ Die Klage ist von der zuständigen kantonalen Behörde am Wohnsitz der Ehegatten [23/5] von Amtes wegen zu erheben; überdies kann jedermann klagen, der ein Interesse hat.

² Nach Auflösung der Ehe wird deren Ungültigkeit nicht mehr von Amtes wegen verfolgt; es kann aber jedermann, der ein Interesse hat, die Ungültigerklärung verlangen.

³ Die Klage kann jederzeit eingereicht werden.

Gerichtsstand: GestG 15¹b.

C. Befristete Ungültigkeit.
I. Gründe.

107 [123–126]. Ein Ehegatte kann verlangen, dass die Ehe für ungültig erklärt wird, wenn er:
1. bei der Trauung [102³] aus einem vorübergehenden Grund nicht urteilsfähig war [16, 94¹, 105 Ziff. 2];
2. sich aus Irrtum hat trauen lassen, sei es, dass er die Ehe selbst oder die Trauung mit der betreffenden Person [OR 24¹ Ziff. 2] nicht gewollt hat;
3. die Ehe geschlossen hat, weil er über wesentliche persönliche Eigenschaften des anderen absichtlich getäuscht worden ist [OR 28];
4. die Ehe geschlossen hat, weil er mit einer nahen und erheblichen Gefahr für das Leben, die Gesundheit oder die Ehre seiner selbst oder einer ihm nahe verbundenen Person bedroht wurde [OR 29/30].

II. Klage.

108 [127, 135]. ¹ Die Ungültigkeitsklage ist innerhalb von sechs Monaten seit Kenntnis [3¹] des Ungültigkeitsgrundes [107 Ziff. 1–3] oder seit dem Wegfall der Drohung [107 Ziff. 4] einzureichen, in jedem Fall aber vor Ablauf von fünf Jahren seit der Eheschliessung.

² Das Klagerecht geht nicht auf die Erben über; ein Erbe [457 ff., 483] kann jedoch an der bereits erhobenen Klage festhalten.

Gerichtsstand: GestG 15¹b.

D. Wirkungen des Urteils.

109 [132–134]. ¹ Die Ungültigkeit einer Ehe wird erst wirksam, nachdem das Gericht [106] die Ungültigerklärung ausgesprochen hat [110]; bis zum Urteil hat die Ehe mit Ausnahme der erbrechtlichen Ansprüche, die der überlebende Ehegatte [462, 481 ff.]

in jedem Fall verliert [120¹], alle Wirkungen einer gültigen Ehe [159/251, 252, 259, 270, 297].

² Für die Wirkungen der gerichtlichen Ungültigerklärung auf die Ehegatten und die Kinder gelten sinngemäss die Bestimmungen über die Scheidung [119/34].

110 [136]. Die Zuständigkeit und das Verfahren richten sich sinngemäss nach den Vorschriften des Scheidungsrechts [135/49].

E. Zuständigkeit und Verfahren.

Vierter Titel

Die Ehescheidung und die Ehetrennung*

Entwurf 1900 Art. 116/23; Erl. I, S. 131 ff.; ExpKom. I, S. 106 ff.; Entwurf 1904 Art. 105/12; NatR XV, S. 493/520; StändeR XV, S. 952/65, S. 1011/4; NatR XVII, S. 406/10; BG vom 24. Dezember 1874 betr. Feststellung und Beurkundung des Zivilstandes und die Ehe, Art. 27/8. – Botsch. und Entw. des BR vom 17. Februar 1993 über die Änderung des ZGB (Herabsetzung des zivilrechtlichen Mündigkeits- und Ehefähigkeitsalters, Unterhaltspflicht der Eltern), BBl 1993 I 1169. – Botsch. und Entw. des BR vom 15. November 1995 über die Änderung des ZGB (Personenstand, Eheschliessung, Scheidung etc.), BBl 1996 I 1. – Bericht der Kommission für Rechtsfragen des NR vom 29. April 2003 (BBl 2003 S. 3927) und Stellungnahme des BR vom 2. Juli 2003 (BBl 2003 S. 5825) zur Änderung des ZGB (Trennungsfrist im Scheidungsrecht).

Erster Abschnitt

Die Scheidungsvoraussetzungen

A. Scheidung auf gemeinsames Begehren.
I. Umfassende Einigung.

111. [1] Verlangen die Ehegatten gemeinsam die Scheidung und reichen sie eine vollständige Vereinbarung über die Scheidungsfolgen [120 ff.] mit den nötigen Belegen und mit gemeinsamen Anträgen hinsichtlich der Kinder [133] ein, so hört das Gericht [135[1]] sie getrennt und zusammen an; es überzeugt sich davon, dass das Scheidungsbegehren und die Vereinbarung auf freiem Willen und reiflicher Überlegung beruhen und die Vereinbarung voraussichtlich genehmigt werden kann [140[2]].

[2] Bestätigen beide Ehegatten nach einer zweimonatigen Bedenkzeit seit der Anhörung schriftlich [OR 13/5] ihren Scheidungswillen und ihre Vereinbarung, so spricht das Gericht die Scheidung aus und genehmigt die Vereinbarung [140].

[3] Das Gericht kann eine zweite Anhörung anordnen.

II. Teileinigung.

112. [1] Die Ehegatten können gemeinsam die Scheidung verlangen und erklären, dass das Gericht [135[1]] die Scheidungsfolgen [120 ff.] beurteilen soll, über die sie sich nicht einig sind.

[2] Das Gericht hört sie wie bei der umfassenden Einigung [111] zum Scheidungsbegehren, zu den Scheidungsfolgen, über die sie sich geeinigt haben, sowie zur Erklärung, dass die übrigen Folgen gerichtlich zu beurteilen sind, an.

---

* Durch das BG vom 26. Juni 1998 über die Änderung des ZGB (Personenstand, Eheschliessung, Scheidung etc., AS 1999 S. 1118, i.K. 1. Januar 2000) sind u.a. die Art. 137–158 (Vierter Titel) des ZGB vom 10. Dezember 1907 aufgehoben und durch die neuen Art. 111–149 ersetzt worden. Zu beachten sind auch die Art. 7a/b SchlT.

³ Zu den Scheidungsfolgen, über die sie sich nicht einig sind, stellt jeder Ehegatte Anträge, über welche das Gericht im Scheidungsurteil entscheidet.

113. Gelangt das Gericht zum Entscheid, dass die Voraussetzungen für eine Scheidung auf gemeinsames Begehren [111/2] nicht erfüllt sind, so setzt es jedem Ehegatten eine Frist, um das Scheidungsbegehren durch eine Klage [114/5] zu ersetzen.

III. Wechsel zur Scheidung auf Klage.

114. Ein Ehegatte kann die Scheidung verlangen, wenn die Ehegatten bei Eintritt der Rechtshängigkeit der Klage [136²] oder bei Wechsel zur Scheidung auf Klage [113] mindestens zwei Jahre getrennt gelebt haben.¹)

B. Scheidung auf Klage eines Ehegatten.
I. Nach Getrenntleben.

---

¹) Fassung gemäss BG vom 19. Dezember 2003 über die Änderung des ZGB (Trennungsfrist im Scheidungsrecht, AS 2004 S. 2161), i.K. 1. Juni 2004. Für die Trennungsfrist bei Rechtshängigkeit des Scheidungsprozesses vor dem 1. Juni 2004 siehe Art. 7c SchlT.

115 [142]. Vor Ablauf der zweijährigen Frist kann ein Ehegatte die Scheidung verlangen, wenn ihm die Fortsetzung der Ehe aus schwerwiegenden Gründen, die ihm nicht zuzurechnen sind, nicht zugemutet werden kann [4].¹)

II. Unzumutbarkeit.

---

¹) Fassung gemäss BG vom 19. Dezember 2003 über die Änderung des ZGB (Trennungsfrist im Scheidungsrecht, AS 2004 S. 2161), i.K. 1. Juni 2004.

116. Verlangt ein Ehegatte die Scheidung nach Getrenntleben [114] oder wegen Unzumutbarkeit [115] und stimmt der andere Ehegatte ausdrücklich zu oder erhebt er Widerklage, so sind die Bestimmungen über die Scheidung auf gemeinsames Begehren [111/2] sinngemäss anwendbar.

III. Zustimmung zur Scheidungsklage, Widerklage.

Zweiter Abschnitt

Die Ehetrennung

117 [143, 146¹,², 148³]. ¹ Die Ehegatten können die Trennung unter den gleichen Voraussetzungen wie bei der Scheidung [111/6] verlangen.
² Die Bestimmungen über das Scheidungsverfahren [135 ff.] sind sinngemäss anwendbar.
³ Das Recht, die Scheidung zu verlangen [114/5], wird durch das Trennungsurteil nicht berührt.

A. Voraussetzungen und Verfahren.

118 [155]. ¹ Mit der Trennung tritt von Gesetzes wegen Gütertrennung ein [204², 236², 247/51].

B. Trennungsfolgen.

Dritter Abschnitt

Die Scheidungsfolgen

A. Stellung geschiedener Ehegatten.

119 [149]. ¹ Der Ehegatte, der seinen Namen geändert hat, behält den bei der Heirat erworbenen Familiennamen [30², 160], sofern er nicht binnen einem Jahr, nachdem das Urteil rechtskräftig geworden ist, gegenüber der Zivilstandsbeamtin oder dem Zivilstandsbeamten [44] erklärt, dass er den angestammten Namen oder den Namen, den er vor der Heirat trug, wieder führen will [ZStV 13].

² Das Kantons- und Gemeindebürgerrecht wird von der Scheidung nicht berührt.

B. Güterrecht und Erbrecht.

120 [154]. ¹ Für die güterrechtliche Auseinandersetzung gelten die Bestimmungen über das Güterrecht [204 ff., 236 ff.].

² Geschiedene Ehegatten haben zueinander kein gesetzliches Erbrecht [462] und können aus Verfügungen von Todes wegen [481], die sie vor der Rechtshängigkeit des Scheidungsverfahrens [136] errichtet haben, keine Ansprüche erheben.

C. Wohnung der Familie.

121. ¹ Ist ein Ehegatte wegen der Kinder oder aus anderen wichtigen Gründen [4] auf die Wohnung der Familie [162, 169, 176¹ Ziff. 2; OR 266m/o] angewiesen, so kann das Gericht ihm die Rechte und Pflichten aus dem Mietvertrag [OR 253 ff.] allein übertragen, sofern dies dem anderen billigerweise zugemutet werden kann [4].

² Der bisherige Mieter haftet solidarisch [143/9] für den Mietzins bis zum Zeitpunkt, in dem das Mietverhältnis gemäss Vertrag oder Gesetz endet oder beendet werden kann, höchstens aber während zweier Jahre; wird er für den Mietzins belangt, so kann er den bezahlten Betrag ratenweise in der Höhe des monatlichen Mietzinses mit den Unterhaltsbeiträgen, die er dem anderen Ehegatten schuldet [125/32], verrechnen [OR 120/6].

³ Gehört die Wohnung der Familie einem Ehegatten, so kann das Gericht dem anderen unter den gleichen Voraussetzungen [121¹] und gegen angemessene Entschädigung oder unter Anrechnung auf Unterhaltsbeiträge [125/32] ein befristetes Wohnrecht [776/8] einräumen. Wenn wichtige neue Tatsachen es erfordern, ist das Wohnrecht einzuschränken oder aufzuheben.

122. ¹ Gehört ein Ehegatte oder gehören beide Ehegatten einer Einrichtung der beruflichen Vorsorge an und ist bei keinem Ehegatten ein Vorsorgefall eingetreten [124], so hat jeder Ehegatte Anspruch auf die Hälfte der nach dem Freizügigkeitsgesetz vom 17. Dezember 1993 für die Ehedauer zu ermittelnden Austrittsleistung des anderen Ehegatten¹).

² Stehen den Ehegatten gegenseitig Ansprüche zu, so ist nur der Differenzbetrag zu teilen.

D. Berufliche Vorsorge.
I. Vor Eintritt eines Vorsorgefalls.
1. Teilung der Austrittsleistungen.

---

¹) FZG, SR 831.42; siehe insbes. die Art. 22 und 22a–c FZG, abgedruckt in Anhang IV A zum ZGB.

123. ¹ Ein Ehegatte kann in der Vereinbarung [140, 141³] auf seinen Anspruch ganz oder teilweise verzichten, wenn eine entsprechende Alters- und Invalidenvorsorge auf andere Weise gewährleistet ist.

² Das Gericht kann die Teilung ganz oder teilweise verweigern, wenn sie aufgrund der güterrechtlichen Auseinandersetzung [120¹] oder der wirtschaftlichen Verhältnisse nach der Scheidung offensichtlich unbillig wäre.

2. Verzicht und Ausschluss.

124 [151¹]. ¹ Ist bei einem oder bei beiden Ehegatten ein Vorsorgefall bereits eingetreten oder können aus andern Gründen Ansprüche aus der beruflichen Vorsorge, die während der Dauer der Ehe erworben worden sind, nicht geteilt werden [122], so ist eine angemessene Entschädigung geschuldet.¹)

² Das Gericht kann den Schuldner verpflichten, die Entschädigung sicherzustellen, wenn es die Umstände rechtfertigen [4].

II. Nach Eintritt eines Vorsorgefalls oder bei Unmöglichkeit der Teilung.

---

¹) Siehe Art. 22b FZG, abgedruckt in Anhang IV A zum ZGB.

125 [151, 152]. ¹ Ist einem Ehegatten nicht zuzumuten [4], dass er für den ihm gebührenden Unterhalt unter Einschluss einer angemessenen Altersvorsorge selbst aufkommt, so hat ihm der andere einen angemessenen [4] Beitrag zu leisten [126].

² Beim Entscheid, ob ein Beitrag zu leisten sei und gegebenenfalls in welcher Höhe und wie lange, sind insbesondere zu berücksichtigen:

1. die Aufgabenteilung während der Ehe [163];
2. die Dauer der Ehe;
3. die Lebensstellung während der Ehe;
4. das Alter und die Gesundheit der Ehegatten;
5. Einkommen und Vermögen der Ehegatten [143 Ziff. 1];
6. der Umfang und die Dauer der von den Ehegatten noch zu leistenden Betreuung der Kinder [276/7];
7. die berufliche Ausbildung und die Erwerbsaussichten der Ehegatten sowie der mutmassliche Aufwand für die berufliche Eingliederung der anspruchsberechtigten Person;

E. Nachehelicher Unterhalt.
I. Voraussetzungen.

8. die Anwartschaften aus der eidgenössischen Alters- und Hinterlassenenversicherung und aus der beruflichen oder einer anderen privaten oder staatlichen Vorsorge einschliesslich des voraussichtlichen Ergebnisses der Teilung der Austrittsleistungen [122/3].

³ Ein Beitrag kann ausnahmsweise versagt oder gekürzt werden, wenn er offensichtlich unbillig wäre, insbesondere weil die berechtigte Person:
1. ihre Pflicht, zum Unterhalt der Familie beizutragen [163/5], grob verletzt hat [477 Ziff. 2; OR 249 Ziff. 2];
2. ihre Bedürftigkeit mutwillig herbeigeführt hat;
3. gegen die verpflichtete Person oder eine dieser nahe verbundenen Person eine schwere Straftat begangen hat [477 Ziff. 1; OR 249 Ziff. 1].

II. Modalitäten des Unterhaltsbeitrages.

126. ¹ Das Gericht [135¹] setzt als Unterhaltsbeitrag [125¹] eine Rente fest und bestimmt den Beginn der Beitragspflicht.

² Rechtfertigen es besondere Umstände, so kann anstelle einer Rente eine Abfindung festgesetzt werden.

³ Das Gericht kann den Unterhaltsbeitrag von Bedingungen [OR 151/7] abhängig machen.

III. Rente.
1. Besondere Vereinbarungen.

127. Die Ehegatten können in der Vereinbarung [140] die Änderung der darin festgesetzten Rente ganz oder teilweise ausschliessen.

2. Anpassung an die Teuerung.

128. Das Gericht [126] kann anordnen, dass der Unterhaltsbeitrag sich bei bestimmten Veränderungen der Lebenskosten ohne weiteres erhöht oder vermindert [143 Ziff. 4].

3. Abänderung durch Urteil.

129 [153²]. ¹ Bei erheblicher und dauernder Veränderung der Verhältnisse kann die Rente herabgesetzt, aufgehoben oder für eine bestimmte Zeit eingestellt werden; eine Verbesserung der Verhältnisse der berechtigten Person ist nur dann zu berücksichtigen, wenn im Scheidungsurteil [126¹] eine den gebührenden Unterhalt [125¹] deckende Rente festgesetzt werden konnte.

² Die berechtigte Person kann für die Zukunft eine Anpassung der Rente an die Teuerung verlangen, wenn das Einkommen der verpflichteten Person [143 Ziff. 1] nach der Scheidung unvorhergesehenerweise gestiegen ist.

³ Die berechtigte Person kann innerhalb von fünf Jahren seit der Scheidung die Festsetzung einer Rente oder deren Erhöhung verlangen, wenn im Urteil festgehalten worden ist, dass keine zur Deckung des gebührenden Unterhalts ausreichende Rente festgesetzt werden konnte [143 Ziff. 3], die wirtschaftlichen Verhältnisse der verpflichteten Person sich aber entsprechend verbessert haben.

130 [153¹]. ¹ Die Beitragspflicht erlischt mit dem Tod der berechtigten oder der verpflichteten Person.

² Vorbehältlich einer anderen Vereinbarung [140] entfällt sie auch bei Wiederverheiratung der berechtigten Person.

4. Erlöschen von Gesetzes wegen.

131. ¹ Erfüllt die verpflichtete Person die Unterhaltspflicht [143] nicht, so hat die Vormundschaftsbehörde [361] oder eine andere vom kantonalen Recht bezeichnete Stelle der berechtigten Person auf Gesuch hin bei der Vollstreckung des Unterhaltsanspruchs in geeigneter Weise und in der Regel unentgeltlich zu helfen.

² Dem öffentlichen Recht bleibt vorbehalten, die Ausrichtung von Vorschüssen zu regeln, wenn die verpflichtete Person ihrer Unterhaltspflicht nicht nachkommt.

³ Soweit das Gemeinwesen für den Unterhalt der berechtigten Person aufkommt, geht der Unterhaltsanspruch mit allen Rechten auf das Gemeinwesen über [289²; OR 110, 166].

IV. Vollstreckung. 1. Inkassohilfe und Vorschüsse.

132. ¹ Vernachlässigt die verpflichtete Person die Erfüllung der Unterhaltspflicht [143], so kann das Gericht [135] ihre Schuldner anweisen, die Zahlungen ganz oder teilweise an die berechtigte Person zu leisten [vgl. 177, 291].

² Vernachlässigt die verpflichtete Person beharrlich die Erfüllung der Unterhaltspflicht oder ist anzunehmen, dass sie Anstalten zur Flucht trifft oder ihr Vermögen verschleudert oder beiseiteschafft [vgl. SchKG 271¹ Ziff. 2], so kann sie verpflichtet werden, für die künftigen Unterhaltsbeiträge angemessene Sicherheit zu leisten [135, 292].

2. Anweisungen an die Schuldner und Sicherstellung.

133 [156]. ¹ Das Gericht [135] teilt die elterliche Sorge [296/317] einem Elternteil zu [297³] und regelt nach den Bestimmungen über die Wirkungen des Kindesverhältnisses [270 ff.] den Anspruch auf persönlichen Verkehr [273/5] und den Unterhaltsbeitrag des andern Elternteils [276/7, 285/6]. Der Unterhaltsbeitrag kann über die Mündigkeit [14] hinaus festgelegt werden [277²].

² Für die Zuteilung der elterlichen Sorge und die Regelung des persönlichen Verkehrs sind alle für das Kindeswohl [301¹] wichtigen Umstände massgebend; auf einen gemeinsamen Antrag der Eltern und, soweit tunlich, auf die Meinung des Kindes [144², 146/7] ist Rücksicht zu nehmen.

³ Haben die Eltern sich in einer genehmigungsfähigen Vereinbarung über ihre Anteile an der Betreuung des Kindes und die Verteilung der Unterhaltskosten verständigt, so belässt das Gericht auf gemeinsamen Antrag beiden Eltern die elterliche Sorge, sofern dies mit dem Kindeswohl [301¹] vereinbar ist [vgl. 298a¹].

F. Kinder. I. Elternrechte und -pflichten.

134 [157]. ¹ Auf Begehren eines Elternteils, des Kindes oder der Vormundschaftsbehörde [275¹] ist die Zuteilung der elter-

II. Veränderung der Verhältnisse.

lichen Sorge [133] neu zu regeln, wenn dies wegen wesentlicher Veränderung der Verhältnisse zum Wohl des Kindes [133²] geboten ist [vgl. 298a²].

² Die Voraussetzungen für eine Änderung des Unterhaltsbeitrages oder des Anspruchs auf persönlichen Verkehr richten sich nach den Bestimmungen über die Wirkungen des Kindesverhältnisses [273 ff.].

³ Sind sich die Eltern einig oder ist ein Elternteil verstorben, so ist die Vormundschaftsbehörde [275¹] für die Neuregelung der elterlichen Sorge und die Genehmigung eines Unterhaltsvertrages zuständig. In den übrigen Fällen entscheidet das für die Abänderung des Scheidungsurteils zuständige Gericht [135].

⁴ Hat das Gericht [134³] über die Änderung der elterlichen Sorge oder des Unterhaltsbeitrages für das unmündige Kind [14, 277¹] zu befinden, so regelt es nötigenfalls auch den persönlichen Verkehr neu [275²]; in den andern Fällen entscheidet die Vormundschaftsbehörde [275¹] über die Änderung des persönlichen Verkehrs.

Vierter Abschnitt

Das Scheidungsverfahren

A. Zuständigkeit.

135 [144]. ¹ Die örtliche Zuständigkeit für die Scheidung [111/6], die Abänderung des Scheidungsurteils [129, 121³, 134², ³], die Anweisung an die Schuldner [132¹] und die Sicherstellung der Unterhaltsbeiträge [132²] richtet sich nach dem Gerichtsstandsgesetz vom 24. März 2000.¹)

² Wird eine Neufestsetzung von Unterhaltsbeiträgen für das mündige Kind [14, 277²] verlangt, so richtet sich die Zuständigkeit nach den Bestimmungen über die Unterhaltspflicht der Eltern [286²].

Gerichtsstand: GestG 15¹ lit. b und d, 17a.

---

¹) Fassung gemäss Ziff. 2 des Anhangs zum GestG (Anhang I B zum ZGB).

B. Rechtshängigkeit.

136. ¹ Das gemeinsame Scheidungsbegehren [111/2] wird ohne vorausgehendes Sühneverfahren direkt beim Gericht [135¹] rechtshängig gemacht.

² Die Rechtshängigkeit der Klage eines Ehegatten auf Scheidung [114/5] oder Abänderung des Scheidungsurteils [135¹] tritt mit der Klageanhebung ein.

137 [145]. ¹ Jeder Ehegatte kann nach Eintritt der Rechtshängigkeit [136] für die Dauer des Verfahrens den gemeinsamen Haushalt [162] aufheben [175].

² Das Gericht trifft die nötigen vorsorglichen Massnahmen. Es kann vorsorgliche Massnahmen auch dann anordnen, wenn die Ehe aufgelöst ist, aber das Verfahren über Scheidungsfolgen [120 ff.] fortdauert. Die Bestimmungen über die Massnahmen zum Schutz der ehelichen Gemeinschaft [173 ff.] sind sinngemäss anwendbar. Unterhaltsbeiträge können für die Zukunft und für das Jahr vor Einreichung des Begehrens gefordert werden.

Gerichtsstand: GestG 33, 15.

C. Vorsorgliche Massnahmen während des Scheidungsverfahrens.

138. ¹ In der oberen kantonalen Instanz können neue Tatsachen und Beweismittel vorgebracht werden; neue Rechtsbegehren müssen zugelassen werden, sofern sie durch neue Tatsachen oder Beweismittel veranlasst worden sind.

² Die Scheidungsklage [114/5] kann jederzeit in eine Trennungsklage [117¹] umgewandelt werden.

D. Neue Anträge.

139 [158 Ziff. 1–4]. ¹ Das Gericht [135¹] würdigt die Beweise nach freier Überzeugung.

² Es darf Tatsachen, die zur Begründung einer Klage auf Scheidung [114/5] dienen, nur dann als erwiesen annehmen, wenn es sich von deren Vorhandensein überzeugt hat.

³ Wer bei einer Ehe- oder Familienberatung [171] oder bei einer Stelle für Familienmediation für die Ehegatten tätig gewesen ist, kann weder Zeugnis ablegen noch Auskunftsperson sein.

E. Erforschung des Sachverhalts.

140 [158 Ziff. 5]. ¹ Die Vereinbarung über die Scheidungsfolgen [120 ff.] ist erst rechtsgültig, wenn das Gericht sie genehmigt hat [140²]. Sie ist in das Urteilsdispositiv aufzunehmen.

² Das Gericht [135¹] spricht die Genehmigung aus, wenn es sich davon überzeugt hat, dass die Ehegatten aus freiem Willen und nach reiflicher Überlegung die Vereinbarung geschlossen haben und diese klar, vollständig und nicht offensichtlich unangemessen ist.

F. Genehmigung der Vereinbarung.

141. ¹ Haben sich die Ehegatten über die Teilung der Austrittsleistungen sowie die Art der Durchführung der Teilung geeinigt [122] und legen sie eine Bestätigung der beteiligten Einrichtungen der beruflichen Vorsorge über die Durchführbarkeit der getroffenen Regelung und die Höhe des Guthaben vor, die für die Berechnung der zu teilenden Austrittsleistungen massgebend sind, so wird die Vereinbarung mit der Genehmigung durch das Gericht [140¹] auch für die Einrichtungen der beruflichen Vorsorge verbindlich.

² Das Gericht eröffnet den Einrichtungen der beruflichen Vorsorge das rechtskräftige Urteil bezüglich der sie betreffenden

G. Berufliche Vorsorge; Teilung der Austrittsleistungen.
I. Einigung.

Punkte unter Einschluss der nötigen Angaben für die Überweisung des vereinbarten Betrages.

[3] Verzichtet ein Ehegatte in der Vereinbarung ganz oder teilweise auf seinen Anspruch [123], so prüft das Gericht von Amtes wegen, ob eine entsprechende Alters- und Invalidenvorsorge auf andere Weise gewährleistet ist [123[1]].

II. Uneinigkeit. **142.** [1] Kommt keine Vereinbarung zustande, so entscheidet das Gericht über das Verhältnis, in welchem die Austrittsleistungen zu teilen sind [122, 123[2]].

[2] Sobald der Entscheid über das Teilungsverhältnis rechtskräftig ist, überweist das Gericht die Streitsache von Amtes wegen dem nach dem Freizügigkeitsgesetz vom 17. Dezember 1993 zuständigen Gericht[1]).

[3] Diesem ist insbesondere mitzuteilen:
1. der Entscheid über das Teilungsverhältnis;
2. das Datum der Eheschliessung und das Datum der Ehescheidung;
3. die Einrichtungen der beruflichen Vorsorge, bei denen den Ehegatten voraussichtlich Guthaben zustehen;
4. die Höhe der Guthaben der Ehegatten, die diese Einrichtungen gemeldet haben.

---

[1]) FZG, SR 831.42; siehe dazu Art. 25a FZG, abgedruckt in Anhang IV A zum ZGB.

H. Unterhaltsbeiträge. **143.** Werden durch Vereinbarung [140] oder Urteil Unterhaltsbeiträge [125/6, 133] festgelegt, so ist anzugeben:
1. von welchem Einkommen und Vermögen jedes Ehegatten ausgegangen wird [125 Ziff. 5];
2. wieviel für den Ehegatten [125/6] und wieviel für jedes Kind [133] bestimmt ist;
3. welcher Betrag zur Deckung des gebührenden Unterhalts des berechtigten Ehegatten fehlt, wenn eine nachträgliche Erhöhung der Rente vorbehalten wird [129[3]];
4. ob und in welchem Ausmass die Rente sich den Veränderungen der Lebenskosten anpasst [127/8].

J. Kinder.
I. Anhörung. **144** [156]. [1] Sind Anordnungen über Kinder zu treffen [133/4], so hört das Gericht die Eltern persönlich an [133[2]].

[2] Die Kinder werden in geeigneter Weise durch das Gericht oder durch eine beauftragte Drittperson persönlich angehört [133[2]], soweit nicht ihr Alter oder andere wichtige Gründe [4] dagegen sprechen.

II. Abklärung der Verhältnisse. **145.** [1] Das Gericht erforscht den Sachverhalt von Amtes wegen und würdigt die Beweise nach freier Überzeugung.

² Nötigenfalls zieht es Sachverständige bei und erkundigt sich bei der Vormundschaftsbehörde [275¹] oder einer in der Jugendhilfe tätigen Stelle.

146. ¹ Das Gericht ordnet aus wichtigen Gründen [4] die Vertretung des Kindes im Prozess durch einen Beistand an [392].
² Es prüft die Anordnung der Beistandschaft insbesondere dann, wenn:
1. die Eltern bezüglich der Zuteilung der elterlichen Sorge [133] oder wichtiger Fragen des persönlichen Verkehrs [133] unterschiedliche Anträge stellen;
2. die Vormundschaftsbehörde [275¹] es beantragt;
3. die Anhörung der Eltern [144¹] oder des Kindes [144²] oder andere Gründe erhebliche Zweifel an der Angemessenheit der gemeinsamen Anträge der Eltern über die Zuteilung der elterlichen Sorge oder den persönlichen Verkehr [133] erwecken oder Anlass geben, den Erlass von Kindesschutzmassnahmen [307/17] zu erwägen.

³ Auf Antrag des urteilsfähigen [16] Kindes ist die Beistandschaft anzuordnen.

III. Vertretung des Kindes.
1. Voraussetzungen.

147. ¹ Die Vormundschaftsbehörde [392, 275¹] bezeichnet als Beistand [146] eine in fürsorgerischen und rechtlichen Fragen erfahrene Person.
² Der Beistand des Kindes kann Anträge stellen und Rechtsmittel einlegen, soweit es um die Zuteilung der elterlichen Sorge [133], um grundlegende Fragen des persönlichen Verkehrs [133] oder um Kindesschutzmassnahmen [307/17] geht.
³ Dem Kind dürfen keine Gerichts- oder Parteikosten auferlegt werden.

2. Bestellung und Aufgaben.

148. ¹ Die Einlegung eines Rechtsmittels hemmt den Eintritt der Rechtskraft nur im Umfang der Anträge; wird jedoch der Unterhaltsbeitrag für den Ehegatten [125/6] angefochten, so können auch die Unterhaltsbeiträge für die Kinder [133¹] neu beurteilt werden.
² Die rechtskräftige Vereinbarung [140] über die vermögensrechtlichen Scheidungsfolgen kann bei Mängeln im Vertragsschluss [OR 23 ff.] mit Revision angefochten werden.

K. Rechtsmittel.
I. Im allgemeinen.

149. ¹ Bei einer Scheidung auf gemeinsames Begehren [111/2] kann die Auflösung der Ehe mit einem ordentlichen Rechtsmittel nur wegen Willensmängeln [OR 23/30] oder Verletzung bundesrechtlicher Verfahrensvorschriften über die Scheidung auf gemeinsames Begehren [111, 112¹,²] angefochten werden.
² Ficht eine Partei mit einem ordentlichen Rechtsmittel die einverständlich geregelten Scheidungsfolgen [111¹, 112², 140] an,

II. Bei Scheidung auf gemeinsames Begehren.

so kann die andere Partei innert einer vom Gericht angesetzten Frist erklären, dass sie ihre Zustimmung zur Scheidung auf gemeinsames Begehren [111^2, 112^2] widerruft, wenn der betreffende Teil des Urteils geändert würde.

150–158. (Aufgehoben gemäss Ziff. I 3 des BG vom 26. Juni 1998 über die Änderung des ZGB [Personenstand, Eheschliessung, Scheidung etc., AS 1999 S. 1118].)

Fünfter Titel

Die Wirkungen der Ehe im allgemeinen *

Entwurf 1900 Art. 182/200; Erl. I, S. 105 ff., S. 151 ff.; ExpKom. I, S. 202 ff.; Entwurf 1904 Art. 166/85; Botsch. S. 25 ff.; NatR XV, S. 651/68; StändeR XV, S. 1081/91. – Botsch. und Entw. des BR vom 11. Juli 1979 über die Änderung des ZGB (Wirkungen der Ehe im allgemeinen, Ehegüterrecht und Erbrecht), BBl 1979 II 1191/1240, 1241/1285, 1404/1431; StändeR 1981 S. 56/74, S. 76/90, S. 126/7; NatR 1983 S. 594/605, S. 606/633, S. 634/662; StändeR 1984 S. 124/134; NatR 1984 S. 1040/1045; Bereinigter Entw. der BVers vom 5. Oktober 1984, BBl 1984 III 19/49.

> Die früher geltenden Art. 159–177 (Fassung 1907) wurden im ZGB-Anhang der 37.–42. Auflage dieser Testausgabe abgedruckt. Jetzt ist der Text über den Aktualisierungsservice im Internet unter www.schulthess.com/update/ abrufbar.

159. [1] Durch die Trauung [102] werden die Ehegatten zur ehelichen Gemeinschaft verbunden.

[2] Sie verpflichten sich gegenseitig, das Wohl der Gemeinschaft in einträchtigem Zusammenwirken zu wahren und für die Kinder gemeinsam zu sorgen [276, 301 ff.].

[3] Sie schulden einander Treue und Beistand [z.B. 167, 203[2], 235[2], 250[2], 278[2], 299].

A. Eheliche Gemeinschaft; Rechte und Pflichten der Ehegatten.

160 [161[1]]. [1] Der Name des Ehemannes ist der Familienname der Ehegatten [30[2], 109[2], 119[1]].[1])

[2] Die Braut [94] kann jedoch gegenüber dem Zivilstandsbeamten [44] erklären, sie wolle ihren bisherigen Namen dem Familiennamen [160[1], SchlT 8a] voranstellen [ZStV 12].[2])

[3] Trägt sie bereits einen solchen Doppelnamen [160[2]], so kann sie lediglich den ersten Namen voranstellen.

B. Familienname.[1])

---

[1]) Pro memoria: Nach Art. 30 Abs. 2 ist «das Gesuch der Brautleute, von der Trauung an den Namen der Ehefrau als Familiennamen zu führen, ... zu bewilligen, wenn achtenswerte Gründe vorliegen».

Die Regelung des Art. 160 wurde von der Schweiz bei der Ratifikation des Übereinkommens zur Beseitigung jeder Form von Diskriminierung der Frau vorbehalten (siehe Art. 16 des erwähnten Übereinkommens mit Fn. 1, Anhang II A1 zum ZGB).

---

* Durch das BG vom 5. Oktober 1984 über die Änderung des ZGB (Wirkungen der Ehe im allgemeinen, Ehegüterrecht und Erbrecht, AS 1986 I 122) sind u.a. die Art. 159–177 (Fünfter Titel) des ZGB vom 10. Dezember 1907 aufgehoben und durch die neuen Art. 159–180 ersetzt worden. Dieses BG ist auf den 1. Januar 1988 in Kraft getreten. Zu beachten sind auch die Art. 8, 8a/b SchlT.

2) «Die gleiche Möglichkeit hat» nach Art. 12 Abs. 1 ZStV «der Bräutigam, wenn die Brautleute das Gesuch stellen, von der Trauung an den Namen der Ehefrau als Familiennamen zu führen (Art. 30 Abs. 2 ZGB)».

C. Bürgerrecht.

161 [161[1]]. Die Ehefrau erhält das Kantons- und Gemeindebürgerrecht des Ehemannes, ohne das Kantons- und Gemeindebürgerrecht zu verlieren, das sie als ledig hatte [22, 109[2], 119[2], SchlT 8b].[1])

---

[1]) Fassung gemäss Ziff. II des BG vom 23. März 1990 über die Änderung des Bürgerrechtsgesetzes, i. K. 1. Januar 1992 (AS 1991 S. 1042).

D. Eheliche Wohnung.

162 [160[2]]. Die Ehegatten bestimmen gemeinsam die eheliche Wohnung [121, 169, 176[1] Ziff. 2; OR 266m/o].

E. Unterhalt der Familie.
I. Im allgemeinen.

163 [160[2], 161[2,3]]. [1] Die Ehegatten sorgen gemeinsam, ein jeder nach seinen Kräften, für den gebührenden Unterhalt [278[1]] der Familie.

[2] Sie verständigen sich über den Beitrag, den jeder von ihnen leistet, namentlich durch Geldzahlungen [173[1]], Besorgen des Haushaltes, Betreuen der Kinder [159[2], 301 ff.] oder durch Mithilfe im Beruf oder Gewerbe des andern.

[3] Dabei berücksichtigen sie die Bedürfnisse der ehelichen Gemeinschaft [159] und ihre persönlichen Umstände.

II. Betrag zur freien Verfügung.

164. [1] Der Ehegatte, der den Haushalt besorgt, die Kinder betreut oder dem andern im Beruf oder Gewerbe hilft [163[2]], hat Anspruch darauf, dass der andere ihm regelmässig einen angemessenen Betrag zur freien Verfügung ausrichtet [173[2]].

[2] Bei der Festsetzung des Betrages sind eigene Einkünfte des berechtigten Ehegatten und die verantwortungsbewusste Vorsorge für Familie, Beruf oder Gewerbe zu berücksichtigen.

III. Ausserordentliche Beiträge eines Ehegatten.

165. [1] Hat ein Ehegatte im Beruf oder Gewerbe des andern erheblich mehr mitgearbeitet, als sein Beitrag an den Unterhalt der Familie verlangt [163[2]], so hat er dafür Anspruch auf angemessene [4] Entschädigung.

[2] Dies gilt auch, wenn ein Ehegatte aus seinem Einkommen oder Vermögen an den Unterhalt der Familie bedeutend mehr beigetragen hat, als er verpflichtet war [163].

[3] Ein Ehegatte kann aber keine Entschädigung fordern, wenn er seinen ausserordentlichen Beitrag auf Grund eines Arbeits-, Darlehens- oder Gesellschaftsvertrages [OR 319 ff., 312 ff., 530 ff.] oder eines andern Rechtsverhältnisses geleistet hat [168].

F. Vertretung der ehelichen Gemeinschaft.

166 [162/6]. [1] Jeder Ehegatte vertritt [OR 32 ff.] während des Zusammenlebens die eheliche Gemeinschaft für die laufenden Bedürfnisse der Familie [174].

² Für die übrigen Bedürfnisse der Familie kann ein Ehegatte die eheliche Gemeinschaft nur vertreten:
1. wenn er vom andern [OR 33²] oder vom Gericht dazu ermächtigt worden ist;
2. wenn das Interesse der ehelichen Gemeinschaft keinen Aufschub des Geschäftes duldet und der andere Ehegatte wegen Krankheit, Abwesenheit oder ähnlichen Gründen nicht zustimmen kann.

³ Jeder Ehegatte verpflichtet sich durch seine Handlungen persönlich und, soweit diese nicht für Dritte erkennbar [3²] über die Vertretungsbefugnis [166¹, ²] hinausgehen, solidarisch [OR 143 ff.] auch den andern Ehegatten.

167 [167]. Bei der Wahl und Ausübung seines Berufes oder Gewerbes nimmt jeder Ehegatte auf den andern und das Wohl der ehelichen Gemeinschaft Rücksicht [159²].

G. Beruf und Gewerbe der Ehegatten.

168 [177]. Jeder Ehegatte kann mit dem andern oder mit Dritten Rechtsgeschäfte abschliessen, sofern das Gesetz nichts anderes bestimmt [169, 178, 230; OR 494¹].

H. Rechtsgeschäfte der Ehegatten.
I. Im allgemeinen.

169. ¹ Ein Ehegatte kann nur mit der ausdrücklichen Zustimmung des andern einen Mietvertrag kündigen [OR 266 l/o, 271], das Haus oder die Wohnung der Familie veräussern oder durch andere Rechtsgeschäfte die Rechte an den Wohnräumen der Familie beschränken.

² Kann der Ehegatte diese Zustimmung nicht einholen oder wird sie ihm ohne triftigen Grund [4] verweigert, so kann er das Gericht anrufen.

SchKG 151¹ lit. b, 153².

II. Wohnung der Familie.

170 [205]. ¹ Jeder Ehegatte kann vom andern Auskunft über dessen Einkommen, Vermögen und Schulden verlangen [185² Ziff. 4].

² Auf sein Begehren kann das Gericht den andern Ehegatten oder Dritte verpflichten, die erforderlichen Auskünfte zu erteilen und die notwendigen Urkunden vorzulegen.

³ Vorbehalten bleibt das Berufsgeheimnis der Rechtsanwälte, Notare, Ärzte, Geistlichen und ihrer Hilfspersonen [vgl. darüber StGB 321].

J. Auskunftspflicht.

171. Die Kantone sorgen dafür, dass sich die Ehegatten bei Eheschwierigkeiten gemeinsam oder einzeln an Ehe- oder Familienberatungsstellen wenden können [139³].

K. Schutz der ehelichen Gemeinschaft.
I. Beratungsstellen.

Das Familienrecht

II. Gerichtliche Massnahmen.
1. Im allgemeinen.

172 [169]. [1] Erfüllt ein Ehegatte seine Pflichten [159[2, 3], 163/4, 278] gegenüber der Familie nicht oder sind die Ehegatten in einer für die eheliche Gemeinschaft wichtigen Angelegenheit uneinig [z.B. 162, 297[1]], so können sie gemeinsam oder einzeln das Gericht um Vermittlung anrufen.

[2] Das Gericht mahnt die Ehegatten an ihre Pflichten und versucht, sie zu versöhnen; es kann mit ihrem Einverständnis Sachverständige beiziehen oder sie an eine Ehe- oder Familienberatungsstelle [171] weisen.

[3] Wenn nötig trifft das Gericht auf Begehren eines Ehegatten die vom Gesetz vorgesehenen Massnahmen [166[2] Ziff. 1, 169[2], 170[2], 173/4, 176, 177/8, 185/7, 230[2], 297[2]].[1])

Gerichtsstand: GestG 15[1] lit. a.

---

[1]) Zur geplanten Gesetzesänderung (Schutz der Persönlichkeit gegen Gewalt, Drohungen oder Nachstellungen) s. Anmerkung bei Art. 28b («Neuer Art. 28b»).

2. Während des Zusammenlebens.
a. Geldleistungen.

173. [1] Auf Begehren eines Ehegatten setzt das Gericht die Geldbeiträge an den Unterhalt [163, 278] der Familie fest.

[2] Ebenso setzt es auf Begehren eines Ehegatten den Betrag für den Ehegatten fest, der den Haushalt besorgt, die Kinder betreut oder dem andern im Beruf oder Gewerbe hilft [164].

[3] Die Leistungen können für die Zukunft und für das Jahr vor Einreichung des Begehrens gefordert werden.

Gerichtsstand: GestG 15[1] lit. a.

b. Entzug der Vertretungsbefugnis.

174 [164/5]. [1] Überschreitet ein Ehegatte seine Befugnis zur Vertretung der ehelichen Gemeinschaft [166] oder erweist er sich als unfähig, sie auszuüben, so kann ihm das Gericht auf Begehren des andern die Vertretungsbefugnis ganz oder teilweise entziehen.

[2] Der Ehegatte, der das Begehren stellt, darf Dritten den Entzug nur durch persönliche Mitteilung bekanntgeben.

[3] Gutgläubigen Dritten [3] gegenüber ist der Entzug nur wirksam, wenn er auf Anordnung des Gerichts veröffentlicht worden ist.

Gerichtsstand: GestG 15[1] lit. a.

3. Aufhebung des gemeinsamen Haushaltes.
a. Gründe.

175 [170[1]]. Ein Ehegatte ist berechtigt, den gemeinsamen Haushalt [162] für solange aufzuheben, als seine Persönlichkeit [28], seine wirtschaftliche Sicherheit oder das Wohl der Familie [159[2]] durch das Zusammenleben ernstlich gefährdet ist [137[1]].

b. Regelung des Getrenntlebens.

176 [170[3]]. [1] Ist die Aufhebung des gemeinsamen Haushaltes begründet [175], so muss das Gericht auf Begehren eines Ehegatten:

Die Wirkungen der Ehe im allgemeinen

1. die Geldbeiträge, die der eine Ehegatte dem andern schuldet, festsetzen [173];
2. die Benützung der Wohnung und des Hausrates regeln;
3. die Gütertrennung [185, 247/51] anordnen, wenn es die Umstände [4] rechtfertigen.

[2] Diese Begehren kann ein Ehegatte auch stellen, wenn das Zusammenleben unmöglich ist, namentlich weil der andere es grundlos ablehnt.

[3] Haben die Ehegatten unmündige Kinder [14, 296 ff.], so trifft das Gericht nach den Bestimmungen über die Wirkungen des Kindesverhältnisses [270 ff.] die nötigen Massnahmen [273, 274[2], 275[2], 297[2], 276[2]].

Gerichtsstand: GestG 15[1] lit. a.

177 [171]. Erfüllt ein Ehegatte seine Unterhaltspflicht gegenüber der Familie [163/4, 278] nicht, so kann das Gericht dessen Schuldner anweisen, ihre Zahlungen ganz oder teilweise dem andern Ehegatten zu leisten [vgl. 132[1], 291].

4. Anweisungen an die Schuldner.

Gerichtsstand: GestG 15[1] lit. a.

178. [1] Soweit es die Sicherung der wirtschaftlichen Grundlagen der Familie oder die Erfüllung einer vermögensrechtlichen Verpflichtung aus der ehelichen Gemeinschaft [163, 164, 206, 215 ff., 239, 241] erfordert, kann das Gericht auf Begehren eines Ehegatten die Verfügung über bestimmte Vermögenswerte von dessen Zustimmung abhängig machen.

5. Beschränkungen der Verfügungsbefugnis.

[2] Das Gericht trifft die geeigneten sichernden Massnahmen.

[3] Untersagt es einem Ehegatten, über ein Grundstück zu verfügen, lässt es dies von Amtes wegen im Grundbuch anmerken.

GBV 80 Abs. 6.

Gerichtsstand: GestG 15[1] lit. a.

179 [172].[1]) [1] Verändern sich die Verhältnisse, so passt das Gericht auf Begehren eines Ehegatten die Massnahmen an oder hebt sie auf, wenn ihr Grund weggefallen ist; in bezug auf den persönlichen Verkehr [273/5] und die Kindesschutzmassnahmen [307/17] bleibt die Zuständigkeit der vormundschaftlichen Behörden [275, 315/15b] vorbehalten.

6. Veränderung der Verhältnisse.

[2] Nehmen die Ehegatten das Zusammenleben wieder auf, so fallen die für das Getrenntleben angeordneten Massnahmen [176] mit Ausnahme der Gütertrennung [176[1] Ziff. 3, 187[2]] und der Kindesschutzmassnahmen [307/17] dahin.

Gerichtsstand: GestG 15[1] lit. a.

---

[1]) Fassung gemäss Ziff. I 4. des BG vom 26. Juni 1998 über die Änderung des ZGB (Personenstand, Eheschliessung, Scheidung etc., AS 1999 S. 1118), i.K. 1. Januar 2000.

7. ... **180.** (Art. 180 betreffend den Gerichtsstand wurde aufgehoben gemäss Ziff. 2 des Anhangs zum GestG [Anhang I B zum ZGB]). Heute: Art. 15 Abs. 1 lit. a und Art. 35 GestG).

———

Sechster Titel

Das Güterrecht der Ehegatten*

Entwurf 1900 Art. 201/76; Erl. I, S. 114 ff.; ExpKom. I, S. 221 ff.; Entwurf 1904 Art. 186/261; NatR XV, S. 668/728; StändeR XV, S. 1091/1105. – Botsch. und Entw. des BR vom 11. Juli 1979 über die Änderung des ZGB (Wirkungen der Ehe im allgemeinen, Ehegüterrecht und Erbrecht), BBl 1979 II 1191/1240, S. 1285/1345, S. 1404/1431; StändeR 1981 S. 56/67, S. 127/138, S. 154/163; NatR 1983 S. 594/623, S. 662/685; StändeR 1984 S. 134/142; NatR 1984 S. 1045/6; StändeR 1984 S. 462; Bereinigter Entw. der BVers vom 5. Oktober 1984, BBl 1984 III 19/49.

> Die früher geltenden Art. 178–251 (Fassung 1907) wurden im ZGB-Anhang der 37.–42. Auflage dieser Textausgabe abgedruckt. Jetzt ist der Text über den Aktualisierungsservice im Internet unter www.schulthess.com/update/ abrufbar.

Erster Abschnitt

Allgemeine Vorschriften

181 [178]. Die Ehegatten unterstehen den Vorschriften über die Errungenschaftsbeteiligung [196 ff.], sofern sie nicht durch Ehevertrag [182/4] etwas anderes vereinbaren oder der ausserordentliche Güterstand [176[1] Ziff. 3, 185, 188, 189] eingetreten ist.

A. Ordentlicher Güterstand.

182 [179]. [1] Ein Ehevertrag kann vor oder nach der Heirat [101/2] geschlossen werden.

[2] Die Brautleute oder Ehegatten können ihren Güterstand nur innerhalb der gesetzlichen Schranken [196 ff., 221 ff., 247 ff., 191, 193, 216[2], 241[3]] wählen, aufheben oder ändern.

B. Ehevertrag.
I. Inhalt des Vertrages.

183 [180]. [1] Wer einen Ehevertrag schliessen will, muss urteilsfähig [16, 18] sein.

[2] Unmündige [14] oder Entmündigte [369 ff.] brauchen die Zustimmung ihres gesetzlichen Vertreters [19[1], 304, 407, 421 Ziff. 9].

II. Vertragsfähigkeit.

---

* Durch das BG vom 5. Oktober 1984 über die Änderung des ZGB (Wirkungen der Ehe im allgemeinen, Ehegüterrecht und Erbrecht, AS 1986 I 122) sind u.a. die Art. 178–251 (sechster Titel) des ZGB vom 10. Dezember 1907 aufgehoben und durch die neuen Art. 181–251 ersetzt worden. Dieses BG ist auf den 1. Januar 1988 in Kraft getreten. Zu beachten sind auch die Art. 9, 9a/f, 10, 10a/e, 11 und 11a SchlT.

Das Familienrecht

III. Form des Vertrages.

184 [181]. Der Ehevertrag muss öffentlich beurkundet [SchlT 55] und von den vertragschliessenden Personen sowie gegebenenfalls vom gesetzlichen Vertreter [183²] unterzeichnet [OR 13/5] werden.

C. Ausserordentlicher Güterstand.
I. Auf Begehren eines Ehegatten.
1. Anordnung.

185 [183/4]. ¹ Die Gütertrennung [247/51] wird auf Begehren eines Ehegatten vom Gericht angeordnet, wenn ein wichtiger Grund [4] dafür vorliegt.

² Ein wichtiger Grund liegt namentlich [176¹ Ziff. 3] vor:
1. wenn der andere Ehegatte überschuldet ist oder sein Anteil am Gesamtgut [222/4] gepfändet wird [189];
2. wenn der andere Ehegatte die Interessen des Gesuchstellers oder der Gemeinschaft [159¹] gefährdet;
3. wenn der andere Ehegatte in ungerechtfertigter Weise die erforderliche Zustimmung zu einer Verfügung über das Gesamtgut [228/9] verweigert;
4. wenn der andere Ehegatte dem Gesuchsteller die Auskunft über sein Einkommen, sein Vermögen und seine Schulden [170] oder über das Gesamtgut [222/4] verweigert;
5. wenn der andere Ehegatte dauernd urteilsunfähig [16] ist.

³ Ist ein Ehegatte dauernd urteilsunfähig, so kann sein gesetzlicher Vertreter [407] auch aus diesem Grund die Anordnung der Gütertrennung verlangen.

Gerichtsstand: GestG 15¹ lit. a.

2. ...

186. (Art. 186 betreffend den Gerichtsstand wurde aufgehoben gemäss Ziff. 2 des Anhangs zum GestG [Anhang I B zum ZGB]). Heute: Art. 15 Abs. 1 lit. a.

3. Aufhebung.

187. ¹ Die Ehegatten können jederzeit durch Ehevertrag [182/4] wieder ihren früheren oder einen andern Güterstand [196 ff., 221 ff.] vereinbaren.

² Ist der Grund der Gütertrennung [185, 176¹ Ziff. 3, 179²] weggefallen, so kann das Gericht auf Begehren eines Ehegatten die Wiederherstellung des früheren Güterstandes anordnen.

Gerichtsstand: GestG 15¹ lit. a.

II. Bei Konkurs und Pfändung.¹)
1. Bei Konkurs.

188 [182]. Wird über einen Ehegatten, der in Gütergemeinschaft [221 ff.] lebt, der Konkurs [SchKG 159/270] eröffnet, so tritt von Gesetzes wegen Gütertrennung [242, 247/51] ein [236¹].

---

¹) Siehe dazu Abschnitt VI des 2. Titels des SchKG, der lautet:
«VI. Betreibung eines in Gütergemeinschaft lebenden Ehegatten.

A. Zustellung der Betreibungsurkunden. Rechtsvorschlag.

Art. 68a. ¹ Wird ein in Gütergemeinschaft lebender Ehegatte betrieben, so sind der Zahlungsbefehl und alle übrigen Betreibungsurkunden auch dem andern Ehegatten zuzustellen; das Betreibungsamt holt diese

Zustellung unverzüglich nach, wenn erst im Laufe des Verfahrens geltend gemacht wird, dass der Schuldner der Gütergemeinschaft untersteht.

[2] Jeder Ehegatte kann Rechtsvorschlag erheben.

[3] (Aufgehoben)

B. Besondere Bestimmungen.

Art. 68b. [1] Jeder Ehegatte kann im Widerspruchsverfahren (Art. 106–109) geltend machen, dass ein gepfändeter Wert zum Eigengut des Ehegatten gehört.

[2] Beschränkt sich die Betreibung neben dem Eigengut auf den Anteil des Schuldners am Gesamtgut, so kann sich überdies jeder Ehegatte im Widerspruchsverfahren (Art. 106–109) der Pfändung von Gegenständen des Gesamtgutes widersetzen.

[3] Wird die Betreibung auf Befriedigung aus dem Eigengut und dem Anteil am Gesamtgut fortgesetzt, so richten sich die Pfändung und die Verwertung des Anteils am Gesamtgut nach Artikel 132; vorbehalten bleibt eine Pfändung des künftigen Erwerbseinkommens des betriebenen Ehegatten (Art. 93).

[4] Der Anteil eines Ehegatten am Gesamtgut kann nicht versteigert werden.

[5] Die Aufsichtsbehörde kann beim Richter die Anordnung der Gütertrennung verlangen.»

189 [185]. Ist ein Ehegatte, der in Gütergemeinschaft [221 ff.] lebt, für eine Eigenschuld [234] betrieben und sein Anteil am Gesamtgut gepfändet worden, so kann die Aufsichtsbehörde in Betreibungssachen [SchKG 13] beim Gericht die Anordnung der Gütertrennung [242, 247/51] verlangen [SchKG 68b[5]].

2. Bei Pfändung.
a. Anordnung.

Gerichtsstand: GestG 15[2].

190. [1] Das Begehren richtet sich gegen beide Ehegatten.

[2] ... [2])

Begehren.[1])

Gerichtsstand: GestG 15[2].

---

[1]) Fassung gemäss Ziff. 2 des Anhangs zum GestG (Anhang I B zum ZGB), i.K. 1. Januar 2001.
[2]) Aufgehoben gemäss Ziff. 2 des Anhangs zum GestG (Anhang I B zum ZGB). Heute: Art. 15 Abs. 2 GestG.

191 [187]. [1] Sind die Gläubiger befriedigt, so kann das Gericht auf Begehren eines Ehegatten die Wiederherstellung der Gütergemeinschaft anordnen.

3. Aufhebung.

[2] Die Ehegatten können durch Ehevertrag [182/4] Errungenschaftsbeteiligung [196 ff.] vereinbaren.

192 [189]. Tritt Gütertrennung ein [185, 188/9, 118], so gelten für die güterrechtliche Auseinandersetzung die Bestimmungen des bisherigen Güterstandes [204/20, 236/46], sofern das Gesetz nichts anderes bestimmt [217, 242[1, 3]].

III. Güterrechtliche Auseinandersetzung.

Das Familienrecht

D. Schutz der Gläubiger.

193 [179³, 188]. ¹ Durch Begründung oder Änderung des Güterstandes [182] oder durch güterrechtliche Auseinandersetzungen [204/20, 236/46] kann ein Vermögen, aus dem bis anhin die Gläubiger eines Ehegatten oder der Gemeinschaft Befriedigung verlangen konnten, dieser Haftung nicht entzogen werden.

² Ist ein solches Vermögen auf einen Ehegatten übergegangen, so hat er die Schulden zu bezahlen, kann sich aber von dieser Haftung so weit befreien, als er nachweist, dass das empfangene Vermögen hiezu nicht ausreicht.

E. ...

194. (Art. 194 betreffend die Zuständigkeit für Klagen über die güterrechtliche Auseinandersetzung wurde aufgehoben gemäss Ziff. 2 des Anhangs zum GestG [Anhang I B zum ZGB]). Heute: Art. 15 Abs. 1 lit. a, b, c GestG und Art. 18 Abs. 1 GestG.

F. Verwaltung des Vermögens eines Ehegatten durch den andern.

195 [242², 244]. ¹ Hat ein Ehegatte dem andern ausdrücklich oder stillschweigend [OR 1²] die Verwaltung seines Vermögens überlassen, so gelten die Bestimmungen über den Auftrag [OR 394 ff.], sofern nichts anderes vereinbart ist.

² Die Bestimmungen über die Tilgung von Schulden zwischen Ehegatten [203², 235², 250²] bleiben vorbehalten.

G. Inventar.

195a [197]. ¹ Jeder Ehegatte kann jederzeit vom andern verlangen, dass er bei der Aufnahme eines Inventars ihrer Vermögenswerte mit öffentlicher Urkunde [SchlT 55] mitwirkt.

² Ein solches Inventar wird als richtig vermutet [vgl. 9¹], wenn es binnen eines Jahres seit Einbringen der Vermögenswerte errichtet wurde.

Zweiter Abschnitt

Der ordentliche Güterstand der Errungenschaftsbeteiligung

A. Eigentumsverhältnisse.
I. Zusammensetzung.

196. Der Güterstand der Errungenschaftsbeteiligung [181] umfasst die Errungenschaft [197] und das Eigengut [198/9] jedes Ehegatten.

II. Errungenschaft.

197. ¹ Errungenschaft sind die Vermögenswerte, die ein Ehegatte während der Dauer des Güterstandes entgeltlich erwirbt.

² Die Errungenschaft eines Ehegatten umfasst insbesondere [164, 165¹, 173, 176¹ Ziff. 1]:
1. seinen Arbeitserwerb;
2. die Leistungen von Personalfürsorgeeinrichtungen, Sozialversicherungen und Sozialfürsorgeeinrichtungen [207²];
3. die Entschädigungen wegen Arbeitsunfähigkeit [207²];
4. die Erträge seines Eigengutes [198/9, 199²];
5. Ersatzanschaffungen für Errungenschaft.

198 [191 Ziff. 1, 194/6]. Eigengut sind von Gesetzes wegen: *III. Eigengut.*
1. die Gegenstände, die einem Ehegatten ausschliesslich zum persönlichen Gebrauch dienen;   *1. Nach Gesetz.*
2. die Vermögenswerte, die einem Ehegatten zu Beginn des Güterstandes gehören oder ihm später durch Erbgang [537 ff.] oder sonstwie unentgeltlich [OR 239] zufallen;
3. Genugtuungsansprüche [28a³];
4. Ersatzanschaffungen für Eigengut.

199. ¹ Die Ehegatten können durch Ehevertrag [182/4] Vermögenswerte der Errungenschaft [197], die für die Ausübung eines Berufes oder den Betrieb eines Gewerbes bestimmt sind, zu Eigengut [198] erklären.   *2. Nach Ehevertrag.*

² Überdies können die Ehegatten durch Ehevertrag [182/4] vereinbaren, dass Erträge aus dem Eigengut nicht in die Errungenschaft fallen [197² Ziff. 4].

200 [196¹]. ¹ Wer behauptet, ein bestimmter Vermögenswert sei Eigentum des einen oder andern Ehegatten, muss dies beweisen [8, 195a², 248¹].   *IV. Beweis.*

² Kann dieser Beweis nicht erbracht werden, so wird Miteigentum [646/51] beider Ehegatten angenommen [248²].

³ Alles Vermögen eines Ehegatten gilt bis zum Beweis des Gegenteils als Errungenschaft [197, 226].

201 [201/4]. ¹ Innerhalb der gesetzlichen Schranken [159², 166, 169, 170, 178, 201², 208] verwaltet und nutzt jeder Ehegatte seine Errungenschaft [197] und sein Eigengut [198/9] und verfügt darüber.   **B. Verwaltung, Nutzung und Verfügung.**

² Steht ein Vermögenswert im Miteigentum [200², 646/51] beider Ehegatten, so kann kein Ehegatte ohne die Zustimmung des andern über seinen Anteil verfügen, sofern nichts anderes vereinbart ist [646³].

202 [206/8]. Jeder Ehegatte haftet für seine Schulden mit seinem gesamten Vermögen [193, 249].   **C. Haftung gegenüber Dritten.**

203 [209]. ¹ Der Güterstand hat keinen Einfluss auf die Fälligkeit [OR 75] von Schulden zwischen Ehegatten [235¹, 250¹; OR 134¹ Ziff. 3].   **D. Schulden zwischen Ehegatten.**

² Bereitet indessen die Zahlung von Geldschulden oder die Erstattung geschuldeter Sachen dem verpflichteten Ehegatten ernstliche Schwierigkeiten, welche die eheliche Gemeinschaft [159] gefährden, so kann er verlangen, dass ihm Fristen eingeräumt werden [195², 218¹, 235², 250²]; die Forderung ist sicherzustellen, wenn es die Umstände [4] rechtfertigen.

Zur Frage der Pfändbarkeit siehe SchKG 95a.

Das Familienrecht

E. Auflösung des Güterstandes und Auseinandersetzung.
I. Zeitpunkt der Auflösung.

204 [212/3, 186²]. ¹ Der Güterstand wird mit dem Tod eines Ehegatten oder mit der Vereinbarung eines andern Güterstandes [181, 182/4] aufgelöst.

² Bei Scheidung [120], Trennung [118], Ungültigerklärung der Ehe [109] oder gerichtlicher Anordnung der Gütertrennung [176¹ Ziff. 3, 185, 189] wird die Auflösung des Güterstandes auf den Tag zurückbezogen, an dem das Begehren eingereicht [136] worden ist [214¹, 236²].

II. Rücknahme von Vermögenswerten und Regelung der Schulden.
1. Im allgemeinen.

205 [212/3]. ¹ Jeder Ehegatte nimmt seine Vermögenswerte zurück, die sich im Besitz [919] des andern Ehegatten befinden.

² Steht ein Vermögenswert im Miteigentum [200², 646/51] und weist ein Ehegatte ein überwiegendes Interesse [245] nach, so kann er neben den übrigen gesetzlichen Massnahmen [651², 651a¹] verlangen, dass ihm dieser Vermögenswert gegen Entschädigung des andern Ehegatten ungeteilt zugewiesen wird [251].

³ Die Ehegatten regeln ihre gegenseitigen Schulden.

2. Mehrwertanteil des Ehegatten.

206. ¹ Hat ein Ehegatte zum Erwerb, zur Verbesserung oder zur Erhaltung von Vermögensgegenständen des andern [196] ohne entsprechende Gegenleistung beigetragen und besteht im Zeitpunkt der Auseinandersetzung ein Mehrwert, so entspricht seine Forderung dem Anteil seines Beitrages und wird nach dem gegenwärtigen Wert der Vermögensgegenstände [211/4] berechnet [209³]; ist dagegen ein Minderwert eingetreten, so entspricht die Forderung dem ursprünglichen Beitrag.

² Ist einer dieser Vermögensgegenstände vorher veräussert worden, so berechnet sich die Forderung nach dem bei der Veräusserung erzielten Erlös und wird sofort fällig [OR 75].

³ Die Ehegatten können durch schriftliche Vereinbarung [OR 13/5] den Mehrwertanteil ausschliessen oder ändern.

III. Berechnung des Vorschlages jedes Ehegatten.
1. Ausscheidung der Errungenschaft und des Eigengutes.

207. ¹ Errungenschaft [197] und Eigengut [198/9] jedes Ehegatten werden nach ihrem Bestand im Zeitpunkt der Auflösung des Güterstandes [204] ausgeschieden.

² Die Kapitalleistung, die ein Ehegatte von einer Vorsorgeeinrichtung [197² Ziff. 2] oder wegen Arbeitsunfähigkeit erhalten hat [197² Ziff. 3], wird im Betrag des Kapitalwertes der Rente, die dem Ehegatten bei Auflösung des Güterstandes zustünde, dem Eigengut [198/9] zugerechnet [237].

2. Hinzurechnung.

208. ¹ Zur Errungenschaft [197] hinzugerechnet werden:
1. unentgeltliche Zuwendungen [z. B. 80; OR 239], die ein Ehegatte während der letzten fünf Jahre vor Auflösung des Güterstandes [204] ohne Zustimmung des andern Ehegatten gemacht hat, ausgenommen die üblichen Gelegenheitsgeschenke [527 Ziff. 3, 632];

2. Vermögensentäusserungen, die ein Ehegatte während der Dauer des Güterstandes vorgenommen hat, um den Beteiligungsanspruch [215/7] des andern zu schmälern.

² Bei Streitigkeiten über solche Zuwendungen oder Entäusserungen kann das Urteil dem begünstigten Dritten entgegengehalten werden, wenn ihm der Streit verkündet worden ist.

209 [209]. ¹ Sind Schulden der Errungenschaft [197] aus dem Eigengut [198/9] oder Schulden des Eigengutes aus der Errungenschaft eines Ehegatten bezahlt worden, so besteht bei der güterrechtlichen Auseinandersetzung eine Ersatzforderung.

² Eine Schuld belastet die Vermögensmasse, mit welcher sie sachlich zusammenhängt, im Zweifel aber die Errungenschaft [197, 231², 232², 238²].

³ Haben Mittel der einen Vermögensmasse zum Erwerb, zur Verbesserung oder zur Erhaltung von Vermögensgegenständen der andern beigetragen und ist ein Mehr- oder ein Minderwert eingetreten, so entspricht die Ersatzforderung dem Anteil des Beitrages und wird nach dem Wert der Vermögensgegenstände im Zeitpunkt der Auseinandersetzung oder der Veräusserung berechnet [206].

3. Ersatzforderungen zwischen Errungenschaft und Eigengut.

210 [214]. ¹ Was vom Gesamtwert der Errungenschaft [197], einschliesslich der hinzugerechneten Vermögenswerte [208] und der Ersatzforderungen [209], nach Abzug der auf ihr lastenden Schulden verbleibt [209²], bildet den Vorschlag.

² Ein Rückschlag wird nicht berücksichtigt.

4. Vorschlag.

211. Bei der güterrechtlichen Auseinandersetzung sind die Vermögensgegenstände zu ihrem Verkehrswert [617] einzusetzen.

IV. Wertbestimmung.
1. Verkehrswert.

212. ¹ Ein landwirtschaftliches Gewerbe [BGBB 7, 8], das ein Ehegatte als Eigentümer selber weiterbewirtschaftet oder für das der überlebende Ehegatte oder ein Nachkomme begründet Anspruch auf ungeteilte Zuweisung erhebt, ist bei Berechnung des Mehrwertanteils [206, 209³] und der Beteiligungsforderung [215/7] zum Ertragswert einzusetzen [619; BGBB 10, 87].

² Der Eigentümer des landwirtschaftlichen Gewerbes oder seine Erben können gegenüber dem andern Ehegatten als Mehrwertanteil [206] oder als Beteiligungsforderung nur den Betrag geltend machen, den sie bei Anrechnung des Gewerbes zum Verkehrswert erhielten.

³ Die erbrechtlichen Bestimmungen über die Bewertung und über den Anteil der Miterben am Gewinn gelten sinngemäss [617/9].

2. Ertragswert.
a. Im allgemeinen.

Das Familienrecht

b. Besondere Umstände.

213. [1] Der Anrechnungswert kann angemessen erhöht werden, wenn besondere Umstände [4] es rechtfertigen.

[2] Als besondere Umstände gelten insbesondere die Unterhaltsbedürfnisse des überlebenden Ehegatten, der Ankaufspreis des landwirtschaftlichen Gewerbes einschliesslich der Investitionen oder die Vermögensverhältnisse des Ehegatten, dem das landwirtschaftliche Gewerbe gehört.

3. Massgebender Zeitpunkt.

214. [1] Massgebend für den Wert der bei der Auflösung des Güterstandes vorhandenen Errungenschaft [204, 207[1]] ist der Zeitpunkt der Auseinandersetzung [240, 617].

[2] Für Vermögenswerte, die zur Errungenschaft hinzugerechnet werden [208], ist der Zeitpunkt massgebend, in dem sie veräussert worden sind.

V. Beteiligung am Vorschlag.
1. Nach Gesetz.

215 [214[1,2]]. [1] Jedem Ehegatten oder seinen Erben [457 ff., 483] steht die Hälfte des Vorschlages [210[1]] des andern zu.

[2] Die Forderungen werden verrechnet.

2. Nach Vertrag.
a. Im allgemeinen.

216 [214[3]]. [1] Durch Ehevertrag [182/4] kann eine andere Beteiligung am Vorschlag [215] vereinbart werden [217].

[2] Solche Vereinbarungen dürfen die Pflichtteilsansprüche der nichtgemeinsamen Kinder und deren Nachkommen [471 Ziff. 1] nicht beeinträchtigen [522/33, 241[3]].

b. Bei Scheidung, Trennung, Ungültigerklärung der Ehe oder gerichtlicher Gütertrennung.

217. Bei Scheidung [111/6], Trennung [117], Ungültigerklärung der Ehe [109] oder gerichtlicher Anordnung der Gütertrennung [176[1] Ziff. 3, 185, 189, 204[2]] gelten Vereinbarungen über die Änderung der gesetzlichen Beteiligung am Vorschlag [216] nur, wenn der Ehevertrag [182/4] dies ausdrücklich vorsieht [242[3]; OR 11].

VI. Bezahlung der Beteiligungsforderung und des Mehrwertanteils.
1. Zahlungsaufschub.

218. [1] Bringt die sofortige Bezahlung der Beteiligungsforderung [215/7] und des Mehrwertanteils [206] den verpflichteten Ehegatten in ernstliche Schwierigkeiten, so kann er verlangen, dass ihm Zahlungsfristen eingeräumt werden [203[2], 235[2], 250[2]].

[2] Die Beteiligungsforderung und der Mehrwertanteil sind, soweit die Parteien nichts anderes vereinbaren, vom Abschluss der Auseinandersetzung an zu verzinsen [OR 73] und, wenn es die Umstände [4] rechtfertigen, sicherzustellen.

2. Wohnung und Hausrat.

219. [1] Damit der überlebende Ehegatte seine bisherige Lebensweise beibehalten kann, wird ihm auf sein Verlangen am Haus oder an der Wohnung, worin die Ehegatten gelebt haben und die dem verstorbenen Ehegatten gehört hat, die Nutzniessung [745] oder ein Wohnrecht [776] auf Anrechnung zugeteilt; vorbehalten bleibt eine andere ehevertragliche Regelung [182/4].

² Unter den gleichen Voraussetzungen kann er die Zuteilung des Eigentums am Hausrat verlangen.

³ Wo die Umstände [4] es rechtfertigen, kann auf Verlangen des überlebenden Ehegatten oder der andern gesetzlichen Erben des Verstorbenen [457 ff.] statt der Nutzniessung oder des Wohnrechts das Eigentum am Haus oder an der Wohnung eingeräumt werden.

⁴ An Räumlichkeiten, in denen der Erblasser einen Beruf ausübte oder ein Gewerbe betrieb und die ein Nachkomme zu dessen Weiterführung benötigt, kann der überlebende Ehegatte diese Rechte nicht beanspruchen; die Vorschriften des bäuerlichen Erbrechts[1]) bleiben vorbehalten.

[1]) Jetzt BGBB (Anhang IX A zum ZGB); Art. 619 ZGB.

220. ¹ Deckt das Vermögen des verpflichteten Ehegatten oder seine Erbschaft bei der güterrechtlichen Auseinandersetzung die Beteiligungsforderung [215/7] nicht, so können der berechtigte Ehegatte oder seine Erben Zuwendungen, die der Errungenschaft hinzuzurechnen sind [208], bis zur Höhe des Fehlbetrages bei den begünstigten Dritten einfordern.

3. Klage gegen Dritte.

² Das Klagerecht erlischt ein Jahr nachdem der Ehegatte oder seine Erben von der Verletzung ihrer Rechte Kenntnis erhalten haben, in jedem Fall aber zehn Jahre nach der Auflösung des Güterstandes [204].

³ Im übrigen gelten die Bestimmungen über die erbrechtliche Herabsetzungsklage [522/33] sinngemäss.[1])

Gerichtsstand: GestG 15[1].

[1]) Fassung gemäss Ziff. 2 des Anhangs zum ZGB [Anhang I B zum ZGB], i.K. 1. Januar 2001.

Dritter Abschnitt

Die Gütergemeinschaft

221. Der Güterstand der Gütergemeinschaft umfasst das Gesamtgut [222/4] und das Eigengut [225] jedes Ehegatten.

A. Eigentumsverhältnisse.
I. Zusammensetzung.

222 [215]. ¹ Die allgemeine Gütergemeinschaft vereinigt das Vermögen und die Einkünfte der Ehegatten zu einem Gesamtgut, mit Ausnahme der Gegenstände, die von Gesetzes wegen Eigengut [225¹,²] sind.

II. Gesamtgut.
1. Allgemeine Gütergemeinschaft.

² Das Gesamtgut gehört beiden Ehegatten ungeteilt [652/4].

³ Kein Ehegatte kann über seinen Anteil am Gesamtgut verfügen [653³].

Das Familienrecht

2. Beschränkte Gütergemeinschaften.
a. Errungenschaftsgemeinschaft.

223 [239]. [1] Die Ehegatten können durch Ehevertrag [182/4] die Gemeinschaft auf die Errungenschaft [197] beschränken.
[2] Die Erträge des Eigengutes [225, 198] fallen in das Gesamtgut [223[1], 197].

b. Andere Gütergemeinschaften.

224 [237/8]. [1] Die Ehegatten können durch Ehevertrag [182/4] bestimmte Vermögenswerte oder Arten von Vermögenswerten, wie Grundstücke, den Arbeitserwerb eines Ehegatten oder Vermögenswerte, mit denen dieser einen Beruf ausübt oder ein Gewerbe betreibt [199[1]], von der Gemeinschaft ausschliessen.
[2] Sofern nichts anderes vereinbart ist [182/4], fallen die Erträge dieser Vermögenswerte nicht in das Gesamtgut.

III. Eigengut.

225 [237[2], 190[2]]. [1] Eigengut entsteht durch Ehevertrag [182/4], durch Zuwendung Dritter oder von Gesetzes wegen.
[2] Von Gesetzes wegen umfasst das Eigengut jedes Ehegatten die Gegenstände, die ihm ausschliesslich zum persönlichen Gebrauch dienen [198 Ziff. 1], sowie die Genugtuungsansprüche [198 Ziff. 3, 28a[3]].
[3] Was ein Ehegatte als Pflichtteil [471] zu beanspruchen hat, kann ihm von seinen Verwandten nicht als Eigengut zugewendet werden, sofern der Ehevertrag [182/4] vorsieht, dass diese Vermögenswerte Gesamtgut sind.

IV. Beweis.

226 [215[3]]. Alle Vermögenswerte gelten als Gesamtgut [222/4], solange nicht bewiesen ist [8], dass sie Eigengut [225] eines Ehegatten sind [200[3]].

B. Verwaltung und Verfügung.
I. Gesamtgut.
1. Ordentliche Verwaltung.

227 [216]. [1] Die Ehegatten verwalten das Gesamtgut im Interesse der ehelichen Gemeinschaft [159].
[2] Jeder Ehegatte kann in den Schranken der ordentlichen Verwaltung die Gemeinschaft verpflichten und über das Gesamtgut verfügen [653[2]].

2. Ausserordentliche Verwaltung.

228 [217]. [1] Die Ehegatten können ausser für die ordentliche Verwaltung [227[2]] nur gemeinsam oder der eine nur mit Einwilligung des andern die Gemeinschaft verpflichten und über das Gesamtgut verfügen [653[2], 185[2] Ziff. 3].
[2] Dritte dürfen diese Einwilligung voraussetzen, sofern sie nicht wissen oder wissen sollten [3[2]], dass sie fehlt.
[3] Die Bestimmungen über die Vertretung der ehelichen Gemeinschaft [166] bleiben vorbehalten.

3. Beruf oder Gewerbe der Gemeinschaft.

229. Übt ein Ehegatte mit Zustimmung des andern mit Mitteln des Gesamtgutes [222/4] allein einen Beruf aus oder betreibt er allein ein Gewerbe, so kann er alle Rechtsgeschäfte vornehmen, die diese Tätigkeiten mit sich bringen.

Die Gütergemeinschaft 61

230 [218]. ¹ Ohne Zustimmung des andern kann ein Ehegatte weder eine Erbschaft, die ins Gesamtgut fallen würde, ausschlagen [566/79] noch eine überschuldete Erbschaft [566², 575, 574] annehmen.

² Kann der Ehegatte diese Zustimmung nicht einholen oder wird sie ihm ohne triftigen Grund verweigert, so kann er das Gericht an seinem Wohnsitz [23/6] anrufen.¹)

Gerichtsstand: GestG 15¹ lit. a.

4. Ausschlagung und Annahme von Erbschaften.

---

¹) Diese Gerichtsstandsbestimmung blieb vom Gerichtsstandsgesetz (GestG, Anhang I B zum ZGB) unberührt, was auf einem Versehen beruhen mag. Heute: Art. 15 Abs. 1 lit. a GestG.

231. ¹ Für Handlungen, die das Gesamtgut [222/4] betreffen, ist jeder Ehegatte bei Auflösung des Güterstandes [236/46] gleich einem Beauftragten [OR 397 ff.] verantwortlich.

² Die Kosten der Verwaltung werden dem Gesamtgut belastet.

5. Verantwortlichkeit und Verwaltungskosten.

232 [237²]. ¹ Innerhalb der gesetzlichen Schranken [159², 166, 169, 170, 178, 230¹] verwaltet jeder Ehegatte sein Eigengut [225] und verfügt darüber.

² Fallen die Erträge in das Eigengut [223², 224²], werden die Kosten der Verwaltung diesem belastet.

II. Eigengut.

233 [219/21]. Jeder Ehegatte haftet mit seinem Eigengut [225] und dem Gesamtgut [222; SchKG 68a, b¹)]:
1. für Schulden, die er in Ausübung seiner Befugnisse zur Vertretung der ehelichen Gemeinschaft [166, 174¹] oder zur Verwaltung des Gesamtgutes eingeht [227/8];
2. für Schulden, die er in Ausübung eines Berufes oder Gewerbes eingeht, sofern für diese Mittel des Gesamtgutes verwendet werden [229] oder deren Erträge ins Gesamtgut fallen [222¹, 223², 224²];
3. für Schulden, für die auch der andere Ehegatte persönlich einzustehen hat [166];
4. für Schulden, bei welchen die Ehegatten mit dem Dritten vereinbart haben, dass das Gesamtgut neben dem Eigengut des Schuldners haftet.

C. Haftung gegenüber Dritten.
I. Vollschulden.

---

¹) Abgedruckt in Art. 188/Fn. 1.

234 [219/21]. ¹ Für alle übrigen Schulden haftet ein Ehegatte nur mit seinem Eigengut [225] und der Hälfte des Wertes des Gesamtgutes [222/4; SchKG 68a, b¹)].

II. Eigenschulden.

² Vorbehalten bleiben die Ansprüche wegen Bereicherung der Gemeinschaft [OR 62 ff.].

¹) Abgedruckt in Art. 188/Fn. 1.

D. Schulden zwischen Ehegatten.

235 [223]. ¹ Der Güterstand hat keinen Einfluss auf die Fälligkeit [OR 75] von Schulden zwischen Ehegatten [203¹, 250¹; OR 134¹ Ziff. 3].

² Bereitet indessen die Zahlung von Geldschulden oder die Erstattung geschuldeter Sachen dem verpflichteten Ehegatten ernstliche Schwierigkeiten, welche die eheliche Gemeinschaft [159] gefährden, so kann er verlangen, dass ihm Fristen eingeräumt werden; die Forderung ist sicherzustellen, wenn es die Umstände [4] rechtfertigen [203², 218¹, 250²].

Zur Frage der Pfändbarkeit siehe SchKG 95a.

E. Auflösung des Güterstandes und Auseinandersetzung.
I. Zeitpunkt der Auflösung.

236 [225, 186]. ¹ Der Güterstand wird mit dem Tod eines Ehegatten, mit der Vereinbarung eines andern Güterstandes [182/4] oder mit der Konkurseröffnung [188] über einen Ehegatten aufgelöst.

² Bei Scheidung [120], Trennung [118], Ungültigerklärung der Ehe [109] oder gerichtlicher Anordnung der Gütertrennung [176¹ Ziff. 3, 185, 189] wird die Auflösung des Güterstandes auf den Tag zurückbezogen, an dem das Begehren eingereicht [136] worden ist [204²].

³ Für die Zusammensetzung des Gesamtgutes [222/4] und des Eigengutes [225] ist der Zeitpunkt der Auflösung des Güterstandes [236¹,²] massgebend [240].

II. Zuweisung zum Eigengut.

237. Die Kapitalleistung, die ein Ehegatte von einer Vorsorgeeinrichtung oder wegen Arbeitsunfähigkeit erhalten hat und die Gesamtgut geworden ist, wird im Betrag des Kapitalwertes der Rente, die dem Ehegatten bei Auflösung des Güterstandes zustünde, dem Eigengut [225] zugerechnet [197² Ziff. 2 und 3, 207²].

III. Ersatzforderungen zwischen Gesamtgut und Eigengut.

238 [223]. ¹ Bei der güterrechtlichen Auseinandersetzung bestehen zwischen dem Gesamtgut [222/4] und dem Eigengut jedes Ehegatten [225] Ersatzforderungen, wenn Schulden, die die eine Vermögensmasse belasten, mit Mitteln der andern bezahlt worden sind.

² Eine Schuld belastet die Vermögensmasse, mit welcher sie zusammenhängt, im Zweifel aber das Gesamtgut [209²].

IV. Mehrwertanteil.

239. Hat das Eigengut eines Ehegatten [225] oder das Gesamtgut [222/4] zum Erwerb, zur Verbesserung oder zur Erhaltung eines Vermögensgegenstandes einer andern Vermögensmasse beigetragen, so gelten sinngemäss die Bestimmungen über den Mehrwertanteil bei der Errungenschaftsbeteiligung [206].

240. Massgebend für den Wert des bei Auflösung des Güterstandes [236] vorhandenen Gesamtgutes [222/4] ist der Zeitpunkt der Auseinandersetzung [214¹, 617].

V. Wertbestimmung.

241 [225/6, 240]. ¹ Wird die Gütergemeinschaft durch Tod eines Ehegatten oder durch Vereinbarung eines andern Güterstandes aufgelöst [236¹], so steht jedem Ehegatten oder seinen Erben die Hälfte des Gesamtgutes [222/4] zu.
² Durch Ehevertrag [182/4] kann eine andere Teilung vereinbart werden.
³ Solche Vereinbarungen dürfen die Pflichtteilsansprüche der Nachkommen [471 Ziff. 1] nicht beeinträchtigen [522/33, 216²].

VI. Teilung.
1. Bei Tod oder Vereinbarung eines andern Güterstandes.

242 [154, 189]. ¹ Bei Scheidung [120], Trennung [118], Ungültigerklärung der Ehe [109] oder Eintritt der gesetzlichen [188] oder gerichtlichen Gütertrennung [176¹ Ziff. 3, 185, 189] nimmt jeder Ehegatte vom Gesamtgut [222/4] zurück, was unter der Errungenschaftsbeteiligung sein Eigengut wäre [198].
² Das übrige Gesamtgut fällt den Ehegatten je zur Hälfte zu.
³ Vereinbarungen über die Änderung der gesetzlichen Teilung gelten nur, wenn der Ehevertrag [182/4] dies ausdrücklich vorsieht [217; OR 11].

2. In den übrigen Fällen.

243 [228]. Wird die Gütergemeinschaft durch Tod eines Ehegatten aufgelöst [241¹], so kann der überlebende Ehegatte verlangen, dass ihm auf Anrechnung überlassen wird, was unter der Errungenschaftsbeteiligung sein Eigengut wäre [198].

VII. Durchführung der Teilung.
1. Eigengut.

244. ¹ Gehören das Haus oder die Wohnung, worin die Ehegatten gelebt haben, oder Hausratsgegenstände zum Gesamtgut, so kann der überlebende Ehegatte verlangen, dass ihm das Eigentum daran auf Anrechnung zugeteilt wird [vgl. 219].
² Wo die Umstände [4] es rechtfertigen, kann auf Verlangen des überlebenden Ehegatten oder der andern gesetzlichen Erben des Verstorbenen [457 ff.] statt des Eigentums die Nutzniessung [745] oder ein Wohnrecht [776] eingeräumt werden.
³ Wird die Gütergemeinschaft nicht durch Tod aufgelöst, kann jeder Ehegatte diese Begehren stellen, wenn er ein überwiegendes Interesse nachweist [245].

2. Wohnung und Hausrat.

245. Weist ein Ehegatte ein überwiegendes Interesse [205²] nach, so kann er verlangen, dass ihm auch andere Vermögenswerte auf Anrechnung zugeteilt werden.

3. Andere Vermögenswerte.

4. Andere Teilungsvorschriften.

246. Im übrigen gelten die Bestimmungen über die Teilung von Miteigentum [651] und die Durchführung der Erbteilung [610 ff.] sinngemäss.

Vierter Abschnitt
Die Gütertrennung

A. Verwaltung, Nutzung und Verfügung.
I. Im allgemeinen.

247 [242[1], 245]. Innerhalb der gesetzlichen Schranken [159[2], 166, 169, 170, 178] verwaltet und nutzt jeder Ehegatte sein Vermögen und verfügt darüber.

II. Beweis.

248. [1] Wer behauptet, ein bestimmter Vermögenswert sei Eigentum des einen oder andern Ehegatten, muss dies beweisen [8, 195a, 200[1]].

[2] Kann dieser Beweis nicht erbracht werden, so wird Miteigentum [646/51] beider Ehegatten angenommen [200[2]].

B. Haftung gegenüber Dritten.

249 [243]. Jeder Ehegatte haftet für seine Schulden mit seinem gesamten Vermögen [193, 202].

C. Schulden zwischen Ehegatten.

250. [1] Der Güterstand hat keinen Einfluss auf die Fälligkeit [OR 75] von Schulden zwischen Ehegatten [203[1], 235[1]; OR 134[1] Ziff. 3].

[2] Bereitet indessen die Zahlung von Geldschulden oder die Erstattung geschuldeter Sachen dem verpflichteten Ehegatten ernstliche Schwierigkeiten, welche die eheliche Gemeinschaft [159] gefährden, so kann er verlangen, dass ihm Fristen eingeräumt werden [195[2], 203[2], 218[1], 235[2]]; die Forderung ist sicherzustellen, wenn es die Umstände [4] rechtfertigen.

Zur Frage der Pfändbarkeit siehe SchKG 95a.

D. Zuweisung bei Miteigentum.

251. Steht ein Vermögenswert im Miteigentum [248[2], 646/51] und weist ein Ehegatte ein überwiegendes Interesse [245] nach, so kann er bei Auflösung des Güterstandes neben den übrigen gesetzlichen Massnahmen [651[2], 651a[1]] verlangen, dass ihm dieser Vermögenswert gegen Entschädigung des andern Ehegatten ungeteilt zugewiesen wird [205[2]].

Zweite Abteilung

Die Verwandtschaft

Entwurf 1900 Art. 277/385; Erl. I, S. 287 ff.; Entwurf 1904 Art. 262/367; Botsch. S. 34 ff. – Zu den revidierten Titeln 7 und 8 siehe die Angaben am Anfang ihrer Abschnitte.

Siebenter Titel

Die Entstehung des Kindesverhältnisses *

Erster Abschnitt

Allgemeine Bestimmungen **

Botsch. und Entw. des BR vom 5. Juni 1974 über die Änderung des ZGB (Kindesverhältnis), BBl 1974 II 1/24, 24/8; StänderR 1975 S. 104/16; NatR 1975 S. 1752/3; StänderR 1976 S. 83; NatR 1976 S. 423/34; StänderR 1976 S. 247/8, S. 324.

252 [252, 267, 302]. [1] Das Kindesverhältnis entsteht zwischen dem Kind und der Mutter mit der Geburt.

A. Entstehung des Kindesverhältnisses im allgemeinen.

---

* Im ZGB 1907 regelte der 7. Titel (Art. 252–301) das «eheliche Kindesverhältnis», der 8. Titel (Art. 303–327) das «aussereheliche Kindesverhältnis». Durch das BG vom 25. Juni 1976 über die Änderung des ZGB (Kindesverhältnis, AS 1977 I 237) wurden die Kindesverhältnisse vereinheitlicht: Der 7. Titel (Art. 252–269c) befasst sich nunmehr mit der Entstehung des Kindesverhältnisses, der 8. Titel (Art. 270–327) mit den Wirkungen des Kindesverhältnisses.

Zum revidierten Kindesrecht sind ausser Art. 252–327 auch zu beachten:
a) Intertemporal: Art. 12/3 SchlT.
b) Art. 66 ff. IPRG (Anhang I A zum ZGB); Übereinkommen betreffend Unterhaltspflichten (Anhang II D 1–4 zum ZGB); Europäisches Übereinkommen vom 20. Mai 1980 über die Anerkennung und Vollstreckung von Entscheidungen über das Sorgerecht für Kinder und die Wiederherstellung des Sorgerechtes (Anhang II E1 zum ZGB); Übereinkommen vom 25. Oktober 1980 über die zivilrechtlichen Aspekte internationaler Kindesentführung (Anhang II E2 zum ZGB); Übereinkommen vom 5. Oktober 1961 über die Zuständigkeit der Behörden und das anzuwendende Recht auf dem Gebiet des Schutzes von Minderjährigen (Anhang II E3 zum ZGB).
c) Für die Adoption siehe auch Note * vor Art. 264.

** Zur medizinisch unterstützten Fortpflanzung siehe das Fortpflanzungsmedizingesetz (FMedG, Anhang V E zum ZGB).

² Zwischen dem Kind und dem Vater wird es kraft der Ehe der Mutter begründet [255/8] oder durch Anerkennung [260/260c] oder durch das Gericht festgestellt [261/3].

³ Ausserdem entsteht das Kindesverhältnis durch Adoption [264/269c, 267].

B. Feststellung und Anfechtung des Kindesverhältnisses.
I. ...

253. (Art. 253 betreffend den Gerichtsstand wurde aufgehoben gemäss Ziff. 2 des Anhangs zum GestG [Anhang I B zum ZGB]). Heute: Art. 16 GestG.

II. Verfahren.

254 [310, 158]. Das Verfahren zur Feststellung oder Anfechtung des Kindesverhältnisses [256, 260a, 261, 269, 269a] wird durch das kantonale Prozessrecht geordnet unter Vorbehalt folgender Vorschriften:
1. Das Gericht erforscht den Sachverhalt von Amtes wegen und würdigt die Beweise nach freier Überzeugung.
2. Die Parteien und Dritte haben an Untersuchungen mitzuwirken, die zur Aufklärung der Abstammung nötig und ohne Gefahr für die Gesundheit sind.

Zweiter Abschnitt

Die Vaterschaft des Ehemannes *

Botsch. und Entw. des BR vom 5. Juni 1974 über die Änderung des ZGB (Kindesverhältnis), BBl 1974 II 1/24, 28/37; StändeR 1975 S. 116/18; NatR 1975 S. 1753/7; StändeR 1976 S. 83/5; NatR 1976 S. 423/34; StändeR 1976 S. 247/8, S. 324.

A. Vermutung.

255 [252].[1]) ¹ Ist ein Kind während der Ehe geboren, so gilt der Ehemann als Vater [257].

² Stirbt der Ehemann, so gilt er als Vater, wenn das Kind innert 300 Tagen nach seinem Tod geboren wird oder bei späterer Geburt nachgewiesenermassen vor dem Tod des Ehemannes gezeugt worden ist.

³ Wird der Ehemann für verschollen erklärt [38], so gilt er als Vater, wenn das Kind vor Ablauf von 300 Tagen seit dem Zeitpunkt der Todesgefahr oder der letzten Nachricht [38²] geboren worden ist.

---

[1]) Fassung gemäss Ziff. I 4. des BG vom 26. Juni 1998 über die Änderung des ZGB (Personenstand, Eheschliessung, Scheidung etc., AS 1999 S. 1118), i. K. 1. Januar 2000.

---

* Siehe auch Art. 12, 12d, 13 SchlT (intertemporal) und Art. 66 ff. IPRG (Anhang I A zum ZGB).

Die Vaterschaft des Ehemannes

256 [253]. ¹ Die Vermutung der Vaterschaft [255] kann beim Gericht angefochten werden:
1. vom Ehemann [258];
2. vom Kind [19², 308², 392 Ziff. 2], wenn während seiner Unmündigkeit [14] der gemeinsame Haushalt der Ehegatten [162] aufgehört hat.

² Die Klage des Ehemannes richtet sich gegen das Kind und die Mutter, die Klage des Kindes gegen den Ehemann und die Mutter.

³ Der Ehemann hat keine Klage, wenn er der Zeugung durch einen Dritten zugestimmt hat. Für das Anfechtungsrecht des Kindes bleibt das Fortpflanzungsmedizingesetz vom 18. Dezember 1998¹) vorbehalten.²)

Gerichtsstand: GestG 16.

B. Anfechtung.
I. Klagerecht.

---

¹) FMedG, SR 814.90. Siehe insbes. Art. 23 Abs. 1 und 43 FMedG (Anhang V E zum ZGB).
²) Fassung gemäss Art. 39 FMedG (AS 2000 S. 3055), i.K. 1. Januar 2001.

256a [254]. ¹ Ist ein Kind während der Ehe gezeugt worden, so hat der Kläger nachzuweisen [8], dass der Ehemann nicht der Vater ist.

² Ist das Kind frühestens 180 Tage nach Abschluss und spätestens 300 Tage nach Auflösung der Ehe durch Tod geboren, so wird vermutet, dass es während der Ehe gezeugt worden ist.¹)

II. Klagegrund.
1. Bei Zeugung während der Ehe.

---

¹) Fassung gemäss Ziff. I 4. des BG vom 26. Juni 1998 über die Änderung des ZGB (Personenstand, Eheschliessung, Scheidung etc., AS 1999 S. 1118), i.K. 1. Januar 2000.

256b [255]. ¹ Ist ein Kind vor Abschluss der Ehe oder zu einer Zeit gezeugt worden, da der gemeinsame Haushalt [162] aufgehoben [175/6] war, so ist die Anfechtung nicht weiter zu begründen.

² Die Vaterschaft des Ehemannes wird jedoch auch in diesem Fall vermutet, wenn glaubhaft gemacht wird, dass er um die Zeit der Empfängnis der Mutter beigewohnt hat.

2. Bei Zeugung vor der Ehe oder während Aufhebung des Haushaltes.

256c [253, 257]. ¹ Der Ehemann hat die Klage binnen Jahresfrist einzureichen, seitdem er die Geburt und die Tatsache erfahren hat, dass er nicht der Vater ist oder dass ein Dritter der Mutter um die Zeit der Empfängnis beigewohnt hat, in jedem Fall aber vor Ablauf von fünf Jahren seit der Geburt.

² Die Klage des Kindes ist spätestens ein Jahr nach Erreichen des Mündigkeitsalters [14] zu erheben [SchlT 13b].

III. Klagefrist.

³ Nach Ablauf der Frist wird eine Anfechtung zugelassen, wenn die Verspätung mit wichtigen Gründen [4] entschuldigt wird.

C. Zusammentreffen zweier Vermutungen.

257. ¹ Ist ein Kind vor Ablauf von 300 Tagen seit der Auflösung der Ehe durch Tod geboren [255²] und hat die Mutter inzwischen eine neue Ehe geschlossen [96, 101/3], so gilt der zweite Ehemann als Vater.¹)

² Wird diese Vermutung beseitigt, so gilt der erste Ehemann als Vater [255²].

---

¹) Fassung gemäss Ziff. I 4. des BG vom 26. Juni 1998 über die Änderung des ZGB (Personenstand, Eheschliessung, Scheidung etc., AS 1999 S. 1118), i. K. 1. Januar 2000.

D. Klage der Eltern.

258 [256¹]. ¹ Ist der Ehemann vor Ablauf der Klagefrist [256c] gestorben oder urteilsunfähig [16] geworden, so kann die Anfechtungsklage von seinem Vater oder seiner Mutter erhoben werden.

² Die Bestimmungen über die Anfechtung durch den Ehemann [256/256c] finden entsprechende Anwendung.

³ Die einjährige Klagefrist [256c] beginnt frühestens mit der Kenntnis des Todes oder der Urteilsunfähigkeit des Ehemannes.

E. Heirat der Eltern.

259 [258, 263]. ¹ Heiraten die Eltern einander, so finden auf das vorher geborene Kind die Bestimmungen über das während der Ehe geborene [270/327, insbes. 270¹, 271¹, 297¹] entsprechende Anwendung, sobald die Vaterschaft des Ehemannes durch Anerkennung oder Urteil [260/3] festgestellt ist.

² Die Anerkennung kann angefochten werden:
1. von der Mutter;
2. vom Kind [19², 308², 392 Ziff. 2], oder nach seinem Tode von den Nachkommen, wenn während seiner Unmündigkeit [14] der gemeinsame Haushalt der Ehegatten aufgehört hat [256 Ziff. 2] oder die Anerkennung erst nach Vollendung seines zwölften Altersjahrs ausgesprochen worden ist;
3. von der Heimat- oder Wohnsitzgemeinde [22, 23/6] des Ehemannes;
4. vom Ehemann.

³ Die Vorschriften über die Anfechtung [260a/260c] der Anerkennung finden entsprechende Anwendung.

Dritter Abschnitt
Anerkennung und Vaterschaftsurteil *

Botsch. und Entw. des BR vom 5. Juni 1974 über die Änderung des ZGB (Kindesverhältnis), BBl 1974 II 1/24, 37/49; StändeR 1975 S. 118/20; NatR 1975 S. 1757/61; StändeR 1976 S. 85; NatR 1976 S. 423/34; StändeR 1976 S. 247/8, S. 324.

260 [303]. [1] Besteht das Kindesverhältnis nur zur Mutter [252[1]], so kann der Vater das Kind anerkennen [252[2]].

[2] Ist der Anerkennende unmündig [14] oder entmündigt [369 ff.], so ist die Zustimmung seiner Eltern oder seines Vormundes notwendig.

[3] Die Anerkennung erfolgt durch Erklärung vor dem Zivilstandsbeamten oder durch letztwillige Verfügung [498/511] oder, wenn eine Klage auf Feststellung der Vaterschaft [261/3] hängig ist, vor dem Gericht.

ZStV 11.

A. Anerkennung.
I. Zulässigkeit und Form.

260a [305/6]. [1] Die Anerkennung kann von jedermann, der ein Interesse hat, beim Gericht angefochten werden, namentlich von der Mutter, vom Kind [19[2], 308[2], 392 Ziff. 2] und nach seinem Tode von den Nachkommen sowie von der Heimat- oder Wohnsitzgemeinde [22, 23/6] des Anerkennenden.

[2] Dem Anerkennenden steht diese Klage nur zu, wenn er das Kind unter dem Einfluss einer Drohung mit einer nahen und erheblichen Gefahr für das Leben, die Gesundheit, die Ehre oder das Vermögen seiner selbst oder einer ihm nahestehenden Person oder in einem Irrtum über seine Vaterschaft anerkannt hat.

[3] Die Klage richtet sich gegen den Anerkennenden und das Kind, soweit diese nicht selber klagen.

Gerichtsstand: GestG 16.

II. Anfechtung.
1. Klagerecht.

260b [305/6]. [1] Der Kläger hat zu beweisen [8, 254], dass der Anerkennende nicht der Vater des Kindes ist.

[2] Mutter und Kind haben diesen Beweis jedoch nur zu erbringen, wenn der Anerkennende glaubhaft macht, dass er der Mutter um die Zeit der Empfängnis beigewohnt habe [262, 256 b[2]].

2. Klagegrund.

260c [305/6]. [1] Die Klage ist binnen Jahresfrist einzureichen, seitdem der Kläger von der Anerkennung [260[3]] und von der Tatsache Kenntnis erhielt, dass der Anerkennende nicht der Vater ist oder dass ein Dritter der Mutter um die Zeit der Empfängnis beigewohnt hat, oder seitdem er den Irrtum entdeckte oder seit-

3. Klagefrist.

---
* Siehe auch Art. 12, 12d, 13, 13b SchlT (intertemporal) und Art. 71 ff. IPRG (Anhang I A zum ZGB).

dem die Drohung wegfiel [260a²], in jedem Fall aber vor Ablauf von fünf Jahren seit der Anerkennung.

² Die Klage des Kindes kann in jedem Fall bis zum Ablauf eines Jahres seit Erreichen des Mündigkeitsalters [14] erhoben werden [SchlT 13b].

³ Nach Ablauf der Frist wird eine Anfechtung zugelassen, wenn die Verspätung mit wichtigen Gründen [4] entschuldigt wird.

**B. Vaterschaftsklage.*
I. Klagerecht.**

261 [307]. ¹ Sowohl die Mutter als das Kind [19², 309, 298², 407] können auf Feststellung des Kindesverhältnisses zwischen dem Kind und dem Vater klagen [252², 280³].

² Die Klage richtet sich gegen den Vater oder, wenn er gestorben ist, nacheinander gegen seine Nachkommen, Eltern oder Geschwister oder, wenn solche fehlen, gegen die zuständige Behörde seines letzten Wohnsitzes [23/6].

³ Ist der Vater gestorben, so wird seiner Ehefrau zur Wahrung ihrer Interessen die Einreichung der Klage vom Gericht mitgeteilt.

Gerichtsstand: GestG 16.

II. Vermutung.

262 [314]. ¹ Hat der Beklagte in der Zeit vom 300. bis zum 180. Tag vor der Geburt des Kindes der Mutter beigewohnt, so wird seine Vaterschaft vermutet.

² Diese Vermutung gilt auch, wenn das Kind vor dem 300. oder nach dem 180. Tag vor der Geburt gezeugt worden ist und der Beklagte der Mutter um die Zeit der Empfängnis beigewohnt hat.

³ Die Vermutung fällt weg, wenn der Beklagte nachweist, dass seine Vaterschaft ausgeschlossen oder weniger wahrscheinlich ist als die eines Dritten.

III. Klagefrist.

263 [308, 316]. ¹ Die Klage kann vor oder nach der Niederkunft angebracht werden, ist aber einzureichen:
1. von der Mutter vor Ablauf eines Jahres seit der Geburt;
2. vom Kind vor Ablauf eines Jahres seit Erreichen des Mündigkeitsalters [14; SchlT 13b].

² Besteht schon ein Kindesverhältnis zu einem andern Mann, so kann die Klage in jedem Fall innerhalb eines Jahres seit dem Tag, da es beseitigt ist, angebracht werden.

³ Nach Ablauf der Frist wird eine Klage zugelassen, wenn die Verspätung mit wichtigen Gründen [4] entschuldigt wird.

---

* Zur Vaterschaftsklage bei Zeugung durch Samenspende siehe Art. 23 Abs. 2 und 43 FMedG (Anhang V E zum ZGB).

Vierter Abschnitt

Die Adoption*

Botsch. und Entw. des BR vom 12. Mai 1971 über die Änderung des ZGB (Adoption), BBl 1971 I 1200; StändeR 1971 S. 715/37, S. 808/15; NatR 1972 S. 491/502, S. 567/90, S. 606/31; StändeR 1972 S. 393/400; NatR 1972 S. 997. – Botsch. und Entw. des BR vom 5. Juni 1974 über die Änderung des ZGB (Kindesverhältnis), BBl 1974 II 49. – Botsch. und Entw. des BR vom 19. Mai 1999 betreffend das HAÜ sowie das BG-HAÜ, BBl 1999 S. 5795.

264 [267[2]]. Ein Kind darf adoptiert werden, wenn ihm die künftigen Adoptiveltern während wenigstens eines Jahres[1]) Pflege und Erziehung [276[2], 316] erwiesen haben und nach den gesamten Umständen [268a] zu erwarten ist, die Begründung eines Kindesverhältnisses [252[3]] diene seinem Wohl [301], ohne andere Kinder der Adoptiveltern in unbilliger Weise zurückzusetzen.

A. Adoption Unmündiger.
I. Allgemeine Voraussetzungen.

---
[1]) Fassung gemäss Ziff. 2 des Anhangs zum BG-HAÜ (Anhang V B zum ZGB), i. K. 1. Januar 2003.

264a [266, 264]. [1] Ehegatten können nur gemeinschaftlich adoptieren; anderen Personen ist die gemeinschaftliche Adoption nicht gestattet.

II. Gemeinschaftliche Adoption.

---
* Durch das BG vom 30. Juni 1972 über die Änderung des ZGB (Adoption, AS 1972 II 2819) sind die Art. 264/9 des ZGB von 1907 aufgehoben und durch die neuen Art. 264/269c ersetzt worden.

Bei der Revision des Kindesrechts gemäss BG vom 25. Juni 1976 wurde das revidierte Adoptionsrecht von 1972 materiell unverändert übernommen.

Ausser Art. 264/269c siehe betreffend Adoption auch:
a) Intertemporal: Art. 12a/12c[bis] SchlT.
b) Art. 75 ff. IPRG (Anhang I A zum ZGB).
c) Übereinkommen über den Schutz von Kindern und die Zusammenarbeit auf dem Gebiet der Adoption (Haager Adoptionsübereinkommen, HAÜ) (Anhang V A zum ZGB) sowie BG zum Haager Adoptionsübereinkommen und über Massnahmen zum Schutz des Kindes bei internationalen Adoptionen (BG-HAÜ) (Anhang V B zum ZGB).
d) Das Europäische Übereinkommen vom 24. April 1967 über die Adoption von Kindern (SR 0.211.221.310); dieses bezweckt, die nationalen Adoptionsgesetzgebungen einander anzugleichen. Zu diesem Zweck verpflichten sich die Parteien des Übereinkommens auf gewisse wesentliche Grundsätze im Sinne von Art. 1 und 4/15; ausserdem sind in Art. 17/20 Bestimmungen enthalten, welche gemäss Art. 2 den Landesgesetzgebern zur Berücksichtigung empfohlen werden. Die Schweiz ist 1973 diesem Übereinkommen beigetreten, nachdem sie dessen Bestimmungen bereits in den revidierten Art. 264/269c Rechnung getragen hat.

² Die Ehegatten müssen 5 Jahre verheiratet sein oder das 35. Altersjahr zurückgelegt haben.

³ Eine Person darf das Kind ihres Ehegatten adoptieren, wenn die Ehegatten seit mindestens fünf Jahren verheiratet sind.[1])

---

[1]) Fassung gemäss Ziff. I 4. des BG vom 26. Juni 1998 über die Änderung des ZGB (Personenstand, Eheschliessung, Scheidung etc., AS 1999 S. 1118), i.K. 1. Januar 2000.

III. Einzeladoption.

264b [264]. ¹ Eine unverheiratete Person darf allein adoptieren, wenn sie das 35. Altersjahr zurückgelegt hat.

² Eine verheiratete Person, die das 35. Altersjahr zurückgelegt hat, darf allein adoptieren, wenn sich die gemeinschaftliche Adoption als unmöglich erweist, weil der Ehegatte dauernd urteilsunfähig [16] oder seit mehr als 2 Jahren mit unbekanntem Aufenthalt abwesend, oder wenn die Ehe seit mehr als 3 Jahren gerichtlich getrennt ist [117].

IV. Alter und Zustimmung des Kindes.

265 [264/5]. ¹ Das Kind muss wenigstens 16 Jahre jünger sein als die Adoptiveltern.

² Ist das Kind urteilsfähig [16], so ist zur Adoption seine Zustimmung notwendig.

³ Ist es bevormundet [368], so kann, auch wenn es urteilsfähig ist, die Adoption nur mit Zustimmung der vormundschaftlichen Aufsichtsbehörde [361, 422 Ziff. 1] erfolgen.

V. Zustimmung der Eltern.
1. Form.

265a [265]. ¹ Die Adoption bedarf der Zustimmung des Vaters und der Mutter [252] des Kindes [265c/d, 274³].

² Die Zustimmung ist bei der Vormundschaftsbehörde [361] am Wohnsitz [23/6] oder Aufenthaltsort der Eltern oder des Kindes mündlich oder schriftlich zu erklären und im Protokoll vorzumerken.

³ Sie ist gültig, selbst wenn die künftigen Adoptiveltern nicht genannt oder noch nicht bestimmt sind [268a, 312 Ziff. 2].

2. Zeitpunkt.

265b. ¹ Die Zustimmung darf nicht vor Ablauf von sechs Wochen seit der Geburt des Kindes erteilt werden.

² Sie kann binnen sechs Wochen seit ihrer Entgegennahme [265a²] widerrufen werden.

³ Wird sie nach einem Widerruf erneuert, so ist sie endgültig.

3. Absehen von der Zustimmung.
a. Voraussetzungen.

265c. Von der Zustimmung eines Elternteils [265a] kann abgesehen werden,
1. wenn er unbekannt, mit unbekanntem Aufenthalt länger abwesend oder dauernd urteilsunfähig [16] ist,
2. wenn er sich um das Kind nicht ernstlich gekümmert hat [265d³, 274³].

265d. [1] Wird das Kind zum Zwecke späterer Adoption untergebracht und fehlt die Zustimmung eines Elternteils [265a], so entscheidet die Vormundschaftsbehörde [361] am Wohnsitz des Kindes [25] auf Gesuch einer Vermittlungsstelle [269c] oder der Adoptiveltern und in der Regel vor Beginn der Unterbringung, ob von dieser Zustimmung abzusehen sei [265c].

[2] In den andern Fällen ist hierüber anlässlich der Adoption zu entscheiden [268[1]].

[3] Wird von der Zustimmung eines Elternteils abgesehen, weil er sich um das Kind nicht ernstlich gekümmert hat [265c Ziff. 2], so ist ihm der Entscheid schriftlich mitzuteilen.

b. Entscheid.

266 [264[1]]. [1] Fehlen Nachkommen[1]) [252], so darf eine mündige [14] oder entmündigte [369 ff.] Person adoptiert werden,
1. wenn sie infolge körperlicher oder geistiger Gebrechen dauernd hilfsbedürftig ist und die Adoptiveltern ihr während wenigstens fünf Jahren Pflege erwiesen haben,
2. wenn ihr während ihrer Unmündigkeit die Adoptiveltern wenigstens fünf Jahre lang Pflege und Erziehung [276[2], 264] erwiesen haben,
3. wenn andere wichtige Gründe [4] vorliegen und die zu adoptierende Person während wenigstens fünf Jahren mit den Adoptiveltern in Hausgemeinschaft gelebt hat.

[2] Eine verheiratete Person kann nur mit Zustimmung ihres Ehegatten adoptiert werden.

[3] Im übrigen finden die Bestimmungen über die Adoption Unmündiger [264/265] entsprechende Anwendung.

B. Adoption Mündiger und Entmündigter.

---
[1]) Über die (inzwischen weggefallene) Möglichkeit der Adoption einer mündigen oder entmündigten Person trotz Vorhandensein von Nachkommen siehe die befristete übergangsrechtliche Bestimmung von Art. 12c SchlT.

267 [268].[1]) [1] Das Adoptivkind erhält die Rechtsstellung eines Kindes der Adoptiveltern [252[3], 267a, 270 ff., 296 ff., 318 ff., 328, 457, 95].

[2] Das bisherige Kindesverhältnis [252] erlischt; vorbehalten bleibt es zum Elternteil, der mit dem Adoptierenden verheiratet ist [264a[3]].

[3] Bei der Adoption kann dem Kind ein neuer Vorname [301[4]] gegeben werden.

C. Wirkung.
I. Im allgemeinen.

---
[1]) Fassung gemäss Ziff. I 1 des BG vom 25. Juni 1976 über die Änderung des ZGB (Kindesverhältnis, AS 1977 S. 237), i. K. 1. Januar 1978.

II. Heimat.

267a. Das unmündige [14] Kind erhält anstelle seines bisherigen das Kantons- und Gemeindebürgerrecht [22] der Adoptiveltern [271].[1]

---

[1]) Fassung gemäss Ziff. II des BG vom 23. März 1990 über die Änderung des Bürgerrechtsgesetzes, i.K. 1. Januar 1992 (AS 1991 S. 1042).

D. Verfahren.
I. Im allgemeinen.

268 [267]. [1] Die Adoption wird von der zuständigen kantonalen Behörde am Wohnsitz [23/6] der Adoptiveltern ausgesprochen.

[2] Ist das Adoptionsgesuch eingereicht, so hindert Tod oder Eintritt der Urteilsunfähigkeit [16] des Adoptierenden die Adoption nicht, sofern deren Voraussetzungen [264 ff.] im übrigen nicht berührt werden.

[3] Wird das Kind nach Einreichung des Gesuches mündig [14], so bleiben die Bestimmungen über die Adoption Unmündiger [264 ff.] anwendbar, wenn deren Voraussetzungen vorher erfüllt waren.

II. Untersuchung.

268a. [1] Die Adoption darf erst nach umfassender Untersuchung aller wesentlichen Umstände [4, 264], nötigenfalls unter Beizug von Sachverständigen, ausgesprochen werden.

[2] Namentlich sind die Persönlichkeit und die Gesundheit der Adoptiveltern und des Adoptivkindes, ihre gegenseitige Beziehung, die erzieherische Eignung, die wirtschaftliche Lage, die Beweggründe und die Familienverhältnisse der Adoptiveltern sowie die Entwicklung des Pflegeverhältnisses abzuklären.

[3] Haben die Adoptiveltern Nachkommen, so ist deren Einstellung zur Adoption zu würdigen.

D[bis]. Adoptionsgeheimnis.[1]

268b. Die Adoptiveltern dürfen ohne ihre Zustimmung den Eltern des Kindes nicht bekanntgegeben werden.

---

[1]) Fassung gemäss Ziff. 2 des Anhangs zum BG-HAÜ (Anhang V B zum ZGB), i.K. 1. Januar 2003.

D[ter]. Auskunft über die Personalien der leiblichen Eltern.

268c.[1]) [1] Hat das Kind das 18. Lebensjahr [14] vollendet, so kann es jederzeit Auskunft über die Personalien [98^3] seiner leiblichen Eltern verlangen; vorher kann es Auskunft verlangen, wenn es ein schutzwürdiges Interesse hat.

[2] Bevor die Behörde oder Stelle, welche über die gewünschten Angaben verfügt, Auskunft erteilt, informiert sie wenn möglich die leiblichen Eltern. Lehnen diese den persönlichen Kontakt ab, so ist das Kind darüber zu informieren und auf die Persönlichkeitsrechte [27 ff.] der leiblichen Eltern aufmerksam zu machen.

Die Adoption

³ Die Kantone bezeichnen eine geeignete Stelle, welche das Kind auf Wunsch beratend unterstützt.

---
¹) Eingefügt gemäss Ziff. 2 des Anhangs zum BG-HAÜ (Anhang V B zum ZGB), i.K. 1. Januar 2003. – Siehe auch Art. 46 Abs. 3 ZStV, Anhang III zum ZGB.

269. ¹ Ist eine Zustimmung [265², ³, 265a¹, 266²] ohne gesetzlichen Grund nicht eingeholt worden, so können die Zustimmungsberechtigten die Adoption beim Gericht anfechten, sofern dadurch das Wohl des Kindes [264] nicht ernstlich beeinträchtigt wird.

² Den Eltern [252, 265a/d] steht diese Klage jedoch nicht zu, wenn sie den Entscheid ans Bundesgericht weiterziehen können [265c Ziff. 2, 265d].

Gerichtsstand: GestG 16.

E. Anfechtung.
I. Gründe.
1. Fehlen der Zustimmung.

269a. ¹ Leidet die Adoption an anderen schwerwiegenden [4] Mängeln, so kann jedermann, der ein Interesse hat, namentlich auch die Heimat- oder Wohnsitzgemeinde [22, 23/6], sie anfechten.

² Die Anfechtung ist jedoch ausgeschlossen, wenn der Mangel inzwischen behoben ist oder ausschliesslich Verfahrensvorschriften [z.B. 265a²] betrifft.

Gerichtsstand: GestG 16.

2. Andere Mängel.

269b. Die Klage ist binnen sechs Monaten seit Entdeckung des Anfechtungsgrundes [269/269a] und in jedem Falle binnen zwei Jahren seit der Adoption zu erheben.

II. Klagefrist.

269c.¹) ¹ Der Bund übt die Aufsicht über die Vermittlung von Kindern zur Adoption aus.

² Wer diese Vermittlung berufsmässig oder im Zusammenhang mit seinem Beruf betreibt, bedarf einer Bewilligung; die Vermittlung durch vormundschaftliche Organe [360] bleibt vorbehalten.

³ Der Bundesrat erlässt die Ausführungsbestimmungen²) und regelt die Mitwirkung der für die Aufnahme von Kindern zum Zweck späterer Adoption [316¹ᵇⁱˢ] zuständigen kantonalen Behörde bei der Abklärung der Bewilligungsvoraussetzungen und bei der Aufsicht.

⁴ Verfügungen der Aufsichtsbehörde können mit Beschwerde bei der Rekurskommission für die Adoptionsvermittlung angefochten werden.³)

F. Adoptivkindervermittlung.

---
¹) Fassung gemäss Ziff. 2 des Anhangs zum BG-HAÜ (Anhang V B zum ZGB), i.K. 1. Januar 2003. Übergangsrecht für Bewilligungen kantonaler Aufsichtsbehörden siehe SchlT 12cᵇⁱˢ.
²) Siehe VAdoV, Anhang V C zum ZGB.

³) Mit Inkrafttreten des Verwaltungsgerichtsgesetzes (VGG) am 1. Januar 2007 wird Art. 269c Abs. 4 aufgehoben.

Achter Titel

Die Wirkungen des Kindesverhältnisses *

Erster Abschnitt

Die Gemeinschaft der Eltern und Kinder

Botsch. und Entw. des BR vom 5. Juni 1974 über die Änderung des ZGB (Kindesverhältnis), BBl 1974 II 1/24, 49/56; StändeR 1975 S. 121/4; NatR 1975 S. 1761/69; StändeR 1976 S. 85/8; NatR 1976 S. 423/34; StändeR 1976 S. 247/8, S. 324.

270 [270, 324[1], 325[1], 30]. [1] Sind die Eltern miteinander verheiratet, so erhält das Kind ihren Familiennamen [160[1]].

[2] Sind sie nicht miteinander verheiratet, so erhält das Kind den Familiennamen der Mutter, oder, wenn diese infolge früherer Eheschliessung einen Doppelnamen führt, den ersten Namen [160[2, 3], SchlT 8a].[1])

A. Familienname.

---

[1]) Fassung gemäss Ziff. I 2 des BG vom 5. Oktober 1984 über die Änderung des ZGB (Wirkungen der Ehe im allgemeinen, Ehegüterrecht und Erbrecht, AS 1986 I 122), i.K. 1. Januar 1988.

271 [270, 324[1], 325[1], 30][1]). [1] Sind die Eltern miteinander verheiratet, so erhält das Kind das Kantons- und Gemeindebürgerrecht [22] des Vaters.

[2] Sind sie nicht miteinander verheiratet, so erhält das Kind das Kantons- und Gemeindebürgerrecht der Mutter.

[3] Erwirbt das Kind unverheirateter Eltern durch Namensänderung [30] den Familiennamen des Vaters, weil es unter seiner elterlichen Sorge aufwächst, so erhält es das Kantons- und Gemeindebürgerrecht des Vaters.

B. Heimat.

---

[1]) Fassung gemäss Ziff. II des BG vom 23. März 1990 über die Änderung des Bürgerrechtsgesetzes, i.K. 1. Januar 1992 (AS 1991 S. 1042).

272 [271]. Eltern und Kinder sind einander allen Beistand, alle Rücksicht und Achtung schuldig, die das Wohl der Gemeinschaft [159[2]] erfordert.

C. Beistand und Gemeinschaft.

273.[1]) [1] Eltern, denen die elterliche Sorge [296 ff., 109[2], 133/4, 311/4] oder Obhut [310] nicht zusteht, und das unmündige [14] Kind haben gegenseitig Anspruch auf angemessenen [4] persönlichen Verkehr [274[2/3]].

[2] Die Vormundschaftsbehörde [275] kann Eltern, Pflegeeltern oder das Kind ermahnen und ihnen Weisungen erteilen, wenn sich

D. Persönlicher Verkehr.
I. Eltern und Kinder.
1. Grundsatz.

---

* Zum 8. Titel (Art. 270–327) siehe Note* vor Art. 252 (7. Titel).

78 Das Familienrecht

die Ausübung oder Nichtausübung des persönlichen Verkehrs für das Kind nachteilig auswirkt oder wenn eine Ermahnung oder eine Weisung aus anderen Gründen geboten ist.

[3] Der Vater oder die Mutter können verlangen, dass ihr Anspruch auf persönlichen Verkehr geregelt wird.

---

[1]) Fassung gemäss Ziff. I 4. des BG vom 26. Juni 1998 über die Änderung des ZGB (Personenstand, Eheschliessung, Scheidung etc., AS 1999 S. 1118), i.K. 1. Januar 2000.

2. Schranken.

274. [1] Der Vater und die Mutter haben alles zu unterlassen, was das Verhältnis des Kindes zum anderen Elternteil beeinträchtigt oder die Aufgabe der erziehenden Person erschwert.[1])

[2] Wird das Wohl des Kindes [301, 307, 298[2]] durch den persönlichen Verkehr [273] gefährdet, üben die Eltern ihn pflichtwidrig aus, haben sie sich nicht ernsthaft um das Kind gekümmert oder liegen andere wichtige Gründe [4] vor, so kann ihnen das Recht auf persönlichen Verkehr verweigert oder entzogen werden [275].

[3] Haben die Eltern der Adoption ihres Kindes zugestimmt [265a/b, 312 Ziff. 2] oder kann von ihrer Zustimmung abgesehen werden [265c/265d, 311], so erlischt das Recht auf persönlichen Verkehr, sobald das Kind zum Zwecke künftiger Adoption untergebracht wird.

---

[1]) Fassung gemäss Ziff. I 4. des BG vom 26. Juni 1998 über die Änderung des ZGB (Personenstand, Eheschliessung, Scheidung etc., AS 1999 S. 1118), i.K. 1. Januar 2000.

II. Dritte.

274a. [1] Liegen ausserordentliche Umstände [4] vor, so kann der Anspruch auf persönlichen Verkehr auch andern Personen, insbesondere Verwandten, eingeräumt werden, sofern dies dem Wohle des Kindes [274[2], 301[1]] dient.

[2] Die für die Eltern aufgestellten Schranken des Besuchsrechtes [274] gelten sinngemäss.

III. Zuständigkeit.

275 [156[1]].[1]) [1] Für Anordnungen über den persönlichen Verkehr ist die Vormundschaftsbehörde [361] am Wohnsitz des Kindes [25] zuständig und, sofern sie Kindesschutzmassnahmen [307 ff.] getroffen hat oder trifft, diejenige an seinem Aufenthaltsort [315[2]].

[2] Teilt das Gericht nach den Bestimmungen über die Ehescheidung [133] und den Schutz der ehelichen Gemeinschaft [176[3]] die elterliche Sorge [296 ff.] oder die Obhut [310] zu, oder hat es über die Änderung dieser Zuteilung oder des Unterhaltsbeitrages zu befinden, so regelt es auch den persönlichen Verkehr [134].

[3] Bestehen noch keine Anordnungen [275[1,2]] über den Anspruch von Vater und Mutter, so kann der persönliche Verkehr

nicht gegen den Willen der Person ausgeübt werden, welcher die elterliche Sorge oder Obhut zusteht.

---
[1]) Fassung gemäss Ziff. I 4. des BG vom 26. Juni 1998 über die Änderung des ZGB (Personenstand, Eheschliessung, Scheidung etc., AS 1999 S. 1118), i. K. 1. Januar 2000.

275a.[1]) [1] Eltern ohne elterliche Sorge [296 ff., 109[2], 133/4, 311/4] sollen über besondere Ereignisse im Leben des Kindes benachrichtigt und vor Entscheidungen, die für die Entwicklung des Kindes wichtig sind, angehört werden.

[2] Sie können bei Drittpersonen, die an der Betreuung des Kindes beteiligt sind, wie namentlich bei Lehrkräften, Ärztinnen und Ärzten, in gleicher Weise wie der Inhaber der elterlichen Sorge Auskünfte über den Zustand und die Entwicklung des Kindes einholen.

[3] Die Bestimmungen über die Schranken des persönlichen Verkehrs [274] und die Zuständigkeit [275] gelten sinngemäss.

E. Information und Auskunft.

---
[1]) Eingefügt gemäss Ziff. I 4. des BG vom 26. Juni 1998 über die Änderung des ZGB (Personenstand, Eheschliessung, Scheidung etc., AS 1999 S. 1118), i. K. 1. Januar 2000.

Zweiter Abschnitt

Die Unterhaltspflicht der Eltern*

Botsch. und Entw. des BR vom 5. Juni 1974 über die Änderung des ZGB (Kindesverhältnis), BBl 1974 II 1/24, 56/69; StänderR 1975 S. 124/9, S. 130/3; NatR 1975 S. 1769/77; StänderR 1976 S. 88/90; NatR 1976 S. 423/34; StänderR 1976 S. 247/8, S. 324. – Botsch. und Entw. des BR vom 17. Februar 1993 über die Änderung des ZGB (Herabsetzung des zivilrechtlichen Mündigkeits- und Ehefähigkeitsalters, Unterhaltspflicht der Eltern), BBl 1993 I S. 1169.

276 [272[1], 324[2], 325[2]]. [1] Die Eltern haben für den Unterhalt des Kindes aufzukommen, inbegriffen die Kosten von Erziehung [302[1]], Ausbildung [302[2]] und Kindesschutzmassnahmen [307 ff.].

[2] Der Unterhalt wird durch Pflege und Erziehung [301[1]] oder, wenn das Kind nicht unter der Obhut der Eltern steht [310, 176], durch Geldzahlung geleistet [285].

[3] Die Eltern sind von der Unterhaltspflicht in dem Mass befreit, als dem Kinde zugemutet werden kann [4], den Unterhalt aus seinem Arbeitserwerb oder andern Mitteln zu bestreiten [285, 319, 320, 323].

A. Gegenstand und Umfang.

---
* Ausser Art. 276–295 siehe betr. Unterhaltspflicht der Eltern auch Art. 79 ff. IPRG (Anhang I A zum ZGB).

80 Das Familienrecht

B. Dauer.

277. [1] Die Unterhaltspflicht der Eltern dauert bis zur Mündigkeit [14] des Kindes [SchlT 13c].

[2] Hat es dann noch keine angemessene Ausbildung, so haben die Eltern, soweit es ihnen nach den gesamten Umständen [4] zugemutet werden darf, für seinen Unterhalt aufzukommen, bis eine entsprechende Ausbildung ordentlicherweise abgeschlossen werden kann [133[1], 135[2]].[1])

---

[1]) Fassung gemäss Ziff. I des BG vom 7. Oktober 1994 über die Änderung des ZGB (Herabsetzung des zivilrechtlichen Mündigkeits- und Ehefähigkeitsalters, Unterhaltspflicht der Eltern, AS 1995 S. 1126), i.K. 1. Januar 1996.

C. Verheiratete Eltern.

278 [272[1]]. [1] Während der Ehe tragen die Eltern die Kosten des Unterhaltes nach den Bestimmungen des Eherechts [163/5, 173[1], 176].

[2] Jeder Ehegatte hat dem andern in der Erfüllung der Unterhaltspflicht gegenüber vorehelichen Kindern in angemessener Weise [4] beizustehen [159[3]].

D. Klage.
I. Klagerecht.[1])

279 [156[2]]. [1] Das Kind [304, 308[2], 392 Ziff. 2, 407] kann gegen den Vater oder die Mutter oder gegen beide klagen auf Leistung des Unterhalts [285] für die Zukunft und für ein Jahr vor Klageerhebung.

[2 und 3] ... [2])

Gerichtsstand: GestG 17 lit. a.

---

[1]) Fassung gemäss Ziff. 2 des Anhangs zum GestG (Anhang I B zum ZGB), i.K. 1. Januar 2001.
[2]) Aufgehoben gemäss Ziff. 2 des Anhangs zum GestG (Anhang I B zum ZGB). Heute: Art. 17 lit. a GestG.

II. Verfahren.

280. [1] Die Kantone haben für Streitigkeiten über die Unterhaltspflicht ein einfaches und rasches Verfahren vorzusehen.

[2] Das Gericht erforscht den Sachverhalt von Amtes wegen und würdigt die Beweise nach freier Überzeugung.

[3] Die Unterhaltsklage kann mit der Vaterschaftsklage [261] verbunden werden [282].

III. Vorsorgliche Massregeln.
1. Im allgemeinen.

281 [145, 321/321b]. [1] Ist die Klage eingereicht, so trifft das Gericht [279] auf Begehren des Klägers für die Dauer des Prozesses die nötigen vorsorglichen Massregeln.

[2] Steht das Kindesverhältnis fest, so kann der Beklagte verpflichtet werden, angemessene [4] Beiträge zu hinterlegen oder vorläufig zu zahlen.

[3] Die Hinterlegung erfolgt durch Zahlung an eine vom Gericht bezeichnete Kasse.

Gerichtsstand: GestG 17 lit. a, 33.

282 [321]. Ist die Unterhaltsklage zusammen mit der Vaterschaftsklage eingereicht worden [280³] und die Vaterschaft glaubhaft gemacht, so hat der Beklagte auf Begehren des Klägers schon vor dem Urteil die Entbindungskosten und angemessene [4] Beiträge an den Unterhalt von Mutter [295 Ziff. 1, 2] und Kind zu hinterlegen [284].

2. Vor der Feststellung der Vaterschaft.
a. Hinterlegung.

283 [321a]. Ist die Vaterschaft zu vermuten [262] und wird die Vermutung durch die ohne Verzug verfügbaren Beweismittel nicht zerstört, so hat der Beklagte auf Begehren des Klägers schon vor dem Urteil angemessene [4] Beiträge an den Unterhalt des Kindes zu zahlen [284].

b. Vorläufige Zahlung.

284 [321b]. Über die Hinterlegung, die vorläufige Zahlung, die Auszahlung hinterlegter Beiträge und die Rückerstattung vorläufiger Zahlungen entscheidet das für die Beurteilung der Klage zuständige Gericht.

3. Zuständigkeit.

Gerichtsstand: GestG 17 lit. a, 33.

285 [319, 156²]. ¹ Der Unterhaltsbeitrag soll den Bedürfnissen des Kindes sowie der Lebensstellung und Leistungsfähigkeit der Eltern entsprechen [4] und ausserdem Vermögen und Einkünfte des Kindes [276³] sowie den Beitrag des nicht obhutsberechtigten Elternteils [133¹] an der Betreuung des Kindes berücksichtigen.[1])

IV. Bemessung des Unterhaltsbeitrages.

² Kinderzulagen, Sozialversicherungsrenten und ähnliche für den Unterhalt des Kindes bestimmte Leistungen, die dem Unterhaltspflichtigen zustehen, sind zusätzlich zum Unterhaltsbeitrag zu zahlen, soweit das Gericht es nicht anders bestimmt.

²bis Erhält der Unterhaltspflichtige infolge Alter oder Invalidität nachträglich Sozialversicherungsrenten oder ähnliche für den Unterhalt des Kindes bestimmte Leistungen, die Erwerbseinkommen ersetzen, so hat er diese Beträge dem Kind zu zahlen; der bisherige Unterhaltsbeitrag vermindert sich von Gesetzes wegen im Umfang dieser neuen Leistungen.[2])

³ Der Unterhaltsbeitrag ist zum voraus auf die Termine zu entrichten, die das Gericht festsetzt [OR 128 Ziff. 1].

Gerichtsstand: GestG 17 lit. a.

---

[1]) Fassung gemäss Ziff. I 4. des BG vom 26. Juni 1998 über die Änderung des ZGB (Personenstand, Eheschliessung, Scheidung etc., AS 1999 S. 1118), i.K. 1. Januar 2000.
[2]) Eingefügt gemäss Ziff. I 4. des BG vom 26. Juni 1998 über die Änderung des ZGB (Personenstand, Eheschliessung, Scheidung etc., AS 1999 S. 1118), i.K. 1. Januar 2000.

Das Familienrecht

V. Veränderung der Verhältnisse.

286 [157, 320]. [1] Das Gericht kann anordnen, dass der Unterhaltsbeitrag sich bei bestimmten Veränderungen der Bedürfnisse des Kindes oder der Leistungsfähigkeit der Eltern oder der Lebenskosten ohne weiteres erhöht oder vermindert.

[2] Bei erheblicher Veränderung der Verhältnisse setzt das Gericht den Unterhaltsbeitrag [279, 285, 287[1]] auf Antrag eines Elternteils oder des Kindes [304, 308[2], 392 Ziff. 2, 407] neu fest oder hebt ihn auf.

[3] Bei nicht vorhergesehenen ausserordentlichen Bedürfnissen des Kindes kann das Gericht die Eltern zur Leistung eines besonderen Beitrags verpflichten.[1])

Gerichtsstand: GestG 17 lit. a.

---

[1]) Eingefügt gemäss Ziff. I 4. des BG vom 26. Juni 1998 über die Änderung des ZGB (Personenstand, Eheschliessung, Scheidung etc., AS 1999 S. 1118), i. K. 1. Januar 2000.

E. Verträge über die Unterhaltspflicht.
I. Periodische Leistungen.

287 [158 Ziff. 5, 319[3]]. [1] Unterhaltsverträge werden für das Kind erst mit der Genehmigung durch die Vormundschaftsbehörde [361] verbindlich.

[2] Vertraglich festgelegte Unterhaltsbeiträge können geändert werden [287[1], 286[2]], soweit dies nicht mit Genehmigung der vormundschaftlichen Aufsichtsbehörde [361] ausgeschlossen worden ist.

[3] Wird der Vertrag in einem gerichtlichen Verfahren [140[1], 279] geschlossen, so ist für die Genehmigung das Gericht zuständig.

II. Abfindung.

288. [1] Die Abfindung des Kindes für seinen Unterhaltsanspruch [276 ff.] kann vereinbart werden, wenn sein Interesse es rechtfertigt.

[2] Die Vereinbarung wird für das Kind erst verbindlich:
1. wenn die vormundschaftliche Aufsichtsbehörde [361], oder bei Abschluss in einem gerichtlichen Verfahren [140[1], 176[3], 279], das Gericht die Genehmigung erteilt hat, und
2. wenn die Abfindungssumme an die dabei bezeichnete Stelle entrichtet worden ist.

F. Erfüllung.
I. Gläubiger.

289. [1] Der Anspruch auf Unterhaltsbeiträge steht dem Kind zu und wird, solange das Kind unmündig [14] ist, durch Leistung an dessen gesetzlichen Vertreter [304, 407] oder den Inhaber der Obhut erfüllt.[1])

[2] Kommt jedoch das Gemeinwesen für den Unterhalt auf, so geht der Unterhaltsanspruch mit allen Rechten [279/86, 291/2] auf das Gemeinwesen[2]) über [131[3]; OR 110, 166].

---

[1]) Fassung gemäss Ziff. I 4. des BG vom 26. Juni 1998 über die Änderung des ZGB (Personenstand, Eheschliessung, Scheidung etc., AS 1999 S. 1118), i. K. 1. Januar 2000.

²) Welcher Kanton für die Geltendmachung des Anspruches zuständig ist, beurteilt sich nach dem BG vom 24. Juni 1977 über die Zuständigkeit für die Unterstützung Bedürftiger (Zuständigkeitsgesetz, ZUG, SR 851.1).

290. Erfüllt der Vater oder die Mutter die Unterhaltspflicht nicht, so hat die Vormundschaftsbehörde [361] oder eine andere vom kantonalen Recht bezeichnete Stelle auf Gesuch dem anderen Elternteil bei der Vollstreckung des Unterhaltsanspruches in geeigneter Weise und unentgeltlich zu helfen.

II. Vollstreckung.
1. Geeignete Hilfe.

291 [171]. Wenn die Eltern die Sorge für das Kind vernachlässigen, kann das Gericht ihre Schuldner anweisen, die Zahlungen ganz oder zum Teil an den gesetzlichen Vertreter des Kindes zu leisten [vgl. 132¹, 177].

2. Anweisungen an die Schuldner.

292. Vernachlässigen die Eltern beharrlich die Erfüllung ihrer Unterhaltspflicht, oder ist anzunehmen, dass sie Anstalten zur Flucht treffen oder ihr Vermögen verschleudern oder beiseite schaffen, so kann das Gericht sie verpflichten, für die künftigen Unterhaltsbeiträge angemessene Sicherheit zu leisten [132²].

III. Sicherstellung.

Gerichtsstand: GestG 17 lit. a, 33.

293 [284³, 289²]. ¹ Das öffentliche Recht bestimmt, unter Vorbehalt der Unterstützungspflicht der Verwandten [328/9], wer die Kosten des Unterhaltes zu tragen hat, wenn weder die Eltern noch das Kind sie bestreiten können.

G. Öffentliches Recht.

² Ausserdem regelt das öffentliche Recht die Ausrichtung von Vorschüssen für den Unterhalt des Kindes, wenn die Eltern ihrer Unterhaltspflicht nicht nachkommen.

294. ¹ Pflegeeltern [300] haben Anspruch auf ein angemessenes [4] Pflegegeld, sofern nichts Abweichendes vereinbart ist oder sich eindeutig aus den Umständen ergibt.

H. Pflegeeltern.

² Unentgeltlichkeit ist zu vermuten, wenn Kinder von nahen Verwandten oder zum Zweck späterer Adoption [264 ff.] aufgenommen werden.

295 [317/8]. ¹ Die Mutter kann spätestens bis ein Jahr nach der Geburt bei dem für die Vaterschaftsklage zuständigen Gericht [253] gegen den Vater oder dessen Erben [457 ff., 483] auf Ersatz klagen:

J. Ansprüche der unverheirateten Mutter.

1. für die Entbindungskosten [282];
2. für die Kosten des Unterhaltes während mindestens vier Wochen vor und mindestens acht Wochen nach der Geburt [282];
3. für andere infolge der Schwangerschaft oder der Entbindung notwendig gewordene Auslagen unter Einschluss der ersten Ausstattung des Kindes.

²Aus Billigkeit [4] kann das Gericht teilweisen oder vollständigen Ersatz der entsprechenden Kosten zusprechen, wenn die Schwangerschaft vorzeitig beendigt wird.

³Leistungen Dritter, auf welche die Mutter nach Gesetz oder Vertrag Anspruch hat, sind anzurechnen, soweit es die Umstände [4] rechtfertigen.

Dritter Abschnitt

Die elterliche Sorge *

Botsch. und Entw. des BR vom 5. Juni 1974 über die Änderung des ZGB (Kindesverhältnis), BBl 1974 II 1/24, 89/92; StändeR 1975 S. 133/41; NatR 1975 S. 1777/89; StändeR 1976 S. 90/2; NatR 1976 S. 423/34; StändeR 1976 S. 247/8, S. 324.

A. Voraussetzungen.
I. Im allgemeinen.

296 [273¹].¹) ¹Die Kinder stehen, solange sie unmündig [14, 192, 303³, 323¹] sind, unter elterlicher Sorge [308³, 310, 311/2, 313²].

²Unmündigen [14] und Entmündigten [369 ff.] steht keine elterliche Sorge zu [298²].

---

¹) Fassung gemäss Ziff. I 4. des BG vom 26. Juni 1998 über die Änderung des ZGB (Personenstand, Eheschliessung, Scheidung etc., AS 1999 S. 1118), i. K. 1. Januar 2000.

II. Verheiratete Eltern.

297 [274].¹) ¹Während der Ehe üben die Eltern die elterliche Sorge gemeinsam aus [159²].

²Wird der gemeinsame Haushalt [162] aufgehoben [137¹, 175/6] oder die Ehe getrennt [117/8], so kann das Gericht [135, 180] die elterliche Sorge einem Ehegatten allein zuteilen.

³Nach dem Tode eines Ehegatten steht die elterliche Sorge dem überlebenden Ehegatten zu; bei Scheidung [111/6, 109²] entscheidet das Gericht [135] nach den Bestimmungen über die Ehescheidung [133].

---

¹) Fassung gemäss Ziff. I 4. des BG vom 26. Juni 1998 über die Änderung des ZGB (Personenstand, Eheschliessung, Scheidung etc., AS 1999 S. 1118), i. K. 1. Januar 2000.

---

* Fassung des Gliederungstitels gemäss BG vom 26. Juni 1998 über die Änderung des ZGB (Personenstand, Eheschliessung, Scheidung etc., AS 1999 S. 1118), i. K. 1. Januar 2000.

Zur Betreibung eines Schuldners, der unter elterlicher Gewalt steht, siehe Abschnitt VII des zweiten Titels des SchKG (Art. 68c/68e).

298 [324³, 325³, 326²].¹) ¹ Sind die Eltern nicht verheiratet, so steht die elterliche Sorge der Mutter zu.

² Ist die Mutter unmündig [14], entmündigt [369 ff.] oder gestorben oder ist ihr die elterliche Sorge entzogen [311/2], so überträgt die Vormundschaftsbehörde [315] die elterliche Sorge dem Vater [252²] oder bestellt dem Kind einen Vormund [368, 379 ff.], je nachdem, was das Wohl des Kindes [301¹, 307] erfordert.

III. Unverheiratete Eltern.
1. Im allgemeinen.

———
¹) Fassung gemäss Ziff. I 4. des BG vom 26. Juni 1998 über die Änderung des ZGB (Personenstand, Eheschliessung, Scheidung etc., AS 1999 S. 1118), i.K. 1. Januar 2000.

298a.¹) ¹ Haben die Eltern sich in einer genehmigungsfähigen Vereinbarung über ihre Anteile an der Betreuung des Kindes und die Verteilung der Unterhaltskosten verständigt, so überträgt ihnen die Vormundschaftsbehörde auf gemeinsamen Antrag die elterliche Sorge, sofern dies mit dem Kindeswohl vereinbar ist [133³].

² Auf Begehren eines Elternteils, des Kindes oder der Vormundschaftsbehörde ist die Zuteilung der elterlichen Sorge durch die vormundschaftliche Aufsichtsbehörde neu zu regeln, wenn dies wegen wesentlicher Veränderung der Verhältnisse zum Wohl des Kindes geboten ist [134¹].

2. Gemeinsame elterliche Sorge.

———
¹) Eingefügt gemäss Ziff. I 4. des BG vom 26. Juni 1998 über die Änderung des ZGB (Personenstand, Eheschliessung, Scheidung etc., AS 1999 S. 1118), i.K. 1. Januar 2000.

299. Jeder Ehegatte hat dem andern in der Ausübung der elterlichen Sorge gegenüber dessen Kindern in angemessener Weise beizustehen und ihn zu vertreten [159³], wenn es die Umstände erfordern.

IV. Stiefeltern.

300. ¹ Wird ein Kind Dritten zur Pflege anvertraut [294, 316], so vertreten sie, unter Vorbehalt abweichender Anordnungen, die Eltern in der Ausübung der elterlichen Sorge, soweit es zur gehörigen Erfüllung ihrer Aufgabe angezeigt ist [307²,³, 310³, 315²].

² Vor wichtigen Entscheidungen [301¹, 405²] sollen die Pflegeeltern angehört werden.

V. Pflegeeltern.

301 [273¹, 275, 19, 409]. ¹ Die Eltern leiten im Blick auf das Wohl des Kindes [133²,³, 134¹, 264, 269, 274², 274a, 298², 307] seine Pflege und Erziehung [276²] und treffen unter Vorbehalt seiner eigenen Handlungsfähigkeit [305] die nötigen Entscheidungen [159², 300², 301²].

² Das Kind schuldet den Eltern Gehorsam; die Eltern gewähren dem Kind die seiner Reife entsprechende Freiheit der Lebensgestaltung und nehmen in wichtigen Angelegenheiten, soweit tunlich, auf seine Meinung Rücksicht [405², 409].

B. Inhalt.
I. Im allgemeinen.

86 Das Familienrecht

³ Das Kind darf ohne Einwilligung der Eltern die häusliche Gemeinschaft [310², 315²] nicht verlassen; es darf ihnen auch nicht widerrechtlich entzogen werden.

⁴ Die Eltern geben dem Kind den Vornamen [267³; ZStV 37].

II. Erziehung.

302 [275², 276]. ¹ Die Eltern haben das Kind ihren Verhältnissen entsprechend zu erziehen und seine körperliche, geistige und sittliche Entfaltung zu fördern und zu schützen.

² Sie haben dem Kind, insbesondere auch dem körperlich oder geistig gebrechlichen, eine angemessene, seinen Fähigkeiten und Neigungen soweit möglich entsprechende allgemeine und berufliche Ausbildung zu verschaffen.

³ Zu diesem Zweck sollen sie in geeigneter Weise mit der Schule und, wo es die Umstände erfordern, mit der öffentlichen und gemeinnützigen Jugendhilfe zusammenarbeiten [317].

III. Religiöse Erziehung.

303 [277]. ¹ Über die religiöse Erziehung verfügen die Eltern.

² Ein Vertrag, der diese Befugnis beschränkt, ist ungültig [27].

³ Hat ein Kind das 16. Altersjahr zurückgelegt, so entscheidet es selbständig über sein religiöses Bekenntnis [19²].

IV. Vertretung.¹)
1. Dritten gegenüber.
a. Im allgemeinen.

304 [279/80, 407/12]. ¹ Die Eltern haben von Gesetzes wegen die Vertretung [OR 32 ff.] des Kindes gegenüber Drittpersonen im Umfang der ihnen zustehenden elterlichen Sorge [296/300, 308³, 310].²)

² Sind beide Eltern Inhaber der elterlichen Sorge, so dürfen gutgläubige [3] Drittpersonen voraussetzen, dass jeder Elternteil im Einvernehmen mit dem andern handelt.²)

³ Die Bestimmungen über die Vertretung des Bevormundeten [408/11] finden entsprechende Anwendung mit Ausschluss der Vorschriften über die Mitwirkung der vormundschaftlichen Behörden [421/2].

---

¹) Zur Betreibung eines Schuldners unter elterlicher Gewalt siehe Art. 68c und 68d SchKG.

²) Fassung gemäss Ziff. I 4. des BG vom 26. Juni 1998 über die Änderung des ZGB (Personenstand, Eheschliessung, Scheidung etc., AS 1999 S. 1118), i. K. 1. Januar 2000.

b. Handlungsfähigkeit des Kindes.

305 [280, 410/1]. ¹ Das Kind hat unter der elterlichen Sorge die gleiche beschränkte Handlungsfähigkeit [301¹] wie eine bevormundete Person [19, 303³, 323¹, 410/2, 467].

² Für Verpflichtungen des Kindes haftet sein Vermögen ohne Rücksicht auf die elterlichen Vermögensrechte [318 ff.].

2. Innerhalb der Gemeinschaft.

306 [281/2]. ¹ Urteilsfähige Kinder [16], die unter elterlicher Sorge stehen, können mit Zustimmung der Eltern für die Gemeinschaft handeln, verpflichten damit aber nicht sich selbst, sondern die Eltern [OR 32].¹)

Die elterliche Sorge

² Haben die Eltern in einer Angelegenheit Interessen, die denen des Kindes widersprechen, so finden die Bestimmungen über die Vertretungsbeistandschaft Anwendung [392 Ziff. 2, 421/2].

---

¹) Fassung gemäss Ziff. I 4. des BG vom 26. Juni 1998 über die Änderung des ZGB (Personenstand, Eheschliessung, Scheidung etc., AS 1999 S. 1118), i. K. 1. Januar 2000.

307 [283]. ¹ Ist das Wohl des Kindes gefährdet und sorgen die Eltern nicht von sich aus für Abhilfe [301¹, 302³] oder sind sie dazu ausserstande, so trifft die Vormundschaftsbehörde [361] die geeigneten Massnahmen zum Schutz des Kindes.

² Die Vormundschaftsbehörde ist dazu auch gegenüber Kindern verpflichtet, die bei Pflegeeltern [300] untergebracht sind oder sonst ausserhalb der häuslichen Gemeinschaft [301³, 310², 315²] der Eltern leben.

³ Sie kann insbesondere die Eltern, die Pflegeeltern oder das Kind ermahnen, ihnen bestimmte Weisungen für die Pflege, Erziehung oder Ausbildung [301/3] erteilen und eine geeignete Person oder Stelle bestimmen, der Einblick und Auskunft zu geben ist.

C. Kindesschutz.
I. Geeignete Massnahmen.

308. ¹ Erfordern es die Verhältnisse [4, 307], so ernennt die Vormundschaftsbehörde [361] dem Kind einen Beistand [381], der die Eltern in ihrer Sorge um das Kind mit Rat und Tat unterstützt.

² Sie kann dem Beistand besondere Befugnisse übertragen, namentlich die Vertretung des Kindes bei der Wahrung seines Unterhaltsanspruches [279, 287] und anderer Rechte und die Überwachung des persönlichen Verkehrs [273/5a].

³ Die elterliche Sorge kann entsprechend beschränkt werden [304¹].

II. Beistandschaft.
1. Im allgemeinen.

309 [311]. ¹ Sobald eine unverheiratete Frau während der Schwangerschaft die Vormundschaftsbehörde [361] darum ersucht oder diese von der Niederkunft Kenntnis erhält, wird dem Kind ein Beistand [308², 280³] ernannt, der für die Feststellung des Kindesverhältnisses zum Vater [252², 260, 261/3] zu sorgen und die Mutter in der nach den Umständen gebotenen Weise zu beraten und zu betreuen hat.

² Die gleiche Anordnung trifft die Vormundschaftsbehörde, wenn ein Kindesverhältnis infolge Anfechtung [256/9, 260a/c] beseitigt worden ist.

³ Ist das Kindesverhältnis festgestellt oder die Vaterschaftsklage binnen zwei Jahren seit der Geburt nicht erhoben worden, so hat die Vormundschaftsbehörde auf Antrag des Beistandes darüber zu entscheiden, ob die Beistandschaft aufzuheben oder andere Kindesschutzmassnahmen [307 ff.] anzuordnen seien.

2. Feststellung der Vaterschaft.

Das Familienrecht

III. Aufhebung der elterlichen Obhut.

310 [284]. [1] Kann der Gefährdung des Kindes nicht anders begegnet werden, so hat die Vormundschaftsbehörde [361] es den Eltern oder, wenn es sich bei Dritten befindet, diesen wegzunehmen und in angemessener Weise unterzubringen [273 ff., 276²].

[2] Die gleiche Anordnung trifft die Vormundschaftsbehörde auf Begehren der Eltern oder des Kindes [16], wenn das Verhältnis so schwer gestört ist, dass das Verbleiben des Kindes im gemeinsamen Haushalt unzumutbar [4] geworden ist und nach den Umständen nicht anders geholfen werden kann.

[3] Hat ein Kind längere Zeit bei Pflegeeltern [300, 316] gelebt, so kann die Vormundschaftsbehörde den Eltern seine Rücknahme untersagen, wenn diese die Entwicklung des Kindes ernstlich zu gefährden droht.

IV. Entziehung der elterlichen Sorge.
1. durch die vormundschaftliche Aufsichtsbehörde.

311 [285]. [1] Sind andere Kindesschutzmassnahmen [307/10] erfolglos geblieben oder erscheinen sie von vornherein als ungenügend, so entzieht die vormundschaftliche Aufsichtsbehörde [361] die elterliche Sorge:
1. wenn die Eltern wegen Unerfahrenheit, Krankheit, Gebrechen, Ortsabwesenheit oder ähnlichen Gründen ausserstande sind, die elterliche Sorge pflichtgemäss auszuüben [301/6];
2. wenn die Eltern sich um das Kind nicht ernstlich gekümmert oder ihre Pflichten gegenüber dem Kinde gröblich verletzt haben.

[2] Wird beiden Eltern die Sorge entzogen, so erhalten die Kinder einen Vormund [368, 379 ff.].

[3] Die Entziehung ist, wenn nicht ausdrücklich das Gegenteil angeordnet wird, gegenüber allen, auch den später geborenen Kindern wirksam.

2. durch die Vormundschaftsbehörde.

312 [286, 286a]. Die Vormundschaftsbehörde [361] entzieht die elterliche Sorge:
1. wenn die Eltern aus wichtigen Gründen [4] darum nachsuchen;
2. wenn sie in eine künftige Adoption des Kindes durch ungenannte Dritte eingewilligt haben [265a³, 274³].

V. Änderung der Verhältnisse.

313 [287]. [1] Verändern sich die Verhältnisse, so sind die Massnahmen zum Schutz des Kindes der neuen Lage anzupassen.

[2] Die elterliche Sorge darf in keinem Fall vor Ablauf eines Jahres nach ihrer Entziehung [311/2] wiederhergestellt werden.

VI. Verfahren.
1. Im allgemeinen.

314 [288]. Das Verfahren wird durch das kantonale Recht geordnet unter Vorbehalt folgender Vorschriften:
1. Vor dem Erlass von Kindesschutzmassnahmen ist das Kind in geeigneter Weise durch die vormundschaftliche Behörde [315] oder durch eine beauftragte Drittperson persönlich an-

zuhören, soweit nicht sein Alter oder andere wichtige Gründe [4] dagegen sprechen.[1])
2. Hat eine Beschwerde [420] gegen eine Kindesschutzmassnahme aufschiebende Wirkung, so kann ihr diese von der anordnenden oder von der Beschwerdeinstanz entzogen werden.

---

[1]) Fassung gemäss Ziff. I 4. des BG vom 26. Juni 1998 über die Änderung des ZGB (Personenstand, Eheschliessung, Scheidung etc., AS 1999 S. 1118), i. K. 1. Januar 2000.

314a.[1]) [1] Wird das Kind von einer Behörde in einer Anstalt untergebracht [310[1, 2]], so gelten die Vorschriften über die gerichtliche Beurteilung und das Verfahren bei fürsorgerischer Freiheitsentziehung gegenüber mündigen oder entmündigten Personen sinngemäss [397d/f].

[2] Hat das Kind das 16. Altersjahr noch nicht zurückgelegt, so kann es nicht selber richterliche Beurteilung verlangen.

[3] Für die Fälle, in denen Gefahr im Verzuge liegt oder das Kind psychisch krank ist, können die Kantone die Zuständigkeit zur Unterbringung in einer Anstalt ausser der Vormundschaftsbehörde auch andern geeigneten Stellen einräumen [397b].

2. Bei fürsorgerischer Freiheitsentziehung.

---

[1]) Eingefügt durch Ziff. II des BG vom 6. Oktober 1978 über die fürsorgerische Freiheitsentziehung (ZGB 397a–397f; AS 1980 I 31), i. K. 1. Januar 1981.

315. [1] Die Kindesschutzmassnahmen [307/13] werden von den vormundschaftlichen Behörden [361] am Wohnsitz des Kindes [25] angeordnet.

[2] Lebt das Kind bei Pflegeeltern [300] oder sonst ausserhalb der häuslichen Gemeinschaft der Eltern oder liegt Gefahr im Verzug, so sind auch die Behörden am Ort zuständig, wo sich das Kind aufhält.

[3] Trifft die Behörde am Aufenthaltsort eine Kindesschutzmassnahme, so benachrichtigt sie die Wohnsitzbehörde.

VII. Zuständigkeit.
1. Im allgemeinen.[1])

---

[1]) Fassung gemäss Ziff. I 4. des BG vom 26. Juni 1998 über die Änderung des ZGB (Personenstand, Eheschliessung, Scheidung etc., AS 1999 S. 1118), i. K. 1. Januar 2000.

315a [315a].[1]) [1] Hat das Gericht nach den Bestimmungen über die Ehescheidung [133/4] oder den Schutz der ehelichen Gemeinschaft [176[3], 179[1]] die Beziehungen der Eltern zu den Kindern zu gestalten, so trifft es auch die nötigen Kindesschutzmassnahmen [307 ff., 318[3], 324/5] und betraut die vormundschaftlichen Behörden [315] mit dem Vollzug.

[2] Bestehende Kindesschutzmassnahmen können auch vom Gericht den neuen Verhältnissen angepasst werden.

2. In eherechtlichen Verfahren.
a. Zuständigkeit des Gerichts.

³ Die vormundschaftlichen Behörden bleiben jedoch befugt:
1. ein vor dem gerichtlichen Verfahren eingeleitetes Kindesschutzverfahren weiterzuführen;
2. die zum Schutz des Kindes sofort notwendigen Massnahmen anzuordnen, wenn sie das Gericht voraussichtlich nicht rechtzeitig treffen kann.

---

[1]) Fassung gemäss Ziff. I 4. des BG vom 26. Juni 1998 über die Änderung des ZGB (Personenstand, Eheschliessung, Scheidung etc., AS 1999 S. 1118), i.K. 1. Januar 2000.

b. Abänderung gerichtlicher Anordnungen.

315b.[1]) ¹ Zur Abänderung gerichtlicher Anordnungen über die Kindeszuteilung und den Kindesschutz ist das Gericht zuständig:
1. während des Scheidungsverfahrens [135 ff.];
2. im Verfahren zur Abänderung des Scheidungsurteils gemäss den Vorschriften über die Ehescheidung [134];
3. im Verfahren zur Änderung von Eheschutzmassnahmen [179¹]; die Vorschriften über die Ehescheidung [134] sind sinngemäss anwendbar.

² In den übrigen Fällen sind die vormundschaftlichen Behörden [315] zuständig.

---

[1]) Eingefügt gemäss Ziff. I 4. des BG vom 26. Juni 1998 über die Änderung des ZGB (Personenstand, Eheschliessung, Scheidung etc., AS 1999 S. 1118), i.K. 1. Januar 2000.

VIII. Pflegekinderaufsicht.

316. ¹ Wer Pflegekinder aufnimmt [294, 300, 310], bedarf einer Bewilligung der Vormundschaftsbehörde [361] oder einer andern vom kantonalen Recht bezeichneten Stelle seines Wohnsitzes [23/6] und steht unter deren Aufsicht.

¹ᵇⁱˢ Wird ein Pflegekind zum Zweck der späteren Adoption [269c³] aufgenommen, so ist eine einzige kantonale Behörde zuständig.[1])

² Der Bundesrat erlässt Ausführungsvorschriften.[2])

---

[1]) Eingefügt gemäss Ziff. 2 des Anhangs zum BG-HAÜ (Anhang V B zum ZGB), i.K. 1. Januar 2003.
[2]) Siehe PAVO, Anhang V D zum ZGB.

IX. Zusammenarbeit in der Jugendhilfe.

317. Die Kantone sichern durch geeignete Vorschriften die zweckmässige Zusammenarbeit der Behörden und Stellen auf dem Gebiet des zivilrechtlichen Kindesschutzes, des Jugendstrafrechts und der übrigen Jugendhilfe [302³].

Vierter Abschnitt

Das Kindesvermögen

Botsch. und Entw. des BR vom 5. Juni 1974 über die Änderung des ZGB (Kindesverhältnis), BBl 1974 II 1/24, 89/92; StändeR 1975 S. 141/3; NatR 1975 S. 1789; StändeR 1976 S. 92; NatR 1976 S. 423/34; StändeR 1976 S. 247/8, S. 324.

318 [290[1], 291]. [1] Die Eltern haben, solange ihnen die elterliche Sorge [296 ff.] zusteht, das Recht und die Pflicht, das Kindesvermögen zu verwalten.

[2] Steht die elterliche Sorge nur einem Elternteil zu [297/8], so hat dieser der Vormundschaftsbehörde [361] ein Inventar über das Kindesvermögen einzureichen.

[3] Erachtet es die Vormundschaftsbehörde nach Art und Grösse des Kindesvermögens und nach den persönlichen Verhältnissen der Eltern für angezeigt [4], so ordnet sie die periodische Rechnungsstellung und Berichterstattung an.

Zur Betreibung eines Schuldners unter elterlicher Gewalt siehe SchKG 68c, 68d.

A. Verwaltung.

319 [293]. [1] Die Eltern dürfen die Erträge des Kindesvermögens für Unterhalt, Erziehung und Ausbildung des Kindes [276] und, soweit es der Billigkeit entspricht, auch für die Bedürfnisse des Haushaltes verwenden.

[2] Ein Überschuss fällt ins Kindesvermögen.

B. Verwendung der Erträge.

320 [272[2]]. [1] Abfindungen, Schadenersatz und ähnliche Leistungen dürfen in Teilbeträgen entsprechend den laufenden Bedürfnissen für den Unterhalt des Kindes verbraucht werden [276[3]].

[2] Erweist es sich für die Bestreitung der Kosten des Unterhalts, der Erziehung oder der Ausbildung [276[1], 302[2]] als notwendig, so kann die Vormundschaftsbehörde [361] den Eltern gestatten, auch das übrige Kindesvermögen in bestimmten Beträgen anzugreifen.

C. Anzehrung des Kindesvermögens.

321 [294]. [1] Die Eltern dürfen Erträge des Kindesvermögens nicht verbrauchen, wenn es dem Kind mit dieser ausdrücklichen Auflage oder unter der Bestimmung zinstragender Anlage oder als Spargeld zugewendet worden ist.

[2] Die Verwaltung durch die Eltern [318] ist nur dann ausgeschlossen, wenn dies bei der Zuwendung ausdrücklich bestimmt wird.

D. Freies Kindesvermögen.
I. Zuwendungen.

322. [1] Durch Verfügung von Todes wegen [481, 498, 512] kann auch der Pflichtteil des Kindes [471, 473] von der elterlichen Verwaltung ausgenommen werden.

II. Pflichtteil.

² Überträgt der Erblasser die Verwaltung einem Dritten, so kann die Vormundschaftsbehörde [361] diesen zur periodischen Rechnungsstellung und Berichterstattung anhalten [318³].

III. Arbeitserwerb, Berufs- und Gewerbevermögen.

323 [295/6]. ¹ Was das Kind durch eigene Arbeit erwirbt und was es von den Eltern aus seinem Vermögen zur Ausübung eines Berufes oder eines eigenen Gewerbes [OR 934] herausbekommt, steht unter seiner Verwaltung und Nutzung [305, 412].

² Lebt das Kind mit den Eltern in häuslicher Gemeinschaft, so können sie verlangen, dass es einen angemessenen Beitrag an seinen Unterhalt leistet [276³].

Zur Betreibung eines Schuldners unter elterlicher Gewalt siehe SchKG 68c, 68d.

E. Schutz des Kindesvermögens.
I. Geeignete Massnahmen.

324 [297]. ¹ Ist die sorgfältige Verwaltung nicht hinreichend gewährleistet, so trifft die Vormundschaftsbehörde [361] die geeigneten Massnahmen zum Schutz des Kindesvermögens.

² Sie kann namentlich Weisungen für die Verwaltung [318¹] erteilen und, wenn die periodische Rechnungsstellung und Berichterstattung [318³] nicht ausreichen, die Hinterlegung oder Sicherheitsleistung anordnen.

³ Auf das Verfahren und die Zuständigkeit finden die Bestimmungen über den Kindesschutz [314 ff.] entsprechende Anwendung.

II. Entziehung der Verwaltung.

325 [298]. ¹ Kann der Gefährdung des Kindesvermögens auf andere Weise [318³, 324] nicht begegnet werden, so überträgt die Vormundschaftsbehörde die Verwaltung einem Beistand.

² Die Vormundschaftsbehörde trifft die gleiche Anordnung, wenn Kindesvermögen, das nicht von den Eltern verwaltet wird [321², 322], gefährdet ist.

³ Ist zu befürchten, dass die Erträge oder die für den Verbrauch bestimmten oder freigegebenen Beträge des Kindesvermögens [319/20] nicht bestimmungsgemäss verwendet werden, so kann die Vormundschaftsbehörde auch deren Verwaltung einem Beistand übertragen.

F. Ende der Verwaltung.
I. Rückerstattung.

326 [299].¹) Endet die elterliche Sorge [14, 311/2, 133, 297³] oder Verwaltung [325], so haben die Eltern das Kindesvermögen aufgrund einer Abrechnung an das mündige Kind [14] oder an den Vormund oder Beistand des Kindes herauszugeben.

---

¹) Fassung gemäss Ziff. I 4. des BG vom 26. Juni 1998 über die Änderung des ZGB (Personenstand, Eheschliessung, Scheidung etc., AS 1999 S. 1118), i. K. 1. Januar 2000.

II. Verantwortlichkeit.

327 [300]. ¹ Für die Rückleistung sind die Eltern gleich einem Beauftragten [OR 398/9] verantwortlich.

² Für das, was sie in guten Treuen veräussert haben, ist der Erlös zu erstatten.

³ Für die Beträge, die sie befugtermassen für das Kind oder den Haushalt verwendet haben [319/20], schulden sie keinen Ersatz.

Neunter Titel

Die Familiengemeinschaft

Entwurf 1900 Art. 354/85; Erl. I, S. 237 ff., S. 271 ff.; Entwurf 1904 Art. 335/67; Botsch. S. 41 ff.

Erster Abschnitt

Die Unterstützungspflicht

Entwurf 1900 Art. 354/85; Erl. I, S. 237 f., 271 ff.; Entwurf 1904 400 ff.; Entwurf 1904 Art. 335/7; NatR XV, S. 841/50; StändeR XV, S. 1218/21. – Botsch. und Entw. des BR vom 5. Juni 1974 über die Änderung des ZGB (Kindesverhältnis), BBl 1974 II 94/6.

A. Unterstützungspflichtige.

328.[1]) [1] Wer in günstigen Verhältnissen lebt, ist verpflichtet, Verwandte [20] in auf- und absteigender Linie zu unterstützen, die ohne diesen Beistand in Not geraten würden.

[2] Die Unterhaltspflicht der Eltern [276 ff.] und des Ehegatten [159[2], 163/5][, der eingetragenen Partnerin oder des eingetragenen Partners][2]) bleibt vorbehalten.

---

[1]) Fassung gemäss Ziff. I 4. des BG vom 26. Juni 1998 über die Änderung des ZGB (Personenstand, Eheschliessung, Scheidung etc., AS 1999 S. 1118), i.K. 1. Januar 2000.

[2]) Text in eckigen Klammern hinzugefügt durch das Partnerschaftsgesetz (PartG, Anhang IV E zum ZGB), in Kraft erst am 1. Januar 2007.

B. Umfang und Geltendmachung des Anspruches.

329. [1] Der Anspruch auf Unterstützung ist gegen die Pflichtigen in der Reihenfolge ihrer Erbberechtigung [457/61] geltend zu machen und geht auf die Leistung, die zum Lebensunterhalt des Bedürftigen erforderlich und den Verhältnissen des Pflichtigen angemessen ist.

[2] Erscheint die Heranziehung eines Pflichtigen wegen besonderer Umstände [4] als unbillig, so kann das Gericht die Unterstützungspflicht ermässigen oder aufheben.[1])

[3] Die Bestimmungen über die Unterhaltsklage des Kindes [279 ff.] und über den Übergang seines Unterhaltsanspruches auf das Gemeinwesen [289] finden entsprechende Anwendung.[1])

Gerichtsstand: GestG 17 lit. b.

---

[1]) Fassung gemäss Ziff. I 1 des BG vom 25. Juni 1976 über die Änderung des ZGB (Kindesverhältnis, AS 1977 I 237), i.K. 1. Januar 1978. Zur Geltendmachung des Unterstützungsanspruches durch das Gemeinwesen siehe das BG vom 24. Juni 1977 über die Zuständigkeit für die Unterstützung Bedürftiger (Zuständigkeitsgesetz, ZUG, SR 851.1).

330. ¹ Findelkinder [ZStV 10] werden von der Gemeinde unterhalten, in der sie eingebürgert worden sind.

² Wird die Abstammung eines Findelkindes festgestellt, so kann diese Gemeinde die unterstützungspflichtigen Verwandten [328/9] und in letzter Linie das unterstützungspflichtige Gemeinwesen zum Ersatz der Auslagen anhalten, die sein Unterhalt ihr verursacht hat.

ZStV 38.

C. Unterhalt von Findelkindern.

Zweiter Abschnitt

Die Hausgewalt

Entwurf 1900 Art. 357/61; Erl. I, S. 272 f.; ExpKom. I, S. 406 ff.; Entwurf 1904 Art. 338/42; NatR XV, S. 850/6; StändeR XV, S. 1221/30.

331. ¹ Haben Personen, die in gemeinsamem Haushalte leben, nach Vorschrift des Gesetzes [296 ff.] oder nach Vereinbarung oder Herkommen ein Familienhaupt, so steht diesem die Hausgewalt zu.

² Die Hausgewalt erstreckt sich auf alle Personen, die als Verwandte [20]¹) und Verschwägerte [21] oder auf Grund eines Vertragsverhältnisses als Arbeitnehmer [OR 319 ff.]²) oder in ähnlicher Stellung in dem gemeinsamen Haushalte leben.

A. Voraussetzung.

---

¹) Siehe Art. 20/Fn. 1.
²) Fassung gemäss Art. 2 Schl- und UeB zum 10. Titel des OR (Sammlung am Ende des OR).

332. ¹ Die Ordnung, der die Hausgenossen unterstellt sind, hat auf die Interessen aller Beteiligten in billiger Weise [4] Rücksicht zu nehmen.

² Insbesondere soll den Hausgenossen für ihre Ausbildung, ihre Berufsarbeit und für die Pflege der religiösen Bedürfnisse die nötige Freiheit gewährt werden.

³ Die von den Hausgenossen eingebrachten Sachen hat das Familienhaupt mit der gleichen Sorgfalt zu verwahren und gegen Schaden sicherzustellen wie die eigenen [OR 538¹].

B. Wirkung.
I. Hausordnung und Fürsorge.

333. ¹ Verursacht ein unmündiger [14] oder entmündigter [369 ff., 19³; OR 54], ein geistesschwacher oder geisteskranker Hausgenosse einen Schaden [OR 42], so ist das Familienhaupt dafür haftbar, insofern es nicht darzutun vermag, dass es das übliche und durch die Umstände gebotene Mass von Sorgfalt in der Beaufsichtigung beobachtet hat.

² Das Familienhaupt ist verpflichtet, dafür zu sorgen, dass aus dem Zustande eines geisteskranken oder geistesschwachen

II. Verantwortlichkeit.

Hausgenossen weder für diesen selbst noch für andere Gefahr oder Schaden erwächst.

[3] Nötigenfalls soll es bei der zuständigen Behörde zwecks Anordnung der erforderlichen Vorkehrungen Anzeige machen [insbes. 397a ff.].

III. Forderung der Kinder und Grosskinder.
1. Voraussetzungen.

334.[1]) [1] Mündige [14, vgl. 323] Kinder oder Grosskinder, die ihren Eltern oder Grosseltern in gemeinsamem Haushalt ihre Arbeit oder ihre Einkünfte zugewendet haben, können hiefür eine angemessene [4] Entschädigung verlangen [334bis, 603[2]].

[2] Im Streitfalle entscheidet das Gericht über die Höhe der Entschädigung, ihre Sicherung und die Art und Weise der Bezahlung.

ZGB 1907 Art. 334 und 633.

---

[1]) Fassung gemäss Ziff. I 1 des BG vom 6. Oktober 1972 über Änderungen des bäuerlichen Zivilrechts (AS 1973 I 93), i.K. 15. Februar 1973.

2. Geltendmachung.

334bis.[1]) [1] Die den Kindern oder Grosskindern zustehende Entschädigung [334] kann mit dem Tode des Schuldners geltend gemacht werden [603[2]].

[2] Schon zu Lebzeiten des Schuldners kann sie geltend gemacht werden, wenn gegen ihn eine Pfändung [SchKG 89] erfolgt oder über ihn der Konkurs [SchKG 159/270] eröffnet wird, wenn der gemeinsame Haushalt aufgehoben wird oder wenn der Betrieb in andere Hände übergeht.

[3] Sie unterliegt keiner Verjährung [OR 127], muss aber spätestens bei der Teilung der Erbschaft [602 ff.] des Schuldners geltend gemacht werden.

ZGB 1907 Art. 334 und 633.

---

[1]) Eingefügt durch Ziff. I 1 des BG vom 6. Oktober 1972 über Änderungen des bäuerlichen Zivilrechts (AS 1973 I 93), i.K. 15. Februar 1973.

Dritter Abschnitt

Das Familienvermögen

Entwurf 1900 Art. 362/85; Erl. I, S. 237 ff., S. 274 ff.; ExpKom. I, S. 573 ff., S. 679 ff.; Entwurf 1904 Art. 345/67; NatR XV, S. 856/69; StändeR XV, S. 1231/6.

A. Familienstiftungen.

335. [1] Ein Vermögen kann mit einer Familie dadurch verbunden werden, dass zur Bestreitung der Kosten der Erziehung, Ausstattung oder Unterstützung von Familienangehörigen [20/1] oder zu ähnlichen Zwecken eine Familienstiftung [87] nach den Regeln des Personenrechts oder des Erbrechts errichtet wird [52[2], 80 ff., 408, 493, 539[2]].

Das Familienvermögen 97

[2] Die Errichtung von Familienfideikommissen ist nicht mehr gestattet [488²].

336. Ein Vermögen kann mit einer Familie dadurch verbunden werden, dass Verwandte [20/1] entweder eine Erbschaft ganz oder zum Teil als Gemeinderschaftsgut fortbestehen lassen, oder dass sie Vermögen zu einer Gemeinderschaft zusammenlegen.

B. Gemeinderschaften.
I. Begründung.
1. Befugnis.

337. Der Vertrag über die Begründung einer Gemeinderschaft bedarf zu seiner Gültigkeit der öffentlichen Beurkundung [SchlT 55] und der Unterschrift [OR 14/5] aller Gemeinder oder ihrer Vertreter [304/6, 407 ff.; OR 32 ff.].

2. Form.

338. [1] Die Gemeinderschaft kann auf bestimmte oder unbestimmte Zeit geschlossen werden.
[2] Ist sie auf unbestimmte Zeit geschlossen, so kann sie jeder Gemeinder auf sechs Monate kündigen.
[3] Bei landwirtschaftlichem Betriebe des Gesamtgutes ist eine Kündigung nur auf einen dem Ortsgebrauch [5²] entsprechenden Frühjahrs- oder Herbsttermin zulässig.

II. Dauer.

339. [1] Die Gemeinderschaft verbindet die Gemeinder zu gemeinsamer wirtschaftlicher Tätigkeit.
[2] Sie sind mangels anderer Anordnung zu gleichen Rechten an der Gemeinderschaft beteiligt.
[3] Sie können während der Gemeinderschaft weder eine Teilung beanspruchen noch über ihre Gemeinschaftsanteile verfügen [653].

III. Wirkung.
1. Art der Gemeinderschaft.

340. [1] Die Angelegenheiten der Gemeinderschaft werden von allen Gemeindern gemeinsam geordnet.
[2] Jeder von ihnen kann ohne Mitwirkung der übrigen gewöhnliche Verwaltungshandlungen vornehmen [647a].

2. Leitung und Vertretung.
a. Im allgemeinen.

341. [1] Die Gemeinder können eines der Glieder als Haupt der Gemeinderschaft bezeichnen.
[2] Das Haupt der Gemeinderschaft hat die Vertretung im Umfang ihrer Angelegenheiten und leitet deren wirtschaftliche Tätigkeit.
[3] Die Ausschliessung der andern von der Vertretung ist jedoch gutgläubigen Dritten [3] gegenüber nur dann wirksam, wenn der Vertreter im Handelsregister eingetragen ist [HRegV 112b/d].

b. Befugnis des Hauptes.

342. [1] Die Vermögenswerte der Gemeinderschaft stehen im Gesamteigentum [652/4] aller Gemeinder.
[2] Für die Schulden haften die Gemeinder solidarisch [OR 143 ff.].

3. Gemeinschaftsgut und persönliches Vermögen.

98 Das Familienrecht

³ Was ein einzelner Gemeinder neben dem Gemeinschaftsgut an Vermögen besitzt oder während der Gemeinschaft durch Erbgang oder auf andere Weise unentgeltlich für sich allein erwirbt, ist, wenn es nicht anders verabredet wird, sein persönliches Vermögen.

IV. Aufhebung.
1. Gründe.

343. Die Aufhebung der Gemeinderschaft erfolgt:
1. nach Vereinbarung oder Kündigung;
2. mit Ablauf der Zeit, für die eine Gemeinderschaft begründet worden ist, insofern sie nicht stillschweigend fortgesetzt wird;
3. wenn der gepfändete Anteil eines Gemeinders am Gemeinschaftsgute zur Verwertung gelangt ist;
4. wenn ein Gemeinder in Konkurs geraten ist;
5. auf Verlangen eines Gemeinders aus wichtigen Gründen.

2. Kündigung, Zahlungsunfähigkeit, Heirat.

344. ¹ Kündigt ein Gemeinder die Gemeinderschaft, oder ist einer der Gemeinder in Konkurs geraten, oder gelangt der gepfändete Anteil eines Gemeinders zur Verwertung, so können die übrigen die Gemeinderschaft miteinander fortsetzen, indem sie den Ausscheidenden oder seine Gläubiger abfinden.

² Verheiratet sich ein Gemeinder, so kann er ohne Kündigung die Abfindung beanspruchen.

3. Tod eines Gemeinders.

345. ¹ Stirbt ein Gemeinder, so können die Erben, die nicht in der Gemeinderschaft stehen, nur die Abfindung [344] beanspruchen.

² Hinterlässt er erbberechtigte Nachkommen [457], so können diese mit Zustimmung der übrigen Gemeinder an Stelle des Erblassers in die Gemeinderschaft eintreten.

4. Teilungsregel.

346. ¹ Die Teilung des Gemeinschaftsgutes [343, 651, 654] oder die Abfindung [344] eines ausscheidenden Gemeinders findet nach der Vermögenslage statt, wie sie beim Eintritt des Aufhebungsgrundes vorhanden ist.

² Ihre Durchführung darf nicht zur Unzeit verlangt werden [OR 546²].

V. Ertragsgemeinderschaft.
1. Inhalt.

347. ¹ Die Gemeinder können die Bewirtschaftung des Gemeinschaftsgutes und die Vertretung einem einzigen unter ihnen übertragen, mit der Bestimmung, dass dieser jedem der Gemeinder jährlich einen Anteil vom Reingewinn zu entrichten hat.

² Dieser Anteil ist, wenn keine andere Abrede getroffen wird, nach dem Durchschnittsertrage des Gemeinschaftsgutes für eine angemessene längere Periode in billiger Weise festzusetzen, unter Berücksichtigung der Leistungen des Übernehmers.

348. ¹ Wird das Gemeinschaftsgut von dem Übernehmer nicht ordentlich bewirtschaftet, oder kommt dieser seinen Verpflichtungen [347] gegenüber den Gemeindern nicht nach, so kann die Gemeinderschaft aufgehoben werden.

² Auf Verlangen eines Gemeinders kann das Gericht aus wichtigen Gründen [4] dessen Eintritt in die Wirtschaft des Übernehmers verfügen, unter Berücksichtigung der Vorschriften über die erbrechtliche Teilung.

³ Im übrigen steht die Ertragsgemeinderschaft unter den Regeln der Gemeinderschaft mit gemeinsamer Wirtschaft [339/46].

2. Besondere Aufhebungsgründe.

349–358. (Aufgehoben gemäss Ziff. I 4. des BG vom 26. Juni 1998 über die Änderung des ZGB [Personenstand, Eheschliessung, Scheidung etc., AS 1999 S. 1118].)

359. (Aufgehoben gemäss Ziff. II 2 des BG vom 15. Dezember 1989 über die Genehmigung kantonaler Erlasse durch den Bund [AS 1991 S. 363].)

Dritte Abteilung

Die Vormundschaft *

Entwurf 1900 Art. 386/483; Erl. I, S. 281 ff.; Entwurf 1904 Art. 368/464; Botsch. S. 43 ff.; NatR XV, S. 248, 1279, StändeR XVI S. 51 und S. 117.
– Zu Art. 397a/397f siehe Botsch. und Entw. vom 17. August 1977, BBl 1977 III 1; StändeR 1978 S. 36, NatR 1978 S. 745, StändeR 1978 S. 403/5, NatR 1978 S. 1230/6.

Zehnter Titel

Die allgemeine Ordnung der Vormundschaft

Entwurf 1900 Art. 386/425; Erl. I, S. 281, 290; Entwurf 1904 Art. 405; NatR XV, S. 1244/66, S. 1279/87, S. 1417/21.

Erster Abschnitt

Die vormundschaftlichen Organe

Entwurf 1900 Art. 386/94; Erl. I, S. 281 f., 290 f.; ExpKom. I, S. 482 ff.; Entwurf 1904 Art. 368/76; NatR XV, S. 1244; StändeR XVI, S. 51/5.

A. Im allgemeinen. **360.** Vormundschaftliche Organe sind: die vormundschaftlichen Behörden [361], der Vormund [379 ff.] und der Beistand [392 ff.].

B. Vormundschaftliche Behörden.
I. Staatliche Organe.

361. [1] Vormundschaftliche Behörden sind: die Vormundschaftsbehörde und die Aufsichtsbehörde.

[2] Die Kantone bestimmen diese Behörden [SchlT 52] und ordnen, wo zwei Instanzen der Aufsichtsbehörde vorgesehen sind, die Zuständigkeit dieser Instanzen.

II. Familienvormundschaft.
1. Zulässigkeit und Bedeutung.

362. [1] Eine Familienvormundschaft kann ausnahmsweise für die Fälle gestattet werden, wo die Interessen des Bevormundeten [368 ff.] wegen Fortführung eines Gewerbes, einer Gesellschaft [OR 530[1]] u. dgl. es rechtfertigen.

---

* Betr. Vormundschaft siehe auch Art. 85 IPRG (Anhang I A zum ZGB) sowie das Übereinkommen vom 5. Oktober 1961 über die Zuständigkeit der Behörden und das anzuwendende Recht auf dem Gebiet des Schutzes von Minderjährigen (Anhang II E3 zum ZGB).

Zur Betreibung eines Schuldners, der unter Vormundschaft steht, siehe Abschnitt VII des zweiten Titels des SchKG (Art. 68c/68e).

² Sie besteht darin, dass die Befugnisse und Pflichten und die Verantwortlichkeit [426 ff.] der Vormundschaftsbehörde auf einen Familienrat [364] übertragen werden.

363. Die Familienvormundschaft wird auf Antrag von zwei nahen handlungsfähigen [17] Verwandten [20/1][1]) oder auf Antrag eines nahen Verwandten[1]) und des Ehegatten des Bevormundeten durch Beschluss der Aufsichtsbehörde [361] angeordnet.

2. Anordnung.

---

[1]) Französischer Text: «parents ou alliés» (Verwandten oder Verschwägerten).

364. ¹ Der Familienrat [362²] wird von der Aufsichtsbehörde [363] aus wenigstens drei zur Besorgung einer Vormundschaft geeigneten [379¹, 384] Verwandten [20/1][1]) des Bevormundeten auf je vier Jahre zusammengesetzt.

² Der Ehegatte des Bevormundeten kann dem Familienrat angehören.

3. Familienrat.

---

[1]) Siehe Art. 363/Fn. 1.

365. ¹ Die Mitglieder des Familienrates haben für die richtige Erfüllung ihrer Pflichten [362²] Sicherheit zu leisten.

² Ohne diese Sicherstellung darf eine Familienvormundschaft nicht angeordnet werden.

4. Sicherheitsleistung.

366. Die Aufsichtsbehörde kann die Familienvormundschaft jederzeit aufheben, wenn der Familienrat seine Pflicht nicht erfüllt oder wenn die Interessen des Bevormundeten es erfordern.

5. Aufhebung.

367. ¹ Der Vormund hat die gesamten persönlichen und vermögensrechtlichen Interessen des unmündigen [14] oder entmündigten [369 ff.] Bevormundeten zu wahren und ist dessen Vertreter [405/14].

² Der Beistand ist für einzelne Geschäfte [418] eingesetzt oder mit Vermögensverwaltung [419] betraut.

³ Für den Beistand gelten, soweit keine besondern Vorschriften aufgestellt sind [392/7, 417/9, 439; 440, 306², 308, 309, 325, 762, 823], die Bestimmungen dieses Gesetzes über den Vormund.

C. Vormund und Beistand.

Zweiter Abschnitt
Die Bevormundungsfälle

Entwurf 1900 Art. 395/405; Erl. I, S. 291 ff.; ExpKom. I, S. 419 ff.; Entwurf 1904 Art. 377/85; StändeR XVI, S. 56/63.

A. Unmündigkeit.

368. [1] Unter Vormundschaft gehört jede unmündige [14] Person, die sich nicht unter der elterlichen Sorge [296 ff., 311 ff.] befindet.

[2] Die Zivilstandsbeamten, Verwaltungsbehörden und Gerichte haben der zuständigen Behörde [SchlT 54] Anzeige zu machen, sobald sie in ihrer Amtstätigkeit von dem Eintritt eines solchen Bevormundungsfalles Kenntnis erhalten.

B. Unfähigkeit Mündiger.
I. Geisteskrankheit und Geistesschwäche.

369. [1] Unter Vormundschaft gehört jede mündige [14] Person, die infolge von Geisteskrankheit oder Geistesschwäche ihre Angelegenheiten nicht zu besorgen vermag, zu ihrem Schutze dauernd des Beistandes und der Fürsorge bedarf oder die Sicherheit anderer gefährdet.

[2] Die Verwaltungsbehörden und Gerichte haben der zuständigen Behörde [SchlT 54] Anzeige zu machen, sobald sie in ihrer Amtstätigkeit von dem Eintritt eines solchen Bevormundungsfalles Kenntnis erhalten.

II. Verschwendung, Trunksucht, lasterhafter Lebenswandel, Misswirtschaft.

370. Unter Vormundschaft gehört jede mündige [14] Person, die durch Verschwendung, Trunksucht, lasterhaften Lebenswandel oder durch die Art und Weise ihrer Vermögensverwaltung sich oder ihre Familie der Gefahr eines Notstandes oder der Verarmung aussetzt, zu ihrem Schutze dauernd des Beistandes und der Fürsorge bedarf oder die Sicherheit anderer gefährdet.

III. Freiheitsstrafe.

371. [1] Unter Vormundschaft gehört jede mündige [14] Person, die zu einer Freiheitsstrafe von einem Jahr oder darüber verurteilt worden ist.

[2] Die Strafvollzugsbehörde hat, sobald ein solcher Verurteilter seine Strafe antritt, der zuständigen Behörde [SchlT 54] Mitteilung zu machen.

IV. Eigenes Begehren.

372. Einer mündigen [14] Person kann auf ihr Begehren ein Vormund gegeben werden, wenn sie dartut, dass sie infolge von Altersschwäche oder andern Gebrechen oder von Unerfahrenheit ihre Angelegenheiten nicht gehörig zu besorgen vermag.

C. Verfahren.
I. Im allgemeinen.

373. [1] Die Kantone bestimmen die für die Entmündigung [369/72] zuständigen Behörden [SchlT 54] und das Verfahren.

[2] Die Weiterziehung an das Bundesgericht bleibt vorbehalten.

374. ¹ Wegen Verschwendung, Trunksucht, lasterhaften Lebenswandels oder der Art und Weise ihrer Vermögensverwaltung [370] darf eine Person nicht entmündigt werden, ohne dass sie vorher angehört worden ist.

² Die Entmündigung wegen Geisteskrankheit oder Geistesschwäche [369] darf nur nach Einholung des Gutachtens von Sachverständigen erfolgen, das sich auch über die Zulässigkeit einer vorgängigen Anhörung des zu Entmündigenden auszusprechen hat [436].

II. Anhörung und Begutachtung.

375. ¹ Ist ein Mündiger [14] bevormundet, so muss die Bevormundung, sobald sie rechtskräftig geworden ist, wenigstens einmal in einem amtlichen Blatte seines Wohnsitzes [25²] und seiner Heimat [22] veröffentlicht werden.

² Mit Zustimmung der Aufsichtsbehörde [361] kann auf eine Veröffentlichung verzichtet werden, wenn die Handlungsunfähigkeit für Dritte offenkundig ist oder der Geisteskranke, Geistesschwache [369] oder Trunksüchtige [370] in einer Anstalt untergebracht ist; die Bevormundung ist aber dem Betreibungsamt mitzuteilen [435³].¹⁾

³ Vor der Veröffentlichung kann die Bevormundung gutgläubigen Dritten [3] nicht entgegengehalten werden.

III. Veröffentlichung.

---

¹⁾ Fassung gemäss Ziff. 4 des Anhangs zum BG vom 16. Dezember 1994 über die Änderung des SchKG (AS 1995 S. 1227), i. K. 1. Januar 1997.

Dritter Abschnitt

Die Zuständigkeit

Entwurf 1900 Art. 406/8; Erl. I, S. 296; ExpKom. I, S. 439 ff.; Entwurf 1904 Art. 386/7; NatR XV, S. 1246, S. 1281, StändeR XVI, S. 63/6.

376. ¹ Die Bevormundung [368 ff.] erfolgt am Wohnsitze [23/6] der zu bevormundenden Person.

² Die Kantone sind berechtigt, für ihre im Kanton wohnenden Bürger die vormundschaftlichen Behörden [361] der Heimat [22] als zuständig zu erklären, insofern auch die Armenunterstützung ganz oder teilweise der Heimatgemeinde obliegt [SchlT 52].

A. Bevormundung am Wohnsitze.

377. ¹ Ein Wechsel des Wohnsitzes kann nur mit Zustimmung der Vormundschaftsbehörde stattfinden.

² Ist er erfolgt, so geht die Vormundschaft auf die Behörde des neuen Wohnsitzes über.

³ Die Bevormundung ist in diesem Falle am neuen Wohnsitze zu veröffentlichen [375].

B. Wechsel des Wohnsitzes.

Das Familienrecht

C. Rechte des Heimatkantons.

378. [1] Die Vormundschaftsbehörde der Heimat [22] ist befugt, die Bevormundung von Angehörigen, die in einem andern Kanton ihren Wohnsitz haben, bei der Wohnsitzbehörde [361, 373[1], SchlT 54] zu beantragen.

[2] Sie kann zur Wahrung der Interessen eines Angehörigen, der in einem andern Kanton bevormundet werden sollte oder bevormundet ist, bei der zuständigen Behörde [373[1], 420] Beschwerde führen.

[3] Wenn über die religiöse Erziehung eines bevormundeten Unmündigen [368] eine Verfügung zu treffen ist [405, 303], so hat die Behörde des Wohnsitzes die Weisung der heimatlichen Vormundschaftsbehörde einzuholen und zu befolgen.

Vierter Abschnitt

Die Bestellung des Vormundes

Entwurf 1900 Art. 409/21; Erl. I, S. 297 ff.; ExpKom. I, S. 439 ff.; Entwurf 1904 Art. 388/400; NatR XV, S. 1286, StänderR XVI, S. 66/70.

A. Voraussetzungen.
I. Im allgemeinen.

379. [1] Als Vormund hat die Vormundschaftsbehörde eine mündige [14] Person zu wählen, die zu diesem Amte geeignet erscheint [384].

[2] Bei besondern Umständen [4] können mehrere Personen gewählt werden, die das Amt gemeinsam oder auf Grund einer amtlichen Ausscheidung der Befugnisse führen.

[3] Die gemeinsame Führung einer Vormundschaft kann jedoch mehreren Personen nur mit ihrem Einverständnis übertragen werden [382].

II. Vorrecht der Verwandten und des Ehegatten.

380. Sprechen keine wichtigen Gründe [4] dagegen, so hat die Behörde einem tauglichen nahen Verwandten [20/1][1]) oder dem Ehegatten des zu Bevormundenden bei der Wahl den Vorzug zu geben, unter Berücksichtigung der persönlichen Verhältnisse und der Nähe des Wohnsitzes.

---

[1]) Französischer Text: «parents ou alliés» (Verwandten oder Verschwägerten).

III. Wünsche des Bevormundeten und der Eltern.

381. Hat die zu bevormundende Person oder deren Vater oder Mutter [252] jemand als den Vormund ihres Vertrauens bezeichnet, so soll dieser Bezeichnung, wenn nicht wichtige Gründe [4] dagegen sprechen, Folge geleistet werden.

IV. Allgemeine Pflicht zur Übernahme.

382. [1] Zur Übernahme des Amtes sind verpflichtet [379[3]] die Verwandten [20] und der Ehegatte der zu bevormundenden Person sowie alle Personen, die im Vormundschaftskreis wohnen.[1])

²Die Pflicht zur Übernahme des Amtes besteht nicht, wenn der Vormund durch den Familienrat [362 ff.] ernannt wird.

---

¹) Fassung gemäss Ziff. I 4. des BG vom 26. Juni 1998 über die Änderung des ZGB (Personenstand, Eheschliessung, Scheidung etc., AS 1999 S. 1118), i. K. 1. Januar 2000.

383. Die Übernahme des Amtes können ablehnen: V. Ablehnungs-
1. wer das 60. Altersjahr zurückgelegt hat;   gründe.
2. wer wegen körperlicher Gebrechen das Amt nur mit Mühe führen könnte;
3. wer über mehr als vier Kinder die elterliche Sorge [296 ff.] ausübt;
4. wer bereits eine besonders zeitraubende oder zwei andere Vormundschaften besorgt;
5. die Mitglieder des Bundesrates, der Kanzler der Eidgenossenschaft und die Mitglieder des Bundesgerichtes;
6. die von den Kantonen bezeichneten Beamten und Mitglieder kantonaler Behörden.

384. Zu dem Amte sind nicht wählbar: VI. Ausschliessungs-
1. wer selbst bevormundet ist;   gründe.
2. wer nicht im Besitz der bürgerlichen Ehren und Rechte steht [503¹]¹), oder einen unehrenhaften Lebenswandel führt;
3. wer Interessen hat, die in erheblicher Weise denjenigen der zu bevormundenden Person widerstreiten, oder wer mit ihr verfeindet ist;
4. die Mitglieder der beteiligten vormundschaftlichen Behörden [361], solange andere taugliche Personen vorhanden sind.

---

¹) Die Nebenstrafe der Einstellung in der bürgerlichen Ehrenfähigkeit ist abgeschafft durch BG vom 18. März 1971 betr. Änderung des Strafgesetzbuches.

385. ¹Die Vormundschaftsbehörde [361] hat mit aller Beförderung den Vormund zu bestellen [415].   **B. Ordnung der Wahl.**
²Das Entmündigungsverfahren [373/5] kann nötigenfalls schon eingeleitet werden, bevor der zu Bevormundende das Mündigkeitsalter [14] erreicht hat.   I. Ernennung des Vormundes.
³Wenn mündige [14] Kinder entmündigt werden, so tritt an Stelle der Vormundschaft in der Regel die elterliche Sorge [296 ff.].

386. ¹Wird es vor der Wahl notwendig, vormundschaftliche Geschäfte zu besorgen, so trifft die Vormundschaftsbehörde von sich aus die erforderlichen Massregeln.   II. Vorläufige Fürsorge.

²Sie kann insbesondere die vorläufige Entziehung der Handlungsfähigkeit [17] aussprechen und eine Vertretung anordnen.
³Eine solche Massregel ist zu veröffentlichen [375].

III. Mitteilung und Veröffentlichung.

387. ¹Dem Gewählten wird unverzüglich seine Ernennung schriftlich mitgeteilt.
²Zugleich wird die Wahl im Falle der Auskündung der Bevormundung in einem amtlichen Blatte des Wohnsitzes [23/6] und der Heimat [22] veröffentlicht.

IV. Ablehnung und Anfechtung.
1. Geltendmachung.

388. ¹Der Gewählte kann binnen zehn Tagen nach Mitteilung der Wahl einen Ablehnungsgrund [383] geltend machen.
²Ausserdem kann jedermann, der ein Interesse hat, die Wahl binnen zehn Tagen, nachdem er von ihr Kenntnis erhalten hat, als gesetzwidrig [z.B. 379/81, 384] anfechten [420].
³Wird von der Vormundschaftsbehörde [385¹] die Ablehnung oder Anfechtung als begründet anerkannt, so trifft sie eine neue Wahl, andernfalls unterbreitet sie die Angelegenheit mit ihrem Berichte der Aufsichtsbehörde [361] zur Entscheidung [390].

2. Vorläufige Pflicht des Gewählten.

389. Der Gewählte ist trotz der Ablehnung [388¹] oder Anfechtung [388²] bei seiner Verantwortlichkeit verpflichtet, die Vormundschaft zu führen, bis er des Amtes enthoben wird [388³].

3. Entscheidung.

390. ¹Von der Entscheidung [388³] macht die Aufsichtsbehörde sowohl dem Gewählten als der Vormundschaftsbehörde Anzeige.
²Wird der Gewählte entlassen [388], so trifft die Vormundschaftsbehörde unverweilt eine neue Wahl [385/91].

V. Übergabe des Amtes.

391. Ist die Wahl endgültig getroffen, so erfolgt die Übergabe des Amtes an den Vormund durch die Vormundschaftsbehörde [361].

Fünfter Abschnitt

Die Beistandschaft*

Entwurf 1900 Art. 422/5; Erl. I, S. 299 ff.; ExpKom. I, S. 453 ff.; Entwurf 1904 Art. 401/5; NatR XV, S. 1255, StändeR XVI, S. 71/4.

A. Fälle der Beistandschaft.
I. Vertretung.

392. Auf Ansuchen eines Beteiligten oder von Amtes wegen ernennt die Vormundschaftsbehörde [361, 396] einen Beistand [417] da, wo das Gesetz es besonders vorsieht [306², 308, 309, 762, 823], sowie in folgenden Fällen:
1. wenn eine mündige [14] Person in einer dringenden Angelegenheit infolge von Krankheit, Abwesenheit od. dgl. weder selbst zu handeln, noch einen Vertreter [OR 32 ff.] zu bezeichnen vermag;
2. wenn der gesetzliche Vertreter [304, 395², 407] einer unmündigen [14] oder entmündigten [369 ff.] Person in einer Angelegenheit Interessen hat, die denen des Vertretenen widersprechen [306²];
3. wenn der gesetzliche Vertreter an der Vertretung verhindert ist.

Zur gerichtlichen Anordnung eines Kind-Beistandes im Scheidungsprozess vgl. Art. 146.

Zur Betreibung eines verbeiständeten Schuldners siehe SchKG 68d, 68e.

II. Vermögensverwaltung.
1. Kraft Gesetzes.

393. Fehlt einem Vermögen die nötige Verwaltung, so hat die Vormundschaftsbehörde [361, 396] das Erforderliche anzuordnen und namentlich [325, 823] in folgenden Fällen einen Beistand zu ernennen:
1. bei längerer Abwesenheit einer Person mit unbekanntem Aufenthalt [546];
2. bei Unfähigkeit einer Person, die Verwaltung ihres Vermögens selbst zu besorgen oder einen Vertreter [OR 32 ff.] zu bestellen, falls nicht die Vormundschaft anzuordnen ist [369 ff.];
3. bei Ungewissheit der Erbfolge [548] und zur Wahrung der Interessen des Kindes vor der Geburt [31, 544];
4. bei einer Körperschaft [52 ff.] oder Stiftung [80 ff.], solange die erforderlichen Organe [54] mangeln und nicht auf andere Weise für die Verwaltung gesorgt ist [83];[1])

---

* Nach Art. 367 Abs. 3 gelten «für den Beistand ..., soweit keine besonderen Vorschriften aufgestellt sind, die Bestimmungen dieses Gesetzes über den Vormund».

Zur Betreibung eines Schuldners, der unter Beistandschaft steht, siehe Abschnitt VII des zweiten Titels des SchKG (Art. 68c/68e).

5. bei öffentlicher Sammlung von Geldern für wohltätige und andere dem öffentlichen Wohle dienenden Zwecke, solange für die Verwaltung oder Verwendung nicht gesorgt ist.

[1]) Mit Inkrafttreten des BG/GmbH vom 16. Dezember 2005 (voraussichtlich in der zweiten Hälfte des Jahres 2007) wird Art. 393 Ziff. 4 aufgehoben (s. Anhang XII zum ZGB, S. 755 ff., 759).

2. Auf eigenes Begehren.

394. Einer mündigen [14] Person kann auf ihr Begehren ein Beistand gegeben werden, wenn die Voraussetzungen der Bevormundung auf eigenes Begehren [372] vorliegen.

III. Beschränkung der Handlungsfähigkeit.

395. [1] Wenn für die Entmündigung [369 ff.] einer Person kein genügender Grund vorliegt, gleichwohl aber zu ihrem Schutze eine Beschränkung der Handlungsfähigkeit [12] als notwendig erscheint, so kann ihr ein Beirat [417[1]] gegeben werden, dessen Mitwirkung für folgende Fälle erforderlich ist:
1. Prozessführung und Abschluss von Vergleichen;
2. Kauf, Verkauf, Verpfändung und andere dingliche Belastung von Grundstücken [655[2]];
3. Kauf, Verkauf und Verpfändung von Wertpapieren [OR 965];
4. Bauten, die über die gewöhnlichen Verwaltungshandlungen hinausgehen;
5. Gewährung und Aufnahme von Darlehen [OR 312 ff.];
6. Entgegennahme von Kapitalzahlungen;
7. Schenkungen [OR 239 ff.];
8. Eingehung wechselrechtlicher Verbindlichkeiten [OR 990 ff.];
9. Eingehung von Bürgschaften [OR 492 ff.].

[2] Unter den gleichen Voraussetzungen kann die Verwaltung des Vermögens dem Schutzbedürftigen entzogen werden, während er über die Erträgnisse die freie Verfügung behält.

B. Zuständigkeit.

396. [1] Die Vertretung durch einen Beistand wird für die der Beistandschaft bedürftige Person [392] von der Vormundschaftsbehörde [361] ihres Wohnsitzes [23/6] angeordnet.

[2] Die Anordnung einer Vermögensverwaltung [393] erfolgt durch die Vormundschaftsbehörde des Ortes, wo das Vermögen in seinem Hauptbestandteil verwaltet worden oder der zu vertretenden Person zugefallen ist.

[3] Der Heimatgemeinde [22] stehen zur Wahrung der Interessen ihrer Angehörigen die gleichen Befugnisse zu wie bei der Vormundschaft [378].

C. Bestellung des Beistandes.

397. [1] Für das Verfahren gelten die gleichen Vorschriften wie bei der Bevormundung [373/5, 379 ff.].

² Die Ernennung wird nur veröffentlicht [375, 387²], wenn es der Vormundschaftsbehörde als zweckmässig erscheint.

³ Wird die Ernennung nicht veröffentlicht, so wird sie dem Betreibungsamt am jeweiligen Wohnsitz der betroffenen Person mitgeteilt [440²], sofern dies nicht als unzweckmässig erscheint.¹)

---

¹) Eingefügt gemäss Ziff. 4 des Anhangs zum BG vom 16. Dezember 1994 über die Änderung des SchKG (AS 1995 S. 1227), i. K. 1. Januar 1997.

Sechster Abschnitt

Die fürsorgerische Freiheitsentziehung *

Botsch. und Entw. vom 17. August 1977, BBl 1977 III 1; StändeR 1978 S. 36, NatR 1978 S. 745, StändeR 1978 S. 403/5, NatR 1978 S. 1230/6.

397a. ¹ Eine mündige [14] oder entmündigte [369 ff.] Person darf wegen Geisteskrankheit, Geistesschwäche, Trunksucht, anderen Suchterkrankungen oder schwerer Verwahrlosung in einer geeigneten Anstalt untergebracht oder zurückbehalten werden, wenn ihr die nötige persönliche Fürsorge nicht anders [z.B. 392 ff., 405] erwiesen werden kann [429a].　　A. Voraussetzungen.

² Dabei ist auch die Belastung zu berücksichtigen, welche die Person für ihre Umgebung bedeutet.

³ Die betroffene Person muss entlassen werden, sobald ihr Zustand es erlaubt [429a].

397b. ¹ Zuständig für den Entscheid ist eine vormundschaftliche Behörde [361] am Wohnsitz [23/6] oder, wenn Gefahr im Verzuge liegt, eine vormundschaftliche Behörde am Aufenthaltsort der betroffenen Person.　　B. Zuständigkeit.

² Für die Fälle, in denen Gefahr im Verzuge liegt [397b¹] oder die Person psychisch krank ist, können die Kantone diese Zuständigkeit ausserdem andern geeigneten Stellen [SchlT 54] einräumen.

³ Hat eine vormundschaftliche Behörde die Unterbringung oder Zurückbehaltung angeordnet, so befindet sie auch über die Entlassung [397a³]; in den andern Fällen entscheidet darüber die Anstalt.

397c. Die vormundschaftliche Behörde am Aufenthaltsort [397b¹] und die andern vom kantonalen Recht bezeichneten Stellen [397b²] benachrichtigen die vormundschaftliche Behörde am　　C. Mitteilungspflicht.

---

* Der 6. Abschnitt (Art. 397a–397f) ist durch das BG vom 6. Oktober 1978 über die fürsorgerische Freiheitsentziehung (AS 1980 I 31) in das ZGB eingefügt worden. Dieses BG ist auf den 1. Januar 1981 in Kraft gesetzt worden.

Wohnsitz [397b[1]], wenn sie eine entmündigte [369 ff.] Person in einer Anstalt unterbringen oder zurückbehalten oder wenn sie für eine mündige [14] Person weitere vormundschaftliche Massnahmen als notwendig erachten.

D. Gerichtliche Beurteilung.

397d. [1] Die betroffene [397a[1]] oder eine ihr nahestehende Person kann gegen den Entscheid innert zehn Tagen nach der Mitteilung schriftlich das Gericht anrufen.

[2] Dieses Recht besteht auch bei Abweisung eines Entlassungsgesuches [397a[3]].

E. Verfahren in den Kantonen.
I. Im allgemeinen.

397e. Das Verfahren wird durch das kantonale Recht geordnet mit folgenden Vorbehalten:
1. Bei jedem Entscheid muss die betroffene Person über die Gründe der Anordnung unterrichtet und schriftlich darauf aufmerksam gemacht werden, dass sie das Gericht anrufen kann [397d].
2. Jeder, der in eine Anstalt eintritt, muss sofort schriftlich darüber unterrichtet werden, dass er bei Zurückbehaltung oder bei Abweisung eines Entlassungsgesuches das Gericht anrufen kann [397d].
3. Ein Begehren um gerichtliche Beurteilung [397d] ist unverzüglich an das zuständige Gericht weiterzuleiten.
4. Die Stelle, welche die Einweisung angeordnet hat [397b], oder das Gericht [397d] kann dem Begehren um gerichtliche Beurteilung aufschiebende Wirkung erteilen.
5. Bei psychisch Kranken darf nur unter Beizug von Sachverständigen entschieden werden; ist dies in einem gerichtlichen Verfahren bereits einmal erfolgt, so können obere Gerichte darauf verzichten.

II. Vor Gericht.

397f. [1] Das Gericht [397d] entscheidet in einem einfachen und raschen Verfahren.

[2] Es bestellt der betroffenen Person wenn nötig einen Rechtsbeistand.

[3] Das Gericht erster Instanz muss diese Person mündlich einvernehmen.

Elfter Titel

Die Führung der Vormundschaft

Entwurf 1900 Art. 426/59; Erl. I, S. 302 ff.; Entwurf 1904 Art. 406/40; NatR XV, S. 1287/1308, StändeR XVI, S. 74/93.

Erster Abschnitt

Das Amt des Vormundes

Entwurf 1900 Art. 426/45; Erl. I, S. 302 ff.; ExpKom. I, S. 459 ff.; Entwurf 1904 Art. 406/25; NatR XV, S. 1287/1318, StändeR XVI, S. 75/82.

398. [1] Bei Übernahme der Vormundschaft [389, 391, 367³] ist über das zu verwaltende Vermögen durch den Vormund [367³] und einen Vertreter der Vormundschaftsbehörde [361] ein Inventar aufzunehmen. — A. Übernahme des Amtes. I. Inventaraufnahme.

[2] Ist der Bevormundete [368 ff.] urteilsfähig [16], so wird er, soweit tunlich, zur Inventaraufnahme zugezogen.

[3] Wo die Umstände [4] es rechtfertigen, kann die Aufsichtsbehörde [361] auf Antrag des Vormundes und der Vormundschaftsbehörde die Aufnahme eines öffentlichen Inventars anordnen, das für die Gläubiger die gleiche Wirkung hat wie das öffentliche Inventar des Erbrechts [580 ff.].

399. Wertschriften, Kostbarkeiten, wichtige Dokumente u.dgl. sind, soweit es die Verwaltung des Mündelvermögens gestattet [413¹], unter Aufsicht der Vormundschaftsbehörde an sicherem Orte aufzubewahren [425²]. — II. Verwahrung von Wertsachen.

400. [1] Andere bewegliche Gegenstände sind, soweit es die Interessen des Bevormundeten erheischen, nach Weisung der Vormundschaftsbehörde öffentlich zu versteigern [OR 229 ff.] oder aus freier Hand zu veräussern. — III. Veräusserung von beweglichen Sachen.

[2] Gegenstände, die für die Familie oder den Bevormundeten persönlich einen besondern Wert haben, sollen wenn immer möglich nicht veräussert werden.

401. [1] Bares Geld hat der Vormund, soweit er dessen nicht für den Bevormundeten bedarf, beförderlich in einer von der Vormundschaftsbehörde [361] oder durch kantonale Verordnung [425] hiefür bezeichneten Kasse oder in Werttiteln, die von der Vormundschaftsbehörde nach Prüfung ihrer Sicherheit genehmigt werden, zinstragend anzulegen. — IV. Anlage von Barschaft. 1. Pflicht zur Anlage.

[2] Unterlässt der Vormund diese Anlage länger als einen Monat, so wird er selbst zinspflichtig.

Das Familienrecht

2. Umwandlung von Kapitalanlagen.

402. ¹ Kapitalanlagen, die nicht genügende Sicherheit bieten, sind durch sichere Anlagen zu ersetzen [425²].

² Die Umwandlung soll aber nicht zur Unzeit, sondern unter Wahrung der Interessen des Bevormundeten vorgenommen werden.

V. Geschäft und Gewerbe.

403. Findet sich in dem Vermögen ein Geschäft, ein Gewerbe [OR 934] od. dgl., so hat die Vormundschaftsbehörde die nötigen Weisungen zur Liquidation oder zur Weiterführung zu erteilen.

VI. Grundstücke.

404. ¹ Die Veräusserung von Grundstücken [655²] erfolgt nach Weisung der Vormundschaftsbehörde und ist nur in den Fällen zu gestatten, wo die Interessen des Bevormundeten es erfordern.

² Die Veräusserung erfolgt durch öffentliche Versteigerung [OR 229 ff.], unter Vorbehalt der Genehmigung des Zuschlags durch die Vormundschaftsbehörde [421 Ziff. 1; OR 232²], die beförderlich darüber zu entscheiden hat.

³ Ausnahmsweise kann mit Genehmigung der Aufsichtsbehörde [361] der Verkauf aus freier Hand stattfinden.

B. Fürsorge und Vertretung.
I. Fürsorge für die Person.
1. Bei Unmündigkeit.
a. Im allgemeinen.

405. ¹ Ist der Bevormundete unmündig [368], so hat der Vormund die Pflicht, für dessen Unterhalt und Erziehung das Angemessene anzuordnen.

² Zu diesem Zwecke stehen ihm die gleichen Rechte zu wie den Eltern [276 ff., 301 ff.], unter Vorbehalt der Mitwirkung der vormundschaftlichen Behörden [399 ff., 420 ff.].

b. Bei fürsorgerischer Freiheitsentziehung.

405a.¹) ¹ Über die Unterbringung des Unmündigen in einer Anstalt entscheidet auf Antrag des Vormundes die Vormundschaftsbehörde [361] oder, wenn Gefahr im Verzuge liegt, auch der Vormund.

² Im übrigen gelten die Vorschriften über die Zuständigkeit, die gerichtliche Beurteilung und das Verfahren bei fürsorgerischer Freiheitsentziehung gegenüber mündigen oder entmündigten Personen sinngemäss [397b/f].

³ Hat das Kind das 16. Altersjahr noch nicht zurückgelegt, so kann es nicht selber gerichtliche Beurteilung [397d] verlangen.

---

¹) Eingefügt durch Ziff. II des BG vom 6. Oktober 1978 über die fürsorgerische Freiheitsentziehung (AS 1980 I 31), i.K. 1. Januar 1981.

2. Bei Entmündigung.

406.¹) ¹ Steht der Bevormundete im Mündigkeitsalter [14], so erstreckt sich die Fürsorge auf den Schutz und Beistand in allen persönlichen Angelegenheiten.

² Liegt Gefahr im Verzuge, so kann der Vormund nach den Bestimmungen über die fürsorgerische Freiheitsentziehung [397a/f] die Unterbringung oder Zurückbehaltung in einer Anstalt anordnen.

---
¹) Fassung gemäss Ziff. II des BG vom 6. Oktober 1978 über die fürsorgerische Freiheitsentziehung (AS 1980 I 31), i.K. 1. Januar 1981.

407. Der Vormund vertritt den Bevormundeten in allen rechtlichen Angelegenheiten, unter Vorbehalt der Mitwirkung der vormundschaftlichen Behörden [361, 420 ff.].

II. Vertretung.
1. Im allgemeinen.

408. Zu Lasten des Bevormundeten dürfen keine Bürgschaften [OR 492 ff.] eingegangen, keine erheblichen Schenkungen [OR 239 ff.] vorgenommen und keine Stiftungen [80 ff.] errichtet werden.

2. Verbotene Geschäfte.

409. ¹ Ist der Bevormundete urteilsfähig [16] und wenigstens 16 Jahre alt, so hat ihn der Vormund bei wichtigen Angelegenheiten, soweit tunlich, vor der Entscheidung um seine Ansicht zu befragen [413³].
² Die Zustimmung des Bevormundeten befreit den Vormund nicht von seiner Verantwortlichkeit [426 ff.].

3. Mitwirkung des Bevormundeten.

410. ¹ Ist der Bevormundete urteilsfähig [16], so kann er Verpflichtungen eingehen oder Rechte aufgeben, sobald der Vormund ausdrücklich oder stillschweigend zum voraus seine Zustimmung gegeben hat oder nachträglich das Geschäft genehmigt [19].
² Der andere Teil wird frei, wenn die Genehmigung nicht innerhalb einer angemessenen Frist erfolgt, die er selber ansetzt oder durch das Gericht ansetzen lässt.

4. Eigenes Handeln.
a. Zustimmung des Vormundes.

411. ¹ Erfolgt die Genehmigung des Vormundes nicht [410²], so kann jeder Teil die vollzogenen Leistungen zurückfordern [OR 62/7], der Bevormundete haftet jedoch nur insoweit, als die Leistung in seinem Nutzen verwendet wurde, oder als er zur Zeit der Rückforderung noch bereichert ist oder sich böswillig der Bereicherung entäussert hat [OR 64].
² Hat der Bevormundete den andern Teil zu der irrtümlichen Annahme seiner Handlungsfähigkeit verleitet, so ist er ihm für den verursachten Schaden verantwortlich.

b. Mangel der Zustimmung.

412. Der Bevormundete, dem die Vormundschaftsbehörde [361] den selbständigen Betrieb eines Berufes oder Gewerbes [OR 934] ausdrücklich oder stillschweigend gestattet [403, 421 Ziff. 7, 305, 323], kann alle Geschäfte vornehmen, die zu dem regelmässigen Betriebe gehören, und haftet hieraus mit seinem ganzen Vermögen.

5. Beruf oder Gewerbe.

C. Vermögens-
verwaltung.
I. Pflicht zur
Verwaltung
und
Rechnungs-
führung.

413. [1] Der Vormund hat das Vermögen des Bevormundeten sorgfältig zu verwalten.

[2] Er hat über die Verwaltung Rechnung zu führen und diese der Vormundschaftsbehörde [361] in den von ihr angesetzten Perioden, mindestens aber alle zwei Jahre, zur Prüfung vorzulegen [423, 425[2]].

[3] Ist der Bevormundete urteilsfähig [16] und wenigstens 16 Jahre alt, so soll er, soweit tunlich, zur Rechnungsablegung zugezogen werden [409[1]].

II. Freies
Vermögen.

414. Was einem Bevormundeten zur freien Verwendung zugewiesen wird, oder was er mit Einwilligung des Vormundes durch eigene Arbeit erwirbt, kann er frei verwalten [321/3].

D. Amtsdauer.

415. [1] Die Vormundschaft wird in der Regel auf zwei Jahre übertragen.

[2] Nach Ablauf der Amtsdauer kann der Vormund je auf weitere zwei Jahre mit einfacher Bestätigung im Amte bleiben.

[3] Nach Ablauf von vier Jahren ist er befugt, die Weiterführung der Vormundschaft abzulehnen [382].

E. Ent-
schädigung des
Vormundes.

416. Der Vormund hat Anspruch auf eine Entschädigung, die aus dem Vermögen des Bevormundeten entrichtet und von der Vormundschaftsbehörde [361] für jede Rechnungsperiode [413[2]] nach der Mühe, die die Verwaltung verursacht, und nach dem Ertrage des Vermögens festgesetzt wird.

Zweiter Abschnitt

Das Amt des Beistandes*

Entwurf 1900 Art. 446/7; Erl. I, S. 306 f.; ExpKom. I, S. 476; Entwurf 1904 Art. 426/8; NatR XV, S. 1287/1318, StändeR XVI, S. 82.

A. Stellung
des Beistandes.

417. [1] Die Beistandschaft hat unter Vorbehalt der Bestimmungen über die Mitwirkung eines Beirates [395] auf die Handlungsfähigkeit [12 ff.] der verbeiständeten Person keinen Einfluss.

[2] Die Amtsdauer und die Entschädigung werden von der Vormundschaftsbehörde festgestellt.

B. Inhalt der
Beistandschaft.
I. Für ein ein-
zelnes Geschäft.

418. Wird dem Beistand die Besorgung einer einzelnen Angelegenheit übertragen [392], so hat er die Anweisungen der Vormundschaftsbehörde [361] genau zu beobachten.

---

* Nach Art. 367 Abs. 3 gelten «für den Beistand ..., soweit keine besonderen Vorschriften aufgestellt sind, die Bestimmungen dieses Gesetzes über den Vormund».

419. ¹ Wird dem Beistand die Verwaltung oder Überwachung eines Vermögens übertragen [393], so hat er sich auf die Verwaltung und die Fürsorge für die Erhaltung des Vermögens zu beschränken.

² Verfügungen, die darüber hinausgehen, darf er nur auf Grund besonderer Ermächtigung vornehmen, die ihm der Vertretene selbst oder, wenn dieser hiezu nicht fähig ist, die Vormundschaftsbehörde [361] erteilt.

II. Für Vermögensverwaltung.

Dritter Abschnitt

Die Mitwirkung der vormundschaftlichen Behörden

Entwurf 1904 Art. 448/54; Erl. I, S. 307 ff.; ExpKom. I, S. 476 ff.; Entwurf 1904 Art. 429/35; NatR XV, S. 1287/1318, StändeR XVI, S. 83/88.

420. ¹ Gegen die Handlungen des Vormundes [379, 367³, 392 ff.] kann der Bevormundete [368 ff., 367³, 392 ff.], der urteilsfähig [16] ist, sowie jedermann, der ein Interesse hat, bei der Vormundschaftsbehörde [361] Beschwerde führen.

² Gegen die Beschlüsse der Vormundschaftsbehörde kann binnen zehn Tagen nach deren Mitteilung bei der Aufsichtsbehörde [361] Beschwerde geführt werden.

A. Beschwerden.

421. Die Zustimmung der Vormundschaftsbehörde wird für folgende Fälle gefordert:
1. Kauf, Verkauf, Verpfändung und andere dingliche Belastung von Grundstücken [655²];
2. Kauf, Verkauf und Verpfändung anderer Vermögenswerte, sobald diese Geschäfte nicht unter die Führung der gewöhnlichen Verwaltung und Bewirtschaftung fallen;
3. Bauten, die über die gewöhnlichen Verwaltungshandlungen hinausgehen;
4. Gewährung und Aufnahme von Darlehen [OR 312 ff.];
5. Eingehung wechselrechtlicher Verbindlichkeiten [OR 990 ff.];
6. Pachtverträge [OR 275 ff.], sobald sie auf ein Jahr oder länger, und Mietverträge [OR 253 ff.] über Räumlichkeiten, sobald sie auf wenigstens drei Jahre abgeschlossen werden;
7. Ermächtigung des Bevormundeten zum selbständigen Betrieb eines Berufes oder Gewerbes [412];
8. Prozessführung, Abschluss eines Vergleichs, eines Schiedsvertrages oder eines Nachlassvertrages [SchKG 305/332], unter Vorbehalt der vorläufigen Verfügungen des Vormundes in dringenden Fällen;
9. Eheverträge [182/4] und Erbteilungsverträge [634];
10. Erklärung der Zahlungsunfähigkeit [SchKG 191];

B. Zustimmung.
I. Der Vormundschaftsbehörde.

116 Das Familienrecht

11. Versicherungsverträge auf das Leben des Bevormundeten;
12. Verträge über die berufliche Ausbildung [z.B. OR 344 ff.] des Bevormundeten;
13. ...[1])
14. Verlegung des Wohnsitzes [25[2]] des Bevormundeten.

---

[1]) Aufgehoben durch Ziff. II des BG vom 6. Oktober 1978 über die fürsorgerische Freiheitsentziehung (AS 1980 I 31).

II. Der Aufsichtsbehörde.

422. Die Zustimmung der Aufsichtsbehörde [361] wird, nachdem die Beschlussfassung der Vormundschaftsbehörde vorausgegangen ist, für folgende Fälle gefordert[1]):
1. Adoption [264 ff.] eines Bevormundeten oder durch einen Bevormundeten;[2])
2. Erwerb eines Bürgerrechtes oder Verzicht auf ein solches;
3. Übernahme oder Liquidation eines Geschäftes, Eintritt in eine Gesellschaft [OR 530, 552/920] mit persönlicher Haftung oder erheblicher Kapitalbeteiligung;
4. Leibgedings-, Leibrenten- [OR 516/20] und Verpfründungsverträge [OR 521/9];
5. Annahme [560 ff.] oder Ausschlagung [566 ff.] einer Erbschaft und Abschluss eines Erbvertrages [512];
6. ...[3])
7. Verträge zwischen Mündel und Vormund.

---

[1]) Ein Sonderfall (Zustimmung zur Sterilisation dauernd Urteilsunfähiger) wird in Art. 8 des Sterilisationsgesetzes (SR 211.111.1) geregelt. Nach Art. 8 Abs. 1 des erwähnten Gesetzes prüft die vormundschaftliche Aufsichtsbehörde «auf Antrag der betroffenen Person, einer ihr nahe stehenden Person, ihres Vormunds oder der Vormundschaftsbehörde, ob die Voraussetzungen der Sterilisation erfüllt sind».
[2]) Fassung gemäss Ziff. I 3 des BG vom 30. Juni 1972 über die Änderung des ZGB (Adoption, AS 1972 II 2819), i.K. 1. April 1973.
[3]) Aufgehoben gemäss Ziff. I 4. des BG vom 26. Juni 1998 über die Änderung des ZGB (Personenstand, Eheschliessung, Scheidung etc., AS 1999 S. 1118).

C. Prüfung von Berichten und Rechnungen.

423. [1] Die Vormundschaftsbehörde prüft die periodischen Berichte und Rechnungen des Vormundes [413, 425, 451, 367[3]] und verlangt, wo es ihr notwendig erscheint, deren Ergänzung und Berichtigung.

[2] Sie erteilt oder verweigert die Genehmigung der Berichte und Rechnungen und trifft nötigenfalls die für die Wahrung der Interessen des Mündels angezeigten Massregeln.

[3] Die Kantone können der Aufsichtsbehörde eine Nachprüfung und die Genehmigung übertragen.

424. Ist ein Geschäft ohne die vom Gesetze verlangte Zustimmung der zuständigen vormundschaftlichen Behörde für den Bevormundeten abgeschlossen worden, so hat es für ihn nur die Wirkung eines ohne Zustimmung seines Vertreters von ihm selbst abgeschlossenen Geschäftes [411].

D. Bedeutung der Zustimmung.

425. [1] Die Kantone haben die Mitwirkung der Behörden auf dem Wege der Verordnung näher zu regeln [SchlT 52].

[2] Sie haben namentlich Bestimmungen aufzustellen über die Anlage und Verwahrung des Mündelvermögens [399, 401, 402] sowie die Art der Rechnungsführung und Rechnungsstellung und der Berichterstattung [413[2], 451/3].

[3] Diese Erlasse bedürfen zu ihrer Gültigkeit der Genehmigung des Bundes.[1])

E. Kantonale Verordnungen.

---

[1]) Fassung gemäss Ziff. III des BG vom 15. Dezember 1989 über die Genehmigung kantonaler Erlasse durch den Bund (AS 1991 S. 363), i.K. 1. Februar 1991. Diese Änderung ist im ganzen Erlass berücksichtigt.

Vierter Abschnitt

Die Verantwortlichkeit der vormundschaftlichen Organe

Entwurf 1900 Art. 455/9; Erl. I, S. 309 ff.; ExpKom. I, S. 489 ff.; Entwurf 1904 Art. 436/40; NatR XV, S. 1287/1318, StändeR XVI, S. 88/93.

426. Der Vormund [379, 367[3], 392 ff.] und die Mitglieder der vormundschaftlichen Behörden [361] haben bei der Ausübung ihres Amtes die Regeln einer sorgfältigen Verwaltung zu beobachten und haften für den Schaden, den sie absichtlich oder fahrlässig verschulden.

A. Im allgemeinen.
I. Vormund und Behörden.

427. [1] Wird der Schaden durch den Vormund [426[1]] oder die Mitglieder der vormundschaftlichen Behörden nicht gedeckt, so haftet für den Ausfall der Kanton.

[2] Es bleibt jedoch den Kantonen vorbehalten, hinter dem Vormund und der Vormundschaftsbehörde vorerst die beteiligten Gemeinden oder Kreise haften zu lassen.

II. Gemeinden, Kreise und Kanton.

428. [1] Wird die vormundschaftliche Behörde [361] aus der Führung der Vormundschaft [398 ff., 367[3], 417 ff.] verantwortlich, so ist ein jedes Mitglied haftbar, soweit es nicht nachweisen kann, dass ihm kein Verschulden [426] zur Last fällt.

[2] Jedes der haftbaren Mitglieder trägt den Schaden für seinen Anteil.

B. Voraussetzung.
I. Betreffend die Mitglieder einer Behörde.

Das Familienrecht

II. Im Verhältnis der Organe untereinander.

429. [1] Sind der Vormund [426[1]] und die Mitglieder der Vormundschaftsbehörde zugleich haftbar, so haften letztere nur für das, was vom Vormund nicht erhältlich ist.

[2] Sind die Mitglieder der Aufsichtbehörde und diejenigen der Vormundschaftsbehörde [361] zugleich haftbar, so haften die erstern nur für das, was von den letztern nicht erhältlich ist.

[3] Aus Arglist haften alle verantwortlichen Personen unmittelbar und solidarisch [OR 143 ff.].

C. Fürsorgerische Freiheitsentziehung.

429a.[1]) [1] Wer durch eine widerrechtliche Freiheitsentziehung [397a/f, 405a] verletzt wird, hat Anspruch auf Schadenersatz und, wo die Schwere der Verletzung es rechtfertigt, auf Genugtuung [28a[3]].

[2] Haftbar ist der Kanton unter Vorbehalt des Rückgriffs gegen die Personen, welche die Verletzung absichtlich oder grobfahrlässig verursacht haben.

---

[1]) Eingefügt durch Ziff. II des BG vom 6. Oktober 1978 über die fürsorgerische Freiheitsentziehung (AS 1980 I 31), i.K. 1. Januar 1981.

D. Geltendmachung.

430. [1] Über die Verantwortlichkeitsklage gegen den Vormund [426[1]] und die Mitglieder der vormundschaftlichen Behörden [426, 429a[1]] sowie gegen die Gemeinden oder Kreise und den Kanton [427, 429a[1]] entscheidet das Gericht [454/5].

[2] Die Klage aus der Verantwortlichkeit darf nicht von der vorgängigen Prüfung durch eine Verwaltungsbehörde abhängig gemacht werden.

Zwölfter Titel

Das Ende der Vormundschaft

Entwurf 1900 Art. 460/83; Erl. I, S. 313 f.; Entwurf 1904 Art. 441/64; NatR XV, S. 1308/14, StänderR XVI, S. 117/20.

Erster Abschnitt

Das Ende der Bevormundung

Entwurf 1900 Art. 460/8; Erl. I, S. 313 f.; ExpKom. I, S. 495 ff.; Entwurf 1904 Art. 441/9; NatR XV, S. 1308/14, StänderR XVI, S. 117/20.

431. [1] Die Vormundschaft über eine unmündige Person [368] hört mit dem Zeitpunkt auf, da die Mündigkeit eintritt [14]. **A. Bei Unmündigen.**
[2]...[1])

---

[1]) Aufgehoben gemäss Ziff. I des BG vom 7. Oktober 1994 über die Änderung des ZGB (Herabsetzung des zivilrechtlichen Mündigkeits- und Ehefähigkeitsalters, Unterhaltspflicht der Eltern, AS 1995 S. 1126).

432. [1] Die Vormundschaft über eine zu Freiheitsstrafe verurteilte Person [371] hört auf mit der Beendigung der Haft. **B. Bei Verurteilten.**

[2] Die zeitweilige oder bedingte Entlassung hebt die Vormundschaft nicht auf.

433. [1] Die Vormundschaft über andere Personen [369/70, 372] endigt mit der Aufhebung durch die zuständige Behörde [SchlT 54]. **C. Bei andern Bevormundeten.**
I. Voraussetzung der Aufhebung.

[2] Die Behörde ist zu dieser Aufhebung verpflichtet, sobald ein Grund zur Bevormundung [369 ff.] nicht mehr besteht.

[3] Der Bevormundete sowie jedermann, der ein Interesse hat, kann die Aufhebung der Vormundschaft beantragen.

434. [1] Die Ordnung des Verfahrens erfolgt durch die Kantone [SchlT 52]. II. Verfahren. 1. Im allgemeinen.

[2] Die Weiterziehung an das Bundesgericht bleibt vorbehalten.

435. [1] Wurde die Entmündigung veröffentlicht [375], so ist auch die Aufhebung zu veröffentlichen. 2. Veröffentlichung.

[2] Die Wiedererlangung der Handlungsfähigkeit [12/6] hängt von der Veröffentlichung nicht ab.

³ Wurde die Entmündigung dem Betreibungsamt mitgeteilt [375²], so ist auch die Aufhebung oder die Übertragung an einen neuen Wohnort mitzuteilen.[1])

---
[1]) Eingefügt gemäss Ziff. 4 des Anhangs zum BG vom 16. Dezember 1994 über die Änderung des SchKG (AS 1995 S. 1227), i.K. 1. Januar 1997.

3. Bei Geisteskrankheit.

436. Die Aufhebung einer wegen Geisteskrankheit oder Geistesschwäche angeordneten Vormundschaft [369] darf nur erfolgen, nachdem das Gutachten von Sachverständigen [374²] eingeholt und festgestellt ist, dass der Bevormundungsgrund nicht mehr besteht.

4. Bei Verschwendung, Trunksucht, lasterhaftem Lebenswandel, Misswirtschaft.

437. Die Aufhebung einer wegen Verschwendung, Trunksucht, lasterhaften Lebenswandels oder wegen der Art und Weise der Vermögensverwaltung angeordneten Vormundschaft [370] darf der Bevormundete nur dann beantragen, wenn er seit mindestens einem Jahre mit Hinsicht auf den Bevormundungsgrund nicht mehr Anlass zu Beschwerden gegeben hat.

5. Bei eigenem Begehren.

438. Die Aufhebung einer auf eigenes Begehren des Bevormundeten angeordneten Vormundschaft [372] darf nur erfolgen, wenn der Grund des Begehrens dahingefallen ist.

D. Im Falle der Beistandschaft.
I. Im allgemeinen.

439. ¹ Die Vertretung durch den Beistand hört auf mit der Erledigung der Angelegenheit, für die er bestellt worden ist [392].

² Die Vermögensverwaltung hört auf, sobald der Grund, aus dem sie angeordnet wurde, weggefallen und der Beistand entlassen ist [393].

³ Die Beistandschaft des Beirates [395] endigt mit der Aufhebung durch die zuständige Behörde [SchlT 54] nach den Vorschriften über die Aufhebung der Vormundschaft [433/5].

II. Veröffentlichung und Mitteilung[1]).

440. ¹ Das Aufhören der Beistandschaft ist in einem amtlichen Blatt zu veröffentlichen, wenn deren Anordnung veröffentlicht wurde [397] oder die Vormundschaftsbehörde [361] es sonst für angezeigt erachtet.

² Das Aufhören der Beistandschaft oder der Wechsel des Wohnsitzes der verbeiständeten Person ist dem Betreibungsamt mitzuteilen, wenn die Ernennung des Beistandes mitgeteilt wurde [397³].²)

---
[1]) Fassung gemäss Ziff. 4 des Anhangs zum BG vom 16. Dezember 1994 über die Änderung des SchKG (AS 1995 S. 1227), i.K. 1. Januar 1997.

[2]) Eingefügt gemäss Ziff. 4 des Anhangs zum BG vom 16. Dezember 1994 über die Änderung des SchKG (AS 1995 S. 1227), i.K. 1. Januar 1997.

Zweiter Abschnitt

Das Ende des vormundschaftlichen Amtes

Entwurf 1900 Art. 469/77; Erl. I, S. 314; ExpKom. I, S. 498 f.; Entwurf 1904 Art. 450/8; NatR XV, S. 1308/14, StändeR XVI, S. 120/22.

441. Das Amt des Vormundes [379, 367³, 392 ff.] hört mit dem Zeitpunkt auf, da er handlungsunfähig [17] wird oder stirbt.

A. Handlungsunfähigkeit, Tod.

442. Das Amt des Vormundes [441] hört auf mit Ablauf der Zeit, für die er bestellt worden ist [415¹], sofern er nicht bestätigt wird [415²].

B. Entlassung, Nichtwiederwahl.
I. Ablauf der Amtsdauer.

443. ¹ Tritt während der Vormundschaft ein Ausschliessungsgrund ein [384], so hat der Vormund [441] das Amt niederzulegen.

² Tritt ein Ablehnungsgrund ein [383], so kann der Vormund in der Regel die Entlassung vor Ablauf der Amtsdauer [415] nicht verlangen.

II. Eintritt von Ausschliessungs- oder Ablehnungsgründen.

444. Der Vormund [441] ist verpflichtet, die notwendigen Geschäfte der Vormundschaft [405 ff., 417 ff.] weiter zu führen, bis sein Nachfolger das Amt übernommen hat.

III. Pflicht zur Weiterführung.

445. ¹ Macht sich der Vormund [441] einer groben Nachlässigkeit oder eines Missbrauchs seiner amtlichen Befugnisse schuldig, begeht er eine Handlung, die ihn der Vertrauensstellung unwürdig erscheinen lässt, oder wird er zahlungsunfähig [OR 83], so ist er von der Vormundschaftsbehörde [361] seines Amtes zu entheben.

² Genügt er seinen vormundschaftlichen Pflichten nicht, so kann ihn die Vormundschaftsbehörde, auch wenn ihn kein Verschulden trifft, aus dem Amte entlassen, sobald die Interessen des Bevormundeten gefährdet sind.

C. Amtsenthebung.
I. Gründe.

446. ¹ Die Amtsenthebung [445] kann sowohl von dem Bevormundeten [368 ff., 367³, 392 ff.], der urteilsfähig [16] ist, als auch von jedermann, der ein Interesse hat, beantragt werden.

² Wird der Vormundschaftsbehörde auf anderem Wege ein Enthebungsgrund [445] bekannt, so hat sie von Amtes wegen zur Enthebung zu schreiten.

II. Verfahren.
1. Auf Antrag und von Amtes wegen.

447. ¹ Vor der Enthebung hat die Vormundschaftsbehörde [455] die Umstände des Falles zu untersuchen und den Vormund [441] anzuhören.

2. Untersuchung und Bestrafung.

²Bei geringen Unregelmässigkeiten kann die Enthebung bloss angedroht und dem Vormund eine Busse bis auf 100 Franken auferlegt werden.

3. Vorläufige Massregeln.

448. Ist Gefahr im Verzuge, so kann die Vormundschaftsbehörde den Vormund [441] vorläufig im Amte einstellen und nötigenfalls seine Verhaftung und die Beschlagnahme seines Vermögens veranlassen.

4. Weitere Massregeln.

449. Neben der Amtsenthebung und der Verhängung von Strafen hat die Vormundschaftsbehörde die zur Sicherung des Bevormundeten [367³, 392 ff.] nötigen Massregeln zu treffen.

5. Beschwerde.

450. Gegen die Verfügungen der Vormundschaftsbehörde kann die Entscheidung der Aufsichtsbehörde [361] angerufen werden.

Dritter Abschnitt

Die Folgen der Beendigung

Entwurf 1900 Art. 478/83; Erl. I, S. 315; ExpKom. I, S. 499 ff.; Entwurf 1904 Art. 459/64; NatR XV, S. 1308/14, StändeR XVI, S. 122/8.

A. Schlussrechnung und Vermögensübergabe.

451. Geht das vormundschaftliche Amt zu Ende [441 ff.], so hat der Vormund [398 ff., 367³, 417 ff.] der Vormundschaftsbehörde [361] einen Schlussbericht zu erstatten und eine Schlussrechnung einzureichen [425²] sowie das Vermögen zur Übergabe an den Bevormundeten, an dessen Erben [457 ff., 483] oder an den Amtsnachfolger [444] bereit zu halten.

B. Prüfung des Schlussberichtes und der Schlussrechnung.

452. Der Schlussbericht und die Schlussrechnung [451] werden durch die vormundschaftlichen Behörden in gleicher Weise geprüft und genehmigt wie die periodische Berichterstattung und Rechnungsstellung [423].

C. Entlassung des Vormundes.

453. ¹ Sind der Schlussbericht und die Schlussrechnung genehmigt [452] und das Mündelvermögen dem Bevormundeten, dessen Erben [457 ff., 483] oder dem Amtsnachfolger zur Verfügung gestellt, so spricht die Vormundschaftsbehörde [361] die Entlassung des Vormundes aus.

²Die Schlussrechnung [451] ist dem Bevormundeten [368 ff., 367³, 392 ff.], dessen Erben oder dem neuen Vormunde zuzustellen unter Hinweis auf die Bestimmungen über die Geltendmachung der Verantwortlichkeit [426 ff., 454/5].

³Gleichzeitig ist ihnen von der Entlassung des Vormundes [451] oder von der Verweigerung der Genehmigung der Schlussrechnung Mitteilung zu machen.

454. ¹ Die Verantwortlichkeitsklage gegenüber dem Vormund [451] und den unmittelbar haftbaren Mitgliedern der vormundschaftlichen Behörden [426] verjährt [OR 127] mit Ablauf eines Jahres nach Zustellung der Schlussrechnung [451].

² Gegenüber den Mitgliedern der vormundschaftlichen Behörden, die nicht unmittelbar haftbar sind [429], sowie gegenüber den Gemeinden oder Kreisen und dem Kanton [427] verjährt die Klage mit Ablauf eines Jahres, nachdem sie erhoben werden konnte.

³ Die Verjährung der Klage gegen die Mitglieder der vormundschaftlichen Behörden, gegen die Gemeinden oder Kreise oder den Kanton beginnt in keinem Falle vor dem Aufhören der Vormundschaft [431 ff.].

D. Geltendmachung der Verantwortlichkeit.
I. Ordentliche Verjährung.

455. ¹ Liegt ein Rechnungsfehler vor oder konnte ein Verantwortlichkeitsgrund erst nach Beginn der ordentlichen Verjährungsfrist [454] entdeckt werden, so verjährt die Verantwortlichkeitsklage mit Ablauf eines Jahres, nachdem der Fehler oder der Verantwortlichkeitsgrund entdeckt worden ist, in jedem Falle aber mit Ablauf von zehn Jahren seit Beginn der ordentlichen Verjährungsfrist.

² Wird die Verantwortlichkeitsklage aus einer strafbaren Handlung hergeleitet, so kann sie auch nach Ablauf dieser Fristen noch so lange geltend gemacht werden, als die Strafklage nicht verjährt ist [OR 60²].

II. Ausserordentliche Verjährung.

456. (Aufgehoben gemäss Ziff. 4 des Anhangs zum BG vom 16. Dezember 1994 über die Änderung des SchKG [AS 1995 S. 1227].)

———

DRITTER TEIL

Das Erbrecht*

Entwurf 1900 Art. 484/643; Erl. I, S. 319, 377 ff.; Entwurf 1904 Art. 465/634; NatR XV, S. 1314/15, XVI, S. 128, XVII, S. 296, StändeR XVII, S. 300/6.
– Materialien zu den zusammen mit dem Eherecht 1984 revidierten Artikeln siehe vor Art. 159.

Erste Abteilung

Die Erben

NatR XVII, S. 289/311.

Dreizehnter Titel

Die gesetzlichen Erben

Entwurf 1900 Art. 484/91; Erl. I, S. 377 ff.; ExpKom. I, S. 506 f.; Entwurf 1904 Art. 465/73; Botsch. S. 48 ff.; NatR XV, S. 1316/50, XVI, S. 128, XVII, S. 296, StändeR XVI, S. 128/39, S. 300/6.

A. Verwandte Erben.[1]) **457.** [1] Die nächsten Erben eines Erblassers sind seine Nachkommen [252].[2])

I. Nachkommen.

[2] Die Kinder erben zu gleichen Teilen.

[3] An die Stelle vorverstorbener Kinder treten ihre Nachkommen, und zwar in allen Graden [20[1]] nach Stämmen.

[1]) Siehe Art. 20/Fn. 1.
[2]) Siehe Art. 465/Fn. 1.

II. Elterlicher Stamm.

458. [1] Hinterlässt der Erblasser keine Nachkommen [457], so gelangt die Erbschaft an den Stamm der Eltern.

[2] Vater und Mutter erben nach Hälften.

[3] An die Stelle von Vater oder Mutter, die vorverstorben sind, treten ihre Nachkommen, und zwar in allen Graden [20[1]] nach Stämmen.

---

* **Pro memoria:** Hinsichtlich der Erbschaft mit landwirtschaftlichen Gewerben und Grundstücken beachte die einschlägigen Sonderbestimmungen des BGBB (Anhang IX A zum ZGB). Zum Übergangsrecht vgl. Art. 94 f. BGBB.

⁴ Fehlt es an Nachkommen auf einer Seite, so fällt die ganze Erbschaft an die Erben der andern Seite.

459. ¹ Hinterlässt der Erblasser weder Nachkommen [457] noch Erben des elterlichen Stammes [458], so gelangt die Erbschaft an den Stamm der Grosseltern.

² Überleben die Grosseltern der väterlichen und die der mütterlichen Seite den Erblasser, so erben sie auf jeder Seite zu gleichen Teilen.

³ An die Stelle eines vorverstorbenen Grossvaters oder einer vorverstorbenen Grossmutter treten ihre Nachkommen, und zwar in allen Graden [20[1]] nach Stämmen.

⁴ Ist der Grossvater oder die Grossmutter auf der väterlichen oder der mütterlichen Seite vorverstorben, und fehlt es auch an Nachkommen des Vorverstorbenen, so fällt die ganze Hälfte an die vorhandenen Erben der gleichen Seite.

⁵ Fehlt es an Erben der väterlichen oder der mütterlichen Seite, so fällt die ganze Erbschaft an die Erben der andern Seite.

III. Grosselterlicher Stamm.

460.[1]) Mit dem Stamm der Grosseltern hört die Erbberechtigung der Verwandten[2]) [20] auf.

IV. Umfang der Erbberechtigung.[1])

---
[1]) Fassung gemäss Ziff. I 2 des BG vom 5. Oktober 1984 über die Änderung des ZGB (Wirkungen der Ehe im allgemeinen, Ehegüterrecht und Erbrecht, AS 1986 I 122), i.K. 1. Januar 1988.
[2]) Siehe Art. 20/Fn. 1.

461. (Aufgehoben gemäss Ziff. I 2 des BG vom 25. Juni 1976 über die Änderung des ZGB [Kindesverhältnisse, AS 1977 I 237].)

V. ...

462.[1]) Der überlebende [32², 38] Ehegatte erhält:
1. wenn er mit Nachkommen [457] zu teilen hat, die Hälfte der Erbschaft;
2. wenn er mit Erben des elterlichen Stammes [458] zu teilen hat, drei Viertel der Erbschaft;
3. wenn auch keine Erben des elterlichen Stammes vorhanden sind, die ganze Erbschaft.

B. Überlebender Ehegatte.

---
[1]) Fassung gemäss Ziff. I 2 des BG vom 5. Oktober 1984 über die Änderung des ZGB (Wirkungen der Ehe im allgemeinen, Ehegüterrecht und Erbrecht, AS 1986 I 122), i.K. 1. Januar 1988.

> **Änderung des Art. 462.** Mit Inkrafttreten des Partnerschaftsgesetzes (PartG, Anhang IV E zum ZGB) am 1. Januar 2007 wird Art. 462 wie folgt geändert:
>
> B. Überlebende Ehegatten und überlebende eingetragene Partnerinnen oder Partner.
>
> **462.** Überlebende Ehegatten und überlebende eingetragene Partnerinnen oder Partner erhalten:
> 1. wenn sie mit Nachkommen zu teilen haben, die Hälfte der Erbschaft;
> 2. wenn sie mit Erben des elterlichen Stammes zu teilen haben, drei Viertel der Erbschaft;
> 3. wenn auch keine Erben des elterlichen Stammes vorhanden sind, die ganze Erbschaft.

463.–464. (Aufgehoben gemäss Ziff. I 2 des BG vom 5. Oktober 1984 über die Änderung des ZGB [Wirkungen der Ehe im allgemeinen, Ehegüterrecht und Erbrecht, AS 1986 I 122].)

C. Angenommene Kinder.[1])

465.[1]) ¹ Das angenommene Kind und seine Nachkommen haben zum Annehmenden das gleiche Erbrecht wie die ehelichen Nachkommen.

² Der Annehmende und seine Blutsverwandten haben kein Erbrecht gegenüber dem angenommenen Kinde.

---

[1]) Aufgehoben durch Ziff. I 3 des BG vom 30. Juni 1972 über die Änderung des ZGB (Adoption, AS 1972 II 2819). Jetzt gilt der neue Art. 267. Für altrechtliche Adoptionen (Art. 12a SchlT) gilt jedoch nach wie vor Art. 465, sofern sie nicht gemäss Art. 12b SchlT dem neuen Adoptionsrecht unterstellt wurden.

D. Gemeinwesen.

466.[1]) Hinterlässt der Erblasser keine Erben, so fällt die Erbschaft an den Kanton, in dem der Erblasser den letzten Wohnsitz [23/6] gehabt hat, oder an die Gemeinde, die von der Gesetzgebung dieses Kantons als berechtigt bezeichnet wird.

---

[1]) Fassung gemäss Ziff. I 2 des BG vom 5. Oktober 1984 über die Änderung des ZGB (Wirkungen der Ehe im allgemeinen, Ehegüterrecht und Erbrecht, AS 1986 I 122), i.K. 1. Januar 1988.

Vierzehnter Titel

Die Verfügungen von Todes wegen

Entwurf 1900 Art. 492/553; Erl. I, S. 383 f.; Entwurf 1904 Art. 474/537; Botsch. S. 50 ff.; NatR XV, S. 1351/74 (zu Art. 467/97), S. 1374/91 (zu Art. 498/516), S. 1391/7 (zu Art. 517/36), StändeR XVI, S. 139/40.

Erster Abschnitt

Die Verfügungsfähigkeit

Entwurf 1900 Art. 492/4; Erl. I, S. 383 ff.; ExpKom. I, S. 535 ff.; Entwurf 1904 Art. 474/6; NatR XV, S. 1351/74, StändeR XVI, S. 139/40.

467. Wer urteilsfähig [16, 19²] ist und das 18. Altersjahr zurückgelegt hat, ist befugt, unter Beobachtung der gesetzlichen Schranken [470/97] und Formen [498/511] über sein Vermögen letztwillig zu verfügen [481]. **A. Letztwillige Verfügung.**

468. Zur Abschliessung eines Erbvertrages [481, 494/97, 512/6] bedarf der Erblasser der Mündigkeit [14]. **B. Erbvertrag.**

469. ¹ Verfügungen [481], die der Erblasser unter dem Einfluss von Irrtum, arglistiger Täuschung, Drohung oder Zwang [OR 23/30] errichtet hat, sind ungültig. **C. Mangelhafter Wille.**
² Sie erlangen jedoch Gültigkeit, wenn sie der Erblasser nicht binnen Jahresfrist aufhebt, nachdem er von dem Irrtum oder von der Täuschung Kenntnis erhalten hat oder der Einfluss von Zwang oder Drohung weggefallen ist [OR 31].
³ Enthält eine Verfügung einen offenbaren Irrtum in bezug auf Personen oder Sachen, und lässt sich der wirkliche Wille des Erblassers mit Bestimmtheit feststellen, so ist die Verfügung in diesem Sinne richtig zu stellen.

Zweiter Abschnitt

Die Verfügungsfreiheit

Entwurf 1900 Art. 495/9; Erl. I, S. 338 ff., 386 ff.; ExpKom. I, S. 539 ff.; Entwurf 1904 Art. 477/84; NatR XV, S. 1351/74, XVII, S. 296, StändeR XVI, S. 140/50, S. 179/89, S. 419/23. – Gesetzesmaterialien zu den revidierten Art. 470/3 siehe vor Art. 159. – Bericht NatR vom 22. Januar 2002 in BBl 2001 S. 1121; Stellungnahme BR vom 9. März 2001 in BBl 2001 S. 2011; Zusatzbericht NatR vom 10. Mai 2001 in BBl 2001 S. 2111.

A. Verfügbarer Teil.
I. Umfang der Verfügungsbefugnis.

470. [1] Wer Nachkommen, Eltern oder den Ehegatten als seine nächsten Erben hinterlässt [Wer Nachkommen, Eltern, den Ehegatten, eine eingetragene Partnerin oder einen eingetragenen Partner hinterlässt][1]), kann bis zu deren Pflichtteil [471, 477, 495] über sein Vermögen von Todes wegen verfügen [467 ff., 481 ff.].[2])

[2] Wer keine der genannten Erben hinterlässt, kann über sein ganzes Vermögen von Todes wegen verfügen.

¹) Text in eckigen Klammern: neue Version gemäss Partnerschaftsgesetz (PartG, Anhang IV E zum ZGB), in Kraft erst am 1. Januar 2007.
²) Fassung gemäss Ziff. I 2 des BG vom 5. Oktober 1984 über die Änderung des ZGB (Wirkungen der Ehe im allgemeinen, Ehegüterrecht und Erbrecht, AS 1986 I 122), i.K. 1. Januar 1988.

II. Pflichtteil.

471.[1]) Der Pflichtteil beträgt:
1. für einen Nachkommen drei Viertel des gesetzlichen Erbanspruches [457[2], 462 Ziff. 1];
2. für jedes der Eltern die Hälfte [458[1, 2], 462 Ziff. 2];
3. für den überlebenden Ehegatten[, die eingetragene Partnerin oder den eingetragenen Partner][2]) die Hälfte [462].

¹) Fassung gemäss Ziff. I 2 des BG vom 5. Oktober 1984 über die Änderung des ZGB (Wirkungen der Ehe im allgemeinen, Ehegüterrecht und Erbrecht, AS 1986 I 122), i.K. 1. Januar 1988.
²) Text in eckigen Klammern hinzugefügt durch das Partnerschaftsgesetz (PartG, Anhang IV E zum ZGB), in Kraft erst am 1. Januar 2007.

III. ...

472. (Aufgehoben gemäss Ziff. I 2 des BG vom 5. Oktober 1984 über die Änderung des ZGB [Wirkungen der Ehe im allgemeinen, Ehegüterrecht und Erbrecht, AS 1986 I 122].)

IV. Begünstigung des Ehegatten.

473. [1] Der Erblasser kann dem überlebenden Ehegatten durch Verfügung von Todes wegen gegenüber den gemeinsamen Nachkommen die Nutzniessung [745 ff.] an dem ganzen ihnen zufallenden Teil der Erbschaft zuwenden.[1])

[2] Diese Nutzniessung tritt an die Stelle des dem Ehegatten neben diesen Nachkommen zustehenden gesetzlichen [462 Ziff. 1] Erbrechts. Neben dieser Nutzniessung beträgt der verfügbare Teil einen Viertel des Nachlasses.[1])

³ Im Falle der Wiederverheiratung entfällt die Nutzniessung auf jenem Teil der Erbschaft, der im Zeitpunkt des Erbganges nach den ordentlichen Bestimmungen über den Pflichtteil der Nachkommen nicht hätte mit der Nutzniessung belastet werden können [471 Ziff. 1].²)

---

¹) Fassung gemäss Ziff. I 2 des BG vom 25. Juni 1976 über die Änderung des ZGB (Kindesverhältnisse, AS 1977 I 237), i.K. 1. Januar 1978, sowie gemäss BG vom 5. Oktober 2001 über die Änderung des ZGB (Erbrecht des überlebenden Ehegatten, AS 2002 S. 269), i.K. 1. März 2002.
²) Fassung gemäss Ziff. I 2 des BG vom 5. Oktober 1984 über die Änderung des ZGB (Wirkungen der Ehe im allgemeinen, Ehegüterrecht und Erbrecht, AS 1986 I 122), i.K. 1. Januar 1988.

474. ¹ Der verfügbare Teil berechnet sich nach dem Stande des Vermögens zur Zeit des Todes [32¹, 38] des Erblassers [537²].

² Bei der Berechnung sind die Schulden des Erblassers, die Auslagen für das Begräbnis, für die Siegelung [552] und Inventaraufnahme [553] sowie die Ansprüche der Hausgenossen auf Unterhalt während eines Monats [606] von der Erbschaft abzuziehen.

V. Berechnung des verfügbaren Teils.
1. Schuldenabzug.

475. Die Zuwendungen unter Lebenden werden insoweit zum Vermögen hinzugerechnet, als sie der Herabsetzungsklage unterstellt sind [527/8].

2. Zuwendungen unter Lebenden.

476. Ist ein auf den Tod des Erblassers gestellter Versicherungsanspruch mit Verfügung unter Lebenden oder von Todes wegen zugunsten eines Dritten begründet oder bei Lebzeiten des Erblassers unentgeltlich auf einen Dritten übertragen worden, so wird der Rückkaufswert des Versicherungsanspruches im Zeitpunkt des Todes des Erblassers zu dessen Vermögen gerechnet [529].

VVG 76, 78, 90 ff.

3. Versicherungsansprüche.

477. Der Erblasser ist befugt, durch Verfügung von Todes wegen [481, 479¹] einem Erben den Pflichtteil [471] zu entziehen:
1. wenn der Erbe gegen den Erblasser oder gegen eine diesem nahe verbundene Person eine schwere Straftat begangen hat [125 Ziff. 3; OR 249 Ziff. 1];¹)
2. wenn er gegenüber dem Erblasser oder einem von dessen Angehörigen die ihm obliegenden familienrechtlichen Pflichten [z.B. 163 ff., 272, 276 ff.] schwer verletzt hat [125 Ziff. 1; OR 249 Ziff. 2].

ZGB 540.

B. Enterbung.
I. Gründe.

---

¹) Fassung gemäss Ziff. I 4. des BG vom 26. Juni 1998 über die Änderung des ZGB (Personenstand, Eheschliessung, Scheidung etc., AS 1999 S. 1118), i.K. 1. Januar 2000.

130 Das Erbrecht

II. Wirkung.
478. [1] Der Enterbte kann weder an der Erbschaft teilnehmen [560] noch die Herabsetzungsklage [522 ff.] geltend machen.

[2] Der Anteil des Enterbten fällt, sofern der Erblasser nicht anders verfügt hat, an die gesetzlichen Erben [457 ff.] des Erblassers, wie wenn der Enterbte den Erbfall nicht erlebt hätte.

[3] Die Nachkommen des Enterbten behalten ihr Pflichtteilsrecht [471 Ziff. 1], wie wenn der Enterbte den Erbfall nicht erlebt hätte [541, 572].

III. Beweislast.
479. [1] Eine Enterbung [477] ist nur dann gültig [478, 479³], wenn der Erblasser den Enterbungsgrund [477] in seiner Verfügung angegeben hat.

[2] Ficht der Enterbte die Enterbung wegen Unrichtigkeit dieser Angabe an, so hat der Erbe oder Bedachte, der aus der Enterbung Vorteil zieht, deren Richtigkeit zu beweisen [8].

[3] Kann dieser Nachweis nicht erbracht werden oder ist ein Enterbungsgrund nicht angegeben [479¹], so wird die Verfügung insoweit aufrechterhalten, als sich dies mit dem Pflichtteil [471] des Enterbten verträgt, es sei denn, dass der Erblasser die Verfügung in einem offenbaren Irrtum [469] über den Enterbungsgrund getroffen hat.

IV. Enterbung eines Zahlungsunfähigen.
480. [1] Bestehen gegen einen Nachkommen des Erblassers Verlustscheine [SchKG 115, 149, 265], so kann ihm der Erblasser die Hälfte seines Pflichtteils [471 Ziff. 1] entziehen, wenn er diese den vorhandenen und später geborenen Kindern desselben zuwendet.

[2] Diese Enterbung fällt jedoch auf Begehren des Enterbten dahin, wenn bei der Eröffnung des Erbganges Verlustscheine nicht mehr bestehen, oder wenn deren Gesamtbetrag einen Vierteil des Erbteils nicht übersteigt.

Dritter Abschnitt

Die Verfügungsarten

Entwurf 1900 Art. 500/19; Erl. II, S. 29 f.; S. 71 ff.; ExpKom. I, S. 566 ff., S. 577 ff.; Entwurf 1904 Art. 485/501; NatR XV, S. 1374, XVII, S. 298, StändeR XVI, S. 189/91 – Parlamentarische Initiative, Die Tiere in der schweizerischen Rechtsordnung: Bericht der Kommission für Rechtsfragen des StR vom 25. Januar 2002 (BBl 2002 S. 4164); Stellungnahme des BR vom 27. Februar 2002 (BBl 2002 S. 5806).

A. Im allgemeinen.
481. [1] Der Erblasser kann in den Schranken der Verfügungsfreiheit [470 ff.] über sein Vermögen mit letztwilliger Verfügung [498 ff.] oder mit Erbvertrag [512 ff., 494/7] ganz oder teilweise verfügen [467/8].

² Der Teil, über den er nicht verfügt hat, fällt an die gesetzlichen Erben [457 ff.].

482. ¹ Der Erblasser kann seinen Verfügungen Auflagen oder Bedingungen [OR 151 ff.] anfügen [OR 245], deren Vollziehung, sobald die Verfügung zur Ausführung gelangt ist, jedermann verlangen darf, der an ihnen ein Interesse hat.

² Unsittliche oder rechtswidrige Auflagen und Bedingungen [OR 157] machen die Verfügung ungültig [519 Ziff. 3].

³ Sind sie lediglich für andere Personen lästig oder sind sie unsinnig, so werden sie als nicht vorhanden betrachtet.

⁴ Wird ein Tier [641a] mit einer Zuwendung von Todes wegen bedacht, so gilt die entsprechende Verfügung als Auflage [482], für das Tier tiergerecht zu sorgen.¹)

B. Auflagen und Bedingungen.

---

¹) Eingefügt gemäss Ziff. I des BG vom 4. Oktober 2002 über die Änderung des ZGB, OR, StGB, SchKG (Grundsatzartikel Tiere) (AS 2003 S. 463), i. K. 1. April 2003.

483. ¹ Der Erblasser kann für die ganze Erbschaft oder für einen Bruchteil einen oder mehrere Erben einsetzen [beachte auch 487, 488 ff.].

² Als Erbeinsetzung ist jede Verfügung [481] zu betrachten, nach der ein Bedachter die Erbschaft insgesamt oder zu einem Bruchteil erhalten soll [560].

C. Erbeinsetzung.

484. ¹ Der Erblasser kann einem Bedachten, ohne ihn als Erben einzusetzen [483], einen Vermögensvorteil als Vermächtnis zuwenden [487, 562/5].

² Er kann ihm eine einzelne Erbschaftssache oder die Nutzniessung [563¹, 745 ff.] an der Erbschaft im ganzen oder zu einem Teil vermachen oder die Erben [457 ff., 483] oder Vermächtnisnehmer [484¹] beauftragen, ihm Leistungen aus dem Werte der Erbschaft zu machen oder ihn von Verbindlichkeiten zu befreien [563].

³ Vermacht der Erblasser eine bestimmte Sache, so wird der Beschwerte [562¹], wenn sich diese in der Erbschaft nicht vorfindet und kein anderer Wille des Erblassers aus der Verfügung ersichtlich ist, nicht verpflichtet.

D. Vermächtnis.
I. Inhalt.

485. ¹ Die Sache [484²] ist dem Bedachten [484¹] in dem Zustande und in der Beschaffenheit, mit Schaden und mit Zuwachs, frei oder belastet auszuliefern, wie sie sich zur Zeit der Eröffnung des Erbganges [537] vorfindet.

II. Verpflichtung des Beschwerten.

[2] Für Aufwendungen, die der Beschwerte[1]) seit der Eröffnung des Erbganges auf die Sache gemacht hat, sowie für Verschlechterungen, die seither eingetreten sind, steht er in den Rechten und Pflichten eines Geschäftsführers ohne Auftrag [OR 419 ff.].

---

[1]) Korrigierter Text nach Beschluss des BR vom 7. April 1911; ursprünglich hiess es «... Aufwendungen, die er seit ...».

III. Verhältnis zur Erbschaft.

486. [1] Übersteigen die Vermächtnisse den Betrag der Erbschaft oder der Zuwendung an den Beschwerten [562[1]] oder den verfügbaren Teil [470], so kann ihre verhältnismässige Herabsetzung verlangt werden.

[2] Erleben die Beschwerten den Tod des Erblassers nicht, oder sind sie erbunwürdig [540], oder erklären sie die Ausschlagung [566 ff.], so bleiben die Vermächtnisse gleichwohl in Kraft.

[3] Hat der Erblasser ein Vermächtnis zugunsten eines der gesetzlichen [457 ff.] oder eingesetzten Erben [483] aufgestellt, so kann dieser es auch dann beanspruchen, wenn er die Erbschaft ausschlägt.

E. Ersatzverfügung.

487. Der Erblasser kann in seiner Verfügung eine oder mehrere Personen bezeichnen, denen die Erbschaft [483] oder das Vermächtnis [484 ff.] für den Fall des Vorabsterbens oder der Ausschlagung des Erben [566 ff.] oder Vermächtnisnehmers [577] zufallen soll.

F. Nacherbeneinsetzung.
I. Bezeichnung des Nacherben.

488. [1] Der Erblasser ist befugt, in seiner Verfügung den eingesetzten Erben [483] als Vorerben zu verpflichten, die Erbschaft einem andern als Nacherben auszuliefern [531, 545].

[2] Dem Nacherben kann eine solche Pflicht nicht auferlegt werden.

[3] Die gleichen Bestimmungen [488[1,2], 545] gelten für das Vermächtnis [484].

II. Zeitpunkt der Auslieferung.

489. [1] Als Zeitpunkt der Auslieferung [488[1]] ist, wenn die Verfügung es nicht anders bestimmt, der Tod des Vorerben zu betrachten.

[2] Wird ein anderer Zeitpunkt genannt, und ist dieser zur Zeit des Todes des Vorerben noch nicht eingetreten, so geht die Erbschaft gegen Sicherstellung auf die Erben des Vorerben über.

[3] Kann der Zeitpunkt aus irgend einem Grunde nicht mehr eintreten, so fällt die Erbschaft vorbehaltlos an die Erben des Vorerben.

III. Sicherungsmittel.

490. [1] In allen Fällen der Nacherbeneinsetzung hat die zuständige Behörde [SchlT 54] die Aufnahme eines Inventars [553] anzuordnen.

Die Verfügungsarten

² Die Auslieferung der Erbschaft an den Vorerben erfolgt, sofern ihn der Erblasser nicht ausdrücklich von dieser Pflicht befreit hat, nur gegen Sicherstellung, die bei Grundstücken durch Vormerkung der Auslieferungspflicht im Grundbuch [960¹ Ziff. 3] geleistet werden kann.

³ Vermag der Vorerbe diese Sicherstellung nicht zu leisten, oder gefährdet er die Anwartschaft des Nacherben, so ist die Erbschaftsverwaltung [554 ff.] anzuordnen.

491. ¹ Der Vorerbe [488¹] erwirbt die Erbschaft wie ein anderer eingesetzter Erbe [483, 560 ff.].
² Er wird Eigentümer der Erbschaft [560²] unter der Pflicht zur Auslieferung.

IV. Rechtsstellung.
1. Des Vorerben.

492. ¹ Der Nacherbe [488¹] erwirbt die Erbschaft des Erblassers, wenn er den für die Auslieferung bestimmten Zeitpunkt [489] erlebt hat.
² Erlebt er diesen Zeitpunkt nicht, so verbleibt die Erbschaft, wenn der Erblasser nicht anders verfügt hat, dem Vorerben.
³ Erlebt der Vorerbe den Tod des Erblassers nicht, oder ist er erbunwürdig [540], oder schlägt er die Erbschaft aus [566 ff.], so fällt sie an den Nacherben.

2. Des Nacherben.

493. ¹ Der Erblasser ist befugt, den verfügbaren Teil [470] seines Vermögens ganz oder teilweise für irgend einen Zweck als Stiftung [80 ff.] zu widmen [539²].
² Die Stiftung ist jedoch nur dann gültig, wenn sie den gesetzlichen Vorschriften [52³, 80 ff.] entspricht.

G. Stiftungen.

494. ¹ Der Erblasser kann sich durch Erbvertrag [512/6] einem andern gegenüber verpflichten, ihm oder einem Dritten [OR 112] seine Erbschaft [483] oder ein Vermächtnis [484 ff.] zu hinterlassen.
² Er kann über sein Vermögen frei verfügen.
³ Verfügungen von Todes wegen [481] oder Schenkungen [OR 239], die mit seinen Verpflichtungen aus dem Erbvertrag nicht vereinbar sind, unterliegen jedoch der Anfechtung [522 ff.].

H. Erbverträge.
I. Erbeinsetzungs- und Vermächtnisvertrag.

495. ¹ Der Erblasser kann mit einem Erben einen Erbverzichtvertrag oder Erbauskauf abschliessen [527 Ziff. 2, 535/6].
² Der Verzichtende fällt beim Erbgang als Erbe ausser Betracht.
³ Wo der Vertrag nicht etwas anderes anordnet, wirkt der Erbverzicht auch gegenüber den Nachkommen [457, vgl. aber 478², 541] des Verzichtenden.

II. Erbverzicht.
1. Bedeutung.

Das Erbrecht

2. Lediger Anfall.

496. [1] Sind im Erbvertrag bestimmte Erben an Stelle des Verzichtenden eingesetzt, so fällt der Verzicht dahin, wenn diese die Erbschaft aus irgend einem Grunde nicht erwerben.

[2] Ist der Verzicht zugunsten von Miterben erfolgt, so wird vermutet, dass er nur gegenüber den Erben des Stammes, der sich vom nächsten ihnen gemeinsamen Vorfahren ableitet, ausgesprochen sei und gegenüber entfernteren Erben nicht bestehe.

3. Rechte der Erbschaftsgläubiger.

497. Ist der Erblasser zur Zeit der Eröffnung des Erbganges [537] zahlungsunfähig [OR 83[1]] und werden seine Gläubiger von den Erben nicht befriedigt, so können der Verzichtende und seine Erben insoweit in Anspruch genommen werden, als sie für den Erbverzicht innerhalb der letzten fünf Jahre vor dem Tode des Erblassers aus dessen Vermögen eine Gegenleistung erhalten haben und hieraus zur Zeit des Erbganges noch bereichert sind [OR 64].

Vierter Abschnitt

Die Verfügungsformen *

Entwurf 1900 Art. 520/38; Erl. I, S. 403 ff.; ExpKom. I, S. 588 ff.; Entwurf 1904 Art. 502/21; NatR XV, S. 1375/91, XVII, S. 289, StändeR XVI, S. 192/204, XVII, S. 300. – Parlamentarische Initiative, Form des eigenhändigen Testamentes: Bericht und Antrag der Kommission für Rechtsfragen des NR vom 10. Mai 1994 (BBl 1994 III 516); Stellungnahme des BR vom 19. September 1994 (BBl 1994 V 607).

A. Letztwillige Verfügungen.
I. Errichtung.
1. Im allgemeinen.

498. Der Erblasser [467] kann eine letztwillige Verfügung [481[1]] entweder mit öffentlicher Beurkundung [499/504] oder eigenhändig [505] oder durch mündliche Erklärung [506/8] errichten.

2. Öffentliche Verfügung.
a. Errichtungsform.

499. Die öffentliche letztwillige Verfügung [498] erfolgt unter Mitwirkung von zwei Zeugen [501/2] vor dem Beamten, Notar oder einer anderen Urkundsperson, die nach kantonalem Recht mit diesen Geschäften betraut sind [SchlT 55].

b. Mitwirkung des Beamten.

500. [1] Der Erblasser hat dem Beamten seinen Willen mitzuteilen, worauf dieser die Urkunde aufsetzt oder aufsetzen lässt und dem Erblasser zu lesen gibt.

[2] Die Urkunde ist vom Erblasser zu unterschreiben [OR 14; 502].

---

* Siehe auch das Internationale Übereinkommen vom 5. Oktober 1961 über das auf die Form der letztwilligen Verfügungen anzuwendende Recht (Anhang II F zum ZGB).

³ Der Beamte hat die Urkunde zu datieren und ebenfalls zu unterschreiben.

501. ¹ Der Erblasser hat unmittelbar nach der Datierung und Unterzeichnung [500] den zwei Zeugen [499] in Gegenwart des Beamten zu erklären, dass er die Urkunde gelesen habe [502] und dass sie seine letztwillige Verfügung enthalte.

² Die Zeugen haben auf der Urkunde mit ihrer Unterschrift zu bestätigen, dass der Erblasser vor ihnen diese Erklärung abgegeben und dass er sich nach ihrer Wahrnehmung dabei im Zustande der Verfügungsfähigkeit [467] befunden habe [502²].

³ Es ist nicht erforderlich, dass die Zeugen vom Inhalt der Urkunde Kenntnis erhalten.

c. Mitwirkung der Zeugen.

502. ¹ Wenn der Erblasser die Urkunde nicht selbst liest [501¹] und unterschreibt [500²], so hat sie ihm der Beamte in Gegenwart der beiden Zeugen vorzulesen, und der Erblasser hat daraufhin zu erklären, die Urkunde enthalte seine Verfügung.

² Die Zeugen haben in diesem Falle nicht nur die Erklärung des Erblassers und ihre Wahrnehmung über seine Verfügungsfähigkeit [501²] zu bezeugen, sondern auch mit ihrer Unterschrift zu bestätigen, dass die Urkunde in ihrer Gegenwart dem Erblasser vom Beamten vorgelesen worden sei.

d. Errichtung ohne Lesen und Unterschrift des Erblassers.

503. ¹ Personen, die nicht handlungsfähig [13] sind, die sich infolge eines strafgerichtlichen Urteils nicht im Besitz der bürgerlichen Ehren und Rechte[1]) befinden, oder die des Schreibens und Lesens unkundig sind, sowie die Verwandten[2]) [20] in gerader Linie und Geschwister des Erblassers und deren Ehegatten und der Ehegatte des Erblassers selbst können bei der Errichtung der öffentlichen Verfügung weder als beurkundender Beamter noch als Zeugen mitwirken.

² Der beurkundende Beamte und die Zeugen sowie die Verwandten in gerader Linie und die Geschwister oder Ehegatten dieser Personen dürfen in der Verfügung nicht bedacht werden.

e. Mitwirkende Personen.

---
[1]) Siehe Art. 384/Fn. 1.
[2]) Siehe Art. 20/Fn. 1.

504. Die Kantone haben dafür zu sorgen, dass die mit der Beurkundung betrauten Beamten die Verfügungen im Original oder in einer Abschrift entweder selbst aufbewahren oder einer Amtsstelle zur Aufbewahrung übergeben.

f. Aufbewahrung der Verfügung.

505. ¹ Die eigenhändige letztwillige Verfügung [498] ist vom Erblasser von Anfang bis zu Ende mit Einschluss der Angabe von Jahr, Monat und Tag der Errichtung von Hand niederzuschreiben sowie mit seiner Unterschrift [OR 14] zu versehen [520a].[1])

3. Eigenhändige Verfügung.

² Die Kantone haben dafür zu sorgen, dass solche Verfügungen offen oder verschlossen einer Amtsstelle zur Aufbewahrung übergeben werden können.

---

¹) Fassung gemäss Ziff. I des BG vom 23. Juni 1995 über die Änderung des ZGB (AS 1995 S. 4882), i.K. 1. Januar 1996.

4. Mündliche Verfügung.
a. Verfügung.

506. ¹ Ist der Erblasser infolge ausserordentlicher Umstände, wie nahe Todesgefahr, Verkehrssperre, Epidemien oder Kriegsereignisse verhindert, sich einer der andern Errichtungsformen [499 ff., 505] zu bedienen, so ist er befugt, eine mündliche letztwillige Verfügung [498] zu errichten.

² Zu diesem Zwecke hat er seinen letzten Willen vor zwei Zeugen zu erklären und sie zu beauftragen, seiner Verfügung die nötige Beurkundung [507] zu verschaffen.

³ Für die Zeugen gelten die gleichen Ausschliessungsvorschriften wie bei der öffentlichen Verfügung [503].

b. Beurkundung.

507. ¹ Die mündliche Verfügung [506] ist sofort von einem der Zeugen unter Angabe von Ort, Jahr, Monat und Tag der Errichtung in Schrift zu verfassen, von beiden Zeugen zu unterschreiben [OR 14] und hierauf mit der Erklärung, dass der Erblasser ihnen im Zustande der Verfügungsfähigkeit [467] unter den obwaltenden besonderen Umständen diesen seinen letzten Willen mitgeteilt habe, ohne Verzug bei einer Gerichtsbehörde niederzulegen.

² Die beiden Zeugen können statt dessen die Verfügung mit der gleichen Erklärung bei einer Gerichtsbehörde zu Protokoll geben.

³ Errichtet der Erblasser die mündliche Verfügung im Militärdienst, so kann ein Offizier mit Hauptmanns- oder höherem Rang die Gerichtsbehörde ersetzen.

c. Verlust der Gültigkeit.

508. Wird es dem Erblasser nachträglich möglich, sich einer der andern Verfügungsformen [499 ff., 505] zu bedienen, so verliert nach 14 Tagen, von diesem Zeitpunkt an gerechnet, die mündliche Verfügung ihre Gültigkeit.

II. Widerruf und Vernichtung.
1. Widerruf.

509. ¹ Der Erblasser kann seine letztwillige Verfügung jederzeit in einer der Formen widerrufen, die für die Errichtung vorgeschrieben sind [499 ff., 505, 506/8].

² Der Widerruf kann die Verfügung ganz oder zum Teil beschlagen.

2. Vernichtung.

510. ¹ Der Erblasser kann seine letztwillige Verfügung dadurch widerrufen, dass er die Urkunde vernichtet.

² Wird die Urkunde durch Zufall oder aus Verschulden anderer vernichtet, so verliert die Verfügung unter Vorbehalt der An-

sprüche auf Schadenersatz gleichfalls ihre Gültigkeit, insofern ihr Inhalt nicht genau und vollständig festgestellt werden kann.

511. [1] Errichtet der Erblasser eine letztwillige Verfügung, ohne eine früher errichtete ausdrücklich aufzuheben, so tritt sie an die Stelle der frühern Verfügung, soweit sie sich nicht zweifellos als deren blosse Ergänzung darstellt.

[2] Ebenso wird eine letztwillige Verfügung über eine bestimmte Sache dadurch aufgehoben, dass der Erblasser über die Sache nachher eine Verfügung trifft, die mit jener nicht vereinbar ist.

3. Spätere Verfügung.

512. [1] Der Erbvertrag [468, 481[1], 494/7; OR 1] bedarf zu seiner Gültigkeit [520, 521] der Form der öffentlichen letztwilligen Verfügung [499 ff.].

[2] Die Vertragschliessenden [468] haben gleichzeitig dem Beamten ihren Willen zu erklären und die Urkunde vor ihm und den zwei Zeugen zu unterschreiben [OR 14/5].

B. Erbverträge.
I. Errichtung.

513. [1] Der Erbvertrag kann von den Vertragschliessenden jederzeit durch schriftliche Übereinkunft [OR 13/5] aufgehoben werden.

[2] Der Erblasser kann einseitig einen Erbeinsetzungs- oder Vermächtnisvertrag [494] aufheben, wenn sich der Erbe oder Bedachte nach dem Abschluss des Vertrages dem Erblasser gegenüber eines Verhaltens schuldig macht, das einen Enterbungsgrund darstellt [477].

[3] Die einseitige Aufhebung hat in einer der Formen zu erfolgen, die für die Errichtung der letztwilligen Verfügungen vorgeschrieben sind [499 ff., 505, 506/8].

II. Aufhebung.
1. Unter Lebenden.
a. Durch Vertrag und letztwillige Verfügung.

514. Wer auf Grund eines Erbvertrages Leistungen unter Lebenden zu fordern hat, kann, wenn sie nicht vertragsgemäss erfüllt oder sichergestellt werden, nach den Bestimmungen des Obligationenrechtes den Rücktritt erklären [OR 83, 107/9].

b. Durch Rücktritt vom Vertrag.

515. [1] Erlebt der Erbe oder Vermächtnisnehmer [494] den Tod des Erblassers nicht, so fällt der Vertrag dahin.

[2] Ist der Erblasser zur Zeit des Todes des Erben aus dem Vertrage bereichert, so können die Erben des Verstorbenen, wenn es nicht anders bestimmt ist, diese Bereicherung herausverlangen [OR 62 ff.].

2. Vorabsterben des Erben.

516. Tritt für den Erblasser nach Errichtung einer Verfügung von Todes wegen eine Beschränkung der Verfügungsfreiheit ein [470], so wird die Verfügung nicht aufgehoben, wohl aber der Herabsetzungsklage [522 ff.] unterstellt.

C. Verfügungsbeschränkung.

Fünfter Abschnitt

Die Willensvollstrecker

Entwurf 1900 Art. 539/40; Erl. I, S. 410 f.; ExpKom. I, S. 610 ff.; Entwurf 1904 Art. 522/3; StändeR XVI, S. 204/5.

A. Erteilung des Auftrages.

517. [1] Der Erblasser kann in einer letztwilligen Verfügung [481[1], 498 ff.] eine oder mehrere handlungsfähige [13] Personen mit der Vollstreckung seines Willens beauftragen.

[2] Dieser Auftrag ist ihnen von Amtes wegen mitzuteilen, und sie haben sich binnen 14 Tagen, von dieser Mitteilung an gerechnet, über die Annahme des Auftrages zu erklären, wobei ihr Stillschweigen als Annahme gilt [OR 6].

[3] Sie haben Anspruch auf angemessene Vergütung für ihre Tätigkeit.

B. Inhalt des Auftrages.

518. [1] Die Willensvollstrecker stehen, soweit der Erblasser nichts anderes verfügt, in den Rechten und Pflichten des amtlichen Erbschaftsverwalters.

[2] Sie haben den Willen des Erblassers zu vertreten und gelten insbesondere als beauftragt, die Erbschaft [560] zu verwalten, die Schulden des Erblassers zu bezahlen, die Vermächtnisse [484/6] auszurichten und die Teilung nach den vom Erblasser getroffenen Anordnungen [608] oder nach Vorschrift des Gesetzes [610 ff.] auszuführen.

[3] Sind mehrere Willensvollstrecker bestellt, so stehen ihnen diese Befugnisse unter Vorbehalt einer anderen Anordnung des Erblassers gemeinsam zu.

Sechster Abschnitt
Die Ungültigkeit und Herabsetzung der Verfügungen

Entwurf 1900 Art. 541/51; Erl. I, S. 411 ff.; ExpKom. I, S. 612 ff.; Entwurf 1904 Art. 524/35; NatR XV, S. 1391/7, XVII, S. 289/301, StändeR XVI, S. 423/9. – Parlamentarische Initiative, Form des eigenhändigen Testamentes: Bericht und Antrag der Kommission für Rechtsfragen des NR vom 10. Mai 1994 (BBl 1994 III 516); Stellungnahme des BR vom 19. September 1994 (BBl 1994 V 607).

519. [1] Eine Verfügung von Todes wegen [481, 498, 512] wird auf erhobene Klage für ungültig erklärt:
1. wenn sie vom Erblasser zu einer Zeit errichtet worden ist, da er nicht verfügungsfähig [467/8] war;
2. wenn sie aus mangelhaftem Willen hervorgegangen ist [469];
3. wenn ihr Inhalt [OR 20] oder eine ihr angefügte Bedingung [482] unsittlich oder rechtswidrig ist.

[2] Die Ungültigkeitsklage kann von jedermann erhoben werden, der als Erbe [457 ff., 483] oder Bedachter [484] ein Interesse daran hat, dass die Verfügung für ungültig erklärt werde.

Gerichtsstand: GestG 18[1].

A. Ungültigkeitsklage.
I. Bei Verfügungsunfähigkeit, mangelhaftem Willen, Rechtswidrigkeit und Unsittlichkeit.

520. [1] Leidet die Verfügung an einem Formmangel [498 ff., 512 ff.], so wird sie auf erhobene Klage für ungültig erklärt.

[2] Liegt die Formwidrigkeit in der Mitwirkung von Personen, die selber oder deren Angehörige in der Verfügung bedacht sind [503], so werden nur diese Zuwendungen für ungültig erklärt.

[3] Für das Recht zur Klage gelten die gleichen Vorschriften wie im Falle der Verfügungsunfähigkeit [519].

II. Bei Formmangel.
1. Im allgemeinen.[1])

---
[1]) Fassung gemäss Ziff. I des BG vom 23. Juni 1995 über die Änderung des ZGB (AS 1995 S. 4882), i.K. 1. Januar 1996.

520a.[1]) Liegt der Mangel einer eigenhändigen letztwilligen Verfügung [498] darin, dass Jahr, Monat oder Tag nicht oder unrichtig angegeben sind [505[1]], so kann sie nur dann für ungültig erklärt werden, wenn sich die erforderlichen zeitlichen Angaben nicht auf andere Weise feststellen lassen und das Datum für die Beurteilung der Verfügungsfähigkeit, der Reihenfolge mehrerer Verfügungen oder einer anderen, die Gültigkeit der Verfügung betreffenden Frage notwendig ist.

2. Bei eigenhändiger letztwilliger Verfügung.

---
[1]) Eingefügt gemäss Ziff. I des BG vom 23. Juni 1995 über die Änderung des ZGB (AS 1995 S. 4882), i.K. 1. Januar 1996.

521. [1] Die Ungültigkeitsklage [519/20] verjährt mit Ablauf eines Jahres, von dem Zeitpunkt an gerechnet, da der Kläger von der Verfügung und dem Ungültigkeitsgrund [519/20] Kenntnis er-

III. Verjährung.

140   Das Erbrecht

halten hat, und in jedem Falle mit Ablauf von zehn Jahren, vom Tage der Eröffnung [557] der Verfügung an gerechnet.

²Gegenüber einem bösgläubigen [3] Bedachten verjährt sie im Falle der Verfügungsunfähigkeit des Erblassers [519 Ziff. 1] oder der Rechtswidrigkeit oder Unsittlichkeit [519 Ziff. 3] unter allen Umständen erst mit dem Ablauf von 30 Jahren.

³Einredeweise kann die Ungültigkeit einer Verfügung jederzeit geltend gemacht werden [533³].

B. Herabsetzungsklage.
I. Voraussetzungen.
1. Im allgemeinen.

522. ¹Hat der Erblasser seine Verfügungsbefugnis [470 ff.] überschritten, so können die Erben, die nicht dem Werte nach ihren Pflichtteil [471] erhalten, die Herabsetzung der Verfügung auf das erlaubte Mass verlangen [478¹].

²Enthält die Verfügung Bestimmungen über die Teile der gesetzlichen Erben, so sind sie, wenn kein anderer Wille des Erblassers aus der Verfügung ersichtlich ist, als blosse Teilungsvorschriften aufzufassen [608].

Gerichtsstand: GestG 18¹.

2. Begünstigung der Pflichtteilsberechtigten.

523. Enthält eine Verfügung von Todes wegen [481¹] Zuwendungen an mehrere pflichtteilsberechtigte [471] Erben im Sinne einer Begünstigung, so findet bei Überschreitung der Verfügungsbefugnis [470] unter den Miterben eine Herabsetzung im Verhältnis der Beträge statt, die ihnen über ihren Pflichtteil hinaus zugewendet sind.

3. Rechte der Gläubiger.

524. ¹Die Konkursverwaltung eines Erben oder dessen Gläubiger, die zur Zeit des Erbganges [560] Verlustscheine [SchKG 115, 149, 265] besitzen, können, wenn der Erblasser den verfügbaren Teil [470] zum Nachteil des Erben überschritten hat und dieser auf ihre Aufforderung hin die Herabsetzungsklage nicht anhebt, innerhalb der ihnen vom Erben gegebenen Frist die Herabsetzung verlangen, soweit dies zu ihrer Deckung erforderlich ist [578¹].

²Die gleiche Befugnis besteht auch gegenüber einer Enterbung, die der Enterbte nicht anficht [477 ff.].

II. Wirkung.
1. Herabsetzung im allgemeinen.

525. ¹Die Herabsetzung erfolgt für alle eingesetzten Erben [483] und Bedachten [484] im gleichen Verhältnis, soweit nicht aus der Verfügung ein anderer Wille des Erblassers ersichtlich ist.

²Wird die Zuwendung an einen Bedachten, der zugleich mit Vermächtnissen beschwert ist, herabgesetzt, so kann er unter dem gleichen Vorbehalt verlangen, dass auch diese Vermächtnisse verhältnismässig herabgesetzt werden.

2. Vermächtnis einer einzelnen Sache.

526. Gelangt das Vermächtnis einer einzelnen Sache [484²,³], die ohne Schädigung ihres Wertes nicht geteilt werden kann, zur Herabsetzung, so kann der Bedachte entweder gegen Vergütung

Die Ungültigkeit und Herabsetzung der Verfügungen   141

des Mehrbetrages die Sache selbst oder anstatt der Sache den verfügbaren Betrag beanspruchen.

527. Der Herabsetzung unterliegen [537²] wie die Verfügungen von Todes wegen [532]:
1. die Zuwendungen auf Anrechnung an den Erbteil, als Heiratsgut, Ausstattung oder Vermögensabtretung, wenn sie nicht der Ausgleichung unterworfen sind [626²];
2. die Erbabfindungen und Auskaufsbeträge [495, 535¹,²];
3. die Schenkungen, die der Erblasser frei widerrufen konnte, oder die er während der letzten fünf Jahre vor seinem Tode ausgerichtet hat, mit Ausnahme der üblichen Gelegenheitsgeschenke;
4. die Entäusserung von Vermögenswerten, die der Erblasser offenbar zum Zwecke der Umgehung der Verfügungsbeschränkung vorgenommen hat.

3. Bei Verfügungen unter Lebenden.
a. Fälle.

528. ¹ Wer sich in gutem Glauben [3] befindet, ist zu Rückleistungen nur insoweit verbunden, als er zur Zeit des Erbganges aus dem Rechtsgeschäfte mit dem Erblasser noch bereichert ist [OR 64].
² Muss sich der durch Erbvertrag [494] Bedachte eine Herabsetzung gefallen lassen, so ist er befugt, von der dem Erblasser gemachten Gegenleistung einen entsprechenden Betrag zurückzufordern.

b. Rückleistung.

529. Versicherungsansprüche auf den Tod des Erblassers, die durch Verfügung unter Lebenden oder von Todes wegen zugunsten eines Dritten begründet oder bei Lebzeiten des Erblassers unentgeltlich auf einen Dritten übertragen worden sind, unterliegen der Herabsetzung mit ihrem Rückkaufswert [476].

VVG 76, 78, 90 ff.

4. Versicherungsansprüche.

530. Hat der Erblasser seine Erbschaft mit Nutzniessungsansprüchen [745 ff.; auch 776, 781] und Renten derart beschwert, dass deren Kapitalwert nach der mutmasslichen Dauer der Leistungspflicht den verfügbaren Teil [470] der Erbschaft übersteigt, so können die Erben entweder eine verhältnismässige Herabsetzung der Ansprüche oder, unter Überlassung des verfügbaren Teiles der Erbschaft an die Bedachten, deren Ablösung verlangen.

5. Bei Nutzniessung und Renten.

531. Eine Nacherbeneinsetzung [488] ist gegenüber einem pflichtteilsberechtigten Erben im Umfange des Pflichtteils [471] ungültig.

6. Bei Nacherbeneinsetzung.

III. Durchführung.

532. Der Herabsetzung unterliegen in erster Linie die Verfügungen von Todes wegen und sodann die Zuwendungen unter Lebenden [527], und zwar diese in der Weise, dass die spätern vor den frühern herabgesetzt werden, bis der Pflichtteil hergestellt ist.

IV. Verjährung.

533. [1] Die Herabsetzungsklage verjährt mit Ablauf eines Jahres von dem Zeitpunkt an gerechnet, da die Erben von der Verletzung ihrer Rechte Kenntnis erhalten haben, und in jedem Fall mit Ablauf von zehn Jahren, die bei den letztwilligen Verfügungen von dem Zeitpunkte der Eröffnung [556 ff.], bei den andern Zuwendungen aber vom Tode des Erblassers an gerechnet werden.

[2] Ist durch Ungültigerklärung [519/21] einer spätern Verfügung eine frühere gültig geworden [511], so beginnen die Fristen mit diesem Zeitpunkte.

[3] Einredeweise kann der Herabsetzungsanspruch jederzeit geltend gemacht werden [521³].

Siebenter Abschnitt

Klagen aus Erbverträgen

Entwurf 1900 Art. 552/3; Erl. I, S. 418/9; ExpKom. I, S. 622; Entwurf 1904 Art. 536/7; NatR XV, S. 1391/7, XVII, S. 289/301, StändeR XVI, S. 429/31.

A. Ansprüche bei Ausrichtung zu Lebzeiten des Erblassers.

534. [1] Überträgt der Erblasser sein Vermögen bei Lebzeiten auf den Vertragserben [494], so kann dieser ein öffentliches Inventar aufnehmen lassen [581 ff.].

[2] Hat der Erblasser nicht alles Vermögen übertragen oder nach der Übertragung Vermögen erworben, so bezieht sich der Vertrag unter Vorbehalt einer andern Anordnung nur auf das übertragene Vermögen.

[3] Soweit die Übergabe bei Lebzeiten stattgefunden hat, gehen Rechte und Pflichten aus dem Vertrag unter Vorbehalt einer anderen Anordnung auf die Erben des eingesetzten Erben über.

B. Ausgleichung beim Erbverzicht.
I. Herabsetzung.

535. [1] Hat der Erblasser dem verzichtenden Erben [495] bei Lebzeiten Leistungen gemacht, die den verfügbaren Teil seiner Erbschaft [470] übersteigen, so können die Miterben die Herabsetzung [522 ff.] verlangen.

[2] Der Herabsetzung unterliegt die Verfügung jedoch nur für den Betrag, um den sie den Pflichtteil [471] des Verzichtenden übersteigt.

[3] Die Anrechnung der Leistungen erfolgt nach den gleichen Vorschriften wie bei der Ausgleichung [630].

536. Wird der Verzichtende auf Grund der Herabsetzung zu einer Rückleistung an die Erbschaft verpflichtet, so hat er die Wahl, entweder diese Rückleistung auf sich zu nehmen oder die ganze Leistung in die Teilung einzuwerfen und an dieser teilzunehmen, als ob er nicht verzichtet hätte.

II. Rückleistung.

---

144 Das Erbrecht

Zweite Abteilung

Der Erbgang

Entwurf 1900 Art. 554/643; Erl. I, S. 346 ff., 420 ff.; Entwurf 1904 Art. 539/634; Botsch. S. 56 ff.; NatR XVI, S. 249/308, S. 339/87, XVII, S. 301/8; StändeR XVI, S. 419/504.

Fünfzehnter Titel

Die Eröffnung des Erbganges

Entwurf 1900 Art. 554/67; Erl. I, S. 420 ff.; ExpKom. I, S. 623 ff.; Entwurf 1904 Art. 538/51; NatR XVI, S. 249/53, S. 269/72; StändeR XVI, S. 431/5.

A. Voraussetzung auf Seite des Erblassers.

537. [1] Der Erbgang wird durch den Tod [32/4, 38] des Erblassers eröffnet [546/7].

[2] Insoweit den Zuwendungen und Teilungen, die bei Lebzeiten des Erblassers erfolgt sind, erbrechtliche Bedeutung zukommt [626, 527, 475, 476], werden sie nach dem Stande der Erbschaft berücksichtigt, wie er beim Tode des Erblassers vorhanden ist [474].

B. Ort der Eröffnung.[1])

538. [1] Die Eröffnung des Erbganges erfolgt für die Gesamtheit des Vermögens am letzten Wohnsitze [23/6] des Erblassers.

[2] …[2])

Gerichtsstand: GestG 18.

---

[1]) Fassung gemäss Ziff. 2 des Anhangs zum GestG (Anhang I B zum ZGB), i.K. 1. Januar 2001.

[2]) Aufgehoben gemäss Ziff. 2 des Anhangs zum GestG (Anhang I B zum ZGB). Heute: Art. 18 GestG.

C. Voraussetzungen auf Seite des Erben.
I. Fähigkeit.
1. Rechtsfähigkeit.

539. [1] Jedermann ist fähig, Erbe [457 ff., 483] zu sein [11, 53, 544] und aus Verfügungen von Todes wegen [481] zu erwerben, sobald er nicht nach Vorschrift des Gesetzes erbunfähig ist [540 ff., 503²].

[2] Zuwendungen mit Zweckbestimmung an eine Mehrheit von Personen insgesamt werden, wenn dieser das Recht der Persönlichkeit [52] nicht zukommt, von allen Zugehörigen unter der vom Erblasser aufgestellten Zweckbestimmung erworben oder gelten, wo dieses nicht angeht, als Stiftung [493].

Die Eröffnung des Erbganges

540. ¹ Unwürdig, Erbe zu sein oder aus einer Verfügung von Todes wegen irgend etwas zu erwerben, ist:
1. wer vorsätzlich und rechtswidrig den Tod des Erblassers herbeigeführt oder herbeizuführen versucht hat;
2. wer den Erblasser vorsätzlich und rechtswidrig in einen Zustand bleibender Verfügungsunfähigkeit [467] gebracht hat;
3. wer den Erblasser durch Arglist, Zwang oder Drohung dazu gebracht oder daran verhindert hat, eine Verfügung von Todes wegen [481] zu errichten oder zu widerrufen;
4. wer eine Verfügung von Todes wegen vorsätzlich und rechtswidrig unter Umständen, die dem Erblasser deren Erneuerung nicht mehr ermöglichten, beseitigt oder ungültig gemacht hat.

² Durch Verzeihung des Erblassers wird die Erbunwürdigkeit aufgehoben.

2. Erbunwürdigkeit.
a. Gründe.

541. ¹ Die Unfähigkeit besteht nur für den Unwürdigen selbst.

² Seine Nachkommen beerben den Erblasser, wie wenn er vor dem Erblasser gestorben wäre [478, 572].

b. Wirkung auf Nachkommen.

542. ¹ Um die Erbschaft erwerben zu können, muss der Erbe [457 ff., 483] den Erbgang in erbfähigem Zustand erleben [32/4, 38, 544/5, 548].

² Stirbt ein Erbe, nachdem er den Erbgang erlebt hat, so vererbt sich sein Recht an der Erbschaft auf seine Erben [560¹, 569].

II. Erleben des Erbganges.
1. Als Erbe.

543. ¹ Der Vermächtnisnehmer [484] erwirbt den Anspruch auf das Vermächtnis, wenn er den Erbgang in erbfähigem Zustand [540, 503²] erlebt hat [544/5, 32/4, 38].

² Stirbt er vor dem Erblasser, so fällt sein Vermächtnis, wenn kein anderer Wille aus der Verfügung nachgewiesen werden kann, zugunsten desjenigen weg, der zur Ausrichtung verpflichtet gewesen wäre.

2. Als Vermächtnisnehmer.

544. ¹ Das Kind ist vom Zeitpunkt der Empfängnis an unter dem Vorbehalt erbfähig, dass es lebendig geboren wird [31²].

² Wird es tot geboren, so fällt es für den Erbgang ausser Betracht.

3. Das Kind vor der Geburt.

545. ¹ Auf dem Wege der Nacherbeneinsetzung [488¹] oder des Nachvermächtnisses [488³] kann die Erbschaft oder eine Erbschaftssache [484²] einer Person zugewendet werden, die zur Zeit des Erbfalles [537] noch nicht lebt.

² Ist kein Vorerbe genannt, so gelten die gesetzlichen Erben als Vorerben.

4. Nacherben.

**D. Verschollen-
heit.
I. Beerbung
eines
Verschollenen.
1. Erbgang
gegen Sicher-
stellung.**

546. ¹ Wird jemand für verschollen erklärt [35/8], so haben die Erben oder Bedachten vor der Auslieferung der Erbschaft für die Rückgabe des Vermögens an besser Berechtigte oder an den Verschollenen selbst Sicherheit zu leisten.

² Diese Sicherheit ist im Falle des Verschwindens in hoher Todesgefahr [35¹] auf fünf Jahre und im Falle der nachrichtlosen Abwesenheit [35¹] auf 15 Jahre zu leisten, in keinem Falle aber länger als bis zu dem Tage, an dem der Verschollene 100 Jahre alt wäre.

³ Die fünf Jahre werden vom Zeitpunkte der Auslieferung der Erbschaft und die 15 Jahre von der letzten Nachricht an gerechnet.

2. Aufhebung der Verschollenheit und Rückerstattung.

547. ¹ Kehrt der Verschollene zurück, oder machen besser Berechtigte ihre Ansprüche geltend, so haben die Eingewiesenen die Erbschaft nach den Besitzesregeln [938/40] herauszugeben.

² Den besser Berechtigten haften sie, wenn sie in gutem Glauben [3] sind, nur während der Frist der Erbschaftsklage [600].

II. Erbrecht des Verschollenen.

548. ¹ Kann für den Zeitpunkt des Erbganges [537] Leben oder Tod eines Erben nicht nachgewiesen werden, weil dieser verschwunden ist, so wird sein Anteil unter amtliche Verwaltung gestellt.

² Die Personen, denen bei Nichtvorhandensein des Verschwundenen sein Erbteil zugefallen wäre, haben das Recht, ein Jahr seit dem Verschwinden in hoher Todesgefahr oder fünf Jahre seit der letzten Nachricht über den Verschwundenen beim Gericht um die Verschollenerklärung [35/8] und, nachdem diese erfolgt ist, um die Aushändigung des Anteils nachzusuchen.

³ Die Auslieferung des Anteils erfolgt nach den Vorschriften über die Auslieferung an die Erben eines Verschollenen [546/7].

III. Verhältnis der beiden Fälle zueinander.

549. ¹ Haben die Erben des Verschollenen die Einweisung in sein Vermögen bereits erwirkt [546], so können sich seine Miterben, wenn ihm eine Erbschaft anfällt [548], hierauf berufen und die angefallenen Vermögenswerte herausverlangen, ohne dass es einer neuen Verschollenerklärung [35/8] bedarf.

² Ebenso können die Erben des Verschollenen sich auf die Verschollenerklärung berufen, die von seinen Miterben erwirkt worden ist.

IV. Verfahren von Amtes wegen.

550. ¹ Stand das Vermögen oder der Erbteil eines Verschwundenen während zehn Jahren in amtlicher Verwaltung [554], oder hätte dieser ein Alter von 100 Jahren erreicht, so wird auf Verlangen der zuständigen Behörde die Verschollenerklärung von Amtes wegen durchgeführt.

² Melden sich alsdann innerhalb der Auskündungsfrist keine Berechtigten, so fallen die Vermögenswerte an das erbberech-

tigte Gemeinwesen [466] oder, wenn der Verschollene niemals in der Schweiz gewohnt hat, an den Heimatkanton [22].

³ Gegenüber dem Verschollenen selbst und den besser Berechtigten besteht die gleiche Pflicht zur Rückerstattung wie für die eingewiesenen Erben [547].

Sechzehnter Titel
Die Wirkungen des Erbganges

Erster Abschnitt
Die Sicherungsmassregeln

Entwurf 1900 Art. 568/76; Erl. I, S. 429 ff.; ExpKom. I, S. 626 ff.; Entwurf 1904 Art. 552/60; NatR XVI, S. 272/83, XVII, S. 301/8, StänderR XVI, S. 437/41.

A. Im allgemeinen.
551. [1] Die zuständige Behörde [SchlT 54] hat von Amtes wegen die zur Sicherung des Erbganges nötigen Massregeln [552/9] zu treffen.[1])

[2] Solche Massregeln sind insbesondere in den vom Gesetze vorgesehenen Fällen die Siegelung [552] der Erbschaft, die Aufnahme des Inventars [553], die Anordnung der Erbschaftsverwaltung [554/5] und die Eröffnung der letztwilligen Verfügungen [556/9].

[3] ...[2])

---
[1]) Fassung gemäss Ziff. 2 des Anhangs zum GestG (Anhang I B zum ZGB), i.K. 1. Januar 2001.

[2]) Aufgehoben gemäss Ziff. 2 des Anhangs zum GestG (Anhang I B zum ZGB). Heute: Art. 18 Abs. 2 GestG.

B. Siegelung der Erbschaft.
552. Die Siegelung der Erbschaft wird in den Fällen angeordnet, für die das kantonale Recht sie vorsieht [474²].

C. Inventar.
553. [1] Die Aufnahme eines Inventars [474²] wird angeordnet:[1])
1. wenn ein Erbe zu bevormunden ist oder unter Vormundschaft steht [368 ff.];
2. wenn ein Erbe dauernd und ohne Vertretung abwesend ist;
3. wenn einer der Erben sie verlangt.

[2] Sie erfolgt nach den Vorschriften des kantonalen Rechtes und ist in der Regel binnen zwei Monaten seit dem Tode des Erblassers durchzuführen.

[3] Die Aufnahme eines Inventars kann durch die kantonale Gesetzgebung für weitere Fälle vorgeschrieben werden.

---
[1]) Über einen weiteren Fall der Inventaraufnahme siehe Art. 490 Abs. 1.

554. [1] Die Erbschaftsverwaltung wird angeordnet: **D. Erbschafts-**
1. wenn ein Erbe dauernd und ohne Vertretung abwesend ist, **verwaltung.**
   sofern es seine Interessen erfordern;   I. Im
2. wenn keiner der Ansprecher sein Erbrecht genügend nach- allgemeinen.
   zuweisen vermag oder das Vorhandensein eines Erben unge-
   wiss ist;
3. wenn nicht alle Erben des Erblassers bekannt sind;
4. wo das Gesetz sie für besondere Fälle vorsieht [490[3], 548, 556[3], 595].

[2] Hat der Erblasser einen Willensvollstrecker [517] bezeichnet, so ist diesem die Verwaltung zu übergeben.

[3] Stirbt eine bevormundete Person [368 ff.], so liegt, wenn keine andere Anordnung getroffen wird, die Erbschaftsverwaltung dem Vormunde ob.

555. [1] Ist die Behörde im ungewissen, ob der Erblasser Erben   II. Bei
[457 ff., 483] hinterlassen hat oder nicht [542], oder ob ihr alle **unbekannten**
Erben bekannt sind, so sind die Berechtigten in angemessener **Erben.**
Weise öffentlich aufzufordern, sich binnen Jahresfrist zum Erbgange zu melden [554[1] Ziff. 2/3].

[2] Erfolgt während dieser Frist keine Anmeldung und sind der Behörde keine Erben bekannt, so fällt die Erbschaft unter Vorbehalt der Erbschaftsklage [598 ff.] an das erbberechtigte Gemeinwesen [466].

556. [1] Findet sich beim Tode des Erblassers eine letztwillige   **E. Eröffnung**
Verfügung [481[1], 498] vor, so ist sie der Behörde unverweilt ein- **der letztwilli-**
zuliefern, und zwar auch dann, wenn sie als ungültig [519 ff.] er- **gen Verfügung.**
achtet wird.   I. Pflicht zur
   Einlieferung.

[2] Der Beamte, bei dem die Verfügung protokolliert oder hinterlegt ist [504/5, 507], sowie jedermann, der eine Verfügung in Verwahrung genommen oder unter den Sachen des Erblassers vorgefunden hat, ist bei persönlicher Verantwortlichkeit verbunden, dieser Pflicht nachzukommen, sobald er vom Tode des Erblassers Kenntnis erhalten hat.

[3] Nach der Einlieferung hat die Behörde, soweit tunlich nach Anhörung der Beteiligten, entweder die Erbschaft einstweilen den gesetzlichen Erben zu überlassen oder die Erbschaftsverwaltung [554/5] anzuordnen.

557. [1] Die Verfügung [556[1]] des Erblassers muss binnen Mo-   II. Eröffnung.
natsfrist nach der Einlieferung von der zuständigen Behörde eröffnet werden.

[2] Zu der Eröffnung werden die Erben, soweit sie den Behörden bekannt sind, vorgeladen.

[3] Hinterlässt der Erblasser mehr als eine Verfügung, so sind sie alle der Behörde einzuliefern und von ihr zu eröffnen.

III. Mitteilung an die Beteiligten.

558. [1] Alle an der Erbschaft Beteiligten erhalten auf Kosten der Erbschaft eine Abschrift der eröffneten Verfügung [557], soweit diese sie angeht.

[2] An Bedachte unbekannten Aufenthalts erfolgt die Mitteilung durch eine angemessene öffentliche Auskündung.

IV. Auslieferung der Erbschaft.

559. [1] Nach Ablauf eines Monats seit der Mitteilung an die Beteiligten wird den eingesetzten Erben [483], wenn die gesetzlichen Erben [457 ff.] oder die aus einer früheren Verfügung Bedachten nicht ausdrücklich deren Berechtigung bestritten haben, auf ihr Verlangen von der Behörde eine Bescheinigung darüber ausgestellt, dass sie unter Vorbehalt der Ungültigkeitsklage [519 ff.] und der Erbschaftsklage [598 ff.] als Erben anerkannt seien.

[2] Zugleich wird gegebenen Falles der Erbschaftsverwalter [554/5] angewiesen, ihnen die Erbschaft auszuliefern.

Zweiter Abschnitt

Der Erwerb der Erbschaft

Entwurf 1900 Art. 577/92; Erl. I, S. 435 ff.; ExpKom. I, S. 633 ff.; Entwurf 1904 Art. 561/77; NatR XVI, S. 283/95, XVII, S. 306/8, StändeR XVI, S. 441/58, XVII, S. 305/6.

A. Erwerb.
I. Erben.

560. [1] Die Erben [457 ff., 483] erwerben [542] die Erbschaft als Ganzes mit dem Tode des Erblassers kraft Gesetzes [478, 491, 492, 495, 546/7, 602].

[2] Mit Vorbehalt der gesetzlichen Ausnahmen [70[3], 91[1], 681[3], 749, 776[2], 781] gehen die Forderungen, das Eigentum [656, 559], die beschränkten dinglichen Rechte [730 ff.] und der Besitz [919 ff.] des Erblassers ohne weiteres [482, 492] auf sie über [602], und die Schulden des Erblassers werden zu persönlichen Schulden der Erben [603, 639/40].

[3] Der Erwerb der eingesetzten Erben [483] wird auf den Zeitpunkt der Eröffnung des Erbganges zurückbezogen, und es haben die gesetzlichen Erben [457 ff.] ihnen die Erbschaft nach den Besitzesregeln [938/40] herauszugeben.

II. ...

561. (Aufgehoben gemäss Ziff. I 2 des BG vom 5. Oktober 1984 über die Änderung des ZGB [Wirkungen der Ehe im allgemeinen, Ehegüterrecht und Erbrecht, AS 1986 I 122].)

III. Vermächtnisnehmer.
1. Erwerb.

562. [1] Die Vermächtnisnehmer [484] haben gegen die Beschwerten oder, wenn solche nicht besonders genannt sind, gegen die gesetzlichen oder eingesetzten Erben [457 ff., 483] einen persönlichen Anspruch [543, 656[1], 665[1], 714].

² Wenn aus der Verfügung nichts anderes hervorgeht, so wird der Anspruch fällig [OR 75], sobald der Beschwerte die Erbschaft angenommen hat oder sie nicht mehr ausschlagen kann [571, 588²].

³ Kommen die Erben ihrer Verpflichtung nicht nach, so können sie zur Auslieferung der vermachten Erbschaftssachen, oder wenn irgend eine Handlung den Gegenstand der Verfügung bildet, zu Schadenersatz angehalten werden.

GBV 16⁴.

563. ¹ Ist dem Bedachten eine Nutzniessung oder eine Rente oder eine andere zeitlich wiederkehrende Leistung vermacht, so bestimmt sich sein Anspruch, wo es nicht anders angeordnet ist, nach den Vorschriften des Sachen- und Obligationenrechtes [745 ff.; OR 516 ff.]. — 2. Gegenstand.

² Ist ein Versicherungsanspruch [476] auf den Tod des Erblassers vermacht, so kann ihn der Bedachte unmittelbar geltend machen.

564. ¹ Die Gläubiger des Erblassers gehen mit ihren Ansprüchen den Vermächtnisnehmern [562] vor. — 3. Verhältnis von Gläubiger und Vermächtnisnehmer.

² Die Gläubiger des Erben stehen, wenn dieser die Erbschaft vorbehaltlos erworben hat [571, 588¹], den Gläubigern des Erblassers gleich.

565. ¹ Zahlen die Erben nach Ausrichtung der Vermächtnisse Erbschaftsschulden [560²], von denen sie vorher keine Kenntnis hatten, so sind sie befugt, die Vermächtnisnehmer insoweit zu einer verhältnismässigen Rückleistung anzuhalten, als sie die Herabsetzung der Vermächtnisse hätten beanspruchen können [564¹, 486]. — 4. Herabsetzung.

² Die Vermächtnisnehmer können jedoch höchstens im Umfange der zur Zeit der Rückforderung noch vorhandenen Bereicherung in Anspruch genommen werden [OR 64].

566. ¹ Die gesetzlichen und die eingesetzten Erben [457 ff., 483] haben die Befugnis, die Erbschaft, die ihnen zugefallen ist [560], auszuschlagen. — **B. Ausschlagung.** I. Erklärung. 1. Befugnis.

² Ist die Zahlungsunfähigkeit [OR 83] des Erblassers im Zeitpunkt seines Todes amtlich festgestellt oder offenkundig, so wird die Ausschlagung vermutet [579; SchKG 193].

567. ¹ Die Frist zur Ausschlagung beträgt drei Monate. — 2. Befristung. a. Im allgemeinen.

² Sie beginnt für die gesetzlichen Erben [457 ff.], soweit sie nicht nachweisbar [8] erst später von dem Erbfall Kenntnis erhalten haben, mit dem Zeitpunkte, da ihnen der Tod des Erblassers bekannt geworden, und für die eingesetzten Erben [483] mit dem

Zeitpunkte, da ihnen die amtliche Mitteilung [558] von der Verfügung des Erblassers zugekommen ist.

b. Bei Inventaraufnahme.

568. Ist ein Inventar als Sicherungsmassregel [553] aufgenommen worden, so beginnt die Frist zur Ausschlagung [567] für alle Erben mit dem Tage, an dem die Behörde ihnen von dem Abschlusse des Inventars Kenntnis gegeben hat.

3. Übergang der Ausschlagungsbefugnis.

569. [1] Stirbt ein Erbe vor der Ausschlagung oder Annahme der Erbschaft, so geht die Befugnis zur Ausschlagung [566] auf seine Erben über.

[2] Die Frist zur Ausschlagung [567] beginnt für diese Erben mit dem Zeitpunkte, da sie von dem Anfall der Erbschaft an ihren Erblasser Kenntnis erhalten, und endigt frühestens mit dem Ablauf der Frist, die ihnen gegenüber ihrem eigenen Erblasser für die Ausschlagung gegeben ist.

[3] Schlagen die Erben aus und gelangt die Erbschaft an andere Erben, die vorher nicht berechtigt waren, so beginnt für diese die Frist mit dem Zeitpunkte, da sie von der Ausschlagung Kenntnis erhalten haben.

4. Form.

570. [1] Die Ausschlagung ist von dem Erben bei der zuständigen Behörde [SchlT 54; 538] mündlich oder schriftlich zu erklären.

[2] Sie muss unbedingt und vorbehaltlos geschehen.

[3] Die Behörde hat über die Ausschlagungen ein Protokoll zu führen.

II. Verwirkung der Ausschlagungsbefugnis.

571. [1] Erklärt der Erbe während der angesetzten Frist [567, 576] die Ausschlagung nicht [570], so hat er die Erbschaft vorbehaltlos erworben.

[2] Hat ein Erbe sich vor Ablauf der Frist in die Angelegenheiten der Erbschaft eingemischt oder Handlungen vorgenommen, die nicht durch die blosse Verwaltung der Erbschaft und durch den Fortgang der Geschäfte des Erblassers gefordert waren, oder hat er Erbschaftssachen sich angeeignet oder verheimlicht, so kann er die Erbschaft nicht mehr ausschlagen.

III. Ausschlagung eines Miterben.

572. [1] Hinterlässt der Erblasser keine Verfügung von Todes wegen [481] und schlägt einer unter mehreren Erben die Erbschaft aus, so vererbt sich sein Anteil, wie wenn er den Erbfall nicht erlebt hätte.

[2] Hinterlässt der Erblasser eine Verfügung von Todes wegen, so gelangt der Anteil, den ein eingesetzter Erbe [483] ausschlägt, wenn kein anderer Wille des Erblassers aus der Verfügung ersichtlich ist, an dessen nächsten gesetzlichen Erben [457 ff.].

Der Erwerb der Erbschaft 153

573. [1] Wird die Erbschaft von allen nächsten gesetzlichen Erben [457 ff.] ausgeschlagen [566], so gelangt sie zur Liquidation durch das Konkursamt [SchKG 193, 196, 230a].

[2] Ergibt sich in der Liquidation nach Deckung der Schulden ein Überschuss, so wird dieser den Berechtigten überlassen, wie wenn keine Ausschlagung stattgefunden hätte.

574. Haben die Nachkommen [457] die Erbschaft ausgeschlagen, so wird der überlebende Ehegatte [462] von der Behörde hievon in Kenntnis gesetzt und kann binnen Monatsfrist die Annahme erklären.

575. [1] Die Erben können bei der Ausschlagung verlangen, dass die auf sie folgenden Erben noch angefragt werden, bevor die Erbschaft liquidiert wird [573].

[2] In diesem Falle ist seitens der Behörde den folgenden Erben von der Ausschlagung der vorgehenden Kenntnis zu geben, und wenn darauf jene Erben nicht binnen Monatsfrist die Annahme der Erbschaft erklären, so ist sie auch von ihnen ausgeschlagen.

576. Aus wichtigen Gründen [4] kann die zuständige Behörde den gesetzlichen und den eingesetzten Erben eine Fristverlängerung gewähren oder eine neue Frist ansetzen [567, 569, 574, 575].

577. Schlägt ein Vermächtnisnehmer das Vermächtnis [484 ff.] aus, so fällt es zugunsten des Beschwerten weg, wenn kein anderer Wille des Erblassers aus der Verfügung ersichtlich ist [487].

578. [1] Hat ein überschuldeter Erbe die Erbschaft zu dem Zwecke ausgeschlagen, dass sie seinen Gläubigern entzogen bleibe, so können diese oder die Konkursverwaltung die Ausschlagung binnen sechs Monaten anfechten, wenn ihre Forderungen nicht sichergestellt werden [524[1]].

[2] Wird ihre Anfechtung gutgeheissen, so gelangt die Erbschaft zur amtlichen Liquidation [593 ff.].

[3] Ein Überschuss dient in erster Linie zur Befriedigung der anfechtenden Gläubiger und fällt nach Deckung der übrigen Schulden an die Erben, zu deren Gunsten ausgeschlagen wurde.

579. [1] Schlagen die Erben eines zahlungsunfähigen Erblassers die Erbschaft aus [566[2]], so haften sie dessen Gläubigern gleichwohl insoweit, als sie vom Erblasser innerhalb der letzten fünf Jahre vor seinem Tode Vermögenswerte empfangen haben, die bei der Erbteilung der Ausgleichung unterworfen sein würden [626 ff.].

[2] Die landesübliche Ausstattung bei der Verheiratung sowie die Kosten der Erziehung und Ausbildung werden von dieser Haftung nicht getroffen [626[2], 631[1]].

IV. Ausschlagung aller nächsten Erben.
1. Im allgemeinen.

2. Befugnis des überlebenden Ehegatten.

3. Ausschlagung zugunsten nachfolgender Erben.

V. Fristverlängerung.

VI. Ausschlagung eines Vermächtnisses.

VII. Sicherung für die Gläubiger des Erben.

VIII. Haftung im Falle der Ausschlagung.

154 Das Erbrecht

[3] Gutgläubige [3] Erben haften nur, soweit sie noch bereichert sind.

Dritter Abschnitt

Das öffentliche Inventar

Entwurf 1900 Art. 593/604; Erl. I, S. 445 ff.; ExpKom. I, S. 653 ff.; Entwurf 1904 Art. 578/90; NatR XVI, S. 296/308, XVII, S. 307, StändeR XVI, S. 459/74.

A. Voraussetzung.

580. [1] Jeder Erbe, der die Befugnis hat, die Erbschaft auszuschlagen [566, 571], ist berechtigt, ein öffentliches Inventar zu verlangen.

[2] Das Begehren muss binnen Monatsfrist in der gleichen Form wie die Ausschlagung [570] bei der zuständigen Behörde [SchlT 54] angebracht werden.

[3] Wird es von einem der Erben gestellt, so gilt es auch für die übrigen.

B. Verfahren.
I. Inventar.

581. [1] Das öffentliche Inventar wird durch die zuständige Behörde nach den Vorschriften des kantonalen Rechtes errichtet und besteht in der Anlegung eines Verzeichnisses der Vermögenswerte und Schulden der Erbschaft, wobei alle Inventarstücke mit einer Schätzung zu versehen sind.

[2] Wer über die Vermögensverhältnisse des Erblassers Auskunft geben kann, ist bei seiner Verantwortlichkeit verpflichtet, der Behörde alle von ihr verlangten Aufschlüsse zu erteilen.

[3] Insbesondere haben die Erben der Behörde die ihnen bekannten Schulden des Erblassers mitzuteilen.

II. Rechnungsruf.

582. [1] Mit der Aufnahme des Inventars verbindet die Behörde einen Rechnungsruf, durch den auf dem Wege angemessener öffentlicher Auskündung die Gläubiger und Schuldner des Erblassers mit Einschluss der Bürgschaftsgläubiger [591; OR 492 ff.] aufgefordert werden, binnen einer bestimmten Frist ihre Forderungen und Schulden anzumelden.

[2] Die Gläubiger sind dabei auf die Folgen der Nichtanmeldung [590] aufmerksam zu machen.

[3] Die Frist ist auf mindestens einen Monat, vom Tage der ersten Auskündung an gerechnet, anzusetzen.

III. Aufnahme von Amtes wegen.

583. [1] Forderungen und Schulden, die aus öffentlichen Büchern oder aus den Papieren des Erblassers ersichtlich sind, werden von Amtes wegen in das Inventar [581] aufgenommen.

[2] Die Aufnahme ist den Schuldnern und Gläubigern anzuzeigen.

Das öffentliche Inventar

584. [1] Nach Ablauf der Auskündungsfrist [582[3]] wird das Inventar geschlossen und hierauf während wenigstens eines Monats zur Einsicht der Beteiligten aufgelegt.

[2] Die Kosten werden von der Erbschaft und, wo diese nicht ausreicht, von den Erben getragen, die das Inventar verlangt haben [580[1]].

585. [1] Während der Dauer des Inventars dürfen nur die notwendigen Verwaltungshandlungen vorgenommen werden.

[2] Gestattet die Behörde die Fortsetzung des Geschäftes des Erblassers durch einen Erben, so sind dessen Miterben befugt, Sicherstellung zu verlangen.

586. [1] Die Betreibung für die Schulden des Erblassers ist während der Dauer des Inventars ausgeschlossen.

[2] Eine Verjährung läuft nicht [OR 134].

[3] Prozesse können mit Ausnahme von dringenden Fällen weder fortgesetzt noch angehoben werden.

587. [1] Nach Abschluss des Inventars wird jeder Erbe aufgefordert, sich binnen Monatsfrist über den Erwerb der Erbschaft zu erklären.

[2] Wo die Umstände es rechtfertigen, kann die zuständige Behörde zur Einholung von Schätzungen, zur Erledigung von streitigen Ansprüchen u. dgl. eine weitere Frist einräumen.

588. [1] Der Erbe kann während der angesetzten Frist [587] ausschlagen oder die amtliche Liquidation verlangen [593 ff.] oder die Erbschaft unter öffentlichem Inventar [589/91] oder vorbehaltlos [571] annehmen.

[2] Gibt er keine Erklärung ab, so hat er die Erbschaft unter öffentlichem Inventar [589/91] angenommen.

589. [1] Übernimmt ein Erbe die Erbschaft unter öffentlichem Inventar, so gehen die Schulden des Erblassers, die im Inventar verzeichnet sind, und die Vermögenswerte auf ihn über.

[2] Der Erwerb der Erbschaft mit Rechten und Pflichten wird auf den Zeitpunkt der Eröffnung des Erbganges [537] zurückbezogen.

[3] Für die Schulden, die im Inventar verzeichnet sind [581[1]], haftet der Erbe sowohl mit der Erbschaft als mit seinem eigenen Vermögen.

590. [1] Den Gläubigern des Erblassers, deren Forderungen aus dem Grunde nicht in das Inventar aufgenommen worden sind, weil sie deren Anmeldung versäumt haben [582], sind die Erben weder persönlich noch mit der Erbschaft haftbar [589[3]].

IV. Ergebnis.

C. Verhältnis der Erben während des Inventars.
I. Verwaltung.

II. Betreibung, Prozesse, Verjährung.

D. Wirkung.
I. Frist zur Erklärung.

II. Erklärung.

III. Folgen der Annahme unter öffentlichem Inventar.
1. Haftung nach Inventar.

2. Haftung ausser Inventar.

² Haben die Gläubiger ohne eigene Schuld die Anmeldung zum Inventar unterlassen, oder sind deren Forderungen trotz Anmeldung in das Verzeichnis nicht aufgenommen worden, so haftet der Erbe, soweit er aus der Erbschaft bereichert ist.

³ In allen Fällen können die Gläubiger ihre Forderungen geltend machen, soweit sie durch Pfandrecht an Erbschaftssachen [793 ff., 884 ff., 899 ff.] gedeckt sind.

E. Haftung für Bürgschaftsschulden.

591. Bürgschaftsschulden des Erblassers [582; OR 492 ff.] werden im Inventar besonders aufgezeichnet und können gegen den Erben, auch wenn er die Erbschaft annimmt, nur bis zu dem Betrage geltend gemacht werden, der bei der konkursmässigen Tilgung [SchKG 219/20] aller Schulden aus der Erbschaft auf die Bürgschaftsschulden fallen würde.

F. Erwerb durch das Gemeinwesen.

592. Fällt eine Erbschaft an das Gemeinwesen [466], so wird von Amtes wegen ein Rechnungsruf [582] vorgenommen, und es haftet das Gemeinwesen für die Schulden der Erbschaft nur im Umfange der Vermögenswerte, die es aus der Erbschaft erworben hat.

Vierter Abschnitt

Die amtliche Liquidation

Entwurf 1900 Art. 605/10; Erl. I, S. 451 ff.; ExpKom. I, S. 671 ff.; Entwurf 1904 Art. 591/6; NatR XVI, S. 302/6, XVII, S. 301/8, StändeR XVI, S. 475/8.

A. Voraussetzung.
I. Begehren eines Erben.

593. ¹ Jeder Erbe [457 ff., 483] ist befugt, anstatt die Erbschaft auszuschlagen [566] oder unter öffentlichem Inventar anzunehmen [588], die amtliche Liquidation zu verlangen.

² Solange jedoch ein Miterbe die Annahme erklärt, kann dem Begehren keine Folge gegeben werden.

³ Im Falle der amtlichen Liquidation werden die Erben für die Schulden der Erbschaft nicht haftbar.

II. Begehren der Gläubiger des Erblassers.

594. ¹ Haben die Gläubiger des Erblassers begründete Besorgnis, dass ihre Forderungen nicht bezahlt werden, und werden sie auf ihr Begehren nicht befriedigt oder sichergestellt, so können sie binnen drei Monaten, vom Tode des Erblassers [560¹] oder der Eröffnung der Verfügung [557] an gerechnet, die amtliche Liquidation der Erbschaft verlangen.

² Die Vermächtnisnehmer [484] können unter der gleichen Voraussetzung zu ihrer Sicherstellung vorsorgliche Massregeln verlangen.

595. ¹ Die amtliche Liquidation wird von der zuständigen Behörde [SchlT 54] oder in deren Auftrag von einem oder mehreren Erbschaftsverwaltern durchgeführt.

² Sie beginnt mit der Aufnahme eines Inventars, womit ein Rechnungsruf verbunden wird [581/2].

³ Der Erbschaftsverwalter steht unter der Aufsicht der Behörde, und die Erben sind befugt, bei dieser gegen die von ihm beabsichtigten oder getroffenen Massregeln Beschwerde zu erheben.

B. Verfahren.
I. Verwaltung.

596. ¹ Zum Zwecke der Liquidation sind die laufenden Geschäfte des Erblassers zu beendigen, seine Verpflichtungen zu erfüllen, seine Forderungen einzuziehen, die Vermächtnisse [484] nach Möglichkeit auszurichten, die Rechte und Pflichten des Erblassers, soweit nötig, gerichtlich festzustellen und sein Vermögen zu versilbern.

² Die Veräusserung von Grundstücken des Erblassers erfolgt durch öffentliche Versteigerung [OR 229 ff.] und darf nur mit Zustimmung aller Erben aus freier Hand stattfinden.

³ Die Erben können verlangen, dass ihnen die Sachen und Gelder der Erbschaft, die für die Liquidation entbehrlich sind, schon während derselben ganz oder teilweise ausgeliefert werden.

II. Ordentliche Liquidation.

597. Ist die Erbschaft überschuldet, so erfolgt die Liquidation durch das Konkursamt nach den Vorschriften des Konkursrechtes [SchKG 193, 221 ff.].

III. Konkursamtliche Liquidation.

Fünfter Abschnitt

Die Erbschaftsklage

Entwurf 1900 Art. 611/4; Erl. I, S. 455 ff.; ExpKom. I, S. 677 ff.; Entwurf 1904 Art. 597/600; NatR XVI, S. 302/3, S. 306/7; StändeR XVI, S. 478.

598. ¹ Wer auf eine Erbschaft oder auf Erbschaftssachen als gesetzlicher oder eingesetzter Erbe [457 ff., 483] ein besseres Recht zu haben glaubt als der Besitzer, ist befugt, sein Recht mit der Erbschaftsklage geltend zu machen.

² Das Gericht trifft auf Verlangen des Klägers die zu dessen Sicherung erforderlichen Massregeln [551], wie Anordnung von Sicherstellung oder Ermächtigung zu einer Vormerkung im Grundbuch [961¹ Ziff. 1].

Gerichtsstand: GestG 18¹.

A. Voraussetzung.

599. ¹ Wird die Klage gutgeheissen, so hat der Besitzer die Erbschaft oder die Erbschaftssachen nach den Besitzesregeln [938/40] an den Kläger herauszugeben.

B. Wirkung.

² Auf die Ersitzung [661 ff., 728] an Erbschaftssachen kann sich der Beklagte gegenüber der Erbschaftsklage nicht berufen.

C. Verjährung.

600. ¹ Die Erbschaftsklage verjährt gegenüber einem gutgläubigen [3] Beklagten mit Ablauf eines Jahres, von dem Zeitpunkte an gerechnet, da der Kläger von dem Besitz des Beklagten und von seinem eigenen bessern Recht Kenntnis erhalten hat, in allen Fällen aber mit dem Ablauf von zehn Jahren, vom Tode des Erblassers oder dem Zeitpunkte der Eröffnung [557] seiner letztwilligen Verfügung an gerechnet.

² Gegenüber einem bösgläubigen Beklagten beträgt die Verjährungsfrist stets 30 Jahre.

D. Klage der Vermächtnisnehmer.

601. Die Klage des Vermächtnisnehmers [484, 562] verjährt mit dem Ablauf von zehn Jahren, von der Mitteilung der Verfügung [558] oder vom Zeitpunkt an gerechnet, auf den das Vermächtnis später fällig wird.

Gerichtsstand: GestG 18[1].

Siebzehnter Titel

Die Teilung der Erbschaft*

Entwurf 1900 Art. 615/43; Erl. I, S. 457 ff.; Entwurf 1904 Art. 601/34; NatR XVI, S. 339/64, S. 373/8 (Art. 602/25), S. 378/87 (Art. 626/40), StändeR XVI, S. 478/504.

Erster Abschnitt

Die Gemeinschaft vor der Teilung

Entwurf 1900 Art. 615/9; Erl. I, S. 457 ff.; ExpKom. I, S. 702 ff.; Entwurf 1904 Art. 601/5; NatR XVI, S. 339/64, StändeR XVI, S. 478/81.

602. ¹ Beerben mehrere Erben [457 ff., 483] den Erblasser, so besteht unter ihnen, bis die Erbschaft geteilt wird, infolge des Erbganges [560] eine Gemeinschaft aller Rechte und Pflichten der Erbschaft.

² Sie werden Gesamteigentümer [652/4] der Erbschaftsgegenstände und verfügen unter Vorbehalt der vertraglichen oder gesetzlichen [517, 554, 595, 602³] Vertretungs- und Verwaltungsbefugnisse über die Rechte der Erbschaft gemeinsam.

³ Auf Begehren eines Miterben kann die zuständige Behörde für die Erbengemeinschaft bis zur Teilung eine Vertretung bestellen.

Zur Gläubigerbezeichnung bei Betreibungen durch eine Erbengemeinschaft vgl. das SchKK-Kreisschreiben des Bundesgerichts Nr. 16 vom 3. April 1925, publiziert in BGE 51 III 98.

A. Wirkung des Erbganges.
I. Erbengemeinschaft.

603. ¹ Für die Schulden des Erblassers [560²] werden die Erben solidarisch [OR 143 ff.] haftbar [639].

² Die angemessene Entschädigung, die den Kindern oder Grosskindern für Zuwendungen an den mit dem Erblasser gemeinsam geführten Haushalt geschuldet wird [334, 334bis], ist zu den Erbschaftsschulden zu rechnen, soweit dadurch nicht eine Überschuldung der Erbschaft entsteht.¹⁾

II. Haftung der Erben.

---

¹) Eingefügt durch Ziff. I 1 des BG vom 6. Oktober 1972 über Änderungen des bäuerlichen Zivilrechts (AS 1973 I 93), i.K. 15. Februar 1973.

---

* **Pro memoria:** Für die Teilung einer Erbschaft mit landwirtschaftlichen Gewerben und Grundstücken beachte die Sonderbestimmungen der Art. 11–35 BGBB (Anhang IX A zum ZGB). Zum Übergangsrecht vgl. Art. 94 f. BGBB.

Zur Betreibung der Erbschaft und zur Betreibung für Erbschaftsschulden siehe Art. 49, 59, 65 Abs. 3, 193 SchKG. Zur Schuldnerbezeichnung bei Betreibungen gegen eine Erbschaft vgl. das SchKK-Kreisschreiben des Bundesgerichts Nr. 16 vom 3. April 1925, publiziert in BGE 51 III 98.

160   Das Erbrecht

B. Teilungs-
anspruch.

604. [1] Jeder Miterbe kann zu beliebiger Zeit die Teilung der Erbschaft verlangen, soweit er nicht durch Vertrag oder Vorschrift des Gesetzes [z.B. 604[2], 605/6] zur Gemeinschaft verpflichtet ist.

[2] Auf Ansuchen eines Erben kann das Gericht vorübergehend eine Verschiebung der Teilung der Erbschaft oder einzelner Erbschaftssachen anordnen, wenn deren sofortige Vornahme den Wert der Erbschaft erheblich schädigen würde.

[3] Den Miterben eines zahlungsunfähigen [OR 83[1]] Erben steht die Befugnis zu, zur Sicherung ihrer Ansprüche sofort nach dem Erbgange vorsorgliche Massregeln zu verlangen.

Gerichtsstand: GestG 18[1].

C. Verschiebung
der Teilung.

605. [1] Ist beim Erbgang auf ein noch nicht geborenes Kind Rücksicht zu nehmen [544], so muss die Teilung bis zum Zeitpunkte seiner Geburt verschoben werden.

[2] Ebensolange hat die Mutter, soweit dies für ihren Unterhalt erforderlich ist, Anspruch auf den Genuss am Gemeinschaftsvermögen.

D. Anspruch
der Haus-
genossen.

606. Erben, die zur Zeit des Todes des Erblassers in dessen Haushaltung ihren Unterhalt erhalten haben, können verlangen, dass ihnen nach dem Tode des Erblassers der Unterhalt noch während eines Monats auf Kosten der Erbschaft zuteil werde [474[2]].

Zweiter Abschnitt

Die Teilungsart

Entwurf 1900 Art. 620/32; Erl. I, S. 346 ff., S. 462 ff.; ExpKom. I, S. 703 ff.; Entwurf 1904 Art. 606/19; NatR XVI, S. 339/64, S. 373/8, XVII, S. 303/7, StändeR XVI, S. 481/500, XVII, S. 303/6. – Botsch. vom 9. April 1963 über Änderung des ZGB und des OR betr. Baurecht und Grundstückverkehr, BBl 1963 I 969; StenBull. NatR 1964 S. 363/404, 1965 S. 59/73, 171, 279, StändeR 1964 S. 321/41, 1965 S. 36/7, 64. – Botsch. über Änderungen des bäuerlichen Zivilrechts vom 8. März 1971, BBl 1971 I 737, 747/56; StenBull. StändeR 1971 S. 393/406, S. 434/49, NatR 1972 S. 1148/82, S. 1553/4; StändeR 1972 S. 396/603, S. 660. – Botsch. und Entw. des BR vom 19. Oktober 1988 zum BG über das bäuerliche Bodenrecht (BGBB) sowie zum BG über die Teilrevision des ZGB (Immobiliarsachenrecht) und des OR (Grundstückkauf), BBl 1988 III 953.

A. Im
allgemeinen.

607. [1] Gesetzliche Erben [457 ff.] haben sowohl unter sich als mit eingesetzten Erben [483] nach den gleichen Grundsätzen zu teilen [610 ff.].

[2] Sie können, wo es nicht anders angeordnet ist, die Teilung frei vereinbaren [OR 1].

Die Teilungsart

³ Miterben, die sich im Besitze von Erbschaftssachen befinden oder Schuldner des Erblassers sind, haben hierüber bei der Teilung genauen Aufschluss zu geben [610²].

608. ¹ Der Erblasser ist befugt, durch Verfügung von Todes wegen [481] seinen Erben [607] Vorschriften über die Teilung und Bildung der Teile zu machen.

² Unter Vorbehalt der Ausgleichung bei einer Ungleichheit der Teile, die der Erblasser nicht beabsichtigt hat, sind diese Vorschriften für die Erben verbindlich.

³ Ist nicht ein anderer Wille des Erblassers aus der Verfügung ersichtlich, so gilt die Zuweisung einer Erbschaftssache an einen Erben als eine blosse Teilungsvorschrift und nicht als Vermächtnis [522²].

B. Ordnung der Teilung.
I. Verfügung des Erblassers.

609. ¹ Auf Verlangen eines Gläubigers, der den Anspruch eines Erben auf eine angefallene Erbschaft erworben [635] oder gepfändet hat, oder der gegen ihn Verlustscheine besitzt, hat die Behörde an Stelle dieses Erben bei der Teilung mitzuwirken.

² Dem kantonalen Recht bleibt es vorbehalten, noch für weitere Fälle eine amtliche Mitwirkung bei der Teilung vorzusehen.

II. Mitwirkung der Behörde.

610. ¹ Die Erben [607] haben bei der Teilung, wenn keine andern Vorschriften Platz greifen [z.B. 608], alle den gleichen Anspruch auf die Gegenstände der Erbschaft.

² Sie haben einander über ihr Verhältnis zum Erblasser alles mitzuteilen, was für die gleichmässige und gerechte Verteilung der Erbschaft in Berücksichtigung fällt [607³].

³ Jeder Miterbe kann verlangen, dass die Schulden des Erblassers vor der Teilung der Erbschaft getilgt oder sichergestellt werden.

C. Durchführung der Teilung.
I. Gleichberechtigung der Erben.

611. ¹ Die Erben bilden aus den Erbschaftssachen so viele Teile oder Lose, als Erben oder Erbstämme sind.

² Können sie sich nicht einigen, so hat auf Verlangen eines der Erben die zuständige Behörde unter Berücksichtigung des Ortsgebrauches [5²], der persönlichen Verhältnisse und der Wünsche der Mehrheit der Miterben die Lose zu bilden.

³ Die Verteilung der Lose erfolgt nach Vereinbarung oder durch Losziehung unter den Erben.

II. Bildung von Losen.

612. ¹ Eine Erbschaftssache, die durch Teilung an ihrem Werte wesentlich verlieren würde, soll einem der Erben ungeteilt zugewiesen werden.

² Können die Erben sich über die Teilung oder Zuweisung einer Sache nicht einigen, so ist die Sache zu verkaufen und der Erlös zu teilen [613²].

III. Zuweisung und Verkauf einzelner Sachen.

162　　Das Erbrecht

³ Auf Verlangen eines Erben hat der Verkauf auf dem Wege der Versteigerung stattzufinden, wobei, wenn die Erben sich nicht einigen, die zuständige Behörde entscheidet, ob die Versteigerung öffentlich [OR 229 ff.] oder nur unter den Erben stattfinden soll.

IV. Zuweisung der Wohnung und des Hausrates an den überlebenden Ehegatten.

612a.¹) ¹ Befinden sich das Haus oder die Wohnung, worin die Ehegatten gelebt haben, oder Hausratsgegenstände in der Erbschaft, so kann der überlebende Ehegatte [462] verlangen, dass ihm das Eigentum daran auf Anrechnung zugeteilt wird.

² Wo die Umstände [4] es rechtfertigen, kann auf Verlangen des überlebenden Ehegatten oder der andern gesetzlichen Erben [457 ff.] des Verstorbenen statt des Eigentums die Nutzniessung [745 ff.] oder ein Wohnrecht [776/8] eingeräumt werden.

³ An Räumlichkeiten, in denen der Erblasser einen Beruf ausübte oder ein Gewerbe betrieb [OR 934] und die ein Nachkomme [457] zu dessen Weiterführung benötigt, kann der überlebende Ehegatte diese Rechte nicht beanspruchen; die Vorschriften des bäuerlichen Erbrechts²) bleiben vorbehalten.

[⁴ Die gleiche Regelung gilt bei eingetragener Partnerschaft sinngemäss.]³)

---

¹) Eingefügt durch Ziff. I 2 des BG vom 5. Oktober 1984 über die Änderung des ZGB (Wirkungen der Ehe im allgemeinen, Ehegüterrecht und Erbrecht, AS 1986 I 122), i.K. 1. Januar 1988.

²) Jetzt BGBB, Anhang IX A zum ZGB; Art. 619 ZGB.

³) Text in eckigen Klammern hinzugefügt durch das Partnerschaftsgesetz (PartG, Anhang IV E zum ZGB), in Kraft erst am 1. Januar 2007.

D. Besondere Gegenstände. I. Zusammengehörende Sachen, Familienschriften.

613. ¹ Gegenstände, die ihrer Natur nach zusammengehören, sollen, wenn einer der Erben [607] gegen die Teilung Einspruch erhebt, nicht von einander getrennt werden.

² Familienschriften und Gegenstände, die für die Familie einen besonderen Erinnerungswert haben, sollen, sobald ein Erbe widerspricht, nicht veräussert werden.

³ Können sich die Erben nicht einigen, so entscheidet die zuständige Behörde über die Veräusserung oder die Zuweisung mit oder ohne Anrechnung, unter Berücksichtigung des Ortsgebrauches [5²] und, wo ein solcher nicht besteht, der persönlichen Verhältnisse der Erben.

I[bis]. Landwirtschaftliches Inventar.¹)

613a.¹) Stirbt der Pächter eines landwirtschaftlichen Gewerbes [BGBB 7, 8] und führt einer seiner Erben die Pacht allein weiter [LPG 18], so kann dieser verlangen, dass ihm das gesamte Inventar (Vieh, Gerätschaften, Vorräte usw.) unter Anrechnung auf seinen Erbteil zum Nutzwert zugewiesen wird.

---

¹) Eingefügt durch Art. 92 BGBB (Anhang IX A zum ZGB), i.K. 1. Januar 1994. Zum Übergangsrecht vgl. Art. 94 f. BGBB.

614. Forderungen, die der Erblasser an einen der Erben gehabt hat, sind bei der Teilung diesem anzurechnen.

II. Forderungen des Erblassers an Erben.

615. Erhält ein Erbe bei der Teilung eine Erbschaftssache, die für Schulden des Erblassers verpfändet ist, so wird ihm auch die Pfandschuld überbunden.

III. Verpfändete Erbschaftssachen.

616. (Aufgehoben gemäss Art. 92 BGBB [Anhang IX A zum ZGB].)

617 [617].[1]) Grundstücke [655] sind den Erben zum Verkehrswert anzurechnen, der ihnen im Zeitpunkt der Teilung zukommt.

IV. Grundstücke.
1. Übernahme.[2])
a. Anrechnungswert.

[1]) Fassung gemäss Art. 92 BGBB (Anhang IX A zum ZGB), i. K. 1. Januar 1994.

[2]) Die Numerierung der Marginalie (mit Ziffer 1) entspricht Art. 92 Ziff. 1 BGBB; eine Ziffer 2 fehlt.

618. [1] Können sich die Erben über den Anrechnungswert [617] nicht verständigen, so wird er durch amtlich bestellte Sachverständige endgültig festgestellt.

[2] ...[1])

b. Schatzungsverfahren.

[1]) Aufgehoben gemäss Ziff. I 1 des BG vom 6. Oktober 1972 über Änderungen des bäuerlichen Zivilrechts (AS 1973 I 93).

619 [617[2], 619–625bis].[1]) Für die Übernahme und Anrechnung von landwirtschaftlichen Gewerben und Grundstücken [BGBB 6/8] gilt das Bundesgesetz vom 4. Oktober 1991 über das bäuerliche Bodenrecht.[2])

V. Landwirtschaftliche Gewerbe und Grundstücke.[1])

[1]) Durch Art. 92 BGBB (Anhang IX A zum ZGB) wurden der Art. 619 abgeändert und die Art. 619bis–625bis aufgehoben (i. K. 1. Januar 1994).

[2]) BGBB (Anhang IX A zum ZGB). Zum Übergangsrecht vgl. Art. 94 f. BGBB.

620–625. (Aufgehoben gemäss Art. 92 BGBB [Anhang IX A zum ZGB].)

Dritter Abschnitt

Die Ausgleichung

Entwurf 1900 Art. 633/7; Erl. I, S. 469 f.; ExpKom. I, S. 746 ff.; Entwurf 1904 Art. 620/7; NatR XVI, S. 378/87, StändeR XVI, S. 500/2.

626. [1] Die gesetzlichen Erben [457 ff.] sind gegenseitig verpflichtet, alles zur Ausgleichung zu bringen, was ihnen der Erblasser bei Lebzeiten auf Anrechnung an ihren Erbanteil zugewendet hat [628].

A. Ausgleichungspflicht der Erben.

² Was der Erblasser seinen Nachkommen [457] als Heiratsgut, Ausstattung oder durch Vermögensabtretung, Schulderlass u. dgl. zugewendet hat, steht, sofern der Erblasser nicht ausdrücklich das Gegenteil verfügt, unter der Ausgleichungspflicht [527 Ziff. 1, 537²].

B. Ausgleichung bei Wegfallen von Erben.

627. ¹ Fällt ein Erbe vor oder nach dem Erbgang weg [477 ff., 495 f., 519 ff., 539 ff., 542, 566 ff.], so geht seine Ausgleichungspflicht auf die Erben über, die an seine Stelle treten.

² Nachkommen eines Erben sind in bezug auf die Zuwendungen, die dieser erhalten hat, auch dann zur Ausgleichung verpflichtet, wenn die Zuwendungen nicht auf sie übergegangen sind.

C. Berechnungsart.
I. Einwerfung oder Anrechnung.

628. ¹ Die Erben [626¹] haben die Wahl, die Ausgleichung durch Einwerfung in Natur oder durch Anrechnung dem Werte nach vorzunehmen, und zwar auch dann, wenn die Zuwendungen den Betrag des Erbanteils übersteigen.

² Vorbehalten bleiben abweichende Anordnungen des Erblassers sowie die Ansprüche der Miterben auf Herabsetzung der Zuwendungen [522 ff.].

II. Verhältnis zum Erbanteil.

629. ¹ Übersteigen die Zuwendungen den Betrag eines Erbanteiles, so ist der Überschuss unter Vorbehalt des Herabsetzungsanspruches der Miterben [522 ff.] nicht auszugleichen, wenn nachweisbar der Erblasser den Erben damit begünstigen wollte [608³].

² Diese Begünstigung wird vermutet bei den Ausstattungen, die den Nachkommen bei ihrer Verheiratung in üblichem Umfange zugewendet worden sind.

III. Ausgleichungswert.

630. ¹ Die Ausgleichung erfolgt nach dem Werte der Zuwendungen zur Zeit des Erbganges [537] oder, wenn die Sache vorher veräussert worden ist, nach dem dafür erzielten Erlös.

² Verwendungen und Schaden sowie bezogene Früchte sind unter den Erben nach den Besitzesregeln [938/40] in Anschlag zu bringen.

D. Erziehungskosten.

631. ¹ Die Auslagen des Erblassers für die Erziehung und Ausbildung einzelner Kinder sind, wenn kein anderer Wille des Erblassers nachgewiesen wird, der Ausgleichungspflicht nur insoweit unterworfen, als sie das übliche Mass übersteigen.

² Kindern, die noch in der Ausbildung stehen oder die gebrechlich sind, ist bei der Teilung ein angemessener Vorausbezug einzuräumen.[1]

---

[1] Fassung gemäss Ziff. I 2 des BG vom 5. Oktober 1984 über die Änderung des ZGB (Wirkungen der Ehe im allgemeinen, Ehegüterrecht und Erbrecht, AS 1986 I 122), i.K. 1. Januar 1988.

632. Übliche Gelegenheitsgeschenke stehen nicht unter der Ausgleichungspflicht.

E. Gelegenheitsgeschenke.

633. (Aufgehoben gemäss Ziff. I 1 des BG vom 6. Oktober 1972 über Änderungen des bäuerlichen Zivilrechts [AS 1973 I 93].)

Vierter Abschnitt

Abschluss und Wirkung der Teilung

Entwurf 1900 Art. 638/43; Erl. I, S. 471/4; ExpKom. I, S. 751 ff.; Entwurf 1904 Art. 628/34; NatR XVI, S. 378/87, StändeR XVI, S. 503/4.

634. ¹ Die Teilung wird für die Erben verbindlich mit der Aufstellung und Entgegennahme der Lose oder mit dem Abschluss des Teilungsvertrages.

² Der Teilungsvertrag bedarf zu seiner Gültigkeit der schriftlichen¹) Form [OR 13/5].

A. Abschluss des Vertrages.
I. Teilungsvertrag.

¹) Siehe Art. 18 Abs. 1 lit. b GBV (Anhang VIII zum ZGB).

635. ¹ Verträge unter den Miterben über Abtretung der Erbanteile bedürfen zu ihrer Gültigkeit der schriftlichen Form [OR 13/5].¹)

² Werden sie von einem Erben mit einem Dritten abgeschlossen, so geben sie diesem kein Recht auf Mitwirkung bei der Teilung [609], sondern nur einen Anspruch auf den Anteil, der dem Erben aus der Teilung zugewiesen wird.

II. Vertrag über angefallene Erbanteile.

¹) Fassung gemäss Ziff. I 2 des BG vom 5. Oktober 1984 über die Änderung des ZGB (Wirkungen der Ehe im allgemeinen, Ehegüterrecht und Erbrecht, AS 1986 I 122), i. K. 1. Januar 1988.

636. ¹ Verträge, die ein Erbe über eine noch nicht angefallene Erbschaft [537¹] ohne Mitwirkung und Zustimmung des Erblassers mit einem anderen Miterben oder einem Dritten abschliesst, sind nicht verbindlich.

² Leistungen, die auf Grund solcher Verträge gemacht worden sind, können zurückgefordert werden.

III. Verträge vor dem Erbgang.

637. ¹ Nach Abschluss der Teilung haften die Miterben einander für die Erbschaftssachen wie Käufer und Verkäufer [OR 192 ff., 197 ff., 219].

² Sie haben einander den Bestand der Forderungen, die ihnen bei der Teilung zugewiesen wurden, zu gewährleisten und haften einander, soweit es sich nicht um Wertpapiere mit Kurswert handelt, für die Zahlungsfähigkeit des Schuldners im angerechneten Forderungsbetrag wie einfache Bürgen [OR 495].

B. Haftung der Miterben unter sich.
I. Gewährleistung.

³ Die Klage aus der Gewährleistungspflicht verjährt [OR 127] mit Ablauf eines Jahres nach der Teilung oder nach dem Zeitpunkt, auf den die Forderungen später fällig werden.

II. Anfechtung der Teilung.

638. Die Anfechtung des Teilungsvertrages erfolgt nach den Vorschriften über die Anfechtung der Verträge im allgemeinen [7; OR 1, 11, 20, 21, 23 ff.].

C. Haftung gegenüber Dritten.
I. Solidare Haftung.

639. ¹ Für die Schulden des Erblassers sind die Erben den Gläubigern auch nach der Teilung solidarisch [OR 143 ff.] und mit ihrem ganzen Vermögen haftbar, solange die Gläubiger in eine Teilung oder Übernahme der Schulden nicht ausdrücklich oder stillschweigend eingewilligt haben.

² Die solidare Haftung der Miterben verjährt mit Ablauf von fünf Jahren nach der Teilung oder nach dem Zeitpunkt, auf den die Forderung später fällig [OR 75] geworden ist.

II. Rückgriff auf die Miterben.

640. ¹ Hat ein Erbe eine Schuld des Erblassers bezahlt, die ihm bei der Teilung nicht zugewiesen worden ist, oder hat er von einer Schuld mehr bezahlt, als er übernommen, so ist er befugt, auf seine Miterben Rückgriff zu nehmen.

² Dieser Rückgriff richtet sich zunächst gegen den, der die bezahlte Schuld bei der Teilung übernommen hat.

³ Im übrigen haben die Erben mangels anderer Abrede die Schulden unter sich im Verhältnis der Erbanteile zu tragen.

VIERTER TEIL

Das Sachenrecht

Entwurf 1900 Art. 644/1019; Erl. II S. 3 f., S. 32 f.; Entwurf 1904 Art. 635/1015; Botsch. S. 60 f.; NatR XVI, S. 515/25, StändeR XVI, S. 1253 ff.

Erste Abteilung

Das Eigentum

NatR XVI, S. 515/25, XVII, S. 308/23, StändeR XVI, S. 1253/8.

Achtzehnter Titel

Allgemeine Bestimmungen

Entwurf 1900 Art. 644/57; Erl. II, S. 32 f., S. 58 f.; ExpKom. II, S. 2 ff.; Entwurf 1904 Art. 635/48; Botsch. S. 61 f.; NatR XVI, S. 515/25; StändeR XVI, S. 1253/8. – Die Gesetzesmaterialien zu den (durch das BG vom 19. Dezember 1963 betr. Miteigentum und Stockwerkeigentum) revidierten bzw. neu eingeführten Art. 647, 647a–647e, 648/9, 649a–650 sind unten vor Art. 712a aufgeführt. – Botsch. und Entw. des BR vom 19. Oktober 1988 zum BG über das bäuerliche Bodenrecht (BGBB) sowie zum BG über die Teilrevision des ZGB (Immobiliarsachenrecht) und des OR (Grundstückkauf), BBl 1988 III 953 – Parlamentarische Initiative, Die Tiere in der schweizerischen Rechtsordnung: Bericht der Kommission für Rechtsfragen des StR vom 25. Januar 2002 (BBl 2002 S. 4164); Stellungnahme des BR vom 27. Februar 2002 (BBl 2002 S. 5806).

641. [1] Wer Eigentümer einer Sache ist, kann in den Schranken der Rechtsordnung [z. B. 2, 667 ff.] über sie nach seinem Belieben verfügen.

[2] Er hat das Recht, sie von jedem, der sie ihm vorenthält, herauszuverlangen und jede ungerechtfertigte Einwirkung abzuwehren.

Gerichtsstand: GestG 19[1] a.

A. Inhalt des Eigentums.
I. Im Allgemeinen.[1]

---

[1] Fassung gemäss Ziff. I des BG vom 4. Oktober 2002 über die Änderung des ZGB, OR, StGB, SchKG (Grundsatzartikel Tiere) (AS 2003 S. 463), i. K. 1. April 2003.

II. Tiere.

641a.[1]) [1] Tiere sind keine Sachen.

[2] Soweit für Tiere keine besonderen Regelungen [z.B. 482[4], 651a, 722[1bis, 1ter], 934[1]; OR 42[3], 43[1bis]] bestehen, gelten für sie die auf Sachen anwendbaren Vorschriften.[2])

---

[1]) Eingefügt gemäss Ziff. I des BG vom 4. Oktober 2002 über die Änderung des ZGB, OR, StGB, SchKG (Grundsatzartikel Tiere) (AS 2003 S. 463), i.K. 1. April 2003. – Zur Unpfändbarkeit von Tieren siehe Art. 91[1] Ziff. 1a SchKG.

[2]) So auch im Strafrecht: «Stellt eine Bestimmung auf den Begriff der Sache ab, so findet sie entsprechende Anwendung auf Tiere» (Art. 110 Ziff. 4bis StGB).

B. Umfang des Eigentums.
I. Bestandteile.

642. [1] Wer Eigentümer einer Sache ist, hat das Eigentum an allen ihren Bestandteilen [OR 187[2]].

[2] Bestandteil einer Sache ist alles, was nach der am Orte üblichen Auffassung [5[2]] zu ihrem Bestande gehört und ohne ihre Zerstörung, Beschädigung oder Veränderung nicht abgetrennt werden kann.

II. Natürliche Früchte.

643. [1] Wer Eigentümer einer Sache ist, hat das Eigentum auch an ihren natürlichen Früchten.

[2] Natürliche Früchte sind die zeitlich wiederkehrenden Erzeugnisse und die Erträgnisse, die nach der üblichen Auffassung [5[2]] von einer Sache ihrer Bestimmung gemäss gewonnen werden.

[3] Bis zur Trennung sind die natürlichen Früchte Bestandteile der Sache [642[2]; OR 187[2]].

III. Zugehör.
1. Umschreibung.

644. [1] Die Verfügung über eine Sache bezieht sich, wenn keine Ausnahme gemacht wird, auch auf ihre Zugehör [805, 892].

[2] Zugehör sind die beweglichen Sachen [713], die nach der am Orte üblichen Auffassung [5[2]] oder nach dem klaren Willen des Eigentümers der Hauptsache dauernd für deren Bewirtschaftung, Benutzung oder Verwahrung bestimmt und durch Verbindung, Anpassung oder auf andere Weise in die Beziehung zur Hauptsache gebracht sind, in der sie ihr zu dienen haben [805[2]].

[3] Ist eine Sache Zugehör, so vermag eine vorübergehende Trennung von der Hauptsache ihr diese Eigenschaft nicht zu nehmen.

2. Ausschluss.

645. Zugehör sind niemals solche bewegliche Sachen [713], die dem Besitzer der Hauptsache nur zum vorübergehenden Gebrauche oder zum Verbrauche dienen, oder die zu der Eigenart der Hauptsache in keiner Beziehung stehen, sowie solche, die nur zur Aufbewahrung oder zum Verkauf [OR 184] oder zur Vermietung [OR 253] mit der Hauptsache in Verbindung gebracht sind [805[2]].

646. [1] Haben mehrere Personen eine Sache nach Bruchteilen und ohne äusserliche Abteilung in ihrem Eigentum, so sind sie Miteigentümer [943[2]].

[2] Ist es nicht anders festgestellt, so sind sie Miteigentümer zu gleichen Teilen.

[3] Jeder Miteigentümer hat für seinen Anteil die Rechte und Pflichten eines Eigentümers, und es kann dieser Anteil von ihm veräussert und verpfändet und von seinen Gläubigern gepfändet werden [800[1]].

C. Gemeinschaftliches Eigentum.
I. Miteigentum.[1])
1. Verhältnis der Miteigentümer.

---

[1]) Durch das BG vom 19. Dezember 1963 über die Änderung des 4. Teils des ZGB (Miteigentum und Stockwerkeigentum, AS 1964 II 993) sind Art. 647/50, 655, 682 und 943 sowie Art. 20 und 45 SchlT abgeändert worden; Art. 647a–647e, 649a–649c, 712a–712t und Art. 20bis–20^{quater} SchlT wurden neu ins Gesetz eingefügt. Dieses BG ist auf den 1. Januar 1965 in Kraft getreten. Gesetzesmaterialien hiezu siehe vor Art. 712a.

Zur Behandlung von Miteigentum im Konkurs vgl. das SchKK-Kreisschreiben des Bundesgerichts Nr. 17 vom 1. Februar 1926, publiziert in BGE 52 III 56; zur Verwertung von Miteigentumsanteilen im Konkurs: Bescheid SchKK vom 5. Juli 1976, publiziert in BGE 102 III 49.

647 [647]. [1] Die Miteigentümer können eine von den gesetzlichen Bestimmungen [647a–649] abweichende Nutzungs- und Verwaltungsordnung vereinbaren und im Grundbuch anmerken lassen.

[2] Nicht aufheben oder beschränken können sie die jedem Miteigentümer zustehenden Befugnisse:
1. zu verlangen, dass die für die Erhaltung des Wertes und der Gebrauchsfähigkeit der Sache notwendigen Verwaltungshandlungen [647c] durchgeführt und nötigenfalls vom Gericht angeordnet werden;
2. von sich aus auf Kosten aller Miteigentümer [649] die Massnahmen zu ergreifen, die sofort getroffen werden müssen, um die Sache vor drohendem oder wachsendem Schaden zu bewahren [vgl. OR 419 ff.].

2. Nutzungs- und Verwaltungsordnung.

647a [647[2]]. [1] Zu den gewöhnlichen Verwaltungshandlungen ist jeder Miteigentümer befugt, insbesondere zur Vornahme von Ausbesserungen, Anbau- und Erntearbeiten, zur kurzfristigen Verwahrung und Aufsicht sowie zum Abschluss der dazu dienenden Verträge und zur Ausübung der Befugnisse, die sich aus ihnen und aus den Miet-, Pacht- und Werkverträgen ergeben, einschliesslich der Bezahlung und Entgegennahme von Geldbeträgen für die Gesamtheit.

[2] Mit Zustimmung der Mehrheit aller Miteigentümer kann die Zuständigkeit zu diesen Verwaltungshandlungen unter Vorbehalt der Bestimmungen des Gesetzes über die notwendigen und dringlichen Massnahmen [647[2]] anders geregelt werden.

3. Gewöhnliche Verwaltungshandlungen.

647b [647³]. ¹ Mit Zustimmung der Mehrheit aller Miteigentümer, die zugleich den grösseren Teil der Sache vertritt, können wichtigere Verwaltungshandlungen durchgeführt werden, insbesondere die Änderung der Kulturart oder Benutzungsweise, der Abschluss und die Auflösung von Miet- und Pachtverträgen, die Beteiligung an Bodenverbesserungen und die Bestellung eines Verwalters, dessen Zuständigkeit nicht auf gewöhnliche Verwaltungshandlungen [647a] beschränkt ist.

² Vorbehalten bleiben die Bestimmungen über die notwendigen baulichen Massnahmen [647c].

647c [647]. Unterhalts-, Wiederherstellungs- und Erneuerungsarbeiten, die für die Erhaltung des Wertes und der Gebrauchsfähigkeit der Sache nötig sind, können mit Zustimmung der Mehrheit aller Miteigentümer ausgeführt werden, soweit sie nicht als gewöhnliche Verwaltungshandlungen [647a] von jedem einzelnen vorgenommen werden dürfen.

647d [647]. ¹ Erneuerungs- und Umbauarbeiten, die eine Wertsteigerung oder Verbesserung der Wirtschaftlichkeit oder Gebrauchsfähigkeit der Sache bezwecken, bedürfen der Zustimmung der Mehrheit aller Miteigentümer, die zugleich den grösseren Teil der Sache vertritt.

² Änderungen, die einem Miteigentümer den Gebrauch oder die Benutzung der Sache zum bisherigen Zweck erheblich und dauernd erschweren oder unwirtschaftlich machen, können nicht ohne seine Zustimmung durchgeführt werden.

³ Verlangt die Änderung von einem Miteigentümer Aufwendungen, die ihm nicht zumutbar sind [4], insbesondere weil sie in einem Missverhältnis zum Vermögenswert seines Anteils stehen, so kann sie ohne seine Zustimmung nur durchgeführt werden, wenn die übrigen Miteigentümer seinen Kostenanteil auf sich nehmen, soweit er den ihm zumutbaren Betrag übersteigt.

647e [647]. ¹ Bauarbeiten, die lediglich der Verschönerung, der Ansehnlichkeit der Sache oder der Bequemlichkeit im Gebrauch dienen, dürfen nur mit Zustimmung aller Miteigentümer ausgeführt werden.

² Werden solche Arbeiten mit Zustimmung der Mehrheit aller Miteigentümer, die zugleich den grösseren Teil der Sache vertritt, angeordnet, so können sie auch gegen den Willen eines nicht zustimmenden Miteigentümers ausgeführt werden, sofern dieser durch sie in seinem Nutzungs- und Gebrauchsrecht nicht dauernd beeinträchtigt wird, und die übrigen Miteigentümer ihm für eine bloss vorübergehende Beeinträchtigung Ersatz leisten und seinen Kostenanteil übernehmen.

Das Eigentum, allgemeine Bestimmungen 171

648 [648]. ¹ Jeder Miteigentümer ist befugt, die Sache insoweit zu vertreten, zu gebrauchen und zu nutzen, als es mit den Rechten der andern verträglich ist.

² Zur Veräusserung oder Belastung der Sache sowie zur Veränderung ihrer Zweckbestimmung bedarf es der Übereinstimmung aller Miteigentümer, soweit diese nicht einstimmig eine andere Ordnung [647] vereinbart haben.

³ Bestehen Grundpfandrechte [793] oder Grundlasten [782] an Miteigentumsanteilen, so können die Miteigentümer die Sache selbst nicht mehr mit solchen Rechten belasten.

6. Verfügung über die Sache.

649. ¹ Die Verwaltungskosten, Steuern und anderen Lasten, die aus dem Miteigentum erwachsen oder auf der gemeinschaftlichen Sache ruhen, werden von den Miteigentümern, wo es nicht anders bestimmt ist, im Verhältnis ihrer Anteile [646²] getragen.

² Hat ein Miteigentümer solche Ausgaben über diesen Anteil hinaus getragen, so kann er von den anderen nach dem gleichen Verhältnis Ersatz verlangen.

7. Tragung der Kosten und Lasten.

649a. Die von den Miteigentümern vereinbarte Nutzungs- und Verwaltungsordnung [647] und die von ihnen gefassten Verwaltungsbeschlüsse sowie die gerichtlichen Urteile und Verfügungen sind auch für den Rechtsnachfolger eines Miteigentümers und für den Erwerber eines dinglichen Rechtes an einem Miteigentumsanteil verbindlich.

8. Eintritt des Erwerbers eines Anteils.

649b. ¹ Der Miteigentümer kann durch gerichtliches Urteil aus der Gemeinschaft ausgeschlossen werden, wenn durch sein Verhalten oder das Verhalten von Personen, denen er den Gebrauch der Sache überlassen oder für die er einzustehen hat, Verpflichtungen gegenüber allen oder einzelnen Mitberechtigten so schwer verletzt werden, dass diesen die Fortsetzung der Gemeinschaft nicht zugemutet werden kann [4].

² Umfasst die Gemeinschaft nur zwei Miteigentümer, so steht jedem das Klagerecht zu; im übrigen bedarf es zur Klage, wenn nichts anderes vereinbart ist, der Ermächtigung durch einen Mehrheitsbeschluss aller Miteigentümer mit Ausnahme des Beklagten.

³ Erkennt das Gericht auf Ausschluss des Beklagten, so verurteilt es ihn zur Veräusserung seines Anteils und ordnet für den Fall, dass der Anteil nicht binnen der angesetzten Frist veräussert wird, dessen öffentliche Versteigerung nach den Vorschriften über die Zwangsverwertung von Grundstücken¹) an unter Ausschluss der Bestimmungen über die Auflösung des Miteigentumsverhältnisses [650/1].

9. Ausschluss aus der Gemeinschaft. a. Miteigentümer.

---

¹) Siehe die V des Bundesgerichts vom 23. April 1920 über die Zwangsverwertung von Grundstücken (VZG, SR 281.42).

b. Andere Berechtigte.	**649c.** Die Bestimmungen über den Ausschluss eines Miteigentümers [649b] sind auf den Nutzniesser [745] und auf den Inhaber eines anderen dinglichen oder vorgemerkten [959] persönlichen Nutzungsrechtes an einem Miteigentumsanteil sinngemäss anwendbar.
10. Aufhebung.[1]) a. Anspruch auf Teilung.	**650** [650]. [1] Jeder Miteigentümer hat das Recht, die Aufhebung des Miteigentums zu verlangen, wenn sie nicht durch ein Rechtsgeschäft, durch Aufteilung zu Stockwerkeigentum [712a/712t] oder durch die Bestimmung der Sache für einen dauernden Zweck [z. B. 670] ausgeschlossen ist. [2] Die Aufhebung kann auf höchstens dreissig Jahre durch eine Vereinbarung ausgeschlossen werden, die für Grundstücke zu ihrer Gültigkeit der öffentlichen Beurkundung [SchlT 55] bedarf und im Grundbuch vorgemerkt werden kann. [3] Die Aufhebung darf nicht zur Unzeit verlangt werden. GBV 71a[2].

[1]) Für die Aufhebung von gemeinschaftlichem Eigentum an landwirtschaftlichen Gewerben und Grundstücken beachte Art. 654a.

b. Art der Teilung.	**651.** [1] Die Aufhebung erfolgt durch körperliche Teilung, durch Verkauf aus freier Hand oder auf dem Wege der Versteigerung [OR 229 ff.] mit Teilung des Erlöses oder durch Übertragung der ganzen Sache auf einen oder mehrere der Miteigentümer unter Auskauf der übrigen. [2] Können sich die Miteigentümer über die Art der Aufhebung nicht einigen, so wird nach Anordnung des Gerichts die Sache körperlich geteilt oder, wenn dies ohne wesentliche Verminderung ihres Wertes nicht möglich ist, öffentlich oder unter den Miteigentümern versteigert [vgl. auch 205[2], 251, 651a[1]]. [3] Mit der körperlichen Teilung kann bei ungleichen Teilen eine Ausgleichung der Teile in Geld verbunden werden.
c. Tiere des häuslichen Bereichs.	**651a.**[1]) [1] Bei Tieren [641a], die im häuslichen Bereich und nicht zu Vermögens- oder Erwerbszwecken gehalten werden [722[1bis], 728[1bis]; OR 42[3], 43[1bis]], spricht das Gericht im Streitfall das Alleineigentum derjenigen Partei zu, die in tierschützerischer Hinsicht dem Tier die bessere Unterbringung gewährleistet. [2] Das Gericht kann die Person, die das Tier zugesprochen erhält, zur Leistung einer angemessenen Entschädigung an die Gegenpartei verpflichten; es bestimmt deren Höhe nach freiem Ermessen [4].

³ Es trifft die nötigen vorsorglichen Massnahmen, namentlich in Bezug auf die vorläufige Unterbringung des Tieres.

---

¹) Eingefügt gemäss Ziff. I des BG vom 4. Oktober 2002 über die Änderung des ZGB, OR, StGB, SchKG (Grundsatzartikel Tiere) (AS 2003 S. 463), i.K. 1. April 2003. – Zur Unpfändbarkeit von Tieren siehe Art. 92¹ Ziff. 1a SchKG.

652. Haben mehrere Personen, die durch Gesetzesvorschrift oder Vertrag zu einer Gemeinschaft verbunden sind [z.B. 222/4, 336 ff., 602; OR 530 ff.], eine Sache kraft ihrer Gemeinschaft zu Eigentum, so sind sie Gesamteigentümer, und es geht das Recht eines jeden auf die ganze Sache.

II. Gesamteigentum.*
1. Voraussetzung.

653. ¹ Die Rechte und Pflichten der Gesamteigentümer richten sich nach den Regeln, unter denen ihre gesetzliche oder vertragsmässige Gemeinschaft steht.

² Besteht keine andere Vorschrift, so bedarf es zur Ausübung des Eigentums und insbesondere zur Verfügung über die Sache des einstimmigen Beschlusses aller Gesamteigentümer.

³ Solange die Gemeinschaft dauert, ist ein Recht auf Teilung oder die Verfügung über einen Bruchteil der Sache ausgeschlossen.

2. Wirkung.

654. ¹ Die Aufhebung erfolgt mit der Veräusserung der Sache oder dem Ende der Gemeinschaft.

² Die Teilung geschieht, wo es nicht anders bestimmt ist, nach den Vorschriften über das Miteigentum [651].

3. Aufhebung.

654a.¹) Für die Aufhebung von gemeinschaftlichem Eigentum an landwirtschaftlichen Gewerben und Grundstücken [BGBB 6/8] gilt zudem das Bundesgesetz vom 4. Oktober 1991 über das bäuerliche Bodenrecht.²)

III. Gemeinschaftliches Eigentum an landwirtschaftlichen Gewerben und Grundstücken.

---

¹) Eingefügt gemäss Art. 92 BGBB (Anhang IX A zum ZGB), i.K. 1. Januar 1994.

²) BGBB, Anhang IX A zum ZGB. Zum Übergangsrecht vgl. Art. 94 f. BGBB.

---

* Zur Behandlung von Gesamteigentum im Konkurs vgl. das SchKK-Kreisschreiben des Bundesgerichts Nr. 17 vom 1. Februar 1926, publiziert in BGE 52 III 56.

Neunzehnter Titel

Das Grundeigentum

Erster Abschnitt

Gegenstand, Erwerb und Verlust des Grundeigentums

Entwurf 1900 Art. 658/68; Erl. II, S. 77 ff., S. 366 f.; ExpKom. II, S. 25 ff.; Entwurf 1904 Art. 946/59; NatR XVI, S. 525/32, 1007/12; StändeR XVI, S. 1258/64; NatR XVII, S. 309 f., 330, 337, 341, 343. – Botsch. und Entw. des BR vom 19. Oktober 1988 zum BG über das bäuerliche Bodenrecht (BGBB) sowie zum BG über die Teilrevision des ZGB (Immobiliarsachenrecht) und des OR (Grundstückkauf), BBl 1988 III 953.

A. Gegenstand. **655.**[1]) [1] Gegenstand des Grundeigentums sind die Grundstücke.

[2] Grundstücke im Sinne dieses Gesetzes sind:
1. die Liegenschaften;
2. die in das Grundbuch aufgenommenen selbständigen und dauernden Rechte [779[3], 780[3], 781, 943[1] Ziff. 2, SchlT 56][2]);
3. die Bergwerke;
4. die Miteigentumsanteile an Grundstücken [646, 712a].

GBV 1/10a.

---

[1]) Fassung gemäss Ziff. I des BG vom 19. Dezember 1963 über die Änderung des 4. Teils des ZGB (Miteigentum und Stockwerkeigentum, AS 1964 S. 993), i.K. 1. Januar 1965.

[2]) Die selbständigen und dauernden Rechte sind nirgendwo vollständig aufgezählt. Vgl. die offene Formulierung in Art. 7 Abs. 1 GBV.

B. Erwerb.[1]) **656.** [1] Zum Erwerbe des Grundeigentums bedarf es der Eintragung in das Grundbuch [958 Ziff. 1, 972 ff.].

I. Eintragung.

[2] Bei Aneignung [658, 664], Erbgang [560 ff.], Enteignung[2]), Zwangsvollstreckung oder gerichtlichem Urteil [z.B. 665[1]] erlangt indessen der Erwerber schon vor der Eintragung das Eigentum, kann aber im Grundbuch erst dann über das Grundstück verfügen, wenn die Eintragung erfolgt ist [665[2]].

GBV 18, 18a.

---

[1]) Zur Veröffentlichung des Erwerbs des Eigentums an Grundstücken siehe Art. 970a.

[2]) Siehe das BG vom 20. Juni 1930 über die Enteignung (SR 711).

II. Erwerbsarten.
1. Übertragung.

657. [1] Der Vertrag auf Eigentumsübertragung [z.B. OR 216[1]] bedarf zu seiner Verbindlichkeit der öffentlichen Beurkundung [SchlT 55; OR 11].[1])

² Die Verfügung von Todes wegen und der Ehevertrag bedürfen der im Erbrecht [498 ff., 512] und im ehelichen Güterrecht [184] vorgeschriebenen Formen.

---

¹) Ausserdem sind zu beachten:
a) **Verträge mit Personen im Ausland betreffend Übertragung von Grundeigentum in der Schweiz.** Sie bedürfen zu ihrer Verbindlichkeit der Bewilligung durch die zuständige Behörde (BG vom 16. Dezember 1983 über den Erwerb von Grundstücken durch Personen im Ausland [Anhang X A zum ZGB] und dazugehörige Verordnung vom 1. Oktober 1984 [Anhang X B zum ZGB]).
b) **Landwirtschaftliche Gewerbe und Grundstücke** (Art. 6/8 BGBB). Der Erwerb landwirtschaftlicher Gewerbe und Grundstücke ist grundsätzlich bewilligungspflichtig (vgl. Art. 61–69 BGBB; Anhang IX A zum ZGB). Im übrigen beachte auch das Veräusserungsverbot nach Art. 54 Abs. 1 BGBB und die weiteren Verfügungsbeschränkungen der Art. 40 ff. BGBB.

658. ¹ Die Aneignung [656²] eines im Grundbuch eingetragenen Grundstückes [655, 943] kann nur stattfinden, wenn dieses nach Ausweis des Grundbuches herrenlos ist.

² Die Aneignung von Land, das nicht im Grundbuch aufgenommen ist, steht unter den Bestimmungen über die herrenlosen Sachen [664].

2. Aneignung.

659. ¹ Entsteht durch Anschwemmung, Anschüttung, Bodenverschiebung, Veränderungen im Lauf oder Stand eines öffentlichen Gewässers oder in anderer Weise aus herrenlosem Boden der Ausbeutung fähiges Land, so gehört es dem Kanton, in dessen Gebiet es liegt.

² Es steht den Kantonen frei, solches Land den Anstössern zu überlassen.

³ Vermag jemand nachzuweisen, dass Bodenteile seinem Eigentum entrissen worden sind, so kann er sie binnen angemessener Frist zurückholen.

3. Bildung neuen Landes.

660. ¹ Bodenverschiebungen von einem Grundstück auf ein anderes bewirken keine Veränderung der Grenzen.

² Bodenteile und andere Gegenstände, die hiebei von dem einen Grundstück auf das andere gelangt sind, unterliegen den Bestimmungen über die zugeführten Sachen [700, 725, 720 ff.] oder die Sachverbindungen [642, 667, 671 ff., 727].

4. Bodenverschiebung.
a. im allgemeinen.¹)

---

¹) Fassung gemäss BG vom 4. Oktober 1991 über die Teilrevision des ZGB (Immobiliarsachenrecht) und des OR (Grundstückkauf), i.K. 1. Januar 1994 (AS 1993 S. 1404).

660a.¹) ¹ Der Grundsatz, wonach Bodenverschiebungen keine Änderung der Grenzen bewirken [660], gilt nicht für Gebiete

b. dauernde.

mit dauernden Bodenverschiebungen [703³], wenn diese Gebiete vom Kanton als solche bezeichnet worden sind [668³, 973].

² Bei der Bezeichnung der Gebiete ist die Beschaffenheit der betroffenen Grundstücke zu berücksichtigen.

³ Die Zugehörigkeit eines Grundstücks zu einem solchen Gebiet ist in geeigneter Weise den Beteiligten mitzuteilen und im Grundbuch anzumerken.

GBV 80.

---

¹) Fassung gemäss BG vom 4. Oktober 1991 über die Teilrevision des ZGB (Immobiliarsachenrecht) und des OR (Grundstückkauf), i.K. 1. Januar 1994 (AS 1993 S. 1404).

c. Neufestsetzung der Grenze.

660b.¹) ¹ Wird eine Grenze wegen einer Bodenverschiebung unzweckmässig [4], so kann jeder betroffene Grundeigentümer verlangen, dass sie neu festgesetzt wird.

² Ein Mehr- oder Minderwert ist auszugleichen.

---

¹) Fassung gemäss BG vom 4. Oktober 1991 über die Teilrevision des ZGB (Immobiliarsachenrecht) und des OR (Grundstückkauf), i.K. 1. Januar 1994 (AS 1993 S. 1404).

5. Ersitzung.
a. Ordentliche Ersitzung.

661. Ist jemand ungerechtfertigt im Grundbuch als Eigentümer eingetragen [974²], so kann sein Eigentum, nachdem er das Grundstück in gutem Glauben [3] zehn Jahre [941] lang ununterbrochen und unangefochten besessen [920²] hat, nicht mehr angefochten werden [975].

b. Ausserordentliche Ersitzung.

662. ¹ Besitzt jemand ein Grundstück, das nicht im Grundbuch aufgenommen ist, ununterbrochen und unangefochten während 30 Jahren als sein Eigentum [920²], so kann er verlangen, dass er als Eigentümer eingetragen werde.

² Unter den gleichen Voraussetzungen steht dieses Recht dem Besitzer eines Grundstückes zu, dessen Eigentümer aus dem Grundbuch nicht ersichtlich ist oder bei Beginn der Ersitzungsfrist von 30 Jahren tot [32¹] oder für verschollen erklärt [38] war.

³ Die Eintragung darf jedoch nur auf Verfügung des Gerichts erfolgen, nachdem binnen einer durch amtliche Auskündung angesetzten Frist kein Einspruch erhoben oder der erfolgte Einspruch abgewiesen worden ist.

c. Fristen.

663. Für die Berechnung der Fristen, die Unterbrechung und den Stillstand der Ersitzung finden die Vorschriften über die Verjährung von Forderungen entsprechende Anwendung [OR 132, 134/5].

664. ¹ Die herrenlosen und die öffentlichen Sachen stehen unter der Hoheit des Staates, in dessen Gebiet sie sich befinden.

² An den öffentlichen Gewässern sowie an dem der Kultur nicht fähigen Lande, wie Felsen und Schutthalden, Firnen und Gletschern, und den daraus entspringenden Quellen besteht unter Vorbehalt anderweitigen Nachweises kein Privateigentum.

³ Das kantonale Recht stellt über die Aneignung des herrenlosen Landes, die Ausbeutung und den Gemeingebrauch der öffentlichen Sachen, wie der Strassen und Plätze, Gewässer und Flussbetten, die erforderlichen Bestimmungen auf.

6. Herrenlose und öffentliche Sachen.

665. ¹ Der Erwerbsgrund gibt dem Erwerber gegen den Eigentümer einen persönlichen Anspruch auf Eintragung und bei Weigerung des Eigentümers das Recht auf gerichtliche Zusprechung des Eigentums.

² Bei Aneignung [658, 664], Erbgang [560 ff.], Enteignung, Zwangsvollstreckung oder Urteil des Gerichts [665¹] kann der Erwerber die Eintragung von sich aus erwirken.

³ Änderungen am Grundeigentum, die von Gesetzes wegen durch Gütergemeinschaft [222 ff.] oder deren Auflösung [236 ff.] eintreten, werden auf Anmeldung eines Ehegatten hin im Grundbuch eingetragen.¹⁾

III. Recht auf Eintragung.

---

¹⁾ Fassung gemäss Ziff. I 2 des BG vom 5. Oktober 1984 über die Änderung des ZGB (Wirkungen der Ehe im allgemeinen, Ehegüterrecht und Erbrecht, AS 1986 I 122), i. K. 1. Januar 1988.

666. ¹ Das Grundeigentum geht unter mit der Löschung des Eintrages [964] sowie mit dem vollständigen Untergang des Grundstückes.

² Der Zeitpunkt, auf den im Falle der Enteignung der Verlust eintritt, wird durch das Enteignungsrecht des Bundes¹⁾ und der Kantone bestimmt.

C. Verlust.

---

¹⁾ BG vom 20. Juni 1930 über die Enteignung (SR 711).

Zweiter Abschnitt

Inhalt und Beschränkung des Grundeigentums

Entwurf 1900 Art. 669/705; Erl. II, S. 40 ff., S. 52 ff., S. 85 ff.; ExpKom. II, S. 45 ff., S. 437 ff.; Entwurf 1904 Art. 660/99; Botsch. S. 87 ff.; NatR XVI, S. 533/63; StändeR XVI, S. 1265/85, S. 1331/44, XVII, S. 89/94; NatR XVII, S. 408/10. – Botsch. und Entw. des BR vom 19. Oktober 1988 zum BG über das bäuerliche Bodenrecht (BGBB) sowie zum BG über die Teilrevision des ZGB (Immobiliarsachenrecht) und des OR (Grundstückkauf), BBl 1988 III 953. – Botsch. und Entw. des BR vom 29. Mai 2002 zur Weiterentwicklung der Agrarpolitik, Teil III, BBl 2002 S. 4721.

A. Inhalt.
I. Umfang.

667. [1] Das Eigentum an Grund und Boden erstreckt sich nach oben und unten auf den Luftraum und das Erdreich, soweit für die Ausübung des Eigentums [641] ein Interesse besteht.

[2] Es umfasst unter Vorbehalt der gesetzlichen Schranken [z.B. 670, 674/7, 678[2]] alle Bauten und Pflanzen sowie die Quellen [671 ff., 678[1], 704 ff.].

II. Abgrenzung.[1])
1. Art der Abgrenzung.

668.[1]) [1] Die Grenzen werden durch die Grundbuchpläne [950] und durch die Abgrenzungen [669] auf dem Grundstücke selbst angegeben.

[2] Widersprechen sich die bestehenden Grundbuchpläne und die Abgrenzungen, so wird die Richtigkeit der Grundbuchpläne vermutet.

[3] Die Vermutung gilt nicht für die vom Kanton bezeichneten Gebiete mit Bodenverschiebungen [660a[1], 973].[2])

---

[1]) Über das Recht, für landwirtschaftliche Grundstücke gewisse Grenzverbesserungen (durch Abtausch oder Abtretung von Boden) zu verlangen, siehe Art. 57 BGBB.

[2]) Eingefügt durch das BG vom 4. Oktober 1991 über die Teilrevision des ZGB (Immobiliarsachenrecht) und des OR (Grundstückkauf), i.K. 1. Januar 1994 (AS 1993 S. 1404).

2. Abgrenzungspflicht.

669. Jeder Grundeigentümer ist verpflichtet, auf das Begehren seines Nachbarn zur Feststellung einer ungewissen Grenze mitzuwirken, sei es bei Berichtigung der Grundbuchpläne [950] oder bei Anbringung von Grenzzeichen [668].

3. Miteigentum an Vorrichtungen zur Abgrenzung.

670. Stehen Vorrichtungen zur Abgrenzung zweier Grundstücke, wie Mauern, Hecken, Zäune, auf der Grenze, so wird Miteigentum [646 ff.] der beiden Nachbarn vermutet [697].

671. [1] Verwendet jemand zu einem Bau auf seinem Boden fremdes Material oder eigenes Material auf fremdem Boden, so wird es Bestandteil [642] des Grundstückes [667[2]].

[2] Der Eigentümer des Materials ist jedoch, wenn die Verwendung ohne seinen Willen stattgefunden hat, berechtigt, auf Kosten des Grundeigentümers die Trennung des Materials und dessen Herausgabe zu verlangen, insoweit dies ohne unverhältnismässige [4] Schädigung möglich ist.

[3] Unter der gleichen Voraussetzung kann der Grundeigentümer, wenn die Verwendung ohne seinen Willen stattgefunden hat, auf Kosten des Bauenden die Wegschaffung des Materials verlangen.

III. Bauten auf dem Grundstück.
1. Boden und Baumaterial.
a. Eigentumsverhältnis.

672. [1] Findet keine Trennung des Materials vom Boden [671[2, 3]] statt, so hat der Grundeigentümer für das Material eine angemessene Entschädigung zu leisten.

[2] Bei bösem Glauben [3] des bauenden Grundeigentümers kann das Gericht auf vollen Schadenersatz erkennen.

[3] Bei bösem Glauben des bauenden Materialeigentümers kann es auch nur dasjenige zusprechen, was der Bau für den Grundeigentümer allermindestens wert ist.

b. Ersatz.

673. Übersteigt der Wert des Baues offenbar den Wert des Bodens, so kann derjenige, der sich in gutem Glauben [3] befindet, verlangen, dass das Eigentum an Bau und Boden gegen angemessene Entschädigung dem Materialeigentümer zugewiesen werde.

c. Zuweisung des Grundeigentums.

674. [1] Bauten und andere Vorrichtungen, die von einem Grundstücke auf ein anderes überragen, verbleiben Bestandteil [642] des Grundstückes, von dem sie ausgehen, wenn dessen Eigentümer auf ihren Bestand ein dingliches Recht hat.

[2] Das Recht auf den Überbau kann als Dienstbarkeit [730 ff.] in das Grundbuch eingetragen werden [958 Ziff. 2, 968].

[3] Ist ein Überbau unberechtigt, und erhebt der Verletzte, trotzdem dies für ihn erkennbar geworden ist, nicht rechtzeitig Einspruch, so kann, wenn es die Umstände [4] rechtfertigen, dem Überbauenden, der sich in gutem Glauben [3] befindet, gegen angemessene Entschädigung das dingliche Recht auf den Überbau oder das Eigentum am Boden zugewiesen werden.

2. Überragende Bauten.

675. [1] Bauwerke und andere Vorrichtungen, die auf fremdem Boden eingegraben, aufgemauert oder sonstwie dauernd auf oder unter der Bodenfläche mit dem Grundstücke verbunden sind, können einen besonderen Eigentümer haben, wenn ihr Bestand als Dienstbarkeit in das Grundbuch eingetragen ist [779, 779a/l].

3. Baurecht.

² Die Bestellung eines Baurechtes an einzelnen Stockwerken[1]) eines Gebäudes ist ausgeschlossen [SchlT 17³].

---

[1]) Durch das BG vom 19. Dezember 1963 über die Änderung des 4. Teils des ZGB (Miteigentum und Stockwerkeigentum, AS 1964 S. 993) ist das Stockwerkeigentum (wieder) ins ZGB aufgenommen worden; siehe Art. 712a–712t und die revidierten Art. 20–20quater und 45 SchlT.

4. Leitungen.

676. ¹ Leitungen für Wasser, Gas, elektrische Kraft u. dgl., die sich ausserhalb des Grundstückes befinden, dem sie dienen, werden, wo es nicht anders geordnet ist, als Zugehör [644/5] des Werkes, von dem sie ausgehen, und als Eigentum des Werkeigentümers betrachtet.

² Soweit nicht das Nachbarrecht Anwendung findet [691/3], erfolgt die dingliche Belastung der fremden Grundstücke mit solchen Leitungen durch die Errichtung einer Dienstbarkeit [730 ff.].

³ Die Dienstbarkeit entsteht, wenn die Leitung nicht äusserlich wahrnehmbar ist, mit der Eintragung in das Grundbuch [958 Ziff. 2, 968] und in den andern Fällen mit der Erstellung der Leitung.

5. Fahrnisbauten.

677. ¹ Hütten, Buden, Baracken u. dgl. behalten, wenn sie ohne Absicht bleibender Verbindung auf fremdem Boden aufgerichtet sind, ihren besondern Eigentümer [713 ff.].

² Ihr Bestand wird nicht in das Grundbuch eingetragen.

IV. Einpflanzungen auf dem Grundstück.

678. ¹ Verwendet jemand fremde Pflanzen auf eigenem Grundstücke, oder eigene Pflanzen auf fremdem Grundstücke, so entstehen die gleichen Rechte und Pflichten, wie beim Verwenden von Baumaterial [671/3] oder bei Fahrnisbauten [677].

² Eine dem Baurecht entsprechende Dienstbarkeit [675] für einzelne Pflanzen und Anlagen von Pflanzen kann auf mindestens zehn und auf höchstens 100 Jahre errichtet werden.[1])

³ Der belastete Eigentümer kann vor Ablauf der vereinbarten Dauer die Ablösung der Dienstbarkeit verlangen, wenn er mit dem Dienstbarkeitsberechtigten einen Pachtvertrag über die Nutzung des Bodens abgeschlossen hat und dieser Vertrag beendigt wird. Das Gericht bestimmt die vermögensrechtlichen Folgen unter Würdigung aller Umstände.[2])

---

[1]) Fassung gemäss BG vom 20. Juni 2003 über die Änderung des ZGB (AS 2003 S. 4121), i.K. 1. Januar 2004. – Für altrechtliche Verhältnisse s. Art. 20 und 45 SchlT.
[2]) Eingefügt gemäss BG vom 20. Juni 2003 über die Änderung des ZGB (AS 2003 S. 4121), i.K. 1. Januar 2004.

Inhalt und Beschränkung des Grundeigentums 181

679. Wird jemand dadurch, dass ein Grundeigentümer sein Eigentumsrecht [667 ff.] überschreitet, geschädigt oder mit Schaden bedroht, so kann er auf Beseitigung der Schädigung oder auf Schutz gegen drohenden Schaden und auf Schadenersatz klagen.

Gerichtsstand: GestG 19, 25.

V. Verantwortlichkeit des Grundeigentümers.

680. [1] Die gesetzlichen Eigentumsbeschränkungen bestehen ohne Eintrag im Grundbuch.

[2] Ihre Aufhebung oder Abänderung durch Rechtsgeschäft bedarf zur Gültigkeit der öffentlichen Beurkundung [SchlT 55] und der Eintragung in das Grundbuch [958 Ziff. 2; beachte 681b].

[3] Ausgeschlossen ist die Aufhebung oder Abänderung von Eigentumsbeschränkungen öffentlich-rechtlichen Charakters [702/3].

GBV 19^2.

B. Beschränkungen.
I. Im allgemeinen.

681. [1] Gesetzliche[1]) Vorkaufsrechte [z.B. 682, 682a] können auch bei der Zwangsversteigerung [OR 229; SchKG 156, 133 ff., 257 ff.] ausgeübt werden[2]), aber nur an der Steigerung selbst und zu den Bedingungen, zu welchen das Grundstück dem Ersteigerer zugeschlagen wird; im übrigen können die gesetzlichen Vorkaufsrechte unter den Voraussetzungen geltend gemacht werden, die für die vertraglichen Vorkaufsrechte [OR 216^{2,3}] gelten [OR 216c, 216d^{2,3}].

[2] Das Vorkaufsrecht entfällt, wenn das Grundstück an eine Person veräussert wird, der ein Vorkaufsrecht im gleichen oder in einem vorderen Rang zusteht.

[3] Gesetzliche Vorkaufsrechte können weder vererbt [560] noch abgetreten [OR 164] werden. Sie gehen den vertraglichen Vorkaufsrechten [OR 216^{2,3}] vor.

II. Veräusserungsbeschränkungen; gesetzliche Vorkaufsrechte.*
1. Grundsätze.

---

[1]) Zu den vertraglichen Vorkaufsrechten vergleiche Art. 216c^2 OR.

[2]) Zu den Modalitäten der Ausübung vgl. Art. 60a der V des BGer vom 23. April 1920 über die Zwangsverwertung von Grundstücken (VZG, SR 281.42); Art. 60a ist am 1. Januar 1994 in Kraft getreten (AS 1993 S. 3183).

681a [681^{2,3}]. [1] Der Verkäufer muss die Vorkaufsberechtigten über den Abschluss und den Inhalt des Kaufvertrags in Kenntnis setzen [OR 216d^1; vgl. auch 969].

[2] Will der Vorkaufsberechtigte sein Recht ausüben, so muss er es innert dreier Monate seit Kenntnis von Abschluss und Inhalt

2. Ausübung.

---

* Durch das BG vom 4. Oktober 1991 über die Teilrevision des ZGB (Immobiliarsachenrecht) und des OR (Grundstückkauf) (AS 1993 S. 1404) sind die Art. 681 und 682 abgeändert, 683 aufgehoben und 681a und b neu eingefügt worden. Dieses BG ist auf den 1. Januar 1994 in Kraft getreten. Weitere Änderungen betreffen die Art. 660/660b, 668, 703, 857, 885, 944, 949a, 961a, 969, 970, 970a, 973, 976 und die Art. 216/216e OR.

des Vertrages geltend machen [OR 216e]. Nach Ablauf von zwei Jahren seit der Eintragung des neuen Eigentümers in das Grundbuch [948, 972] kann das Recht nicht mehr geltend gemacht werden.

[3] Der Vorkaufsberechtigte kann seinen Anspruch innerhalb dieser Fristen gegenüber jedem Eigentümer des Grundstücks geltend machen.

3. Abänderung, Verzicht.[1])

681b [682[3]]. [1] Die Vereinbarung, mit welcher ein gesetzliches Vorkaufsrecht ausgeschlossen oder abgeändert wird, bedarf zu ihrer Gültigkeit der öffentlichen Beurkundung [SchlT 55]. Sie kann im Grundbuch vorgemerkt [959] werden, wenn das Vorkaufsrecht dem jeweiligen Eigentümer eines andern Grundstücks zusteht.

[2] Nach Eintritt des Vorkaufsfalls [681[1]] kann der Berechtigte schriftlich [OR 13/5] auf die Ausübung eines gesetzlichen Vorkaufsrechts verzichten.

---

[1]) Für den Verzicht auf das gesetzliche Vorkaufsrecht, das dem Pächter bei Veräusserung eines landwirtschaftlichen Gewerbes nach Massgabe des BGBB zusteht, beachte die Sonderbestimmung des Art. 48 BGBB (Anhang IX A zum ZGB).

4. Im Miteigentums- und im Baurechtsverhältnis.

682. [1] Miteigentümer [646 ff.] haben ein Vorkaufsrecht gegenüber jedem Nichtmiteigentümer, der einen Anteil erwirbt [vgl. aber 712c]. Machen mehrere Miteigentümer ihr Vorkaufsrecht geltend, so wird ihnen der Anteil im Verhältnis ihrer bisherigen Miteigentumsanteile [646[2]] zugewiesen.

[2] Ein Vorkaufsrecht gegenüber jedem Erwerber haben auch der Eigentümer eines Grundstückes, das mit einem selbständigen und dauernden Baurecht [779[3], 779a/779 I] belastet ist, an diesem Recht und der Inhaber dieses Rechts am belasteten Grundstück, soweit dieses durch die Ausübung seines Rechtes in Anspruch genommen wird.

[3] ...[1])

---

[1]) Aufgehoben. Siehe Note* zu Art. 681.

5.[2]) Vorkaufsrecht an landwirtschaftlichen Gewerben und Grundstücken.

682a.[1]) Für die Vorkaufsrechte an landwirtschaftlichen Gewerben und Grundstücken [BGBB 6/8] gilt zudem das Bundesgesetz vom 4. Oktober 1991 über das bäuerliche Bodenrecht.[3])

---

[1]) Eingefügt gemäss Art. 92 BGBB (Anhang IX A zum ZGB), i.K. 1. Januar 1994.

[2]) In Art. 92 BGBB figuriert diese Marginalie irrtümlicherweise als litera a statt Ziffer 5 (AS 1993 S. 1440). Die korrekte Bezeichnung mit Ziffer 5 stammt vom Herausgeber.

[3]) BGBB (Anhang IX A zum ZGB). Zum Übergangsrecht vgl. Art. 94 f. BGBB. Zu einem gesetzlichen Rückkaufsrecht vgl. Art. 55 BGBB.

683. (Aufgehoben. Siehe Note* zu Art. 681.)

684. ¹ Jedermann ist verpflichtet, bei der Ausübung seines Eigentums, wie namentlich bei dem Betrieb eines Gewerbes auf seinem Grundstück, sich aller übermässigen Einwirkung auf das Eigentum der Nachbarn zu enthalten.

² Verboten sind insbesondere alle schädlichen und nach Lage und Beschaffenheit der Grundstücke oder nach Ortsgebrauch [5²] nicht gerechtfertigten Einwirkungen durch Rauch oder Russ, lästige Dünste, Lärm oder Erschütterung.¹⁾

III. Nachbarrecht.
1. Art der Bewirtschaftung.

---
¹) Siehe auch BG vom 7. Oktober 1983 über den Umweltschutz (USG, SR 814.01).

685. ¹ Bei Grabungen und Bauten darf der Eigentümer die nachbarlichen Grundstücke nicht dadurch schädigen, dass er ihr Erdreich in Bewegung bringt oder gefährdet oder vorhandene Vorrichtungen beeinträchtigt.

² Auf Bauten, die den Vorschriften des Nachbarrechtes zuwiderlaufen, finden die Bestimmungen betreffend überragende Bauten [674] Anwendung.

2. Graben und Bauen.
a. Regel.

686. ¹ Die Kantone sind befugt, die Abstände festzusetzen, die bei Grabungen und Bauten zu beobachten sind.

² Es bleibt ihnen vorbehalten, weitere Bauvorschriften aufzustellen [5].

b. Kantonale Vorschriften.

687. ¹ Überragende Äste und eindringende Wurzeln kann der Nachbar, wenn sie sein Eigentum schädigen und auf seine Beschwerde hin nicht binnen angemessener Frist beseitigt werden, kappen und für sich behalten.

² Duldet ein Grundeigentümer das Überragen von Ästen auf bebauten oder überbauten Boden, so hat er ein Recht auf die an ihnen wachsenden Früchte (Anries).

³ Auf Waldgrundstücke, die aneinander grenzen, finden diese Vorschriften keine Anwendung.

3. Pflanzen.
a. Regel.

688. Die Kantone sind befugt, für Anpflanzungen je nach der Art des Grundstückes und der Pflanzen bestimmte Abstände vom nachbarlichen Grundstück vorzuschreiben oder den Grundeigentümer zu verpflichten, das Übergreifen von Ästen oder Wurzeln fruchttragender Bäume [687¹] zu gestatten und für diese Fälle das Anries [687²] zu regeln oder aufzuheben.

b. Kantonale Vorschriften.

689. ¹ Jeder Grundeigentümer ist verpflichtet, das Wasser, das von dem oberhalb liegenden Grundstück natürlicherweise abfliesst, aufzunehmen, wie namentlich Regenwasser, Schneeschmelze und Wasser von Quellen, die nicht gefasst sind.

² Keiner darf den natürlichen Ablauf zum Schaden des Nachbarn verändern.

4. Wasserablauf.

³ Das für das untere Grundstück nötige Abwasser darf diesem nur insoweit entzogen werden, als es für das obere Grundstück unentbehrlich ist.

5. Entwässerungen.

690. ¹ Bei Entwässerungen hat der Eigentümer des unterhalb liegenden Grundstückes das Wasser, das ihm schon vorher auf natürliche Weise zugeflossen ist, ohne Entschädigung abzunehmen.

² Wird er durch die Zuleitung geschädigt, so kann er verlangen, dass der obere Eigentümer die Leitung auf eigene Kosten durch das untere Grundstück weiter führe.

6. Durchleitungen.
a. Pflicht zur Duldung.

691. ¹ Jeder Grundeigentümer ist gehalten, die Durchleitung von Brunnen, Drainierröhren, Gasröhren u. dgl. sowie von elektrischen ober- oder unterirdischen Leitungen gegen vorgängigen vollen Ersatz des dadurch verursachten Schadens zu gestatten, insofern sich die Leitung ohne Inanspruchnahme seines Grundstückes gar nicht oder nur mit unverhältnismässigen Kosten durchführen lässt.

² Das Recht auf Durchleitung aus Nachbarrecht kann in den Fällen nicht beansprucht werden, in denen das kantonale Recht oder das Bundesrecht auf den Weg der Enteignung verweist.

³ Solche Durchleitungen werden, wenn es der Berechtigte verlangt, auf seine Kosten in das Grundbuch eingetragen.

b. Wahrung der Interessen des Belasteten.

692. ¹ Der belastete Grundeigentümer hat Anspruch darauf, dass auf seine Interessen in billiger Weise Rücksicht genommen werde.

² Wo ausserordentliche Umstände [4] es rechtfertigen, kann er bei oberirdischen Leitungen verlangen, dass ihm das Stück Land, über das diese Leitungen geführt werden sollen, in angemessenem Umfange gegen volle Entschädigung abgenommen werde.

c. Änderung der Verhältnisse.

693. ¹ Ändern sich die Verhältnisse, so kann der Belastete eine seinen Interessen entsprechende Verlegung der Leitung verlangen.

² Die Kosten der Verlegung hat in der Regel der Berechtigte zu tragen.

³ Wo besondere Umstände [4] es rechtfertigen, kann jedoch ein angemessener Teil der Kosten dem Belasteten auferlegt werden.

7. Wegrechte.
a. Notweg.

694. ¹ Hat ein Grundeigentümer keinen genügenden Weg von seinem Grundstück auf eine öffentliche Strasse, so kann er beanspruchen, dass ihm die Nachbarn gegen volle Entschädigung einen Notweg einräumen.

² Der Anspruch richtet sich in erster Linie gegen den Nachbarn, dem die Gewährung des Notweges der früheren Eigentums-

und Wegeverhältnisse wegen am ehesten zugemutet werden darf [4], und im weitern gegen denjenigen, für den der Notweg am wenigsten schädlich ist.

³ Bei der Festsetzung des Notweges ist auf die beidseitigen Interessen Rücksicht zu nehmen.

695. Den Kantonen bleibt es vorbehalten, über die Befugnis des Grundeigentümers, zum Zwecke der Bewirtschaftung oder Vornahme von Ausbesserungen und Bauten das nachbarliche Grundstück zu betreten, sowie über das Streck- oder Tretrecht, den Tränkweg, Winterweg, Brachweg, Holzlass, Reistweg u. dgl. nähere Vorschriften aufzustellen.

b. Andere Wegrechte.

696. ¹ Wegrechte, die das Gesetz unmittelbar begründet, bestehen ohne Eintragung zu Recht [695].

² Sie werden jedoch, wenn sie von bleibendem Bestande sind, im Grundbuche angemerkt.

GBV 80.

c. Anmerkung im Grundbuch.

697. ¹ Die Kosten der Einfriedigung eines Grundstückes trägt dessen Eigentümer, unter Vorbehalt der Bestimmungen über das Miteigentum an Grenzvorrichtungen [670].

² In bezug auf die Pflicht und die Art der Einfriedigung bleibt das kantonale Recht vorbehalten.

8. Einfriedung.

698. An die Kosten der Vorrichtungen zur Ausübung der nachbarrechtlichen Befugnisse haben die Grundeigentümer im Verhältnis ihres Interesses beizutragen.

9. Unterhaltspflicht.

699. ¹ Das Betreten¹) von Wald und Weide und die Aneignung wildwachsender Beeren, Pilze u. dgl. sind in ortsüblichem Umfange [5²] jedermann gestattet, soweit nicht im Interesse der Kulturen seitens der zuständigen Behörde einzelne bestimmt umgrenzte Verbote erlassen werden.

² Über das Betreten fremden Eigentums zur Ausübung von Jagd und Fischerei kann das kantonale Recht nähere Vorschriften aufstellen.²)

IV. Recht auf Zutritt und Abwehr.
1. Zutritt.

---

¹) Siehe auch Art. 14/5 des BG vom 4. Oktober 1991 über den Wald (Waldgesetz, WaG, SR 921.0), i. K. 1. Januar 1993.

²) Siehe auch das BG vom 20. Juni 1986 über die Jagd und den Schutz wildlebender Säugetiere und Vögel (Jagdgesetz, JSG, SR 922.0), i. K. 1. April 1988.

700. ¹ Werden Sachen durch Wasser, Wind, Lawinen oder andere Naturgewalt oder zufällige Ereignisse auf ein fremdes Grundstück gebracht, oder geraten Tiere, wie Gross- und Kleinvieh, Bienenschwärme [719³, 725²], Geflügel und Fische auf frem-

2. Wegschaffung zugeführter Sachen u.dgl.

den Boden, so hat der Grundeigentümer dem Berechtigten deren Aufsuchung und Wegschaffung zu gestatten.

[2] Für den hieraus entstehenden Schaden kann er Ersatz verlangen und hat hiefür an diesen Sachen ein Retentionsrecht [895 ff.; OR 57].

3. Abwehr von Gefahr und Schaden.

701. [1] Kann jemand einen drohenden Schaden oder eine gegenwärtige Gefahr nur dadurch von sich oder andern abwenden, dass er in das Grundeigentum eines Dritten eingreift, so ist dieser verpflichtet, den Eingriff zu dulden, sobald Gefahr oder Schaden ungleich grösser sind als die durch den Eingriff entstehende Beeinträchtigung.

[2] Für den hieraus entstehenden Schaden ist angemessener [4] Ersatz zu leisten [OR 52²].

V. Öffentlich-rechtliche Beschränkungen.
1. Im allgemeinen.

702. Dem Bunde, den Kantonen und den Gemeinden bleibt es vorbehalten, Beschränkungen des Grundeigentums zum allgemeinen Wohl aufzustellen, wie namentlich betreffend die Bau-, Feuer- und Gesundheitspolizei, das Forst- und Strassenwesen, den Reckweg, die Errichtung von Grenzmarken und Vermessungszeichen, die Bodenverbesserungen, die Zerstückelung der Güter, die Zusammenlegung von ländlichen Fluren und von Baugebiet, die Erhaltung von Altertümern und Naturdenkmälern, die Sicherung der Landschaften und Aussichtspunkte vor Verunstaltung und den Schutz von Heilquellen.[1])

GBV 80.

---

[1]) Siehe z.B. BG vom 1. Juli 1966 über den Natur- und Heimatschutz (SR 451); BG vom 7. Oktober 1983 über den Umweltschutz (USG, SR 814.01); Art. 87/112 LwG mit zugehöriger V vom 7. Dezember 1998 über die Strukturverbesserungen in der Landwirtschaft (Strukturverbesserungsverordnung, SVV, SR 913.1) und die V vom 7. Dezember 1998 über landwirtschaftliche Begriffe und die Anerkennung von Betriebsformen (Landwirtschaftliche Begriffsverordnung, LBV, SR 910.91).

2. Bodenverbesserungen.

703.[1]) [1] Können Bodenverbesserungen, wie Gewässerkorrektionen, Entwässerungen, Bewässerungen, Aufforstungen, Weganlagen, Güterzusammenlegungen u. dgl. nur durch ein gemeinschaftliches Unternehmen ausgeführt werden, und hat die Mehrheit der beteiligten Grundeigentümer, denen zugleich mehr als die Hälfte des beteiligten Bodens gehört, dem Unternehmen zugestimmt, so sind die übrigen Grundeigentümer zum Beitritt verpflichtet. Die an der Beschlussfassung nicht mitwirkenden Grundeigentümer gelten als zustimmend. Der Beitritt ist im Grundbuch anzumerken.

[2] Die Kantone ordnen das Verfahren. Sie haben insbesondere für Güterzusammenlegungen eine einlässliche Ordnung zu treffen.

[3] Die kantonale Gesetzgebung kann die Durchführung solcher Bodenverbesserungen noch weiter erleichtern und die ent-

sprechenden Vorschriften auf Baugebiete und Gebiete mit dauernden Bodenverschiebungen [660a[1]] anwendbar erklären.

GBV 80.

---

[1]) Fassung gemäss Art. 121 des alten LwG vom 3. Oktober 1951, welches seinerseits aufgehoben und ersetzt wurde durch das LwG vom 29. April 1998 (AS 1998 S. 3033, SR 910.1).

Neufassung des Abs. 3: BG vom 4. Oktober 1991 über die Teilrevision des ZGB (Immobiliarsachenrecht) und des OR (Grundstückkauf), i.K. 1. Januar 1994 (AS 1993 S. 1404).

Das LwG enthält in Art. 87/112 weitere Bestimmungen über Bodenverbesserungen; siehe dazu auch die V vom 7. Dezember 1998 über Strukturverbesserungen in der Landwirtschaft (Strukturverbesserungsverordnung, SVV, SR 913.1) und die V vom 7. Dezember 1998 über landwirtschaftliche Begriffe und die Anerkennung von Betriebsformen (Landwirtschaftliche Begriffsverordnung, LBV, SR 910.91).

704. [1] Quellen sind Bestandteile der Grundstücke [667[2]] und können nur zugleich mit dem Boden, dem sie entspringen, zu Eigentum erworben werden.

[2] Das Recht an Quellen auf fremdem Boden wird als Dienstbarkeit [780] durch Eintragung in das Grundbuch begründet [958 Ziff. 2].

[3] Das Grundwasser ist den Quellen gleichgestellt.

C. Rechte an Quellen und Brunnen.
I. Quelleneigentum und Quellenrecht.

705. [1] Durch das kantonale Recht kann zur Wahrung des allgemeinen Wohles die Fortleitung von Quellen geordnet, beschränkt oder untersagt werden.

[2] Ergeben sich hieraus Anstände unter Kantonen, so entscheidet darüber endgültig der Bundesrat.

II. Ableitung von Quellen.

706. [1] Werden Quellen und Brunnen, die in erheblicher Weise benutzt oder zum Zwecke der Verwertung gefasst worden sind, zum Nachteil des Eigentümers oder Nutzungsberechtigten durch Bauten, Anlagen oder Vorkehrungen anderer Art abgegraben, beeinträchtigt oder verunreinigt, so kann dafür Schadenersatz verlangt werden.

[2] Ist der Schaden weder absichtlich noch fahrlässig zugefügt oder trifft den Geschädigten selbst ein Verschulden, so bestimmt das Gericht nach seinem Ermessen [4], ob, in welchem Umfange und in welcher Weise Ersatz zu leisten ist.

III. Abgraben von Quellen.
1. Schadenersatz.

707. [1] Werden Quellen und Brunnen, die für die Bewirtschaftung oder Bewohnung eines Grundstückes oder für Trinkwasserversorgungen unentbehrlich sind, abgegraben oder verunreinigt, so kann, soweit überhaupt möglich, die Wiederherstellung des früheren Zustandes verlangt werden.

[2] In den andern Fällen kann diese Wiederherstellung nur verlangt werden, wo besondere Umstände [4] sie rechtfertigen.

2. Wiederherstellung.

Das Sachenrecht

IV. Quellengemeinschaft.

708. ¹ Bilden benachbarte Quellen verschiedener Eigentümer als Ausfluss eines gemeinsamen Sammelgebietes zusammen eine Quellengruppe, so kann jeder Eigentümer beantragen, dass sie gemeinschaftlich gefasst und den Berechtigten im Verhältnis der bisherigen Quellenstärke zugeleitet werden.

² Die Kosten der gemeinschaftlichen Anlage tragen die Berechtigten im Verhältnis ihres Interesses.

³ Widersetzt sich einer der Berechtigten, so ist jeder von ihnen zur ordnungsgemässen Fassung und Ableitung seiner Quelle auch dann befugt, wenn die Stärke der anderen Quellen dadurch beeinträchtigt wird, und hat hiefür nur insoweit Ersatz zu leisten, als seine Quelle durch die neuen Vorrichtungen verstärkt worden ist.

V. Benutzung von Quellen.

709. Den Kantonen bleibt es vorbehalten, zu bestimmen, in welchem Umfange Quellen, Brunnen und Bäche, die sich im Privateigentum befinden, auch von den Nachbarn und von andern Personen zum Wasserholen, Tränken u. dgl. benutzt werden dürfen.

VI. Notbrunnen.

710. ¹ Entbehrt ein Grundstück des für Haus und Hof notwendigen Wassers und lässt sich dieses ohne ganz unverhältnismässige Mühe und Kosten nicht von anderswo herleiten, so kann der Eigentümer vom Nachbarn, der ohne eigene Not ihm solches abzugeben vermag, gegen volle Entschädigung die Abtretung eines Anteils an Brunnen oder Quellen verlangen.

² Bei der Festsetzung des Notbrunnens ist vorzugsweise auf das Interesse des zur Abgabe Verpflichteten Rücksicht zu nehmen.

³ Ändern sich die Verhältnisse, so kann eine Abänderung der getroffenen Ordnung verlangt werden.

VII. Pflicht zur Abtretung.
1. Des Wassers.

711. ¹ Sind Quellen, Brunnen oder Bäche ihrem Eigentümer von keinem oder im Verhältnis zu ihrer Verwertbarkeit von ganz geringem Nutzen, so kann vom Eigentümer verlangt werden, dass er sie gegen volle Entschädigung für Trinkwasserversorgungen, Hydrantenanlagen oder andere Unternehmungen des allgemeinen Wohles abtrete.

² Diese Entschädigung kann in der Zuleitung von Wasser aus der neuen Anlage bestehen.

2. Des Bodens.

712. Eigentümer von Trinkwasserversorgungen können auf dem Wege der Enteignung die Abtretung des umliegenden Bodens verlangen, soweit es zum Schutz ihrer Quellen gegen Verunreinigung notwendig ist.

Dritter Abschnitt

Das Stockwerkeigentum *

ZGB 1912 Art. 675 Abs. 2, SchlT 45. BG vom 19. Dezember 1963 über die Änderung des 4. Teils des ZGB (Miteigentum und Stockwerkeigentum): Vorentwürfe I–IV mit Berichten (Mai 1957, 1958, 1959, 1960); Protokolle ExpKom. September 1957, Juni 1958, Juni/Juli 1960; Entw. und Botsch. 7. Dezember 1962, BBl 1962 II 1461; StenBull. NatR 1963 S. 185/228, StänseR 1963 S. 204/25, NatR 1963 S. 527/35, StänderR 1963 S. 283/7, 376, NatR 1963 S. 685.

712a. [1] Stockwerkeigentum ist der Miteigentumsanteil [646] an einem Grundstück [655], der dem Miteigentümer das Sonderrecht gibt, bestimmte Teile eines Gebäudes [712b] ausschliesslich zu benutzen und innen auszubauen.

[2] Der Stockwerkeigentümer ist in der Verwaltung, Benutzung und baulichen Ausgestaltung [712 m[1] Ziff. 6] seiner eigenen Räume frei, darf jedoch keinem anderen Stockwerkeigentümer die Ausübung des gleichen Rechtes erschweren und die gemeinschaftlichen Bauteile, Anlagen und Einrichtungen [712b[2,3]] in keiner Weise beschädigen oder in ihrer Funktion und äusseren Erscheinung beeinträchtigen.

[3] Er ist verpflichtet, seine Räume so zu unterhalten, wie es zur Erhaltung des Gebäudes in einwandfreiem Zustand und gutem Aussehen erforderlich ist.

Beachte auch GBV 10a, 33a/c.

A. Inhalt und Gegenstand.
I. Inhalt.

712b. [1] Gegenstand des Sonderrechts [712a[1]] können einzelne Stockwerke oder Teile von Stockwerken sein, die als Wohnungen oder als Einheiten von Räumen zu geschäftlichen oder anderen Zwecken mit eigenem Zugang in sich abgeschlossen[1]) sein müssen, aber getrennte Nebenräume umfassen können.

[2] Dem Stockwerkeigentümer können nicht zu Sonderrecht zugeschieden werden:
1. der Boden der Liegenschaft [655[2] Ziff. 1] und das Baurecht [675, 779 ff.], kraft dessen gegebenenfalls das Gebäude erstellt wird;
2. die Bauteile, die für den Bestand, die konstruktive Gliederung und Festigkeit des Gebäudes oder der Räume anderer

II. Gegenstand.

---

* Durch BG vom 19. Dezember 1963 über die Änderung des 4. Teils des ZGB (Miteigentum und Stockwerkeigentum, AS 1964 S. 993) sind Art. 647 ff. über das Miteigentum abgeändert und ergänzt worden. Zugleich wurden die neuen Art. 712a–712t über das Stockwerkeigentum ins ZGB eingeführt, sowie die Art. 20bis, 20ter und 20[quater] SchlT über die Unterstellung des vom früheren kantonalen Recht beherrschten oder des seit 1912 in Formen des ZGB umgewandelten Stockwerkeigentums. Das Gesetz ist am 1. Januar 1965 in Kraft getreten.

Stockwerkeigentümer von Bedeutung sind oder die äussere Gestalt und das Aussehen des Gebäudes bestimmen;
3. die Anlagen und Einrichtungen, die auch den andern Stockwerkeigentümern für die Benutzung ihrer Räume dienen.

[3] Andere Bestandteile des Gebäudes können im Begründungsakt [712d] und in gleicher Form [712d[3]] auch durch nachherige Vereinbarung der Stockwerkeigentümer als gemeinschaftlich erklärt werden; ist dies nicht geschehen, so gilt die Vermutung, dass sie zu Sonderrecht ausgeschieden sind.

---

[1]) Über die Behandlung der vom früheren kantonalen Recht beherrschten Fälle von Stockwerkeigentum, in denen Stockwerke oder Stockwerkteile nicht in sich abgeschlossen sind, siehe Art. 20bis SchlT.

III. Verfügung.

712c. [1] Von Gesetzes wegen hat der Stockwerkeigentümer kein Vorkaufsrecht [681 ff.] gegenüber jedem Dritten, der einen Anteil erwirbt, doch kann es im Begründungsakt [712d] oder durch nachherige Vereinbarung errichtet und im Grundbuch vorgemerkt werden [959].[1])

[2] In gleicher Weise kann bestimmt werden, dass die Veräusserung eines Stockwerkes, dessen Belastung mit einer Nutzniessung [745] oder einem Wohnrecht [776] sowie die Vermietung [OR 253] nur rechtsgültig ist, wenn die übrigen Stockwerkeigentümer dagegen nicht auf Grund eines von ihnen gefassten Beschlusses [712m/712p] binnen 14 Tagen seit der ihnen gemachten Mitteilung Einsprache erhoben haben.

[3] Die Einsprache ist unwirksam, wenn sie ohne wichtigen Grund [4] erhoben worden ist, worüber auf Begehren des Einspruchsgegners das Gericht im summarischen Verfahren entscheidet.

---

[1]) Nach dem Wortlaut der Botschaft zum BG über das bäuerliche Bodenrecht sowie zum BG über die Teilrevision des ZGB (Immobiliarsachenrecht) und des OR (Grundstückkauf) gilt die durch Art. 216a OR vorgesehene «Höchstdauer von 25 Jahren ... nicht, wenn Vorkaufsrechte im Begründungsakt einer Stockwerkeigentumsgemeinschaft oder mittels nachmaliger Vereinbarung begründet werden (Art. 712c ZGB)» (BBl 1988 III 1078).

B. Begründung und Untergang.
I. Begründungsakt.

712d. [1] Das Stockwerkeigentum wird durch Eintragung im Grundbuch[1]) begründet [943[1] Ziff. 4, 972 ff.].

[2] Die Eintragung kann verlangt werden [963, 965/6]:
1. aufgrund eines Vertrages der Miteigentümer [646] über die Ausgestaltung ihrer Anteile zu Stockwerkeigentum;
2. aufgrund einer Erklärung des Eigentümers der Liegenschaft oder des Inhabers eines selbständigen und dauernden Baurechtes [675, 779 ff.] über die Bildung von Miteigentumsanteilen und deren Ausgestaltung zu Stockwerkeigentum.

³ Das Rechtsgeschäft bedarf zu seiner Gültigkeit der öffentlichen Beurkundung [SchlT 55] oder, wenn es eine Verfügung von Todes wegen oder ein Erbteilungsvertrag ist, der im Erbrecht vorgeschriebenen Form [498 ff., 512; GBV 18].

---

¹) Siehe Art. 10a, 32, 33a–33c, 53, 71a, 79⁵, 105 GBV (Anhang VIII zum ZGB).

712e. ¹ Im Begründungsakt [712d] ist ausser der räumlichen Ausscheidung der Anteil eines jeden Stockwerkes in Hundertsteln oder Tausendsteln des Wertes der Liegenschaft oder des Baurechts anzugeben.

² Änderungen der Wertquoten bedürfen der Zustimmung aller unmittelbar Beteiligten und der Genehmigung der Versammlung [712m/712p] der Stockwerkeigentümer; doch hat jeder Stockwerkeigentümer Anspruch auf Berichtigung, wenn seine Quote aus Irrtum unrichtig festgesetzt wurde oder infolge von baulichen Veränderungen des Gebäudes oder seiner Umgebung unrichtig geworden ist.

II. Wertquoten.

712f. ¹ Das Stockwerkeigentum endigt mit dem Untergang der Liegenschaft [655² Ziff. 1] oder des Baurechtes [675, 779 ff.] und mit der Löschung im Grundbuch [964].

² Die Löschung kann auf Grund einer Aufhebungsvereinbarung und ohne solche von einem Stockwerkeigentümer, der alle Anteile in seiner Hand vereinigt, verlangt werden, bedarf jedoch der Zustimmung der an den einzelnen Stockwerken dinglich berechtigten Personen [z.B. 745, 776], deren Rechte nicht ohne Nachteil auf das ganze Grundstück übertragen werden können.

³ Die Aufhebung kann von jedem Stockwerkeigentümer verlangt werden, wenn das Gebäude zu mehr als der Hälfte seines Wertes zerstört und der Wiederaufbau nicht ohne eine für ihn schwer tragbare Belastung durchführbar ist; doch können die Stockwerkeigentümer, welche die Gemeinschaft fortsetzen wollen, die Aufhebung durch Abfindung der übrigen abwenden.

III. Untergang.

712g. ¹ Für die Zuständigkeit zu Verwaltungshandlungen und baulichen Massnahmen gelten die Bestimmungen über das Miteigentum [647/647e].

² Soweit diese Bestimmungen es nicht selber ausschliessen, können sie durch eine andere Ordnung ersetzt werden, jedoch nur im Begründungsakt [712d] oder mit einstimmigem Beschluss [712m/712p] aller Stockwerkeigentümer.

³ Im übrigen kann jeder Stockwerkeigentümer verlangen, dass ein Reglement über die Verwaltung und Benutzung aufgestellt und im Grundbuch angemerkt werde, das zu seiner Verbindlichkeit der Annahme durch Beschluss [712m/712p] mit der Mehrheit der Stockwerkeigentümer, die zugleich zu mehr als der Hälfte an-

C. Verwaltung und Benutzung.
I. Die anwendbaren Bestimmungen.

II. Gemeinschaftliche Kosten und Lasten.
1. Bestand und Verteilung.

teilsberechtigt ist, bedarf und mit dieser Mehrheit, auch wenn es im Begründungsvertrag aufgestellt worden ist, geändert werden kann.

GBV 79[5].

712h. [1] Die Stockwerkeigentümer haben an die Lasten des gemeinschaftlichen Eigentums und an die Kosten der gemeinschaftlichen Verwaltung Beiträge nach Massgabe ihrer Wertquoten [712e] zu leisten.

[2] Solche Lasten und Kosten sind namentlich:
1. die Auslagen für den laufenden Unterhalt, für Reparaturen und Erneuerungen der gemeinschaftlichen Teile des Grundstückes und Gebäudes sowie der gemeinschaftlichen Anlagen und Einrichtungen;
2. die Kosten der Verwaltungstätigkeit einschliesslich der Entschädigung des Verwalters;
3. die den Stockwerkeigentümern insgesamt auferlegten öffentlich-rechtlichen Beiträge und Steuern;
4. die Zins- und Amortisationszahlungen an Pfandgläubiger, denen die Liegenschaft haftet oder denen sich die Stockwerkeigentümer solidarisch [OR 143 ff.] verpflichtet haben.

[3] Dienen bestimmte gemeinschaftliche Bauteile, Anlagen oder Einrichtungen [712a[2], 712b[2, 3]] einzelnen Stockwerkeinheiten nicht oder nur in ganz geringem Masse, so ist dies bei der Verteilung der Kosten [712h[1]] zu berücksichtigen.

2. Haftung für Beiträge.
a. Gesetzliches Pfandrecht.

712i. [1] Die Gemeinschaft hat für die auf die letzten drei Jahre entfallenden Beitragsforderungen Anspruch gegenüber jedem jeweiligen Stockwerkeigentümer auf Errichtung eines Pfandrechtes an dessen Anteil.

[2] Die Eintragung kann vom Verwalter [712q/712t] oder, wenn ein solcher nicht bestellt ist, von jedem dazu durch Mehrheitsbeschluss [712m/712p] oder durch das Gericht ermächtigten Stockwerkeigentümer und vom Gläubiger, für den die Beitragsforderung gepfändet ist, verlangt werden.

[3] Im übrigen sind die Bestimmungen über die Errichtung des Bauhandwerkerpfandrechts [839/41] sinngemäss anwendbar.

GBV 22a[3].

b. Retentionsrecht.

712k. Die Gemeinschaft hat für die auf die letzten drei Jahre entfallenden Beitragsforderungen an den beweglichen Sachen, die sich in den Räumen eines Stockwerkeigentümers befinden und zu deren Einrichtung oder Benutzung gehören, ein Retentionsrecht wie ein Vermieter [OR 268/268b].

712 l. ¹ Unter ihrem eigenen Namen erwirbt die Gemeinschaft das sich aus ihrer Verwaltungstätigkeit ergebende Vermögen, wie namentlich die Beitragsforderungen [712h] und die aus ihnen erzielten verfügbaren Mittel, wie den Erneuerungsfonds [712 m¹ Ziff. 5].

² Die Gemeinschaft der Stockwerkeigentümer kann unter ihrem Namen klagen und betreiben sowie beklagt und betrieben werden [SchKG 46⁴].¹)

Gerichtsstand: GestG 19 Abs. 1 lit. b und Abs. 2.

III. Handlungsfähigkeit der Gemeinschaft.

---

¹) Fassung gemäss Ziff. 2 des Anhangs zum GestG (Anhang I B zum ZGB), i. K. 1. Januar 2001.

712m. ¹ Ausser den in andern Bestimmungen genannten hat die Versammlung der Stockwerkeigentümer insbesondere die folgenden Befugnisse:

1. in allen Verwaltungsangelegenheiten, die nicht dem Verwalter zustehen [712s/712t], zu entscheiden;
2. den Verwalter zu bestellen [712q] und die Aufsicht über dessen Tätigkeit zu führen;
3. einen Ausschuss oder einen Abgeordneten zu wählen, dem sie Verwaltungsangelegenheiten übertragen kann, wie namentlich die Aufgabe, dem Verwalter beratend zur Seite zu stehen, dessen Geschäftsführung zu prüfen und der Versammlung darüber Bericht zu erstatten und Antrag zu stellen;
4. jährlich den Kostenvoranschlag, die Rechnung und die Verteilung der Kosten [712h, 712s²] unter den Eigentümern zu genehmigen;
5. über die Schaffung eines Erneuerungsfonds [712 l¹] für Unterhalts- und Erneuerungsarbeiten zu befinden;
6. das Gebäude gegen Feuer und andere Gefahren zu versichern und die üblichen Haftpflichtversicherungen abzuschliessen, ferner den Stockwerkeigentümer, der seine Räume mit ausserordentlichen Aufwendungen baulich ausgestaltet hat [712a²], zur Leistung eines zusätzlichen Prämienanteils zu verpflichten, wenn er nicht eine Zusatzversicherung auf eigene Rechnung abschliesst.

² Soweit das Gesetz nicht besondere Bestimmungen enthält, finden auf die Versammlung der Stockwerkeigentümer und auf den Ausschuss die Vorschriften über die Organe des Vereins [64/9] und über die Anfechtung von Vereinsbeschlüssen [75] Anwendung.

D. Organisation.
I. Versammlung der Stockwerkeigentümer.
1. Zuständigkeit und rechtliche Stellung.

712n. ¹ Die Versammlung der Stockwerkeigentümer wird vom Verwalter [712q/t] einberufen und geleitet, wenn sie nicht anders beschlossen hat.

2. Einberufung und Leitung.

² Die Beschlüsse sind zu protokollieren, und das Protokoll ist vom Verwalter oder von dem den Vorsitz führenden Stockwerkeigentümer aufzubewahren.

3. Ausübung des Stimmrechtes.

712o. ¹ Mehrere Personen, denen ein Stockwerk gemeinschaftlich zusteht, haben nur eine Stimme, die sie durch einen Vertreter abgeben.

² Ebenso haben sich der Eigentümer und der Nutzniesser [745] eines Stockwerkes über die Ausübung des Stimmrechtes zu verständigen, ansonst der Nutzniesser in allen Fragen der Verwaltung mit Ausnahme der bloss nützlichen oder der Verschönerung und Bequemlichkeit dienenden baulichen Massnahmen als stimmberechtigt gilt.

4. Beschlussfähigkeit.

712p. ¹ Die Versammlung der Stockwerkeigentümer ist beschlussfähig, wenn die Hälfte aller Stockwerkeigentümer, die zugleich zur Hälfte anteilsberechtigt ist, mindestens aber zwei Stockwerkeigentümer, anwesend oder vertreten sind.

² Für den Fall der ungenügenden Beteiligung ist eine zweite Versammlung einzuberufen, die nicht vor Ablauf von zehn Tagen seit der ersten stattfinden darf.

³ Die zweite Versammlung ist beschlussfähig, wenn der dritte Teil aller Stockwerkeigentümer, mindestens aber zwei, anwesend oder vertreten sind.

II. Der Verwalter.
1. Bestellung.

712q. ¹ Kommt die Bestellung des Verwalters durch die Versammlung der Stockwerkeigentümer nicht zustande, so kann jeder Stockwerkeigentümer die Ernennung des Verwalters durch das Gericht verlangen.

² Das gleiche Recht steht auch demjenigen zu, der ein berechtigtes Interesse daran hat, wie dem Pfandgläubiger und dem Versicherer.

2. Abberufung.

712r. ¹ Durch Beschluss der Versammlung der Stockwerkeigentümer kann der Verwalter unter Vorbehalt allfälliger Entschädigungsansprüche [OR 404²] jederzeit abberufen werden.

² Lehnt die Versammlung der Stockwerkeigentümer die Abberufung des Verwalters unter Missachtung wichtiger Gründe [4] ab, so kann jeder Stockwerkeigentümer binnen Monatsfrist die gerichtliche Abberufung verlangen.

³ Ein Verwalter, der vom Gericht eingesetzt wurde [712q], kann ohne dessen Bewilligung vor Ablauf der Zeit, für die er eingesetzt ist, nicht abberufen werden.

712s. ¹ Der Verwalter vollzieht alle Handlungen der gemeinschaftlichen Verwaltung gemäss den Vorschriften des Gesetzes und des Reglementes [712g³] sowie gemäss den Beschlüssen der Versammlung der Stockwerkeigentümer [712m] und trifft von sich aus alle dringlichen Massnahmen zur Abwehr oder Beseitigung von Schädigungen.

² Er verteilt die gemeinschaftlichen Kosten und Lasten [712h] auf die einzelnen Stockwerkeigentümer [712m¹ Ziff. 4], stellt ihnen Rechnung, zieht ihre Beiträge ein und besorgt die Verwaltung und bestimmungsgemässe Verwendung der vorhandenen Geldmittel.

³ Er wacht darüber, dass in der Ausübung der Sonderrechte [712a] und in der Benutzung der gemeinschaftlichen Teile [712a², 712b²,³] des Grundstückes und Gebäudes sowie der gemeinschaftlichen Einrichtungen die Vorschriften des Gesetzes, des Reglementes und der Hausordnung befolgt werden.

3. Aufgaben.
a. Ausführung der Bestimmungen und Beschlüsse über die Verwaltung und Benutzung.

712t. ¹ Der Verwalter vertritt in allen Angelegenheiten der gemeinschaftlichen Verwaltung, die in den Bereich seiner gesetzlichen Aufgaben [712s] fallen, sowohl die Gemeinschaft als auch die Stockwerkeigentümer nach aussen.

² Zur Führung eines anzuhebenden oder vom Gegner eingeleiteten Zivilprozesses [712 l²] bedarf der Verwalter ausserhalb des summarischen Verfahrens der vorgängigen Ermächtigung durch die Versammlung der Stockwerkeigentümer [712m/712p], unter Vorbehalt dringender Fälle, in denen die Ermächtigung nachgeholt werden kann.

³ An die Stockwerkeigentümer insgesamt gerichtete Erklärungen, Aufforderungen, Urteile und Verfügungen können durch Zustellung an den Verwalter an seinem Wohnsitz [23/6] oder am Ort der gelegenen Sache wirksam mitgeteilt werden.

b. Vertretung nach aussen.

Zwanzigster Titel

Das Fahrniseigentum

Entwurf 1900 Art. 706/22; Erl. II, S. 116 ff., ExpKom. II, S. 98 ff.; Entwurf 1904 Art. 700/19; Botsch. S. 68 ff.; NatR XVI, S. 563/71, StändeR XVI, S. 1344/55 – Parlamentarische Initiative, Die Tiere in der schweizerischen Rechtsordnung: Bericht der Kommission für Rechtsfragen des StR vom 25. Januar 2002 (BBl 2002 S. 4164); Stellungnahme des BR vom 27. Februar 2002 (BBl 2002 S. 5806).

A. Gegenstand.

713. Gegenstand des Fahrniseigentums sind die ihrer Natur nach beweglichen körperlichen Sachen sowie die Naturkräfte, die der rechtlichen Herrschaft unterworfen werden können und nicht zu den Grundstücken [655] gehören.

B. Erwerbsarten.
I. Übertragung.
1. Besitzübergang.

714. [1] Zur Übertragung des Fahrniseigentums bedarf es des Überganges des Besitzes [922/5] auf den Erwerber.

[2] Wer in gutem Glauben [3] eine bewegliche Sache zu Eigentum übertragen erhält, wird, auch wenn der Veräusserer zur Eigentumsübertragung nicht befugt ist, deren Eigentümer, sobald er nach den Besitzesregeln [933/6] im Besitze der Sache geschützt ist.

2. Eigentumsvorbehalt.
a. Im allgemeinen.

715. [1] Der Vorbehalt des Eigentums an einer dem Erwerber übertragenen beweglichen Sache ist nur dann wirksam, wenn er an dessen jeweiligem Wohnort[1]) in einem vom Betreibungsbeamten zu führenden öffentlichen Register eingetragen ist.[2])

[2] Beim Viehhandel ist jeder Eigentumsvorbehalt ausgeschlossen [885].

---

[1]) Zur Eintragung am Orte der Geschäftsniederlassung bei Erwerbern mit ausländischem Wohnort: Art. 1 EigVV (Anhang VI A zum ZGB).

[2]) Beachte dazu auch die Verordnungen des Bundesgerichts über die Eigentumsvorbehalte (Anhang VI A und VI B zum ZGB) sowie die einschlägigen SchKG-Kreisschreiben, Schreiben und Bescheide des Bundesgerichts oder seiner SchKK (bereinigte Liste in BGE 122 III 327 ff.).

b. Bei Abzahlungsgeschäften.[1])

716. Gegenstände, die mit Eigentumsvorbehalt übertragen worden sind, kann der Eigentümer nur unter der Bedingung zurückverlangen, dass er die vom Erwerber geleisteten Abzahlungen unter Abzug eines angemessenen Mietzinses [OR 40f[2], 227h[4], 257] und einer Entschädigung für Abnützung [OR 227h[4]] zurückerstattet [OR 40f[4], 227h[4], 109].

---

[1]) Das Gesetz spricht hier nach wie vor von Abzahlungsgeschäften, obwohl der Abzahlungsvertrag als gesetzlich geregelter Vertragstyp des OR (Art. 226a–m OR) mit dem Inkrafttreten des KKG weggefallen ist. Vgl. dazu Anmerkung zu Art. 226a–m OR.

717. ¹ Bleibt die Sache infolge eines besondern Rechtsverhältnisses beim Veräusserer [924], so ist der Eigentumsübergang Dritten gegenüber unwirksam, wenn damit ihre Benachteiligung oder eine Umgehung der Bestimmungen über das Faustpfand [884³] beabsichtigt worden ist.

² Das Gericht entscheidet hierüber nach seinem Ermessen [4].

718. Eine herrenlose Sache wird dadurch zu Eigentum erworben, dass jemand sie mit dem Willen, ihr Eigentümer zu werden, in Besitz nimmt.

719. ¹ Gefangene Tiere werden herrenlos [718], wenn sie die Freiheit wieder erlangen und ihr Eigentümer ihnen nicht unverzüglich und ununterbrochen nachforscht und sie wieder einzufangen bemüht ist.

² Gezähmte Tiere werden herrenlos, sobald sie wieder in den Zustand der Wildheit geraten und nicht mehr zu ihrem Herrn zurückkehren.

³ Bienenschwärme werden dadurch, dass sie auf fremden Boden gelangen, nicht herrenlos [700, 725²].

720. ¹ Wer eine verlorene Sache findet, hat den Eigentümer davon zu benachrichtigen und, wenn er ihn nicht kennt, entweder der Polizei den Fund anzuzeigen oder selbst für eine den Umständen angemessene Bekanntmachung und Nachfrage zu sorgen.

² Zur Anzeige an die Polizei ist er verpflichtet, wenn der Wert der Sache offenbar zehn Franken übersteigt.²⁾

³ Wer eine Sache in einem bewohnten Hause oder in einer dem öffentlichen Gebrauch oder Verkehr dienenden Anstalt findet, hat sie dem Hausherrn, Mieter oder den mit der Aufsicht betrauten Personen abzuliefern.

3. Erwerb ohne Besitz.

II. Aneignung. 1. Herrenlose Sachen.

2. Herrenlos werdende Tiere.

III. Fund. 1. Bekanntmachung, Nachfrage. a. Im allgemeinen.¹⁾

---

¹⁾ Fassung gemäss Ziff. I des BG vom 4. Oktober 2002 über die Änderung des ZGB, OR, StGB, SchKG (Grundsatzartikel Tiere) (AS 2003 S. 463), i. K. 1. April 2003.

²⁾ Bei Nichtanzeigen des Fundes sieht Art. 332 StGB Bestrafung mit Busse vor.

720a.¹⁾ ¹ Wer ein verlorenes Tier [651a] findet, hat unter Vorbehalt von Artikel 720 Absatz 3 den Eigentümer davon zu benachrichtigen und, wenn er ihn nicht kennt, den Fund anzuzeigen.

² Die Kantone bezeichnen die Stelle, welcher der Fund anzuzeigen ist.

b. Bei Tieren.

---

¹⁾ Eingefügt gemäss Ziff. I des BG vom 4. Oktober 2002 über die Änderung des ZGB, OR, StGB, SchKG (Grundsatzartikel Tiere) (AS 2003 S. 463), i. K. 1. April 2003 mit Ausnahme von Absatz 2, welcher am 1. April

2004 in Kraft getreten ist. – Bei Nichtanzeigen des Fundes sieht Art. 332 StGB Bestrafung mit Busse vor.

2. Aufbewahrung, Versteigerung.

721. [1] Die gefundene Sache ist in angemessener Weise aufzubewahren.

[2] Sie darf mit Genehmigung der zuständigen Behörde nach vorgängiger Auskündung öffentlich versteigert werden [OR 229 ff.], wenn sie einen kostspieligen Unterhalt erfordert oder raschem Verderben ausgesetzt ist, oder wenn die Polizei oder eine öffentliche Anstalt sie schon länger als ein Jahr aufbewahrt hat [720].

[3] Der Steigerungserlös tritt an die Stelle der Sache.

3. Eigentumserwerb, Herausgabe.

722. [1] Wer seinen Pflichten als Finder nachkommt [720/1], erwirbt, wenn während fünf Jahren von der Bekanntmachung oder Anzeige [720] an der Eigentümer nicht festgestellt werden kann, die Sache zu Eigentum.

[1bis] Bei Tieren [651a], die im häuslichen Bereich und nicht zu Vermögens- oder Erwerbszwecken gehalten werden [651a[1], 728[1bis]; OR 42[3], 43[1bis]], beträgt die Frist zwei Monate.[1])

[1ter] Vertraut der Finder das Tier einem Tierheim mit dem Willen an, den Besitz daran endgültig aufzugeben, so kann das Tierheim nach Ablauf von zwei Monaten, seitdem ihm das Tier anvertraut wurde, frei über das Tier verfügen.[1])

[2] Wird die Sache zurückgegeben, so hat der Finder Anspruch auf Ersatz aller Auslagen sowie auf einen angemessenen Finderlohn.

[3] Bei Fund in einem bewohnten Hause oder in einer dem öffentlichen Gebrauch oder Verkehr dienenden Anstalt [720[3]] wird der Hausherr, der Mieter oder die Anstalt als Finder betrachtet, hat aber keinen Finderlohn zu beanspruchen.

---

[1]) Eingefügt gemäss Ziff. I des BG vom 4. Oktober 2002 über die Änderung des ZGB, OR, StGB, SchKG (Grundsatzartikel Tiere) (AS 2003 S. 463), i.K. 1. April 2003.

4. Schatz.

723. [1] Wird ein Wertgegenstand aufgefunden, von dem nach den Umständen mit Sicherheit anzunehmen ist, dass er seit langer Zeit vergraben oder verborgen war und keinen Eigentümer mehr hat, so wird er als Schatz angesehen.

[2] Der Schatz fällt unter Vorbehalt der Bestimmung über Gegenstände von wissenschaftlichem Wert [724] an den Eigentümer des Grundstückes oder der beweglichen Sache, in der er aufgefunden worden ist.

[3] Der Finder hat Anspruch auf eine angemessene Vergütung, die jedoch die Hälfte des Wertes des Schatzes nicht übersteigen darf.

724. ¹ Herrenlose Naturkörper oder Altertümer von wissenschaftlichem Wert sind Eigentum des Kantons, in dessen Gebiet sie gefunden worden sind.¹)

¹ᵇⁱˢ Ohne Genehmigung der zuständigen kantonalen Behörden können solche Sachen nicht veräussert werden. Sie können weder ersessen [728] noch gutgläubig erworben [714, 933/6] werden. Der Herausgabeanspruch verjährt nicht.²)

² Der Eigentümer, in dessen Grundstück solche Gegenstände aufgefunden werden, ist verpflichtet, ihre Ausgrabung zu gestatten gegen Ersatz des dadurch verursachten Schadens.

³ Der Finder und im Falle des Schatzes [723] auch der Eigentümer haben Anspruch auf eine angemessene Vergütung, die jedoch den Wert der Gegenstände nicht übersteigen soll.

5. Wissenschaftliche Gegenstände.

---

¹) Fassung gemäss Art. 32 Ziff. 1 KGTB, i.K. 1. Juni 2005, jedoch ohne rückwirkende Kraft (Art. 33 KGTG).
²) Eingefügt gemäss Art. 32 Ziff. 1 KGTB, i.K. 1. Juni 2005, jedoch ohne rückwirkende Kraft (Art. 33 KGTG).

725. ¹ Werden jemandem durch Wasser, Wind, Lawinen oder andere Naturgewalt oder zufällige Ereignisse bewegliche Sachen zugeführt, oder geraten fremde Tiere in seinen Gewahrsam, so hat er die Rechte und Pflichten eines Finders [720/3].¹)

² Fliegt ein Bienenschwarm in einen fremden bevölkerten Bienenstock, so fällt er ohne Entschädigungspflicht dem Eigentümer dieses Stockes zu [700, 719³].

IV. Zuführung.

---

¹) Bei Nichtanzeigen der Zuführung sieht Art. 332 StGB Bestrafung mit Busse vor.

726. ¹ Hat jemand eine fremde Sache verarbeitet oder umgebildet, so gehört die neue Sache, wenn die Arbeit kostbarer ist als der Stoff, dem Verarbeiter, andernfalls dem Eigentümer des Stoffes.

² Hat der Verarbeiter nicht in gutem Glauben [3] gehandelt, so kann das Gericht, auch wenn die Arbeit kostbarer ist, die neue Sache dem Eigentümer des Stoffes zusprechen.

³ Vorbehalten bleiben die Ansprüche auf Schadenersatz [OR 41/61] und aus Bereicherung [OR 62/7].

V. Verarbeitung.

727. ¹ Werden bewegliche Sachen verschiedener Eigentümer so miteinander vermischt oder verbunden, dass sie ohne wesentliche Beschädigung oder unverhältnismässige Arbeit und Auslagen nicht mehr getrennt werden können, so entsteht für die Beteiligten Miteigentum [646/51] an der neuen Sache, und zwar nach dem Werte, den die einzelnen Teile zur Zeit der Verbindung haben.

² Wird eine bewegliche Sache mit einer andern derart vermischt oder verbunden, dass sie als deren nebensächlicher Be-

VI. Verbindung und Vermischung.

Das Sachenrecht

standteil [642] erscheint, so gehört die ganze Sache dem Eigentümer des Hauptbestandteiles.

³ Vorbehalten bleiben die Ansprüche auf Schadenersatz [OR 41/61] und aus Bereicherung [OR 62/7].

VII. Ersitzung.

728. ¹ Hat jemand eine fremde bewegliche Sache ununterbrochen und unangefochten während fünf Jahren [941] in gutem Glauben [3] als Eigentum in seinem Besitze, so wird er durch Ersitzung Eigentümer.

¹bis Bei Tieren [651a], die im häuslichen Bereich und nicht zu Vermögens- oder Erwerbszwecken gehalten werden [651a¹, 722¹bis; OR 42³, 43¹bis], beträgt die Frist zwei Monate.¹)

¹ter Unter Vorbehalt gesetzlicher Ausnahmen²) beträgt die Ersitzungsfrist für Kulturgüter im Sinne von Artikel 2 Absatz 1 des Kulturgütertransfergesetzes vom 20. Juni 2003³) 30 Jahre.⁴)

² Unfreiwilliger Verlust des Besitzes unterbricht die Ersitzung nicht, wenn der Besitzer binnen Jahresfrist oder mittels einer während dieser Frist erhobenen Klage die Sache wieder erlangt.

³ Für die Berechnung der Fristen, die Unterbrechung und den Stillstand der Ersitzung finden die Vorschriften über die Verjährung von Forderungen entsprechende Anwendung [OR 127 ff.]

---

¹) Eingefügt gemäss Ziff. I des BG vom 4. Oktober 2002 über die Änderung des ZGB, OR, StGB, SchKG (Grundsatzartikel Tiere) (AS 2003 S. 463), i.K. 1. April 2003.

²) Ausnahmsweise ist die Ersitzung überhaupt ausgeschlossen. So können das Archivgut des Bundes und die im Bundesverzeichnis eingetragenen Kulturgüter des Bundes nicht ersessen werden (Art. 20 des BG vom 26. Juni 1998 über die Archivierung, SR 152.1; Art. 3 Abs. 2 lit. a KGTG). Nach Art. 4 Abs. 2 KGTG sind auch die Kantone befugt, eine Ersitzung für Kulturgüter in ihren Verzeichnissen auszuschliessen.

³) KGTG, SR 444.1. Art. 2 Abs. 1 KGTG lautet: «¹ Als *Kulturgut* gilt ein aus religiösen oder weltlichen Gründen für Archäologie, Vorgeschichte, Geschichte, Literatur, Kunst oder Wissenschaft bedeutungsvolles Gut, das einer der Kategorien nach Artikel 1 der UNESCO-Konvention 1970 angehört.» Die UNESCO-Konvention 1970 ist publiziert in AS 2004 S. 2881 (SR 0.444.1).

⁴) Eingefügt gemäss Art. 32 Ziff. 1 KGTG, i.K. 1. Juni 2005, jedoch ohne rückwirkende Kraft (Art. 33 KGTG). Absatzziffer berichtigt von der Redaktionskommission der BVers.

C. Verlust.

729. Das Fahrniseigentum geht, trotz Verlust des Besitzes, erst dadurch unter, dass der Eigentümer sein Recht aufgibt, oder dass in der Folge ein anderer das Eigentum erwirbt.

Zweite Abteilung

Die beschränkten dinglichen Rechte

Entwurf 1900 Art. 723/960; Erl. II, S. 130 ff.; ExpKom. II, S. 110 ff.; Entwurf 1904 Art. 720/956; Botsch. S. 71 ff.; NatR XVI, S. 571 ff., StändeR XVI, S. 1356 ff., NatR XVII, S. 324/44.

Einundzwanzigster Titel

Die Dienstbarkeiten und Grundlasten

Entwurf 1900 Art. 723/86; Erl. II, S. 130 ff.; Entwurf 1904 Art. 720/82; Botsch. S. 71 ff.

Erster Abschnitt

Die Grunddienstbarkeiten

Entwurf 1900 Art. 723/37; Erl. II, S. 130 ff.; ExpKom. II, S. 110 ff.; Entwurf 1904 Art. 720/35; NatR XVI, S. 571/6; StändeR XVI, S. 1356/60; NatR XVII, S. 324 ff.

730. [1] Ein Grundstück [655] kann zum Vorteil eines andern Grundstückes in der Weise belastet werden, dass sein Eigentümer [641] sich bestimmte Eingriffe des Eigentümers dieses andern Grundstückes gefallen lassen muss oder zu dessen Gunsten nach gewissen Richtungen sein Eigentumsrecht nicht ausüben darf [733, 735[2], 919[2]].

[2] Eine Verpflichtung zur Vornahme von Handlungen [782] kann mit der Grunddienstbarkeit nur nebensächlich verbunden sein.

A. Gegenstand.

731. [1] Zur Errichtung einer Grunddienstbarkeit bedarf es der Eintragung in das Grundbuch [958 Ziff. 2, 968, 972 ff.].[1])

[2] Für Erwerb und Eintragung gelten, soweit es nicht anders geordnet ist, die Bestimmungen über das Grundeigentum [656/65].

[3] Die Ersitzung ist nur zu Lasten von Grundstücken möglich, an denen das Eigentum ersessen werden kann [661 ff.].

B. Errichtung und Untergang.
I. Errichtung.
1. Eintragung.

---

[1]) Zur Eintragung von Grunddienstbarkeiten auf Kollektivblättern vgl. Art. 947[2].

Das Sachenrecht

2. Vertrag. **732.** Der Vertrag über Errichtung einer Grunddienstbarkeit bedarf zu seiner Gültigkeit der schriftlichen Form [OR 13/5; vgl. aber 680[2]].

GBV 19[2].

3. Errichtung zu eigenen Lasten. **733.** Der Eigentümer ist befugt, auf seinem Grundstück zugunsten eines andern ihm gehörigen Grundstückes eine Dienstbarkeit zu errichten [735[2]].

II. Untergang.
1. Im allgemeinen. **734.** Jede Grunddienstbarkeit geht unter mit der Löschung des Eintrages [964] sowie mit dem vollständigen Untergang des belasteten oder des berechtigten Grundstückes.

2. Vereinigung. **735.** [1] Wird der Berechtigte Eigentümer des belasteten Grundstückes, so kann er die Dienstbarkeit löschen lassen.

[2] Solange die Löschung nicht erfolgt ist, bleibt die Dienstbarkeit als dingliches Recht bestehen [733].

3. Ablösung durch das Gericht. **736.** [1] Hat eine Dienstbarkeit für das berechtigte Grundstück alles Interesse verloren, so kann der Belastete ihre Löschung verlangen.

[2] Ist ein Interesse des Berechtigten zwar noch vorhanden, aber im Vergleich zur Belastung von unverhältnismässig [4] geringer Bedeutung, so kann die Dienstbarkeit gegen Entschädigung ganz oder teilweise abgelöst werden.

C. Inhalt.
I. Umfang.
1. Im allgemeinen. **737.** [1] Der Berechtigte ist befugt, alles zu tun, was zur Erhaltung und Ausübung der Dienstbarkeit nötig ist.

[2] Er ist jedoch verpflichtet, sein Recht in möglichst schonender Weise auszuüben.

[3] Der Belastete darf nichts vornehmen, was die Ausübung der Dienstbarkeit verhindert oder erschwert.

2. Nach dem Eintrag. **738.** [1] Soweit sich Rechte und Pflichten aus dem Eintrage [731[1]] deutlich ergeben, ist dieser für den Inhalt der Dienstbarkeit massgebend.

[2] Im Rahmen des Eintrages kann sich der Inhalt der Dienstbarkeit aus ihrem Erwerbsgrund [z.B. 732; vgl. auch 971[2], 948[2,3]] oder aus der Art ergeben, wie sie während längerer Zeit unangefochten und in gutem Glauben [3] ausgeübt worden ist.

3. Bei verändertem Bedürfnis. **739.** Ändern sich die Bedürfnisse des berechtigten Grundstückes [730], so darf dem Verpflichteten eine Mehrbelastung nicht zugemutet werden.

Die Grunddienstbarkeiten

740. Der Inhalt der Wegrechte, wie Fussweg, gebahnter Weg, Fahrweg, Zelgweg, Winterweg, Holzweg, ferner der Weiderechte, Holzungsrechte, Tränkerechte, Wässerungsrechte u.dgl. wird, soweit sie für den einzelnen Fall nicht geordnet sind, durch das kantonale Recht und den Ortsgebrauch bestimmt [5].

4. Nach kantonalem Recht und Ortsgebrauch.

741. [1] Gehört zur Ausübung der Dienstbarkeit eine Vorrichtung, so hat sie der Berechtigte zu unterhalten.

[2] Dient die Vorrichtung auch den Interessen des Belasteten, so tragen beide die Last des Unterhalts nach Verhältnis ihrer Interessen.

II. Last des Unterhaltes.

742. [1] Wird durch die Ausübung der Grunddienstbarkeit nur ein Teil des Grundstückes in Anspruch genommen, so kann der Eigentümer, wenn er ein Interesse nachweist und die Kosten übernimmt, die Verlegung auf eine andere, für den Berechtigten nicht weniger geeignete Stelle verlangen [737/2].

[2] Hiezu ist er auch dann befugt, wenn die Dienstbarkeit im Grundbuch auf eine bestimmte Stelle gelegt worden ist.

[3] Auf die Verlegung von Leitungen werden im übrigen die nachbarrechtlichen Vorschriften [691/3] angewendet.

III. Veränderungen der Belastung.
1. Verlegung.

743. [1] Wird das berechtigte Grundstück geteilt, so besteht in der Regel die Dienstbarkeit zugunsten aller Teile weiter.

[2] Beschränkt sich die Ausübung der Dienstbarkeit jedoch nach den Umständen auf einen Teil, so kann der Belastete verlangen, dass sie in bezug auf die andern Teile gelöscht werde [736/1].

[3] Der Grundbuchverwalter teilt dem Berechtigten das Begehren mit und nimmt die Löschung vor, wenn dieser binnen Monatsfrist nicht Einspruch erhebt.

GBV 86.

2. Teilung.
a. Des berechtigten Grundstückes.

744. [1] Wird das belastete Grundstück geteilt, so besteht die Last in der Regel auf allen Teilen weiter.

[2] Wenn jedoch die Dienstbarkeit auf einzelnen Teilen nicht ruht und nach den Umständen nicht ruhen kann [742], so ist jeder Eigentümer eines nicht belasteten Teiles berechtigt, zu verlangen, dass sie auf seinem Grundstücke gelöscht werde [736/1].

[3] Der Grundbuchverwalter teilt dem Berechtigten das Begehren mit und nimmt die Löschung vor, wenn dieser binnen Monatsfrist nicht Einspruch erhebt.

GBV 86.

b. Des belasteten Grundstückes.

Zweiter Abschnitt

Nutzniessung und andere Dienstbarkeiten

Entwurf 1900 Art. 738/73; Erl. II, S. 148 ff.; ExpKom. II, S. 128 ff.; S. 167 ff.; Entwurf 1904 Art. 736/71; Botsch. S. 71 ff.; NatR XVI, S. 576/87; StändeR XVI, S. 1361/75. – Zum rev. Baurecht Art. 779–779 l: Botsch. und Entw. vom 9. April 1963 über Änderung des ZGB und des OR betr. das Baurecht und den Grundstückverkehr, BBl 1963 I 969; StenBull. NatR 1964 S. 363–404, StändeR 1964 S. 321–341, NatR 1965 S. 59–73, StändeR 1965 S. 36/7, NatR 1965 S. 171, 279, StändeR 1965 S. 64. – Botsch. und Entw. des BR vom 29. Mai 2002 zur Weiterentwicklung der Agrarpolitik, Teil III, BBl 2002 S. 4721.

A. Nutzniessung.
I. Gegenstand.

745. [1] Die Nutzniessung kann an beweglichen Sachen [713], an Grundstücken [655, 768/71], an Rechten[1]) oder an einem Vermögen [766] bestellt werden.

[2] Sie verleiht dem Berechtigten, wo es nicht anders bestimmt ist, den vollen Genuss des Gegenstandes.

[3] Die Ausübung der Nutzniessung an einem Grundstück kann auf einen bestimmten Teil eines Gebäudes oder auf einen bestimmten Teil des Grundstücks beschränkt werden.[2])

---

[1]) Z.B. Art. 19 MSchG (Anhang II E1 zum OR); Art. 16 DesG (Anhang II F1 zum OR).

[2]) Eingefügt gemäss BG vom 20. Juni 2003 über die Änderung des ZGB (AS 2003 S. 4121), i.K. 1. Januar 2004.

II. Entstehung.
1. Im allgemeinen.

746. [1] Zur Bestellung einer Nutzniessung ist bei beweglichen Sachen oder Forderungen die Übertragung auf den Erwerber und bei Grundstücken die Eintragung in das Grundbuch [958 Ziff. 2] erforderlich [vgl. auch 712c²].

[2] Für den Erwerb der beweglichen Sachen und bei Grundstücken sowie für die Eintragung gelten, soweit es nicht anders geordnet ist, die Bestimmungen über das Eigentum [714 ff., 656 ff., 665].

2. ...

747. (Aufgehoben gemäss Ziff. I 2 des BG vom 5. Oktober 1984 über die Änderung des ZGB [Wirkungen der Ehe im allgemeinen, Ehegüterrecht und Erbrecht, AS 1986 I 122].)

III. Untergang.
1. Gründe.

748. [1] Die Nutzniessung geht unter mit dem vollständigen Untergang ihres Gegenstandes [750] und überdies bei Grundstücken mit der Löschung des Eintrages, wo dieser zur Bestellung notwendig war [746¹].

[2] Andere Untergangsgründe, wie Zeitablauf, Verzicht oder Tod des Berechtigten, geben bei Grundstücken dem Eigentümer nur einen Anspruch auf Löschung des Eintrages.

[3] Die gesetzliche Nutzniessung hört auf mit dem Wegfall ihres Grundes.

749. [1] Die Nutzniessung endigt mit dem Tode des Berechtigten und für juristische Personen mit deren Auflösung.

[2] Sie kann jedoch für diese höchstens 100 Jahre dauern.

2. Dauer.

750. [1] Der Eigentümer ist nicht verpflichtet, die untergegangene Sache wieder herzustellen.

[2] Stellt er sie her, so ist auch die Nutzniessung wieder hergestellt.

[3] Wird für die untergegangene Sache ein Ersatz geleistet, wie bei der Enteignung und der Versicherung, so besteht die Nutzniessung an dem Ersatzgegenstande weiter.

3. Ersatz bei Untergang.

751. Ist die Nutzniessung beendigt, so hat der Besitzer dem Eigentümer den Gegenstand zurückzugeben [vgl. aber 772].

4. Rückleistung.
a. Pflicht.

752. [1] Der Nutzniesser haftet für den Untergang und den Minderwert der Sache, insofern er nicht nachweist, dass dieser Schaden ohne sein Verschulden eingetreten ist [755[3], 764].

[2] Aufgebrauchte Gegenstände, deren Verbrauch nicht zur Nutzung gehört, hat er zu ersetzen.

[3] Den Minderwert der Gegenstände, der durch den ordnungsgemässen Gebrauch der Sache eingetreten ist, hat er nicht zu ersetzen.

b. Verantwortlichkeit.

753. [1] Hat der Nutzniesser Verwendungen gemacht oder Neuerungen vorgenommen, zu denen er nicht verpflichtet war, so kann er bei der Rückleistung Ersatz verlangen wie ein Geschäftsführer ohne Auftrag [OR 419 ff.].

[2] Vorrichtungen, die er erstellt hat, für die ihm aber der Eigentümer keinen Ersatz leisten will, kann er wegnehmen, ist aber verpflichtet, den vorigen Stand wieder herzustellen.

c. Verwendungen.

754. Die Ersatzansprüche des Eigentümers wegen Veränderung oder Wertverminderung der Sache [752] sowie die Ansprüche des Nutzniessers auf Ersatz von Verwendungen [753[1]] oder auf Wegnahme von Vorrichtungen [753[2]] verjähren [OR 127] mit Ablauf eines Jahres seit der Rückleistung der Sache.

5. Verjährung der Ersatzansprüche.

755. [1] Der Nutzniesser hat das Recht auf den Besitz [926 ff.], den Gebrauch und die Nutzung der Sache.

[2] Er besorgt deren Verwaltung.

[3] Bei der Ausübung dieses Rechtes hat er nach den Regeln einer sorgfältigen Wirtschaft zu verfahren [752, 767[1]].

IV. Inhalt.
1. Rechte des Nutzniessers.
a. Im allgemeinen.

756. [1] Natürliche Früchte [643] gehören dem Nutzniesser, wenn sie während der Zeit seiner Berechtigung reif geworden sind [768[2]].

b. Natürliche Früchte.

² Wer das Feld bestellt, hat für seine Verwendungen gegen den, der die reifen Früchte erhält, einen Anspruch auf angemessene Entschädigung, die jedoch den Wert der reifen Früchte nicht übersteigen soll.

³ Bestandteile [642], die nicht Erzeugnisse oder Erträgnisse sind, verbleiben dem Eigentümer der Sache.

c. Zinse.

757. Zinse von Nutzniessungskapitalien und andere periodische Leistungen gehören dem Nutzniesser von dem Tage an, da sein Recht beginnt, bis zu dem Zeitpunkte, da es aufhört, auch wenn sie erst später fällig [OR 75] werden.

d. Übertragbarkeit.

758. ¹ Die Nutzniessung kann, wenn es sich nicht um ein höchst persönliches Recht handelt, zur Ausübung auf einen andern übertragen werden [z.B. OR 275].

² Der Eigentümer ist befugt, seine Rechte [759 ff., 751/2] diesem gegenüber unmittelbar geltend zu machen.

Zur Frage der Pfändbarkeit vgl. SchKG 93.

2. Rechte des Eigentümers.
a. Aufsicht.

759. Der Eigentümer kann gegen jeden widerrechtlichen oder der Sache nicht angemessenen Gebrauch [755 ff.] Einspruch erheben.

b. Sicherstellung.

760. ¹ Der Eigentümer ist befugt, von dem Nutzniesser Sicherheit zu verlangen, sobald er eine Gefährdung seiner Rechte nachweist.

² Ohne diesen Nachweis und schon vor der Übergabe der Sache kann er Sicherheit verlangen, wenn verbrauchbare Sachen [772] oder Wertpapiere [OR 965] den Gegenstand der Nutzniessung bilden.

³ Für die Sicherstellung bei Wertpapieren genügt deren Hinterlegung.

c. Sicherstellung bei Schenkung und gesetzlicher Nutzniessung.

761. ¹ Der Anspruch auf Sicherstellung besteht nicht gegenüber demjenigen, der den Gegenstand dem Eigentümer unter Vorbehalt der Nutzniessung geschenkt [OR 239 ff.] hat.

² Bei der gesetzlichen Nutzniessung steht der Anspruch unter der besondern Ordnung des Rechtsverhältnisses.

d. Folge der Nichtleistung der Sicherheit.

762. Leistet der Nutzniesser während einer ihm hiefür angesetzten angemessenen Frist die Sicherheit [760] nicht oder lässt er trotz Einspruches des Eigentümers von einem widerrechtlichen Gebrauch der Sache [759] nicht ab, so hat das Gericht ihm den Besitz des Gegenstandes bis auf weiteres zu entziehen und eine Beistandschaft anzuordnen [392].

763. Der Eigentümer und der Nutzniesser haben das Recht, jederzeit zu verlangen, dass über die Gegenstände der Nutzniessung auf gemeinsame Kosten ein Inventar mit öffentlicher Beurkundung [9] aufgenommen werde.

3. Inventarpflicht.

764. [1] Der Nutzniesser hat den Gegenstand in seinem Bestande zu erhalten und Ausbesserungen und Erneuerungen, die zum gewöhnlichen Unterhalte [765 1] gehören, von sich aus vorzunehmen.

[2] Werden wichtigere Arbeiten oder Vorkehrungen zum Schutze des Gegenstandes nötig, so hat der Nutzniesser den Eigentümer davon zu benachrichtigen und ihre Vornahme zu gestatten.

[3] Schafft der Eigentümer nicht Abhilfe, so ist der Nutzniesser befugt, auf Kosten des Eigentümers sich selbst zu helfen.

4. Lasten.
a. Erhaltung der Sache.

765. [1] Die Auslagen für den gewöhnlichen Unterhalt und die Bewirtschaftung der Sache, die Zinse für die darauf haftenden Kapitalschulden sowie die Steuern und Abgaben trägt im Verhältnisse zu der Dauer seiner Berechtigung der Nutzniesser.

[2] Werden die Steuern und Abgaben beim Eigentümer erhoben, so hat ihm der Nutzniesser in dem gleichen Umfange Ersatz zu leisten.

[3] Alle andern Lasten trägt der Eigentümer, er darf aber, falls der Nutzniesser ihm auf Verlangen die nötigen Geldmittel nicht unentgeltlich vorschiesst, Gegenstände der Nutzniessung hiefür verwerten.

b. Unterhalt und Bewirtschaftung.

766. Steht ein Vermögen in Nutzniessung, so hat der Nutzniesser die Kapitalschulden zu verzinsen, kann aber, wo die Umstände es rechtfertigen, verlangen, von dieser Zinspflicht dadurch befreit zu werden, dass nach Tilgung der Schulden die Nutzniessung auf den verbleibenden Überschuss der Vermögenswerte beschränkt wird.

c. Zinspflicht bei Nutzniessung an einem Vermögen.

767. [1] Der Nutzniesser hat den Gegenstand zugunsten des Eigentümers gegen Feuer und andere Gefahren zu versichern, soweit diese Versicherung nach ortsüblicher [5 2] Auffassung zu den Pflichten einer sorgfältigen Wirtschaft [755 3] gerechnet wird.

[2] Die Versicherungsprämien hat in diesem Falle, sowie wenn eine bereits versicherte Sache in Nutzniessung kommt, für die Zeit seiner Nutzniessung der Nutzniesser zu tragen.

d. Versicherung.

768. [1] Der Nutzniesser eines Grundstückes [745 1] hat darauf zu achten, dass es durch die Art der Nutzniessung nicht über das gewöhnliche Mass in Anspruch genommen wird.

[2] Soweit Früchte über dieses Mass hinaus bezogen worden sind, gehören sie dem Eigentümer.

V. Besondere Fälle.
1. Grundstücke.
a. Früchte.

b. Wirtschaftliche Bestimmung.	**769.** [1] Der Nutzniesser darf an der wirtschaftlichen Bestimmung des Grundstückes keine Veränderungen vornehmen, die für den Eigentümer von erheblichem Nachteil sind.

[2] Die Sache selbst darf er weder umgestalten noch wesentlich verändern.

[3] Die Neuanlage von Steinbrüchen, Mergelgruben, Torfgräbereien u. dgl. ist ihm nur nach vorgängiger Anzeige an den Eigentümer und unter der Voraussetzung gestattet, dass die wirtschaftliche Bestimmung des Grundstückes dadurch nicht wesentlich verändert wird. |
| c. Wald.[1]) | **770.** [1] Ist ein Wald[1]) Gegenstand der Nutzniessung, so kann der Nutzniesser die Nutzung insoweit beanspruchen, als ein ordentlicher Wirtschaftsplan dies rechtfertigt.

[2] Sowohl der Eigentümer als der Nutzniesser können die Einhaltung eines Planes verlangen, der ihre Rechte nicht beeinträchtigt.

[3] Erfolgt im Falle von Sturm, Schneeschaden, Brand, Insektenfrass oder aus andern Gründen eine erhebliche Übernutzung, so soll sie allmählich wieder eingespart oder der Wirtschaftsplan den neuen Verhältnissen angepasst werden, der Erlös der Übernutzung aber wird zinstragend angelegt und dient zur Ausgleichung des Ausfalles. |

---

[1]) Siehe auch BG vom 4. Oktober 1991 über den Wald (Waldgesetz, WaG, SR 921.0).

d. Bergwerke.	**771.** Auf die Nutzniessung an Gegenständen, deren Nutzung in der Gewinnung von Bodenbestandteilen besteht, wie namentlich an Bergwerken, finden die Bestimmungen über die Nutzniessung am Walde [770] entsprechende Anwendung.
2. Verbrauchbare und geschätzte Sachen.	**772.** [1] An verbrauchbaren Sachen erhält der Nutzniesser, wenn es nicht anders bestimmt ist, das Eigentum, wird aber für den Wert, den sie bei Beginn der Nutzniessung hatten, ersatzpflichtig [760[2]].

[2] Werden andere bewegliche Sachen unter einer Schätzung übergeben, so kann der Nutzniesser, wenn es nicht anders bestimmt ist, frei über sie verfügen, wird aber, wenn er von diesem Rechte Gebrauch macht, ersatzpflichtig.

[3] Der Ersatz kann bei landwirtschaftlichen Einrichtungen, Herden, Warenlagern u. dgl. in Gegenständen gleicher Art und Güte geleistet werden. |
| 3. Forderungen. a. Inhalt. | **773.** [1] Stehen Forderungen in Nutzniessung, so kann der Nutzniesser deren Ertrag einziehen. |

² Kündigungen an den Schuldner sowie Verfügungen über Wertpapiere müssen vom Gläubiger und vom Nutzniesser ausgehen, Kündigungen des Schuldners gegenüber beiden erfolgen.
³ Der Gläubiger und der Nutzniesser haben gegeneinander ein Recht auf Zustimmung zu den Massregeln, die im Falle der Gefährdung der Forderung zu einer sorgfältigen Verwaltung gehören.

774. ¹ Ist der Schuldner nicht ermächtigt, dem Gläubiger oder dem Nutzniesser die Rückzahlung zu leisten, so hat er entweder an beide gemeinsam zu zahlen oder zu hinterlegen.
² Der Gegenstand der Leistung, wie namentlich zurückbezahltes Kapital, unterliegt der Nutzniessung.
³ Sowohl der Gläubiger als der Nutzniesser haben Anspruch auf sichere und zinstragende Neuanlage der Kapitalien.

b. Rückzahlungen und Neuanlage.

775. ¹ Der Nutzniesser hat das Recht, binnen drei Monaten nach Beginn der Nutzniessung die Abtretung der seiner Nutzniessung unterstellten Forderungen und Wertpapiere zu verlangen.
² Erfolgt deren Abtretung, so wird er dem bisherigen Gläubiger für den Wert, den sie zur Zeit der Abtretung haben, ersatzpflichtig und hat in diesem Betrage Sicherheit zu leisten [760], insofern nicht hierauf verzichtet wird.
³ Der Übergang erfolgt, wenn kein Verzicht vorliegt, erst mit der Sicherstellung.

c. Recht auf Abtretung.

776. ¹ Das Wohnrecht besteht in der Befugnis, in einem Gebäude oder in einem Teile eines solchen [777³] Wohnung zu nehmen.
² Es ist unübertragbar und unvererblich.
³ Es steht, soweit das Gesetz es nicht anders ordnet, unter den Bestimmungen über die Nutzniessung [745 ff.; vgl. auch 712c²].

B. Wohnrecht.
I. Im allgemeinen.

777. ¹ Das Wohnrecht wird im allgemeinen nach den persönlichen Bedürfnissen des Berechtigten bemessen.
² Er darf aber, falls das Recht nicht ausdrücklich auf seine Person beschränkt ist, seine Familienangehörigen und Hausgenossen zu sich in die Wohnung aufnehmen.
³ Ist das Wohnrecht auf einen Teil eines Gebäudes [776¹] beschränkt, so kann der Berechtigte die zum gemeinschaftlichen Gebrauch bestimmten Einrichtungen mitbenutzen.

II. Ansprüche des Wohnungsberechtigten.

778. ¹ Steht dem Berechtigten ein ausschliessliches Wohnrecht zu, so trägt er die Lasten des gewöhnlichen Unterhaltes.
² Hat er nur ein Mitbenutzungsrecht, so fallen die Unterhaltskosten dem Eigentümer zu.

III. Lasten.

C. Baurecht.[1)]
I. Gegenstand und Aufnahme in das Grundbuch.

779. [1] Ein Grundstück [655] kann mit der Dienstbarkeit belastet werden, dass jemand das Recht erhält, auf oder unter der Bodenfläche ein Bauwerk zu errichten oder beizubehalten [675].

[2] Dieses Recht ist, wenn es nicht anders vereinbart wird, übertragbar und vererblich.[2)]

[3] Ist das Baurecht selbständig und dauernd, so kann es als Grundstück in das Grundbuch[3)] aufgenommen werden [655[2] Ziff. 2, 943[1] Ziff. 2].[2)]

[1)] Das ZGB von 1912 enthielt über das Baurecht nur Art. 779. Durch das BG vom 19. März 1965 über die Änderung der Vorschriften des ZGB und des OR betr. das Baurecht und den Grundstückverkehr (AS 1965 S. 445) sind die Art. 779a–779 l ins ZGB eingefügt worden, unter entsprechender Änderung des Randtitels von Art. 779. Diese Bestimmungen traten am 1. Juli 1965 in Kraft. Gesetzesmaterialien siehe vor Art. 745. Der Entwurf (BBl 1963 I 969) sah eine Übergangsbestimmung (in Form eines Art. 17bis SchlT) vor, die jedoch nicht Gesetz wurde; es gelten die allgemeinen intertemporal-rechtlichen Regeln des SchlT.

[2)] Betr. Vorkaufsrecht im Baurechtsverhältnis siehe Art. 682.

[3)] Art. 7, 19, 22a, 50, 71a, 71b GBV (Anhang VIII zum ZGB).

II. Vertrag.

779a. Der Vertrag über die Begründung eines selbständigen und dauernden Baurechtes [779[3]] bedarf zu seiner Gültigkeit der öffentlichen Beurkundung [SchlT 55].

III. Inhalt und Umfang.

779b. Die vertraglichen Bestimmungen über den Inhalt und Umfang des Baurechtes, wie namentlich über Lage, Gestalt, Ausdehnung und Zweck der Bauten sowie über die Benutzung nicht überbauter Flächen, die mit seiner Ausübung in Anspruch genommen werden, sind für jeden Erwerber des Baurechtes und des belasteten Grundstückes verbindlich.

IV. Folgen des Ablaufs der Dauer.
1. Heimfall.

779c. Geht das Baurecht unter, so fallen die bestehenden Bauwerke dem Grundeigentümer heim, indem sie zu Bestandteilen seines Grundstückes werden [642, 667[2]].

2. Entschädigung.

779d. [1] Der Grundeigentümer hat dem bisherigen Bauberechtigten für die heimfallenden Bauwerke eine angemessene Entschädigung zu leisten, die jedoch den Gläubigern, denen das Baurecht verpfändet war, für ihre noch bestehenden Forderungen haftet und ohne ihre Zustimmung dem bisherigen Bauberechtigten nicht ausbezahlt werden darf.

[2] Wird die Entschädigung nicht bezahlt oder sichergestellt, so kann der bisherige Bauberechtigte oder ein Gläubiger, dem das Baurecht verpfändet war, verlangen, dass an Stelle des gelöschten Baurechtes ein Grundpfandrecht [793 ff.] mit demselben Rang [813 ff.] zur Sicherung der Entschädigungsforderung eingetragen werde.

³ Die Eintragung muss spätestens drei Monate nach dem Untergang des Baurechtes erfolgen.
GBV 22a¹.

779e. Über die Höhe der Entschädigung und das Verfahren zu ihrer Festsetzung sowie über die Aufhebung der Entschädigungspflicht und über die Wiederherstellung des ursprünglichen Zustandes der Liegenschaft können Vereinbarungen in der Form, die für die Begründung des Baurechtes vorgeschrieben ist [732, 779a], getroffen und im Grundbuch vorgemerkt werden.
GBV 71b.

3. Vereinbarungen.

779f. Wenn der Bauberechtigte in grober Weise sein dingliches Recht überschreitet oder vertragliche Verpflichtungen verletzt, so kann der Grundeigentümer den vorzeitigen Heimfall herbeiführen, indem er die Übertragung des Baurechts mit allen Rechten und Lasten auf sich selber verlangt.

V. Vorzeitiger Heimfall. 1. Voraussetzungen.

779g. ¹ Das Heimfallsrecht kann nur ausgeübt werden, wenn für die heimfallenden Bauwerke eine angemessene Entschädigung geleistet wird, bei deren Bemessung das schuldhafte Verhalten des Bauberechtigten als Herabsetzungsgrund berücksichtigt werden kann.

² Die Übertragung des Baurechtes auf den Grundeigentümer erfolgt erst, wenn die Entschädigung bezahlt oder sichergestellt ist.

2. Ausübung des Heimfallsrechtes.

779h. Den Vorschriften über die Ausübung des Heimfallsrechtes unterliegt jedes Recht, das sich der Grundeigentümer zur vorzeitigen Aufhebung oder Rückübertragung des Baurechtes wegen Pflichtverletzung des Bauberechtigten vorbehalten hat.

3. Andere Anwendungsfälle.

779i. ¹ Zur Sicherung des Baurechtszinses hat der Grundeigentümer gegenüber dem jeweiligen Bauberechtigten Anspruch auf Errichtung eines Pfandrechtes an dem in das Grundbuch aufgenommenen Baurecht im Höchstbetrag von drei Jahresleistungen.

² Ist die Gegenleistung nicht in gleichmässigen Jahresleistungen festgesetzt, so besteht der Anspruch auf das gesetzliche Pfandrecht für den Betrag, der bei gleichmässiger Verteilung auf drei Jahre entfällt.

VI. Haftung für den Baurechtszins. 1. Anspruch auf Errichtung eines Pfandrechts.

779k. ¹ Das Pfandrecht kann jederzeit eingetragen werden, solange das Baurecht besteht, und ist von der Löschung im Zwangsverwertungsverfahren ausgenommen.

² Im übrigen sind die Bestimmungen über die Errichtung des Bauhandwerkerpfandrechtes [837, 839/41] sinngemäss anwendbar.
GBV 22a².

2. Eintragung.

VII. Höchstdauer.

779 I. [1] Das Baurecht kann als selbständiges Recht [779³] auf höchstens 100 Jahre begründet werden.

[2] Es kann jederzeit in der für die Begründung vorgeschriebenen Form [779a] auf eine neue Dauer von höchstens 100 Jahren verlängert werden, doch ist eine zum voraus eingegangene Verpflichtung hiezu nicht verbindlich [OR 19², 20].

D. Quellenrecht.

780. [1] Das Recht an einer Quelle auf fremdem Grundstück belastet das Quellengrundstück mit der Dienstbarkeit der Aneignung und Ableitung des Quellwassers [704²].

[2] Es ist, wenn es nicht anders vereinbart wird, übertragbar und vererblich.

[3] Ist das Quellenrecht selbständig und dauernd, so kann es als Grundstück in das Grundbuch aufgenommen werden [655² Ziff. 2, 943¹ Ziff. 2].

E. Andere Dienstbarkeiten.

781. [1] Dienstbarkeiten anderen Inhaltes können zugunsten einer beliebigen Person oder Gemeinschaft an Grundstücken bestellt werden, so oft diese in bestimmter Hinsicht jemandem zum Gebrauch dienen können, wie für die Abhaltung von Schiessübungen oder für Weg und Steg.

[2] Sie sind, soweit es nicht anders vereinbart wird, unübertragbar, und es bestimmt sich ihr Inhalt nach den gewöhnlichen Bedürfnissen der Berechtigten.

[3] Im übrigen stehen sie unter den Bestimmungen über die Grunddienstbarkeiten [730/44].

Dritter Abschnitt

Die Grundlasten *

Entwurf 1900 Art. 775/86; Erl. II, S. 160 ff.; ExpKom. II, S. 195 ff.; S. 433 ff.; Entwurf 1904 Art. 772/82; Botsch. S. 74 ff.; NatR XVI, S. 587/91, StändeR XVI, S. 1375/83.

A. Gegenstand.

782. [1] Durch die Grundlast wird der jeweilige Eigentümer [641] eines Grundstückes [655] zu einer Leistung [730²] an einen Berechtigten verpflichtet, für die er ausschliesslich mit dem Grundstücke haftet [791/2, 919²].

[2] Als Berechtigter kann der jeweilige Eigentümer eines andern Grundstückes bezeichnet sein.

[3] Unter Vorbehalt der Gült [847 ff.] und der öffentlich-rechtlichen Grundlasten [784] kann eine Grundlast nur eine Leistung

---

* Zur Belastungsgrenze bei landwirtschaftlichen Grundstücken vgl. Art. 73 BGBB (Anhang IX A zum ZGB), der die Grundlast nicht mehr aufführt. Zum Übergangsrecht vgl. Art. 94 f. BGBB.

zum Inhalt haben, die sich entweder aus der wirtschaftlichen Natur des belasteten Grundstückes ergibt, oder die für die wirtschaftlichen Bedürfnisse eines berechtigten Grundstückes bestimmt ist.

783. [1] Die Grundlast bedarf zu ihrer Errichtung der Eintragung in das Grundbuch [958 Ziff. 2, 784].

[2] Bei der Eintragung ist ein bestimmter Betrag als ihr Gesamtwert in Landesmünze [OR 84] anzugeben, und zwar bei zeitlich wiederkehrenden Leistungen mangels anderer Abrede der zwanzigfache Betrag der Jahresleistung.

[3] Für Erwerb und Eintragung gelten, wo es nicht anders geordnet ist, die Bestimmungen über das Grundeigentum [656 ff., 665].

B. Errichtung und Untergang.
I. Errichtung.
1. Eintragung und Erwerbsart.

784. [1] Öffentlich-rechtliche Grundlasten bedürfen, wo es nicht anders geordnet ist, keiner Eintragung in das Grundbuch [783[1]].

[2] Gibt das Gesetz dem Gläubiger nur einen Anspruch auf eine Grundlast, so entsteht diese erst mit der Eintragung in das Grundbuch.

2. Öffentlich-rechtliche Grundlasten.

785. Wird eine Grundlast zum Zwecke der Sicherung einer Geldforderung begründet, so steht sie unter den Bestimmungen über die Gült [847 ff.].

3. Bei Sicherungszwecken.

786. [1] Die Grundlast geht unter mit der Löschung des Eintrages, sowie mit dem vollständigen Untergang des belasteten Grundstückes.

[2] Aus Verzicht oder Ablösung oder aus andern Untergangsgründen erhält der Belastete gegenüber dem Berechtigten einen Anspruch auf Löschung des Eintrages.

II. Untergang.
1. Im allgemeinen.

787. Der Berechtigte kann die Ablösung der Grundlast verlangen nach Abrede und ferner:
1. wenn das belastete Grundstück zerstückelt und dadurch das Recht des Gläubigers erheblich beeinträchtigt wird;
2. wenn der Eigentümer den Wert des Grundstückes vermindert und zum Ersatz dafür keine andern Sicherheiten bietet;
3. wenn der Schuldner mit drei Jahresleistungen im Rückstand ist [790[2], 791[2]].

GBV 88.

2. Ablösung.
a. Durch den Gläubiger.

788. [1] Der Schuldner kann die Ablösung verlangen nach Abrede und ferner:
1. wenn der Vertrag, auf dem die Grundlast beruht, vom Berechtigten nicht innegehalten wird;

b. Durch den Schuldner.

Das Sachenrecht

2. nach dreissigjährigem Bestande der Grundlast, und zwar auch dann, wenn eine längere Dauer oder die Unablösbarkeit verabredet worden ist.

[2] Erfolgt die Ablösung nach dreissigjährigem Bestande, so hat ihr in allen Fällen eine Kündigung auf Jahresfrist voranzugehen.

[3] Ausgeschlossen ist diese Ablösung, wenn die Grundlast mit einer unablösbaren Grunddienstbarkeit verbunden ist [736].

c. Ablösungsbetrag.

789. Die Ablösung erfolgt um den Betrag, der im Grundbuch als Gesamtwert der Grundlast eingetragen ist [783²], unter Vorbehalt des Nachweises, dass die Grundlast in Wirklichkeit einen geringeren Wert hat.

3. Verjährung.

790. [1] Die Grundlast ist keiner Verjährung unterworfen.

[2] Die einzelne Leistung unterliegt der Verjährung [OR 127] von dem Zeitpunkte an, da sie zur persönlichen Schuld des Pflichtigen wird [791²].

C. Inhalt.
I. Gläubigerrecht.

791. [1] Der Gläubiger der Grundlast hat keine persönliche Forderung gegen den Schuldner, sondern nur ein Recht auf Befriedigung aus dem Werte des belasteten Grundstückes [782¹].

[2] Die einzelne Leistung wird jedoch mit Ablauf von drei Jahren seit Eintritt ihrer Fälligkeit [OR 75] zur persönlichen Schuld, für die das Grundstück nicht mehr haftet [851³].

II. Schuldpflicht.

792. [1] Wechselt das Grundstück den Eigentümer, so wird der Erwerber ohne weiteres Schuldner der Grundlast [782¹].

[2] Wird das belastete Grundstück zerstückelt, so treten für die Grundlast die gleichen Folgen ein wie bei der Gült [852, 833].

Zweiundzwanzigster Titel*

Das Grundpfand

Entwurf 1900 Art. 787/864; Erl. II, S. 167 ff., S. 226 ff.; Entwurf 1904 Art. 783/869; Botsch. S. 74 ff. – Botsch. und Entw. des BR vom 19. Oktober 1988 zum Bundesgesetz über das bäuerliche Bodenrecht (BGBB) sowie zum Bundesgesetz über die Teilrevision des Zivilgesetzbuches (Immobiliarsachenrecht) und des Obligationenrechts (Grundstückkauf), BBl 1988 III 953.

Erster Abschnitt

Allgemeine Bestimmungen

Entwurf 1900 Art. 787/812; Erl. II, S. 167 ff., S. 226 ff.; ExpKom. II, S. 207 ff.; Entwurf 1904 Art. 783/810; Botsch. S. 74 ff.; NatR XVI, S. 611/38, StändeR XVI, S. 1385/96, NatR XVII, S. 408/11.

793. [1] Das Grundpfand wird bestellt als Grundpfandverschreibung [824/41], als Schuldbrief [842/6, 854/74] oder als Gült [847/74].

[2] Die Bestellung anderer Arten des Grundpfandes ist nicht gestattet [SchlT 33].

Zum Begriff «Grundpfand» im Sinne des SchKG vgl. SchKG 37[1].

A. Voraussetzungen.
I. Arten.

794. [1] Bei der Bestellung des Grundpfandes ist in allen Fällen ein bestimmter Betrag der Forderung in Landesmünze [OR 84] anzugeben.

[2] Ist der Betrag der Forderung unbestimmt, so wird ein Höchstbetrag angegeben, bis zu dem das Grundstück für alle Ansprüche des Gläubigers haftet.

II. Gestalt der Forderung.
1. Betrag.

795. [1] Die Zinspflicht kann innerhalb der gegen Missbräuche im Zinswesen aufgestellten Schranken [OR 73[2]][1] in beliebiger Weise festgesetzt werden.

[2] Die kantonale Gesetzgebung kann den Höchstbetrag des Zinsfusses bestimmen, der für Forderungen zulässig ist, für die ein Grundstück zu Pfand gesetzt wird.

2. Zinse.

---

[1]) Siehe dazu: Interkantonales Konkordat vom 8. Oktober 1957 über Massnahmen zur Bekämpfung von Missbräuchen im Zinswesen (Mitglieder zurzeit noch: Bern, Waadt, Jura, Zug).

---

* Zu Art. 793–883 über das Grundpfand sind namentlich auch die einschlägigen Vorschriften des BGBB (Anhang IX A zum ZGB) über die *Belastungsgrenze bei landwirtschaftlichen Grundstücken* (vgl. Art. 798a ZGB) zu beachten. Zum Übergangsrecht vgl. Art. 94 f. BGBB. Zur Berechnung des Ertragswertes (Art. 10, 87 BGBB) beachte auch Art. 1 f. der VBB (Anhang IX B zum ZGB).

Das Sachenrecht

III. Grundstück.
1. Verpfändbarkeit.

796. [1] Das Grundpfand wird nur auf Grundstücke errichtet, die in das Grundbuch aufgenommen sind [943/4].

[2] Die Kantone sind befugt, die Verpfändung von öffentlichem Grund und Boden, von Allmenden oder Weiden, die sich im Eigentum von Körperschaften befinden, sowie von damit verbundenen Nutzungsrechten besonderen Vorschriften zu unterstellen oder sie zu untersagen [664, 59].

2. Bestimmtheit.
a. Bei einem Grundstück.

797. [1] Bei der Errichtung des Grundpfandes ist das Grundstück, das verpfändet wird, bestimmt anzugeben.

[2] Teile eines Grundstückes können, solange dessen Teilung im Grundbuch nicht erfolgt ist [945[2]], nicht verpfändet werden.

b. Bei mehreren Grundstücken.

798. [1] Auf mehrere Grundstücke kann für eine Forderung ein Grundpfandrecht errichtet werden, wenn sie dem nämlichen Eigentümer gehören oder im Eigentum solidarisch verpflichteter Schuldner [OR 143] stehen [816[3]].[1])

[2] In allen andern Fällen ist bei der Verpfändung mehrerer Grundstücke für die nämliche Forderung ein jedes von ihnen mit einem bestimmten Teilbetrag zu belasten [833].

[3] Diese Belastung erfolgt, wenn es nicht anders vereinbart ist, nach dem Wertverhältnis der Grundstücke.

GBV 42/6.

---

[1]) Zur Belastungsgrenze bei landwirtschaftlichen Grundstücken und zur Unzulässigkeit von Gesamtpfandrechten, die gleichzeitig landwirtschaftliche und nichtlandwirtschaftliche Grundstücke umfassen, vgl. Art. 74 BGBB.

3. Landwirtschaftliche Grundstücke.[1])

798a.[1]) Für die Verpfändung von landwirtschaftlichen Grundstücken [BGBB 6, 8] gilt zudem das Bundesgesetz vom 4. Oktober 1991[2]) über das bäuerliche Bodenrecht.

---

[1]) Eingefügt gemäss Art. 92 BGBB (Anhang IX A zum ZGB), i.K. 1. Januar 1994.

[2]) BGBB, Anhang IX A zum ZGB. Zum Übergangsrecht vgl. Art. 94 f. BGBB.

B. Errichtung und Untergang.
I. Errichtung.
1. Eintragung.

799. [1] Das Grundpfand entsteht unter Vorbehalt der gesetzlichen Ausnahmen [836, 808[3], 810[2], 819] mit der Eintragung in das Grundbuch [958 Ziff. 3, 972 ff.]

[2] Der Vertrag auf Errichtung eines Grundpfandes bedarf zu seiner Verbindlichkeit der öffentlichen Beurkundung [SchlT 55].

800. [1] Steht ein Grundstück in Miteigentum [646[1], 712a ff.], so kann jeder Eigentümer seinen Anteil verpfänden [646[3], 648[3]].[1]

[2] Steht ein Grundstück in Gesamteigentum [652], so kann es nur insgesamt und im Namen aller Eigentümer verpfändet werden [653[2]].

2. Bei gemeinschaftlichem Eigentum.

---

[1]) Zur Belastungsgrenze bei landwirtschaftlichen Grundstücken vgl. Note* zum 22. Titel vor Art. 793. Nach der Botschaft zum BGBB entspricht «die Belastungsgrenze bei Miteigentumsanteilen … dem Bruchteil, der dem Miteigentumsanteil im Verhältnis zur ganzen Sache zukommt» (BBl 1988 III 1048).

801. [1] Das Grundpfand geht unter mit der Löschung des Eintrages [964] sowie mit dem vollständigen Untergang des Grundstückes.

[2] Der Untergang infolge von Enteignung steht unter dem Enteignungsrecht des Bundes[1]) und der Kantone [666[2]].

II. Untergang.

---

[1]) Siehe BG vom 20. Juni 1930 über die Enteignung (SR 711).

802. [1] Bei Güterzusammenlegungen, die unter Mitwirkung oder Aufsicht öffentlicher Behörden durchgeführt werden [702/3], sind die Grundpfandrechte, die auf den abzutretenden Grundstücken lasten, im bisherigen Range auf die zum Ersatze zugewiesenen Grundstücke zu übertragen.

[2] Tritt ein Grundstück an die Stelle von mehreren einzelnen, die für verschiedene Forderungen verpfändet oder von denen nicht alle belastet sind, so werden die Pfandrechte unter tunlichster Wahrung ihres bisherigen Ranges auf das Grundstück in seinem neuen Umfange gelegt.

III. Grundpfänder bei Güterzusammenlegung.
1. Verlegung der Pfandrechte.

803. Der Schuldner ist befugt, Pfandrechte auf Grundstücken, die in eine Güterzusammenlegung einbezogen sind [802], auf den Zeitpunkt der Durchführung dieser Unternehmung mit einer Kündigungsfrist von drei Monaten abzulösen.

2. Kündigung durch den Schuldner.

804. [1] Wird für verpfändete Grundstücke eine Entschädigung in Geld entrichtet, so ist der Betrag an die Gläubiger nach ihrer Rangordnung, oder bei gleicher Rangordnung nach der Grösse ihrer Forderung abzutragen.

[2] An den Schuldner dürfen solche Beträge ohne Zustimmung der Gläubiger nicht ausbezahlt werden, sobald sie mehr als den zwanzigsten Teil der Pfandforderung betragen, oder sobald das neue Grundstück nicht mehr hinreichende Sicherheit darbietet.

3. Entschädigung in Geld.

805. [1] Das Grundpfandrecht belastet das Grundstück mit Einschluss aller Bestandteile [642, 643[3]] und aller Zugehör [644/5].

[2] Werden bei der Verpfändung Sachen als Zugehör ausdrücklich angeführt und im Grundbuch angemerkt [946[2]], wie Maschi-

C. Wirkung.
I. Umfang der Pfandhaft.

218 Das Sachenrecht

nen und Hotelmobiliar, so gelten sie als Zugehör, solange nicht dargetan ist, dass ihnen diese Eigenschaft nach Vorschrift des Gesetzes [644/5] nicht zukommen kann.

³ Vorbehalten bleiben die Rechte Dritter an der Zugehör.

GBV 79.

II. Miet- und Pachtzinse.

806. ¹ Ist das verpfändete Grundstück vermietet [OR 253] oder verpachtet [OR 275], so erstreckt sich die Pfandhaft auch auf die Miet- oder Pachtzinsforderungen, die seit Anhebung der Betreibung auf Verwertung des Grundpfandes [SchKG 151 ff.] oder seit der Eröffnung des Konkurses [SchKG 159/270] über den Schuldner bis zur Verwertung auflaufen.

² Den Zinsschuldnern gegenüber ist diese Pfandhaft erst wirksam, nachdem ihnen von der Betreibung Mitteilung gemacht [SchKG 152²] oder der Konkurs veröffentlicht worden ist.

³ Rechtsgeschäfte des Grundeigentümers über noch nicht verfallene Miet- oder Pachtzinsforderungen sowie die Pfändung durch andere Gläubiger sind gegenüber einem Grundpfandgläubiger, der vor der Fälligkeit [OR 75] der Zinsforderung Betreibung auf Verwertung des Unterpfandes angehoben hat, nicht wirksam.

III. Verjährung.

807. Forderungen, für die ein Grundpfand eingetragen ist, unterliegen keiner Verjährung [OR 127].

Anders OR 140 für fahrnispfandgesicherte Forderungen.

IV. Sicherungsbefugnisse.
1. Massregeln bei Wertverminderung.
a. Untersagung und Selbsthilfe.

808. ¹ Vermindert der Eigentümer den Wert der Pfandsache, so kann ihm der Gläubiger durch das Gericht jede weitere schädliche Einwirkung untersagen lassen.

² Der Gläubiger kann vom Gericht ermächtigt werden, die zweckdienlichen Vorkehrungen zu treffen, und kann solche auch ohne Ermächtigung vornehmen, wenn Gefahr im Verzug ist.

³ Für die Kosten der Vorkehrungen kann er vom Eigentümer Ersatz verlangen und hat dafür an dem Grundstück ohne Eintragung in das Grundbuch ein Pfandrecht, das jeder eingetragenen Belastung vorgeht.[1]

---

[1] Bei landwirtschaftlichen Grundstücken (Art. 6, 8 BGBB) entfällt in diesem Falle die Belastungsgrenze der Art. 73 f. BGBB (vgl. Art. 75 Abs. 1 lit. a und Abs. 3 BGBB).

b. Sicherung, Wiederherstellung, Abzahlung.

809. ¹ Ist eine Wertverminderung eingetreten, so kann der Gläubiger vom Schuldner die Sicherung seiner Ansprüche oder die Wiederherstellung des früheren Zustandes verlangen.

² Droht die Gefahr einer Wertverminderung, so kann er die Sicherung verlangen.

Das Grundpfand

³ Wird dem Verlangen innerhalb einer vom Gericht angesetzten Frist nicht entsprochen, so kann der Gläubiger eine zu seiner Sicherung ausreichende Abzahlung der Schuld beanspruchen.

810. ¹ Wertverminderungen, die ohne Verschulden [OR 99[1,2]] des Eigentümers eintreten, geben dem Gläubiger nur insoweit ein Recht auf Sicherstellung oder Abzahlung, als der Eigentümer für den Schaden gedeckt wird.

² Der Gläubiger kann jedoch Vorkehrungen zur Beseitigung oder Abwehr der Wertverminderung treffen und hat für deren Kosten an dem Grundstück ohne Schuldpflicht des Eigentümers und ohne Eintragung in das Grundbuch ein Pfandrecht, das jeder eingetragenen Belastung vorgeht.¹)

2. Unverschuldete Wertverminderung.

---
¹) Bei landwirtschaftlichen Grundstücken (Art. 6, 8 BGBB) entfällt in diesem Falle die Belastungsgrenze der Art. 73 f. BGBB (vgl. Art. 75 Abs. 1 lit. a und Abs. 3 BGBB).

811. Wird ein Teil des Grundstückes, der auf weniger als den zwanzigsten Teil der Pfandforderung zu werten ist, veräussert, so kann der Gläubiger die Entlassung dieses Stückes aus der Pfandhaft nicht verweigern, sobald eine verhältnismässige Abzahlung geleistet wird oder der Rest des Grundstückes ihm hinreichende Sicherheit bietet.

3. Abtrennung kleiner Stücke.

812. ¹ Ein Verzicht des Eigentümers auf das Recht, weitere Lasten auf das verpfändete Grundstück zu legen, ist unverbindlich [OR 19², 20].¹)

V. Weitere Belastung.

² Wird nach der Errichtung des Grundpfandrechtes eine Dienstbarkeit [730 ff.] oder Grundlast [782 ff.] auf das Grundstück gelegt, ohne dass der Pfandgläubiger zugestimmt hat, so geht das Grundpfandrecht der späteren Belastung vor, und diese wird gelöscht, sobald bei der Pfandverwertung ihr Bestand den vorgehenden Pfandgläubiger schädigt.

³ Der aus der Dienstbarkeit oder Grundlast Berechtigte hat jedoch gegenüber nachfolgenden Eingetragenen für den Wert der Belastung Anspruch auf vorgängige Befriedigung aus dem Erlöse.

SchKG 142.

---
¹) Zur Belastungsgrenze bei landwirtschaftlichen Grundstücken (Art. 73 ff. BGBB) siehe Note* vor Art. 793.

813. ¹ Die pfandrechtliche Sicherung ist auf die Pfandstelle beschränkt, die bei der Eintragung angegeben wird.

VI. Pfandstelle.
1. Wirkung der Pfandstellen.

² Grundpfandrechte können in zweitem oder beliebigem Rang [817] errichtet werden, sobald ein bestimmter Betrag als Vorgang bei der Eintragung vorbehalten wird [815].

220 Das Sachenrecht

2. Pfandstellen untereinander.

814. ¹ Sind Grundpfandrechte verschiedenen Ranges [817] auf ein Grundstück errichtet, so hat bei Löschung eines Grundpfandes der nachfolgende Grundpfandgläubiger keinen Anspruch darauf, in die Lücke nachzurücken [821²].

² An Stelle des getilgten vorgehenden Grundpfandes darf ein anderes errichtet werden.

³ Vereinbarungen über das Nachrücken von Grundpfandgläubigern haben nur dann dingliche Wirkung, wenn sie vorgemerkt [959] sind.

GBV 63, 40³.

3. Leere Pfandstellen.

815. Ist ein Grundpfandrecht ohne Vorhandensein eines vorgehenden in späterem Rang errichtet [813²], hat der Schuldner über einen vorgehenden Pfandtitel nicht verfügt, oder beträgt die vorgehende Forderung weniger, als eingetragen ist, so wird bei der Pfandverwertung der Erlös aus dem Pfande ohne Rücksicht auf die leeren Pfandstellen den wirklichen Pfandgläubigern nach ihrem Range [817] zugewiesen.

VII. Befriedigung aus dem Pfande.
1. Art der Befriedigung.

816. ¹ Der Gläubiger hat ein Recht darauf, im Falle der Nichtbefriedigung sich aus dem Erlöse des Grundstückes bezahlt zu machen [891¹].¹)

² Die Abrede, wonach das Grundpfand dem Gläubiger, wenn er nicht befriedigt wird, als Eigentum zufallen soll, ist ungültig [894; OR 19², 20].

³ Sind mehrere Grundstücke für die gleiche Forderung verpfändet [798¹], so ist die Betreibung auf Pfandverwertung [SchKG 151 ff.] gleichzeitig gegen alle zu richten, die Verwertung aber nach Anordnung des Betreibungsamtes nur soweit nötig durchzuführen.²)

---

¹) Zur Betreibung auf Pfandverwertung siehe Art. 41 SchKG.

²) Siehe auch Art. 107 und 119 der V des Bundesgerichts vom 23. April 1920 über die Zwangsverwertung von Grundstücken (VZG, SR 281.42).

2. Verteilung des Erlöses.

817. ¹ Der Erlös aus dem Verkaufe des Grundstückes wird unter die Grundpfandgläubiger nach ihrem Range verteilt [813/5, 972].

² Gläubiger gleichen Ranges haben unter sich Anspruch auf gleichmässige Befriedigung.

3. Umfang der Sicherung.

818. ¹ Das Grundpfandrecht bietet dem Gläubiger Sicherheit:
1. für die Kapitalforderung;
2. für die Kosten der Betreibung und die Verzugszinse [OR 104/5];
3. für drei zur Zeit der Konkurseröffnung [SchKG 190 ff., 171, 189] oder des Pfandverwertungsbegehrens [SchKG 154] ver-

fallene Jahreszinse und den seit dem letzten Zinstage laufenden Zins [891²; SchKG 57b, 209², 343²].

² Der ursprünglich vereinbarte Zins darf nicht zum Nachteil nachgehender Grundpfandgläubiger über fünf vom Hundert [OR 73] erhöht werden.¹)

---

¹) Abs. 2 hatte gemäss BRB vom 7. Juni 1920 bis zum 22. Februar 1952 folgenden Wortlaut:

«Wird der ursprünglich vereinbarte und im Grundbuch eingetragene Zinsfuss über fünf vom Hundert erhöht, ohne dass sämtliche nachgehenden Pfandgläubiger zugestimmt haben, so besteht Grundpfandsicherheit für die Zinsforderung des vorgehenden Pfandgläubigers nur bis zu dem Betrag, der dem Wert von drei verfallenen Jahreszinsen und dem laufenden Zins, beides zu 5% berechnet, entspricht.»

819. Hat der Pfandgläubiger zur Erhaltung der Pfandsache notwendige Auslagen gemacht, insbesondere die vom Eigentümer geschuldeten Versicherungsprämien bezahlt, so kann er hiefür ohne Eintragung in das Grundbuch die gleiche Sicherung beanspruchen wie für seine Pfandforderung.

4. Sicherung für erhaltende Auslagen.

820. ¹ Wird ein ländliches Grundstück durch eine Bodenverbesserung, die unter Mitwirkung öffentlicher Behörden zur Durchführung gelangt [802], im Werte erhöht, so kann der Eigentümer für seinen Kostenanteil zur Sicherung seines Gläubigers ein Pfandrecht¹) in das Grundbuch eintragen lassen, das allen andern eingetragenen Belastungen vorgeht.

² Wird eine solche Bodenverbesserung ohne staatliche Subvention durchgeführt, so kann der Eigentümer dieses Pfandrecht¹) für höchstens zwei Dritteile seines Kostenanteiles eintragen lassen.

*VIII. Pfandrecht bei Bodenverbesserungen.
1. Vorrang.*

---

¹) Bei landwirtschaftlichen Grundstücken (Art. 6, 8 BGBB) entfällt in diesem Falle die Belastungsgrenze der Art. 73 f. BGBB (vgl. Art. 75 Abs. 1 lit. b und Abs. 3 BGBB).

821. ¹ Wird die Bodenverbesserung ohne staatliche Subvention durchgeführt, so ist die Pfandschuld durch Annuitäten von wenigstens 5 Prozent der eingetragenen Pfandsumme¹) zu tilgen.

² Das Pfandrecht erlischt für die Forderung und für jede Annuität nach Ablauf von drei Jahren seit Eintritt der Fälligkeit [OR 75], und es rücken die nachfolgenden Pfandgläubiger nach [814].

2. Tilgung der Schuld und des Pfandrechtes.

---

¹) Siehe Art. 820/Fn. 1.

IX. Anspruch auf die Versicherungssumme.

822. ¹ Eine fällig [OR 75] gewordene Versicherungssumme darf nur mit Zustimmung aller Grundpfandgläubiger an den Eigentümer des versicherten Grundstückes ausbezahlt werden.

² Gegen angemessene Sicherstellung ist sie jedoch dem Eigentümer zum Zwecke der Wiederherstellung des Unterpfandes herauszugeben.

³ Im übrigen bleiben die Vorschriften der Kantone über die Feuerversicherung vorbehalten.

VVG 57/8.

X. Vertretung des Gläubigers.

823. ¹ Ist der Name oder Wohnort eines Grundpfandgläubigers unbekannt, so kann in den Fällen, wo das Gesetz eine persönliche Betätigung des Gläubigers vorsieht und eine solche dringend erforderlich ist [z.B. 826], auf Antrag des Schuldners oder anderer Beteiligter dem Gläubiger von der Vormundschaftsbehörde ein Beistand [392] ernannt werden.

² Zuständig ist die Vormundschaftsbehörde [361] des Ortes, wo das Unterpfand liegt.

Zweiter Abschnitt

Die Grundpfandverschreibung*

Entwurf 1900 Art. 813/25; Erl. II, S. 201 ff., S. 268 ff.; ExpKom. II, S. 266 ff., S. 462 ff.; Entwurf 1904 Art. 811/28; NatR XVI, S. 638/64, StändeR XVI, S. 1397/1405.

A. Zweck und Gestalt.

824. ¹ Durch die Grundpfandverschreibung kann eine beliebige, gegenwärtige oder zukünftige oder bloss mögliche Forderung pfandrechtlich [793] sichergestellt werden.

² Das verpfändete Grundstück braucht nicht Eigentum des Schuldners zu sein [827/34].

B. Errichtung und Untergang.
I. Errichtung.

825. ¹ Die Grundpfandverschreibung wird auch bei Forderungen mit unbestimmtem oder wechselndem Betrage auf eine bestimmte Pfandstelle [813/5] errichtet und behält ungeachtet aller Schwankungen ihren Rang [817] nach dem Eintrag [972].

² Über die errichtete Pfandverschreibung wird auf Verlangen des Gläubigers ein Auszug aus dem Grundbuch ausgestellt, dem jedoch nur die Eigenschaft eines Beweismittels und nicht eines Wertpapiers [OR 965] zukommt.

³ An Stelle dieses Beweismittels kann die Bescheinigung der Eintragung auf der Vertragsurkunde treten.

GBV 60.

---

* *Zur Belastungsgrenze für landwirtschaftliche Grundstücke* (Art. 73 ff. BGBB) vgl. die Hinweise in Note * zum 22. Titel, vor Art. 793.

826. Ist die Forderung untergegangen, so kann der Eigentümer des belasteten Grundstückes vom Gläubiger verlangen, dass er die Löschung des Eintrages bewillige [964].

II. Untergang.
1. Recht auf Löschung.

827. ¹ Ist der Grundeigentümer nicht Schuldner der Pfandforderung [824²], so kann er das Pfandrecht unter den gleichen Voraussetzungen ablösen, unter denen der Schuldner zur Tilgung der Forderung befugt ist [826].

² Befriedigt er den Gläubiger, so geht das Forderungsrecht auf ihn über [OR 110].

2. Stellung des Eigentümers.

828. ¹ Das kantonale Recht kann den Erwerber eines Grundstückes, der nicht persönlich für die darauf lastenden Schulden haftbar ist [824²], ermächtigen, solange keine Betreibung erfolgt ist, die Grundpfandrechte, wenn sie den Wert des Grundstückes übersteigen, abzulösen, indem er den Gläubigern den Erwerbspreis oder bei unentgeltlichem Erwerbe den Betrag herausbezahlt, auf den er das Grundstück wertet.

² Er hat die beabsichtigte Ablösung den Gläubigern schriftlich [OR 13/5] mit halbjähriger Kündigung mitzuteilen.

³ Der Ablösungsbetrag wird unter die Gläubiger nach ihrem Range [817] verteilt.

3. Einseitige Ablösung.¹)
a. Voraussetzung und Geltendmachung.

---

¹) Beachte dazu Art. 153 Abs. 3 SchKG.

829. ¹ Bei dieser Ablösung haben die Gläubiger das Recht, binnen Monatsfrist nach der Mitteilung des Erwerbes gegen Vorschuss der Kosten eine öffentliche Versteigerung [OR 229 ff.] des Unterpfandes zu verlangen, die nach öffentlicher Bekanntmachung binnen eines weitern Monats, nachdem sie verlangt wurde, vorzunehmen ist.

² Wird hiebei ein höherer Preis erzielt, so gilt dieser als Ablösungsbetrag [828¹].

³ Die Kosten der Versteigerung hat im Falle der Erzielung eines höheren Preises der Erwerber, andernfalls der Gläubiger, der sie verlangt hat, zu tragen.

b. Öffentliche Versteigerung.

830. Das kantonale Recht kann an Stelle der öffentlichen Versteigerung [829] eine amtliche Schätzung vorsehen, deren Betrag als Ablösungssumme [828¹] zu gelten hat.

c. Amtliche Schätzung.

831. Eine Kündigung der Forderung durch den Gläubiger ist gegenüber dem Eigentümer der Pfandsache, der nicht Schuldner ist [824²], nur dann wirksam, wenn sie gegenüber Schuldner und Eigentümer erfolgt.

4. Kündigung.

C. Wirkung.
I. Eigentum und Schuldnerschaft.
1. Veräusserung.

832. [1] Wird das mit einer Grundpfandverschreibung belastete Grundstück veräussert, so bleibt die Haftung des Grundpfandes und des Schuldners, wenn es nicht anders verabredet ist, unverändert [824[2]].

[2] Hat aber der neue Eigentümer die Schuldpflicht für die Pfandforderung übernommen [OR 175], so wird der frühere Schuldner frei, wenn der Gläubiger diesem gegenüber nicht binnen Jahresfrist schriftlich [OR 13/5] erklärt, ihn beibehalten zu wollen [834[2]].

2. Zerstückelung.

833. [1] Wird ein Teil des mit einem Grundpfande belasteten Grundstückes oder eines von mehreren verpfändeten Grundstücken desselben Eigentümers veräussert, oder das Unterpfand zerstückelt, so ist die Pfandhaft mangels anderer Abrede derart zu verteilen, dass jeder der Teile nach seinem Werte verhältnismässig belastet wird [798].

[2] Will ein Gläubiger diese Verteilung nicht annehmen, so kann er binnen Monatsfrist, nachdem sie rechtskräftig geworden ist, verlangen, dass seine Pfandforderung innerhalb eines Jahres getilgt werde.

[3] Haben die Erwerber die Schuldpflicht für die auf ihren Grundstücken lastenden Pfandforderungen übernommen, so wird der frühere Schuldner frei, wenn der Gläubiger diesem gegenüber nicht binnen Jahresfrist schriftlich [OR 13/5] erklärt, ihn beibehalten zu wollen [834[2]].

GBV 87.

3. Anzeige der Schuldübernahme.

834. [1] Von der Übernahme der Schuld durch den Erwerber [832[2], 833[3]] hat der Grundbuchverwalter dem Gläubiger Kenntnis zu geben.

[2] Die Jahresfrist für die Erklärung des Gläubigers [832[2], 833[3]] läuft von dieser Mitteilung an.

II. Übertragung der Forderung.

835. Die Übertragung der Forderung [z.B. OR 164 ff.], für die eine Grundpfandverschreibung errichtet ist, bedarf zu ihrer Gültigkeit keiner Eintragung in das Grundbuch.

D. Gesetzliches Grundpfandrecht.
I. Ohne Eintragung.

836. Die gesetzlichen Pfandrechte des kantonalen Rechtes[1]) aus öffentlich-rechtlichen oder andern für die Grundeigentümer allgemein verbindlichen Verhältnissen bedürfen, wo es nicht anders geordnet ist, zu ihrer Gültigkeit keiner Eintragung.

---

[1]) Bei landwirtschaftlichen Grundstücken entfällt in diesem Falle die Belastungsgrenze der Art. 73 f. BGBB (vgl. Art. 75 Abs. 1 lit. a und Abs. 3 BGBB).

837.[1]) [1] Der Anspruch auf Errichtung eines gesetzlichen Grundpfandes besteht:
1. für die Forderung des Verkäufers an dem verkauften Grundstück [OR 216 ff., 211 ff.];
2. für die Forderung der Miterben und Gemeinder aus Teilung an den Grundstücken, die der Gemeinschaft gehörten [637, 343 ff.];
3. für die Forderungen der Handwerker oder Unternehmer, die zu Bauten oder andern Werken auf einem Grundstücke Material und Arbeit oder Arbeit allein geliefert haben, an diesem Grundstücke, sei es, dass sie den Grundeigentümer oder einen Unternehmer zum Schuldner haben [839/41].

[2] Auf diese gesetzlichen Grundpfandrechte kann der Berechtigte nicht zum voraus Verzicht leisten [OR 19[2], 20].

II. Mit Eintragung.
1. Fälle.

---

[1]) a) Betreffend landwirtschaftliche Grundstücke (Art. 6, 8 BGBB) beachte Art. 75 Abs. 2 BGBB, wonach «vorläufige Eintragungen von Grundpfandrechten nach den Artikeln 837 und 961 Absatz 1 Ziffer 1 des Zivilgesetzbuches ... ungeachtet der Belastungsgrenze im Grundbuch vorgemerkt werden» dürfen. Zur Belastungsgrenze bei landwirtschaftlichen Grundstücken: Art. 73 ff. BGBB.

b) Nach Art. 34 BGBB haben Miterben ein spezielles Grundpfandrecht zur Sicherung ihres Gewinnanspruches. Im übrigen besteht ein besonderes Handwerkerpfandrecht gemäss Art. 15/6 des BG vom 20. März 1970 über die Verbesserung der Wohnverhältnisse in Berggebieten (SR 844; VV dazu SR 844.1).

838. Die Eintragung des Pfandrechtes des Verkäufers [837[1] Ziff. 1], der Miterben oder Gemeinder [837[1] Ziff. 2] muss spätestens drei Monate nach der Übertragung des Eigentums erfolgen.

2. Verkäufer, Miterben und Gemeinder.

839. [1] Das Pfandrecht der Handwerker und Unternehmer kann von dem Zeitpunkte an, da sie sich zur Arbeitsleistung verpflichtet haben [OR 363], in das Grundbuch eingetragen werden.

[2] Die Eintragung hat bis spätestens drei Monate nach der Vollendung ihrer Arbeit zu geschehen.

[3] Sie darf nur erfolgen, wenn die Forderung vom Eigentümer anerkannt oder gerichtlich festgestellt ist, und kann nicht verlangt werden, wenn der Eigentümer für die angemeldete Forderung hinreichende Sicherheit leistet.

GBV 22.

3. Handwerker und Unternehmer.
a. Eintragung.

840. Gelangen mehrere gesetzliche Pfandrechte der Handwerker und Unternehmer zur Eintragung, so haben sie, auch wenn sie von verschiedenem Datum sind [972], untereinander den gleichen Anspruch auf Befriedigung aus dem Pfande.

b. Rang.

841. [1] Kommen die Forderungen der Handwerker und Unternehmer bei der Pfandverwertung zu Verlust, so ist der Ausfall aus

c. Vorrecht.

dem den Wert des Bodens übersteigenden Verwertungsanteil der vorgehenden Pfandgläubiger zu ersetzen, sofern das Grundstück durch ihre Pfandrechte in einer für sie erkennbaren Weise zum Nachteil der Handwerker und Unternehmer belastet worden ist.

² Veräussert der vorgehende Pfandgläubiger seinen Pfandtitel, so hat er den Handwerkern und Unternehmern für dasjenige, was ihnen dadurch entzogen wird, Ersatz zu leisten.

³ Sobald der Beginn des Werkes auf Anzeige eines Berechtigten im Grundbuch angemerkt ist, dürfen bis zum Ablauf der Eintragungsfrist [839²] Pfandrechte nur als Grundpfandverschreibungen [824] eingetragen werden.

GBV 79³.

Dritter Abschnitt

Schuldbrief und Gült*

Entwurf 1900 Art. 826/53; Erl. II, S. 204 ff., S. 282 ff.; ExpKom. II, S. 307 ff.; Entwurf 1904 Art. 829/60; NatR XVI, S. 664/82, StändeR XVI, S. 1406/16, XVII, S. 89/91. – Botsch. und Entw. des BR vom 19. Oktober 1988 zum Bundesgesetz über das bäuerliche Bodenrecht (BGBB) sowie zum BG über die Teilrevision des ZGB (Immobiliarsachenrecht) und des OR (Grundstückkauf), BBl 1988 III 953.

A. Schuldbrief.
I. Zweck und Gestalt.

842. Durch den Schuldbrief wird eine persönliche Forderung begründet, die grundpfändlich [793] sichergestellt ist.

II. Schätzung.[1])

843. ¹ Das kantonale Recht kann für die Errichtung von Schuldbriefen eine amtliche Schätzung des Grundstückes den Beteiligten zur Verfügung stellen oder allgemein vorschreiben.

² Es kann vorschreiben, dass Schuldbriefe nur bis zum Betrage der Schätzung oder bis zu einem Bruchteil des Schätzungswertes errichtet werden dürfen.[2])

---

[1]) Betreffend Schätzung landwirtschaftlicher Gewerbe und Grundstücke siehe Art. 10, 87 BGBB (Anhang IX A zum ZGB) sowie Art. 1 f. VBB (Anhang IX B zum ZGB).

[2]) Zur bundesrechtlichen Belastungsgrenze für landwirtschaftliche Grundstücke (Art. 73 ff. BGBB) vgl. die Hinweise in Note* zum 22. Titel vor Art. 793.

III. Kündigung.

844. ¹ Der Schuldbrief kann, wenn es nicht anders bestimmt ist, vom Gläubiger und Schuldner je nur auf sechs Monate und auf die üblichen Zinstage gekündigt werden.

² Das kantonale Recht kann einschränkende Bestimmungen über die Kündbarkeit der Schuldbriefe aufstellen.

---

* *Zur Belastungsgrenze für landwirtschaftliche Grundstücke* (Art. 73 ff. BGBB) vgl. die Hinweise in Note* zum 22. Titel, vor Art. 793.

845. ¹ Die Stellung des Eigentümers der Pfandsache, der nicht Schuldner ist, bestimmt sich nach den Vorschriften über die Grundpfandverschreibung [827/34].
² Die Einreden des Schuldners stehen beim Schuldbrief auch dem Eigentümer der Pfandsache zu.

IV. Stellung des Eigentümers.

846. Für die Folgen der Veräusserung und der Zerstückelung des Grundstückes gelten die Bestimmungen über die Grundpfandverschreibung [832/4].

V. Veräusserung, Zerstückelung.

847. ¹ Durch die Gült wird eine Forderung als Grundlast [782³] auf ein Grundstück gelegt [851/2].
² Sie kann nur auf landwirtschaftliche Grundstücke [BGBB 6, 8], Wohnhäuser und Baugebiet errichtet werden.
³ Die Forderung besteht ohne jede persönliche Haftbarkeit des Schuldners [791¹, 851/2], und ein Schuldgrund wird nicht angeführt.

B. Gült.
I. Zweck und Gestalt.

848 [848].¹) ¹ Eine Gült [847] kann auf einem landwirtschaftlichen Grundstück [BGBB 6, 8] bis zum Ertragswert [BGBB 10, 87] errichtet werden.
² Auf einem nichtlandwirtschaftlichen Grundstück kann eine Gült bis zu drei Fünfteln des Mittelwerts aus dem nichtlandwirtschaftlichen Ertragswert und dem Boden- und Bauwert errichtet werden; die massgebenden Werte werden durch eine amtliche Schätzung ermittelt, die durch das kantonale Recht zu ordnen ist.

II. Belastungsgrenze.

---

¹) Fassung gemäss Art. 92 BGBB (Anhang IX A zum ZGB), i. K. 1. Januar 1994.

849. ¹ Die Kantone sind dafür haftbar, dass die Schätzung [848] mit aller erforderlichen Sorgfalt vorgenommen wird.
² Sie haben ein Rückgriffsrecht auf die fehlbaren Beamten.

III. Haftung des Staates.

850. ¹ Der Eigentümer des mit Gülten belasteten Grundstückes hat das Recht, je auf Ende einer Periode von sechs Jahren mit vorausgehender Kündigung auf ein Jahr die Ablösung der Gült auch dann zu verlangen, wenn der Vertrag auf längere Zeit Unkündbarkeit angeordnet hat [788].
² Der Gültgläubiger kann die Gültforderung ausser in den vom Gesetz bestimmten Fällen [787] nur je auf Ende einer Periode von fünfzehn Jahren mit vorausgehender jährlicher Kündigungsfrist ablösen.

IV. Ablösbarkeit.

851. ¹ Die Gült hat zum Schuldner den Eigentümer des belasteten Grundstückes [847³].

V. Schuldpflicht und Eigentum.

VI. Zerstückelung.

852. ¹ Bei Zerstückelung eines mit einer Gült belasteten Grundstückes werden die Eigentümer der Teilstücke Gültschuldner.

² Im übrigen erfolgt die Verlegung der Forderung auf die Teilstücke nach dem gleichen Verfahren, wie es für die Grundpfandverschreibung angeordnet ist [833].

³ Im Falle der Ablösung [850] hat der Gläubiger binnen Monatsfrist, nachdem die Verlegung rechtskräftig geworden ist, auf ein Jahr zu kündigen.

VII. Kantonale und Erbengülten.

853. Für die Gülten, die unter dem kantonalen Rechte errichtet worden sind, insbesondere betreffend die Zinsbeschränkungen [795] und die Bedeutung der Pfandstelle [813/5, SchlT 31²], sowie für die Erbengülten[1]) bleiben die besondern gesetzlichen Bestimmungen vorbehalten.

---

[1]) Der bisherige Art. 624, der von den Erbengülten gehandelt hat, wurde durch Art. 92 BGBB (Anhang IX A zum ZGB) aufgehoben.

C. Gemeinsame Bestimmungen.*
I. Errichtung.
1. Gestalt der Forderung.

854. Schuldbrief und Gült dürfen weder Bedingung noch Gegenleistung enthalten [847³, 872/4].

2. Verhältnis zur ursprünglichen Forderung.

855. ¹ Mit der Errichtung eines Schuldbriefes oder einer Gült wird das Schuldverhältnis, das der Errichtung zu Grunde liegt, durch Neuerung [OR 116] getilgt.

² Eine andere Abrede wirkt nur unter den Vertragschliessenden sowie gegenüber Dritten, die sich nicht in gutem Glauben [3] befinden.

3. Eintrag und Pfandtitel.
a. Notwendigkeit des Pfandtitels.

856. ¹ Bei der Errichtung eines Schuldbriefes oder einer Gült wird neben der Eintragung in das Grundbuch stets ein Pfandtitel ausgestellt.

² Die Eintragung hat schon vor der Ausstellung des Pfandtitels Schuldbrief- oder Gültwirkung [972].

b. Ausfertigung des Pfandtitels.

857. ¹ Schuldbrief und Gült werden durch den Grundbuchverwalter ausgestellt.

² Sie bedürfen zu ihrer Gültigkeit der Unterschrift des Grundbuchverwalters.[1])

---

* Für landwirtschaftliche Grundstücke (Art. 6, 8 BGBB) vgl. Art. 798a ZGB.

³ Sie dürfen dem Gläubiger oder seinem Beauftragten nur mit ausdrücklicher Einwilligung des Schuldners und des Eigentümers des belasteten Grundstückes ausgehändigt werden.
GBV 58¹.

---

¹) Fassung gemäss BG vom 4. Oktober 1991 über die Teilrevision des ZGB (Immobiliarsachenrecht) und des OR (Grundstückkauf), i.K. 1. Januar 1994 (AS 1993 S. 1404).

858. Die Formen des Schuldbriefes und der Gült werden durch Verordnung des Bundesrates festgestellt.
GBV 53/8.

c. Form des Pfandtitels.

859. ¹ Als Gläubiger des Schuldbriefes wie der Gült kann eine bestimmte Person oder der Inhaber bezeichnet werden.

² Die Ausstellung kann auch auf den Namen des Grundeigentümers erfolgen.

4. Bezeichnung des Gläubigers. a. Bei der Ausfertigung.

860. ¹ Bei der Errichtung eines Schuldbriefes oder einer Gült kann ein Bevollmächtigter bestellt werden, der die Zahlungen zu leisten und zu empfangen, Mitteilungen entgegenzunehmen, Pfandentlassungen zu gewähren und im allgemeinen die Rechte der Gläubiger wie des Schuldners und Eigentümers mit aller Sorgfalt und Unparteilichkeit zu wahren hat.

² Der Name des Bevollmächtigten ist im Grundbuch und auf den Pfandtiteln anzumerken.

³ Fällt die Vollmacht dahin, so trifft das Gericht, wenn die Beteiligten sich nicht vereinbaren, die nötigen Anordnungen.

b. Mit Stellvertretung.

861. ¹ Bestimmt der Pfandtitel es nicht anders, so hat der Schuldner alle Zahlungen am Wohnort des Gläubigers [23/6] zu leisten [OR 74² Ziff. 1], und zwar auch dann, wenn der Titel auf den Inhaber lautet.

² Ist der Wohnsitz des Gläubigers nicht bekannt oder zum Nachteil des Schuldners verlegt worden [OR 74³], so kann sich dieser durch Hinterlegung bei der zuständigen Behörde am eigenen Wohnsitze oder am früheren Wohnsitze des Gläubigers befreien.

³ Sind dem Titel Zinscoupons beigegeben, so ist die Zinszahlung nur an den Vorweiser des Coupons zu leisten.

5. Zahlungsort.

862. ¹ Bei Übertragung der Forderung kann der Schuldner, solange ihm keine Anzeige gemacht ist, Zinse und Annuitäten, für die keine Coupons bestehen, an den bisherigen Gläubiger entrichten, auch wenn der Titel auf den Inhaber lautet.

² Die Abzahlung des Kapitals oder einer Kapitalrate dagegen kann er in allen Fällen wirksam nur an denjenigen leisten, der

6. Zahlung nach Übertragung der Forderung.

sich ihm gegenüber im Zeitpunkt der Zahlung als Gläubiger ausweist.

II. Untergang.
1. Wegfall des Gläubigers.

863. [1] Ist kein Gläubiger vorhanden oder verzichtet der Gläubiger auf das Pfandrecht, so hat der Schuldner die Wahl, den Eintrag im Grundbuch löschen [964] oder stehen zu lassen.

[2] Er ist befugt, den Pfandtitel weiter zu verwerten.

2. Löschung.

864. Schuldbrief und Gült dürfen im Grundbuch nicht gelöscht werden, bevor der Pfandtitel entkräftet oder durch das Gericht für kraftlos erklärt [870] worden ist.

III. Rechte des Gläubigers.
1. Schutz des guten Glaubens.
a. Auf Grund des Eintrages.

865. Die Forderung aus Schuldbrief oder Gült besteht dem Eintrage gemäss für jedermann zu Recht, der sich in gutem Glauben [3] auf das Grundbuch verlassen hat [872, 973, 855].

b. Auf Grund des Pfandtitels.

866. Der formrichtig als Schuldbrief oder Gült erstellte Pfandtitel besteht seinem Wortlaute gemäss für jedermann zu Recht, der sich in gutem Glauben [3] auf die Urkunde verlassen hat [872; OR 979/80, 975].

c. Verhältnis des Titels zum Eintrag.

867. [1] Ist der Wortlaut eines Schuldbriefes oder einer Gült nicht dem Eintrag entsprechend oder ein Eintrag nicht vorhanden, so ist das Grundbuch massgebend [973].

[2] Der gutgläubige [3] Erwerber des Titels hat jedoch nach den Vorschriften über das Grundbuch [955] Anspruch auf Schadenersatz.

2. Geltendmachung.

868. [1] Die Forderung aus Schuldbrief oder Gült kann sowohl, wenn der Titel auf einen bestimmten Namen, als wenn er auf den Inhaber lautet, nur in Verbindung mit dem Besitz des Pfandtitels veräussert, verpfändet, oder überhaupt geltend gemacht werden [OR 965].

[2] Vorbehalten bleibt die Geltendmachung der Forderung in den Fällen, wo die Kraftloserklärung des Titels erfolgt [870] oder ein Titel noch gar nicht ausgestellt worden ist.

3. Übertragung.

869. [1] Zur Übertragung der Forderung aus Schuldbrief oder Gült bedarf es in allen Fällen der Übergabe des Pfandtitels an den Erwerber [OR 967[1]].

[2] Lautet der Titel auf einen bestimmten Namen, so bedarf es ausserdem der Anmerkung der Übertragung auf dem Titel unter Angabe des Erwerbers [OR 967[2]].

IV. Kraftloserklärung.
1. Bei Verlust.

870. [1] Ist ein Pfandtitel oder Zinscoupon abhanden gekommen oder ohne Tilgungsabsicht vernichtet worden, so wird er durch das Gericht für kraftlos erklärt und der Schuldner zur Zahlung verpflichtet, oder es wird für die noch nicht fällige Forderung ein neuer Titel oder Coupon ausgefertigt.

² Die Kraftloserklärung erfolgt mit Auskündung auf ein Jahr nach den Vorschriften über die Amortisation der Inhaberpapiere [OR 981/9].

³ In gleicher Weise kann der Schuldner die Kraftloserklärung verlangen, wenn ein abbezahlter Titel vermisst wird.

871. ¹ Ist der Gläubiger eines Schuldbriefes oder einer Gült seit zehn Jahren unbekannt und sind während dieser Zeit keine Zinse gefordert worden, so kann der Eigentümer des verpfändeten Grundstückes verlangen, dass der Gläubiger nach den Bestimmungen über die Verschollenerklärung [35 ff.] durch das Gericht öffentlich aufgefordert werde, sich zu melden.

² Meldet sich der Gläubiger nicht, und ergibt die Untersuchung mit hoher Wahrscheinlichkeit, dass die Forderung nicht mehr zu Recht besteht, so wird der Titel durch das Gericht für kraftlos erklärt und die Pfandstelle frei [814/5].

GBV 64.

2. Aufrufung des Gläubigers.

872. Der Schuldner kann nur solche Einreden geltend machen, die sich entweder auf den Eintrag oder auf die Urkunde beziehen oder ihm persönlich gegen den ihn belangenden Gläubiger zustehen [OR 979/80, 1146].

V. Einreden des Schuldners.

873. Der Gläubiger hat dem Schuldner auf sein Verlangen bei der vollständigen Zahlung den Pfandtitel unentkräftet herauszugeben.[1])

VI. Herausgabe des Pfandtitels bei Zahlung.

---
¹) Die Bestimmungen des BGBB über die Belastungsgrenze landwirtschaftlicher Grundstücke gelten auch für «die Wiederbelebung eines abbezahlten Grundpfandtitels, über den der Eigentümer verfügen kann (Eigentümerschuldbrief)» (Art. 73 Abs. 2 lit. c BGBB).

874. ¹ Erleidet das Rechtsverhältnis eine Änderung, wie namentlich bei Abzahlung an die Schuld, Schulderleichterung oder Pfandentlassung, so hat der Schuldner das Recht, sie im Grundbuch eintragen zu lassen.

² Der Grundbuchverwalter hat diese Änderung auf dem Titel anzumerken.

³ Ohne diese Eintragung kann jeder gutgläubige [3] Erwerber des Titels die Wirkung der Änderung im Rechtsverhältnis von sich ablehnen, mit Ausnahme der Abzahlungen, die mit in dem Titel vorgeschriebenen Annuitäten stattfinden [872].

VII. Änderungen im Rechtsverhältnis.

Vierter Abschnitt

Ausgabe von Anleihenstiteln mit Grundpfandrecht *

Entwurf 1900 Art. 854/64; Erl. II, S. 310 ff.; ExpKom. II, S. 358 ff.; Entwurf 1904 Art. 861/9; NatR XVI, S. 682/7, StändeR XVI, S. 1417/21.

A. Obligationen für Anleihen mit Pfandrecht.

875. Anleihensobligationen [OR 1156, 1157 ff.], die auf den Namen der Gläubiger oder auf den Inhaber lauten, können mit einem Grundpfand sichergestellt werden:
1. durch Errichtung einer Grundpfandverschreibung [824 ff.] oder eines Schuldbriefes [842 ff.] für das ganze Anleihen und die Bezeichnung eines Stellvertreters für die Gläubiger [OR 1161] und den Schuldner [860];
2. durch die Errichtung eines Grundpfandrechtes für das ganze Anleihen zugunsten der Ausgabestelle und Bestellung eines Pfandrechtes an dieser Grundpfandforderung [900] für die Obligationsgläubiger.

GBV 59.

B. Ausgabe von Schuldbriefen und Gülten in Serien.
I. Im allgemeinen.

876. Die Schuldbriefe und Gülten, die in Serien ausgegeben werden, stehen unter Vorbehalt der nachfolgenden Vorschriften unter dem allgemeinen Schuldbrief- und Gültrecht [842/74].

II. Gestalt.

877. ¹ Die Titel lauten auf 100 oder ein Vielfaches von 100 Franken.

² Alle Titel einer Serie tragen fortlaufende Nummern und haben die gleiche Form.

³ Werden die Titel nicht vom Grundeigentümer selbst ausgegeben, so muss die Ausgabestelle als Vertreter des Gläubigers und des Schuldners [860] bezeichnet werden.

GBV 59.

III. Amortisation.

878. ¹ Dem Zinsbetrag, den der Schuldner zu entrichten hat, kann ein Betrag beigefügt werden, der zur allmählichen Tilgung der Serie verwendet wird.

² Der jährliche Tilgungsbetrag muss einer gewissen Zahl von Titeln entsprechen.

IV. Eintragung.

879. ¹ Die Titel werden im Grundbuch mit einem Eintrag für das ganze Anleihen unter Angabe der Anzahl der Titel eingetragen.

² Ausnahmsweise kann bei einer kleinen Anzahl von Titeln jeder einzelne Titel eingetragen werden.

---

* *Zur Belastungsgrenze für landwirtschaftliche Grundstücke* (Art. 73 ff. BGBB) vgl. die Hinweise in Note * zum 22. Titel, vor Art. 793.

880. Die Ausgabestelle kann, auch wo sie als Vertreter bestellt ist [877³], an den Schuldbedingungen keine Veränderungen vornehmen, die nicht bei der Ausgabe vorbehalten worden sind.

V. Wirkung.
1. Ausgabestelle.

881. ¹ Die Rückzahlung der Titel erfolgt nach dem Tilgungsplan, der bei der Ausgabe aufgestellt worden ist oder von der Ausgabestelle kraft der bei der Ausgabe erhaltenen Vollmacht aufgestellt wird.

² Gelangt ein Titel zur Rückzahlung, so wird sein Betrag dem Gläubiger entrichtet und der Titel getilgt.

³ Eine Löschung des Eintrages darf, wenn es nicht anders vereinbart wird, erst erfolgen, nachdem der Schuldner den Verpflichtungen, auf die der Eintrag lautet, vollständig nachgekommen ist und den Titel samt den Coupons eingeliefert oder für die nicht eingelieferten Coupons die entsprechenden Beträge hinterlegt hat.

2. Rückzahlung.
a. Tilgungsplan.

882. ¹ Der Eigentümer oder die Ausgabestelle ist verpflichtet, die Auslosungen dem Tilgungsplan gemäss vorzunehmen und die abbezahlten Titel zu tilgen.

² Bei Gülten haben die Kantone die Vornahme dieser Auslosungen und Tilgungen amtlich überwachen zu lassen.

b. Aufsicht.

883. Rückzahlungen sind in allen Fällen bei der nächsten Auslosung zur Tilgung von Pfandtiteln zu verwenden.

c. Verwendung der Rückzahlungen.

Dreiundzwanzigster Titel

Das Fahrnispfand

Entwurf 1900 Art. 856/916; Erl. II, S. 322 ff.; Entwurf 1904 Art. 870/910; Botsch. S. 84 ff.

Erster Abschnitt

Faustpfand und Retentionsrecht

Entwurf 1900 Art. 865/77; Erl. II, S. 322 ff.; ExpKom. III, S. 149 ff.; Entwurf 1904 Art. 870/83; NatR XVI, S. 689/91, StändeR XVI, S. 1422/4. – Botsch. und Entw. des BR vom 19. Oktober 1988 zum BG über das bäuerliche Bodenrecht sowie zum BG über die Teilrevision des ZGB (Immobiliarsachenrecht) und des OR (Grundstückkauf), BBl 1988 III 953.

A. Faustpfand.[1])
I. Bestellung.
1. Besitz des Gläubigers.

884. [1] Fahrnis kann, wo das Gesetz keine Ausnahme macht, nur dadurch verpfändet werden, dass dem Pfandgläubiger der Besitz an der Pfandsache übertragen wird [922 ff.].

[2] Der gutgläubige [3] Empfänger der Pfandsache erhält das Pfandrecht, soweit Dritten Rechte aus früherem Besitze zustehen, auch dann, wenn der Verpfänder nicht befugt war, über die Sache zu verfügen [933].

[3] Das Pfandrecht ist nicht begründet, solange der Verpfänder die ausschliessliche Gewalt über die Sache behält [717].

---

[1]) Pro memoria: Im Sinne des SchKG umfasst der Begriff «Faustpfand» auch die Viehverpfändung (885), das Retentionsrecht (895) und das Pfandrecht an Forderungen und anderen Rechten (899). So: Art. 37 Abs. 2 SchKG. – Gerichtsstand: Art. 20 GestG.

2. Viehverpfändung.

885. [1] Zur Sicherung von Forderungen von Geldinstituten und Genossenschaften, die von der zuständigen Behörde ihres Wohnsitzkantons ermächtigt sind, solche Geschäfte abzuschliessen, kann ein Pfandrecht an Vieh ohne Übertragung des Besitzes [884] bestellt werden durch Eintragung in ein Verschreibungsprotokoll und Anzeige an das Betreibungsamt.

[2] Der Bundesrat regelt die Führung des Protokolls.[1]) [2])

[3] Für die Eintragungen im Protokoll und die damit verbundenen Verrichtungen können die Kantone Gebühren erheben; sie bezeichnen die Kreise, in denen die Protokolle geführt werden, und die Beamten, die mit deren Führung betraut sind.[2])

---

[1]) Siehe V vom 30. Oktober 1917 betreffend die Viehverpfändung (SR 211.423.1).

[2]) Fassung gemäss BG vom 4. Oktober 1991 über die Teilrevision des ZGB (Immobiliarsachenrecht) und des OR (Grundstückkauf), i. K. 1. Januar 1994 (AS 1993 S. 1404).

886. Ein nachgehendes Faustpfand wird dadurch bestellt, dass der Faustpfandgläubiger schriftlich [OR 13/5] von der Nachverpfändung benachrichtigt und angewiesen wird, nach seiner Befriedigung [891] das Pfand an den nachfolgenden Gläubiger herauszugeben [SchKG 151²].

3. Nachverpfändung.

887. Der Gläubiger kann die Pfandsache nur mit Zustimmung des Verpfänders weiter verpfänden.

4. Verpfändung durch den Pfandgläubiger.

888. ¹ Das Faustpfandrecht geht unter, sobald der Gläubiger die Pfandsache nicht mehr besitzt und auch von dritten Besitzern nicht zurückverlangen kann.

² Es hat keine Wirkung, solange sich das Pfand mit Willen des Gläubigers in der ausschliesslichen Gewalt des Verpfänders befindet [884³].

*II. Untergang.
1. Besitzesverlust.*

889. ¹ Ist das Pfandrecht infolge der Tilgung der Forderung oder aus anderem Grunde untergegangen, so hat der Gläubiger die Pfandsache an den Berechtigten herauszugeben.

² Vor seiner vollen Befriedigung ist er nicht verpflichtet, das Pfand ganz oder zum Teil herauszugeben.

2. Rückgabepflicht.

890. ¹ Der Gläubiger haftet für den aus der Wertverminderung oder aus dem Untergang der verpfändeten Sache entstandenen Schaden, sofern er nicht nachweist, dass dieser ohne sein Verschulden eingetreten ist.

² Hat der Gläubiger das Pfand eigenmächtig veräussert oder weiter verpfändet [887], so haftet er für allen hieraus entstandenen Schaden.

3. Haftung des Gläubigers.

891. ¹ Der Gläubiger hat im Falle der Nichtbefriedigung ein Recht darauf, sich aus dem Erlös des Pfandes bezahlt zu machen [816¹].

² Das Pfandrecht bietet ihm Sicherheit für die Forderung mit Einschluss der Vertragszinse, der Betreibungskosten und der Verzugszinse [818].

Zur Betreibung auf Pfandverwertung siehe SchKG 41. Zum Zinsenlauf im Konkurs vgl. SchKG 209².

*III. Wirkung.
1. Rechte des Gläubigers.*

892. ¹ Das Pfandrecht belastet die Pfandsache mit Einschluss der Zugehör [644/5].

² Die natürlichen Früchte [643] der Pfandsache hat der Gläubiger, wenn es nicht anders verabredet ist, an den Eigentümer herauszugeben, sobald sie aufhören, Bestandteil [642] der Sache zu sein [643³].

³ Früchte, die zur Zeit der Pfandverwertung Bestandteil der Pfandsache sind [643³], unterliegen der Pfandhaft.

2. Umfang der Pfandhaft.

893. [1] Haften mehrere Pfandrechte auf der gleichen Sache, so werden die Gläubiger nach ihrem Range befriedigt [817].

[2] Der Rang der Pfandrechte wird durch die Zeit ihrer Errichtung bestimmt.

3. Rang der Pfandrechte.

894. Jede Abrede, wonach die Pfandsache dem Gläubiger, wenn er nicht befriedigt wird, als Eigentum zufallen soll, ist ungültig [816[2]; OR 19[2], 20].

4. Verfallsvertrag.

B. Retentionsrecht.[1])
I. Voraussetzungen.

895. [1] Bewegliche Sachen [713] und Wertpapiere [OR 965], die sich mit Willen des Schuldners im Besitze des Gläubigers befinden, kann dieser bis zur Befriedigung für seine Forderung zurückbehalten, wenn die Forderung fällig ist [897; OR 75] und ihrer Natur nach mit dem Gegenstande der Retention in Zusammenhang steht.

[2] Unter Kaufleuten besteht dieser Zusammenhang, sobald der Besitz sowohl als die Forderung aus ihrem geschäftlichen Verkehr herrühren.

[3] Der Gläubiger hat das Retentionsrecht, soweit nicht Dritten Rechte aus früherem Besitze zustehen, auch dann, wenn die Sache, die er in gutem Glauben [3] empfangen hat, nicht dem Schuldner gehört [933].

---

[1]) Gerichtsstand: Art. 20 GestG.

II. Ausnahmen.

896. [1] An Sachen, deren Natur eine Verwertung nicht zulässt, kann das Retentionsrecht nicht ausgeübt werden.

[2] Ebenso ist die Retention ausgeschlossen, wenn ihr eine vom Gläubiger übernommene Verpflichtung, oder eine vom Schuldner vor oder bei der Übergabe der Sache erteilte Vorschrift oder die öffentliche Ordnung entgegensteht [897[2]].

III. Bei Zahlungsunfähigkeit.

897. [1] Bei Zahlungsunfähigkeit [OR 83] des Schuldners hat der Gläubiger das Retentionsrecht auch dann, wenn seine Forderung nicht fällig ist.

[2] Ist die Zahlungsunfähigkeit erst nach der Übergabe der Sache eingetreten oder dem Gläubiger bekannt geworden, so kann dieser die Retention auch dann ausüben, wenn ihr eine von ihm vorher übernommene Verpflichtung oder eine besondere Vorschrift des Schuldners entgegensteht [896[2]].

IV. Wirkung.

898. [1] Kommt der Schuldner seiner Verpflichtung nicht nach, so kann der Gläubiger, wenn er nicht hinreichend sichergestellt wird, die zurückbehaltene Sache nach vorgängiger Benachrichtigung des Schuldners wie ein Faustpfand verwerten [891[1]].[1])

² Zur Verwertung zurückbehaltener Namenpapiere hat in Vertretung des Schuldners der Betreibungs- oder der Konkursbeamte das Erforderliche vorzunehmen.

---

¹) Der Begriff «Faustpfand» im Sinne des SchKG umfasst auch das Retentionsrecht (Art. 37 Abs. 2 SchKG). Zur Betreibung auf Pfandverwertung siehe Art. 41 SchKG. Zum Retentionsverfahren vgl. auch das in BGE 122 III 328 erwähnte SchKK-Kreisschreiben Nr. 24 vom 12. Juli 1909.

Zweiter Abschnitt

Das Pfandrecht an Forderungen und andern Rechten

Entwurf 1900 Art. 878/83; Erl. II, S. 329 ff.; ExpKom. III, S. 154 ff.; Entwurf 1904 Art. 884/9; Botsch. S. 84 f.; NatR XVI, S. 692/8, StändeR XVI, S. 1424/8.

899. ¹ Forderungen und andere Rechte¹) können verpfändet werden, wenn sie übertragbar sind [OR 164].

² Das Pfandrecht an ihnen steht, wo es nicht anders geordnet ist, unter den Bestimmungen über das Faustpfand [884 ff.].²)

A. Im allgemeinen.

---

¹) Z.B. Art. 19 MSchG (Anhang II E1 zum OR) und Art. 16 DesG (Anhang II F1 zum OR).
²) Der Begriff «Faustpfand» im Sinne des SchKG umfasst auch das Pfandrecht an Forderungen und anderen Rechten (Art. 37 Abs. 2 SchKG). Zur Betreibung auf Pfandverwertung siehe Art. 41 SchKG.

900. ¹ Zur Verpfändung einer Forderung, für die keine Urkunde oder nur ein Schuldschein besteht, bedarf es der schriftlichen Abfassung [OR 13/5] des Pfandvertrages und gegebenenfalls der Übergabe des Schuldscheines.

² Der Pfandgläubiger und der Verpfänder können den Schuldner von der Pfandbestellung benachrichtigen.

³ Zur Verpfändung anderer Rechte bedarf es neben einem schriftlichen Pfandvertrag der Beobachtung der Form, die für die Übertragung vorgesehen ist.

VVG 59/60.

B. Errichtung. I. Bei Forderungen mit oder ohne Schuldschein.

901. ¹ Bei Inhaberpapieren genügt zur Verpfändung die Übertragung der Urkunde an den Pfandgläubiger.

² Bei andern Wertpapieren bedarf es der Übergabe der Urkunde in Verbindung mit einem Indossament [OR 968/9] oder mit einer Abtretungserklärung [OR 165].

VVG 73.

II. Bei Wertpapieren.

III. Bei Warenpapieren.

902. ¹ Bestehen für Waren Wertpapiere, die sie vertreten, so wird durch Verpfändung der Wertpapiere ein Pfandrecht an der Ware bestellt [925].

² Besteht neben einem Warenpapier noch ein besonderer Pfandschein (Warrant), so genügt zur Pfandbestellung die Verpfändung des Pfandscheines, sobald auf dem Warenpapier selbst die Verpfändung mit Forderungsbetrag und Verfalltag eingetragen ist.

IV. Nachverpfändung.

903. Ein nachgehendes Forderungspfandrecht ist nur gültig, wenn der vorgehende Pfandgläubiger vom Gläubiger der Forderung oder vom nachgehenden Pfandgläubiger von der Nachverpfändung schriftlich benachrichtigt wird.

C. Wirkung.
I. Umfang der Pfandhaft.

904. ¹ Beim Pfandrecht an einer verzinslichen Forderung oder an einer Forderung mit andern zeitlich wiederkehrenden Nebenleistungen, wie Dividenden, gilt, wenn es nicht anders vereinbart ist, nur der laufende Anspruch als mitverpfändet, und der Gläubiger hat keinen Anspruch auf die verfallenen Leistungen.

² Bestehen jedoch besondere Papiere für solche Nebenrechte, so gelten diese, wenn es nicht anders vereinbart ist, insoweit für mitverpfändet, als das Pfandrecht an ihnen formrichtig [901] bestellt ist.

II. Vertretung verpfändeter Aktien.[1])

905. Verpfändete Aktien werden in der Generalversammlung durch die Aktionäre und nicht durch die Pfandgläubiger vertreten [OR 689b²].[1])

---

[1]) Mit Inkrafttreten des BG/GmbH vom 16. Dezember 2005 (voraussichtlich in der zweiten Hälfte des Jahres 2007) wird Art. 905 Randtitel geändert und ein neuer Absatz 2 eingefügt (s. Anhang XII zum ZGB, S. 755 ff., 760).

III. Verwaltung und Abzahlung.

906. ¹ Erfordert die sorgfältige Verwaltung die Kündigung und Einziehung der verpfändeten Forderung, so darf deren Gläubiger sie vornehmen und der Pfandgläubiger verlangen, dass sie vorgenommen werde.

² Zahlungen darf der Schuldner, sobald er von der Verpfändung benachrichtigt ist, an den einen nur mit Einwilligung des andern entrichten.

³ Wo diese fehlt, hat er den geschuldeten Betrag zu hinterlegen.

Dritter Abschnitt

Das Versatzpfand

Entwurf 1900 Art. 890/901; Erl. II, S. 339 ff.; ExpKom. III, S. 180 ff.; Entwurf 1904 Art. 896/907; Botsch. S. 86 f.; NatR XVI, S. 717/21; StändeR XVI, S. 1429/30.

907. ¹ Wer das Pfandleihgewerbe betreiben will, bedarf hiezu einer Bewilligung der kantonalen Regierung.

² Die Kantone können bestimmen, dass diese Bewilligung nur an öffentliche Anstalten des Kantons oder der Gemeinden sowie an gemeinnützige Unternehmungen erteilt werden soll.

³ Die Kantone können von den Anstalten Gebühren erheben.

A. Versatzanstalt.
I. Erteilung der Gewerbebefugnis.

908. ¹ Die Bewilligung wird an private Anstalten nur auf eine bestimmte Zeit erteilt, kann aber erneuert werden.

² Sie kann jederzeit widerrufen werden, wenn die Anstalt die Bestimmungen, denen ihr Betrieb unterstellt ist, nicht beobachtet.

II. Dauer.

909. Das Versatzpfand wird dadurch begründet, dass der Pfandgegenstand der Anstalt übergeben und hiefür ein Versatzschein ausgestellt wird.

B. Versatzpfandrecht.
I. Errichtung.

910. ¹ Ist das Pfand auf den vereinbarten Termin nicht ausgelöst worden, so kann die Anstalt nach vorgängiger öffentlicher Aufforderung zur Einlösung den Pfandgegenstand amtlich verkaufen lassen.

² Eine persönliche Forderung kann die Anstalt nicht geltend machen [847³].

Vgl. SchKG 45.

II. Wirkung.
1. Verkauf des Pfandes.

911. ¹ Ergibt sich aus dem Kauferlös ein Überschuss über die Pfandsumme, so hat der Berechtigte Anspruch auf dessen Herausgabe.

² Mehrere Forderungen gegen denselben Schuldner dürfen bei Berechnung des Überschusses als ein Ganzes behandelt werden.

³ Der Anspruch auf den Überschuss verjährt [OR 127] in fünf Jahren nach dem Verkauf der Sache.

2. Recht auf den Überschuss.

912. ¹ Das Pfand kann von dem Berechtigten gegen Rückgabe des Versatzscheines ausgelöst werden, solange der Verkauf nicht stattgefunden hat.

² Kann er den Schein nicht beibringen, so ist er nach Eintritt der Fälligkeit zur Auslösung des Pfandes befugt, wenn er sich über sein Recht ausweist.

III. Auslösung des Pfandes.
1. Recht auf Auslösung.

³ Diese Befugnis steht dem Berechtigten nach Ablauf von sechs Monaten seit der Fälligkeit auch dann zu, wenn die Anstalt sich ausdrücklich vorbehalten hat, das Pfand nur gegen Rückgabe des Scheines auszulösen.

2. Rechte der Anstalt.

913. ¹ Die Anstalt ist berechtigt, bei jeder Auslösung den Zins für den ganzen laufenden Monat zu verlangen.

² Hat die Anstalt sich ausdrücklich vorbehalten, das Pfand gegen Rückgabe des Scheines an jedermann herauszugeben, so ist sie zu dieser Herausgabe befugt, solange sie nicht weiss oder wissen sollte, dass der Inhaber auf unredliche Weise in den Besitz des Scheines gelangt ist.

C. Kauf auf Rückkauf.

914. Der gewerbsmässige Kauf auf Rückkauf wird dem Versatzpfande gleichgestellt.

D. Ordnung des Gewerbes.

915. ¹ Die Kantone können zur Ordnung des Pfandleihgewerbes weitere Vorschriften aufstellen.

² ...¹⁾

---

¹⁾ Aufgehoben gemäss Ziff. II 2 des BG vom 15. Dezember 1989 über die Genehmigung kantonaler Erlasse durch den Bund (AS 1991 S. 363).

Vierter Abschnitt

Die Pfandbriefe*

Entwurf 1900 Art. 902/16; Erl. II, S. 322/3, S. 343 ff.; ExpKom. III, S. 370 ff.; Entwurf 1904 Art. 908/10; NatR XVI, S. 717/21, StändeR XVI, S. 1431/4.

916.–918. ... *

---

* Die Art. 916–918 sind aufgehoben worden durch Art. 52 Abs. 2 des Pfandbriefgesetzes vom 25. Juni 1930 (Anhang VII zum ZGB).

Dritte Abteilung

Besitz und Grundbuch

Entwurf 1900 Art. 961/1019; Erl. II, S. 372 ff.; Entwurf 1904 Art. 957/1015; Botsch. S. 60 f., S. 91 ff.; NatR XVI, S. 1012/7, XVII, S. 344/8, StändeR XVII, S. 94/8.

Vierundzwanzigster Titel

Der Besitz

Entwurf 1900 Art. 961/83; Erl. II, S. 372 ff.; ExpKom. IV, S. 376 ff.; Entwurf 1904 Art. 957/79; Botsch. S. 90 ff.; NatR XVI, S. 1012/7, StändeR XVII, S. 94/8; NatR XVII, S. 344/8. – Parlamentarische Initiative, Die Tiere in der schweizerischen Rechtsordnung: Bericht der Kommission für Rechtsfragen des StR vom 25. Januar 2002 (BBl 2002 S. 4164); Stellungnahme des BR vom 27. Februar 2002 (BBl 2002 S. 5806).

919. [1] Wer die tatsächliche Gewalt über eine Sache hat, ist ihr Besitzer.
[2] Dem Sachbesitz wird bei Grunddienstbarkeiten [730 ff.] und Grundlasten [782 ff.] die tatsächliche Ausübung des Rechtes gleichgestellt.

A. Begriff und Arten.
I. Begriff.

920. [1] Hat ein Besitzer die Sache einem andern zu einem beschränkten dinglichen oder einem persönlichen Recht übertragen, so sind sie beide Besitzer.
[2] Wer eine Sache als Eigentümer [641] besitzt, hat selbständigen, der andere unselbständigen Besitz.

II. Selbständiger und unselbständiger Besitz.

921. Eine ihrer Natur nach vorübergehende Verhinderung oder Unterlassung der Ausübung der tatsächlichen Gewalt [919[1]] hebt den Besitz nicht auf.

III. Vorübergehende Unterbrechung.

922. [1] Der Besitz wird übertragen durch die Übergabe der Sache selbst oder der Mittel, dem Empfänger die Gewalt über die Sache verschaffen.
[2] Die Übergabe ist vollzogen, sobald sich der Empfänger mit Willen des bisherigen Besitzers in der Lage befindet, die Gewalt über die Sache auszuüben.

B. Übertragung.
I. Unter Anwesenden.

923. Geschieht die Übergabe unter Abwesenden, so ist sie mit der Übergabe der Sache an den Empfänger oder dessen Stellvertreter [OR 32 ff.] vollzogen.

II. Unter Abwesenden.

Das Sachenrecht

III. Ohne Übergabe.

924. ¹ Ohne Übergabe kann der Besitz einer Sache erworben werden, wenn ein Dritter oder der Veräusserer selbst auf Grund eines besonderen Rechtsverhältnisses im Besitz der Sache verbleibt [717].

² Gegenüber dem Dritten ist dieser Besitzesübergang erst dann wirksam, wenn ihm der Veräusserer davon Anzeige gemacht hat.

³ Der Dritte kann dem Erwerber die Herausgabe aus den gleichen Gründen verweigern, aus denen er sie dem Veräusserer hätte verweigern können.

IV. Bei Warenpapieren.

925. ¹ Werden für die Waren, die einem Frachtführer [OR 440] oder einem Lagerhaus [OR 482] übergeben sind, Wertpapiere ausgestellt [OR 1153/5], die sie vertreten, so gilt die Übertragung einer solchen Urkunde als Übertragung der Ware selbst.

² Steht jedoch dem gutgläubigen [3] Empfänger des Warenpapiers [OR 1153/5] ein gutgläubiger Empfänger der Ware gegenüber, so geht dieser jenem vor.

C. Bedeutung.
I. Besitzesschutz.
1. Abwehr von Angriffen.

926. ¹ Jeder Besitzer darf sich verbotener Eigenmacht mit Gewalt erwehren.

² Er darf sich, wenn ihm die Sache durch Gewalt oder heimlich entzogen wird, sofort des Grundstückes durch Vertreibung des Täters wieder bemächtigen und die bewegliche Sache dem auf frischer Tat betroffenen und unmittelbar verfolgten Täter wieder abnehmen.

³ Er hat sich dabei jeder nach den Umständen nicht gerechtfertigten Gewalt zu enthalten.

2. Klage aus Besitzesentziehung.

927. ¹ Wer einem andern eine Sache durch verbotene Eigenmacht entzogen hat, ist verpflichtet, sie zurückzugeben, auch wenn er ein besseres Recht auf die Sache behauptet [937²].

² Wenn der Beklagte sofort sein besseres Recht nachweist und auf Grund desselben dem Kläger die Sache wieder abverlangen könnte, so kann er die Rückgabe verweigern.

³ Die Klage geht auf Rückgabe der Sache und Schadenersatz [OR 41 ff.].

3. Klage aus Besitzesstörung.

928. ¹ Wird der Besitz durch verbotene Eigenmacht gestört, so kann der Besitzer gegen den Störenden Klage erheben, auch wenn dieser ein Recht zu haben behauptet [937²].

² Die Klage geht auf Beseitigung der Störung, Unterlassung fernerer Störung und Schadenersatz [OR 41 ff.].

4. Zulässigkeit und Verjährung der Klage.

929. ¹ Die Klage aus verbotener Eigenmacht [927/8] ist nur zulässig, wenn der Besitzer sofort, nachdem ihm der Eingriff und der Täter bekannt geworden sind, die Sache zurückfordert oder Beseitigung der Störung verlangt.

² Die Klage verjährt nach Ablauf eines Jahres, das mit der Entziehung oder Störung zu laufen beginnt, auch wenn der Besitzer erst später von dem Eingriff und dem Täter Kenntnis erhalten hat.

930. ¹ Vom Besitzer einer beweglichen Sache wird vermutet, dass er ihr Eigentümer [641] sei.
² Für jeden früheren Besitzer besteht die Vermutung, dass er in der Zeit seines Besitzes Eigentümer der Sache gewesen ist.

II. Rechtsschutz.
1. Vermutung des Eigentums.

931. ¹ Besitzt jemand eine bewegliche Sache, ohne Eigentümer sein zu wollen, so kann er die Vermutung des Eigentums dessen geltend machen, von dem er sie in gutem Glauben [3] empfangen hat.
² Besitzt jemand eine bewegliche Sache mit dem Anspruche eines beschränkten dinglichen oder eines persönlichen Rechtes, so wird der Bestand dieses Rechtes vermutet, er kann aber demjenigen gegenüber, von dem er die Sache erhalten hat, diese Vermutung nicht geltend machen.

2. Vermutung bei unselbständigem Besitz.

932. Der Besitzer einer beweglichen Sache kann sich gegenüber jeder Klage auf die Vermutung zugunsten seines besseren Rechtes berufen, unter Vorbehalt der Bestimmungen über eigenmächtige Entziehung [927] oder Störung [928] des Besitzes.

3. Klage gegen den Besitzer.

933. Wer eine bewegliche Sache in gutem Glauben [3] zu Eigentum oder zu einem beschränkten dinglichen Recht übertragen erhält, ist in seinem Erwerbe auch dann zu schützen, wenn sie dem Veräusserer ohne jede Ermächtigung zur Übertragung anvertraut worden war.

4. Verfügungs- und Rückforderungsrecht.
a. Bei anvertrauten Sachen.

934. ¹ Der Besitzer, dem eine bewegliche Sache gestohlen wird oder verloren geht oder sonst wider seinen Willen abhanden kommt, kann sie während fünf Jahren jedem Empfänger abfordern. Vorbehalten bleibt Artikel 722.¹)
¹bis Das Rückforderungsrecht für Kulturgüter im Sinne von Artikel 2 Absatz 1 des Kulturgütertransfergesetzes vom 20. Juni 2003²), die gegen den Willen des Eigentümers abhanden gekommen sind, verjährt³) ein Jahr, nachdem der Eigentümer Kenntnis erlangt hat, wo und bei wem sich das Kulturgut befindet, spätestens jedoch 30 Jahre nach dem Abhandenkommen.⁴)
² Ist die Sache öffentlich versteigert [OR 229 ff.; SchKG 106³] oder auf dem Markt oder durch einen Kaufmann, der mit Waren der gleichen Art handelt, übertragen worden, so kann sie dem ersten und jedem spätern gutgläubigen [3] Empfänger nur gegen Vergütung des von ihm bezahlten Preises abgefordert werden.

b. Bei abhanden gekommenen Sachen.

³ Die Rückleistung erfolgt im übrigen nach den Vorschriften über die Ansprüche des gutgläubigen Besitzers [938/9].

---

¹) Fassung gemäss Ziff. I des BG vom 4. Oktober 2002 über die Änderung des ZGB, OR, StGB, SchKG (Grundsatzartikel Tiere) (AS 2003 S. 463), i. K. 1. April 2003.
²) KGTG, SR 444.1. Zum Begriff «Kulturgut» siehe Art. 728/Fn. 3.
³) Unverjährbar ist der Herausgabeanspruch für die im Bundesverzeichnis eingetragenen Kulturgüter des Bundes (Art. 3 Abs. 2 lit. b KGTG). Nach Art. 4 Abs. 2 KGTG sind die Kantone befugt, das Gleiche (Unverjährbarkeit des Herausgabeanspruches) für Kulturgüter in ihren Verzeichnissen anzuordnen.
⁴) Eingefügt gemäss Art. 32 Ziff. 1 KGTG, i. K. 1. Januar 2005, jedoch ohne rückwirkende Kraft (Art. 33 KGTG).

c. Bei Geld und Inhaberpapieren.

935. Geld und Inhaberpapiere [OR 978/89] können, auch wenn sie dem Besitzer gegen seinen Willen abhanden gekommen sind [934], dem gutgläubigen [3] Empfänger nicht abgefordert werden.

d. Bei bösem Glauben.

936. ¹ Wer den Besitz einer beweglichen Sache nicht in gutem Glauben [3] erworben hat, kann von dem früheren Besitzer jederzeit auf Herausgabe belangt werden.

² Hatte jedoch auch der frühere Besitzer nicht in gutem Glauben erworben, so kann er einem spätern Besitzer die Sache nicht abfordern.

5. Vermutung bei Grundstücken.

937. ¹ Hinsichtlich der in das Grundbuch aufgenommenen Grundstücke [943/4] besteht eine Vermutung des Rechtes und eine Klage aus dem Besitze nur für denjenigen, der eingetragen ist [958 ff.].

² Wer jedoch über das Grundstück die tatsächliche Gewalt hat, kann wegen eigenmächtiger Entziehung [927] oder Störung [928] des Besitzes Klage erheben.

III. Verantwortlichkeit.
1. Gutgläubiger Besitzer.
a. Nutzung.

938. ¹ Wer eine Sache in gutem Glauben [3] besitzt, wird dadurch, dass er sie seinem vermuteten Rechte gemäss gebraucht und nutzt, dem Berechtigten nicht ersatzpflichtig.

² Was hiebei untergeht oder Schaden leidet, braucht er nicht zu ersetzen.

b. Ersatzforderungen.

939. ¹ Verlangt der Berechtigte die Auslieferung der Sache, so kann der gutgläubige Besitzer für die notwendigen und nützlichen Verwendungen Ersatz beanspruchen und die Auslieferung bis zur Ersatzleistung verweigern.

² Für andere Verwendungen kann er keinen Ersatz verlangen, darf aber, wenn ihm ein solcher nicht angeboten wird, vor der Rückgabe der Sache, was er verwendet hat, wieder wegnehmen, soweit dies ohne Beschädigung der Sache selbst geschehen kann.

³ Die vom Besitzer bezogenen Früchte [643] sind auf die Forderung für die Verwendungen anzurechnen.

940. ¹ Wer eine Sache in bösem Glauben besitzt, muss sie dem Berechtigten herausgeben und für allen durch die Vorenthaltung verursachten Schaden sowie für die bezogenen und versäumten Früchte [643] Ersatz leisten.
² Für Verwendungen hat er eine Forderung nur, wenn solche auch für den Berechtigten notwendig gewesen wären.
³ Solange der Besitzer nicht weiss, an wen er die Sache herausgeben soll, haftet er nur für den Schaden, den er verschuldet hat [OR 41 ff.].

2. Bösgläubiger Besitzer.

941. Der zur Ersitzung [661, 728, 731] berechtigte Besitzer darf sich den Besitz seines Vorgängers anrechnen, insofern auch dessen Besitz zur Ersitzung tauglich gewesen ist.

IV. Ersitzung.

Fünfundzwanzigster Titel

Das Grundbuch

Entwurf 1900 Art. 984/1019; Erl. II, S. 395 ff.; ExpKom. IV, S. 390 ff.; Entwurf 1904 Art. 980/1015; Botsch. S. 95 ff.; NatR XVI, S. 1018/33, StändeR XVII, S. 98/110. – Botsch. und Entw. des BR vom 19. Oktober 1988 zum BG über das bäuerliche Bodenrecht (BGBB) sowie zum BG über die Teilrevision des ZGB (Immobiliarsachenrecht) und des OR (Grundstückkauf), BBl 1988 III 953.

A. Einrichtung.
I. Bestand.
1. Im allgemeinen.

942. [1] Über die Rechte an den Grundstücken [943] wird ein Grundbuch geführt.

[2] Das Grundbuch besteht aus dem Hauptbuch [945/7] und den das Hauptbuch ergänzenden Plänen [950], Liegenschaftsverzeichnissen, Belegen [948], Liegenschaftsbeschreibungen und dem Tagebuche [948].

[3] Das Grundbuch kann auf Papier oder mittels Informatik [949a] geführt werden.[1])

[4] Bei der Grundbuchführung mittels Informatik kommen die Rechtswirkungen den im System ordnungsgemäss gespeicherten und auf den Geräten des Grundbuchamtes durch technische Hilfsmittel in Schrift und Zahlen lesbaren oder in Plänen dargestellten Daten zu.[1])

---

[1]) Eingefügt gemäss Ziff. 1 des Anhangs zum ZertES, i.K. 1. Januar 2005.

2. Aufnahme.
a. Gegenstand.

943.[1]) [1] Als Grundstücke werden in das Grundbuch aufgenommen:
1. die Liegenschaften [655[2] Ziff. 1];
2. die selbständigen und dauernden Rechte an Grundstücken [655[2] Ziff. 2, 779[3], 780[3], SchlT 56][2]);
3. die Bergwerke [655[2] Ziff. 3];
4. die Miteigentumsanteile an Grundstücken [646, 655[2] Ziff. 4, 712a].

[2] Über die Voraussetzungen und über die Art der Aufnahme der selbständigen und dauernden Rechte, der Bergwerke und der Miteigentumsanteile an Grundstücken setzt eine Verordnung des Bundesrates[3]) das Nähere fest.

---

[1]) Fassung gemäss Ziff. III des BG vom 19. Dezember 1963 über die Änderung des 4. Teils des ZGB (Miteigentum und Stockwerkeigentum, AS 1964 S. 993), i.K. 1. Januar 1965.

[2]) Vgl. Art. 655/Fn. 2.

[3]) Siehe Art. 1 ff., 11 ff., 25 ff. GBV, insbes. Art. 7/10a, 18/9, 23, 33, 33a/c GBV (Anhang VIII zum ZGB).

944. ¹ Die nicht im Privateigentum stehenden und die dem öffentlichen Gebrauche dienenden Grundstücke [664] werden in das Grundbuch nur aufgenommen, wenn dingliche Rechte daran zur Eintragung gebracht werden sollen oder die Kantone deren Aufnahme vorschreiben.

² Verwandelt sich ein aufgenommenes Grundstück in ein solches, das nicht aufzunehmen ist, so wird es vom Grundbuch ausgeschlossen.

³ ...¹)

b. Ausnahmen.

---
¹) Aufgehoben gemäss BG vom 4. Oktober 1991 über die Teilrevision des ZGB (Immobiliarsachenrecht) und des OR (Grundstückkauf), i.K. 1. Januar 1994 (AS 1993 S. 1404).

945. ¹ Jedes Grundstück erhält im Hauptbuch ein eigenes Blatt und eine eigene Nummer [947].

² Das Verfahren, das bei Teilung eines Grundstückes oder bei Vereinigung mehrerer zu beobachten ist, wird durch eine Verordnung des Bundesrates festgesetzt.

GBV 85/97.

3. Bücher.
a. Hauptbuch.

946. ¹ Auf jedem Blatt werden in besondern Abteilungen eingetragen:
1. das Eigentum [655 ff.];
2. die Dienstbarkeiten [730 ff., 745 ff.] und Grundlasten [782 ff.], die mit dem Grundstück verbunden sind, oder die darauf ruhen [968];
3. die Pfandrechte, mit denen es belastet ist [793 ff.].

² Die Zugehör [644/5] wird auf Begehren des Eigentümers angemerkt und darf, wenn dies erfolgt ist, nur mit Zustimmung aller aus dem Grundbuche ersichtlichen Berechtigten gestrichen werden.

GBV 79².

b. Grundbuchblatt.

947. ¹ Mit Einwilligung des Eigentümers können mehrere Grundstücke, auch wenn sie nicht unter sich zusammenhangen, auf ein einziges Blatt genommen werden.

² Die Eintragungen auf diesem Blatt gelten mit Ausnahme der Grunddienstbarkeiten [730 ff.] für alle Grundstücke gemeinsam.

³ Der Eigentümer kann jederzeit die Ausscheidung einzelner Grundstücke aus einem Kollektivblatte verlangen, unter Vorbehalt der daran bestehenden Rechte.

GBV 41.

c. Kollektivblätter.

948. ¹ Die Anmeldungen zur Eintragung [958 ff.] in das Grundbuch werden nach ihrer zeitlichen Reihenfolge ohne Aufschub in das Tagebuch eingeschrieben, unter Angabe der anmeldenden Person und ihres Begehrens.

d. Tagebuch, Belege.

2 Die Belege, auf deren Vorlegung hin die Eintragungen in das Grundbuch vorgenommen werden, sind zweckmässig zu ordnen und aufzubewahren.

3 An die Stelle der Belege kann in den Kantonen, die eine öffentliche Beurkundung durch den Grundbuchverwalter vornehmen lassen [SchlT 55], ein Urkundenprotokoll treten, dessen Einschreibungen die öffentliche Beurkundung herstellen.

GBV 14, 26, 111f, 28/30.

4. Verordnungen.
a. Im Allgemeinen.[1])

949. [1] Der Bundesrat stellt die Formulare für das Grundbuch auf, erlässt die nötigen Verordnungen und kann zur Regelung des Grundbuchwesens die Führung von Hilfsregistern vorschreiben.[2])

2 Die Kantone sind ermächtigt, über die Eintragung der dinglichen Rechte an Grundstücken, die dem kantonalen Rechte unterstellt bleiben, besondere Vorschriften aufzustellen, die jedoch zu ihrer Gültigkeit der Genehmigung des Bundes bedürfen.

---

[1]) Fassung der Marginalie gemäss Ziff. 1 des Anhangs zum ZertES, i.K. 1. Januar 2005.
[2]) Siehe GBV (Anhang VIII zum ZGB), insbes. Art. 105/110b GBV.

b. Bei Führung des Grundbuchs mittels Informatik.

949a.[1]) [1] Ein Kanton, der das Grundbuch mittels Informatik [942 [3], [4]] führen will, bedarf einer Ermächtigung des Eidgenössischen Justiz- und Polizeidepartements.

2 Der Bundesrat regelt:
1. das Ermächtigungsverfahren;
2. den Umfang und die technischen Einzelheiten der Grundbuchführung mittels Informatik, insbesondere den Vorgang, durch welchen die Eintragungen rechtswirksam werden;
3. ob und unter welchen Voraussetzungen der Geschäftsverkehr mit dem Grundbuchamt auf elektronischem Weg zulässig ist;
4. ob und unter welchen Voraussetzungen die ohne Interessennachweis einsehbaren Daten des Hauptbuches der Öffentlichkeit zur Verfügung gestellt werden;
5. den Zugriff auf die Daten, die Aufzeichnung der Abfragen sowie die Voraussetzungen für den Entzug der Zugriffsberechtigung bei missbräuchlicher Anwendung;
6. den Datenschutz;
7. die langfristige Sicherung und die Archivierung von Daten.

3 Das Eidgenössische Justiz- und Polizeidepartement sowie das Eidgenössische Departement für Verteidigung, Bevölkerungs-

schutz und Sport legen für das Grundbuch und für die amtliche Vermessung Datenmodelle und einheitliche Schnittstellen fest.

GBV 111/111q und UeB zur Änderung der GBV vom 23. November 1994.

---

[1]) Eingefügt gemäss BG vom 4. Oktober 1991 über die Teilrevision des ZGB (Immobiliarsachenrecht) und des OR (Grundstückkauf), i.K. 1. Januar 1994 (AS 1993 S. 1404). – Heutige Fassung gemäss Ziff. 1 des Anhangs zum ZertES, i.K. 1. Januar 2005.

950. [1] Die Aufnahme und Beschreibung der einzelnen Grundstücke im Grundbuch erfolgt auf Grund eines Planes, der in der Regel auf einer amtlichen Vermessung beruht [668/9, SchlT 38/42].

[2] Der Bundesrat bestimmt, nach welchen Grundsätzen die Pläne anzulegen sind.[1])

GBV 113a.

5. Grundbuchpläne.

---

[1]) V vom 18. November 1992 über die amtliche Vermessung (VAV, SR 211.432.2).

951. [1] Zur Führung des Grundbuches werden Kreise gebildet.

[2] Die Grundstücke werden in das Grundbuch des Kreises aufgenommen, in dem sie liegen.

II. Grundbuchführung.
1. Kreise.
a. Zugehörigkeit.

952. [1] Liegt ein Grundstück in mehreren Kreisen, so ist es in jedem Kreise in das Grundbuch aufzunehmen mit Verweisung auf das Grundbuch der übrigen Kreise.

[2] Die Anmeldungen [948[1]] und rechtsbegründenden Eintragungen [958 ff.] erfolgen in dem Grundbuche des Kreises, in dem der grössere Teil des Grundstückes liegt.

[3] Die Eintragungen in diesem Grundbuch sind den andern Ämtern vom Grundbuchverwalter mitzuteilen.

b. Grundstücke in mehreren Kreisen.

953. [1] Die Einrichtung der Grundbuchämter, die Umschreibung der Kreise [951], die Ernennung und Besoldung der Beamten sowie die Ordnung der Aufsicht [956] erfolgt durch die Kantone.

[2] Die kantonalen Vorschriften, ausgenommen jene über die Ernennung und die Besoldung der Beamten, bedürfen der Genehmigung des Bundes.[1])

GBV 104b, 115.

2. Grundbuchämter.

---

[1]) Fassung gemäss Ziff. II 2 des BG vom 15. Dezember 1989 über die Genehmigung kantonaler Erlasse durch den Bund (AS 1991 S. 363) i.K. 1. Februar 1991.

Das Sachenrecht

3. Gebühren.

954. ¹ Für die Eintragungen in das Grundbuch [958 ff.] und für die damit verbundenen Vermessungsarbeiten [950] dürfen die Kantone Gebühren erheben.

² Für Eintragungen, die mit Bodenverbesserungen oder mit Bodenaustausch [702/3] zum Zwecke der Abrundung landwirtschaftlicher Betriebe zusammenhangen, dürfen keine Gebühren erhoben werden.

III. Grundbuchbeamte.
1. Haftbarkeit.

955. ¹ Die Kantone sind für allen Schaden verantwortlich, der aus der Führung des Grundbuches entsteht.

² Sie haben Rückgriff auf die Beamten und Angestellten der Grundbuchverwaltung sowie die Organe der unmittelbaren Aufsicht, denen ein Verschulden zur Last fällt.

³ Sie können von den Beamten und Angestellten Sicherstellung verlangen.

OR 61¹.

2. Aufsicht.

956. ¹ Die Amtsführung des Grundbuchverwalters unterliegt einer regelmässigen Aufsicht.

² Beschwerden gegen seine Amtsführung und Anstände bezüglich der eingereichten oder einzureichenden Belege und Erklärungen [948] werden, sofern nicht gerichtliche Anfechtung vorgesehen ist, von der kantonalen Aufsichtsbehörde entschieden.

³ Für die Weiterziehung dieser Entscheidungen an die Bundesbehörden wird eine besondere Regelung vorbehalten.¹⁾

GBV 102/4a, 115.

---

¹) Zum Ganzen siehe Art. 102/4 GBV.

3. Disziplinarmassnahmen.¹⁾

957. ¹ Vorsätzliche oder fahrlässige Amtspflichtverletzungen der in der Grundbuchverwaltung tätigen Personen werden von der kantonalen Aufsichtsbehörde mit Disziplinarmassnahmen geahndet.¹⁾

² Die Disziplinarmassnahme besteht in einem Verweis, in Busse bis zu 1000 Franken oder, in schweren Fällen, in Amtsenthebung.¹⁾

³ Vorbehalten bleibt die strafgerichtliche Verfolgung.

GBV 115.

---

¹) Fassung gemäss Ziff. I 4. des BG vom 26. Juni 1998 über die Änderung des ZGB (Personenstand, Eheschliessung, Scheidung etc., AS 1999 S. 1118), i. K. 1. Januar 2000.

958. In das Grundbuch werden folgende Rechte an Grundstücken eingetragen:
1. das Eigentum [655 ff.];
2. die Dienstbarkeiten und Grundlasten [730 ff., 745 ff., 782 ff.];
3. die Pfandrechte [793 ff.].

GBV 31/33c, 34/8, 40/52, 111c.

B. Eintragung.
I. Grundbucheinträge.
1. Eigentum und dingliche Rechte.

959. [1] Persönliche Rechte können im Grundbuche vorgemerkt werden, wenn deren Vormerkung durch das Gesetz ausdrücklich vorgesehen ist, wie bei Vor- und Rückkauf [712c[1]; OR 216a], Kaufsrecht [OR 216a][1]), Pacht und Miete [OR 261b, 290] [814[3]; OR 247[2], 850[3]].

[2] Sie erhalten durch die Vormerkung Wirkung gegenüber jedem später erworbenen Rechte [972 ff.].

GBV 40[3], 70/2, 77.

2. Vormerkungen.
a. Persönliche Rechte.

---

[1]) Korrigiert gemäss Beschluss des Bundesrates vom 7. April 1911; ursprünglich hiess es «Kaufversprechen».

960. [1] Verfügungsbeschränkungen können für einzelne Grundstücke vorgemerkt werden:
1. aufgrund einer amtlichen Anordnung zur Sicherung streitiger oder vollziehbarer Ansprüche;
2. aufgrund einer Pfändung [SchKG 101];[1])
3. aufgrund eines Rechtsgeschäftes, für das diese Vormerkung im Gesetz vorgesehen ist, wie für die Anwartschaft des Nacherben [490[2]].[2])

[2] Die Verfügungsbeschränkungen erhalten durch die Vormerkung Wirkung gegenüber jedem später erworbenen Rechte [972 ff.].

GBV 73.

b. Verfügungsbeschränkungen.

---

[1]) Fassung gemäss Ziff. 4 des Anhangs zum BG vom 16. Dezember 1994 über die Änderung des SchKG (AS 1995 S. 1227), i.K. 1. Januar 1997.

[2]) Fassung gemäss Ziff. I 4. des BG vom 26. Juni 1998 über die Änderung des ZGB (Personenstand, Eheschliessung, Scheidung etc., AS 1999 S. 1118), i.K. 1. Januar 2000.

961. [1] Vorläufige Eintragungen können vorgemerkt werden:
1. zur Sicherung behaupteter dinglicher Rechte;[1])
2. im Falle der vom Gesetze zugelassenen Ergänzung des Ausweises [966[2]].

[2] Sie geschehen mit Einwilligung aller Beteiligten oder auf Anordnung des Gerichts mit der Folge, dass das Recht für den Fall seiner späteren Feststellung vom Zeitpunkte der Vormerkung an dinglich wirksam wird.

[3] Über das Begehren entscheidet das Gericht in schnellem Verfahren und bewilligt, nachdem der Ansprecher seine Berech-

c. Vorläufige Eintragung.

tigung glaubhaft gemacht hat, die Vormerkung, indem es deren Wirkung zeitlich und sachlich genau feststellt und nötigenfalls zur gerichtlichen Geltendmachung der Ansprüche eine Frist ansetzt.

GBV 22[4], 75/6.

---

[1]) Betreffend landwirtschaftliche Grundstücke (Art. 6, 8 BGBB) beachte Art. 75 Abs. 2 BGBB, wonach «vorläufige Eintragungen von Grundpfandrechten nach den Artikeln 837 und 961 Absatz 1 Ziffer 1 des Zivilgesetzbuches ... ungeachtet der Belastungsgrenze im Grundbuch vorgemerkt werden» dürfen. Zur Belastungsgrenze bei landwirtschaftlichen Grundstücken: Art. 73 ff. BGBB.

d. Eintragung nachgehender Rechte.

961a. Eine Vormerkung hindert die Eintragung eines im Rang nachgehenden Rechts nicht.[1])

---

[1]) Eingefügt gemäss BG vom 4. Oktober 1991 über die Teilrevision des ZGB (Immobiliarsachenrecht) und des OR (Grundstückkauf), i.K. 1. Januar 1994 (AS 1993 S. 1404).

II. Öffentlichrechtliche Beschränkungen.

962. [1] Die Kantone können vorschreiben, dass öffentlichrechtliche Beschränkungen, wie Baulinien u.dgl. [702/3], im Grundbuch anzumerken sind.

[2] Diese Vorschriften bedürfen zu ihrer Gültigkeit der Genehmigung des Bundes.

III. Voraussetzung der Eintragung.
1. Anmeldungen.
a. Bei Eintragungen.

963. [1] Die Eintragungen erfolgen auf Grund einer schriftlichen Erklärung des Eigentümers des Grundstückes, auf das sich die Verfügung bezieht.

[2] Keiner Erklärung des Eigentümers bedarf es, wenn der Erwerber sich auf eine Gesetzesvorschrift [665[2, 3], 656[2]], auf ein rechtskräftiges Urteil oder eine dem Urteil gleichwertige Urkunde zu berufen vermag [beachte auch OR 235[2]].

[3] Die mit der öffentlichen Beurkundung beauftragten Beamten können durch die Kantone angewiesen werden, die von ihnen beurkundeten Geschäfte zur Eintragung anzumelden.

GBV 11 ff.

b. Bei Löschungen.

964. [1] Zur Löschung oder Abänderung eines Eintrages bedarf es einer schriftlichen Erklärung der aus dem Eintrage berechtigten Personen [vgl. auch 975/7].

[2] Diese Erklärung kann mit der Unterzeichnung im Tagebuch [948] abgegeben werden.

GBV 61/9.

2. Ausweise.
a. Gültiger Ausweis.

965. [1] Grundbuchliche Verfügungen, wie Eintragung, Änderung, Löschung, dürfen in allen Fällen nur auf Grund eines Ausweises über das Verfügungsrecht und den Rechtsgrund vorgenommen werden.

² Der Ausweis über das Verfügungsrecht liegt in dem Nachweise, dass der Gesuchsteller die nach Massgabe des Grundbuches verfügungsberechtigte Person ist oder von dieser eine Vollmacht erhalten hat.

³ Der Ausweis über den Rechtsgrund liegt in dem Nachweise, dass die für dessen Gültigkeit erforderliche Form erfüllt ist.

GBV 18/23.

966. ¹ Werden die Ausweise für eine grundbuchliche Verfügung nicht beigebracht, so ist die Anmeldung abzuweisen.

² Wenn jedoch der Rechtsgrund [965³] hergestellt ist und es sich nur um eine Ergänzung des Ausweises über das Verfügungsrecht handelt, so kann mit Einwilligung des Eigentümers oder auf gerichtliche Verfügung eine vorläufige Eintragung [961] stattfinden.

GBV 24, 24a.

b. Ergänzung des Ausweises.

967. ¹ Die Eintragungen im Hauptbuche [945] finden nach der Reihenfolge statt, in der die Anmeldungen angebracht oder die Beurkundungen oder Erklärungen vor dem Grundbuchverwalter unterzeichnet worden sind [948].

² Über alle Eintragungen wird den Beteiligten auf ihr Verlangen ein Auszug ausgefertigt.

³ Die Form der Eintragung und der Löschung sowie der Auszüge wird durch eine Verordnung des Bundesrates festgestellt.

GBV 25/52a, 61/9, 105/6, 111d, e, h, l.

IV. Art der Eintragung.
1. Im allgemeinen.

968. Die Eintragung und Löschung der Grunddienstbarkeiten [730 ff.] erfolgt auf dem Blatt des berechtigten und des belasteten Grundstückes.

GBV 35/8, 61/2.

2. Bei Dienstbarkeiten.

969. ¹ Der Grundbuchverwalter hat den Beteiligten von den grundbuchlichen Verfügungen, die ohne ihr Wissen erfolgen [963²], Anzeige zu machen; insbesondere teilt er den Berechtigten, deren Vorkaufsrecht im Grundbuch vorgemerkt [OR 216a] ist oder von Gesetzes wegen besteht [682, 682a] und aus dem Grundbuch hervorgeht, den Erwerb des Eigentums durch einen Dritten mit.[1]

² Die Fristen, die für die Anfechtung solcher Verfügungen aufgestellt sind, nehmen ihren Anfang mit der Zustellung dieser Anzeige.

V. Anzeigepflicht.

---

[1]) Fassung gemäss BG vom 4. Oktober 1991 über die Teilrevision des ZGB (Immobiliarsachenrecht) und des OR (Grundstückkauf), i.K. 1. Januar 1994 (AS 1993 S. 1404).

C. Öffentlichkeit des Grundbuchs.
I. Auskunftserteilung und Einsichtnahme.[2])

970.[1]) [1] Wer ein Interesse glaubhaft macht, hat Anspruch darauf, dass ihm Einsicht in das Grundbuch gewährt oder dass ihm daraus ein Auszug erstellt wird.

[2] Ohne ein solches Interesse ist jede Person berechtigt, Auskunft über folgende Daten des Hauptbuches zu erhalten:
1. die Bezeichnung des Grundstücks [655] und die Grundstücksbeschreibung;
2. den Namen und die Identifikation des Eigentümers;
3. die Eigentumsform und das Erwerbsdatum.

[3] Der Bundesrat bezeichnet weitere Angaben betreffend Dienstbarkeiten, Grundlasten und Anmerkungen, die ohne das Glaubhaftmachen eines Interesses öffentlich gemacht werden dürfen. Er beachtet dabei den Schutz der Persönlichkeit.

[4] Die Einwendung, dass jemand eine Grundbucheintragung nicht gekannt habe, ist ausgeschlossen [3[2]].

GBV 105/6a, 111 l.

---

[1]) Fassung gemäss Ziff. 1 des Anhangs zum ZertES, i.K. 1. Januar 2005.

[2]) Fassung gemäss BG vom 4. Oktober 1991 über die Teilrevision des ZGB (Immobiliarsachenrecht) und des OR (Grundstückkauf), i.K. 1. Januar 1994 (AS 1993 S. 1404).

II. Veröffentlichungen.

970a.[1]) [1] Die Kantone können die Veröffentlichung des Erwerbs des Eigentums an Grundstücken [655] vorsehen.

[2] Nicht veröffentlichen dürfen sie die Gegenleistung bei einer Erbteilung [610 ff.], einem Erbvorbezug, einem Ehevertrag [182 ff.] oder einer güterrechtlichen Auseinandersetzung.

---

[1]) Eingefügt gemäss BG vom 4. Oktober 1991 über die Teilrevision des ZGB (Immobiliarsachenrecht) und des OR (Grundstückkauf), i.K. 1. Januar 1994 (AS 1993 S. 1404). – Heutige Fassung gemäss Ziff. 1 des Anhangs zum ZertES, i.K. 1. Januar 2005.

D. Wirkung.
I. Bedeutung der Nichteintragung.

971. [1] Soweit für die Begründung eines dinglichen Rechtes die Eintragung in das Grundbuch vorgesehen ist, besteht dieses Recht als dingliches nur, wenn es aus dem Grundbuche ersichtlich ist.

[2] Im Rahmen des Eintrages kann der Inhalt eines Rechtes durch die Belege [948[2, 3]] oder auf andere Weise nachgewiesen werden.

GBV 25[4].

II. Bedeutung der Eintragung.
1. Im allgemeinen.

972. [1] Die dinglichen Rechte entstehen und erhalten ihren Rang und ihr Datum durch die Eintragung in das Hauptbuch [961[2]].

[2] Ihre Wirkung wird auf den Zeitpunkt der Einschreibung in das Tagebuch [948] zurückbezogen, vorausgesetzt, dass die

gesetzlichen Ausweise der Anmeldung beigefügt oder bei den vorläufigen Eintragungen nachträglich rechtzeitig beigebracht werden.

³ Wo nach kantonalem Recht die öffentliche Beurkundung [SchlT 55] durch den Grundbuchverwalter vermittelst Einschreibung in das Urkundenprotokoll erfolgt [948³], tritt diese an die Stelle der Einschreibung in das Tagebuch.

GBV 25⁴, 26/7.

973. ¹ Wer sich in gutem Glauben [3] auf einen Eintrag im Grundbuch verlassen und daraufhin Eigentum oder andere dingliche Rechte erworben hat, ist in diesem Erwerbe zu schützen.

² Diese Bestimmung gilt nicht für Grenzen von Grundstücken in den vom Kanton bezeichneten Gebieten mit Bodenverschiebungen [660a¹, 668³].¹)

2. Gegenüber gutgläubigen Dritten.

---

¹) Fassung gemäss BG vom 4. Oktober 1991 über die Teilrevision des ZGB (Immobiliarsachenrecht) und des OR (Grundstückkauf), i.K. 1. Januar 1994 (AS 1993 S. 1404).

974. ¹ Ist der Eintrag eines dinglichen Rechtes ungerechtfertigt, so kann sich der Dritte, der den Mangel kennt oder kennen sollte [3²], auf den Eintrag nicht berufen.

² Ungerechtfertigt ist der Eintrag, der ohne Rechtsgrund [965] oder aus einem unverbindlichen Rechtsgeschäft erfolgt ist.

³ Wer durch einen solchen Eintrag in einem dinglichen Recht verletzt ist, kann sich unmittelbar gegenüber dem bösgläubigen Dritten [3] auf die Mangelhaftigkeit des Eintrages berufen.

3. Gegenüber bösgläubigen Dritten.

975. ¹ Ist der Eintrag eines dinglichen Rechtes ungerechtfertigt [974²], oder ein richtiger Eintrag in ungerechtfertigter Weise gelöscht oder verändert worden [964], so kann jedermann, der dadurch in seinen dinglichen Rechten verletzt ist, auf Löschung oder Abänderung des Eintrages klagen [661].

² Vorbehalten bleiben die von gutgläubigen Dritten durch Eintragung erworbenen dinglichen Rechte [973] und die Ansprüche auf Schadenersatz.

Gerichtsstand: GestG 19¹ a.

E. Aufhebung und Veränderung der Einträge.
I. Bei ungerechtfertigtem Eintrag.

976 [976].¹) ¹ Hat eine Eintragung jede rechtliche Bedeutung verloren, so kann der Belastete deren Löschung verlangen; der Grundbuchverwalter kann die Löschung auch von Amtes wegen vornehmen.

² Entspricht der Grundbuchverwalter dem Begehren oder nimmt er die Löschung von Amtes wegen vor, so teilt er dies den Beteiligten mit.

II. Bei Untergang des eingetragenen Rechts.

³ Wer durch die Löschung in seinen Rechten verletzt wird, kann auf Wiedereintragung klagen.

---

¹) Fassung gemäss BG vom 4. Oktober 1991 über die Teilrevision des ZGB (Immobiliarsachenrecht) und des OR (Grundstückkauf), i.K. 1. Januar 1994 (AS 1993 S. 1404).

III. Berichtigungen.

977. ¹ Berichtigungen darf der Grundbuchverwalter ohne schriftliche Einwilligung der Beteiligten nur auf Verfügung des Gerichts vornehmen.

² Statt einer Berichtigung kann der unrichtige Eintrag gelöscht und ein neuer Eintrag erwirkt werden.

³ Die Berichtigung blosser Schreibfehler erfolgt von Amtes wegen nach Massgabe einer hierüber vom Bundesrate zu erlassenden Verordnung.

GBV 98/100, 111h.

Schlusstitel

Anwendungs- und Einführungsbestimmungen *

NatR XVI, S. 1079/91, XVII, S. 350/72, StändeR XVII, S. 316/32.

Erster Abschnitt
Die Anwendung bisherigen und neuen Rechts *

Entwurf zum OR 1905 Art. 1774/1816; NatR XVI, S. 1092/1105; StändeR XVII, S. 129/40, S. 316 ff.; NatR XVII, S. 349 ff.

1. ¹ Die rechtlichen Wirkungen von Tatsachen, die vor dem Inkrafttreten dieses Gesetzes eingetreten sind, werden auch nachher gemäss den Bestimmungen des eidgenössischen oder kantonalen Rechtes beurteilt, die zur Zeit des Eintrittes dieser Tatsachen gegolten haben.

² Demgemäss unterliegen die vor diesem Zeitpunkte vorgenommenen Handlungen in bezug auf ihre rechtliche Verbindlichkeit und ihre rechtlichen Folgen auch in Zukunft den bei ihrer Vornahme geltend gewesenen Bestimmungen.

³ Die nach diesem Zeitpunkte eingetretenen Tatsachen dagegen werden, soweit das Gesetz eine Ausnahme nicht vorgesehen hat, nach dem neuen Recht beurteilt.

A. Allgemeine Bestimmungen.
I. Regel der Nichtrückwirkung.

2. ¹ Die Bestimmungen dieses Gesetzes, die um der öffentlichen Ordnung und Sittlichkeit willen aufgestellt sind, finden mit dessen Inkrafttreten auf alle Tatsachen Anwendung, soweit das Gesetz eine Ausnahme [SchlT 20, 22, 45] nicht vorgesehen hat.

² Demgemäss finden Vorschriften des bisherigen Rechtes, die nach der Auffassung des neuen Rechtes der öffentlichen Ordnung oder Sittlichkeit widersprechen, nach dessen Inkrafttreten keine Anwendung mehr.

II. Rückwirkung.
1. Öffentliche Ordnung und Sittlichkeit.

3. Rechtsverhältnisse, deren Inhalt unabhängig vom Willen der Beteiligten durch das Gesetz umschrieben wird [z.B. 20, 23/6, 94 ff., 641], sind nach dem Inkrafttreten dieses Gesetzes nach dem neuen Recht zu beurteilen, auch wenn sie vor diesem Zeitpunkte begründet worden sind.

2. Inhalt der Rechtsverhältnisse kraft Gesetzes.

---

* Wortlaut des Titels gemäss Ziff. I 4. des BG vom 26. Juni 1998 über die Änderung des ZGB (Personenstand, Eheschliessung, Scheidung etc., AS 1999 S. 1118), i.K. 1. Januar 2000.

258 Anwendungs- und Einführungsbestimmungen

3. Nicht erworbene Rechte.

4. Tatsachen, die zwar unter der Herrschaft des bisherigen Rechtes eingetreten sind, durch die aber zur Zeit des Inkrafttretens des neuen Rechtes ein rechtlich geschützter Anspruch nicht begründet gewesen ist, stehen nach diesem Zeitpunkt in bezug auf ihre Wirkung unter dem neuen Recht [SchlT 19, 48].

B. Personenrecht.
I. Handlungsfähigkeit.

5. [1] Die Handlungsfähigkeit [12 ff.] wird in allen Fällen nach den Bestimmungen dieses Gesetzes beurteilt.

[2] Wer indessen nach dem bisherigen Recht zur Zeit des Inkrafttretens dieses Gesetzes handlungsfähig gewesen ist, nach den Bestimmungen des neuen Rechtes aber nicht handlungsfähig wäre, wird auch nach diesem Zeitpunkte als handlungsfähig anerkannt.

II. Verschollenheit.

6. [1] Die Verschollenerklärung [35/8] steht nach dem Inkrafttreten dieses Gesetzes unter den Bestimmungen des neuen Rechtes.

[2] Die Todes- oder Abwesenheitserklärungen des bisherigen Rechtes haben nach dem Inkrafttreten dieses Gesetzes die gleichen Wirkungen wie die Verschollenerklärung des neuen Rechtes, wobei aber die vor diesem Zeitpunkte nach bisherigem Recht eingetretenen Folgen, wie Erbgang oder Auflösung der Ehe, bestehen bleiben.

[3] Ein zur Zeit des Inkrafttretens des neuen Rechtes schwebendes Verfahren wird unter Anrechnung der abgelaufenen Zeit nach den Bestimmungen dieses Gesetzes neu begonnen oder auf Antrag der Beteiligten nach dem bisherigen Verfahren und unter Beobachtung der bisherigen Fristen zu Ende geführt.

IIa. Zentrale Datenbank im Zivilstandswesen.

6a.[1]) [1] Der Bundesrat regelt den Übergang von der bisherigen auf die elektronische Registerführung.

[2] Der Bund übernimmt die Investitionskosten bis zu 5 Millionen Franken.

---

[1]) Eingefügt gemäss BG vom 5. Oktober 2001 über die Änderung des ZGB (Elektronische Führung der Personenstandsregister, AS 2004 S. 2911), i. K. 1. Juli 2004.

III. Juristische Personen.

6b.[1]) [1] Personenverbände und Anstalten oder Stiftungen [52 ff.], die unter dem bisherigen Recht die Persönlichkeit erlangt haben, behalten sie unter dem neuen Recht bei, auch wenn sie nach dessen Bestimmungen die Persönlichkeit nicht erlangt hätten.

[2] Die bereits bestehenden juristischen Personen, für deren Entstehung nach der Vorschrift dieses Gesetzes die Eintragung in das öffentliche Register erforderlich ist [52], müssen jedoch diese Eintragung, auch wenn sie nach dem bisherigen Recht nicht vorgesehen war, binnen fünf Jahren nach dem Inkrafttreten des

neuen Rechtes nachholen und werden nach Ablauf dieser Frist ohne Eintragung nicht mehr als juristische Personen anerkannt.

³ Der Inhalt der Persönlichkeit bestimmt sich für alle juristischen Personen, sobald dieses Gesetz in Kraft getreten ist, nach dem neuen Recht.

---

¹) Art. 6b entspricht dem bisherigen Art. 6a (umnummeriert durch BG vom 5. Oktober 2001 über die Änderung des ZGB [Elektronische Führung der Personenstandsregister, AS 2004 S. 2911]), der seinerseits dem früheren Art. 7 entsprochen hat (umnummeriert durch Ziff. I 4. des BG vom 26. Juni 1998 über die Änderung des ZGB).

Neuer Art. 6c. Mit dem Inkrafttreten des BG/GmbH vom 16. Dezember 2005 (voraussichtlich in der zweiten Hälfte des Jahres 2007) wird neu Art. 6c ins Gesetz eingefügt (s. Anhang XII zum ZGB, S. 755 ff., 760). Diese Einfügung bewirkt eine Änderung der Marginalie zu Art. 6b.

7. ¹ Für die Eheschliessung gilt das neue Recht, sobald das Bundesgesetz vom 26. Juni 1998 in Kraft getreten ist.¹)

² Ehen, für die nach dem bisherigen Recht ein Ungültigkeitsgrund vorliegt, können, sobald das neue Recht in Kraft getreten ist, nur nach dessen Bestimmungen für ungültig erklärt werden, wobei jedoch die vor diesem Zeitpunkt abgelaufene Zeit bei der Fristbestimmung angerechnet wird.

C. Familienrecht.*
I. Eheschliessung.

---

¹) **Pro memoria:** Soweit mit diesem Bundesgesetz andere Gesetze als das Zivilgesetzbuch geändert werden, finden gemäss Ziff. II des erwähnten Bundesgesetzes *deren* Übergangsbestimmungen Anwendung (AS 1999 S. 1143).

7a. ¹ Für die Scheidung gilt das neue Recht, sobald das Bundesgesetz vom 26. Juni 1998 in Kraft getreten ist.

² Scheidungen, die unter dem bisherigen Recht rechtskräftig geworden sind, bleiben anerkannt; die neuen Bestimmungen über die Vollstreckung finden Anwendung auf Renten oder Abfindungen, die als Unterhaltsersatz oder als Unterhaltsbeitrag festgesetzt worden sind.

Ibis. Scheidung.
1. Grundsatz.

---

* Fassung der Art. 7, 7a, 7b und 8 gemäss Ziff. I 4. des BG vom 26. Juni 1998 über die Änderung des ZGB (Personenstand, Eheschliessung, Scheidung etc., AS 1999 S. 1118), i.K. 1. Januar 2000.

³ Die Abänderung des Scheidungsurteils erfolgt nach den Vorschriften des früheren Rechts[1]) unter Vorbehalt der Bestimmungen über die Kinder und das Verfahren.

[1]) Die einschlägigen Bestimmungen des ZGB von 1907 lauten:

VI. Leistungen bei Scheidung.
1. Entschädigung und Genugtuung.

151. ¹ Werden durch die Scheidung die Vermögensrechte oder die Anwartschaften für den schuldlosen Ehegatten beeinträchtigt, so hat ihm der schuldige Ehegatte eine angemessene Entschädigung zu entrichten [153¹].

² Liegt in den Umständen, die zur Scheidung geführt haben, für den schuldlosen Ehegatten eine schwere Verletzung der persönlichen Verhältnisse, so kann ihm der Richter eine Geldsumme als Genugtuung zusprechen [153¹].

2. Unterhalt.

152. Gerät ein schuldloser Ehegatte durch die Scheidung in grosse Bedürftigkeit, so kann der andere Ehegatte, auch wenn er an der Scheidung nicht schuld ist, zu einem seinen Vermögensverhältnissen entsprechenden Beitrag an dessen Unterhalt verpflichtet werden [153].

3. Rente.

153. ¹ Wird als Entschädigung [151¹], Genugtuung [151²] oder Unterhaltsbeitrag [152] durch das Urteil oder durch Vereinbarung eine Rente festgesetzt, so hört die Pflicht zu ihrer Entrichtung auf, wenn der berechtigte Ehegatte sich wieder verheiratet.

² Eine wegen Bedürftigkeit ausgesetzte Rente [152] wird auf Verlangen des pflichtigen Ehegatten aufgehoben oder herabgesetzt, wenn die Bedürftigkeit nicht mehr besteht oder in erheblicher Masse abgenommen hat, sowie wenn die Vermögensverhältnisse des Pflichtigen der Höhe der Rente nicht mehr entsprechen.

2. Rechtshängige Scheidungsprozesse.

7b. ¹ Auf die Scheidungsprozesse, die beim Inkrafttreten des Bundesgesetzes vom 26. Juni 1998 rechtshängig und die von einer kantonalen Instanz zu beurteilen sind, findet das neue Recht Anwendung.

² Neue Rechtsbegehren, die durch den Wechsel des anwendbaren Rechts veranlasst werden, sind zulässig; nicht angefochtene Teile des Urteils bleiben verbindlich, sofern sie sachlich nicht derart eng mit noch zu beurteilenden Rechtsbegehren zusammenhängen, dass sinnvollerweise eine Gesamtbeurteilung stattfinden muss.

³ Das Bundesgericht entscheidet nach bisherigem Recht, wenn der angefochtene Entscheid vor dem Inkrafttreten des Bundesgesetzes vom 26. Juni 1998 ergangen ist; dies gilt auch bei einer allfälligen Rückweisung an die kantonale Instanz.

3. Trennungsfrist bei rechtshängigen Scheidungsprozessen.

7c.[1]) Für Scheidungsprozesse, die beim Inkrafttreten der Änderung vom 19. Dezember 2003 rechtshängig und die von einer kantonalen Instanz zu beurteilen sind, gilt die Trennungsfrist nach dem neuen Recht.

[1]) Eingefügt gemäss BG vom 19. Dezember 2003 über die Änderung des ZGB (Trennungsfrist im Scheidungsrecht, AS 2004 S. 2161), i.K. 1. Juni 2004.

8. Für die Wirkungen der Ehe im allgemeinen gilt das neue Recht, sobald das Bundesgesetz vom 5. Oktober 1984 in Kraft getreten ist.

I^{ter}. Wirkungen der Ehe im allgemeinen.
1. Grundsatz.

8a. Die Frau, die sich unter dem bisherigen Recht verheiratet hat, kann binnen Jahresfrist seit Inkrafttreten des neuen Rechts gegenüber dem Zivilstandsbeamten erklären, sie stelle den Namen, den sie vor der Heirat trug, dem Familiennamen voran [160 [2, 3]].

2. Name.[1]

---

[1]) Die Gewährleistung des gleichen Rechts der Ehegatten auf Wahl des Familiennamens wurde von der Schweiz bei der Ratifikation des Übereinkommens zur Beseitigung jeder Form von Diskriminierung der Frau vorbehalten (siehe Art. 16 des erwähnten Übereinkommens mit Fn. 1, Anhang II A1 zum ZGB).

8b. Die Schweizerin, die sich unter dem bisherigen Recht verheiratet hat, kann binnen Jahresfrist seit Inkrafttreten des neuen Rechts gegenüber der zuständigen Behörde ihres ehemaligen Heimatkantons erklären, sie nehme das Bürgerrecht, das sie als ledig hatte, wieder an [161].

3. Bürgerrecht.

9. Für die güterrechtlichen Wirkungen der Ehen, die vor dem 1. Januar 1912 geschlossen worden sind, gelten die an diesem Tag in Kraft getretenen Bestimmungen des Zivilgesetzbuches über die Anwendung bisherigen und neuen Rechts.[1])

II. Güterrecht der vor 1. Januar 1912 geschlossenen Ehen.

---

[1]) Siehe dazu die bisherigen Art. 9–11 SchlT (Anhang IV D zum ZGB).

9a. [1] Für die Ehen, die beim Inkrafttreten des Bundesgesetzes vom 5. Oktober 1984 bestehen, gilt das neue Recht [159 ff., 181 ff.], soweit nichts anderes bestimmt ist.

[2] Für die güterrechtlichen Wirkungen der Ehen, die vor Inkrafttreten des Bundesgesetzes vom 5. Oktober 1984 aufgelöst worden sind, gilt das bisherige Recht.[1])

IIbis. Güterrecht der nach 1. Januar 1912 geschlossenen Ehen.
1. Im allgemeinen.

---

[1]) Anhang IV D zum ZGB.

9b. [1] Für Ehegatten, die bisher unter dem Güterstand der Güterverbindung gestanden haben, gelten im Verhältnis untereinander und gegenüber Dritten die Vorschriften über die Errungenschaftsbeteiligung [196 ff.].

[2] Die Vermögenswerte jedes Ehegatten werden sein Eigengut oder seine Errungenschaft gemäss den Vorschriften über die Errungenschaftsbeteiligung [197/9]; durch Ehevertrag begründetes Sondergut wird Eigengut [198].

[3] Die Frau nimmt ihr eingebrachtes Gut, das ins Eigentum des Mannes übergegangen ist, in ihr Eigentum zurück oder macht hierfür eine Ersatzforderung geltend.

2. Wechsel von der Güterverbindung zur Errungenschaftsbeteiligung.
a. Änderung der Vermögensmassen.

Anwendungs- und Einführungsbestimmungen

b. Vorrecht.

9c. Die bisherigen Bestimmungen[1]) über die Ersatzforderungen der Ehefrau für das eingebrachte und nicht mehr vorhandene Frauengut bei Konkurs und Pfändung von Vermögenswerten des Ehemannes bleiben nach Inkrafttreten des neuen Rechts noch zehn Jahre anwendbar.

---

[1]) Art. 210 und 211 (Anhang IV D zum ZGB). Zur Kollozierung des privilegierten Teils der Frauengutsforderung beachte jetzt Art. 2 Abs. 4 in den Schlussbestimmungen des revidierten SchKG vom 16. Dezember 1994 (AS 1995 S. 1227). Danach wird der betreffende Forderungsteil «in einer besonderen Klasse zwischen der zweiten und der dritten Klasse kolloziert».

c. Güterrechtliche Auseinandersetzung unter dem neuen Recht.

9d. [1] Nach Inkrafttreten des neuen Rechts richtet sich die güterrechtliche Auseinandersetzung unter den Ehegatten für die ganze Dauer des früheren und des neuen ordentlichen Güterstandes nach den Vorschriften über die Errungenschaftsbeteiligung [204 ff.], es sei denn, die Ehegatten haben im Zeitpunkt des Inkrafttretens des neuen Rechts die güterrechtliche Auseinandersetzung nach den Bestimmungen über die Güterverbindung bereits abgeschlossen.

[2] Vor Inkrafttreten des neuen Rechts kann jeder Ehegatte dem andern schriftlich [OR 13/5] bekanntgeben, dass der bisherige Güterstand der Güterverbindung nach den Bestimmungen des früheren Rechts aufgelöst werden müsse.

[3] Wird der Güterstand aufgelöst, weil eine vor dem Inkrafttreten des neuen Rechts erhobene Klage gutgeheissen worden ist, so richtet sich die güterrechtliche Auseinandersetzung nach dem bisherigen Recht.[1])

---

[1]) Anhang IV D zum ZGB.

3. Beibehaltung der Güterverbindung.

9e.[1]) [1] Ehegatten, die unter dem ordentlichen Güterstand der Güterverbindung stehen, ohne diesen Güterstand ehevertraglich geändert zu haben, können bis spätestens ein Jahr nach Inkrafttreten des neuen Rechts durch Einreichung einer gemeinsamen schriftlichen Erklärung beim Güterrechtsregisteramt an ihrem Wohnsitz vereinbaren, die Güterverbindung beizubehalten; das Güterrechtsregisteramt führt ein Verzeichnis der Beibehaltserklärungen, das jedermann einsehen kann.[2])

[2] Dritten kann der Güterstand nur entgegengehalten werden, wenn sie ihn kennen oder kennen sollten [3].

[3] Für das Sondergut der Ehegatten gelten inskünftig die neuen Vorschriften über die Gütertrennung [247/51].

---

[1]) Die Anwendung des von der Schweiz ratifizierten Übereinkommens zur Beseitigung jeder Form von Diskriminierung der Frau erfolgt unter Vorbehalt von Art. 9e SchlT (siehe Art. 15 des erwähnten Übereinkommens mit Fn. 1, Anhang II A1 des ZGB).

²) Zuständigkeit und Form der Beibehaltserklärung: Kreisschreiben des Eidg. Justizdepartements (Anhang IV B zum ZGB).

9f. Ist von Gesetzes wegen oder auf Anordnung des Richters Gütertrennung eingetreten, so gelten für die Ehegatten die neuen Bestimmungen über die Gütertrennung [247/51].

4. Beibehaltung der gesetzlichen oder gerichtlichen Gütertrennung.

10.¹) ¹ Haben die Ehegatten nach den Bestimmungen des Zivilgesetzbuches vom 10. Dezember 1907 einen Ehevertrag abgeschlossen, so gilt dieser Ehevertrag weiter und ihr gesamter Güterstand bleibt unter Vorbehalt der Bestimmungen dieses Titels über das Sondergut [SchlT 10²], die Rechtskraft gegenüber Dritten [SchlT 10a] und über die vertragliche Gütertrennung [SchlT 10c] den bisherigen Bestimmungen unterstellt.²)

² Für das Sondergut der Ehegatten gelten inskünftig die neuen Vorschriften über die Gütertrennung [247/51].

³ Vereinbarungen über die Vor- und Rückschlagsbeteiligung bei der Güterverbindung dürfen die Pflichtteilsansprüche der nichtgemeinsamen Kinder und deren Nachkommen nicht beeinträchtigen [471 Ziff. 1].

5. Ehevertrag. a. Im allgemeinen.

---

¹) Die Anwendung des von der Schweiz ratifizierten Übereinkommens zur Beseitigung jeder Form von Diskriminierung der Frau erfolgt unter Vorbehalt von Art. 10 SchlT (siehe Art. 15 des erwähnten Übereinkommens mit Fn. 1, Anhang II A1 des ZGB).

²) Anhang IV D zum ZGB.

10a. ¹ Dritten kann der Güterstand nur entgegengehalten werden, wenn sie ihn kennen oder kennen sollten [3].

² Hat der Ehevertrag keine Rechtskraft gegenüber Dritten, so gelten im Verhältnis zu ihnen fortan die Bestimmungen über die Errungenschaftsbeteiligung [196 ff.].¹)

b. Rechtskraft gegenüber Dritten.

---

¹) Vorbehalten ist die Beibehaltserklärung gemäss Art. 9e Abs. 1 SchlT. Siehe dazu das Kreisschreiben des Eidg. Justizdepartements (Anhang IV B zum ZGB).

10b. ¹ Ehegatten, die unter Güterverbindung stehen, diesen Güterstand aber eheverträglich geändert haben, können bis spätestens ein Jahr nach Inkrafttreten des neuen Rechts durch Einreichung einer gemeinsamen schriftlichen Erklärung beim Güterrechtsregisteramt an ihrem Wohnsitz vereinbaren, ihre Rechtsverhältnisse über die neuen ordentlichen Güterstand der Errungenschaftsbeteiligung [196 ff.] zu unterstellen.¹)

² In diesem Falle gilt die vertragliche Beteiligung am Vorschlag inskünftig für die Gesamtsumme des Vorschlages beider

c. Unterstellung unter das neue Recht.

Ehegatten, sofern nicht durch Ehevertrag [182/4] etwas anderes vereinbart wird.

¹) Zuständigkeit und Form der Unterstellungserklärung: Kreisschreiben des Eidg. Justizdepartements (Anhang IV B zum ZGB).

d. Vertragliche Gütertrennung nach bisherigem Recht.

10c. Haben die Ehegatten unter dem bisherigen Recht Gütertrennung vereinbart, so gelten für sie inskünftig die neuen Bestimmungen über die Gütertrennung [247/51].

e. Im Hinblick auf das Inkrafttreten des neuen Rechts abgeschlossene Eheverträge.

10d. Eheverträge, die vor dem Inkrafttreten des Bundesgesetzes vom 5. Oktober 1984 geschlossen werden, aber erst unter dem neuen Recht ihre Wirkungen entfalten sollen, bedürfen nicht der Genehmigung der Vormundschaftsbehörde.

f. Güterrechtsregister.¹)

10e. ¹ Mit Inkrafttreten des Bundesgesetzes vom 5. Oktober 1984 werden keine neuen Eintragungen im Güterrechtsregister mehr vorgenommen.

² Das Recht, ins Register Einsicht zu nehmen, bleibt gewahrt.

¹) Siehe dazu das Kreisschreiben des Eidg. Justizdepartements (Anhang IV B zum ZGB).

6. Tilgung von Schulden bei der güterrechtlichen Auseinandersetzung.

11. Bereitet bei einer güterrechtlichen Auseinandersetzung im Zusammenhang mit dem Inkrafttreten des neuen Rechts die Zahlung von Geldschulden oder die Erstattung geschuldeter Sachen dem verpflichteten Ehegatten ernstliche Schwierigkeiten, so kann er verlangen, dass ihm Zahlungsfristen eingeräumt werden; die Forderung ist sicherzustellen, wenn es die Umstände [4] rechtfertigen.

7. Schutz der Gläubiger.

11a. Ändert sich das eheliche Güterrecht mit dem Inkrafttreten des Bundesgesetzes vom 5. Oktober 1984, so gelten für die Haftung die Bestimmungen über den Schutz der Gläubiger bei Änderung des Güterstandes [193].

III. Das Kindesverhältnis im allgemeinen.

12.¹) ¹ Entstehung und Wirkungen des Kindesverhältnisses [252/327] stehen, sobald dieses Gesetz in Kraft getreten ist, unter dem neuen Recht; der Familienname und das Bürgerrecht, die nach bisherigem Recht erworben wurden, bleiben erhalten.

² Befinden sich Kinder, die nach dem neuen Recht von Gesetzes wegen unter der elterlichen Gewalt stehen, bei seinem Inkrafttreten unter Vormundschaft, so tritt spätestens mit Ablauf eines Jahres nach diesem Zeitpunkt an deren Stelle die elterliche Gewalt, sofern nicht nach den Bestimmungen über die Entziehung der elterlichen Gewalt das Gegenteil angeordnet worden ist.

³ Eine unter dem bisherigen Recht durch behördliche Verfügung erfolgte Übertragung oder Entziehung der elterlichen Gewalt bleibt auch nach Inkrafttreten des neuen Rechts wirksam.

---
¹) Fassung gemäss Ziff. I 2 des BG vom 25. Juni 1976 über die Änderung des ZGB (Kindesverhältnis, AS 1977 I 237), i. K. 1. Januar 1978.

12a. ¹ Die Adoption, die vor Inkrafttreten der neuen Bestimmungen des Bundesgesetzes vom 30. Juni 1972 über die Änderung des Schweizerischen Zivilgesetzbuches ausgesprochen worden ist, steht weiterhin unter dem am 1. Januar 1912²) in Kraft getretenen Recht; Zustimmungen, die nach diesem Recht gültig erteilt worden sind, bleiben in jedem Falle wirksam.

² Personen, die beim Inkrafttreten des Bundesgesetzes vom 7. Oktober 1994 noch nicht 20 Jahre alt sind, können auch nach Eintritt der Mündigkeit noch nach den Bestimmungen über die Unmündigen adoptiert werden, sofern das Gesuch innerhalb von zwei Jahren seit Inkrafttreten des Bundesgesetzes und vor dem 20. Geburtstag eingereicht wird.³)

IIIbis. Adoption.¹) 1. Fortdauer des bisherigen Rechts.

---
¹) Durch das BG vom 30. Juni 1972 über die Änderung des ZGB (Adoption, AS 1972 II 2819) sind im SchlT die Art. 12a–c eingefügt worden. Dieses BG ist auf den 1. April 1973 in Kraft getreten.
²) Art. 465 in der Fassung vom 1. Januar 1912 lautet:
«¹ Das angenommene Kind und seine Nachkommen haben zum Annehmenden das gleiche Erbrecht wie die ehelichen Nachkommen. ² Der Annehmende und seine Blutsverwandten haben kein Erbrecht gegenüber dem angenommenen Kinde.»
³) Fassung gemäss Ziff. I des BG vom 7. Oktober 1994 über die Änderung des ZGB (Herabsetzung des zivilrechtlichen Mündigkeits- und Ehefähigkeitsalters, Unterhaltspflicht der Eltern, AS 1995 S. 1126), i. K. 1. Januar 1996.

12b. ¹ Eine nach dem bisherigen Recht ausgesprochene Adoption einer unmündigen Person kann auf gemeinsames Begehren der Adoptiveltern und des Adoptivkindes binnen fünf Jahren nach Inkrafttreten der neuen Bestimmungen [264/69c] diesen unterstellt werden.

² Der Eintritt der Mündigkeit des Adoptivkindes steht diesem Begehren nicht entgegen.

³ Anwendbar sind die neuen Bestimmungen über das Verfahren [268/68b]; die Zustimmung der Eltern ist nicht erforderlich.

2. Unterstellung unter das neue Recht.

12c. ¹ Eine mündige oder entmündigte Person kann nach den neuen Bestimmungen über die Adoption Unmündiger [264/65d] adoptiert werden, wenn das bisherige Recht die Adoption während ihrer Unmündigkeit nicht zugelassen hat, die Voraussetzungen des neuen Rechts aber damals erfüllt gewesen wären.

² Die Vorschriften des bisherigen und des neuen Rechts über die Zustimmung der Eltern zur Adoption Unmündiger finden jedoch keine Anwendung.

3. Adoption mündiger oder entmündigter Personen.

³ Das Gesuch ist binnen fünf Jahren seit Inkrafttreten der neuen Bestimmungen zu stellen.

4. Adoptionsvermittlung.

12c^bis.[1]) ¹ Die von den kantonalen Aufsichtsbehörden über die Adoptionsvermittlungsstellen erteilten Bewilligungen bleiben bis zu ihrem Ablauf gültig.

² Die kantonalen Aufsichtsbehörden über die Adoptionsvermittlungsstellen übermitteln der Aufsichtsbehörde des Bundes unverzüglich alle die Aufsicht und die Bewilligungsverfahren betreffenden Akten, die innerhalb der letzten fünf Jahre vor Inkrafttreten der Änderung von Artikel 269c vom 22. Juni 2001 angelegt worden sind.

[1]) Eingefügt gemäss Ziff. 2 des Anhangs zum BG-HAÜ (Anhang V B zum ZGB), i. K. 1. Januar 2003.

III^ter. Anfechtung der Ehelicherklärung.

12d.[1]) Für die Anfechtung einer unter dem bisherigen Recht erfolgten Ehelicherklärung gelten sinngemäss die Bestimmungen des neuen Rechts über die Anfechtung einer Anerkennung [260a] nach der Heirat der Eltern.

[1]) Eingefügt durch Ziff. I 2 des BG vom 25. Juni 1976 über die Änderung des ZGB (Kindesverhältnis, AS 1977 I 237), i. K. 1. Januar 1978.

IV. Vaterschaftsklage.
1. Hängige Klagen.

13.[1]) ¹ Eine beim Inkrafttreten des neuen Rechts hängige Klage wird nach dem neuen Recht beurteilt.

² Die Wirkungen bis zum Inkrafttreten des neuen Rechts bestimmen sich nach dem bisherigen Recht.

[1]) Siehe Art. 12 SchlT/Fn. 1.

2. Neue Klagen.

13a.[1]) ¹ Ist vor Inkrafttreten des neuen Rechts durch gerichtliche Entscheidung oder durch Vertrag eine Verpflichtung des Vaters zu Vermögensleistungen begründet worden und hat das Kind beim Inkrafttreten des neuen Rechts [252/327] das zehnte Altersjahr noch nicht vollendet, so kann es binnen zwei Jahren nach den Bestimmungen des neuen Rechts auf Feststellung des Kindesverhältnisses klagen.

² Beweist der Beklagte, dass seine Vaterschaft ausgeschlossen oder weniger wahrscheinlich ist als diejenige eines Dritten, so erlischt der Anspruch auf künftigen Unterhalt.

[1]) Siehe Art. 12d SchlT/Fn 1.

13b.[1]) Wer durch das Inkrafttreten des Bundesgesetzes vom 7. Oktober 1994 mündig wird, kann in jedem Fall noch während eines Jahres eine Klage auf Feststellung oder Anfechtung des Kindesverhältnisses einreichen.

IVbis. Frist für die Feststellung und die Anfechtung des Kindesverhältnisses.

[1]) Eingefügt gemäss Ziff. I des BG vom 7. Oktober 1994 über die Änderung des ZGB (Herabsetzung des zivilrechtlichen Mündigkeits- und Ehefähigkeitsalters, Unterhaltspflicht der Eltern, AS 1995 S. 1126), i. K. 1. Januar 1996.

13c.[1]) Unterhaltsbeiträge, die vor dem Inkrafttreten des Bundesgesetzes vom 7. Oktober 1994 bis zur Mündigkeit festgelegt worden sind, werden bis zur Vollendung des 20. Altersjahres geschuldet.

IV^{ter}. Unterhaltsbeiträge.

[1]) Eingefügt gemäss Ziff. I des BG vom 7. Oktober 1994 über die Änderung des ZGB (Herabsetzung des zivilrechtlichen Mündigkeits- und Ehefähigkeitsalters, Unterhaltspflicht der Eltern, AS 1995 S. 1126), i. K. 1. Januar 1996.

14. ¹ Die Vormundschaft steht, sobald dieses Gesetz in Kraft getreten ist, unter den Bestimmungen des neuen Rechtes [360/456].

² Eine vor diesem Zeitpunkt eingetretene Bevormundung bleibt bestehen, ist aber durch die vormundschaftlichen Behörden mit dem neuen Recht in Einklang zu bringen.

³ Bevormundungen, die nach bisherigem Recht eingetreten sind, nach dem neuen Recht aber nicht zulässig sein würden, sind aufzuheben, bleiben aber bis zum Zeitpunkte der Aufhebung in Kraft.

V. Vormundschaft.

14a.[1]) ¹ Sobald die Gesetzesänderung vom 6. Oktober 1978 [397a/397f] in Kraft ist, steht die fürsorgerische Freiheitsentziehung unter dem neuen Recht.

² Wer sich zu diesem Zeitpunkt in einer Anstalt befindet, ist binnen eines Monats über sein Recht, den Richter anzurufen, zu unterrichten.

VI. Fürsorgerische Freiheitsentziehung.

[1]) Eingefügt durch Ziff. II des BG vom 6. Oktober 1978 über die fürsorgerische Freiheitsentziehung (AS 1980 I 31), i. K. 1. Januar 1981.

15. ¹ Die erbrechtlichen Verhältnisse und die mit ihnen nach kantonalem Recht untrennbar verknüpften güterrechtlichen Wirkungen des Todes eines Vaters, einer Mutter oder eines Ehegatten werden, wenn der Erblasser vor dem Inkrafttreten dieses Gesetzes gestorben ist, auch nach diesem Zeitpunkt durch das bisherige Recht bestimmt.

² Diese Vorschrift bezieht sich sowohl auf die Erben [457/536] als auf den Erbgang [537/640].

D. Erbrecht.
I. Erbe und Erbgang.

Anwendungs- und Einführungsbestimmungen

II. Verfügungen von Todes wegen.

16. ¹ Eine vor dem Inkrafttreten dieses Gesetzes erfolgte Errichtung oder Aufhebung einer Verfügung von Todes wegen kann, wenn sie nach dem Recht, das zur Zeit ihrer Errichtung gegolten hat, von einem verfügungsfähigen Erblasser errichtet worden ist, nicht deshalb angefochten werden, weil der Erblasser nach dem Inkrafttreten des neuen Rechtes gestorben ist und nach dessen Bestimmungen nicht verfügungsfähig [467/8] gewesen wäre.

² Eine letztwillige Verfügung kann wegen eines Formmangels [498] nicht angefochten werden, wenn die Formvorschriften beobachtet sind, die zur Zeit der Errichtung oder des Todes gegolten haben.

³ Die Anfechtung wegen Überschreitung der Verfügungsfreiheit [470/80] oder wegen der Art der Verfügung [481/97] richtet sich bei allen Verfügungen von Todes wegen nach den Bestimmungen des neuen Rechtes [519/36], wenn der Erblasser nach dessen Inkrafttreten gestorben ist.

E. Sachenrecht.
I. Dingliche Rechte im allgemeinen.

17. ¹ Die beim Inkrafttreten dieses Gesetzes bestehenden dinglichen Rechte bleiben unter Vorbehalt der Vorschriften über das Grundbuch auch unter dem neuen Recht anerkannt.

² In bezug auf ihren Inhalt stehen jedoch das Eigentum und die beschränkten dinglichen Rechte nach dem Inkrafttreten des Gesetzes, soweit es eine Ausnahme nicht vorsieht, unter dem neuen Recht.

³ Wäre ihre Errichtung nach dem neuen Rechte nicht mehr möglich [675²], so bleiben sie unter dem bisherigen Recht.

II. Anspruch auf Eintragung im Grundbuch.

18. ¹ Die vor dem Inkrafttreten dieses Gesetzes begründeten Ansprüche auf Errichtung eines dinglichen Rechtes werden als rechtskräftig anerkannt, wenn sie der Form des bisherigen oder des neuen Rechtes entsprechen.

² Die Verordnung betreffend Grundbuchführung bestimmt, welche Ausweise für die Eintragung solcher Ansprüche erforderlich sind.

³ Der vor dem Inkrafttreten dieses Gesetzes durch Rechtsgeschäft festgesetzte Inhalt eines dinglichen Verhältnisses bleibt auch unter dem neuen Recht anerkannt, soweit er nicht mit diesem unverträglich ist [816², 894, SchlT 35²].

GBV 11/24a, 113.

III. Ersitzung.

19. ¹ Die Ersitzung richtet sich von dem Inkrafttreten dieses Gesetzes an nach dem neuen Recht [662/3, 728, 731, 941].

² Hat jedoch eine Ersitzung, die auch dem neuen Recht entspricht, unter dem bisherigen Recht begonnen, so wird die bis zum Inkrafttreten dieses Gesetzes abgelaufene Zeit an die Ersitzungsfrist verhältnismässig angerechnet.

20. ¹ Die bestehenden Eigentumsrechte an Bäumen auf fremdem Boden werden auch weiterhin nach kantonalem Recht anerkannt.

² Die Kantone sind befugt, diese Verhältnisse zu beschränken oder aufzuheben.

IV. Besondere Eigentumsrechte.[1]
1. Bäume auf fremdem Boden.

---

[1]) Durch das BG vom 19. Dezember 1963 über die Änderung des 4. Teils des ZGB (Miteigentum und Stockwerkeigentum, AS 1964 II 993) sind im SchlT die Art. 20 und 45 Abs. 1 geändert und ergänzt worden mit den Art. 20bis–quater. Dieses BG ist auf den 1. Januar 1965 in Kraft getreten. Gesetzesmaterialien siehe vor Art. 712a.

20bis. Das vom früheren kantonalen Recht beherrschte Stockwerkeigentum ist den neuen Vorschriften dieses Gesetzes [712a/712t] unterstellt, auch wenn die Stockwerke oder Stockwerkteile nicht als Wohnungen oder Geschäftsraumeinheiten in sich abgeschlossen [712b] sind.

2. Stockwerkeigentum.
a. Ursprüngliches.

20ter. ¹ Die Kantone können auch Stockwerkeigentum, das in Formen des am 1. Januar 1912 in Kraft getretenen Rechtes in das Grundbuch eingetragen worden ist, den neuen Vorschriften über das Stockwerkeigentum [712a/712t] unterstellen.

² Die Unterstellung wird wirksam mit der entsprechenden Änderung der Einträge im Grundbuch.

b. Umgewandeltes.

20quater. Die Kantone können zur Durchführung der Unterstellung des umgewandelten Stockwerkeigentums [SchlT 20ter] unter die neuen Vorschriften [712a/712t] und zur Eintragung des bestehenden eigentlichen Stockwerkeigentums [SchlT 20bis] die Bereinigung der Grundbücher anordnen und dafür besondere Verfahrensvorschriften erlassen.

c. Bereinigung der Grundbücher.

21. Die vor dem Inkrafttreten dieses Gesetzes entstandenen Grunddienstbarkeiten bleiben nach der Einführung des Grundbuches [SchlT 38/48] auch ohne Eintragung in Kraft, können aber, solange sie nicht eingetragen sind, gutgläubigen Dritten gegenüber nicht geltend gemacht werden [971].

V. Grunddienstbarkeiten.

22. ¹ Die zur Zeit des Inkrafttretens dieses Gesetzes bestehenden Pfandtitel bleiben in Kraft, ohne dass deren Anpassung an das neue Recht zu erfolgen hat.

² Den Kantonen bleibt es jedoch vorbehalten, eine Neuausfertigung der bestehenden Pfandtitel auf der Grundlage des neuen Rechtes [825^{2,3}, 856 ff.] mit bestimmten Fristen vorzuschreiben.

VI. Grundpfandrechte.
1. Anerkennung der bestehenden Pfandtitel.

23. ¹ Neue Grundpfandrechte können nach dem Inkrafttreten dieses Gesetzes nur noch in den von diesem anerkannten Arten errichtet werden [793].

2. Errichtung von Pfandrechten.

² Für deren Errichtung bleiben bis zur Einführung des Grundbuches [SchlT 38/48] die bisherigen kantonal-rechtlichen Formen in Kraft.

3. Tilgung von Titeln.

24. ¹ Die Tilgung und Umänderung der Titel, die Pfandentlassung u. dgl. [870/4] stehen nach dem Inkrafttreten des neuen Rechtes unter dessen Vorschriften.

² Bis zur Einführung des Grundbuches bestimmen sich jedoch die Formen nach kantonalem Recht.

4. Umfang der Pfandhaft.

25. ¹ Der Umfang der Pfandhaft [805/6] bestimmt sich für alle Grundpfandrechte nach dem neuen Recht.

² Hat jedoch der Gläubiger vermöge besonderer Abrede gewisse Gegenstände in rechtsgültiger Weise mit dem Grundstück verpfändet erhalten, so bleibt das Pfandrecht an diesen in Kraft, auch wenn sie nach dem neuen Recht nicht mitverpfändet sein würden.

5. Rechte und Pflichten aus dem Grundpfand. a. Im allgemeinen.

26. ¹ Die Rechte und Pflichten des Gläubigers und des Schuldners beurteilen sich, soweit es sich um Vertragswirkungen handelt, für die zur Zeit des Inkrafttretens dieses Gesetzes vorhandenen Pfandrechte nach dem bisherigen Recht [SchlT 1].

² In bezug auf die von Gesetzes wegen eintretenden und vertraglich nicht abzuändernden Wirkungen gilt von diesem Zeitpunkte an auch für die schon bestehenden Pfandrechte das neue Recht [SchlT 3].

³ Erstreckt sich das Pfandrecht auf mehrere Grundstücke, so bleibt die Pfandhaft nach bisherigem Recht bestehen.

b. Sicherungsrechte.

27. Die Rechte des Pfandgläubigers während des bestehenden Verhältnisses, wie namentlich die Sicherungsrechte [819, 808/11, 822] und ebenso die Rechte des Schuldners [z. B. 820/1] stehen für alle Pfandrechte vom Zeitpunkte des Inkrafttretens dieses Gesetzes an unter dem neuen Recht.

c. Kündigung, Übertragung.

28. Die Kündbarkeit der Pfandforderungen und die Übertragung der Pfandtitel werden bei den Pfandrechten, die zur Zeit des Inkrafttretens dieses Gesetzes bereits errichtet sind, nach dem bisherigen Recht beurteilt, unter Vorbehalt der zwingenden Vorschriften des neuen Rechtes [SchlT 2; ZGB 788, 831, 850, 844²].

6. Rang.

29. ¹ Der Rang der Pfandrechte bestimmt sich bis zur Aufnahme der Grundstücke in das Grundbuch nach bisherigem Recht.

² Vom Zeitpunkte der Einführung des Grundbuches an richtet sich der Rang der Gläubiger nach dem Grundbuchrechte dieses Gesetzes [972].

30. ¹ In bezug auf die feste Pfandstelle oder ein Recht des Gläubigers auf Ein- oder Nachrücken [813/5] gilt mit der Einführung des Grundbuches und jedenfalls nach Ablauf von fünf Jahren seit dem Inkrafttreten dieses Gesetzes das neue Recht, unter Vorbehalt der für den Gläubiger bestehenden besondern Ansprüche [814³].

² Die Kantone können weitere Übergangsbestimmungen aufstellen.¹)

7. Pfandstelle.

---

¹) Fassung gemäss Ziff. II 2 des BG vom 15. Dezember 1989 über die Genehmigung kantonaler Erlasse durch den Bund (AS 1991 S. 363), i. K. 1. Februar 1991.

31. ¹ Die Vorschriften dieses Gesetzes über die Beschränkung der Errichtung von Pfandrechten nach dem Schätzungswerte der Pfandsache [843, 848] finden nur auf die künftig zu errichtenden Grundpfandrechte Anwendung.

² Pfandstellen, die unter dem bisherigen Recht in gültiger Weise belastet worden sind, bleiben unter dem neuen bis zu ihrer Löschung gewahrt, und es können die bestehenden Pfandrechte auf diesen Pfandstellen erneuert werden ohne Rücksicht auf die beschränkenden Vorschriften [843, 848] des neuen Rechtes.

8. Einschränkung nach dem Schätzungswert. a. Im allgemeinen.

32. ¹ Die Vorschriften des bisherigen Rechtes über die Belastungsgrenze bleiben für die Errichtung von Schuldbriefen [843] in Kraft, solange die Kantone nicht neue Bestimmungen darüber aufstellen.

² Ausserdem bleiben sie bis zu ihrer Aufhebung durch die Kantone auch in Anwendung für die Errichtung vertragsmässiger Grundpfandverschreibungen auf ländlichen Grundstücken.

b. Fortdauer des bisherigen Rechtes.

33. ¹ Die kantonalen Einführungsgesetze können feststellen, dass im allgemeinen oder in bestimmter Beziehung eine Grundpfandart des bisherigen Rechtes einer solchen des neuen Rechtes gleichzuhalten sei.

² Soweit dies geschieht, finden die Bestimmungen dieses Gesetzes mit dessen Inkrafttreten auch Anwendung auf solche kantonale Pfandrechte.

³ ...¹)

9. Gleichstellung bisheriger Pfandarten mit solchen des neuen Rechtes.

---

¹) Aufgehoben gemäss Ziff. II 2 des BG vom 15. Dezember 1989 über die Genehmigung kantonaler Erlasse durch den Bund (AS 1991 S. 363), i. K. 1. Februar 1991.

34. ¹ Fahrnispfandrechte können vom Zeitpunkt des Inkrafttretens dieses Gesetzes an nur in den von diesem vorgesehenen Formen errichtet werden [884/915].¹)

VII. Fahrnispfandrechte. 1. Formvorschriften.

² Soweit vor diesem Zeitpunkt ein Fahrnispfand in anderer Form errichtet worden ist, erlischt es mit Ablauf von sechs Monaten, die bei Fälligkeit der Forderung mit dem Inkrafttreten des neuen Rechtes und bei späterer Fälligkeit mit deren Eintritt oder mit dem Zeitpunkte zu laufen beginnen, auf den die Kündigung zulässig ist.

---

¹) Siehe auch das PfG (Anhang VII zum ZGB), das die Art. 916/8 ersetzt hat.

2. Wirkung.

35. ¹ Die Wirkungen des Fahrnispfandrechtes, die Rechte und Pflichten des Pfandgläubigers, des Verpfänders und des Pfandschuldners [889/94, 904/6, 910/3] richten sich vom Zeitpunkte des Inkrafttretens dieses Gesetzes an nach dem neuen Recht, auch wenn das Pfandrecht schon vorher entstanden ist.

² Ein vor dem Inkrafttreten dieses Gesetzes geschlossener Verfallvertrag [894] verliert mit diesem Zeitpunkte seine Gültigkeit.

VIII. Retentionsrecht.

36. ¹ Das Retentionsrecht dieses Gesetzes [895/8] erstreckt sich auch auf solche Sachen, die vor dessen Inkrafttreten in die Verfügungsgewalt des Gläubigers gekommen sind.

² Es steht dem Gläubiger auch für solche Forderungen zu, die vor diesem Zeitpunkt entstanden sind.

³ Früher entstandene Retentionsrechte unterliegen bezüglich ihrer Wirksamkeit [898] den Bestimmungen dieses Gesetzes.

IX. Besitz.

37. Der Besitz steht mit dem Inkrafttreten dieses Gesetzes unter dem neuen Recht [919/41].

X. Grundbuch.
1. Anlegung des Grundbuches.

38. ¹ Der Bundesrat wird nach Verständigung mit den Kantonen den allgemeinen Plan über die Anlegung des Grundbuches und die Vermessung [950] festsetzen.¹)

² Die bereits vorhandenen grundbuchlichen Einrichtungen und Vermessungswerke sollen, soweit möglich, als Bestandteile der neuen Grundbuchordnung beibehalten werden.

---

¹) V vom 18. November 1992 über die amtliche Vermessung (VAV, SR 211.432.2); BRB vom 22. Februar 1938 über die Erhebung und Schreibweise der Lokalnamen bei Grundbuchvermessungen (BS 2 S. 625), ersetzt durch V vom 30. Dezember 1970 über Orts-, Gemeinde- und Stationsnamen (SR 510.625).

2. Vermessung.
a. Kosten.

39. ¹ Die Kosten der Vermessung sind in der Hauptsache vom Bunde zu tragen.

² Diese Bestimmung findet auf alle Vermessungen mit Beginn des Jahres 1907 Anwendung.

³ Die nähere Ordnung der Kostentragung wird endgültig durch die Bundesversammlung aufgestellt.¹)

---
¹) BB vom 20. März 1992 über die Abgeltung der amtlichen Vermessung (SR 211.432.27).

40. ¹ In der Regel soll die Vermessung der Anlegung des Grundbuches vorangehen [950].

² Mit Einwilligung des Bundes kann jedoch das Grundbuch schon vorher angelegt werden, wenn genügende Liegenschaftsverzeichnisse [942] vorhanden sind.

b. Verhältnis zum Grundbuch.

41. ¹ In bezug auf die Zeit der Vermessung ist auf die Verhältnisse der Kantone und auf das Interesse der verschiedenen Gebiete angemessene Rücksicht zu nehmen.

² Die Vermessung und die Einführung des Grundbuches kann für die einzelnen Bezirke eines Kantons nacheinander erfolgen.

GBV 113a.

c. Zeit der Durchführung.

42. ¹ Der Bundesrat hat die Art der Vermessung nach Anhörung der Kantone für die einzelnen Gebiete festzustellen.¹)

² Über Gebiete, für die eine genauere Vermessung nicht erforderlich ist, wie Wälder und Weiden von beträchtlicher Ausdehnung, soll eine vereinfachte Planaufnahme angeordnet werden.

d. Art der Vermessung.

---
¹) V vom 18. November 1992 über die amtliche Vermessung (VAV, SR 211.432.2).

43. ¹ Bei der Einführung des Grundbuches sollen die dinglichen Rechte, die bereits bestehen, zur Eintragung gebracht werden [958].

² Zu diesem Zwecke ist eine öffentliche Aufforderung zur Anmeldung und Eintragung dieser Rechte zu erlassen.

³ Die nach bisherigem Recht in öffentlichen Büchern eingetragenen dinglichen Rechte werden, soweit sie nach neuem Recht begründet werden können, von Amtes wegen in das Grundbuch eingetragen.

3. Eintragung der dinglichen Rechte. a. Verfahren.

44. ¹ Die dinglichen Rechte des bisherigen Rechtes [SchlT 43], die nicht eingetragen werden, behalten zwar ihre Gültigkeit, können aber Dritten, die sich in gutem Glauben auf das Grundbuch verlassen, nicht entgegengehalten werden.

² Der Gesetzgebung des Bundes oder der Kantone bleibt es vorbehalten, alle im Grundbuche nicht eingetragenen dinglichen Rechte auf einen bestimmten Zeitpunkt nach vorausgehender Auskündung für aufgehoben zu erklären.

b. Folge der Nichteintragung.

Anwendungs- und Einführungsbestimmungen

4. Behandlung aufgehobener Rechte.

45.¹) ¹ Dingliche Rechte, die nach dem Grundbuchrecht nicht mehr begründet werden können, wie¹) Eigentum an Bäumen auf fremdem Boden²), Nutzungspfandrechte [793²] u. dgl. werden im Grundbuch nicht eingetragen, sind aber in zweckdienlicher Weise anzumerken.

² Sind sie aus irgendwelchem Grunde untergegangen, so können sie nicht neu begründet werden.

GBV 114.

---

¹) Der Text von Art. 45 Abs. 1 SchlT gemäss ZGB 1907 lautete: «... wie Stockwerkseigentum, Eigentum an Bäumen ...». Infolge der Einführung des Stockwerkseigentums (Art. 712a–712t) musste in Art. 45 Abs. 1 SchlT das Wort «Stockwerkseigentum» gestrichen werden; siehe Art. 20 SchlT/ Fn. 1.

²) Siehe aber heute Art. 678 Abs. 2.

5. Verschiebung der Einführung des Grundbuches.

46. ¹ Die Einführung des Grundbuches nach den Vorschriften dieses Gesetzes [942 ff.] kann mit Ermächtigung des Bundesrates durch die Kantone verschoben werden, sobald die kantonalen Formvorschriften, mit oder ohne Ergänzungen, als genügend erscheinen, um die Wirkung des Grundbuches im Sinne des neuen Rechtes [971/4] zu gewährleisten.

² Dabei ist genau festzustellen, mit welchen Formen des kantonalen Rechtes die vom neuen Recht angeordneten Wirkungen verbunden sein sollen.

6. Einführung des Sachenrechtes vor dem Grundbuch.

47. Das Sachenrecht dieses Gesetzes tritt im allgemeinen in Kraft, auch ohne dass die Grundbücher angelegt worden sind.

7. Wirkung kantonaler Formen.

48. ¹ Die Kantone können mit dem Inkrafttreten des Sachenrechtes und vor der Einführung des Grundbuches die Formen, wie Fertigung, Eintragung in Grund-, Pfand- und Servitutenregister, bezeichnen, denen sofort Grundbuchwirkung zukommen soll.

² Diese Formen können mit der Wirkung ausgestattet werden, dass auch ohne und vor Einführung des Grundbuches in bezug auf Entstehung, Übertragung, Umänderung und Untergang der dinglichen Rechte die Grundbuchwirkung mit ihnen verbunden ist.

³ Dagegen besteht, solange nicht das Grundbuch selbst eingeführt oder eine andere Einrichtung ihm gleichgestellt ist, eine Grundbuchwirkung zugunsten des gutgläubigen Dritten [973] nicht.

F. Verjährung.

49. ¹ Wo eine Verjährung von fünf oder mehr Jahren neu eingeführt ist, wird der abgelaufene Zeitraum einer vor dem Inkrafttreten dieses Gesetzes begonnenen Verjährung angerechnet, wobei jedoch zur Vollendung der Verjährung noch mindestens zwei Jahre seit diesem Zeitpunkte ablaufen müssen.

² Kürzere, durch dieses Gesetz bestimmte Fristen der Verjährung oder der Verwirkung fangen erst mit dem Inkrafttreten dieses Gesetzes zu laufen an.

³ Im übrigen gelten für die Verjährung von diesem Zeitpunkte an die Bestimmungen des neuen Rechtes [OR 127 ff.].

50. Verträge, die vor dem Inkrafttreten dieses Gesetzes abgeschlossen worden sind, behalten ihre Gültigkeit, auch wenn ihre Form den Vorschriften des neuen Rechtes [OR 11 ff.] nicht entspricht.

G. Vertragsformen.

Zweiter Abschnitt

Einführungs- und Übergangsbestimmungen

Entwurf zum OR 1905 Art. 1818/27; Botsch. S. 75 ff.; NatR XVI, S. 1213/51; StändeR XVII, S. 141/65; NatR XVII, S. 408/11.

51. Mit dem Inkrafttreten dieses Gesetzes sind die zivilrechtlichen Bestimmungen der Kantone aufgehoben, soweit nicht bundesrechtlich etwas anderes vorgesehen ist [659², 795].

A. Aufhebung des kantonalen Zivilrechtes.

52. ¹ Die Kantone treffen die zur Ergänzung dieses Gesetzes vorgesehenen Anordnungen, wie namentlich in bezug auf die Zuständigkeit der Behörden und die Einrichtung der Zivilstands- [49], Vormundschafts- [361², 425, 434] und Grundbuchämter [953].

B. Ergänzende kantonale Anordnungen.
I. Recht und Pflicht der Kantone.

² Soweit das neue Recht zu seiner Ausführung notwendig der Ergänzung durch kantonale Anordnungen bedarf, sind die Kantone verpflichtet, solche aufzustellen, und können sie vorläufig auf dem Verordnungswege erlassen.¹)

³ Die kantonalen Anordnungen zum Verwandtschafts-, Vormundschafts- und Registerrecht sowie über die Errichtung öffentlicher Urkunden bedürfen der Genehmigung des Bundes.¹)

⁴ Kantonale Anordnungen zu den übrigen Bestimmungen des Zivilgesetzbuches bedürfen nur dann einer Genehmigung, wenn sie im Anschluss an eine Änderung des Bundesrechts erlassen werden.¹)

---

¹) Fassung gemäss Ziff. II 2 des BG vom 15. Dezember 1989 über die Genehmigung kantonaler Erlasse durch den Bund (AS 1991 S. 363), i.K. 1. Februar 1991.

53. ¹ Hat ein Kanton die notwendigen Anordnungen nicht rechtzeitig getroffen, so erlässt der Bundesrat vorläufig die erforderlichen Verordnungen an Stelle des Kantons unter Anzeige an die Bundesversammlung.

II. Ersatzverordnungen des Bundes.

² Macht ein Kanton in einer Sache, die einer ergänzenden Verordnung nicht notwendig bedarf, von seiner Befugnis keinen Gebrauch, so verbleibt es bei den Vorschriften dieses Gesetzes [z. B. 376, 423, 552, 609].

C. Bezeichnung der zuständigen Behörden.

54. ¹ Wo dieses Gesetz von einer zuständigen Behörde spricht, bestimmen die Kantone, welche bereits vorhandene oder erst zu schaffende Behörde zuständig sein soll.

² Wo das Gesetz nicht ausdrücklich entweder vom Gericht oder von einer Verwaltungsbehörde spricht, können die Kantone entweder eine gerichtliche oder eine Verwaltungsbehörde als zuständig bezeichnen.

³ Das Verfahren vor der zuständigen Behörde ordnen die Kantone.

D. Öffentliche Beurkundung.

55. ¹ Die Kantone bestimmen, in welcher Weise auf ihrem Gebiete die öffentliche Beurkundung hergestellt wird.

² Sie haben für die Errichtung von öffentlichen Urkunden in fremder Sprache ordnende Bestimmungen aufzustellen.

E. Wasserrechtsverleihungen.

56. Bis zum Erlass einer bundesrechtlichen Ordnung[1]) gilt für die Wasserrechtsverleihungen folgende Bestimmung:

Die Wasserrechtsverleihungen an öffentlichen Gewässern können, sobald sie auf wenigstens 30 Jahre oder auf unbestimmte Zeit ausgestellt und nicht als Dienstbarkeit mit einem herrschenden Grundstück verbunden sind [781], als selbständige und dauernde Rechte [655, 943] in das Grundbuch aufgenommen werden.

---

[1]) Siehe heute Art. 59 des BG vom 22. Dezember 1916 über die Nutzbarmachung der Wasserkräfte (Wasserrechtsgesetz, WRG, SR 721.80).

F.–H.

57. (Aufgehoben durch Art. 53 Abs. 1 lit. b des BG vom 8. November 1934 über die Banken und Sparkassen, SR 952.0.)

J. Schuldbetreibung und Konkurs.

58.* Das Bundesgesetz vom 11. April 1889 über Schuldbetreibung und Konkurs wird mit dem Inkrafttreten dieses Gesetzes abgeändert wie folgt: …[1])

---

[1]) Hier folgt eine Aufzählung; deren Wiedergabe lohnt sich nicht, nachdem mit BG vom 16. Dezember 1994 das ganze SchKG revidiert wurde.

---

* Gemäss Ziff. I UeB des OR vom 30. März 1911 (Sammlung am Ende des OR) wurden die früheren Art. 60/1 SchlT zu Art. 58/9 SchlT und die geänderten Art. 62/3 SchlT zu Art. 60/1 SchlT nummeriert.

59. ¹ Das Bundesgesetz vom 25. Juni 1891¹) betreffend die zivilrechtlichen Verhältnisse der Niedergelassenen und Aufenthalter bleibt für die Rechtsverhältnisse der Schweizer im Auslande und der Ausländer in der Schweiz, und soweit kantonal verschiedenes Recht zur Anwendung kommt, in Kraft.

² ...²)

³ Das Bundesgesetz vom 25. Juni 1891¹) erhält folgende Einfügung: ...³)

K. Anwendung schweizerischen und fremden Rechtes.

---

¹) Siehe heute Anhang Ziff. I lit. a zum IPRG (Anhang I A zum ZGB).
²) Aufgehoben gemäss Ziff. I 2 des BG über die Änderung des ZGB (Wirkungen der Ehe im allgemeinen, Ehegüterrecht und Erbrecht, AS 1986 I 122).
³) Hier folgte eine Aufzählung der Art. 7a–7i des BG vom 25. Juni 1891.

60. ¹ Mit dem Inkrafttreten dieses Gesetzes sind die damit im Widerspruch stehenden zivilrechtlichen Bestimmungen des Bundes aufgehoben.

² Insbesondere sind aufgehoben:

das Bundesgesetz vom 24. Dezember 1874¹) betreffend Feststellung und Beurkundung des Zivilstandes und die Ehe;

das Bundesgesetz vom 22. Juni 1881²) betreffend die persönliche Handlungsfähigkeit;

das Bundesgesetz vom 14. Juni 1881³) über das Obligationenrecht.

³ In Geltung bleiben die Spezialgesetze betreffend das Eisenbahn-, Dampfschiff-, Post-, Telegraphen- und Telephonrecht, die Verpfändung und Zwangsliquidation der Eisenbahnen, diejenigen betreffend die Fabrikarbeit und die Haftbarkeit aus Fabrikbetrieb und aus andern Unternehmungen sowie alle Bundesgesetze über Gegenstände des Obligationenrechts, die neben dem Bundesgesetz vom 14. Juni 1881³) über das Obligationenrecht erlassen worden sind.

L. Aufhebung von Bundeszivilrecht.

---

¹) BS 1 S. 506.
²) BS 5 S. 556.
³) BS 5 S. 635.

61. ¹ Dieses Gesetz tritt mit dem 1. Januar 1912 in Kraft.

² Der Bundesrat ist unter Zustimmung der Bundesversammlung befugt, einzelne Bestimmungen schon früher in Kraft zu setzen.

M. Schlussbestimmung.

Anhänge zum ZGB

Anhänge zum ZGB

Übersicht

		Seite
I.	**IPR- und Gerichtsstandsgesetz**	285
	A. Bundesgesetz über das Internationale Privatrecht (IPRG)	286
	B. Bundesgesetz über den Gerichtsstand in Zivilsachen (Gerichtsstandsgesetz, GestG)	338
II.	**Internationale Übereinkommen (A–F), unter Einschluss des Lugano-Übereinkommens (B2)**	351
	A1. Übereinkommen zur Beseitigung jeder Form von Diskriminierung der Frau	352
	A2. Übereinkommen über die Rechte des Kindes	363
	B1. Übereinkommen zum internationalen Zivilprozessrecht – Übersicht	382
	B2. Übereinkommen über die gerichtliche Zuständigkeit und die Vollstreckung gerichtlicher Entscheidungen in Zivil- und Handelssachen (**Lugano-Übereinkommen**)	383
	C. Übereinkommen über die Anerkennung von Ehescheidungen und Ehetrennungen	417
	D1. Übereinkommen, Abkommen und Gegenseitigkeitserklärungen zum Unterhaltsrecht – Übersicht	423
	D2. Übereinkommen über das auf Unterhaltspflichten anzuwendende Recht	424
	D3. Übereinkommen über die Anerkennung und Vollstreckung von Unterhaltsentscheidungen	429
	D4. Übereinkommen über die Geltendmachung von Unterhaltsansprüchen im Ausland	437
	E1. Europäisches Übereinkommen über die Anerkennung und Vollstreckung von Entscheidungen über das Sorgerecht für Kinder und die Wiederherstellung des Sorgerechts	442
	E2. Übereinkommen über die zivilrechtlichen Aspekte internationaler Kindesentführung	450
	E3. Übereinkommen über die Zuständigkeit der Behörden und das anzuwendende Recht auf dem Gebiet des Schutzes von Minderjährigen	460
	E4. Übereinkommen über den Schutz von Kindern und die Zusammenarbeit auf dem Gebiet der Internationalen Adoption (Haager Adoptionsübereinkommen, HAÜ) siehe Anhang V A zum ZGB	532

		Seite
	F. Übereinkommen über das auf die Form letztwilliger Verfügungen anzuwendende Recht	466
III.	**Zivilstandsverordnung (ZStV)**	471
IV.	**Eherecht, Güterrecht und Partnerschaft**	507
	A. Freizügigkeitsgesetz, scheidungsbezogene Bestimmungen	508
	B. Kreisschreiben vom 24. Februar 1986 an die kantonalen Aufsichtsbehörden über das Güterrechtsregister	511
	C. Verordnung betreffend das Güterrechtsregister	514
	D. «Altes Eherecht»	516
	E. Bundesgesetz über die eingetragene Partnerschaft gleichgeschlechtlicher Paare (Partnerschaftsgesetz, PartG)	517

Bei Erscheinen dieser Textausgabe ist das PartG noch nicht in Kraft getreten. Es wird auf den 1. Januar 2007 in Kraft gesetzt.

V.	**Adoption, Pflegekinder und medizinisch unterstützte Fortpflanzung**	531
	A. Übereinkommen über den Schutz von Kindern und die Zusammenarbeit auf dem Gebiet der Internationalen Adoption (Haager Adoptionsübereinkommen, HAÜ)	532
	B. Bundesgesetz zum Haager Adoptionsübereinkommen und über Massnahmen zum Schutz des Kindes bei internationalen Adoptionen (BG-HAÜ)	544
	C. Verordnung über die Adoptionsvermittlung (VAdoV)	553
	D. Verordnung über die Aufnahme von Kindern zur Pflege und zur Adoption (PAVO)	559
	E. Bundesgesetz über die medizinisch unterstützte Fortpflanzung (Fortpflanzungsmedizingesetz, FMedG)...	570
VI.	**Eigentumsvorbehalt**	583
	A. Verordnung des Bundesgerichts betreffend die Eintragung der Eigentumsvorbehalte	584
	B. Verordnung des Bundesgerichts betreffend die Bereinigung der Eigentumsvorbehaltsregister	591
VII.	**Pfandbriefgesetz (PfG)**	593
VIII.	**Grundbuchverordnung (GBV)**	605

Anhänge zum OR: Übersicht 281

		Seite
IX.	**Bäuerliches Bodenrecht**	653
	A. Bundesgesetz über das bäuerliche Bodenrecht (BGBB)	654
	B. Verordnung über das bäuerliche Bodenrecht (VBB)	689
X.	**Grundstückerwerb durch Personen im Ausland**	693
	A. Bundesgesetz über den Erwerb von Grundstücken durch Personen im Ausland (BewG)	694
	B. Verordnung über den Erwerb von Grundstücken durch Personen im Ausland (BewV)	712
XI.	**Datenschutz**	725
	A. Bundesgesetz über den Datenschutz (DSG)	726
	B. Verordnung zum Bundesgesetz über den Datenschutz (VDSG)	741
XII.	**Bevorstehende Gesetzesänderungen**	755

———

In den Anhängen zum OR:

		Seite/OR*
I.	**Bundesgesetz über den Gerichtsstand in Zivilsachen (Gerichtsstandsgesetz, GestG)**	439
II.	**Wettbewerb, Marken und Design**	451
	A1. Bundesgesetz über Kartelle und andere Wettbewerbsbeschränkungen (Kartellgesetz, KG)	452
	A2. Verordnung über die Kontrolle von Unternehmenszusammenschlüssen	472
	A3. Verordnung über die Sanktionen bei unzulässigen Wettbewerbsbeschränkungen (KG-Sanktionsverordnung, SVKG)	479
	B. Preisüberwachungsgesetz (PüG)	484
	C. Bundesgesetz gegen den unlauteren Wettbewerb (UWG)	490
	D. Verordnung über die Bekanntgabe von Preisen (Preisbekanntgabeverordnung, PBV)	499
	E1. Bundesgesetz über den Schutz von Marken und Herkunftsangaben (Markenschutzgesetz, MSchG)	509
	E2. Markenschutzverordnung (MSchV)	530

———

* Die Seitenzahlen beziehen sich auf den OR-Teil.

Seite/OR*

F1. Bundesgesetz über den Schutz von Design (Designgesetz, DesG) 548
F2. Verordnung über den Schutz von Design (Designverordnung, DesV) 561

III. Haftung und Versicherung 573
   A. Zivilrechtliche Haftpflichtbestimmungen ausserhalb des ZGB/OR
     a. Überblick 574
     b. Wichtige Einzelbestimmungen
       1. Verweis auf andere Anhänge im ZGB und OR 575
       2. BG über die Haftpflicht der Eisenbahn- und Dampfschiffahrtsunternehmungen und der Schweizerischen Post 576
       3. BG über die Trolleybusunternehmungen 580
       4. BG über Rohrleitungsanlagen zur Beförderung flüssiger oder gasförmiger Brenn- oder Treibstoffe (RLG) 581
       5. Postgesetz (PG)/Postorganisationsgesetz (POG) 584
       6. Umweltschutzgesetz (USG) 585
       7. Gewässerschutzgesetz (GSchG) 588
       8. Gentechnikgesetz (GTG) 589
       9. BG über explosionsgefährliche Stoffe (Sprengstoffgesetz) 591
      10. Anlagefondsgesetz (AFG) 592
      11. BG über die Banken und Sparkassen 592
   B1. Haftpflicht und Versicherung nach dem Strassenverkehrsgesetz (SVG) 594
   B2. Bundesgesetz über die Produktehaftpflicht (Produktehaftpflichtgesetz, PrHG) 609
   C. Bundesgesetz über den Versicherungsvertrag (VVG) ... 612

IV. Regress- und Subrogationsbestimmungen im Sozialversicherungsrecht 645

V. Pacht und Miete 659
   A. Bundesgesetz über die landwirtschaftliche Pacht (LPG) 660
   B. Verordnung über die Bemessung des landwirtschaftlichen Pachtzinses (Pachtzinsverordnung) 679
   C. Verordnung über die Miete und Pacht von Wohn- und Geschäftsräumen (VMWG) 683
   D. Bundesgesetz über Rahmenmietverträge und deren Allgemeinverbindlicherklärung 691

---

* Die Seitenzahlen beziehen sich auf den OR-Teil.

Anhänge zum OR: Übersicht 283

Seite/OR*

  E. Verordnung über Rahmenmietverträge und deren Allgemeinverbindlicherklärung (VRA)............ 697

VI. **Arbeitsrecht und Gleichstellung** 701
  A. Bundesgesetz über die Allgemeinverbindlicherklärung von Gesamtarbeitsverträgen (AVEG) 702
  B. Bundesgesetz über die Arbeitsvermittlung und den Personalverleih (Arbeitsvermittlungsgesetz, AVG) .. 710
  C. Bundesgesetz über die Information und Mitsprache der Arbeitnehmerinnen und Arbeitnehmer in den Betrieben (Mitwirkungsgesetz).................. 729
  D. Bundesgesetz über die Gleichstellung von Frau und Mann (Gleichstellungsgesetz, GlG)............ 733

VII. **Handelsregister, Geschäftsfirmen, kaufmännische Buchführung** 741
  A. Handelsregisterverordnung (HRegV) 742
  B. Anleitung und Weisung an die kantonalen Handelsregisterbehörden betreffend die Prüfung von Firmen und Namen...................................... 791
  C. Verordnung über die Führung und Aufbewahrung der Geschäftsbücher (Geschäftsbücherverordnung, GeBüV) 833

VIII. **Bundesgesetz über die Börsen und den Effektenhandel (Börsengesetz, BEHG)** 837

IX. **Bundesgesetz über Fusion, Spaltung, Umwandlung und Vermögensübertragung (Fusionsgesetz, FusG)** 857

X. **«Altes Aktienrecht»**............................... 899

XI. **Internationale Übereinkommen, unter Einschluss des «Wiener Kaufrechts»** 901
  A. Übereinkommen betreffend das auf internationale Kaufverträge über bewegliche körperliche Sachen anzuwendende Recht 902
  B. **«Wiener Kaufrecht»**: Übereinkommen der Vereinten Nationen über Verträge über den internationalen Warenkauf 905
  C. Übereinkommen über das auf Strassenverkehrsunfälle anzuwendende Recht 930
  D. Lugano-Übereinkommen siehe Anhang II B2 zum ZGB

---

* Die Seitenzahlen beziehen sich auf den OR-Teil.

Anhänge zum OR: Übersicht

Seite/OR*

XII. Konsumentenschutz (Konsumenteninformation, Konsumkredit, Pauschalreisen) 935

    A. Bundesgesetz über die Information der Konsumentinnen und Konsumenten (Konsumenteninformationsgesetz, KIG) 936

    B1. Bundesgesetz über den Konsumkredit (KKG) 940

    B2. Verordnung zum Konsumkreditgesetz (VKKG)..... 954

    C. Bundesgesetz über Pauschalreisen (PauRG)........ 960

XIII. Bundesgesetz über die Freizügigkeit der Anwältinnen und Anwälte (Anwaltsgesetz, BGFA) 967

XIV. Bundesgesetz über die Änderung des OR (GmbH-Recht sowie Anpassungen im Aktien-, Genossenschafts-, Handelsregister- und Firmenrecht) 979

Bei Erscheinen dieser Textausgabe ist das BG vom 16. Dezember 2005 noch nicht in Kraft getreten. Es wird voraussichtlich in der zweiten Hälfte des Jahres 2007 in Kraft gesetzt.

XV. Bevorstehende Gesetzesänderungen 1025

---

* Die Seitenzahlen beziehen sich auf den OR-Teil.

Anhang I
IPR- und Gerichtsstandsgesetz

		Seite
A.	Bundesgesetz über das Internationale Privatrecht (IPRG)	286
B.	Bundesgesetz über den Gerichtsstand in Zivilsachen (Gerichtsstandsgesetz, GestG)	338

Anhang I A

Bundesgesetz
über
das Internationale Privatrecht (IPRG)

(Vom 18. Dezember 1987, SR 291)

(Gestützt auf die Zuständigkeit des Bundes in auswärtigen Angelegenheiten* und auf Artikel 64 der Bundesverfassung**, nach Einsicht in eine Botschaft des Bundesrates vom 10. November 1982, BBl 1983 I 263)

> Gemäss Botsch. und Entw. des BR vom 2. Dezember 2005 zur Genehmigung und Umsetzung des Haager Übereinkommens über das auf Trusts anzuwendende Recht und über ihre Anerkennung soll im IPRG ein neues «Kapitel 9a: Trusts» (Art. 149a–e) eingefügt und Art. 21 angepasst werden (BBl 2006 S. 551).

Inhalt***

Art.

1. Kapitel

Gemeinsame Bestimmungen

1. Abschnitt. Geltungsbereich	1
2. Abschnitt. Zuständigkeit	2/12
3. Abschnitt. Anwendbares Recht	13/9
4. Abschnitt. Wohnsitz, Sitz und Staatsangehörigkeit	20/4
5. Abschnitt. Anerkennung und Vollstreckung ausländischer Entscheidungen	25/32

2. Kapitel

Natürliche Personen 33/42

3. Kapitel

Eherecht

1. Abschnitt. Eheschliessung	43/5a
2. Abschnitt. Wirkungen der Ehe im allgemeinen	46/50
3. Abschnitt. Ehegüterrecht	51/8
4. Abschnitt. Scheidung und Trennung	59/65

---

* Dieser Zuständigkeitsumschreibung entspricht Artikel 54 Absatz 1 der neuen Bundesverfassung vom 18. April 1999 (SR 101).

** Dieser Bestimmung entspricht Artikel 122 der neuen Bundesverfassung vom 18. April 1999 (SR 101).

*** Inhaltsverzeichnis vom Herausgeber.

Anhang I A
Internationales Privatrecht (IPRG) 287

Art.

4. Kapitel

Kindesrecht
1. Abschnitt. Entstehung des Kindesrechts durch Abstammung 66/70
2. Abschnitt. Anerkennung 71/4
3. Abschnitt. Adoption 75/8
4. Abschnitt. Wirkungen des Kindesverhältnisses 79/84

5. Kapitel

Vormundschaft und andere Schutzmassnahmen 85

6. Kapitel

Erbrecht... 86/96

7. Kapitel

Sachenrecht.. 97/108

8. Kapitel

Immaterialgüterrecht.................................. 109/11

9. Kapitel

Obligationenrecht
1. Abschnitt. Verträge 112/26
2. Abschnitt. Ungerechtfertigte Bereicherung................ 127/8
3. Abschnitt. Unerlaubte Handlungen 129/42
4. Abschnitt. Gemeinsame Bestimmungen 143/8
5. Abschnitt. Ausländische Entscheidungen.................. 149

10. Kapitel

Gesellschaftsrecht 150/65

11. Kapitel

Konkurs und Nachlassvertrag........................... 166/75

12. Kapitel

Internationale Schiedsgerichtsbarkeit 176/94

13. Kapitel

Schlussbestimmungen

1. Abschnitt. Aufhebung und Änderung des geltenden Bundesrechts 195
2. Abschnitt. Übergangsbestimmungen 196/9
3. Abschnitt. Referendum und Inkrafttreten 200

Art.

Anhang

1. Kapitel

Gemeinsame Bestimmungen

1. Abschnitt

Geltungsbereich

1. ¹ Dieses Gesetz regelt im internationalen Verhältnis:
a. die Zuständigkeit der schweizerischen Gerichte oder Behörden;
b. das anzuwendende Recht;¹⁾
c. die Voraussetzungen der Anerkennung und Vollstreckung ausländischer Entscheidungen;
d. den Konkurs und den Nachlassvertrag;
e. die Schiedsgerichtsbarkeit.
² Völkerrechtliche Verträge sind vorbehalten.

---

¹) Zur Rechtsanwendung im Bereich Direktversicherung beachte die Sonderbestimmungen in Art. 101a–101c VVG (Anhang III C zum OR).

2. Abschnitt

Zuständigkeit

I. Im allgemeinen.

2. Sieht dieses Gesetz keine besondere Zuständigkeit vor, so sind die schweizerischen Gerichte oder Behörden am Wohnsitz des Beklagten zuständig.

II. Notzuständigkeit.

3. Sieht dieses Gesetz keine Zuständigkeit in der Schweiz vor und ist ein Verfahren im Ausland nicht möglich oder unzumutbar, so sind die schweizerischen Gerichte oder Behörden am Ort zuständig, mit dem der Sachverhalt einen genügenden Zusammenhang aufweist.

4. Sieht dieses Gesetz keine andere Zuständigkeit in der Schweiz vor, so kann die Klage auf Prosequierung des Arrestes am schweizerischen Arrestort erhoben werden.

III. Arrestprosequierung.

5. ¹ Für einen bestehenden oder für einen zukünftigen Rechtsstreit über vermögensrechtliche Ansprüche aus einem bestimmten Rechtsverhältnis können die Parteien einen Gerichtsstand vereinbaren. Die Vereinbarung kann schriftlich, durch Telegramm, Telex, Telefax oder in einer anderen Form der Übermittlung, die den Nachweis der Vereinbarung durch Text ermöglicht, erfolgen. Geht aus der Vereinbarung nichts anderes hervor, so ist das vereinbarte Gericht ausschliesslich zuständig.

² Die Gerichtsstandsvereinbarung ist unwirksam, wenn einer Partei ein Gerichtsstand des schweizerischen Rechts missbräuchlich entzogen wird.

³ Das vereinbarte Gericht darf seine Zuständigkeit nicht ablehnen:
a. wenn eine Partei ihren Wohnsitz, ihren gewöhnlichen Aufenthalt oder eine Niederlassung im Kanton des vereinbarten Gerichts hat, oder
b. wenn nach diesem Gesetz auf den Streitgegenstand schweizerisches Recht anzuwenden ist.

IV. Gerichtsstandsvereinbarung.

6. In vermögensrechtlichen Streitigkeiten begründet die vorbehaltlose Einlassung die Zuständigkeit des angerufenen schweizerischen Gerichtes, sofern dieses nach Artikel 5 Absatz 3 seine Zuständigkeit nicht ablehnen kann.

V. Einlassung.

7. Haben die Parteien über eine schiedsfähige Streitsache eine Schiedsvereinbarung getroffen, so lehnt das angerufene schweizerische Gericht seine Zuständigkeit ab, es sei denn:
a. der Beklagte habe sich vorbehaltlos auf das Verfahren eingelassen;
b. das Gericht stellte fest, die Schiedsvereinbarung sei hinfällig, unwirksam oder nicht erfüllbar, oder
c. das Schiedsgericht könne nicht bestellt werden aus Gründen, für die der im Schiedsverfahren Beklagte offensichtlich einzustehen hat.

VI. Schiedsvereinbarung.

8. Das Gericht, bei dem die Hauptklage hängig ist, beurteilt auch die Widerklage, sofern zwischen Haupt- und Widerklage ein sachlicher Zusammenhang besteht.

VII. Widerklage.

9. ¹ Ist eine Klage über denselben Gegenstand zwischen denselben Parteien zuerst im Ausland hängig gemacht worden, so setzt das schweizerische Gericht das Verfahren aus, wenn zu erwarten ist, dass das ausländische Gericht in angemessener Frist eine Entscheidung fällt, die in der Schweiz anerkennbar ist.

VIII. Rechtshängigkeit.

² Zur Feststellung, wann eine Klage in der Schweiz hängig gemacht worden ist, ist der Zeitpunkt der ersten, für die Klageeinleitung notwendigen Verfahrenshandlung massgebend. Als solche genügt die Einleitung des Sühneverfahrens.

³ Das schweizerische Gericht weist die Klage zurück, sobald ihm eine ausländische Entscheidung vorgelegt wird, die in der Schweiz anerkannt werden kann.

IX. Vorsorgliche Massnahmen.

10. Die schweizerischen Gerichte oder Behörden können vorsorgliche Massnahmen treffen, auch wenn sie für die Entscheidung in der Sache selbst nicht zuständig sind.

X. Rechtshilfehandlungen.

11. ¹ Rechtshilfehandlungen werden in der Schweiz nach dem Recht des Kantons durchgeführt, in dem sie vorgenommen werden.

² Auf Begehren der ersuchenden Behörde können auch ausländische Verfahrensformen angewendet oder berücksichtigt werden, wenn es für die Durchsetzung eines Rechtsanspruchs im Ausland notwendig ist und nicht wichtige Gründe auf seiten des Betroffenen entgegenstehen.

³ Die schweizerischen Gerichte oder Behörden können Urkunden nach einer Form des ausländischen Rechts ausstellen oder einem Gesuchsteller die eidesstattliche Erklärung abnehmen, wenn eine Form nach schweizerischem Recht im Ausland nicht anerkannt wird und deshalb ein schützenswerter Rechtsanspruch dort nicht durchgesetzt werden könnte.

XI. Fristen.

12. Hat eine Person im Ausland vor schweizerischen Gerichten oder Behörden eine Frist zu wahren, so genügt es für die Wahrung von Fristen, wenn die Eingabe am letzten Tag der Frist bei einer schweizerischen diplomatischen oder konsularischen Vertretung eintrifft.

3. Abschnitt

Anwendbares Recht

I. Umfang der Verweisung.

13. Die Verweisung dieses Gesetzes auf ein ausländisches Recht umfasst alle Bestimmungen, die nach diesem Recht auf den Sachverhalt anwendbar sind. Die Anwendbarkeit einer Bestimmung des ausländischen Rechts ist nicht allein dadurch ausgeschlossen, dass ihr ein öffentlichrechtlicher Charakter zugeschrieben wird.

II. Rück- und Weiterverweisung.

14. ¹ Sieht das anwendbare Recht eine Rückverweisung auf das schweizerische Recht oder eine Weiterverweisung auf ein anderes ausländisches Recht vor, so ist sie zu beachten, wenn dieses Gesetz sie vorsieht.

² In Fragen des Personen- oder Familienstandes ist die Rückverweisung auf das schweizerische Recht zu beachten.

15. ¹ Das Recht, auf das dieses Gesetz verweist, ist ausnahmsweise nicht anwendbar, wenn nach den gesamten Umständen offensichtlich ist, dass der Sachverhalt mit diesem Recht in nur geringem, mit einem anderen Recht jedoch in viel engerem Zusammenhang steht.
² Diese Bestimmung ist nicht anwendbar, wenn eine Rechtswahl vorliegt.

III. Ausnahmeklausel.

16. ¹ Der Inhalt des anzuwendenden ausländischen Rechts ist von Amtes wegen festzustellen. Dazu kann die Mitwirkung der Parteien verlangt werden. Bei vermögensrechtlichen Ansprüchen kann der Nachweis den Parteien überbunden werden.
² Ist der Inhalt des anzuwendenden ausländischen Rechts nicht feststellbar, so ist schweizerisches Recht anzuwenden.

IV. Feststellung ausländischen Rechts.

17. Die Anwendung von Bestimmungen eines ausländischen Rechts ist ausgeschlossen, wenn sie zu einem Ergebnis führen würde, das mit dem schweizerischen Ordre public unvereinbar ist.

V. Vorbehaltsklausel.

18. Vorbehalten bleiben Bestimmungen des schweizerischen Rechts, die wegen ihres besonderen Zweckes, unabhängig von dem durch dieses Gesetz bezeichneten Recht, zwingend anzuwenden sind.

VI. Zwingende Anwendung des schweizerischen Rechts.

19. ¹ Anstelle des Rechts, das durch dieses Gesetz bezeichnet wird, kann die Bestimmung eines andern Rechts, die zwingend angewandt sein will, berücksichtigt werden, wenn nach schweizerischer Rechtsauffassung schützenswerte und offensichtlich überwiegende Interessen einer Partei es gebieten und der Sachverhalt mit jenem Recht einen engen Zusammenhang aufweist.
² Ob eine solche Bestimmung zu berücksichtigen ist, beurteilt sich nach ihrem Zweck und den daraus sich ergebenden Folgen für eine nach schweizerischer Rechtsauffassung sachgerechte Entscheidung.

VII. Berücksichtigung zwingender Bestimmungen eines ausländischen Rechts.

4. Abschnitt

Wohnsitz, Sitz und Staatsangehörigkeit

I. Wohnsitz, gewöhnlicher Aufenthalt und Niederlassung einer natürlichen Person.

20. [1] Im Sinne dieses Gesetzes hat eine natürliche Person:
a. ihren Wohnsitz in dem Staat, in dem sie sich mit der Absicht dauernden Verbleibens aufhält;
b. ihren gewöhnlichen Aufenthalt in dem Staat, in dem sie während längerer Zeit lebt, selbst wenn diese Zeit zum vornherein befristet ist;
c. ihre Niederlassung in dem Staat, in dem sich der Mittelpunkt ihrer geschäftlichen Tätigkeit befindet.

[2] Niemand kann an mehreren Orten zugleich Wohnsitz haben. Hat eine Person nirgends einen Wohnsitz, so tritt der gewöhnliche Aufenthalt an die Stelle des Wohnsitzes. Die Bestimmungen des Zivilgesetzbuches über Wohnsitz und Aufenthalt sind nicht anwendbar.

II. Sitz und Niederlassung von Gesellschaften.

21. [1] Bei Gesellschaften gilt der Sitz als Wohnsitz.
[2] Als Sitz einer Gesellschaft gilt der in den Statuten oder im Gesellschaftsvertrag bezeichnete Ort. Fehlt eine solche Bezeichnung, so gilt als Sitz der Ort, an dem die Gesellschaft tatsächlich verwaltet wird.
[3] Die Niederlassung einer Gesellschaft befindet sich in dem Staat, in dem sie ihren Sitz oder eine Zweigniederlassung hat.

III. Staatsangehörigkeit.

22. Die Staatsangehörigkeit einer natürlichen Person bestimmt sich nach dem Recht des Staates, zu dem die Staatsangehörigkeit in Frage steht.

IV. Mehrfache Staatsangehörigkeit.

23. [1] Besitzt eine Person neben der schweizerischen eine andere Staatsangehörigkeit, so ist für die Begründung eines Heimatgerichtsstandes ausschliesslich die schweizerische Staatsangehörigkeit massgebend.
[2] Besitzt eine Person mehrere Staatsangehörigkeiten, so ist, soweit dieses Gesetz nichts anderes vorsieht, für die Bestimmung des anwendbaren Rechts die Angehörigkeit zu dem Staat massgebend, mit dem die Person am engsten verbunden ist.
[3] Ist die Staatsangehörigkeit einer Person Voraussetzung für die Anerkennung einer ausländischen Entscheidung in der Schweiz, so genügt die Beachtung einer ihrer Staatsangehörigkeiten.

V. Staatenlose und Flüchtlinge.

24. [1] Eine Person gilt als staatenlos, wenn ihr diese Eigenschaft im Sinne des New Yorker Übereinkommens vom 28. September 1954[1]) über die Rechtsstellung der Staatenlosen zukommt oder wenn ihre Beziehung zum Heimatstaat so gelockert ist, dass dies einer Staatenlosigkeit gleichkommt.

² Eine Person gilt als Flüchtling, wenn ihr diese Eigenschaft im Sinne des Asylgesetzes vom 5. Oktober 1979²) zukommt.

³ Ist dieses Gesetz auf Staatenlose oder Flüchtlinge anzuwenden, so gilt der Wohnsitz an Stelle der Staatsangehörigkeit.

---

¹) SR 0.142.40.
²) Heute: Asylgesetz vom 26. Juni 1998, SR 142.31.

5. Abschnitt

Anerkennung und Vollstreckung ausländischer Entscheidungen

25. Eine ausländische Entscheidung wird in der Schweiz anerkannt:
  a. wenn die Zuständigkeit der Gerichte oder Behörden des Staates, in dem die Entscheidung ergangen ist, begründet war;
  b. wenn gegen die Entscheidung kein ordentliches Rechtsmittel mehr geltend gemacht werden kann oder wenn sie endgültig ist, und
  c. wenn kein Verweigerungsgrund im Sinne von Artikel 27 vorliegt.

I. Anerkennung.
1. Grundsatz.

26. Die Zuständigkeit ausländischer Behörden ist begründet:
  a. wenn eine Bestimmung dieses Gesetzes sie vorsieht oder, falls eine solche fehlt, wenn der Beklagte seinen Wohnsitz im Urteilsstaat hatte;
  b. wenn in vermögensrechtlichen Streitigkeiten die Parteien sich durch eine nach diesem Gesetz gültige Vereinbarung der Zuständigkeit der Behörde unterworfen haben, welche die Entscheidung getroffen hat;
  c. wenn sich der Beklagte in einer vermögensrechtlichen Streitigkeit vorbehaltlos auf den Rechtsstreit eingelassen hat;
  d. wenn im Falle einer Widerklage die Behörde, die die Entscheidung getroffen hat, für die Hauptklage zuständig war und zwischen Haupt- und Widerklage ein sachlicher Zusammenhang besteht.

2. Zuständigkeit ausländischer Behörden.

27. ¹ Eine im Ausland ergangene Entscheidung wird in der Schweiz nicht anerkannt, wenn die Anerkennung mit dem schweizerischen Ordre public offensichtlich unvereinbar wäre.

² Eine im Ausland ergangene Entscheidung wird ebenfalls nicht anerkannt, wenn eine Partei nachweist:
  a. dass sie weder nach dem Recht an ihrem Wohnsitz noch nach dem am gewöhnlichen Aufenthalt gehörig geladen wurde, es sei denn, sie habe sich vorbehaltlos auf das Verfahren eingelassen;

3. Verweigerungsgründe.

b. dass die Entscheidung unter Verletzung wesentlicher Grundsätze des schweizerischen Verfahrensrechts zustande gekommen ist, insbesondere dass ihr das rechtliche Gehör verweigert worden ist;
c. dass ein Rechtsstreit zwischen denselben Parteien und über denselben Gegenstand zuerst in der Schweiz eingeleitet oder in der Schweiz entschieden worden ist oder dass er in einem Drittstaat früher entschieden worden ist und dieser Entscheid in der Schweiz anerkannt werden kann.

³ Im übrigen darf die Entscheidung in der Sache selbst nicht nachgeprüft werden.

II. Vollstreckung.

28. Eine nach den Artikeln 25–27 anerkannte Entscheidung wird auf Begehren der interessierten Partei für vollstreckbar erklärt.

III. Verfahren.

29. ¹ Das Begehren auf Anerkennung oder Vollstreckung ist an die zuständige Behörde des Kantons zu richten, in dem die ausländische Entscheidung geltend gemacht wird. Dem Begehren sind beizulegen:
a. eine vollständige und beglaubigte Ausfertigung der Entscheidung;
b. eine Bestätigung, dass gegen die Entscheidung kein ordentliches Rechtsmittel mehr geltend gemacht werden kann oder dass sie endgültig ist, und
c. im Falle eines Abwesenheitsurteils eine Urkunde, aus der hervorgeht, dass die unterlegene Partei gehörig und so rechtzeitig geladen worden ist, dass sie die Möglichkeit gehabt hatte, sich zu verteidigen.

² Im Anerkennungs- und Vollstreckungsverfahren ist die Partei, die sich dem Begehren widersetzt, anzuhören; sie kann ihre Beweismittel geltend machen.

³ Wird eine Entscheidung vorfrageweise geltend gemacht, so kann die angerufene Behörde selber über die Anerkennung entscheiden.

IV. Gerichtlicher Vergleich.

30. Die Artikel 25–29 gelten auch für den gerichtlichen Vergleich, sofern er in dem Staat, in dem er abgeschlossen worden ist, einer gerichtlichen Entscheidung gleichgestellt wird.

V. Freiwillige Gerichtsbarkeit.

31. Die Artikel 25–29 gelten sinngemäss für die Anerkennung und Vollstreckung einer Entscheidung oder einer Urkunde der freiwilligen Gerichtsbarkeit.

VI. Eintragung in die Zivilstandsregister.

32. ¹ Eine ausländische Entscheidung oder Urkunde über den Zivilstand wird aufgrund einer Verfügung der kantonalen Aufsichtsbehörde in die Zivilstandsregister eingetragen.

² Die Eintragung wird bewilligt, wenn die Voraussetzungen der Artikel 25–27 erfüllt sind.

³ Die betroffenen Personen sind vor der Eintragung anzuhören, wenn nicht feststeht, dass im ausländischen Urteilsstaat die verfahrensmässigen Rechte der Parteien hinreichend gewahrt worden sind.

---

2. Kapitel

Natürliche Personen

33. ¹ Sieht dieses Gesetz nichts anderes vor, so sind für personenrechtliche Verhältnisse die schweizerischen Gerichte oder Behörden am Wohnsitz zuständig; sie wenden das Recht am Wohnsitz an.

² Für Ansprüche aus Persönlichkeitsverletzung gelten die Bestimmungen dieses Gesetzes über unerlaubte Handlungen (Art. 129 ff.).

I. Grundsatz.

34. ¹ Die Rechtsfähigkeit untersteht schweizerischem Recht.

² Beginn und Ende der Persönlichkeit unterstehen dem Recht des Rechtsverhältnisses, das die Rechtsfähigkeit voraussetzt.

II. Rechtsfähigkeit.

35. Die Handlungsfähigkeit untersteht dem Recht am Wohnsitz. Ein Wechsel des Wohnsitzes berührt die einmal erworbene Handlungsfähigkeit nicht.

III. Handlungsfähigkeit.
1. Grundsatz.

36. ¹ Wer ein Rechtsgeschäft vorgenommen hat, obwohl er nach dem Recht an seinem Wohnsitz handlungsunfähig war, kann sich auf seine Handlungsunfähigkeit nicht berufen, wenn er nach dem Recht des Staates, in dem er das Rechtsgeschäft vorgenommen hat, handlungsfähig gewesen wäre, es sei denn, die andere Partei habe seine Handlungsunfähigkeit gekannt oder hätte sie kennen müssen.

² Diese Bestimmung ist auf familien- und erbrechtliche Rechtsgeschäfte sowie auf Rechtsgeschäfte über dingliche Rechte an Grundstücken nicht anwendbar.

2. Verkehrsschutz.

37. ¹ Der Name einer Person mit Wohnsitz in der Schweiz untersteht schweizerischem Recht; der Name einer Person mit Wohnsitz im Ausland untersteht dem Recht, auf welches das Kollisionsrecht des Wohnsitzstaates verweist.

² Eine Person kann jedoch verlangen, dass ihr Name dem Heimatrecht untersteht.

IV. Name.
1. Grundsatz.

Anhang I A
Internationales Privatrecht (IPRG)

2. Namensänderung.	**38.** ¹ Für eine Namensänderung sind die schweizerischen Behörden am Wohnsitz des Gesuchstellers zuständig. ² Ein Schweizer Bürger ohne Wohnsitz in der Schweiz kann bei der Behörde seines Heimatkantons eine Namensänderung verlangen. ³ Voraussetzungen und Wirkungen der Namensänderung unterstehen schweizerischem Recht.
3. Namensänderung im Ausland.	**39.** Eine im Ausland erfolgte Namensänderung wird in der Schweiz anerkannt, wenn sie im Wohnsitz- oder im Heimatstaat des Gesuchstellers gültig ist.
4. Eintragung in die Zivilstandsregister.	**40.** Der Name wird nach den schweizerischen Grundsätzen über die Registerführung in die Zivilstandsregister eingetragen.
V. Verschollenerklärung. 1. Zuständigkeit und anwendbares Recht.	**41.** ¹ Für die Verschollenerklärung sind die schweizerischen Gerichte oder Behörden am letzten bekannten Wohnsitz der verschwundenen Person zuständig. ² Die schweizerischen Gerichte oder Behörden sind überdies für eine Verschollenerklärung zuständig, wenn hierfür ein schützenswertes Interesse besteht. ³ Voraussetzungen und Wirkungen der Verschollenerklärung unterstehen schweizerischem Recht.
2. Verschollen- und Todeserklärung im Ausland.	**42.** Eine im Ausland ausgesprochene Verschollen- oder Todeserklärung wird in der Schweiz anerkannt, wenn sie im Staat des letzten bekannten Wohnsitzes oder im Heimatstaat der verschwundenen Person ergangen ist.

---

3. Kapitel

Eherecht

1. Abschnitt

Eheschliessung

I. Zuständigkeit.	**43.** ¹ Die schweizerischen Behörden sind für die Eheschliessung zuständig, wenn die Braut oder der Bräutigam in der Schweiz Wohnsitz oder das Schweizer Bürgerrecht hat. ² Ausländischen Brautleuten ohne Wohnsitz in der Schweiz kann durch die zuständige Behörde die Eheschliessung in der Schweiz auch bewilligt werden, wenn die Ehe im Wohnsitz- oder im Heimatstaat beider Brautleute anerkannt wird [ZStV 163].

³ Die Bewilligung darf nicht allein deshalb verweigert werden, weil eine in der Schweiz ausgesprochene oder anerkannte Scheidung im Ausland nicht anerkannt wird.

44. ¹ Die materiell-rechtlichen Voraussetzungen der Eheschliessung in der Schweiz unterstehen schweizerischem Recht.

² Sind die Voraussetzungen nach schweizerischem Recht nicht erfüllt, so kann die Ehe zwischen Ausländern geschlossen werden, wenn sie den Voraussetzungen des Heimatrechts eines der Brautleute entspricht [ZStV 164].

³ Die Form der Eheschliessung in der Schweiz untersteht schweizerischem Recht.

II. Anwendbares Recht.

45. ¹ Eine im Ausland gültig geschlossene Ehe wird in der Schweiz anerkannt.

² Sind Braut oder Bräutigam Schweizer Bürger oder haben beide Wohnsitz in der Schweiz, so wird die im Ausland geschlossene Ehe anerkannt, wenn der Abschluss nicht in der offenbaren Absicht ins Ausland verlegt worden ist, die Vorschriften des schweizerischen Rechts über die Eheungültigkeit zu umgehen.¹⁾

[³ Eine im Ausland gültig geschlossene Ehe zwischen Personen gleichen Geschlechts wird in der Schweiz als eingetragene Partnerschaft anerkannt.]²⁾

III. Eheschliessung im Ausland.

---

¹) Fassung gemäss Anhang zum BG vom 26. Juni 1998 über die Änderung des ZGB (Personenstand, Eheschliessung, Scheidung etc., AS 1999 S. 1118), i.K. 1. Januar 2000.

²) Text in eckigen Klammern hinzugefügt durch das Partnerschaftsgesetz (PartG, Anhang IV E zum ZGB), in Kraft erst am 1. Januar 2007.

45a.¹⁾ Unmündige mit Wohnsitz in der Schweiz werden mit der Eheschliessung in der Schweiz oder mit der Anerkennung der im Ausland geschlossenen Ehe mündig.

IV. Mündigkeit.

---

¹) Eingefügt gemäss Ziff. II 2 des BG vom 7. Oktober 1994 über die Änderung des ZGB (Herabsetzung des zivilrechtlichen Mündigkeits- und Ehefähigkeitsalters, Unterhaltspflicht der Eltern, AS 1995 S. 1126), i.K. 1. Januar 1996.

2. Abschnitt

Wirkungen der Ehe im allgemeinen

46. Für Klagen oder Massnahmen betreffend die ehelichen Rechte und Pflichten sind die schweizerischen Gerichte oder Behörden am Wohnsitz oder, wenn ein solcher fehlt, diejenigen am gewöhnlichen Aufenthalt eines der Ehegatten zuständig.

I. Zuständigkeit.
1. Grundsatz.

2. Heimatzuständigkeit.	**47.** Haben die Ehegatten weder Wohnsitz noch gewöhnlichen Aufenthalt in der Schweiz und ist einer von ihnen Schweizer Bürger, so sind für Klagen oder Massnahmen betreffend die ehelichen Rechte und Pflichten die Gerichte oder Behörden am Heimatort zuständig, wenn es unmöglich oder unzumutbar ist, die Klage oder das Begehren am Wohnsitz oder am gewöhnlichen Aufenthalt eines der Ehegatten zu erheben.
II. Anwendbares Recht. 1. Grundsatz.	**48.** [1] Die ehelichen Rechte und Pflichten unterstehen dem Recht des Staates, in dem die Ehegatten ihren Wohnsitz haben. [2] Haben die Ehegatten ihren Wohnsitz nicht im gleichen Staat, so unterstehen die ehelichen Rechte und Pflichten dem Recht des Wohnsitzstaates, mit dem der Sachverhalt in engerem Zusammenhang steht. [3] Sind nach Artikel 47 die schweizerischen Gerichte oder Behörden am Heimatort zuständig, so wenden sie schweizerisches Recht an.
2. Unterhaltspflicht.	**49.** Für die Unterhaltspflicht zwischen Ehegatten gilt das Haager Übereinkommen vom 2. Oktober 1973[1]) über das auf die Unterhaltspflichten anzuwendende Recht.

[1]) Anhang II D2 zum ZGB, SR 0.211.213.01.

III. Ausländische Entscheidungen oder Massnahmen.	**50.** Ausländische Entscheidungen oder Massnahmen über die ehelichen Rechte und Pflichten werden in der Schweiz anerkannt, wenn sie im Staat des Wohnsitzes oder des gewöhnlichen Aufenthaltes eines der Ehegatten ergangen sind.

3. Abschnitt

Ehegüterrecht

I. Zuständigkeit.	**51.** Für Klagen oder Massnahmen betreffend die güterrechtlichen Verhältnisse sind zuständig: a. für die güterrechtliche Auseinandersetzung im Falle des Todes eines Ehegatten die schweizerischen Gerichte oder Behörden, die für die erbrechtliche Auseinandersetzung zuständig sind (Art. 86–89); b. für die güterrechtliche Auseinandersetzung im Falle einer gerichtlichen Auflösung oder Trennung der Ehe die schweizerischen Gerichte, die hierfür zuständig sind (Art. 59, 60, 63, 64); c. in den übrigen Fällen die schweizerischen Gerichte oder Behörden, die für Klagen oder Massnahmen betreffend die Wirkungen der Ehe zuständig sind (Art. 46, 47).

52. ¹ Die güterrechtlichen Verhältnisse unterstehen dem von den Ehegatten gewählten Recht.

² Die Ehegatten können wählen zwischen dem Recht des Staates, in dem beide ihren Wohnsitz haben oder nach der Eheschliessung haben werden, und dem Recht eines ihrer Heimatstaaten. Artikel 23 Absatz 2 ist nicht anwendbar.

II. Anwendbares Recht.
1. Rechtswahl.
a. Grundsatz.

53. ¹ Die Rechtswahl muss schriftlich vereinbart sein oder sich eindeutig aus dem Ehevertrag ergeben. Im übrigen untersteht sie dem gewählten Recht.

² Die Rechtswahl kann jederzeit getroffen oder geändert werden. Wird sie nach Abschluss der Ehe getroffen, so wirkt sie, wenn die Parteien nichts anderes vereinbaren, auf den Zeitpunkt der Eheschliessung zurück.

³ Das gewählte Recht bleibt anwendbar, bis die Ehegatten ein anderes Recht wählen oder die Rechtswahl aufheben.

b. Modalitäten.

54. ¹ Haben die Ehegatten keine Rechtswahl getroffen, so unterstehen die güterrechtlichen Verhältnisse:
a. dem Recht des Staates, in dem beide gleichzeitig ihren Wohnsitz haben, oder, wenn dies nicht der Fall ist,
b. dem Recht des Staates, in dem beide Ehegatten zuletzt gleichzeitig ihren Wohnsitz hatten.

² Hatten die Ehegatten nie gleichzeitig Wohnsitz im gleichen Staat, so ist ihr gemeinsames Heimatrecht anwendbar.

³ Hatten die Ehegatten nie gleichzeitig Wohnsitz im gleichen Staat und haben sie auch keine gemeinsame Staatsangehörigkeit, so gilt die Gütertrennung des schweizerischen Rechts.

2. Fehlen einer Rechtswahl.
a. Grundsatz.

55. ¹ Verlegen die Ehegatten ihren Wohnsitz von einem Staat in einen anderen, so ist das Recht des neuen Wohnsitzstaates rückwirkend auf den Zeitpunkt der Eheschliessung anzuwenden. Die Ehegatten können durch schriftliche Vereinbarung die Rückwirkung ausschliessen.

² Der Wohnsitzwechsel hat keine Wirkung auf das anzuwendende Recht, wenn die Parteien die Weitergeltung des früheren Rechts schriftlich vereinbart haben oder wenn zwischen ihnen ein Ehevertrag besteht.

b. Wandelbarkeit und Rückwirkung bei Wohnsitzwechsel.

56. Der Ehevertrag ist formgültig, wenn er dem auf den Ehevertrag anwendbaren Recht oder dem Recht am Abschlussort entspricht.

3. Form des Ehevertrages.

57. ¹ Die Wirkungen des Güterstandes auf das Rechtsverhältnis zwischen einem Ehegatten und einem Dritten unterstehen dem Recht des Staates, in dem dieser Ehegatte im Zeitpunkt der Entstehung des Rechtsverhältnisses seinen Wohnsitz hat.

4. Rechtsverhältnisse mit Dritten.

² Hat der Dritte im Zeitpunkt der Entstehung des Rechtsverhältnisses das Recht, dem die güterrechtlichen Verhältnisse unterstanden, gekannt oder hätte er es kennen müssen, so ist dieses anzuwenden.

III. Ausländische Entscheidungen.

58. ¹ Ausländische Entscheidungen über güterrechtliche Verhältnisse werden in der Schweiz anerkannt:
a. wenn sie im Wohnsitzstaat des beklagten Ehegatten ergangen sind oder wenn sie dort anerkannt werden;
b. wenn sie im Wohnsitzstaat des klagenden Ehegatten ergangen sind oder dort anerkannt werden, vorausgesetzt, der beklagte Ehegatte hatte seinen Wohnsitz nicht in der Schweiz;
c. wenn sie im Staat, dessen Recht nach diesem Gesetz anwendbar ist, ergangen sind oder wenn sie dort anerkannt werden, oder
d. wenn sie Grundstücke betreffen und am Ort der gelegenen Sache ergangen sind oder dort anerkannt werden.

² Für Entscheidungen über güterrechtliche Verhältnisse, die im Zusammenhang mit Massnahmen zum Schutz der ehelichen Gemeinschaft oder infolge Tod, Nichtigerklärung, Scheidung oder Trennung ergangen sind, richtet sich die Anerkennung nach den Bestimmungen dieses Gesetzes über das Ehe-, Ehescheidungs- oder Erbrecht (Art. 50, 65 und 96).

4. Abschnitt

Scheidung und Trennung

I. Zuständigkeit.
1. Grundsatz.

59. Für Klagen auf Scheidung oder Trennung sind zuständig:
a. die schweizerischen Gerichte am Wohnsitz des Beklagten;
b. die schweizerischen Gerichte am Wohnsitz des Klägers, wenn dieser sich seit einem Jahr in der Schweiz aufhält oder wenn er Schweizer Bürger ist.

2. Heimatzuständigkeit.

60. Haben die Ehegatten keinen Wohnsitz in der Schweiz und ist einer von ihnen Schweizer Bürger, so sind die Gerichte am Heimatort für Klagen auf Scheidung oder Trennung der Ehe zuständig, wenn es unmöglich oder unzumutbar ist, die Klage am Wohnsitz eines der Ehegatten zu erheben.

II. Anwendbares Recht.

61. ¹ Scheidung und Trennung unterstehen schweizerischem Recht.

² Haben die Ehegatten eine gemeinsame ausländische Staatsangehörigkeit und hat nur einer von ihnen Wohnsitz in der Schweiz, so ist ihr gemeinsames Heimatrecht anzuwenden.

³ Ist die Scheidung nach dem gemeinsamen ausländischen Heimatrecht nicht oder nur unter ausserordentlich strengen Be-

dingungen zulässig, so ist schweizerisches Recht anzuwenden, wenn einer der Ehegatten auch Schweizer Bürger ist oder sich seit zwei Jahren in der Schweiz aufhält.

⁴ Sind nach Artikel 60 die schweizerischen Gerichte am Heimatort zuständig, so wenden sie schweizerisches Recht an.

62. ¹ Das schweizerische Gericht, bei dem eine Scheidungs- oder Trennungsklage hängig ist, kann vorsorgliche Massnahmen treffen, sofern seine Unzuständigkeit zur Beurteilung der Klage nicht offensichtlich ist oder nicht rechtskräftig festgestellt wurde.

² Die vorsorglichen Massnahmen unterstehen schweizerischem Recht.

³ Die Bestimmungen dieses Gesetzes über die Unterhaltspflicht der Ehegatten (Art. 49), die Wirkungen des Kindesverhältnisses (Art. 82 und 83) und den Minderjährigenschutz (Art. 85) sind vorbehalten.

III. Vorsorgliche Massnahmen.

63. ¹ Die für Klagen auf Scheidung oder Trennung zuständigen schweizerischen Gerichte sind auch für die Regelung der Nebenfolgen zuständig.

² Die Nebenfolgen der Scheidung oder Trennung unterstehen dem auf die Scheidung anzuwendenden Recht. Die Bestimmungen dieses Gesetzes über den Namen (Art. 37–40), die Unterhaltspflicht der Ehegatten (Art. 49), das eheliche Güterrecht (Art. 52–57), die Wirkungen des Kindesverhältnisses (Art. 82 und 83) und den Minderjährigenschutz (Art. 85) sind vorbehalten.

IV. Nebenfolgen.

64. ¹ Die schweizerischen Gerichte sind für Klagen auf Ergänzung oder Abänderung von Entscheidungen über die Scheidung oder die Trennung zuständig, wenn sie diese selbst ausgesprochen haben oder wenn sie nach Artikel 59 oder 60 zuständig sind. Die Bestimmungen dieses Gesetzes über den Minderjährigenschutz (Art. 85) sind vorbehalten.

² Die Ergänzung oder Abänderung eines Trennungs- oder Scheidungsurteils untersteht dem auf die Scheidung anwendbaren Recht. Die Bestimmungen dieses Gesetzes über den Namen (Art. 37–40), die Unterhaltspflicht der Ehegatten (Art. 49), das eheliche Güterrecht (Art. 52–57), die Wirkungen des Kindesverhältnisses (Art. 82 und 83) und den Minderjährigenschutz (Art. 85) sind vorbehalten.

V. Ergänzung oder Abänderung einer Entscheidung.

65. ¹ Ausländische Entscheidungen über die Scheidung oder Trennung werden in der Schweiz anerkannt, wenn sie im Staat des Wohnsitzes, des gewöhnlichen Aufenthalts oder im Heimatstaat eines Ehegatten ergangen sind oder wenn sie in einem dieser Staaten anerkannt werden.

VI. Ausländische Entscheidungen.

² Ist jedoch die Entscheidung in einem Staat ergangen, dem kein oder nur der klagende Ehegatte angehört, so wird sie in der Schweiz nur anerkannt:
a. wenn im Zeitpunkt der Klageeinleitung wenigstens ein Ehegatte in diesem Staat Wohnsitz oder gewöhnlichen Aufenthalt hatte und der beklagte Ehegatte seinen Wohnsitz nicht in der Schweiz hatte;
b. wenn der beklagte Ehegatte sich der Zuständigkeit des ausländischen Gerichts vorbehaltlos unterworfen hat, oder
c. wenn der beklagte Ehegatte mit der Anerkennung der Entscheidung in der Schweiz einverstanden ist.

Neues Kapitel 3a, eingefügt durch das Partnerschaftsgesetz (PartG, Anhang IV E zum ZGB), in Kraft erst am 1. Januar 2007.

3a. Kapitel

Eingetragene Partnerschaft

I. Anwendung des dritten Kapitels.

65a. Die Bestimmungen des dritten Kapitels gelten für die eingetragene Partnerschaft sinngemäss, mit Ausnahme der Artikel 43 Absatz 2 und 44 Absatz 2.

II. Zuständigkeit am Eintragungsort bei Auflösung.

65b. Haben die Partnerinnen oder Partner keinen Wohnsitz in der Schweiz und ist keine oder keiner von ihnen Schweizer Bürger, so sind für Klagen oder Begehren betreffend Auflösung der eingetragenen Partnerschaft die schweizerischen Gerichte am Eintragungsort zuständig, wenn es unmöglich oder unzumutbar ist, die Klage oder das Begehren am Wohnsitz einer der Personen zu erheben.

III. Anwendbares Recht.

65c. ¹ Kennt das nach den Bestimmungen des dritten Kapitels anwendbare Recht keine Regeln über die eingetragene Partnerschaft, so ist schweizerisches Recht anwendbar; vorbehalten bleibt Artikel 49.

² Zusätzlich zu den in Artikel 52 Absatz 2 bezeichneten Rechten können die Partnerinnen oder Partner das Recht des Staates wählen, in dem die Partnerschaft eingetragen worden ist.

IV. Entscheidungen oder Massnahmen des Eintragungsstaats.

65d. Ausländische Entscheidungen oder Massnahmen werden in der Schweiz anerkannt, wenn:
a. sie im Staat ergangen sind, in dem die Partnerschaft eingetragen worden ist; und
b. es unmöglich oder unzumutbar war, die Klage oder das Begehren in einem Staat zu erheben, dessen Zuständigkeit in der Schweiz gemäss den Bestimmungen des dritten Kapitels anerkannt ist.

4. Kapitel

Kindesrecht

1. Abschnitt

Entstehung des Kindesverhältnisses durch Abstammung

66. Für Klagen auf Feststellung oder Anfechtung des Kindesverhältnisses sind die schweizerischen Gerichte am gewöhnlichen Aufenthalt des Kindes oder am Wohnsitz der Mutter oder des Vaters zuständig.

I. Zuständigkeit. 1. Grundsatz.

67. Haben die Eltern keinen Wohnsitz und das Kind keinen gewöhnlichen Aufenthalt in der Schweiz, so sind die Gerichte am schweizerischen Heimatort der Mutter oder des Vaters für Klagen auf Feststellung oder Anfechtung des Kindesverhältnisses zuständig, wenn es unmöglich oder unzumutbar ist, die Klage am Wohnsitz der Mutter oder des Vaters oder am gewöhnlichen Aufenthalt des Kindes zu erheben.

2. Heimatzuständigkeit.

68. ¹ Die Entstehung des Kindesverhältnisses sowie dessen Feststellung oder Anfechtung unterstehen dem Recht am gewöhnlichen Aufenthalt des Kindes.
² Haben jedoch weder die Mutter noch der Vater Wohnsitz im Staat des gewöhnlichen Aufenthaltes des Kindes, besitzen aber die Eltern und das Kind die gleiche Staatsangehörigkeit, so ist ihr gemeinsames Heimatrecht anzuwenden.

II. Anwendbares Recht. 1. Grundsatz.

69. ¹ Für die Bestimmung des auf die Entstehung, Feststellung oder Anfechtung des Kindesverhältnisses anwendbaren Rechts ist der Zeitpunkt der Geburt massgebend.
² Bei gerichtlicher Feststellung oder Anfechtung des Kindesverhältnisses ist jedoch der Zeitpunkt der Klageerhebung massgebend, wenn ein überwiegendes Interesse des Kindes es erfordert.

2. Massgeblicher Zeitpunkt.

70. Ausländische Entscheidungen betreffend die Feststellung oder Anfechtung des Kindesverhältnisses werden in der Schweiz anerkannt, wenn sie im Staat des gewöhnlichen Aufenthaltes des Kindes, in dessen Heimatstaat oder im Wohnsitz- oder im Heimatstaat der Mutter oder des Vaters ergangen sind.

III. Ausländische Entscheidungen.

2. Abschnitt

Anerkennung

I. Zuständigkeit.

71. ¹ Für die Entgegennahme der Anerkennung sind die schweizerischen Behörden am Geburtsort oder am gewöhnlichen Aufenthalt des Kindes, sowie die Behörden am Wohnsitz oder am Heimatort der Mutter oder des Vaters zuständig.

² Erfolgt die Anerkennung im Rahmen eines gerichtlichen Verfahrens, in dem die Abstammung rechtserheblich ist, so kann auch der mit der Klage befasste Richter die Anerkennung entgegennehmen.

³ Für die Anfechtung der Anerkennung sind die gleichen Gerichte zuständig wie für die Feststellung oder Anfechtung des Kindesverhältnisses (Art. 66 und 67).

II. Anwendbares Recht.

72. ¹ Die Anerkennung in der Schweiz kann nach dem Recht am gewöhnlichen Aufenthalt des Kindes, nach dessen Heimatrecht, nach dem Recht am Wohnsitz oder nach dem Heimatrecht der Mutter oder des Vaters erfolgen. Massgebend ist der Zeitpunkt der Anerkennung.

² Die Form der Anerkennung in der Schweiz untersteht schweizerischem Recht.

³ Die Anfechtung der Anerkennung untersteht schweizerischem Recht.

III. Ausländische Anerkennung und Anfechtung der Anerkennung.

73. ¹ Die im Ausland erfolgte Anerkennung eines Kindes wird in der Schweiz anerkannt, wenn sie nach dem Recht am gewöhnlichen Aufenthalt des Kindes, nach dessen Heimatrecht, nach dem Recht am Wohnsitz oder nach dem Heimatrecht der Mutter oder des Vaters gültig ist.

² Ausländische Entscheidungen über die Anfechtung einer Anerkennung werden in der Schweiz anerkannt, wenn sie in einem der in Absatz 1 genannten Staaten ergangen sind.

IV. Legitimation.

74. Für die Anerkennung einer im Ausland erfolgten Legitimation gilt Artikel 73 sinngemäss.

3. Abschnitt

Adoption

I. Zuständigkeit.
1. Grundsatz.

75. ¹ Die schweizerischen Gerichte oder Behörden am Wohnsitz der adoptierenden Person oder der adoptierenden Ehegatten sind zuständig, die Adoption auszusprechen.

² Für die Anfechtung der Adoption sind die gleichen Gerichte zuständig wie für die Feststellung oder die Anfechtung des Kindesverhältnisses (Art. 66 und 67).

76. Haben die adoptierende Person oder die adoptierenden Ehegatten keinen Wohnsitz in der Schweiz und ist einer von ihnen Schweizer Bürger, so sind die Gerichte oder Behörden am Heimatort für die Adoption zuständig, wenn es unmöglich oder unzumutbar ist, die Adoption an ihrem Wohnsitz durchzuführen.

2. Heimatzuständigkeit.

77. ¹ Die Voraussetzungen der Adoption in der Schweiz unterstehen schweizerischem Recht.

II. Anwendbares Recht.

² Zeigt sich, dass eine Adoption im Wohnsitz- oder im Heimatstaat der adoptierenden Person oder der adoptierenden Ehegatten nicht anerkannt und dem Kind daraus ein schwerwiegender Nachteil erwachsen würde, so berücksichtigt die Behörde auch die Voraussetzungen des Rechts des betreffenden Staates. Erscheint die Anerkennung auch dann nicht als gesichert, so darf die Adoption nicht ausgesprochen werden.

³ Die Anfechtung einer in der Schweiz ausgesprochenen Adoption untersteht schweizerischem Recht. Eine im Ausland ausgesprochene Adoption kann in der Schweiz nur angefochten werden, wenn auch ein Anfechtungsgrund nach schweizerischem Recht vorliegt.

78. ¹ Ausländische Adoptionen werden in der Schweiz anerkannt, wenn sie im Staat des Wohnsitzes oder im Heimatstaat der adoptierenden Person oder der adoptierenden Ehegatten ausgesprochen worden sind.

III. Ausländische Adoptionen und ähnliche Akte.

² Ausländische Adoptionen oder ähnliche Akte, die von einem Kindesverhältnis im Sinne des schweizerischen Rechts wesentlich abweichende Wirkungen haben, werden in der Schweiz nur mit den Wirkungen anerkannt, die ihnen im Staat der Begründung zukommen.

4. Abschnitt

Wirkungen des Kindesverhältnisses

79. ¹ Für Klagen betreffend die Beziehungen zwischen Eltern und Kind, insbesondere betreffend den Unterhalt des Kindes, sind die schweizerischen Gerichte am gewöhnlichen Aufenthalt des Kindes oder am Wohnsitz oder, wenn ein solcher fehlt, am gewöhnlichen Aufenthalt des beklagten Elternteils zuständig.

I. Zuständigkeit.
1. Grundsatz.

² Die Bestimmungen dieses Gesetzes über den Namen (Art. 33, 37–40), den Schutz Minderjähriger (Art. 85) und das Erbrecht (Art. 86–89) sind vorbehalten.

Anhang I A
Internationales Privatrecht (IPRG)

2. Heimatzuständigkeit.

80. Hat weder das Kind noch der beklagte Elternteil Wohnsitz oder gewöhnlichen Aufenthalt in der Schweiz und ist einer von ihnen Schweizer Bürger, so sind die Gerichte am Heimatort zuständig.

3. Ansprüche Dritter.

81. Die nach Artikel 79 und 80 zuständigen schweizerischen Gerichte entscheiden ebenfalls:
 a. über Ansprüche von Behörden, die für den Unterhalt des Kindes Vorschuss geleistet haben;
 b. über Ansprüche der Mutter auf Unterhalt und Ersatz der durch die Geburt entstandenen Kosten.

II. Anwendbares Recht.
1. Grundsatz.

82. [1] Die Beziehungen zwischen Eltern und Kind unterstehen dem Recht am gewöhnlichen Aufenthalt des Kindes.

[2] Haben jedoch weder die Mutter noch der Vater Wohnsitz im Staat des gewöhnlichen Aufenthaltes des Kindes, besitzen aber die Eltern und das Kind die gleiche Staatsangehörigkeit, so ist ihr gemeinsames Heimatrecht anzuwenden.

[3] Die Bestimmungen dieses Gesetzes über den Namen (Art. 33, 37–40), den Schutz Minderjähriger (Art. 85) und das Erbrecht (Art. 90–95) sind vorbehalten.

2. Unterhaltspflicht.

83. [1] Für die Unterhaltspflicht zwischen Eltern und Kind gilt das Haager Übereinkommen vom 2. Oktober 1973[1]) über das auf Unterhaltspflichten anzuwendende Recht.

[2] Soweit das Übereinkommen die Ansprüche der Mutter auf Unterhalt und Ersatz der durch die Geburt entstandenen Kosten nicht regelt, gilt es sinngemäss.

---
[1]) Anhang II D2 zum ZGB, SR 0.211.213.01.

III. Ausländische Entscheidungen.

84. [1] Ausländische Entscheidungen betreffend die Beziehungen zwischen Eltern und Kind werden in der Schweiz anerkannt, wenn sie im Staat ergangen sind, in dem das Kind seinen gewöhnlichen Aufenthalt oder der beklagte Elternteil seinen Wohnsitz oder gewöhnlichen Aufenthalt hat.

[2] Die Bestimmungen dieses Gesetzes über den Namen (Art. 39), den Schutz Minderjähriger (Art. 85) und das Erbrecht (Art. 96) sind vorbehalten.

5. Kapitel

Vormundschaft und andere Schutzmassnahmen

85. [1] Für den Schutz von Minderjährigen gilt in bezug auf die Zuständigkeit der schweizerischen Gerichte oder Behörden, das anwendbare Recht und die Anerkennung ausländischer Entscheidungen oder Massnahmen das Haager Übereinkommen vom 5. Oktober 1961[1]) über die Zuständigkeit der Behörden und das anzuwendende Recht auf dem Gebiet des Schutzes von Minderjährigen.

[2] Das Übereinkommen gilt sinngemäss für Volljährige oder für Personen, die nur nach schweizerischem Recht minderjährig sind, sowie für Personen, die ihren gewöhnlichen Aufenthalt nicht in einem der Vertragsstaaten haben.

[3] Die schweizerischen Gerichte oder Behörden sind ausserdem zuständig, wenn es für den Schutz einer Person oder deren Vermögen unerlässlich ist.

---
[1]) Anhang II E3 zum ZGB, SR 0.211.231.01.

---

6. Kapitel

Erbrecht

86. [1] Für das Nachlassverfahren und die erbrechtlichen Streitigkeiten sind die schweizerischen Gerichte oder Behörden am letzten Wohnsitz des Erblassers zuständig.

[2] Vorbehalten ist die Zuständigkeit des Staates, der für Grundstücke auf seinem Gebiet die ausschliessliche Zuständigkeit vorsieht.

I. Zuständigkeit. 1. Grundsatz.

87. [1] War der Erblasser Schweizer Bürger mit letztem Wohnsitz im Ausland, so sind die schweizerischen Gerichte oder Behörden am Heimatort zuständig, soweit sich die ausländische Behörde mit seinem Nachlass nicht befasst.

[2] Sie sind stets zuständig, wenn ein Schweizer Bürger mit letztem Wohnsitz im Ausland sein in der Schweiz gelegenes Vermögen oder seinen gesamten Nachlass durch letztwillige Verfügung oder Erbvertrag der schweizerischen Zuständigkeit oder dem schweizerischen Recht unterstellt hat. Artikel 86 Absatz 2 ist vorbehalten.

2. Heimatzuständigkeit.

Anhang I A
Internationales Privatrecht (IPRG)

3. Zuständigkeit am Ort der gelegenen Sache.

88. ¹ War der Erblasser Ausländer mit letztem Wohnsitz im Ausland, so sind die schweizerischen Gerichte oder Behörden am Ort der gelegenen Sache für den in der Schweiz gelegenen Nachlass zuständig, soweit sich die ausländischen Behörden damit nicht befassen.

² Befindet sich Vermögen an mehreren Orten, so sind die zuerst angerufenen schweizerischen Gerichte oder Behörden zuständig.

4. Sichernde Massnahmen.

89. Hinterlässt der Erblasser mit letztem Wohnsitz im Ausland Vermögen in der Schweiz, so ordnen die schweizerischen Behörden am Ort der gelegenen Sache die zum einstweiligen Schutz der Vermögenswerte notwendigen Massnahmen an.

**II. Anwendbares Recht.
1. Letzter Wohnsitz in der Schweiz.**

90. ¹ Der Nachlass einer Person mit letztem Wohnsitz in der Schweiz untersteht schweizerischem Recht.

² Ein Ausländer kann jedoch durch letztwillige Verfügung oder Erbvertrag den Nachlass einem seiner Heimatrechte unterstellen. Diese Unterstellung fällt dahin, wenn er im Zeitpunkt des Todes diesem Staat nicht mehr angehört hat oder wenn er Schweizer Bürger geworden ist.

2. Letzter Wohnsitz im Ausland.

91. ¹ Der Nachlass einer Person mit letztem Wohnsitz im Ausland untersteht dem Recht, auf welches das Kollisionsrecht des Wohnsitzstaates verweist.

² Soweit nach Artikel 87 die schweizerischen Gerichte oder Behörden am Heimatort zuständig sind, untersteht der Nachlass eines Schweizers mit letztem Wohnsitz im Ausland schweizerischem Recht, es sei denn, der Erblasser habe in der letztwilligen Verfügung oder im Erbvertrag ausdrücklich das Recht an seinem letzten Wohnsitz vorbehalten.

3. Umfang des Erbstatuts und Nachlassabwicklung.

92. ¹ Das auf den Nachlass anwendbare Recht bestimmt, was zum Nachlass gehört, wer in welchem Umfang daran berechtigt ist, wer die Schulden des Nachlasses trägt, welche Rechtsbehelfe und Massnahmen zulässig sind und unter welchen Voraussetzungen sie angerufen werden können.

² Die Durchführung der einzelnen Massnahmen richtet sich nach dem Recht am Ort der zuständigen Behörde. Diesem Recht unterstehen namentlich die sichernden Massnahmen und die Nachlassabwicklung mit Einschluss der Willensvollstreckung.

4. Form.

93. ¹ Für die Form der letztwilligen Verfügung gilt das Haager Übereinkommen vom 5. Oktober 1961[1]) über das auf die Form letztwilliger Verfügungen anwendbare Recht.

² Dieses Übereinkommen gilt sinngemäss auch für die Form anderer Verfügungen von Todes wegen.

---

¹) Anhang II F zum ZGB, SR 0.211.312.1.

94. Eine Person kann von Todes wegen verfügen, wenn sie im Zeitpunkt der Verfügung nach dem Recht am Wohnsitz oder am gewöhnlichen Aufenthalt oder nach dem Recht eines ihrer Heimatstaaten verfügungsfähig ist.

5. Verfügungsfähigkeit.

95. ¹ Der Erbvertrag untersteht dem Recht am Wohnsitz des Erblassers zur Zeit des Vertragsabschlusses.

² Unterstellt ein Erblasser im Vertrag den ganzen Nachlass seinem Heimatrecht, so tritt dieses an die Stelle des Wohnsitzrechts.

³ Gegenseitige Verfügungen von Todes wegen müssen dem Wohnsitzrecht jedes Verfügenden oder dem von ihnen gewählten gemeinsamen Heimatrecht entsprechen.

⁴ Vorbehalten bleiben die Bestimmungen dieses Gesetzes über die Form und die Verfügungsfähigkeit (Art. 93 und 94).

6. Erbverträge und gegenseitige Verfügungen von Todes wegen.

96. ¹ Ausländische Entscheidungen, Massnahmen und Urkunden, die den Nachlass betreffen, sowie Rechte aus einem im Ausland eröffneten Nachlass werden in der Schweiz anerkannt:
a. wenn sie im Staat des letzten Wohnsitzes des Erblassers oder im Staat, dessen Recht er gewählt hat, getroffen, ausgestellt oder festgestellt worden sind oder wenn sie in einem dieser Staaten anerkannt werden, oder
b. wenn sie Grundstücke betreffen und in dem Staat, in dem sie liegen, getroffen, ausgestellt oder festgestellt worden sind oder wenn sie dort anerkannt werden.

² Beansprucht ein Staat für die in seinem Gebiet liegenden Grundstücke des Erblassers die ausschliessliche Zuständigkeit, so werden nur dessen Entscheidungen, Massnahmen und Urkunden anerkannt.

³ Sichernde Massnahmen des Staates, in dem Vermögen des Erblassers liegt, werden in der Schweiz anerkannt.

III. Ausländische Entscheidungen, Massnahmen, Urkunden und Rechte.

---

7. Kapitel

Sachenrecht

97. Für Klagen betreffend dingliche Rechte an Grundstücken in der Schweiz sind die Gerichte am Ort der gelegenen Sache ausschliesslich zuständig.

I. Zuständigkeit.
1. Grundstücke.

Anhang I A
Internationales Privatrecht (IPRG)

2. Bewegliche Sachen.

98. ¹ Für Klagen betreffend dingliche Rechte an beweglichen Sachen sind die schweizerischen Gerichte am Wohnsitz oder, wenn ein solcher fehlt, diejenigen am gewöhnlichen Aufenthalt des Beklagten zuständig.

² Hat der Beklagte in der Schweiz weder Wohnsitz noch gewöhnlichen Aufenthalt, so sind die schweizerischen Gerichte am Ort der gelegenen Sache zuständig.

3. Kulturgut.

98a.¹) Für Klagen auf Rückführung von Kulturgut nach Artikel 9 des Kulturgütertransfergesetzes vom 20. Juni 2003²) ist das Gericht am Wohnsitz oder Sitz der beklagten Partei oder am Ort, an dem das Kulturgut sich befindet, zuständig.

---

¹) Eingefügt gemäss Ziff. 3 des Anhangs zum ZertES, i.K. 1. Januar 2005.
²) KGTG, SR 444.1.

II. Anwendbares Recht.
1. Grundstücke.

99. ¹ Dingliche Rechte an Grundstücken unterstehen dem Recht am Ort der gelegenen Sache.

² Für Ansprüche aus Immissionen, die von einem Grundstück ausgehen, gelten die Bestimmungen dieses Gesetzes über unerlaubte Handlungen (Art. 138).

2. Bewegliche Sachen.
a. Grundsatz.

100. ¹ Erwerb und Verlust dinglicher Rechte an beweglichen Sachen unterstehen dem Recht des Staates, in dem die Sache im Zeitpunkt des Vorgangs, aus dem der Erwerb oder der Verlust hergeleitet wird, liegt.

² Inhalt und Ausübung dinglicher Rechte an beweglichen Sachen unterstehen dem Recht am Ort der gelegenen Sache.

b. Sachen im Transit.

101. Rechtsgeschäftlicher Erwerb und Verlust dinglicher Rechte an Sachen im Transit unterstehen dem Recht des Bestimmungsstaates.

c. Sachen, die in die Schweiz gelangen.

102. ¹ Gelangt eine bewegliche Sache in die Schweiz und ist der Erwerb oder der Verlust eines dinglichen Rechts an ihr nicht bereits im Ausland erfolgt, so gelten die im Ausland eingetretenen Vorgänge als in der Schweiz erfolgt.

² Gelangt eine bewegliche Sache in die Schweiz und ist an ihr im Ausland ein Eigentumsvorbehalt gültig begründet worden, der den Anforderungen des schweizerischen Rechts nicht genügt, so bleibt der Eigentumsvorbehalt in der Schweiz noch während drei Monaten gültig.

³ Dem gutgläubigen Dritten kann der Bestand eines solchen Eigentumsvorbehalts nicht entgegengehalten werden.

103. Der Eigentumsvorbehalt an einer zur Ausfuhr bestimmten beweglichen Sache untersteht dem Recht des Bestimmungsstaates.

d. Eigentumsvorbehalt an Sachen, die ausgeführt werden.

104. ¹ Die Parteien können den Erwerb und den Verlust dinglicher Rechte an beweglichen Sachen dem Recht des Abgangs- oder des Bestimmungsstaates oder dem Recht unterstellen, dem das zugrundeliegende Rechtsgeschäft untersteht.

² Die Rechtswahl kann Dritten nicht entgegengehalten werden.

e. Rechtswahl.

105. ¹ Die Verpfändung von Forderungen, Wertpapieren und anderen Rechten untersteht dem von den Parteien gewählten Recht. Die Rechtswahl kann Dritten nicht entgegengehalten werden.

² Fehlt eine Rechtswahl, so untersteht die Verpfändung von Forderungen und Wertpapieren dem Recht am gewöhnlichen Aufenthalt des Pfandgläubigers; die Verpfändung anderer Rechte untersteht dem auf diese anwendbaren Recht.

³ Dem Schuldner kann nur das Recht entgegengehalten werden, dem das verpfändete Recht untersteht.

3. Besondere Regeln. a. Verpfändung von Forderungen, Wertpapieren und anderen Rechten.

106. ¹ Das in einem Warenpapier bezeichnete Recht bestimmt, ob das Papier die Ware vertritt. Ist im Papier kein Recht bezeichnet, so gilt das Recht des Staates, in dem der Aussteller seine Niederlassung hat.

² Vertritt ein Papier die Ware, so unterstehen die dinglichen Rechte am Papier und an der Ware dem Recht, das auf das Warenpapier als bewegliche Sache anwendbar ist.

³ Machen verschiedene Parteien dingliche Rechte an der Ware geltend, die einen unmittelbar, die anderen aufgrund eines Warenpapiers, so entscheidet über den Vorrang das auf die Ware selbst anwendbare Recht.

b. Warenpapiere.

107. Die Bestimmungen anderer Gesetze über dingliche Rechte an Schiffen, Luftfahrzeugen und anderen Transportmitteln sind vorbehalten.

c. Transportmittel.

108. ¹ Ausländische Entscheidungen über dingliche Rechte an Grundstücken werden in der Schweiz anerkannt, wenn sie im Staat, in dem sie liegen, ergangen sind oder wenn sie dort anerkannt werden.

² Ausländische Entscheidungen über dingliche Rechte an beweglichen Sachen werden in der Schweiz anerkannt:
a. wenn sie im Staat ergangen sind, in dem der Beklagte seinen Wohnsitz hat;
b. wenn sie im Staat, in dem die Sache liegt, ergangen sind, sofern der Beklagte dort seinen gewöhnlichen Aufenthalt hatte, oder

III. Ausländische Entscheidungen.

c. wenn sie im Staat ergangen sind, in dem sich der vereinbarte Gerichtsstand befindet.

---

8. Kapitel

Immaterialgüterrecht

I. Zuständigkeit.

109. ¹ Für Klagen betreffend Immaterialgüterrechte sind die schweizerischen Gerichte am Wohnsitz des Beklagten zuständig. Fehlt ein solcher, so sind die schweizerischen Gerichte am Ort zuständig, wo der Schutz beansprucht wird. Ausgenommen sind Klagen betreffend die Gültigkeit oder die Eintragung von Immaterialgüterrechten im Ausland.

² Können mehrere Beklagte in der Schweiz belangt werden und stützen sich die Ansprüche im wesentlichen auf die gleichen Tatsachen und Rechtsgründe, so kann bei jedem zuständigen Richter gegen alle geklagt werden; der zuerst angerufene Richter ist ausschliesslich zuständig.

³ Hat der Beklagte keinen Wohnsitz in der Schweiz, so sind für Klagen betreffend die Gültigkeit oder die Eintragung von Immaterialgüterrechten in der Schweiz die schweizerischen Gerichte am Geschäftssitz des im Register eingetragenen Vertreters oder, wenn ein solcher fehlt, diejenigen am Sitz der schweizerischen Registerbehörde zuständig.

II. Anwendbares Recht.

110. ¹ Immaterialgüterrechte unterstehen dem Recht des Staates, für den der Schutz der Immaterialgüter beansprucht wird.

² Für Ansprüche aus Verletzung von Immaterialgüterrechten können die Parteien nach Eintritt des schädigenden Ereignisses stets vereinbaren, dass das Recht am Gerichtsort anzuwenden ist.

³ Verträge über Immaterialgüterrechte unterstehen den Bestimmungen dieses Gesetzes über das auf obligationenrechtliche Verträge anzuwendende Recht (Art. 122).

III. Ausländische Entscheidungen.

111. ¹ Ausländische Entscheidungen betreffend Immaterialgüterrechte werden in der Schweiz anerkannt:
a. wenn sie im Staat ergangen sind, in dem der Beklagte seinen Wohnsitz hatte, oder
b. wenn sie im Staat ergangen sind, für den der Schutz der Immaterialgüter beansprucht wird, und der Beklagte keinen Wohnsitz in der Schweiz hat.

² Ausländische Entscheidungen betreffend Gültigkeit oder Eintragung von Immaterialgüterrechten werden nur anerkannt,

wenn sie im Staat ergangen sind, für den der Schutz beansprucht wird, oder wenn sie dort anerkannt werden.

---

9. Kapitel

Obligationenrecht

1. Abschnitt

Verträge

112. ¹ Für Klagen aus Vertrag sind die schweizerischen Gerichte am Wohnsitz des Beklagten oder, wenn ein solcher fehlt, diejenigen an seinem gewöhnlichen Aufenthalt zuständig.

² Für Klagen aufgrund der Tätigkeit einer Niederlassung in der Schweiz sind überdies die Gerichte am Ort der Niederlassung zuständig.

I. Zuständigkeit.
1. Grundsatz.

113. Hat der Beklagte weder Wohnsitz oder gewöhnlichen Aufenthalt, noch eine Niederlassung in der Schweiz, ist aber die Leistung in der Schweiz zu erbringen, so kann beim schweizerischen Gericht am Erfüllungsort geklagt werden.

2. Erfüllungsort.

114. ¹ Für die Klagen eines Konsumenten aus einem Vertrag, der den Voraussetzungen von Artikel 120 Absatz 1 entspricht, sind nach Wahl des Konsumenten die schweizerischen Gerichte zuständig:
  a. am Wohnsitz oder am gewöhnlichen Aufenthalt des Konsumenten, oder
  b. am Wohnsitz des Anbieters oder, wenn ein solcher fehlt, an dessen gewöhnlichem Aufenthalt.

² Der Konsument kann nicht zum voraus auf den Gerichtsstand an seinem Wohnsitz oder an seinem gewöhnlichen Aufenthalt verzichten.

3. Verträge mit Konsumenten.

115. ¹ Für Klagen aus Arbeitsvertrag sind die schweizerischen Gerichte am Wohnsitz des Beklagten oder am Ort zuständig, wo der Arbeitnehmer gewöhnlich seine Arbeit verrichtet.

² Für Klagen des Arbeitnehmers sind überdies die schweizerischen Gerichte an seinem Wohnsitz oder an seinem gewöhnlichen Aufenthalt zuständig.

³ Für Klagen bezüglich der auf die Arbeitsleistung anzuwendenden Arbeits- und Lohnbedingungen sind zudem die Schweizer Gerichte am Ort zuständig, an den der Arbeitnehmer für

4. Arbeitsverträge.

einen begrenzten Zeitraum und zur Verrichtung auch nur eines Teils seiner Arbeit aus dem Ausland entsandt worden ist.[1])

---

[1]) Eingefügt gemäss Ziff. 1 des Anhangs zum BG vom 8. Oktober 1999 über die minimalen Arbeits- und Lohnbedingungen für in die Schweiz entsandte Arbeitnehmerinnen und Arbeitnehmer und flankierende Massnahmen (AS 2003 S.1370), i.K. 1. Juni 2004.

II. Anwendbares Recht.[1])
1. Im allgemeinen.
a. Rechtswahl.

116. [1] Der Vertrag untersteht dem von den Parteien gewählten Recht.

[2] Die Rechtswahl muss ausdrücklich sein oder sich eindeutig aus dem Vertrag oder aus den Umständen ergeben. Im übrigen untersteht sie dem gewählten Recht.

[3] Die Rechtswahl kann jederzeit getroffen oder geändert werden. Wird sie nach Vertragsabschluss getroffen oder geändert, so wirkt sie auf den Zeitpunkt des Vertragsabschlusses zurück. Die Rechte Dritter sind vorbehalten.

---

[1]) Zur Rechtsanwendung im Bereich Direktversicherung beachte die Sonderbestimmungen in Art. 101a–101c VVG (Anhang III C zum OR).

b. Fehlen einer Rechtswahl.

117. [1] Bei Fehlen einer Rechtswahl untersteht der Vertrag dem Recht des Staates, mit dem er am engsten zusammenhängt.

[2] Es wird vermutet, der engste Zusammenhang bestehe mit dem Staat, in dem die Partei, welche die charakteristische Leistung erbringen soll, ihren gewöhnlichen Aufenthalt hat oder, wenn sie den Vertrag aufgrund einer beruflichen oder gewerblichen Tätigkeit geschlossen hat, in dem sich ihre Niederlassung befindet.

[3] Als charakteristische Leistung gilt namentlich:
a. bei Veräusserungsverträgen die Leistung des Veräusserers;
b. bei Gebrauchsüberlassungsverträgen die Leistung der Partei, die eine Sache oder ein Recht zum Gebrauch überlässt;
c. bei Auftrag, Werkvertrag und ähnlichen Dienstleistungsverträgen die Dienstleistung;
d. bei Verwahrungsverträgen die Leistung des Verwahrers;
e. bei Garantie- oder Bürgschaftsverträgen die Leistung des Garanten oder des Bürgen.

2. Im besonderen.
a. Kauf beweglicher körperlicher Sachen.

118. [1] Für den Kauf beweglicher körperlicher Sachen gilt das Haager Übereinkommen vom 15. Juni 1955[1]) betreffend das auf internationale Kaufverträge über bewegliche körperliche Sachen anzuwendende Recht.

[2] Artikel 120 ist vorbehalten.[2])

---

[1]) Anhang XI A zum OR, SR 0.221.211.4.
[2]) Beachte aber auch Art. 1 lit. a des Wiener Übereinkommens über Verträge über den internationalen Warenkauf (Anhang XI B zum OR).

119. ¹ Verträge über Grundstücke oder deren Gebrauch unterstehen dem Recht des Staates, in dem sich die Grundstücke befinden.

² Eine Rechtswahl ist zulässig.

³ Die Form untersteht dem Recht des Staates, in dem sich das Grundstück befindet, es sei denn, dieses Recht lasse die Anwendung eines anderen Rechts zu. Für ein Grundstück in der Schweiz richtet sich die Form nach schweizerischem Recht.

b. Grundstücke.

120. ¹ Verträge über Leistungen des üblichen Verbrauchs, die für den persönlichen oder familiären Gebrauch des Konsumenten bestimmt sind und nicht im Zusammenhang mit der beruflichen oder gewerblichen Tätigkeit des Konsumenten stehen, unterstehen dem Recht des Staates, in dem der Konsument seinen gewöhnlichen Aufenthalt hat:
a. wenn der Anbieter die Bestellung in diesem Staat entgegengenommen hat;
b. wenn in diesem Staat dem Vertragsabschluss ein Angebot oder eine Werbung vorausgegangen ist und der Konsument in diesem Staat die zum Vertragsabschluss erforderlichen Rechtshandlungen vorgenommen hat, oder
c. wenn der Anbieter den Konsumenten veranlasst hat, sich ins Ausland zu begeben und seine Bestellung dort abzugeben.

² Eine Rechtswahl ist ausgeschlossen.

c. Verträge mit Konsumenten.

121. ¹ Der Arbeitsvertrag untersteht dem Recht des Staates, in dem der Arbeitnehmer gewöhnlich seine Arbeit verrichtet.

² Verrichtet der Arbeitnehmer seine Arbeit gewöhnlich in mehreren Staaten, so untersteht der Arbeitsvertrag dem Recht des Staates, in dem sich die Niederlassung oder, wenn eine solche fehlt, der Wohnsitz oder der gewöhnliche Aufenthalt des Arbeitgebers befindet.

³ Die Parteien können den Arbeitsvertrag dem Recht des Staates unterstellen, in dem der Arbeitnehmer seinen gewöhnlichen Aufenthalt hat oder in dem der Arbeitgeber seine Niederlassung, seinen Wohnsitz oder seinen gewöhnlichen Aufenthalt hat.

d. Arbeitsverträge.

122. ¹ Verträge über Immaterialgüterrechte unterstehen dem Recht des Staates, in dem derjenige, der das Immaterialgüterrecht überträgt oder die Benutzung an ihm einräumt, seinen gewöhnlichen Aufenthalt hat.

² Eine Rechtswahl ist zulässig.

³ Verträge zwischen Arbeitgebern und Arbeitnehmern über Rechte an Immaterialgütern, die der Arbeitnehmer im Rahmen der Erfüllung des Arbeitsvertrages geschaffen hat, unterstehen dem auf den Arbeitsvertrag anwendbaren Recht.

e. Verträge über Immaterialgüterrechte.

Anhang I A
Internationales Privatrecht (IPRG)

3. Gemeinsame Bestimmungen.
a. Schweigen auf einen Antrag.

123. Schweigt eine Partei auf einen Antrag zum Abschluss eines Vertrages, so kann sie sich für die Wirkungen des Schweigens auf das Recht des Staates berufen, in dem sie ihren gewöhnlichen Aufenthalt hat.

b. Form.

124. [1] Der Vertrag ist formgültig, wenn er dem auf den Vertrag anwendbaren Recht oder dem Recht am Abschlussort entspricht.

[2] Befinden sich die Parteien im Zeitpunkt des Vertragsabschlusses in verschiedenen Staaten, so genügt es, wenn die Form dem Recht eines dieser Staaten entspricht.

[3] Schreibt das auf den Vertrag anwendbare Recht die Beachtung einer Form zum Schutz einer Partei vor, so richtet sich die Formgültigkeit ausschliesslich nach diesem Recht, es sei denn, dieses lasse die Anwendung eines anderen Rechts zu.

c. Erfüllungs- und Untersuchungsmodalitäten.

125. Erfüllungs- und Untersuchungsmodalitäten unterstehen dem Recht des Staates, in dem sie tatsächlich erfolgen.

d. Stellvertretung.

126. [1] Bei rechtsgeschäftlicher Vertretung untersteht das Verhältnis zwischen dem Vertretenen und dem Vertreter dem auf ihren Vertrag anwendbaren Recht.

[2] Die Voraussetzungen, unter denen eine Handlung des Vertreters den Vertretenen gegenüber dem Dritten verpflichtet, unterstehen dem Recht des Staates, in dem der Vertreter seine Niederlassung hat oder, wenn eine solche fehlt oder für den Dritten nicht erkennbar ist, dem Recht des Staates, in dem der Vertreter im Einzelfall hauptsächlich handelt.

[3] Steht der Vertreter in einem Arbeitsverhältnis zum Vertretenen und besitzt er keine eigene Geschäftsniederlassung, so befindet sich der Ort seiner Niederlassung am Sitz des Vertretenen.

[4] Das nach Absatz 2 anwendbare Recht gilt auch für das Verhältnis zwischen dem nicht ermächtigten Vertreter und dem Dritten.

2. Abschnitt

Ungerechtfertigte Bereicherung

I. Zuständigkeit.

127. Für Klagen aus ungerechtfertigter Bereicherung sind die schweizerischen Gerichte am Wohnsitz des Beklagten oder, wenn ein solcher fehlt, diejenigen an seinem gewöhnlichen Aufenthalt oder am Ort seiner Niederlassung zuständig.

II. Anwendbares Recht.

128. [1] Ansprüche aus ungerechtfertigter Bereicherung unterstehen dem Recht, dem das bestehende oder das vermeintliche

Rechtsverhältnis unterstellt ist, aufgrund dessen die Bereicherung stattgefunden hat.

² Besteht kein Rechtsverhältnis, so unterstehen die Ansprüche aus ungerechtfertigter Bereicherung dem Recht des Staates, in dem die Bereicherung eingetreten ist; die Parteien können vereinbaren, dass das Recht am Gerichtsort anzuwenden ist.

3. Abschnitt

Unerlaubte Handlungen

129. ¹ Für Klagen aus unerlaubter Handlung sind die schweizerischen Gerichte am Wohnsitz des Beklagten oder, wenn ein solcher fehlt, diejenigen an seinem gewöhnlichen Aufenthalt oder am Ort seiner Niederlassung zuständig.

I. Zuständigkeit.
1. Grundsatz.

² Hat der Beklagte weder Wohnsitz oder gewöhnlichen Aufenthalt, noch eine Niederlassung in der Schweiz, so kann beim schweizerischen Gericht am Handlungs- oder am Erfolgsort geklagt werden.

³ Können mehrere Beklagte in der Schweiz belangt werden und stützen sich die Ansprüche im wesentlichen auf die gleichen Tatsachen und Rechtsgründe, so kann bei jedem zuständigen Richter gegen alle geklagt werden; der zuerst angerufene Richter ist ausschliesslich zuständig.

130. ¹ Ist durch eine Kernanlage oder beim Transport von Kernmaterialien Schaden verursacht worden, so sind die schweizerischen Gerichte des Ortes zuständig, an dem das schädigende Ereignis eingetreten ist.

2. Im besonderen.

² Kann dieser Ort nicht ermittelt werden, so sind:
a. wenn der Inhaber einer Kernanlage haftet, die schweizerischen Gerichte des Ortes zuständig, in dem die Kernanlage gelegen ist;
b. wenn der Inhaber einer Transportbewilligung haftet, die schweizerischen Gerichte des Ortes zuständig, an dem der Inhaber der Transportbewilligung seinen Wohnsitz oder sein Gerichtsdomizil hat.

³ Klagen zur Durchsetzung des Auskunftsrechts gegen den Inhaber einer Datensammlung können bei den in Artikel 129 genannten Gerichten oder bei den schweizerischen Gerichten am Ort, wo die Datensammlung geführt oder verwendet wird, eingereicht werden.¹⁾

---

¹⁾ Eingefügt gemäss Ziff. 3 des Anhangs zum DSG (Anhang XI A zum ZGB), i.K. 1. Juli 1993 (AS 1993 S. 1945).

Anhang I A
Internationales Privatrecht (IPRG)

3. Unmittelbares Forderungsrecht.

131. Für Klagen aufgrund eines unmittelbaren Forderungsrechts gegen den Haftpflichtversicherer sind die schweizerischen Gerichte am Ort der Niederlassung des Versicherers oder diejenigen am Handlungs- oder am Erfolgsort zuständig.

II. Anwendbares Recht.
1. Im allgemeinen.
a. Rechtswahl.

132. Die Parteien können nach Eintritt des schädigenden Ereignisses stets vereinbaren, dass das Recht am Gerichtsort anzuwenden ist.

b. Fehlen einer Rechtswahl.

133. [1] Haben Schädiger und Geschädigter ihren gewöhnlichen Aufenthalt im gleichen Staat, so unterstehen Ansprüche aus unerlaubter Handlung dem Recht dieses Staates.

[2] Haben Schädiger und Geschädigter ihren gewöhnlichen Aufenthalt nicht im gleichen Staat, so ist das Recht des Staates anzuwenden, in dem die unerlaubte Handlung begangen worden ist. Tritt der Erfolg nicht in dem Staat ein, in dem die unerlaubte Handlung begangen worden ist, so ist das Recht des Staates anzuwenden, in dem der Erfolg eintritt, wenn der Schädiger mit dem Eintritt des Erfolges in diesem Staat rechnen musste.

[3] Wird durch eine unerlaubte Handlung ein zwischen Schädiger und Geschädigtem bestehendes Rechtsverhältnis verletzt, so unterstehen Ansprüche aus unerlaubter Handlung, ungeachtet der Absätze 1 und 2, dem Recht, dem das vorbestehende Rechtsverhältnis unterstellt ist.

2. Im besonderen.
a. Strassenverkehrsunfälle.

134. Für Ansprüche aus Strassenverkehrsunfällen gilt das Haager Übereinkommen vom 4. Mai 1971[1]) über das auf Strassenverkehrsunfälle anwendbare Recht.

---
[1]) Anhang XI C zum OR, SR 0.741.31.

b. Produktemängel.

135. [1] Ansprüche aus Mängeln oder mangelhafter Beschreibung eines Produktes unterstehen nach Wahl des Geschädigten:
a. dem Recht des Staates, in dem der Schädiger seine Niederlassung oder, wenn eine solche fehlt, seinen gewöhnlichen Aufenthalt hat, oder
b. dem Recht des Staates, in dem das Produkt erworben worden ist, sofern der Schädiger nicht nachweist, dass es in diesem Staat ohne sein Einverständnis in den Handel gelangt ist.

[2] Unterstehen Ansprüche aus Mängeln oder mangelhafter Beschreibung eines Produktes ausländischem Recht, so können in der Schweiz keine weitergehenden Leistungen zugesprochen werden, als nach schweizerischem Recht für einen solchen Schaden zuzusprechen wären.

c. Unlauterer Wettbewerb.

136. [1] Ansprüche aus unlauterem Wettbewerb unterstehen dem Recht des Staates, auf dessen Markt die unlautere Handlung ihre Wirkung entfaltet.

² Richtet sich die Rechtsverletzung ausschliesslich gegen betriebliche Interessen des Geschädigten, so ist das Recht des Staates anzuwenden, in dem sich die betroffene Niederlassung befindet.

³ Artikel 133 Absatz 3 ist vorbehalten.

137. ¹ Ansprüche aus Wettbewerbsbehinderung unterstehen dem Recht des Staates, auf dessen Markt der Geschädigte von der Behinderung unmittelbar betroffen ist.

² Unterstehen Ansprüche aus Wettbewerbsbehinderung ausländischem Recht, so können in der Schweiz keine weitergehenden Leistungen zugesprochen werden als nach schweizerischem Recht für eine unzulässige Wettbewerbsbehinderung zuzusprechen wären.

d. Wettbewerbsbehinderung.

138. Ansprüche aus schädigenden Einwirkungen, die von einem Grundstück ausgehen, unterstehen nach Wahl des Geschädigten dem Recht des Staates, in dem das Grundstück liegt, oder dem Recht des Staates, in dem der Erfolg einer Einwirkung eintritt.

e. Immissionen.

139. ¹ Ansprüche aus Verletzung der Persönlichkeit durch Medien, insbesondere durch Presse, Radio, Fernsehen oder durch andere Informationsmittel in der Öffentlichkeit unterstehen nach Wahl des Geschädigten:
a. dem Recht des Staates, in dem der Geschädigte seinen gewöhnlichen Aufenthalt hat, sofern der Schädiger mit dem Eintritt des Erfolges in diesem Staat rechnen musste;
b. dem Recht des Staates, in dem der Urheber der Verletzung seine Niederlassung oder seinen gewöhnlichen Aufenthalt hat, oder
c. dem Recht des Staates, in dem der Erfolg der verletzenden Handlung eintritt, sofern der Schädiger mit dem Eintritt des Erfolges in diesem Staat rechnen musste.

f. Persönlichkeitsverletzung.

² Das Gegendarstellungsrecht gegenüber periodisch erscheinenden Medien richtet sich ausschliesslich nach dem Recht des Staates, in dem das Druckerzeugnis erschienen ist oder von dem aus die Radio- oder Fernsehsendung verbreitet wurde.

³ Absatz 1 ist auch anwendbar auf Ansprüche aus Verletzung der Persönlichkeit durch das Bearbeiten von Personendaten sowie aus Beeinträchtigung des Rechts auf Auskunft über Personendaten.[1])

---

[1]) Eingefügt gemäss Ziff. 3 des Anhangs zum DSG (Anhang XI zum ZGB), i.K. 1. Juli 1993 (AS 1993 S. 1945).

Anhang I A
Internationales Privatrecht (IPRG)

3. Besondere Bestimmungen. a. Mehrfache Haftpflichtige.	**140.** Sind mehrere Personen an einer unerlaubten Handlung beteiligt, so ist für jede von ihnen das anwendbare Recht gesondert zu bestimmen, unabhängig von der Art ihrer Beteiligung.
b. Unmittelbares Forderungsrecht.	**141.** Der Geschädigte kann seinen Anspruch direkt gegen den Versicherer des Haftpflichtigen geltend machen, wenn das auf die unerlaubte Handlung oder auf den Versicherungsvertrag anwendbare Recht es vorsieht.
4. Geltungsbereich.	**142.** ¹ Das auf die unerlaubte Handlung anwendbare Recht bestimmt insbesondere die Deliktsfähigkeit, die Voraussetzungen und den Umfang der Haftung sowie die Person des Haftpflichtigen. ² Sicherheits- und Verhaltensvorschriften am Ort der Handlung sind zu berücksichtigen.

4. Abschnitt

Gemeinsame Bestimmungen

I. Mehrheit von Schuldnern. 1. Ansprüche gegen mehrere Schuldner.	**143.** Hat der Gläubiger Ansprüche gegen mehrere Schuldner, so unterstehen die Rechtsfolgen daraus dem Recht, dem das Rechtsverhältnis zwischen dem Gläubiger und dem in Anspruch genommenen Schuldner unterstellt ist.
2. Rückgriff zwischen Schuldnern.	**144.** ¹ Ein Schuldner kann auf einen anderen Schuldner unmittelbar oder durch Eintritt in die Rechtsstellung des Gläubigers insoweit Rückgriff nehmen, als es die Rechte zulassen, denen die entsprechenden Schulden unterstehen. ² Die Durchführung des Rückgriffs untersteht dem gleichen Recht wie die Schuld des Rückgriffsverpflichteten. Fragen, die nur das Verhältnis zwischen Gläubiger und Rückgriffsberechtigtem betreffen, unterstehen dem Recht, das auf die Schuld des Rückgriffsberechtigten anwendbar ist. ³ Ob einer Einrichtung, die öffentliche Aufgaben wahrnimmt, ein Rückgriffsrecht zusteht, bestimmt sich nach dem auf diese Einrichtung anwendbaren Recht. Für die Zulässigkeit und die Durchführung des Rückgriffes gelten die Absätze 1 und 2.
II. Übergang einer Forderung. 1. Abtretung durch Vertrag.	**145.** ¹ Die Abtretung einer Forderung durch Vertrag untersteht dem von den Parteien gewählten Recht oder, wenn ein solches fehlt, dem auf die Forderung anzuwendenden Recht. Die Rechtswahl ist gegenüber dem Schuldner ohne dessen Zustimmung unwirksam. ² Für die Abtretung einer Forderung des Arbeitnehmers ist die Rechtswahl nur insoweit wirksam, als Artikel 121 Absatz 3 sie für den Arbeitsvertrag zulässt.

³ Die Form der Abtretung untersteht ausschliesslich dem auf den Abtretungsvertrag anwendbaren Recht.
⁴ Fragen, die nur das Verhältnis zwischen den Parteien des Abtretungsvertrages betreffen, unterstehen dem Recht, welches auf das der Abtretung zugrundeliegende Rechtsverhältnis anwendbar ist.

146. ¹ Der Übergang einer Forderung kraft Gesetzes untersteht dem Recht des zugrundeliegenden Rechtsverhältnisses zwischen altem und neuem Gläubiger oder, wenn ein solches fehlt, dem Recht der Forderung.
² Vorbehalten sind die Bestimmungen des Rechts der Forderung, die den Schuldner schützen.

2. Übergang kraft Gesetzes.

147. ¹ Was unter einer Währung zu verstehen ist, bestimmt das Recht des Staates, dessen Währung in Frage steht.
² Die Wirkungen einer Währung auf die Höhe einer Schuld unterstehen dem Recht, das auf die Schuld anwendbar ist.
³ In welcher Währung zu zahlen ist, richtet sich nach dem Recht des Staates, in dem die Zahlung zu erfolgen hat.

III. Währung.

148. ¹ Verjährung und Erlöschen einer Forderung unterstehen dem auf die Forderung anwendbaren Recht.
² Bei der Verrechnung untersteht das Erlöschen dem Recht der Forderung, deren Tilgung mit der Verrechnung bezweckt ist.
³ Die Neuerung, der Erlass- und der Verrechnungsvertrag richten sich nach den Bestimmungen dieses Gesetzes über das auf Verträge anwendbare Recht (Art. 116 ff.).

IV. Verjährung und Erlöschen einer Forderung.

5. Abschnitt

Ausländische Entscheidungen

149. ¹ Ausländische Entscheidungen über obligationenrechtliche Ansprüche werden in der Schweiz anerkannt, wenn sie im Staat ergangen sind:
a. in dem der Beklagte seinen Wohnsitz hatte, oder
b. in dem der Beklagte seinen gewöhnlichen Aufenthalt hatte und die Ansprüche mit einer Tätigkeit an diesem Ort zusammenhängen.

² Eine ausländische Entscheidung wird ferner anerkannt:
a. wenn sie eine vertragliche Leistung betrifft, im Staat der Erfüllung dieser Leistung ergangen ist und der Beklagte seinen Wohnsitz nicht in der Schweiz hatte;

b. wenn sie Ansprüche aus Verträgen mit Konsumenten betrifft und am Wohnsitz oder am gewöhnlichen Aufenthalt des Konsumenten ergangen ist, und die Voraussetzungen von Artikel 120 Absatz 1 erfüllt sind;
c. wenn sie Ansprüche aus einem Arbeitsvertrag betrifft, am Arbeits- oder Betriebsort ergangen ist und der Arbeitnehmer seinen Wohnsitz nicht in der Schweiz hatte;
d. wenn sie Ansprüche aus dem Betrieb einer Niederlassung betrifft und am Sitz dieser Niederlassung ergangen ist;
e. wenn sie Ansprüche aus ungerechtfertigter Bereicherung betrifft, am Handlungs- oder am Erfolgsort ergangen ist und der Beklagte seinen Wohnsitz nicht in der Schweiz hatte, oder
f. wenn sie Ansprüche aus unerlaubter Handlung betrifft, am Handlungs- oder am Erfolgsort ergangen ist und der Beklagte seinen Wohnsitz nicht in der Schweiz hatte.

10. Kapitel

Gesellschaftsrecht

I. Begriffe.

150. [1] Als Gesellschaften im Sinne dieses Gesetzes gelten organisierte Personenzusammenschlüsse und organisierte Vermögenseinheiten.

[2] Für einfache Gesellschaften, die sich keine Organisation gegeben haben, gilt das auf Verträge anwendbare Recht (Art. 116 ff.).

II. Zuständigkeit.
1. Grundsatz.

151. [1] In gesellschaftsrechtlichen Streitigkeiten sind die schweizerischen Gerichte am Sitz der Gesellschaft zuständig für Klagen gegen die Gesellschaft, die Gesellschafter oder die aus gesellschaftsrechtlicher Verantwortlichkeit haftenden Personen.

[2] Für Klagen gegen einen Gesellschafter oder gegen eine aus gesellschaftsrechtlicher Verantwortlichkeit haftende Person sind auch die schweizerischen Gerichte am Wohnsitz oder, wenn ein solcher fehlt, diejenigen am gewöhnlichen Aufenthalt des Beklagten zuständig.

[3] Für Klagen aus Verantwortlichkeit infolge öffentlicher Ausgabe von Beteiligungspapieren und Anleihen sind ausserdem die schweizerischen Gerichte am Ausgabeort zuständig. Diese Zuständigkeit kann durch eine Gerichtsstandsvereinbarung nicht ausgeschlossen werden.

152. Für Klagen gegen die nach Artikel 159 haftenden Personen oder gegen die ausländische Gesellschaft, für die sie handeln, sind zuständig:
a. die schweizerischen Gerichte am Wohnsitz oder, wenn ein solcher fehlt, diejenigen am gewöhnlichen Aufenthalt des Beklagten, oder
b. die schweizerischen Gerichte am Ort, an dem die Gesellschaft tatsächlich verwaltet wird.

2. Haftung für ausländische Gesellschaften.

153. Für Massnahmen zum Schutze des in der Schweiz gelegenen Vermögens von Gesellschaften mit Sitz im Ausland sind die schweizerischen Gerichte oder Behörden am Ort des zu schützenden Vermögenswertes zuständig.

3. Schutzmassnahmen.

154. [1] Gesellschaften unterstehen dem Recht des Staates, nach dessen Vorschriften sie organisiert sind, wenn sie die darin vorgeschriebenen Publizitäts- oder Registrierungsvorschriften dieses Rechts erfüllen oder, falls solche Vorschriften nicht bestehen, wenn sie sich nach dem Recht dieses Staates organisiert haben.

[2] Erfüllt eine Gesellschaft diese Voraussetzungen nicht, so untersteht sie dem Recht des Staates, in dem sie tatsächlich verwaltet wird.

III. Anwendbares Recht. 1. Grundsatz.

155. Unter Vorbehalt der Artikel 156–161 bestimmt das auf die Gesellschaft anwendbare Recht insbesondere:
a. die Rechtsnatur;
b. die Entstehung und den Untergang;
c. die Rechts- und Handlungsfähigkeit;
d. den Namen oder die Firma;
e. die Organisation;
f. die internen Beziehungen, namentlich diejenigen zwischen der Gesellschaft und ihren Mitgliedern;
g. die Haftung aus Verletzung gesellschaftsrechtlicher Vorschriften;
h. die Haftung für ihre Schulden;
i. die Vertretung der aufgrund ihrer Organisation handelnden Personen.

2. Umfang.

156. Ansprüche aus öffentlicher Ausgabe von Beteiligungspapieren und Anleihen aufgrund von Prospekten, Zirkularen und ähnlichen Bekanntmachungen können nach dem auf die Gesellschaft anwendbaren Recht oder nach dem Recht des Staates geltend gemacht werden, in dem die Ausgabe erfolgt ist.

IV. Sonderanknüpfungen. 1. Ansprüche aus öffentlicher Ausgabe von Beteiligungspapieren und Anleihen.

157. [1] Wird in der Schweiz der Name oder die Firma einer im schweizerischen Handelsregister eingetragenen Gesellschaft verletzt, so richtet sich deren Schutz nach schweizerischem Recht.

2. Namens- und Firmenschutz.

² Ist eine Gesellschaft nicht im schweizerischen Handelsregister eingetragen, so richtet sich der Schutz ihres Namens oder ihrer Firma nach dem auf den unlauteren Wettbewerb (Art. 136) oder nach dem auf die Persönlichkeitsverletzung anwendbaren Recht (Art. 132, 133 und 139).

3. Beschränkung der Vertretungsbefugnis.	**158.** Eine Gesellschaft kann sich nicht auf die Beschränkung der Vertretungsbefugnis eines Organs oder eines Vertreters berufen, die dem Recht des Staates des gewöhnlichen Aufenthalts oder der Niederlassung der anderen Partei unbekannt ist, es sei denn, die andere Partei habe diese Beschränkung gekannt oder hätte sie kennen müssen.
4. Haftung für ausländische Gesellschaften.	**159.** Werden die Geschäfte einer Gesellschaft, die nach ausländischem Recht gegründet worden ist, in der Schweiz oder von der Schweiz aus geführt, so untersteht die Haftung der für sie handelnden Personen schweizerischem Recht.
V. Zweigniederlassung ausländischer Gesellschaften in der Schweiz.	**160.** ¹ Eine Gesellschaft mit Sitz im Ausland kann in der Schweiz eine Zweigniederlassung haben. Diese untersteht schweizerischem Recht. ² Die Vertretungsmacht einer solchen Zweigniederlassung richtet sich nach schweizerischem Recht. Mindestens eine zur Vertretung befugte Person muss in der Schweiz Wohnsitz haben und im Handelsregister eingetragen sein. ³ Der Bundesrat erlässt die näheren Vorschriften über die Pflicht zur Eintragung in das Handelsregister.
VI. Verlegung, Fusion, Spaltung und Vermögensübertragung.* 1. Verlegung der Gesellschaft vom Ausland in die Schweiz. a. Grundsatz.	**161.** ¹ Eine ausländische Gesellschaft kann sich ohne Liquidation und Neugründung dem schweizerischen Recht unterstellen, wenn das ausländische Recht es gestattet, die Gesellschaft die Voraussetzungen des ausländischen Rechts erfüllt und die Anpassung an eine schweizerische Rechtsform möglich ist. ² Der Bundesrat kann die Unterstellung unter das schweizerische Recht auch ohne Berücksichtigung des ausländischen Rechts zulassen, insbesondere wenn erhebliche schweizerische Interessen es erfordern.
b. Massgeblicher Zeitpunkt.	**162.** ¹ Eine Gesellschaft, die nach schweizerischem Recht eintragungspflichtig ist, untersteht schweizerischem Recht, sobald sie nachweist, dass sie den Mittelpunkt der Geschäftstätigkeit in die Schweiz verlegt und sich dem schweizerischen Recht angepasst hat.

---

* Durch das BG vom 3. Oktober 2003 über Fusion, Spaltung, Umwandlung und Vermögensübertragung (Fusionsgesetz, FusG) (Anhang IX zum OR) sind die Artikel 161 Randtitel, 162 Randtitel und Abs. 3, 163, 164 und 165 geändert worden. Neu eingefügt wurden die Artikel 163a–d und 164a und b. Das FusG ist auf den 1. Juli 2004 in Kraft getreten (AS 2004 S. 2617).

² Eine Gesellschaft, die nach schweizerischem Recht nicht eintragungspflichtig ist, untersteht dem schweizerischen Recht, sobald der Wille, dem schweizerischen Recht zu unterstehen, deutlich erkennbar ist, eine genügende Beziehung zur Schweiz besteht und die Anpassung an das schweizerische Recht erfolgt ist.

³ Eine Kapitalgesellschaft hat vor der Eintragung durch den Bericht eines besonders befähigten Revisors im Sinne von Artikel 727b des Obligationenrechts[1]) nachzuweisen, dass ihr Grundkapital nach schweizerischem Recht gedeckt ist.

---

[1]) Mit Inkrafttreten des BG/GmbH vom 16. Dezember 2005 (voraussichtlich in der zweiten Hälfte des Jahres 2007) wird Art. 162 Abs. 3 geändert; statt «besonders befähigten Revisors im Sinne von Artikel 727b des Obligationenrechts» heisst es dann neu «zugelassenen Revisionsexperten im Sinne des Revisionsaufsichtsgesetzes vom 16. Dezember 2005» (s. Anhang XII zum ZGB, S. 755 ff., 760).

163. ¹ Eine schweizerische Gesellschaft kann sich ohne Liquidation und Neugründung dem ausländischen Recht unterstellen, wenn die Voraussetzungen nach schweizerischem Recht erfüllt sind und sie nach dem ausländischen Recht fortbesteht.

2. Verlegung der Gesellschaft von der Schweiz ins Ausland.

² Die Gläubiger sind unter Hinweis auf die bevorstehende Änderung des Gesellschaftsstatuts öffentlich zur Anmeldung ihrer Forderungen aufzufordern. Artikel 46 des Fusionsgesetzes vom 3. Oktober 2003[1]) findet sinngemäss Anwendung.

³ Die Bestimmungen über vorsorgliche Schutzmassnahmen im Falle internationaler Konflikte im Sinne von Artikel 61 des Landesversorgungsgesetzes vom 8. Oktober 1982[2]) sind vorbehalten.

---

[1]) FusG (Anhang IX zum OR).
[2]) SR 531.

163a. ¹ Eine schweizerische Gesellschaft kann eine ausländische Gesellschaft übernehmen (Immigrationsabsorption) oder sich mit ihr zu einer neuen schweizerischen Gesellschaft zusammenschliessen (Immigrationskombination), wenn das auf die ausländische Gesellschaft anwendbare Recht dies gestattet und dessen Voraussetzungen erfüllt sind.

*3. Fusion.
a. Fusion vom Ausland in die Schweiz.*

² Im Übrigen untersteht die Fusion dem schweizerischen Recht.

163b. ¹ Eine ausländische Gesellschaft kann eine schweizerische Gesellschaft übernehmen (Emigrationsabsorption) oder sich mit ihr zu einer neuen ausländischen Gesellschaft zusammenschliessen (Emigrationskombination), wenn die schweizerische Gesellschaft nachweist, dass:

b. Fusion von der Schweiz ins Ausland.

a. mit der Fusion ihre Aktiven und Passiven auf die ausländische Gesellschaft übergehen; und

b. die Anteils- oder Mitgliedschaftsrechte in der ausländischen Gesellschaft angemessen gewahrt bleiben.

² Die schweizerische Gesellschaft hat alle Vorschriften des schweizerischen Rechts zu erfüllen, die für die übertragende Gesellschaft gelten.

³ Die Gläubiger sind unter Hinweis auf die bevorstehende Fusion in der Schweiz öffentlich zur Anmeldung ihrer Ansprüche aufzufordern. Artikel 46 des Fusionsgesetzes vom 3. Oktober 2003[1]) findet sinngemäss Anwendung.

⁴ Im Übrigen untersteht die Fusion dem Recht der übernehmenden ausländischen Gesellschaft.

---

[1]) FusG (Anhang IX zum OR).

c. Fusionsvertrag.

163c. ¹ Der Fusionsvertrag hat den zwingenden gesellschaftsrechtlichen Vorschriften der auf die beteiligten Gesellschaften anwendbaren Rechte mit Einschluss der Formvorschriften zu entsprechen.

² Im Übrigen untersteht der Fusionsvertrag dem von den Parteien gewählten Recht. Bei Fehlen einer Rechtswahl untersteht der Fusionsvertrag dem Recht des Staates, mit dem er am engsten zusammenhängt. Es wird vermutet, der engste Zusammenhang bestehe mit dem Staat, dessen Rechtsordnung die übernehmende Gesellschaft untersteht.

4. Spaltung und Vermögensübertragung.

163d. ¹ Auf die Spaltung und die Vermögensübertragung, an welchen eine schweizerische und eine ausländische Gesellschaft beteiligt sind, finden die Vorschriften dieses Gesetzes über die Fusion sinngemäss Anwendung. Artikel 163b Absatz 3 findet keine Anwendung auf die Vermögensübertragung.

² Im Übrigen unterstehen die Spaltung und die Vermögensübertragung dem Recht der sich spaltenden oder der ihr Vermögen auf einen anderen Rechtsträger übertragenden Gesellschaft.

³ Auf den Spaltungsvertrag findet unter den Voraussetzungen von Artikel 163c Absatz 2 vermutungsweise das Recht der sich spaltenden Gesellschaft Anwendung. Das gilt sinngemäss auch für den Übertragungsvertrag.

5. Gemeinsame Bestimmungen.
a. Löschung im Handelsregister.

164. ¹ Eine im schweizerischen Handelsregister eingetragene Gesellschaft kann nur gelöscht werden, wenn durch einen Bericht eines besonders befähigten Revisors[1]) bestätigt wird, dass die Forderungen der Gläubiger im Sinne von Artikel 46 des Fusionsgesetzes vom 3. Oktober 2003[2]) sichergestellt oder erfüllt worden sind oder dass die Gläubiger mit der Löschung einverstanden sind.

² Übernimmt eine ausländische Gesellschaft eine schweizerische, schliesst sie sich mit ihr zu einer neuen ausländischen Ge-

sellschaft zusammen oder spaltet sich eine schweizerische Gesellschaft in ausländische Gesellschaften auf, so muss überdies:
a. nachgewiesen werden, dass die Fusion oder die Spaltung gemäss dem auf die ausländische Gesellschaft anwendbaren Recht rechtsgültig geworden ist; und
b. ein besonders befähigter Revisor[1]) bestätigen, dass die ausländische Gesellschaft den anspruchsberechtigten Gesellschaftern der schweizerischen Gesellschaft die Anteils- oder Mitgliedschaftsrechte eingeräumt oder eine allfällige Ausgleichszahlung oder Abfindung ausgerichtet oder sichergestellt hat.

---

[1]) Mit Inkrafttreten des BG/GmbH vom 16. Dezember 2005 (voraussichtlich in der zweiten Hälfte des Jahres 2007) werden Art. 164 Abs. 1 und Abs. 2 Bst. b geändert; statt «besonders befähigter Revisors» heisst es dann «zugelassenen Revisionsexperten», statt «besonders befähigter Revisor» heisst es dann «zugelassener Revisionsexperte» (s. Anhang XII zum ZGB, S. 755 ff., 760).
[2]) FusG (Anhang IX zum OR).

164a. ¹ Übernimmt eine ausländische Gesellschaft eine schweizerische, schliesst sie sich mit ihr zu einer neuen ausländischen Gesellschaft zusammen oder spaltet sich eine schweizerische Gesellschaft in ausländische Gesellschaften auf, so kann die Klage auf Überprüfung der Anteils- oder Mitgliedschaftsrechte gemäss Artikel 105 des Fusionsgesetzes vom 3. Oktober 2003[1]) auch am schweizerischen Sitz des übertragenden Rechtsträgers erhoben werden.

² Der bisherige Betreibungsort und Gerichtsstand in der Schweiz bleibt bestehen, bis die Forderungen der Gläubiger oder Anteilsinhaber sichergestellt oder befriedigt sind.

b. Betreibungsort und Gerichtsstand.

---

[1]) FusG (Anhang IX zum OR).

164b. Die Unterstellung einer ausländischen Gesellschaft unter eine andere ausländische Rechtsordnung und die Fusion, Spaltung und Vermögensübertragung zwischen ausländischen Gesellschaften werden in der Schweiz als gültig anerkannt, wenn sie nach den beteiligten Rechtsordnungen gültig sind.

c. Verlegung, Fusion, Spaltung und Vermögensübertragung im Ausland.

165. ¹ Ausländische Entscheidungen über gesellschaftsrechtliche Ansprüche werden in der Schweiz anerkannt, wenn sie im Staat ergangen sind:
a. in dem die Gesellschaft ihren Sitz hat, oder wenn sie dort anerkannt werden und der Beklagte seinen Wohnsitz nicht in der Schweiz hatte, oder
b. in dem der Beklagte seinen Wohnsitz oder seinen gewöhnlichen Aufenthalt hat.

VII. Ausländische Entscheidungen.

²Ausländische Entscheidungen über Ansprüche aus öffentlicher Ausgabe von Beteiligungspapieren und Anleihen aufgrund von Prospekten, Zirkularen und ähnlichen Bekanntmachungen werden in der Schweiz anerkannt, wenn sie im Staat ergangen sind, in dem der Ausgabeort der Beteiligungspapiere oder Anleihen liegt und der Beklagte seinen Wohnsitz nicht in der Schweiz hatte.

---

11. Kapitel

Konkurs und Nachlassvertrag

I. Anerkennung.   **166.** ¹ Ein ausländisches Konkursdekret, das am Wohnsitz des Schuldners ergangen ist, wird auf Antrag der ausländischen Konkursverwaltung oder eines Konkursgläubigers anerkannt:
  a. wenn das Dekret im Staat, in dem es ergangen ist, vollstreckbar ist;
  b. wenn kein Verweigerungsgrund nach Artikel 27 vorliegt, und
  c. wenn der Staat, in dem das Dekret ergangen ist, Gegenrecht hält.

²Hat der Schuldner eine Zweigniederlassung in der Schweiz, so ist ein Verfahren nach Artikel 50 Absatz 1 des Bundesgesetzes über Schuldbetreibung und Konkurs¹) bis zur Rechtskraft des Kollokationsplanes nach Artikel 172 dieses Gesetzes zulässig.

¹) SR 281.1.

II. Verfahren.   **167.** ¹ Ein Antrag auf Anerkennung des ausländischen Konkursdekrets ist an das zuständige Gericht am Ort des Vermögens in der Schweiz zu richten. Artikel 29 ist sinngemäss anwendbar.
1. Zuständigkeit.

²Befindet sich Vermögen an mehreren Orten, so ist das zuerst angerufene Gericht zuständig.

³Forderungen des Gemeinschuldners gelten als dort gelegen, wo der Schuldner des Gemeinschuldners seinen Wohnsitz hat.

2. Sichernde Massnahmen.   **168.** Sobald die Anerkennung des ausländischen Konkursdekrets beantragt ist, kann das Gericht auf Begehren des Antragstellers die sichernden Massnahmen nach den Artikeln 162–165 und 170 des Bundesgesetzes über Schuldbetreibung und Konkurs¹) anordnen.

¹) SR 281.1.

3. Veröffentlichung.   **169.** ¹ Die Entscheidung über die Anerkennung des ausländischen Konkursdekrets wird veröffentlicht.

² Diese Entscheidung wird dem Betreibungsamt, dem Konkursamt, dem Grundbuchamt und dem Handelsregister am Ort des Vermögens sowie gegebenenfalls dem Bundesamt für geistiges Eigentum mitgeteilt. Das Gleiche gilt für den Abschluss und die Einstellung des Konkursverfahrens sowie für den Widerruf des Konkurses.

170. ¹ Die Anerkennung des ausländischen Konkursdekrets zieht, soweit dieses Gesetz nichts anderes vorsieht, für das in der Schweiz gelegene Vermögen des Schuldners die konkursrechtlichen Folgen des schweizerischen Rechts nach sich.

² Die Fristen nach schweizerischem Recht beginnen mit der Veröffentlichung der Entscheidung über die Anerkennung.

³ Es wird weder eine Gläubigerversammlung noch ein Gläubigerausschuss gebildet.

III. Rechtsfolgen.
1. Im allgemeinen.

171. Die Anfechtungsklage untersteht den Artikeln 285–292 des Bundesgesetzes über Schuldbetreibung und Konkurs.¹) Sie kann auch durch die ausländische Konkursverwaltung oder durch einen dazu berechtigten Konkursgläubiger erhoben werden.

2. Anfechtungsklage.

---
¹) SR 281.1.

172. ¹ In den Kollokationsplan werden nur aufgenommen:
a. die pfandversicherten Forderungen nach Artikel 219 des Bundesgesetzes über Schuldbetreibung und Konkurs,¹) und
b.²) die nichtpfandgesicherten, aber privilegierten Forderungen von Gläubigern mit Wohnsitz in der Schweiz.

² Zur Kollokationsklage nach Artikel 250 des Bundesgesetzes über Schuldbetreibung und Konkurs¹) sind nur Gläubiger nach Absatz 1 berechtigt.

³ Ist ein Gläubiger in einem ausländischen Verfahren, das mit dem Konkurs in Zusammenhang steht, teilweise befriedigt worden, so ist dieser Teil nach Abzug der ihm entstandenen Kosten im schweizerischen Verfahren auf die Konkursdividende anzurechnen.

3. Kollokationsplan.

---
¹) SR 281.1.
²) Fassung gemäss Ziff. 22 des Anhangs zum BG vom 16. Dezember 1994 über die Änderung des SchKG (AS 1995 S. 1227), i. K. 1. Januar 1997.

173. ¹ Bleibt nach Befriedigung der Gläubiger gemäss Artikel 172 Absatz 1 dieses Gesetzes ein Überschuss, so wird dieser der ausländischen Konkursverwaltung oder den berechtigten Konkursgläubigern zur Verfügung gestellt.

² Der Überschuss darf erst zur Verfügung gestellt werden, wenn der ausländische Kollokationsplan anerkannt worden ist.

4. Verteilung.
a. Anerkennung des ausländischen Kollokationsplanes.

Anhang I A
Internationales Privatrecht (IPRG)

³ Für die Anerkennung des ausländischen Kollokationsplanes ist das schweizerische Gericht zuständig, welches die ausländische Konkursdekret anerkannt hat. Es überprüft insbesondere, ob die Forderungen von Gläubigern mit Wohnsitz in der Schweiz im ausländischen Kollokationsplan angemessen berücksichtigt worden sind. Diese Gläubiger werden angehört.

b. Nichtanerkennung des ausländischen Kollokationsplanes.

174. ¹ Wird der ausländische Kollokationsplan nicht anerkannt, so ist ein Überschuss an die Gläubiger der dritten Klasse mit Wohnsitz in der Schweiz gemäss Artikel 219 Absatz 4 des Bundesgesetzes über Schuldbetreibung und Konkurs[1]) zu verteilen.[2])

² Das Gleiche gilt, wenn der Kollokationsplan nicht innert der vom Richter angesetzten Frist zur Anerkennung vorgelegt wird.

---

[1]) SR 281.1.
[2]) Fassung gemäss Ziff. 22 des Anhangs zum BG vom 16. Dezember 1994 über die Änderung des SchKG (AS 1995 S. 1227), i.K. 1. Januar 1997.

IV. Anerkennung ausländischer Nachlassverträge und ähnlicher Verfahren.

175. Eine von der zuständigen ausländischen Behörde ausgesprochene Genehmigung eines Nachlassvertrages oder eines ähnlichen Verfahrens wird in der Schweiz anerkannt. Die Artikel 166–170 gelten sinngemäss. Die Gläubiger mit Wohnsitz in der Schweiz werden angehört.

---

12. Kapitel

Internationale Schiedsgerichtsbarkeit

I. Geltungsbereich. Sitz des Schiedsgerichts.

176. ¹ Die Bestimmungen dieses Kapitels gelten für Schiedsgerichte mit Sitz in der Schweiz, sofern beim Abschluss der Schiedsvereinbarung wenigstens eine Partei ihren Wohnsitz oder ihren gewöhnlichen Aufenthalt nicht in der Schweiz hatte.

² Die Bestimmungen dieses Kapitels gelten nicht, wenn die Parteien schriftlich die Anwendung dieses Kapitels ausgeschlossen und die ausschliessliche Anwendung der kantonalen Bestimmungen über die Schiedsgerichtsbarkeit vereinbart haben.

³ Der Sitz des Schiedsgerichts wird von den Parteien oder der von ihnen benannten Schiedsgerichtsinstitution, andernfalls von den Schiedsrichtern bezeichnet.

II. Schiedsfähigkeit.

177. ¹ Gegenstand eines Schiedsverfahrens kann jeder vermögensrechtliche Anspruch sein.

² Ist eine Partei ein Staat, ein staatlich beherrschtes Unternehmen oder eine staatlich kontrollierte Organisation, so kann sie nicht unter Berufung auf ihr eigenes Recht ihre Parteifähigkeit

im Schiedsverfahren oder die Schiedsfähigkeit einer Streitsache in Frage stellen, die Gegenstand der Schiedsvereinbarung ist.

178. ¹ Die Schiedsvereinbarung hat schriftlich, durch Telegramm, Telex, Telefax oder in einer anderen Form der Übermittlung zu erfolgen, die den Nachweis der Vereinbarung durch Text ermöglicht.

² Die Schiedsvereinbarung ist im übrigen gültig, wenn sie dem von den Parteien gewählten, dem auf die Streitsache, insbesondere dem auf den Hauptvertrag anwendbaren oder dem schweizerischen Recht entspricht.

³ Gegen eine Schiedsvereinbarung kann nicht eingewendet werden, der Hauptvertrag sei ungültig oder die Schiedsvereinbarung beziehe sich auf einen noch nicht entstandenen Streit.

III. Schiedsvereinbarung.

179. ¹ Die Schiedsrichter werden gemäss der Vereinbarung der Parteien ernannt, abberufen oder ersetzt.

² Fehlt eine solche Vereinbarung, so kann der Richter am Sitz des Schiedsgerichts angerufen werden; er wendet sinngemäss die Bestimmungen des kantonalen Rechts über die Ernennung, Abberufung oder Ersetzung von Schiedsrichtern an.

³ Ist ein staatlicher Richter mit der Ernennung eines Schiedsrichters betraut, so muss er diesem Begehren stattgeben, es sei denn, eine summarische Prüfung ergebe, dass zwischen den Parteien keine Schiedsvereinbarung besteht.

IV. Schiedsgericht.
1. Bestellung.

180. ¹ Ein Schiedsrichter kann abgelehnt werden:
a. wenn er nicht den von den Parteien vereinbarten Anforderungen entspricht;
b. wenn ein in der von den Parteien vereinbarten Verfahrensordnung enthaltener Ablehnungsgrund vorliegt, oder
c. wenn Umstände vorliegen, die Anlass zu berechtigten Zweifeln an seiner Unabhängigkeit geben.

² Eine Partei kann einen Schiedsrichter, den sie ernannt hat oder an dessen Ernennung sie mitgewirkt hat, nur aus Gründen ablehnen, von denen sie erst nach dessen Ernennung Kenntnis erhalten hat. Vom Ablehnungsgrund ist dem Schiedsgericht sowie der anderen Partei unverzüglich Mitteilung zu machen.

³ Soweit die Parteien das Ablehnungsverfahren nicht geregelt haben, entscheidet im Bestreitungsfalle der Richter am Sitz des Schiedsgerichts endgültig.

2. Ablehnung eines Schiedsrichters.

181. Das Schiedsverfahren ist hängig, sobald eine Partei mit einem Rechtsbegehren den oder die in der Schiedsvereinbarung bezeichneten Schiedsrichter anruft oder, wenn die Vereinbarung keinen Schiedsrichter bezeichnet, sobald eine Partei das Verfahren zur Bildung des Schiedsgerichts einleitet.

V. Rechtshängigkeit.

VI. Verfahren.
1. Grundsatz.

182. ¹ Die Parteien können das schiedsrichterliche Verfahren selber oder durch Verweis auf eine schiedsgerichtliche Verfahrensordnung regeln; sie können es auch einem Verfahrensrecht ihrer Wahl unterstellen.

² Haben die Parteien das Verfahren nicht selber geregelt, so wird dieses, soweit nötig, vom Schiedsgericht festgelegt, sei es direkt, sei es durch Bezugnahme auf ein Gesetz oder eine schiedsgerichtliche Verfahrensordnung.

³ Unabhängig vom gewählten Verfahren muss das Schiedsgericht in allen Fällen die Gleichbehandlung der Parteien sowie ihren Anspruch auf rechtliches Gehör in einem kontradiktorischen Verfahren gewährleisten.

2. Vorsorgliche und sichernde Massnahmen.

183. ¹ Haben die Parteien nichts anderes vereinbart, so kann das Schiedsgericht auf Antrag einer Partei vorsorgliche oder sichernde Massnahmen anordnen.

² Unterzieht sich der Betroffene nicht freiwillig der angeordneten Massnahme, so kann das Schiedsgericht den staatlichen Richter um Mitwirkung ersuchen; dieser wendet sein eigenes Recht an.

³ Das Schiedsgericht oder der staatliche Richter können die Anordnung vorsorglicher oder sichernder Massnahmen von der Leistung angemessener Sicherheiten abhängig machen.

3. Beweisaufnahme.

184. ¹ Das Schiedsgericht nimmt die Beweise selber ab.

² Ist für die Durchführung des Beweisverfahrens staatliche Rechtshilfe erforderlich, so kann das Schiedsgericht oder eine Partei mit Zustimmung des Schiedsgerichtes den staatlichen Richter am Sitz des Schiedsgerichtes um Mitwirkung ersuchen; dieser wendet sein eigenes Recht an.

4. Weitere Mitwirkung des staatlichen Richters.

185. Ist eine weitere Mitwirkung des staatlichen Richters erforderlich, so ist der Richter am Sitz des Schiedsgerichts zuständig.

VII. Zuständigkeit.

186. ¹ Das Schiedsgericht entscheidet selbst über seine Zuständigkeit.

² Die Einrede der Unzuständigkeit ist vor der Einlassung auf die Hauptsache zu erheben.

³ Das Schiedsgericht entscheidet über seine Zuständigkeit in der Regel durch Vorentscheid.

VIII. Sachentscheid.
1. Anwendbares Recht.

187. ¹ Das Schiedsgericht entscheidet die Streitsache nach dem von den Parteien gewählten Recht oder, bei Fehlen einer Rechtswahl, nach dem Recht, mit dem die Streitsache am engsten zusammenhängt.

² Die Parteien können das Schiedsgericht ermächtigen, nach Billigkeit zu entscheiden.

188. Haben die Parteien nichts anderes vereinbart, so kann das Schiedsgericht Teilentscheide treffen.

2. Teilentscheid.

189. ¹ Der Entscheid ergeht nach dem Verfahren und in der Form, welche die Parteien vereinbart haben.

² Fehlt eine solche Vereinbarung, so wird er mit Stimmenmehrheit gefällt oder, falls sich keine Stimmenmehrheit ergibt, durch den Präsidenten des Schiedsgerichts. Der Entscheid ist schriftlich abzufassen, zu begründen, zu datieren und zu unterzeichnen. Es genügt die Unterschrift des Präsidenten.

3. Schiedsentscheid.

190. ¹ Mit der Eröffnung ist der Entscheid endgültig.

² Der Entscheid kann nur angefochten werden:
a. wenn der Einzelschiedsrichter vorschriftswidrig ernannt oder das Schiedsgericht vorschriftswidrig zusammengesetzt wurde;
b. wenn sich das Schiedsgericht zu Unrecht für zuständig oder unzuständig erklärt hat;
c. wenn das Schiedsgericht über Streitpunkte entschieden hat, die ihm nicht unterbreitet wurden oder wenn es Rechtsbegehren unbeurteilt gelassen hat;
d. wenn der Grundsatz der Gleichbehandlung der Parteien oder der Grundsatz des rechtlichen Gehörs verletzt wurde;
e. wenn der Entscheid mit dem Ordre public unvereinbar ist.

³ Vorentscheide können nur aus den in Absatz 2, Buchstaben a und b genannten Gründen angefochten werden; die Beschwerdefrist beginnt mit der Zustellung des Vorentscheides.

IX. Endgültigkeit, Anfechtung.
1. Grundsatz.

191. ¹ Einzige Beschwerdeinstanz ist das schweizerische Bundesgericht. Das Verfahren richtet sich nach den Bestimmungen des Bundesgesetzes über die Organisation der Bundesrechtspflege[1]) betreffend staatsrechtliche Beschwerde.

² Die Parteien können vereinbaren, dass anstelle des Bundesgerichtes der Richter am Sitz des Schiedsgerichtes entscheidet; dessen Entscheid ist endgültig. Die Kantone bezeichnen hierfür eine einzige Instanz.

2. Beschwerdeinstanz.

―――
[1]) OG, SR 173.110.

Geänderter Art. 191. Mit Inkrafttreten des Bundesgerichtsgesetzes (BGG) am 1. Januar 2007 wird Art. 191 wie folgt geändert:

191. Einzige Beschwerdeinstanz ist das schweizerische Bundesgericht. Das Verfahren richtet sich nach Artikel 77 des Bundesgerichtsgesetzes vom 17. Juni 2005.

2. Beschwerdeinstanz.

X. Verzicht auf Rechtsmittel.

192. [1] Hat keine der Parteien Wohnsitz, gewöhnlichen Aufenthalt oder eine Niederlassung in der Schweiz, so können sie durch eine ausdrückliche Erklärung in der Schiedsvereinbarung oder in einer späteren schriftlichen Übereinkunft die Anfechtung der Schiedsentscheide vollständig ausschliessen; sie können auch nur einzelne Anfechtungsgründe gemäss Artikel 190 Absatz 2 ausschliessen.

[2] Haben die Parteien eine Anfechtung der Entscheide vollständig ausgeschlossen und sollen die Entscheide in der Schweiz vollstreckt werden, so gilt das New Yorker Übereinkommen vom 10. Juni 1958[1]) über die Anerkennung und Vollstreckung ausländischer Schiedssprüche sinngemäss.

---

[1]) SR 0.277.12.

XI. Vollstreckbarkeitsbescheinigung.

193. [1] Jede Partei kann auf ihre Kosten beim schweizerischen Gericht am Sitz des Schiedsgerichts eine Ausfertigung des Entscheides hinterlegen.

[2] Auf Antrag einer Partei stellt das Gericht eine Vollstreckbarkeitsbescheinigung aus.

[3] Auf Antrag einer Partei bescheinigt das Schiedsgericht, dass der Schiedsspruch nach den Bestimmungen dieses Gesetzes ergangen ist; eine solche Bescheinigung ist der gerichtlichen Hinterlegung gleichwertig.

XII. Ausländische Schiedssprüche.

194. Für die Anerkennung und Vollstreckung ausländischer Schiedssprüche gilt das New Yorker Übereinkommen vom 10. Juni 1958[1]) über die Anerkennung und Vollstreckung ausländischer Schiedssprüche.

---

[1]) SR 0.277.12.

13. Kapitel

Schlussbestimmungen

1. Abschnitt

Aufhebung und Änderung des geltenden Bundesrechts

195. Die Aufhebung und Änderung des geltenden Bundesrechts stehen im Anhang; dieser ist Bestandteil des Gesetzes.

2. Abschnitt

Übergangsbestimmungen

196. ¹ Die rechtlichen Wirkungen von Sachverhalten oder Rechtsvorgängen, die vor Inkrafttreten dieses Gesetzes entstanden und abgeschlossen sind, beurteilen sich nach bisherigem Recht.

² Die rechtlichen Wirkungen von Sachverhalten oder Rechtsvorgängen, die vor Inkrafttreten dieses Gesetzes entstanden, aber auf Dauer angelegt sind, beurteilen sich nach bisherigem Recht. Mit dem Inkrafttreten dieses Gesetzes richtet sich die Wirkung nach neuem Recht.

I. Nichtrückwirkung.

197. ¹ Für Klagen oder Begehren, die beim Inkrafttreten dieses Gesetzes hängig sind, bleiben die angerufenen schweizerischen Gerichte oder Behörden zuständig, auch wenn nach diesem Gesetz ihre Zuständigkeit nicht mehr begründet ist.

² Klagen oder Begehren, die vor dem Inkrafttreten dieses Gesetzes von schweizerischen Gerichten oder Behörden mangels Zuständigkeit zurückgewiesen wurden, können nach Inkrafttreten dieses Gesetzes erneut erhoben werden, wenn nach diesem Gesetz eine Zuständigkeit begründet ist und der Rechtsanspruch noch geltend gemacht werden kann.

II. Übergangsrecht.
1. Zuständigkeit.

198. Für Klagen oder Begehren, die beim Inkrafttreten dieses Gesetzes in erster Instanz hängig sind, bestimmt sich das anwendbare Recht nach diesem Gesetz.

2. Anwendbares Recht.

199. Für Begehren auf Anerkennung oder Vollstreckung ausländischer Entscheide, die beim Inkrafttreten dieses Gesetzes hängig sind, richten sich die Voraussetzungen der Anerkennung oder Vollstreckung nach diesem Gesetz.

3. Anerkennung und Vollstreckung ausländischer Entscheidungen.

3. Abschnitt

Referendum und Inkrafttreten

200. ¹ Dieses Gesetz untersteht dem fakultativen Referendum.

² Der Bundesrat bestimmt das Inkrafttreten.¹⁾

---

¹⁾ In Kraft getreten am 1. Januar 1989.

Anhang

Aufhebung und Änderung des geltenden Bundesrechts

I. Aufhebung des geltenden Bundesrechts

Es werden aufgehoben:
a. das Bundesgesetz vom 25. Juni 1891 betreffend die zivilrechtlichen Verhältnisse der Niedergelassenen und Aufenthalter;
b. Artikel 418b Absatz 2 des Obligationenrechts;
c. Artikel 14 der Schluss- und Übergangsbestimmungen zum Obligationenrecht;
d. Artikel 85 des Bundesgesetzes über den Strassenverkehr[1]);
e. Artikel 30 des Bundesgesetzes vom 26. September 1890[2]) betreffend den Schutz der Fabrik- und Handelsmarken, der Herkunftsbezeichnungen von Waren und der gewerblichen Auszeichnungen;
f. Artikel 14 Absatz 3 des Bundesgesetzes vom 30. März 1900[3]) betreffend die gewerblichen Muster und Modelle;
g. Artikel 41 Absatz 2 des Sortenschutzgesetzes vom 20. März 1975[4]).

---

[1]) SVG, SR 741.01.

[2]) Ganzes Gesetz inzwischen ersetzt durch das MSchG, Anhang II E1 zum OR.

[3]) Ganzes Gesetz inzwischen aufgehoben durch das DesG, Anhang II F1 zum OR.

[4]) SR 232.16.

II. Änderung des geltenden Bundesrechts

1. *Bundesgesetz über die Organisation der Bundesrechtspflege* (OG, SR 173.110)

Hier folgt ein Änderungskatalog betreffend die Art. 43 Randtitel und Abs. 1, 43a, 48 Abs. 1bis, 49, 50 Abs. 1bis, 55 Abs. 1 Bst. c, 60 Abs. 1 Bst. c, 61 Abs. 1, 68 Abs. 1 und 1bis, 85 Bst. c. Text in SR 173.110. Pro memoria: Art. 60 und 61 sind bereits wieder aufgehoben worden durch das BG vom 4. Oktober 1991 über die Änderung des OG (AS 1992 S. 288). Mit Inkrafttreten des Bundesgerichtsgesetzes (BGG) am 1. Januar 2007 wird das OG aufgehoben.

2. *Bundesgesetz vom 25. Juni 1954 über die Erfindungspatente* (SR 232.14)

Geändert wurde Art. 75 Abs. 1 Bst. b. Diese Bestimmung wurde gemäss Ziff. 11 des Anhangs zum GestG (Anhang I B zum ZGB) aufgehoben.

3. *Bundesgesetz über den Bundeszivilprozess* (SR 273)
Geändert wurde Art. 2 Abs. 2.

Anhang I B

Bundesgesetz

über

den Gerichtsstand in Zivilsachen (Gerichtsstandsgesetz, GestG)

(Vom 24. März 2000, SR 272)

(Gestützt auf die Artikel 30 und 122 der Bundesverfassung, nach Einsicht in die Botschaft des Bundesrates vom 18. November 1998, BBl 1999 S. 2829)

1. Kapitel

Gegenstand und Geltungsbereich

1. [1] Dieses Gesetz regelt die örtliche Zuständigkeit in Zivilsachen, wenn kein internationales Verhältnis vorliegt.

[2] Vorbehalten bleiben die Bestimmungen über die Zuständigkeit:
a. auf dem Gebiet des Kindesschutzes und des Vormundschaftsrechts;
b. nach dem Bundesgesetz vom 11. April 1889 über Schuldbetreibung und Konkurs;[1])
c. auf dem Gebiet der Binnen- und Seeschifffahrt sowie der Luftfahrt.

---

[1]) SchKG, SR 281.1.

2. Kapitel

Allgemeine Gerichtsstandsvorschriften

2. *Zwingende Zuständigkeit.* [1] Ein Gerichtsstand ist nur dann zwingend, wenn das Gesetz es ausdrücklich vorsieht.

[2] Von einem zwingenden Gerichtsstand können die Parteien nicht abweichen.

3. *Wohnsitz und Sitz.* [1] Sieht dieses Gesetz nichts anderes vor, so ist zuständig:
a. für Klagen gegen eine natürliche Person das Gericht an deren Wohnsitz;
b. für Klagen gegen eine juristische Person das Gericht an deren Sitz;
c. für Klagen gegen den Bund ein Gericht in der Stadt Bern;
d. für Klagen gegen öffentlich-rechtliche Anstalten oder Körperschaften des Bundes ein Gericht an deren Sitz.

² Der Wohnsitz bestimmt sich nach dem Zivilgesetzbuch (ZGB). Artikel 24 ZGB ist nicht anwendbar.

4. *Aufenthaltsort.* ¹ Hat die beklagte Partei keinen Wohnsitz, so ist das Gericht an ihrem gewöhnlichen Aufenthaltsort zuständig.
² Gewöhnlicher Aufenthaltsort ist der Ort, an dem eine Person während längerer Zeit lebt, selbst wenn diese Zeit von vornherein befristet ist.

5. *Niederlassung.* Für Klagen aus dem Betrieb einer geschäftlichen oder beruflichen Niederlassung oder einer Zweigniederlassung ist das Gericht am Wohnsitz oder Sitz der beklagten Partei oder am Ort der Niederlassung zuständig.

6. *Widerklage.* ¹ Beim Gericht der Hauptklage kann Widerklage erhoben werden, wenn die Widerklage mit der Hauptklage in einem sachlichen Zusammenhang steht.
² Der Gerichtsstand bleibt bestehen, auch wenn die Hauptklage aus irgendeinem Grund dahinfällt.

7. *Klagenhäufung.* ¹ Richtet sich die Klage gegen mehrere Streitgenossen, so ist das für eine beklagte Partei zuständige Gericht für alle beklagten Parteien zuständig.
² Für mehrere Ansprüche gegen eine beklagte Partei, welche in einem sachlichen Zusammenhang stehen, ist jedes Gericht zuständig, das für einen der Ansprüche zuständig ist.

8. *Interventions- und Gewährleistungsklage.* Das kantonale Recht kann für eine Interventions- und Gewährleistungsklage, insbesondere aufgrund eines Regresses des Beklagten, die Zuständigkeit des Gerichtes des Hauptprozesses vorsehen.

9. *Gerichtsstandsvereinbarung.* ¹ Soweit das Gesetz nichts anderes vorsieht, können die Parteien für einen bestehenden oder für einen künftigen Rechtsstreit über Ansprüche aus einem bestimmten Rechtsverhältnis einen Gerichtsstand vereinbaren. Geht aus der Vereinbarung nichts anderes hervor, so kann die Klage nur am vereinbarten Gerichtsstand angehoben werden.
² Die Vereinbarung muss schriftlich erfolgen. Einer schriftlichen Vereinbarung gleichgestellt sind:
a. Formen der Übermittlung, die den Nachweis durch Text ermöglichen, wie namentlich Telex, Telefax und E-Mail;
b. eine mündliche Vereinbarung mit schriftlicher Bestätigung der Parteien.
³ Das bezeichnete Gericht kann seine Zuständigkeit ablehnen, wenn die Streitigkeit keinen genügenden örtlichen oder sachlichen Bezug zum vereinbarten Gerichtsstand aufweist.

Anhang I B
Gerichtsstandsgesetz (GestG)

10. *Einlassung.* ¹ Soweit das Gesetz nichts anderes vorsieht, wird das angerufene Gericht zuständig, wenn sich die beklagte Partei zur Sache äussert, ohne die Einrede der Unzuständigkeit zu erheben.
² Artikel 9 Absatz 3 gilt sinngemäss.

11. *Freiwillige Gerichtsbarkeit.* In Angelegenheiten der freiwilligen Gerichtsbarkeit ist das Gericht am Wohnsitz oder Sitz der gesuchstellenden Partei zuständig, sofern das Gesetz nichts anderes bestimmt.

3. Kapitel

Besondere Gerichtsstände

1. Abschnitt

Personenrecht

12. *Persönlichkeits- und Datenschutz.* Das Gericht am Wohnsitz oder Sitz einer der Parteien ist zuständig für:
a. Klagen aus Persönlichkeitsverletzung;
b. Begehren um Gegendarstellung;
c. Klagen auf Namensschutz und auf Anfechtung einer Namensänderung;
d. Klagen und Begehren nach Artikel 15 des Bundesgesetzes vom 19. Juni 1992[1]) über den Datenschutz.

---
[1]) DSG, Anhang XI A zum ZGB.

13. *Verschollenerklärung.* Für Begehren um Verschollenerklärung ist das Gericht am letzten bekannten Wohnsitz der verschwundenen Person zwingend zuständig.

14. *Berichtigung des Zivilstandsregisters.* Für Begehren auf Berichtigung des Zivilstandsregisters ist das Gericht am Ort des Registers zwingend zuständig.

2. Abschnitt

Familienrecht

15. *Eherechtliche Begehren und Klagen.* ¹ Das Gericht am Wohnsitz einer Partei ist zwingend zuständig für:
a. Eheschutzmassnahmen sowie für Gesuche um Änderung, Ergänzung oder Aufhebung der angeordneten Massnahmen;
b. Klagen auf Ungültigerklärung, Scheidung oder Trennung der Ehe;

c. Klagen über die güterrechtliche Auseinandersetzung, unter Vorbehalt von Artikel 18;
d. Klagen auf Ergänzung oder Abänderung eines Scheidungs- oder Trennungsurteils.

² Für Begehren der Aufsichtsbehörde in Betreibungssachen um Anordnung der Gütertrennung ist das Gericht am Wohnsitz des Schuldners oder der Schuldnerin zwingend zuständig.

[**15a.** *Begehren und Klagen bei eingetragener Partnerschaft.* Das Gericht am Wohnsitz einer Partei ist zwingend zuständig für:
a. gerichtliche Massnahmen bei eingetragenen Partnerschaften;
b. Klagen auf Ungültigkeit der eingetragenen Partnerschaft;
c. gemeinsame Begehren und Klagen auf Auflösung der eingetragenen Partnerschaft;
d. Klagen auf Ergänzung oder Abänderung eines Urteils auf Auflösung der eingetragenen Partnerschaft.][1]

---

[1] Neuer Art 15a in eckigen Klammern eingefügt durch das Partnerschaftsgesetz (PartG, Anhang IV E zum ZGB), in Kraft erst am 1. Januar 2007.

16. *Feststellung und Anfechtung des Kindsverhältnisses.* Für Klagen auf Feststellung oder Anfechtung des Kindsverhältnisses ist das Gericht am Wohnsitz einer Partei zur Zeit der Geburt beziehungsweise der Adoption oder der Klage zwingend zuständig.

17. *Unterhalts- und Unterstützungsklagen.* Das Gericht am Wohnsitz einer Partei ist zwingend zuständig für:
a. Unterhaltsklagen der Kinder gegen ihre Eltern; vorbehalten bleibt die Festlegung des Unterhaltes im Rahmen der Artikel 15 und 16;
b. Klagen gegen unterstützungspflichtige Verwandte.

3. Abschnitt

Erbrecht

18. ¹ Für erbrechtliche Klagen sowie für Klagen über die güterrechtliche Auseinandersetzung bei Tod eines Ehegatten[, einer eingetragenen Partnerin oder eines eingetragenen Partners][1] ist das Gericht am letzten Wohnsitz des Erblassers oder der Erblasserin zuständig. Klagen über die erbrechtliche Zuweisung eines landwirtschaftlichen Gewerbes oder Grundstückes (Art. 11 ff. des Bundesgesetzes vom 4. Oktober 1991 über das bäuerliche Bodenrecht[2]) können auch am Ort der gelegenen Sache erhoben werden.

² Für Massnahmen im Zusammenhang mit dem Erbgang ist die Behörde am letzten Wohnsitz des Erblassers oder der Erblasserin zuständig; ist der Tod nicht am Wohnsitz eingetreten, so macht die Behörde des Sterbeortes

derjenigen des Wohnortes Mitteilung und trifft die nötigen Massnahmen zur Sicherung der Vermögenswerte am Sterbeort.

---

[1]) Text in eckigen Klammern hinzugefügt durch das Partnerschaftsgesetz (PartG, Anhang IV E zum ZGB), in Kraft erst am 1. Januar 2007.
[2]) BGBB, Anhang IX A zum ZGB.

4. Abschnitt

Sachenrecht

19. *Grundstücke.* [1] Das Gericht am Ort, an dem das Grundstück im Grundbuch aufgenommen ist oder aufzunehmen wäre, ist zuständig für:
a. dingliche Klagen;
b. Klagen gegen die Gemeinschaft der Stockwerkeigentümer und -eigentümerinnen;
c. andere Klagen, die sich auf das Grundstück beziehen, wie solche auf Übertragung von Grundeigentum oder auf Einräumung beschränkter dinglicher Rechte an Grundstücken; diese Klagen können auch beim Gericht am Wohnsitz oder Sitz der beklagten Partei erhoben werden.

[2] Bezieht sich eine Klage auf mehrere Grundstücke, so ist das Gericht am Ort zuständig, an dem das flächenmässig grösste Grundstück liegt.

20. *Bewegliche Sachen.* Für Klagen über dingliche Rechte oder über den Besitz an beweglichen Sachen und über Forderungen, die durch Faustpfand oder Retentionsrecht gesichert sind, ist das Gericht am Wohnsitz oder Sitz der beklagten Partei oder am Ort, an dem die Sache liegt, zuständig.

5. Abschnitt

Klagen aus besonderen Verträgen

21. *Grundsatz.* [1] Auf die Gerichtsstände dieses Abschnittes können nicht zum voraus oder durch Einlassung verzichten:
a. der Konsument oder die Konsumentin;
b. die mietende oder pachtende Partei von Wohn- oder Geschäftsräumen;
c. die pachtende Partei bei landwirtschaftlichen Pachtverhältnissen;
d. die stellensuchende oder arbeitnehmende Partei.

[2] Vorbehalten bleibt der Abschluss einer Gerichtsstandsvereinbarung nach Entstehung der Streitigkeit.

22. *Verträge mit Konsumenten.* [1] Bei Streitigkeiten aus Konsumentenverträgen ist zuständig:
a. für Klagen des Konsumenten oder der Konsumentin das Gericht am Wohnsitz oder Sitz einer der Parteien;

b. für Klagen des Anbieters oder der Anbieterin das Gericht am Wohnsitz der beklagten Partei.

² Als Konsumentenverträge gelten Verträge über Leistungen des üblichen Verbrauchs, die für die persönlichen oder familiären Bedürfnisse des Konsumenten oder der Konsumentin bestimmt sind und von der anderen Partei im Rahmen ihrer beruflichen oder gewerblichen Tätigkeit angeboten werden.

23. *Miete und Pacht unbeweglicher Sachen.* ¹ Für Klagen aus Miete und Pacht unbeweglicher Sachen sind die Schlichtungsbehörde und das Gericht am Ort der Sache zuständig.

² Für Klagen aus landwirtschaftlicher Pacht ist das Gericht am Wohnsitz oder Sitz der beklagten Partei oder am Ort der gepachteten Sache zuständig.

24. *Arbeitsrecht.* ¹ Für arbeitsrechtliche Klagen ist das Gericht am Wohnsitz oder Sitz der beklagten Partei oder am Ort, an dem der Arbeitnehmer oder die Arbeitnehmerin gewöhnlich die Arbeit verrichtet, zuständig.

² Für Klagen einer stellensuchenden Person, eines Arbeitnehmers oder einer Arbeitnehmerin, die sich auf das Arbeitsvermittlungsgesetz vom 6. Oktober 1989[1]) stützen, ist zusätzlich zum Gericht nach Absatz 1 das Gericht am Ort der Geschäftsniederlassung der vermittelnden oder verleihenden Person, mit welcher der Vertrag abgeschlossen wurde, zuständig.

³ Bei vorübergehend entsandten Arbeitnehmern und Arbeitnehmerinnen ist zusätzlich zum Gericht nach den Absätzen 1 und 2 das Gericht am Entsendeort zuständig, soweit die Klage Ansprüche aus der Zeit der Entsendung betrifft.

---

[1]) AVG, Anhang VI B zum OR.

6. Abschnitt

Klagen aus unerlaubter Handlung

25. *Grundsatz.* Für Klagen aus unerlaubter Handlung ist das Gericht am Wohnsitz oder Sitz der geschädigten Person oder der beklagten Partei oder am Handlungs- oder am Erfolgsort zuständig.

26. *Motorfahrzeug- und Fahrradunfälle.* ¹ Für Klagen aus Motorfahrzeug- und Fahrradunfällen ist das Gericht am Unfallort oder am Wohnsitz oder Sitz der beklagten Partei zuständig.

² Für Klagen gegen das nationale Versicherungsbüro (Art. 74 des Strassenverkehrsgesetzes vom 19. Dezember 1958; SVG[1])) oder gegen den nationalen Garantiefonds (Art. 76 SVG) ist zusätzlich zum Gericht nach Absatz 1 das Gericht am Ort einer Zweigniederlassung dieser Einrichtungen zuständig.

---

[1]) Anhang III B1 zum OR.

27. *Massenschäden.* Bei Massenschäden ist das Gericht am Handlungsort zwingend zuständig; bei unbekanntem Handlungsort ist das Gericht am Wohnsitz oder Sitz der beklagten Partei zuständig.

28. *Adhäsionsklage.* Die Zuständigkeit des Strafgerichts für die Beurteilung der Zivilansprüche bleibt vorbehalten.

7. Abschnitt

Handelsrecht

29. *Gesellschaftsrecht.* Für Klagen aus gesellschaftsrechtlicher Verantwortlichkeit ist das Gericht am Wohnsitz oder Sitz der beklagten Partei oder am Sitz der Gesellschaft zuständig.

29a.[1]) *Fusionen, Spaltungen, Umwandlungen und Vermögensübertragungen.* Für Klagen, die sich auf das Fusionsgesetz vom 3. Oktober 2003[2]) stützen, ist das Gericht am Sitz eines der beteiligten Rechtsträger zuständig.

---

[1]) Eingefügt gemäss Ziff. 3 des Anhangs zum FusG (Anhang IX zum OR), i.K. 1. Juli 2004.

[2]) FusG (Anhang IX zum OR).

30. *Kraftloserklärung von Wertpapieren und Zahlungsverbot.* ¹ Für die Kraftloserklärung von Aktien ist das Gericht am Sitz der Aktiengesellschaft und für die Kraftloserklärung der übrigen Wertpapiere das Gericht am Wohnsitz oder Sitz des Schuldners oder der Schuldnerin zuständig.

² Für Zahlungsverbote aus Wechsel und Check und für deren Kraftloserklärung ist das Gericht am Zahlungsort zuständig.

31. *Anleihensobligationen.* Für die Ermächtigung zur Einberufung der Gläubigerversammlung bei Anleihensobligationen ist das Gericht des gegenwärtigen oder des letzten Wohnsitzes oder der geschäftlichen Niederlassung des Schuldners oder der Schuldnerin zuständig.

32. *Anlagefonds.* Für Klagen der Anleger[1]) gegen die Fondsleitung, die Depotbank, den Vertriebsträger, den Revisions- oder Liquidationsbeauftragten, den Schätzungsexperten, die Vertretung der Anlegergemeinschaft, den Beobachter sowie gegen den Sachwalter eines Anlagefonds ist das Gericht am Sitz der Fondsleitung zwingend zuständig.[2])

---

[1]) Zur besseren Lesbarkeit wird hier ausnahmsweise das generische Maskulinum verwendet.

[2]) Gemäss BG vom 23. Juni 2006 über die kollektiven Kapitalanlagen (Kollektivanlagengesetz, KAG, publiziert als Referendumsvorlage in BBl 2006 S. 5805) soll Art. 32 GestG geändert werden. Die Referendumsfrist läuft am 12. Oktober 2006 ab.

4. Kapitel

Vorsorgliche Massnahmen

33. Für den Erlass vorsorglicher Massnahmen ist das Gericht am Ort, an dem die Zuständigkeit für die Hauptsache gegeben ist, oder am Ort, an dem die Massnahme vollstreckt werden soll, zwingend zuständig.

5. Kapitel

Prüfung der örtlichen Zuständigkeit

34. ¹ Das Gericht prüft die örtliche Zuständigkeit von Amtes wegen.
² Wird eine mangels örtlicher Zuständigkeit zurückgezogene oder zurückgewiesene Klage binnen 30 Tagen beim zuständigen Gericht neu angebracht, so gilt als Zeitpunkt der Klageanhebung das Datum der ersten Einreichung.

6. Kapitel

Identische und in Zusammenhang stehende Klagen

35. *Identische Klagen.* ¹ Werden bei mehreren Gerichten Klagen über denselben Streitgegenstand zwischen denselben Parteien rechtshängig gemacht, so setzt jedes später angerufene Gericht das Verfahren aus, bis das zuerst angerufene Gericht über seine Zuständigkeit entschieden hat.
² Ein später angerufenes Gericht tritt auf die Klage nicht ein, sobald die Zuständigkeit des zuerst angerufenen Gerichts feststeht.

36. *In Zusammenhang stehende Klagen.* ¹ Werden bei mehreren Gerichten Klagen rechtshängig gemacht, die miteinander in sachlichem Zusammenhang stehen, so kann jedes später angerufene Gericht das Verfahren aussetzen, bis das zuerst angerufene entschieden hat.
² Das später angerufene Gericht kann die Klage an das zuerst angerufene Gericht überweisen, wenn dieses mit der Übernahme einverstanden ist.

7. Kapitel

Anerkennung und Vollstreckung

37. Bei der Anerkennung und Vollstreckung eines Entscheides darf die Zuständigkeit des Gerichts, das den Entscheid gefällt hat, nicht mehr geprüft werden.

8. Kapitel

Schlussbestimmungen

38. *Hängige Verfahren.* Für Klagen, die bei Inkrafttreten dieses Gesetzes hängig sind, bleibt der Gerichtsstand bestehen.

39. *Gerichtsstandsvereinbarung.* Die Gültigkeit einer Gerichtsstandsvereinbarung bestimmt sich nach bisherigem Recht, wenn sie vor dem Inkrafttreten dieses Gesetzes getroffen worden ist.

40. *Referendum und Inkrafttreten.* [1] Dieses Gesetz untersteht dem fakultativen Referendum.[1])

[2] Der Bundesrat bestimmt das Inkrafttreten.[2])

---

[1]) Die Referendumsfrist ist am 20. Juli 2000 unbenützt abgelaufen (BBl 2000 S. 2183).

[2]) In Kraft gesetzt auf den 1. Januar 2001 (AS 2000 S. 2355).

Anhang

Änderung von Bundesgesetzen

1. Bundesrechtspflegegesetz (OG, SR 173.110)[1])

Geändert wurden der Ingress und Art. 41 Abs. 2.

---

[1]) Mit Inkrafttreten des BGG am 1. Januar 2007 wird das OG aufgehoben.

2. Zivilgesetzbuch

Geändert (aufgehoben oder verändert) wurden der Ingress sowie die Art. 28b, 28f Abs. 2, 28 l Abs. 2, 35 Abs. 2, 135 Abs. 1, 180, 186, 190 Randtitel und Abs. 2, 194, 220 Abs. 3, 253, 279 Randtitel sowie Abs. 2 und 3, 538 Randtitel und Abs. 2, 551 Abs. 1 und 3, 712 l Abs. 2. Die Änderungen sind in der Textausgabe berücksichtigt.

3. Bundesgesetz vom 4. Oktober 1991 über das bäuerliche Bodenrecht (BGBB, Anhang IX A zum ZGB)

Geändert wurde der Ingress, Art. 82 wurde aufgehoben. Die Änderungen sind in der Textausgabe berücksichtigt.

4. Bundesgesetz vom 16. Dezember 1983 über den Erwerb von Grundstücken durch Personen im Ausland (BewG, Anhang X A zum ZGB)

Geändert wurden der Ingress und Art. 27 Abs. 1 Einleitungssatz. Die Änderungen sind in der Textausgabe berücksichtigt.

5. Obligationenrecht

Geändert (aufgehoben oder verändert) wurden die Art. 40g, 92 Abs. 2, 226 l, 274b, 343 Abs. 1, 361, 642 Abs. 3, 761, 782 Abs. 3, 837 Abs. 3, 981 Randtitel und Abs. 2, 1072 Abs. 1, 1165 Abs. 4. Die Änderungen sind in der Textausgabe berücksichtigt.

6. Bundesgesetz vom 28. März 1905 über die Haftpflicht der Eisenbahn- und Dampfschiffahrtsunternehmungen und der Schweizerischen Post (Anhang III A b1. zum OR)

Art. 19 wurde aufgehoben.

7. Bundesgesetz vom 4. Oktober 1985 über die landwirtschaftliche Pacht (LPG, Anhang V A zum OR)

Geändert (aufgehoben oder verändert) wurden der Ingress sowie Art. 48 Sachüberschrift und Abs. 2. Die Änderungen sind in der Textausgabe berücksichtigt.

8. Bundesgesetz vom 2. April 1908 über den Versicherungsvertrag (VVG, Anhang III C zum OR)

Geändert wurden der Ingress und Art. 46a. Die Änderungen sind in der Textausgabe berücksichtigt.

9. Urheberrechtsgesetz vom 9. Oktober 1992 (SR 231.1)

Geändert (aufgehoben oder verändert) wurden der Ingress, Art. 64 Sachüberschrift sowie Abs. 1 und 2, 65 Abs. 3.

10. Markenschutzgesetz vom 28. August 1992 (MSchG, Anhang II E 1 zum OR)

Geändert (aufgehoben oder verändert) wurden der Ingress, Art. 58 Sachüberschrift sowie Abs. 1 und 2 und Art. 59 Abs. 3. Die Änderungen sind in der Textausgabe berücksichtigt.

11. Patentgesetz vom 25. Juni 1954 (SR 232.14)

Geändert (aufgehoben oder verändert) wurden der Ingress, Art. 75, 78, 86 Abs. 3.

12. Sortenschutzgesetz vom 20. März 1975 (SR 232.16)

Geändert (aufgehoben oder verändert) wurden der Ingress, Art. 41 und 47.

13. Bundesgesetz vom 19. Juni 1992 über den Datenschutz (DSG, Anhang XI A zum ZGB)

Geändert wurden der Ingress und Art. 15 Abs. 4. Die Änderungen sind in der Textausgabe berücksichtigt.

14. Bundesgesetz vom 19. Dezember 1986 gegen den unlauteren Wettbewerb (UWG, Anhang II C zum OR)

Geändert (aufgehoben oder verändert) wurden der Ingress und Art. 12 Sachüberschrift und Abs. 1. Die Änderungen sind in der Textausgabe berücksichtigt.

15. Kartellgesetz vom 6. Oktober 1995 (KG, Anhang II A1 zum OR)

Geändert (aufgehoben oder verändert) wurden der Ingress und Art. 14 Abs. 2. Die Änderungen sind in der Textausgabe berücksichtigt.

16. Kernenergiehaftpflichtgesetz vom 18. März 1983 (SR 732.44)

Geändert (aufgehoben oder verändert) wurden der Ingress und Art. 24.

Anhang I B
Gerichtsstandsgesetz (GestG)

17. Strassenverkehrsgesetz vom 19. Dezember 1958 (SVG, Anhang III B1 zum OR)

Geändert (aufgehoben oder verändert) wurden der Ingress und Art. 84. Die Änderungen sind in der Textausgabe berücksichtigt.

18. Eisenbahngesetz vom 20. Dezember 1957 (SR 742.101)

Geändert (aufgehoben oder verändert) wurden der Ingress, Art. 4, Art. 95 Abs. 1 erster Satzteil.

19. Bundesgesetz vom 5. Oktober 1990 über die Anschlussgleise (SR 742.141.5)

Geändert wurden der Ingress und Art. 21 Abs. 4.

20. Bundesgesetz vom 29. März 1950 über die Trolleybusunternehmungen (TrolleybusG, Anhang III A b3. zum OR)

Geändert (aufgehoben oder verändert) wurden der Ingress und Art. 15 Abs. 3. Die Änderungen sind in der Textausgabe berücksichtigt.

21. Rohrleitungsgesetz vom 4. Oktober 1963 (RLG, Anhang III A b4. zum OR)

Geändert (aufgehoben oder verändert) wurden der Ingress und Art. 40. Die Änderungen sind in der Textausgabe berücksichtigt.

22. Postorganisationsgesetz vom 30. April 1997 (POG, Anhang III A b5. zum OR)

Geändert (aufgehoben oder verändert) wurden der Ingress, der Gliederungstitel vor Art. 16, die Sachüberschrift zu Art. 16 und Art. 17. Die Änderungen sind in der Textausgabe berücksichtigt.

23. Postgesetz vom 30. April 1997 (PG, Anhang III A b5. zum OR)

Geändert (aufgehoben oder verändert) wurden der Ingress und Art. 17 Abs. 2. Die Änderungen sind in der Textausgabe berücksichtigt.

24. Telekommunikationsunternehmungsgesetz vom 30. April 1997 (SR 784.11)

Geändert (aufgehoben oder verändert) wurden der Ingress sowie Art. 19 Abs. 2 und 3.

25. Arbeitsvermittlungsgesetz vom 6. Oktober 1989 (AVG, Anhang VI B zum OR)

Geändert (aufgehoben oder verändert) wurden der Ingress, die Gliederungstitel vor den Art. 10 und 23, Art. 10 Abs. 1 und Art. 23 Abs. 1. Die Änderungen sind in der Textausgabe berücksichtigt.

26. Bundesgesetz vom 4. Oktober 1930 über die Handelsreisenden

Das Handelsreisendengesetz ist seit dem 1. Januar 2003 aufgehoben und ersetzt durch das BG vom 23. März 2001 über das Gewerbe der Reisenden (SR 935.71).

27. Anlagefondsgesetz vom 18. März 1994 (AFG, Anhang III A b9. zum OR)

Geändert (aufgehoben oder verändert) wurden der Ingress und das 9. Kapitel (Art. 68). Die Änderungen sind in der Textausgabe berücksichtigt.

28. Versicherungsaufsichtsgesetz vom 23. Juni 1978 (SR 961.01)

Geändert (aufgehoben oder verändert) wurden der Ingress, der Gliederungstitel vor Art. 26, Art. 28 und 29.

Anhang II
A–F
Internationale Übereinkommen unter Einschluss des Lugano-Übereinkommens

		Seite
A1.	Übereinkommen zur Beseitigung jeder Form von Diskriminierung der Frau	352
A2.	Übereinkommen über die Rechte des Kindes	363
B1.	Übereinkommen zum internationalen Zivilprozessrecht – Übersicht	382
B2.	Übereinkommen über die gerichtliche Zuständigkeit und die Vollstreckung gerichtlicher Entscheidungen in Zivil- und Handelssachen **(Lugano-Übereinkommen)**	383
C.	Übereinkommen über die Anerkennung von Ehescheidungen und Ehetrennungen	417
D1.	Übereinkommen, Abkommen und Gegenseitigkeitserklärungen zum Unterhaltsrecht – Übersicht	423
D2.	Übereinkommen über das auf Unterhaltspflichten anzuwendende Recht	424
D3.	Übereinkommen über die Anerkennung und Vollstreckung von Unterhaltsentscheidungen	429
D4.	Übereinkommen über die Geltendmachung von Unterhaltsansprüchen im Ausland	437
E1.	Europäisches Übereinkommen über die Anerkennung und Vollstreckung von Entscheidungen über das Sorgerecht für Kinder und die Wiederherstellung des Sorgerechts	442
E2.	Übereinkommen über die zivilrechtlichen Aspekte internationaler Kindesentführung	450
E3.	Übereinkommen über die Zuständigkeit der Behörden und das anzuwendende Recht auf dem Gebiet des Schutzes von Minderjährigen	460
E4.	Übereinkommen über den Schutz von Kindern und die Zusammenarbeit auf dem Gebiet der internationalen Adoption (Haager Adoptionsübereinkommen, HAÜ) siehe Anhang V A zum ZGB	532
F.	Übereinkommen über das auf die Form letztwilliger Verfügungen anzuwendende Recht	466

Anhang II A1

Übereinkommen zur Beseitigung jeder Form von Diskriminierung der Frau *

Abgeschlossen in New York am 18. Dezember 1979

Für die Schweiz in Kraft getreten am 26. April 1997 (SR 0.108)

180 Vertragsstaaten, publiziert in AS 2004 S. 2739, 2004 S. 3651 und 2006 S. 1145 (damaliger Stand).
Die Vorbehalte, Erklärungen und Einwendungen der Vertragsstaaten sind in der AS nicht veröffentlicht. Der jeweils aktuelle Stand ist abrufbar im Internet unter: http://untreaty.un.org/ oder www.ohchr.org/english/countries/ratification/8.htm.

Teil I

1. In diesem Übereinkommen bezeichnet der Ausdruck «Diskriminierung der Frau» jede mit dem Geschlecht begründete Unterscheidung, Ausschliessung oder Beschränkung, die zur Folge oder zum Ziel hat, dass die auf die Gleichberechtigung von Mann und Frau gegründete Anerkennung, Inanspruchnahme oder Ausübung der Menschenrechte und Grundfreiheiten durch die Frau – ungeachtet ihres Zivilstands – im politischen, wirtschaftlichen, sozialen, kulturellen, staatsbürgerlichen oder jedem sonstigen Bereich beeinträchtigt oder vereitelt wird.

2. Die Vertragsstaaten verurteilen jede Form von Diskriminierung der Frau; sie kommen überein, mit allen geeigneten Mitteln unverzüglich eine Politik zur Beseitigung der Diskriminierung der Frau zu verfolgen, und verpflichten sich zu diesem Zweck,
a) den Grundsatz der Gleichberechtigung von Mann und Frau in ihre Staatsverfassung oder in andere geeignete Rechtsvorschriften aufzunehmen, sofern sie dies noch nicht getan haben, und durch gesetzgeberische und sonstige Massnahmen für die tatsächliche Verwirklichung dieses Grundsatzes zu sorgen;
b) durch geeignete gesetzgeberische und sonstige Massnahmen, gegebenenfalls auch Sanktionen, jede Diskriminierung der Frau zu verbieten;
c) den gesetzlichen Schutz der Rechte der Frau auf der Grundlage der Gleichberechtigung mit dem Mann zu gewährleisten und die Frau durch die zuständigen nationalen Gerichte und sonstigen öffentlichen Einrichtungen wirksam vor jeder diskriminierenden Handlung zu schützen;
d) Handlungen oder Praktiken zu unterlassen, welche die Frau diskriminieren, und dafür zu sorgen, dass alle staatlichen Behörden und öffentlichen Einrichtungen im Einklang mit dieser Verpflichtung handeln;

---

* Übersetzung des französischen Originaltextes; AS 1999 S. 1579.

e) alle geeigneten Massnahmen zur Beseitigung der Diskriminierung der Frau durch Personen, Organisationen oder Unternehmen zu ergreifen;
f) alle geeigneten Massnahmen einschliesslich gesetzgeberischer Massnahmen zur Änderung oder Aufhebung aller bestehenden Gesetze, Verordnungen, Gepflogenheiten und Praktiken zu treffen, die eine Diskriminierung der Frau darstellen;
g) alle innerstaatlichen strafrechtlichen Vorschriften aufzuheben, die eine Diskriminierung der Frau darstellen.

3. Die Vertragsstaaten treffen auf allen Gebieten, insbesondere auf politischem, sozialem, wirtschaftlichem und kulturellem Gebiet, alle geeigneten Massnahmen einschliesslich gesetzgeberischer Massnahmen zur Sicherung der vollen Entfaltung und Förderung der Frau, damit gewährleistet wird, dass sie die Menschenrechte und Grundfreiheiten gleichberechtigt mit dem Mann ausüben und geniessen kann.

4. (1) Zeitweilige Sondermassnahmen der Vertragsstaaten zur beschleunigten Herbeiführung der De-facto-Gleichberechtigung von Mann und Frau gelten nicht als Diskriminierung im Sinne dieses Übereinkommens, dürfen aber keinesfalls die Beibehaltung ungleicher oder gesonderter Massstäbe zur Folge haben; diese Massnahmen sind aufzuheben, sobald die Ziele der Chancengleichheit und Gleichbehandlung erreicht sind.
(2) Sondermassnahmen der Vertragsstaaten – einschliesslich der in diesem Übereinkommen genannten Massnahmen – zum Schutz der Mutterschaft gelten nicht als Diskriminierung.

5. Die Vertragsstaaten treffen alle geeigneten Massnahmen,
a) um einen Wandel in den sozialen und kulturellen Verhaltensmustern von Mann und Frau zu bewirken, um so zur Beseitigung von Vorurteilen sowie von herkömmlichen und allen sonstigen auf der Vorstellung von der Unterlegenheit oder Überlegenheit des einen oder anderen Geschlechts oder der stereotypen Rollenverteilung von Mann und Frau beruhenden Praktiken zu gelangen;
b) um sicherzustellen, dass die Erziehung in der Familie zu einem richtigen Verständnis der Mutterschaft als einer sozialen Aufgabe und zur Anerkennung der gemeinsamen Verantwortung von Mann und Frau für die Erziehung und Entwicklung ihrer Kinder beiträgt, wobei davon ausgegangen wird, dass das Interesse der Kinder in allen Fällen vorrangig zu berücksichtigen ist.

6. Die Vertragsstaaten treffen alle geeigneten Massnahmen einschliesslich gesetzgeberischer Massnahmen zur Abschaffung jeder Form des Frauenhandels und der Ausbeutung der Prostitution von Frauen.

Teil II

7. Die Vertragsstaaten treffen alle geeigneten Massnahmen zur Beseitigung der Diskriminierung der Frau im politischen und öffentlichen Leben ihres Landes und gewährleisten insbesondere allen Frauen in gleicher Weise wie den Männern
a) das Stimmrecht bei allen Wahlen und Volksabstimmungen sowie das passive Wahlrecht für alle öffentlich gewählten Gremien;
b) das Recht auf Mitwirkung an der Ausarbeitung der Regierungspolitik und deren Durchführung sowie auf Bekleidung öffentlicher Ämter und auf Wahrnehmung aller öffentlichen Aufgaben auf allen Ebenen staatlicher Tätigkeit;[1])
c) das Recht auf Mitarbeit in nichtstaatlichen Organisationen und Vereinigungen, die sich mit dem öffentlichen und politischen Leben ihres Landes befassen.

---

[1]) Die Schweiz hat bei der Ratifikation zu Artikel 7 Bst. b einen Vorbehalt mit folgendem Wortlaut angebracht: «Die schweizerische Militärgesetzgebung, die vorsieht, dass Frauen keine Funktionen ausüben können, die den persönlichen Waffeneinsatz über den Selbstschutz hinaus bedingen, bleibt vorbehalten» (Art. 1 Abs. 1 Bst. a des BB vom 4. Oktober 1996 betreffend das Übereinkommen zur Beseitigung jeder Form von Diskriminierung der Frau, AS 1999 S. 1577). Dieser Vorbehalt wurde mit Wirkung auf den 29. April 2004 zurückgezogen (AS 2004 S. 3651).

8. Die Vertragsstaaten treffen alle geeigneten Massnahmen, um sicherzustellen, dass Frauen unter den gleichen Bedingungen wie Männer und ohne Diskriminierung die Möglichkeit haben, ihre Regierung auf internationaler Ebene zu vertreten und an der Arbeit internationaler Organisationen mitzuwirken.

9. (1) Die Vertragsstaaten gewähren Frauen die gleichen Rechte wie Männern hinsichtlich des Erwerbs, des Wechsels oder der Beibehaltung der Staatsangehörigkeit. Insbesondere stellen die Vertragsstaaten sicher, dass weder durch Eheschliessung mit einem Ausländer noch durch Wechsel der Staatsangehörigkeit des Ehemanns im Laufe der Ehe ohne weiteres sich die Staatsangehörigkeit der Frau ändert, diese staatenlos wird oder ihr die Staatsangehörigkeit ihres Mannes aufgezwungen wird.

(2) Die Vertragsstaaten gewähren Frauen die gleichen Rechte wie Männern im Hinblick auf die Staatsangehörigkeit ihrer Kinder.

Teil III

10. Die Vertragsstaaten treffen alle geeigneten Massnahmen zur Beseitigung der Diskriminierung der Frau, um ihr im Bildungsbereich die gleichen Rechte wie dem Mann zu gewährleisten und auf der Grundlage der Gleichberechtigung von Mann und Frau insbesondere folgendes sicherzustellen:
a) gleiche Bedingungen bei der Berufsberatung, bei der Zulassung zum Unterricht und beim Erwerb von Zeugnissen an Bildungseinrichtungen

jeder Art sowohl in ländlichen als auch in städtischen Gebieten; diese Gleichberechtigung gilt im Hinblick auf Vorschulen, allgemeinbildende Schulen, Fachschulen, allgemeine und technische Bildungseinrichtungen im tertiären Bereich sowie für jede Art der Berufsausbildung;
b) Zulassung zu denselben Bildungsprogrammen und Prüfungen sowie Lehrkräften mit gleichwertigen Qualifikationen und zu Schulanlagen und Schulausstattungen derselben Qualität;
c) Beseitigung jeder stereotypen Auffassung in bezug auf die Rolle von Mann und Frau auf allen Bildungsebenen und in allen Unterrichtsformen durch Förderung der Koedukation und sonstiger Erziehungsformen, die zur Erreichung dieses Zieles beitragen, insbesondere auch durch Überarbeitung von Lehrbüchern und Lehrplänen und durch Anpassung der Lehrmethoden;
d) Chancengleichheit bei der Erlangung von Stipendien und sonstigen Ausbildungsbeihilfen;
e) gleiche Möglichkeiten des Zugangs zu Weiterbildungsprogrammen, darunter Programme für erwachsene Analphabeten und zur funktionellen Alphabetisierung, insbesondere zur möglichst baldigen Verringerung jeden Bildungsgefälles zwischen Mann und Frau;
f) Verringerung des Prozentsatzes von Frauen, die ihre Ausbildung abbrechen, sowie Veranstaltung von Programmen für Mädchen und Frauen, die vorzeitig von der Schule abgegangen sind;
g) gleiche Möglichkeiten zur aktiven Teilnahme an Sport und Leibesübungen;
h) Zugang zu spezifischen Bildungsinformationen, die zur Gesunderhaltung und zum Wohlergehen der Familie beitragen, einschliesslich Aufklärung und Beratung in bezug auf die Familienplanung.

11. (1) Die Vertragsstaaten treffen alle geeigneten Massnahmen zur Beseitigung der Diskriminierung der Frau im Berufsleben, um ihr auf der Grundlage der Gleichberechtigung von Mann und Frau gleiche Rechte zu gewährleisten, insbesondere
a) das Recht auf Arbeit als unveräusserliches Recht jedes Menschen;
b) das Recht auf dieselben Arbeitsmöglichkeiten einschliesslich der Anwendung derselben Auswahlkriterien bei der Einstellung;
c) das Recht auf freie Berufswahl und freie Wahl des Arbeitsplatzes, das Recht auf beruflichen Aufstieg, Arbeitsplatzsicherheit und alle Leistungen und Arbeitsbedingungen sowie das Recht auf Berufsausbildung und Umschulung, einschliesslich einer Lehre, der Berufsfortbildung und der ständigen Weiterbildung;
d) das Recht auf gleiches Entgelt, einschliesslich sonstiger Leistungen, und auf Gleichbehandlung bei gleichwertiger Arbeit sowie Gleichbehandlung bei der Bewertung der Arbeitsqualität;
e) das Recht auf soziale Sicherheit, insbesondere auf Leistungen bei Eintritt in den Ruhestand, bei Arbeitslosigkeit, Krankheit, Invalidität und im Alter oder bei sonstiger Arbeitsunfähigkeit sowie das Recht auf bezahlten Urlaub;

f) das Recht auf Schutz der Gesundheit und auf Sicherheit am Arbeitsplatz, einschliesslich des Schutzes der Fortpflanzungsfähigkeit.

(2) Um eine Diskriminierung der Frau wegen Eheschliessung oder Mutterschaft zu verhindern und ihr ein wirksames Recht auf Arbeit zu gewährleisten, treffen die Vertragsstaaten geeignete Massnahmen

a) zum – mit der Androhung von Sanktionen verbundenen – Verbot der Entlassung wegen Schwangerschaft oder Mutterschaftsurlaubs sowie der Diskriminierung aufgrund des Zivilstands bei Entlassungen;
b) zur Einführung des bezahlten oder mit vergleichbaren sozialen Vorteilen verbundenen Mutterschaftsurlaubs ohne Verlust des bisherigen Arbeitsplatzes, des Dienstalters oder sozialer Zulagen;
c) zur Förderung der Bereitstellung der erforderlichen unterstützenden Sozialdienste, die es Eltern ermöglichen, ihre Familienpflichten mit ihren beruflichen Aufgaben und mit der Teilnahme am öffentlichen Leben zu vereinbaren, insbesondere durch Förderung der Errichtung und des Ausbaus eines Netzes von Einrichtungen zur Kinderbetreuung;
d) zur Gewährung besonderen Schutzes für Frauen während der Schwangerschaft bei Beschäftigungsarten, die sich als schädlich für Schwangere erwiesen haben.

(3) Die Gesetze zum Schutz der Frau in den in diesem Artikel genannten Bereichen werden in regelmässigen Abständen anhand der wissenschaftlichen und technischen Erkenntnisse überprüft und erforderlichenfalls geändert, aufgehoben oder erweitert.

12. (1) Die Vertragsstaaten treffen alle geeigneten Massnahmen zur Beseitigung der Diskriminierung der Frau im Bereich des Gesundheitswesens, um der Frau gleichberechtigt mit dem Mann Zugang zu den Gesundheitsdiensten, einschliesslich derjenigen im Zusammenhang mit der Familienplanung, zu gewährleisten.

(2) Unbeschadet des Absatzes 1 sorgen die Vertragsstaaten für angemessene und erforderlichenfalls unentgeltliche Betreuung der Frau während der Schwangerschaft sowie während und nach der Entbindung und für eine ausreichende Ernährung während der Schwangerschaft und der Stillzeit.

13. Die Vertragsstaaten treffen alle geeigneten Massnahmen zur Beseitigung der Diskriminierung der Frau in anderen Bereichen des wirtschaftlichen und sozialen Lebens, um der Frau nach dem Gleichheitsgrundsatz die gleichen Rechte wie dem Mann zu gewährleisten, insbesondere

a) das Recht auf Familienbeihilfen;
b) das Recht, Bankdarlehen, Hypotheken und andere Finanzkredite aufzunehmen;
c) das Recht auf Teilnahme an Freizeitbeschäftigungen, Sport und allen Aspekten des kulturellen Lebens.

14. (1) Die Vertragsstaaten berücksichtigen die besonderen Probleme der Frauen auf dem Lande und die wichtige Rolle dieser Frauen für das wirtschaftliche Überleben ihrer Familien, einschliesslich ihrer Arbeit in nichtmonetären Wirtschaftsbereichen, und treffen alle geeigneten Massnahmen, um dafür zu sorgen, dass die Bestimmungen dieses Übereinkommens auch auf Frauen in ländlichen Gebieten Anwendung finden.

(2) Die Vertragsstaaten treffen alle geeigneten Massnahmen zur Beseitigung der Diskriminierung der Frau in ländlichen Gebieten, um dafür zu sorgen, dass sie gleichberechtigt mit dem Mann an der ländlichen Entwicklung und an den sich daraus ergebenden Vorteilen teilhaben kann, und gewährleisten ihr insbesondere das Recht auf

a) Mitwirkung – auf allen Ebenen – an der Aufstellung und Durchführung von Entwicklungsplänen;
b) Zugang zu angemessenen Gesundheitsdiensten, einschliesslich Aufklärungs- und Beratungsdiensten und sonstigen Einrichtungen auf dem Gebiet der Familienplanung;
c) unmittelbare Leistungen aus Programmen der sozialen Sicherheit;
d) schulische und ausserschulische Ausbildung und Bildung jeder Art, einschliesslich funktioneller Alphabetisierung, sowie die Nutzung aller Gemeinschafts- und Volksbildungseinrichtungen, insbesondere zur Erweiterung ihres Fachwissens;
e) Organisierung von Selbsthilfegruppen und Genossenschaften zur Erlangung wirtschaftlicher Chancengleichheit durch selbständige oder unselbständige Arbeit;
f) Teilnahme an allen Gemeinschaftsbetätigungen;
g) Zugang zu landwirtschaftlichen Krediten und Darlehen, Vermarktungseinrichtungen und geeigneten Technologien sowie Gleichbehandlung im Rahmen von Boden- und Agrarreformen und ländlichen Umsiedlungsaktionen;
h) angemessene Lebensbedingungen, insbesondere im Hinblick auf Wohnung, sanitäre Einrichtungen, Elektrizitäts- und Wasserversorgung sowie Verkehrs- und Nachrichtenverbindungen.

Teil IV

15. (1) Die Vertragsstaaten stellen die Frau dem Mann vor dem Gesetz gleich.

(2) Die Vertragsstaaten gewähren der Frau in zivilrechtlichen Fragen dieselbe Rechtsfähigkeit wie dem Mann und dieselben Möglichkeiten zur Ausübung dieser Rechtsfähigkeit. Insbesondere räumen sie der Frau gleiche Rechte in bezug auf den Abschluss von Verträgen und die Verwaltung von Vermögen ein und gewähren ihr Gleichbehandlung in allen Stadien gerichtlicher Verfahren.[1])

(3) Die Vertragsstaaten kommen überein, dass alle Verträge und alle sonstigen Privaturkunden, deren Rechtswirkung auf die Einschränkung der Rechtsfähigkeit der Frau gerichtet ist, nichtig sind.

(4) Die Vertragsstaaten gewähren Männern und Frauen die gleichen Rechte hinsichtlich der Rechtsvorschriften über die Freizügigkeit und die freie Wahl ihres Aufenthaltsorts und ihres Wohnsitzes.

---

[1]) Die Schweiz hat bei der Ratifikation zu Art. 15 Abs. 2 und Art. 16 Abs. 1 Bst. h einen Vorbehalt mit folgendem Wortlaut angebracht: «Die Anwendung der Bestimmungen erfolgt unter Vorbehalt gewisser Übergangsbestimmungen des Ehegüterrechts (Art. 9e und 10 SchlT ZGB)» (Art. 1 Abs. 1 Bst. c des BB vom 4. Oktober 1996 betreffend das Übereinkommen zur Beseitigung jeder Form von Diskriminierung der Frau, AS 1999 S. 1577).

16. (1) Die Vertragsstaaten treffen alle geeigneten Massnahmen zur Beseitigung der Diskriminierung der Frau in Ehe- und Familienfragen und gewährleisten auf der Grundlage der Gleichberechtigung von Mann und Frau insbesondere folgende Rechte:
a) gleiches Recht auf Eheschliessung;
b) gleiches Recht auf freie Wahl des Ehegatten sowie auf Eheschliessung nur mit freier und voller Zustimmung;
c) gleiche Rechte und Pflichten in der Ehe und bei deren Auflösung;
d) gleiche Rechte und Pflichten als Eltern, ungeachtet ihres Familienstands, in allen ihre Kinder betreffenden Fragen; in jedem Fall sind die Interessen der Kinder vorrangig zu berücksichtigen;
e) gleiches Recht auf freie und verantwortungsbewusste Entscheidung über Anzahl und Altersunterschied ihrer Kinder sowie auf Zugang zu den zur Ausübung dieser Rechte erforderlichen Informationen, Bildungseinrichtungen und Mitteln;
f) gleiche Rechte und Pflichten in Fragen der Vormundschaft, Pflegschaft, Personen- und Vermögenssorge, Adoption von Kindern oder ähnlichen Rechtseinrichtungen, soweit das innerstaatliche Recht derartige Rechtsinstitute kennt; in jedem Fall sind die Interessen der Kinder vorrangig zu berücksichtigen;
g) die gleichen persönlichen Rechte als Ehegatten, einschliesslich des Rechts auf Wahl des Familiennamens, eines Berufs und einer Beschäftigung;[1])
h) gleiche Rechte beider Ehegatten hinsichtlich des Eigentums an Vermögen und dessen Erwerb, Bewirtschaftung, Verwaltung und Nutzung sowie der Verfügung darüber, gleichviel ob unentgeltlich oder gegen Entgelt.[2])

(2) Die Verlobung und Eheschliessung eines Kindes haben keine Rechtswirksamkeit; es werden alle erforderlichen Massnahmen einschliesslich gesetzgeberischer Massnahmen ergriffen, um ein Mindestalter für die Eheschliessung festzulegen und die Eintragung der Eheschliessung in ein amtliches Register zur Pflicht zu machen.

---

[1]) Die Schweiz hat bei der Ratifikation einen Vorbehalt zu Art. 16 Abs. 1 Bst. g mit folgendem Wortlaut angebracht: «Die Anwendung der Bestimmung erfolgt unter Vorbehalt der Regelung betreffend der Familiennamen (Art. 160 ZGB und Art. 8a SchlT ZGB)» (Art. 1 Abs. 1 lit. b des BB vom 4. Oktober 1996 betreffend das Übereinkommen zur Beseitigung jeder Form von Diskriminierung der Frau, AS 1999 S. 1577).

[2]) Zu dem von der Schweiz zu Art. 16 Abs. 1 Bst. h angebrachten Vorbehalt siehe die Fussnote [1]) zu Art. 15.

Teil V

17. (1) Zur Prüfung der Fortschritte bei der Durchführung dieses Übereinkommens wird ein (im folgenden als «Ausschuss» bezeichneter) Ausschuss für die Beseitigung der Diskriminierung der Frau eingesetzt; er besteht zum Zeitpunkt des Inkrafttretens des Übereinkommens aus achtzehn, nach Ratifikation oder Beitritt des fünfunddreissigsten Vertragsstaats aus dreiundzwanzig Sachverständigen von hohem sittlichem Rang und grosser Sachkenntnis auf dem von dem Übereinkommen erfassten Gebiet. Die Sachverständigen werden von den Vertragsstaaten unter ihren Staatsangehörigen ausgewählt und sind in persönlicher Eigenschaft tätig; dabei ist auf eine gerechte geographische Verteilung und auf Vertretung der verschiedenen Zivilisationsformen sowie der wichtigsten Rechtssysteme zu achten.

(2) Die Mitglieder des Ausschusses werden in geheimer Wahl aus einer Liste von Personen gewählt, die von den Vertragsstaaten benannt worden sind. Jeder Vertragsstaat kann einen seiner eigenen Staatsangehörigen benennen.

(3) Die erste Wahl findet sechs Monate nach Inkrafttreten dieses Übereinkommens statt. Spätestens drei Monate vor jeder Wahl fordert der Generalsekretär der Vereinten Nationen die Vertragsstaaten schriftlich auf, binnen zwei Monaten ihre Benennungen einzureichen. Er stellt sodann eine alphabetische Liste aller demgemäss benannten Personen unter Angabe der sie benennenden Vertragsstaaten auf und legt sie den Vertragsstaaten vor.

(4) Die Wahl der Ausschussmitglieder findet auf einer vom Generalsekretär am Sitz der Vereinten Nationen anberaumten Sitzung der Vertragsstaaten statt. Auf dieser Sitzung, die beschlussfähig ist, wenn zwei Drittel der Vertragsstaaten vertreten sind, gelten diejenigen Bewerber als in den Ausschuss gewählt, welche die höchste Stimmenzahl und die absolute Stimmenmehrheit der anwesenden und abstimmenden Vertreter der Vertragsstaaten auf sich vereinigen.

(5) Die Ausschussmitglieder werden für vier Jahre gewählt. Jedoch läuft die Amtszeit von neun der bei der ersten Wahl gewählten Mitglieder nach zwei Jahren ab; unmittelbar nach der ersten Wahl werden die Namen dieser neun Mitglieder vom Vorsitzenden des Ausschusses durch das Los bestimmt.

(6) Die Wahl der fünf zusätzlichen Ausschussmitglieder findet gemäss den Absätzen 2, 3 und 4 nach Ratifikation oder Beitritt des fünfunddreissigsten Vertragsstaats statt. Die Amtszeit zweier der bei dieser Gelegenheit gewählten zusätzlichen Mitglieder läuft nach zwei Jahren ab; die Namen dieser beiden Mitglieder werden vom Ausschussvorsitzenden durch das Los bestimmt.

(7) Zur Besetzung eines unerwartet verwaisten Sitzes ernennt der Vertragsstaat, dessen Sachverständiger aufgehört hat, Mitglied des Ausschusses

zu sein, mit Zustimmung des Ausschusses einen anderen Sachverständigen unter seinen Staatsangehörigen.

(8) Die Ausschussmitglieder erhalten mit Zustimmung der Generalversammlung Bezüge aus Mitteln der Vereinten Nationen; die näheren Einzelheiten werden von der Generalversammlung unter Berücksichtigung der Bedeutung der Aufgaben des Ausschusses festgesetzt.

(9) Der Generalsekretär der Vereinten Nationen stellt dem Ausschuss das Personal und die Einrichtungen zur Verfügung, deren dieser zur wirksamen Wahrnehmung seiner Aufgaben nach diesem Übereinkommen bedarf.

18. (1) Die Vertragsstaaten verpflichten sich, dem Generalsekretär der Vereinten Nationen zur Beratung durch den Ausschuss einen Bericht über die zur Durchführung dieses Übereinkommens getroffenen Gesetzgebungs-, Gerichts-, Verwaltungs- und sonstigen Massnahmen und die diesbezüglichen Fortschritte vorzulegen, und zwar
a) innerhalb eines Jahres nach Inkrafttreten des Übereinkommens für den betreffenden Staat und
b) danach mindestens alle vier Jahre und so oft es der Ausschuss verlangt.

(2) In den Berichten kann auf Faktoren und Schwierigkeiten hingewiesen werden, die das Ausmass der Erfüllung der in diesem Übereinkommen vorgesehenen Verpflichtungen beeinflussen.

19. (1) Der Ausschuss gibt sich eine Geschäftsordnung.
(2) Der Ausschuss wählt seinen Vorstand für zwei Jahre.

20. (1) Der Ausschuss tritt in der Regel jährlich für höchstens zwei Wochen zur Prüfung der nach Artikel 18 vorgelegten Berichte zusammen.

(2) Die Sitzungen des Ausschusses finden in der Regel am Sitz der Vereinten Nationen oder an einem anderen vom Ausschuss bestimmten geeigneten Ort statt.

21. (1) Der Ausschuss berichtet der Generalversammlung der Vereinten Nationen jährlich durch den Wirtschafts- und Sozialrat über seine Tätigkeit und kann aufgrund der Prüfung der von den Vertragsstaaten eingegangenen Berichte und Auskünfte Vorschläge machen und allgemeine Empfehlungen abgeben. Diese werden zusammen mit etwaigen Stellungnahmen der Vertragsstaaten in den Ausschussbericht aufgenommen.

(2) Der Generalsekretär übermittelt die Ausschussberichte der Kommission für die Rechtsstellung der Frau zur Kenntnisnahme.

22. Die Sonderorganisationen haben das Recht, bei Beratung der Durchführung derjenigen Bestimmungen dieses Übereinkommens vertreten zu sein, die in ihren Tätigkeitsbereich fallen. Der Ausschuss kann die Sonderorganisationen bitten, Berichte über die Durchführung des Übereinkommens auf Gebieten vorzulegen, die in ihren Tätigkeitsbereich fallen.

Teil VI

23. Dieses Übereinkommen lässt zur Herbeiführung der Gleichberechtigung von Mann und Frau besser geeignete Bestimmungen unberührt, die enthalten sind
  a) in den Rechtsvorschriften eines Vertragsstaats oder
  b) in sonstigen für diesen Staat geltenden internationalen Übereinkommen, Verträgen oder Abkommen.

24. Die Vertragsstaaten verpflichten sich, alle Massnahmen zu treffen, die auf nationaler Ebene zur vollen Verwirklichung der in diesem Übereinkommen anerkannten Rechte erforderlich sind.

25. (1) Dieses Übereinkommen liegt für alle Staaten zur Unterzeichnung auf.
(2) Der Generalsekretär der Vereinten Nationen wird zum Verwahrer dieses Übereinkommens bestimmt.
(3) Dieses Übereinkommen bedarf der Ratifikation. Die Ratifikationsurkunden werden beim Generalsekretär der Vereinten Nationen hinterlegt.
(4) Dieses Übereinkommen liegt für alle Staaten zum Beitritt auf. Der Beitritt erfolgt durch Hinterlegung einer Beitrittsurkunde beim Generalsekretär der Vereinten Nationen.

26. (1) Ein Vertragsstaat kann jederzeit durch eine an den Generalsekretär der Vereinten Nationen gerichtete schriftliche Notifikation eine Revision dieses Übereinkommens beantragen.
(2) Die Generalversammlung der Vereinten Nationen beschliesst über etwaige hinsichtlich eines derartigen Antrags zu unternehmende Schritte.

27. (1) Dieses Übereinkommen tritt am dreissigsten Tag nach Hinterlegung der zwanzigsten Ratifikations- oder Beitrittsurkunde beim Generalsekretär der Vereinten Nationen in Kraft.
(2) Für jeden Staat, der nach Hinterlegung der zwanzigsten Ratifikations- oder Beitrittsurkunde dieses Übereinkommens ratifiziert oder ihm beitritt, tritt es am dreissigsten Tag nach Hinterlegung seiner Ratifikations- oder Beitrittsurkunde in Kraft.

28.[1]) (1) Der Generalsekretär der Vereinten Nationen nimmt den Wortlaut von Vorbehalten, die ein Staat bei der Ratifikation oder beim Beitritt anbringt, entgegen und leitet ihn allen Staaten zu.
(2) Mit Ziel und Zweck dieses Übereinkommens unvereinbare Vorbehalte sind nicht zulässig.
(3) Vorbehalte können jederzeit durch eine diesbezügliche Notifikation an den Generalsekretär der Vereinten Nationen zurückgenommen werden,

der sodann alle Staaten davon in Kenntnis setzt. Die Notifikation wird mit dem Tag ihres Eingangs wirksam.

---

[1]) Von der Schweiz wurde das Übereinkommen mit Vorbehalten zu Art. 7 Bst. b, Art. 16 Abs. 1 Bst. g sowie Art. 15 Abs. 2 und Art. 16 Abs. 1 Bst. h ratifiziert (AS 1999 S. 1577); der Text der Vorbehalte ist in den Fussnoten zu den betreffenden Artikeln abgedruckt. Die Vorbehalte der andern Vertragsstaaten sind abrufbar im Internet unter http://untreaty.un.org/ oder www.ohchr.org/english/countries/ratification/8.htm.

29. (1) Entsteht zwischen zwei oder mehr Vertragsstaaten über die Auslegung oder Anwendung dieses Übereinkommens eine Streitigkeit, die nicht auf dem Verhandlungsweg beigelegt werden kann, so wird sie auf Verlangen einer Partei zum Gegenstand eines Schiedsverfahrens gemacht. Können sich die Parteien innerhalb von sechs Monaten vom Zeitpunkt des Antrags auf ein Schiedsverfahren über dessen Ausgestaltung nicht einigen, so kann eine Partei die Streitigkeit dem Internationalen Gerichtshof vorlegen, indem sie einen Antrag im Einklang mit dessen Statut stellt.

(2) Jeder Vertragsstaat kann zum Zeitpunkt der Unterzeichnung oder Ratifikation des Übereinkommens oder seines Beitritts dazu erklären, dass er sich durch Absatz 1 nicht als gebunden ansieht. Die anderen Vertragsstaaten sind gegenüber einem Vertragsstaat, der einen derartigen Vorbehalt angebracht hat, durch Absatz 1 nicht gebunden.

(3) Ein Vertragsstaat, der einen Vorbehalt nach Absatz 2 angebracht hat, kann diesen jederzeit durch eine an den Generalsekretär der Vereinten Nationen gerichtete Notifikation zurücknehmen.

30. Dieses Übereinkommen, dessen arabischer, chinesischer, englischer, französischer, russischer und spanischer Wortlaut gleichermassen verbindlich ist, wird beim Generalsekretär der Vereinten Nationen hinterlegt.

Geltungsbereich, Vorbehalte und Erklärungen

Im Anschluss an den Text des Übereinkommens enthält die SR einen Abschnitt über den «Geltungsbereich des Übereinkommens». Die Vorbehalte, Erklärungen und Einwendungen sind in der AS nicht veröffentlicht (AS 2004 S. 2743, Anmerk. ***). Der jeweils aktuelle Stand ist abrufbar im Internet unter http://untreaty.un.org/ oder www.ohchr.org/english/countries/ratification/8.htm.

Anhang II A2

Übereinkommen über die Rechte des Kindes*

Abgeschlossen in New York am 20. November 1989

Für die Schweiz in Kraft getreten am 26. März 1997 (SR 0.107)

192 Vertragsstaaten, publiziert mit Geltungsbereich, Vorbehalten, Erklärungen und Einwendungen in AS 1998 S. 2055 ff. und 2004 S. 339 f. (damaliger Stand). Der jeweils aktuelle Stand ist abrufbar im Internet unter http://untreaty.un.org/ oder www.ohchr.org/english/countries/ratification/ 11.htm.

Teil I

1. Im Sinne dieses Übereinkommens ist ein Kind jeder Mensch, der das achtzehnte Lebensjahr noch nicht vollendet hat, soweit die Volljährigkeit nach dem auf das Kind anzuwendenden Recht nicht früher eintritt.

2. (1) Die Vertragsstaaten achten die in diesem Übereinkommen festgelegten Rechte und gewährleisten sie jedem ihrer Hoheitsgewalt unterstehenden Kind ohne jede Diskriminierung unabhängig von der Rasse, der Hautfarbe, dem Geschlecht, der Sprache, der Religion, der politischen oder sonstigen Anschauung, der nationalen, ethnischen oder sozialen Herkunft, des Vermögens, einer Behinderung, der Geburt oder des sonstigen Status des Kindes, seiner Eltern oder seines Vormunds.

(2) Die Vertragsstaaten treffen alle geeigneten Massnahmen, um sicherzustellen, dass das Kind vor allen Formen der Diskriminierung oder Bestrafung wegen des Status, der Tätigkeiten, der Meinungsäusserungen oder der Weltanschauung seiner Eltern, seines Vormunds oder seiner Familienangehörigen geschützt wird.

3. (1) Bei allen Massnahmen, die Kinder betreffen, gleichviel ob sie von öffentlichen oder privaten Einrichtungen der sozialen Fürsorge, Gerichten, Verwaltungsbehörden oder Gesetzgebungsorganen getroffen werden, ist das Wohl des Kindes ein Gesichtspunkt, der vorrangig zu berücksichtigen ist.

(2) Die Vertragsstaaten verpflichten sich, dem Kind unter Berücksichtigung der Rechte und Pflichten seiner Eltern, seines Vormunds oder anderer für das Kind gesetzlich verantwortlicher Personen den Schutz und

---

* Übersetzung des französischen Originaltextes; AS 1998 S. 2055.
Beachte auch das **Fakultativprotokoll** zum Übereinkommen über die Rechte des Kindes betreffend die Beteiligung von Kindern an bewaffneten Konflikten (SR 0.107.1). Gemäss BB vom 24. März 2006 (publiziert als Referendumsvorlage in BBl 2006 S. 3643, Ablauf der Referendumsfrist am 13. Juli 2006) soll ein weiteres Fakultativprotokoll «betreffend den Verkauf von Kindern, die Kinderprostitution und die Kinderpornographie» ratifiziert werden.

die Fürsorge zu gewährleisten, die zu seinem Wohlergehen notwendig sind; zu diesem Zweck treffen sie alle geeigneten Gesetzgebungs- und Verwaltungsmassnahmen.

(3) Die Vertragsstaaten stellen sicher, dass die für die Fürsorge für das Kind oder dessen Schutz verantwortlichen Institutionen, Dienste und Einrichtungen den von den zuständigen Behörden festgelegten Normen entsprechen, insbesondere im Bereich der Sicherheit und der Gesundheit sowie hinsichtlich der Zahl und der fachlichen Eignung des Personals und des Bestehens einer ausreichenden Aufsicht.

4. Die Vertragsstaaten treffen alle geeigneten Gesetzgebungs-, Verwaltungs- und sonstigen Massnahmen zur Verwirklichung der in diesem Übereinkommen anerkannten Rechte. Hinsichtlich der wirtschaftlichen, sozialen und kulturellen Rechte treffen die Vertragsstaaten derartige Massnahmen unter Ausschöpfung ihrer verfügbaren Mittel und erforderlichenfalls im Rahmen der internationalen Zusammenarbeit.

5.[1]) Die Vertragsstaaten achten die Aufgaben, Rechte und Pflichten der Eltern oder gegebenenfalls, soweit nach Ortsbrauch vorgesehen, der Mitglieder der weiteren Familie oder der Gemeinschaft, des Vormunds oder anderer für das Kind gesetzlich verantwortlicher Personen, das Kind bei der Ausübung der in diesem Übereinkommen anerkannten Rechte in einer seiner Entwicklung entsprechenden Weise angemessen zu leiten und zu führen.

---
[1]) Die Schweiz hat bei der Ratifikation zu Art. 5 einen Vorbehalt mit folgendem Wortlaut angebracht: «Die schweizerische Gesetzgebung über die elterliche Sorge bleibt vorbehalten» (AS 1998 S. 2053). Dieser Vorbehalt wurde mit Wirkung auf den 8. April 2004 zurückgezogen (AS 2004 S. 3877).

6. (1) Die Vertragsstaaten erkennen an, dass jedes Kind ein angeborenes Recht auf Leben hat.

(2) Die Vertragsstaaten gewährleisten in grösstmöglichem Umfang das Überleben und die Entwicklung des Kindes.

7.[1]) (1) Das Kind ist unverzüglich nach seiner Geburt in ein Register einzutragen und hat das Recht auf einen Namen von Geburt an, das Recht, eine Staatsangehörigkeit zu erwerben, und soweit möglich das Recht, seine Eltern zu kennen und von ihnen betreut zu werden.

(2) Die Vertragsstaaten stellen die Verwirklichung dieser Rechte im Einklang mit ihrem innerstaatlichen Recht und mit ihren Verpflichtungen aufgrund der einschlägigen internationalen Übereinkünfte in diesem Bereich sicher, insbesondere für den Fall, dass das Kind sonst staatenlos wäre.

---
[1]) Die Schweiz hat bei der Ratifikation zu Art. 7 einen Vorbehalt mit folgendem Wortlaut angebracht: «Die schweizerische Bürgerrechtsgesetzgebung, die keinen Anspruch auf Erwerb der schweizerischen Staatsangehörigkeit einräumt, bleibt vorbehalten» (AS 1998 S. 2053).

8. (1) Die Vertragsstaaten verpflichten sich, das Recht des Kindes zu achten, seine Identität, einschliesslich seiner Staatsangehörigkeit, seines

Namens und seiner gesetzlich anerkannten Familienbeziehungen, ohne rechtswidrige Eingriffe zu behalten.

(2) Werden einem Kind widerrechtlich einige oder alle Bestandteile seiner Identität genommen, so gewähren die Vertragsstaaten ihm angemessenen Beistand und Schutz mit dem Ziel, seine Identität so schnell wie möglich wiederherzustellen.

9. (1) Die Vertragsstaaten stellen sicher, dass ein Kind nicht gegen den Willen seiner Eltern von diesen getrennt wird, es sei denn, dass die zuständigen Behörden in einer gerichtlich nachprüfbaren Entscheidung nach den anzuwendenden Rechtsvorschriften und Verfahren bestimmen, dass diese Trennung zum Wohl des Kindes notwendig ist. Eine solche Entscheidung kann im Einzelfall notwendig werden, wie etwa wenn das Kind durch die Eltern misshandelt oder vernachlässigt wird oder wenn bei getrennt lebenden Eltern eine Entscheidung über den Aufenthaltsort des Kindes zu treffen ist.

(2) In Verfahren nach Absatz 1 ist allen Beteiligten Gelegenheit zu geben, am Verfahren teilzunehmen und ihre Meinung zu äussern.

(3) Die Vertragsstaaten achten das Recht des Kindes, das von einem oder beiden Elternteilen getrennt ist, regelmässige persönliche Beziehungen und unmittelbare Kontakte zu beiden Elternteilen zu pflegen, soweit dies nicht dem Wohl des Kindes widerspricht.

(4) Ist die Trennung Folge einer von einem Vertragsstaat eingeleiteten Massnahme, wie etwa einer Freiheitsentziehung, Freiheitsstrafe, Landesverweisung oder Abschiebung odes des Todes eines oder beider Elternteile oder des Kindes (auch eines Todes, der aus irgendeinem Grund eintritt, während der Betreffende sich in staatlichem Gewahrsam befindet), so erteilt der Vertragsstaat auf Antrag den Eltern, dem Kind oder gegebenenfalls einem anderen Familienangehörigen die wesentlichen Auskünfte über den Verbleib des oder der abwesenden Familienangehörigen, sofern dies nicht dem Wohl des Kindes abträglich wäre. Die Vertragsstaaten stellen ferner sicher, dass allein die Stellung eines solchen Antrags keine nachteiligen Folgen für den oder die Betroffenen hat.

10. (1) Entsprechend der Verpflichtung der Vertragsstaaten nach Artikel 9 Absatz 1 werden von einem Kind oder seinen Eltern zwecks Familienzusammenführung gestellte Anträge auf Einreise in einen Vertragsstaat oder Ausreise aus einem Vertragsstaat von den Vertragsstaaten wohlwollend, human und beschleunigt bearbeitet. Die Vertragsstaaten stellen ferner sicher, dass die Stellung eines solchen Antrags keine nachteiligen Folgen für die Antragsteller und deren Familienangehörige hat.[1]

(2) Ein Kind, dessen Eltern ihren Aufenthalt in verschiedenen Staaten haben, hat das Recht, regelmässige persönliche Beziehungen und unmittelbare Kontakte zu beiden Elternteilen zu pflegen, soweit nicht aussergewöhnliche Umstände vorliegen. Zu diesem Zweck achten die Vertragsstaaten entsprechend ihrer Verpflichtung nach Artikel 9 Absatz 1 das Recht des Kindes und seiner Eltern, aus jedem Land einschliesslich ihres eigenen auszureisen und in ihr eigenes Land einzureisen. Das Recht auf Ausreise aus

einem Land unterliegt nur den gesetzlich vorgesehenen Beschränkungen, die zum Schutz der nationalen Sicherheit, der öffentlichen Ordnung (ordre public), der Volksgesundheit, der öffentlichen Sittlichkeit oder der Rechte und Freiheiten anderer notwendig und mit den anderen in diesem Übereinkommen anerkannten Rechten vereinbar sind.

---

[1]) Die Schweiz hat bei der Ratifikation zu Art. 10 Abs. 1 einen Vorbehalt mit folgendem Wortlaut angebracht: «Die schweizerische Gesetzgebung, die bestimmten Kategorien von Ausländerinnen und Ausländern keinen Familiennachzug gewährt, bleibt vorbehalten» (AS 1998 S. 2053).

11. (1) Die Vertragsstaaten treffen Massnahmen, um das rechtswidrige Verbringen von Kindern ins Ausland und ihre rechtswidrige Nichtrückgabe zu bekämpfen.

(2) Zu diesem Zweck fördern die Vertragsstaaten den Abschluss zwei- oder mehrseitiger Übereinkünfte oder den Beitritt zu bestehenden Übereinkünften.

12. (1) Die Vertragsstaaten sichern dem Kind, das fähig ist, sich eine eigene Meinung zu bilden, das Recht zu, diese Meinung in allen das Kind berührenden Angelegenheiten frei zu äussern, und berücksichtigen die Meinung des Kindes angemessen und entsprechend seinem Alter und seiner Reife.

(2) Zu diesem Zweck wird dem Kind insbesondere Gelegenheit gegeben, in allen das Kind berührenden Gerichts- oder Verwaltungsverfahren entweder unmittelbar oder durch einen Vertreter oder eine geeignete Stelle im Einklang mit den innerstaatlichen Verfahrensvorschriften gehört zu werden.

13. (1) Das Kind hat das Recht auf freie Meinungsäusserung; dieses Recht schliesst die Freiheit ein, ungeachtet der Staatsgrenzen Informationen und Gedankengut jeder Art in Wort, Schrift oder Druck, durch Kunstwerke oder andere vom Kind gewählte Mittel sich zu beschaffen, zu empfangen und weiterzugeben.

(2) Die Ausübung dieses Rechts kann bestimmten, gesetzlich vorgesehenen Einschränkungen unterworfen werden, die erforderlich sind
 a) für die Achtung der Rechte oder des Rufes anderer oder
 b) für den Schutz der nationalen Sicherheit, der öffentlichen Ordnung (ordre public), der Volksgesundheit oder der öffentlichen Sittlichkeit.

14. (1) Die Vertragsstaaten achten das Recht des Kindes auf Gedanken-, Gewissens- und Religionsfreiheit.

(2) Die Vertragsstaaten achten die Rechte und Pflichten der Eltern und gegebenenfalls des Vormunds, das Kind bei der Ausübung dieses Rechts in einer seiner Entwicklung entsprechenden Weise zu leiten.

(3) Die Freiheit, seine Religion oder Weltanschauung zu bekunden, darf nur den gesetzlich vorgesehenen Einschränkungen unterworfen werden, die zum Schutz der öffentlichen Sicherheit, Ordnung, Gesundheit oder Sittlichkeit oder der Grundrechte und -freiheiten anderer erforderlich sind.

15. (1) Die Vertragsstaaten erkennen das Recht des Kindes an, sich frei mit anderen zusammenzuschliessen und sich friedlich zu versammeln.

(2) Die Ausübung dieses Rechts darf keinen anderen als den gesetzlich vorgesehenen Einschränkungen unterworfen werden, die in einer demokratischen Gesellschaft im Interesse der nationalen oder der öffentlichen Sicherheit, der öffentlichen Ordnung (ordre public), zum Schutz der Volksgesundheit oder der öffentlichen Sittlichkeit oder zum Schutz der Rechte und Freiheiten anderer notwendig sind.

16. (1) Kein Kind darf willkürlichen oder rechtswidrigen Eingriffen in sein Privatleben, seine Familie, seine Wohnung oder seinen Schriftverkehr oder rechtswidrigen Beeinträchtigungen seiner Ehre und seines Rufes ausgesetzt werden.

(2) Das Kind hat Anspruch auf rechtlichen Schutz gegen solche Eingriffe oder Beeinträchtigungen.

17. Die Vertragsstaaten erkennen die wichtige Rolle der Massenmedien an und stellen sicher, dass das Kind Zugang hat zu Informationen und Material aus einer Vielfalt nationaler und internationaler Quellen, insbesondere derjenigen, welche die Förderung seines sozialen, seelischen und sittlichen Wohlergehens sowie seiner körperlichen und geistigen Gesundheit zum Ziel haben. Zu diesem Zweck werden die Vertragsstaaten

a) die Massenmedien ermutigen, Informationen und Material zu verbreiten, die für das Kind von sozialem und kulturellem Nutzen sind und dem Geist des Artikels 29 entsprechen;
b) die internationale Zusammenarbeit bei der Herstellung, beim Austausch und bei der Verbreitung dieser Informationen und dieses Materials aus einer Vielfalt nationaler und internationaler kultureller Quellen fördern;
c) die Herstellung und Verbreitung von Kinderbüchern fördern;
d) die Massenmedien ermutigen, den sprachlichen Bedürfnissen eines Kindes, das einer Minderheit angehört oder Ureinwohner ist, besonders Rechnung zu tragen;
e) die Erarbeitung geeigneter Richtlinien zum Schutz des Kindes vor Informationen und Material, die sein Wohlergehen beeinträchtigen, fördern, wobei die Artikel 13 und 18 zu berücksichtigen sind.

18. (1) Die Vertragsstaaten bemühen sich nach besten Kräften, die Anerkennung des Grundsatzes sicherzustellen, dass beide Elternteile gemeinsam für die Erziehung und Entwicklung des Kindes verantwortlich sind. Für die Erziehung und Entwicklung des Kindes sind in erster Linie die Eltern oder gegebenenfalls der Vormund verantwortlich. Dabei ist das Wohl des Kindes ihr Grundanliegen.

(2) Zur Gewährleistung und Förderung der in diesem Übereinkommen festgelegten Rechte unterstützen die Vertragsstaaten die Eltern und den Vormund in angemessener Weise bei der Erfüllung ihrer Aufgabe, das Kind zu erziehen, und sorgen für den Ausbau von Institutionen, Einrichtungen und Diensten für die Betreuung von Kindern.

(3) Die Vertragsstaaten treffen alle geeigneten Massnahmen, um sicherzustellen, dass Kinder berufstätiger Eltern das Recht haben, die für sie in Betracht kommenden Kinderbetreuungsdienste und -einrichtungen zu nutzen.

19. (1) Die Vertragsstaaten treffen alle geeigneten Gesetzgebungs-, Verwaltungs-, Sozial- und Bildungsmassnahmen, um das Kind vor jeder Form körperlicher oder geistiger Gewaltanwendung, Schadenszufügung oder Misshandlung, vor Verwahrlosung oder Vernachlässigung, vor schlechter Behandlung oder Ausbeutung einschliesslich des sexuellen Missbrauchs zu schützen, solange es sich in der Obhut der Eltern oder eines Elternteils, eines Vormunds oder anderen gesetzlichen Vertreters oder einer anderen Person befindet, die das Kind betreut.

(2) Diese Schutzmassnahmen sollen je nach den Gegebenheiten wirksame Verfahren zur Aufstellung von Sozialprogrammen enthalten, die dem Kind und denen, die es betreuen, die erforderliche Unterstützung gewähren und andere Formen der Vorbeugung vorsehen sowie Massnahmen zur Aufdeckung, Meldung, Weiterverweisung, Untersuchung, Behandlung und Nachbetreuung in den in Absatz 1 beschriebenen Fällen schlechter Behandlung von Kindern und gegebenenfalls für das Einschreiten der Gerichte.

20. (1) Ein Kind, das vorübergehend oder dauernd aus seiner familiären Umgebung herausgelöst wird oder dem der Verbleib in dieser Umgebung im eigenen Interesse nicht gestattet werden kann, hat Anspruch auf den besonderen Schutz und Beistand des Staates.

(2) Die Vertragsstaaten stellen nach Massgabe ihres innerstaatlichen Rechts andere Formen der Betreuung eines solchen Kindes sicher.

(3) Als andere Form der Betreuung kommt unter anderem die Aufnahme in eine Pflegefamilie, die Kafala nach islamischem Recht, die Adoption oder, falls erforderlich, die Unterbringung in einer geeigneten Kinderbetreuungseinrichtung in Betracht. Bei der Wahl zwischen diesen Lösungen sind die erwünschte Kontinuität in der Erziehung des Kindes sowie die ethnische, religiöse, kulturelle und sprachliche Herkunft des Kindes gebührend zu berücksichtigen.

21. Die Vertragsstaaten, die das System der Adoption anerkennen oder zulassen, gewährleisten, dass dem Wohl des Kindes bei der Adoption die höchste Bedeutung zugemessen wird; die Vertragsstaaten
 a) stellen sicher, dass die Adoption eines Kindes nur durch die zuständigen Behörden bewilligt wird, die nach den anzuwendenden Rechtsvorschriften und Verfahren und auf der Grundlage aller verlässlichen einschlägigen Informationen entscheiden, dass die Adoption angesichts des Status des Kindes in bezug auf Eltern, Verwandte und einen Vormund zulässig ist und dass, soweit dies erforderlich ist, die betroffenen Personen in Kenntnis der Sachlage und auf der Grundlage einer gegebenenfalls erforderlichen Beratung der Adoption zugestimmt haben;
 b) erkennen an, dass die internationale Adoption als andere Form der Betreuung angesehen werden kann, wenn das Kind nicht in seinem

Heimatland in einer Pflege- oder Adoptionsfamilie untergebracht oder wenn es dort nicht in geeigneter Weise betreut werden kann;
c) stellen sicher, dass das Kind im Fall einer internationalen Adoption in den Genuss der für nationale Adoptionen geltenden Schutzvorschriften und Normen kommt;
d) treffen alle geeigneten Massnahmen, um sicherzustellen, dass bei internationaler Adoption für die Beteiligten keine unstatthaften Vermögensvorteile entstehen;
e) fördern die Ziele dieses Artikels gegebenenfalls durch den Abschluss zwei- oder mehrseitiger Übereinkünfte und bemühen sich in diesem Rahmen sicherzustellen, dass die Unterbringung des Kindes in einem anderen Land durch die zuständigen Behörden oder Stellen durchgeführt wird.

22. (1) Die Vertragsstaaten treffen geeignete Massnahmen, um sicherzustellen, dass ein Kind, das die Rechtsstellung eines Flüchtlings begehrt oder nach Massgabe der anzuwendenden Regeln und Verfahren des Völkerrechts oder des innerstaatlichen Rechts als Flüchtling angesehen wird, angemessenen Schutz und humanitäre Hilfe bei der Wahrnehmung der Rechte erhält, die in diesem Übereinkommen oder in anderen internationalen Übereinkünften über Menschenrechte oder über humanitäre Fragen, denen die genannten Staaten als Vertragsparteien angehören, festgelegt sind, und zwar unabhängig davon, ob es sich in Begleitung seiner Eltern oder einer anderen Person befindet oder nicht.

(2) Zu diesem Zweck wirken die Vertragsstaaten in der ihnen angemessen erscheinenden Weise bei allen Bemühungen mit, welche die Vereinten Nationen und andere zuständige zwischenstaatliche oder nichtstaatliche Organisationen, die mit den Vereinten Nationen zusammenarbeiten, unternehmen, um ein solches Kind zu schützen, um ihm zu helfen und um die Eltern oder andere Familienangehörige eines Flüchtlingskinds ausfindig zu machen mit dem Ziel, die für eine Familienzusammenführung notwendigen Informationen zu erlangen. Können die Eltern oder andere Familienangehörige nicht ausfindig gemacht werden, so ist dem Kind im Einklang mit den in diesem Übereinkommen enthaltenen Grundsätzen derselbe Schutz zu gewähren wie jedem anderen Kind, das aus irgendeinem Grund dauernd oder vorübergehend aus seiner familiären Umgebung herausgelöst ist.

23. (1) Die Vertragsstaaten erkennen an, dass ein geistig oder körperlich behindertes Kind ein erfülltes und menschenwürdiges Leben unter Bedingungen führen soll, welche die Würde des Kindes wahren, seine Selbständigkeit fördern und seine aktive Teilnahme am Leben der Gemeinschaft erleichtern.

(2) Die Vertragsstaaten erkennen das Recht des behinderten Kindes auf besondere Betreuung an und treten dafür ein und stellen sicher, dass dem behinderten Kind und den für seine Betreuung Verantwortlichen im Rahmen der verfügbaren Mittel auf Antrag die Unterstützung zuteil wird, die dem Zustand des Kindes sowie den Lebensumständen der Eltern oder anderer Personen, die das Kind betreuen, angemessen ist.

(3) In Anerkennung der besonderen Bedürfnisse eines behinderten Kindes ist die nach Absatz 2 gewährte Unterstützung soweit irgend möglich und unter Berücksichtigung der finanziellen Mittel der Eltern oder anderer Personen, die das Kind betreuen, unentgeltlich zu leisten und so zu gestalten, dass sichergestellt ist, dass Erziehung, Ausbildung, Gesundheitsdienste, Rehabilitationsdienste, Vorbereitung auf das Berufsleben und Erholungsmöglichkeiten dem behinderten Kind tatsächlich in einer Weise zugänglich sind, die der möglichst vollständigen sozialen Integration und individuellen Entfaltung des Kindes einschliesslich seiner kulturellen und geistigen Entwicklung förderlich ist.

(4) Die Vertragsstaaten fördern im Geist der internationalen Zusammenarbeit den Austausch sachdienlicher Informationen im Bereich der Gesundheitsvorsorge und der medizinischen, psychologischen und funktionellen Behandlung behinderter Kinder einschliesslich der Verbreitung von Informationen über Methoden der Rehabilitation, der Erziehung und der Berufsausbildung und des Zugangs zu solchen Informationen, um es den Vertragsstaaten zu ermöglichen, in diesen Bereichen ihre Fähigkeiten und ihr Fachwissen zu verbessern und weitere Erfahrungen zu sammeln. Dabei sind die Bedürfnisse der Entwicklungsländer besonders zu berücksichtigen.

24. (1) Die Vertragsstaaten erkennen das Recht des Kindes auf das erreichbare Höchstmass an Gesundheit an sowie auf Inanspruchnahme von Einrichtungen zur Behandlung von Krankheiten und zur Wiederherstellung der Gesundheit. Die Vertragsstaaten bemühen sich sicherzustellen, dass keinem Kind das Recht auf Zugang zu derartigen Gesundheitsdiensten vorenthalten wird.

(2) Die Vertragsstaaten bemühen sich, die volle Verwirklichung dieses Rechts sicherzustellen, und treffen insbesondere geeignete Massnahmen, um

a) die Säuglings- und Kindersterblichkeit zu verringern;
b) sicherzustellen, dass alle Kinder die notwendige ärztliche Hilfe und Gesundheitsfürsorge erhalten, wobei besonderer Nachdruck auf den Ausbau der gesundheitlichen Grundversorgung gelegt wird;
c) Krankheiten sowie Unter- und Fehlernährung auch im Rahmen der gesundheitlichen Grundversorgung zu bekämpfen, unter anderem durch den Einsatz leicht zugänglicher Technik und durch die Bereitstellung ausreichender vollwertiger Nahrungsmittel und sauberen Trinkwassers, wobei die Gefahren und Risiken der Umweltverschmutzung zu berücksichtigen sind;
d) eine angemessene Gesundheitsfürsorge für Mütter vor und nach der Entbindung sicherzustellen;
e) sicherzustellen, dass allen Teilen der Gesellschaft, insbesondere Eltern und Kindern, Grundkenntnisse über die Gesundheit und Ernährung des Kindes, die Vorteile des Stillens, die Hygiene und die Sauberhaltung der Umwelt sowie die Unfallverhütung vermittelt werden, dass sie Zugang zu der entsprechenden Schulung haben und dass sie bei der Anwendung dieser Grundkenntnisse Unterstützung erhalten;

f) die Gesundheitsvorsorge, die Elternberatung sowie die Aufklärung und die Dienste auf dem Gebiet der Familienplanung auszubauen.

(3) Die Vertragsstaaten treffen alle wirksamen und geeigneten Massnahmen, um überlieferte Bräuche, die für die Gesundheit der Kinder schädlich sind, abzuschaffen.

(4) Die Vertragsstaaten verpflichten sich, die internationale Zusammenarbeit zu unterstützen und zu fördern, um fortschreitend die volle Verwirklichung des in diesem Artikel anerkannten Rechts zu erreichen. Dabei sind die Bedürfnisse der Entwicklungsländer besonders zu berücksichtigen.

25. Die Vertragsstaaten erkennen an, dass ein Kind, das von den zuständigen Behörden wegen einer körperlichen oder geistigen Erkrankung zur Betreuung, zum Schutz der Gesundheit oder zur Behandlung untergebracht worden ist, das Recht hat auf eine regelmässige Überprüfung der dem Kind gewährten Behandlung sowie aller anderen Umstände, die für seine Unterbringung von Belang sind.

26. (1) Die Vertragsstaaten erkennen das Recht jedes Kindes auf Leistungen der sozialen Sicherheit einschliesslich der Sozialversicherung an und treffen die erforderlichen Massnahmen, um die volle Verwirklichung dieses Rechts in Übereinstimmung mit dem innerstaatlichen Recht sicherzustellen.

(2) Die Leistungen sollen gegebenenfalls unter Berücksichtigung der wirtschaftlichen Verhältnisse und der sonstigen Umstände des Kindes und der Unterhaltspflichtigen sowie anderer für die Beantragung von Leistungen durch das Kind oder im Namen des Kindes massgeblicher Gesichtspunkte gewährt werden.

27. (1) Die Vertragsstaaten erkennen das Recht jedes Kindes auf einen seiner körperlichen, geistigen, seelischen, sittlichen und sozialen Entwicklung angemessenen Lebensstandard an.

(2) Es ist in erster Linie Aufgabe der Eltern oder anderer für das Kind verantwortlicher Personen, im Rahmen ihrer Fähigkeiten und finanziellen Möglichkeiten die für die Entwicklung des Kindes notwendigen Lebensbedingungen sicherzustellen.

(3) Die Vertragsstaaten treffen gemäss ihren innerstaatlichen Verhältnissen und im Rahmen ihrer Mittel geeignete Massnahmen, um den Eltern und anderen für das Kind verantwortlichen Personen bei der Verwirklichung dieses Rechts zu helfen, und sehen bei Bedürftigkeit materielle Hilfs- und Unterstützungsprogramme insbesondere im Hinblick auf Ernährung, Bekleidung und Wohnung vor.

(4) Die Vertragsstaaten treffen alle geeigneten Massnahmen, um die Geltendmachung von Unterhaltsansprüchen des Kindes gegenüber den Eltern oder anderen finanziell für das Kind verantwortlichen Personen sowohl innerhalb des Vertragsstaats als auch im Ausland sicherzustellen. Insbesondere fördern die Vertragsstaaten, wenn die für das Kind finanziell verantwortliche Person in einem anderen Staat lebt als das Kind, den Bei-

tritt zu internationalen Übereinkünften oder den Abschluss solcher Übereinkünfte sowie andere geeignete Regelungen.

28. (1) Die Vertragsstaaten erkennen das Recht des Kindes auf Bildung an; um die Verwirklichung dieses Rechts auf der Grundlage der Chancengleichheit fortschreitend zu erreichen, werden sie insbesondere
   a) den Besuch der Grundschule für alle zur Pflicht und unentgeltlich machen;
   b) die Entwicklung verschiedener Formen der weiterführenden Schulen allgemeinbildender und berufsbildender Art fördern, sie allen Kindern verfügbar und zugänglich machen und geeignete Massnahmen wie die Einführung der Unentgeltlichkeit und die Bereitstellung finanzieller Unterstützung bei Bedürftigkeit treffen;
   c) allen entsprechend ihren Fähigkeiten den Zugang zu den Hochschulen mit allen geeigneten Mitteln ermöglichen;
   d) Bildungs- und Berufsberatung allen Kindern verfügbar und zugänglich machen;
   e) Massnahmen treffen, die den regelmässigen Schulbesuch fördern und den Anteil derjenigen, welche die Schule vorzeitig verlassen, verringern.

(2) Die Vertragsstaaten treffen alle geeigneten Massnahmen, um sicherzustellen, dass die Disziplin in der Schule in einer Weise gewahrt wird, die der Menschenwürde des Kindes entspricht und im Einklang mit diesem Übereinkommen steht.

(3) Die Vertragsstaaten fördern die internationale Zusammenarbeit im Bildungswesen, insbesondere um zur Beseitigung von Unwissenheit und Analphabetentum in der Welt beizutragen und den Zugang zu wissenschaftlichen und technischen Kenntnissen und modernen Unterrichtsmethoden zu erleichtern. Dabei sind die Bedürfnisse der Entwicklungsländer besonders zu berücksichtigen.

29. (1) Die Vertragsstaaten stimmen darin überein, dass die Bildung des Kindes darauf gerichtet sein muss,
   a) die Persönlichkeit, die Begabung und die geistigen und körperlichen Fähigkeiten des Kindes voll zur Entfaltung zu bringen;
   b) dem Kind Achtung vor den Menschenrechten und Grundfreiheiten und den in der Charta der Vereinten Nationen verankerten Grundsätzen zu vermitteln;
   c) dem Kind Achtung vor seinen Eltern, seiner kulturellen Identität, seiner Sprache und seinen kulturellen Werten, den nationalen Werten des Landes, in dem es lebt, und gegebenenfalls des Landes, aus dem es stammt, sowie vor anderen Kulturen als der eigenen zu vermitteln;
   d) das Kind auf ein verantwortungsbewusstes Leben in einer freien Gesellschaft im Geist der Verständigung, des Friedens, der Toleranz, der Gleichberechtigung der Geschlechter und der Freundschaft zwischen allen Völkern und ethnischen, nationalen und religiösen Gruppen sowie zu Ureinwohnern vorzubereiten;
   e) dem Kind Achtung vor der natürlichen Umwelt zu vermitteln.

(2) Dieser Artikel und Artikel 28 dürfen nicht so ausgelegt werden, dass sie die Freiheit natürlicher oder juristischer Personen beeinträchtigen, Bildungseinrichtungen zu gründen und zu führen, sofern die in Absatz 1 festgelegten Grundsätze beachtet werden und die in solchen Einrichtungen vermittelte Bildung den von dem Staat gegebenenfalls festgelegten Mindestnormen entspricht.

30. In Staaten, in denen es ethnische, religiöse oder sprachliche Minderheiten oder Ureinwohner gibt, darf einem Kind, das einer solchen Minderheit angehört oder Ureinwohner ist, nicht das Recht vorenthalten werden, in Gemeinschaft mit anderen Angehörigen seiner Gruppe seine eigene Kultur zu pflegen, sich zu seiner eigenen Religion zu bekennen und sie auszuüben oder seine eigene Sprache zu verwenden.

31. (1) Die Vertragsstaaten erkennen das Recht des Kindes auf Ruhe und Freizeit an, auf Spiel und altersgemässe aktive Erholung sowie auf freie Teilnahme am kulturellen und künstlerischen Leben.

(2) Die Vertragsstaaten achten und fördern das Recht des Kindes auf volle Beteiligung am kulturellen und künstlerischen Leben und fördern die Bereitstellung geeigneter und gleicher Möglichkeiten für die kulturelle und künstlerische Betätigung sowie für aktive Erholung und Freizeitbeschäftigung.

32. (1) Die Vertragsstaaten erkennen das Recht des Kindes an, vor wirtschaftlicher Ausbeutung geschützt und nicht zu einer Arbeit herangezogen zu werden, die Gefahren mit sich bringen, die Erziehung des Kindes behindern oder die Gesundheit des Kindes oder seine körperliche, geistige, seelische, sittliche oder soziale Entwicklung schädigen könnte.

(2) Die Vertragsstaaten treffen Gesetzgebungs-, Verwaltungs-, Sozial- und Bildungsmassnahmen, um die Durchführung dieses Artikels sicherzustellen. Zu diesem Zweck und unter Berücksichtigung der einschlägigen Bestimmungen anderer internationaler Übereinkünfte werden die Vertragsstaaten insbesondere
- a) ein oder mehrere Mindestalter für die Zulassung zur Arbeit festlegen;
- b) eine angemessene Regelung der Arbeitszeit und der Arbeitsbedingungen vorsehen;
- c) angemessene Strafen oder andere Sanktionen zur wirksamen Durchsetzung dieses Artikels vorsehen.

33. Die Vertragsstaaten treffen alle geeigneten Massnahmen einschliesslich Gesetzgebungs-, Verwaltungs-, Sozial- und Bildungsmassnahmen, um Kinder vor dem unerlaubten Gebrauch von Suchtstoffen und psychotropen Stoffen im Sinne der diesbezüglichen internationalen Übereinkünfte zu schützen und den Einsatz von Kindern bei der unerlaubten Herstellung dieser Stoffe und beim unerlaubten Verkehr mit diesen Stoffen zu verhindern.

34. Die Vertragsstaaten verpflichten sich, das Kind vor allen Formen sexueller Ausbeutung und sexuellen Missbrauchs zu schützen. Zu diesem Zweck treffen die Vertragsstaaten insbesondere alle geeigneten innerstaatlichen, zweiseitigen und mehrseitigen Massnahmen, um zu verhindern, dass Kinder
a) zur Beteiligung an rechtswidrigen sexuellen Handlungen verleitet oder gezwungen werden;
b) für die Prostitution oder andere rechtswidrige sexuelle Praktiken ausgebeutet werden;
c) für pornographische Darbietungen und Darstellungen ausgebeutet werden.

35. Die Vertragsstaaten treffen alle geeigneten innerstaatlichen, zweiseitigen und mehrseitigen Massnahmen, um die Entführung und den Verkauf von Kindern sowie den Handel mit Kindern zu irgendeinem Zweck und in irgendeiner Form zu verhindern.

36. Die Vertragsstaaten schützen das Kind vor allen sonstigen Formen der Ausbeutung, die das Wohl des Kindes in irgendeiner Weise beeinträchtigen.

37. Die Vertragsstaaten stellen sicher,
a) dass kein Kind der Folter oder einer anderen grausamen, unmenschlichen oder erniedrigenden Behandlung oder Strafe unterworfen wird. Für Straftaten, die von Personen vor Vollendung des achtzehnten Lebensjahres begangen worden sind, darf weder die Todesstrafe noch lebenslange Freiheitsstrafe ohne die Möglichkeit vorzeitiger Entlassung verhängt werden.
b) dass keinem Kind die Freiheit rechtswidrig oder willkürlich entzogen wird. Festnahme, Freiheitsentziehung oder Freiheitsstrafe darf bei einem Kind im Einklang mit dem Gesetz nur als letztes Mittel und für die kürzeste angemessene Zeit angewendet werden;
c) dass jedes Kind, dem die Freiheit entzogen ist, menschlich und mit Achtung vor der dem Menschen innewohnenden Würde und unter Berücksichtigung der Bedürfnisse von Personen seines Alters behandelt wird. Insbesondere ist jedes Kind, dem die Freiheit entzogen ist, von Erwachsenen zu trennen, sofern nicht ein anderes Vorgehen als dem Wohl des Kindes dienlich erachtet wird; jedes Kind hat das Recht, mit seiner Familie durch Briefwechsel und Besuche in Verbindung zu bleiben, sofern nicht aussergewöhnliche Umstände vorliegen;[1]
d) dass jedes Kind, dem die Freiheit entzogen ist, das Recht auf umgehenden Zugang zu einem rechtskundigen oder anderen geeigneten Beistand und das Recht hat, die Rechtmässigkeit der Freiheitsentziehung bei einem Gericht oder einer anderen zuständigen, unabhängigen und unparteiischen Behörde anzufechten, sowie das Recht auf alsbaldige Entscheidung in einem solchen Verfahren.

---

[1] Die Schweiz hat bei der Ratifikation zu Art. 37 Bst. c einen Vorbehalt mit folgendem Wortlaut angebracht: «Die Trennung zwischen Jugendlichen und Erwachsenen im Freiheitsentzug wird nicht ausnahmslos gewährleistet» (AS 1998 S. 2053).

38. (1) Die Vertragsstaaten verpflichten sich, die für sie verbindlichen Regeln des in bewaffneten Konflikten anwendbaren humanitären Völkerrechts, die für das Kind Bedeutung haben, zu beachten und für deren Beachtung zu sorgen.

(2) Die Vertragsstaaten treffen alle durchführbaren Massnahmen, um sicherzustellen, dass Personen, die das fünfzehnte Lebensjahr noch nicht vollendet haben, nicht unmittelbar an Feindseligkeiten teilnehmen.

(3) Die Vertragsstaaten nehmen davon Abstand, Personen, die das fünfzehnte Lebensjahr noch nicht vollendet haben, zu ihren Streitkräften einzuziehen. Werden Personen zu den Streitkräften eingezogen, die zwar das fünfzehnte, nicht aber das achtzehnte Lebensjahr vollendet haben, so bemühen sich die Vertragsstaaten, vorrangig die jeweils ältesten einzuziehen.

(4) Im Einklang mit ihren Verpflichtungen nach dem humanitären Völkerrecht, die Zivilbevölkerung in bewaffneten Konflikten zu schützen, treffen die Vertragsstaaten alle durchführbaren Massnahmen, um sicherzustellen, dass von einem bewaffneten Konflikt betroffene Kinder geschützt und betreut werden.

39. Die Vertragsstaaten treffen alle geeigneten Massnahmen, um die physische und psychische Genesung und die soziale Wiedereingliederung eines Kindes zu fördern, das Opfer irgendeiner Form von Vernachlässigung, Ausbeutung oder Misshandlung, der Folter oder einer anderen Form grausamer, unmenschlicher oder erniedrigender Behandlung oder Strafe oder aber bewaffneter Konflikte geworden ist. Die Genesung und Wiedereingliederung müssen in einer Umgebung stattfinden, die der Gesundheit, der Selbstachtung und der Würde des Kindes förderlich ist.

40.[1]) (1) Die Vertragsstaaten erkennen das Recht jedes Kindes an, das der Verletzung der Strafgesetze verdächtigt, beschuldigt oder überführt wird, in einer Weise behandelt zu werden, die das Gefühl des Kindes für die eigene Würde und den eigenen Wert fördert, seine Achtung vor den Menschenrechten und Grundfreiheiten anderer stärkt und das Alter des Kindes sowie die Notwendigkeit berücksichtigt, seine soziale Wiedereingliederung sowie die Übernahme einer konstruktiven Rolle in der Gesellschaft durch das Kind zu fördern.

(2) Zu diesem Zweck stellen die Vertragsstaaten unter Berücksichtigung der einschlägigen Bestimmungen internationaler Übereinkünfte insbesondere sicher,
a) dass kein Kind wegen Handlungen oder Unterlassungen, die zur Zeit ihrer Begehung nach innerstaatlichem Recht oder Völkerrecht nicht verboten waren, der Verletzung der Strafgesetze verdächtigt, beschuldigt oder überführt wird;
b) dass jedes Kind, das einer Verletzung der Strafgesetze verdächtigt oder beschuldigt wird, Anspruch auf folgende Mindestgarantien hat:
  i) bis zum gesetzlichen Nachweis der Schuld als unschuldig zu gelten,

ii) unverzüglich und unmittelbar über die gegen das Kind erhobenen Beschuldigungen unterrichtet zu werden, gegebenenfalls durch seine Eltern oder seinen Vormund, und einen rechtskundigen oder anderen geeigneten Beistand zur Vorbereitung und Wahrnehmung seiner Verteidigung zu erhalten,

iii) seine Sache unverzüglich durch eine zuständige Behörde oder ein zuständiges Gericht, die unabhängig und unparteiisch sind, in einem fairen Verfahren entsprechend dem Gesetz entscheiden zu lassen, und zwar in Anwesenheit eines rechtskundigen oder anderen geeigneten Beistands sowie – sofern dies nicht insbesondere in Anbetracht des Alters oder der Lage des Kindes als seinem Wohl widersprechend angesehen wird – in Anwesenheit seiner Eltern oder seines Vormunds,

iv) nicht gezwungen zu werden, als Zeuge auszusagen oder sich schuldig zu bekennen, sowie die Belastungszeugen zu befragen oder befragen zu lassen und das Erscheinen und die Vernehmung der Entlastungszeugen unter gleichen Bedingungen zu erwirken,

v) wenn es einer Verletzung der Strafgesetze überführt ist, diese Entscheidung und alle als Folge davon verhängten Massnahmen durch eine zuständige übergeordnete Behörde oder ein zuständiges höheres Gericht, die unabhängig und unparteiisch sind, entsprechend dem Gesetz nachprüfen zu lassen,

vi) die unentgeltliche Hinzuziehung eines Dolmetschers zu verlangen, wenn das Kind die Verhandlungssprache nicht versteht oder spricht,

vii) sein Privatleben in allen Verfahrensabschnitten voll geachtet zu sehen.

(3) Die Vertragsstaaten bemühen sich, den Erlass von Gesetzen sowie die Schaffung von Verfahren, Behörden und Einrichtungen zu fördern, die besonders für Kinder, die einer Verletzung der Strafgesetze verdächtigt, beschuldigt oder überführt werden, gelten oder zuständig sind; insbesondere

a) legen sie ein Mindestalter fest, das ein Kind erreicht haben muss, um als strafmündig angesehen zu werden,

b) treffen sie, soweit dies angemessen und wünschenswert ist, Massnahmen, um den Fall ohne ein gerichtliches Verfahren zu regeln, wobei jedoch die Menschenrechte und die Rechtsgarantien uneingeschränkt beachtet werden müssen.

(4) Um sicherzustellen, dass Kinder in einer Weise behandelt werden, die ihrem Wohl dienlich ist und ihren Umständen sowie der Straftat entspricht, muss eine Vielzahl von Vorkehrungen zur Verfügung stehen, wie Anordnungen über Betreuung, Anleitung und Aufsicht, wie Beratung, Entlassung auf Bewährung, Aufnahme in einer Pflegefamilie, Bildungs- und Berufsbildungsprogramme und andere Alternativen zur Heimerziehung.

---

[1]) Die Schweiz hat bei der Ratifikation zu Art. 40 einen Vorbehalt mit folgendem Wortlaut angebracht: «Das schweizerische Jugendstrafverfahren, das weder einen bedingungslosen Anspruch auf einen Beistand noch die organisatorische und personelle Trennung zwischen untersuchenden und urteilenden Behörden sicherstellt, bleibt vorbehalten. Die Bundesgesetzgebung über die Organisation der Strafrechtspflege, die

im Fall der erstinstanzlichen Beurteilung durch das oberste Gericht eine Ausnahme vom Recht vorsieht, einen Schuldspruch oder eine Verurteilung von einer höheren Instanz überprüfen zu lassen, bleibt vorbehalten. Die Garantie der Unentgeltlichkeit des Beistandes eines Dolmetschers befreit die begünstigte Person nicht endgültig von der Zahlung entsprechender Kosten.» (AS 1998 S. 2053). Der Vorbehalt hinsichtlich Art. 40 Paragraph 2, Unterparagraph b (vi) wurde mit Wirkung auf den 12. Januar 2004 zurückgezogen (AS 2004 S. 340, 813).

41. Dieses Übereinkommen lässt zur Verwirklichung der Rechte des Kindes besser geeignete Bestimmungen unberührt, die enthalten sind
 a) im Recht eines Vertragsstaats oder
 b) in dem für diesen Staat geltenden Völkerrecht.

Teil II

42. Die Vertragsstaaten verpflichten sich, die Grundsätze und Bestimmungen dieses Übereinkommens durch geeignete und wirksame Massnahmen bei Erwachsenen und auch bei Kindern allgemein bekannt zu machen.

43. (1) Zur Prüfung der Fortschritte, welche die Vertragsstaaten bei der Erfüllung der in diesem Übereinkommen eingegangenen Verpflichtungen gemacht haben, wird ein Ausschuss für die Rechte des Kindes eingesetzt, der die nachstehend festgelegten Aufgaben wahrnimmt.

(2) Der Ausschuss besteht aus zehn Sachverständigen von hohem sittlichen Ansehen und anerkannter Sachkenntnis auf dem von diesem Übereinkommen erfassten Gebiet. Die Mitglieder des Ausschusses werden von den Vertragsstaaten unter ihren Staatsangehörigen ausgewählt und sind in persönlicher Eigenschaft tätig, wobei auf eine gerechte geographische Verteilung zu achten ist sowie die hauptsächlichen Rechtssysteme zu berücksichtigen sind.

(3) Die Mitglieder des Ausschusses werden in geheimer Wahl aus einer Liste von Personen gewählt, die von den Vertragsstaaten vorgeschlagen worden sind. Jeder Vertragsstaat kann einen seiner eigenen Staatsangehörigen vorschlagen.

(4) Die Wahl des Ausschusses findet zum erstenmal spätestens sechs Monate nach Inkrafttreten dieses Übereinkommens und danach alle zwei Jahre statt. Spätestens vier Monate vor jeder Wahl fordert der Generalsekretär der Vereinten Nationen die Vertragsstaaten schriftlich auf, ihre Vorschläge innerhalb von zwei Monaten einzureichen. Der Generalsekretär fertigt sodann eine alphabetische Liste aller auf diese Weise vorgeschlagenen Personen an unter Angabe der Vertragsstaaten, die sie vorgeschlagen haben, und übermittelt sie den Vertragsstaaten.

(5) Die Wahlen finden auf vom Generalsekretär am Sitz der Vereinten Nationen einberufenen Tagungen der Vertragsstaaten statt. Auf diesen Tagungen, die beschlussfähig sind, wenn zwei Drittel der Vertragsstaaten vertreten sind, gelten die Kandidaten als in den Ausschuss gewählt, welche

die höchste Stimmenzahl und die absolute Stimmenmehrheit der anwesenden und abstimmenden Vertreter der Vertragsstaaten auf sich vereinigen.

(6) Die Ausschussmitglieder werden für vier Jahre gewählt. Auf erneuten Vorschlag können sie wiedergewählt werden. Die Amtszeit von fünf der bei der ersten Wahl gewählten Mitglieder läuft nach zwei Jahren ab; unmittelbar nach der ersten Wahl werden die Namen dieser fünf Mitglieder vom Vorsitzenden der Tagung durch das Los bestimmt.

(7) Wenn ein Ausschussmitglied stirbt oder zurücktritt oder erklärt, dass es aus anderen Gründen die Aufgaben des Ausschusses nicht mehr wahrnehmen kann, ernennt der Vertragsstaat, der das Mitglied vorgeschlagen hat, für die verbleibende Amtszeit mit Zustimmung des Ausschusses einen anderen unter seinen Staatsangehörigen ausgewählten Sachverständigen.

(8) Der Ausschuss gibt sich eine Geschäftsordnung.

(9) Der Ausschuss wählt einen Vorstand für zwei Jahre.

(10) Die Tagungen des Ausschusses finden in der Regel am Sitz der Vereinten Nationen oder an einem anderen vom Ausschuss bestimmten geeigneten Ort statt. Der Ausschuss tritt in der Regel einmal jährlich zusammen. Die Dauer der Ausschusstagungen wird auf einer Tagung der Vertragsstaaten mit Zustimmung der Generalversammlung festgelegt und wenn nötig geändert.

(11) Der Generalsekretär der Vereinten Nationen stellt dem Ausschuss das Personal und die Einrichtungen zur Verfügung, die dieser zur wirksamen Wahrnehmung seiner Aufgaben nach diesem Übereinkommen benötigt.

(12) Die Mitglieder des nach diesem Übereinkommen eingesetzten Ausschusses erhalten mit Zustimmung der Generalversammlung Bezüge aus Mitteln der Vereinten Nationen zu den von der Generalversammlung zu beschliessenden Bedingungen.

44. (1) Die Vertragsstaaten verpflichten sich, dem Ausschuss über den Generalsekretär der Vereinten Nationen Berichte über die Massnahmen, die sie zur Verwirklichung der in diesem Übereinkommen anerkannten Rechte getroffen haben, und über die dabei erzielten Fortschritte vorzulegen, und zwar

a) innerhalb von zwei Jahren nach Inkrafttreten des Übereinkommens für den betreffenden Vertragsstaat,
b) danach alle fünf Jahre.

(2) In den nach diesem Artikel erstatteten Berichten ist auf etwa bestehende Umstände und Schwierigkeiten hinzuweisen, welche die Vertragsstaaten daran hindern, die in diesem Übereinkommen vorgesehenen Verpflichtungen voll zu erfüllen. Die Berichte müssen auch ausreichende Angaben enthalten, die dem Ausschuss ein umfassendes Bild von der Durchführung des Übereinkommens in dem betreffenden Land vermitteln.

(3) Ein Vertragsstaat, der dem Ausschuss einen ersten umfassenden Bericht vorgelegt hat, braucht in seinen nach Absatz 1 Buchstabe b vorgelegten späteren Berichten die früher mitgeteilten grundlegenden Angaben nicht zu wiederholen.

(4) Der Ausschuss kann die Vertragsstaaten um weitere Angaben über die Durchführung des Übereinkommens ersuchen.

(5) Der Ausschuss legt der Generalversammlung über den Wirtschafts- und Sozialrat alle zwei Jahre einen Tätigkeitsbericht vor.

(6) Die Vertragsstaaten sorgen für eine weite Verbreitung ihrer Berichte im eigenen Land.

45. Um die wirksame Durchführung dieses Übereinkommens und die internationale Zusammenarbeit auf dem von dem Übereinkommen erfassten Gebiet zu fördern,
a) haben die Sonderorganisationen, das Kinderhilfswerk der Vereinten Nationen und andere Organe der Vereinten Nationen das Recht, bei der Erörterung der Durchführung derjenigen Bestimmungen des Übereinkommens vertreten zu sein, die in ihren Aufgabenbereich fallen. Der Ausschuss kann, wenn er dies für angebracht hält, die Sonderorganisationen, das Kinderhilfswerk der Vereinten Nationen und andere zuständige Stellen einladen, sachkundige Stellungnahmen zur Durchführung des Übereinkommens auf Gebieten abzugeben, die in ihren jeweiligen Aufgabenbereich fallen. Der Ausschuss kann die Sonderorganisationen, das Kinderhilfswerk der Vereinten Nationen und andere Organe der Vereinten Nationen einladen, ihm Berichte über die Durchführung des Übereinkommens auf Gebieten vorzulegen, die in ihren Tätigkeitsbereich fallen;
b) übermittelt der Ausschuss, wenn er dies für angebracht hält, den Sonderorganisationen, dem Kinderhilfswerk der Vereinten Nationen und anderen zuständigen Stellen Berichte der Vertragsstaaten, die ein Ersuchen um fachliche Beratung oder Unterstützung oder einen Hinweis enthalten, dass ein diesbezügliches Bedürfnis besteht; etwaige Bemerkungen und Vorschläge des Ausschusses zu diesen Ersuchen oder Hinweisen werden beigefügt;
c) kann der Ausschuss der Generalversammlung empfehlen, den Generalsekretär zu ersuchen, für den Ausschuss Untersuchungen über Fragen im Zusammenhang mit den Rechten des Kindes durchzuführen;
d) kann der Ausschuss aufgrund der Angaben, die er nach den Artikeln 44 und 45 erhalten hat, Vorschläge und allgemeine Empfehlungen unterbreiten. Diese Vorschläge und allgemeinen Empfehlungen werden den betroffenen Vertragsstaaten übermittelt und der Generalversammlung zusammen mit etwaigen Bemerkungen der Vertragsstaaten vorgelegt.

Teil III

46. Dieses Übereinkommen liegt für alle Staaten zur Unterzeichnung auf.

47. Dieses Übereinkommen bedarf der Ratifikation. Die Ratifikationsurkunden werden beim Generalsekretär der Vereinten Nationen hinterlegt.

Anhang II A2
Übereinkommen über die Rechte des Kindes

48. Dieses Übereinkommen steht allen Staaten zum Beitritt offen. Die Beitrittsurkunden werden beim Generalsekretär der Vereinten Nationen hinterlegt.

49. (1) Dieses Übereinkommen tritt am dreissigsten Tag nach Hinterlegung der zwanzigsten Ratifikations- oder Beitrittsurkunde beim Generalsekretär der Vereinten Nationen in Kraft.

(2) Für jeden Staat, der nach Hinterlegung der zwanzigsten Ratifikations- oder Beitrittsurkunde dieses Übereinkommen ratifiziert oder ihm beitritt, tritt es am dreissigsten Tag nach Hinterlegung seiner eigenen Ratifikations- oder Beitrittsurkunde in Kraft.

50. (1) Jeder Vertragsstaat kann eine Änderung vorschlagen und sie beim Generalsekretär der Vereinten Nationen einreichen. Der Generalsekretär übermittelt sodann den Änderungsvorschlag den Vertragsstaaten mit der Aufforderung, ihm mitzuteilen, ob sie eine Konferenz der Vertragsstaaten zur Beratung und Abstimmung über den Vorschlag befürworten. Befürwortet innerhalb von vier Monaten nach dem Datum der Übermittlung wenigstens ein Drittel der Vertragsstaaten eine solche Konferenz, so beruft der Generalsekretär die Konferenz unter der Schirmherrschaft der Vereinten Nationen ein. Jede Änderung, die von der Mehrheit der auf der Konferenz anwesenden und abstimmenden Vertragsstaaten angenommen wird, wird der Generalversammlung zur Billigung vorgelegt.

(2) Eine nach Absatz 1 angenommene Änderung tritt in Kraft, wenn sie von der Generalversammlung der Vereinten Nationen gebilligt und von einer Zweidrittelmehrheit der Vertragsstaaten angenommen worden ist.

(3) Tritt eine Änderung in Kraft, so ist sie für die Vertragsstaaten, die sie angenommen haben, verbindlich, während für die anderen Vertragsstaaten weiterhin die Bestimmungen dieses Übereinkommens und alle früher von ihnen angenommenen Änderungen gelten.

51.[1] (1) Der Generalsekretär der Vereinten Nationen nimmt den Wortlaut von Vorbehalten, die ein Staat bei der Ratifikation oder beim Beitritt anbringt, entgegen und leitet ihn allen Staaten zu.

(2) Vorbehalte, die mit Ziel und Zweck dieses Übereinkommens unvereinbar sind, sind nicht zulässig.

(3) Vorbehalte können jederzeit durch eine an den Generalsekretär der Vereinten Nationen gerichtete diesbezügliche Notifikation zurückgenommen werden; dieser setzt alle Staaten davon in Kenntnis. Die Notifikation wird mit dem Tag ihres Eingangs beim Generalsekretär wirksam.

---

[1]) Die Schweiz hat den Beitritt zum Übereinkommen mit Vorbehalten zu den Art. 5, 7, 10 Abs. 1, 37 Bst. c und 40 erklärt (AS 1998 S. 2053); der Text der Vorbehalte ist in den Fussnoten zu den betreffenden Artikeln abgedruckt. Für die Vorbehalte der andern Vertragsstaaten beachte die einschlägigen Veröffentlichungen in der AS oder unter www.ohchr.org/english/countries/ratification/11.htm.

52. Ein Vertragsstaat kann dieses Übereinkommen durch eine an den Generalsekretär der Vereinten Nationen gerichtete schriftliche Notifikation kündigen. Die Kündigung wird ein Jahr nach Eingang der Notifikation beim Generalsekretär wirksam.

53. Der Generalsekretär der Vereinten Nationen wird zum Verwahrer dieses Übereinkommens bestimmt.

54. Die Urschrift dieses Übereinkommens, dessen arabischer, chinesischer, englischer, französischer, russischer und spanischer Wortlaut gleichermassen verbindlich ist, wird beim Generalsekretär der Vereinten Nationen hinterlegt.

Geltungsbereich, Vorbehalte und Erklärungen

Im Anschluss an den Text des Übereinkommens enthält die SR je einen Abschnitt über den «Geltungsbereich des Übereinkommens», die «Vorbehalte und Erklärungen» sowie die «Einwendungen» der Vertragsstaaten. Der jeweils aktuelle Stand ist abrufbar im Internet unter http://untreaty.un.org/ oder www.ohchr.org/english/countries/ratification/11.htm.

Anhang II B1

Übereinkommen

zum

internationalen Zivilprozess

Übersicht

Die Schweiz ist verschiedenen Übereinkommen zum internationalen Zivilprozessrecht beigetreten. Zu nennen sind:

a. Übereinkommen über die gerichtliche Zuständigkeit und die Vollstreckung gerichtlicher Entscheidungen in Zivil- und Handelssachen (Lugano-Übereinkommen, Volltext vgl. nachfolgend Anhang II B2 zum ZGB)
b. Übereinkommen über die Geltendmachung von Unterhaltsansprüchen im Ausland (Volltext vgl. nachfolgend Anhang II D4 zum ZGB)
c. Europäisches Übereinkommen zur Befreiung der von diplomatischen oder konsularischen Vertretern errichteten Urkunden von der Beglaubigung (SR 0.172.030.3)
d. Übereinkommen zur Befreiung ausländischer öffentlicher Urkunden von der Beglaubigung (SR 0.172.030.4)
e. Übereinkommen über die Zustellung gerichtlicher und aussergerichtlicher Schriftstücke im Ausland in Zivil- und Handelssachen (SR 0.274.131)
f. Übereinkommen über die Beweisaufnahme im Ausland in Zivil- und Handelssachen (SR 0.274.132)
g. Übereinkommen über den internationalen Zugang zur Rechtspflege (SR 0.274.133)
h. Europäisches Übereinkommen über die Übermittlung von Gesuchen um unentgeltliche Rechtspflege (SR 0.274.137)
i. Europäisches Übereinkommen betreffend Auskünfte über ausländisches Recht (SR 0.274.161)
k. Übereinkommen über die Anerkennung und Vollstreckung ausländischer Schiedssprüche (SR 0.277.12)
l. Europäisches Übereinkommen über die Berechnung von Fristen (SR 0.221.122.3)

Anhang II B2

Übereinkommen über die gerichtliche Zuständigkeit und die Vollstreckung gerichtlicher Entscheidungen in Zivil- und Handelssachen*

Abgeschlossen in Lugano am 16. September 1988

Für die Schweiz in Kraft getreten am 1. Januar 1992 (SR 0.275.11)

Geltungsstaaten (im Verhältnis zur Schweiz): Belgien, Dänemark, Deutschland, Finnland, Frankreich, Gibraltar, Griechenland, Irland, Island, Italien, Luxemburg, Niederlande, Norwegen, Österreich, Polen, Portugal, Schweden, Spanien, Vereinigtes Königreich.

		Seite
I.	Das Übereinkommen	383
II.	Die zugehörigen Protokolle Nr. 1–3	407
III.	Erklärungen der EG- und EFTA-Staaten	412
IV.	Vorbehalte und Erklärungen einzelner Staaten, insbesondere der Schweiz	413

I. Das Übereinkommen

Inhalt

	Art.
Titel I: **Anwendungsbereich**	1
Titel II: **Zuständigkeit**	
1. Allgemeine Vorschriften	2/4
2. Besondere Zuständigkeiten	5/6a
3. Zuständigkeit für Versicherungssachen	7/12a
4. Zuständigkeit für Verbrauchersachen	13/5
5. Ausschliessliche Zuständigkeiten	16
6. Vereinbarung über die Zuständigkeit	17/8
7. Prüfung der Zuständigkeit und der Zulässigkeit des Verfahrens	19/20

---

* Originaltext gemäss AS 1991 S. 2436. – Zu diesem Übereinkommen s. auch die Erläuterungen des Bundesamtes für Justiz zur Geldvollstreckung in BBl 1991 IV 313. Zur kantonalen Einführungsgesetzgebung siehe die kantonalen Gesetzessammlungen.

	Art.
8. Rechtshängigkeit und im Zusammenhang stehende Verfahren	21/3
9. Einstweilige Massnahmen einschliesslich solcher, die auf eine Sicherung gerichtet sind	24
Titel III: **Anerkennung und Vollstreckung**	25
1. Anerkennung	26/30
2. Vollstreckung	31/45
3. Gemeinsame Vorschriften	46/9
Titel IV: **Öffentliche Urkunden und Prozessvergleiche**	50/1
Titel V: **Allgemeine Vorschriften**	52/3
Titel VI: **Übergangsvorschriften**	54/4a
Titel VII: **Verhältnis zum Brüsseler Übereinkommen und zu anderen Abkommen**	54b/59
Titel VIII: **Schlussbestimmungen**	60/8

Titel I

Anwendungsbereich

1. Dieses Übereinkommen ist in Zivil- und Handelssachen anzuwenden, ohne dass es auf die Art der Gerichtsbarkeit ankommt. Es erfasst insbesondere nicht Steuer- und Zollsachen sowie verwaltungsrechtliche Angelegenheiten.

Es ist nicht anzuwenden auf
1. den Personenstand, die Rechts- und Handlungsfähigkeit sowie die gesetzliche Vertretung von natürlichen Personen, die ehelichen Güterstände, das Gebiet des Erbrechts einschliesslich des Testamentsrechts;
2. Konkurse, Vergleiche und ähnliche Verfahren;
3. die soziale Sicherheit;
4. die Schiedsgerichtsbarkeit.

Titel II

Zuständigkeit

1. Abschnitt

Allgemeine Vorschriften

2. Vorbehaltlich der Vorschriften dieses Übereinkommens sind Personen, die ihren Wohnsitz in dem Hoheitsgebiet eines Vertragsstaats haben, ohne Rücksicht auf ihre Staatsangehörigkeit vor den Gerichten dieses Staates zu verklagen.

Auf Personen, die nicht dem Staat, in dem sie ihren Wohnsitz haben, angehören, sind die für Inländer massgebenden Zuständigkeitsvorschriften anzuwenden.

3. Personen, die ihren Wohnsitz in dem Hoheitsgebiet eines Vertragsstaats haben, können vor den Gerichten eines anderen Vertragsstaats nur gemäss den Vorschriften des 2. bis 6. Abschnitts verklagt werden.

Insbesondere können gegen diese Personen nicht geltend gemacht werden
- in Belgien: Artikel 15 des Zivilgesetzbuchs (Code civil – Burgerlijk Wetboek) sowie Artikel 638 der Zivilprozessordnung (Code judiciaire – Gerechtelijk Wetboek);
- in Dänemark: Artikel 246 Absätze 2 und 3 der Zivilprozessordnung (Lov om rettens pleje);
- in der Bundesrepublik Deutschland: § 23 der Zivilprozessordnung;
- in Griechenland: Artikel 40 der Zivilprozessordnung (Κωδικας Πολιτικης Δικονομιας);
- in Frankreich: Artikel 14 und 15 des Zivilgesetzbuchs (Code civil);
- in Irland: Vorschriften, nach denen die Zuständigkeit durch Zustellung eines das Verfahren einleitenden Schriftstücks an den Beklagten während dessen vorübergehender Anwesenheit in Irland begründet wird;
- in Island: Artikel 77 der Zivilprozessordnung (lög um medferd einkamála Í héradi);
- in Italien: Artikel 2 und Artikel 4 Nummern 1 und 2 der Zivilprozessordnung (Codice di procedura civile);
- in Luxemburg: Artikel 14 und 15 des Zivilgesetzbuchs (Code civil);
- in den Niederlanden: Artikel 126 Absatz 3 und Artikel 127 der Zivilprozessordnung (Wetboek van Burgerlijke Rechtsvordering);
- in Norwegen: § 32 der Zivilprozessordnung (tvistemålsloven);
- in Österreich: § 99 der Jurisdiktionsnorm;
- in Portugal: Artikel 65 Absatz 1 Buchstabe c, Artikel 65 Absatz 2 und Artikel 65a Buchstabe c der Zivilprozessordnung (Código de Processo Civil) und Artikel 11 der Arbeitsprozessordnung (Código de Processo de Trabalho);

- in der Schweiz: der Gerichtsstand des Arrestortes/for du lieu du séquestre/foro del luogo del sequestro gemäss Artikel 4 des Bundesgesetzes über das internationale Privatrecht/loi fédérale sur le droit international privé/legge federale sul diritto internazionale privato;
- in Finnland: Kapitel 10 § 1 Sätze 2, 3 und 4 der Prozessordnung (oikeudenkäymiskaari/rättegångsbalken);
- in Schweden: Kapitel 10 Artikel 3 Satz 1 der Prozessordnung (Rättegångsbalken);
- im Vereinigten Königreich: Vorschriften, nach denen die Zuständigkeit begründet wird durch
  a) die Zustellung eines das Verfahren einleitenden Schriftstücks an den Beklagten während dessen vorübergehender Anwesenheit im Vereinigten Königreich;
  b) das Vorhandensein von Vermögenswerten des Beklagten im Vereinigten Königreich oder
  c) die Beschlagnahme von Vermögen im Vereinigten Königreich durch den Kläger.

4. Hat der Beklagte keinen Wohnsitz in dem Hoheitsgebiet eines Vertragsstaats, so bestimmt sich, vorbehaltlich des Artikels 16, die Zuständigkeit der Gerichte eines jeden Vertragsstaats nach seinen eigenen Gesetzen.

Gegenüber einem Beklagten, der keinen Wohnsitz in dem Hoheitsgebiet eines Vertragsstaats hat, kann sich jede Person, die ihren Wohnsitz in dem Hoheitsgebiet eines Vertragsstaats hat, in diesem Staat auf die dort geltenden Zuständigkeitsvorschriften, insbesondere auf die in Artikel 3 Absatz 2 angeführten Vorschriften, wie ein Inländer berufen, ohne dass es auf ihre Staatsangehörigkeit ankommt.

2. Abschnitt

Besondere Zuständigkeiten

5. Eine Person, die ihren Wohnsitz in dem Hoheitsgebiet eines Vertragsstaats hat, kann in einem anderen Vertragsstaat verklagt werden,
1. wenn ein Vertrag oder Ansprüche aus einem Vertrag den Gegenstand des Verfahrens bilden, vor dem Gericht des Ortes, an dem die Verpflichtung erfüllt worden ist oder zu erfüllen wäre; wenn ein individueller Arbeitsvertrag oder Ansprüche aus einem individuellen Arbeitsvertrag den Gegenstand des Verfahrens bilden, vor dem Gericht des Ortes, an dem der Arbeitnehmer gewöhnlich seine Arbeit verrichtet; verrichtet der Arbeitnehmer seine Arbeit gewöhnlich nicht in ein und demselben Staat, vor dem Gericht des Ortes, an dem sich die Niederlassung befindet, die den Arbeitnehmer eingestellt hat;
2. wenn es sich um eine Unterhaltssache handelt, vor dem Gericht des Ortes, an dem der Unterhaltsberechtigte seinen Wohnsitz oder seinen

gewöhnlichen Aufenthalt hat, oder im Falle einer Unterhaltssache, über die im Zusammenhang mit einem Verfahren in bezug auf den Personenstand zu entscheiden ist, vor dem nach Recht für dieses Verfahren zuständigen Gericht, es sei denn, diese Zuständigkeit beruht lediglich auf der Staatsangehörigkeit einer der Parteien;
3. wenn eine unerlaubte Handlung oder eine Handlung, die einer unerlaubten Handlung gleichgestellt ist, oder wenn Ansprüche aus einer solchen Handlung den Gegenstand des Verfahrens bilden, vor dem Gericht des Ortes, an dem das schädigende Ereignis eingetreten ist;
4. wenn es sich um eine Klage auf Schadenersatz oder auf Wiederherstellung des früheren Zustands handelt, die auf eine mit Strafe bedrohte Handlung gestützt wird, vor dem Strafgericht, bei dem die öffentliche Klage erhoben ist, soweit dieses Gericht nach seinem Recht über zivilrechtliche Ansprüche erkennen kann;
5. wenn es sich um Streitigkeiten aus dem Betrieb einer Zweigniederlassung, einer Agentur oder einer sonstigen Niederlassung handelt, vor dem Gericht des Ortes, an dem sich diese befindet;
6. wenn sie in ihrer Eigenschaft als Begründer, «trustee» oder Begünstigter eines «trust» in Anspruch genommen wird, der auf Grund eines Gesetzes oder durch schriftlich vorgenommenes oder schriftlich bestätigtes Rechtsgeschäft errichtet worden ist, vor den Gerichten des Vertragsstaats, in dessen Hoheitsgebiet der «trust» seinen Sitz hat;
7. wenn es sich um eine Streitigkeit wegen der Zahlung von Berge- und Hilfslohn handelt, der für Bergungs- oder Hilfeleistungsarbeiten gefordert wird, die zugunsten einer Ladung oder einer Frachtforderung erbracht worden sind, vor dem Gericht, in dessen Zuständigkeitsbereich diese Ladung oder die entsprechende Frachtforderung
   a) mit Arrest belegt worden ist, um die Zahlung zu gewährleisten, oder
   b) mit Arrest hätte belegt werden können, jedoch dafür eine Bürgschaft oder eine andere Sicherheit geleistet worden ist;
   diese Vorschrift ist nur anzuwenden, wenn behauptet wird, dass der Beklagte Rechte an der Ladung oder an der Frachtforderung hat oder zur Zeit der Bergungs- oder Hilfeleistungsarbeiten hatte.

6. Eine Person, die ihren Wohnsitz in dem Hoheitsgebiet eines Vertragsstaats hat, kann auch verklagt werden,
1. wenn mehrere Personen zusammen verklagt werden, vor dem Gericht, in dessen Bezirk einer der Beklagten seinen Wohnsitz hat;
2. wenn es sich um eine Klage auf Gewährleistung oder um eine Interventionsklage handelt, vor dem Gericht des Hauptprozesses, es sei denn, dass diese Klage nur erhoben worden ist, um diese Person dem für sie zuständigen Gericht zu entziehen;
3. wenn es sich um eine Widerklage handelt, die auf denselben Vertrag oder Sachverhalt wie die Klage selbst gestützt wird, vor dem Gericht, bei dem die Klage selbst anhängig ist;
4. wenn ein Vertrag oder Ansprüche aus einem Vertrag den Gegenstand des Verfahrens bilden und die Klage mit einer Klage wegen dinglicher

Rechte an unbeweglichen Sachen gegen denselben Beklagten verbunden werden kann, vor dem Gericht des Vertragsstaats, in dem die unbewegliche Sache belegen ist.

6a. Ist ein Gericht eines Vertragsstaats nach diesem Übereinkommen zur Entscheidung in Verfahren wegen einer Haftpflicht aufgrund der Verwendung oder des Betriebs eines Schiffes zuständig, so entscheidet dieses oder ein anderes, an seiner Stelle durch das Recht dieses Staates bestimmtes Gericht auch über Klagen auf Beschränkung dieser Haftung.

3. Abschnitt

Zuständigkeit für Versicherungssachen

7. Für Klagen in Versicherungssachen bestimmt sich die Zuständigkeit vorbehaltlich des Artikels 4 und des Artikels 5 Nummer 5 nach diesem Abschnitt.

8. Der Versicherer, der seinen Wohnsitz in dem Hoheitsgebiet eines Vertragsstaats hat, kann verklagt werden
1. vor den Gerichten des Staates, in dem er seinen Wohnsitz hat,
2. in einem anderen Vertragsstaat vor dem Gericht des Bezirks, in dem der Versicherungsnehmer seinen Wohnsitz hat, oder
3. falls es sich um einen Mitversicherer handelt, vor dem Gericht eines Vertragsstaats, bei dem der federführende Versicherer verklagt wird.

Hat ein Versicherer in dem Hoheitsgebiet eines Vertragsstaats keinen Wohnsitz, besitzt er aber in einem Vertragsstaat eine Zweigniederlassung, Agentur oder sonstige Niederlassung, so wird er für Streitigkeiten aus ihrem Betrieb so behandelt, wie wenn er seinen Wohnsitz in dem Hoheitsgebiet dieses Staates hätte.

9. Bei der Haftpflichtversicherung oder bei der Versicherung von unbeweglichen Sachen kann der Versicherer ausserdem vor dem Gericht des Ortes, an dem das schädigende Ereignis eingetreten ist, verklagt werden. Das gleiche gilt, wenn sowohl bewegliche als auch unbewegliche Sachen in ein und demselben Versicherungsvertrag versichert und von demselben Schadensfall betroffen sind.

10. Bei der Haftpflichtversicherung kann der Versicherer auch vor das Gericht, bei dem die Klage des Geschädigten gegen den Versicherten anhängig ist, geladen werden, sofern dies nach dem Recht des angerufenen Gerichts zulässig ist.

Auf eine Klage, die der Verletzte unmittelbar gegen den Versicherer erhebt, sind die Artikel 7 bis 9 anzuwenden, sofern eine solche unmittelbare Klage zulässig ist.

Sieht das für die unmittelbare Klage massgebliche Recht die Streitverkündung gegen den Versicherungsnehmer oder den Versicherten vor, so ist dasselbe Gericht auch für diese Personen zuständig.

11. Vorbehaltlich der Bestimmungen des Artikels 10 Absatz 3 kann der Versicherer nur vor den Gerichten des Vertragsstaats klagen, in dessen Hoheitsgebiet der Beklagte seinen Wohnsitz hat, ohne Rücksicht darauf, ob dieser Versicherungsnehmer, Versicherter oder Begünstigter ist.

Die Vorschriften dieses Abschnitts lassen das Recht unberührt, eine Widerklage vor dem Gericht zu erheben, bei dem die Klage selbst gemäss den Bestimmungen dieses Abschnitts anhängig ist.

12. Von den Vorschriften dieses Abschnitts kann im Wege der Vereinbarung nur abgewichen werden,
1. wenn die Vereinbarung nach der Entstehung der Streitigkeit getroffen wird,
2. wenn sie dem Versicherungsnehmer, Versicherten oder Begünstigten die Befugnis einräumt, andere als die in diesem Abschnitt angeführten Gerichte anzurufen,
3. wenn sie zwischen einem Versicherungsnehmer und einem Versicherer, die zum Zeitpunkt des Vertragsabschlusses ihren Wohnsitz oder gewöhnlichen Aufenthalt in demselben Vertragsstaat haben, getroffen ist, um die Zuständigkeit der Gerichte dieses Staates auch für den Fall zu begründen, dass das schädigende Ereignis im Ausland eingetreten ist, es sei denn, dass eine solche Vereinbarung nach dem Recht dieses Staates nicht zulässig ist,
4. wenn sie von einem Versicherungsnehmer abgeschlossen ist, der seinen Wohnsitz nicht in einem Vertragsstaat hat, ausgenommen soweit sie eine Versicherung, zu deren Abschluss eine gesetzliche Verpflichtung besteht, oder die Versicherung von unbeweglichen Sachen in einem Vertragsstaat betrifft, oder
5. wenn sie einen Versicherungsvertrag betrifft, soweit dieser eines oder mehrere der in Artikel 12a aufgeführten Risiken deckt.

12a. Die in Artikel 12 Nummer 5 erwähnten Risiken sind die folgenden:
1. sämtliche Schäden
    a) an Seeschiffen, Anlagen vor der Küste und auf hoher See oder Luftfahrzeugen aus Gefahren, die mit ihrer Verwendung zu gewerblichen Zwecken verbunden sind,
    b) an Transportgütern, ausgenommen Reisegepäck der Passagiere, wenn diese Güter ausschliesslich oder zum Teil mit diesen Schiffen oder Luftfahrzeugen befördert werden;
2. Haftpflicht aller Art, mit Ausnahme der Haftung für Personenschäden an Passagieren oder Schäden an deren Reisegepäck,
    a) aus der Verwendung oder dem Betrieb von Seeschiffen, Anlagen oder Luftfahrzeugen gemäss Nummer 1 Buchstabe a, es sei denn, dass nach den Rechtsvorschriften des Vertragsstaats, in dem das

Luftfahrzeug eingetragen ist, Gerichtsstandsvereinbarungen für die Versicherung solcher Risiken untersagt sind,
b) für Schäden, die durch Transportgüter während einer Beförderung im Sinne der Nummer 1 Buchstabe b verursacht werden;
3. finanzielle Verluste im Zusammenhang mit der Verwendung oder dem Betrieb von Seeschiffen, Anlagen oder Luftfahrzeugen gemäss Nummer 1 Buchstabe a, insbesondere Fracht- oder Charterverlust;
4. irgendein zusätzliches Risiko, das mit einem der unter den Nummern 1 bis 3 genannten Risiken in Zusammenhang steht.

4. Abschnitt

Zuständigkeit für Verbrauchersachen

13. Für Klagen aus einem Vertrag, den eine Person zu einem Zweck abgeschlossen hat, der nicht der beruflichen oder gewerblichen Tätigkeit dieser Person (Verbraucher) zugerechnet werden kann, bestimmt sich die Zuständigkeit unbeschadet des Artikels 4 und des Artikels 5 Nummer 5, nach diesem Abschnitt,
1. wenn es sich um den Kauf beweglicher Sachen auf Teilzahlung handelt,
2. wenn es sich um ein in Raten zurückzuzahlendes Darlehen oder ein anderes Kreditgeschäft handelt, das zur Finanzierung eines Kaufs derartiger Sachen bestimmt ist, oder
3. für andere Verträge, wenn sie die Erbringung einer Dienstleistung oder die Lieferung beweglicher Sachen zum Gegenstand haben, sofern
   a) dem Vertragsabschluss in dem Staat des Wohnsitzes des Verbrauchers ein ausdrückliches Angebot oder eine Werbung vorausgegangen ist und
   b) der Verbraucher in diesem Staat die zum Abschluss des Vertrags erforderlichen Rechtshandlungen vorgenommen hat.

Hat der Vertragspartner des Verbrauchers in dem Hoheitsgebiet eines Vertragsstaats keinen Wohnsitz, besitzt er aber in einem Vertragsstaat eine Zweigniederlassung, Agentur oder sonstige Niederlassung, so wird er für Streitigkeiten aus ihrem Betrieb so behandelt, wie wenn er seinen Wohnsitz in dem Hoheitsgebiet dieses Staates hätte.

Dieser Abschnitt ist nicht auf Beförderungsverträge anzuwenden.

14. Die Klage eines Verbrauchers gegen den anderen Vertragspartner kann entweder vor den Gerichten des Vertragsstaats erhoben werden, in dessen Hoheitsgebiet dieser Vertragspartner seinen Wohnsitz hat, oder vor den Gerichten des Vertragsstaats, in dessen Hoheitsgebiet der Verbraucher seinen Wohnsitz hat.

Die Klage des anderen Vertragspartners gegen den Verbraucher kann nur vor den Gerichten des Vertragsstaats erhoben werden, in dessen Hoheitsgebiet der Verbraucher seinen Wohnsitz hat.

Diese Vorschriften lassen das Recht unberührt, eine Widerklage vor dem Gericht zu erheben, bei dem die Klage selbst gemäss den Bestimmungen dieses Abschnitts anhängig ist.

15. Von den Vorschriften dieses Abschnitts kann im Wege der Vereinbarung nur abgewichen werden,
1. wenn die Vereinbarung nach der Entstehung der Streitigkeit getroffen wird,
2. wenn sie dem Verbraucher die Befugnis einräumt, andere als die in diesem Abschnitt angeführten Gerichte anzurufen, oder
3. wenn sie zwischen einem Verbraucher und seinem Vertragspartner getroffen ist, die zum Zeitpunkt des Vertragsabschlusses ihren Wohnsitz oder gewöhnlichen Aufenthalt in demselben Vertragsstaat haben, und die Zuständigkeit der Gerichte dieses Staates begründet, es sei denn, dass eine solche Vereinbarung nach dem Recht dieses Staates nicht zulässig ist.

5. Abschnitt

Ausschliessliche Zuständigkeiten

16. Ohne Rücksicht auf den Wohnsitz sind ausschliesslich zuständig
1. a) für Klagen, welche dingliche Rechte an unbeweglichen Sachen sowie die Miete oder Pacht von unbeweglichen Sachen zum Gegenstand haben, die Gerichte des Vertragsstaats, in dem die unbewegliche Sache belegen ist;
    b) für Klagen betreffend die Miete oder Pacht unbeweglicher Sachen zum vorübergehenden privaten Gebrauch für höchstens sechs aufeinanderfolgende Monate sind jedoch auch die Gerichte des Vertragsstaats zuständig, in dem der Beklagte seinen Wohnsitz hat, sofern es sich bei dem Mieter oder Pächter um eine natürliche Person handelt und weder die eine noch die andere Partei ihren Wohnsitz in dem Vertragsstaat hat, in dem die unbewegliche Sache belegen ist;
2. für Klagen, welche die Gültigkeit, die Nichtigkeit oder die Auflösung einer Gesellschaft oder juristischen Person oder der Beschlüsse ihrer Organe zum Gegenstand haben, die Gerichte des Vertragsstaats, in dessen Hoheitsgebiet die Gesellschaft oder juristische Person ihren Sitz hat;
3. für Klagen, welche die Gültigkeit von Eintragungen in öffentliche Register zum Gegenstand haben, die Gerichte des Vertragsstaats, in dessen Hoheitsgebiet die Register geführt werden;
4. für Klagen, welche die Eintragung oder die Gültigkeit von Patenten, Warenzeichen, Mustern und Modellen sowie ähnlicher Rechte, die einer Hinterlegung oder Registrierung bedürfen, zum Gegenstand haben, die Gerichte des Vertragsstaats, in dessen Hoheitsgebiet die

Hinterlegung oder Registrierung beantragt oder vorgenommen worden ist oder aufgrund eines zwischenstaatlichen Übereinkommens als vorgenommen gilt;
5. für Verfahren, welche die Zwangsvollstreckung aus Entscheidungen zum Gegenstand haben, die Gerichte des Vertragsstaats, in dessen Hoheitsgebiet die Zwangsvollstreckung durchgeführt werden soll oder durchgeführt worden ist.

6. Abschnitt

Vereinbarung über die Zuständigkeit

17. (1) Haben die Parteien, von denen mindestens eine ihren Wohnsitz in dem Hoheitsgebiet eines Vertragsstaats hat, vereinbart, dass ein Gericht oder die Gerichte eines Vertragsstaats über eine bereits entstandene Rechtsstreitigkeit oder über eine künftige aus einem bestimmten Rechtsverhältnis entspringende Rechtsstreitigkeit entscheiden sollen, so sind dieses Gericht oder die Gerichte dieses Staates ausschliesslich zuständig. Eine solche Gerichtsstandsvereinbarung muss geschlossen werden
 a) schriftlich oder mündlich mit schriftlicher Bestätigung,
 b) in einer Form, welche den Gepflogenheiten entspricht, die zwischen den Parteien entstanden sind, oder
 c) im internationalen Handel in einer Form, die einem Handelsbrauch entspricht, den die Parteien kannten oder kennen mussten und den Parteien von Verträgen dieser Art in dem betreffenden Geschäftszweig allgemein kennen und regelmässig beachten.

Wenn eine solche Vereinbarung von Parteien geschlossen wurde, die beide ihren Wohnsitz nicht im Hoheitsgebiet eines Vertragsstaats haben, so können die Gerichte der anderen Vertragsstaaten nicht entscheiden, es sei denn, das vereinbarte Gericht oder die vereinbarten Gerichte haben sich rechtskräftig für unzuständig erklärt.

(2) Ist in schriftlich niedergelegten «trust»-Bedingungen bestimmt, dass über Klagen gegen einen Begründer, «trustee» oder Begünstigten eines «trust» ein Gericht oder die Gerichte eines Vertragsstaats entscheiden sollen, so ist dieses Gericht oder sind diese Gerichte ausschliesslich zuständig, wenn es sich um Beziehungen zwischen diesen Personen oder ihre Rechte oder Pflichten im Rahmen des «trust» handelt.

(3) Gerichtsstandsvereinbarungen und entsprechende Bestimmungen in «trust»-Bedingungen haben keine rechtliche Wirkung, wenn sie den Vorschriften der Artikel 12 oder 15 zuwiderlaufen oder wenn die Gerichte, deren Zuständigkeit abbedungen wird, aufgrund des Artikels 16 ausschliesslich zuständig sind.

(4) Ist eine Gerichtsstandsvereinbarung nur zugunsten einer der Parteien getroffen worden, so behält diese das Recht, jedes andere Gericht anzurufen, das aufgrund dieses Übereinkommens zuständig ist.

(5) Bei individuellen Arbeitsverträgen haben Gerichtsstandsvereinbarungen nur dann rechtliche Wirkung, wenn sie nach der Entstehung der Streitigkeit getroffen werden.

18. Sofern das Gericht eines Vertragsstaats nicht bereits nach anderen Vorschriften dieses Übereinkommens zuständig ist, wird es zuständig, wenn sich der Beklagte vor ihm auf das Verfahren einlässt. Dies gilt nicht, wenn der Beklagte sich nur einlässt, um den Mangel der Zuständigkeit geltend zu machen, oder wenn ein anderes Gericht aufgrund des Artikels 16 ausschliesslich zuständig ist.

7. Abschnitt

Prüfung der Zuständigkeit und der Zulässigkeit des Verfahrens

19. Das Gericht eines Vertragsstaats hat sich von Amts wegen für unzuständig zu erklären, wenn es wegen einer Streitigkeit angerufen wird, für die das Gericht eines anderen Vertragsstaats aufgrund des Artikels 16 ausschliesslich zuständig ist.

20. Lässt sich der Beklagte, der seinen Wohnsitz in dem Hoheitsgebiet eines Vertragsstaats hat und der vor den Gerichten eines anderen Vertragsstaats verklagt wird, auf das Verfahren nicht ein, so hat sich das Gericht von Amts wegen für unzuständig zu erklären, wenn seine Zuständigkeit nicht aufgrund der Bestimmungen dieses Übereinkommens begründet ist.

Das Gericht hat die Entscheidung so lange auszusetzen, bis festgestellt ist, dass es dem Beklagten möglich war, das den Rechtsstreit einleitende Schriftstück oder ein gleichwertiges Schriftstück so rechtzeitig zu empfangen, dass er sich verteidigen konnte, oder dass alle hierzu erforderlichen Massnahmen getroffen worden sind.

An die Stelle des vorstehenden Absatzes tritt Artikel 15 des Haager Übereinkommens vom 15. November 1965 über die Zustellung gerichtlicher und aussergerichtlicher Schriftstücke im Ausland in Zivil- oder Handelssachen, wenn das den Rechtsstreit einleitende Schriftstück gemäss dem erwähnten Übereinkommen zu übermitteln war.

8. Abschnitt

Rechtshängigkeit und im Zusammenhang stehende Verfahren

21. Werden bei Gerichten verschiedener Vertragsstaaten Klagen wegen desselben Anspruchs zwischen denselben Parteien anhängig gemacht, so setzt das später angerufene Gericht das Verfahren von Amts wegen aus, bis die Zuständigkeit des zuerst angerufenen Gerichts feststeht.

Sobald die Zuständigkeit des zuerst angerufenen Gerichts feststeht, erklärt sich das später angerufene Gericht zugunsten dieses Gerichts für unzuständig.

22. Werden bei Gerichten verschiedener Vertragsstaaten Klagen, die im Zusammenhang stehen, erhoben, so kann das später angerufene Gericht das Verfahren aussetzen, solange beide Klagen im ersten Rechtszug anhängig sind.

Das später angerufene Gericht kann sich auf Antrag einer Partei auch für unzuständig erklären, wenn die Verbindung im Zusammenhang stehender Verfahren nach seinem Recht zulässig ist und das zuerst angerufene Gericht für beide Klagen zuständig ist.

Klagen stehen im Sinne dieses Artikels im Zusammenhang, wenn zwischen ihnen eine so enge Beziehung gegeben ist, dass eine gemeinsame Verhandlung und Entscheidung geboten erscheint, um zu vermeiden, dass in getrennten Verfahren widersprechende Entscheidungen ergehen könnten.

23. Ist für die Klage die ausschliessliche Zuständigkeit mehrerer Gerichte gegeben, so hat sich das zuletzt angerufene Gericht zugunsten des zuerst angerufenen Gerichts für unzuständig zu erklären.

9. Abschnitt

Einstweilige Massnahmen einschliesslich solcher, die auf eine Sicherung gerichtet sind

24. Die in dem Recht eines Vertragsstaats vorgesehenen einstweiligen Massnahmen einschliesslich solcher, die auf eine Sicherung gerichtet sind, können bei den Gerichten dieses Staates auch dann beantragt werden, wenn für die Entscheidung in der Hauptsache das Gericht eines anderen Vertragsstaats aufgrund dieses Übereinkommens zuständig ist.

Titel III

Anerkennung und Vollstreckung

25. Unter «Entscheidung» im Sinne dieses Übereinkommens ist jede von einem Gericht eines Vertragsstaats erlassene Entscheidung zu verstehen ohne Rücksicht auf ihre Bezeichnung wie Urteil, Beschluss oder Vollstreckungsbefehl, einschliesslich des Kostenfestsetzungsbeschlusses eines Urkundsbeamten.

1. Abschnitt

Anerkennung

26. Die in einem Vertragsstaat ergangenen Entscheidungen werden in den anderen Vertragsstaaten anerkannt, ohne dass es hierfür eines besonderen Verfahrens bedarf.

Bildet die Frage, ob eine Entscheidung anzuerkennen ist, als solche den Gegenstand eines Streites, so kann jede Partei, welche die Anerkennung geltend macht, in dem Verfahren nach dem 2. und 3. Abschnitt dieses Titels die Feststellung beantragen, dass die Entscheidung anzuerkennen ist.

Wird die Anerkennung in einem Rechtsstreit vor dem Gericht eines Vertragsstaats, dessen Entscheidung von der Anerkennung abhängt, verlangt, so kann dieses Gericht über die Anerkennung entscheiden.

27. Eine Entscheidung wird nicht anerkannt,
1. wenn die Anerkennung der öffentlichen Ordnung des Staates, in dem sie geltend gemacht wird, widersprechen würde;
2. wenn dem Beklagten, der sich auf das Verfahren nicht eingelassen hat, das dieses Verfahren einleitende Schriftstück oder ein gleichwertiges Schriftstück nicht ordnungsgemäss und nicht so rechtzeitig zugestellt worden ist, dass er sich verteidigen konnte;
3. wenn die Entscheidung mit einer Entscheidung unvereinbar ist, die zwischen denselben Parteien in dem Staat, in dem die Anerkennung geltend gemacht wird, ergangen ist;
4. wenn das Gericht des Ursprungsstaats bei seiner Entscheidung hinsichtlich einer Vorfrage, die den Personenstand, die Rechts- und Handlungsfähigkeit sowie die gesetzliche Vertretung einer natürlichen Person, die ehelichen Güterstände oder das Gebiet des Erbrechts einschliesslich des Testamentsrechts betrifft, sich in Widerspruch zu einer Vorschrift des internationalen Privatrechts des Staates, in dem die Anerkennung geltend gemacht wird, gesetzt hat, es sei denn, dass die Entscheidung nicht zu einem anderen Ergebnis geführt hätte, wenn die Vorschriften des internationalen Privatrechts dieses Staates angewandt worden wären;
5. wenn die Entscheidung mit einer früheren Entscheidung unvereinbar ist, die in einem Nichtvertragsstaat zwischen denselben Parteien in einem Rechtsstreit wegen desselben Anspruchs ergangen ist, sofern diese Entscheidung die notwendigen Voraussetzungen für ihre Anerkennung in dem Staat erfüllt, in dem die Anerkennung geltend gemacht wird.

28. Eine Entscheidung wird ferner nicht anerkannt, wenn die Vorschriften des 3., 4. und 5. Abschnitts des Titels II verletzt worden sind oder wenn ein Fall des Artikels 59 vorliegt.

Des weiteren kann die Anerkennung einer Entscheidung versagt werden, wenn ein Fall des Artikels 54b Absatz 3 bzw. des Artikels 57 Absatz 4 vorliegt.

Das Gericht oder die Behörde des Staates, in dem die Anerkennung geltend gemacht wird, ist bei der Prüfung, ob eine der in den vorstehenden Absätzen angeführten Zuständigkeiten gegeben ist, an die tatsächlichen Feststellungen gebunden, aufgrund deren das Gericht des Ursprungsstaats seine Zuständigkeit angenommen hat.

Die Zuständigkeit der Gerichte des Ursprungsstaats darf, unbeschadet der Bestimmungen der Absätze 1 und 2, nicht nachgeprüft werden; die Vorschriften über die Zuständigkeit gehören nicht zur öffentlichen Ordnung im Sinne des Artikels 27 Nummer 1.

29. Die ausländische Entscheidung darf keinesfalls in der Sache selbst nachgeprüft werden.

30. Das Gericht eines Vertragsstaats, in dem die Anerkennung einer in einem anderen Vertragsstaat ergangenen Entscheidung geltend gemacht wird, kann das Verfahren aussetzen, wenn gegen die Entscheidung ein ordentlicher Rechtsbehelf eingelegt worden ist.

Das Gericht eines Vertragsstaats, vor dem die Anerkennung einer in Irland oder im Vereinigten Königreich ergangenen Entscheidung geltend gemacht wird, kann das Verfahren aussetzen, wenn die Vollstreckung der Entscheidung im Ursprungsstaat wegen der Einlegung eines Rechtsbehelfs einstweilen eingestellt ist.

2. Abschnitt

Vollstreckung

31. Die in einem Vertragsstaat ergangenen Entscheidungen, die in diesem Staat vollstreckbar sind, werden in einem anderen Vertragsstaat vollstreckt, wenn sie dort auf Antrag eines Berechtigten für vollstreckbar erklärt worden sind.

Im Vereinigten Königreich wird eine derartige Entscheidung jedoch in England und Wales, in Schottland oder in Nordirland vollstreckt, wenn sie auf Antrag eines Berechtigten zur Vollstreckung in dem betreffenden Teil des Vereinigten Königreichs registriert worden ist.

32. (1) Der Antrag ist zu richten
- in Belgien an das «tribunal de première instance» oder an die «rechtbank van eerste aanleg»;
- in Dänemark an das «byret»;
- in der Bundesrepublik Deutschland an den Vorsitzenden einer Kammer des Landgerichts;
- in Griechenland an das «μονομελεϛ πρωτοδιϰεῖο»;
- in Spanien an das «Juzgado de Primera Instancia»;
- in Frankreich an den Präsidenten des «tribunal de grande instance»;
- in Irland an den «High Court»;
- in Island an das «héradsdómari»;
- in Italien an die «corte d'appello»;

- in Luxemburg an den Präsidenten des «tribunal d'arrondissement»;
- in den Niederlanden an den Präsidenten der «arrondissementsrechtbank»;
- in Norwegen an das «herredsrett» oder das «byrett» als «namsrett»;
- in Österreich an das Landesgericht bzw. das Kreisgericht;
- in Portugal an das «Tribunal Judicial de Círculo»;
- in der Schweiz:
  a) für Entscheidungen, die zu einer Geldleistung verpflichten, an den Rechtsöffnungsrichter / juge de la mainlevée / giudice competente a pronunciare sul rigetto dell'opposizione im Rahmen des Rechtsöffnungsverfahrens nach den Artikeln 80 und 81 des Bundesgesetzes über Schuldbetreibung und Konkurs / loi fédérale sur la poursuite pour dettes et la faillite / legge federale sulla esecuzione e sul fallimento;
  b) für Entscheidungen, die nicht auf Zahlung eines Geldbetrages lauten, an den zuständigen kantonalen Vollstreckungsrichter / juge cantonal d'exequatur compétent / giudice cantonale competente a pronunciare l'exequatur;
- in Finnland an das «ulosotonhaltija / överexekutor»;
- in Schweden an das «Svea hovrätt»;
- im Vereinigten Königreich:
  a) in England und Wales an den «High Court of Justice» oder für Entscheidungen in Unterhaltssachen an den «Magistrates' Court» über den «Secretary of State»;
  b) in Schottland an den «Court of Session» oder für Entscheidungen in Unterhaltssachen an den «Sheriff Court» über den «Secretary of State»;
  c) in Nordirland an den «High Court of Justice» oder für Entscheidungen in Unterhaltssachen an den «Magistrates' Court» über den «Secretary of State».

(2) Die örtliche Zuständigkeit wird durch den Wohnsitz des Schuldners bestimmt. Hat dieser keinen Wohnsitz im Hoheitsgebiet des Vollstreckungsstaats, so ist das Gericht zuständig, in dessen Bezirk die Zwangsvollstreckung durchgeführt werden soll.

33. Für die Stellung des Antrags ist das Recht des Vollstreckungsstaats massgebend.

Der Antragsteller hat im Bezirk des angerufenen Gerichts ein Wahldomizil zu begründen. Ist das Wahldomizil im Recht des Vollstreckungsstaats nicht vorgesehen, so hat der Antragsteller einen Zustellungsbevollmächtigten zu benennen.

Dem Antrag sind die in den Artikeln 46 und 47 angeführten Urkunden beizufügen.

34. Das mit dem Antrag befasste Gericht erlässt seine Entscheidung unverzüglich, ohne dass der Schuldner in diesem Abschnitt des Verfahrens Gelegenheit erhält, eine Erklärung abzugeben.

Der Antrag kann nur aus einem der in den Artikeln 27 und 28 angeführten Gründe abgelehnt werden.

Die ausländische Entscheidung darf keinesfalls in der Sache selbst nachgeprüft werden.

35. Die Entscheidung, die über den Antrag ergangen ist, teilt der Urkundsbeamte der Geschäftsstelle dem Antragsteller unverzüglich in der Form mit, die das Recht des Vollstreckungsstaats vorsieht.

36. Wird die Zwangsvollstreckung zugelassen, so kann der Schuldner gegen die Entscheidung innerhalb eines Monats nach ihrer Zustellung einen Rechtsbehelf einlegen.

Hat der Schuldner seinen Wohnsitz in einem anderen Vertragsstaat als dem, in dem die Entscheidung über die Zulassung der Zwangsvollstreckung ergangen ist, so beträgt die Frist für den Rechtsbehelf zwei Monate und beginnt von dem Tage an zu laufen, an dem die Entscheidung dem Schuldner entweder in Person oder in seiner Wohnung zugestellt worden ist. Eine Verlängerung dieser Frist wegen weiter Entfernung ist ausgeschlossen.

37. (1) Der Rechtsbehelf wird nach den Vorschriften, die für das streitige Verfahren massgebend sind, eingelegt
- in Belgien bei dem «tribunal de première instance» oder der «rechtbank van eerste aanleg»;
- in Dänemark bei dem «landsret»;
- in der Bundesrepublik Deutschland bei dem Oberlandesgericht;
- in Griechenland bei dem «εφετείο»;
- in Spanien bei der «Audiencia Provincial»;
- in Frankreich bei der «cour d'appel»;
- in Irland bei dem «High Court»;
- in Island bei dem «héradsdómari»;
- in Italien bei der «corte d'appello»;
- in Luxemburg bei der «Cour supérieure de Justice» als Berufungsinstanz für Zivilsachen;
- in den Niederlanden bei der «arrondissementsrechtbank»;
- in Norwegen bei dem «lagmannsrett»;
- in Österreich bei dem Landesgericht bzw. dem Kreisgericht;
- in Portugal bei dem «Tribunal da Relaçâo»;
- in der Schweiz bei dem Kantonsgericht / tribunal cantonal / tribunale cantonale;
- in Finnland bei dem «hovioikeus / hovrätt»;
- in Schweden bei dem «Svea hovrätt»;
- im Vereinigten Königreich:
    a) in England und Wales bei dem «High Court of Justice» oder für Entscheidungen in Unterhaltssachen bei dem «Magistrates' Court»;
    b) in Schottland bei dem «Court of Session» oder für Entscheidungen in Unterhaltssachen bei dem «Sheriff Court»;
    c) in Nordirland bei dem «High Court of Justice» oder für Entscheidungen in Unterhaltssachen bei dem «Magistrates' Court».

(2) Gegen die Entscheidung, die über den Rechtsbehelf ergangen ist, finden nur statt
- in Belgien, Griechenland, Spanien, Frankreich, Italien, Luxemburg und den Niederlanden: die Kassationsbeschwerde;
- in Dänemark: ein Verfahren vor dem «højesteret» mit Zustimmung des Justizministers;
- in der Bundesrepublik Deutschland: die Rechtsbeschwerde;
- in Irland: ein auf Rechtsfragen beschränkter Rechtsbehelf bei dem «Supreme Court»;
- in Island: ein Rechtsbehelf bei dem «Hæstiréttur»;
- in Norwegen: ein Rechtsbehelf (kjæremål oder anke) bei dem «Hoyesteretts Kjaeremalsutvalg» oder dem «Hoyesterett»;

- in Österreich im Fall eines Rekursverfahrens der Revisionsrekurs und im Fall eines Widerspruchsverfahrens die Berufung mit der allfälligen Möglichkeit einer Revision;
- in Portugal: ein auf Rechtsfragen beschränkter Rechtsbehelf;
- in der Schweiz: die staatsrechtliche Beschwerde beim Bundesgericht/recours de droit public devant le tribunal fédéral/ricorso di diritto pubblico davanti al tribunale federale;
- in Finnland: ein Rechtsbehelf beim «korkein oikeus/högsta domstolen»;
- in Schweden: ein Rechtsbehelf beim «högsta domstolen»;
- im Vereinigten Königreich: ein einziger auf Rechtsfragen beschränkter Rechtsbehelf.

38. Das mit dem Rechtsbehelf befasste Gericht kann auf Antrag der Partei, die ihn eingelegt hat, das Verfahren aussetzen, wenn gegen die Entscheidung im Ursprungsstaat ein ordentlicher Rechtsbehelf eingelegt oder die Frist für einen solchen Rechtsbehelf noch nicht verstrichen ist; in letzterem Fall kann das Gericht eine Frist bestimmen, innerhalb deren der Rechtsbehelf einzulegen ist.

Ist eine gerichtliche Entscheidung in Irland oder im Vereinigten Königreich erlassen worden, so gilt jeder in dem Ursprungsstaat statthafte Rechtsbehelf als ordentlicher Rechtsbehelf im Sinne von Absatz 1.

Das Gericht kann auch die Zwangsvollstreckung von der Leistung einer Sicherheit, die es bestimmt, abhängig machen.

39. Solange die in Artikel 36 vorgesehene Frist für den Rechtsbehelf läuft und solange über den Rechtsbehelf nicht entschieden ist, darf die Zwangsvollstreckung in das Vermögen des Schuldners nicht über Massnahmen zur Sicherung hinausgehen.

Die Entscheidung, durch welche die Zwangsvollstreckung zugelassen wird, gibt die Befugnis, solche Massnahmen zu veranlassen.

40. (1) Wird der Antrag abgelehnt, so kann der Antragsteller einen Rechtsbehelf einlegen
- in Belgien bei der «cour d'appel» oder dem «hof van beroep»;
- in Dänemark bei dem «landsret»;
- in der Bundesrepublik Deutschland bei dem Oberlandesgericht;
- in Griechenland bei dem «εφετείο»;
- in Spanien bei der «Audiencia Provincial»;
- in Frankreich bei der «cour d'appel»;
- in Irland bei dem «High Court»;
- in Island bei dem «héradsdómari»;
- in Italien bei der «corte d'appello»;
- in Luxemburg bei der «Cour supérieure de Justice» als Berufungsinstanz für Zivilsachen;
- in den Niederlanden bei dem «gerechtshof»;
- in Norwegen bei dem «lagmannsrett»;
- in Österreich bei dem Landesgericht bzw. dem Kreisgericht;
- in Portugal bei dem «Tribunal da Relaçâo»;
- in der Schweiz bei dem Kantonsgericht/tribunal cantonal/tribunale cantonale;
- in Finnland bei dem «hovioikeus/hovrätt»;

- in Schweden bei dem «Svea hovrätt»;
- im Vereinigten Königreich:
  a) in England und Wales bei dem «High Court of Justice» oder für Entscheidungen in Unterhaltssachen bei dem «Magistrates' Court»;
  b) in Schottland bei dem «Court of Session» oder für Entscheidungen in Unterhaltssachen bei dem «Sheriff Court»;
  c) in Nordirland bei dem «High Court of Justice» oder für Entscheidungen in Unterhaltssachen bei dem «Magistrates' Court».

(2) Das mit dem Rechtsbehelf befasste Gericht hat den Schuldner zu hören. Lässt dieser sich auf das Verfahren nicht ein, so ist Artikel 20 Absätze 2 und 3 auch dann anzuwenden, wenn der Schuldner seinen Wohnsitz nicht in dem Hoheitsgebiet eines Vertragsstaats hat.

41. Gegen die Entscheidung, die über den in Artikel 40 vorgesehenen Rechtsbehelf ergangen ist, finden nur statt
- in Belgien, Griechenland, Spanien, Frankreich, Italien, Luxemburg und den Niederlanden: die Kassationsbeschwerde;
- in Dänemark: ein Verfahren vor dem «højesteret» mit Zustimmung des Justizministers;
- in der Bundesrepublik Deutschland: die Rechtsbeschwerde;
- in Irland: ein auf Rechtsfragen beschränkter Rechtsbehelf bei dem «Supreme Court»;
- in Island: ein Rechtsbehelf bei dem «Hæstiréttur»;
- in Norwegen: ein Rechtsbehelf (kjæremål oder anke) bei dem «Hoyesteretts Kjaeremalsutvalg» oder dem «Hoyesterett»;
- in Österreich: der Revisionsrekurs;
- in Portugal: ein auf Rechtsfragen beschränkter Rechtsbehelf;
- in der Schweiz: die staatsrechtliche Beschwerde beim Bundesgericht / recours de droit public devant le tribunal fédéral / ricorso di diritto pubblico davanti al tribunale federale;
- in Finnland: ein Rechtsbehelf beim «korkein oikeus / högsta domstolen»;
- in Schweden: ein Rechtsbehelf beim «högsta domstolen»;
- im Vereinigten Königreich: ein einziger auf Rechtsfragen beschränkter Rechtsbehelf.

42. Ist durch die ausländische Entscheidung über mehrere mit der Klage geltend gemachte Ansprüche erkannt und kann die Entscheidung nicht im vollen Umfang zur Zwangsvollstreckung zugelassen werden, so lässt das Gericht sie für einen oder mehrere dieser Ansprüche zu.

Der Antragsteller kann beantragen, dass die Zwangsvollstreckung nur für einen Teil des Gegenstands der Verurteilung zugelassen wird.

43. Ausländische Entscheidungen, die auf Zahlung eines Zwangsgelds lauten, sind in dem Vollstreckungsstaat nur vollstreckbar, wenn die Höhe des Zwangsgelds durch die Gerichte des Ursprungsstaats endgültig festgesetzt ist.

44. Ist dem Antragsteller im Ursprungsstaat ganz oder teilweise Prozesskostenhilfe oder Kosten- und Gebührenbefreiung gewährt worden, so geniesst er in dem Verfahren nach den Artikeln 32 bis 35 hinsichtlich der

Prozesskostenhilfe und der Kosten- und Gebührenbefreiung die günstigste Behandlung, die das Recht des Vollstreckungsstaats vorsieht.

Der Antragsteller, welcher die Vollstreckung einer Entscheidung einer Verwaltungsbehörde begehrt, die in Dänemark oder in Island in Unterhaltssachen ergangen ist, kann im Vollstreckungsstaat Anspruch auf die in Absatz 1 genannten Vorteile erheben, wenn er eine Erklärung des dänischen oder des isländischen Justizministeriums darüber vorlegt, dass er die wirtschaftlichen Voraussetzungen für die vollständige oder teilweise Bewilligung der Prozesskostenhilfe oder für die Kosten der Gebührenbefreiung erfüllt.

45. Der Partei, die in einem Vertragsstaat eine in einem anderen Vertragsstaat ergangene Entscheidung vollstrecken will, darf wegen ihrer Eigenschaft als Ausländer oder wegen Fehlens eines inländischen Wohnsitzes oder Aufenthalts eine Sicherheitsleistung oder Hinterlegung, unter welcher Bezeichnung es auch sei, nicht auferlegt werden.

3. Abschnitt

Gemeinsame Vorschriften

46. Die Partei, welche die Anerkennung einer Entscheidung geltend macht oder die Zwangsvollstreckung betreiben will, hat vorzulegen
1. eine Ausfertigung der Entscheidung, welche die für ihre Beweiskraft erforderlichen Voraussetzungen erfüllt;
2. bei einer im Versäumnisverfahren ergangenen Entscheidung die Urschrift oder eine beglaubigte Abschrift der Urkunde, aus der sich ergibt, dass das den Rechtsstreit einleitende Schriftstück oder ein gleichwertiges Schriftstück der säumigen Partei zugestellt worden ist.

47. Die Partei, welche die Zwangsvollstreckung betreiben will, hat ferner vorzulegen
1. die Urkunden, aus denen sich ergibt, dass die Entscheidung nach dem Recht des Ursprungsstaats vollstreckbar ist und dass sie zugestellt worden ist;
2. gegebenenfalls eine Urkunde, durch die nachgewiesen wird, dass der Antragsteller Prozesskostenhilfe im Ursprungsstaat erhält.

48. Werden die in Artikel 46 Nummer 2 und in Artikel 47 Nummer 2 angeführten Urkunden nicht vorgelegt, so kann das Gericht eine Frist bestimmen, innerhalb deren die Urkunden vorzulegen sind, oder sich mit gleichwertigen Urkunden begnügen oder von der Vorlage der Urkunden befreien, wenn es eine weitere Klärung nicht für erforderlich hält.

Auf Verlangen des Gerichts ist eine Übersetzung der Urkunden vorzulegen; die Übersetzung ist von einer hierzu in einem der Vertragsstaaten befugten Person zu beglaubigen.

49. Die in den Artikeln 46, 47 und in Artikel 48 Absatz 2 angeführten Urkunden sowie die Urkunde über die Prozessvollmacht, falls eine solche erteilt wird, bedürfen weder der Legalisation noch einer ähnlichen Förmlichkeit.

Titel IV

Öffentliche Urkunden und Prozessvergleiche

50. Öffentliche Urkunden, die in einem Vertragsstaat aufgenommen und vollstreckbar sind, werden in einem anderen Vertragsstaat auf Antrag in den Verfahren nach den Artikeln 31 ff. für vollstreckbar erklärt. Der Antrag kann nur abgelehnt werden, wenn die Zwangsvollstreckung aus der Urkunde der öffentlichen Ordnung des Vollstreckungsstaats widersprechen würde.

Die vorgelegte Urkunde muss die Voraussetzungen für ihre Beweiskraft erfüllen, die in dem Staat, in dem sie aufgenommen wurde, erforderlich sind.

Die Vorschriften des 3. Abschnittes des Titels III sind sinngemäss anzuwenden.

51. Vergleiche, die vor einem Richter im Laufe eines Verfahrens abgeschlossen und in dem Staat, in dem sie errichtet wurden, vollstreckbar sind, werden in dem Vollstreckungsstaat unter denselben Bedingungen wie öffentliche Urkunden vollstreckt.

Titel V

Allgemeine Vorschriften

52. Ist zu entscheiden, ob eine Partei im Hoheitsgebiet des Vertragsstaats, dessen Gerichte angerufen sind, einen Wohnsitz hat, so wendet das Gericht sein Recht an.

Hat eine Partei keinen Wohnsitz in dem Staat, dessen Gerichte angerufen sind, so wendet das Gericht, wenn es zu entscheiden hat, ob die Partei einen Wohnsitz in einem anderen Vertragsstaat hat, das Recht dieses Staates an.

53. Der Sitz von Gesellschaften und juristischen Personen steht für die Anwendung dieses Übereinkommens dem Wohnsitz gleich. Jedoch hat das Gericht bei der Entscheidung darüber, wo der Sitz sich befindet, die Vorschriften seines internationalen Privatrechts anzuwenden.

Um zu bestimmen, ob ein «trust» seinen Sitz in dem Vertragsstaat hat, bei dessen Gerichten die Klage anhängig ist, wendet das Gericht sein internationales Privatrecht an.

Titel VI

Übergangsvorschriften

54. Die Vorschriften dieses Übereinkommens sind nur auf solche Klagen und öffentlichen Urkunden anzuwenden, die erhoben oder aufgenommen worden sind, nachdem dieses Übereinkommen im Ursprungsstaat und, wenn die Anerkennung oder Vollstreckung einer Entscheidung oder Urkunde geltend gemacht wird, im ersuchten Staat in Kraft getreten ist.

Entscheidungen, die nach dem Inkrafttreten dieses Übereinkommens zwischen dem Ursprungsstaat und dem ersuchten Staat aufgrund einer vor diesem Inkrafttreten erhobenen Klage ergangen sind, werden nach Massgabe des Titels III anerkannt und zur Zwangsvollstreckung zugelassen, vorausgesetzt, dass das Gericht aufgrund von Vorschriften zuständig war, die mit den Zuständigkeitsvorschriften des Titels II oder eines Abkommens übereinstimmen, das im Zeitpunkt der Klageerhebung zwischen dem Ursprungsstaat und dem Staat, in dem die Entscheidung geltend gemacht wird, in Kraft war.

Ist zwischen den Parteien eines Rechtsstreits über einen Vertrag bereits vor Inkrafttreten dieses Übereinkommens eine schriftliche Vereinbarung getroffen worden, auf diesen Vertrag die Rechtsvorschriften Irlands oder eines Teils des Vereinigten Königreichs anzuwenden, so sind die Gerichte in Irland oder in diesem Teil des Vereinigten Königreichs weiterhin befugt, über diesen Streitfall zu entscheiden.

54a. *(Enthält Übergangsvorschriften für «Seeforderungen»).*

Titel VII

Verhältnis zum Brüsseler Übereinkommen und zu anderen Abkommen

54b. (1) Dieses Übereinkommen lässt die Anwendung des am 27. September 1968 in Brüssel unterzeichneten Übereinkommens über die gerichtliche Zuständigkeit und die Vollstreckung gerichtlicher Entscheidungen in Zivil- und Handelssachen und des am 3. Juni 1971 in Luxemburg unterzeichneten Protokolls über die Auslegung des genannten Übereinkommens durch den Gerichtshof in der Fassung der Übereinkommen, mit denen die neuen Mitgliedstaaten der Europäischen Gemeinschaften jenem Übereinkommen und dessen Protokoll beigetreten sind, durch die Mitgliedstaaten der Europäischen Gemeinschaften unberührt. Das genannte Übereinkommen und dessen Protokoll zusammen werden nachstehend als «Brüsseler Übereinkommen» bezeichnet.

(2) Dieses Übereinkommen wird jedoch in jedem Fall angewandt
a) in Fragen der gerichtlichen Zuständigkeit, wenn der Beklagte seinen Wohnsitz in dem Hoheitsgebiet eines Vertragsstaates hat, der nicht

Mitglied der Europäischen Gemeinschaften ist, oder wenn die Gerichte eines solchen Vertragsstaates nach den Artikeln 16 oder 17 zuständig sind;
b) bei Rechtshängigkeit oder im Zusammenhang stehenden Verfahren im Sinne der Artikel 21 und 22, wenn Verfahren in einem den Europäischen Gemeinschaften nicht angehörenden und in einem den Europäischen Gemeinschaften angehörenden Vertragsstaat anhängig gemacht werden;
c) in Fragen der Anerkennung und Vollstreckung, wenn entweder der Ursprungsstaat oder der ersuchte Staat nicht Mitglied der Europäischen Gemeinschaften ist.

(3) Ausser aus den in Titel III vorgesehenen Gründen kann die Anerkennung oder Vollstreckung versagt werden, wenn sich der der Entscheidung zugrunde liegende Zuständigkeitsgrund von demjenigen unterscheidet, der sich aus diesem Übereinkommen ergibt, und wenn die Anerkennung oder Vollstreckung gegen eine Partei geltend gemacht wird, die ihren Wohnsitz in einem nicht den Europäischen Gemeinschaften angehörenden Vertragsstaat hat, es sei denn, dass die Entscheidung anderweitig nach dem Recht des ersuchten Staates anerkannt oder vollstreckt werden kann.

55. Dieses Übereinkommen ersetzt unbeschadet der Vorschriften des Artikels 54 Absatz 2 und des Artikels 56 die nachstehenden zwischen zwei oder mehr Vertragsstaaten geschlossenen Abkommen:
- das am 15. Juni 1869[1]) in Paris unterzeichnete französisch-schweizerische Abkommen über die gerichtliche Zuständigkeit und die Vollstreckung gerichtlicher Urteile in Zivilsachen;
- den am 19. November 1896[2]) in Madrid unterzeichneten spanisch-schweizerischen Vertrag über die gegenseitige Vollstreckung gerichtlicher Urteile und Entscheidungen in Zivil- und Handelssachen;
- das am 2. November 1929[3]) in Bern unterzeichnete deutsch-schweizerische Abkommen über die gegenseitige Anerkennung und Vollstreckung von gerichtlichen Entscheidungen und Schiedssprüchen;
- das am 16. März 1932 in Kopenhagen unterzeichnete Übereinkommen zwischen Dänemark, Finnland, Island, Norwegen und Schweden über die Anerkennung und Vollstreckung gerichtlicher Entscheidungen;
- das am 3. Januar 1933[4]) in Rom unterzeichnete italienisch-schweizerische Abkommen über die Anerkennung und Vollstreckung gerichtlicher Entscheidungen;
- das am 15. Januar 1936[5]) in Stockholm unterzeichnete schwedisch-schweizerische Abkommen über die Anerkennung und Vollstreckung von gerichtlichen Entscheidungen und Schiedssprüchen;
- das am 25. Oktober 1957 in Wien unterzeichnete belgisch-österreichische Abkommen über die gegenseitige Anerkennung und Vollstreckung von gerichtlichen Entscheidungen und öffentlichen Urkunden betreffend Unterhaltsverpflichtungen;
- das am 29. April 1959[6]) in Bern unterzeichnete belgisch-schweizerische Abkommen über die Anerkennung und Vollstreckung von gerichtlichen Entscheidungen und Schiedssprüchen;
- den am 6. Juni 1959 in Wien unterzeichneten deutsch-österreichischen Vertrag über die gegenseitige Anerkennung und Vollstreckung von gerichtlichen Entscheidungen, Vergleichen und öffentlichen Urkunden in Zivil- und Handelssachen;
- das am 16. Juni 1959 in Wien unterzeichnete belgisch-österreichische Abkommen über die gegenseitige Anerkennung und Vollstreckung von gerichtlichen Ent-

scheidungen, Schiedssprüchen und öffentlichen Urkunden auf dem Gebiet des Zivil- und Handelsrechtes;
– den am 16. Dezember 1960[7]) in Bern unterzeichneten österreichisch-schweizerischen Vertrag über die Anerkennung und Vollstreckung gerichtlicher Entscheidungen;
– das am 12. Juni 1961 in London unterzeichnete britisch-norwegische Abkommen über die gegenseitige Anerkennung und Vollstreckung gerichtlicher Entscheidungen in Zivilsachen;
– den am 14. Juli 1961 in Wien unterzeichneten britisch-österreichischen Vertrag über die gegenseitige Anerkennung und Vollstreckung gerichtlicher Entscheidungen in Zivil- und Handelssachen und das am 6. März 1970 in London unterzeichnete Protokoll zur Abänderung dieses Vertrags;
– das am 6. Februar 1963 in Den Haag unterzeichnete niederländisch-österreichische Abkommen über die gegenseitige Anerkennung und Vollstreckung von gerichtlichen Entscheidungen und öffentlichen Urkunden auf dem Gebiet des Zivil- und Handelsrechts;
– das am 15. Juli 1966 in Wien unterzeichnete französisch-österreichische Abkommen über die Anerkennung und die Vollstreckung von gerichtlichen Entscheidungen und öffentlichen Urkunden auf dem Gebiet des Zivil- und Handelsrechtes;
– das am 29. Juli 1971 in Luxemburg unterzeichnete luxemburgisch-österreichische Abkommen über die Anerkennung und die Vollstreckung von gerichtlichen Entscheidungen und öffentlichen Urkunden auf dem Gebiet des Zivil- und Handelsrechtes;
– das am 16. November 1971 in Rom unterzeichnete italienisch-österreichische Abkommen über die Anerkennung und Vollstreckung von gerichtlichen Entscheidungen in Zivil- und Handelssachen, von gerichtlichen Vergleichen und von Notariatsakten;
– den am 17. Juni 1977 in Oslo unterzeichneten deutsch-norwegischen Vertrag über die gegenseitige Anerkennung und Vollstreckung gerichtlicher Entscheidungen und anderer Schuldtitel in Zivil- und Handelssachen;
– das am 11. Oktober 1977 in Kopenhagen unterzeichnete Übereinkommen zwischen Dänemark, Finnland, Island, Norwegen und Schweden über die Anerkennung und Vollstreckung gerichtlicher Entscheidungen in Zivilsachen;
– das am 16. September 1982 in Stockholm unterzeichnete österreichisch-schwedische Abkommen über die Anerkennung und die Vollstreckung von Entscheidungen in Zivilsachen;
– das am 17. Februar 1984 in Wien unterzeichnete österreichisch-spanische Abkommen über die Anerkennung und die Vollstreckung von gerichtlichen Entscheidungen, Vergleichen und vollstreckbaren öffentlichen Urkunden in Zivil- und Handelssachen;
– das am 21. Mai 1984 in Wien unterzeichnete norwegisch-österreichische Abkommen über die Anerkennung und die Vollstreckung von Entscheidungen in Zivilsachen; und
– das am 17. November 1986 in Wien unterzeichnete finnisch-österreichische Abkommen über die Anerkennung und die Vollstreckung von Entscheidungen in Zivilsachen.

---

[1]) SR 0.276.193.491; aufgehoben auf 1. Januar 1992 (AS 1992 S. 200).
[2]) SR 0.276.193.321.
[3]) SR 0.276.191.361.
[4]) SR 0.276.194.541.
[5]) SR 0.276.197.141.
[6]) SR 0.276.191.721.
[7]) SR 0.276.191.632.

56. Die in Artikel 55 angeführten Abkommen und Verträge behalten ihre Wirksamkeit für die Rechtsgebiete, auf die dieses Übereinkommen nicht anzuwenden ist.

Sie bleiben auch weiterhin für die Entscheidungen und die öffentlichen Urkunden wirksam, die vor Inkrafttreten dieses Übereinkommens ergangen oder aufgenommen sind.

57. (1) Dieses Übereinkommen lässt Übereinkommen unberührt, denen die Vertragsstaaten angehören oder angehören werden und die für besondere Rechtsgebiete die gerichtliche Zuständigkeit, die Anerkennung oder die Vollstreckung von Entscheidungen regeln.

(2) Dieses Übereinkommen schliesst nicht aus, dass ein Gericht eines Vertragsstaats, der Vertragspartei eines Übereinkommens nach Absatz 1 ist, seine Zuständigkeit auf ein solches Übereinkommen stützt, und zwar auch dann, wenn der Beklagte seinen Wohnsitz in dem Hoheitsgebiet eines Vertragsstaats hat, der nicht Vertragspartei eines solchen Übereinkommens ist. In jedem Fall wendet dieses Gericht Artikel 20 an.

(3) Entscheidungen, die in einem Vertragsstaat von einem Gericht erlassen worden sind, das seine Zuständigkeit auf ein in Absatz 1 bezeichnetes Übereinkommen gestützt hat, werden in den anderen Vertragsstaaten nach Titel III anerkannt und vollstreckt.

(4) Ausser aus den in Titel III vorgesehenen Gründen kann die Anerkennung oder Vollstreckung versagt werden, wenn der ersuchte Staat nicht Vertragspartei eines in Absatz 1 bezeichneten Übereinkommens ist und wenn die Person, gegen die die Anerkennung oder Vollstreckung geltend gemacht wird, ihren Wohnsitz in diesem Staat hat, es sei denn, dass die Entscheidung nach einer anderen Rechtsvorschrift des ersuchten Staates anerkannt oder vollstreckt werden kann.

(5) Sind der Ursprungsstaat und der ersuchte Staat Vertragsparteien eines in Absatz 1 bezeichneten Übereinkommens, welches die Voraussetzungen für die Anerkennung und Vollstreckung von Entscheidungen regelt, so gelten diese Voraussetzungen. In jedem Fall können die Bestimmungen des vorliegenden Übereinkommens über das Verfahren zur Anerkennung und Vollstreckung von Entscheidungen angewandt werden.

58. *(Gegenstandslos)*

59. Dieses Übereinkommen hindert einen Vertragsstaat nicht, sich gegenüber einem dritten Staat im Rahmen eines Abkommens über die Anerkennung und Vollstreckung von Urteilen zu verpflichten, Entscheidungen der Gerichte eines anderen Vertragsstaats gegen Beklagte, die ihren Wohnsitz oder gewöhnlichen Aufenthalt in dem Hoheitsgebiet des dritten Staates haben, nicht anzuerkennen, wenn die Entscheidungen in den Fällen des Artikels 4 nur in einem der in Artikel 3 Absatz 2 angeführten Gerichtsstände ergehen können.

Kein Vertragsstaat kann sich jedoch gegenüber einem dritten Staat verpflichten, eine Entscheidung nicht anzuerkennen, die in einem anderen Vertragsstaat durch ein Gericht gefällt wurde, dessen Zuständigkeit auf das

Vorhandensein von Vermögenswerten des Beklagten in diesem Staat oder die Beschlagnahme von dort vorhandenem Vermögen durch den Kläger gegründet ist,
1. wenn die Klage erhoben wird, um Eigentums- oder Inhaberrechte hinsichtlich dieses Vermögens festzustellen oder anzumelden oder um Verfügungsgewalt darüber zu erhalten, oder wenn die Klage sich aus einer anderen Streitsache im Zusammenhang mit diesem Vermögen ergibt, oder
2. wenn das Vermögen die Sicherheit für einen Anspruch darstellt, der Gegenstand des Verfahrens ist.

Titel VIII

Schlussbestimmungen

60–68. *Diese Artikel enthalten insbesondere Regeln über die möglichen Vertragsparteien, den nachträglichen Beitritt zum Übereinkommen und dessen Ratifikation, die Dauer und die Revision des Übereinkommens. Ausserdem bestimmt **Art. 65:***
«Diesem Übereinkommen sind beigefügt:
– ein Protokoll Nr. 1 über bestimmte Zuständigkeits-, Verfahrens- und Vollstreckungsfragen;
– ein Protokoll Nr. 2 über die einheitliche Auslegung des Übereinkommens;
– ein Protokoll Nr. 3 über die Anwendung von Artikel 57.
Diese Protokolle sind Bestandteil des Übereinkommens.»

II. Protokolle Nr. 1–3*

Protokoll Nr. 1
über bestimmte Zuständigkeits-, Verfahrens- und Vollstreckungsfragen

Die hohen Vertragsparteien
haben nachstehende Bestimmungen vereinbart, die dem Übereinkommen beigefügt werden:

I. Jede Person, die ihren Wohnsitz in Luxemburg hat und vor dem Gericht eines anderen Vertragsstaats aufgrund des Artikels 5 Nummer 1 verklagt wird, kann die Unzuständigkeit dieses Gerichts geltend machen. Lässt sich der Beklagte auf das Verfahren nicht ein, so erklärt sich das Gericht von Amts wegen für unzuständig.

Jede Gerichtsstandsvereinbarung im Sinne des Artikels 17 ist für eine Person, die ihren Wohnsitz in Luxemburg hat, nur dann wirksam, wenn diese sie ausdrücklich und besonders angenommen hat.

I a. (1) Die Schweizerische Eidgenossenschaft behält sich das Recht vor, bei der Hinterlegung der Ratifikationsurkunde zu erklären, dass eine in einem anderen Ver-

---

* Vgl. Art. 65 der Schlussbestimmungen zum LugÜ.

tragsstaat ergangene Entscheidung in der Schweiz nicht anerkannt oder vollstreckt wird, wenn
- a) die Zuständigkeit des Gerichts, das die Entscheidung erlassen hat, sich nur auf Artikel 5 Nummer 1 des Übereinkommens stützt;
- b) der Beklagte zum Zeitpunkt der Einleitung des Verfahrens seinen Wohnsitz in der Schweiz hatte; im Sinne dieses Artikels hat eine Gesellschaft oder juristische Person ihren Sitz in der Schweiz, wenn ihr statutarischer Sitz und der tatsächliche Mittelpunkt ihrer Tätigkeit in der Schweiz liegen; und
- c) der Beklagte gegen die Anerkennung oder die Vollstreckung der Entscheidung in der Schweiz Einspruch erhebt, sofern er nicht auf den Schutz der in diesem Absatz vorgesehenen Erklärung verzichtet hat.

(2) Dieser Vorbehalt ist nicht anzuwenden, soweit in dem Zeitpunkt, zu dem die Anerkennung oder Vollstreckung beantragt wird, eine Änderung von Artikel 59 der Schweizerischen Bundesverfassung stattgefunden hat. Der Schweizerische Bundesrat teilt solche Änderungen den Unterzeichnerstaaten und den beitretenden Staaten mit.

(3) Dieser Vorbehalt wird am 31. Dezember 1999 unwirksam. Er kann jederzeit zurückgezogen werden.

I b. Jeder Vertragsstaat kann sich durch eine bei der Hinterlegung seiner Ratifikations- oder Beitrittsurkunde abgegebene Erklärung unbeschadet der Bestimmungen des Artikels 28 das Recht vorbehalten, in anderen Vertragsstaaten ergangene Entscheidungen nicht anzuerkennen und zu vollstrecken, wenn die Zuständigkeit des Gerichts des Ursprungsstaats nach Artikel 16 Nummer 1 Buchstabe b ausschliesslich dadurch begründet ist, dass der Beklagte seinen Wohnsitz in dem Ursprungsstaat hat und die unbewegliche Sache in dem Hoheitsgebiet des Staates belegen ist, der den Vorbehalt angebracht hat.

II. Unbeschadet günstigerer innerstaatlicher Vorschriften können Personen, die ihren Wohnsitz in einem Vertragsstaat haben und die vor den Strafgerichten eines anderen Vertragsstaats, dessen Staatsangehörigkeit sie nicht besitzen, wegen einer fahrlässig begangenen Straftat verfolgt werden, sich von hierzu befugten Personen verteidigen lassen, selbst wenn sie persönlich nicht erscheinen.

Das Gericht kann jedoch das persönliche Erscheinen anordnen; wird diese Anordnung nicht befolgt, so braucht die Entscheidung, die über den Anspruch aus einem Rechtsverhältnis des Zivilrechts ergangen ist, ohne dass sich der Angeklagte verteidigen konnte, in den anderen Vertragsstaaten weder anerkannt noch vollstreckt zu werden.

III. In dem Vollstreckungsstaat dürfen in dem Verfahren auf Erteilung der Vollstreckungsklausel keine nach dem Streitwert abgestuften Stempelabgaben oder Gebühren erhoben werden.

IV. Gerichtliche und aussergerichtliche Schriftstücke, die in einem Vertragsstaat ausgefertigt sind und einer in dem Hoheitsgebiet eines anderen Vertragsstaats befindlichen Person zugestellt werden sollen, werden nach den zwischen den Vertragsstaaten geltenden Übereinkommen oder Vereinbarungen übermittelt.

Sofern der Staat, in dessen Hoheitsgebiet die Zustellung bewirkt werden soll, nicht durch eine Erklärung, die an den Schweizerischen Bundesrat zu richten ist, widersprochen hat, können diese Schriftstücke auch von den gerichtlichen Amtspersonen des Staates, in dem sie angefertigt worden sind, unmittelbar den gerichtlichen Amtspersonen des Staates übersandt werden, in dessen Hoheitsgebiet sich die Person befindet, für welche das Schriftstück bestimmt ist. In diesem Fall übersendet die gerichtliche Amtsperson des Ursprungsstaats eine Abschrift des Schriftstücks der gerichtlichen

Amtsperson des ersuchten Staates, die für die Übermittlung an den Empfänger zuständig ist. Diese Übermittlung wird in den Formen vorgenommen, die das Recht des ersuchten Staates vorsieht. Sie wird durch ein Zeugnis festgestellt, das der gerichtlichen Amtsperson des Ursprungsstaats unmittelbar zugesandt wird.

V. Die in Artikel 6 Nummer 2 und Artikel 10 für eine Gewährleistungs- oder Interventionsklage vorgesehene Zuständigkeit kann in der Bundesrepublik Deutschland, in Spanien, in Österreich und in der Schweiz nicht geltend gemacht werden. Jede Person, die ihren Wohnsitz in einem anderen Vertragsstaat hat, kann vor Gericht geladen werden
- in der Bundesrepublik Deutschland nach den §§ 68 und 72 bis 74 der Zivilprozessordnung, die für die Streitverkündung gelten,
- in Spanien nach Artikel 1482 des Zivilgesetzbuches,
- in Österreich nach § 21 der Zivilprozessordnung, der für die Streitverkündigung gilt,
- in der Schweiz nach den einschlägigen Vorschriften der kantonalen Zivilprozessordnungen über die Streitverkündung (litis denuntiatio).

Entscheidungen, die in den anderen Vertragsstaaten aufgrund des Artikels 6 Nummer 2 und des Artikels 10 ergangen sind, werden in der Bundesrepublik Deutschland, in Spanien, in Österreich und in der Schweiz nach Titel III anerkannt und vollstreckt. Die Wirkungen, welche die in diesen Staaten ergangenen Entscheidungen nach Absatz 1 gegenüber Dritten haben, werden auch in den anderen Vertragsstaaten anerkannt.

V a. In Unterhaltssachen umfasst der Begriff «Gericht» auch dänische, isländische und norwegische Verwaltungsbehörden.

In Zivil- und Handelssachen umfasst der Begriff «Gericht» auch das finnische «ulosotonhaltija/överexekutor».

V b. Bei Streitigkeiten zwischen dem Kapitän und einem Mitglied der Mannschaft eines in Dänemark, in Griechenland, in Irland, in Island, in Norwegen, in Portugal oder in Schweden eingetragenen Seeschiffes über die Heuer oder sonstige Bedingungen des Dienstverhältnisses haben die Gerichte eines Vertragsstaats zu überprüfen, ob der für das Schiff zuständige diplomatische oder konsularische Vertreter von der Streitigkeit unterrichtet worden ist. Sie haben das Verfahren auszusetzen, solange dieser Vertreter nicht unterrichtet worden ist. Sie haben sich von Amts wegen für unzuständig zu erklären, wenn dieser Vertreter, nachdem er ordnungsgemäss unterrichtet worden ist, die Befugnisse ausgeübt hat, die ihm insoweit auf Grund eines Konsularabkommens zustehen, oder, falls ein derartiges Abkommen nicht besteht, innerhalb der festgesetzten Frist Einwände gegen die Zuständigkeit geltend gemacht hat.

V c. *(Gegenstandslos)*

V d. Unbeschadet der Zuständigkeit des Europäischen Patentamts nach dem am 5. Oktober 1973[1]) in München unterzeichneten Übereinkommen über die Erteilung europäischer Patente sind die Gerichte eines jeden Vertragsstaats ohne Rücksicht auf den Wohnsitz der Parteien für alle Verfahren ausschliesslich zuständig, welche die Erteilung oder die Gültigkeit eines europäischen Patents zum Gegenstand haben, das für diesen Staat erteilt wurde und kein Gemeinschaftspatent nach Artikel 86 des am 15. Dezember 1975 in Luxemburg unterzeichneten Übereinkommens über das europäische Patent für den Gemeinsamen Markt ist.

---

[1]) SR 0.232.142.2.

VI. Die Vertragsstaaten teilen dem Schweizerischen Bundesrat den Wortlaut ihrer gesetzlichen Vorschriften mit, durch welche ihre in diesem Übereinkommen angeführten Vorschriften oder die in Titel III 2. Abschnitt angeführten Gerichtsstände geändert werden.

Protokoll Nr. 2
über die einheitliche Auslegung des Übereinkommens

Präambel

Die hohen Vertragsparteien –

gestützt auf Artikel 65 dieses Übereinkommens,

in Anbetracht der sachlichen Verknüpfung zwischen diesem Übereinkommen und dem Brüsseler Übereinkommen,

in der Erwägung, dass dem Gerichtshof der Europäischen Gemeinschaften durch das Protokoll vom 3. Juni 1971 die Zuständigkeit zur Entscheidung über die Auslegung der Bestimmungen des Brüsseler Übereinkommens übertragen wurde,

in voller Kenntnis der bis zur Unterzeichnung des vorliegenden Übereinkommens ergangenen Entscheidungen des Gerichtshofs der Europäischen Gemeinschaften über die Auslegung des Brüsseler Übereinkommens,

in der Erwägung, dass bei den Verhandlungen, die zum Abschluss dieses Übereinkommens geführt haben, vom Brüsseler Übereinkommen unter Berücksichtigung der vorgenannten Entscheidungen ausgegangen worden ist,

in dem Bestreben, bei voller Wahrung der Unabhängigkeit der Gerichte voneinander abweichende Auslegungen zu vermeiden und zu einer möglichst einheitlichen Auslegung der Bestimmungen des vorliegenden Übereinkommens einerseits sowie dieser Bestimmungen und derjenigen Bestimmungen des Brüsseler Übereinkommens, die in ihrem wesentlichen Gehalt in das vorliegende Übereinkommen übernommen worden sind, andererseits, zu gelangen –
sind wie folgt übereingekommen:

1. Die Gerichte jedes Vertragsstaates tragen bei der Anwendung und Auslegung der Bestimmungen dieses Übereinkommens den Grundsätzen gebührend Rechnung, die in massgeblichen Entscheidungen von Gerichten der anderen Vertragsstaaten zu den Bestimmungen des genannten Übereinkommens entwickelt worden sind.

2. (1) Die Vertragsparteien kommen überein, ein System für den Austausch von Informationen über die in Anwendung dieses Übereinkommens ergangenen Entscheidungen sowie über die in Anwendung des Brüsseler Übereinkommens ergangenen massgeblichen Entscheidungen einzurichten. Dieses System umfasst
– die von den zuständigen Behörden vorzunehmende Übermittlung der Entscheidungen letztinstanzlicher Gerichte und des Gerichtshofs der Europäischen Gemeinschaften sowie anderer besonders wichtiger, rechtskräftig gewordener Entscheidungen, die in Anwendung dieses Übereinkommens oder des Brüsseler Übereinkommens ergangen sind, an eine Zentralstelle;
– die Klassifizierung dieser Entscheidungen durch die Zentralstelle, erforderlichenfalls einschliesslich der Erstellung und Veröffentlichung von Übersetzungen und Zusammenfassungen;

– die von der Zentralstelle vorzunehmende Übermittlung der einschlägigen Dokumente an die zuständigen nationalen Behörden aller Unterzeichnerstaaten dieses Übereinkommens und aller beitretenden Staaten sowie an die Kommission der Europäischen Gemeinschaften.

(2) Zentralstelle ist der Kanzler des Gerichtshofs der Europäischen Gemeinschaften.

3. (1) Es wird ein Ständiger Ausschuss für die Zwecke dieses Protokolls eingesetzt.

(2) Der Ausschuss besteht aus Vertretern, die von jedem Unterzeichnerstaat und jedem beitretenden Staat bestellt werden.

(3) Die Europäischen Gemeinschaften (Kommission, Gerichtshof und Generalsekretariat des Rates) und die Europäische Freihandelsassoziation können an den Sitzungen als Beobachter teilnehmen.

4. (1) Auf Antrag einer Vertragspartei beruft der Depositarstaat dieses Übereinkommens Sitzungen des Ausschusses zu einem Meinungsaustausch über die Wirkungsweise des Übereinkommens ein, und zwar insbesondere über
– die Entwicklung der auf Grund von Artikel 2 Absatz 1 mitgeteilten Rechtsprechung und
– die Anwendung von Artikel 57 dieses Übereinkommens.

(2) Der Ausschuss kann im Lichte dieses Meinungsaustausches auch prüfen, ob eine Revision dieses Übereinkommens in Einzelpunkten angebracht ist, und entsprechende Empfehlungen abgeben.

Protokoll Nr. 3
über die Anwendung von Artikel 57

Die hohen Vertragsparteien

sind wie folgt übereingekommen:

1. Für die Zwecke dieses Übereinkommens werden die Bestimmungen, die für besondere Rechtsgebiete die gerichtliche Zuständigkeit, die Anerkennung oder die Vollstreckung von Entscheidungen regeln und in Rechtsakten der Organe der Europäischen Gemeinschaften enthalten sind oder künftig darin enthalten sein werden, ebenso behandelt wie die in Artikel 57 Absatz 1 bezeichneten Übereinkommen.

2. Ist ein Vertragsstaat der Auffassung, dass eine Bestimmung eines Rechtsaktes der Organe der Europäischen Gemeinschaften mit dem Übereinkommen nicht vereinbar ist, so fassen die Vertragsstaaten unbeschadet der Anwendung des in Protokoll Nr. 2 vorgesehenen Verfahrens unverzüglich eine Änderung entsprechend Artikel 66 ins Auge.

III. Erklärungen von EG- und EFTA-Staaten

Erklärung der Vertreter der Regierungen der Unterzeichnerstaaten des Luganer Übereinkommens, die Mitglieder der Europäischen Gemeinschaften sind, zum Protokoll Nr. 3 über die Anwendung von Artikel 57 des Übereinkommens

Bei der Unterzeichnung des am 16. September 1988 in Lugano geschlossenen Übereinkommens über die gerichtliche Zuständigkeit und die Vollstreckung gerichtlicher Entscheidungen in Zivil- und Handelssachen

erklären die Vertreter der Regierungen der Mitgliedstaaten der Europäischen Gemeinschaften,

in Anbetracht der gegenüber den Mitgliedstaaten der Europäischen Freihandelsassoziation eingegangenen Verpflichtungen,

in dem Bestreben, die Einheit des mit dem Übereinkommen geschaffenen Rechtssystems nicht zu beeinträchtigen,

dass sie alles in ihrer Macht Stehende tun werden, um sicherzustellen, dass bei der Ausarbeitung gemeinschaftlicher Rechtsakte im Sinne der Nummer 1 des Protokolls Nr. 3 über die Anwendung von Artikel 57 die in dem Übereinkommen niedergelegten Vorschriften über die gerichtliche Zuständigkeit sowie die Anerkennung und Vollstreckung von Entscheidungen beachtet werden.

Erklärung der Vertreter der Regierungen der Unterzeichnerstaaten des Luganer Übereinkommens, die Mitglieder der Europäischen Gemeinschaften sind

Bei der Unterzeichnung des am 16. September 1988 in Lugano geschlossenen Übereinkommens über gerichtliche Zuständigkeit und die Vollstreckung gerichtlicher Entscheidungen in Zivil- und Handelssachen

erklären die Vertreter der Regierungen der Mitgliedstaaten der Europäischen Gemeinschaften,

dass sie es für angezeigt halten, dass der Gerichtshof der Europäischen Gemeinschaften bei der Auslegung des Brüsseler Übereinkommens den Grundsätzen gebührend Rechnung trägt, die sich aus der Rechtsprechung zum Luganer Übereinkommen ergeben.

Erklärung der Vertreter der Regierungen der Unterzeichnerstaaten des Luganer Übereinkommens, die Mitglieder der Europäischen Freihandelsassoziation sind

Bei der Unterzeichnung des am 16. September 1988 in Lugano geschlossenen Übereinkommens über die gerichtliche Zuständigkeit und die Vollstreckung gerichtlicher Entscheidungen in Zivil- und Handelssachen *erklären die Vertreter der Regierungen der Mitgliedstaaten der Europäischen Freihandelsassoziation,*

dass sie es für angezeigt halten, dass ihre Gerichte bei der Auslegung des Luganer Übereinkommens den Grundsätzen gebührend Rechnung tragen, die sich aus der Rechtsprechung des Gerichtshofes der Europäischen Gemeinschaften und der Gerichte der Mitgliedstaaten der Europäischen Gemeinschaften zu denjenigen Bestimmungen des Brüsseler Übereinkommens ergeben, die in ihrem wesentlichen Gehalt in das Luganer Übereinkommen übernommen worden sind.

IV. Vorbehalte und Erklärungen

Dänemark. Vorbehältlich eines späteren Entscheides ist das Übereinkommen nicht auf die Inseln Färöer und Grönland anwendbar.

Deutschland. Die Bundesrepublik Deutschland erklärt den in Artikel IV des Protokolls Nummer 1 zum Übereinkommen vorgesehenen Widerspruch.

Finnland. Aufgrund einer finnischen Gesetzesänderung soll der Antrag nach Artikel 32 des Übereinkommens bei dem käräjäoikeus/tingsrätt eingereicht werden.

Frankreich. Indem die Französische Republik dieses Übereinkommen und die ihm beigefügten Protokolle ratifiziert, erklärt sie gemäss Artikel Ib des Protokolls Nr. 1, dass sie sich das Recht vorbehält, in den Vertragsstaaten ergangene Entscheidungen nicht anzuerkennen und nicht zu vollstrecken, wenn die Zuständigkeit des Gerichts des Ursprungsstaates nach Artikel 16 Nummer 1 Buchstabe b ausschliesslich dadurch begründet ist, dass der Beklagte seinen Wohnsitz in dem Ursprungsstaat hat und die unbewegliche Sache in dem Hoheitsgebiet der Französischen Republik gelegen ist.

Griechenland. Die Republik Griechenland behält sich in Anwendung von Artikel Ib des Protokolls Nummer 1 zum Übereinkommen vor, in anderen Vertragsstaaten ergangene Entscheidungen nicht anzuerkennen und nicht zu vollstrecken, wenn die Zuständigkeit des Gerichts des Ursprungsstaats nach Artikel 16 Nummer 1 Buchstabe b ausschliesslich dadurch begründet ist, dass der Beklagte seinen Wohnsitz in dem Ursprungsstaat hat und die unbewegliche Sache im Hoheitsgebiet der Republik Griechenland belegen ist.

Grossbritannien s. Vereinigtes Königreich.

Island. Das Ministerium für auswärtige Angelegenheiten informiert gemäss Artikel VI des Protokolls Nummer 1 des genannten Übereinkommens, dass Artikel 77 des Gesetzes über den Zivilprozess (Gesetz 85/1936), auf den sich Artikel 3 des Übereinkommens bezieht, aufgehoben und ersetzt wurde durch Artikel 32 Absatz 4 des neuen Gesetzes über den Zivilprozess (Gesetz 91/1991).

Kapitel III des Gesetzes über Arrest und gerichtliche Verfügungen (lög um kyrrsetningu og lögbann), auf das sich Artikel 54*a* Nummer 7 des genannten Übereinkommens bezieht, wurde aufgehoben und ersetzt durch Kapitel IV des Gesetzes über Arrest und gerichtliche Verfügungen (lög um kyrrsetningu og lögbann) Nummer 31 vom 23. April 1990, in Kraft getreten am 1. Juli 1992.

Italien.[1]) Ai sensi dell'Articolo VI del protocollo allegato alla Convenzione di Lugano del 16 settembre 1988, l'Ambasciata informa che l'articolo 2 e l'articolo 4, commi 1 e 2, del Codice italiano di procedura civile (menzionati nell'articolo 3 della Convenzione [di Lugano]) sono stati abrogati dall'articolo 73 della legge del 31 maggio 1995 n. 218 sulla riforma del sistema italiano di diritto internazionale privato.

In conseguenza di ciò, l'Articolo 3 della Convenzione di Lugano dovrà menzionare, in luogo di quelli abrogati, gli articoli 3 e 4 della legge del 31 maggio 1995 n. 218, che non possono essere invocati nei confronti delle persone aventi il domicilio nel territorio di uno Stato contraente per impedire l'applicazione della Convenzione in oggetto.

---

[1]) Diese Erklärung ist nicht in der AS publiziert.

Niederlande. Das Übereinkommen gilt für das Königreich in Europa.

Nordirland s. Vereinigtes Königreich.

Österreich. Die Republik Österreich erklärt den im Artikel IV Absatz 2 des Protokolls Nummer 1 über bestimmte Zuständigkeits-, Verfahrens- und Vollstreckungsfragen vorgesehenen Widerspruch.

Nach Artikel 32 Absatz 1 ist der Antrag in Österreich an das «Landesgericht beziehungsweise das Kreisgericht» zu richten. Nach Artikel 37 Absatz 1 und Artikel 40 Absatz 1 ist ein Rechtsbehelf in Österreich bei dem «Landesgericht beziehungsweise dem Kreisgericht» einzulegen (als Eingangsgericht).

Aufgrund der Änderung des § 82 der Exekutionsordnung durch die Exekutionsordnungsnovelle 1995 (Bundesgesetz vom 8. August 1995, BGBl. Nr. 519) ist zur Vollstreckbarerklärung eines ausländischen Exekutionstitels nunmehr seit 1. Oktober 1995 das «Bezirksgericht» zuständig. Rechtsbehelfe gegen Entscheidungen sind ebenfalls bei dem «Bezirksgericht» einzulegen (als Eingangsgericht).

Polen. Polen erklärt den Vorbehalt nach Art. 1b des Protokolls Nr. 1 über bestimmte Zuständigkeits-, Verfahrens- und Vollstreckungsfragen.[1])

---

[1]) Am 1. November 1999 hat Polen beim Schweizerischen Bundesrat seine Beitrittserklärung zusammen mit Listen der zuständigen Gerichte gemäss Art. 32, gemäss Art. 37 Abs. 1 und Art. 40 und gemäss Art. 37 Abs. 2 und Art. 41 sowie Erklärungen und Vorbehalten deponiert. Diese sind nicht in der AS veröffentlicht. Das Übereinkommen ist für Polen am 1. Februar 2000 in Kraft getreten.

Portugal. Considérant les modifications introduites dans le règlement juridique de la République portugaise:
– par les articles 65 et 65-A du Code de procédure civile, relatifs à la compétence internationale des Tribunaux judiciaires;
– par la loi no 3/99 du 13 janvier 1999, relative à l'organisation, le fonctionnement et la compétence des Tribunaux judiciaires, notamment en ce qui concerne l'extinction des Tribunaux judiciaires d'arrondissement;

Sont indiquées, en conformité avec l'article VI du Protocole annexe à la Convention de Lugano du 16 septembre 1988, et aux fins de l'article 67, al. g), de la même Convention,

les alterations suivantes à cette convention:

a) L'article 3, point 13, adoptera les termes suivants:

«Au Portugal, les articles 65 et 65-A du Code de procédure civile et l'article 11 du Code de procédure de travail.»

b) L'article 32, point 14, adoptera les termes suivants:
«Au Portugal, au Tribunal d'arrondissement.»[1])

---

[1]) Diese Erklärung ist nicht in der AS veröffentlicht.

Schweden. Schweden erklärt, sich dem in Artikel IV Absatz 2 des Protokolls Nr. 1 beschriebenen Verfahren zu widersetzen, wonach Schriftstücke auch von den gerichtlichen Amtspersonen des Staates, in dem sie angefertigt worden sind, unmittelbar den gerichtlichen Amtspersonen des Staates übersendet werden können, in dessen Hoheitsgebiet sich die Person befindet, für welche das Schriftstück bestimmt ist.

Schweiz. Die Schweizerische Eidgenossenschaft behält sich das in Artikel Ia des Protokolls Nr. 1 vorgesehene Recht vor[1]), eine in einem anderen Vertragsstaat ergangene Entscheidung in der Schweiz nicht anzuerkennen oder zu vollstrecken, wenn
a) die Zuständigkeit des Gerichts, das die Entscheidung erlassen hat, sich nur auf Artikel 5 Nummer 1 des Übereinkommens stützt;
b) der Beklagte zum Zeitpunkt der Einleitung des Verfahrens seinen Wohnsitz in der Schweiz hatte; im Sinne dieses Artikels hat eine Gesellschaft oder juristische Person ihren Sitz in der Schweiz, wenn ihr statutarischer Sitz und der tatsächliche Mittelpunkt ihrer Tätigkeit in der Schweiz liegen; und
c) der Beklagte gegen die Anerkennung oder die Vollstreckung der Entscheidung in der Schweiz Einspruch erhebt, sofern er nicht auf den Schutz der in diesem Absatz vorgesehenen Erklärung verzichtet hat.

Die Schweizerische Eidgenossenschaft behält sich das in Artikel IV Absatz 2 des Protokolls Nr. 1 vorgesehene Recht vor, für die Zustellung von Schriftstücken zwischen gerichtlichen Amtspersonen von und nach der Schweiz die Einhaltung abweichender Formen zu verlangen.

---

[1]) Dieser Vorbehalt ist *seit dem 31. Dezember 1999 unwirksam* (siehe Art. Ia Ziff. 3 des Protokolls Nr. 1).

Spanien. Am 7. August 2000 / 21. September 2000 haben das Vereinigte Königreich und Spanien beim Schweizerischen Bundesrat den Text des «Arrangements convenus au sujet des autorités de Gibraltar dans le cadre des instruments de l'Union européenne et de la Communauté européenne ainsi que des traités y relatifs» deponiert.

Vereinigtes Königreich. Das Übereinkommen wird nur in bezug auf das Vereinigte Königreich Grossbritannien und Nordirland ratifiziert. Das Vereinigte Königreich behält sich das Recht vor, den Anwendungsbereich des Übereinkommens zu einem späteren Zeitpunkt auf irgendein Gebiet auszudehnen, für dessen internationale Beziehungen die Regierung des Vereinigten Königreichs verantwortlich ist, und verpflichtet sich, alle Bestimmungen des Übereinkommens getreu einzuhalten.

Recalling that in its instrument of ratification of the Convention the Government of the United Kingdom reserved the right to extend the Convention at a later date to any territory for whose international relations the Government of the United Kingdom is responsible, I hereby declare, on behalf of the Government of the United Kingdom, that the Convention shall apply to Gibraltar being such a territory.

I further declare that the following provisions of the Convention shall be implemented in Gibraltar[1]) in the manner specified below.

Article 3 – the reference with respect to the United Kingdom in the second paragraph to certain rules enabling the founding of jurisdiction shall apply mutatis mutandis to Gibraltar;

Article 30 – the reference to the United Kingdom in the second paragraph shall apply to Gibraltar also;

Article 32 – an application for enforcement of a judgment shall be submitted to the Supreme Court of Gibraltar, or in the case of a maintenance judgment to the Magistrate's Court on transmission by the Attorney General of Gibraltar;

Article 37 – under paragraph 1 of the Article an appeal against a decision authorising enforcement shall be lodged with the Supreme Court of Gibraltar, or in the case of a maintenance judgment with the Magistrates' Court on transmission by the Attorney General of Gibraltar; under paragraph 2 of the Article the judgment given on the appeal may be contested only by a single further appeal on a point of law to the Court of Appeal of Gibraltar, or in the case of a maintenance judgment to the Supreme Court of Gibraltar by way of case stated;

Article 38 – the reference to the United Kingdom in the second paragraph shall apply to Gibraltar also;

Article 40 – an applicant may appeal against the refusal of an application for enforcement to the Supreme Court of Gibraltar, or in the case of a maintenance judgment to the Magistrates' Court;

Article 41 – a judgment on an appeal provided for in Article 40 may be contested only by a single further appeal on a point of law to the Court of Appeal of Gibraltar, or in the case of a maintenance judgment to the Supreme Court of Gibraltar by way of case stated.[2)][3)]

[1)] Am 7. August 2000 / 21. September 2000 haben das Vereinigte Königreich und Spanien beim schweizerischen Bundesrat den Text des «Arrangements convenus au sujet des autorités de Gibraltar dans le cadre des instruments de l'Union européenne et de la Communauté européenne ainsi que des traités y relatifs» deponiert.

[2)] Diese Erklärung ist nicht in der AS veröffentlicht.

[3)] En application, par analogie, de l'article 61, paragraphe 4, de la Convention, la déclaration d'extension prendra effet le premier jour du troisième mois qui suit son dépôt, soit le 1er octobre 1998 (Notifikation des Eidg. Departementes für auswärtige Angelegenheiten vom 26. August 1998). Siehe auch Erklärung von Spanien.

Anhang II C

Übereinkommen über die Anerkennung von Ehescheidungen und Ehetrennungen*

Abgeschlossen in Den Haag am 1. Juni 1970

(Für die Schweiz in Kraft getreten am 17. Juli 1976; SR 0.211.212.3)

Geltungsstaaten (im Verhältnis zur Schweiz)**: Ägypten, Australien, Dänemark, Finnland, Grossbritannien, Hongkong, Italien, Luxemburg, die Niederlande, Norwegen, Portugal, Schweden, Slowakei, Tschechische Republik, Zypern.

1. Dieses Übereinkommen ist auf die Anerkennung von Ehescheidungen und Ehetrennungen in einem Vertragsstaat anzuwenden, die in einem anderen Vertragsstaat aufgrund eines gerichtlichen oder eines in diesem Staat amtlich anerkannten anderen Verfahrens erwirkt worden und dort rechtswirksam sind.

Das Übereinkommen ist auf die in der Ehescheidungs- oder Ehetrennungsentscheidung ergangenen Beschlüsse oder Verurteilungen über das Verschulden und die Nebenfolgen, insbesondere auf Verurteilungen zu Zahlungen und Anordnungen über das Sorgerecht für die Kinder, nicht anzuwenden.

2. Diese Ehescheidungen und Ehetrennungen werden vorbehaltlich der sonstigen Bestimmungen dieses Übereinkommens in jedem anderen Vertragsstaat anerkannt, wenn im Zeitpunkt der Einleitung des Verfahrens im Scheidungs- oder Trennungsstaat (im folgenden als «Ursprungsstaat» bezeichnet)
  1. der Antragsgegner seinen gewöhnlichen Aufenthalt im Ursprungsstaat hatte;
  2. der Antragsteller seinen gewöhnlichen Aufenthalt im Ursprungsstaat hatte und ausserdem eine der folgenden Voraussetzungen erfüllt war:

---

* Mit Deutschland und Österreich im Jahre 1994 neue abgestimmte Übersetzung (publiziert in der SR 0.211.213.3), welche von der Publikation in der AS 1976 S. 1546 abweicht. Der Originaltext findet sich unter der gleichen Nummer in der französischen Ausgabe der AS. – Siehe auch Botschaft des BR vom 27. August 1975 betr. Genehmigung dieses Übereinkommens (BBl 1975 II 1369). Dieses Übereinkommen ersetzt seit 1976 das Haager Abkommen von 1902 zur Regelung des Geltungsbereiches der Gesetze und der Gerichtsbarkeit auf dem Gebiete der Ehescheidung und der Trennung von Tisch und Bett, welches von der Schweiz mit Wirkung auf den 1. Juni 1929 gekündigt wurde. Die Schweiz hat, mit Wirkung auf den 1. Juni 1974, ebenfalls das Haager Abkommen von 1902 zur Regelung des Geltungsbereiches der Gesetze auf dem Gebiete der Eheschliessung gekündigt.

** Zum Anwendungsbereich des Übereinkommens beachte auch die Art. 25 ff. sowie die Abschnitte Geltungsbereich, Vorbehalte und Erklärungen, in der vorliegenden Textausgabe nicht abgedruckt, jedoch im Internet abrufbar unter www.hcch.net.

a) der gewöhnliche Aufenthalt hatte unmittelbar vor der Einleitung des Verfahrens mindestens ein Jahr gedauert, oder
b) die Ehegatten hatten dort ihren letzten gemeinsamen gewöhnlichen Aufenthalt gehabt;
3. beide Ehegatten Angehörige des Ursprungsstaats waren;
4. der Antragsteller Angehöriger des Ursprungsstaats war und ausserdem eine der folgenden Voraussetzungen erfüllt war:
   a) der Antragsteller hatte seinen gewöhnlichen Aufenthalt im Ursprungsstaat, oder
   b) der Antragsteller hatte dort ein Jahr lang ununterbrochen seinen gewöhnlichen Aufenthalt gehabt, wovon zumindest ein Teil innerhalb eines Zeitraums von zwei Jahren vor der Einleitung des Verfahrens lag, oder
5. der Antragsteller des Scheidungsverfahrens Angehöriger des Ursprungsstaats war und ausserdem die beiden folgenden Voraussetzungen erfüllt waren:
   a) der Antragsteller war im Zeitpunkt der Einleitung des Verfahrens im Ursprungsstaat anwesend, und
   b) die Ehegatten hatten ihren gemeinsamen gewöhnlichen Aufenthalt zuletzt in einem Staat, dessen Recht im Zeitpunkt der Einleitung des Verfahrens die Ehescheidung nicht vorsah.

3. Beruht im Ursprungsstaat die Zuständigkeit für Ehescheidungs- und Ehetrennungssachen auf dem Wohnsitz, so umfasst der in Artikel 2 gebrauchte Ausdruck «gewöhnlicher Aufenthalt» auch den Begriff des Wohnsitzes, wie er in diesem Staat verwendet wird.

Absatz 1 ist jedoch nicht auf den Wohnsitz der Ehefrau anzuwenden, wenn dieser von dem des Ehemannes abgeleitet ist.

4. Im Fall einer Widerklage wird die aufgrund der Klage oder Widerklage erwirkte Ehescheidung oder Ehetrennung anerkannt, wenn eine der beiden Klagen die Voraussetzungen der Artikel 2 und 3 erfüllt.

5. Ist eine den Bestimmungen dieses Übereinkommens entsprechende Ehetrennung im Ursprungsstaat in eine Ehescheidung umgewandelt worden, so darf der Anerkennung der Ehescheidung nicht mit der Begründung versagt werden, dass die in den Artikeln 2 und 3 genannten Voraussetzungen im Zeitpunkt der Einleitung des Scheidungsverfahrens nicht mehr erfüllt waren.

6. Hat der Antragsgegner am Verfahren teilgenommen, so sind die Behörden des Staates, in dem die Anerkennung einer Ehescheidung oder Ehetrennung geltend gemacht wird (Anerkennungsstaat), an die tatsächlichen Feststellungen gebunden, auf welche die Zuständigkeit gegründet worden ist.

Die Anerkennung einer Ehescheidung oder Ehetrennung darf nicht mit der Begründung versagt werden,

a) dass das innerstaatliche Recht des Anerkennungsstaats die Ehescheidung oder Ehetrennung wegen derselben Tatsachen nicht zulassen würde oder
b) dass ein anderes als das Recht angewandt worden ist, das nach den Vorschriften des internationalen Privatrechts des Anerkennungsstaats anzuwenden gewesen wäre.

Unbeschadet einer Nachprüfung, die für die Anwendung anderer Bestimmungen dieses Übereinkommens erforderlich sein könnte, dürfen die Behörden des Anerkennungsstaats die Entscheidung in der Sache selbst nicht nachprüfen.

7. Jeder Vertragsstaat kann die Anerkennung einer Ehescheidung versagen, wenn beide Ehegatten im Zeitpunkt der Entscheidung ausschliesslich Angehörige von Staaten waren, deren Recht die Ehescheidung nicht vorsah.

8. Wurden unter Würdigung aller Umstände keine angemessenen Vorkehrungen getroffen, um den Antragsgegner von dem Ehescheidungs- oder Ehetrennungsverfahren in Kenntnis zu setzen, oder wurde dem Antragsgegner keine ausreichende Gelegenheit gegeben, seine Rechte geltend zu machen, so kann die Anerkennung der Ehescheidung oder Ehetrennung versagt werden.

9. Jeder Vertragsstaat kann die Anerkennung einer Ehescheidung oder Ehetrennung versagen, wenn sie mit einer früheren Entscheidung über den ehelichen Stand der Ehegatten unvereinbar ist, die im Anerkennungsstaat ergangen ist oder die in diesem Staat anerkannt worden ist oder die Voraussetzungen für die Anerkennung erfüllt.

10. Jeder Vertragsstaat kann die Anerkennung einer Ehescheidung oder Ehetrennung versagen, wenn eine solche Anerkennung mit seiner öffentlichen Ordnung offensichtlich unvereinbar ist.

11. Ein Staat, der nach diesem Übereinkommen verpflichtet ist, eine Ehescheidung anzuerkennen, darf keinem der Ehegatten eine neue Eheschliessung mit der Begründung verweigern, dass das Recht eines anderen Staates diese Ehescheidung nicht anerkennt.

12. Das in diesem Vertragsstaat anhängige Ehescheidungs- oder Ehetrennungsverfahren kann ausgesetzt werden, wenn der eheliche Stand eines Ehegatten Gegenstand eines Verfahrens in einem anderen Vertragsstaat ist.

13. Bei Ehescheidungen oder Ehetrennungen, die in Vertragsstaaten erwirkt worden sind oder deren Anerkennung in Vertragsstaaten geltend gemacht wird, in denen für Ehescheidungs- und Ehetrennungssachen zwei oder mehr Rechtssysteme bestehen, die in verschiedenen Gebietseinheiten gelten, ist

1. eine Verweisung auf das Recht des Ursprungsstaates als Verweisung auf das Recht der Gebietseinheit zu verstehen, in der die Ehescheidung oder Ehetrennung erwirkt worden ist;
2. eine Verweisung auf das Recht des Anerkennungsstaats als Verweisung auf das Recht des Gerichtsorts (lex fori) zu verstehen und
3. eine Verweisung auf den Wohnort oder den Aufenthalt im Ursprungsstaat als Verweisung auf den Wohnsitz oder den Aufenthalt in der Gebietseinheit zu verstehen, in der die Ehescheidung oder Ehetrennung erwirkt worden ist.

14. Bestehen im Ursprungsstaat für Ehescheidungen oder Ehetrennungen zwei oder mehr Rechtssysteme, die in verschiedenen Gebietseinheiten gelten, so gilt für die Anwendung der Artikel 2 und 3 folgendes:
1. Artikel 2 Nummer[1]) 3 ist ohne Rücksicht auf den gewöhnlichen Aufenthalt der Ehegatten anzuwenden, wenn beide Ehegatten Angehörige des Staates waren, in dessen Gebietseinheit die Ehescheidung oder Ehetrennung erwirkt worden ist;
2. Artikel 2 Nummern[1]) 4 und 5 ist anzuwenden, wenn der Antragsteller Angehöriger des Staates war, in dessen Gebietseinheit die Ehescheidung oder Ehetrennung erwirkt worden ist.

---

[1]) Für die Republik Österreich: «Zahl».

15. Bestehen in einem Vertragsstaat für Ehescheidungen oder Ehetrennungen zwei oder mehr Rechtssysteme, die für verschiedene Personengruppen gelten, so ist eine Verweisung auf das Recht dieses Staates als Verweisung auf das Rechtssystem zu verstehen, das sich aus dem Recht dieses Staates ergibt.

16. Ist bei der Anwendung dieses Übereinkommens das Recht eines anderen Staates als des Ursprungs- oder Anerkennungsstaats in Betracht zu ziehen, unabhängig davon, ob er Vertragsstaat ist oder nicht, und bestehen in diesem Staat für Ehescheidungen und Ehetrennungen zwei oder mehr Rechtssysteme mit verschiedener räumlicher oder personeller Geltung, so ist das Rechtssystem anzuwenden, das sich aus dem Recht dieses Staates ergibt.

17. Dieses Übereinkommen hindert einen Vertragsstaat nicht, auf die Anerkennung im Ausland erwirkter Ehescheidungen und Ehetrennungen günstigere Rechtsnormen anzuwenden.

18. Dieses Übereinkommen steht der Anwendung anderer Übereinkünfte nicht entgegen, denen ein oder mehrere Vertragsstaaten als Vertragsparteien angehören oder angehören werden und die Bestimmungen über die durch dieses Übereinkommen geregelten Angelegenheiten enthalten.

Die Vertragsstaaten werden jedoch dafür sorgen, dass auf diesem Rechtsgebiet keine mit den Regelungen dieses Übereinkommens unvereinbaren weiteren Übereinkünfte geschlossen werden, es sei denn aus besonderen Gründen, die auf regionalen oder anderen Bindungen beruhen; ungeachtet der Bestimmungen solcher Übereinkünfte verpflichten sich die Vertragsstaaten, nach diesem Übereinkommen Ehescheidungen und Ehetrennungen anzuerkennen, die in solchen Übereinkünften nicht angehörenden Vertragsstaaten erwirkt worden sind.

19. Jeder Vertragsstaat kann sich spätestens bei der Ratifikation oder dem Beitritt das Recht vorbehalten,
1. die Anerkennung einer Ehescheidung oder Ehetrennung zu versagen, wenn beide Ehegatten im Zeitpunkt der Scheidung oder Trennung ausschliesslich seine Angehörigen waren und ein anderes als das von seinem internationalen Privatrecht bestimmte Recht angewandt worden ist, es sei denn, die Anwendung des anderen Rechts hätte zum selben Ergebnis geführt, wie wenn das nach seinem internationalen Privatrecht massgebliche Recht angewandt worden wäre;
2. die Anerkennung einer Ehescheidung zu versagen, wenn beide Ehegatten in dem Zeitpunkt, in dem sie erwirkt worden ist, ihren gewöhnlichen Aufenthalt in Staaten hatten, welche die Scheidung nicht vorsahen. Ein Staat, der diesen Vorbehalt anbringt, darf die Anerkennung nicht nach Artikel 7 versagen.

20. Jeder Vertragsstaat, dessen Recht die Ehescheidung nicht vorsieht, kann sich spätestens bei der Ratifikation oder dem Beitritt das Recht vorbehalten, eine Ehescheidung nicht anzuerkennen, wenn einer der Ehegatten in dem Zeitpunkt, in dem sie erwirkt worden ist, Angehöriger eines Staates war, dessen Recht die Ehescheidung nicht vorsah.

Dieser Vorbehalt bleibt nur so lange wirksam, wie das Recht des Staates, der ihn angebracht hat, die Ehescheidung nicht vorsieht.

21. Jeder Vertragsstaat, dessen Recht die Ehetrennung nicht vorsieht, kann sich spätestens bei der Ratifikation oder dem Beitritt das Recht vorbehalten, die Anerkennung einer solchen Ehetrennung zu versagen, wenn einer der Ehegatten in dem Zeitpunkt, in dem sie erwirkt worden ist, Angehöriger eines Vertragsstaats war, dessen Recht die Ehetrennung nicht vorsah.

22. Jeder Vertragsstaat kann jederzeit erklären, dass bestimmte Gruppen von Personen, die seine Staatsangehörigkeit besitzen, bei der Anwendung dieses Übereinkommens nicht als seine Angehörigen angesehen werden müssen.

23. Jeder Vertragsstaat, in dem für Ehescheidungen und Ehetrennungen zwei oder mehr Rechtssysteme bestehen, kann bei der Unterzeichnung, der Ratifikation oder dem Beitritt erklären, dass sich dieses Übereinkommen auf alle seine Rechtssysteme oder nur auf eines oder mehrere von ihnen erstrecken soll, und kann seine Erklärung jederzeit durch eine neue Erklärung ändern.

Die Erklärungen sind dem Ministerium für Auswärtige Angelegenheiten der Niederlande zu notifizieren und haben ausdrücklich anzugeben, auf welche Rechtssysteme das Übereinkommen sich erstreckt.

Jeder Vertragsstaat kann die Anerkennung einer Ehescheidung oder Ehetrennung versagen, wenn in dem Zeitpunkt, in dem die Anerkennung geltend gemacht wird, das Übereinkommen auf das Rechtssystem nicht anzuwenden ist, aufgrund dessen die Scheidung oder Trennung erwirkt worden ist.

24. Dieses Übereinkommen ist unabhängig vom Zeitpunkt anzuwenden, in dem die Ehescheidung oder Ehetrennung erwirkt worden ist.

Jeder Vertragsstaat kann sich jedoch spätestens bei der Ratifikation oder beim Beitritt das Recht vorbehalten, dieses Übereinkommen auf eine Ehescheidung oder Ehetrennung nicht anzuwenden, die vor dem Inkrafttreten des Übereinkommens für diesen Staat erwirkt worden ist.[1]

---

[1] Einen solchen Vorbehalt hat die Schweiz bei Ratifikation des Übereinkommens angebracht.

25–31. ... (enthalten die üblichen protokollarischen Schlussbestimmungen der Haager Übereinkommen).

Geltungsbereich, Vorbehalte und Erklärungen

Im Anschluss an den Text des Übereinkommens enthält die SR je einen Abschnitt über den «Geltungsbereich des Übereinkommens» sowie die «Vorbehalte und Erklärungen» der Vertragsstaaten. Der jeweils aktuelle Stand ist im Internet abrufbar unter www.hcch.net.

Anhang II D1

Übereinkommen, Abkommen und Gegenseitigkeitserklärungen

zum

Unterhaltsrecht

Übersicht

Für die Schweiz gelten verschiedene Übereinkommen, Abkommen und Gegenseitigkeitserklärungen im Bereich des Unterhaltsrechts:

a. Übereinkommen über das auf Unterhaltspflichten anzuwendende Recht (Volltext vgl. nachfolgend Anhang II D2 zum ZGB)
b. Übereinkommen über die Anerkennung und Vollstreckung von Unterhaltsentscheidungen (Volltext vgl. nachfolgend Anhang II D3 zum ZGB)
c. Übereinkommen über die Geltendmachung von Unterhaltsansprüchen im Ausland (Volltext vgl. nachfolgend Anhang II D4 zum ZGB)
d. Abkommen zwischen dem Schweizerischen Bundesrat und der Regierung der Vereinigten Staaten von Amerika über die Durchsetzung von Unterhaltsverpflichtungen (SR 0.211.213.133.6)
e. Gegenseitigkeitserklärung zwischen der Schweizerischen Eidgenossenschaft und der Regierung der Provinz Manitoba im Bereich der Anerkennung, Vollstreckung, Schaffung und Abänderung von Unterhaltsverpflichtungen (SR 0.211.213.232.1)
f. Gegenseitigkeitserklärung zwischen der Schweizerischen Eidgenossenschaft und der Regierung der Provinz Saskatchewan im Bereich der Anerkennung, Vollstreckung, Schaffung und Abänderung von Unterhaltsverpflichtungen (SR 0.211.213.232.2)

Anhang II D2
Übereinkommen über das auf Unterhaltspflichten anzuwendende Recht*

Abgeschlossen in Den Haag am 2. Oktober 1973

(Für die Schweiz in Kraft getreten am 1. Oktober 1977; SR 0.211.213.01)

Geltungsstaaten**: Bundesrepublik Deutschland, Estland, Frankreich, Griechenland, Italien, Japan, Litauen, Luxemburg, die Niederlande, Polen, Portugal, Schweiz, Spanien, Türkei.
Unterzeichnet, aber bisher noch nicht ratifiziert wurde dieses Übereinkommen von Belgien.

Abschnitt I

Anwendungsbereich des Übereinkommens

1. Dieses Übereinkommen ist auf Unterhaltspflichten anzuwenden, die sich aus Beziehungen der Familie, Verwandtschaft, Ehe oder Schwägerschaft ergeben, einschliesslich der Unterhaltspflicht gegenüber einem nichtehelichen Kind.

2. Dieses Übereinkommen regelt das Kollisionsrecht nur auf dem Gebiet der Unterhaltspflicht.

Die in Anwendung dieses Übereinkommens ergangenen Entscheidungen greifen dem Bestehen einer der in Artikel 1 genannten Beziehungen nicht vor.

3. Das von diesem Übereinkommen bestimmte Recht ist unabhängig vom Erfordernis der Gegenseitigkeit anzuwenden, auch wenn es das Recht eines Nichtvertragsstaates ist.

---

* Botsch. des BR vom 27. August 1975 (BBl 1975 II 1395). – Siehe hiezu auch das zugehörige Haager Übereinkommen vom 2. Oktober 1973 über Anerkennung und Vollstreckung von Unterhaltsentscheidungen (Anhang II D3 zum ZGB). – Siehe ferner Haager Übereinkommen vom 24. Oktober 1956 für das auf Unterhaltspflichten gegenüber Kindern anzuwendende Recht (SR 0.211.221.431); für das gegenseitige Verhältnis dieser beiden Rechtsanwendungs-Übereinkommen siehe Art. 18 (und Botsch. des BR in BBl 1975 II 1414).

** Zum Anwendungsbereich des Übereinkommens beachte auch Art. 20 ff. sowie die Abschnitte Geltungsbereich, Vorbehalte und Erklärungen, in der vorliegenden Textausgabe nicht abgedruckt, jedoch im Internet abrufbar unter www.hcch.net.

Abschnitt II

Anzuwendendes Recht

4. Für die in Artikel 1 genannten Unterhaltspflichten ist das am gewöhnlichen Aufenthalt des Unterhaltsberechtigten geltende innerstaatliche Recht massgebend.

Wechselt der Unterhaltsberechtigte seinen gewöhnlichen Aufenthalt, so ist vom Zeitpunkt des Aufenthaltswechsels an das innerstaatliche Recht am neuen gewöhnlichen Aufenthalt anzuwenden.

5. Kann der Berechtigte nach dem in Artikel 4 vorgesehenen Recht vom Verpflichteten keinen Unterhalt erhalten, so ist das Recht des Staates, dem sie gemeinsam angehören, anzuwenden.

6. Kann der Berechtigte nach den in den Artikeln 4 und 5 vorgesehenen Rechten vom Verpflichteten keinen Unterhalt erhalten, so ist das innerstaatliche Recht der angerufenen Behörde anzuwenden.

7. Bei Unterhaltspflichten zwischen Verwandten in der Seitenlinie oder Verschwägerten kann der Verpflichtete dem Anspruch des Berechtigten entgegenhalten, dass nach dem Recht des Staates, dem sie angehören, oder, mangels einer gemeinsamen Staatsangehörigkeit, nach dem innerstaatlichen Recht am gewöhnlichen Aufenthalt des Verpflichteten eine solche Pflicht nicht besteht.

8. Abweichend von den Artikeln 4 bis 6 ist in einem Vertragsstaat, in dem eine Ehescheidung ausgesprochen oder anerkannt worden ist, für die Unterhaltspflichten zwischen den geschiedenen Ehegatten und die Änderung von Entscheidungen über diese Pflichten das auf die Ehescheidung angewandte Recht massgebend.

Der vorstehende Absatz ist auch im Fall einer Trennung ohne Auflösung des Ehebandes und im Fall einer für nichtig oder als ungültig erklärten Ehe anzuwenden.

9. Für das Recht einer öffentliche Aufgaben wahrnehmenden Einrichtung auf Erstattung der dem Unterhaltsberechtigten erbrachten Leistungen ist das Recht massgebend, dem die Einrichtung untersteht.

10. Das auf eine Unterhaltspflicht anzuwendende Recht bestimmt insbesondere,
1. ob, in welchem Ausmass und von wem der Berechtigte Unterhalt verlangen kann;
2. wer zur Einleitung des Unterhaltsverfahrens berechtigt ist und welche Fristen für die Einleitung gelten;
3. das Ausmass der Erstattungspflicht des Unterhaltsverpflichteten, wenn eine öffentliche Aufgaben wahrnehmende Einrichtung die Erstattung der dem Berechtigten erbrachten Leistungen verlangt.

11. Von der Anwendung des durch dieses Übereinkommen bestimmten Rechtes darf nur abgesehen werden, wenn sie mit der öffentlichen Ordnung offensichtlich unvereinbar ist.

Jedoch sind bei der Bemessung des Unterhaltsbeitrages die Bedürfnisse des Berechtigten und die wirtschaftlichen Verhältnisse des Unterhaltsverpflichteten zu berücksichtigen, selbst wenn das anzuwendende Recht etwas anderes bestimmt.

Abschnitt III

Verschiedene Bestimmungen

12. Dieses Übereinkommen ist nicht auf Unterhalt anzuwenden, der in einem Vertragsstaat für die vor dem Inkrafttreten des Übereinkommens in diesem Staat liegende Zeit verlangt wird.

13. Jeder Vertragsstaat kann sich gemäss Artikel 24[1]) das Recht vorbehalten, dieses Übereinkommen nur anzuwenden auf Unterhaltspflichten
1. zwischen Ehegatten und zwischen früheren Ehegatten;
2. gegenüber einer Person, die das einundzwanzigste Lebensjahr noch nicht vollendet hat und unverheiratet ist.

---

[1]) Art. 24 dieses Übereinkommens lautet:

«Jeder Staat kann spätestens bei der Ratifikation, der Annahme, der Genehmigung oder dem Beitritt einen oder mehrere der in den Artikeln 13–15 vorgesehenen Vorbehalte anbringen. Andere Vorbehalte sind nicht zulässig.

Jeder Staat kann ferner, wenn er eine Erstreckung des Übereinkommens nach Artikel 22 notifiziert, die Wirkung eines oder mehrerer dieser Vorbehalte auf alle oder einige der von der Erstreckung erfassten Gebiete beschränken.

Jeder Vertragsstaat kann einen von ihm angebrachten Vorbehalt jederzeit zurückziehen. Ein solcher Rückzug ist dem Ministerium für Auswärtige Angelegenheiten der Niederlande zu notifizieren.

Die Wirkung des Vorbehalts endet am ersten Tag des dritten Kalendermonats nach der in Absatz 3 genannten Notifikation.»

14. Jeder Vertragsstaat kann sich gemäss Artikel 24[1]) das Recht vorbehalten, dieses Übereinkommen nicht anzuwenden auf Unterhaltspflichten
1. zwischen Verwandten in der Seitenlinie;[1])
2. zwischen Verschwägerten;[1])
3. zwischen geschiedenen oder ohne Auflösung des Ehebandes getrennten Ehegatten oder zwischen Ehegatten, deren Ehe für nichtig oder als ungültig erklärt worden ist, wenn das Erkenntnis auf Scheidung, Trennung, Nichtigkeit oder Ungültigkeit der Ehe in einem Versäumnisverfahren in einem Staat ergangen ist, in dem die säumige Partei nicht ihren gewöhnlichen Aufenthalt hatte.

---

[1]) Die Schweiz hat bei der Ratifikation einen Vorbehalt gemäss Ziff. 1 und 2 angebracht (SR 292.021.11). Wortlaut des Art. 24 dieses Übereinkommens siehe bei

Art. 13/Fn. 1. Dieser Vorbehalt ist mit Wirkung auf den 1. Juni 1993 zurückgezogen worden (Art. 3 Abs. 1 des BB vom 17. Dezember 1992 betreffend den Rückzug von vier Vorbehalten in vier multilateralen Staatsverträgen, AS 1993 S. 2434, 2436).

15. Jeder Vertragsstaat kann gemäss Artikel 24 einen Vorbehalt anbringen, dass seine Behörden sein innerstaatliches Recht anwenden werden, wenn sowohl der Berechtigte als auch der Verpflichtete Staatsangehörige dieses Staates sind und der Verpflichtete dort seinen gewöhnlichen Aufenthalt hat.[1]

---
[1] Die Schweiz hat bei der Ratifikation einen solchen Vorbehalt angebracht (SR 292.021.11). Wortlaut des Art. 24 dieses Übereinkommens siehe bei Art. 13/Fn. 1.

16. Kommt das Recht eines Staates mit zwei oder mehr Rechtsordnungen mit räumlicher oder personeller Anwendung auf dem Gebiet der Unterhaltspflicht in Betracht – beispielsweise, wenn auf das Recht des gewöhnlichen Aufenthalts des Berechtigten oder des Verpflichteten oder auf das Recht des Staates, dem sie gemeinsam angehören, verwiesen wird –, so ist die Rechtsordnung anzuwenden, die durch die in diesem Staat geltenden Vorschriften bestimmt wird, oder mangels solcher Vorschriften die Rechtsordnung, zu der die Beteiligten die engsten Bindungen haben.

17. Ein Vertragsstaat, in dem verschiedene Gebietseinheiten ihre eigenen Rechtsvorschriften über die Unterhaltspflicht haben, ist nicht verpflichtet, dieses Übereinkommen auf Kollisionsfälle anzuwenden, die nur seine Gebietseinheiten betreffen.

18. Dieses Übereinkommen ersetzt in den Beziehungen zwischen den Staaten, die Vertragsparteien sind, das Haager Übereinkommen vom 24. Oktober 1956[1] über das auf Unterhaltsverpflichtungen gegenüber Kindern anzuwendende Recht.

Jedoch ist der vorstehende Absatz nicht auf Staaten anzuwenden, die durch einen Vorbehalt nach Artikel 13 die Anwendung dieses Übereinkommens auf Unterhaltspflichten gegenüber Personen ausgeschlossen haben, die das einundzwanzigste Lebensjahr noch nicht vollendet haben und unverheiratet sind.

---
[1] SR 0.211.221.431.

19. Dieses Übereinkommen berührt nicht andere internationale Übereinkünfte, deren Vertragspartei ein Vertragsstaat des Übereinkommens ist oder wird und die Bestimmungen über die durch dieses Übereinkommen geregelten Angelegenheiten enthalten.

Abschnitt IV

Schlussbestimmungen

20–27. … (enthalten die üblichen protokollarischen Schlussbestimmungen der Haager Übereinkommen).

Geltungsbereich, Vorbehalte und Erklärungen

Im Anschluss an den Text des Übereinkommens enthält die SR je einen Abschnitt über den «Geltungsbereich des Übereinkommens» sowie die «Vorbehalte und Erklärungen» der Vertragsstaaten. Der jeweils aktuelle Stand ist im Internet abrufbar unter www.hcch.net.

———

Anhang II D3

Übereinkommen über die Anerkennung und Vollstreckung von Unterhaltsentscheidungen*

Abgeschlossen in Den Haag am 2. Oktober 1973

(Für die Schweiz in Kraft getreten am 1. August 1976; SR 0.211.213.02)

Geltungsstaaten (im Verhältnis zur Schweiz)**: Australien, Bundesrepublik Deutschland, Dänemark, Estland, Finnland, Frankreich, Griechenland, Grossbritannien, Italien, Litauen, Luxemburg, die Niederlande, Norwegen, Polen, Portugal, Schweden, Slowakei, Spanien, Tschechische Republik, Türkei.

Unterzeichnet, aber bisher noch nicht ratifiziert wurde dieses Übereinkommen von Belgien.

Abschnitt I

Anwendungsbereich des Übereinkommens

1. Dieses Übereinkommen ist anzuwenden auf Entscheidungen über Unterhaltspflichten aus Beziehungen der Familie, Verwandschaft, Ehe oder Schwägerschaft, einschliesslich der Unterhaltspflicht gegenüber einem nichtehelichen Kind, die von Gerichten oder Verwaltungsbehörden eines Vertragsstaates erlassen worden sind entweder

1. zwischen einem Unterhaltsberechtigten und einem Unterhaltsverpflichteten oder
2. zwischen einem Unterhaltsverpflichteten und einer öffentliche Aufgaben wahrnehmenden Einrichtung, die die Erstattung der einem Unterhaltsberechtigten erbrachten Leistung verlangt.

Es ist auch anzuwenden auf Vergleiche auf diesem Gebiet, die vor diesen Behörden und zwischen diesen Personen geschlossen worden sind.

2. Das Übereinkommen ist auf Entscheidungen und Vergleiche ohne Rücksicht auf ihre Bezeichnung anzuwenden.

---

* Botsch. des BR vom 27. August 1975 (BBl 1975 II 1395). – Siehe hiezu auch das zugehörige Haager Übereinkommen vom 2. Oktober 1973 über das auf Unterhaltspflichten anzuwendende Recht (Anhang II D2 zum ZGB). – Siehe ferner das Haager Übereinkommen vom 15. April 1958 betr. Vollstreckung von Entscheidungen über Unterhaltspflichten gegenüber Kindern (SR 0.211.221.432); über das gegenseitige Verhältnis dieser beiden Vollstreckungsabkommen siehe Art. 29 (und Botsch. des BR in BBl 1975 II 1414).

** Zum Anwendungsbereich des Übereinkommens beachte auch die Art. 30 ff. sowie die Abschnitte Geltungsbereich, Vorbehalte und Erklärungen, in der vorliegenden Textausgabe nicht abgedruckt, jedoch im Internet abrufbar unter www.hcch.net.

Es ist auch auf Entscheidungen oder Vergleiche anzuwenden, durch die eine frühere Entscheidung oder ein früherer Vergleich geändert worden ist, selbst wenn diese Entscheidung oder dieser Vergleich aus einem Nichtvertragsstaat stammt.

Es ist ohne Rücksicht darauf, ob der Unterhaltsanspruch international oder innerstaatlich ist, und unabhängig von der Staatsangehörigkeit oder dem gewöhnlichen Aufenthalt der Parteien anzuwenden.

3. Betrifft die Entscheidung oder der Vergleich nicht nur die Unterhaltspflicht, so bleibt die Wirkung des Übereinkommens auf die Unterhaltspflicht beschränkt.

Abschnitt II

Voraussetzungen der Anerkennung und Vollstreckung von Entscheidungen

4. Die in einem Vertragsstaat ergangene Entscheidung ist in einem anderen Vertragsstaat anzuerkennen oder für vollstreckbar zu erklären / zu vollstrecken,
  1. wenn sie von einer Behörde erlassen worden ist, die nach Artikel 7 oder 8 als zuständig anzusehen ist, und
  2. wenn gegen sie im Ursprungsstaat kein ordentliches Rechtsmittel mehr zulässig ist.

Vorläufig vollstreckbare Entscheidungen und einstweilige Massnahmen sind, obwohl gegen sie ein ordentliches Rechtsmittel zulässig ist, im Vollstreckungsstaat anzuerkennen oder für vollstreckbar zu erklären / zu vollstrecken, wenn dort gleichartige Entscheidungen erlassen und vollstreckt werden können.

5. Die Anerkennung oder Vollstreckung der Entscheidung darf jedoch versagt werden,
  1. wenn die Anerkennung oder Vollstreckung mit der öffentlichen Ordnung des Vollstreckungsstaates offensichtlich unvereinbar ist; oder
  2. wenn die Entscheidung das Ergebnis betrügerischer Machenschaften im Verfahren ist; oder
  3. wenn ein denselben Gegenstand betreffendes Verfahren zwischen denselben Parteien vor einer Behörde des Vollstreckungsstaates anhängig und als erstes eingeleitet worden ist; oder
  4. wenn die Entscheidung unvereinbar ist mit einer Entscheidung, die zwischen denselben Parteien über denselben Gegenstand entweder in dem Vollstreckungsstaat oder in einem anderen Staat ergangen ist, im letztgenannten Fall jedoch nur, sofern diese Entscheidung die für die

Anerkennung und Vollstreckung im Vollstreckungsstaat erforderlichen Voraussetzungen erfüllt.

6. Eine Versäumnisentscheidung wird nur anerkannt oder für vollstreckbar erklärt / vollstreckt, wenn das das Verfahren einleitende Schriftstück mit den wesentlichen Klagegründen der säumigen Partei nach dem Recht des Ursprungsstaates zugestellt worden ist und wenn diese Partei eine nach den Umständen ausreichende Frist zu ihrer Verteidigung hatte; Artikel 5 bleibt unberührt.

7. Eine Behörde des Ursprungsstaates ist als zuständig im Sinne des Übereinkommens anzusehen,
1. wenn der Unterhaltsverpflichtete oder der Unterhaltsberechtigte zur Zeit der Einleitung des Verfahrens seinen gewöhnlichen Aufenthalt im Ursprungsstaat hatte; oder
2. wenn der Unterhaltsverpflichtete und der Unterhaltsberechtigte zur Zeit der Einleitung des Verfahrens Staatsangehörige des Ursprungsstaates waren; oder
3. wenn sich der Beklagte der Zuständigkeit dieser Behörde entweder ausdrücklich oder dadurch unterworfen hat, dass er sich, ohne deren Unzuständigkeit geltend zu machen, auf das Verfahren in der Sache selbst eingelassen hat.

8. Die Behörden eines Vertragsstaates, die über ein Unterhaltsbegehren entschieden haben, sind als zuständig im Sinne des Übereinkommens anzusehen, wenn der Unterhalt infolge einer von einer Behörde dieses Staates ausgesprochenen Scheidung, Trennung ohne Auflösung des Ehebandes, Nichtigkeit oder Ungültigkeit der Ehe geschuldet und wenn die diesbezügliche Zuständigkeit der Behörde nach dem Recht des Vollstreckungsstaates anerkannt wird; Artikel 7 bleibt unberührt.

9. Die Behörde des Vollstreckungsstaates ist an die tatsächlichen Feststellungen gebunden, auf welche die Behörde des Ursprungsstaates ihre Zuständigkeit gestützt hat.

10. Betrifft die Entscheidung mehrere Ansprüche in einem Unterhaltsbegehren und kann die Anerkennung oder Vollstreckung nicht für alle Ansprüche bewilligt werden, so hat die Behörde des Vollstreckungsstaates das Übereinkommen auf denjenigen Teil der Entscheidung anzuwenden, der anerkannt oder für vollstreckbar erklärt / vollstreckt werden kann.

11. Ist in der Entscheidung die Unterhaltsleistung durch regelmässig wiederkehrende Zahlungen angeordnet, so ist die Vollstreckung sowohl für die bereits fälligen als auch für die künftig fällig werdenden Zahlungen zu bewilligen.[1])

---

[1]) Art. 2 Abs. 3 des BB vom 4. März 1976 betr. Genehmigung der Übereinkommen über Unterhaltspflichten (SR 292.021.12) bestimmt:
«Im Sinne von Artikel 11 des Übereinkommens ist der von den Kantonen für den Entscheid in Rechtsöffnungssachen (Art. 22 und 80 ff. SchKG) bezeichnete Richter zuständig, über ein Rechtsöffnungsbegehren zu entscheiden, das sich auf eine Entscheidung stützt, deren Vollstreckung nach dem genannten Artikel zu bewilligen ist, und der auf dieses Begehren das durch die Kantone geregelte summarische Verfahren anwendet.»
Pro memoria: Mit dem Inkrafttreten der Änderung des SchKG am 1. Januar 1997 wurde Art. 22 SchKG durch Art. 23 SchKG ersetzt (AS 1995 S. 1227).

12. Die Behörde des Vollstreckungsstaates darf die Entscheidung in der Sache selbst nicht nachprüfen, sofern das Übereinkommen nicht etwas anderes bestimmt.

Abschnitt III

Verfahren der Anerkennung und Vollstreckung von Entscheidungen

13. Das Verfahren der Anerkennung oder Vollstreckung der Entscheidung richtet sich nach dem Recht des Vollstreckungsstaates, sofern das Übereinkommen nicht etwas anderes bestimmt.

14. Es kann auch die teilweise Anerkennung oder Vollstreckung einer Entscheidung beantragt werden.

15. Der Unterhaltsberechtigte, der im Ursprungsstaat ganz oder teilweise Verfahrenshilfe oder Befreiung von Verfahrenskosten genossen hat, geniesst in jedem Anerkennungs- oder Vollstreckungsverfahren die günstigste Verfahrenshilfe oder die weitestgehende Befreiung, die im Recht des Vollstreckungsstaates vorgesehen ist.

16. In den durch das Übereinkommen erfassten Verfahren braucht für die Zahlung der Verfahrenskosten keine Sicherheit oder Hinterlegung, unter welcher Bezeichnung auch immer, geleistet zu werden.

17. Die Partei, die die Anerkennung einer Entscheidung geltend macht oder ihre Vollstreckung beantragt, hat folgende Unterlagen beizubringen:
1. eine vollständige, mit der Urschrift übereinstimmende Ausfertigung der Entscheidung;
2. die Urkunden, aus denen sich ergibt, dass gegen die Entscheidung im Ursprungsstaat kein ordentliches Rechtsmittel mehr zulässig ist und, gegebenenfalls, dass die Entscheidung dort vollstreckbar ist;

3. wenn es sich um eine Versäumnisentscheidung handelt, die Urschrift oder eine beglaubigte Abschrift der Urkunde, aus der sich ergibt, dass das das Verfahren einleitende Schriftstück mit den wesentlichen Gründen des Begehrens der säumigen Partei nach dem Recht des Ursprungsstaates ordnungsgemäss zugestellt worden ist;
4. gegebenenfalls jedes Schriftstück, aus dem sich ergibt, dass die Partei im Ursprungsstaat Verfahrenshilfe oder Befreiung von Verfahrenskosten erhalten hat;
5. eine beglaubigte Übersetzung der genannten Urkunden, wenn die Behörde des Vollstreckungsstaates nicht darauf verzichtet.

Werden die genannten Urkunden nicht vorgelegt oder ermöglicht es der Inhalt der Entscheidung der Behörde des Vollstreckungsstaates nicht, nachzuprüfen, ob die Voraussetzungen dieses Übereinkommens erfüllt sind, so setzt sie eine Frist für die Vorlegung aller erforderlichen Urkunden.

Eine weitere Beglaubigung oder ähnliche Förmlichkeit darf nicht verlangt werden.

Abschnitt IV

Ergänzende Vorschriften über öffentliche Aufgaben wahrnehmende Einrichtungen

18. Ist die Entscheidung gegen den Unterhaltsverpflichteten auf Antrag einer öffentliche Aufgaben wahrnehmenden Einrichtung ergangen, welche die Erstattung der einem Unterhaltsberechtigten erbrachten Leistungen verlangt, so ist diese Entscheidung nach dem Übereinkommen anzuerkennen und für vollstreckbar zu erklären / zu vollstrecken,
1. wenn die Einrichtung nach dem Recht, dem sie untersteht, die Erstattung verlangen kann;
2. wenn das nach dem internationalen Privatrecht des Vollstreckungsstaates anzuwendende innerstaatliche Recht eine Unterhaltspflicht zwischen dem Unterhaltsberechtigten und dem Unterhaltsverpflichteten vorsieht.

19. Eine öffentliche Aufgaben wahrnehmende Einrichtung darf, soweit sie dem Unterhaltsberechtigten Leistungen erbracht hat, die Anerkennung oder Vollstreckung einer zwischen dem Unterhaltsberechtigten und dem Unterhaltsverpflichteten ergangenen Entscheidung verlangen, wenn sie nach dem Recht, dem sie untersteht, kraft Gesetzes berechtigt ist, an Stelle des Unterhaltsberechtigten die Anerkennung der Entscheidung geltend zu machen oder ihre Vollstreckung zu beantragen.

20. Die öffentliche Aufgaben wahrnehmende Einrichtung, welche die Anerkennung geltend macht oder die Vollstreckung beantragt, hat die Urkunden vorzulegen, aus denen sich ergibt, dass sie die in Artikel 18 Ziffer 1 oder Artikel 19 genannten Voraussetzungen erfüllt und dass die Leistungen dem Unterhaltsberechtigten erbracht worden sind; Artikel 17 bleibt unberührt.

Abschnitt V

Vergleiche

21. Die im Ursprungsstaat vollstreckbaren Vergleiche sind unter denselben Voraussetzungen wie Entscheidungen anzuerkennen und für vollstreckbar zu erklären / zu vollstrecken, soweit diese Voraussetzungen auf sie anwendbar sind.

Abschnitt VI

Verschiedene Bestimmungen

22. Bestehen nach dem Recht eines Vertragsstaates Beschränkungen für die Überweisung von Geldbeträgen, so hat dieser Vertragsstaat der Überweisung von Geldbeträgen, die zur Erfüllung von Unterhaltsansprüchen oder zur Deckung von Kosten für Verfahren nach diesem Übereinkommen bestimmt sind, den grösstmöglichen Vorrang zu gewähren.

23. Dieses Übereinkommen schliesst nicht aus, dass eine andere internationale Übereinkunft zwischen dem Ursprungsstaat und dem Vollstreckungsstaat oder das nichtvertragliche Recht des Vollstreckungsstaates angewendet wird, um die Anerkennung oder Vollstreckung einer Entscheidung oder eines Vergleiches zu erwirken.

24. Dieses Übereinkommen ist unabhängig von dem Zeitpunkt anzuwenden, in dem die Entscheidung ergangen ist.

Ist die Entscheidung ergangen, bevor dieses Übereinkommen zwischen dem Ursprungsstaat und dem Vollstreckungsstaat in Kraft getreten ist, so ist sie im letztgenannten Staat nur hinsichtlich der nach diesem Inkrafttreten fällig werdenden Zahlungen für vollstreckbar zu erklären / zu vollstrecken.

25. Jeder Vertragsstaat kann jederzeit erklären, dass er in seinen Beziehungen zu den Staaten, die dieselbe Erklärung abgegeben haben, alle vor einer Behörde oder einer Urkundsperson errichteten öffentlichen Urkunden, die im Ursprungsstaat aufgenommen und vollstreckbar sind, in das Übereinkommen einbezieht, soweit sich dessen Bestimmungen auf solche Urkunden anwenden lassen.

26. Jeder Vertragsstaat kann sich nach Artikel 34[1]) das Recht vorbehalten, weder anzuerkennen noch für vollstreckbar zu erklären / zu vollstrecken:

1. Entscheidungen und Vergleiche über Unterhaltsleistungen, die ein Unterhaltsverpflichteter, der nicht der Ehegatte oder der frühere Ehegatte des Unterhaltsberechtigten ist, für die Zeit nach der Eheschliessung oder nach dem vollendeten einundzwanzigsten Lebensjahr des Unterhaltsberechtigten schuldet;
2. Entscheidungen und Vergleiche in Unterhaltssachen
   a. zwischen Verwandten in der Seitenlinie;[2])
   b. zwischen Verschwägerten:[2])
3. Entscheidungen und Vergleiche, die die Unterhaltsleistung nicht durch regelmässig wiederkehrende Zahlungen vorsehen.

Ein Vertragsstaat, der einen Vorbehalt angebracht hat, kann nicht verlangen, dass das Übereinkommen auf Entscheidungen und Vergleiche angewendet wird, die er durch seinen Vorbehalt ausgeschlossen hat.

[1]) Art. 34 dieses Abkommens lautet:
«Jeder Staat kann spätestens bei der Ratifikation, der Annahme, der Genehmigung oder dem Beitritt einen oder mehrere der in Artikel 26 vorgesehenen Vorbehalte anbringen. Andere Vorbehalte sind nicht zulässig.

Jeder Staat kann ferner, wenn er eine Erstreckung des Übereinkommens nach Artikel 32 notifiziert, die Wirkung eines oder mehrerer dieser Vorbehalte auf alle oder einige der von der Erstreckung erfassten Hoheitsgebiete beschränken.

Jeder Vertragsstaat kann einen von ihm angebrachten Vorbehalt jederzeit zurückziehen. Ein solcher Rückzug ist dem Ministerium für Auswärtige Angelegenheiten der Niederlande zu notifizieren.

Die Wirkung des Vorbehalts endet am ersten Tag des dritten Kalendermonats nach der in Absatz 3 genannten Notifikation.»
[2]) Die Schweiz hat bei der Ratifikation den Vorbehalt gemäss Ziff. 2 Buchstabe a und b angebracht (SR 292.021.12). Dieser Vorbehalt ist mit Wirkung auf den 1. Juni 1993 zurückgezogen worden (Art. 3 Abs. 2 des BB vom 17. Dezember 1992 betreffend den Rückzug von vier Vorbehalten in vier multilateralen Staatsverträgen [AS 1993 S. 2434, 2437]).

27. Sieht das Recht eines Vertragsstaates in Unterhaltssachen zwei oder mehr Rechtsordnungen vor, die für verschiedene Personenkreise gelten, so ist eine Verweisung auf das Recht dieses Staates als Verweisung auf die Rechtsordnung zu verstehen, die nach dem Recht dieses Staates für einen bestimmten Personenkreis gilt.

28. Besteht ein Vertragsstaat aus zwei oder mehr Gebietseinheiten, in denen verschiedene Rechtsordnungen für die Anerkennung und Vollstreckung von Unterhaltsentscheidungen gelten, so ist
1. eine Verweisung auf das Recht, das Verfahren oder die Behörde des Ursprungsstaates als Verweisung auf das Recht, das Verfahren oder die Behörde der Gebietseinheit zu verstehen, in der die Entscheidung ergangen ist;
2. eine Verweisung auf das Recht, das Verfahren oder die Behörde des Vollstreckungsstaates als Verweisung auf das Recht, das Verfahren oder die Behörde der Gebietseinheit zu verstehen, in der die Anerkennung oder Vollstreckung beantragt wird;

3. eine Verweisung nach den Ziffern 1 und 2 auf das Recht oder das Verfahren des Ursprungsstaates oder des Vollstreckungsstaates in dem Sinne zu verstehen, dass auch auf die einschlägigen Rechtsvorschriften und -grundsätze des Vertragsstaates, die für dessen Gebietseinheiten gelten, verwiesen ist;
4. eine Verweisung auf den gewöhnlichen Aufenthalt des Unterhaltsberechtigten oder des Unterhaltsverpflichteten im Ursprungsstaat als Verweisung auf den gewöhnlichen Aufenthalt in der Gebietseinheit zu verstehen, in der die Entscheidung ergangen ist.

Jeder Vertragsstaat kann jederzeit erklären, dass er eine oder mehrere dieser Vorschriften auf eine oder mehrere Bestimmungen dieses Übereinkommens nicht anwenden wird.

29. Dieses Übereinkommen ersetzt in den Beziehungen zwischen den Staaten, die Vertragsparteien sind, das Haager Übereinkommen vom 15. April 1958[1]) über die Anerkennung und Vollstreckung von Entscheidungen auf dem Gebiet der Unterhaltspflicht gegenüber Kindern.

---

[1]) SR 0.211.221.432.

Abschnitt VII

Schlussbestimmungen

30–37. ... (enthalten die üblichen protokollarischen Schlussbestimmungen der Haager Übereinkommen).

Geltungsbereich, Vorbehalte und Erklärungen

Im Anschluss an den Text des Übereinkommens enthält die SR je einen Abschnitt über den «Geltungsbereich des Übereinkommens» sowie die «Vorbehalte und Erklärungen» der Vertragsstaaten. Der jeweils aktuelle Stand ist im Internet abrufbar unter www.hcch.net.

Anhang II D4

Übereinkommen über die Geltendmachung von Unterhaltsansprüchen im Ausland *

Abgeschlossen in New York am 20. Juni 1956

(Für die Schweiz in Kraft getreten am 4. November 1977; SR 0.274.15)

*Geltungsstaaten**: Algerien, Argentinien, Australien, Barbados, Belarus, Belgien, Bosnien-Herzegowina, Brasilien, Bundesrepublik Deutschland, Burkina Faso, Chile, China (Taiwan), Dänemark, Ecuador, Estland, Finnland, Frankreich, Griechenland, Grossbritannien und Nordirland, Guatemala, Haiti, Irland, Israel, Italien, Kapverden, Kasachstan, Kirgisistan, Kolumbien, Kroatien, Liberia, Luxemburg, Marokko, Mazedonien, Mexico, Monaco, Neuseeland, die Niederlande, Niger, Norwegen, Österreich, Pakistan, die Philippinen, Polen, Portugal, Rumänien, Schweden, Schweiz, Serbien und Montenegro, Seychellen, Slowakei, Slowenien, Spanien, Sri Lanka, Surinam, Tschechische Republik, Tunesien, Türkei, Ungarn, Uruguay, Vatikanstadt, Zentralafrikanische Republik, Zypern.*

1. *Gegenstand des Übereinkommens.*

1. Dieses Übereinkommen hat den Zweck, einer Person – nachfolgend als Gläubiger bezeichnet –, die sich im Gebiet eines Vertragsstaates befindet, die Geltendmachung von Unterhaltsansprüchen zu erleichtern, die sie gegen eine andere Person – nachfolgend als Schuldner bezeichnet – zu besitzen behauptet, der der Gerichtsbarkeit eines anderen Vertragsstaates untersteht. Dieser Zweck wird mit Hilfe von Stellen verwirklicht, die im folgenden als Übermittlungs- und Empfangsstellen bezeichnet werden.

2. Die in diesem Übereinkommen vorgesehenen Rechtswege ergänzen alle anderen nach innerstaatlichem oder internationalem Recht bestehenden Rechtswege, ersetzen diese aber nicht.

2. *Bestimmung der Stellen.*

1. Jeder Vertragsstaat bezeichnet in dem Zeitpunkt, an dem er seine Ratifikations- oder Beitrittsurkunde hinterlegt, eine oder mehrere Gerichts- oder Verwaltungsbehörden, die in seinem Gebiet als Übermittlungsstellen[1]) tätig werden.

---

* Siehe Botsch. des BR vom 9. April 1975 (BBl 1975 I 1566).
** Zum Anwendungsbereich des Übereinkommens beachte auch die Art. 12 ff. sowie die Abschnitte Geltungsbereich, Vorbehalte und Erklärungen, in der vorliegenden Textausgabe nicht abgedruckt, jedoch abrufbar im Internet unter http://untreaty.un.org/.

2. Jeder Vertragsstaat bezeichnet in dem Zeitpunkt, an dem er seine Ratifikations- oder Beitrittsurkunde hinterlegt, eine öffentliche oder private Stelle, die in seinem Gebiet als Empfangsstelle[1]) tätig wird.

3. Jeder Vertragsstaat unterrichtet den Generalsekretär der Vereinten Nationen unverzüglich über die Bezeichnungen, die er nach den Absätzen 1 und 2 getroffen hat, und über die Änderungen, die nachträglich in dieser Hinsicht eintreten.

4. Die Übermittlungs- und Empfangsstellen dürfen mit den Übermittlungs- und Empfangsstellen der anderen vertragsschliessenden Teile unmittelbar verkehren.

---

[1]) Für die Schweiz: Polizeiabteilung des Eidgenössischen Justiz- und Polizeidepartementes.

3. *Einreichung von Gesuchen bei der Übermittlungsstelle.*

1. Befindet sich ein Gläubiger im Gebiet eines Vertragsstaates, nachfolgend als Staat des Gläubigers bezeichnet, und untersteht der Schuldner der Gerichtsbarkeit eines anderen Vertragsstaates, nachfolgend als Staat des Schuldners bezeichnet, so kann der Gläubiger bei einer Übermittlungsstelle des Staates, in dem er sich befindet, ein Gesuch einreichen, mit dem er einen Unterhaltsanspruch gegen den Schuldner geltend macht.

2. Jeder Vertragsstaat teilt dem Generalsekretär mit, welche Beweise nach dem Recht des Staates der Empfangsstelle für den Nachweis von Unterhaltsansprüchen in der Regel erforderlich sind, wie diese Beweise beigebracht und welche anderen Erfordernisse nach diesem Recht erfüllt werden müssen.

3. Dem Gesuch sind alle erheblichen Urkunden beizufügen einschliesslich einer etwa erforderlichen Vollmacht, welche die Empfangsstelle ermächtigt, in Vertretung des Gläubigers tätig zu werden oder eine andere Person hiefür zu bestellen. Ferner ist ein Lichtbild des Gläubigers und, falls verfügbar, ein Lichtbild des Schuldners beizufügen.

4. Die Übermittlungsstelle unternimmt alle geeigneten Schritte, um sicherzustellen, dass die Erfordernisse des in dem Staat der Empfangsstelle geltenden Rechts erfüllt werden; das Gesuch muss unter Berücksichtigung dieses Rechts mindestens folgendes enthalten:

a) den Namen und die Vornamen, die Adresse, das Geburtsdatum, die Staatsangehörigkeit und den Beruf (oder die Beschäftigung) des Gläubigers sowie gegebenenfalls den Namen und die Adresse seines gesetzlichen Vertreters;

b) den Namen und die Vornamen des Schuldners; ferner, soweit der Gläubiger hiervon Kenntnis hat, die verschiedenen Adressen des Schuldners in den letzten fünf Jahren, sein Geburtsdatum, seine Staatsangehörigkeit und seinen Beruf;

c) nähere Angaben über die Gründe, auf die der Anspruch gestützt wird, und über Art und Höhe des geforderten Unterhalts sowie Angaben, namentlich über die finanziellen und familiären Verhältnisse des Gläubigers und Schuldners.

4. *Übermittlung der Unterlagen.*

1. Die Übermittlungsstelle stellt die Unterlagen der Empfangsstelle des Staates des Schuldners zu, es sei denn, dass sie zu der Überzeugung gelangt, das Gesuch sei mutwillig gestellt.

2. Bevor die Übermittlungsstelle die Unterlagen zustellt, überzeugt sie sich davon, dass die Schriftstücke den im Staat des Gläubigers geltenden Formvorschriften entsprechen.

3. Die Übermittlungsstelle kann der Empfangsstelle ihre Ansicht darüber mitteilen, ob sie das Gesuch sachlich für begründet hält; sie kann auch empfehlen, dem Gläubiger das Armenrecht und die Befreiung von den Kosten zu gewähren.

5. *Übermittlung von Urteilen und anderen gerichtlichen Titeln.*

1. Die Übermittlungsstelle übersendet nach Artikel 4 auf Antrag des Gläubigers endgültige oder vorläufige Entscheidungen und andere gerichtliche Titel, die der Gläubiger bei einem zuständigen Gericht eines der vertragschliessenden Teile wegen der Leistung von Unterhalt erlangt hat und, falls notwendig und möglich, das Protokoll des Verfahrens, in dem die Entscheidung ergangen ist.

2. Die in Absatz 1 erwähnten Entscheidungen und gerichtlichen Titel können an Stelle oder in Ergänzung der in Artikel 3 genannten Urkunden zugestellt werden.

3. Die in Artikel 6 vorgesehenen Verfahren können entsprechend dem Recht des Staates des Schuldners entweder in einem Exequatur- oder Registrierungsverfahren oder in einer Klage bestehen, die sich auf einen nach Absatz 1 übersandten Titel stützt.

6. *Aufgaben der Empfangsstelle.*

1. Die Empfangsstelle unternimmt im Rahmen der ihr vom Gläubiger erteilten Ermächtigung und in seiner Vertretung alle zur Geltendmachung des Unterhaltsanspruchs geeigneten Schritte; dazu gehört insbesondere eine Regelung des Anspruchs im Wege des Vergleichs und, falls erforderlich, die Einleitung und Durchführung einer Unterhaltsklage sowie die Vollstreckung einer Entscheidung oder eines anderen gerichtlichen Titels auf Leistung von Unterhalt.

2. Die Empfangsstelle unterrichtet laufend die Übermittlungsstelle. Kann sie nicht tätig werden, so teilt sie der Übermittlungsstelle die Gründe hierfür mit und sendet die Unterlagen zurück.

3. Ungeachtet der Vorschriften dieses Übereinkommens ist bei der Entscheidung aller Fragen, die sich bei einer Klage oder in einem Verfahren auf Leistung von Unterhalt ergeben, das Recht des Staates des Schuldners einschliesslich des internationalen Privatrechts dieses Staates anzuwenden.

7. *Rechtshilfeersuchen.*

Kann nach dem Recht der beiden beteiligten Vertragsstaaten um Rechtshilfe ersucht werden, so sind folgende Bestimmungen anzuwenden:

a) Ein Gericht, bei dem eine Unterhaltsklage anhängig ist, kann Rechtshilfeersuchen um Erhebung weiterer Beweise, sei es durch Urkunden oder durch andere Beweismittel, entweder an das zuständige Gericht des anderen Vertragsstaates oder an jede andere Behörde oder Stelle richten, welche der andere Vertragsstaat, in dessen Gebiet das Ersuchen ausgeführt werden soll, bestimmt hat.

b) Um den Parteien die Anwesenheit oder Vertretung zu ermöglichen, hat die ersuchte Behörde der beteiligten Empfangs- und Übermittlungsstelle sowie dem Schuldner den Zeitpunkt und den Ort der Durchführung des Rechtshilfeersuchens mitzuteilen.

c) Rechtshilfeersuchen sind mit möglichster Beschleunigung auszuführen; ist ein Ersuchen nicht innerhalb von vier Monaten nach Eingang bei der ersuchten Behörde ausgeführt worden, so sind der ersuchenden Behörde die Gründe für die Nichterledigung oder Verzögerung mitzuteilen.

d) Für die Erledigung von Rechtshilfeersuchen werden Gebühren oder Kosten irgendwelcher Art nicht erstattet.

e) Die Ausführung eines Rechtshilfeersuchens darf nur abgelehnt werden,
1. wenn die Echtheit des Dokumentes nicht feststeht;
2. wenn der Vertragsstaat, in dessen Gebiet das Ersuchen ausgeführt werden soll, der Auffassung ist, dass die Ausführung seine Hoheitsrechte oder seine Sicherheit beeinträchtigen könnte.

8. *Änderung von Entscheidungen.*

Die Bestimmungen dieses Übereinkommens gelten auch für Gesuche, die auf eine Änderung von Unterhaltsentscheidungen gerichtet sind.

9. *Befreiungen und Erleichterungen.*

1. In Verfahren nach diesem Übereinkommen geniessen die Gläubiger die gleiche Behandlung und dieselben Befreiungen von der Zahlung von Kosten und Gebühren wie die Bewohner oder Staatsangehörigen des Staates, in dem die Klage eingereicht wird.

2. Die Gläubiger sind nicht verpflichtet, wegen ihrer Eigenschaft als Ausländer oder wegen Fehlens eines inländischen Aufenthalts als Sicherheit für die Prozesskosten oder andere Zwecke eine Garantieerklärung beizubringen oder eine Zahlung oder Hinterlegung vorzunehmen.

3. Die Übermittlungs- und Empfangsstellen erheben für ihre Tätigkeit, die sie aufgrund dieses Übereinkommens leisten, keine Gebühren.

10. *Überweisung von Geldbeträgen.*

Bestehen nach dem Recht eines Vertragsstaates Beschränkungen für die Überweisung von Geldbeträgen in das Ausland, so hat dieser Vertragsstaat Überweisungen, die zur Erfüllung von Unterhaltsansprüchen oder zur Deckung von Auslagen für Verfahren nach diesem Übereinkommen bestimmt sind, den grösstmöglichen Vorrang zu gewähren.

11. *Bundesstaatsklausel.*
Bei Bundesstaaten oder solchen Staaten, die nicht Einheitsstaaten sind, finden nachstehende Bestimmungen Anwendung:
a) Mit Bezug auf die Artikel dieses Übereinkommens, deren Durchführung in die Zuständigkeit der Gesetzgebung des Bundes fällt, sind die Verpflichtungen der Bundesregierung die gleichen wie diejenigen der Vertragsstaaten, die nicht Bundesstaaten sind;
b) Die Artikel dieses Übereinkommens, deren Durchführung in die Zuständigkeit der Gesetzgebung jedes der Gliedstaaten, Provinzen oder Kantone fällt, die nach der Bundesverfassung nicht verpflichtet sind, gesetzliche Massnahmen zu ergreifen, bringt die Bundesregierung so bald als möglich und in empfehlendem Sinne den zuständigen Behörden der Gliedstaaten, Provinzen oder Kantone zur Kenntnis;
c) Ein Bundesstaat, der Vertragspartner dieses Übereinkommens ist, gibt auf das ihm vom Generalsekretär übermittelte Ersuchen jedes anderen Vertragsstaates eine Darstellung über die im Bund und seinen Gliedstaaten geltenden gesetzlichen Bestimmungen und der Praxis in bezug auf irgendeine Bestimmung des Übereinkommens; darin wird dargelegt, inwieweit diese Bestimmung durch einen gesetzgeberischen Akt oder eine andere Massnahme wirksam geworden ist.

12. *Örtlicher Geltungsbereich.*
Die Bestimmungen dieses Übereinkommens sind auf alle Gebiete ohne Selbstregierung, Treuhand- oder andere Gebiete, für deren internationale Beziehungen ein Vertragsstaat verantwortlich ist, anzuwenden, es sei denn, dass er bei der Ratifikation des Übereinkommens oder bei seinem Beitritt erklärt hat, dass es auf eines oder mehrere dieser Gebiete keine Anwendung findet. Jeder Vertragsstaat, der eine solche Erklärung abgegeben hat, kann in der Folge jederzeit durch eine an den Generalsekretär zu richtende Mitteilung die Anwendung des Übereinkommens auf irgendeines oder alle dieser Gebiete ausdehnen.

13–21. ... (enthalten die üblichen Schlussbestimmungen).

Geltungsbereich, Vorbehalte und Erklärungen

Im Anschluss an den Text des Übereinkommens enthält die SR je einen Abschnitt über den «Geltungsbereich des Übereinkommens» sowie die «Vorbehalte und Erklärungen» der Vertragsstaaten. Der jeweils aktuelle Stand ist abrufbar im Internet unter http://untreaty.un.org/.

Anhang II E1

Europäisches Übereinkommen über die Anerkennung und Vollstreckung von Entscheidungen über das Sorgerecht für Kinder und die Wiederherstellung des Sorgerechts*

Abgeschlossen in Luxemburg am 20. Mai 1980

(Für die Schweiz in Kraft getreten am 1. Januar 1984; SR 0.211.230.01)

Geltungsstaaten (im Verhältnis zur Schweiz)**: Belgien, Bulgarien, Bundesrepublik Deutschland, Dänemark, Estland, Finnland, Frankreich, Griechenland, Grossbritannien, Irland, Island, Italien, Lettland, Liechtenstein, Litauen, Luxemburg, Malta, Mazedonien, Moldawien, Niederlande, Norwegen, Österreich, Polen, Portugal, Rumänien, Schweden, Serbien und Montenegro, Slowakei, Spanien, Tschechische Republik, Türkei, Ungarn, Zypern.

1. Im Sinn dieses Übereinkommens bedeutet:
a) *Kind* eine Person gleich welcher Staatsangehörigkeit, die das 16. Lebensjahr noch nicht vollendet hat und noch nicht berechtigt ist, nach dem Recht ihres gewöhnlichen Aufenthalts, dem Recht des Staates, dem sie angehört, oder dem innerstaatlichen Recht des ersuchten Staates ihren eigenen Aufenthalt zu bestimmen;
b) *Behörde* ein Gericht oder eine Verwaltungsbehörde;
c) *Sorgerechtsentscheidung* die Entscheidung einer Behörde, soweit sie die Sorge für die Person des Kindes, einschliesslich des Rechts auf Bestimmung seines Aufenthalts oder des Besuchsrechts, betrifft;
d) *unzulässiges Verbringen* das Verbringen eines Kindes über eine internationale Grenze, wenn dadurch eine Sorgerechtsentscheidung verletzt wird, die in einem Vertragsstaat ergangen und in einem solchen Staat vollstreckbar ist; als unzulässiges Verbringen gilt auch der Fall, in dem
   i) das Kind am Ende einer Besuchszeit oder eines sonstigen vorübergehenden Aufenthalts in einem anderen Hoheitsgebiet als dem, in dem das Sorgerecht ausgeübt wird, nicht über eine internationale Grenze zurückgebracht wird,
   ii) das Verbringen nachträglich nach Artikel 12 für widerrechtlich erklärt wird.

---

* Siehe Botschaft des BR in BBl 1983 I 101.

** Zum Anwendungsbereich des Übereinkommens beachte auch die Art. 21 ff. sowie die Abschnitte Geltungsbereich, Vorbehalte und Erklärungen, in der vorliegenden Textausgabe nicht abgedruckt, jedoch im Internet abrufbar unter http://conventions.coe.int.

Teil I

Zentrale Behörden

2. 1. Jeder Vertragsstaat bestimmt eine zentrale Behörde[1]), welche die in diesem Übereinkommen vorgesehenen Aufgaben wahrnimmt.

2. Bundesstaaten und Staaten mit mehreren Rechtssystemen steht es frei, mehrere zentrale Behörden zu bestimmen; sie legen deren Zuständigkeit fest.

3. Jede Bezeichnung nach diesem Artikel wird dem Generalsekretär des Europarats notifiziert.

---

[1]) Für die Schweiz: Bundesamt für Justiz.

3. 1. Die zentralen Behörden der Vertragsstaaten arbeiten zusammen und fördern die Zusammenarbeit der zuständigen Behörden ihrer Staaten. Sie haben mit aller gebotenen Eile zu handeln.

2. Um die Durchführung dieses Übereinkommens zu erleichtern, werden die zentralen Behörden der Vertragsstaaten
a) die Übermittlung von Auskunftsersuchen sicherstellen, die von zuständigen Behörden ausgehen und sich auf Rechts- oder Tatsachenfragen in anhängigen Verfahren beziehen;
b) einander auf Ersuchen Auskünfte über ihr Recht auf dem Gebiet des Sorgerechts für Kinder und über dessen Änderungen erteilen;
c) einander über alle Schwierigkeiten unterrichten, die bei der Anwendung des Übereinkommens auftreten können, und Hindernisse, die seiner Anwendung entgegenstehen, soweit wie möglich ausräumen.

4. 1. Wer in einem Vertragsstaat eine Sorgerechtsentscheidung erwirkt hat und sie in einem anderen Vertragsstaat anerkennen oder vollstrecken lassen will, kann zu diesem Zweck einen Antrag an die zentrale Behörde jedes beliebigen Vertragsstaats richten.

2. Dem Antrag sind die in Artikel 13 genannten Schriftstücke beizufügen.

3. Ist die zentrale Behörde, bei der der Antrag eingeht, nicht die zentrale Behörde des ersuchten Staates, so übermittelt sie die Schriftstücke unmittelbar und unverzüglich der letztgenannten Behörde.

4. Die zentrale Behörde, bei der der Antrag eingeht, kann es ablehnen, tätig zu werden, wenn die Voraussetzungen nach diesem Übereinkommen offensichtlich nicht erfüllt sind.

5. Die zentrale Behörde, bei der der Antrag eingeht, unterrichtet den Antragsteller unverzüglich über den Fortgang seines Antrags.

5. 1. Die zentrale Behörde des ersuchten Staates trifft oder veranlasst unverzüglich alle Vorkehrungen, die sie für geeignet hält, und leitet erforderlichenfalls ein Verfahren vor dessen zuständigen Behörden ein, um

a) den Aufenthaltsort des Kindes ausfindig zu machen;
b) zu vermeiden, insbesondere durch alle erforderlichen vorläufigen Massnahmen, dass die Interessen des Kindes oder des Antragstellers beeinträchtigt werden;
c) die Anerkennung oder Vollstreckung der Entscheidung sicherzustellen;
d) die Rückgabe des Kindes an den Antragsteller sicherzustellen, wenn die Vollstreckung der Entscheidung bewilligt wird;
e) die ersuchende Behörde über die getroffenen Massnahmen und deren Ergebnisse zu unterrichten.

2. Hat die zentrale Behörde des ersuchten Staates Grund zu der Annahme, dass sich das Kind im Hoheitsgebiet eines anderen Vertragsstaats befindet, so übermittelt sie die Schriftstücke unmittelbar und unverzüglich der zentralen Behörde dieses Staates.

3. Jeder Vertragsstaat verpflichtet sich, vom Antragsteller keine Zahlungen für Massnahmen zu verlangen, die für den Antragsteller aufgrund des Absatzes 1 von der zentralen Behörde des betreffenden Staates getroffen werden; darunter fallen auch die Verfahrenskosten und gegebenenfalls die Kosten für einen Rechtsanwalt, nicht aber die Kosten für die Rückführung des Kindes.

4. Wird die Anerkennung oder Vollstreckung versagt und ist die zentrale Behörde des ersuchten Staates der Auffassung, dass sie dem Ersuchen des Antragstellers stattgeben sollte, in diesem Staat eine Entscheidung in der Sache selbst herbeizuführen, so bemüht sich diese Behörde nach besten Kräften, die Vertretung des Antragstellers in dem Verfahren unter Bedingungen sicherzustellen, die nicht weniger günstig sind als für eine Person, die in diesem Staat ansässig ist und dessen Staatsangehörigkeit besitzt; zu diesem Zweck kann sie insbesondere ein Verfahren vor dessen zuständigen Behörden einleiten.

6. 1. Vorbehaltlich besonderer Vereinbarungen zwischen den beteiligten zentralen Behörden und der Bestimmungen des Absatzes 3
a) müssen Mitteilungen an die zentrale Behörde des ersuchten Staates in der Amtssprache oder einer der Amtssprachen dieses Staates abgefasst oder von einer Übersetzung in diese Sprache begleitet sein;
b) muss die zentrale Behörde des ersuchten Staates aber auch Mitteilungen annehmen, die in englischer oder französischer Sprache abgefasst oder von einer Übersetzung in eine dieser Sprachen begleitet sind.

2. Mitteilungen, die von der zentralen Behörde des ersuchten Staates ausgehen, einschliesslich der Ergebnisse von Ermittlungen, können in der Amtssprache oder einer der Amtssprachen dieses Staates oder in englischer oder französischer Sprache abgefasst sein.

3. Ein Vertragsstaat kann die Anwendung des Absatzes 1 Buchstabe b ganz oder teilweise ausschliessen. Hat ein Vertragsstaat diesen Vorbehalt angebracht, so kann jeder andere Vertragsstaat ihm gegenüber den Vorbehalt auch anwenden.

Teil II

Anerkennung und Vollstreckung von Entscheidungen und Wiederherstellung des Sorgerechts

7. Sorgerechtsentscheidungen, die in einem Vertragsstaat ergangen sind, werden in jedem anderen Vertragsstaat anerkannt und, wenn sie im Ursprungsstaat vollstreckbar sind, für vollstreckbar erklärt.

8. 1. Im Fall eines unzulässigen Verbringens hat die zentrale Behörde des ersuchten Staates umgehend die Wiederherstellung des Sorgerechts zu veranlassen, wenn

a) zur Zeit der Einleitung des Verfahrens in dem Staat, in dem die Entscheidung ergangen ist, oder zur Zeit des unzulässigen Verbringens, falls dieses früher erfolgte, das Kind und seine Eltern nur Angehörige dieses Staates waren und das Kind seinen gewöhnlichen Aufenthalt im Hoheitsgebiet dieses Staates hatte, und

b) der Antrag auf Wiederherstellung innerhalb von sechs Monaten nach dem unzulässigen Verbringen bei einer zentralen Behörde gestellt worden ist.

2. Können nach dem Recht des ersuchten Staates die Voraussetzungen des Absatzes 1 nicht ohne ein gerichtliches Verfahren erfüllt werden, so finden in diesem Verfahren die in dem Übereinkommen genannten Versagungsgründe keine Anwendung.

3. Ist in einer von einer zuständigen Behörde genehmigten Vereinbarung zwischen dem Sorgeberechtigten und einem Dritten diesem ein Besuchsrecht eingeräumt worden und ist das ins Ausland gebrachte Kind am Ende der vereinbarten Zeit dem Sorgeberechtigten nicht zurückgegeben worden, so wird das Sorgerecht nach Absatz 1 Buchstabe b und Absatz 2 wiederhergestellt. Dasselbe gilt, wenn durch Entscheidung der zuständigen Behörde ein solches Recht einer Person zuerkannt wird, die nicht sorgeberechtigt ist.

9. 1. Ist in anderen als den in Artikel 8 genannten Fällen eines unzulässigen Verbringens ein Antrag innerhalb von sechs Monaten nach dem Verbringen bei einer zentralen Behörde gestellt worden, so können die Anerkennung und Vollstreckung nur in folgenden Fällen versagt werden:

a) wenn bei einer Entscheidung, die in Abwesenheit des Beklagten oder seines gesetzlichen Vertreters ergangen ist, dem Beklagten das das Verfahren einleitende Schriftstück oder ein gleichwertiges Schriftstück weder ordnungsgemäss noch so rechtzeitig zugestellt worden ist, dass er sich verteidigen konnte; die Nichtzustellung kann jedoch dann kein Grund für die Versagung der Anerkennung oder Vollstreckung sein, wenn die Zustellung deswegen nicht bewirkt worden ist, weil der Beklagte seinen Aufenthaltsort der Person verheimlicht hat, die das Verfahren im Ursprungsstaat eingeleitet hatte;

b) wenn bei einer Entscheidung, die in Abwesenheit des Beklagten oder seines gesetzlichen Vertreters ergangen ist, die Zuständigkeit der die Entscheidung treffenden Behörde nicht gegründet war auf
 i) den gewöhnlichen Aufenthalt des Beklagten,
 ii) den letzten gemeinsamen gewöhnlichen Aufenthalt der Eltern des Kindes, sofern wenigstens ein Elternteil seinen gewöhnlichen Aufenthalt noch dort hat, oder
 iii) den gewöhnlichen Aufenthalt des Kindes;
c) wenn die Entscheidung mit einer Sorgerechtsentscheidung unvereinbar ist, die im ersuchten Staat vor dem Verbringen des Kindes vollstreckbar wurde, es sei denn, das Kind habe während des Jahres vor seinem Verbringen den gewöhnlichen Aufenthalt im Hoheitsgebiet des ersuchten Staates gehabt.

2. Ist kein Antrag bei einer zentralen Behörde gestellt worden, so findet Absatz 1 auch dann Anwendung, wenn innerhalb von sechs Monaten nach dem unzulässigen Verbringen die Anerkennung und Vollstreckung beantragt wird.

3. Auf keinen Fall darf die ausländische Entscheidung inhaltlich nachgeprüft werden.

10. 1. In anderen als den in den Artikeln 8 und 9 genannten Fällen können die Anerkennung und Vollstreckung nicht nur aus den in Artikel 9 vorgesehenen, sondern auch aus einem der folgenden Gründe versagt werden:
a) wenn die Wirkungen der Entscheidung mit den Grundwerten des Familien- und Kindschaftsrechts im ersuchten Staat offensichtlich unvereinbar sind;
b) wenn aufgrund einer Änderung der Verhältnisse – dazu zählt auch der Zeitablauf, nicht aber der blosse Wechsel des Aufenthaltsorts des Kindes infolge eines unzulässigen Verbringens – die Wirkungen der ursprünglichen Entscheidung offensichtlich nicht mehr dem Wohl des Kindes entsprechen;
c) wenn zur Zeit der Einleitung des Verfahrens im Ursprungsstaat
 i) das Kind Angehöriger des ersuchten Staates war oder dort seinen gewöhnlichen Aufenthalt hatte und keine solche Beziehung zum Ursprungsstaat bestand,
 ii) das Kind sowohl Angehöriger des Ursprungsstaats als auch des ersuchten Staates war und seinen gewöhnlichen Aufenthalt im ersuchten Staat hatte;
d) wenn die Entscheidung mit einer im ersuchten Staat ergangenen oder mit einer dort vollstreckbaren Entscheidung eines Drittstaats unvereinbar ist; die Entscheidung muss in einem Verfahren ergangen sein, das eingeleitet wurde, bevor der Antrag auf Anerkennung oder Vollstreckung gestellt wurde, und die Versagung muss dem Wohl des Kindes entsprechen.

2. In diesen Fällen können Verfahren auf Anerkennung oder Vollstreckung aus einem der folgenden Gründe ausgesetzt werden:

a) wenn gegen die ursprüngliche Entscheidung ein ordentliches Rechtsmittel eingelegt worden ist;
b) wenn im ersuchten Staat ein Verfahren über das Sorgerecht für das Kind anhängig ist und dieses Verfahren vor Einleitung des Verfahrens im Ursprungsstaat eingeleitet wurde;
c) wenn eine andere Entscheidung über das Sorgerecht für das Kind Gegenstand eines Verfahrens auf Vollstreckung oder eines anderen Verfahrens auf Anerkennung der Entscheidung ist.

11. 1. Die Entscheidungen über das Besuchsrecht und die in Sorgerechtsentscheidungen enthaltenen Regelungen über das Besuchsrecht werden unter den gleichen Bedingungen wie andere Sorgerechtsentscheidungen anerkannt und vollstreckt.
2. Die zuständige Behörde des ersuchten Staates kann jedoch die Bedingungen für die Durchführung und Ausübung des Besuchsrechts festlegen; dabei werden insbesondere die von den Parteien eingegangenen diesbezüglichen Verpflichtungen berücksichtigt.
3. Ist keine Entscheidung über das Besuchsrecht ergangen oder ist die Anerkennung oder Vollstreckung der Sorgerechtsentscheidung versagt worden, so kann sich die zentrale Behörde des ersuchten Staates auf Antrag der Person, die das Besuchsrecht beansprucht, an die zuständige Behörde ihres Staates wenden, um eine solche Entscheidung zu erwirken.

12. Liegt zu dem Zeitpunkt, in dem das Kind über eine internationale Grenze verbracht wird, keine in einem Vertragsstaat ergangene vollstreckbare Sorgerechtsentscheidung vor, so ist dieses Übereinkommen auf jede spätere in einem Vertragsstaat ergangene Entscheidung anzuwenden, mit der das Verbringen auf Antrag eines Beteiligten für widerrechtlich erklärt wird.

Teil III

Verfahren

13. 1. Dem Antrag auf Anerkennung oder Vollstreckung einer Sorgerechtsentscheidung in einem anderen Vertragsstaat sind beizufügen
a) ein Schriftstück, in dem die zentrale Behörde des ersuchten Staates ermächtigt wird, für den Antragsteller tätig zu werden oder einen anderen Vertreter für diesen Zweck zu bestimmen;
b) eine Ausfertigung der Entscheidung, welche die für ihre Beweiskraft erforderlichen Voraussetzungen erfüllt;
c) im Fall einer in Abwesenheit des Beklagten oder seines gesetzlichen Vertreters ergangenen Entscheidung ein Schriftstück, aus dem sich ergibt, dass das Schriftstück, mit dem das Verfahren eingeleitet wurde, oder ein gleichwertiges Schriftstück dem Beklagten ordnungsgemäss zugestellt worden ist;

d) gegebenenfalls ein Schriftstück, aus dem sich ergibt, dass die Entscheidung nach dem Recht des Ursprungsstaats vollstreckbar ist;
e) wenn möglich eine Angabe über den Aufenthaltsort oder den wahrscheinlichen Aufenthaltsort des Kindes im ersuchten Staat;
f) Vorschläge dafür, wie das Sorgerecht für das Kind wiederhergestellt werden soll.

2. Den obengenannten Schriftstücken ist erforderlichenfalls eine Übersetzung nach Massgabe des Artikels 6 beizufügen.

14. Jeder Vertragsstaat wendet für die Anerkennung und Vollstreckung von Sorgerechtsentscheidungen ein einfaches und beschleunigtes Verfahren an. Zu diesem Zweck stellt er sicher, dass die Vollstreckbarerklärung in Form eines einfachen Antrags begehrt werden kann.

15. 1. Bevor die Behörde des ersuchten Staates eine Entscheidung nach Artikel 10 Absatz 1 Buchstabe b trifft,
a) muss sie die Meinung des Kindes feststellen, sofern dies nicht insbesondere wegen seines Alters und Auffassungsvermögens undurchführbar ist;
b) kann sie verlangen, dass geeignete Ermittlungen durchgeführt werden.

2. Die Kosten für die in einem Vertragsstaat durchgeführten Ermittlungen werden von den Behörden des Staates getragen, in dem sie durchgeführt wurden.

3. Ermittlungsersuchen und die Ergebnisse der Ermittlungen können der ersuchenden Behörde über die zentralen Behörden mitgeteilt werden.

16. Für die Zwecke dieses Übereinkommens darf keine Beglaubigung oder ähnliche Förmlichkeit verlangt werden.

Teil IV

Vorbehalte

17. 1. Jeder Vertragsstaat kann sich vorbehalten[1]), dass in den von den Artikeln 8 und 9 oder von einem dieser Artikel erfassten Fällen die Anerkennung und Vollstreckung von Sorgerechtsentscheidungen aus denjenigen der in Artikel 10 vorgesehenen Gründen versagt werden kann, die in dem Vorbehalt bezeichnet sind.

2. Die Anerkennung und Vollstreckung von Entscheidungen, die in einem Vertragsstaat ergangen sind, der den in Absatz 1 vorgesehenen Vorbehalt angebracht hat, können in jedem anderen Vertragsstaat aus einem der in diesem Vorbehalt bezeichneten zusätzlichen Gründen versagt werden.

---

[1]) Die Schweiz macht «von dem in Artikel 17 vorgesehenen Vorbehalt Gebrauch und wird in den von den Artikeln 8 und 9 erfassten Fällen die Anerkennung und Vollstreckung von Sorgerechtsentscheidungen aus dem Artikel 10 Absatz 1 Buchstabe d des Übereinkommens vorgesehenen Grund verweigern» (AS 1983 S. 1680).

18. Jeder Vertragsstaat kann sich vorbehalten, durch Artikel 12 nicht gebunden zu sein. Auf die in Artikel 12 genannten Entscheidungen, die in einem Vertragsstaat ergangen sind, der einen solchen Vorbehalt angebracht hat, ist dieses Übereinkommen nicht anwendbar.

Teil V

Andere Übereinkünfte

19. Dieses Übereinkommen schliesst nicht aus, dass eine andere internationale Übereinkunft zwischen dem Ursprungsstaat und dem ersuchten Staat oder das nichtvertragliche Recht des ersuchten Staates angewendet wird, um die Anerkennung oder Vollstreckung einer Entscheidung zu erwirken.

20. 1. Dieses Übereinkommen lässt Verpflichtungen unberührt, die ein Vertragsstaat gegenüber einem Nichtvertragsstaat aufgrund einer internationalen Übereinkunft hat, die sich auf in diesem Übereinkommen geregelte Angelegenheiten erstreckt.

2. Haben zwei oder mehr Vertragsstaaten auf dem Gebiet des Sorgerechts für Kinder einheitliche Rechtsvorschriften erlassen oder ein besonderes System zur Anerkennung oder Vollstreckung von Entscheidungen auf diesem Gebiet geschaffen oder werden sie dies in Zukunft tun, so steht es ihnen frei, anstelle des Übereinkommens oder eines Teiles davon diese Rechtsvorschriften oder dieses System untereinander anzuwenden. Um von dieser Bestimmung Gebrauch machen zu können, müssen diese Staaten ihre Entscheidung dem Generalsekretär des Europarats notifizieren. Jede Änderung oder Aufhebung dieser Entscheidung ist ebenfalls zu notifizieren.

Teil VI

Schlussbestimmungen

21–30. ... (enthalten die üblichen Schlussbestimmungen).

Geltungsbereich, Vorbehalte und Erklärungen

Im Anschluss an den Text des Übereinkommens enthält die SR je einen Abschnitt über den «Geltungsbereich des Übereinkommens» sowie die «Vorbehalte und Erklärungen» der Vertragsstaaten. Der jeweils aktuelle Stand ist im Internet abrufbar unter http://conventions.coe.int.

Anhang II E2

Übereinkommen über die zivilrechtlichen Aspekte internationaler Kindesentführung*

Abgeschlossen in Den Haag am 25. Oktober 1980

(Für die Schweiz in Kraft getreten am 1. Januar 1984; SR 0.211.230.02)

Geltungsstaaten (im Verhältnis zur Schweiz)**: Argentinien, Australien, Bahamas, Belarus, Belgien, Belize, Bosnien-Herzegowina, Brasilien, Bulgarien, Burkina Faso, Chile, China-Hongkong, China-Macau, Costa Rica, Dänemark, Deutschland, Ecuador, Estland, Fidschi, Finnland, Frankreich, Georgien, Griechenland, Grossbritannien, Guatemala, Honduras, Irland, Island, Israel, Italien, Kanada, Kolumbien, Kroatien, Lettland, Litauen, Luxemburg, Malta, Mauritius, Mazedonien, Mexiko, Moldavien, Monaco, Neuseeland, Niederlande, Norwegen, Österreich, Panama, Paraguay, Peru, Polen, Portugal, Rumänien, Schweden, Serbien und Montenegro, Simbabwe, Slowakei, Slowenien, Spanien, Sri Lanka, St. Kitts und Nevis, Südafrika, Thailand, Tschechische Republik, Türkei, Turkmenistan, Ungarn, Uruguay, Usbekistan, Venezuela, Vereinigte Staaten von Amerika, Zypern.

Kapitel I

Anwendungsbereich des Übereinkommens

1. Ziel dieses Übereinkommens ist es,
a) die sofortige Rückgabe widerrechtlich in einen Vertragsstaat verbrachter oder dort zurückgehaltener Kinder sicherzustellen, und
b) zu gewährleisten, dass das in einem Vertragsstaat bestehende Sorge- und Besuchsrecht in den anderen Vertragsstaaten tatsächlich beachtet wird.

2. Die Vertragsstaaten treffen alle geeigneten Massnahmen, um in ihrem Hoheitsgebiet die Ziele des Übereinkommens zu verwirklichen. Zu diesem Zweck wenden sie ihre schnellstmöglichen Verfahren an.

3. Das Verbringen oder Zurückhalten eines Kindes gilt als widerrechtlich, wenn
a) dadurch das Sorgerecht verletzt wird, das einer Person, Behörde oder sonstigen Stelle allein oder gemeinsam nach dem Recht des Staates

---

* Siehe Botschaft des BR in BBl 1983 I 101.

** Zum Anwendungsbereich des Übereinkommens beachte auch die Art. 37 ff. sowie die Abschnitte Geltungsbereich, Vorbehalte und Erklärungen, in der vorliegenden Textausgabe nicht abgedruckt, jedoch im Internet abrufbar unter www.hcch.net.

zusteht, in dem das Kind unmittelbar vor dem Verbringen oder Zurückhalten seinen gewöhnlichen Aufenthalt hatte, und
b) dieses Recht im Zeitpunkt des Verbringens oder Zurückhaltens allein oder gemeinsam tatsächlich ausgeübt wurde oder ausgeübt worden wäre, falls das Verbringen oder Zurückhalten nicht stattgefunden hätte.

Das unter Buchstabe a genannte Sorgerecht kann insbesondere kraft Gesetzes, aufgrund einer gerichtlichen oder behördlichen Entscheidung oder aufgrund einer nach dem Recht des betreffenden Staates wirksamen Vereinbarung bestehen.

4. Das Übereinkommen wird auf jedes Kind angewendet, das unmittelbar vor einer Verletzung des Sorge- oder Besuchsrechts seinen gewöhnlichen Aufenthalt in einem Vertragsstaat hatte. Das Übereinkommen wird nicht mehr angewendet, sobald das Kind das 16. Lebensjahr vollendet hat.

5. Im Sinn dieses Übereinkommens umfasst
a) das «Sorgerecht» die Sorge für die Person des Kindes und insbesondere das Recht, den Aufenthalt des Kindes zu bestimmen;
b) das «Besuchsrecht» das Recht, das Kind für eine begrenzte Zeit an einen anderen Ort als seinen gewöhnlichen Aufenthaltsort zu bringen.

Kapitel II

Zentrale Behörden

6. Jeder Vertragsstaat bestimmt eine zentrale Behörde[1]), welche die ihr durch dieses Übereinkommen übertragenen Aufgaben wahrnimmt.

Einem Bundesstaat, einem Staat mit mehreren Rechtssystemen oder einem Staat, der aus autonomen Gebietskörperschaften besteht, steht es frei, mehrere zentrale Behörden zu bestimmen und deren räumliche Zuständigkeit festzulegen. Macht ein Staat von dieser Möglichkeit Gebrauch, so bestimmt er die zentrale Behörde, an welche die Anträge zur Übermittlung an die zuständige zentrale Behörde in diesem Staat gerichtet werden können.

---

[1]) Für die Schweiz: Bundesamt für Justiz des Eidgenössischen Justiz- und Polizeidepartementes. Das französische und englische Verzeichnis der zentralen Behörden der anderen Vertragsstaaten kann auf der Internet-Seite der Haager Konferenz unter http://www.hcch.net/e/authorities/caabduct.html eingesehen werden.

7. Die zentralen Behörden arbeiten zusammen und fördern die Zusammenarbeit der zuständigen Behörden ihrer Staaten, um die sofortige Rückgabe von Kindern sicherzustellen und auch die anderen Ziele dieses Übereinkommens zu verwirklichen.

Insbesondere treffen sie unmittelbar oder mit Hilfe anderer alle geeigneten Massnahmen, um
a) den Aufenthaltsort eines widerrechtlich verbrachten oder zurückgehaltenen Kindes ausfindig zu machen;
b) weitere Gefahren von dem Kind oder Nachteile von den betroffenen Parteien abzuwenden, indem sie vorsorgliche Massnahmen treffen oder veranlassen;
c) die freiwillige Rückgabe des Kindes sicherzustellen oder eine gütliche Regelung der Angelegenheit herbeizuführen;
d) soweit zweckdienlich Auskünfte über die soziale Lage des Kindes auszutauschen;
e) im Zusammenhang mit der Anwendung des Übereinkommens allgemeine Auskünfte über das Recht ihrer Staaten zu erteilen;
f) ein gerichtliches oder behördliches Verfahren einzuleiten oder die Einleitung eines solchen Verfahrens zu erleichtern, um die Rückgabe des Kindes zu erwirken sowie gegebenenfalls die Durchführung oder die wirksame Ausübung des Besuchsrechts zu gewährleisten;
g) soweit erforderlich die Bewilligung von unentgeltlicher Rechtshilfe und Rechtsberatung, einschliesslich der Beiordnung eines Rechtsanwalts, zu veranlassen oder zu erleichtern;
h) durch etwa notwendige und geeignete behördliche Vorkehrungen die sichere Rückgabe des Kindes zu gewährleisten;
i) einander über die Wirkungsweise des Übereinkommens zu unterrichten und Hindernisse, die seiner Anwendung entgegenstehen, soweit wie möglich auszuräumen.

Kapitel III

Rückgabe von Kindern

8. Macht eine Person, Behörde oder sonstige Stelle geltend, ein Kind sei unter Verletzung des Sorgerechts verbracht oder zurückgehalten worden, so kann sie sich entweder an die für den gewöhnlichen Aufenthalt des Kindes zuständige zentrale Behörde oder an die zentrale Behörde eines anderen Vertragsstaats wenden, um mit deren Unterstützung die Rückgabe des Kindes sicherzustellen.

Der Antrag muss enthalten
a) Angaben über die Identität des Antragstellers, des Kindes und der Person, die das Kind angeblich verbracht oder zurückgehalten hat;
b) das Geburtsdatum des Kindes, soweit es festgestellt werden kann;
c) die Gründe, die der Antragsteller für seinen Anspruch auf Rückgabe des Kindes geltend macht;
d) alle verfügbaren Angaben über den Aufenthaltsort des Kindes und die Identität der Person, bei der sich das Kind vermutlich befindet.

Der Antrag kann wie folgt ergänzt oder es können ihm folgende Anlagen beigefügt werden:
e) eine beglaubigte Ausfertigung einer für die Sache erheblichen Entscheidung oder Vereinbarung;
f) eine Bescheinigung oder eidesstattliche Erklärung (Affidavit) über die einschlägigen Rechtsvorschriften des betreffenden Staates; sie muss von der zentralen Behörde oder einer sonstigen zuständigen Behörde des Staates, in dem sich das Kind gewöhnlich aufhält, oder von einer dazu befugten Person ausgehen;
g) jedes sonstige für die Sache erhebliche Schriftstück.

9. Hat die zentrale Behörde, bei der ein Antrag nach Artikel 8 eingeht, Grund zu der Annahme, dass sich das Kind in einem anderen Vertragsstaat befindet, so übermittelt sie den Antrag unmittelbar und unverzüglich der zentralen Behörde dieses Staates; sie unterrichtet davon die ersuchende zentrale Behörde oder gegebenenfalls den Antragsteller.

10. Die zentrale Behörde des Staates, in dem sich das Kind befindet, trifft oder veranlasst alle geeigneten Massnahmen, um die freiwillige Rückgabe des Kindes zu bewirken.

11. In Verfahren auf Rückgabe von Kindern haben die Gerichte oder Verwaltungsbehörden eines jeden Vertragsstaats mit der gebotenen Eile zu handeln.

Hat das Gericht oder die Verwaltungsbehörde, die mit der Sache befasst sind, nicht innerhalb von sechs Wochen nach Eingang des Antrags eine Entscheidung getroffen, so kann der Antragsteller oder die zentrale Behörde des ersuchten Staates von sich aus oder auf Begehren der zentralen Behörde des ersuchenden Staates eine Darstellung der Gründe für die Verzögerung verlangen. Hat die zentrale Behörde des ersuchten Staates die Antwort erhalten, so übermittelt sie diese der zentralen Behörde des ersuchenden Staates oder gegebenenfalls dem Antragsteller.

12. Ist ein Kind im Sinn des Artikels 3 widerrechtlich verbracht oder zurückgehalten worden und ist bei Eingang des Antrags bei dem Gericht oder der Verwaltungsbehörde des Vertragsstaats, in dem sich das Kind befindet, eine Frist von weniger als einem Jahr seit dem Verbringen oder Zurückhalten verstrichen, so ordnet das zuständige Gericht oder die zuständige Verwaltungsbehörde die sofortige Rückgabe des Kindes an.

Ist der Antrag erst nach Ablauf der in Absatz 1 bezeichneten Jahresfrist eingegangen, so ordnet das Gericht oder die Verwaltungsbehörde die Rückgabe des Kindes ebenfalls an, sofern nicht erwiesen ist, dass das Kind sich in seine neue Umgebung eingelebt hat.

Hat das Gericht oder die Verwaltungsbehörde des ersuchten Staates Grund zu der Annahme, dass das Kind in einen anderen Staat verbracht worden ist, so kann das Verfahren ausgesetzt oder der Antrag auf Rückgabe des Kindes abgelehnt werden.

13. Ungeachtet des Artikels 12 ist das Gericht oder die Verwaltungsbehörde des ersuchten Staates nicht verpflichtet, die Rückgabe des Kindes anzuordnen, wenn die Person, Behörde oder sonstige Stelle, die sich der Rückgabe des Kindes widersetzt, nachweist,

a) dass die Person, Behörde oder sonstige Stelle, der die Sorge für die Person des Kindes zustand, das Sorgerecht zur Zeit des Verbringens oder Zurückhaltens tatsächlich nicht ausgeübt, dem Verbringen oder Zurückhalten zugestimmt oder dieses nachträglich genehmigt hat, oder

b) dass die Rückgabe mit der schwerwiegenden Gefahr eines körperlichen oder seelischen Schadens für das Kind verbunden ist oder das Kind auf andere Weise in eine unzumutbare Lage bringt.

Das Gericht oder die Verwaltungsbehörde kann es ferner ablehnen, die Rückgabe des Kindes anzuordnen, wenn festgestellt wird, dass sich das Kind der Rückgabe widersetzt und dass es ein Alter und eine Reife erreicht hat, angesichts deren es angebracht erscheint, seine Meinung zu berücksichtigen.

Bei Würdigung der in diesem Artikel genannten Umstände hat das Gericht oder die Verwaltungsbehörde die Auskünfte über die soziale Lage des Kindes zu berücksichtigen, die von der zentralen Behörde oder einer anderen zuständigen Behörde des Staates des gewöhnlichen Aufenthalts des Kindes erteilt worden sind.

14. Haben die Gerichte oder Verwaltungsbehörden des ersuchten Staates festzustellen, ob ein widerrechtliches Verbringen oder Zurückhalten im Sinn des Artikels 3 vorliegt, so können sie das im Staat des gewöhnlichen Aufenthalts des Kindes geltende Recht und die gerichtlichen oder behördlichen Entscheidungen, gleichviel ob sie dort förmlich anerkannt sind oder nicht, unmittelbar berücksichtigen; dabei brauchen sie die besonderen Verfahren zum Nachweis dieses Rechts oder zur Anerkennung ausländischer Entscheidungen, die sonst einzuhalten wären, nicht zu beachten.

15. Bevor die Gerichte oder Verwaltungsbehörden eines Vertragsstaats die Rückgabe des Kindes anordnen, können sie vom Antragsteller die Vorlage einer Entscheidung oder sonstigen Bescheinigung der Behörden des Staates des gewöhnlichen Aufenthalts des Kindes verlangen, aus der hervorgeht, dass das Verbringen oder Zurückhalten widerrechtlich im Sinn des Artikels 3 war, sofern in dem betreffenden Staat eine derartige Entscheidung oder Bescheinigung erwirkt werden kann. Die zentralen Behörden der Vertragsstaaten haben den Antragsteller beim Erwirken einer derartigen Entscheidung oder Bescheinigung soweit wie möglich zu unterstützen.

16. Ist den Gerichten oder Verwaltungsbehörden des Vertragsstaats, in den das Kind verbracht oder in dem es zurückgehalten wurde, das widerrechtliche Verbringen oder Zurückhalten des Kindes im Sinn des Artikels 3 mitgeteilt worden, so dürfen sie keine Sachentscheidung über das Sorgerecht treffen, solange nicht entschieden ist, dass das Kind aufgrund dieses Übereinkommens nicht zurückzugeben ist, oder sofern innerhalb angemessener Frist nach der Mitteilung kein Antrag nach dem Übereinkommen gestellt wird.

17. Der Umstand, dass eine Entscheidung über das Sorgerecht im ersuchten Staat ergangen oder dort anerkennbar ist, stellt für sich genommen keinen Grund dar, die Rückgabe eines Kindes nach Massgabe dieses Übereinkommens abzulehnen; die Gerichte oder Verwaltungsbehörden des ersuchten Staates können jedoch bei der Anwendung des Übereinkommens die Entscheidungsgründe berücksichtigen.

18. Die Gerichte oder Verwaltungsbehörden werden durch die Bestimmungen dieses Kapitels nicht daran gehindert, jederzeit die Rückgabe des Kindes anzuordnen.

19. Eine aufgrund dieses Übereinkommens getroffene Entscheidung über die Rückgabe des Kindes ist nicht als Entscheidung über das Sorgerecht anzusehen.

20. Die Rückgabe des Kindes nach Artikel 12 kann abgelehnt werden, wenn sie nach den im ersuchten Staat geltenden Grundwerten über den Schutz der Menschenrechte und Grundfreiheiten unzulässig ist.

Kapitel IV

Besuchsrecht

21. Der Antrag auf Durchführung oder wirksame Ausübung des Besuchsrechts kann in derselben Weise an die zentrale Behörde eines Vertragsstaats gerichtet werden wie ein Antrag auf Rückgabe des Kindes.

Die zentralen Behörden haben aufgrund der in Artikel 7 genannten Verpflichtung zur Zusammenarbeit die ungestörte Ausübung des Besuchsrechts sowie die Erfüllung aller Bedingungen zu fördern, denen die Ausübung dieses Rechts unterliegt. Die zentralen Behörden unternehmen Schritte, um soweit wie möglich alle Hindernisse auszuräumen, die der Ausübung dieses Rechts entgegenstehen.

Die zentralen Behörden können unmittelbar oder mit Hilfe anderer die Einleitung eines Verfahrens vorbereiten oder unterstützen mit dem Ziel, das Besuchsrecht durchzuführen oder zu schützen und zu gewährleisten, dass die Bedingungen, von denen die Ausübung dieses Rechts abhängen kann, beachtet werden.

Kapitel V

Allgemeine Bestimmungen

22. In gerichtlichen oder behördlichen Verfahren, die unter dieses Übereinkommen fallen, darf für die Zahlung von Kosten und Auslagen eine Sicherheitsleistung oder Hinterlegung gleich welcher Bezeichnung nicht auferlegt werden.

23. Im Rahmen dieses Übereinkommens darf keine Beglaubigung oder ähnliche Förmlichkeit verlangt werden.

24. Anträge, Mitteilungen oder sonstige Schriftstücke werden der zentralen Behörde des ersuchten Staates in der Originalsprache zugesandt; sie müssen von einer Übersetzung in die Amtssprache oder eine der Amtssprachen des ersuchten Staates oder, wenn eine solche Übersetzung nur schwer erhältlich ist, von einer Übersetzung ins Französische oder Englische begleitet sein.

Ein Vertragsstaat kann jedoch einen Vorbehalt nach Artikel 42 anbringen und darin gegen die Verwendung des Französischen oder Englischen, jedoch nicht beider Sprachen, in den seiner zentralen Behörde übersandten Anträgen, Mitteilungen oder sonstigen Schriftstücken Einspruch erheben.

25. Angehörigen eines Vertragsstaats und Personen, die ihren gewöhnlichen Aufenthalt in einem solchen Staat haben, wird in allen mit der Anwendung dieses Übereinkommens zusammenhängenden Angelegenheiten unentgeltliche Rechtshilfe und Rechtsberatung in jedem anderen Vertragsstaat zu denselben Bedingungen bewilligt wie Angehörigen des betreffenden Staates, die dort ihren gewöhnlichen Aufenthalt haben.

26. Jede zentrale Behörde trägt ihre eigenen Kosten, die bei der Anwendung dieses Übereinkommens entstehen.

Für die nach diesem Übereinkommen gestellten Anträge erheben die zentralen Behörden und andere Behörden der Vertragsstaaten keine Gebühren. Insbesondere dürfen sie vom Antragsteller weder die Bezahlung von Verfahrenskosten noch der Kosten verlangen, die gegebenenfalls durch die Beiordnung eines Rechtsanwalts entstehen. Sie können jedoch die Erstattung der Auslagen verlangen, die durch die Rückgabe des Kindes entstanden sind oder entstehen.

Ein Vertragsstaat kann jedoch einen Vorbehalt nach Artikel 42 anbringen und darin erklären, dass er nur insoweit gebunden ist, die sich aus der Beiordnung eines Rechtsanwalts oder aus einem Gerichtsverfahren ergebenden Kosten im Sinn des Absatzes 2 zu übernehmen, als diese Kosten durch sein System der unentgeltlichen Rechtshilfe und Rechtsberatung gedeckt sind.

Wenn die Gerichte oder Verwaltungsbehörden aufgrund dieses Übereinkommens die Rückgabe des Kindes anordnen oder Anordnungen über das Besuchsrecht treffen, können sie, soweit angezeigt, der Person, die das

Kind verbracht oder zurückgehalten oder die die Ausübung des Besuchsrechts vereitelt hat, die Erstattung der dem Antragsteller selbst oder für seine Rechnung entstandenen notwendigen Kosten auferlegen; dazu gehören insbesondere die Reisekosten, alle Kosten oder Auslagen für das Auffinden des Kindes, Kosten der Rechtsvertretung des Antragstellers und Kosten für die Rückgabe des Kindes.

27. Ist offenkundig, dass die Voraussetzungen dieses Übereinkommens nicht erfüllt sind oder dass der Antrag sonstwie unbegründet ist, so ist eine zentrale Behörde nicht verpflichtet, den Antrag anzunehmen. In diesem Fall teilt die zentrale Behörde dem Antragsteller oder gegebenenfalls der zentralen Behörde, die ihr den Antrag übermittelt hat, umgehend ihre Gründe mit.

28. Eine zentrale Behörde kann verlangen, dass dem Antrag eine schriftliche Vollmacht beigefügt wird, durch die sie ermächtigt wird, für den Antragsteller tätig zu werden oder einen Vertreter zu bestellen, der für ihn tätig wird.

29. Dieses Übereinkommen hindert Personen, Behörden oder sonstige Stellen, die eine Verletzung des Sorgerechts oder des Besuchsrechts im Sinn des Artikels 3 oder 21 geltend machen, nicht daran, sich unmittelbar an die Gerichte oder Verwaltungsbehörden eines Vertragsstaats zu wenden, gleichviel ob dies in Anwendung des Übereinkommens oder unabhängig davon erfolgt.

30. Jeder Antrag, der nach diesem Übereinkommen an die zentralen Behörden oder unmittelbar an die Gerichte oder Verwaltungsbehörden eines Vertragsstaats gerichtet wird, sowie alle dem Antrag beigefügten oder von einer zentralen Behörde beschafften Schriftstücke und sonstigen Mitteilungen sind von den Gerichten oder Verwaltungsbehörden der Vertragsstaaten ohne weiteres entgegenzunehmen.

31. Bestehen in einem Staat auf dem Gebiet des Sorgerechts für Kinder zwei oder mehr Rechtssysteme, die in verschiedenen Gebietseinheiten gelten, so ist
a) eine Verweisung auf den gewöhnlichen Aufenthalt in diesem Staat als Verweisung auf den gewöhnlichen Aufenthalt in einer Gebietseinheit dieses Staates zu verstehen;
b) eine Verweisung auf das Recht des Staates des gewöhnlichen Aufenthalts als Verweisung auf das Recht der Gebietseinheit dieses Staates zu verstehen, in der das Kind seinen gewöhnlichen Aufenthalt hat.

32. Bestehen in einem Staat auf dem Gebiet des Sorgerechts für Kinder zwei oder mehr Rechtssysteme, die für verschiedene Personenkreise gelten, so ist eine Verweisung auf das Recht dieses Staates als Verweisung auf das Rechtssystem zu verstehen, das sich aus der Rechtsordnung dieses Staates ergibt.

33. Ein Staat, in dem verschiedene Gebietseinheiten ihre eigenen Rechtsvorschriften auf dem Gebiet des Sorgerechts für Kinder haben, ist nicht verpflichtet, dieses Übereinkommen anzuwenden, wenn ein Staat mit einheitlichem Rechtssystem dazu nicht verpflichtet wäre.

34. Dieses Übereinkommen geht im Rahmen seines sachlichen Anwendungsbereichs dem Übereinkommen vom 5. Oktober 1961[1]) über die Zuständigkeit der Behörden und das anzuwendende Recht auf dem Gebiet des Schutzes von Minderjährigen vor, soweit die Staaten Vertragsparteien beider Übereinkommen sind. Im übrigen beschränkt dieses Übereinkommen weder die Anwendung anderer internationaler Übereinkünfte, die zwischen dem Ursprungsstaat und dem ersuchten Staat in Kraft sind, noch die Anwendung des nichtvertraglichen Rechts des ersuchten Staates, wenn dadurch die Rückgabe eines widerrechtlich verbrachten oder zurückgehaltenen Kindes erwirkt oder die Durchführung des Besuchsrechts bezweckt werden soll.

---

[1]) Anhang II E3 zum ZGB.

35. Dieses Übereinkommen findet zwischen den Vertragsstaaten nur auf ein widerrechtliches Verbringen oder Zurückhalten Anwendung, das sich nach seinem Inkrafttreten in diesen Staaten ereignet hat.

Ist eine Erklärung nach Artikel 39 oder 40 abgegeben worden, so ist die in Absatz 1 des vorliegenden Artikels enthaltene Verweisung auf einen Vertragsstaat als Verweisung auf die Gebietseinheit oder die Gebietseinheiten zu verstehen, auf die das Übereinkommen angewendet wird.

36. Dieses Übereinkommen hindert zwei oder mehr Vertragsstaaten nicht daran, Einschränkungen, denen die Rückgabe eines Kindes unterliegen kann, dadurch zu begrenzen, dass sie untereinander vereinbaren, von solchen Bestimmungen des Übereinkommens abzuweichen, die eine derartige Einschränkung darstellen könnten.

Kapitel VI

Schlussbestimmungen

37–45. ... (enthalten die üblichen Schlussbestimmungen).

Beilage

Antrag auf Rückgabe (Musterformular)

Text des Musterformulars siehe in der SR.

Geltungsbereich, Vorbehalte und Erklärungen

Im Anschluss an den Text des Übereinkommens enthält die SR je einen Abschnitt über den «Geltungsbereich des Übereinkommens» sowie die «Vorbehalte und Erklärungen» der Vertragsstaaten. Der jeweils aktuelle Stand ist im Internet abrufbar unter www.hcch.net.

———

Anhang II E3

Übereinkommen über die Zuständigkeit der Behörden und das anzuwendende Recht auf dem Gebiet des Schutzes von Minderjährigen *

Abgeschlossen in Den Haag am 5. Oktober 1961

(In Kraft getreten für die Schweiz am 4. Februar 1969; SR 0.211.231.01)

Geltungsstaaten (gegenüber der Schweiz)**: Bundesrepublik Deutschland, Frankreich, Italien, Luxemburg, Macau, die Niederlande, Österreich, Polen, Portugal, Spanien, Türkei.

1. Die Gerichte und Verwaltungsbehörden des Staates, in dem ein Minderjähriger seinen gewöhnlichen Aufenthalt hat, sind, unter Vorbehalt der Bestimmungen der Artikel 3, 4 und 5 Absatz 3 dieses Übereinkommens, zuständig, Massnahmen zum Schutze der Person oder des Vermögens des Minderjährigen zu treffen.

2. Die nach Artikel 1 zuständigen Behörden treffen die in ihrem innerstaatlichen Recht vorgesehenen Massnahmen.

Dieses Recht bestimmt die Voraussetzungen der Anordnung, Änderung und Beendigung der Massnahmen. Es regelt auch deren Wirkungen sowohl im Verhältnis zwischen dem Minderjährigen und den Personen oder Anstalten, denen er anvertraut ist, als auch im Verhältnis zu Dritten.

3. Ein Gewaltverhältnis, das nach dem innerstaatlichen Recht des Staates, dem der Minderjährige angehört, kraft Gesetzes besteht, wird in allen Vertragsstaaten anerkannt.

4. Sind die Behörden des Staates, dem der Minderjährige angehört, der Auffassung, dass das Wohl des Minderjährigen es erfordert, so können sie nach ihrem innerstaatlichen Recht zum Schutze seiner Person oder seines Vermögens Massnahmen treffen, nachdem sie zuvor die Behörden des Staates verständigt haben, in dem der Minderjährige seinen gewöhnlichen Aufenthalt hat.

---

* Botschaft des BR vom 4. März 1966 betr. Genehmigung dieses Haager Übereinkommens von 1961 (BBl 1966 I 349).

Dieses Übereinkommen ersetzt das von der Schweiz auf 1. Juni 1979 gekündigte Haager Abkommen von 1902 zur Regelung der Vormundschaft über Minderjährige.

** Zum Anwendungsbereich des Übereinkommens beachte die Abschnitte Geltungsbereich, Vorbehalte und Erklärungen, in der vorliegenden Textausgabe nicht abgedruckt, jedoch im Internet abrufbar unter www.hcch.net.

Gemäss AS 2005 S. 4759 erstreckt sich der Geltungsbereich auch auf Lettland und Litauen, jedoch hat die Schweiz zur Zeit die Annahme der Beitritte noch nicht erklärt.

Dieses Recht bestimmt die Voraussetzungen der Anordnung, Änderung und Beendigung der Massnahmen. Es regelt auch deren Wirkungen sowohl im Verhältnis zwischen dem Minderjährigen und den Personen oder Stellen, denen er anvertraut ist, als auch im Verhältnis zu Dritten.

Für die Durchführung der getroffenen Massnahmen haben die Behörden des Staates zu sorgen, dem der Minderjährige angehört.

Die nach den vorstehenden Absätzen dieses Artikels getroffenen Massnahmen treten an die Stelle der Massnahmen, die allenfalls von den Behörden des Staates getroffen wurden, in dem der Minderjährige seinen gewöhnlichen Aufenthalt hat.

5. Bei Verlegung des gewöhnlichen Aufenthaltes eines Minderjährigen aus einem Vertragsstaat in einen anderen bleiben die von den Behörden des Staates des früheren gewöhnlichen Aufenthaltes getroffenen Massnahmen so lange in Kraft, bis die Behörden des neuen gewöhnlichen Aufenthaltes sie aufheben oder ersetzen.

Die von den Behörden des Staates des früheren gewöhnlichen Aufenthaltes getroffenen Massnahmen dürfen erst nach vorheriger Verständigung dieser Behörden aufgehoben oder ersetzt werden.

Bei Verlegung des gewöhnlichen Aufenthaltes eines Minderjährigen, der unter dem Schutz der Behörden des Staates stand, dem er angehört, bleiben die von diesen Behörden nach ihrem innerstaatlichen Recht getroffenen Massnahmen im Staate des neuen gewöhnlichen Aufenthaltes in Kraft.

6. Die Behörden des Staates, dem der Minderjährige angehört, können im Einvernehmen mit den Behörden des Staates, in dem er seinen gewöhnlichen Aufenthalt hat oder Vermögen besitzt, diesen die Durchführung der getroffenen Massnahmen übertragen.

Die gleiche Befugnis haben die Behörden des Staates, in dem der Minderjährige seinen gewöhnlichen Aufenthalt hat, gegenüber den Behörden des Staates, in dem der Minderjährige Vermögen besitzt.

7. Die Massnahmen, welche die nach den vorstehenden Bestimmungen dieses Übereinkommens zuständigen Behörden getroffen haben, werden in allen Vertragsstaaten anerkannt. Erfordern diese Massnahmen jedoch Vollstreckungshandlungen in einem anderen Staate als im Staat, in dem sie getroffen worden sind, so bestimmen sich ihre Anerkennung und Vollstreckung entweder nach dem innerstaatlichen Recht des Staates, in dem die Vollstreckung beantragt wird, oder nach internationalen Übereinkünften.

8. Unbeschadet der Bestimmungen der Artikel 3, 4 und 5 Absatz 3 dieses Übereinkommens können die Behörden des Staates, in dem der Minderjährige seinen gewöhnlichen Aufenthalt hat, Schutzmassnahmen ergreifen, wenn der Minderjährige in seiner Person oder in seinem Vermögen ernsthaft gefährdet ist.

Die Behörden der anderen Vertragsstaaten sind nicht verpflichtet, diese Massnahmen anzuerkennen.

9. In allen dringenden Fällen treffen die Behörden jedes Vertragsstaates, in dessen Gebiet sich der Minderjährige oder ihm gehörendes Vermögen befindet, die erforderlichen Schutzmassnahmen.

Die nach dem vorstehenden Absatz getroffenen Massnahmen treten, unter Vorbehalt ihrer endgültigen Wirkungen, ausser Kraft, sobald die nach diesem Übereinkommen zuständigen Behörden die durch die Umstände gebotenen Massnahmen getroffen haben.

10. Zur Sicherung der Fortdauer der dem Minderjährigen einmal auferlegten Ordnung sollen die Behörden eines Vertragsstaates, soweit dies möglich ist, erst dann Massnahmen ergreifen, nachdem sie mit den Behörden der anderen Vertragsstaaten, deren Entscheidungen noch in Kraft sind, einen Meinungsaustausch gepflogen haben.

11. Die Behörden, die auf Grund dieses Übereinkommens Massnahmen getroffen haben, verständigen hievon unverzüglich die Behörden des Staates, dem der Minderjährige angehört, und gegebenenfalls die Behörden des Staates seines gewöhnlichen Aufenthaltes.

Jeder Vertragsstaat bezeichnet die Behörden, welche die im vorstehenden Absatz erwähnten Mitteilungen unmittelbar geben und empfangen können. Er notifiziert diese Bezeichnung dem Ministerium für Auswärtige Angelegenheiten der Niederlande.

12. Als «Minderjähriger» im Sinne dieses Übereinkommens gilt jede Person, welcher diese Eigenschaft sowohl nach dem innerstaatlichen Recht des Staates, dem sie angehört, als auch nach dem innerstaatlichen Recht des Staates ihres gewöhnlichen Aufenthaltes zukommt.

13. Dieses Übereinkommen ist auf alle Minderjährigen anzuwenden, die ihren gewöhnlichen Aufenthalt in einem der Vertragsstaaten haben.

Die Zuständigkeiten, die durch dieses Übereinkommen den Behörden des Staates verliehen sind, dem der Minderjährige angehört, bleiben jedoch den Vertragsstaaten vorbehalten.

Jeder Vertragsstaat kann sich vorbehalten, die Anwendung dieses Übereinkommens auf Minderjährige zu beschränken, die einem Vertragsstaat angehören.

14. Stellt das innerstaatliche Recht des Staates, dem der Minderjährige angehört, kein einheitliches System dar, so sind im Sinne dieses Übereinkommens unter «innerstaatliches Recht des Staates, dem der Minderjährige angehört» und unter «Behörden des Staates, dem der Minderjährige angehört», das Recht und die Behörden zu verstehen, welche durch die in diesem System geltenden Vorschriften und, mangels solcher Vorschriften, durch die engste Verbindung bestimmt werden, die der Minderjährige mit einer der dieses System bildenden Rechtsordnungen hat.

15. Jeder Vertragsstaat, dessen Behörden dazu berufen sind, über eine Klage auf Nichtigerklärung, Auflösung oder Lockerung des zwischen den

Eltern eines Minderjährigen bestehenden Ehebandes zu entscheiden, kann die Zuständigkeit dieser Behörden für Massnahmen zum Schutze der Person oder des Vermögens des Minderjährigen vorbehalten.[1])

Die Behörden der anderen Vertragsstaaten sind nicht verpflichtet, diese Massnahmen anzuerkennen.

---
[1]) Gemäss BB vom 27. September 1966 hat der BR bei der Ratifizierung des Übereinkommens folgende Erklärung abgegeben: «Die Schweiz macht von dem in Art. 15 des Übereinkommens vorgesehenen Vorbehalt Gebrauch und wird den Richter, der über Ungültigkeit, Scheidung oder Trennung der Ehe zu befinden hat, als zuständig erachten, im Rahmen der Artikel 133 Absatz 2, 156 und 157 des schweizerischen Zivilgesetzbuches Massnahmen zum Schutze der Person oder des Vermögens eines Minderjährigen zu treffen.» Dieser Vorbehalt ist mit Wirkung auf den 28. Mai 1993 zurückgezogen worden (Art. 2 des BB vom 17. Dezember 1992 betreffend den Rückzug von vier Vorbehalten in vier multilateralen Staatsverträgen, AS 1993 S. 2434, 2438, AS 1995 S. 1400).

16. Von den Bestimmungen dieses Übereinkommens darf in den Vertragsstaaten nur dann abgewichen werden, wenn ihre Anwendung mit der öffentlichen Ordnung offensichtlich unvereinbar ist.

17. Dieses Übereinkommen ist nur auf die nach seinem Inkrafttreten getroffenen Massnahmen anzuwenden.

Gewaltverhältnisse, die nach dem innerstaatlichen Recht des Staates, dem der Minderjährige angehört, kraft Gesetzes bestehen, werden vom Inkrafttreten des Übereinkommens an anerkannt.

18. Dieses Übereinkommen tritt im Verhältnis zwischen den Vertragsstaaten an die Stelle des am 12. Juni 1902 in Den Haag unterzeichneten Abkommens zur Regelung der Vormundschaft über Minderjährige.

Es lässt die Bestimmungen anderer Übereinkünfte unberührt, an welche im Zeitpunkt seines Inkrafttretens Vertragsstaaten gebunden sind.

19. Dieses Übereinkommen steht den Staaten, die auf der Neunten Tagung der Haager Konferenz für internationales Privatrecht vertreten waren, zur Unterzeichnung offen.

Es bedarf der Ratifizierung; die Ratifikationsurkunden sind beim Ministerium für Auswärtige Angelegenheiten der Niederlande zu hinterlegen.

20. Dieses Übereinkommen tritt am sechzigsten Tage nach der in Artikel 19 Absatz 2 vorgesehenen Hinterlegung der dritten Ratifikationsurkunde in Kraft.

Das Übereinkommen tritt für jeden Unterzeichnerstaat, der es später ratifiziert, am sechzigsten Tage nach Hinterlegung seiner Ratifikationsurkunde in Kraft.

21. Jeder Staat, der auf der Neunten Tagung der Haager Konferenz für internationales Privatrecht nicht vertreten war, kann diesem Übereinkommen beitreten, nachdem es gemäss Artikel 20 Absatz 1 in Kraft getreten ist.

Die Beitrittsurkunde ist beim Ministerium für Auswärtige Angelegenheiten der Niederlande zu hinterlegen.

Der Beitritt wirkt nur im Verhältnis zwischen dem beitretenden Staat und den Vertragsstaaten, die erklärt haben, diesen Beitritt anzunehmen. Die Annahmeerklärung ist dem Ministerium für Auswärtige Angelegenheiten der Niederlande zu notifizieren.

Das Übereinkommen tritt zwischen dem beitretenden Staat und dem Staat, der erklärt hat, diesen Beitritt anzunehmen, am sechzigsten Tage nach der im vorstehenden Absatz erwähnten Notifikation in Kraft.

22. Jeder Staat kann bei der Unterzeichnung, bei der Ratifizierung oder beim Beitritt erklären, dass dieses Übereinkommen auf alle oder auf einzelne der Gebiete ausgedehnt wird, deren internationale Beziehungen er wahrnimmt. Eine solche Erklärung wird wirksam, sobald das Übereinkommen für den Staat, der sie abgegeben hat, in Kraft tritt.

Später kann dieses Übereinkommen auf solche Gebiete durch eine an das Ministerium für Auswärtige Angelegenheiten der Niederlande gerichtete Notifikation ausgedehnt werden.

Wird die Erklärung über die Ausdehnung durch einen Staat abgegeben, der das Übereinkommen unterzeichnet und ratifiziert hat, so tritt das Übereinkommen für die in Betracht kommenden Gebiete gemäss Artikel 20 in Kraft. Wird die Erklärung über die Ausdehnung durch einen Staat abgegeben, der dem Übereinkommen beigetreten ist, so tritt das Übereinkommen für die in Betracht kommenden Gebiete gemäss Artikel 21 in Kraft.

23. Jeder Staat kann spätestens bei der Ratifizierung oder beim Beitritt die in den Artikeln 13 Absatz 3 und 15 Absatz 1 dieses Übereinkommens vorgesehenen Vorbehalte machen. Andere Vorbehalte sind nicht zulässig.

Jeder Vertragsstaat, der eine Ausdehnung des Übereinkommens gemäss Artikel 22 notifiziert, kann diese Vorbehalte auch mit Wirkung nur für alle oder einzelne Gebiete machen, auf die sich die Ausdehnung bezieht.

Jeder Vertragsstaat kann einen Vorbehalt, den er gemacht hat, jederzeit zurückziehen. Dieser Rückzug ist dem Ministerium für Auswärtige Angelegenheiten der Niederlande zu notifizieren.

Die Wirkung des Vorbehaltes erlischt am sechzigsten Tage nach der im vorstehenden Absatz erwähnten Notifikation.

24. Dieses Übereinkommen gilt für die Dauer von fünf Jahren, gerechnet von seinem Inkrafttreten gemäss Artikel 20 Absatz 1, und zwar auch für Staaten, die es später ratifizieren oder ihm später beitreten.

Die Geltungsdauer des Übereinkommens verlängert sich, ausser im Fall der Kündigung, stillschweigend um jeweils fünf Jahre.

Die Kündigung ist spätestens sechs Monate vor Ablauf der Frist von fünf Jahren dem Ministerium für Auswärtige Angelegenheiten der Niederlande zu notifizieren.

Sie kann sich auf einzelne der Gebiete, auf die das Übereinkommen anzuwenden ist, beschränken.

Die Kündigung wirkt nur für den Staat, der sie notifiziert hat. Für die anderen Vertragsstaaten bleibt das Übereinkommen in Kraft.

25. Das Ministerium für Auswärtige Angelegenheiten der Niederlande notifiziert den in Artikel 19 bezeichneten Staaten sowie den Staaten, die gemäss Artikel 21 beigetreten sind:
a. die Notifikationen gemäss Artikel 11 Absatz 2;
b. die Unterzeichnungen und Ratifikationen gemäss Artikel 19;
c. den Tag, an dem dieses Übereinkommen gemäss Artikel 20 Absatz 1 in Kraft tritt;
d. die Beitritts- und Annahmeerklärungen gemäss Artikel 21 sowie den Tag, an dem sie wirksam werden;
e. die Erklärungen über die Ausdehnung gemäss Artikel 22 sowie den Tag, an dem sie wirksam werden;
f. die Vorbehalte und die Rückzüge von Vorbehalten gemäss Artikel 23;
g. die Kündigungen gemäss Artikel 24 Absatz 3.

Geltungsbereich, Vorbehalte und Erklärungen

Im Anschluss an den Text des Übereinkommens enthält die SR je einen Abschnitt über den «Geltungsbereich des Übereinkommens» sowie die «Vorbehalte und Erklärungen» der Vertragsstaaten. Der jeweils aktuelle Stand ist im Internet abrufbar unter www.hcch.net.

Anhang II F

Übereinkommen über das auf die Form letztwilliger Verfügungen anzuwendende Recht*

Abgeschlossen in Den Haag am 5. Oktober 1961

(Für die Schweiz in Kraft getreten am 17. Oktober 1971; SR 0.211.312.1)

Geltungsstaaten**: Antigua und Barbuda, Australien, Belgien, Bosnien-Herzegowina, Botswana, Brunei, Bundesrepublik Deutschland, Dänemark, Estland, Fidschi, Finnland, Frankreich, Grenada, Griechenland, Grossbritannien, Hongkong, Irland, Israel, Japan, Kroatien, Lesotho, Luxemburg, Mauritius, Mazedonien, die Niederlande, Norwegen, Österreich, Polen, Schweden, Schweiz, Serbien und Montenegro, Slowenien, Spanien, Südafrika, Swasiland, Tonga, Türkei.

Unterzeichnet, aber bisher nicht ratifiziert wurde dieses Abkommen von Italien und Portugal.

1. Eine letztwillige Verfügung ist hinsichtlich ihrer Form gültig, wenn diese dem innerstaatlichen Recht entspricht:
a) des Ortes, an dem der Erblasser letztwillig verfügt hat, oder
b) eines Staates, dessen Staatsangehörigkeit der Erblasser im Zeitpunkt, in dem er letztwillig verfügt hat, oder im Zeitpunkt seines Todes besessen hat, oder
c) eines Ortes, an dem der Erblasser im Zeitpunkt, in dem er letztwillig verfügt hat, oder im Zeitpunkt seines Todes seinen Wohnsitz gehabt hat, oder
d) des Ortes, an dem der Erblasser im Zeitpunkt, in dem er letztwillig verfügt hat, oder im Zeitpunkt seines Todes seinen gewöhnlichen Aufenthalt gehabt hat, oder
e) soweit es sich um unbewegliches Vermögen handelt, des Ortes, an dem sich dieses befindet.

Ist die Rechtsordnung, die auf Grund der Staatsangehörigkeit anzuwenden ist, nicht vereinheitlicht, so wird für den Bereich dieses Übereinkommens anzuwendende Recht durch die innerhalb dieser Rechtsordnung geltenden Vorschriften, mangels solcher Vorschriften durch die engste Bindung bestimmt, die der Erblasser zu einer der Teilrechtsordnungen gehabt hat, aus denen sich die Rechtsordnung zusammensetzt.

Die Frage, ob der Erblasser an einem bestimmten Ort einen Wohnsitz gehabt hat, wird durch das an diesem Orte geltende Recht geregelt.

---

* Siehe Botschaft des BR vom 21. Oktober 1970 betr. Genehmigung dieses Haager Übereinkommens (BBl 1970 II 1121).

** Zum Anwendungsbereich des Übereinkommens beachte auch die Abschnitte Geltungsbereich, Vorbehalte und Erklärungen, in der vorliegenden Textausgabe nicht abgedruckt, jedoch im Internet abrufbar unter www.hcch.net.

2. Artikel 1 ist auch auf letztwillige Verfügungen anzuwenden, durch die eine frühere letztwillige Verfügung widerrufen wird.

Der Widerruf ist hinsichtlich seiner Form auch dann gültig, wenn diese einer der Rechtsordnungen entspricht, nach denen die widerrufene letztwillige Verfügung gemäss Artikel 1 gültig gewesen ist.

3. Dieses Übereinkommen berührt bestehende oder künftige Vorschriften der Vertragsstaaten nicht, wodurch letztwillige Verfügungen anerkannt werden, die der Form nach entsprechend einer in den vorangehenden Artikeln nicht vorgesehenen Rechtsordnung errichtet worden sind.

4. Dieses Übereinkommen ist auch auf die Form letztwilliger Verfügungen anzuwenden, die zwei oder mehrere Personen in derselben Urkunde errichtet haben.

5. Für den Bereich dieses Übereinkommens werden die Vorschriften, welche die für letztwillige Verfügungen zugelassenen Formen mit Beziehung auf das Alter, die Staatsangehörigkeit oder andere persönliche Eigenschaften des Erblassers beschränken, als zur Form gehörend angesehen. Das gleiche gilt für Eigenschaften, welche die für die Gültigkeit einer letztwilligen Verfügung erforderlichen Zeugen besitzen müssen.

6. Die Anwendung der in diesem Übereinkommen aufgestellten Regeln über das anzuwendende Recht hängt nicht von der Gegenseitigkeit ab. Das Übereinkommen ist auch dann anzuwenden, wenn die Beteiligten nicht Staatsangehörige eines Vertragsstaates sind oder das auf Grund der vorangehenden Artikel anzuwendende Recht nicht das eines Vertragsstaates ist.

7. Die Anwendung eines durch dieses Übereinkommen für massgebend erklärten Rechtes darf nur abgelehnt werden, wenn sie mit der öffentlichen Ordnung offensichtlich unvereinbar ist.

8. Dieses Übereinkommen ist in allen Fällen anzuwenden, in denen der Erblasser nach dem Inkrafttreten des Übereinkommens gestorben ist.

9. Jeder Vertragsstaat kann sich, abweichend von Artikel 1 Absatz 3, das Recht vorbehalten, den Ort, an dem der Erblasser seinen Wohnsitz gehabt hat, nach dem am Gerichtsort geltenden Rechte zu bestimmen.

10. Jeder Vertragsstaat kann sich das Recht vorbehalten, letztwillige Verfügungen nicht anzuerkennen, die einer seiner Staatsangehörigen, der keine andere Staatsangehörigkeit besass, ausgenommen den Fall aussergewöhnlicher Umstände, in mündlicher Form errichtet hat.[1]

---

[1] Einen solchen Vorbehalt hat die Schweiz bei Ratifikation des Übereinkommens angebracht.

11. Jeder Vertragsstaat kann sich das Recht vorbehalten, bestimmte Formen im Ausland errichteter letztwilliger Verfügungen auf Grund der einschlägigen Vorschriften seines Rechtes nicht anzuerkennen, wenn sämtliche der folgenden Voraussetzungen erfüllt sind:
a) Die letztwillige Verfügung ist hinsichtlich ihrer Form nur nach einem Rechte gültig, das ausschliesslich auf Grund des Ortes anzuwenden ist, an dem der Erblasser sie errichtet hat,
b) der Erblasser war Staatsangehöriger des Staates, der den Vorbehalt erklärt hat,
c) der Erblasser hatte in diesem Staat einen Wohnsitz oder seinen gewöhnlichen Aufenthalt und
d) der Erblasser ist in einem anderen Staate gestorben als in dem, wo er letztwillig verfügt hatte.

Dieser Vorbehalt ist nur für das Vermögen wirksam, das sich in dem Staate befindet, der den Vorbehalt erklärt hat.

12. Jeder Vertragsstaat kann sich das Recht vorbehalten, die Anwendung dieses Übereinkommens auf Anordnungen in einer letztwilligen Verfügung auszuschliessen, die nach seinem Rechte nicht erbrechtlicher Art sind.

13. Jeder Vertragsstaat kann sich, abweichend von Artikel 8, das Recht vorbehalten, dieses Übereinkommen nur auf letztwillige Verfügungen anzuwenden, die nach dessen Inkrafttreten errichtet worden sind.

14. Dieses Übereinkommen liegt für die bei der Neunten Tagung der Haager Konferenz für internationales Privatrecht vertretenen Staaten zur Unterzeichnung auf.

Es bedarf der Ratifizierung; die Ratifikationsurkunden sind beim Ministerium für Auswärtige Angelegenheiten der Niederlande zu hinterlegen.

15. Dieses Übereinkommen tritt am sechzigsten Tage nach der gemäss Artikel 14 Absatz 2 vorgenommenen Hinterlegung der dritten Ratifikationsurkunde in Kraft.

Das Übereinkommen tritt für jeden Unterzeichnerstaat, der es später ratifiziert, am sechzigsten Tage nach Hinterlegung seiner Ratifikationsurkunde in Kraft.

16. Jeder bei der Neunten Tagung der Haager Konferenz für internationales Privatrecht nicht vertretene Staat kann diesem Übereinkommen beitreten, nachdem es gemäss Artikel 15 Absatz 1 in Kraft getreten ist. Die Beitrittsurkunde ist beim Ministerium für Auswärtige Angelegenheiten der Niederlande zu hinterlegen.

Das Übereinkommen tritt für den beitretenden Staat am sechzigsten Tage nach Hinterlegung seiner Beitrittsurkunde in Kraft.

17. Jeder Staat kann bei der Unterzeichnung, bei der Ratifizierung oder beim Beitritt erklären, dass dieses Übereinkommen auf alle oder auf einzelne der Gebiete ausgedehnt werde, deren internationale Beziehungen er wahrnimmt. Eine solche Erklärung wird wirksam, sobald das Übereinkommen für den Staat, der sie abgegeben hat, in Kraft tritt.

Später kann dieses Übereinkommen auf solche Gebiete durch eine an das Ministerium für Auswärtige Angelegenheiten der Niederlande gerichtete Notifikation ausgedehnt werden.

Das Übereinkommen tritt für die Gebiete, auf die sich die Ausdehnung erstreckt, am sechzigsten Tage nach der in Absatz 2 vorgesehenen Notifikation in Kraft.

18. Jeder Staat kann spätestens bei der Ratifizierung oder beim Beitritt einen oder mehrere der in den Artikeln 9, 10, 11, 12 und 13 vorgesehenen Vorbehalte erklären. Andere Vorbehalte sind nicht zulässig.

Ebenso kann jeder Vertragsstaat bei der Notifikation einer Ausdehnung des Übereinkommens gemäss Artikel 17 einen oder mehrere dieser Vorbehalte für alle oder einzelne der Gebiete, auf die sich die Ausdehnung erstreckt, erklären.

Jeder Vertragsstaat kann einen Vorbehalt, den er erklärt hat, jederzeit zurückziehen. Diese Zurückziehung ist dem Ministerium für Auswärtige Angelegenheiten der Niederlande zu notifizieren.

Die Wirkung des Vorbehalts erlischt am sechzigsten Tage nach der in Absatz 3 vorgesehenen Notifikation.

19. Dieses Übereinkommen gilt für die Dauer von fünf Jahren, gerechnet von seinem Inkrafttreten gemäss Artikel 15 Absatz 1, und zwar auch für Staaten, die es später ratifiziert haben oder ihm später beigetreten sind.

Die Geltungsdauer des Übereinkommens verlängert sich, ausser im Falle der Kündigung, stillschweigend um jeweils fünf Jahre.

Die Kündigung ist spätestens sechs Monate, bevor der Zeitraum von fünf Jahren jeweils abläuft, dem Ministerium für Auswärtige Angelegenheiten der Niederlande zu notifizieren.

Sie kann sich auf bestimmte Gebiete, auf die das Übereinkommen anzuwenden ist, beschränken.

Die Kündigung wirkt nur für den Staat, der sie notifiziert hat. Für die anderen Vertragsstaaten bleibt das Übereinkommen in Kraft.

20. Das Ministerium für Auswärtige Angelegenheiten der Niederlande notifiziert den in Artikel 14 bezeichneten Staaten sowie den Staaten, die gemäss Artikel 16 beigetreten sind:
 a) die Unterzeichnungen und Ratifikationen gemäss Artikel 14;
 b) den Tag, an dem dieses Übereinkommen gemäss Artikel 15 Absatz 1 in Kraft tritt;
 c) die Beitrittserklärungen gemäss Artikel 16 sowie den Tag, an dem sie wirksam werden;

d) die Erklärungen über die Ausdehnung gemäss Artikel 17 sowie den Tag, an dem sie wirksam werden;
e) die Vorbehalte und Zurückziehungen von Vorbehalten gemäss Artikel 18;
f) die Kündigungen gemäss Artikel 19 Absatz 3.

Geltungsbereich, Vorbehalte und Erklärungen

Im Anschluss an den Text des Übereinkommens enthält die SR je einen Abschnitt über den «Geltungsbereich des Übereinkommens» sowie die «Vorbehalte und Erklärungen» der Vertragsstaaten. Der jeweils aktuelle Stand ist abrufbar im Internet unter www.hcch.net.

Anhang III

Zivilstandsverordnung (ZStV)

(Vom 28. April 2004, SR 211.112.2)

(Gestützt auf die Artikel 40, 43a, 44 Absatz 2, 45a Absatz 3, 48, 103 und Schlusstitel Artikel 6a Absatz 1 des Zivilgesetzbuches [ZGB])

> Gleichzeitig mit dem Inkrafttreten des Partnerschaftsgesetzes am 1. Januar 2007 (Anhang IV E zum ZGB) wird auch die ZStV angepasst. Die vorgesehenen Änderungen sind abrufbar unter **www.schulthess.com/update/**.

Inhalt*

Art.

1. Kapitel

Allgemeine Bestimmungen 1/6

2. Kapitel

Gegenstand der Beurkundung 7/14

3. Kapitel

Verfahren der Beurkundung
1. Abschnitt. Allgemeines 15/19
2. Abschnitt. Zuständigkeit 20/3
3. Abschnitt. Erfassen 24/7
4. Abschnitt. Abschliessen 28
5. Abschnitt. Bereinigung 29/30
6. Abschnitt. Belege 31/3

4. Kapitel

Meldepflichten
1. Abschnitt. Geburt und Tod 34/8
2. Abschnitt. Ausländische Ereignisse, Erklärungen und Entscheidungen 39

5. Kapitel

Amtliche Mitteilungspflichten 40/3

---

* Inhaltsverzeichnis vom Herausgeber eingefügt.

Anhang III
Zivilstandsverordnung (ZStV)

Art.

6. Kapitel

Bekanntgabe der Daten
1. Abschnitt. Allgemeines 44/8
2. Abschnitt. Bekanntgabe von Amtes wegen 49/57
3. Abschnitt. Bekanntgabe auf Anfrage 58/61

7. Kapitel

Vorbereitung der Eheschliessung und Trauung
1. Abschnitt. Vorbereitungsverfahren 62/9
2. Abschnitt. Trauung 70/2
3. Abschnitt. Eheschliessung von ausländischen
Staatsangehörigen 73/4
4. Abschnitt. Ehefähigkeitszeugnisse 75

8. Kapitel

Zentrale Datenbank Infostar 76/80

9. Kapitel

Datenschutz und Datensicherheit 81/3

10. Kapitel

Aufsicht 84/8

11. Kapitel

Verfahren und Rechtsmittel 89/90

12. Kapitel

Strafbestimmung 91

13. Kapitel

Schlussbestimmungen 92/100

Anhang (Art. 79)

1. Kapitel

Allgemeine Bestimmungen

1. *Zivilstandskreis und Beschäftigungsgrad*[1]). ¹ Die Zivilstandskreise werden von den Kantonen so festgelegt, dass sich für die Zivilstandsbeamtinnen und Zivilstandsbeamten ein Beschäftigungsgrad ergibt, der einen fachlich zuverlässigen Vollzug gewährleistet. Der Beschäftigungsgrad beträgt mindestens 40 Prozent. Er wird ausschliesslich auf Grund zivilstandsamtlicher Tätigkeiten berechnet.

² Das Eidgenössische Justiz- und Polizeidepartement (Departement) kann in besonders begründeten Fällen auf Gesuch der kantonalen Aufsichtsbehörde im Zivilstandswesen (Aufsichtsbehörde) Ausnahmen vom minimalen Beschäftigungsgrad bewilligen. Die Aufsichtsbehörde entscheidet in eigener Verantwortung, wenn sich die Ausnahme nur auf den Beschäftigungsgrad der Zivilstandsbeamtin oder des Zivilstandsbeamten bezieht und die Grösse eines Zivilstandskreises nicht verändert wird. Der fachlich zuverlässige Vollzug ist in jedem Fall zu gewährleisten.[1])

³ Zivilstandskreise können Gemeinden mehrerer Kantone umfassen. Die beteiligten Kantone treffen im Einvernehmen mit dem Eidgenössischen Amt für das Zivilstandswesen die nötigen Vereinbarungen.

⁴ Die Kantone bezeichnen für jeden Zivilstandskreis den Amtssitz.

⁵ Jede Veränderung eines Zivilstandskreises oder Verlegung eines Amtssitzes ist dem Eidgenössischen Amt für das Zivilstandswesen vorgängig zu melden.

---

[1]) Fassung gemäss Änderung der ZStV vom 9. Dezember 2005 (AS 2005 S. 5679), i.K. 1. Januar 2006.

2. *Sonderzivilstandsämter.* ¹ Die Kantone können Sonderzivilstandsämter bilden, deren Zivilstandskreis das ganze Kantonsgebiet umfasst.

² Sie können den Sonderzivilstandsämtern folgende Aufgaben zuteilen:
a. Erfassen ausländischer Entscheidungen oder Urkunden über den Zivilstand auf Grund von Verfügungen der eigenen Aufsichtsbehörde (Art. 32 des Bundesgesetzes vom 18. Dezember 1987 über das Internationale Privatrecht, IPRG[1]));
b. Erfassen von Urteilen oder Verfügungen der eigenen kantonalen Gerichte oder Verwaltungsbehörden;
c. Erfassen von Verwaltungsverfügungen des Bundes, wenn Kantonsbürgerinnen oder Kantonsbürger betroffen sind, oder von Bundesgerichtsurteilen, wenn erstinstanzlich ein eigenes kantonales Gericht entschieden hat.

³ Sie können diese Aufgaben auch ordentlichen Zivilstandsämtern zuteilen.

⁴ Mehrere Kantone können gemeinsame Sonderzivilstandsämter bilden. Sie treffen im Einvernehmen mit dem Eidgenössischen Amt für das Zivilstandswesen die nötigen Vereinbarungen.

―――――
¹) Anhang I A zum ZGB.

3. *Amtssprache.* ¹ Die Amtssprache richtet sich nach der kantonalen Regelung.

² Eine sprachlich vermittelnde Person ist beizuziehen, wenn bei einer Amtshandlung die Verständigung nicht gewährleistet ist. Die Kosten sind von den beteiligten Privaten zu tragen, soweit es sich nicht um sprachliche Vermittlung für Gehörlose handelt.

³ Die Zivilstandsbeamtin oder der Zivilstandsbeamte hält die Personalien der sprachlich vermittelnden Person schriftlich fest, ermahnt diese zur Wahrheit und weist sie auf die Straffolgen einer falschen Vermittlung hin.

⁴ Urkunden, die nicht in einer schweizerischen Amtssprache abgefasst sind, können zurückgewiesen werden, wenn sie nicht von einer beglaubigten deutschen, französischen oder italienischen Übersetzung begleitet sind.

⁵ Die Zivilstandsbehörden sorgen für die Übersetzung, soweit dies notwendig und möglich ist.

⁶ Die Kosten der Übersetzung sind von den beteiligten Privaten zu tragen.

4. *Zivilstandsbeamtin und Zivilstandsbeamter.* ¹ Die Kantone ordnen jedem Zivilstandskreis die nötige Anzahl Zivilstandsbeamtinnen und Zivilstandsbeamte zu, bestimmen die Leiterin oder den Leiter und regeln die Stellvertretung.

² Eine Zivilstandsbeamtin oder ein Zivilstandsbeamter kann für mehrere Zivilstandskreise zuständig sein.

³ Die Ernennung oder Wahl zur Zivilstandsbeamtin oder zum Zivilstandsbeamten setzt voraus:
a. das Schweizer Bürgerrecht;
b. die Handlungsfähigkeit;
c. den eidgenössischen Fachausweis für Zivilstandsbeamtinnen und Zivilstandsbeamte nach dem Reglement über die Berufsprüfung für Zivilstandsbeamtinnen und Zivilstandsbeamte oder einen Ausweis, der vom Eidgenössischen Amt für das Zivilstandswesen als gleichwertig anerkannt ist.

⁴ Der Ausweis nach Absatz 3 Buchstabe c kann auch nach der Ernennung oder Wahl erworben werden. Die zuständige kantonale Behörde legt in der Anstellungsverfügung die Frist fest. Diese beträgt höchstens drei Jahre und kann in begründeten Ausnahmefällen verlängert werden.

⁵ Die Kantone können weitere Voraussetzungen für die Ernennung oder Wahl zur Zivilstandsbeamtin oder zum Zivilstandsbeamten festlegen.

5. *Vertretungen der Schweiz im Ausland.* ¹ Die Vertretungen der Schweiz im Ausland wirken beim Vollzug der Beurkundung des Personenstandes

und des Eheschliessungsverfahrens mit. Sie haben namentlich folgende Aufgaben:
a. Information und Beratung der betroffenen Personen;
b. Übermittlung ausländischer Urkunden und Entscheidungen über den Zivilstand mit summarischer Übersetzung und Beglaubigung;
c. Vermittlung von Dokumenten und Entgegennahme von Erklärungen für das Vorbereitungsverfahren der Eheschliessung in der Schweiz;
d. Vermittlung von schweizerischen Ehefähigkeitszeugnissen für Heiraten im Ausland;
e. Entgegennahme und Übermittlung von Namenserklärungen;
f. Abklärung von Gemeinde- und Kantonsbürgerrechten und des Schweizer Bürgerrechts;
g. Überprüfung der Echtheit ausländischer Urkunden;
h. Beschaffung und Übermittlung von Informationen über das ausländische Recht;
i. Erhebung von Gebühren.

² Das Departement kann ausnahmsweise eine Vertreterin oder einen Vertreter der Schweiz im Ausland mit den Aufgaben einer Zivilstandsbeamtin oder eines Zivilstandsbeamten betrauen. Der Rechtsschutz richtet sich nach dem Bundesgesetz vom 20. Dezember 1968[1]) über das Verwaltungsverfahren und nach dem Bundesrechtspflegegesetz vom 16. Dezember 1943[2]).

³ Das Eidgenössische Amt für das Zivilstandswesen erteilt die nötigen Weisungen und übt die Aufsicht aus.

---

[1]) SR 172.021.

[2]) OG, SR 173.110. Mit Inkrafttreten des Bundesgerichtsgesetzes (BGG) am 1. Januar 2007 wird das OG aufgehoben.

6. *Zivilstandsformulare und ihre Beschriftung.* ¹ Das Eidgenössische Amt für das Zivilstandswesen legt die im Zivilstandswesen zu verwendenden Formulare fest.

² Es erlässt Weisungen über die Papierqualität und die Anforderungen an die Beschriftung. Zur Vermeidung von Missbräuchen kann es besondere Sicherheitselemente vorschreiben.

2. Kapitel

Gegenstand der Beurkundung

7. *Personenstand.* ¹ Gegenstand der Beurkundung ist der Personenstand (Art. 39 Abs. 2 ZGB).

² Erfasst werden:
a. Geburt;
b. Findelkind;
c. Tod;

d. Tod einer Person mit unbekannter Identität;
e. Namenserklärung;
f. Kindesanerkennung;
g. Bürgerrecht;
h. Ehevorbereitung;
i. Ehe;
j. Eheauflösung;
k. Namensänderung;
l. Kindesverhältnis;
m. Adoption;
n. Verschollenerklärung;
o. Geschlechtsänderung.

8. *Daten.* Folgende Daten werden im Personenstandsregister geführt:
a. Systemdaten:
   1. Systemnummern,
   2. Eintragungsart,
   3. Eintragungsstatus,
   4. Verzeichnisse (Gemeinden, Zivilstandskreise, Staaten, Adressen);
b. Personenidentifikationsnummer;
c. Namen:
   1. Familienname,
   2. Ledigname,
   3. Vornamen,
   4. andere amtliche Namen;
d. Geschlecht;
e. Geburt:
   1. Datum,
   2. Zeit,
   3. Ort,
   4. Totgeburt;
f. Zivilstand:
   1. Status,
   2. Datum;
g. Tod:
   1. Datum,
   2. Zeit,
   3. Ort;
h. Wohnort;
i. Aufenthaltsort;
j. Lebensstatus;
k. bevormundet;
l. Eltern:
   1. Familienname der Mutter,
   2. Vornamen der Mutter,
   3. andere amtliche Namen der Mutter,

4. Familienname des Vaters,
   5. Vornamen des Vaters,
   6. andere amtliche Namen des Vaters;
m. Adoptiveltern:
   1. Familienname der Adoptivmutter,
   2. Vornamen der Adoptivmutter,
   3. andere amtliche Namen der Adoptivmutter,
   4. Familienname des Adoptivvaters,
   5. Vornamen des Adoptivvaters,
   6. andere amtliche Namen des Adoptivvaters;
n. Bürgerrecht/Staatsangehörigkeit:
   1. Datum (gültig ab/gültig bis),
   2. Erwerbsgrund,
   3. Anmerkung zum Erwerbsgrund,
   4. Verlustgrund,
   5. Anmerkung zum Verlustgrund,
   6. Referenz Familienregister,
   7. Burger- oder Korporationsrecht;
o. Beziehungsdaten:
   1. Art (Eheverhältnis/Kindesverhältnis),
   2. Datum (gültig ab/gültig bis),
   3. Auflösungsgrund.

9. *Geburt.* [1] Als Geburten werden die Lebend- und die Totgeburten beurkundet.

[2] Als Totgeburt wird ein Kind bezeichnet, das ohne Lebenszeichen auf die Welt kommt und ein Geburtsgewicht von mindestens 500 Gramm oder ein Gestationsalter von mindestens 22 vollendeten Wochen aufweist.[1])

[3] Bei tot geborenen Kindern können Familienname und Vornamen erfasst werden, wenn es die zur Vornamensgebung berechtigten Personen (Art. 37 Abs. 1) wünschen.

---

[1]) Art. 9 Abs. 2 ist am 1. Januar 2005 in Kraft getreten (Art. 100 Abs. 2).

10. *Findelkind.* Als Findelkind gilt ein ausgesetztes Kind unbekannter Abstammung.

11. *Kindesanerkennung.* [1] Als Kindesanerkennung gilt die Anerkennung eines Kindes, das nur zur Mutter in einem Kindesverhältnis steht, durch den Vater.

[2] Die Anerkennung kann vor der Geburt des Kindes erfolgen.

[3] Ausgeschlossen ist die Beurkundung der Anerkennung eines adoptierten Kindes.

[4] Ist der Anerkennende unmündig oder entmündigt, so ist die Zustimmung seiner Eltern oder seiner Vormündin oder seines Vormundes notwendig. Die Zustimmung ist schriftlich zu erteilen. Die Unterschriften sind zu beglaubigen.

⁵ Zur Beurkundung von Anerkennungen ist unter Vorbehalt der gerichtlichen und der testamentarischen Kindesanerkennungen jede Zivilstandsbeamtin und jeder Zivilstandsbeamte zuständig (Art. 260 Abs. 3 ZGB).

⁶ In besonders begründeten Ausnahmefällen kann die Beurkundung ausserhalb des Zivilstandsamts, namentlich durch am Ort einer Klinik oder einer Strafvollzugsanstalt zuständige Zivilstandsbeamtinnen oder Zivilstandsbeamte, oder durch Vermittlung der zuständigen Vertretung der Schweiz im Ausland erfolgen.

⁷ Die Kindesanerkennung ist unter Hinweis auf die Artikel 260a–260c ZGB der Mutter sowie dem Kind oder nach seinem Tode den Nachkommen mitzuteilen.

12. *Namenserklärung vor der Heirat.* ¹ Die Braut kann gegenüber dem Zivilstandsbeamten oder der Zivilstandsbeamtin erklären, sie wolle nach der Eheschliessung ihren bisherigen Namen, gefolgt vom Familiennamen, weiterführen (Art. 160 Abs. 2 und 3 ZGB). Die gleiche Möglichkeit hat der Bräutigam, wenn die Brautleute das Gesuch stellen, von der Trauung an den Namen der Ehefrau als Familiennamen zu führen (Art. 30 Abs. 2 ZGB).

² Für die Entgegennahme der Erklärung ist das Zivilstandsamt, bei welchem das Gesuch um Durchführung des Vorbereitungsverfahrens zur Eheschliessung eingereicht werden muss, oder das Zivilstandsamt des Trauungsortes zuständig. Bei Trauung im Ausland kann die erklärende Person die Erklärung auch der Vertretung der Schweiz oder dem Zivilstandsamt ihres Heimatortes oder schweizerischen Wohnsitzes abgeben.

³ Die Unterschrift wird beglaubigt.

13. *Namenserklärung nach gerichtlicher Auflösung der Ehe.* ¹ Der Ehegatte, der durch Heirat seinen Namen geändert hat, kann nach gerichtlicher Auflösung der Ehe innert einem Jahr gegenüber der Zivilstandsbeamtin oder dem Zivilstandsbeamten erklären, den angestammten oder den vor der Heirat getragenen Familiennamen wieder führen zu wollen (Art. 109 Abs. 2 ZGB in Verbindung mit Art. 119 Abs. 1 ZGB).

² Zur Entgegennahme der Erklärung sind in der Schweiz jede Zivilstandsbeamtin und jeder Zivilstandsbeamte und im Ausland die Vertretung der Schweiz zuständig.

³ Die Unterschrift wird beglaubigt.

14. *Erklärung über die Unterstellung des Namens unter das Heimatrecht.* ¹ Im Zusammenhang mit einem sie oder ihn persönlich betreffenden Zivilstandsfall kann die Schweizerin oder der Schweizer mit Wohnsitz im Ausland oder die Ausländerin oder der Ausländer gegenüber der Zivilstandsbeamtin oder dem Zivilstandsbeamten schriftlich erklären, ihren oder seinen Namen dem Heimatrecht unterstellen zu wollen (Art. 37 Abs. 2 IPRG vom 18. Dezember 1987[1])).

² Im Zusammenhang mit einem ausländischen Zivilstandsfall kann eine solche Erklärung der Aufsichtsbehörde direkt oder durch Vermittlung der Vertretung der Schweiz abgegeben werden.

³ Wenn eine Schweizerin oder ein Schweizer die Namenserklärung nach Artikel 12 oder 13 abgibt, so gilt dies als Erklärung, den Namen dem Heimatrecht unterstellen zu wollen.

---

¹) Anhang I A zum ZGB.

3. Kapitel

Verfahren der Beurkundung

1. Abschnitt

Allgemeines

15. *Grundsatz.* Der Personenstand wird ausschliesslich elektronisch beurkundet.

16. *Prüfung.* ¹ Die Zivilstandsbehörde prüft, ob:
a. sie zuständig ist;
b. die Identität der beteiligten Personen nachgewiesen ist und diese handlungsfähig sind;
c. die zu beurkundenden Angaben richtig, vollständig und auf dem neusten Stand sind.

² Die beteiligten Personen haben die erforderlichen Dokumente vorzulegen. Diese dürfen nicht älter als sechs Monate sein. Ist die Beschaffung solcher Dokumente unmöglich oder offensichtlich unzumutbar, sind in begründeten Fällen ältere Dokumente zulässig.

³ Wer das Schweizer Bürgerrecht besitzt, hat schweizerische Dokumente vorzulegen.

⁴ Personenstandsdaten, die in der Schweiz beurkundet und von der Behörde ohne besonderen Aufwand abrufbar sind, müssen nicht mit Dokumenten nachgewiesen werden.

⁵ Die Zivilstandsbehörde informiert und berät die betroffenen Personen, veranlasst nötigenfalls zusätzliche Abklärungen und kann verlangen, dass die Beteiligten dabei mitwirken.

⁶ Besteht bei der Beurkundung des Personenstandes oder in einem Eheschliessungsverfahren ein Bezug zum Ausland, so können die Kantone vorsehen, dass die Akten der Aufsichtsbehörde zur Prüfung zu unterbreiten sind.

⁷ Besteht der begründete Verdacht, dass Dokumente gefälscht oder unrechtmässig verwendet worden sind, so werden diese zuhanden der zuständigen kantonalen Strafverfolgungsbehörde eingezogen.

17. *Nachweis nicht streitiger Angaben (Art. 41 ZGB).* ¹ Die Aufsichtsbehörde kann im Einzelfall den Nachweis von Angaben über den Personen-

stand durch Abgabe einer Erklärung vor der Zivilstandsbeamtin oder dem Zivilstandsbeamten unter folgenden Voraussetzungen bewilligen:
 a. Die zur Mitwirkung verpflichtete Person weist nach, dass es ihr nach hinreichenden Bemühungen unmöglich oder unzumutbar ist, die entsprechenden Urkunden zu beschaffen; und
 b. die Angaben sind nach den zur Verfügung stehenden Unterlagen und Informationen nicht streitig.

[2] Die Zivilstandsbeamtin oder der Zivilstandsbeamte ermahnt die erklärende Person zur Wahrheit, weist sie auf die Straffolgen einer falschen Erklärung hin und beglaubigt ihre Unterschrift.

[3] Bei streitigen Angaben über den Personenstand sind die Gerichte zuständig.

18. *Unterschrift und Beglaubigung.* [1] Die Zivilstandsbeamtin und der Zivilstandsbeamte sowie die übrigen zur Unterzeichnung der Eintragung verpflichteten Personen unterschreiben eigenhändig und zeitgleich.

[2] Ist eine unterschriftspflichtige Person ausserstande zu unterschreiben oder verweigert sie die Unterschrift, so wird dies von der Zivilstandsbeamtin oder dem Zivilstandsbeamten schriftlich festgehalten.

[3] Die Zivilstandsbeamtin oder der Zivilstandsbeamte beglaubigt in den in dieser Verordnung vorgesehenen Fällen die Unterschrift der Person, die vor ihr oder ihm Erklärungen abgibt.

19. *Frist für die Beurkundung der Daten des Personenstands.* Nachgewiesene Personenstandsdaten sind innert Wochenfrist zu beurkunden.

2. Abschnitt

Zuständigkeit

20. *Geburt und Tod.* [1] Geburt und Tod werden im Zivilstandskreis beurkundet, in dem sie stattfinden.

[2] Erfolgt die Geburt während der Fahrt, so wird sie im Zivilstandskreis beurkundet, in dem die Mutter das Fahrzeug verlässt.

[3] Tritt der Tod während der Fahrt ein, so wird er im Zivilstandskreis beurkundet, in dem die Leiche dem Fahrzeug entnommen wird.

[4] Lässt sich nicht feststellen, wo die Person gestorben ist, so wird der Tod im Zivilstandskreis beurkundet, in dem die Leiche gefunden wird.

[5] Die Zuständigkeiten für die Beurkundung von Geburten und Todesfällen, die sich an Bord eines Luftfahrzeuges oder eines Seeschiffes ereignen, richten sich nach den Artikeln 18–20 der Verordnung vom 22. Januar 1960[1]) über die Rechte und Pflichten des Kommandanten eines Luftfahrzeuges und nach Artikel 56 des Bundesgesetzes vom 23. September 1953[2]) über die Seeschifffahrt unter der Schweizer Flagge.

---

[1]) SR 748.225.1.
[2]) SR 747.30.

21. *Trauung, Kindesanerkennung und Erklärungen.* [1] Die Trauung wird im Zivilstandskreis beurkundet, in dem sie stattgefunden hat.

[2] Die Zuständigkeit für die Beurkundung der Kindesanerkennung richtet sich nach Artikel 11 Absätze 5 und 6.

[3] Die Zuständigkeit für die Beurkundung der Erklärungen richtet sich nach:
  a. Artikel 12 Absätze 1 und 2 für die Namenserklärung vor der Heirat;
  b. Artikel 13 Absätze 1 und 2 für die Namenserklärung nach gerichtlicher Auflösung der Ehe;
  c. Artikel 14 Absätze 1 und 2 für die Erklärung über die Unterstellung des Namens unter das Heimatrecht;
  d. Artikel 17 Absatz 1 für die Erklärung als Nachweis nicht streitiger Angaben.

22.[1]) *Inländische Gerichtsurteile, Verwaltungsverfügungen und Einbürgerungen.* [1] Inländische Gerichtsurteile, Verwaltungsverfügungen und Einbürgerungen werden im Kanton beurkundet, in dem sie erlassen werden.

[2] Bundesgerichtsurteile werden im Kanton des Sitzes der ersten Instanz, Verwaltungsverfügungen des Bundes im Heimatkanton der betroffenen Person beurkundet.

[3] Die Aufsichtsbehörde ist dafür verantwortlich, dass die mitgeteilten Personenstandsdaten beurkundet werden und die Bekanntgabe von Amtes wegen erfolgt (6. Kapitel, 2. Abschnitt).

[4] Das kantonale Recht regelt die internen Zuständigkeiten.

---

[1]) Vom Eidgenössischen Justiz- und Polizeidepartement auf den 1. Juli 2005 in Kraft gesetzt (Art. 100 Abs. 3 ZStV; AS 2005 S. 1823).

23. *Ausländische Entscheidungen oder Urkunden.* [1] Ausländische Entscheidungen oder Urkunden werden auf Grund einer Verfügung der Aufsichtsbehörde des Heimatkantons der betroffenen Personen beurkundet.

[2] Die Aufsichtsbehörde ist dafür verantwortlich, dass die Personenstandsdaten beurkundet werden und die Bekanntgabe von Amtes wegen erfolgt (6. Kapitel, 2. Abschnitt).

[3] Das kantonale Recht regelt die internen Zuständigkeiten.

3. Abschnitt

Erfassen

24. *Namen.* [1] Namen werden, soweit es der Standardzeichensatz (Art. 80) erlaubt, so erfasst, wie sie in den Zivilstandsurkunden oder, wenn solche fehlen, in andern massgebenden Ausweisen geschrieben sind.

[2] Als Ledigname einer Person wird der Familienname erfasst, den sie unmittelbar vor ihrer ersten Eheschliessung geführt hat.

[3] Amtliche Namen, die weder Familiennamen noch Vornamen sind, werden als «andere amtliche Namen» erfasst.

⁴ Namen dürfen weder weggelassen noch übersetzt noch in ihrer Reihenfolge geändert werden.

25. *Titel und Grade.* Titel und Grade werden nicht erfasst.

26. *Ortsnamen.* ¹ Schweizerische Ortsnamen werden nach dem amtlichen Gemeindeverzeichnis der Schweiz erfasst.

² Ortsnamen des Auslandes werden, soweit es der Standardzeichensatz (Art. 80) erlaubt, so erfasst, wie sie in den massgebenden Ausweisen geschrieben sind.

27. *Ausländische Staatsangehörigkeit und Staatenlosigkeit.* Erfasst werden:
a. ausländische Staatsangehörigkeiten, wenn eine Person das Schweizer Bürgerrecht nicht besitzt;
b. die Staatenlosigkeit.

4. Abschnitt

Abschliessen

28. ¹ Die rechtsgültige Beurkundung der Personenstandsdaten erfolgt durch die Funktion des Abschliessens.

² Abschliessen dürfen nur Zivilstandsbeamtinnen und Zivilstandsbeamte mit dem entsprechenden Zugriffsrecht (Art. 79) und unter Verwendung ihrer persönlichen Identifikation.

5. Abschnitt

Bereinigung

29. *Durch die Zivilstandsbehörden.* ¹ Die administrative Bereinigung der Beurkundung von Personenstandsdaten nach Artikel 43 ZGB erfolgt durch die Aufsichtsbehörde.

² Sind mehrere Aufsichtsbehörden betroffen, so ist für die Bereinigung nach den Weisungen des Eidgenössischen Amtes für das Zivilstandswesen vorzugehen.

³ Die Behörden, namentlich die Zivilstandsämter, sind zur Meldung solcher Sachverhalte an die Aufsichtsbehörde verpflichtet.

⁴ Die Meldung kann auch durch die betroffenen Personen erfolgen.

30. *Durch die Gerichte.* ¹ Unter Vorbehalt von Artikel 29 entscheiden die Gerichte über die Bereinigung der Beurkundung von Personenstandsdaten (Art. 42 ZGB).

² Zuständig sind die Gerichte, in deren Amtskreis die zu bereinigende Beurkundung von Personenstandsdaten erfolgt ist oder hätte erfolgen müssen.

6. Abschnitt

Belege

31. *Ablage.* Die Kantone sorgen für eine zweckmässige Ablage der Belege zur Beurkundung der Personenstandsdaten (Art. 7).

32. *Aufbewahrungsfrist.* ¹ Die Belege sind 50 Jahre aufzubewahren.
² Werden die Belege durch Mikroverfilmung oder elektronische Speicherung gesichert, so dürfen sie mit Bewilligung der Aufsichtsbehörde nach 10 Jahren vernichtet werden.

33. *Bekanntgabe von Daten aus den Belegen.* ¹ Die Bekanntgabe von Daten aus den Belegen richtet sich nach den Vorschriften des 6. Kapitels über die Bekanntgabe von Daten.
² Dokumente aus den Belegen können von den Zivilstandsämtern den Berechtigten zurückgegeben werden. Sie sind durch beglaubigte Kopien zu ersetzen.

4. Kapitel

Meldepflichten

1. Abschnitt

Geburt und Tod

34. *Meldepflichtige.* Zur Meldung von Geburten und Todesfällen sind in folgender Reihenfolge verpflichtet:
a. die Direktionen von Kliniken, Heimen und Anstalten;
b. die Behörden, die von der Geburt oder vom Todesfall Kenntnis erhalten;
c. die zugezogene Ärztin oder der zugezogene Arzt sowie die zugezogenen ärztlichen Hilfspersonen;
d. die Familienangehörigen oder die von ihnen Bevollmächtigten;
e. die anderen anwesenden Personen, namentlich wer beim Tod einer unbekannten Person zugegen war oder deren Leiche findet;
f. die Kommandantin oder der Kommandant eines Luftfahrzeuges sowie der Kapitän oder die Kapitänin eines Seeschiffes (Art. 20 Abs. 5).

35. *Zuständige Behörde, Form und Frist der Meldung.* [1] Die Meldepflichtigen haben Todesfälle innert zwei Tagen und Geburten innert drei Tagen dem Zivilstandsamt schriftlich oder durch persönliche Vorsprache zu melden.

[2] Das Zivilstandsamt nimmt auch eine verspätete Meldung entgegen. Liegen zwischen der Geburt oder dem Todesfall einerseits und der Meldung andererseits mehr als dreissig Tage, so ersucht es die Aufsichtsbehörde um eine Verfügung.

[3] Es zeigt der Aufsichtsbehörde die Personen an, die ihrer Meldepflicht nicht rechtzeitig nachgekommen sind (Art. 91 Abs. 2).

[4] Das kantonale Recht kann für Fälle, in denen eine Person an ihrem Wohnort verstorben ist, die Meldung an eine Amtsstelle der Wohngemeinde vorsehen.

[5] Wird der Tod oder eine Totgeburt gemeldet, so ist eine ärztliche Bescheinigung einzureichen.

36. *Bestattung.* [1] Erst nach der Meldung des Todes oder des Leichenfundes darf die Leiche bestattet oder ein Leichenpass ausgestellt werden.

[2] In Ausnahmefällen kann die nach kantonalem Recht zuständige Stelle die Bestattung erlauben oder den Leichenpass ausstellen, ohne dass ihr eine Bestätigung der Anmeldung eines Todesfalles vorliegt. In diesem Fall muss sie unverzüglich Meldung an das Zivilstandsamt erstatten.

[3] Hat die Bestattung oder die Ausstellung des Leichenpasses vor der Meldung ohne behördliche Bewilligung stattgefunden, so darf die Eintragung nur mit Bewilligung der Aufsichtsbehörde vorgenommen werden.

37. *Vornamen des Kindes.* [1] Sind die Eltern miteinander verheiratet, so bestimmen sie die Vornamen des Kindes. Sind sie nicht miteinander verheiratet, so bestimmt die Mutter die Vornamen, sofern die Eltern die elterliche Sorge nicht gemeinsam ausüben.

[2] Die Vornamen sind dem Zivilstandsamt mit der Geburtsmeldung mitzuteilen.

[3] Die Zivilstandsbeamtin oder der Zivilstandsbeamte weist Vornamen zurück, welche die Interessen des Kindes offensichtlich verletzen.

38. *Findelkind.* [1] Wer ein Kind unbekannter Abstammung findet, hat die nach kantonalem Recht zuständige Behörde zu benachrichtigen.

[2] Die Behörde gibt dem Findelkind Familiennamen und Vornamen und erstattet dem Zivilstandsamt Meldung.

[3] Wird die Abstammung oder der Geburtsort des Findelkindes später festgestellt, so ist dies auf Verfügung der Aufsichtsbehörde zu beurkunden.

2. Abschnitt

Ausländische Ereignisse, Erklärungen und Entscheidungen

39. Schweizerinnen und Schweizer sowie ausländische Staatsangehörige, die zu Schweizerinnen oder Schweizern in einem familienrechtlichen Verhältnis stehen, haben ausländische Ereignisse, Erklärungen und Entscheidungen, die den Personenstand betreffen, der zuständigen Vertretung der Schweiz im Ausland zu melden.

5. Kapitel

Amtliche Mitteilungspflichten

40. *Gerichte.* ¹ Die Gerichte teilen folgende Urteile mit:
a. Feststellung von Geburt und Tod;
b. Feststellung der Eheschliessung;
c. Verschollenerklärung und ihre Aufhebung;
d. Ehescheidung (Art. 111 ff. ZGB) und Eheungültigerklärung (Art. 104 ff. ZGB);
e. Namenssachen (Art. 29 und 30 ZGB);
f. Feststellung der Vaterschaft (Art. 261 ZGB);
g. Aufhebung des Kindesverhältnisses zum Ehemann der Mutter (Art. 256 ZGB);
h. Aufhebung der Anerkennung (Art. 259 Abs. 2 und 260a ZGB);
i. Aufhebung der Adoption (Art. 269 ff. ZGB);
j. Geschlechtsänderung;
k. Erfassung und Bereinigung von Personenstandsdaten (Art. 42 ZGB).

² Die amtliche Mitteilungspflicht umfasst auch die vor dem Gericht erfolgte Anerkennung eines Kindes (Art. 260 Abs. 3 ZGB).

41. *Verwaltungsbehörden.* Die Verwaltungsbehörden teilen folgende Verfügungen mit:
a. Erwerb und Verlust von Gemeinde- und Kantonsbürgerrechten;
b. Erwerb und Verlust des Schweizer Bürgerrechts;
c. Namensänderung (Art. 30 Abs. 1 und 2 ZGB);
d. Namensänderung mit Bürgerrechtsänderung (Art. 271 Abs. 3 ZGB).

42. *Weitere Fälle.* ¹ Die nach kantonalem Recht zuständigen Gerichte und Verwaltungsbehörden teilen folgende Urteile oder Verfügungen mit:
a. Adoption (Art. 264 ff. ZGB);
b. testamentarische Anerkennung eines Kindes (Art. 260 Abs. 3 ZGB);
c. Entmündigung und ihre Aufhebung (Art. 368 ff. und 431 ff. ZGB).

² Die Mitteilung nach Absatz 1 Buchstabe b erfolgt durch die das Testament eröffnende Behörde (Art. 557 Abs. 1 ZGB) in der Form eines Testamentsauszuges.

43. *Zuständige Behörde, Form und Frist der Mitteilung.* [1] Die Mitteilung ist an die Aufsichtsbehörde am Sitz des Gerichts oder der Verwaltungsbehörde zu richten.[1])

[2] Bundesgerichtsurteile sind der Aufsichtsbehörde am Sitz der ersten Instanz, Verwaltungsverfügungen des Bundes der Aufsichtsbehörde des Heimatkantons der betroffenen Person mitzuteilen.[1])

[3] Bezeichnet das kantonale Recht intern eine andere Behörde (Art. 2), so sind die Mitteilungen nach den Absätzen 1 und 2 direkt dieser zuzustellen.[1])

[4] Die Gerichte teilen die Urteile zusätzlich mit:
a. der Vormundschaftsbehörde des Wohnsitzes unmündiger Kinder (Art. 40 Abs. 1 Bst. c, bei einer verheirateten Person, sowie Bst. d, g, h und i);
b. der Vormundschaftsbehörde des Wohnsitzes der Mutter zur Zeit der Geburt des Kindes (Art. 40 Abs. 1 Bst. f).

[5] Die Mitteilung erfolgt, nachdem der Entscheid rechtskräftig geworden ist. Sie hat die Form eines Auszuges, der die vollständigen Personenstandsdaten auf Grund von Zivilstandsurkunden, das Dispositiv sowie das Datum des Eintritts der Rechtskraft enthält.

[6] Fotokopien sind zulässig, sofern sie mit dem Originalstempel des Gerichts oder der Verwaltungsbehörde und mit der Originalunterschrift der befugten Amtsperson versehen sind.

---

[1]) Vom Eidgenössischen Justiz- und Polizeidepartement auf den 1. Juli 2005 in Kraft gesetzt (Art. 100 Abs. 3 ZStV; AS 2005 S. 1823).

6. Kapitel

Bekanntgabe der Daten

1. Abschnitt

Allgemeines

44. *Amtsgeheimnis.* [1] Die bei den Zivilstandsbehörden tätigen Personen sind zur Verschwiegenheit über Personenstandsdaten verpflichtet. Die Schweigepflicht besteht nach der Beendigung des Dienstverhältnisses weiter.

[2] Vorbehalten bleibt die Bekanntgabe von Personenstandsdaten auf Grund besonderer Vorschriften.

45. *Voraussetzungen der Bekanntgabe.* [1] Die Berechtigung zur amtlichen Bekanntgabe von Personenstandsdaten richtet sich nach dem 2. Abschnitt dieses Kapitels, die Berechtigung zur Bekanntgabe von Personenstandsdaten auf Verlangen nach dem 3. Abschnitt dieses Kapitels.

² Personenstandsdaten, die noch nicht rechtsgültig beurkundet (Art. 28), zu bereinigen (Art. 29 und 30) oder gesperrt (Art. 46) sind, dürfen nur mit Bewilligung der Aufsichtsbehörde bekannt gegeben werden.

46. *Sperrung der Bekanntgabe.* ¹ Die Aufsichtsbehörde veranlasst die Sperrung der Bekanntgabe von Personenstandsdaten:
a. auf Antrag oder von Amtes wegen, sofern dies zum Schutz der betroffenen Person unerlässlich oder gesetzlich vorgesehen ist;
b. auf Grund einer rechtskräftigen richterlichen Verfügung.

² Entfallen die Voraussetzungen für die Sperrung, so veranlasst die Aufsichtsbehörde die Aufhebung der Sperrung.

³ Vorbehalten bleibt das Recht des Adoptivkindes auf Auskunft über die Personalien der leiblichen Eltern (Art. 268c ZGB).

47. *Form der Bekanntgabe.* ¹ Die Form der Bekanntgabe von Personenstandsdaten richtet sich nach den Weisungen des Eidgenössischen Amtes für das Zivilstandwesen über die Zivilstandsformulare und ihre Beschriftung (Art. 6).

² Die Bekanntgabe erfolgt durch:
a. eine schriftliche Bescheinigung oder Bestätigung, wenn kein Zivilstandsformular zur Verfügung steht;
b. eine beglaubigte Kopie oder Abschrift von Belegen.

³ Die Dokumente sind zu datieren, durch die Unterschrift der Zivilstandsbeamtin oder des Zivilstandsbeamten als richtig zu bescheinigen und mit dem Amtsstempel zu versehen.

48. *Beweiskraft.* Die Dokumente nach Artikel 47 haben die gleiche Beweiskraft wie die Datenträger (Personenstandsregister und Belege), aus denen Personenstandsdaten bekannt gegeben werden.

2. Abschnitt

Bekanntgabe von Amtes wegen

49. *An die Gemeindeverwaltung des Wohnsitzes oder Aufenthaltes.* ¹ Das für die Beurkundung zuständige Zivilstandsamt meldet sämtliche Änderungen des Personenstandes und des Bürgerrechts sowie die Berichtigung von Daten einer Person der Gemeindeverwaltung ihres Wohnsitzes oder Aufenthaltsortes.[1]

² Die Meldung dient der Führung der Einwohnerregister.

---
[1] Fassung gemäss Änderung der ZStV vom 9. Dezember 2005 (AS 2005 S. 5679), i. K. 1. Januar 2006.

49a.[1] *An das Zivilstandsamt des Heimatortes.* Das für die Beurkundung zuständige Zivilstandsamt meldet im Hinblick auf die Erfüllung der kantonalen Meldepflichten sämtliche Änderungen des Personenstandes und des

Anhang III
Zivilstandsverordnung (ZStV)

Bürgerrechts sowie die Berichtigung von Daten einer Person mit Burger- oder Korporationsrecht dem Zivilstandsamt ihres Heimatortes.

---

[1]) Eingefügt gemäss Änderung der ZStV vom 9. Dezember 2005 (AS 2005 S. 5679), i.K. 1. Januar 2006.

50. *An die Vormundschaftsbehörde.* [1] Das für die Beurkundung zuständige Zivilstandsamt meldet der Vormundschaftsbehörde:
a. die Geburt eines Kindes, dessen Eltern nicht miteinander verheiratet sind, sowie dessen Tod, sofern dieser innerhalb des ersten Lebensjahres erfolgt und in diesem Zeitpunkt kein Kindesverhältnis zum Vater besteht;
b. die Geburt eines innert 300 Tagen nach dem Tod oder der Verschollenerklärung des Ehemannes der Mutter geborenen Kindes;
c. die Anerkennung eines unmündigen Kindes;
d. den Tod eines die elterliche Sorge ausübenden Elternteils;
e. das Auffinden eines Findelkindes.
[2] Die Meldung erfolgt an die Vormundschaftsbehörde:
a. des Wohnsitzes der Mutter zur Zeit der Geburt des Kindes (Abs. 1 Bst. a und c);
b. des Wohnsitzes des Kindes (Abs. 1 Bst. b und d);
c. des Auffindungsortes (Abs. 1 Bst. e).

51. *An das Bundesamt für Flüchtlinge.* Das für die Beurkundung zuständige Zivilstandsamt meldet dem Bundesamt für Flüchtlinge folgende Zivilstandsfälle, die eine Asyl suchende, eine vorläufig aufgenommene oder eine als Flüchtling anerkannte Person betreffen:
a. Geburten;
b. Kindesanerkennungen;
c. Trauungen;
d. Todesfälle.

52. *An das Bundesamt für Statistik.* Das Bundesamt für Statistik erhält die statistischen Angaben nach der Verordnung vom 30. Juni 1993[1]) über die Durchführung von statistischen Erhebungen des Bundes.

---

[1]) SR 431.012.1.

53. *An die AHV-Behörde.* Das Zivilstandsamt des Todesortes meldet alle von ihm beurkundeten Todesfälle an die Zentrale Ausgleichsstelle der Alters-, Hinterlassenen- und Invalidenversicherung.

54. *An ausländische Behörden.* [1] Ausländischen Behörden werden Personenstandsdaten über ihre Staatsangehörigen mitgeteilt, wenn eine internationale Vereinbarung dies vorsieht.
[2] Fehlt eine solche Vereinbarung, so kann eine Meldung grundsätzlich nur durch die berechtigten Personen (Art. 59) erfolgen. Vorbehalten bleibt

in Ausnahmefällen die amtliche Zustellung eines Auszuges auf Gesuch einer ausländischen Behörde (Art. 61).

³ Mitteilungen nach Absatz 1 übermittelt das Zivilstandsamt direkt dem Eidgenössischen Amt für das Zivilstandswesen zuhanden der ausländischen Vertretung, sofern die internationale Vereinbarung keine abweichende Regelung vorsieht.

55. *Todesmeldungen an ausländische Vertretungen.* ¹ Das Zivilstandsamt des Todesortes meldet alle von ihm zu beurkundenden Todesfälle von ausländischen Staatsangehörigen der Vertretung des Heimatstaates, in deren Konsularkreis der Todesfall eingetreten ist (Art. 37 Bst. a des Wiener Übereinkommens vom 24. April 1963 über konsularische Beziehungen[1])).

² Die Meldung erfolgt unverzüglich und enthält die folgenden Angaben, soweit sie verfügbar sind:
  a. Familiennamen;
  b. Vornamen;
  c. Geschlecht;
  d. Ort und Datum der Geburt;
  e. Ort und Datum des Todes.

---
[1]) SR 0.191.02.

56. *An andere Stellen.* ¹ Vorbehalten bleiben weitere Mitteilungs- und Meldepflichten der Zivilstandsämter aufgrund des Rechts des Bundes oder der Kantone.

² Personen mit einem Burger- oder Korporationsrecht werden im Register auf Grund der Angaben der zuständigen kantonalen Stellen als solche gekennzeichnet.[1])

³ Für die Behörden, welche die Mitteilungen oder Meldungen erhalten, gelten die Grundsätze der Geheimhaltung ebenfalls (Art. 44).[1])

---
[1]) Neuer Abs. 2 eingefügt gemäss Änderung der ZStV vom 9. Dezember 2005 (AS 2005 S. 5679), i. K. 1. Januar 2006. Der alte Abs. 2 wurde umnummeriert zu Abs. 3.

57. *Veröffentlichung von Zivilstandsfällen.* ¹ Die Kantone können vorsehen, dass die Geburten, die Todesfälle und die Trauungen veröffentlicht werden.

² Den Verzicht auf die Veröffentlichung verlangen können:
  a. bei Geburten ein Elternteil;
  b. bei Todesfällen nächste Angehörige;
  c. bei Trauungen die Braut oder der Bräutigam.

3. Abschnitt

Bekanntgabe auf Anfrage

58. *An Gerichte und Verwaltungsbehörden.* Die Zivilstandsbehörden sind verpflichtet, schweizerischen Gerichten und Verwaltungsbehörden die zur Erfüllung ihrer gesetzlichen Aufgaben unerlässlichen Personenstandsdaten auf Verlangen bekannt zu geben.

59. *An Private.* Privaten, die ein unmittelbares und schutzwürdiges Interesse nachweisen, werden Personenstandsdaten bekannt gegeben, wenn die Beschaffung bei den direkt betroffenen Personen nicht möglich oder offensichtlich nicht zumutbar ist.

60. *An Forschende.* Die Aufsichtsbehörde bewilligt die Bekanntgabe von Personenstandsdaten, sofern die Beschaffung der Daten bei den direkt betroffenen Personen nicht möglich oder offensichtlich nicht zumutbar ist, zum Zweck:
a. der wissenschaftlichen, nicht personenbezogenen Forschung;
b. der personenbezogenen Forschung, namentlich der Familienforschung.

61. *An ausländische Behörden.* [1] Besteht keine internationale Vereinbarung (Art. 54), so können in Ausnahmefällen Personenstandsdaten auf Gesuch einer ausländischen Vertretung bekannt gegeben werden.

[2] Das Gesuch ist an das Eidgenössische Amt für das Zivilstandswesen zu richten.

[3] Die ausländische Vertretung muss nachweisen, dass:
a. sie die gewünschte Information trotz zureichender Bemühungen von der berechtigten Person (Art. 59) nicht erhalten konnte;
b. die berechtigte Person die Bekanntgabe ohne zureichenden Grund verweigert, namentlich um sich einer schweizerischen oder ausländischen gesetzlichen Bestimmung zu entziehen;
c. für sie datenschutzrechtliche Vorschriften gelten, die mit jenen der Schweiz vergleichbar sind;
d. sie den Grundsatz der Gegenseitigkeit beachtet.

[4] Ist der Nachweis erbracht oder handelt es sich um eine Todesurkunde, die von einer Behörde eines Vertragsstaates des Wiener Übereinkommens vom 24. April 1963[1]) über die konsularischen Beziehungen für einen eigenen Staatsangehörigen verlangt wird, so bestellt das Eidgenössische Amt für das Zivilstandswesen den entsprechenden Auszug direkt beim Zivilstandsamt. Dieses übermittelt das Dokument direkt dem Eidgenössischen Amt zuhanden der ausländischen Vertretung.

[5] Es werden keine Gebühren erhoben.

---

[1]) SR 0.191.02.

7. Kapitel

Vorbereitung der Eheschliessung und Trauung

1. Abschnitt

Vorbereitungsverfahren

62. *Zuständigkeit.* ¹ Zuständig für die Durchführung des Vorbereitungsverfahrens ist:
a. das Zivilstandsamt des schweizerischen Wohnsitzes der Braut oder des Bräutigams;
b. das Zivilstandsamt, das die Trauung durchführen soll, wenn beide Verlobten im Ausland wohnen.

² Ein nachträglicher Wohnsitzwechsel hebt die einmal begründete Zuständigkeit nicht auf.

63. *Einreichung des Gesuchs.* ¹ Die Verlobten reichen das Gesuch um Durchführung des Vorbereitungsverfahrens beim zuständigen Zivilstandsamt ein.

² Verlobte, die sich im Ausland aufhalten, können das Gesuch durch Vermittlung der zuständigen Vertretung der Schweiz einreichen.

64. *Dokumente.* ¹ Die Verlobten legen dem Gesuch in jedem Fall folgende Dokumente bei:
a. Ausweise über den aktuellen Wohnsitz;
b. Dokumente über Geburt, Geschlecht, Namen, Abstammung, Zivilstand (verheiratet gewesene Verlobte: Datum der Eheauflösung) sowie Heimatorte und Staatsangehörigkeit;
c. Dokumente über Geburt, Geschlecht, Namen und Abstammung gemeinsamer Kinder.

² Entmündigte legen zusätzlich die schriftliche Einwilligungserklärung der gesetzlichen Vertreterin oder des gesetzlichen Vertreters bei.

³ Sind beide Verlobte ausländische Staatsangehörige und fehlt nach schweizerischem Recht eine Voraussetzung der Eheschliessung (Art. 94–96 ZGB), so legen sie zusätzlich die Eheanerkennungserklärung des Heimatstaates der oder des Verlobten und die Bewilligung der Aufsichtsbehörde (Art. 74) bei.

65. *Erklärungen.* ¹ Die Verlobten erklären vor der Zivilstandsbeamtin oder dem Zivilstandsbeamten, dass:
a. die Angaben im Gesuch und die vorgelegten Dokumente auf dem neuesten Stand, vollständig und richtig sind;
b. sie nicht unter Vormundschaft stehen;

c. sie weder durch leibliche Abstammung noch durch Adoption miteinander in gerader Linie verwandt und nicht Geschwister oder Halbgeschwister sind;[1)]
d. sie keine bestehende Ehe verschwiegen haben.

[2] Die Zivilstandsbeamtin oder der Zivilstandsbeamte ermahnt die Verlobten zur Wahrheit, weist sie auf die Straffolgen einer falschen Erklärung hin und beglaubigt ihre Unterschriften.

[1)] Fassung gemäss Änderung der ZStV vom 9. Dezember 2005 (AS 2005 S. 5679), i.K. 1. Januar 2006.

66. *Prüfung des Gesuchs.* [1] Das Zivilstandsamt führt die Prüfung nach Artikel 16 durch.

[2] Zusätzlich prüft es, ob:
a. das Gesuch in der richtigen Form eingereicht worden ist;
b. die nötigen Dokumente und Erklärungen vorliegen;
c. die Ehefähigkeit beider Verlobten feststeht (Art. 94 ZGB);
d. keine Ehehindernisse vorliegen (Art. 95 und 96 ZGB).

67. *Abschluss des Vorbereitungsverfahrens.* [1] Die Zivilstandsbeamtin oder der Zivilstandsbeamte stellt das Ergebnis des Vorbereitungsverfahrens fest.

[2] Sind alle Ehevoraussetzungen erfüllt, so eröffnet das Zivilstandsamt den Verlobten schriftlich den Entscheid, dass die Trauung stattfinden kann. Es vereinbart die Einzelheiten des Vollzugs oder verweist die Verlobten an das Zivilstandsamt, das sie für die Trauung gewählt haben.

[3] Sind die Ehevoraussetzungen nicht erfüllt oder bleiben erhebliche Zweifel bestehen, so verweigert das Zivilstandsamt die Trauung.

68. *Fristen.* [1] Die Trauung findet frühestens zehn Tage und spätestens drei Monate, nachdem der Entscheid über das positive Ergebnis des Vorbereitungsverfahrens mitgeteilt wurde, statt.

[2] Ist die oder der Verlobte in Todesgefahr und ist zu befürchten, dass die Trauung bei Beachtung der Frist von zehn Tagen nicht mehr möglich ist, so kann die Zivilstandsbeamtin oder der Zivilstandsbeamte des Zivilstandskreises, in dem das Vorbereitungsverfahren durchgeführt oder der für die Trauung gewählt worden ist, auf ärztliche Bestätigung hin die Frist verkürzen oder die Trauung unverzüglich vornehmen.

69. *Vollständige schriftliche Durchführung des Vorbereitungsverfahrens.*
[1] Weist die oder der Verlobte nach, dass es für sie oder ihn offensichtlich unzumutbar ist, im Vorbereitungsverfahren persönlich zu erscheinen, so bewilligt die Zivilstandsbeamtin oder der Zivilstandsbeamte die schriftliche Durchführung des Verfahrens.

[2] Wohnen beide Verlobten im Ausland und besitzen beide das Schweizer Bürgerrecht nicht, so entscheidet die Aufsichtsbehörde im Rahmen der Bewilligung nach Artikel 73.

³ Wird die schriftliche Durchführung des Vorbereitungsverfahrens bewilligt, so können Verlobte, die sich im Ausland aufhalten, die Erklärungen nach Artikel 65 vor der zuständigen Vertretung der Schweiz im Ausland abgeben.

2. Abschnitt

Trauung

70. *Ort.* ¹ Die Trauung findet im Trauungslokal des Zivilstandskreises statt, den die Verlobten gewählt haben (Art. 67 Abs. 2).

² Weisen die Verlobten nach, dass es für sie offensichtlich unzumutbar ist, sich in das Trauungslokal zu begeben, so kann die Zivilstandsbeamtin oder der Zivilstandsbeamte die Trauung in einem andern Lokal durchführen.

71. *Form der Trauung.* ¹ Die Trauung ist öffentlich und findet in Anwesenheit von zwei mündigen und urteilsfähigen Zeuginnen oder Zeugen statt. Diese müssen von den Verlobten gestellt werden.

² Die Trauung wird vollzogen, indem die Zivilstandsbeamtin oder der Zivilstandsbeamte an die Braut und den Bräutigam einzeln die Frage richtet:

«N. N., ich richte an Sie die Frage: Wollen Sie mit M. M. die Ehe eingehen?»

«M. M., ich richte an Sie die Frage: Wollen Sie mit N. N. die Ehe eingehen?»

³ Haben beide die Frage bejaht, so erklärt die Zivilstandsbeamtin oder der Zivilstandsbeamte:

«Da Sie beide meine Frage bejaht haben, ist Ihre Ehe durch Ihre beidseitige Zustimmung geschlossen.»

⁴ Unmittelbar nach der Trauung wird der vorbereitete Beleg für die Erfassung der Trauung von den Ehegatten, den Zeuginnen oder Zeugen und der Zivilstandsbeamtin oder dem Zivilstandsbeamten unterzeichnet.

72. *Besondere organisatorische Vorschriften.* ¹ Die Zivilstandsbeamtin oder der Zivilstandsbeamte kann die Zahl der teilnehmenden Personen aus Ordnungsgründen beschränken. Wer die Trauhandlung stört, wird weggewiesen.

² Die Trauung mehrerer Paare zur gleichen Zeit darf nur erfolgen, wenn alle Verlobten damit einverstanden sind.

³ An Sonntagen und an den am Amtssitz des Zivilstandsamtes geltenden allgemeinen Feiertagen dürfen keine Trauungen stattfinden.

3. Abschnitt

Eheschliessung von ausländischen Staatsangehörigen

73. *Wohnsitz im Ausland.* [1] Die Aufsichtsbehörde entscheidet über Gesuche um Bewilligung der Eheschliessung zwischen ausländischen Verlobten, die beide nicht in der Schweiz wohnen (Art. 43 Abs. 2 IPRG vom 18. Dezember 1987[1])).

[2] Das Gesuch ist beim Zivilstandsamt einzureichen, das die Trauung durchführen soll. Beizulegen sind:
 a. die Eheanerkennungserklärung des Heimat- oder Wohnsitzstaates beider Verlobten (Art. 43 Abs. 2 IPRG);
 b. die Dokumente nach Artikel 64 ausser der Bewilligung nach Artikel 74.

[3] Gleichzeitig mit dem Entscheid über das Gesuch entscheidet die Aufsichtsbehörde allenfalls über eine Bewilligung der Eheschliessung nach dem Heimatrecht der oder des Verlobten (Art. 74) und über die schriftliche Durchführung des Vorbereitungsverfahrens (Art. 69).

---

[1]) Anhang I A zum ZGB.

74. *Ehevoraussetzungen nach ausländischem Recht.* Sind die Voraussetzungen einer Eheschliessung zwischen ausländischen Staatsangehörigen nach schweizerischem Recht (Art. 94–96 ZGB) nicht gegeben, so bewilligt die Aufsichtsbehörde die Eheschliessung, wenn diese nach den Voraussetzungen des Heimatrechts der oder des Verlobten stattfinden kann (Art. 44 Abs. 2 IPRG vom 18. Dezember 1987[1])) und die Ehe mit dem schweizerischen Ordre public vereinbar ist.

---

[1]) Anhang I A zum ZGB.

4. Abschnitt

Ehefähigkeitszeugnisse

75. [1] Ein für die Trauung einer Schweizer Bürgerin oder eines Schweizer Bürgers im Ausland notwendiges Ehefähigkeitszeugnis wird auf Gesuch beider Verlobten ausgestellt.

[2] Zuständigkeit und Verfahren richten sich sinngemäss nach den Vorschriften über das Vorbereitungsverfahren für eine Eheschliessung in der Schweiz (Art. 62–67 und 69). Besteht kein Wohnsitz in der Schweiz, so ist das Zivilstandsamt des Heimatortes der Braut oder des Bräutigams zuständig.

8. Kapitel

Zentrale Datenbank Infostar

76. *Verantwortliche Organe.* ¹ Das Bundesamt für Justiz betreibt beim Informatik Service Center (Leistungserbringer) des Departements die zentrale Datenbank Infostar.

² Es trägt die Verantwortung für die zentrale Datenbank. Es trifft insbesondere Massnahmen, die zur Gewährleistung des Datenschutzes und der Datensicherheit notwendig sind.

³ Die Stellen, die Infostar benutzen, sind in ihrem Bereich für solche Massnahmen verantwortlich.

77. *Finanzierung, Bedarfsermittlung und Abrechnung.* ¹ Die Kantone finanzieren die zentrale Datenbank Infostar.

² Das Bundesamt für Justiz rechnet den Betrieb und allfällige Neuinvestitionen über ein Abrechnungskonto ausserhalb der Finanzrechnung ab.

³ Es ermittelt den jährlichen Bedarf und erstellt die Abrechnung über die tatsächlichen Kosten.

⁴ Die Einzelheiten werden in einer Betriebsvereinbarung zwischen dem Bundesamt für Justiz und der Konferenz der kantonalen Aufsichtsbehörden im Zivilstandsdienst geregelt.

78. *Mitwirkung der Kantone.* ¹ Die Kantone wirken beim Betrieb und bei der Weiterentwicklung der zentralen Datenbank mit.

² Die Mitwirkung erfolgt durch die Konferenz der kantonalen Aufsichtsbehörden im Zivilstandsdienst.

³ Diese hat namentlich folgende Aufgaben:
a. Genehmigung der geplanten Aufwendungen für den Betrieb;
b. Genehmigung der Abrechnung über die tatsächlichen Kosten des Betriebs;
c. Einbringen von Vorschlägen für die Weiterentwicklung;
d. Stellungnahme zu Vorschlägen des Bundes für die Weiterentwicklung;
e. Genehmigung von Investitionen für die Weiterentwicklung;
f. Abnahme von weiterentwickelten Einheiten der zentralen Datenbank.

⁴ Das Eidgenössische Amt für das Zivilstandswesen arbeitet eng mit den zuständigen Organen der Konferenz zusammen.

79. *Zugriffsrechte.* ¹ Die Zugriffsrechte auf die zentrale Datenbank Infostar richten sich nach den in dieser Verordnung festgelegten Rechten und Pflichten der beteiligten Behörden.

² Sie sind im Anhang tabellarisch dargestellt.

³ Sie werden ausschliesslich auf Veranlassung des Eidgenössischen Amtes für das Zivilstandswesen eingerichtet, geändert oder gelöscht.

80. *Zeichensatz.* Die Daten werden nach dem westeuropäischen Standardzeichensatz der Internationalen Organisation für Normung erfasst (ISO-Norm 8859-1).

9. Kapitel

Datenschutz und Datensicherheit

81. *Auskunftsrecht.* ¹ Jede Person kann beim Zivilstandsamt des Ereignis- oder Heimatortes Auskunft über die Daten verlangen, die über sie geführt werden.

² Die Auskunft wird in der Form eines Registerauszuges oder einer Bestätigung erteilt. Die Kosten richten sich nach der Verordnung vom 27. Oktober 1999[1]) über die Gebühren im Zivilstandswesen.

---

[1]) SR 172.042.110.

82. *Datensicherheit.* ¹ Die Personenstandsdaten, Programme und Programmdokumentationen sind vor unbefugtem Zugriff, vor unbefugter Veränderung und Vernichtung sowie vor Entwendung angemessen zu schützen.

² Die Zivilstandsämter, die Aufsichtsbehörden und das Eidgenössische Amt für das Zivilstandswesen treffen in ihrem Bereich die notwendigen organisatorischen und technischen Massnahmen zur Sicherung der Personenstandsdaten und zur Aufrechterhaltung der Beurkundung des Personenstandes bei einem Systemausfall.

³ Das Eidgenössische Amt für das Zivilstandswesen erlässt auf der Grundlage der Vorschriften des Bundesrates sowie des Departementes über die Informatiksicherheit Weisungen über die Anforderungen an die Datensicherheit und sorgt für die Koordination mit den Kantonen.

83. *Aufsicht.* ¹ Die Aufsichtsbehörden und das Eidgenössische Amt für das Zivilstandswesen überwachen die Einhaltung des Datenschutzes und die Gewährleistung der Datensicherheit im Rahmen ihrer Aufsichts- und Inspektionstätigkeit (Art. 84 und 85). Sie sorgen dafür, dass Mängel beim Datenschutz und bei der Datensicherheit so rasch als möglich behoben werden.

² Das Eidgenössische Amt für das Zivilstandswesen zieht den Eidgenössischen Datenschutzbeauftragten sowie das Informatikstrategieorgan des Bundes bei.

10. Kapitel

Aufsicht

84. *Behörden.* ¹ Das Departement übt die Oberaufsicht über das schweizerische Zivilstandswesen aus.

² Die Aufsichtsbehörden sind für den fachlich zuverlässigen Vollzug des Zivilstandswesens in ihrem Kanton besorgt. Mehrere Kantone können eine Aufgabenteilung vorsehen oder ihre Aufsichtsbehörden zusammenlegen. Sie treffen im Einvernehmen mit dem Eidgenössischen Amt für das Zivilstandswesen die nötigen Vereinbarungen.

³ Das Eidgenössische Amt für das Zivilstandswesen ist zur selbstständigen Erledigung folgender Geschäfte ermächtigt:
a. Erlass von Weisungen über die Beurkundung des Personenstandes, die Vorbereitung der Eheschliessung und die Trauung sowie die Sicherstellung der Register und Belege;
b. Inspektion der Zivilstandsämter, der Aufsichtsbehörden und der kantonalen Zivilstandsarchive;
c. Austausch und Beschaffung von Zivilstandsurkunden.

⁴ Es kann für den Austausch und die Beschaffung von Zivilstandsurkunden direkt mit Vertretungen der Schweiz im Ausland sowie mit ausländischen Behörden und Amtsstellen verkehren.

85. *Inspektion und Berichterstattung.* ¹ Die Aufsichtsbehörden lassen die Zivilstandsämter mindestens alle zwei Jahre inspizieren. Bietet ein Zivilstandsamt keine Gewähr für einen fachlich zuverlässigen Vollzug seiner Aufgaben, so veranlassen sie die Inspektionen so oft wie nötig mit dem Ziel, die Mängel umgehend zu beheben.

² Die Aufsichtsbehörden berichten dem Departement mindestens alle zwei Jahre über:
a. die Erfüllung ihrer Aufgaben (Art. 45 Abs. 2 ZGB);
b. Erlass und Änderung kantonaler Vorschriften und Weisungen;
c. die Geschäftsführung der Zivilstandsämter, insbesondere über die Ergebnisse der Inspektionen und die getroffenen Massnahmen;
d. die grundsätzliche Rechtsprechung im Zivilstandswesen;
e. die Erfüllung von Aufgaben, für die eine besondere Pflicht zur Berichterstattung besteht, wie die Einhaltung des Datenschutzes, die Gewährleistung der Datensicherheit sowie Massnahmen zur Integration Behinderter (Art. 18 des Behindertengleichstellungsgesetzes vom 13. Dezember 2002[1]);
f. Erkenntnisse zur Optimierung der Aufgabenerledigung.

³ Das Departement kann durch sein Amt für das Zivilstandswesen Inspektionen in den Kantonen vornehmen lassen.

---
[1] SR 151.3.

86. *Einschreiten von Amtes wegen.* ¹ Die Aufsichtsbehörden schreiten von Amtes wegen gegen die vorschriftswidrige Amtsführung der ihnen untergeordneten Amtsstellen ein und treffen die erforderlichen Massnahmen, gegebenenfalls auf Kosten der Gemeinden, der Bezirke oder des Kantons.

² Die gleichen Befugnisse stehen dem Departement zu, wenn die kantonale Aufsichtsbehörde trotz Aufforderung keine oder ungenügende Massnahmen trifft.

³ Das Verfahren und die Rechtsmittel richten sich nach den Artikeln 89 und 90.

87. *Entlassung und Nichtwiederwahl einer Zivilstandsbeamtin oder eines Zivilstandsbeamten.* ¹ Zivilstandsbeamtinnen und Zivilstandsbeamte, die sich zur Ausübung ihres Amtes als unfähig erwiesen haben oder die Wählbarkeitsvoraussetzungen nach Artikel 4 Absatz 3 nicht mehr erfüllen, sind durch die Aufsichtsbehörde von Amtes wegen oder auf Antrag des Eidgenössischen Amtes für das Zivilstandswesen ihres Amtes zu entheben oder gegebenenfalls von der Wiederwahl auszuschliessen.

² Das Verfahren und die Rechtsmittel richten sich nach den Artikeln 89 und 90.

88. *Eidgenössische Kommission für Zivilstandsfragen.* ¹ Die Eidgenössische Kommission für Zivilstandsfragen berät die Bundesbehörden in der Ausübung der Oberaufsicht über das Zivilstandswesen.

² Die Beratung erstreckt sich namentlich auf folgende Bereiche:
a. Rechtsetzung;
b. Rechtsanwendung (Weisungen und Empfehlungen);
c. Fachfragen zum Betrieb und zur Weiterentwicklung der zentralen Datenbank;
d. Anträge des Bundesamtes für Justiz an die Konferenz der kantonalen Aufsichtsbehörden im Zivilstandsdienst auf Abnahme von weiterentwickelten Einheiten der zentralen Datenbank.

³ Die Kommission besteht aus:
a. der Chefin oder dem Chef des Eidgenössischen Amtes für das Zivilstandswesen;
b. drei bis fünf Vertreterinnen oder Vertretern der Aufsichtsbehörden;
c. drei bis fünf Vertreterinnen oder Vertretern der Zivilstandsämter.

⁴ Die Vertreterinnen und Vertreter der Aufsichtsbehörden werden auf Vorschlag der Konferenz der kantonalen Aufsichtsbehörden im Zivilstandsdienst, die Vertreterinnen und Vertreter der Zivilstandsämter auf Vorschlag des Schweizerischen Verbandes für Zivilstandswesen durch das Departement gewählt. Dieses achtet auf eine möglichst repräsentative regionale und sprachliche Vertretung.

⁵ Den Vorsitz hat die Chefin oder der Chef des Eidgenössischen Amtes für das Zivilstandswesen. Dieses führt das Sekretariat.

11. Kapitel

Verfahren und Rechtsmittel

89. *Verfahrensgrundsätze.* [1] Soweit der Bund keine abschliessende Regelung vorsieht, richtet sich das Verfahren vor den Zivilstandsämtern und den kantonalen Aufsichtsbehörden nach kantonalem Recht.

[2] Das Verfahren vor den Bundesbehörden richtet sich nach dem Bundesgesetz vom 20. Dezember 1968[1]) über das Verwaltungsverfahren und nach dem Bundesrechtspflegegesetz vom 16. Dezember 1943[2]).

[3] Mitarbeiterinnen und Mitarbeiter der Zivilstandsämter und ihre Hilfspersonen, insbesondere sprachlich vermittelnde Personen, die bei Amtshandlungen mitwirken oder vorzulegende Dokumente übersetzen (Art. 3 Abs. 2–6), oder Ärztinnen und Ärzte, die Bescheinigungen über den Tod oder die Totgeburt ausstellen (Art. 35 Abs. 5), treten in den Ausstand, wenn:

a. sie persönlich betroffen sind;
b. ihr Ehegatte oder eine Person betroffen ist, mit der sie eine faktische Lebensgemeinschaft führen;
c. Verwandte und Verschwägerte in gerader Linie oder bis zum dritten Grade in der Seitenlinie betroffen sind;
d. eine Person betroffen ist, die sie als gesetzliche Vertreterin oder gesetzlicher Vertreter oder im Rahmen eines privatrechtlichen Auftragsverhältnisses vertreten oder unterstützt haben;
e. sie aus anderen Gründen Unabhängigkeit und Unparteilichkeit nicht gewährleisten können, namentlich im Fall einer engen Freundschaft oder persönlichen Feindschaft.[3])

---

[1]) SR 172.021.
[2]) OG, SR 173.110. Mit Inkrafttreten des Bundesgerichtsgesetzes (BGG) am 1. Januar 2007 wird das OG aufgehoben.
[3]) Fassung gemäss Änderung der ZStV vom 9. Dezember 2005 (AS 2005 S. 5679), i. K. 1. Januar 2006.

90. *Rechtsmittel.* [1] Gegen Verfügungen der Zivilstandsbeamtin oder des Zivilstandsbeamten kann bei der Aufsichtsbehörde Beschwerde geführt werden.

[2] Gegen Verfügungen und Beschwerdeentscheide der Aufsichtsbehörde kann bei den zuständigen kantonalen Behörden Beschwerde geführt werden, in letzter Instanz Verwaltungsgerichtsbeschwerde beim Bundesgericht.

[3] Die Beschwerde gegen Verfügungen und Beschwerdeentscheide von Bundesbehörden oder letzten kantonalen Instanzen richtet sich nach den allgemeinen Bestimmungen über die Bundesrechtspflege.

[4] Das Bundesamt für Justiz kann gegen Entscheide in Zivilstandssachen bei den kantonalen Rechtsmittelinstanzen Beschwerde führen, gegen letztinstanzliche kantonale Entscheide Verwaltungsgerichtsbeschwerde beim Bundesgericht.

⁵ Kantonale Beschwerdeentscheide sowie erstinstanzliche Verfügungen der Zivilstandsbeamtin oder des Zivilstandsbeamten und der Aufsichtsbehörde, denen eine grundsätzliche Bedeutung zukommt, sind dem Eidgenössischen Amt für das Zivilstandswesen zuhanden des Bundesamtes für Justiz zu eröffnen. Auf Verlangen dieser Behörden sind auch andere Entscheide zu eröffnen.

12. Kapitel

Strafbestimmung

91. ¹ Mit Busse bis zu 500 Franken wird bestraft, wer gegen die in den Artikeln 34–39 genannten Meldepflichten vorsätzlich oder fahrlässig verstösst.

² Die Zivilstandsämter zeigen die Verstösse der Aufsichtsbehörde an.

³ Die Kantone bestimmen die für die Beurteilung der Verstösse zuständigen Behörden.

13. Kapitel

Schlussbestimmungen

92. *Bisherige Zivilstandsregister.* ¹ Die bisherigen Geburts-, Todes-, Ehe- und Anerkennungsregister werden spätestens auf den 31. Dezember 2004 geschlossen.

² Das Eidgenössische Amt für das Zivilstandswesen erlässt Weisungen über:
a. die Schliessung der bisherigen Register;
b. die übergangsrechtlichen Ausnahmen von der Schliessung;
c. die Sicherung der Register und Belege;
d. die personenstandsrechtliche Erfassung inländischer Gerichtsurteile, Verwaltungsverfügungen und Einbürgerungen bis zum Inkrafttreten der Artikel 22 und 43 Absätze 1–3 (Art. 100 Abs. 3).

³ Die Bekanntgabe von Personenstandsdaten aus den Registern und Belegen erfolgt in der Form nach Artikel 47. Die Aufsichtsbehörde kann ausnahmsweise die Einsichtnahme in Zivilstandsregister schriftlich bewilligen, wenn eine Bekanntgabe in dieser Form offensichtlich nicht zumutbar ist. Sie erlässt die nötigen Auflagen zur Sicherung des Datenschutzes.

⁴ Die Kantone sorgen dafür, dass die Zivilstandsämter im Besitz der Originale oder lesbarer Kopien auf Mikrofilmen oder elektronischen Datenträgern der seit wenigstens 120 Jahren für ihren Kreis geführten Zivilstandsregister sind.

⁵ Sie stellen sicher, dass die Originale der Zivilstandsregister, die nicht mehr im Besitz der Zivilstandsämter sind, bis mindestens auf das Jahr 1850

zurück an einem geeigneten Ort sicher aufbewahrt werden und Interessierte schonend darin Einsicht nehmen können.

⁶ Nach der Inbetriebnahme der zentralen Datenbank Infostar dürfen mit den bisherigen Informatikmitteln zur elektronischen Verarbeitung von Personenstandsdaten[1]) grundsätzlich keine Geschäftsfälle mehr bearbeitet werden. Das Eidgenössische Amt für das Zivilstandswesen legt die Ausnahmen fest und erlässt Weisungen für die Ablösung dieser Informatikmittel.

⁷ Das zentrale Verzeichnis der Adoptionen wird auf das Inkrafttreten der Artikel 22 und 43 Absätze 1–3 hin (Art. 100 Abs. 3) geschlossen. Das Eidgenössische Amt für das Zivilstandswesen regelt in seinen Weisungen namentlich die Bekanntgabe von Personenstandsdaten aus diesem Verzeichnis.

---

[1]) Vgl. dazu Art. 177e ff. alt Zivilstandsverordnung in der Fassung vom 13.8.1997 (AS 1997 S. 2006), abrufbar im Internet unter www.schulthess.com/update/.

93. *Rückerfassung von Personenstandsdaten.* ¹ Personenstandsdaten aus den bisherigen Zivilstandsregistern werden in folgenden Fällen in die zentrale Datenbank Infostar übertragen:

a. bei aktuellen Ereignissen, Erklärungen und Entscheidungen, die den Personenstand betreffen;
b. bei der Bestellung eines Personenstandsausweises, eines Heimatscheins oder, wenn die Titularin oder der Titular nach dem 31. Dezember 1967 geboren wurde, eines Familienscheines;
c. auf Anordnung der Aufsichtsbehörde.

² Das Eidgenössische Amt für das Zivilstandswesen erlässt die nötigen Weisungen.

94. *Zivilstandskreise.* Die Zivilstandskreise sind bis 31. Dezember 2005 auf die Anforderungen nach den Artikeln 1 Absatz 1 und 4 Absatz 2 zu überprüfen und nötigenfalls anzupassen.

95. *Eidgenössischer Fachausweis oder gleichwertiger Ausweis.* ¹ Zivilstandsbeamtinnen und Zivilstandsbeamte, die vor Inkrafttreten dieser Verordnung ernannt oder gewählt worden sind, müssen den eidgenössischen Fachausweis oder einen vom Eidgenössischen Amt für das Zivilstandswesen als gleichwertig anerkannten Ausweis nur dann erwerben (Art. 4 Abs. 3 Bst. c), wenn sie bei Inkrafttreten dieser Verordnung weniger als drei Jahre im Amt sind.

² Die Frist für den Erwerb beträgt drei Jahre ab Inkrafttreten dieser Verordnung.

³ In begründeten Ausnahmefällen kann die Aufsichtsbehörde die Frist nach Absatz 2 verlängern, wenn der fachlich zuverlässige Vollzug gewährleistet ist.

96. *Trauung durch Mitglieder einer Gemeindeexekutive.* ¹ Das kantonale Recht kann vorsehen, dass bestimmte Mitglieder einer Gemeindeexekutive zu ausserordentlichen Zivilstandsbeamtinnen oder ausserordentlichen

Zivilstandsbeamten mit der ausschliesslichen Befugnis, Trauungen zu vollziehen, ernannt werden, wenn:
a. die Trauung durch diese Personen der Tradition entspricht und in der Bevölkerung fest verankert ist; und
b. die erforderliche Aus- und Weiterbildung sichergestellt ist.

[2] Die Aufsichtsbehörde berichtet dem Departement im Rahmen ihrer Berichterstattungspflicht (Art. 85 Abs. 2) über die ernannten Personen.

97. *Nachweis von Personenstandsdaten.* Die zuständige Zivilstandsbehörde kann verlangen, dass Personen, die zur Mitwirkung verpflichtet sind, ihre vor Inkrafttreten dieser Verordnung beurkundeten Personenstandsdaten in Abweichung von Artikel 16 Absatz 4 nachweisen.

98. *Anmerkung von Geschlechtsänderungen.* [1] Vor dem 1. Januar 2002 erfolgte Geschlechtsänderungen werden auf Verlangen im Geburtsregister am Rand angemerkt.

[2] Zuständig für die Entgegennahme des Gesuchs ist die Aufsichtsbehörde des Kantons, in dem das Geburtsregister geführt wird.

99. *Aufhebung und Änderung bisherigen Rechts.* [1] Folgende Erlasse werden aufgehoben:
1. Verordnung vom 22. Dezember 1980[1]) über den Heimatschein;
2. Zivilstandsverordnung vom 1. Juni 1953 mit Ausnahme der Artikel 130–132. Die Artikel 130–132 der Zivilstandsverordnung vom 1. Juni 1953 werden mit der Inkraftsetzung der Artikel 22 und 43 Absätze 1–3 der Zivilstandsverordnung vom 28. April 2004 durch das Departement aufgehoben (Art. 100 Abs. 3).[2])

[2] Das Reglement des schweizerischen diplomatischen und konsularischen Dienstes vom 24. November 1967[3]) wird wie folgt geändert:

Art. 15, 23, 24 und 25: Aufgehoben.

---

[1]) AS 1981 S. 34, 2000, 2028.

[2]) Inkraftsetzung der Artikel 22 und 43 Absätze 1–3 auf den 1. Juli 2005 (AS 2005 S. 1823).

[3]) SR 191.1.

100. *Inkrafttreten.* [1] Diese Verordnung tritt unter Vorbehalt der Absätze 2 und 3 am 1. Juli 2004 in Kraft.

[2] Artikel 9 Absatz 2 tritt am 1. Januar 2005 in Kraft.

[3] Das Departement bestimmt das Datum des Inkrafttretens der Artikel 22 und 43 Absätze 1–3.[1])

---

[1]) In Kraft gesetzt auf den 1. Juli 2005 (AS 2005 S. 1823).

Anhang (Art. 79)

Zugriffsrechte

Abkürzungen

A	Abrufen
E	Erfassen
U	Beurkunden

EAZW	Eidgenössisches Amt für das Zivilstandswesen
KAB	Kantonale Aufsichtsbehörde im Zivilstandswesen
ZA SB	Sachbearbeiter/in im Zivilstandsamt
ZA UP	Urkundsperson im Zivilstandsamt (Zivilstandsbeamtin/Zivilstandsbeamter)

Zugriffsrechte

Datenfeldnamen	Zugriffsberechtigte Stellen			
	ZA UP	ZA SB	KAB	EAZW
1 Systemdaten				
1.1 Systemnummern	A	A	A	A
1.2 Eintragungsart	U	E	A	A
1.3 Eintragungsstatus	U	E	A	A
1.4 Verzeichnisse (Gemeinden, Zivilstandskreise, Staaten, Adressen)	A[1])	A[1])	A[2])	E
2 Personenidentifikationsnummer	**A**	**A**	**A**	**A**
3 Namen				
3.1 Familienname	U	E	A	A
3.2 Ledigname	U	E	A	A
3.3 Vornamen	U	E	A	A
3.4 Andere amtliche Namen	U	E	A	A
4 Geschlecht	**U**	**E**	**A**	**A**
5 Geburt				
5.1 Datum	U	E	A	A
5.2 Zeit	U	E	A	A
5.3 Ort	U	E	A	A
5.4 Totgeburt	U	E	A	A
6 Zivilstand				
6.1 Status	U	E	A	A
6.2 Datum	U	E	A	A

Anhang III
Zivilstandsverordnung (ZStV)

Datenfeldnamen	Zugriffsberechtigte Stellen			
	ZA UP	ZA SB	KAB	EAZW
7 Tod				
7.1 Datum	U	E	A	A
7.2 Zeit	U	E	A	A
7.3 Ort	U	E	A	A
8 Wohnort	**U**	**E**	**A**	**A**
9 Aufenthaltsort	**U**	**E**	**A**	**A**
10 Lebensstatus	**U**	**E**	**A**	**A**
11 Bevormundet	**U**	**E**	**A**	**A**
12 Eltern				
12.1 Familienname der Mutter	U	E	A	A
12.2 Vornamen der Mutter	U	E	A	A
12.3 Andere amtliche Namen der Mutter	U	E	A	A
12.4 Familienname des Vaters	U	E	A	A
12.5 Vornamen des Vaters	U	E	A	A
12.6 Andere amtliche Namen des Vaters	U	E	A	A
13 Adoptiveltern				
13.1 Familienname der Adoptivmutter	U	E	A	A
13.2 Vornamen der Adoptivmutter	U	E	A	A
13.3 Andere amtliche Namen der Adoptivmutter	U	E	A	A
13.4 Familienname des Adoptivvaters	U	E	A	A
13.5 Vornamen des Adoptivvaters	U	E	A	A
13.6 Andere amtliche Namen des Adoptivvaters	U	E	A	A
14 Bürgerrecht / Staatsangehörigkeit				
14.1 Datum (Gültig ab / Gültig bis)	U	E	A	A
14.2 Erwerbsgrund	U	E	A	A
14.3 Anmerkung zum Erwerbsgrund	U	E	A	A
14.4 Verlustgrund	U	E	A	A
14.5 Anmerkung zum Verlustgrund	U	E	A	A
14.6 Referenz Familienregister	U	E	A	A
14.7 Burger- oder Korporationsrecht	U	E	A	A

Datenfeldnamen	Zugriffsberechtigte Stellen			
	ZA UP	ZA SB	KAB	EAZW
15 Beziehungsdaten				
15.1 Art (Eheverhältnis/ Kindesverhältnis)	U	E	A	A
15.2 Datum (Gültig ab/Gültig bis)	U	E	A	A
15.3 Auflösungsgrund	U	E	A	A

---

[1]) E für Adressen auf Stufe ZA.
[2]) E für Adressen auf Stufe KAB.

Anhang IV
A–D
Eherecht, Güterrecht und Partnerschaft

		Seite
A.	Freizügigkeitsgesetz, scheidungsbezogene Bestimmungen	508
B.	Kreisschreiben vom 24. Februar 1986 an die kantonalen Aufsichtsbehörden über das Güterrechtsregister	511
C.	Verordnung betreffend das Güterrechtsregister	514
D.	«Altes Eherecht»	516
E.	Bundesgesetz über die eingetragene Partnerschaft gleichgeschlechtlicher Paare (Partnerschaftsgesetz, PartG)	517

Anhang IV A

Freizügigkeitsgesetz, scheidungsbezogene Bestimmungen

Das Freizügigkeitsgesetz vom 17. Dezember 1993 (FZG, mit seitherigen Änderungen) bezieht sich unter anderem auch auf die Scheidung. Diesbezüglich enthält es die folgenden Bestimmungen:

22. *Ehescheidung. a. Grundsatz.*
¹ Bei Ehescheidung werden die für die Ehedauer zu ermittelnden Austrittsleistungen nach den Artikeln 122, 123, 141 und 142 des Zivilgesetzbuches geteilt; die Artikel 3–5 sind auf den zu übertragenden Betrag sinngemäss anwendbar.

² Die zu teilende Austrittsleistung eines Ehegatten entspricht der Differenz zwischen der Austrittsleistung zuzüglich allfälliger Freizügigkeitsguthaben im Zeitpunkt der Ehescheidung und der Austrittsleistung zuzüglich allfälliger Freizügigkeitsguthaben im Zeitpunkt der Eheschliessung (vgl. Art. 24). Für diese Berechnung sind die Austrittsleistung und das Freizügigkeitsguthaben im Zeitpunkt der Eheschliessung auf den Zeitpunkt der Ehescheidung aufzuzinsen¹). Barauszahlungen während der Ehedauer werden nicht berücksichtigt.

³ Anteile einer Einmaleinlage, die ein Ehegatte während der Ehe aus Mitteln finanziert hat, die unter dem Güterstand der Errungenschaftsbeteiligung von Gesetzes wegen sein Eigengut wären (Art. 198 ZGB), sind zuzüglich Zins von der zu teilenden Austrittsleistung abzuziehen.

---

¹) Zur Aufzinsung siehe Art. 8a der Freizügigkeitsverordnung vom 3. Oktober 1994 (FZV, SR 831.425, AS 1999 S. 3604).

22a. *b. Heirat vor dem 1. Januar 1995.*
¹ Haben die Ehegatten vor dem 1. Januar 1995 geheiratet, so wird die Austrittsleistung im Zeitpunkt der Eheschliessung aufgrund einer vom Eidgenössischen Departement des Innern erstellten Tabelle berechnet¹). Hat jedoch ein Ehegatte seit der Eheschliessung bis zum 1. Januar 1995 nie die Vorsorgeeinrichtung gewechselt und steht fest, wie hoch nach neuem Recht die Austrittsleistung im Zeitpunkt der Eheschliessung gewesen wäre, so ist dieser Betrag für die Berechnung nach Artikel 22 Absatz 2 massgebend.

² Für die Berechnung der Austrittsleistung im Zeitpunkt der Eheschliessung anhand der Tabelle ist von folgenden Eckwerten auszugehen:
a. Zeitpunkt und Höhe der ersten, nach Artikel 24 von Gesetzes wegen mitgeteilten Austrittsleistung; ist zwischen der Eheschliessung und dem Zeitpunkt der mitgeteilten Austrittsleistung eine Austrittsleistung fällig geworden, so ist deren Höhe und der Zeitpunkt ihrer Fälligkeit für die Berechnung massgebend;
b. Zeitpunkt und Höhe der letzten, vor der Eheschliessung bekannten Eintrittsleistung in ein neues Vorsorgeverhältnis; ist keine solche Ein-

trittsleistung bekannt, so gelten das Datum des Beginns des Vorsorgeverhältnisses und der Wert 0.

Vom Wert nach Buchstabe a werden der Wert gemäss Buchstabe b und allfällige dazwischenliegende Einmaleinlagen samt Zins bis zum Zeitpunkt gemäss Buchstabe a abgezogen. Die Tabelle gibt an, welcher Teil des errechneten Betrags als Austrittsleistung im Zeitpunkt der Eheschliessung gilt. Zu dem aus der Tabelle resultierenden Betrag sind die in Abzug gebrachte Eintrittsleistung gemäss Buchstabe b und die Einmaleinlagen, die vor der Eheschliessung erbracht worden sind, samt Zins bis zur Heirat hinzuzurechnen.

[3] Die Tabelle berücksichtigt die Beitragsdauer zwischen der Erbringung der Eintrittsleistung nach Absatz 2 Buchstabe b und der Austrittsleistung gemäss Absatz 2 Buchstabe a sowie die in dieser Beitragsdauer liegende Ehedauer.

[4] Die Absätze 1 und 2 gelten sinngemäss für Freizügigkeitsguthaben, die vor dem 1. Januar 1995 erworben worden sind.

---

[1]) Siehe dazu die V des EDI über die Tabelle zur Berechnung der Austrittsleistung nach Artikel 22a des Freizügigkeitsgesetzes (SR 831.425.4, AS 1999 S. 3605).

22b. *c. Entschädigung.*

[1] Wird einem Ehegatten nach Artikel 124 des Zivilgesetzbuches eine angemessene Entschädigung zugesprochen, so kann im Scheidungsurteil bestimmt werden, dass ein Teil der Austrittsleistung auf Anrechnung an die angemessene Entschädigung übertragen wird.

[2] Das Gericht teilt der Vorsorgeeinrichtung den zu übertragenden Betrag mit den nötigen Angaben über die Erhaltung des Vorsorgeschutzes von Amtes wegen mit; für die Übertragung sind die Artikel 3–5 sinngemäss anwendbar.

22c. *d. Wiedereinkauf.*

Die Vorsorgeeinrichtung hat nach der Ehescheidung dem verpflichteten Ehegatten die Möglichkeit zu gewähren, sich im Rahmen der übertragenen Austrittsleistung wieder einzukaufen. Die Bestimmungen über den Eintritt in die Vorsorgeeinrichtung gelten sinngemäss.

[22d. *Eingetragene Partnerschaft.*

Die Bestimmungen über die Scheidung sind bei gerichtlicher Auflösung einer eingetragenen Partnerschaft sinngemäss anwendbar.][1])

---

[1]) Neuer Art. 22d in eckigen Klammern eingefügt durch das Partnerschaftsgesetz (PartG, Anhang IV E zum ZGB), in Kraft erst am 1. Januar 2007.

6. Abschnitt: Information der Versicherten und Dokumentation im Hinblick auf eine Scheidung

24 Abs. 2 und 3.

[2] Heiratet der Versicherte [oder geht er eine eingetragene Partnerschaft ein][1]), so hat ihm die Vorsorgeeinrichtung auf diesen Zeitpunkt seine Aus-

trittsleistung mitzuteilen. Die Vorsorgeeinrichtung hat diese Angabe in ihren Unterlagen festzuhalten und bei Austritt des Versicherten der neuen Vorsorge- oder einer allfälligen Freizügigkeitseinrichtung zu übermitteln.

³ Im Falle einer Ehescheidung hat die Vorsorgeeinrichtung auf Verlangen dem Versicherten oder dem Scheidungsgericht [Im Falle der Ehescheidung oder gerichtlichen Auflösung einer eingetragenen Partnerschaft hat die Vorsorgeeinrichtung auf Verlangen dem Versicherten oder dem Gericht][2]) Auskunft über die Höhe der Guthaben zu geben, die für die Berechnung der zu teilenden Austrittsleistung massgebend sind.

[1]) Text in eckigen Klammern hinzugefügt durch das Partnerschaftsgesetz (PartG, Anhang IV E zum ZGB), in Kraft erst am 1. Januar 2007.

[2]) Text in eckigen Klammern: neue Version gemäss Partnerschaftsgesetz (PartG, Anhang IV E zum ZGB), in Kraft erst am 1. Januar 2007.

7. Abschnitt: Anwendbarkeit des BVG

25a. *Verfahren bei Scheidung.*

¹ Können sich die Ehegatten über die bei der Ehescheidung zu übertragende Austrittsleistung (Art. 122, 123 ZGB) nicht einigen, so hat das am Ort der Scheidung nach Artikel 73 Absatz 1 des Bundesgesetzes vom 25. Juni 1982[1]) über die berufliche Alters-, Hinterlassenen- und Invalidenvorsorge zuständige Gericht gestützt auf den vom Scheidungsgericht bestimmten Teilungsschlüssel die Teilung von Amtes wegen durchzuführen, nachdem ihm die Streitsache überwiesen worden ist (Art. 142 ZGB).

² Die Ehegatten und die Einrichtungen der beruflichen Vorsorge haben in diesem Verfahren Parteistellung. Das Gericht setzt ihnen eine angemessene Frist, um Anträge zu stellen.

[1]) SR 831.40.

26 Abs. 3.

³ Der Bundesrat bestimmt den Zinssatz[1]), zu dem die im Zeitpunkt der Eheschliessung erworbenen Austritts- und Freizügigkeitsleistungen und die Einmaleinlagen für die Berechnung der aufzuteilenden Austrittsleistungen nach Artikel 22 aufgezinst werden.

[1]) Siehe dazu Art. 8a der Freizügigkeitsverordnung vom 3. Oktober 1994 (FZV, SR 831.425, AS 1999 S. 3604).

Anhang IV B

Kreisschreiben

an die kantonalen Aufsichtsbehörden
über das Güterrechtsregister*

betreffend

das neue Eherecht vom 24. Februar 1986

(Wirkungen der Ehe, Ehegüterrecht und Erbrecht)

Hochgeachtete Damen und Herren

Das Schweizervolk hat am 22. September 1985 das Bundesgesetz betreffend die Änderung des ZGB (Wirkungen der Ehe im allgemeinen, Ehegüterrecht und Erbrecht) vom 5. Oktober 1984 angenommen. Die Art. 9d Abs. 2, 9e Abs. 1 und 10b Abs. 1 des Schlusstitels rev. ZGB sind sofort in Kraft getreten. Im übrigen hat der Bundesrat das Gesetz mit Beschluss vom 22. Januar 1986 auf den 1. Januar 1988 in Kraft gesetzt (vgl. Verordnung über die Inkraftsetzung, AS 1986 I 153).

I. Das Güterrechtsregister nach dem 1. Januar 1988

1. Die Schliessung des Registers. Nach dem Inkrafttreten des neuen Rechts werden im Güterrechtsregister keine neuen Eintragungen mehr vorgenommen (Art. 10e Abs. 1 SchlT). Die Verordnung über das Güterrechtsregister vom 27. September 1910[1]) wird damit gegenstandslos. Das Register ist auf den 31. Dezember 1987 zu schliessen. Trifft eine ordnungsgemässe Anmeldung am 30. Dezember 1987 ein, so ist die Eintragung noch vorzunehmen.

[1]) GRV, Anhang IV C zum ZGB.

2. Löschung unzulässiger Eintragungen. Stellt sich nach dem 1. Januar 1988 heraus, dass eine Eintragung unzulässig gewesen ist, so ist sie wie bisher von Amtes wegen zu löschen. Art. 29 GRV[1]) bleibt ja gemäss Art. 1 Abs. 2 SchlT anwendbar, ebenso sinngemäss Art. 11 GRV[1]), nicht aber Art. 33 Abs. 2 GRV[1]); die Löschung ist daher nicht mehr zu veröffentlichen.

[1]) Anhang IV C zum ZGB.

3. Aufbewahrung und Einsicht. Das Recht, ins Register Einsicht zu nehmen, bleibt gewahrt (Art. 10e Abs. 2 SchlT). Hauptregister, Personenverzeichnis und Belege (Art. 5 Abs. 1 GRV)[1]) sind daher aufzubewahren und beim heutigen Güterrechtsregisteramt oder einer andern vom kantonalen Recht bezeichneten Stelle wie bisher zur Einsicht zur Verfügung zu halten. Die Einsicht in das Hauptbuch und die Sondergutsverzeichnisse steht je-

---

* Siehe dazu Anhang IV C zum ZGB.

dermann offen, diejenige in die Belege dagegen nur den Beteiligten (Art. 5 und 6 GRV)[1]).

---

[1]) Anhang IV C zum ZGB.

II. Entgegennahme von Erklärungen betreffend den ordentlichen Güterstand

1. Beibehaltung der Güterverbindung. Ehegatten, die unter Güterverbindung stehen und diese nicht durch Ehevertrag geändert haben, können durch gemeinsame Erklärung gegenüber dem Güterrechtsregisteramt die Güterverbindung beibehalten (Art. 9e Abs. 1 SchlT). Möglich ist diese Erklärung auch für Ehegatten mit internen vertraglichen Güterständen, die vermeiden wollen, dass sie gemäss Art. 10a Abs. 2 SchlT unter Errungenschaftsbeteiligung fallen.

2. Unterstellung unter das neue Recht. Ehegatten, die unter Güterverbindung stehen, diese aber ehevertraglich geändert haben, können sich durch gemeinsame Erklärung gegenüber dem Güterrechtsregisteramt dem neuen ordentlichen Güterstand der Errungenschaftsbeteiligung unterstellen (Art. 10b Abs. 1 SchlT).

3. Örtliche Zuständigkeit. Zuständig zur Entgegennahme der Erklärungen ist das Amt am Wohnsitz eines Ehegatten, bei Schweizern mit ausländischem Wohnsitz am gemeinsamen Heimatort oder am Heimatort der Ehefrau. Die spätere Verlegung des Wohnsitzes verändert die Zuständigkeit nicht.

4. Frist. Die Erklärung ist rechtzeitig, wenn sie bis zum 31. Dezember 1988 beim Güterrechtsregisteramt eingereicht oder der schweizerischen Post übergeben wird.

5. Form. Die Erklärung muss die Ehegatten genau bezeichnen, ihren Willen, die Güterverbindung beizubehalten oder sich der Errungenschaftsbeteiligung zu unterstellen, zweifelsfrei wiedergeben und die Unterschriften beider tragen.

6. Kontrolle. Der Güterrechtsregisterführer hat nur abzuklären, ob die formellen Voraussetzungen der Erklärung erfüllt sind (örtliche Zuständigkeit, Frage eines entgegenstehenden Eintrages im Güterrechtsregister etc.). Die Echtheit der Unterschriften ist mit den für das Güterrechtsregister üblichen Mitteln zu prüfen. Im übrigen ist die Erklärung nur dann zurückzuweisen, wenn sie offensichtlich unzulässig ist; bestehen bloss Zweifel an der materiellen Zulässigkeit der Erklärung, so ist sie entgegenzunehmen.

7. Verzeichnis. Das Amt führt über die Beibehaltungs- und Unterstellungserklärungen in Buch- oder Karteiform vorzugsweise je ein Verzeichnis. Werden diese nicht alphabetisch geführt, so sind Personenverzeichnisse

anzulegen. Es wird empfohlen, die Karteiform zu wählen und die Karteikarten gemäss Beilage zu verwenden. Aufzuführen sind die genauen Personalien, der Wohnsitz der Ehegatten und das Eingangsdatum, ausserdem
- bei der Beibehaltungserklärung: dass es sich um eine Erklärung gemäss Art. 9e SchlT handelt und sie *öffentlich* ist,
- bei der Unterstellungserklärung: dass es sich um eine Erklärung gemäss Art. 10b SchlT handelt und sie *nicht öffentlich* ist.

8. Aufbewahrung. Die Beibehaltungs- und Unterstellungserklärungen sind je mit einer laufenden Ordnungsnummer zu versehen und zu archivieren.

9. Einsicht.
A. Das Verzeichnis der *Beibehaltungserklärungen* kann von jedermann eingesehen werden (Art. 9e Abs. 1 Satz 2 SchlT). Die Erklärungen selbst stehen nur den Beteiligten offen.
B. Das Verzeichnis der *Unterstellungserklärungen* steht nur den Beteiligten (Ehegatten und Erben) offen.
C. Im Rahmen des Einsichtsrechts können Auszüge verlangt werden.
D. Vorbehalten bleibt die Einsicht durch den Richter oder eine andere zuständige Behörde in einem güter- oder erbrechtlichen Verfahren.

10. Statistik. Wir bitten Sie, nach dem 31. Dezember 1988 dem Eidg. Amt für das Handels- und Güterrechtsregister die Zahl der eingegangenen Beibehaltungs- und Unterstellungserklärungen zu melden.

Mit vorzüglicher Hochachtung
EIDG. JUSTIZ- UND POLIZEIDEPARTEMENT

Anhang IV C

Verordnung

betreffend

das Güterrechtsregister (GRV) *

(Vom 27. September 1910, SR 211.214.51)

Nach dem Inkrafttreten des neuen Eherechts (1. Januar 1988) werden im Güterrechtsregister keine neuen Eintragungen mehr vorgenommen (Art. 10e Abs. 1 SchlT). Die GRV wird somit gegenstandslos. Soweit bisherige Eintragungen unzulässig waren, sind sie aber weiterhin von Amtes wegen zu löschen. Auch bleibt das Einsichtsrecht gewahrt (Art. 1 Abs. 2 SchlT). Demzufolge sind nachstehende Artikel der GRV auch künftig von Bedeutung:

5. [1] Die Belege, wie Anmeldungen, Ausweise für die Eintragungen, gerichtliche Verfügungen u. dgl., sind zweckmässig zu ordnen und ungebunden aufzubewahren und dürfen, im Gegensatz zu den Korrespondenzen, erst nach Ablauf von zehn Jahren seit Löschung der betreffenden Eintragungen vernichtet werden.

[2] Mit Ausnahme der Sondergutsverzeichnisse (Art. 24 Abs. 2) steht die Einsichtnahme in die Belege nur den Beteiligten (einem jeden Ehegatten und einem jeden Erben) zu.

6. [1] Die Einsicht in das Hauptregister ist jedermann zu gestatten.

[2] Der Registerführer hat auf Verlangen Auszüge aus dem Hauptregister oder aus Sondergutsverzeichnissen zu erstellen und zu bescheinigen, dass das Register bezüglich eines bestimmten Ehepaares keine Eintragung enthält.

11. [1] Wird die Anmeldung einer Eintragung vom Registerführer abgewiesen, so hat der Anmeldende das Recht, bei der kantonalen Aufsichtsbehörde binnen 14 Tagen von der Zustellung der Verfügung an Beschwerde zu erheben.

[2] Gegen den Entscheid der Aufsichtsbehörde kann binnen 30 Tagen beim Bundesgericht Verwaltungsgerichtsbeschwerde erhoben werden.

29. [1] Stellt sich nach erfolgter Eintragung in das Hauptregister heraus, dass diese mangels einer wesentlichen Voraussetzung (Art. 10) unzulässig gewesen ist, so hat sie der Registerführer von Amtes wegen zu löschen.

[2] Den Beteiligten ist unverzüglich unter Angabe der Gründe und mit der Bemerkung von der Löschung Kenntnis zu geben, dass sie gemäss Artikel 11 dagegen Beschwerde erheben können.

---

* Siehe dazu das Kreisschreiben an die kantonalen Aufsichtsbehörden über das Güterrechtsregister, Anhang IV B zum ZGB.

[3] Die Löschung ist in der Weise vorzunehmen, dass der Eintrag mit roter Tinte gestrichen, in den «Bemerkungen» das Datum und der Grund der Löschung angegeben und vom Registerführer unterschrieben wird.

Anhang IV D

«Altes Eherecht»

(Allgemeine Wirkungen der Ehe, Ehegüterrecht
und Erbrecht)

Durch das BG vom 5. Oktober 1984 über die Änderung des ZGB (**Wirkungen der Ehe im allgemeinen, Ehegüterrecht und Erbrecht,** AS 1986 I 122) wurden verschiedene Bestimmungen des ZGB von 1907 revidiert. Das Gesetz ist am 1. Januar 1988 in Kraft getreten.

Das «alte Eherecht» in der Fassung von 1907 wurde im ZGB-Anhang der 37.–42. Auflage dieser Textausgabe unverändert abgedruckt. Jetzt ist der Text über den Aktualisierungsservice im Internet unter **www.schulthess.com/update/** abrufbar.

———

Anhang IV E

Bundesgesetz

über

die eingetragene Partnerschaft gleichgeschlechtlicher Paare (Partnerschaftsgesetz, PartG)

(Vom 18. Juni 2004, SR 211.231)

(Gestützt auf die Artikel 38 Absatz 2, 112 Absatz 1, 113 Absatz 1, 119 Absatz 2, 121 Absatz 1, 122 Absatz 1, 123 Absatz 1, 128 Absatz 1 und 129 Absatz 1 der Bundesverfassung, nach Einsicht in die Botschaft des Bundesrates vom 29. November 2002, BBl 2003 S. 1288)

> Bei Erscheinen dieser Textausgabe ist das BG vom 18. Juni 2004 über die eingetragene Partnerschaft gleichgeschlechtlicher Paare (Partnerschaftsgesetz, PartG) mit Ausnahme von zwei Bestimmungen (Art. 95 Abs. 1 und 105 Ziff. 3 ZGB) noch nicht in Kraft getreten. Es wird auf den 1. Januar 2007 in Kraft gesetzt (AS 2005 S. 5685).

1. Kapitel

Allgemeine Bestimmungen

1. *Gegenstand.* Dieses Gesetz regelt die Begründung, die Wirkungen und die Auflösung der eingetragenen Partnerschaft gleichgeschlechtlicher Paare.

2. *Grundsatz.* [1] Zwei Personen gleichen Geschlechts können ihre Partnerschaft eintragen lassen.

[2] Sie verbinden sich damit zu einer Lebensgemeinschaft mit gegenseitigen Rechten und Pflichten.

[3] Der Personenstand lautet: «in eingetragener Partnerschaft».

2. Kapitel

Die Eintragung der Partnerschaft

1. Abschnitt

Voraussetzungen und Eintragungshindernisse

3. *Voraussetzungen.* [1] Beide Partnerinnen oder Partner müssen das 18. Altersjahr zurückgelegt haben und urteilsfähig sein.

² Eine entmündigte Person braucht die Zustimmung ihres gesetzlichen Vertreters. Sie kann gegen die Verweigerung dieser Zustimmung das Gericht anrufen.

4. *Eintragungshindernisse.* ¹ Verwandte in gerader Linie, Geschwister sowie Halbgeschwister können keine eingetragene Partnerschaft eingehen.

² Beide Partnerinnen oder Partner müssen nachweisen, dass sie nicht bereits in eingetragener Partnerschaft leben oder verheiratet sind.

2. Abschnitt

Verfahren

5. *Gesuch.* ¹ Das Gesuch um Eintragung ist beim Zivilstandsamt am Wohnsitz einer der beiden Partnerinnen oder eines der beiden Partner einzureichen.

² Die beiden Partnerinnen oder Partner müssen persönlich erscheinen. Falls sie nachweisen, dass dies für sie offensichtlich unzumutbar ist, wird die schriftliche Durchführung des Vorverfahrens bewilligt.

³ Die beiden Partnerinnen oder Partner legen die erforderlichen Dokumente vor. Sie haben beim Zivilstandsamt persönlich zu erklären, dass sie die Voraussetzungen zur Eintragung einer Partnerschaft erfüllen.

6. *Prüfung.* Das zuständige Zivilstandsamt prüft, ob die Voraussetzungen erfüllt sind und keine Eintragungshindernisse vorliegen.

7. *Form.* ¹ Die Zivilstandsbeamtin oder der Zivilstandsbeamte beurkundet die Willenserklärung der beiden Partnerinnen oder Partner und lässt die Urkunde von beiden unterschreiben.

² Die Beurkundung der eingetragenen Partnerschaft ist öffentlich.

8. *Ausführungsbestimmungen.* Der Bundesrat erlässt die Ausführungsbestimmungen.[1)]

[1)] Gleichzeitig mit dem Inkrafttreten des PartG am 1. Januar 2007 soll auch die Zivilstandsverordnung (ZStV, Anhang III zum ZGB) angepasst werden.

3. Abschnitt

Ungültigkeit

9. *Unbefristete Ungültigkeit.* ¹ Jede Person, die ein Interesse hat, kann jederzeit beim Gericht auf Ungültigkeit der eingetragenen Partnerschaft klagen, wenn:

a. zur Zeit der Eintragung der Partnerschaft eine der Partnerinnen oder einer der Partner nicht urteilsfähig war und seither nicht wieder urteilsfähig geworden ist;
b. bei der Eintragung Artikel 4 verletzt wurde.

[2] Während des Bestehens einer eingetragenen Partnerschaft wird die Klage von der zuständigen Behörde am Wohnsitz der Partnerinnen oder Partner von Amtes wegen erhoben.

10. *Befristete Ungültigkeit.* [1] Eine Partnerin oder ein Partner kann beim Gericht auf Ungültigkeit der eingetragenen Partnerschaft wegen Willensmängeln klagen.

[2] Die Ungültigkeitsklage ist innerhalb von sechs Monaten nach Kenntnis des Willensmangels, spätestens aber vor Ablauf von fünf Jahren seit der Eintragung einzureichen.

[3] Stirbt die klagende Person während des Verfahrens, so kann ein Erbe die Klage fortsetzen.

11. *Wirkungen des Ungültigkeitsurteils.* [1] Die eingetragene Partnerschaft wird mit Eintritt der Rechtskraft des Ungültigkeitsurteils ungültig.

[2] Erbrechtliche Ansprüche fallen rückwirkend dahin. Im Übrigen gelten die Bestimmungen über die Wirkungen der gerichtlichen Auflösung sinngemäss.

3. Kapitel

Wirkungen der eingetragenen Partnerschaft

1. Abschnitt

Allgemeine Rechte und Pflichten

12. *Beistand und Rücksicht.* Die beiden Partnerinnen oder Partner leisten einander Beistand und nehmen aufeinander Rücksicht.

13. *Unterhalt.* [1] Die beiden Partnerinnen oder Partner sorgen gemeinsam nach ihren Kräften für den gebührenden Unterhalt ihrer Gemeinschaft.

[2] Können sie sich nicht verständigen, so setzt das Gericht auf Antrag die Geldbeiträge an den Unterhalt fest. Diese können für die Zukunft und für das Jahr vor Einreichung des Begehrens gefordert werden.

[3] Erfüllt eine Partnerin oder ein Partner die Unterhaltspflicht nicht, so kann das Gericht deren oder dessen Schuldnerin oder Schuldner anweisen, die Zahlungen ganz oder teilweise der andern Partnerin oder dem andern Partner zu leisten.

14. *Gemeinsame Wohnung.* [1] Eine Partnerin oder ein Partner kann nur mit der ausdrücklichen Zustimmung der oder des andern einen Mietvertrag kündigen, die gemeinsame Wohnung veräussern oder durch andere Rechtsgeschäfte die Rechte an den gemeinsamen Wohnräumen beschränken.

[2] Kann die Zustimmung nicht eingeholt werden oder wird sie ohne triftigen Grund verweigert, so kann das Gericht angerufen werden.

15. *Vertretung der Gemeinschaft.* [1] Jede Partnerin und jeder Partner vertritt während des Zusammenlebens die Gemeinschaft für deren laufende Bedürfnisse.

[2] Für die übrigen Bedürfnisse der Gemeinschaft kann eine Partnerin oder ein Partner diese nur vertreten, wenn:
 a. die Ermächtigung der andern Person oder des Gerichts vorliegt; oder
 b. das Interesse der Gemeinschaft keinen Aufschub des Geschäfts duldet und die andere Person wegen Krankheit, Abwesenheit oder aus ähnlichen Gründen nicht zustimmen kann.

[3] Jede Partnerin und jeder Partner verpflichtet sich persönlich und, soweit die Handlungen nicht für Dritte erkennbar über die Vertretungsbefugnis hinausgehen, solidarisch auch die andere Person.

[4] Wird die Befugnis zur Vertretung der Gemeinschaft überschritten oder erweist sich eine Partnerin oder ein Partner als unfähig, die Vertretung auszuüben, so kann das Gericht die Vertretungsbefugnis auf Antrag ganz oder teilweise entziehen. Gutgläubigen Dritten gegenüber ist der Entzug nur wirksam, wenn er auf Anordnung des Gerichts veröffentlicht worden ist.

16. *Auskunftspflicht.* [1] Die Partnerinnen oder Partner müssen einander auf Verlangen über Einkommen, Vermögen und Schulden Auskunft geben.

[2] Auf Antrag kann das Gericht Partnerinnen, Partner oder Dritte verpflichten, die erforderlichen Auskünfte zu erteilen und die notwendigen Urkunden vorzulegen.

[3] Vorbehalten bleibt das Berufsgeheimnis der Rechtsanwälte, Notare, Ärzte, Geistlichen und ihrer Hilfspersonen.

17. *Aufhebung des Zusammenlebens.* [1] Eine Partnerin oder ein Partner ist berechtigt, das Zusammenleben aus wichtigen Gründen aufzuheben.

[2] Auf Antrag muss das Gericht:
 a. die Geldbeiträge festlegen, welche die Partnerinnen oder Partner einander schulden;
 b. die Benützung der Wohnung und des Hausrats regeln.

[3] Eine Partnerin oder ein Partner kann den Antrag auch stellen, wenn die oder der andere das Zusammenleben grundlos ablehnt.

[4] Verändern sich die Verhältnisse, so passt das Gericht auf Antrag die Massnahmen an oder hebt sie auf.

2. Abschnitt

Vermögensrecht

18. *Vermögen.* [1] Jede Partnerin und jeder Partner verfügt über das eigene Vermögen.
[2] Jede Partnerin und jeder Partner haftet für eigene Schulden mit dem eigenen Vermögen.

19. *Beweis.* [1] Wer behauptet, ein bestimmter Vermögenswert sei Eigentum einer Partnerin oder eines Partners, muss dies beweisen.
[2] Kann dieser Beweis nicht erbracht werden, so wird Miteigentum beider Partnerinnen oder Partner angenommen.

20. *Inventar.* [1] Jede Partnerin und jeder Partner kann jederzeit verlangen, dass die oder der andere bei der Aufnahme eines Inventars der eigenen Vermögenswerte mit öffentlicher Urkunde mitwirkt.
[2] Ein solches Inventar wird als richtig vermutet, wenn es innerhalb eines Jahres nach Einbringen der Vermögenswerte errichtet wurde.

21. *Verwaltungsauftrag.* Überlässt eine Person ihrer Partnerin oder ihrem Partner die Verwaltung ihres Vermögens, so gelten die Bestimmungen über den Auftrag, sofern nichts anderes vereinbart ist.

22. *Beschränkung der Verfügungsbefugnis.* [1] Soweit es die Sicherung der wirtschaftlichen Grundlagen oder die Erfüllung einer vermögensrechtlichen Verpflichtung aus der eingetragenen Partnerschaft erfordert, kann das Gericht auf Antrag die Verfügung einer Partnerin oder eines Partners über bestimmte Vermögenswerte von der Zustimmung der oder des andern abhängig machen und sichernde Massnahmen treffen.
[2] Betrifft diese Massnahme ein Grundstück, so lässt das Gericht sie im Grundbuch anmerken.

23. *Schulden zwischen Partnerinnen oder Partnern.* [1] Bestehen zwischen den Partnerinnen oder Partnern Schulden und bereitet die Rückerstattung der verpflichteten Person ernstliche Schwierigkeiten, so kann sie verlangen, dass ihr Fristen eingeräumt werden, sofern dies der Partnerin oder dem Partner zumutbar ist.
[2] Die Forderung ist sicherzustellen, wenn die Umstände dies erfordern.

24. *Zuweisung von Miteigentum.* Steht ein Vermögenswert im Miteigentum der beiden Partnerinnen oder Partner und weist die eine Person ein überwiegendes Interesse nach, so kann sie bei Auflösung der eingetragenen Partnerschaft neben den übrigen gesetzlichen Massnahmen die ungeteilte Zuweisung dieses Vermögenswerts gegen Entschädigung der anderen Person verlangen.

25. *Vermögensvertrag.* [1] Die beiden Partnerinnen oder Partner können in einem Vermögensvertrag eine besondere Regelung vereinbaren für den Fall, dass die eingetragene Partnerschaft aufgelöst wird. Namentlich können sie vereinbaren, dass das Vermögen gemäss den Bestimmungen über die Errungenschaftsbeteiligung (Art. 196–219 Zivilgesetzbuch, ZGB) geteilt wird.

[2] Solche Vereinbarungen dürfen die Pflichtteile der Nachkommen einer Partnerin oder eines Partners nicht beeinträchtigen.

[3] Der Vermögensvertrag muss öffentlich beurkundet und von den vertragschliessenden Personen sowie gegebenenfalls vom gesetzlichen Vertreter unterzeichnet werden.

[4] Die Artikel 185 und 193 ZGB sind sinngemäss anwendbar.

3. Abschnitt

Besondere Wirkungen

26. *Eheschliessung.* Eine Person, die in eingetragener Partnerschaft lebt, kann keine Ehe eingehen.

27. *Kinder der Partnerin oder des Partners.* [1] Hat eine Person Kinder, so steht ihre Partnerin oder ihr Partner ihr in der Erfüllung der Unterhaltspflicht und in der Ausübung der elterlichen Sorge in angemessener Weise bei und vertritt sie, wenn die Umstände es erfordern. Elternrechte bleiben jedoch in allen Fällen gewahrt.

[2] Die Vormundschaftsbehörde kann unter den Voraussetzungen von Artikel 274a ZGB bei Aufhebung des Zusammenlebens und bei Auflösung der eingetragenen Partnerschaft einen Anspruch auf persönlichen Verkehr einräumen.

28. *Adoption und Fortpflanzungsmedizin.* Personen, die in einer eingetragenen Partnerschaft leben, sind weder zur Adoption noch zu fortpflanzungsmedizinischen Verfahren zugelassen.

4. Kapitel

Gerichtliche Auflösung der eingetragenen Partnerschaft

1. Abschnitt

Voraussetzungen

29. *Gemeinsames Begehren.* [1] Verlangen die beiden Partnerinnen oder Partner gemeinsam die Auflösung der eingetragenen Partnerschaft, so hört das Gericht sie an und prüft, ob das Begehren auf freiem Willen und reiflicher Überlegung beruht und ob eine Vereinbarung über die Auflösung genehmigt werden kann.

[2] Trifft dies zu, so spricht das Gericht die Auflösung der eingetragenen Partnerschaft aus.

[3] Die Partnerinnen oder Partner können gemeinsam beantragen, dass das Gericht im Auflösungsurteil über diejenigen Wirkungen der Auflösung entscheidet, über die sie sich nicht verständigen können.

30. *Klage.* Jede Partnerin oder jeder Partner kann die Auflösung der eingetragenen Partnerschaft verlangen, wenn die Partnerinnen oder Partner zum Zeitpunkt der Klageerhebung seit mindestens einem Jahr getrennt leben.

2. Abschnitt

Folgen

31. *Erbrecht.* [1] Mit der Auflösung der eingetragenen Partnerschaft entfällt das gesetzliche Erbrecht zwischen den Partnerinnen oder Partnern.

[2] Aus Verfügungen von Todes wegen, die vor Rechtshängigkeit des Auflösungsverfahrens errichtet worden sind, können keine Ansprüche erhoben werden.

32. *Zuteilung der gemeinsamen Wohnung.* [1] Ist eine Person aus wichtigen Gründen auf die gemeinsame Wohnung angewiesen, so kann das Gericht ihr die Rechte und Pflichten aus dem Mietvertrag allein übertragen, sofern dies der Partnerin oder dem Partner billigerweise zugemutet werden kann.

[2] Die bisherige Mieterin oder der bisherige Mieter haftet solidarisch für den Mietzins bis zum Zeitpunkt, in dem das Mietverhältnis gemäss Vertrag oder Gesetz endet oder beendet werden kann, höchstens aber während zweier Jahre. Wird sie oder er für den Mietzins belangt, so kann der bezahlte Betrag ratenweise in der Höhe des monatlichen Mietzinses mit Unterhaltsbeiträgen verrechnet werden.

[3] Gehört die gemeinsame Wohnung einer Partnerin oder einem Partner, so kann das Gericht der anderen Person unter den Voraussetzungen nach Absatz 1 und gegen angemessene Entschädigung oder unter Anrechnung an die Unterhaltsbeiträge ein befristetes Wohnrecht einräumen. Wenn wichtige neue Tatsachen es erfordern, ist das Wohnrecht einzuschränken oder aufzuheben.

33. *Berufliche Vorsorge.* Die während der Dauer der eingetragenen Partnerschaft erworbenen Austrittsleistungen in der beruflichen Vorsorge werden nach den Bestimmungen des Scheidungsrechts über die berufliche Vorsorge geteilt.

34. *Unterhaltsbeitrag.* [1] Nach Auflösung der eingetragenen Partnerschaft ist grundsätzlich jede Partnerin und jeder Partner für den eigenen Unterhalt verantwortlich.

[2] Eine Person, die auf Grund der Aufgabenteilung während der Dauer der eingetragenen Partnerschaft eine Erwerbstätigkeit eingeschränkt oder nicht ausgeübt hat, kann von ihrer Partnerin oder ihrem Partner angemessene Unterhaltsbeiträge verlangen, bis der Unterhalt durch eigene Erwerbstätigkeit gesichert werden kann.

[3] Ferner kann eine Person angemessene Unterhaltsbeiträge verlangen, wenn sie durch die Auflösung der eingetragenen Partnerschaft in Bedürftigkeit gerät und der Partnerin oder dem Partner die Bezahlung von Unterhaltsbeiträgen nach den gesamten Umständen zugemutet werden kann.

[4] Im Übrigen sind die Artikel 125 Absatz 3 sowie 126–132 ZGB über den nachehelichen Unterhalt sinngemäss anwendbar.

3. Abschnitt

Verfahren

35. Die Bestimmungen des Scheidungsverfahrens sind sinngemäss anwendbar.

5. Kapitel

Schlussbestimmungen

36. *Änderung bisherigen Rechts.* Die Änderung bisherigen Rechts wird im Anhang geregelt.

37. *Koordination mit Änderungen anderer Erlasse (Ziff. 18, 22 und 29 des Anhangs).*

... [1])

---

[1]) Diese Koordinationsbestimmung bezieht sich auf Erlasse (StGB, Militärstrafgesetz und BVG), die im Zusammenhang mit der vorliegenden Textausgabe nicht relevant sind.

38. *Referendum und Inkrafttreten.* [1] Dieses Gesetz untersteht dem fakultativen Referendum.[1])

[2] Der Bundesrat bestimmt das Inkrafttreten.[2])

---

[1]) Dieses Gesetz ist vom Volk am 5. Juni 2005 angenommen worden (AS 2006 S. 15).

[2]) In Kraft gesetzt auf den 1. Januar 2007, unter Vorbehalt der Artikel 95 Absatz 1 und 105 Ziffer 3 ZGB gemäss Ziffer 8 des Anhangs zum PartG, welche auf den 1. Januar 2006 in Kraft gesetzt wurden (AS 2005 S. 5685).

Anhang (Art. 36)

Änderung bisherigen Rechts*

Die nachstehenden Bundesgesetze werden wie folgt geändert:

1. **Bürgerrechtsgesetz vom 29. September 1952** (SR 141.0)
   Geändert (verändert oder neu eingefügt) werden Art. 15 Abs. 5 und 6.

2. **Bundesgesetz vom 26. März 1931 über Aufenthalt und Niederlassung von Ausländern** (SR 142.20)
   Geändert (neu eingefügt) werden die Art. 7 Abs. 3 und 17 Abs. 3.

3. **Asylgesetz vom 26. Juni 1998** (SR 142.31)
   Geändert werden die Art. 51 Abs. 1, 63 Abs. 4, 71 Abs. 1 Einleitungssatz und 78 Abs. 3.

4. **Regierungs- und Verwaltungsorganisationsgesetz vom 21. März 1997** (SR 172.010)
   Geändert wird Art. 61.

5. **Bundesgesetz vom 20. Dezember 1968 über das Verwaltungsverfahren** (SR 172.021)
   Geändert (verändert oder neu eingefügt) werden Art. 10 Abs. 1 Bst. b und b[bis].

6. **Bundespersonalgesetz vom 24. März 2000** (SR 172.220.1)
   Geändert wird Art. 30 Abs. 2.

7. **Bundesrechtspflegegesetz vom 16. Dezember 1943** (SR 173.110)
   Geändert werden die Art. 4, 22 Abs. 1 Bst. a, 44 Bst. b und b[bis].

8. **Zivilgesetzbuch**

   Art. 21. [1] Wer mit einer Person verwandt ist, ist mit deren Ehegatten, deren eingetragener Partnerin oder deren eingetragenem Partner in der gleichen Linie und in dem gleichen Grade verschwägert.

   2. Schwägerschaft.

   [2] Die Schwägerschaft wird durch die Auflösung der Ehe oder der eingetragenen Partnerschaft, die sie begründet hat, nicht aufgehoben.

---

* In der nachfolgenden Aufzählung werden nur die Änderungen in jenen Gesetzen wörtlich aufgeführt, die im Zusammenhang mit dem ersten Teilband der Textausgabe (Teilband ZGB) relevant sind. Was die anderen Gesetze angeht, wird lediglich auf die jeweils betroffenen Bestimmungen verwiesen.

B. Ehehindernisse.
I. Verwandtschaft.

Art. 95 Randtitel und Abs. 1.[1]) ¹ Die Eheschliessung ist zwischen Verwandten in gerader Linie sowie zwischen Geschwistern oder Halbgeschwistern, gleichgültig ob sie miteinander durch Abstammung oder durch Adoption verwandt sind, verboten.

---

[1]) Im Voraus in Kraft getreten am 1. Januar 2006.

Art. 105 Ziff. 3.[1]) Ein Ungültigkeitsgrund liegt vor, wenn:
3. die Eheschliessung infolge Verwandtschaft unter den Ehegatten verboten ist.

---

[1]) Im Voraus in Kraft getreten am 1. Januar 2006.

Art. 328 Abs. 2. ² Die Unterhaltspflicht der Eltern und des Ehegatten, der eingetragenen Partnerin oder des eingetragenen Partners bleibt vorbehalten.

B. Überlebende Ehegatten und überlebende eingetragene Partnerinnen oder Partner.

Art. 462. Überlebende Ehegatten und überlebende eingetragene Partnerinnen oder Partner erhalten:
1. wenn sie mit Nachkommen zu teilen haben, die Hälfte der Erbschaft;
2. wenn sie mit Erben des elterlichen Stammes zu teilen haben, drei Viertel der Erbschaft;
3. wenn auch keine Erben des elterlichen Stammes vorhanden sind, die ganze Erbschaft.

Art. 470 Abs. 1. ¹ Wer Nachkommen, Eltern, den Ehegatten, eine eingetragene Partnerin oder einen eingetragenen Partner hinterlässt, kann bis zu deren Pflichtteil über sein Vermögen von Todes wegen verfügen.

Art. 471 Ziff. 3. Der Pflichtteil beträgt:
3. für den überlebenden Ehegatten, die eingetragene Partnerin oder den eingetragenen Partner die Hälfte.

Art. 612a Abs. 4. ⁴ Die gleiche Regelung gilt bei eingetragener Partnerschaft sinngemäss.

9. Bundesgesetz vom 4. Oktober 1991 über das bäuerliche Bodenrecht (BGBB, Anhang IX A zum ZGB)

Art. 10a. Eingetragene Partnerschaften. Die Bestimmungen dieses Gesetzes für Ehegatten und für die Wohnung der Familie gelten für eingetragene Partnerschaften sinngemäss.

10. Bundesgesetz vom 16. Dezember 1983 über den Erwerb von Grundstücken durch Personen im Ausland (BewG, Anhang X A zum ZGB)

Art. 7 Bst. b. Keiner Bewilligung bedürfen:
b. Verwandte des Veräusserers in auf- und absteigender Linie sowie dessen Ehegatte, eingetragene Partnerin oder eingetragener Partner;

Art. 12 Bst. d. Die Bewilligung wird auf jeden Fall verweigert, wenn:
d. dem Erwerber einer Zweitwohnung im Sinne von Artikel 9 Absatz 1 Buchstabe c, einer Ferienwohnung oder einer Wohneinheit in einem Aparthotel, seinem Ehegatten, seiner eingetragenen Partnerin oder seinem eingetragenen Partner oder seinen Kindern unter 20 Jahren bereits eine solche Wohnung in der Schweiz gehört;

11. Obligationenrecht

Geändert (verändert oder neu eingefügt) werden die Art. 134 Abs. 1 Ziff. 3bis, 266m Abs. 3, 266n, 273a Abs. 3, 331d Abs. 5, 331e Abs. 5 und 6, 338 Abs. 2, 339b Abs. 2, 494 Abs. 4. Die vorgesehenen Änderungen sind im zweiten Teilband der Textausgabe, in Anhang XV zum OR, aufgeführt.

12. Bundesgesetz vom 4. Oktober 1985 über die landwirtschaftliche Pacht (LPG, Anhang V A zum OR)

Geändert werden die Art. 18 Abs. 2 erster Satz, 27 Abs. 2 Bst. c, 31 Abs. 2bis Bst. d. Die vorgesehenen Änderungen sind im zweiten Teilband der Textausgabe, in Anhang XV zum OR, aufgeführt.

13. Bundesgesetz vom 2. April 1908 über den Versicherungsvertrag (VVG, Anhang III C zum OR)

Geändert (verändert oder neu eingefügt) werden die Art. 80, 81 Randtitel und Abs. 1, 83 Abs. 2bis und 3, 84 Abs. 1, 85, 86. Die vorgesehenen Änderungen sind im zweiten Teilband der Textausgabe, in Anhang XV zum OR, aufgeführt.

14. Gerichtsstandsgesetz vom 24. März 2000 (GestG, Anhang I B zum ZGB)

Art. 15a. Begehren und Klagen bei eingetragener Partnerschaft. Das Gericht am Wohnsitz einer Partei ist zwingend zuständig für:
a. gerichtliche Massnahmen bei eingetragenen Partnerschaften;
b. Klagen auf Ungültigkeit der eingetragenen Partnerschaft;
c. gemeinsame Begehren und Klagen auf Auflösung der eingetragenen Partnerschaft;
d. Klagen auf Ergänzung oder Abänderung eines Urteils auf Auflösung der eingetragenen Partnerschaft.

Art. 18 Abs. 1 erster Satz. [1] Für erbrechtliche Klagen sowie für Klagen über die güterrechtliche Auseinandersetzung bei Tod eines Ehegatten, einer eingetragenen Partnerin oder eines eingetragenen Partners ist das Gericht am letzten Wohnsitz des Erblassers oder der Erblasserin zuständig. ...

15. Bundesgesetz vom 4. Dezember 1947 über den Bundeszivilprozess (SR 273)

Geändert wird Art. 42 Abs. 1 Bst. a.

16. Bundesgesetz vom 11. April 1889 über Schuldbetreibung und Konkurs (SR 281.1)

Geändert (verändert oder neu eingefügt) werden die Art. 10 Abs. 1 Ziff. 2 und 2bis, 26 Abs. 3, 43 Ziff. 2, 58, 95a, 111 Abs. 1 Ziff. 1 und Abs. 2, 151 Abs. 1, 153 Abs. 2 Bst. b und Abs. 2bis, 219 Abs. 4 Erste Klasse Bst. c, 305 Abs. 2.

17. Bundesgesetz vom 18. Dezember 1987 über das internationale Privatrecht (IPRG, Anhang I A zum ZGB)

Art. 45 Abs. 3. ³ Eine im Ausland gültig geschlossene Ehe zwischen Personen gleichen Geschlechts wird in der Schweiz als eingetragene Partnerschaft anerkannt.

Kapitel 3a: Eingetragene Partnerschaft

I. Anwendung des dritten Kapitels.

Art. 65a. Die Bestimmungen des dritten Kapitels gelten für die eingetragene Partnerschaft sinngemäss, mit Ausnahme der Artikel 43 Absatz 2 und 44 Absatz 2.

II. Zuständigkeit am Eintragungsort bei Auflösung.

Art. 65b. Haben die Partnerinnen oder Partner keinen Wohnsitz in der Schweiz und ist keine oder keiner von ihnen Schweizer Bürger, so sind für Klagen oder Begehren betreffend Auflösung der eingetragenen Partnerschaft die schweizerischen Gerichte am Eintragungsort zuständig, wenn es unmöglich oder unzumutbar ist, die Klage oder das Begehren am Wohnsitz einer der Personen zu erheben.

III. Anwendbares Recht.

Art. 65c. ¹ Kennt das nach den Bestimmungen des dritten Kapitels anwendbare Recht keine Regeln über die eingetragene Partnerschaft, so ist schweizerisches Recht anwendbar; vorbehalten bleibt Artikel 49.

² Zusätzlich zu den in Artikel 52 Absatz 2 bezeichneten Rechten können die Partnerinnen oder Partner das Recht des Staates wählen, in dem die Partnerschaft eingetragen worden ist.

IV. Entscheidungen oder Massnahmen des Eintragungsstaats.

Art. 65d. Ausländische Entscheidungen oder Massnahmen werden in der Schweiz anerkannt, wenn:

a. sie im Staat ergangen sind, in dem die Partnerschaft eingetragen worden ist; und

b. es unmöglich oder unzumutbar war, die Klage oder das Begehren in einem Staat zu erheben, dessen Zuständigkeit in der Schweiz gemäss den Bestimmungen des dritten Kapitels anerkannt ist.

18. Strafgesetzbuch (SR 311.0)

Geändert (verändert oder neu eingefügt) werden die Art. 66ter Randtitel und Abs. 1 Einleitungssatz und Bst. a, 110 Ziff. 2, 123 Ziff. 2 Abs. 4 und 5, 126 Abs. 2 Bst. b^{bis}, 180 Abs. 2 Bst. a^{bis}, 187 Ziff. 3, 188 Ziff. 2, 192 Abs. 2, 193 Abs. 2, 215, 395 Abs. 1.

19. Bundesgesetz vom 15. Juni 1934 über die Bundesstrafrechtspflege (SR 312.0)

Geändert (verändert oder neu eingefügt) werden die Art. 75 Bst. a und a^{bis}, 231 Abs. 1 Bst. b, 270 Bst. b.

20. Opferhilfegesetz vom 4. Oktober 1991 (SR 312.5)

Geändert wird Art. 2 Abs. 2 Einleitungssatz.

21. Bundesgesetz vom 22. März 1974 über das Verwaltungsstrafrecht (SR 313.0)

Geändert (verändert oder neu eingefügt) werden die Art. 29 Abs. 1 Bst. b und b^{bis}, 85 Abs. 1.

22. Militärstrafgesetz vom 13. Juni 1927 (SR 321.0)

Geändert werden die Art. 47b Randtitel und Abs. 1 Bst. a, 156 Ziff. 3, 232c Abs. 1.

23. Militärstrafprozess vom 23. März 1979 (SR 322.1)

Geändert (verändert oder neu eingefügt) werden die Art. 33 Bst. b, b^{bis}, d und d^{bis}, 75 Bst. a, a^{bis} und c, 98a, 98b Bst. b, 202 Bst. b.

24. Bundesgesetz vom 14. Dezember 1990 über die direkte Bundessteuer (SR 642.11)

Geändert (verändert oder neu eingefügt) werden die Art. 9 Sachüberschrift und Abs. 1bis, 12 Abs. 3, 109 Abs. 1 Bst. b und b^{bis}.

25. Bundesgesetz vom 14. Dezember 1990 über die Harmonisierung der direkten Steuern der Kantone und Gemeinden (SR 642.14)

Neu eingefügt wird Art. 3 Abs. 4.

26. Strassenverkehrsgesetz vom 19. Dezember 1958 (SVG, Anhang III B1 zum OR)

Geändert werden die Art. 63 Abs. 3 Bst. b, 70 Abs. 4 Bst. a. Die vorgesehenen Änderungen sind im zweiten Teilband der Textausgabe, in Anhang XV zum OR, aufgeführt.

27. Arbeitsgesetz vom 13. März 1964 (SR 822.11)

Geändert wird Art. 4 Abs. 1.

28. Bundesgesetz vom 6. Oktober 2000 über den Allgemeinen Teil des Sozialversicherungsrechts (SR 830.1)

Neu eingefügt wird Art. 13a.

29. Bundesgesetz vom 25. Juni 1982 über die berufliche Alters-, Hinterlassenen- und Invalidenvorsorge (SR 831.40)

Geändert (verändert oder neu eingefügt) werden die Art. 19a, 30c Abs. 5 und 6, 37 Abs. 5 erster Satz, 79a Abs. 5.

30. Freizügigkeitsgesetz vom 17. Dezember 1993 (FZG, Anhang IV A zum ZGB)

Art. 5 Abs. 2. ² An Anspruchsberechtigte, die verheiratet sind oder in eingetragener Partnerschaft leben, ist die Barauszahlung nur zulässig, wenn der Ehegatte, die eingetragene Partnerin oder der eingetragene Partner schriftlich zustimmt.

Art. 22d. Eingetragene Partnerschaft. Die Bestimmungen über die Scheidung sind bei gerichtlicher Auflösung einer eingetragenen Partnerschaft sinngemäss anwendbar.

Art. 24 Abs. 2 erster Satz und Abs. 3. ² Heiratet der Versicherte oder geht er eine eingetragene Partnerschaft ein, so hat ihm die Vorsorgeeinrichtung auf diesen Zeitpunkt seine Austrittsleistung mitzuteilen. ...
³ Im Falle der Ehescheidung oder gerichtlichen Auflösung einer eingetragenen Partnerschaft hat die Vorsorgeeinrichtung auf Verlangen dem Versicherten oder dem Gericht Auskunft über die Höhe der Guthaben zu geben, die für die Berechnung der zu teilenden Austrittsleistung massgebend sind.

31. Zuständigkeitsgesetz vom 24. Juni 1977 (SR 851.1)

Geändert werden die Art. 6, 8 Bst. a und b, 32 Abs. 3.

Anhang V
A–E

Adoption, Pflegekinder und medizinisch unterstützte Fortpflanzung

		Seite
A.	Übereinkommen über den Schutz von Kindern und die Zusammenarbeit auf dem Gebiet der Internationalen Adoption (Haager Adoptionsübereinkommen, HAÜ)...	532
B.	Bundesgesetz zum Haager Adoptionsübereinkommen und über Massnahmen zum Schutz des Kindes bei internationalen Adoptionen (BG-HAÜ).................	544
C.	Verordnung über die Adoptionsvermittlung (VAdoV)...	553
D.	Verordnung über die Aufnahme von Kindern zur Pflege und zur Adoption (PAVO)	559
E.	Bundesgesetz über die medizinisch unterstützte Fortpflanzung (Fortpflanzungsmedizingesetz, FMedG)	570

Anhang V A

Übereinkommen über den Schutz von Kindern und die Zusammenarbeit auf dem Gebiet der Internationalen Adoption* (Haager Adoptionsübereinkommen, HAÜ)

Abgeschlossen in Den Haag am 29. Mai 1993

(Für die Schweiz in Kraft getreten am 1. Januar 2003; SR 0.211.221.311)

Geltungsstaaten sind zurzeit**: Albanien, Andorra, Aserbaidschan, Australien, Belarus, Belgien, Belize, Brasilien, Bolivien, Bulgarien, Burkina Faso, Burundi, Chile, China, Costa Rica, Dänemark, Deutschland, Ecuador, El Salvador, Estland, Finnland, Frankreich, Georgien, Grossbritannien, Guatemala, Guinea, Indien, Island, Israel, Italien, Kanada, Kolumbien, Lettland, Litauen, Luxemburg, Madagaskar, Mali (i.K. 1.9.2006), Malta, Mauritius, Mexiko, Moldau, Monaco, Mongolei, Neuseeland, Niederlande, Norwegen, Österreich, Panama, Paraguay, Peru, Philippinen, Polen, Portugal, Rumänien, San Marino, Schweden, Schweiz, Slowakei, Slowenien, Spanien, Sri Lanka, Südafrika, Thailand, Tschechische Republik, Türkei, Ungarn, Uruguay, Venezuela, Zypern.

Unterzeichnet, aber noch nicht ratifiziert von: Irland, Russische Föderation, Türkei, Vereinigte Staaten von Amerika.

Kapitel I

Anwendungsbereich des Übereinkommens

1. Ziel dieses Übereinkommens ist es,
a) Schutzvorschriften einzuführen, damit internationale Adoptionen zum Wohl des Kindes und unter Wahrung seiner völkerrechtlich anerkannten Grundrechte stattfinden;
b) ein System der Zusammenarbeit unter den Vertragsstaaten einzurichten, um die Einhaltung dieser Schutzvorschriften sicherzustellen und dadurch die Entführung und den Verkauf von Kindern sowie den Handel mit Kindern zu verhindern;
c) in den Vertragsstaaten die Anerkennung der gemäss dem Übereinkommen zu Stande gekommenen Adoptionen zu sichern.

---

* Übersetzung des französischen Originaltextes; AS 2003 S. 415. Botschaft des BR vom 29. Mai 1993 in BBl 1999 S. 5795.

** Der aktuelle Geltungsbereich des Übereinkommens sowie die Vorbehalte und Erklärungen der einzelnen Staaten sind im Internet abrufbar unter www.hcch.net.
– Für Vietnam s. das Abkommen zwischen der Schweiz und der Sozialistischen Republik Vietnam über die Zusammenarbeit auf dem Gebiet der Adoption von Kindern (SR 0.211.221.319.789), i.K. 9. April 2006.

2. (1) Das Übereinkommen ist anzuwenden, wenn ein Kind mit gewöhnlichem Aufenthalt in einem Vertragsstaat («Heimatstaat») in einen anderen Vertragsstaat («Aufnahmestaat») gebracht worden ist, wird oder werden soll, entweder nach seiner Adoption im Heimatstaat durch Ehegatten oder eine Person mit gewöhnlichem Aufenthalt im Aufnahmestaat oder im Hinblick auf eine solche Adoption im Aufnahme- oder Heimatstaat.

(2) Das Übereinkommen betrifft nur Adoptionen, die ein dauerhaftes Eltern-Kind-Verhältnis begründen.

3. Das Übereinkommen ist nicht mehr anzuwenden, wenn die in Artikel 17 Buchstabe c vorgesehenen Zustimmungen nicht erteilt wurden, bevor das Kind das achtzehnte Lebensjahr vollendet hat.

Kapitel II

Voraussetzungen Internationaler Adoption

4. Eine Adoption nach dem Übereinkommen kann nur durchgeführt werden, wenn die zuständigen Behörden des Heimatstaats
a) festgestellt haben, dass das Kind adoptiert werden kann;
b) nach gebührender Prüfung der Unterbringungsmöglichkeiten für das Kind im Heimatstaat entschieden haben, dass eine internationale Adoption dem Wohl des Kindes dient;
c) sich vergewissert haben,
   1. dass die Personen, Institutionen und Behörden, deren Zustimmung zur Adoption notwendig ist, soweit erforderlich beraten und gebührend über die Wirkungen ihrer Zustimmung unterrichtet worden sind, insbesondere darüber, ob die Adoption dazu führen wird, dass das Rechtsverhältnis zwischen dem Kind und seiner Herkunftsfamilie erlischt oder weiterbesteht;
   2. dass diese Personen, Institutionen und Behörden ihre Zustimmung unbeeinflusst in der gesetzlich vorgeschriebenen Form erteilt haben und diese Zustimmung schriftlich gegeben oder bestätigt worden ist;
   3. dass die Zustimmungen nicht durch irgendeine Zahlung oder andere Gegenleistung herbeigeführt worden sind und nicht widerrufen wurden und
   4. dass die Zustimmung der Mutter, sofern erforderlich, erst nach der Geburt des Kindes erteilt worden ist, und
d) sich unter Berücksichtigung des Alters und der Reife des Kindes vergewissert haben,
   1. dass das Kind beraten und gebührend über die Wirkungen der Adoption und seiner Zustimmung zur Adoption, soweit diese Zustimmung notwendig ist, unterrichtet worden ist;
   2. dass die Wünsche und Meinungen des Kindes berücksichtigt worden sind;

3. dass das Kind seine Zustimmung zur Adoption, soweit diese Zustimmung notwendig ist, unbeeinflusst in der gesetzlich vorgeschriebenen Form erteilt hat und diese Zustimmung schriftlich gegeben oder bestätigt worden ist und
4. dass diese Zustimmung nicht durch irgendeine Zahlung oder andere Gegenleistung herbeigeführt worden ist.

5. Eine Adoption nach dem Übereinkommen kann nur durchgeführt werden, wenn die zuständigen Behörden des Aufnahmestaats
a) entschieden haben, dass die künftigen Adoptiveltern für eine Adoption in Betracht kommen und dazu geeignet sind;
b) sich vergewissert haben, dass die künftigen Adoptiveltern soweit erforderlich beraten worden sind, und
c) entschieden haben, dass dem Kind die Einreise in diesen Staat und der ständige Aufenthalt dort bewilligt worden sind oder werden.

Kapitel III

Zentrale Behörden und zugelassene Organisationen

6. (1) Jeder Vertragsstaat bestimmt eine Zentrale Behörde[1]), welche die ihr durch dieses Übereinkommen übertragenen Aufgaben wahrnimmt.

(2) Einem Bundesstaat, einem Staat mit mehreren Rechtssystemen oder einem Staat, der aus autonomen Gebietseinheiten besteht, steht es frei, mehrere Zentrale Behörden zu bestimmen und deren räumliche und persönliche Zuständigkeit festzulegen. Macht ein Staat von dieser Möglichkeit Gebrauch, so bestimmt er die Zentrale Behörde, an welche Mitteilungen zur Übermittlung an die zuständige Zentrale Behörde in diesem Staat gerichtet werden können.

---

[1]) Verzeichnis der Zentralen Behörden publiziert in der AS 2003 S. 429, 2004 S. 2583 und 2006 S. 1655 (damaliger Stand) sowie abrufbar im Internet unter www.hcch.net. Für die Schweiz beachte auch Art. 2/3 BG-HAÜ (Anhang V B zum ZGB).

7. (1) Die Zentralen Behörden arbeiten zusammen und fördern die Zusammenarbeit der zuständigen Behörden ihrer Staaten, um Kinder zu schützen und die anderen Ziele des Übereinkommens zu verwirklichen.

(2) Sie treffen unmittelbar alle geeigneten Massnahmen, um
a) Auskünfte über das Recht ihrer Staaten auf dem Gebiet der Adoption zu erteilen und andere allgemeine Informationen, wie beispielsweise statistische Daten und Musterformulare, zu übermitteln;
b) einander über die Wirkungsweise des Übereinkommens zu unterrichten und Hindernisse, die seiner Anwendung entgegenstehen, so weit wie möglich auszuräumen.

8. Die Zentralen Behörden treffen unmittelbar oder mit Hilfe staatlicher Stellen alle geeigneten Massnahmen, um unstatthafte Vermögens-

oder sonstige Vorteile im Zusammenhang mit einer Adoption auszuschliessen und alle den Zielen des Übereinkommens zuwiderlaufenden Praktiken zu verhindern.

9. Die Zentralen Behörden treffen unmittelbar oder mit Hilfe staatlicher Stellen oder anderer in ihrem Staat ordnungsgemäss zugelassener Organisationen alle geeigneten Massnahmen, um insbesondere
a) Auskünfte über die Lage des Kindes und der künftigen Adoptiveltern einzuholen, aufzubewahren und auszutauschen, soweit dies für das Zustandekommen der Adoption erforderlich ist;
b) das Adoptionsverfahren zu erleichtern, zu überwachen und zu beschleunigen;
c) den Aufbau von Diensten zur Beratung während und nach der Adoption in ihrem Staat zu fördern;
d) Berichte über allgemeine Erfahrungen auf dem Gebiet der internationalen Adoption auszutauschen;
e) begründete Auskunftsersuchen anderer Zentraler Behörden oder staatlicher Stellen zu einem bestimmten Adoptionsfall zu beantworten, soweit das Recht ihres Staates dies zulässt.

10. Die Zulassung erhalten und behalten nur Organisationen, die darlegen, dass sie fähig sind, die ihnen übertragenen Aufgaben ordnungsgemäss auszuführen.

11. Eine zugelassene Organisation muss
a) unter Einhaltung der von den zuständigen Behörden des Zulassungsstaats festgelegten Voraussetzungen und Beschränkungen ausschliesslich gemeinnützige Zwecke verfolgen;
b) von Personen geleitet und verwaltet werden, die nach ihren ethischen Grundsätzen und durch Ausbildung oder Erfahrung für die Arbeit auf dem Gebiet der internationalen Adoption qualifiziert sind, und
c) in Bezug auf ihre Zusammensetzung, Arbeitsweise und Finanzlage der Aufsicht durch die zuständigen Behörden des Zulassungsstaats unterliegen.

12. Eine in einem Vertragsstaat zugelassene Organisation kann in einem anderen Vertragsstaat nur tätig werden, wenn die zuständigen Behörden beider Staaten dies genehmigt haben.

13. Jeder Vertragsstaat teilt die Bestimmung der Zentralen Behörden und gegebenenfalls den Umfang ihrer Aufgaben sowie die Namen und Anschriften der zugelassenen Organisationen dem Ständigen Büro der Haager Konferenz für Internationales Privatrecht mit.

Kapitel IV

Verfahrensrechtliche Voraussetzungen der Internationalen Adoption

14. Personen mit gewöhnlichem Aufenthalt in einem Vertragsstaat, die ein Kind mit gewöhnlichem Aufenthalt in einem anderen Vertragsstaat adoptieren möchten, haben sich an die Zentrale Behörde im Staat ihres gewöhnlichen Aufenthalts zu wenden.

15. (1) Hat sich die Zentrale Behörde des Aufnahmestaats davon überzeugt, dass die Antragsteller für eine Adoption in Betracht kommen und dazu geeignet sind, so verfasst sie einen Bericht, der Angaben zur Person der Antragsteller und über ihre rechtliche Fähigkeit und ihre Eignung zur Adoption, ihre persönlichen und familiären Umstände, ihre Krankheitsgeschichte, ihr soziales Umfeld, die Beweggründe für die Adoption, ihre Fähigkeit zur Übernahme der mit einer internationalen Adoption verbundenen Aufgaben sowie die Eigenschaften der Kinder enthält, für die zu sorgen sie geeignet wären.

(2) Sie übermittelt den Bericht der Zentralen Behörde des Heimatstaats.

16. (1) Hat sich die Zentrale Behörde des Heimatstaats davon überzeugt, dass das Kind adoptiert werden kann, so
a) verfasst sie einen Bericht, der Angaben zur Person des Kindes und darüber, dass es adoptiert werden kann, über sein soziales Umfeld, seine persönliche und familiäre Entwicklung, seine Krankheitsgeschichte einschliesslich derjenigen seiner Familie sowie besondere Bedürfnisse des Kindes enthält;
b) trägt sie der Erziehung des Kindes sowie seiner ethnischen, religiösen und kulturellen Herkunft gebührend Rechnung;
c) vergewissert sie sich, dass die Zustimmungen nach Artikel 4 vorliegen, und
d) entscheidet sie, insbesondere auf Grund der Berichte über das Kind und die künftigen Adoptiveltern, ob die in Aussicht genommene Unterbringung dem Wohl des Kindes dient.

(2) Sie übermittelt der Zentralen Behörde des Aufnahmestaats ihren Bericht über das Kind, den Nachweis über das Vorliegen der notwendigen Zustimmungen sowie die Gründe für ihre Entscheidung über die Unterbringung, wobei sie dafür sorgt, dass die Identität der Mutter und des Vaters nicht preisgegeben wird, wenn diese im Heimatstaat nicht offengelegt werden darf.

17. Eine Entscheidung, ein Kind künftigen Adoptiveltern anzuvertrauen, kann im Heimatstaat nur getroffen werden, wenn
a) die Zentrale Behörde dieses Staates sich vergewissert hat, dass die künftigen Adoptiveltern einverstanden sind;

b) die Zentrale Behörde des Aufnahmestaats diese Entscheidung gebilligt hat, sofern das Recht dieses Staates oder die Zentrale Behörde des Heimatstaats dies verlangt;
c) die Zentralen Behörden beider Staaten der Fortsetzung des Adoptionsverfahrens zugestimmt haben und
d) nach Artikel 5 entschieden wurde, dass die künftigen Adoptiveltern für eine Adoption in Betracht kommen und dazu geeignet sind und dem Kind die Einreise in den Aufnahmestaat und der ständige Aufenthalt dort bewilligt worden sind oder werden.

18. Die Zentralen Behörden beider Staaten treffen alle erforderlichen Massnahmen, um die Bewilligung der Ausreise des Kindes aus dem Heimatstaat sowie der Einreise in den Aufnahmestaat und des ständigen Aufenthalts dort zu erwirken.

19. (1) Das Kind kann nur in den Aufnahmestaat gebracht werden, wenn die Voraussetzungen des Artikels 17 erfüllt sind.

(2) Die Zentralen Behörden beider Staaten sorgen dafür, dass das Kind sicher und unter angemessenen Umständen in den Aufnahmestaat gebracht wird und dass die Adoptiveltern oder die künftigen Adoptiveltern das Kind wenn möglich begleiten.

(3) Wird das Kind nicht in den Aufnahmestaat gebracht, so werden die in den Artikeln 15 und 16 vorgesehenen Berichte an die absendenden Behörden zurückgesandt.

20. Die Zentralen Behörden halten einander über das Adoptionsverfahren und die zu seiner Beendigung getroffenen Massnahmen sowie über den Verlauf der Probezeit, falls eine solche verlangt wird, auf dem Laufenden.

21. (1) Soll die Adoption erst durchgeführt werden, nachdem das Kind in den Aufnahmestaat gebracht worden ist, und dient es nach Auffassung der Zentralen Behörde dieses Staates nicht mehr dem Wohl des Kindes, wenn es in der Aufnahmefamilie bleibt, so trifft diese Zentrale Behörde die zum Schutz des Kindes erforderlichen Massnahmen, indem sie insbesondere
a) veranlasst, dass das Kind aus der Aufnahmefamilie entfernt und vorläufig betreut wird;
b) in Absprache mit der Zentralen Behörde des Heimatstaats unverzüglich die Unterbringung des Kindes in einer neuen Familie mit dem Ziel der Adoption veranlasst oder, falls dies nicht angebracht ist, für eine andere dauerhafte Betreuung sorgt; eine Adoption kann erst durchgeführt werden, wenn die Zentrale Behörde des Heimatstaats gebührend über die neuen Adoptiveltern unterrichtet worden ist;
c) als letzte Möglichkeit die Rückkehr des Kindes veranlasst, wenn sein Wohl dies erfordert.

(2) Unter Berücksichtigung insbesondere des Alters und der Reife des Kindes ist es zu den nach diesem Artikel zu treffenden Massnahmen zu befragen und gegebenenfalls seine Zustimmung dazu einzuholen.

22. (1) Die Aufgaben einer Zentralen Behörde nach diesem Kapitel können von staatlichen Stellen oder nach Kapitel III zugelassenen Organisationen wahrgenommen werden, soweit das Recht des Staates der Zentralen Behörde dies zulässt.

(2) Ein Vertragsstaat kann gegenüber dem Depositar des Übereinkommens erklären, dass die Aufgaben der Zentralen Behörde nach den Artikeln 15 bis 21 in diesem Staat in dem nach seinem Recht zulässigen Umfang und unter Aufsicht seiner zuständigen Behörden auch von Organisationen oder Personen wahrgenommen werden können, welche

a) die von diesem Staat verlangten Voraussetzungen der Integrität, fachlichen Kompetenz, Erfahrung und Verantwortlichkeit erfüllen und
b) nach ihren ethischen Grundsätzen und durch Ausbildung oder Erfahrung für die Arbeit auf dem Gebiet der internationalen Adoption qualifiziert sind.

(3) Ein Vertragsstaat, der die in Absatz 2 vorgesehene Erklärung abgibt, teilt dem Ständigen Büro der Haager Konferenz für Internationales Privatrecht regelmässig die Namen und Anschriften dieser Organisationen und Personen mit.

(4) Ein Vertragsstaat kann gegenüber dem Depositar des Übereinkommens erklären, dass Adoptionen von Kindern, die ihren gewöhnlichen Aufenthalt in seinem Hoheitsgebiet haben, nur durchgeführt werden können, wenn die Aufgaben der Zentralen Behörden in Übereinstimmung mit Absatz 1 wahrgenommen werden.[1]

(5) Ungeachtet jeder nach Absatz 2 abgegebenen Erklärung werden die in den Artikeln 15 und 16 vorgesehenen Berichte in jedem Fall unter der Verantwortung der Zentralen Behörde oder anderer Behörden oder Organisationen in Übereinstimmung mit Absatz 1 verfasst.

---

[1] «Anlässlich der Ratifizierung wird der Bundesrat die Erklärungen zu den Artikeln 22 Absatz 4 und 25 abgeben» (Art. 1 Abs. 3 des BB vom 22. Juni 2001 betreffend das Haager Übereinkommen über den Schutz von Kindern und die Zusammenarbeit auf dem Gebiet der internationalen Adoption, AS 2003 S. 414; Erklärung publiziert in AS 2006 S. 1663).

Kapitel V

Anerkennung und Wirkungen der Adoption

23. (1) Eine Adoption wird in den anderen Vertragsstaaten kraft Gesetzes anerkannt, wenn die zuständige Behörde[1]) des Staates, in dem sie durchgeführt worden ist, bescheinigt, dass sie gemäss dem Übereinkommen zu Stande gekommen ist. Die Bescheinigung gibt an, wann und von wem die Zustimmungen nach Artikel 17 Buchstabe c erteilt worden sind.

(2) Jeder Vertragsstaat notifiziert dem Depositar des Übereinkommens bei der Unterzeichnung, der Ratifikation, der Annahme, der Genehmigung oder dem Beitritt Identität und Aufgaben der Behörde oder Behörden, die

in diesem Staat für die Ausstellung der Bescheinigung zuständig sind. Er notifiziert ihm ferner jede Änderung in der Bezeichnung dieser Behörden.

---

[1]) Verzeichnis der zuständigen Behörden publiziert in der AS 2003 S. 429, 2004 S. 2583 und 2006 S. 1655 (damaliger Stand) sowie abrufbar im Internet unter www.hcch.net. Für die Schweiz beachte Art. 3 BG-HAÜ (Anhang V B zum ZGB).

24. Die Anerkennung einer Adoption kann in einem Vertragsstaat nur versagt werden, wenn die Adoption seiner öffentlichen Ordnung offensichtlich widerspricht, wobei das Wohl des Kindes zu berücksichtigen ist.

25. Jeder Vertragsstaat kann gegenüber dem Depositar des Übereinkommens erklären, dass er nicht verpflichtet ist, auf Grund des Übereinkommens Adoptionen anzuerkennen, die in Übereinstimmung mit einer nach Artikel 39 Absatz 2 geschlossenen Vereinbarung zu Stande gekommen sind.[1])

---

[1]) «Anlässlich der Ratifizierung wird der Bundesrat die Erklärungen zu den Artikeln 22 Absatz 4 und 25 abgeben» (Art. 1 Abs. 3 des BB vom 22. Juni 2001 betreffend das Haager Übereinkommen über den Schutz von Kindern und die Zusammenarbeit auf dem Gebiet der internationalen Adoption, AS 2002 S. 414; Erklärung publiziert in AS 2006 S. 1663).

26. (1) Die Anerkennung einer Adoption umfasst die Anerkennung
a) des Eltern-Kind-Verhältnisses zwischen dem Kind und seinen Adoptiveltern;
b) der elterlichen Verantwortlichkeit der Adoptiveltern für das Kind;
c) der Beendigung des früheren Rechtsverhältnisses zwischen dem Kind und seiner Mutter und seinem Vater, wenn die Adoption dies in dem Vertragsstaat bewirkt, in dem sie durchgeführt worden ist.

(2) Bewirkt die Adoption die Beendigung des früheren Eltern-Kind-Verhältnisses, so geniesst das Kind im Aufnahmestaat und in jedem anderen Vertragsstaat, in dem die Adoption anerkannt wird, Rechte entsprechend denen, die sich aus Adoptionen mit dieser Wirkung in jedem dieser Staaten ergeben.

(3) Die Absätze 1 und 2 lassen die Anwendung für das Kind günstigerer Bestimmungen unberührt, die in einem Vertragsstaat gelten, der die Adoption anerkennt.

27. (1) Bewirkt eine im Heimatstaat durchgeführte Adoption nicht die Beendigung des früheren Eltern-Kind-Verhältnisses, so kann sie im Aufnahmestaat, der die Adoption nach dem Übereinkommen anerkennt, in eine Adoption mit einer derartigen Wirkung umgewandelt werden, wenn
a) das Recht des Aufnahmestaats dies gestattet und
b) die in Artikel 4 Buchstaben c und d vorgesehenen Zustimmungen zum Zweck einer solchen Adoption erteilt worden sind oder werden.

(2) Artikel 23 ist auf die Umwandlungsentscheidung anzuwenden.

Kapitel VI

Allgemeine Bestimmungen

28. Das Übereinkommen steht Rechtsvorschriften des Heimatstaats nicht entgegen, nach denen die Adoption eines Kindes mit gewöhnlichem Aufenthalt in diesem Staat auch dort durchgeführt werden muss oder nach denen es untersagt ist, vor einer Adoption das Kind in einer Familie im Aufnahmestaat unterzubringen oder es in diesen Staat zu bringen.

29. Zwischen den künftigen Adoptiveltern und den Eltern des Kindes oder jeder anderen Person, welche die Sorge für das Kind hat, darf kein Kontakt stattfinden, solange die Erfordernisse des Artikels 4 Buchstaben a bis c und des Artikels 5 Buchstabe a nicht erfüllt sind, es sei denn, die Adoption finde innerhalb einer Familie statt oder der Kontakt entspreche den von der zuständigen Behörde des Heimatstaats aufgestellten Bedingungen.

30. (1) Die zuständigen Behörden eines Vertragsstaats sorgen dafür, dass die ihnen vorliegenden Angaben über die Herkunft des Kindes, insbesondere über die Identität seiner Eltern, sowie über die Krankheitsgeschichte des Kindes und seiner Familie aufbewahrt werden.

(2) Sie gewährleisten, dass das Kind oder sein Vertreter unter angemessener Anleitung Zugang zu diesen Angaben hat, soweit das Recht des betreffenden Staates dies zulässt.

31. Unbeschadet des Artikels 30 werden die auf Grund des Übereinkommens gesammelten oder übermittelten personenbezogenen Daten, insbesondere die in den Artikeln 15 und 16 bezeichneten, nur für die Zwecke verwendet, für die sie gesammelt oder übermittelt worden sind.

32. (1) Niemand darf aus einer Tätigkeit im Zusammenhang mit einer internationalen Adoption unstatthafte Vermögens- oder sonstige Vorteile erlangen.

(2) Nur Kosten und Auslagen, einschliesslich angemessener Honorare an der Adoption beteiligter Personen, dürfen in Rechnung gestellt und gezahlt werden.

(3) Die Leiter, Verwaltungsmitarbeiter und Angestellten von Organisationen, die an einer Adoption beteiligt sind, dürfen keine im Verhältnis zu den geleisteten Diensten unangemessen hohe Vergütung erhalten.

33. Eine zuständige Behörde, die feststellt, dass eine der Bestimmungen des Übereinkommens nicht beachtet worden ist oder missachtet zu werden droht, unterrichtet sofort die Zentrale Behörde ihres Staates. Diese Zentrale Behörde ist dafür verantwortlich, dass geeignete Massnahmen getroffen werden.

34. Wenn die zuständige Behörde des Bestimmungsstaats eines Schriftstücks darum ersucht, ist eine beglaubigte Übersetzung beizubringen. Sofern nichts anderes bestimmt ist, werden die Kosten der Übersetzung von den künftigen Adoptiveltern getragen.

35. Die zuständigen Behörden der Vertragsstaaten handeln in Adoptionsverfahren mit der gebotenen Eile.

36. Bestehen in einem Staat auf dem Gebiet der Adoption zwei oder mehr Rechtssysteme, die in verschiedenen Gebietseinheiten gelten, so ist
 a) eine Verweisung auf den gewöhnlichen Aufenthalt in diesem Staat als Verweisung auf den gewöhnlichen Aufenthalt in einer Gebietseinheit dieses Staates zu verstehen;
 b) eine Verweisung auf das Recht dieses Staates als Verweisung auf das in der betreffenden Gebietseinheit geltende Recht zu verstehen;
 c) eine Verweisung auf die zuständigen Behörden oder die staatlichen Stellen dieses Staates als Verweisung auf solche zu verstehen, die befugt sind, in der betreffenden Gebietseinheit zu handeln;
 d) eine Verweisung auf die zugelassenen Organisationen dieses Staates als Verweisung auf die in der betreffenden Gebietseinheit zugelassenen Organisationen zu verstehen.

37. Bestehen in einem Staat auf dem Gebiet der Adoption zwei oder mehr Rechtssysteme, die für verschiedene Personengruppen gelten, so ist eine Verweisung auf das Recht dieses Staates als Verweisung auf das Rechtssystem zu verstehen, das sich aus dem Recht dieses Staates ergibt.

38. Ein Staat, in dem verschiedene Gebietseinheiten ihre eigenen Rechtsvorschriften auf dem Gebiet der Adoption haben, ist nicht verpflichtet, das Übereinkommen anzuwenden, wenn ein Staat mit einheitlichem Rechtssystem dazu nicht verpflichtet wäre.

39. (1) Das Übereinkommen lässt internationale Übereinkünfte unberührt, denen Vertragsstaaten als Vertragsparteien angehören und die Bestimmungen über die in dem Übereinkommen geregelten Angelegenheiten enthalten, sofern die durch eine solche Übereinkunft gebundenen Staaten keine gegenteilige Erklärung abgeben.

(2) Jeder Vertragsstaat kann mit einem oder mehreren anderen Vertragsstaaten Vereinbarungen zur erleichterten Anwendung des Übereinkommens in ihren gegenseitigen Beziehungen schliessen. Diese Vereinbarungen können nur von den Bestimmungen der Artikel 14 bis 16 und 18 bis 21 abweichen. Die Staaten, die eine solche Vereinbarung geschlossen haben, übermitteln dem Depositar des Übereinkommens eine Abschrift.

40. Vorbehalte zu dem Übereinkommen sind nicht zulässig.

41. Das Übereinkommen ist in jedem Fall anzuwenden, in dem ein Antrag nach Artikel 14 eingegangen ist, nachdem das Übereinkommen im Aufnahmestaat in Kraft getreten ist.

42. Der Generalsekretär der Haager Konferenz für Internationales Privatrecht beruft in regelmässigen Abständen eine Spezialkommission zur Prüfung der praktischen Durchführung des Übereinkommens ein.

Kapitel VII

Schlussbestimmungen

43. (1) Das Übereinkommen liegt für die Staaten, die zur Zeit der Siebzehnten Tagung der Haager Konferenz für Internationales Privatrecht Mitglied der Konferenz waren, sowie für die anderen Staaten, die an dieser Tagung teilgenommen haben, zur Unterzeichnung auf.

(2) Es bedarf der Ratifikation, Annahme oder Genehmigung; die Ratifikations-, Annahme- oder Genehmigungsurkunden werden beim Ministerium für Auswärtige Angelegenheiten des Königreichs der Niederlande, dem Depositar des Übereinkommens, hinterlegt.

44. (1) Jeder andere Staat kann dem Übereinkommen beitreten, nachdem es gemäss Artikel 46 Absatz 1 in Kraft getreten ist.

(2) Die Beitrittsurkunde wird beim Depositar hinterlegt.

(3) Der Beitritt wirkt nur in den Beziehungen zwischen dem beitretenden Staat und den Vertragsstaaten, die innerhalb von sechs Monaten nach Eingang der in Artikel 48 Buchstabe b vorgesehenen Notifikation keinen Einspruch gegen den Beitritt erhoben haben. Nach dem Beitritt kann ein solcher Einspruch auch von jedem Staat in dem Zeitpunkt erhoben werden, in dem er das Übereinkommen ratifiziert, annimmt oder genehmigt. Die Einsprüche werden dem Depositar notifiziert.

45. (1) Ein Staat, der aus zwei oder mehr Gebietseinheiten besteht, in denen für die in dem Übereinkommen behandelten Angelegenheiten unterschiedliche Rechtssysteme gelten, kann bei der Unterzeichnung, der Ratifikation, der Annahme, der Genehmigung oder dem Beitritt erklären, dass das Übereinkommen auf alle seine Gebietseinheiten oder nur auf eine oder mehrere davon erstreckt wird; er kann diese Erklärung durch Abgabe einer neuen Erklärung jederzeit ändern.

(2) Jede derartige Erklärung wird dem Depositar unter ausdrücklicher Bezeichnung der Gebietseinheiten notifiziert, auf die das Übereinkommen angewendet wird.

(3) Gibt ein Staat keine Erklärung nach diesem Artikel ab, so ist das Übereinkommen auf sein gesamtes Hoheitsgebiet anzuwenden.

46. (1) Das Übereinkommen tritt am ersten Tag des Monats in Kraft, der auf einen Zeitabschnitt von drei Monaten nach der in Artikel 43 vorgesehenen Hinterlegung der dritten Ratifikations-, Annahme- oder Genehmigungsurkunde folgt.

(2) Danach tritt das Übereinkommen in Kraft

a) für jeden Staat, der es später ratifiziert, annimmt oder genehmigt oder der ihm beitritt, am ersten Tag des Monats, der auf einen Zeitabschnitt von drei Monaten nach Hinterlegung seiner Ratifikations-, Annahme-, Genehmigungs- oder Beitrittsurkunde folgt;
b) für jede Gebietseinheit, auf die es nach Artikel 45 erstreckt worden ist, am ersten Tag des Monats, der auf einen Zeitabschnitt von drei Monaten nach der in jenem Artikel vorgesehenen Notifikation folgt.

47. (1) Jeder Vertragsstaat kann das Übereinkommen durch eine an den Depositar gerichtete schriftliche Notifikation kündigen.

(2) Die Kündigung wird am ersten Tag des Monats wirksam, der auf einen Zeitabschnitt von zwölf Monaten nach Eingang der Notifikation beim Depositar folgt. Ist in der Notifikation für das Wirksamwerden der Kündigung ein längerer Zeitabschnitt angegeben, so wird die Kündigung nach Ablauf des entsprechenden Zeitabschnitts nach Eingang der Notifikation wirksam.

48. Der Depositar notifiziert den Mitgliedstaaten der Haager Konferenz für Internationales Privatrecht, den anderen Staaten, die an der Siebzehnten Tagung teilgenommen haben, sowie den Staaten, die nach Artikel 44 beigetreten sind,
a) jede Unterzeichnung, Ratifikation, Annahme und Genehmigung nach Artikel 43;
b) jeden Beitritt und jeden Einspruch gegen einen Beitritt nach Artikel 44;
c) den Tag, an dem das Übereinkommen nach Artikel 46 in Kraft tritt;
d) jede Erklärung und jede Bezeichnung nach den Artikeln 22, 23, 25 und 45;
e) jede Vereinbarung nach Artikel 39;
f) jede Kündigung nach Artikel 47.

Zu Urkund dessen haben die hierzu gehörig befugten Unterzeichneten dieses Übereinkommen unterschrieben.

Geschehen in Den Haag am 29. Mai 1993, in französischer und englischer Sprache, wobei jeder Wortlaut gleichermassen verbindlich ist, in einer Urschrift, die im Archiv der Regierung des Königreichs der Niederlande hinterlegt und von der jedem Staat, der zur Zeit der Siebzehnten Tagung der Haager Konferenz für Internationales Privatrecht Mitglied der Konferenz war, sowie jedem anderen Staat, der an dieser Tagung teilgenommen hat, auf diplomatischem Weg eine beglaubigte Abschrift übermittelt wird.

Geltungsbereich, Vorbehalte und Erklärungen

Der aktuelle Geltungsbereich des Übereinkommens sowie die Vorbehalte und Erklärungen der einzelnen Staaten sind im Internet abrufbar unter www.hcch.net.

Anhang V B

Bundesgesetz

zum

Haager Adoptionsübereinkommen

und über

Massnahmen zum Schutz des Kindes bei internationalen Adoptionen (BG-HAÜ)

(Vom 22. Juni 2001, SR 211.221.31)

(in Ausführung des Übereinkommens vom 29. Mai 1993 über den Schutz von Kindern und die Zusammenarbeit auf dem Gebiet der internationalen Adoption [Haager Adoptionsübereinkommen, HAÜ], gestützt auf die Artikel 54 Absatz 1, 122 und 123 der Bundesverfassung, nach Einsicht in die Botschaft des Bundesrates vom 19. Mai 1999, BBl 1999 S. 5795)

1. Kapitel

Gegenstand

1. [1] Dieses Gesetz regelt das Verfahren zur Aufnahme eines Kindes nach dem Haager Adoptionsübereinkommen[1]).

[2] Es sieht Massnahmen zum Schutz von Kindern aus dem Ausland vor, die von Personen mit gewöhnlichem Aufenthalt in der Schweiz zur Adoption aufgenommen werden.

---

[1]) HAÜ, Anhang V A zum ZGB. Für Vietnam beachte das Abkommen zwischen der Schweizerischen Eidgenossenschaft und der Sozialistischen Republik Vietnam über die Zusammenarbeit auf dem Gebiet der Adoption von Kindern (SR 0.211.221.319.789), i.K. 9. April 2006.

2. Kapitel

Vollzug des Haager Adoptionsübereinkommens

1. Abschnitt

Zentrale Behörden

2. *Zentrale Behörde des Bundes.* [1] Zentrale Behörde des Bundes ist die vom Bundesrat bezeichnete Verwaltungsstelle.

[2] Sie hat die Aufgabe:

a. die Mitteilungen und Berichte im grenzüberschreitenden Verkehr (Art. 6 Abs. 2, 9 Bst. a, d und e, 13, 15 Abs. 2, 16 Abs. 2, 17, 18, 20 und 21

Abs. 1 Bst. b HAÜ) zu übermitteln und entgegenzunehmen, soweit sie nicht die Zentralen Behörden der Kantone dazu ermächtigt hat;
b. die Zentralen Behörden der Kantone in Rechtsfragen zu beraten;
c. die Schweiz gegenüber ausländischen Zentralen Behörden zu vertreten;
d. allgemeine Weisungen über den Vollzug des Haager Adoptionsübereinkommens zu erlassen;
e. den Erfahrungsaustausch zwischen den Zentralen Behörden der Kantone, den Adoptionsvermittlungsstellen und den Bundesbehörden sowie die Koordination auf dem Gebiet des Adoptionswesens zu fördern.

3. *Zentrale Behörden der Kantone.* [1] Zentrale Behörde eines Kantons ist die nach Artikel 316 Absatz 1bis des Zivilgesetzbuches (ZGB) bezeichnete Behörde (Art. 6 HAÜ).

[2] Soweit Artikel 2 nichts anderes bestimmt, ist sie für die Aufgaben zuständig, die das Haager Adoptionsübereinkommen den Zentralen Behörden zuweist, namentlich für:
a. die Untersuchung und das Erstellen der Berichte über die Eignung der künftigen Adoptiveltern und des Kindes zur Adoption (Art. 9 Bst. a, 15 Abs. 1, 16 Abs. 1 und 20 HAÜ);
b. den Entscheid, das Kind den künftigen Adoptiveltern anzuvertrauen, die Zustimmung zum entsprechenden Entscheid der ausländischen Zentralen Behörde sowie die Zustimmung zur Fortsetzung des Verfahrens (Art. 17 HAÜ);
c. den Entscheid über die Rückkehr des Kindes in seinen Heimatstaat (Art. 21 Abs. 1 Bst. c HAÜ);
d. die Ausstellung der Adoptionsbescheinigung (Art. 23 Abs. 1 HAÜ), wenn die Adoption in der Schweiz ausgesprochen worden ist.

2. Abschnitt

Verfahren

4. *Einleitung des Verfahrens.* [1] Wer ein Kind aus einem Vertragsstaat adoptieren will, hat gegebenenfalls unter Mithilfe einer Adoptionsvermittlungsstelle bei der Zentralen Behörde des Kantons ein Gesuch um Erteilung einer vorläufigen Bewilligung zur Aufnahme eines Pflegekindes einzureichen.

[2] Das Verfahren richtet sich nach der Verordnung vom 19. Oktober 1977 über die Aufnahme von Pflegekindern (Pflegekinderverordnung)[1]).

---
[1]) Heute: Verordnung vom 19. Oktober 1977 über die Aufnahme von Kindern zur Pflege und zur Adoption (PAVO), Anhang V D zum ZGB.

5. *Dossier über die Adoptiveltern.* [1] Die Zentrale Behörde des Kantons erstellt ein Dossier über die künftigen Adoptiveltern. Es muss namentlich enthalten

a. die vorläufige Bewilligung zur Aufnahme eines Pflegekindes;
b. den Bericht über die künftigen Adoptiveltern (Art. 15 Abs. 1 HAÜ);
c. die nötigen Übersetzungen.

² Wird das Dossier von einer Adoptionsvermittlungsstelle vorbereitet, so prüft die Zentrale Behörde des Kantons, ob es vollständig und richtig ist, und veranlasst die nötigen Ergänzungen.

³ Die Zentrale Behörde des Bundes prüft, ob das Dossier vollständig ist, und leitet die erforderlichen Dokumente an die Zentrale Behörde des Heimatstaates des Kindes weiter; stellt sie Mängel fest, so weist sie das Dossier an die Zentrale Behörde des Kantons zur Verbesserung zurück.

6. *Einverständnis der Adoptiveltern.* Erhält die Zentrale Behörde des Kantons den Bericht über das Kind sowie den Nachweis, dass die erforderlichen Zustimmungen vorliegen (Art. 16 HAÜ), so vergewissert sie sich, dass die künftigen Adoptiveltern mit der Aufnahme des Kindes einverstanden sind (Art. 17 Bst. a HAÜ). Sie müssen eine entsprechende Erklärung unterzeichnen.

7. *Fortsetzung des Verfahrens.* ¹ Die Zentrale Behörde des Kantons entscheidet nach Massgabe der Artikel 8 und 9, ob das Verfahren fortgesetzt wird (Art. 17 Bst. b und c HAÜ).

² Sie übermittelt ihren Entscheid zusammen mit der Erklärung der künftigen Adoptiveltern (Art. 6) sowie den nötigen Übersetzungen der Zentralen Behörde des Bundes zwecks Weiterleitung an die Zentrale Behörde des Heimatstaates des Kindes.

³ Die Zentrale Behörde des Kantons benachrichtigt die Vormundschaftsbehörde am Wohnsitz der künftigen Adoptiveltern.

8. *Voraussetzungen für die Fortsetzung des Verfahrens.* ¹ Soll das Kind erst nach seiner Aufnahme in der Schweiz adoptiert werden, so wird das Verfahren fortgesetzt, wenn:
a. die Zentrale Behörde des Kantons als Pflegekinderaufsichtsbehörde den künftigen Adoptiveltern die Aufnahme des betreffenden Kindes nach den entsprechenden Bestimmungen der Pflegekinderverordnung[1]) bewilligt; und
b. die Fremdenpolizei das Visum erteilt oder die Aufenthaltsbewilligung zusichert.

² Soll das Kind vor der Ausreise in seinem Heimatstaat adoptiert werden, so wird das Verfahren fortgesetzt, wenn:
a. die Zentrale Behörde des Kantons die Adoption im Heimatstaat (Art. 9) bewilligt; und
b. die Fremdenpolizei das Visum erteilt oder die Niederlassungs- oder Aufenthaltsbewilligung zusichert, falls die Adoption nicht den Erwerb des Schweizer Bürgerrechts bewirkt.

³ Soll das Kind in seinem Heimatstaat, aber nach seiner Aufnahme in der Schweiz adoptiert werden, so ist Absatz 1 anwendbar.

---

¹) Heute: Verordnung vom 19. Oktober 1977 über die Aufnahme von Kindern zur Pflege und zur Adoption (PAVO), Anhang V D zum ZGB.

9. *Bewilligung der Adoption im Heimatstaat.* ¹ Die Zentrale Behörde des Kantons bewilligt die Adoption im Heimatstaat, wenn:
a. das Kind wenigstens 16 Jahre jünger ist als die Adoptiveltern;
b. anzunehmen ist, die Adoption diene dem Wohl des Kindes, ohne andere Kinder der Adoptiveltern in unbilliger Weise zurückzusetzen;
c. die Adoptiveltern die Voraussetzungen nach den Artikeln 264a und 264b des Zivilgesetzbuches erfüllen; und
d. die Zentrale Behörde des Kantons sich vergewissert hat, dass die erforderlichen Zustimmungen vorliegen (Art. 4 Bst. c und d HAÜ).

² Verlangt der Heimatstaat keine Pflegezeit vor einer Adoption und hatten die Adoptiveltern und das Kind noch keinen persönlichen Kontakt, so bewilligt die Zentrale Behörde des Kantons die Adoption nur unter der Auflage, dass die Adoptiveltern das Kind zuvor besuchen.

10. *Einreise des Kindes.* Bewirkt die Adoption im Heimatstaat den Erwerb des Schweizer Bürgerrechts, so stellt die Zentrale Behörde des Bundes ein Dokument aus, das dem Kind die Einreise in die Schweiz erlaubt.

11. *Meldepflicht.* ¹ Die Adoptiveltern müssen die Einreise des Kindes unverzüglich der Zentralen Behörde des Kantons melden.

² Diese benachrichtigt die Vormundschaftsbehörde, die Zentrale Behörde des Bundes und gegebenenfalls die Fremdenpolizei.

12. *Adoptionsbescheinigung.* Ist das Kind in der Schweiz adoptiert worden, so stellt die Zentrale Behörde des Kantons die Adoptionsbescheinigung (Art. 23 Abs. 1 HAÜ) aus.

13. *Adoption von Kindern aus der Schweiz im Ausland.* ¹ Soll ein Kind mit gewöhnlichem Aufenthalt in der Schweiz im Ausland adoptiert werden, so veranlasst die Zentrale Behörde des Kantons die Untersuchung (Art. 4 und 16 HAÜ).

² Sie vergewissert sich, dass die künftigen Adoptiveltern mit der Aufnahme des Kindes einverstanden sind (Art. 17 Bst. a HAÜ).

³ Sie trifft den Entscheid über die Fortsetzung des Verfahrens (Art. 17 Bst. b und c HAÜ).

3. Abschnitt

Weitere Bestimmungen

14. *Auskunftspflicht.* Die zuständigen kantonalen Behörden erteilen der Zentralen Behörde des Bundes auf Verlangen Auskunft über die Verfahren, die sie in Anwendung des Haager Adoptionsübereinkommens durchführen.

15. *Gebühren.* [1] Die Zentrale Behörde des Bundes erhebt für ihre Dienstleistungen eine Gebühr von den Adoptiveltern.

[2] Sie kann von den Adoptiveltern die Bezahlung eines Vorschusses verlangen.

[3] Der Bundesrat setzt die Gebühren fest.[1])

---

[1]) Siehe V vom 29. November 2002 über die Gebühren für Dienstleistungen bei internationalen Adoptionen (SR 211.221.312.3).

16. *Rechtsmittel.* [1] Verfügungen der Zentralen Behörden der Kantone unterliegen letztinstanzlich der Verwaltungsgerichtsbeschwerde an das Bundesgericht.

[2] Die Zentrale Behörde des Bundes ist berechtigt, gegen Verfügungen der Zentralen Behörden der Kantone die Rechtsmittel des kantonalen und des eidgenössischen Rechts zu ergreifen.

3. Kapitel

Massnahmen zum Schutz des Kindes bei internationalen Adoptionen

17. *Beistandschaft bei Adoption vor der Einreise.* [1] Ist das Kind vor seiner Einreise in die Schweiz adoptiert worden und ist zu erwarten, dass die Adoption in der Schweiz anerkannt wird, so ernennt die Vormundschaftsbehörde dem Kind unverzüglich einen Beistand.

[2] Der Beistand unterstützt die Adoptiveltern in ihrer Sorge um das Kind mit Rat und Tat. Hat die Adoption die Rechtsbeziehungen des Kindes zu den leiblichen Eltern nicht erlöschen lassen, so hilft er den Adoptiveltern, wenn sie eine Adoption nach schweizerischem Recht anstreben (Art. 27 HAÜ).

[3] Der Beistand erstattet der Vormundschaftsbehörde spätestens ein Jahr nach seiner Ernennung Bericht über die Entwicklung des Adoptionsverhältnisses.

[4] Die Beistandschaft fällt spätestens 18 Monate nach der Mitteilung der Einreise des Kindes oder, falls keine Mitteilung erfolgt ist, nach ihrer Errichtung von Gesetzes wegen dahin. Vorbehalten bleibt die Anordnung von Kindesschutzmassnahmen nach den Artikeln 307 ff. des Zivilgesetzbuches.

18. *Vormundschaft bei Adoption nach der Einreise.* Wird das Kind erst nach seiner Einreise in die Schweiz adoptiert oder kann eine im Ausland ausgesprochene Adoption in der Schweiz nicht anerkannt werden, so ernennt ihm die Vormundschaftsbehörde für die Dauer des Pflegeverhältnisses einen Vormund.

19. *Massnahmen bei Aufnahme ohne Bewilligung.* [1] Ist ein Kind mit gewöhnlichem Aufenthalt im Ausland zum Zweck der späteren Adoption in der Schweiz aufgenommen worden, ohne dass die Voraussetzungen für die Einreise nach Artikel 17 des Haager Adoptionsübereinkommens und Artikel 8 dieses Gesetzes oder nach der Pflegekinderverordnung[1]) erfüllt waren, so bringt die Pflegekinderaufsichtsbehörde des Kantons (Art. 316 Abs. 1bis ZGB) es unverzüglich in einer geeigneten Pflegefamilie oder in einem Heim unter. Erfordert es das Kindeswohl, so kann das Kind auch bei der Aufnahmefamilie bleiben, bis eine Lösung gefunden wird.

[2] Rechtsmittel haben keine aufschiebende Wirkung.

[3] Die Pflegekinderaufsichtsbehörde ordnet die Rückkehr des Kindes in seinen Heimatstaat an, wenn dies seinem Wohl dient. Bleibt das Kind in der Schweiz, so trifft die vormundschaftliche Behörde die zur Wahrung des Kindeswohls erforderlichen Massnahmen.

---

[1]) Heute: Verordnung vom 19. Oktober 1977 über die Aufnahme von Kindern zur Pflege und zur Adoption (PAVO), Anhang V A zum ZGB.

20. *Unterhaltspflicht.* [1] Wer ein Kind mit gewöhnlichem Aufenthalt im Ausland mit oder ohne Zustimmung der zuständigen Behörde zur Adoption in der Schweiz aufnimmt, muss für dessen Unterhalt wie für den eines eigenen Kindes aufkommen. Die Artikel 276 ff. des Zivilgesetzbuches gelten sinngemäss.

[2] Ist unter Berücksichtigung der besonderen Umstände des Einzelfalls die Unterhaltspflicht für die pflichtige Person eine unbillige Belastung, so kann das Gericht sie ermässigen oder aufheben.

[3] Die Unterhaltspflicht erlischt, sobald das Kind von Drittpersonen adoptiert worden ist oder in seinen Heimatstaat zurückgekehrt ist.

4. Kapitel

Finanzhilfen

21. Der Bund kann privaten Institutionen Finanzhilfen gewähren für:
a. die Dokumentation des ausländischen Adoptionsrechts;
b. wissenschaftliche Studien und Forschungsarbeiten auf dem Gebiet des Adoptionswesens.

5. Kapitel

Strafbestimmungen

22. *Aufnahme ohne Bewilligung und Widerhandlung gegen Auflagen.*
¹ Mit Haft oder mit Busse bis zu 20 000 Franken wird bestraft, wer:
  a. ein Kind mit gewöhnlichem Aufenthalt in einem Vertragsstaat des Haager Adoptionsübereinkommens zum Zweck der späteren Adoption in der Schweiz aufnimmt, ohne dass die Bewilligungen nach Artikel 17 des Haager Adoptionsübereinkommens und Artikel 8 dieses Gesetzes vorliegen; oder
  b. ein Kind mit gewöhnlichem Aufenthalt in einem anderen Staat zum Zweck der späteren Adoption in der Schweiz aufnimmt, ohne dass die Voraussetzungen für die Einreise nach der Pflegekinderverordnung[1]) erfüllt sind.

² Mit Busse bis zu 10 000 Franken wird bestraft, wer Auflagen oder Bedingungen zuwiderhandelt, welche die zuständige kantonale Behörde mit den Bewilligungen nach diesem Gesetz oder nach der Pflegekinderverordnung verknüpft hat.

---
[1]) Heute: Verordnung vom 19. Oktober 1977 über die Aufnahme von Kindern zur Pflege und zur Adoption (PAVO), Anhang V A zum ZGB.

23. *Verschaffen unstatthafter Vermögensvorteile.* Wer vorsätzlich den leiblichen Eltern oder anderen Sorgeberechtigten des Kindes, einer Behörde oder am Adoptionsverfahren beteiligten Personen unstatthafte Vermögens- oder sonstige Vorteile verschafft und damit bewirkt, dass das Kind ihm zum Zweck der Adoption anvertraut wird, wird mit Gefängnis oder mit Busse bestraft.

24. *Kinderhandel.* ¹ Wer gegen das Versprechen eines unstatthaften Vermögens- oder eines sonstigen Vorteils an die leiblichen Eltern oder andere Sorgeberechtigte des Kindes, eine Behörde oder am Adoptionsverfahren beteiligte Personen bewirkt, dass ein Kind mit gewöhnlichem Aufenthalt im Ausland einer Person mit gewöhnlichem Aufenthalt in der Schweiz zum Zweck der Adoption anvertraut wird, wird mit Gefängnis bestraft.

² Handelt die Täterin oder der Täter gewerbsmässig oder als Mitglied einer Bande oder einer kriminellen Organisation, so ist die Strafe Zuchthaus bis zu zehn Jahren und Busse bis zu 100 000 Franken.

25. *Zuständigkeit.* Die Verfolgung und die Beurteilung der Straftaten nach diesem Gesetz obliegen den Kantonen.

6. Kapitel

Schlussbestimmungen

26. *Ausführungsbestimmungen.* Der Bundesrat kann Ausführungsbestimmungen erlassen.[1]

---

[1] Siehe VAdoV, Anhang V C zum ZGB sowie PAVO, Anhang V D zum ZGB.

27. *Übergangsbestimmungen.* [1] Dieses Gesetz gilt für alle hängigen Verfahren, es sei denn, dass im Zeitpunkt des Inkrafttretens des Haager Adoptionsübereinkommens bereits eine vorläufige Bewilligung zur Aufnahme eines Pflegekindes erteilt worden ist.
[2] Hängige Gesuche um Erteilung einer solchen Bewilligung sind der Zentralen Behörde des Kantons zu überweisen.

28. *Referendum und Inkrafttreten.* [1] Dieses Gesetz untersteht dem fakultativen Referendum.[1]
[2] Es tritt am Tag in Kraft, an dem das Haager Adoptionsübereinkommen für die Schweiz in Kraft tritt.[2]

---

[1] Die Referendumsfrist ist am 11. Oktober 2001 unbenützt abgelaufen (BBl 2001 S. 2908).

[2] HAÜ, Anhang V A zum ZGB. Das HAÜ ist am 1. Januar 2003 für die Schweiz in Kraft getreten.

Anhang

Änderung bisherigen Rechts

1. Das Bundesrechtspflegegesetz vom 16. Dezember 1943 (OG, SR 173.110)[1] wird wie folgt geändert:

Art. 44 Bst. d. Die Berufung ist zulässig in nicht vermögensrechtlichen Zivilrechtsstreitigkeiten sowie in folgenden Fällen:
d. Anordnungen über den persönlichen Verkehr (Art. 273 Abs. 3, 274 Abs. 2, 274a und 275 Abs. 1 und 2 ZGB), Anordnung oder Aufhebung einer Beistandschaft, Entziehung oder Wiederherstellung der elterlichen Obhut oder der elterlichen Sorge (Art. 298a, 308–313, 314a, 315, 315a und 325 ZGB und Art. 17 des Bundesgesetzes vom 22. Juni 2001 zum Haager Adoptionsübereinkommen und über Massnahmen zum Schutz des Kindes bei internationalen Adoptionen);[1]

---

[1] Mit Inkrafttreten des Bundesgerichtsgesetzes (BGG) am 1. Januar 2007 wird das OG aufgehoben.

Anhang V B
Schutz des Kindes bei internationalen Adoptionen (BG-HAÜ)

2. Das Zivilgesetzbuch wird wie folgt geändert: ...[1])

---

[1]) Geändert (neu eingefügt oder verändert) wurden der Ingress sowie die Art. 264, 268b Randtitel, 268c, 269c, 316 Abs. 1bis, SchlT 12c[bis]. Die Änderungen sind in der Textausgabe berücksichtigt.

3. Das Bundesgesetz vom 26. März 1931 (SR 142.20) über Aufenthalt und Niederlassung der Ausländer (ANAG) wird wie folgt geändert: ...[1])

---

[1]) Geändert wurden der Ingress und Art. 7a.

Anhang V C

Verordnung

über

die Adoptionsvermittlung (VAdoV)

(Vom 29. November 2002, SR 211.221.36)

(Gestützt auf Artikel 269c Absatz 3 des Zivilgesetzbuches [ZGB] sowie auf Artikel 26 des Bundesgesetzes vom 22. Juni 2001 zum Haager Adoptionsübereinkommen und über Massnahmen zum Schutz des Kindes bei internationalen Adoptionen [BG-HAÜ])

1. Abschnitt

Allgemeine Bestimmungen

1. *Gegenstand.* [1] Diese Verordnung regelt die Aufsicht über die Adoptionsvermittlung in der Schweiz.

[2] Die Bestimmungen des Bundesrechts und des kantonalen Rechts über den Schutz des Kindes bleiben vorbehalten.

2. *Vermittlungstätigkeit.* Als Vermittlung gelten der Hinweis auf die Gelegenheit, ein unmündiges Kind zu adoptieren, und gegebenenfalls dessen Unterbringung bei Pflegeeltern zur Adoption.

3. *Kindeswohl.* [1] Vermittlungen dürfen nur erfolgen, wenn die gesamten Umstände erwarten lassen, dass die Adoption eines Kindes seinem Wohl dient.

[2] Die Aufsichtsbehörde beurteilt laufend das allgemeine Umfeld von Adoptionen. Sie ergreift gegebenenfalls die erforderlichen Massnahmen oder Sanktionen zum Schutz der Kinder und zur Verhinderung von Missbräuchen.

2. Abschnitt

Bewilligungspflichtige Vermittlungstätigkeit

4. *Bewilligungspflicht.* [1] Wer in der Schweiz die Vermittlung haupt- oder nebenberuflich, selbstständig oder im Dienste eines anderen, entgeltlich oder unentgeltlich, mit oder ohne öffentliche Werbung betreiben will, benötigt eine Bewilligung der Aufsichtsbehörde.

[2] Vermittlungsstellen juristischer Personen des öffentlichen Rechts und gemeinnütziger juristischer Personen des privaten Rechts kann die Bewilligung erteilt werden, wenn die für die Vermittlung verantwortlichen natürlichen Personen die Voraussetzungen für die Bewilligung erfüllen.

5. *Voraussetzungen der Bewilligung.* [1] Personen, die ein Gesuch um Bewilligung der Vermittlungstätigkeit stellen, müssen:
   a. ihren guten Leumund und den guten Leumund ihrer Hilfspersonen nachweisen;
   b. sich über Erfahrung auf dem Gebiet der Adoption und in der Regel über eine Ausbildung auf dem Gebiet der Jugendfürsorge ausweisen;
   c. das schweizerische Adoptionsrecht kennen und mit den schweizerischen Institutionen hinreichend vertraut sein;
   d. die von ihnen angewandten Arbeitsmethoden darlegen;
   e. angeben, wie sie Information, Sensibilisierung, Vorbereitung, Begleitung und Betreuung der Adoptionsbewerberinnen und -bewerber sicherstellen;
   f. ihren Finanzplan und den Tarif allfälliger Vermittlungsgebühren vorlegen; der Tarif bedarf der Genehmigung durch die Aufsichtsbehörde.

[2] Vermittlungsstellen juristischer Personen des privaten Rechts, die ein Bewilligungsgesuch stellen, müssen dem Gesuch die Statuten beilegen.

[3] Jede Änderung der massgebenden Tatsachen ist der Aufsichtsbehörde mitzuteilen.

6. *Zusätzliche Voraussetzungen bei internationalen Vermittlungen.* [1] Wer Kinder aus dem Ausland in die Schweiz vermittelt, muss sich zusätzlich zu den Voraussetzungen nach Artikel 5 Absatz 1 ausweisen über:
   a. Kenntnisse der kulturellen und sozialen Verhältnisse der Herkunftsländer der Kinder;
   b. Kenntnisse des internationalen Adoptionsrechts und des Adoptionsrechts der Herkunftsländer der Kinder;
   c. eine Arbeitsweise, die transparent ist, dem übergeordneten Kindesinteresse verpflichtet ist und grundlegende ethische Regeln auf dem Gebiet der Adoption einhält;
   d. Beziehungen zu Vermittlungsstellen in den Herkunftsländern der Kinder.

[2] Für die Vermittlung von Kindern aus der Schweiz ins Ausland ist in jedem Einzelfall die Bewilligung der Aufsichtsbehörde einzuholen.

7. *Bewilligungserteilung.* [1] Die Bewilligung wird für eine bestimmte Dauer, höchstens jedoch für fünf Jahre erteilt; sie kann erneuert werden.

[2] In der Bewilligung müssen die Länder bezeichnet werden, für die sie ausgestellt wird.

[3] Sie kann mit Bedingungen und Auflagen verknüpft werden.

8. *Vertretung des Kindes.* [1] Die Vermittlung darf nur im Einvernehmen mit dem Vormund oder Beistand des Kindes erfolgen.

[2] Hat das Kind keinen Vormund oder Beistand, so muss die Vermittlungsstelle die zuständige Vormundschaftsbehörde benachrichtigen.

9. *Anforderungen an die Ausübung einer internationalen Vermittlungstätigkeit.* Bei der Vermittlung eines Kindes aus dem Ausland muss die Vermittlungsstelle die Gesetzgebung und das Verfahren des Herkunftslandes einhalten und dafür sorgen, dass die in Artikel 11c Absatz 2 der Verordnung vom 19. Oktober 1977[1]) über die Aufnahme von Kindern zur Pflege und zur Adoption vorgeschriebenen Unterlagen beigebracht werden.

---

[1]) PAVO, Anhang V D zum ZGB.

10. *Unterbringung.* ¹ Die Vermittlungsstelle darf die Verbindung zwischen den Pflegeeltern und dem Kind erst herstellen, wenn sie sich davon überzeugt hat, dass die Pflegeeltern die Voraussetzungen für die Aufnahme erfüllen.
² Die Vermittlungsstelle darf das Kind erst bei den Pflegeeltern unterbringen, wenn:
a. diese eine vorläufige oder endgültige Bewilligung nach der Verordnung vom 19. Oktober 1977[1]) über die Aufnahme von Kindern zur Pflege und zur Adoption besitzen und im Bedarfsfall das Visum und die Aufenthaltsbewilligung erteilt worden sind; oder
b. der Entscheid nach Artikel 17 des Haager Übereinkommens vom 29. Mai 1993[2]) über den Schutz von Kindern und die Zusammenarbeit auf dem Gebiet der internationalen Adoption vorliegt.

---

[1]) PAVO, Anhang V D zum ZGB.
[2]) HAÜ, Anhang V A zum ZGB.

11. *Wahl der Pflegeeltern.* Findet die Vermittlungsstelle keine geeigneten Pflegeeltern für ein Kind, so muss sie die Vermittlung einstellen und diese einer anderen anerkannten Vermittlungsstelle übertragen.

12. *Aufklärung und Beratung.* ¹ Die Vermittlungsstelle muss den Pflegeeltern alle Informationen, die ihr über das Kind und seine Eltern zur Verfügung stehen, weitergeben.
² Sie muss die Pflegeeltern über die Schwierigkeiten, die mit der beabsichtigten Adoption verbunden sein können, aufklären. Nach Aufnahme des Kindes muss sie die Pflegeeltern auf deren Wunsch bis zur Adoption beraten.

13. *Meldepflicht für die Unterbringung.* Die Vermittlungsstelle muss vor der Unterbringung die für das Kind zuständige Vormundschaftsbehörde und bei Vermittlung ins Ausland die entsprechende ausländische Behörde am Wohnsitz der Pflegeeltern benachrichtigen.

14. *Entgelt.* ¹ Die Vermittlungsstelle hat nur Anspruch auf Ersatz ihrer Auslagen und auf eine angemessene Vergütung für ihre Bemühungen.
² Vergütungen der Pflegeeltern an die Vermittlungsstelle oder an die leiblichen Eltern für den von diesen geleisteten Unterhalt sind verboten.

15. *Aktenführung.* ¹ Die Vermittlungsstelle muss für jedes Kind, das sie vermittelt, ein Dossier anlegen und aufbewahren.

² Nach Beendigung der Vermittlungstätigkeit sind sämtliche Akten der Aufsichtsbehörde zu übergeben.

16. *Auskunfts- und Editionspflicht.* ¹ Die Vermittlungsstelle muss der Aufsichtsbehörde alljährlich eingehend Bericht über ihre Tätigkeit erstatten, ihr auf Verlangen jede ergänzende Auskunft erteilen, Einsicht in die Akten gewähren und diese nötigenfalls herausgeben. Das Eidgenössische Justiz- und Polizeidepartement kann nähere Bestimmungen über Inhalt und Form des Jahresberichts, insbesondere über die Jahresrechnung und die Statistik, erlassen.

² Die Vermittlungsstelle muss folgenden anderen Behörden auf Verlangen jede zweckdienliche Auskunft über das Kind, seine Pflege- und leiblichen Eltern erteilen:
a. der für die Pflegekinderaufsicht zuständigen Behörde;
b. der für das Kind zuständigen Vormundschaftsbehörde;
c. der für die Adoption zuständigen Behörde;
d. der Stelle, die nach Artikel 268c Absatz 3 ZGB für die Beratung des Kindes zuständig ist.

³ Die Auskunftspflicht nach Absatz 2 obliegt der Vermittlungsstelle auch gegenüber anderen anerkannten Vermittlungsstellen, die für das Kind oder die Pflegeeltern tätig sind.

17. *Schweigepflicht.* Die Vermittlungsstelle und ihre Hilfspersonen müssen, unter Vorbehalt von Artikel 16, über Wahrnehmungen, die sie in Ausübung ihrer Tätigkeit machen, Stillschweigen wahren; die Beendigung der Tätigkeit hebt die Schweigepflicht nicht auf.

18. *Sanktionen.* ¹ Die Aufsichtsbehörde entzieht die Bewilligung, wenn die Vermittlungsstelle:
a. die Bewilligung durch unwahre oder irreführende Angaben erwirkt hat;
b. die Voraussetzungen für die Erteilung der Bewilligung nicht mehr erfüllt;
c. ihre Pflichten nach dieser Verordnung wiederholt oder in schwerer Weise verletzt.

² Die Aufsichtsbehörde kann für jeden Verstoss einer Vermittlungsstelle gegen diese Verordnung:
a. eine Verwarnung aussprechen;
b. den Entzug der Bewilligung für einen erneuten Verstoss androhen;
c. eine Ordnungsbusse bis zu 5000 Franken verhängen, wenn der Verstoss nicht länger als drei Jahre zurückliegt.

³ Sie kann gegenüber jeder Person, die ohne Bewilligung eine Vermittlungstätigkeit ausübt, eine Ordnungsbusse bis zu 5000 Franken verhängen.

3. Abschnitt

Nicht bewilligungspflichtige Vermittlungstätigkeit

19. *Vermittlung durch vormundschaftliche Organe.* [1] Die Vermittlung durch vormundschaftliche Organe bedarf keiner Bewilligung. Die Artikel 10–17 gelten sinngemäss.

[2] Die Aufsicht richtet sich nach den Bestimmungen des Vormundschaftsrechts.

20. *Andere Fälle nicht bewilligungspflichtiger Vermittlungstätigkeit.* [1] Wer, ohne der Bewilligungspflicht nach Artikel 4 zu unterliegen, eine Vermittlung vornimmt, muss dies der Aufsichtsbehörde melden. Das Kind darf erst untergebracht werden, wenn:
a. der Entscheid nach Artikel 17 des Haager Übereinkommens vom 29. Mai 1993[1]) über den Schutz von Kindern und die Zusammenarbeit auf dem Gebiet der internationalen Adoption vorliegt, soweit dieses Übereinkommen anwendbar ist; oder
b. den Pflegeeltern die Bewilligung zur Aufnahme des Kindes nach der Verordnung vom 19. Oktober 1977[2]) über die Aufnahme von Kindern zur Pflege und zur Adoption erteilt worden ist.

[2] Die Artikel 14, 17 und 18 Absatz 2 Buchstaben a und c sind anwendbar.

---
[1]) HAÜ, Anhang V A zum ZGB.
[2]) PAVO, Anhang V D zum ZGB.

4. Abschnitt

Aufsicht und Verfahren

21. *Aufsicht.* [1] Aufsichtsbehörde ist das Bundesamt für Justiz als Zentrale Behörde des Bundes nach Artikel 2 Absatz 1 BG-HAÜ.

[2] Artikel 19 bleibt vorbehalten.

22. *Amtshilfe.* Die Zentralen Behörden der Kantone:
a. teilen der Aufsichtsbehörde von Amtes wegen Feststellungen mit, die darauf hindeuten, dass eine Vermittlungstätigkeit gegen diese Verordnung verstösst;
b. nehmen zu Gesuchen um Erteilung oder Erneuerung von Bewilligungen oder zum vorgesehenen Entzug einer Bewilligung Stellung, wenn die Aufsichtsbehörde sie dazu einlädt;
c. nehmen weitere Abklärungen vor, um die sie die Aufsichtsbehörde ersucht.

23. *Anzeigepflicht.* Behördenmitglieder, die in Ausübung ihrer amtlichen Tätigkeit einen Verstoss gegen diese Verordnung feststellen oder davon Kenntnis erhalten, sind verpflichtet, ihn unverzüglich der Aufsichtsbehörde anzuzeigen.

5. Abschnitt

Schlussbestimmungen

24. *Aufhebung bisherigen Rechts.* Die Verordnung vom 28. März 1973 über die Adoptionsvermittlung wird aufgehoben.

25. *Änderung bisherigen Rechts.* Anhang 1 der Verordnung vom 3. Februar 1993[1]) über Organisation und Verfahren eidgenössischer Rekurs- und Schiedskommissionen wird wie folgt geändert:

...

Eidgenössisches Justiz- und Polizeidepartement
Rekurskommission für geistiges Eigentum
Rekurskommission für die Aufsicht über die Privatversicherung
Rekurskommission für Spielbanken
Rekurskommission für Adoptionsvermittlung

...

---

[1]) SR 173.31. Mit Inkrafttreten des Verwaltungsgerichtsgesetzes (VGG) am 1. Januar 2007 fällt diese Verordnung dahin.

26. *Inkrafttreten.* Diese Verordnung tritt am 1. Januar 2003 in Kraft.

Anhang V D

Verordnung

über

die Aufnahme von Kindern zur Pflege und zur Adoption (PAVO) *

(Vom 19. Oktober 1977, SR 211.222.338)

(Gestützt auf Artikel 316 Absatz 2 des Zivilgesetzbuches [ZGB], auf Artikel 26 des Bundesgesetzes vom 22. Juni 2001 zum Haager Adoptionsübereinkommen und über Massnahmen zum Schutz des Kindes bei internationalen Adoptionen [BG-HAÜ] und auf Artikel 25 Absatz 1 des Bundesgesetzes vom 26. März 1931 über Aufenthalt und Niederlassung der Ausländer)

1. Abschnitt

Allgemeine Bestimmungen

1. *Grundsatz.* [1] Die Aufnahme von Unmündigen ausserhalb des Elternhauses bedarf gemäss dieser Verordnung einer Bewilligung und untersteht der Aufsicht.

[2] Unabhängig von der Bewilligungspflicht kann die Aufnahme untersagt werden, wenn die beteiligten Personen erzieherisch, charakterlich oder gesundheitlich ihrer Aufgabe nicht gewachsen sind oder die Verhältnisse offensichtlich nicht genügen.

[3] Vorbehalten bleiben
a. die Befugnisse der Eltern, der Organe der Vormundschaft und der Jugendstrafrechtspflege;
b. die Bestimmungen des öffentlichen Rechts zum Schutz der Unmündigen, insbesondere über die Bekämpfung der Tuberkulose.

2. *Zuständige Behörde.* [1] Die für die Bewilligung und die Aufsicht zuständige Behörde (im Folgenden Behörde genannt) ist:
a. im Bereich der Familien-, Heim- und Tagespflege die Vormundschaftsbehörde am Ort der Unterbringung des Unmündigen;
b. im Bereich der Aufnahme zur Adoption die nach Artikel 316 Absatz 1bis ZGB bezeichnete einzige Behörde im Wohnsitzkanton des Gesuchstellers.

[2] Die Kantone können die Aufgaben nach Absatz 1 Buchstabe a anderen geeigneten Behörden oder Stellen übertragen.

---

* Revidierte Fassung der Verordnung über die Aufnahme von Pflegekindern vom 19. Oktober 1977. Sie berücksichtigt die Änderung vom 21. Dezember 1988 (AS 1989 S. 54, i.K. 1. Januar 1989) sowie die Änderung vom 29. November 2002 (AS 2002 S. 4167, i.K. 1. Januar 2003).

Anhang V D
Aufnahme von Kindern zur Pflege und zur Adoption

3. *Kantonales Recht.* [1] Die Kantone sind befugt, zum Schutz von Unmündigen, die ausserhalb des Elternhauses aufwachsen, Bestimmungen zu erlassen, die über diese Verordnung hinausgehen.

[2] Den Kantonen ist es vorbehalten, das Pflegekinderwesen zu fördern, insbesondere:
a. Massnahmen zu treffen zur Ausbildung, Weiterbildung und Beratung von Pflegeeltern, Kleinkinder- und Heimerziehern sowie zur Vermittlung guter Pflegeplätze in Familien und Heimen;
b. Muster für Pflegeverträge und Formulare für Gesuche und Meldungen zu erstellen, Richtlinien für die Festsetzung von Pflegegeldern zu erlassen und Merkblätter über die Rechte und Pflichten von Eltern und Pflegeeltern herauszugeben.

2. Abschnitt

Familienpflege

4. *Bewilligungspflicht.* [1] Wer ein Kind, das noch schulpflichtig oder noch nicht 15 Jahre alt ist, für mehr als drei Monate oder für unbestimmte Zeit entgeltlich oder unentgeltlich zur Pflege und Erziehung in seinen Haushalt aufnehmen will, benötigt eine Bewilligung der Behörde.

[2] Die Bewilligungspflicht besteht auch:
a. wenn das Kind von einer Behörde untergebracht wird;
b. wenn es das Wochenende nicht in der Pflegefamilie verbringt.

[3] Die Kantone können die Bewilligungspflicht für die Aufnahme verwandter Kinder aufheben.

5. *Allgemeine Voraussetzungen der Bewilligung.* [1] Die Bewilligung darf nur erteilt werden, wenn die Pflegeeltern und ihre Hausgenossen nach Persönlichkeit, Gesundheit und erzieherischer Eignung sowie nach den Wohnverhältnissen für gute Pflege, Erziehung und Ausbildung des Kindes Gewähr bieten und das Wohl anderer in der Pflegefamilie lebender Kinder nicht gefährdet wird.

[2 und 3] ...[1])

---

[1]) Aufgehoben gemäss Änderung der PAVO vom 29. November 2002 (AS 2002 S. 4167).

6. *Aufnahme ausländischer Kinder.* [1] Wird keine Adoption angestrebt, so kann ein ausländisches Kind, das bisher im Ausland gelebt hat, in der Schweiz nur aufgenommen werden, wenn ein wichtiger Grund vorliegt.

[2] Die Pflegeeltern müssen eine schriftliche Erklärung des nach dem Recht des Herkunftslandes des Kindes zuständigen gesetzlichen Vertreters vorlegen, in der dieser angibt, zu welchem Zweck das Kind in der Schweiz untergebracht werden soll. Ist diese Erklärung nicht in einer schweizerischen Amtssprache abgefasst, so kann die Behörde eine Übersetzung verlangen.

³ Die Pflegeeltern müssen sich schriftlich verpflichten, ohne Rücksicht auf die Entwicklung des Pflegeverhältnisses für den Unterhalt des Kindes in der Schweiz wie für den eines eigenen aufzukommen und dem Gemeinwesen die Kosten zu ersetzen, die es an ihrer Stelle für den Unterhalt des Kindes getragen hat.

6a. (Aufgehoben gemäss Änderung der PAVO vom 29. November 2002 [AS 2002 S. 4167].)

6b. *Erleichterte Aufnahme ausländischer Kinder.* Die Voraussetzungen nach Artikel 6 gelten nicht für die Aufnahme eines ausländischen Kindes, das bisher im Ausland gelebt hat, wenn:
a. seine Eltern eine Aufenthalts- oder Niederlassungsbewilligung in der Schweiz besitzen;
b. es auf Anordnung oder durch Vermittlung einer Bundesbehörde untergebracht wird.

7. *Untersuchung.* ¹ Die Behörde hat die Verhältnisse in geeigneter Weise, vorab durch Hausbesuche und nötigenfalls unter Beizug von Sachverständigen, abzuklären.

² …[1])

---

[1]) Aufgehoben gemäss Änderung der PAVO vom 29. November 2002 (AS 2002 S. 4167).

8. *Bewilligung.* ¹ Die Pflegeeltern müssen die Bewilligung vor Aufnahme des Kindes einholen.

² Die Bewilligung wird ihnen für ein bestimmtes Kind erteilt; sie kann befristet und mit Auflagen und Bedingungen verbunden werden.

³ Das Kind muss gegen die Folgen von Krankheit, Unfall und Haftpflicht angemessen versichert werden.

⁴ Die Bewilligung für die Aufnahme eines ausländischen Kindes, das bisher im Ausland gelebt hat (Art. 6), wird erst wirksam, wenn das Visum erteilt oder die Aufenthaltsbewilligung zugesichert ist (Art. 8a).

8a. *Kantonale Ausländerbehörde.* ¹ Die Behörde überweist die Bewilligung zur Aufnahme eines ausländischen Kindes, das bisher im Ausland gelebt hat, mit ihrem Bericht über die Pflegefamilie der kantonalen Ausländerbehörde.

² Die kantonale Ausländerbehörde entscheidet über das Visum oder die Zusicherung der Aufenthaltsbewilligung für das Kind und teilt ihren Entscheid der Behörde mit.

8b. *Meldepflicht.* Die Pflegeeltern müssen der Behörde innerhalb von zehn Tagen die Einreise des Kindes mitteilen.

9. *Änderung der Verhältnisse.* ¹ Die Pflegeeltern haben der Behörde alle wichtigen Veränderungen der Verhältnisse unverzüglich zu melden, insbesondere den Wechsel der Wohnung sowie die Auflösung des Pflegeverhältnisses und, soweit bekannt, den neuen Aufenthaltsort des Kindes.

² Sie haben auch den gesetzlichen Vertreter oder den Versorger von wichtigen Vorkommnissen zu benachrichtigen.

10. *Aufsicht.* ¹ Die Behörde bezeichnet eine geeignete Person, welche die Pflegefamilie so oft als nötig, jährlich aber wenigstens einmal besucht.

² Der Besucher vergewissert sich, ob die Voraussetzungen für die Weiterführung des Pflegeverhältnisses erfüllt sind; er berät die Pflegeeltern und hilft ihnen, Schwierigkeiten zu überwinden.

³ Besteht Gewähr dafür, dass das Pflegeverhältnis durch den gesetzlichen Vertreter oder Versorger genügend überwacht wird, oder erscheint eine Gefährdung aus andern Gründen ausgeschlossen, so kann die Behörde die Besuche aussetzen.

⁴ Die Behörde wacht darüber, dass die gesetzliche Vertretung des Kindes ordnungsgemäss geregelt ist.

11. *Widerruf der Bewilligung.* ¹ Können Mängel oder Schwierigkeiten auch in Zusammenarbeit mit dem gesetzlichen Vertreter oder dem Versorger nicht behoben werden und erscheinen andere Massnahmen zur Abhilfe nutzlos, so entzieht die Behörde die Bewilligung und fordert den gesetzlichen Vertreter oder den Versorger auf, das Kind binnen angemessener Frist anderswo unterzubringen.

² Bleibt diese Aufforderung erfolglos, so benachrichtigt die Behörde die Vormundschaftsbehörde am Wohnsitz und gegebenenfalls am Aufenthaltsort des Kindes (Art. 315 ZGB).

³ Liegt Gefahr im Verzug, so nimmt die Behörde das Kind unter Anzeige an die Vormundschaftsbehörde sofort weg und bringt es vorläufig anderswo unter.

2a. Abschnitt

Aufnahme zur Adoption

11a. *Bewilligungspflicht.* Wer ein Kind zur Adoption aufnimmt, benötigt eine Bewilligung der Behörde.

11b. *Voraussetzungen für die Bewilligung.* ¹ Die Bewilligung darf nur erteilt werden, wenn:
a. die künftigen Adoptiveltern und ihre Hausgenossen nach Persönlichkeit, Gesundheit und erzieherischer Eignung sowie nach den Wohnverhältnissen für gute Pflege, Erziehung und Ausbildung des Kindes Gewähr bieten und das Wohl anderer Kinder der künftigen Adoptiveltern nicht gefährdet wird; und
b. der Adoption keine rechtlichen Hindernisse entgegenstehen und die gesamten Umstände, namentlich die Beweggründe der künftigen Adop-

tiveltern, erwarten lassen, dass die Adoption dem Wohl des Kindes dient.

² Der Eignung der künftigen Adoptiveltern ist besondere Beachtung zu schenken, wenn Umstände vorliegen, die ihre Aufgabe erschweren können, namentlich wenn:
a. zu befürchten ist, dass das Kind wegen seines Entwicklungsstandes oder seines Alters, insbesondere wenn es älter als sechs Jahre ist, Schwierigkeiten haben könnte, sich in die neue Umgebung einzuleben;
b. das Kind körperlich oder geistig behindert ist;
c. gleichzeitig mehrere Kinder aufgenommen werden sollen;
d. bereits mehrere Kinder in der Familie leben.

³ Das Interesse des Kindes wird besonders gewürdigt, wenn:
a. der Altersunterschied zwischen dem Kind und dem künftigen Adoptivvater oder der künftigen Adoptivmutter mehr als vierzig Jahre beträgt;
b. die Adoptivbewerberin oder der Adoptivbewerber nicht verheiratet ist oder nicht mit dem Ehegatten gemeinschaftlich adoptieren kann.

11c. *Zusätzliche Bewilligungsvoraussetzungen für die Aufnahme eines Kindes aus dem Ausland.* ¹ Soll ein Kind, das bisher im Ausland gelebt hat, zur späteren Adoption aufgenommen werden, so müssen die künftigen Adoptiveltern zusätzlich zu den Voraussetzungen nach Artikel 11b bereit sein, das Kind in seiner Eigenart anzunehmen und es entsprechend seinem Alter mit seinem Herkunftsland vertraut zu machen.

² Es müssen ferner vorliegen:
a. ein ärztlicher Bericht über die Gesundheit des Kindes;
b. ein Bericht, der die bisherige Lebensgeschichte des Kindes, soweit sie bekannt ist, darstellt;
c. die Zustimmung der Eltern des Kindes zur Adoption oder die Erklärung einer Behörde seines Herkunftslandes, weshalb diese Zustimmung nicht beigebracht werden kann;
d. die Erklärung einer nach dem Recht des Herkunftslandes des Kindes zuständigen Behörde, dass es Pflegeeltern in der Schweiz anvertraut werden darf.

³ Sind die Unterlagen nach Absatz 2 nicht in einer schweizerischen Amtssprache abgefasst, so kann die Behörde eine Übersetzung verlangen.

11d. *Untersuchung.* Die Behörde lässt die Verhältnisse in geeigneter Weise abklären:
a. durch eine Person, die Sachverstand in Sozialarbeit oder Psychologie und Berufserfahrung im Pflegekinder- oder Adoptionswesen hat; oder
b. durch eine geeignete Adoptionsvermittlungsstelle.

11e. *Vorbereitungskurs.* Die Behörde kann den künftigen Adoptiveltern den Besuch eines geeigneten Vorbereitungskurses empfehlen.

Anhang V D
Aufnahme von Kindern zur Pflege und zur Adoption

11f. *Bewilligung.* [1] Die künftigen Adoptiveltern müssen die Bewilligung vor der Aufnahme des Kindes einholen.

[2] Die Bewilligung kann befristet und mit Bedingungen und Auflagen verknüpft werden.

[3] Das Kind muss gegen die Folgen von Krankheit, Unfall und Haftpflicht angemessen versichert werden.

[4] Bei der Aufnahme von Kindern aus dem Ausland muss die Behörde auf die Unterhaltspflicht nach Artikel 20 BG-HAÜ aufmerksam machen.

[5] Die Bewilligung für die Aufnahme eines ausländischen Kindes wird erst wirksam, wenn das Visum erteilt oder die Aufenthaltsbewilligung zugesichert ist.

11g. *Vorläufige Bewilligung zur Aufnahme eines Kindes, das bisher im Ausland gelebt hat.* [1] Erfüllen die künftigen Adoptiveltern die Voraussetzungen der Artikel 11b und 11c Absatz 1, so kann ihnen die Aufnahme eines Kindes, das bisher im Ausland gelebt hat, zur Adoption vorläufig bewilligt werden, auch wenn das Kind noch nicht bestimmt ist.

[2] Die künftigen Adoptiveltern müssen im Gesuch angeben:
a. das Herkunftsland des Kindes;
b. die schweizerische oder ausländische Stelle oder Person, deren Hilfe bei der Suche nach dem Kind in Anspruch genommen werden soll;
c. Bedingungen in Bezug auf das Alter des Kindes;
d. allfällige Bedingungen in Bezug auf Geschlecht oder Gesundheit des Kindes.

[3] Die vorläufige Bewilligung kann befristet und mit Bedingungen und Auflagen verknüpft werden.

[4] Das Kind darf von den künftigen Adoptiveltern in der Schweiz erst aufgenommen werden, wenn das Visum erteilt oder die Aufenthaltsbewilligung zugesichert ist.

[5] Die Behörde entscheidet nach der Einreise des Kindes, ob die Bewilligung endgültig erteilt wird.

11h. *Kantonale Ausländerbehörde.* [1] Die Behörde überweist die vorläufige oder die endgültige Bewilligung zur Aufnahme eines ausländischen Kindes, das bisher im Ausland gelebt hat, mit ihrem Bericht über die künftige Adoptivfamilie der kantonalen Ausländerbehörde.

[2] Die kantonale Ausländerbehörde entscheidet über das Visum oder die Zusicherung der Aufenthaltsbewilligung für das Kind. Sie teilt ihren Entscheid der Behörde mit.

[3] Liegt nur eine vorläufige Bewilligung vor, so darf die kantonale Ausländerbehörde oder, mit ihrem Einverständnis, die schweizerische Vertretung im Herkunftsland des Kindes das Visum oder die Zusicherung der Aufenthaltsbewilligung erst ausstellen, wenn sie festgestellt hat, dass:
a. die Unterlagen nach Artikel 11c Absatz 2 vorliegen;
b. allfällige Bedingungen und Auflagen erfüllt sind;
c. die künftigen Adoptiveltern der Aufnahme des Kindes schriftlich zugestimmt haben.

11i. *Meldepflicht.* [1] Die künftigen Adoptiveltern müssen der Behörde innerhalb von zehn Tagen die Einreise des Kindes melden.

[2] Die Behörde benachrichtigt die Vormundschaftsbehörde im Hinblick auf die Ernennung eines Vormundes (Art. 18 BG-HAÜ) und gegebenenfalls die kantonale Ausländerbehörde.

11j. *Verweis.* Die Artikel 9–11 gelten sinngemäss für die Änderung der Verhältnisse, die Aufsicht und den Widerruf der Bewilligung.

3. Abschnitt

Tagespflege

12. [1] Wer sich allgemein anbietet, Kinder unter zwölf Jahren gegen Entgelt regelmässig tagsüber in seinem Haushalt zu betreuen, muss dies der Behörde melden.

[2] Die Aufsicht der Behörde richtet sich sinngemäss nach den Bestimmungen über die Familienpflege (Art. 5 und 10).

[3] Die Behörde untersagt den Tagespflegeeltern – unter Anzeige an den gesetzlichen Vertreter – die weitere Aufnahme von Kindern, wenn andere Massnahmen zur Behebung von Mängeln oder Schwierigkeiten erfolglos geblieben sind oder von vornherein ungenügend erscheinen.

4. Abschnitt

Heimpflege

13. *Bewilligungspflicht.* [1] Einer Bewilligung der Behörde bedarf der Betrieb von Einrichtungen, die dazu bestimmt sind,
  a. mehrere Unmündige zur Erziehung, Betreuung, Ausbildung, Beobachtung oder Behandlung tags- und nachtsüber aufzunehmen;
  b. mehrere Kinder unter zwölf Jahren regelmässig tagsüber zur Betreuung aufzunehmen (Kinderkrippen, Kinderhorte u.dgl.).

[2] Von der Bewilligungspflicht sind ausgenommen:
  a. kantonale, kommunale oder gemeinnützige private Einrichtungen, die nach der Schul-, Gesundheits- oder Sozialhilfegesetzgebung einer besonderen Aufsicht unterstehen;
  b. die vom Bundesamt für Sozialversicherung im Rahmen der Invalidenversicherung zugelassenen Sonderschulen;
  c. Ferienkolonien und Ferienlager, unter Vorbehalt abweichender kantonaler Vorschriften;
  d. nach dem kantonalen Recht bezeichnete Einrichtungen für Unmündige, welche die Schulpflicht erfüllt haben.

[3] Unmündige dürfen erst aufgenommen werden, wenn die Bewilligung erteilt worden ist.

14. *Bewilligungsgesuch.* [1] Das Gesuch muss alle sachdienlichen, mindestens aber folgende Angaben enthalten:
a. Zweck, rechtliche Form und finanzielle Grundlage des Heims;
b. Anzahl, Alter und Art der aufzunehmenden Unmündigen, gegebenenfalls Unterrichtsprogramm oder therapeutisches Angebot;
c. Personalien und Ausbildung des Leiters, Anzahl und Ausbildung der Mitarbeiter;
d. Anordnung und Einrichtung der Wohn-, Unterrichts- und Freizeiträume.

[2] Ist der Träger des Heims eine juristische Person, so sind die Statuten beizulegen und die Organe bekanntzugeben.

[3] Die Behörde kann Belege und weitere sachdienliche Auskünfte verlangen.

15. *Voraussetzungen der Bewilligung.* [1] Die Bewilligung darf nur erteilt werden:
a. wenn eine für die körperliche und geistige Entwicklung förderliche Betreuung der Unmündigen gesichert erscheint;
b. wenn der Leiter und seine Mitarbeiter nach Persönlichkeit, Gesundheit, erzieherischer Befähigung und Ausbildung für ihre Aufgabe geeignet sind und die Zahl der Mitarbeiter für die zu betreuenden Unmündigen genügt;
c. wenn für gesunde und abwechslungsreiche Ernährung und für ärztliche Überwachung gesorgt ist;
d. wenn die Einrichtungen den anerkannten Anforderungen der Wohnhygiene und des Brandschutzes entsprechen;
e. wenn das Heim eine gesicherte wirtschaftliche Grundlage hat;
f. wenn eine angemessene Kranken-, Unfall- und Haftpflichtversicherung der Unmündigen gewährleistet ist.

[2] Bevor sie die Bewilligung erteilt, prüft die Behörde in geeigneter Weise, insbesondere durch Augenschein, Besprechungen und Erkundigungen und wenn nötig unter Beizug von Sachverständigen, ob die Voraussetzungen erfüllt sind.

16. *Bewilligung.* [1] Die Bewilligung wird dem verantwortlichen Leiter des Heims erteilt und gegebenenfalls dem Träger angezeigt.

[2] Die Bewilligung hält fest, wieviele und was für Personen aufgenommen werden dürfen; sie kann auf Probe erteilt oder befristet und mit Auflagen und Bedingungen verbunden werden.

[3] Wechselt der verantwortliche Leiter, so ist eine neue Bewilligung einzuholen.

17. *Verzeichnis der Unmündigen.* [1] Über die aufgenommenen Unmündigen ist ein Verzeichnis mit folgenden Angaben zu führen:
a. Personalien des Unmündigen und seiner Eltern,
b. früherer Aufenthaltsort,
c. gesetzlicher Vertreter und Versorger,

d. Datum des Eintritts und des Austritts,
e. ärztliche Feststellungen und Anordnungen,
f. besondere Vorkommnisse.

[2] Bei Einrichtungen, die Kinder nur tagsüber aufnehmen, müssen lediglich die Personalien der Kinder und ihrer Eltern oder Pflegeeltern aufgeführt werden.

18. *Änderung der Verhältnisse.* [1] Der Leiter und gegebenenfalls der Träger des Heims haben der Behörde beabsichtigte wesentliche Änderungen der Organisation, der Einrichtungen oder der Tätigkeit des Heims, insbesondere auch die Erweiterung, Verlegung oder Einstellung des Betriebs, rechtzeitig zum voraus mitzuteilen.

[2] Ausserdem sind alle besondern Vorkommnisse zu melden, welche die Gesundheit oder die Sicherheit der Unmündigen betreffen, insbesondere schwere Krankheiten, Unfälle und Todesfälle.

[3] Die Bewilligung darf nur bestehen bleiben, wenn das Wohl der Unmündigen weiterhin gewährleistet ist; sie ist gegebenenfalls zu ändern und mit neuen Auflagen und Bedingungen zu verbinden.

19. *Aufsicht.* [1] Sachkundige Vertreter der Behörde müssen jedes Heim so oft als nötig, wenigstens aber alle zwei Jahre besuchen.

[2] Sie haben die Aufgabe, sich in jeder geeigneten Weise, namentlich auch im Gespräch, ein Urteil über das Befinden und die Betreuung der Unmündigen zu bilden.

[3] Sie wachen darüber, dass die Voraussetzungen für die Erteilung der Bewilligung erfüllt und die damit verbundenen Auflagen und Bedingungen eingehalten werden.

20. *Widerruf der Bewilligung.* [1] Können Mängel durch Beratung oder Vermittlung fachkundiger Hilfe nicht beseitigt werden, so fordert die Behörde den Leiter des Heims unter Mitteilung an den Träger auf, unverzüglich die zur Behebung der Mängel nötigen Vorkehren zu treffen.

[2] Die Behörde kann das Heim einer besondern Aufsicht unterstellen und dafür besondere Vorschriften erlassen.

[3] Sind diese Massnahmen erfolglos geblieben oder erscheinen sie zum vornherein ungenügend, so entzieht die Behörde die Bewilligung, trifft rechtzeitig die zur Schliessung des Heims erforderlichen Anordnungen und unterstützt nötigenfalls die Versorger bei der Unterbringung der Unmündigen; liegt Gefahr im Verzug, so verfügt sie die sofortige Schliessung des Heims.

5. Abschnitt

Verfahren

21. *Aktenführung.* [1] Die Behörde führt geordnete Akten:
a. über die Kinder in Familienpflege, mit folgenden Angaben: Personalien des Kindes und der Pflegeeltern, Beginn und Ende des Pflegeverhältnisses, Ergebnisse der Besuche und allfällige Massnahmen;
b. über die Tagespflegeeltern mit folgenden Angaben: Personalien der Pflegeeltern, Zahl der Pflegeplätze, Ergebnisse der Besuche und allfällige Massnahmen;
c. über die Heime mit folgenden Angaben: Personalien des Leiters, gegebenenfalls der Träger, Zahl der Unmündigen, Ergebnisse der Besuche und allfällige Massnahmen.

[2] Das kantonale Recht kann die Erhebung weiterer Daten vorsehen.

[3] Das Eidgenössische Justiz- und Polizeidepartement kann statistische Erhebungen über die Pflegekinder anordnen und die nötigen Bestimmungen erlassen; das Bundesamt für Statistik führt die Erhebungen durch.

22. *Schweigepflicht.* Alle in der Pflegekinderaufsicht tätigen Personen sind gegenüber Dritten zur Verschwiegenheit verpflichtet.

23. *Mitteilung.* [1] Die Einwohnerkontrolle der Gemeinde hat neu zugezogene Kinder, welche die Schulpflicht oder aber das fünfzehnte Altersjahr noch nicht erfüllt haben und nicht bei ihren Eltern wohnen, der Behörde zu melden.

[2] Erfährt die Behörde, dass ein Kind auswärts in einer Pflegefamilie untergebracht wird, so benachrichtigt sie die dort zuständige Behörde; das gilt sinngemäss, wenn eine Pflegefamilie ihren Wohnsitz verlegt.

24. *Rechtshilfe.* Die mit der Pflegekinderaufsicht betrauten Behörden und die übrigen für den Schutz des Kindes verantwortlichen Behörden leisten einander Amts- und Rechtshilfe.

25. *Unentgeltlichkeit.* [1] Die Behörde darf für die Aufsicht über Familien- und Tagespflegeverhältnisse nur Gebühren erheben, wenn ein Pflegeplatz zu wiederholten oder schweren Beanstandungen Anlass gibt.

[2] Auslagen, die der Behörde zusätzlich anfallen, wie Kosten für Arbeiten von Dritten, dürfen den Gesuchstellern belastet werden.

26. *Sanktionen.* [1] Wer die Pflichten, die sich aus dieser Verordnung oder aus einer gestützt darauf erlassenen Verfügung ergeben, vorsätzlich oder fahrlässig verletzt, wird von der Behörde mit einer Ordnungsbusse bis zu 1000 Franken belegt.

[2] Wird eine Ordnungsbusse ausgesprochen, so kann die Behörde für die vorsätzliche Wiederholung Bestrafung mit Haft oder Busse wegen Ungehorsams gegen eine amtliche Verfügung nach Artikel 292 des Schweizerischen Strafgesetzbuches[1]) androhen.

³ Behörden oder Beamte, die in ihrer dienstlichen Tätigkeit eine Widerhandlung gegen Bestimmungen dieser Verordnung wahrnehmen oder davon Kenntnis erhalten, sind verpflichtet, sie der Behörde sofort anzuzeigen.

---
¹) SR 311.0.

27. *Beschwerdeverfahren.* ¹ Verfügungen, welche die Vormundschaftsbehörde gestützt auf diese Verordnung erlässt, unterliegen der Beschwerde an die vormundschaftlichen Aufsichtsbehörden (Art. 420 ZGB).

² Sind andere Stellen mit den Befugnissen der Behörde betraut, so richtet sich die Weiterziehung der Verfügung nach kantonalem Recht.

6. Abschnitt

Schlussbestimmungen

28. *Bestehende Pflegeverhältnisse.* ¹ Bewilligungen, die bis 31. Dezember 1977 nach dem bisherigen kantonalen Recht erteilt worden und auch in dieser Verordnung vorgeschrieben sind, bleiben in Kraft; sie sind, soweit nötig, bis zum 31. Dezember 1978 dem neuen Recht anzupassen.

² Die Aufsicht richtet sich in jedem Fall nach den Bestimmungen dieser Verordnung.

³ Für Pflegeverhältnisse, die nach dem bisherigen Recht keiner Bewilligungspflicht unterlagen, für die aber das neue Recht eine Bewilligung verlangt, ist das Bewilligungsgesuch bis zum 30. Juni 1978 einzureichen; das gilt sinngemäss für Meldungen, die das neue Recht vorschreibt.

29. *Aufhebung kantonalen Rechts.* ¹ Mit dem Inkrafttreten dieser Verordnung sind die kantonalen Bestimmungen über den Schutz von Unmündigen, die ausserhalb des Elternhauses leben, aufgehoben, soweit nicht bundesrechtlich etwas anderes vorgesehen ist (Art. 51 SchlT ZGB).

² Bestehende kantonale Bestimmungen über die Organisation des Schutzes von Unmündigen, die ausserhalb des Elternhauses leben, bleiben in Kraft, solange die Kantone nichts anderes bestimmen.

30. *Inkrafttreten.* Diese Verordnung tritt am 1. Januar 1978 in Kraft.

Anhang V E

Bundesgesetz

über

die medizinisch unterstützte Fortpflanzung (Fortpflanzungsmedizingesetz, FMedG) *

(Vom 18. Dezember 1998, SR 814.90)

(Gestützt auf die Artikel 24^{novies} Absätze 1 und 2, 64 und 64bis der Bundesverfassung**, nach Einsicht in die Botschaft des Bundesrates vom 26. Juni 1996, BBl 1996 III 205)

1. Kapitel

Allgemeine Bestimmungen

1. *Gegenstand und Zweck.* [1] Dieses Gesetz legt fest, unter welchen Voraussetzungen die Verfahren der medizinisch unterstützten Fortpflanzung beim Menschen angewendet werden dürfen.

[2] Es schützt die Menschenwürde, die Persönlichkeit sowie die Familie und verbietet missbräuchliche Anwendungen der Bio- und der Gentechnologie.

[3] Es sieht die Einsetzung einer nationalen Ethikkommission vor.

2. *Begriffe.* In diesem Gesetz bedeuten:
a. *Verfahren der medizinisch unterstützten Fortpflanzung (Fortpflanzungsverfahren):* Methoden zur Herbeiführung einer Schwangerschaft ohne Geschlechtsverkehr, insbesondere Insemination, In-vitro-Fertilisation mit Embryotransfer sowie Gametentransfer;
b. *Insemination:* das instrumentelle Einbringen von Samenzellen in die Geschlechtsorgane der Frau;
c. *In-vitro-Fertilisation:* die Vereinigung einer Eizelle mit Samenzellen ausserhalb des Körpers der Frau;
d. *Gametentransfer:* das instrumentelle Einbringen von Samen- und Eizellen in die Gebärmutter oder in einen Eileiter der Frau;
e. *Keimzellen (Gameten):* Samen- und Eizellen;

---

* Ergänzende Erlasse: Fortpflanzungsmedizinverordnung (FMedV, SR 814.902.2) vom 4. Dezember 2002; V vom 4. Dezember 2000 über die nationale Ethikkommission im Bereich der Humanmedizin (VNEK, SR 814.903). Diese Erlasse sind abrufbar im Internet unter **www.schulthess.com/update/**.

** Diesen Bestimmungen entsprechen die Artikel 119, 120, 122 und 123 der Bundesverfassung vom 18. April 1999 (SR 101).

f. *Keimbahnzellen:* Keimzellen (einschliesslich ihrer Vorläuferzellen), imprägnierte Eizellen und embryonale Zellen, deren genetisches Material an Nachkommen vererbt werden kann;
g. *Imprägnation:* das Bewirken des Eindringens einer Samenzelle in das Plasma der Eizelle, namentlich durch Insemination, Gametentransfer oder In-vitro-Fertilisation;
h. *imprägnierte Eizelle:* die befruchtete Eizelle vor der Kernverschmelzung;
i. *Embryo:* die Frucht von der Kernverschmelzung bis zum Abschluss der Organentwicklung;
j. *Fötus:* die Frucht vom Abschluss der Organentwicklung bis zur Geburt;
k. *Leihmutter:* eine Frau, die bereit ist, durch ein Fortpflanzungsverfahren ein Kind zu empfangen, es auszutragen und nach der Geburt Dritten auf Dauer zu überlassen;
l. *Klonen:* die künstliche Erzeugung genetisch identischer Wesen;
m. *Chimärenbildung:* die Vereinigung totipotenter Zellen aus zwei oder mehreren genetisch unterschiedlichen Embryonen zu einem Zellverband. Totipotent sind embryonale Zellen, welche die Fähigkeit haben, sich zu jeder spezialisierten Zelle zu entwickeln;
n. *Hybridbildung:* das Bewirken des Eindringens einer nichtmenschlichen Samenzelle in eine menschliche Eizelle oder einer menschlichen Samenzelle in eine nichtmenschliche Eizelle.

2. Kapitel

Verfahren der medizinisch unterstützten Fortpflanzung

1. Abschnitt

Grundsätze

3. *Kindeswohl.* ¹ Fortpflanzungsverfahren dürfen nur angewendet werden, wenn das Kindeswohl gewährleistet ist.

² Sie dürfen nur bei Paaren angewendet werden:
a. zu denen ein Kindesverhältnis im Sinne der Artikel 252–263 des Zivilgesetzbuchs (ZGB) begründet werden kann; und
b. die auf Grund ihres Alters und ihrer persönlichen Verhältnisse voraussichtlich bis zur Mündigkeit des Kindes für dessen Pflege und Erziehung sorgen können.

³ Gespendete Samenzellen dürfen nur bei Ehepaaren verwendet werden.

⁴ Keimzellen oder imprägnierte Eizellen dürfen nach dem Tod der Person, von der sie stammen, nicht mehr verwendet werden.

4. *Verbotene Praktiken.* Die Ei- und die Embryonenspende sowie die Leihmutterschaft sind unzulässig.

5. *Indikationen.* [1] Ein Fortpflanzungsverfahren darf nur angewendet werden, wenn:
a. damit die Unfruchtbarkeit eines Paares überwunden werden soll und die anderen Behandlungsmethoden versagt haben oder aussichtslos sind; oder
b. die Gefahr, dass eine schwere, unheilbare Krankheit auf die Nachkommen übertragen wird, anders nicht abgewendet werden kann.

[2] Durch die Auswahl von Keimzellen dürfen das Geschlecht oder andere Eigenschaften des zu zeugenden Kindes nur beeinflusst werden, wenn die Gefahr, dass eine schwere, unheilbare Krankheit auf die Nachkommen übertragen wird, anders nicht abgewendet werden kann. Vorbehalten bleibt Artikel 22 Absatz 4.

[3] Das Ablösen einer oder mehrerer Zellen von einem Embryo in vitro und deren Untersuchung sind verboten.

6. *Information und Beratung.* [1] Bevor ein Fortpflanzungsverfahren durchgeführt wird, muss die Ärztin oder der Arzt das betroffene Paar sorgfältig informieren über:
a. die verschiedenen Ursachen der Unfruchtbarkeit;
b. das medizinische Verfahren sowie dessen Erfolgsaussichten und Gefahren;
c. das Risiko einer allfälligen Mehrlingsschwangerschaft;
d. mögliche psychische und physische Belastungen; und
e. die rechtlichen und finanziellen Aspekte.

[2] Im Beratungsgespräch ist in geeigneter Weise auch auf andere Möglichkeiten der Lebensgestaltung und der Erfüllung des Kinderwunsches hinzuweisen.

[3] Zwischen dem Beratungsgespräch und der Behandlung muss eine angemessene Bedenkfrist liegen, die in der Regel vier Wochen dauert. Auf die Möglichkeit einer unabhängigen Beratung ist hinzuweisen.

[4] Vor, während und nach der Behandlung ist eine psychologische Begleitung anzubieten.

7. *Einwilligung des Paares.* [1] Fortpflanzungsverfahren dürfen nur mit schriftlicher Einwilligung des betroffenen Paares angewendet werden. Sind drei Behandlungszyklen ohne Erfolg geblieben, so ist die Einwilligung zu erneuern und wiederum eine Bedenkfrist zu beachten.

[2] Die schriftliche Einwilligung des Paares ist auch für das Reaktivieren imprägnierter Eizellen erforderlich.

[3] Besteht bei einem Fortpflanzungsverfahren das erhöhte Risiko einer Mehrlingsschwangerschaft, so darf das Verfahren nur durchgeführt werden, wenn das Paar auch mit der Geburt von Mehrlingen einverstanden wäre.

2. Abschnitt

Bewilligungspflicht

8. *Grundsatz.* ¹ Eine Bewilligung des Kantons benötigt, wer:
a. Fortpflanzungsverfahren anwendet;
b. Keimzellen oder imprägnierte Eizellen zur Konservierung entgegennimmt oder gespendete Samenzellen vermittelt, ohne selber Fortpflanzungsverfahren anzuwenden.

² Für die Insemination mit Samenzellen des Partners ist keine Bewilligung erforderlich.

9. *Anwendung von Fortpflanzungsverfahren.* ¹ Die Bewilligung zur Anwendung von Fortpflanzungsverfahren wird nur Ärztinnen und Ärzten erteilt.

² Diese müssen:
a. über die nötige Ausbildung und Erfahrung in den Methoden der medizinisch unterstützten Fortpflanzung verfügen;
b. Gewähr für eine sorgfältige, gesetzeskonforme Tätigkeit bieten;
c. zusammen mit den Mitarbeiterinnen und Mitarbeitern eine umfassende medizinische, fortpflanzungsbiologische und sozialpsychologische Beratung und Betreuung der zu behandelnden Personen gewährleisten;
d. über die notwendige Laborausrüstung verfügen;
e. sicherstellen, dass die Keimzellen und imprägnierten Eizellen nach dem Stand von Wissenschaft und Praxis konserviert werden.

³ Wenden sie Fortpflanzungsverfahren zur Vermeidung der Übertragung einer schweren, unheilbaren Krankheit an, so ist eine ganzheitliche genetische Beratung des zu behandelnden Paares sicherzustellen.

10. *Konservierung und Vermittlung von Keimzellen und imprägnierten Eizellen.* ¹ Die Bewilligung zur Konservierung von Keimzellen und imprägnierten Eizellen oder zur Vermittlung gespendeter Samenzellen wird nur Ärztinnen und Ärzten erteilt.

² Diese müssen:
a. Gewähr für eine sorgfältige, gesetzeskonforme Tätigkeit bieten;
b. zusammen mit den Mitarbeiterinnen und Mitarbeitern eine sorgfältige Auswahl der Samenspender gewährleisten; und
c. sicherstellen, dass die Keimzellen und imprägnierten Eizellen nach dem Stand von Wissenschaft und Praxis konserviert werden.

11. *Berichterstattung.* ¹ Personen, die eine Bewilligung haben, müssen der Bewilligungsbehörde jährlich über ihre Tätigkeit Bericht erstatten.

² Der Bericht muss Auskunft geben über:
a. die Zahl und die Art der Behandlungen;
b. die Art der Indikationen;
c. die Verwendung gespendeter Samenzellen;
d. die Zahl der Schwangerschaften und deren Ausgang;

e. die Konservierung und Verwendung von Keimzellen und imprägnierten Eizellen;
f. die Anzahl der überzähligen Embryonen.

[3] Er darf keine Angaben enthalten, die auf bestimmte Personen schliessen lassen.

[4] Die Bewilligungsbehörde übermittelt die Daten dem Bundesamt für Statistik zur Auswertung und Veröffentlichung.

12. *Aufsicht.* [1] Die Bewilligungsbehörde wacht darüber, dass die Voraussetzungen für die Bewilligungserteilung erfüllt bleiben und allfällige Auflagen eingehalten werden.

[2] Sie nimmt unangemeldete Inspektionen vor.

[3] Stellt sie schwere Verstösse gegen dieses Gesetz fest, so entzieht sie die Bewilligung.

13.[1]) *Rechtsweg.* Entscheide der Bewilligungsbehörde unterliegen letztinstanzlich der Verwaltungsgerichtsbeschwerde an das Bundesgericht.

---

[1]) Mit Inkrafttreten des Verwaltungsgerichtsgesetzes (VGG) am 1. Januar 2007 **wird Art. 13 aufgehoben.**

14. *Ausführungsbestimmungen.* Der Bundesrat erlässt die Ausführungsbestimmungen über Erteilung und Entzug der Bewilligung sowie über Berichterstattung und Aufsicht.[1])

---

[1]) Fortpflanzungsmedizinverordnung (FMedV) vom 4. Dezember 2000 (SR 814.902.2), abrufbar im Internet unter www.schulthess.com/update/.

3. Abschnitt

Umgang mit Keimgut

15. *Konservierung von Keimzellen.* [1] Keimzellen dürfen nur mit schriftlicher Einwilligung der Person, von der sie stammen, und während höchstens fünf Jahren konserviert werden.

[2] Eine längere Konservierungsdauer kann vereinbart werden mit Personen, die im Hinblick auf die Erzeugung eigener Nachkommen ihre Keimzelle konservieren lassen, weil eine ärztliche Behandlung, der sie sich unterziehen, oder eine Tätigkeit, die sie ausüben, zur Unfruchtbarkeit oder zu einer Schädigung des Erbgutes führen kann.

[3] Die Person, von der die Keimzellen stammen, kann ihre Einwilligung in die Konservierung und Verwendung jederzeit schriftlich widerrufen.

[4] Bei Widerruf der Einwilligung oder bei Ablauf der Konservierungsdauer sind die Keimzellen sofort zu vernichten.

16. *Konservierung imprägnierter Eizellen.* [1] Imprägnierte Eizellen dürfen nur konserviert werden, wenn:

a. das zu behandelnde Paar seine schriftliche Einwilligung gibt; und
b. die Konservierung der späteren Herbeiführung einer Schwangerschaft dient.

² Die Konservierungsdauer beträgt höchstens fünf Jahre.

³ Jeder der beiden Partner kann die Einwilligung jederzeit schriftlich widerrufen.

⁴ Bei Widerruf der Einwilligung oder bei Ablauf der Konservierungsdauer sind die imprägnierten Eizellen sofort zu vernichten.

⁵ Der Bundesrat verbietet die Konservierung imprägnierter Eizellen, wenn der Stand von Wissenschaft und Praxis es erlaubt, nichtimprägnierte Eizellen mit befriedigendem Erfolg zu konservieren.

17. *Entwicklung von Embryonen.* ¹ Ausserhalb des Körpers der Frau dürfen nur so viele imprägnierte Eizellen zu Embryonen entwickelt werden, als innerhalb eines Zyklus für die Herbeiführung einer Schwangerschaft erforderlich sind; es dürfen jedoch höchstens drei sein.

² Der Embryo darf ausserhalb des Körpers der Frau nur so weit entwickelt werden, als für die Einnistung in der Gebärmutter unerlässlich ist.

³ Das Konservieren von Embryonen ist verboten.

4. Abschnitt

Samenspende

18. *Einwilligung und Information des Spenders.* ¹ Gespendete Samenzellen dürfen nur im Rahmen der zulässigen Fortpflanzungsverfahren und nur für Zwecke verwendet werden, in die der Spender schriftlich eingewilligt hat.

² Der Spender muss vor der Samenspende schriftlich über die Rechtslage unterrichtet werden, namentlich über das Recht des Kindes, Auskunft über die Spenderakten zu erhalten (Art. 27).

19. *Auswahl von Spendern.* ¹ Spender müssen nach medizinischen Gesichtspunkten sorgfältig ausgewählt werden; namentlich müssen gesundheitliche Risiken für die Empfängerin der gespendeten Samenzellen so weit wie möglich ausgeschlossen sein. Andere Auswahlkriterien sind verboten.

² Der Spender darf seine Samenzellen nur einer Stelle zur Verfügung stellen; er ist vor der Spende ausdrücklich darauf hinzuweisen.

20. *Vermittlung gespendeter Samenzellen.* ¹ Gespendete Samenzellen dürfen nur an Personen vermittelt werden, die eine Bewilligung zur Anwendung von Fortpflanzungsverfahren haben; dabei sind die Angaben nach Artikel 24 Absatz 2 beizufügen.

² Wer gespendete Samenzellen entgegennimmt, muss darüber wachen, dass Artikel 22 Absatz 2 eingehalten wird.

21. *Unentgeltlichkeit.* Die Samenspende als solche ist unentgeltlich.

22. *Verwendung gespendeter Samenzellen.* ¹ Innerhalb eines Zyklus dürfen nicht Samenzellen verschiedener Spender verwendet werden.

² Die Samenzellen eines Spenders dürfen für die Erzeugung von höchstens acht Kindern verwendet werden.

³ Bei der Anwendung eines Fortpflanzungsverfahrens darf zwischen den Personen, von denen die Keimzellen stammen, kein Ehehindernis nach Artikel 95 des Zivilgesetzbuches bestehen.

⁴ Bei der Auswahl gespendeter Samenzellen dürfen nur die Blutgruppe und die Ähnlichkeit der äusseren Erscheinung des Spenders mit dem Mann, zu dem ein Kindesverhältnis begründet werden soll, berücksichtigt werden.

23. *Kindesverhältnis.* ¹ Das Kind, das nach den Bestimmungen dieses Gesetzes durch eine Samenspende gezeugt worden ist, kann das Kindesverhältnis zum Ehemann der Mutter nicht anfechten. Für die Anfechtungsklage des Ehemannes ist das Zivilgesetzbuch anwendbar.

² Ist ein Kind durch eine Samenspende gezeugt worden, so ist die Vaterschaftsklage gegen den Samenspender (Art. 261 ff. ZGB) ausgeschlossen; die Klage ist jedoch zulässig, wenn die Samenspende wissentlich bei einer Person erfolgt, die keine Bewilligung für die Fortpflanzungsverfahren oder für die Konservierung und Vermittlung gespendeter Samenzellen hat.

24. *Dokumentationspflicht.* ¹ Wer gespendete Samenzellen entgegennimmt oder verwendet, muss die Spende auf zuverlässige Weise dokumentieren.

² Über den Spender sind insbesondere folgende Daten festzuhalten:
a. Name und Vorname, Geburtstag und Geburtsort, Wohnort, Heimatort oder Nationalität, Beruf und Ausbildung;
b. Datum der Samenspende;
c. Ergebnisse der medizinischen Untersuchung;
d. Angaben zur äusseren Erscheinung.

³ Über die Frau, für welche die gespendeten Samenzellen verwendet werden, und ihren Ehemann sind folgende Daten festzuhalten:
a. Name und Vorname, Geburtstag und Geburtsort, Wohnort, Heimatort oder Nationalität;
b. Datum der Verwendung der Samenzellen.

25. *Übermittlung der Daten.* ¹ Die behandelnde Ärztin oder der behandelnde Arzt muss die Daten nach Artikel 24 unverzüglich nach der Geburt des Kindes dem Eidgenössischen Amt für das Zivilstandswesen (Amt) übermitteln.

² Ist der Ärztin oder dem Arzt eine Geburt nicht bekannt geworden, so sind die Daten unverzüglich nach dem errechneten Geburtstermin zu übermitteln, es sei denn, es stehe fest, dass die Behandlung nicht zum Erfolg geführt hat.

³ Der Bundesrat erlässt die erforderlichen Datenschutzbestimmungen.¹)

---

¹) Fortpflanzungsmedizinverordnung (FMedV) vom 4. Dezember 2000 (SR 814.902.2), abrufbar im Internet unter www.schulthess.com/update/.

26. *Aufbewahrung der Daten.* Das Amt bewahrt die Daten während 80 Jahren auf.

27. *Auskunft.* ¹ Hat das Kind das 18. Lebensjahr vollendet, so kann es beim Amt Auskunft über die äussere Erscheinung und die Personalien des Spenders (Art. 24 Abs. 2 Bst. a und d) verlangen.

² Im Übrigen kann es jederzeit Auskunft über alle Daten des Spenders (Art. 24 Abs. 2) verlangen, wenn es ein schutzwürdiges Interesse daran hat.

³ Bevor das Amt Auskunft über die Personalien erteilt, informiert es wenn möglich den Spender. Lehnt dieser den persönlichen Kontakt ab, so ist das Kind zu informieren und auf die Persönlichkeitsrechte des Spenders und den Anspruch seiner Familie auf Schutz hinzuweisen. Beharrt das Kind nach Absatz 1 auf Auskunft, so wird ihm diese erteilt.

⁴ Der Bundesrat kann die Behandlung von Auskunftsgesuchen einer eidgenössischen Fachkommission übertragen.

⁵ Entscheide des Amtes oder der Fachkommission unterliegen der Beschwerde an die Eidgenössische Datenschutzkommission und letztinstanzlich der Verwaltungsgerichtsbeschwerde an das Bundesgericht.¹)

Mit Inkrafttreten des Verwaltungsgerichtsgesetzes (VGG) am 1. Januar 2007 **wird Art. 27 Abs. 5 aufgehoben.**

3. Kapitel

Nationale Ethikkommission

28. ¹ Der Bundesrat setzt eine nationale Ethikkommission ein.

² Sie verfolgt die Entwicklung in der Fortpflanzungs- und der Gentechnologie im humanmedizinischen Bereich und nimmt zu den damit verbundenen gesellschaftlichen, naturwissenschaftlichen und rechtlichen Fragen aus ethischer Sicht beratend Stellung.

³ Sie hat insbesondere die Aufgabe:
a. ergänzende Richtlinien zu diesem Gesetz zu erarbeiten;
b. Lücken in der Gesetzgebung aufzuzeigen;
c. die Bundesversammlung, den Bundesrat und die Kantone auf Anfrage zu beraten;
d. die Öffentlichkeit über wichtige Erkenntnisse zu informieren und die Diskussion über ethische Fragen in der Gesellschaft zu fördern.

⁴ Der Bundesrat bestimmt die weiteren Aufgaben der Kommission im Bereich der Humanmedizin. Er erlässt die Ausführungsbestimmungen.[1])

---

[1]) V vom 4. Dezember 2000 über die nationale Ethikkommission im Bereich der Humanmedizin (VNEK, SR 814.903), abrufbar im Internet unter www.schulthess.com/update/.

4. Kapitel

Strafbestimmungen

29. *Missbräuchliche Gewinnung von Embryonen.* ¹ Wer durch Imprägnation einen Embryo in der Absicht erzeugt, diesen zu einem anderen Zweck als der Herbeiführung einer Schwangerschaft zu verwenden oder verwenden zu lassen, wird mit Gefängnis bestraft.

² Ebenso wird bestraft, wer eine imprägnierte Eizelle in der Absicht konserviert, diese zu einem anderen Zweck als der Herbeiführung einer Schwangerschaft zu verwenden oder verwenden zu lassen.

30. *Entwicklung von Embryonen ausserhalb des Körpers der Frau.* ¹ Wer einen Embryo ausserhalb des Körpers der Frau über den Zeitpunkt hinaus sich entwickeln lässt, in dem die Einnistung in der Gebärmutter noch möglich ist, wird mit Gefängnis bestraft.

² Ebenso wird bestraft, wer einen menschlichen Embryo auf ein Tier überträgt.

31. *Leihmutterschaft.* ¹ Wer bei einer Leihmutter ein Fortpflanzungsverfahren anwendet, wird mit Gefängnis oder mit Busse bestraft.

² Ebenso wird bestraft, wer Leihmutterschaften vermittelt.

32. *Missbrauch von Keimgut.* ¹ Wer eine Imprägnation oder eine Weiterentwicklung zum Embryo mit Keimgut bewirkt, das einem Embryo oder einem Fötus entnommen worden ist, wird mit Gefängnis bestraft.

² Wer menschliches Keimgut oder Erzeugnisse aus Embryonen oder Föten entgeltlich veräussert oder erwirbt, wird mit Gefängnis oder mit Busse bestraft.

³ Handelt die Täterin oder der Täter gewerbsmässig, so ist die Strafe Gefängnis und Busse bis 100 000 Franken.

33. *Unzulässige Auswahl von Keimzellen.* Wer bei einem Fortpflanzungsverfahren die Keimzellen nach dem Geschlecht oder auf Grund einer genetischen Untersuchung auswählt, ohne dass damit die Übertragung einer schweren, unheilbaren Krankheit auf die Nachkommen verhindert werden soll, wird mit Gefängnis oder mit Busse bestraft.

34. *Handeln ohne Einwilligung oder Bewilligung.* [1] Wer ein Fortpflanzungsverfahren ohne Einwilligung der Person, von der die Keimzellen stammen, oder des zu behandelnden Paares anwendet, wird mit Gefängnis oder mit Busse bestraft.

[2] Ebenso wird bestraft, wer ohne Bewilligung oder auf Grund einer durch unwahre Angaben erschlichenen Bewilligung Fortpflanzungsverfahren anwendet oder Keimzellen oder imprägnierte Eizellen konserviert oder vermittelt.

35. *Eingriffe in die Keimbahn.* [1] Wer in das Erbgut einer Keimbahnzelle oder einer embryonalen Zelle verändernd eingreift, wird mit Gefängnis bestraft.

[2] Ebenso wird bestraft, wer eine in ihrem Erbgut künstlich veränderte Keimzelle zur Imprägnation oder eine in gleicher Weise veränderte imprägnierte Eizelle zur Weiterentwicklung zum Embryo verwendet.

[3] Absatz 1 ist nicht anwendbar, wenn die Veränderung von Keimbahnzellen die unvermeidliche Begleiterscheinung einer Chemotherapie, einer Strahlentherapie oder einer anderen ärztlichen Behandlung ist, der eine Person sich unterzieht.

36. *Klonen, Chimären- und Hybridbildung.* [1] Wer einen Klon, eine Chimäre oder eine Hybride bildet, wird mit Gefängnis bestraft.

[2] Ebenso wird bestraft, wer eine Chimäre oder eine Hybride auf eine Frau oder auf ein Tier überträgt.

37. *Übertretungen.* Mit Haft oder mit Busse bis 100 000 Franken wird bestraft, wer vorsätzlich:
a. entgegen Artikel 3 Absätze 2 Buchstabe a und 3 bei einer Frau ein Fortpflanzungsverfahren anwendet;
b. Keimzellen oder imprägnierte Eizellen verwendet, die von einer verstorbenen Person stammen;
c. gespendete Eizellen verwendet, mit gespendeten Eizellen und gespendeten Samenzellen einen Embryo entwickelt oder einen gespendeten Embryo auf eine Frau überträgt;
d. Fortpflanzungsverfahren ohne erlaubte Indikation anwendet;
e. entgegen Artikel 5 Absatz 3 Zellen ablöst und untersucht;
f. entgegen den Artikeln 15, 16 und 42 Keimgut konserviert;
g. entgegen Artikel 17 Absatz 1 Embryonen entwickelt;
h. als Spender Samenzellen mehreren Inhaberinnen oder Inhabern einer Bewilligung nach Artikel 8 Absatz 1 zur Verfügung stellt;
i. entgegen Artikel 22 Absätze 1–3 gespendete Samenzellen verwendet;
j. die nach Artikel 24 vorgeschriebenen Daten unrichtig oder unvollständig aufzeichnet.

38. *Zuständige Behörde.* Die Verfolgung und die Beurteilung der Straftaten nach diesem Gesetz obliegen den Kantonen.

Anhang V E
Fortpflanzungsmedizingesetz (FMedG)

5. Kapitel

Schlussbestimmungen

1. Abschnitt

Änderung bisherigen Rechts

39. Das Zivilgesetzbuch wird wie folgt geändert:
Art. 256 Abs. 3
³ Der Ehemann hat keine Klage, wenn er der Zeugung durch einen Dritten zugestimmt hat. Für das Anfechtungsrecht des Kindes bleibt das Fortpflanzungsmedizingesetz vom 18. Dezember 1998 vorbehalten.

2. Abschnitt

Übergangsbestimmungen

40. *Bewilligung.* ¹ Wer eine Bewilligung nach Artikel 8 Absatz 1 benötigt, muss das Gesuch mit den nötigen Unterlagen innerhalb von drei Monaten nach Inkrafttreten dieses Gesetzes bei der Bewilligungsbehörde einreichen.

² Wer das Gesuch nicht fristgerecht stellt, muss die Tätigkeit einstellen.

41. *Auskunft.* ¹ Die Artikel 18 und 24–27 gelten auch, wenn Samenzellen vor dem Inkrafttreten dieses Gesetzes gespendet worden sind, aber erst nach dessen Inkrafttreten verwendet werden.

² In den übrigen Fällen müssen die Ärztinnen und Ärzte, die Fortpflanzungsverfahren mit gespendeten Keimzellen durchgeführt haben, in sinngemässer Anwendung von Artikel 27 Auskunft erteilen.

42. *Aufbewahrung von Embryonen.* ¹ Wer beim Inkrafttreten dieses Gesetzes Embryonen aufbewahrt, muss dies innerhalb von drei Monaten der Bewilligungsbehörde melden. Artikel 11 ist anwendbar.

² Die Embryonen dürfen zum Zweck der Fortpflanzung höchstens bis zum 31. Dezember 2005 aufbewahrt werden. Werden Embryonen nicht mehr zu diesem Zweck verwendet oder läuft diese Frist ab, so dürfen sie nach Aufklärung und mit schriftlicher Einwilligung des betroffenen Paares zu Forschungszwecken bis zum 31. Dezember 2008 aufbewahrt und, wenn die entsprechende Gesetzgebung in Kraft tritt, nach deren Bestimmungen verwendet werden. Das betroffene Paar kann verlangen, dass es vor der Verwendung eines Embryos zu Forschungszwecken nochmals um seine Einwilligung angefragt wird.¹⁾

---

¹⁾ Fassung gemäss BG vom 3. Oktober 2003 über die Änderung des FMedG (AS 2003 S. 3681), i.K. 4. Oktober 2003 bis 31. Dezember 2008.

43. *Kindesverhältnis.* Artikel 23 gilt auch für Kinder, die vor dem Inkrafttreten dieses Gesetzes im Rahmen eines Fortpflanzungsverfahrens durch eine Samenspende gezeugt worden sind.

3. Abschnitt

Referendum und Inkrafttreten

44. [1] Dieses Gesetz untersteht dem fakultativen Referendum.[1]
[2] Der Bundesrat bestimmt das Inkrafttreten.[2]

---

[1] Die Referendumsfrist ist am 9. April 1999 unbenützt abgelaufen.
[2] In Kraft getreten am 1. Januar 2001 (AS 2000 S. 3055).

Anhang VI
A–B

Verordnungen zu den Eigentumsvorbehalten

		Seite
A.	Verordnung des Bundesgerichtes betreffend die Eintragung der Eigentumsvorbehalte	584
B.	Verordnung des Bundesgerichtes betreffend die Bereinigung der Eigentumsvorbehaltsregister	591

Anhang VI A

Verordnung des Bundesgerichtes

betreffend

die Eintragung der Eigentumsvorbehalte *

(Vom 19. Dezember 1910, SR 211.413.1)

(Gestützt auf Artikel 715 des Zivilgesetzbuches und auf die Artikel 15 und 16 des Bundesgesetzes vom 23. März 2001 über den Konsumkredit [KKG] sowie in Anwendung des Artikels 15 des Bundesgesetzes vom 11. April 1889 über Schuldbetreibung und Konkurs)

1. [1] Zuständig zur Entgegennahme der Anmeldung und zur Vornahme der Eintragung der Eigentumsvorbehalte ist nur das Betreibungsamt des Wohnorts des Erwerbers. Wohnt der Erwerber im Ausland, hat er aber in der Schweiz eine Geschäftsniederlassung, so ist das Betreibungsamt des Orts der Geschäftsniederlassung hiezu kompetent.

[2] Zerfällt eine grössere Ortschaft in mehrere Betreibungskreise, so haben sämtliche Anmeldungen und Eintragungen für die ganze Ortschaft beim nämlichen Betreibungsamt zu erfolgen, welches von der kantonalen Aufsichtsbehörde (vgl. Art. 21 hienach) zu bezeichnen ist.

2. [1] Vor der Eintragung hat der Betreibungsbeamte sich über seine Zuständigkeit zu vergewissern und kann zu diesem Behufe einen amtlichen Ausweis darüber verlangen, dass der Erwerber seinen Wohnort bzw. eine Geschäftsniederlassung im Betreibungskreise hat.

[2] Hält sich der Betreibungsbeamte nicht für zuständig, so nimmt er die Eintragung nur provisorisch vor und setzt dem Antragsteller unter Angabe der Gründe eine Frist von zehn Tagen, innerhalb deren er bei der Aufsichtsbehörde gegen die Verweigerung der Eintragung Beschwerde führen kann, mit der Androhung, dass andernfalls die provisorische Eintragung dahinfallen würde.

3.[1]) [1] Verlegt der Erwerber seinen Wohnort oder seine Geschäftsniederlassung in einen andern Betreibungskreis und zugleich in eine andere Ortschaft (Art. 1 Abs. 2), so kann dort der Veräusserer oder sein Rechtsnachfolger sowie der Erwerber jederzeit eine neue Eintragung nachsuchen.

[2] Als Ausweis hiefür genügt, solange die frühere Eintragung nicht gelöscht ist, ein Auszug aus dem Register des früheren Ortes. Die dort aufbewahrten Aktenstücke (Art. 15) sind vom Registeramt des neuen Ortes auf Kosten des Anmeldenden einzuverlangen.

[3] Die frühere Eintragung behält ihre Wirkung noch drei Monate nach der Verlegung des Wohnortes oder der Geschäftsniederlassung. Wird die

---

* Beachte auch die V des Bundesgerichts vom 29. März 1939 betr. die Bereinigung der Eigentumsvorbehaltsregister (Anhang VI B zum ZGB).

neue Eintragung später erwirkt, so tritt der Eigentumsvorbehalt erst mit ihrer Vornahme wieder in Kraft.

---

[1]) Fassung gemäss Ziff. I der V des BGer vom 29. Oktober 1962 (AS 1962 II 1355), i.K. 1. Januar 1963.

4. [1] Die Eintragung kann von beiden Parteien gemeinsam oder von einer derselben, mündlich oder schriftlich, nachgesucht werden.

[2] Über mündliche Anmeldungen ist ein Protokoll aufzunehmen. Die Schuldbetreibungs- und Konkurskammer stellt dafür ein obligatorisches Formular auf.

[3] Schriftliche Anmeldungen müssen gleichfalls alle für die Eintragung erforderlichen Angaben enthalten. Es kann hiezu das in Absatz 2 erwähnte Formular verwendet werden.

[4] Eine einseitige Anmeldung ist nur zu berücksichtigen, wenn gleichzeitig das schriftliche Einverständnis der andern Partei, und zwar in allen für die Eintragung wesentlichen Punkten, beigebracht wird. Diese Erklärung (Kaufvertrag usw.) ist im Original oder in beglaubigter Wiedergabe zu den Akten des Amtes einzureichen.

[5] Stützt sich die Anmeldung auf einen Konsumkreditvertrag im Sinne des Bundesgesetzes vom 23. März 2001 über den Konsumkredit (KKG)[1]), so ist die Eintragung nur dann zulässig, wenn:
 a. der Vertrag die in Artikel 15 Absatz 1 KKG angeführten Bestimmungen einhält;
 b. der Konsument bescheinigt, vor mindestens sieben Tagen eine Kopie des Vertrages erhalten und binnen dieser Frist den Vertrag nicht gemäss Artikel 16 KKG widerrufen zu haben.[1])

---

[1]) Fassung gemäss Ziff. I der V des BGer vom 23. Dezember 1953 (AS 1954 S. 273), Ziff. I der V des BGer vom 29. Oktober 1962 (AS 1962 II 1355) sowie Ziff. I der V des BGer vom 22. November 2002 (AS 2002 S. 4173, i.K. 1. Januar 2003).

4bis.[1]) [1] Eine Abtretung der Forderung ist auf Gesuch des Veräusserers oder des Zessionars bei oder nach der Eintragung des Eigentumsvorbehaltes im Register zu vermerken. Die Abtretungsurkunde ist im Original oder in beglaubigter Wiedergabe zu den Akten des Amtes einzureichen.

[2] Wer die Forderung bei einer Zwangsversteigerung erworben hat, kann dies gleichfalls im Register vermerken lassen, gestützt auf eine im Original oder in beglaubigter Wiedergabe einzureichende Bescheinigung des Steigerungsamtes.

[3] Der Vermerk geschieht in der dafür bestimmten Rubrik, unter Angabe des Datums der Abtretung oder Zwangsversteigerung. Er ist zu datieren und vom Betreibungsbeamten zu unterzeichnen.

[4] Gleichzeitig ist die Abtretung oder Zwangsversteigerung im Anmeldeprotokoll oder in der schriftlichen Anmeldung (Art. 4) zu vermerken.

---

[1]) Eingefügt durch V des BGer vom 23. Dezember 1932. Fassung gemäss Ziff. I der V des BGer vom 23. Dezember 1953 (AS 1954 S. 273).

Anhang VI A
V betreffend Eintragung der Eigentumsvorbehalte

5. [1] Dem Betreibungsbeamten nicht persönlich bekannte Parteien haben, wenn sie eine übereinstimmende mündliche Erklärung im Sinne von Artikel 4 Ziffer 1[1]) hievor abgeben, sich über ihre Identität auszuweisen.

[2] Handeln die Parteien nicht in eigener Person, so haben ihre Vertreter überdies im Fall einer übereinstimmenden mündlichen Anmeldung eine beglaubigte Vollmacht zu den Akten zu legen.

---
[1]) Heute: Art. 4 Abs. 1 und 2.

6. [1] Auf eine Nachprüfung der Angaben der Parteien auf ihre Richtigkeit hat sich der Betreibungsbeamte nicht einzulassen.

[2] Die Eintragung von Eigentumsvorbehalten, die sich auf Grundstücke oder auf Vieh beziehen sollten, ist zu verweigern.

7. Die Eintragung findet nach anliegendem Formular[1]) statt und muss enthalten:
a. die Ordnungsnummer des Eintrages;
b. das Datum der Eintragung;
c. Name, Beruf und Wohnort des Veräusserers sowie gegebenenfalls des Zessionars oder Ersteigerers der Forderung;[2])
d. Name, Beruf und Wohnort des Erwerbers;
e. die Angabe des Antragstellers;
f. die genaue Bezeichnung der Sache und ihres Standortes. Bezieht sich der Eigentumsvorbehalt auf eine Sachgesamtheit oder sonst auf eine grössere Anzahl von Gegenständen, so ist ein genaues Inventar darüber einzureichen und zu den Akten zu legen und es genügt alsdann im Register ein bezüglicher Hinweis;
g. das Datum der Vereinbarung betreffend den Eigentumsvorbehalt nach Angabe der Parteien bzw. des Vertrages;
h. den garantierten Forderungsbetrag;
i. dessen Verfallzeit. Sind für die Abzahlung bestimmte Raten vereinbart, so sind auch ihre Beträge und Verfalltermine anzugeben.

---
[1]) SR 211.413.1.
[2]) Fassung gemäss Ziff. II der V des BGer vom 23. Dezember 1953 (AS 1954 S. 273), i.K. 1. April 1954.

8. Im Fall einer provisorischen Eintragung ist im Register in der Datumskolonne die Bemerkung «provisorisch» einzutragen. Wird die Beschwerde begründet erklärt, so ist die Bemerkung unter Angabe des Grundes wieder zu streichen. Wird dagegen eine Beschwerde nicht eingelegt oder wird sie abgewiesen, so ist der ganze Eintrag zu löschen.

9. [1] Jede Anmeldung ist, wenn sie sämtliche notwendigen Angaben enthält (Art. 7 lit. c–i), am nämlichen Tag zur Eintragung zu bringen.

[2] Ist die Anmeldung ungenügend, so ist der Anmeldende sofort auf die Mängel aufmerksam zu machen und darf die Eintragung erst nach erfolgter Ergänzung stattfinden.

10. Ist der durch den Eigentumsvorbehalt garantierte Forderungsbetrag in verschiedenen Raten abzubezahlen, so können auch die nach der Eintragung erfolgten Ratenzahlungen vorgemerkt werden. Erfolgt die Anzeige hievon nur seitens des Erwerbers, so hat sich dieser über die Zustimmung des Veräusserers auszuweisen.

11. Jede Eintragung hat der Betreibungsbeamte mittels seiner Unterschrift zu beglaubigen.

12. [1] Die vollständige Löschung[1]) einer Eintragung erfolgt:
a. entweder auf Grund einer übereinstimmenden mündlichen Erklärung beider Parteien; oder
b. auf mündlichen oder schriftlichen Antrag des Veräusserers; oder
c. auf Antrag des Erwerbers, wenn er eine schriftliche Zustimmung des Veräusserers oder ein diese ersetzendes gerichtliches Urteil, bzw. im Konkursfall eine Bescheinigung der Konkursverwaltung vorlegt, wonach der Eigentumsvorbehalt infolge Durchführung des Konkurses dahingefallen ist.

[2] Mündliche Erklärungen des Veräusserers (lit. a und b hievor) sind von ihm in der betreffenden Kolonne des Registers unterschriftlich zu bestätigen.

[3] Ist ein Übergang der garantierten Forderung infolge von Abtretung oder Zwangsversteigerung vorgemerkt, so kann an Stelle des ursprünglichen Veräusserers nur der eingetragene neue Inhaber der Forderung die erforderlichen Erklärungen gültig abgeben.[2])

---

[1]) Über einen weiteren Fall der Löschung einer Eintragung – infolge Durchführung des Bereinigungsverfahrens – siehe die in Anhang VI B wiedergegebene V des BGer vom 29. März 1939.
[2]) Eingefügt durch die V des BGer vom 23. Dezember 1953 (AS 1954 S. 273), i.K. 1. April 1954.

13. [1] Die Streichung der Einträge geschieht mit roter Tinte und unter Angabe des Datums und des Grundes der Löschung sowie des Antragstellers.

[2] Sie erfolgt auch im Anmeldeprotokoll oder in der schriftlichen Anmeldung (Art. 4).[1])

---

[1]) Eingefügt durch Ziff. II der V des BGer vom 23. Dezember 1953 (AS 1954 S. 273), i.K. 1. April 1954.

14. [1] Von jeder auf einseitigen Antrag einer Partei erfolgten Löschung hat der Betreibungsbeamte der andern Partei sofort von Amtes wegen Mitteilung zu machen.

[2] Ebenso ist die antragstellende Partei von jeder Verweigerung einer beantragten Löschung unter Angabe der Gründe sogleich in Kenntnis zu setzen.

Anhang VI A
V betreffend Eintragung der Eigentumsvorbehalte

15.[1]) [1] Das Betreibungsamt hat die in den Artikeln 2, 4, 4bis, 5, 7 Buchstabe f, 10 und 12 erwähnten Aktenstücke und Ausweise mit der Ordnungsnummer der Eintragung zu versehen und aufzubewahren.

[2] Die den Parteien oder Dritten gehörenden Urkunden (Verträge usw.) sind nach Löschung der Eintragung dem Einleger zurückzugeben.

[3] Im übrigen gilt Artikel 4 Absatz 2 der Verordnung vom 14. März 1938[2]) über die Aufbewahrung der Betreibungs- und Konkursakten.

---

[1]) Fassung gemäss Ziff. I der V des BGer vom 23. Dezember 1953 (AS 1954 S. 273), i.K. 1. April 1954.

[2]) SR 281.33.

16. Ausser dem Hauptregister ist zur Erleichterung der Nachschlagungen ein alphabetisches Personenregister anzulegen und unmittelbar nach jeder Eintragung nachzuführen. Darin sind die Erwerber je mit der Ordnungsnummer der Eintragung zu verzeichnen.

16bis.[1]) [1] Das Kartensystem ist für das Personenregister allgemein zulässig, für das Hauptregister dagegen nur mit Bewilligung der obern kantonalen Aufsichtsbehörde.

[2] Für die Hauptregisterkarte ist das von der Schuldbetreibungs- und Konkurskammer aufzustellende obligatorische Formular zu verwenden.

[3] Im übrigen gilt sinngemäss der Abschnitt II des Kreisschreibens Nr. 31 vom 12. Juli 1949[2]) über die Führung des Betreibungsregisters in Kartenform. Zu beachten sind ausser den allgemeinen Bestimmungen namentlich Ziff. 1 (in Verbindung mit Art. 4 der dort angeführten V) und die Ziffern 3, 4, 8 und 9.

[4] Werden die Karten des Hauptregisters nach den Ordnungsnummern der Eintragungen eingereiht, so können für das Personenregister Durchschläge dieser Karten verwendet werden.

[5] Wird das Hauptregister nach den Namen der Erwerber angeordnet, so dient es zugleich als Personenregister. Zur Erleichterung der Kontrolle sind in diesem Falle Durchschläge der Hauptregisterkarten oder der Anmeldeprotokolle und die schriftlichen Anmeldungen (Art. 4) in fortlaufender Nummernfolge einzureihen.

---

[1]) Eingefügt durch Ziff. III der V des BGer vom 23. Dezember 1953 (AS 1954 S. 273), i.K. 1. April 1954.

[2]) BBl 1949 II 576, 1953 I 753; BGE 122 II 327.

17. Die Einsicht in das Register ist jedermann gestattet, und das Betreibungsamt hat auf Verlangen beglaubigte Auszüge aus dem Register sowie Bescheinigungen darüber auszustellen, dass ein Eintrag auf einen bestimmten Namen bzw. für bestimmte Objekte nicht vorhanden sei. Für die Auszüge hat das Betreibungsamt das amtliche Formular zu verwenden.

18. Das Betreibungsamt hat keine Verpflichtung, bei Pfändung von Gegenständen im Register nach allfällig eingetragenen Eigentumsvorbehalten Nachschau zu halten und die Rechte des Eigentümers in der Pfändungsurkunde von Amtes wegen vorzumerken.

19. Artikel 16 Absatz 2 des Bundesgesetzes vom 11. April 1889[1]) über Schuldbetreibung und Konkurs findet weder auf die schriftlichen Anmeldungen noch auf die Auszüge und Bescheinigungen aus dem Register Anwendung.

[1]) SR 281.1.

20. Alle durch diese Verordnung veranlassten Mitteilungen des Betreibungsamtes haben schriftlich und gegen Empfangsschein oder durch eingeschriebenen Brief zu erfolgen.

21. [1] Die Überwachung der Betreibungsbeamten hinsichtlich der Führung des Registers über die Eigentumsvorbehalte geschieht durch die Aufsichtsbehörden für Schuldbetreibung und Konkurs, an welche auch die von den Betreibungsbeamten auf Grund dieser Verordnung erlassenen Verfügungen im Sinn der Artikel 17 ff. des Bundesgesetzes vom 11. April 1889[1]) über Schuldbetreibung und Konkurs weitergezogen werden können.
[2] Ebenso finden die Bestimmungen des Artikels 10 dieses Gesetzes über die Ausstandspflicht der Betreibungsbeamten entsprechende Anwendung.

[1]) SR 281.1.

22. Dieser Artikel ist seit 15. Januar 1920 durch die entsprechende Bestimmung des Gebührentarifs zum SchKG ersetzt. Heute gelten die Artikel 37 und 38 der Gebührenverordnung zum SchKG (GebV SchKG) vom 23. September 1996 (SR 281.35), die lauten:

37. *Eigentumsvorbehalt.* [1] Die Gebühr für die Verrichtungen bei der Eintragung von Eigentumsvorbehalten nach Verordnung vom 19. Dezember 1910 betreffend die Eintragung der Eigentumsvorbehalte geht zu Lasten des Antragstellers und beträgt:

Restschuld/Franken	Gebühr/Franken
a. für die Eintragung des Eigentumsvorbehaltes:	
bis 1 000	25.–
über 1 000 bis 5 000	50.–
über 5 000 bis 10 000	60.–
über 10 000 .... 6 Promille, jedoch höchstens	150.–
b. für die Eintragung einer Zession	10.–
c. für die Vorlegung des Registers oder für eine sich darauf stützende Auskunft	9.–
d. für Auszüge, Bescheinigungen und schriftliche Mitteilungen überdies für jede Seite	8.–

²Die Löschung einer Eintragung und die Bestätigung von Verrichtungen im Sinne von Absatz 1 Buchstaben a und b auf dem Vertrag sind gebührenfrei.

³Im Falle des Verkaufs derselben Sache an mehrere Erwerber mit Wohnsitz im gleichen Registerkreis ist nur eine Gebühr geschuldet.

38. *Selbständige Festsetzung des Kompetenzbetrages.* ¹ Die Gebühr für die Festsetzung des Kompetenzbetrages ausserhalb der Zwangsvollstreckung geht zu Lasten des Gesuchstellers und beträgt 40 Franken.

²Dauert die Verrichtung länger als eine Stunde, so beträgt die Gebühr 40 Franken für jede weitere halbe Stunde.

23. Die vorliegende Verordnung tritt auf den 1. Januar 1912 in Kraft.[1])

---

[1]) Vgl. dazu (ausser BGE 48 III 65) das Kreisschreiben des Bundesgerichts vom 11. Mai 1922 an die Betreibungsbehörden betr. die Stellung des Verkäufers im Falle der Pfändung der unter Eigentumsvorbehalt übergebenen Sache durch einen Dritten (BGE 48 III 107; BGE 122 II 327).

Anhang VI B

Verordnung des Bundesgerichtes

betreffend die

Bereinigung der Eigentumsvorbehaltsregister

(Vom 29. März 1939, SR 211.413.11)

(Gestützt auf Artikel 715 des Zivilgesetzbuches, in Anwendung von Artikel 15 des Schuldbetreibungs- und Konkursgesetzes)

1. Zur Entlastung der Eigentumsvorbehaltsregister von gegenstandslos gewordenen Eintragungen kann einmal im Jahre, im Februar, eine Bereinigung vorgenommen werden.

2. ¹ Die obere kantonale Aufsichtsbehörde bezeichnet die Betreibungsämter, deren Register bereinigt werden, und meldet sie vor dem 15. Februar der Redaktion des Schweizerischen Handelsamtsblattes zur Aufnahme in die Auskündung.
² Sie erlässt die Auskündung im kantonalen Amtsblatt und kann weitere Auskündungen anordnen.

3.¹⁾ ¹ Die Auskündung im Schweizerischen Handelsamtsblatt und im kantonalen Amtsblatt erscheint in den beiden letzten Februarnummern und hat folgenden Wortlaut:

Bereinigung der Eigentumsvorbehaltsregister

Es ist die Bereinigung der Eigentumsvorbehaltsregister bei folgenden Betreibungsämtern angeordnet worden:
Im Schweizerischen Handelsamtsblatt: Verzeichnis der Betreibungsämter in alphabetischer Reihenfolge nach Kantonen; im kantonalen Amtsblatt: Verzeichnis der Betreibungsämter des betreffenden Kantons. Für Kantone, in denen Gesamtbereinigungen stattfinden, genügt die Angabe: sämtliche Betreibungsämter.
Sämtliche bei diesen Betreibungsämtern vor dem 1. Januar ... (fünf Jahre vor der Bereinigung) eingetragenen Eigentumsvorbehalte werden gelöscht, sofern gegen die Löschung nicht Einspruch erhoben wird.
Einsprüche sind spätestens bis zum 31. März unter Entrichtung der Kosten für die Mitteilung an den Erwerber (Fr. ...) beim Betreibungsamt, wo der Eigentumsvorbehalt eingetragen ist, schriftlich einzureichen; dabei sind das Datum des Eintrags, der Erwerber, die Sache und der ursprünglich garantierte Forderungsbetrag anzugeben.

² Die in der Auskündung anzugebenden Kosten der Mitteilung des Einspruchs an den Erwerber bestehen aus der Gebühr für ein Schriftstück von einer halben Seite gemäss Gebührentarif[2]) zum Schuldbetreibungs- und Konkursgesetz und aus der Posttaxe für einen eingeschriebenen Brief.

---

[1]) Fassung gemäss Ziff. I des Beschlusses des BGer vom 26. Juli 1971 (AS 1971 S. 1161).

[2]) SR 281.35. Heute: Gebührenverordnung zum Bundesgesetz über Schuldbetreibung und Konkurs.

4. Wird Einspruch erhoben, so macht das Betreibungsamt dem Erwerber hievon sofort Mitteilung.

5. ¹ Nach Ablauf der Frist löschen die Betreibungsämter, für die die Auskündung nach Artikel 3 erlassen worden ist, alle Eigentumsvorbehalte, die vor dem Stichtag eingetragen worden sind und bezüglich deren kein Einspruch geltend gemacht worden ist.

² Die Löschung erfolgt nach Massgabe von Artikel 13 der Verordnung des Bundesgerichtes vom 19. Dezember 1910[1]) betreffend die Eintragung der Eigentumsvorbehalte.

³ In der Rubrik «Grund der Löschung» des Registers ist anzugeben «Bereinigungsverfahren». Als Datum der Löschung gilt der Tag, an dem die Einspruchsfrist abläuft.

---

[1]) Anhang VI A zum ZGB.

6. ¹ Die Kosten der Publikation trägt der Kanton.

² Löschungsgebühren werden im Bereinigungsverfahren nicht erhoben.

7. ¹ Diese Verordnung tritt sofort in Kraft und ersetzt die Verordnung vom 4. März 1920.

² Die Bereinigungen, die bei Inkrafttreten dieser Verordnung bereits ausgekündet sind, werden nach Massgabe der Verordnung vom 4. März 1920 durchgeführt. Weitere Bereinigungen dürfen im Jahre 1939 nicht stattfinden.

Anhang VII

Pfandbriefgesetz (PfG) *

(Vom 25. Juni 1930, SR 211.423.4)

(Gestützt auf Artikel 64 Absatz 2 der Bundesverfassung, nach Einsicht in eine Botschaft des Bundesrates vom 14. Dezember 1925, BBl 1925 III 527)

Abschnitt I

Die Pfandbriefzentralen

1. [1] Die Pfandbriefzentralen haben den Zweck, dem Grundeigentümer langfristige Grundpfanddarlehen zu möglichst gleichbleibendem und billigem Zinsfusse zu vermitteln.

[2] Das Recht zur Ausgabe von Pfandbriefen steht zwei Anstalten zu, nämlich je einer Zentrale der Kantonalbanken und der übrigen Kreditanstalten. Es bleibt den beiden Pfandbriefzentralen vorbehalten, sich zu vereinigen.

I. Aufgabe und Ausgaberecht.

2. [1] Zur Ausübung des Rechtes der Pfandbriefausgabe ist die Ermächtigung des Bundesrates nötig.

[2] Um die Ermächtigung zu erhalten, muss die Zentrale als Aktiengesellschaft oder Genossenschaft errichtet sein, mindestens fünf Mitglieder zählen, über ein einbezahltes Grund- oder Stammkapital von mindestens fünf Millionen Franken verfügen und ihre Statuten vom Bundesrat genehmigen lassen.

II. Ermächtigung.

3.[1]) Das Recht, Mitglied der Pfandbriefzentrale der Kantonalbanken zu sein, hat jede Kantonalbank im Sinne von Artikel 3 Absatz 4 des Bundesgesetzes vom 8. November 1934[2]) über die Banken und Sparkassen.

III. Zentrale der Kantonalbanken.

---

[1]) Fassung gemäss Ziff. I des BG vom 5. Oktober 1967 (AS 1968 I 209), i.K. 1. Februar 1968.

[2]) SR 952.0. Heute: Art. 3a BankG.

---

* Fassung des Titels gemäss Ziff. I des BG vom 19. März 1982 (AS 1982 II 1876), i.K. 1. Januar 1983.

Siehe zu diesem Gesetz auch die Pfandbriefverordnung vom 23. Januar 1931 (SR 211.423.41). Diese befasst sich in Art. 1–6 mit den Pfandbriefzentralen, in Art. 7 mit den Formen der Pfandbriefe, in Art. 9–10 mit der Auslosung, Entkräftung und vorzeitigen Ablieferung von Pfandbriefen, in Art. 11–17 mit dem Pfandregister und der Pfanddeckung und in Art. 18–21 mit Bilanz, Gewinn- und Verlustrechnung und Geschäftsbericht.

	Anhang VII
594	Pfandbriefgesetz (PfG)

IV. Zentrale der übrigen Kreditanstalten.

4. ¹ Das Recht, Mitglied der Pfandbriefzentrale der übrigen Banken zu sein, hat jede Kreditanstalt, die ihren Hauptsitz in der Schweiz hat und deren Aktiven nach der letzten, entsprechend den Vorschriften des Bundesrates erstellten und veröffentlichten Bilanz zu mehr als 60 vom Hundert der Bilanzsumme aus Forderungen bestehen, die im inländischen Bodenkreditgeschäft erworben worden sind.

² Als im inländischen Bodenkreditgeschäft erworbene Forderungen gelten inländische Grundpfandforderungen und inländische Pfandbriefe, ferner durch Faustpfand gesicherte Darlehen mit festen Schuldsummen und festen Verfallzeiten oder Kündigungsfristen von mindestens drei Monaten, sofern das Pfand ausschliesslich aus inländischen Grundpfandforderungen und Pfandbriefen besteht.

³ Es steht der Pfandbriefzentrale frei, andere Kreditanstalten, sofern sie ihre Hauptniederlassung in der Schweiz haben, als Mitglieder aufzunehmen.

⁴ Die Aufnahmebedingungen werden im übrigen durch die Statuten der Zentrale geregelt.

V. Geschäftskreis.

5.[1]) Der Geschäftskreis der Pfandbriefzentralen umfasst:
1. die Ausgabe von Pfandbriefen;
2. die Anlage des Erlöses aus der Pfandbriefausgabe
   a. in Darlehen nach den Artikeln 11 und 12;
   b. bis zu höchstens einem Zehntel in Gülten;
3. die Anlage des Eigenkapitals in grundpfändlich gesicherten Forderungen bis zu zwei Dritteln des Verkehrs-, bei Gülten des Ertragswertes des im Inland gelegenen Grundpfandes, in nationalbankfähigen Wechseln und Wertpapieren, eigenen Pfandbriefen, in laufender oder zeitlich gebundener Rechnung bei ihren Mitgliedern und andern inländischen Banken sowie in Grundeigentum für die Unterbringung der eigenen Geschäftsräume;
4. andere kurzfristige Bankgeschäfte nur insoweit, als die Ausgabe der Pfandbriefe und die Gewährung der Darlehen es erfordern.

---

[1]) Fassung gemäss Ziff. I des BG vom 5. Oktober 1967 (AS 1968 I 209), i.K. 15. Februar 1968.

VI. Steuerfreiheit.

6. ¹ Die Pfandbriefzentralen sind von den direkten Steuern des Bundes, der Kantone und Gemeinden befreit; die Befreiung erstreckt sich nicht auf die direkten Steuern der Kantone und Gemeinden auf dem Grundeigentum.

² Die Darlehen, die von den Pfandbriefzentralen nach den Artikeln 11 und 12 gewährt werden, und die Zinsen solcher Darlehen unterliegen keiner eidgenössischen Stempelsteuer.

Abschnitt II

Die Ausgabe von Pfandbriefen und die Gewährung von Darlehen

7. ¹ Die Formen des Pfandbriefes werden durch den Bundesrat festgesetzt.

² Die Pfandbriefe lauten auf den Namen oder den Inhaber und sind mit auf den Inhaber ausgestellten Zinsscheinen versehen. Zur Übertragung des Pfandbriefes bedarf es in allen Fällen der Übergabe des Titels an den Erwerber. Lautet der Titel auf einen bestimmten Namen, so ist die Übertragung auf dem Titel anzumerken und der Erwerber anzugeben.

I. Pfandbriefe.
a. Form und Inhalt.

8. ¹ In jedem Pfandbrief ist die Laufzeit anzugeben. Ist der Pfandbrief Bestandteil einer durch Auslosung tilgbaren Anleihe, so ist ausserdem der Tilgungsplan anzugeben.¹)

² Die Pfandbriefzentralen können bei der Emission die vorzeitige Rückzahlung des Pfandbriefes vorsehen. In diesem Fall beträgt die Kündigungsfrist mindestens drei Monate.¹)

³ Der Gläubiger kann die vorzeitige Rückzahlung des Pfandbriefes nicht verlangen.

b. Laufzeit und Kündigung.

---

¹) Fassung gemäss Ziff. I des BG vom 19. März 1982 (AS 1982 II 1876), i.K. 1. Januar 1983.

9. Auf den Pfandbriefen ist vor ihrer Ausgabe von den verantwortlichen Organen zu bescheinigen, dass die gesetzliche Deckung vorhanden ist.

c. Voraussetzung der Ausgabe.

10.¹) Die Pfandbriefzentralen dürfen Pfandbriefe nur in solcher Höhe ausgeben, dass der Betrag aller bilanzmässigen Schuldverpflichtungen, einschliesslich der Pfandbriefe, das Fünfzigfache des Eigenkapitals nicht übersteigt. Die Vollziehungsverordnung umschreibt den Begriff des Eigenkapitals.

d. Höhe der Ausgabe.

---

¹) Fassung gemäss Ziff. I des BG vom 5. Oktober 1967 (AS 1968 I 209), i.K. 15. Februar 1968.

11. ¹ Die Pfandbriefzentralen gewähren ihren Mitgliedern aus dem Erlöse der Pfandbriefausgabe Darlehen mit Deckung gemäss Artikel 19.

² Sie dürfen auch andern Kreditanstalten Darlehen mit Deckung gemäss Artikel 26 gewähren.

II. Darlehen.
a. Bedingungen.

12. ¹ Die Fälligkeit der Darlehen muss übereinstimmen mit der Fälligkeit derjenigen Pfandbriefe, aus deren Erlös die Darlehen gewährt wurden.

b. Fälligkeit und vorzeitige Rückzahlung.

² Diese Darlehen können vorzeitig zurückbezahlt werden unter der Bedingung, dass die schuldnerische Anstalt der Pfandbriefzentrale an Zahlungsstatt im entsprechenden Betrag Pfandbriefe derselben Gattung abliefert wie diejenigen, aus deren Erlös die Darlehen seinerzeit gewährt wurden, und dass sie gleichzeitig der Pfandbriefzentrale den darauf entfallenden, noch nicht getilgten Rest der Ausgabekosten vergütet.

III. Verpflichtung gegenüber den Grundpfandschuldnern.

13. Die Mitglieder und andern Kreditanstalten, denen die Pfandbriefzentralen Darlehen gewähren, sind verpflichtet, die Vorteile der Pfandbriefausgabe möglichst ihren Grundpfandschuldnern zukommen zu lassen.

Abschnitt III

Deckung der Pfandbriefe und Darlehen

I. Deckung der Pfandbriefe bei den Zentralen.
a. Im allgemeinen.

14.[1]) Die Pfandbriefe und die darauf ausstehenden Zinsen müssen bei den Zentralen jederzeit durch Darlehen nach den Artikeln 11 und 12 und für den in Artikel 5 Ziffer 2 vorbehaltenen Teil durch Gülten, die von den Zentralen aufbewahrt und verwaltet werden, gedeckt sein.

---

[1]) Fassung gemäss Ziff. I des BG vom 5. Oktober 1967 (AS 1968 I 209), i.K. 15. Februar 1968.

b. Vermehrung der Deckung.

15. Ist der Zinsertrag der Deckung kleiner als der Zinsertrag der Pfandbriefe, so ist die Deckung entsprechend zu vergrössern.

c. Pfandregister der Zentralen.

16. ¹ Die Pfandbriefzentralen haben die bei ihnen liegende Deckung der Pfandbriefe in ein Pfandregister einzutragen.

² Die Einzelheiten dieser Eintragung ordnet der Bundesrat.[1])

---

[1]) Siehe dazu Note * vor Art. 1 PfG.

d. Verwaltung der Deckung.

17. ¹ Die Zentralen haben die in ihrem Pfandregister eingetragene Deckung von den übrigen Vermögenswerten getrennt aufzubewahren.

² Sie sind verpflichtet, im Interesse der Pfandbriefgläubiger, alle Ansprüche aus dieser Deckung auf eigenen Namen geltend zu machen.

e. Pfandrecht der Pfandbriefe.

18. Die Pfandbriefe und die darauf ausstehenden Zinsen geniessen ein Pfandrecht an der im Pfandregister der Pfandbriefzentralen eingetragenen Deckung, ohne dass ein besonderer Verpfändungsvertrag und die Übergabe der Deckung an die Pfandbriefgläubiger oder deren Vertreter erforderlich wären.

19. ¹ Die Darlehen der Pfandbriefzentralen an ihre Mitglieder und die darauf ausstehenden Zinsen müssen jederzeit durch Grundpfand- oder Faustpfandforderungen der Mitglieder an ihre Schuldner gedeckt sein, die von den Mitgliedern verwahrt und verwaltet werden.

² Die Grundpfänder dieser Forderungen müssen in der Schweiz gelegen sein, die Faustpfänder in inländischen Grundpfandforderungen oder Pfandbriefen bestehen.

II. Deckung der Darlehen der Mitglieder bei diesen selbst.
a. Im allgemeinen.

20. Ist der Zinsertrag der bei einem Mitgliede vorhandenen Deckung kleiner als der Zinsertrag der diesem Mitgliede von der Pfandbriefzentrale gewährten Darlehen, so ist die Deckung entsprechend zu vergrössern.

b. Vermehrung der Deckung.

21. ¹ Die Mitglieder haben die bei ihnen liegende Deckung ihrer Darlehensbezüge in ein Pfandregister einzutragen.

² Die Einzelheiten dieser Eintragung ordnet der Bundesrat.[1])

c. Pfandregister der Mitglieder.

---
[1]) Siehe dazu Note* vor Art. 1 PfG.

22. ¹ Die Mitglieder haben die in ihren Pfandregistern eingetragene Deckung ihrer Darlehen von den übrigen Vermögenswerten getrennt aufzubewahren.

² Sie sind verpflichtet, im Interesse ihrer Zentrale, alle Ansprüche aus dieser Deckung auf eigenen Namen geltend zu machen.

d. Verwaltung der Deckung.

23. Die Darlehen der Pfandbriefzentralen und die darauf ausstehenden Zinsen geniessen ein Pfandrecht an der im Pfandregister der Mitglieder eingetragenen Deckung, ohne dass ein besonderer Verpfändungsvertrag und die Übergabe der Deckung an die Pfandbriefzentralen oder deren Vertreter erforderlich wären.

e. Pfandrecht der Darlehen.

24. ¹ Das Mitglied der Pfandbriefzentrale hat ihr über die Verwaltung der bei ihm liegenden Deckung alljährlich auf einen bestimmten Tag und ausserdem, so oft sie es verlangt, Rechnung abzulegen.

² Für diese Verwaltung und Rechnungsstellung bezieht das Mitglied keine Entschädigung.

f. Rechnungsstellung.

25. ¹ Ist die vorgeschriebene Deckung nicht vollständig vorhanden und lässt sich der Mangel nicht sofort beheben, so ist die Deckung durch an der Börse zugelassene Schuldverschreibungen des Bundes, der Kantone oder Gemeinden oder durch Geld zu ergänzen. Die Schuldverschreibungen dürfen dabei höchstens zu 95 vom Hundert des Tageskurses bewertet werden.

² Die Artikel 14–23 gelten auch für die Ergänzung der Deckung.

III. Ergänzung der Deckung.

IV. Darlehen an Nichtmitglieder.

26. ¹ Kreditanstalten, die nicht Mitglieder einer Pfandbriefzentrale sind, aber Darlehen beziehen wollen, müssen der Pfandbriefzentrale als Pfandbriefdeckung geeignet befundene Grundpfandforderungen und Ergänzungswerte, und zwar im Betrage von mindestens 105 vom Hundert der Darlehen nach den Artikeln 899–901 des Schweizerischen Zivilgesetzbuches verpfänden.

² Die Pfandbriefzentrale hat die ihr abgelieferten Deckungswerte in ihr Pfandregister einzutragen.

Abschnitt IV

Die Befriedigung aus dem Pfande

I. Betreibungsart.

27. Für Pfandbriefforderungen der Inhaber gegenüber den Zentralen und für Darlehensforderungen der Zentralen gegenüber solchen Mitgliedern, die Aktiengesellschaften oder Genossenschaften sind, kann nur Betreibung auf Konkurs angehoben werden. Vorbehalten ist der Schutz der Pfandbrief- und Darlehensgläubiger nach Artikel 42.

II. ...

28. (Aufgehoben gemäss Ziff. 5 des Anhangs zum BG vom 16. Dezember 1994 über die Änderung des SchKG [AS 1995 S. 1227].)

III. Rangordnung.

29.¹) Am Pfandrecht nehmen alle Pfandbriefe einer Zentrale ohne Rücksicht auf die Reihenfolge ihrer Ausgabe im gleichen Range teil.

---

¹) Fassung gemäss Ziff. 5 des Anhangs zum BG vom 16. Dezember 1994 über die Änderung des SchKG (AS 1995 S. 1227), i.K. 1. Januar 1997.

IV. Gläubigergemeinschaft.

30. Die Vorschriften über die Gläubigergemeinschaft bei Anleihensobligationen¹) sind auf die Pfandbriefgläubiger anzuwenden. Dabei bilden alle diejenigen Gläubiger, deren Forderungen gleiche Zins- und Rückzahlungsbedingungen aufweisen, je eine Gemeinschaft.

---

¹) Siehe Art. 1157/86 OR mit zugehörigen SchlB, ferner Art. 19 der Schl- und UeB zum 24.–33. Titel des OR (Sammlung am Ende des OR).

V. Befriedigung aus Pfändern von Nichtmitgliedern.

31. Hat eine Pfandbriefzentrale ein Darlehen nach Artikel 26 gewährt, so kann sie, wenn der Schuldner seine Verpflichtungen nicht pünktlich erfüllt und die Mahnung erfolglos geblieben ist, die verpfändeten Vermögenswerte bestmöglich versilbern und sich aus dem Erlös bezahlt machen.

Abschnitt V

Die Schätzung und Belehnung der Grundpfänder

32. ¹ Die Pfandbriefzentralen haben, unter Berücksichtigung der kantonalen amtlichen Schätzungen, über die möglichst zuverlässige Ermittlung des Wertes der für die Deckung pfandrechtlich haftenden Grundstücke Vorschriften nach Massgabe der folgenden Bestimmungen zu erlassen. Diese Vorschriften unterliegen der Genehmigung des Bundesrates.

² Die Eidgenössische Bankenkommission kann die Neuschätzung der Grundstücke verlangen, wenn sich der Geldwert oder die sonstigen allgemeinen wirtschaftlichen Verhältnisse erheblich ändern.¹⁾

I. Schätzungsvorschriften.

———
¹⁾ Fassung gemäss Ziff. I des BG vom 19. März 1982 (AS 1982 II 1876), i.K. 1. Januar 1983.

33. ¹ Bei der Schätzung des Verkehrswertes eines Grundstückes dürfen nur seine dauernden Eigenschaften berücksichtigt werden.

² Dient das Grundstück überwiegend landwirtschaftlichen oder forstwirtschaftlichen Zwecken, so ist die Schätzung nach dem durchschnittlichen Ertrage anzustreben.

II. Schätzungsgrundlagen.

34. Unter Berücksichtigung von vorgehenden Pfandrechten und pfandversicherten Zinsen kommen als Pfandbrief- oder Darlehensdeckung in Betracht:
1. die auf Grundstücken mit überwiegend landwirtschaftlicher oder forstwirtschaftlicher Nutzung haftenden Grundpfandforderungen bis zu höchstens fünf Sechsteln des Ertragswertes, sofern eine solche Schätzung vorliegt, keinesfalls aber zu mehr als zwei Dritteln des Verkehrswertes;
2. die auf andern Grundstücken haftenden Grundpfandforderungen bis zu höchstens zwei Dritteln des Verkehrswertes.

III. Belehnungsgrenzen.
a. Höchstansätze.

35. Für Bauland, industrielle Anlagen und andere, nach der Art des Ertrages ähnliche Grundstücke setzen die nach Artikel 32 zu erlassenden Vorschriften entsprechend niedrigere Belehnungsgrenzen und schützende Bestimmungen gegen eine Entwertung der Pfänder fest.

b. Tiefere Ansätze.

36. Forderungen mit Pfandrechten an Grundstücken, deren Ausbeutung ihren Wert aufzehrt, wie insbesondere solche an Gruben und Steinbrüchen, sind von der Verwendung als Pfandbrief- oder Darlehensdeckung ausgeschlossen.

c. Ausschluss.

Abschnitt VI

Die Überwachung und der Entzug der Ermächtigung

I. Vertreter der Grundpfandschuldner.

37. Der Bundesrat ist befugt, in den Verwaltungsrat oder Vorstand jeder Pfandbriefzentrale einen Vertreter der Grundpfandschuldner als Mitglied zu ernennen.

II. Bilanzvorschriften.

38. Der Bundesrat bestimmt, in welcher Form die jährlichen Bilanzen und Gewinn- und Verlustrechnungen sowie die Zwischenbilanzen der Pfandbriefzentralen aufzustellen und zu veröffentlichen sind, welche Einzelangaben sie enthalten und über welche Einzelerscheinungen des Geschäftsbetriebes im Geschäftsberichte erläuternde Aufschlüsse erteilt werden müssen.[1])

---

[1]) Siehe dazu Note * vor Art. 1 PfG.

III. Eidgenössische Bankenkommission.

39.[1]) [1] Die Eidgenössische Bankenkommission überwacht die Einhaltung dieses Gesetzes.

[2] Die Artikel 23bis, 23ter Absätze 1–3 und 24 des Bundesgesetzes über die Banken und Sparkassen[2]) gelten sinngemäss.

[3] Erhält die Bankenkommission Kenntnis von Widerhandlungen nach den Artikeln 45 und 46 dieses Gesetzes, benachrichtigt sie unverzüglich das Eidgenössische Finanzdepartement.

---

[1]) Fassung gemäss Ziff. I des BG vom 19. März 1982 (AS 1982 II 1876), i.K. 1. Januar 1983.
[2]) SR 952.0.

IV. Aushändigung der Deckungswerte.

40.[1]) [1] Die Bankenkommission kann die Aushändigung der Deckungswerte verfügen, wenn eine Pfandbriefzentrale oder eine Kreditanstalt, die einer Pfandbriefzentrale Darlehen schuldet, wiederholt Vorschriften schwer verletzt oder wenn das Vertrauen in sie ernsthaft beeinträchtigt ist.

[2] Sie verwaltet die Deckungswerte als Treuhänder auf Kosten der Pfandbriefzentrale oder Kreditanstalt so lange, bis der ordnungsgemässe Zustand oder das Vertrauen wieder hergestellt ist.

---

[1]) Fassung gemäss Ziff. I des BG vom 19. März 1982 (AS 1982 II 1876), i.K. 1. Januar 1983.

V. Entzug der Ermächtigung.

41.[1]) Widersetzt sich eine Pfandbriefzentrale wiederholt den von der Aufsichtsbehörde angeordneten Massnahmen, so kann die Bankenkommission dem Bundesrat beantragen, ihr die Ermächtigung zur Pfandbriefausgabe zu entziehen.

---

[1]) Fassung gemäss Ziff. I des BG vom 19. März 1982 (AS 1982 II 1876), i.K. 1. Januar 1983.

42.[1]) Das Sekretariat der Bankenkommission prüft alljährlich bei den Pfandbriefzentralen, ob die Jahresrechnung nach Form und Inhalt den gesetzlichen, statutarischen und reglementarischen Vorschriften entspricht und ob dieses Gesetz eingehalten worden ist.

VI. Überprüfung.
a. der Pfandbriefzentralen.

---
[1]) Fassung gemäss Ziff. I des BG vom 19. März 1982 (AS 1982 II 1876), i. K. 1. Januar 1983.

43.[1]) ¹ Die Revisionsstellen nach dem Bundesgesetz über die Banken und Sparkassen[2]) prüfen bei der Revision der Mitglieder der Pfandbriefzentralen das Pfandregister und die Darlehensdeckung. Sie halten das Ergebnis im Revisionsbericht fest.

b. der Mitglieder.

² Kantonalbanken, die nach Artikel 18 Absatz 2 des Bundesgesetzes über die Banken und Sparkassen[2]) von der Revision durch eine ausserhalb des Unternehmens stehende Revisionsstelle befreit sind, werden von der eigenen Kontrollstelle geprüft.

³ Die Revisionsstellen und die Kontrollstellen der Kantonalbanken teilen die Prüfungsergebnisse der beteiligten Pfandbriefzentrale mit.

---
[1]) Fassung gemäss Ziff. I des BG vom 19. März 1982 (AS 1982 II 1876), i. K. 1. Januar 1983.
[2]) SR 952.0.

Abschnitt VII

Verantwortlichkeits- und Strafbestimmungen

44. Wer diesem Gesetze oder der Vollziehungsverordnung zuwiderhandelt, haftet den Pfandbrief- oder Darlehensgläubigern für den daraus entstandenen Schaden.

I. Zivilrechtliche Haftung.

45.[1]) 1. Wer als Pfandbriefe bezeichnete Schuldverschreibungen ausgibt, ohne dazu die Ermächtigung zu haben,

II. Straftatbestände.
a. Übertretungen.

wer Pfandbriefe ausgibt oder Darlehen bezieht, trotzdem er weiss, dass deren Deckung unvollständig ist oder fehlt,

wird, sofern nicht nach dem Schweizerischen Strafgesetzbuch[2]) eine schwerere Strafe verwirkt ist, mit Haft oder Busse bis zu 50 000 Franken bestraft.

2. Handelt der Täter fahrlässig, so ist die Strafe Busse bis zu 30 000 Franken.

---
[1]) Fassung gemäss Ziff. 3 des Anhangs zum VStrR (SR 313.0), i. K. 1. Januar 1975.
[2]) SR 311.0.

b. Ordnungswidrigkeiten.	**46.**[1]) [1] Wer vorsätzlich oder fahrlässig a. Pfandbriefe in einer Höhe ausgibt, die den nach Artikel 10 zulässigen Betrag übersteigt; b. den Vorschriften über die Führung des Pfandregisters, die getrennte Aufbewahrung der Deckung oder über die Aufstellung der Bilanz und Gewinn- und Verlustrechnung nicht nachkommt oder c. die ordnungsgemässe Durchführung einer Buchprüfung oder andern amtlichen Kontrolle erschwert, behindert oder verunmöglicht, wird mit Ordnungsbusse bis zu 5000 Franken bestraft. [2] Bei einer Widerhandlung im Sinne von Absatz 1 Buchstabe c bleibt die Strafverfolgung nach Artikel 285 des Schweizerischen Strafgesetzbuches[2]) vorbehalten.

[1]) Fassung gemäss Ziff. 3 des Anhangs zum VStrR (SR 313.0), i.K. 1. Januar 1975.

[2]) SR 311.0.

III. Verwaltungsstrafrecht; Zuständigkeit.	**47.**[1]) [1] Das Bundesgesetz über das Verwaltungsstrafrecht[2]) ist anwendbar. [2] Verfolgende und urteilende Verwaltungsbehörde ist das Eidgenössische Finanzdepartement.[3])

[1]) Fassung gemäss Ziff. 3 des Anhangs zum VStrR (SR 313.0), i.K. 1. Januar 1975.

[2]) SR 313.0.

[3]) Fassung gemäss Ziff. I des BG vom 19. März 1982 (AS 1982 I 1876), i.K. 1. Januar 1983.

48–49. (Aufgehoben gemäss Ziff. 3 des Anhangs zum VStrR [SR 313.0].)

Abschnitt VIII

Übergangs- und Schlussbestimmungen

I. ...	**50.** (Aufgehoben gemäss Ziff. 5 des Anhangs zum BG vom 16. Dezember 1994 über die Änderung des SchKG [AS 1996 S. 1227].)
II. Pfandbriefe kantonalen Rechtes.	**51.** Von diesem Gesetz werden nicht berührt die vor seinem Inkrafttreten auf Grund kantonalen Rechts ausgegebenen Pfandbriefe.

52. ¹ Der Bundesrat bestimmt den Zeitpunkt des Inkrafttretens dieses Gesetzes.¹)   III. Inkrafttreten.

² Mit dem Inkrafttreten dieses Gesetzes sind die Artikel 916–918 des Schweizerischen Zivilgesetzbuches aufgehoben.²)

---

¹) In Kraft getreten am 1. Februar 1931.
²) Fassung gemäss Ziff. I des BG vom 5. Oktober 1967 (AS 1968 I 209).

Anhang VIII

Verordnung

betreffend

das Grundbuch (GBV) *

(Vom 22. Februar 1910, SR 211.432.1)

mit seitherigen Änderungen

(Gestützt auf die Artikel 943, 945, 949, 949a, 953, 954, 956, 967, 970, 970a, 977 und Artikel 18 Schlusstitel des Zivilgesetzbuches [ZGB] sowie Artikel 102 des Fusionsgesetzes vom 3. Oktober 2003 [FusG])

Inhalt **

		Art.
I.	Aufnahme der Grundstücke und Anlage des Hauptbuchs	1/10a
II.	Anmeldung, Einschreibung in das Tagebuch	11/24a
III.	Die Eintragungen	25/52a
IV.	Ausstellung der Schuldbriefe und Gülten und der Urkunden über die Pfandverschreibungen	53/60
V.	Abänderungen und Löschungen. Entkräftung der Pfandtitel	61/9
VI.	Vormerkungen	70/7
VII.	Anmerkungen	78/82a
VIII.	Bemerkungen zu den Grundpfandeinträgen	83/4
IX.	Teilung, Vereinigung und Umschreibung	85/97
X.	Berichtigungen	98/101
XI.	Aufsicht, Beschwerden	102/4b
XII.	Auszüge und Auskünfte	105/106a
XIIa.	Form des Hauptbuches, Belege und Hilfsregister	107/110b
XIII.	Besondere Bestimmungen zur Führung des Grundbuchs mittels Informatik (Art. 942 Abs. 3 und 4, Art. 949a ZGB)	111/2
XIV.	Schluss- und Übergangsbestimmungen	113/7

Übergangsbestimmungen zur Änderung vom 23.11.1994

---

* Die Verordnung betreffend das Grundbuch vom 22. Februar 1910 wurde mehrfach geändert. Die zahlreichen Änderungen sind im nachfolgend abgedruckten Text integriert, ohne dass an den jeweiligen Stellen speziell darauf hingewiesen wird. Zurzeit letzte Änderung: 11. März 2005 (AS 2005 S. 1343, i.K. 1. April 2005). Mit Inkrafttreten des Partnerschaftsgesetzes am 1. Januar 2007 wird die GBV angepasst (s. dann www.schulthess.com/update).

Sachüberschriften in Klammern sind nicht Bestandteil der Verordnung, sondern erst inoffizielle Titel, die das Eidgenössische Amt für Grundbuch- und Bodenrecht verwendet. **Kursive Sachüberschriften** ohne Klammern, wie sie die Verordnung ab Art. 102 enthält, sind dagegen Bestandteil der Verordnung. Sie wurden im Zuge der Revision in den Text eingefügt.

** Inhaltsverzeichnis vom Herausgeber.

Anhang VIII
Grundbuchverordnung (GBV)

I. Aufnahme der Grundstücke und Anlage des Hauptbuchs

(Aufnahme eines Grundstücks in das Grundbuch)*

1. [1] Ein Grundstück wird in das Grundbuch (Art. 942 ZGB) aufgenommen, indem:
a. es im Plan, soweit darin darstellbar, oder im Liegenschaftsverzeichnis aufgezeichnet wird;
b. dafür ein Hauptbuchblatt angelegt wird und
c. eine Grundstücksbeschreibung (Art. 4–10a) hergestellt wird.

[2] Die Aufnahme von Grundstücken, die nicht im Privateigentum stehen und die dem öffentlichen Gebrauch dienen, richtet sich nach Artikel 944 Absatz 1 des Zivilgesetzbuches.

(Bezeichnung der Grundstücke)

1a. [1] Jedes Grundstück muss im Hauptbuch mit der Gemeinde und mit einer Nummer bezeichnet werden. Ist diese Gemeinde grundbuchmässig in Orte oder Quartiere aufgeteilt, so sind auch diese anzugeben (Identifikation).

[2] Die Bezeichnung muss so sein, dass sie nicht mit derjenigen eines andern Grundstücks in der Schweiz verwechselt werden kann.

[3] Handelt es sich um eine Liegenschaft, so muss deren Nummer mit derjenigen des Plans für das Grundbuch übereinstimmen.

[4] Wird ein Grundstück im Grundbuch gestrichen, so darf seine Nummer nicht für ein anderes, neu aufzunehmendes Grundstück verwendet werden.

[5] Die Kantone können eine von den Absätzen 3 und 4 abweichende Regelung erlassen, wenn sie sicherstellen, dass die Grundstücke nicht verwechselt werden können.

(Grundbuchpläne und Grenzänderungen)

2. [1] Liegenschaften und flächenmässig ausgeschiedene, im Grundbuch aufzunehmende selbständige und dauernde Rechte werden im Plan nach den Vorschriften über die amtliche Vermessung aufgezeichnet.

[2] Die Originale der Grundbuchpläne bleiben beim Vermessungsamt bzw. beim Ingenieur-Geometer; ein Satz der Grundbuchpläne in Kopie befindet sich in der Regel beim Grundbuchamt.

[3] Das Grundbuchamt darf die Daten der amtlichen Vermessung des Plans für das Grundbuch auf dem Weg der elektronischen Übermittlung beziehen.

[4] Grenzänderungen von Liegenschaften und von flächenmässig ausgeschiedenen, im Grundbuch aufgenommenen selbständigen und dauernden

---

* **Sachüberschriften in Klammern** sind nicht Bestandteil der Verordnung, sondern erst inoffizielle Titel, die das Eidgenössische Amt für Grundbuch- und Bodenrecht verwendet. **Kursive Sachüberschriften** ohne Klammern, wie sie die Verordnung ab Art. 102 enthält, sind dagegen Bestandteil der Verordnung. Sie wurden im Zuge der Revision in den Text eingefügt.

Rechten müssen dem Grundbuchamt angemeldet und von diesem im Hauptbuch nachgeführt werden.

(Liegenschaften)

3. ¹ In das Grundbuch müssen von Amts wegen alle Liegenschaften aufgenommen werden, die ganz oder zum grösseren Teil im Grundbuchkreis liegen.

² Liegenschaft ist jede Bodenfläche mit genügend bestimmten Grenzen.

(Grundstücksbeschreibung)

4. ¹ Das Grundbuchamt erstellt die Grundstücksbeschreibung aus den Daten und mit den Bezeichnungen der amtlichen Vermessung sowie nach den Angaben, die sich aus den Artikeln 7–10a ergeben.

² Es stellt sie auf dem Hauptbuchblatt oder in den Formen, die für die Führung der Hilfsregister gelten (Art. 108), dar.

³ Wird ein Grundstück in das Grundbuch aufgenommen, das dem Betrieb einer Eisenbahnunternehmung des öffentlichen Verkehrs dient (Eisenbahngrundstück), so ist in der Grundstücksbeschreibung auf diese Tatsache hinzuweisen.

⁴ Die Grundstücksbeschreibung muss nicht erstellt werden, soweit das Grundbuchamt auf dem Weg der elektronischen Übermittlung:
 a. die Daten über die Liegenschaften (Bodenbedeckung, Flächen, Gebäude und deren Nummern usw.) von der amtlichen Vermessung bezieht;
 b. weitere Daten beschreibender Art, wie den Steuerwert, aus den entsprechenden kantonalen oder kommunalen Informationssystemen bezieht.

⁵ Die beschreibenden Daten haben keine Grundbuchwirkung (Art. 971–974 ZGB).

5. (Aufgehoben gemäss Änderung vom 23. November 1994 [AS 1995 S. 14].)

(Liegenschaften in mehreren Grundbuchkreisen)

6. ¹ Liegt eine Liegenschaft in mehreren Grundbuchkreisen, so hat der Grundbuchverwalter des Kreises, in dem sie von Amtes wegen aufzunehmen ist (Art. 3 Abs. 1), den Grundbuchämtern der übrigen Kreise durch Zustellung eines Auszuges Mitteilung von der Aufnahme zu machen.

² Die Liegenschaft ist daraufhin auch in den übrigen Kreisen in der Weise in das Grundbuch aufzunehmen, dass das Hauptbuchblatt mit der Aufschrift «Kopie von Nr. ... des Grundbuchkreises ...» versehen wird.

³ Auf dem Grundbuchblatt der Hauptaufnahme ist auf die Grundbuchblätter der Nebenaufnahmen und auf jedem der letzten auf die Hauptaufnahme und die übrigen Nebenaufnahmen zu verweisen.

(Aufnahme von selbständigen und dauernden Rechten)

7. [1] Selbständige und dauernde Rechte, wie Baurechte und Quellenrechte, werden auf schriftliches Begehren des Berechtigten als Grundstücke ins Grundbuch aufgenommen.

[2] Die Aufnahme eines solchen Rechts darf nur erfolgen, wenn es:
1. als Dienstbarkeit an einem in Privateigentum stehenden Grundstück oder an einem öffentlichen Boden desselben Grundbuchkreises zu Recht besteht und weder zugunsten eines herrschenden Grundstücks noch ausschliesslich zugunsten einer bestimmten Person errichtet ist, und
2. auf wenigstens dreissig Jahre oder auf unbestimmte Zeit begründet erscheint.

[3] Für selbständige und dauernde Rechte, die zugleich auf mehreren in verschiedenen Grundbuchkreisen gelegenen Grundstücken als Dienstbarkeiten eingetragen sind, bestimmt die zuständige Aufsichtsbehörde, in welchem Grundbuchkreis dieselben als Grundstücke aufzunehmen sind.

(Aufnahme von Wasserrechtsverleihungen)

8. [1] Wasserrechtsverleihungen an öffentlichen Gewässern werden, sofern sie dem Artikel 59 des Bundesgesetzes vom 22. Dezember 1916[1]) über die Nutzbarmachung der Wasserkräfte entsprechen, auf schriftliches Begehren des Berechtigten in demjenigen Grundbuchkreise als Grundstück aufgenommen, in dem die zur Nutzung bestimmte Gewässerstrecke liegt.

[2] Liegt diese Gewässerstrecke in verschiedenen Grundbuchkreisen, so bestimmt die zuständige Aufsichtsbehörde, in welchem Grundbuchkreise die Aufnahme erfolgen soll.

[3] Ist die Gewässerstrecke ebenfalls im Grundbuch aufgenommen, so ist darauf zu verweisen.

[4] Im weitern ist der Zusammenhang mit den Wasserrechtsbüchern, wo solche vorhanden sind, herzustellen.

---

[1]) SR 721.80.

(Anlage des Hauptbuchblattes bei selbständigen und dauernden Rechten)

9. [1] Die Aufnahme der selbständigen und dauernden Rechte in das Grundbuch geschieht durch Anlegung eines Blattes im Hauptbuch und durch Herstellung einer Beschreibung des Rechts.

[2] Die Nummer der Beschreibung und des Hauptbuchblattes (Einzel- oder Kollektivblatt) erhält einen den Inhalt des Rechts bezeichnenden Zusatz, wie «Baurecht auf Nr. ...», «Quellrecht auf Nr. ...», «Wasserrecht» usw.

[3] Ist das selbständige und dauernde Recht zugleich als Dienstbarkeit zu Lasten eines Grundstücks eingetragen, so erhalten Beschreibung und Hauptbuchblatt dieses belasteten Grundstücks eine Verweisung auf das als Grundstück aufgenommene Recht.

⁴ Im übrigen finden die Bestimmungen über die Aufnahme der Liegenschaften entsprechende Anwendung.

(Aufnahme von Bergwerken)

10. ¹ Die Bergwerke werden unter den gleichen Voraussetzungen wie die Wasserrechtsverleihungen auf schriftliches Begehren des Berechtigten nach den Vorschriften des Artikels 9 in demjenigen Grundbuchkreis als Grundstück aufgenommen, in dem sie liegen.

² Liegt ein Bergwerk in mehreren Grundbuchkreisen, so findet Artikel 6 entsprechende Anwendung.

(Anlage der Hauptbuchblätter für Miteigentumsanteile und Stockwerkeigentum)

10a.¹) ¹ Für Miteigentumsanteile an Grundstücken werden, wenn es im Interesse der Klarheit und Übersichtlichkeit der Einträge liegt, besondere Blätter mit dem Zusatz «Miteigentumsanteil an Nr. ...» und mit der Beschreibung des Anteils angelegt.

² Für die zu Stockwerkeigentum ausgestalteten Miteigentumsanteile sind in jedem Fall besondere Blätter mit dem Zusatz «Stockwerkeigentum an Nr. ...» und mit der Beschreibung des Stockwerkes unter Hinweis auf den Begründungsakt oder den Aufteilungsplan anzulegen.

³ Auf dem Blatt der Liegenschaft oder des selbständigen und dauernden Rechtes ist auf die Miteigentums- oder Stockwerkeigentumsblätter und auf diesen auf das Blatt der Liegenschaft oder des selbständigen und dauernden Rechtes zu verweisen.

⁴ Die Kantone können in ihren Vorschriften gemäss Artikel 20^{quater} Schlusstitel des Zivilgesetzbuches vorsehen, dass bei der Eintragung altrechtlichen Stockwerkeigentums auf Grund der Ausnahmebestimmung von Artikel 20bis Schlusstitel des Zivilgesetzbuches besondere Stockwerkeigentumsblätter nicht oder nur unter bestimmten Voraussetzungen anzulegen sind.

---

¹) Eingefügt durch Ziff. I des BRB vom 21. April 1964 (AS 1964 I 413). Diese Bestimmung trat am 1. Januar 1965 in Kraft, gleichzeitig mit dem BG vom 19. Dezember 1963 betr. Miteigentum und Stockwerkeigentum; siehe im Übrigen Note * vor Art. 712a ZGB, ferner Kreisschreiben des Eidg. Justiz- und Polizeidepartementes vom 24. November 1964 betr. die grundbuchliche Behandlung des Stockwerkeigentums und des gewöhnlichen Miteigentums (BBl 1964 II 1198–1213). Siehe auch Art. 32 und 33 a/c GBV.

II. Anmeldung, Einschreibung in das Tagebuch

(Anmeldung zur Eintragung)

11. Der Grundbuchverwalter darf Eintragungen in das Grundbuch nur auf Anmeldung hin vornehmen. Vorbehalten bleiben die im Zivilgesetzbuch und in dieser Verordnung vorgesehenen Ausnahmen, in denen das

Verfahren von Amtes wegen eingeleitet wird (Berichtigungen, Löschungen, Anlage von Ersatzblättern).

(Inhalt der Anmeldung)

12. [1] Die Anmeldung zur Eintragung muss unbedingt und vorbehaltlos sein.

[2] In der Anmeldung muss jede vorzunehmende Eintragung einzeln aufgeführt werden.

[3] Werden mehrere Anmeldungen gleichzeitig eingereicht, die miteinander im Zusammenhang stehen, so muss die Reihenfolge ihrer Behandlung angegeben werden.

[4] In der Anmeldung kann bestimmt werden, dass die eine Eintragung nicht ohne eine bestimmte andere vorgenommen werden soll.

(Form der Anmeldung)

13. [1] Die Anmeldung zur Eintragung muss schriftlich geschehen.

[2] Die Schriftlichkeit kann durch Unterschrift des Anmeldenden auf gedrucktem Formular beim zuständigen Grundbuchamt hergestellt werden.

[3] Telefonisch oder elektronisch übermittelte Anmeldungen gelten nicht als schriftliche Anmeldungen.

[4] Behörden und Gerichte dürfen in dringenden Fällen die Vormerkung einer Verfügungsbeschränkung und einer vorläufigen Eintragung (Art. 960 Abs. 1 Ziff. 1 und 2, Art. 961 Abs. 1 Ziff. 1 ZGB) sowie die Anmerkung einer Grundbuchsperre (Art. 80 Abs. 6) und die in Artikel 80 Absatz 9 erwähnten Massnahmen telefonisch oder elektronisch anmelden. Die schriftliche Anmeldung ist unverzüglich nachzureichen. Die Anmeldung wird mit Datum und Zeitpunkt der telefonischen oder elektronischen Übermittlung ins Tagebuch eingeschrieben.

(Anmeldungsbelege)

13a. [1] Die Anmeldungsbelege müssen folgende Angaben über die verfügende Person und die Person des Erwerbers enthalten:
a. für natürliche Personen: den Namen, mindestens einen ausgeschriebenen Vornamen, das Geburtsdatum, den Wohnort, den Heimatort oder die Staatszugehörigkeit und die Angabe, ob die Person verheiratet oder nicht verheiratet ist;
b. für juristische Personen sowie Kollektiv- und Kommanditgesellschaften: die Firma oder den Namen, den Sitz, die Rechtsform, wenn diese nicht aus der Firma oder dem Namen hervorgeht, sowie die Firmennummer, wenn eine solche vom Handelsregister geführt wird;
c. für andere Gesellschaften und Gemeinschaften, in denen die beteiligten Personen durch Gesetzesvorschrift oder Vertrag verbunden und Gesamteigentümer sind: die Angaben über die daran beteiligten Personen nach den Buchstaben a oder b.

[2] Die Anmeldungsbelege müssen die Angaben zur Beurteilung enthalten, ob für die Veräusserung, den Erwerb oder die Belastung des Grund-

stücks die Bewilligung einer Behörde oder die Zustimmung eines Dritten nötig ist. Mit den Anmeldungsbelegen kann nachgewiesen werden, dass das angemeldete Geschäft keiner Bewilligung oder Zustimmung bedarf.

[3] Beim Erwerb von gemeinschaftlichem Eigentum müssen die Angaben gemacht werden, die für die Darstellung des Gemeinschaftsverhältnisses nach Artikel 33 erforderlich sind.

(Einschreibung in das Tagebuch)

14. [1] Jede Anmeldung und jedes von Amtes wegen eingeleitete Verfahren muss sofort nach ihrem Eingang bzw. nach seiner Einleitung in das Tagebuch eingeschrieben werden. Die Einschreibung ist auf Wunsch zu bescheinigen. Sie enthält:
a. eine fortlaufende Ordnungsnummer, deren Zählung mit jedem Kalenderjahr neu beginnt;
b. das Datum und die genaue Zeit;
c. den Namen und den Wohnort des Anmeldenden;
d. die vorzunehmenden Eintragungen in Stichworten und die Identifikation der betroffenen Grundstücke; bei einer Vielzahl von Eintragungen oder Grundstücken genügt der Hinweis auf die Anmeldung.

[2] Die Aufnahme und Änderung von beschreibenden Daten (Art. 4) und von Adressen (Art. 108) darf im Tagebuch erfasst werden.

[3] Wo nach kantonalem Recht die öffentliche Beurkundung durch den Grundbuchverwalter vermittelst Einschreibung in das Urkundenprotokoll erfolgt, gilt diese Beurkundung, falls in derselben nicht ausdrücklich etwas anderes bestimmt ist, zugleich als Anmeldung der Eintragung.

[4] Wird ein Verfahren von Amtes wegen eingeleitet und können die Gründe dafür nicht mit einem Stichwort im Tagebuch ausgedrückt werden, so muss ein Beleg darüber erstellt werden.

[5] Die Anmeldung oder der Beleg nach Absatz 4 muss mit der Ordnungsnummer versehen werden (Eingangsvermerk).

(Tagebuch)

14a. [1] Das Grundbuchamt führt ein Tagebuch für den ganzen Grundbuchkreis.

[2] Die Führung des Tagebuchs darf mit einer Geschäftskontrolle verbunden werden.

[3] Das Tagebuch darf computerunterstützt geführt werden.

[4] Das compterunterstützt geführte Tagebuch muss täglich ausgedruckt werden; die Blätter sind nach Artikel 110 aufzubewahren.

(Prüfung durch das Grundbuchamt)

15. [1] Nach erfolgter Anmeldung hat der Grundbuchverwalter zu prüfen, ob sie von dem nach Grundbuchrecht Verfügungsberechtigten ausgeht (Art. 963 ZGB).

[2] Verfügt der eingetragene Eigentümer, so ist die Identität des Verfügenden mit dem Eingetragenen festzustellen.

³ Geht die Verfügung vom Erwerber aus (Art. 656 Abs. 2, 665 Abs. 2 und 3, 836, 963 Abs. 2 ZGB, Art. 34 Abs. 3 BGBB¹)), so ist die Identität des Verfügenden mit dem Erwerber festzustellen.

⁴ ...²)

---

¹) BGBB, Anhang IX A zum ZGB.
²) Aufgehoben gemäss Änderung vom 23. November 1994 (AS 1995 S. 14).

15a. (Aufgehoben gemäss Änderung vom 23. November 1994 [AS 1995 S. 14].)

(Zur Anmeldung berechtigte Personen)

16. ¹ Erfolgt die Anmeldung für eine Gesellschaft oder juristische Person oder durch einen Stellvertreter des Verfügungsberechtigten, so ist ein Ausweis über die Verfügungsbefugnis oder das Vertretungsverhältnis, bzw. eine Vollmacht, beizubringen.

² Mit der öffentlichen Beurkundung des Vertrages über das einzutragende Recht kann die Ermächtigung des Erwerbers zur Anmeldung verbunden werden.

³ Für die Fälle, wo der Ausweis für die Eintragung (Art. 18–23) in öffentlicher Beurkundung auszufertigen ist, kann das kantonale Recht die Urkundspersonen als zur Vornahme der Anmeldung ermächtigt erklären.

⁴ Der Vermächtnisnehmer ist zur Anmeldung befugt, wenn er eine schriftliche Ermächtigung des beschwerten Eigentümers besitzt.

(Anmeldung durch eine Behörde)

17. Erfolgt die Anmeldung durch eine Behörde (Gerichts-, Betreibungs- oder Konkursbehörde), oder durch einen Beamten (Grundbuchverwalter, Urkundsperson), so hat der Grundbuchverwalter ihre Zuständigkeit zur Vornahme der Anmeldung zu prüfen.

(Ausweis für die Eigentumsübertragung)

18. ¹ Ist zum Erwerb des Eigentums die Eintragung in das Grundbuch konstitutiv (Art. 656 Abs. 1 ZGB), so wird der Ausweis für die Eigentumsübertragung erbracht:

a. im Falle eines privatrechtlichen Vertrags: durch eine öffentliche Urkunde oder einen Vertrag in der vom Bundesrecht vorgesehenen Form;
b. im Falle der Erbteilung: durch die schriftliche Zustimmungserklärung sämtlicher Miterben oder durch einen schriftlichen Teilungsvertrag;
c. im Falle von Vermächtnis: durch eine beglaubigte Kopie der Verfügung von Todes wegen, die Annahmeerklärung des Vermächtnisnehmers und die Zustimmungserklärung der Erben oder die Anordnung des Willensvollstreckers;
d. im Falle der Ausübung eines Vorkaufsrechts: durch den Vertrag des Verkäufers mit dem Käufer, die Ausübungserklärung des Vorkaufsberechtigten und die Zustimmungserklärung des Eigentümers; bei

einem vertraglichen Vorkaufsrecht zudem durch den Vorkaufsvertrag (Art. 216 Abs. 2 und 3 OR).
e. im Falle eines völkerrechtlichen Vertrags oder eines verwaltungsrechtlichen Vertrags zwischen selbständigen öffentlich-rechtlichen Organisationen über die Übertragung von Grundstücken des Verwaltungsvermögens: durch eine beglaubigte Kopie dieses Vertrags;
f. im Falle einer Verfügung einer Verwaltungsbehörde: durch die rechtskräftige Verfügung.

² Erfolgt der Eigentumserwerb ausserbuchlich (Art. 656 Abs. 2 ZGB), so wird der Ausweis für die Eigentumsübertragung erbracht:
a. im Falle des Erbgangs: durch die Bescheinigung, dass die gesetzlichen und die eingesetzten Erben als einzige Erben des Erblassers anerkannt sind;
b. im Falle der Enteignung: durch einen dem angewendeten Enteignungsrecht entsprechenden Ausweis, im Zweifel durch die Bescheinigung der Zahlung, Hinterlegung oder Sicherstellung der Entschädigungssumme;
c. im Falle der Zwangsvollstreckung: durch die vom Betreibungsamt oder von der Konkursverwaltung ausgestellte Bescheinigung des Zuschlags, mit der Ermächtigung zur Eintragung;
d. im Falle eines Urteils: durch das Urteil mit der Bescheinigung der Rechtskraft und mit der Ermächtigung zur Eintragung;
e. in den übrigen Fällen: durch die Urkunden in der vom Gesetz vorgeschriebenen Form über das Rechtsgeschäft oder durch die rechtskräftige Verfügung oder den rechtskräftigen Entscheid.

³ Zur Erbringung des Ausweises genügt die Wiedergabe der für die Eigentumsübertragung notwendigen Angaben.

18a. ¹ Erfolgt der Eigentumserwerb auf Grund von Tatbeständen nach dem FusG¹), so wird der Ausweis für den Eigentumsübergang erbracht:
a. im Falle der Fusion, wenn der übernehmende Rechtsträger im Handelsregister eingetragen ist: durch einen beglaubigten Handelsregisterauszug des übernehmenden Rechtsträgers;
b. im Falle der Fusion von Vereinen oder Stiftungen, wenn der übertragende oder der übernehmende Rechtsträger nicht im Handelsregister eingetragen ist: durch eine öffentliche Urkunde über die Tatsache, dass das Eigentum an den Grundstücken auf den übernehmenden Rechtsträger übergegangen ist, und einen beglaubigten Handelsregisterauszug des eingetragenen Rechtsträgers;
c. im Falle der Aufspaltung: durch einen beglaubigten Handelsregisterauszug des die Grundstücke übernehmenden Rechtsträgers und einen beglaubigten Auszug aus dem im Spaltungsvertrag oder Spaltungsplan enthaltenen Inventar über die Zuordnung der Grundstücke;
d. im Falle der Abspaltung: durch einen beglaubigten Handelsregisterauszug des die Grundstücke übernehmenden Rechtsträgers und eine öffentliche Urkunde über die Tatsache, dass das Eigentum an den Grundstücken auf den übernehmenden Rechtsträger übergegangen ist;

e. im Falle der Vermögensübertragung an einen im Handelsregister eingetragenen Rechtsträger: durch einen beglaubigten Handelsregisterauszug des die Grundstücke übernehmenden Rechtsträgers und einen beglaubigten Auszug aus dem öffentlich beurkundeten Teil des Übertragungsvertrags über die übertragenen Grundstücke;
f. im Falle der Vermögensübertragung an einen nicht im Handelsregister eingetragenen Rechtsträger: durch einen beglaubigten Handelsregisterauszug des die Grundstücke übertragenden Rechtsträgers und einen beglaubigten Auszug aus dem öffentlich beurkundeten Teil des Übertragungsvertrags über die übertragenen Grundstücke.

² Im Falle von Umwandlungen nach dem Fusionsgesetz wird der Ausweis für die Änderung der Rechtsform durch einen beglaubigten Handelsregisterauszug des umgewandelten Rechtsträgers erbracht.

³ Im Falle der Fusion von Instituten des öffentlichen Rechts mit Rechtsträgern des Privatrechts, der Umwandlung solcher Institute in Rechtsträger des Privatrechts oder der Vermögensübertragung unter Beteiligung eines Instituts des öffentlichen Rechts wird der Rechtsgrundausweis erbracht durch einen beglaubigten Handelsregisterauszug des übernehmenden oder umgewandelten Rechtsträgers und einen beglaubigten Auszug aus dem die Grundstücke enthaltenden Teil des Inventars.

[1]) Fusionsgesetz, Anhang IX zum OR.

(Ausweis für die Eintragung von Dienstbarkeiten)

19. ¹ Auf die Leistung des Ausweises für die Eintragung einer Nutzniessung, eines Wohnrechtes, eines selbständigen und dauernden Baurechtes, einer Grundlast oder eines Grundpfandrechtes finden die Vorschriften des Artikels 18 entsprechende Anwendung.

² Bei Errichtung von Grunddienstbarkeiten und andern in Absatz 1 nicht erwähnten Dienstbarkeitsbelastungen durch Vertrag genügt die einfache Schriftlichkeit, es sei denn, dass durch die Dienstbarkeit eine gesetzliche Eigentumsbeschränkung aufgehoben oder abgeändert wird, in welchem Falle öffentliche Beurkundung des Vertrages erforderlich ist.

(Ausweis für die Eintragung einer Eigentümerdienstbarkeit und eines Eigentümer- oder Inhaberschuldbriefs)

20. ¹ Der Ausweis für die Eintragung einer Eigentümerdienstbarkeit, eines Eigentümer- oder Inhaberschuldbriefes oder einer Eigentümer- oder Inhabergült wird durch die schriftliche Anmeldung des Eigentümers erbracht.

² ...[1])

[1]) Aufgehoben gemäss Änderung vom 2. Dezember 1996 (AS 1996 S. 3106).

(Ausweis für die Eintragung eines Pfandrechtes bei Bodenverbesserungen)

21. ¹ Der Ausweis für die Eintragung eines Pfandrechtes bei Bodenverbesserungen, die unter Mitwirkung oder Aufsicht öffentlicher Behörden zur Durchführung gelangen, hat auf Grund einer Bescheinigung der zuständigen Behörde über die Höhe des auf das Grundstück entfallenden Kostenanteils zu erfolgen.

² Wird die Bodenverbesserung ohne staatliche Subvention durchgeführt, so kann diese Bescheinigung von der mit der Durchführung des Unternehmens betrauten Kommission oder von der Leitung des Unternehmens ausgestellt werden, oder es ist die Einwilligung sämtlicher am Grundstück dinglich Berechtigten oder eine Verfügung des Richters erforderlich.

(Ausweis für die Eintragung eines gesetzlichen Grundpfandrechts)

22. ¹ Der Ausweis für die Eintragung eines gesetzlichen Grundpfandrechtes wird durch die Urkunden geleistet, die zur Begründung der Forderungen, für die das Grundpfandrecht eingetragen werden soll, nötig sind.

² Für die Eintragung eines Grundpfandrechtes zugunsten der Handwerker und Unternehmer ist erforderlich, dass die Forderung als Pfandsumme vom Eigentümer anerkannt oder gerichtlich festgestellt ist, oder die Eintragung vom Eigentümer bewilligt wird.

³ Leistet der Eigentümer für die Forderung hinreichende Sicherheit, so ist die Eintragung zugunsten der Handwerker und Unternehmer abzuweisen.

⁴ Sind der Gläubiger und der Schuldner über die Pfandsumme oder die Sicherheit nicht einig, so kann gemäss Artikel 961 Absatz 1 Ziffer 1 des Zivilgesetzbuches eine vorläufige Eintragung stattfinden.

(Ausweis für die Eintragung eines gesetzlichen Pfandrechts beim Baurecht und bei Stockwerkeigentum)

22a.¹) ¹ Auf die Eintragung des gesetzlichen Grundpfandrechtes für die Entschädigungsforderung anstelle des gelöschten Baurechtes (Art. 779d Abs. 2 und 3 ZGB) sind die Bestimmungen des Artikels 22 über die Eintragung des Pfandrechtes zugunsten der Handwerker und Unternehmer anwendbar.

² Diese Bestimmungen sind, soweit sie ihrem Sinne nach nicht bloss auf das Pfandrecht zugunsten der Handwerker und Unternehmer zutreffen und soweit sich ihre Anwendung nicht auf Grund des Baurechtsvertrages erübrigt, auch für die Eintragung des gesetzlichen Grundpfandrechtes zur Sicherung des Baurechtszinses (Art. 779i und k ZGB) massgebend.

³ Dasselbe gilt sinngemäss für die Eintragung des gesetzlichen Pfandrechtes zur Sicherung von Beitragsforderungen der Gemeinschaft gegenüber den Stockwerkeigentümern (Art. 712i ZGB).

---

¹) Eingefügt durch Ziff. I des BRB vom 29. Juni 1965 (AS 1965 S. 467). Diese Bestimmung trat am 1. Juli 1965 in Kraft, gleichzeitig mit dem BG vom 19. März 1965

über die Änderung der Vorschriften des ZGB und des OR betr. das Baurecht und den Grundstückverkehr; siehe auch Art. 779/Fn. 1.

(Ausweis für die Eintragung von Rechten an Wasserrechtsverleihungen)

23. Für die Eintragung von Rechten an Wasserrechtsverleihungen (Art. 8) ist, abgesehen von den in den Artikeln 15–18 genannten Ausweisen, noch der Nachweis erforderlich, dass die besonderen vom Bundes- oder kantonalen Recht aufgestellten Voraussetzungen (z.B. schriftliche Einwilligung der Verleihungsbehörde) erfüllt sind.

(Abweisung einer Anmeldung)

24. [1] Entspricht eine Anmeldung nicht den gesetzlichen Anforderungen und kann der Grundbuchverwalter auch nicht eine vorläufige Eintragung nach Artikel 966 Absatz 2 des Zivilgesetzbuches vornehmen, so weist er die Anmeldung ab.

[1bis] Die Anmeldung ist namentlich abzuweisen, wenn:
a. die Veräusserung, der Erwerb oder die Belastung des Grundstücks der Zustimmung eines Dritten bedarf und diese nicht vorliegt;
b. dafür die Bewilligung einer Behörde nötig ist und diese nicht vorliegt;
c. die schriftliche Anmeldung nach Artikel 13 Absatz 4 nicht innert der üblichen Zustelldauer für Briefpost eintrifft.

[2] Die Gründe der Abweisung sind dem Anmeldenden und allen anderen, die von der Abweisung berührt sind, schriftlich und unter Angabe der Beschwerdefrist (Art. 103) mitzuteilen. Im Tagebuch ist auf die Abweisungsverfügung hinzuweisen.

[3] Die Abweisung der Anmeldung wird rechtskräftig, nachdem die Beschwerdefrist unbenützt abgelaufen ist.

[4] Wird gegen die Abweisungsverfügung Beschwerde erhoben, so merkt dies der Grundbuchverwalter im Hauptbuch an. Er löscht die Anmerkung von Amts wegen, sobald über die Beschwerde rechtskräftig entschieden worden ist.

(Frist zur Einleitung eines Bewilligungsverfahrens)

24a. [1] Sieht ein Bundesgesetz vor, dass der Grundbuchverwalter eine Anmeldung im Hauptbuch nicht vollziehen darf, bevor eine andere Behörde darüber entschieden hat, ob das angemeldete Geschäft einer Bewilligung bedarf, so schreibt der Grundbuchverwalter die Anmeldung im Tagebuch ein und setzt dem Anmeldenden die vom anwendbaren Gesetz vorgesehene Frist zur Einleitung des Bewilligungsverfahrens.

[2] Wird das Bewilligungsverfahren innert der vorgeschriebenen Frist eingeleitet, so merkt der Grundbuchverwalter dies im Hauptbuch an.

[3] Wird das Bewilligungsverfahren nicht fristgerecht eingeleitet oder wird die Bewilligung verweigert, so weist der Grundbuchverwalter die Anmeldung ab.

⁴ Die Anmerkung wird von Amts wegen gelöscht, wenn die Anmeldung im Hauptbuch vollzogen wird oder wenn sie rechtskräftig abgewiesen worden ist.

III. Die Eintragungen

(Eintragungen im Hauptbuch)

25. ¹ Die Eintragungen im Hauptbuch sind in sorgfältiger Schrift ohne Rasuren, Korrekturen oder Zwischenschriften auszuführen.

² Sie sollen in der Reihenfolge vorgenommen werden, in der die Anmeldungen eingetroffen oder die Beurkundungen oder Erklärungen vor dem Grundbuchverwalter unterzeichnet worden sind.

³ Der Grundbuchverwalter darf im Hauptbuch nur eintragen, was sich aus den Anmeldungsbelegen ergibt (Verifikation).

⁴ Die Grundbuchwirkung nach den Artikeln 971–974 des Zivilgesetzbuches kommt der Eintragung auf dem Hauptbuchblatt des belasteten Grundstücks zu.

⁵ Der Grundbuchverwalter bescheinigt auf Begehren die Eintragung auf den für die Parteien bestimmten Urkunden; er kann dies auch tun, indem er über den neuen Zustand einen vollständigen oder teilweisen Auszug aus dem Hauptbuch abgibt.

(Vollzug der Anmeldung)

26. ¹ ...¹⁾

² Der Grundbuchverwalter hat die Eintragung so bald wie möglich nach der Anmeldung im Hauptbuch zu vollziehen.

³ Ist es nicht möglich, die Eintragung im Hauptbuch am gleichen Tag zu vollziehen wie die Einschreibung im Tagebuch, so kann im betreffenden Hauptbuchblatt mit Bleistift auf die Ordnungsnummer der Anmeldung hingewiesen werden.

⁴ Die Eintragungen in das Hauptbuch müssen unter dem Datum der Einschreibung im Tagebuch vorgenommen werden.

---

¹⁾ Aufgehoben gemäss Änderung vom 23. November 1994 (AS 1995 S. 14).

(Rangverhältnisse)

27. ¹ Sind in einem Hauptbuchblatt mehrere an demselben Tage zur Anmeldung gelangte Eintragungen vorzunehmen und sollen sie nach dem Willen der Parteien oder nach der Reihenfolge der Einschreibung in das Tagebuch oder in das Urkundenprotokoll verschiedenen Rang erhalten, so ist dies auch im Hauptbuch in geeigneter Weise (z.B. durch Angabe der genauen Zeit oder durch Angabe des Rangverhältnisses bei jedem Eintrag) zum Ausdruck zu bringen.

² Die besonderen Vorschriften über die Eintragung der Pfandstellen bei Grundpfandrechten bleiben vorbehalten.

³ Soll sich der Rang einer Eintragung nicht aufgrund des Eintragungsdatums ergeben, so muss dies ausdrücklich aus dem Hauptbuchblatt hervorgehen.

(Belege in Faszikeln)

28. ¹ Sämtliche Belege, auf deren Vorlegung hin eine Eintragung in das Hauptbuch vorgenommen wird, sind, wo möglich, in gleichem Format einzureichen, mit der Ordnungsnummer und der Nummer des Hauptbuchblattes zu versehen und in dem für jedes Grundbuchblatt besonders anzulegenden Faszikel der Grundbuchakten (Belege) geordnet aufzubewahren.

² Die Ordnungsnummern der Belege werden für jedes Grundbuchblatt in besonderer, fortlaufender Nummerierung festgestellt.

³ Ist für mehrere Eintragungen in verschiedenen Grundbuchblättern nur ein Beleg vorhanden, so hat der Grundbuchverwalter bei denjenigen Grundbuchakten, in deren Faszikel das Beleg selbst nicht aufgenommen werden kann, eine Verweisung auf dasselbe anzubringen und im übrigen diese Verweisung als Beleg zu behandeln.

(Belege in chronologischer Folge)

29. ¹ An Stelle der in Artikel 28 vorgesehenen Anordnung der Belege in besonderen Faszikeln für jedes Grundbuchblatt kann von den Kantonen die Aufbewahrung der Belege in chronologischer Reihenfolge angeordnet werden.

² Die Belege sind in diesem Fall fortlaufend oder entsprechend der Ordnungsnummer des Tagebuchs zu nummerieren.

(Urkundenprotokoll)

30. An Stelle der Belege kann in den Kantonen, die eine öffentliche Beurkundung durch den Grundbuchverwalter vornehmen lassen, das Urkundenprotokoll treten.

(Eintragung von Eigentum, Bezeichnung der Personen und Bemerkungen zu den Eigentumseinträgen)

31. ¹ Das Eigentum wird in der entsprechenden Abteilung des Hauptbuchs eingetragen. Die Eintragung enthält:
a. die Bezeichnung des Eigentümers;
b. das Datum der Eintragung;
c. den Erwerbsgrund;
d. den Hinweis auf den Beleg;
e. die Bezeichnung der Miteigentümer mit einer Ziffer oder Litera, wenn für die Miteigentumsanteile keine besonderen Blätter angelegt worden sind.

² Zur Bezeichnung des Eigentümers und einer Person, der ein anderes Recht am Grundstück zusteht (Art. 958–961 ZGB), werden angegeben:

a. für natürliche Personen: der Name, mindestens ein ausgeschriebener Vorname und das Geburtsdatum;
b. für juristische Personen und für Kollektiv- und Kommanditgesellschaften: die Firma oder der Name, der Sitz und die Rechtsform, wenn diese nicht aus dem Namen oder der Firma hervorgeht;
c. für einfache Gesellschaften und Gemeinschaften, in denen die beteiligten Personen durch Gesetzesvorschrift oder Vertrag verbunden und Gesamteigentümer sind: die Angaben über die daran beteiligten Personen nach Buchstabe a oder b; für Erbengemeinschaften genügt die Bezeichnung der Erbengemeinschaft (Art. 33 Abs. 3).

³ Weitere Personendaten dürfen im Hauptbuch nur angegeben werden, soweit sie zur Identifikation nötig sind.

⁴ In der Abteilung «Eigentum» dürfen als Bemerkung die Vertretung einer Erbengemeinschaft, der Willensvollstrecker und die Verwaltung einer Stockwerkeigentümergemeinschaft mit Name und Funktion aufgeführt werden; aufgeführt werden dürfen ebenfalls die Pfändung eines Anteils an einem Gemeinschaftsvermögen und ähnliche Beschränkungen.

(Anmerkungsgrundstücke und Eintragung von Eigentum
auf dem Blatt eines Stammgrundstücks)

32.[1] ¹ Steht das Eigentum an einem Grundstück (Anmerkungsgrundstück) dem jeweiligen Eigentümer eines andern Grundstückes (Hauptgrundstück) zu, so ist statt des Namens des Eigentümers die Nummer des Hauptgrundstücks in die Abteilung «Eigentum» einzutragen.

² Auf dem Blatt des Hauptgrundstücks ist in der Abteilung «Anmerkungen» oder in der Grundstücksbeschreibung auf dieses Eigentumsverhältnis hinzuweisen.

³ Werden für Miteigentumsanteile oder Stockwerke besondere Blätter eröffnet, so werden die Grundbuchnummern der Miteigentumsanteile oder der Stockwerke in der Abteilung «Eigentum» des Stammgrundstücks eingetragen.

---

[1]) Siehe auch Art. 10a GBV/Fn. 1.

(Eintragung von Mit- und Gesamteigentum)

33. ¹ Bei Miteigentum muss der Bruchteil durch entsprechenden Zusatz («zur Hälfte», «zu 1/3» usw.) zum Namen jedes Miteigentümers angegeben werden.

² Miteigentumsverhältnisse an überragenden Bauten oder an Bauwerken auf fremdem Boden werden, soweit erforderlich, als Dienstbarkeiten eingetragen.

³ Bei Gesamteigentum muss den Angaben nach Artikel 31 Absatz 2 Buchstabe c das die Gemeinschaft oder Gesellschaft begründende Rechtsverhältnis beigefügt werden.

Anhang VIII
Grundbuchverordnung (GBV)

(Eintragung von Stockwerkeigentum)

33a.[1] ¹ Stockwerkeigentum wird auf dem Hauptbuchblatt der Liegenschaft oder des Baurechtes in der Eigentumskolumne eingetragen.

² Die Eintragung umfasst:
a. die Nummer des Blattes eines jeden Stockwerkes;
b. den Bruchteil (Wertquote) eines jeden Stockwerkes, ausgedrückt in Hundertsteln oder Tausendsteln;
c. die Bezeichnung des Eigentumsverhältnisses als Stockwerkeigentum (StWE);
d. das Datum des Eintrages;
e. die Angabe des Begründungsaktes («Begründungsvertrag» oder «Begründungserklärung»);
f. die Verweisung auf die Belege.

---

[1] Siehe auch Art. 10a GBV/Fn. 1.

(Abgrenzung der Einheiten und Aufteilungsplan bei Stockwerkeigentum)

33b.[1] ¹ Die räumliche Lage, Abgrenzung und Zusammensetzung der Stockwerkeinheiten müssen im Begründungsakt klar und bestimmt angegeben sein.

² Fehlt es daran, so setzt der Grundbuchverwalter Frist zur Beibringung eines von allen Eigentümern unterzeichneten Aufteilungsplanes und nötigenfalls einer amtlichen Bestätigung gemäss kantonaler Vorschrift, dass die zu Sonderrecht ausgeschiedenen Räume ganze in sich abgeschlossene Wohnungen oder geschäftlichen oder anderen Zwecken dienende Raumeinheiten mit eigenem Zugang sind.

³ Werden diese Ausweise nicht fristgemäss beigebracht, so wird die Anmeldung abgewiesen.

⁴ Für die Eintragung altrechtlichen Stockwerkeigentums bleibt Artikel 20bis Schlusstitel des Zivilgesetzbuches vorbehalten.

---

[1] Siehe auch Art. 10a GBV/Fn. 1.

(Eintragung von Stockwerkeigentum vor Erstellung des Gebäudes)

33c.[1] ¹ Die Eintragung von Stockwerkeigentum vor Erstellung des Gebäudes kann nur verlangt werden, wenn mit der Anmeldung der Aufteilungsplan eingereicht wird.

² Der Grundbuchverwalter schreibt auf dem Blatt der Liegenschaft oder des Baurechtes und auf den Blättern der Stockwerke die Anmerkung «Begründung des StWE vor der Erstellung des Gebäudes» ein.

³ Die Fertigstellung des Gebäudes ist dem Grundbuchamt anzuzeigen, gegebenenfalls unter Einreichung des nach der Bauausführung berichtigten Aufteilungsplanes, der auf Verlangen des Grundbuchverwalters durch die amtliche Bestätigung gemäss Artikel 33b Absatz 2 zu ergänzen ist.

⁴ Wird diese Bestätigung nicht beigebracht oder sonstwie festgestellt, dass die zu Sonderrecht ausgeschiedenen Räume nicht in sich abgeschlossene Wohnungen oder zu anderen Zwecken bestimmte Raumeinheiten mit eigenem Zugang sind, so ist das Stockwerkeigentum nach fruchtloser Fristansetzung in sinngemässer Anwendung von Artikel 976 des Zivilgesetzbuches zu löschen und damit in gewöhnliches Miteigentum zurückzuführen.

⁵ ...²)

---
¹) Siehe auch Art. 10a GBV/Fn. 1.
²) Aufgehoben gemäss Änderung vom 23. November 1994 (AS 1995 S. 14).

(Eintragung von Eigentumsbeschränkungen aus Nachbarrecht)

34. Eigentumsbeschränkungen aus Nachbarrecht, deren Eintragung im Grundbuch nach Zivilgesetzbuch zugelassen (Durchleitungsrecht) oder für die Entstehung erforderlich ist (Notweg, Notbrunnen), sind gemäss den Bestimmungen über die Eintragung der Grunddienstbarkeiten einzutragen.

(Eintragung von Dienstbarkeiten und Grundlasten)

35. ¹ Eine Dienstbarkeit und eine Grundlast wird in der gleichnamigen Abteilung des Hauptbuchblattes des belasteten Grundstücks eingetragen. Eine Grunddienstbarkeit und eine Grundlast, die dem jeweiligen Eigentümer eines Grundstücks zusteht, wird zudem auf dem Hauptbuchblatt des berechtigten Grundstücks in derselben Abteilung eingetragen.

² Die Eintragung im Hauptbuchblatt enthält:
a. die Bezeichnung mit einer Ziffer oder Litera;
b. die Bezeichnung als Last oder als Recht;
c. die Bezeichnung der Dienstbarkeit oder Grundlast mit einem Stichwort;
d. auf dem Hauptbuchblatt des belasteten Grundstücks die Bezeichnung des berechtigten Grundstücks oder der berechtigten Person;
e. auf dem Hauptbuchblatt des berechtigten Grundstücks die Bezeichnung des belasteten Grundstücks; ist eine grosse Zahl von Grundstücken belastet, so darf auf deren Bezeichnung verzichtet und auf den Beleg hingewiesen werden;
f. das Datum der Eintragung;
g. den Hinweis auf den Beleg.

³ Das Stichwort wird vom Grundbuchverwalter festgelegt.

36. (Aufgehoben gemäss Änderung vom 23. November 1994 [AS 1995 S. 14].)

(Gesamtwert einer Grundlast oder Dienstbarkeit sowie Einschreibung von Zustimmungen der Pfandgläubiger)

37. ¹ Bei Eintragung und Einschreibung einer Grundlast soll ausserdem ihr Gesamtwert gemäss Artikel 783 Absatz 2 des Zivilgesetzbuches angegeben werden.

² Bei Eintragung und Einschreibung von Dienstbarkeiten kann ebenfalls ein bestimmter Betrag als Gesamtwert der Belastung angegeben werden, sofern die vorgehenden Pfandgläubiger der Errichtung der Dienstbarkeit nicht zugestimmt haben (Art. 812 Abs. 2 und 3 ZGB).

³ Haben vorgehende Pfandgläubiger der Errichtung einer Grundlast oder Dienstbarkeit zu Lasten eines verpfändeten Grundstücks zugestimmt, so hat der Grundbuchverwalter diese Einwilligung unter den «Bemerkungen» zu den betreffenden Grundpfandeinträgen einzuschreiben, bei dem Eintrag der Dienstbarkeit hierauf zu verweisen und die neue Last auf den Pfandtiteln als vorgehendes Recht aufzunehmen.

(Eintragung von Dienstbarkeiten auf Kollektivblättern)

38. ¹ Steht das Grundstück, zu dessen Lasten oder zu dessen Gunsten eine Grunddienstbarkeit eingetragen werden soll, auf einem Kollektivblatt, so sind bei dem Eintrag auf diesem Blatt stets die Nummern des belasteten und des berechtigten Grundstücks anzugeben.

² Sind das belastete und das berechtigte Grundstück auf einem Kollektivblatt vereinigt, so bedarf es nur einer Eintragung, unter Angabe der Nummern des belasteten und des berechtigten Grundstücks.

39. (Aufgehoben gemäss Änderung vom 23. November 1994 [AS 1995 S. 14].)

(Eintragung von Grundpfandrechten)

40. ¹ Die Grundpfandrechte werden in der gleichnamigen Abteilung des Hauptbuchblatts eingetragen. Die Eintragung enthält:
a. die Bezeichnung mit einer Ziffer oder Litera;
b. die Art des Grundpfandrechts;
c. die Bezeichnung des Gläubigers (Art. 31 Abs. 2) oder die Bezeichnung «Inhaber»;
d. die Pfandsumme und gegebenenfalls den Zinsfuss, für den das Pfandrecht nach Artikel 818 Absatz 2 des Zivilgesetzbuches Sicherheit bietet (Höchstzinsfuss);
e. die Pfandstelle (Rang);
f. das Datum der Eintragung;
g. den Hinweis auf den Beleg.

² Haben die Parteien besondere Vereinbarungen über Rückzahlungen und Kündigungen oder über Amortisation der Pfandschuld getroffen, so soll in der Kolumne «Bemerkungen» auf das Bestehen solcher Vereinbarungen hingewiesen werden.

³ Vereinbarungen über das Nachrücken von Grundpfandgläubigern (Art. 814 Abs. 3 ZGB) werden in der Kolumne «Vormerkungen» eingetragen.

⁴ Bei Eisenbahngrundstücken bleibt die Abteilung «Pfandrechte» geschlossen.

(Eintragung von Grundpfandrechten in ein Kollektivblatt)

41. [1] Die Eintragung von Grundpfandrechten in ein Kollektivblatt darf nur erfolgen, wenn sämtliche darin aufgenommenen Grundstücke verpfändet werden sollen.

[2] Wird die Eintragung eines Grundpfandrechtes nur für einzelne auf dem Kollektivblatt enthaltene Grundstücke nachgesucht, so hat der Grundbuchverwalter von Amtes wegen die Ausscheidung dieser oder der übrigen Grundstücke des Blattes nach den Vorschriften über die Umschreibungen (Art. 94) vorzunehmen.

(Eintragung eines Gesamtpfandrechts)

42. [1] Soll gemäss Artikel 798 Absatz 1 des Zivilgesetzbuches auf mehrere, nicht in einem Kollektivblatt vereinigte Grundstücke desselben Grundbuchkreises für eine Forderung ein Grundpfandrecht (Gesamtpfandrecht) errichtet werden, so soll bei der Eintragung desselben in die einzelnen Grundbuchblätter jeweils in der Kolumne «Pfandsumme» der ganze Betrag der Forderung und in der Kolumne «Bemerkungen» der Hinweis auf die mitverpfändeten Grundstücke (z.B. «zu A: Nummer ... mitverpfändet») aufgenommen werden.

[2] Soll dieses Grundpfand für eine Forderung auf mehrere, in verschiedenen Grundbuchkreisen gelegene Grundstücke errichtet werden, so ist die Anmeldung zur Eintragung zuerst in demjenigen Kreise vorzunehmen, in dem die grössere Fläche der zu verpfändenden Grundstücke liegt, und hier gemäss Absatz 1 für die in diesem Kreis gelegenen Grundstücke zu erledigen.

[3] Hierauf hat der Eigentümer oder der Erwerber, gestützt auf den Ausweis über die Eintragung im ersten Grundbuchkreise, der Reihe nach in den übrigen Grundbuchkreisen um die Eintragung des Grundpfandrechtes nachzusuchen, wobei von jedem Grundbuchverwalter die Nummern aller mitverpfändeten Grundstücke des eigenen und der anderen Kreise gemäss Absatz 1 zu vermerken sind, und den Grundbuchämtern der übrigen Kreise, zum Zwecke der Ergänzung ihrer Vermerke, unter Angabe der Nummern von sämtlichen Verpfändungen Mitteilung zu machen ist.

[4] Für die Fälle, wo die zu verpfändenden Grundstücke nur in einem Kanton gelegen sind, können die Kantone denjenigen Grundbuchverwalter, bei dem gemäss Absatz 2 dieses Artikels die erste Anmeldung zu geschehen hat, verpflichten, von Amtes wegen die Eintragung der Grundpfandrechte in den übrigen Grundbuchkreisen zu veranlassen.

(Eintragung eines Gesamtpfandrechts auf Grundstücken verschiedener Eigentümer)

43. Gehören in den Fällen des Artikels 42 Absatz 1 oder 2 mehrere Grundstücke innerhalb eines Grundbuchkreises verschiedenen Eigentümern, so ist die Anmeldung zur Eintragung für alle Grundstücke gleichzeitig anzubringen.

(Eintragung von Gesamtpfandrechten bei nachträglicher Belastung weiterer Grundstücke)

44. Die Vorschriften des Artikels 42 finden entsprechende Anwendung, wenn nachträglich noch andere Grundstücke mit dem an einem Grundstück bestehenden Grundpfandrechte gemäss Artikel 798 Absatz 1 des Zivilgesetzbuches belastet werden sollen.

(Eintragung eines Pfandrechts auf mehreren Grundstücken mit Aufteilung der Pfandsumme)

45. [1] Werden mehrere auf verschiedenen Grundbuchblättern aufgenommene Grundstücke für die nämliche Forderung verpfändet, ohne dass ein Gesamtpfandrecht nach Artikel 798 Absatz 1 des Zivilgesetzbuches errichtet werden soll, so ist jedes Grundstück mit dem von den Parteien bei der Anmeldung angegebenen Teilbetrag zu belasten.

[2] Haben die Parteien über die Verteilung nichts bestimmt, so kann der Grundbuchverwalter entweder die Anmeldung zurückweisen oder in den Fällen, wo für die Grundstücke ein Schatzungswert im Grundbuch angegeben ist, diese Verteilung unter Anzeige an die Parteien nach dem Schatzungswerte vornehmen und die entsprechenden Belastungen in das Grundbuch eintragen.

[3] Bei der Teilung der Pfandsumme soll nicht unter 1 Franken gegangen werden.

(Verteilung der Pfandbelastung bei Veräusserung eines von mehreren insgesamt verpfändeten Grundstücken)

46. [1] Wenn eines von mehreren insgesamt verpfändeten Grundstücken veräussert wird und sich der Erwerber für die Schuld, für die das Grundstück haftet, nicht solidarisch verpflichtet, sind die Vorschriften des Artikels 45 ebenfalls anwendbar, jedoch mit der Besonderheit, dass der Grundbuchverwalter die Verteilung der Belastung in allen Fällen vorzunehmen hat, wo die Parteien hierüber nichts vereinbaren.

[2] Nimmt der Grundbuchverwalter diese Verteilung vor, so hat er den Beteiligten unverzüglich davon Kenntnis zu geben.

(Eintragung von Grundpfandrechten und Grundlasten auf Miteigentumsanteilen)

47. [1] Die Eintragung der Verpfändung von Miteigentumsanteilen soll, wenn für diese nicht besondere Blätter eröffnet sind, ausser den in Artikel 40 verlangten Angaben noch die Bezeichnung des verpfändeten Anteils in der Kolumne Bemerkungen, z.B. «am Anteil Litera ... des NN» oder «am Anteil Ziffer ... des NN», enthalten.

[2] Bestehen Grundpfandrechte oder Grundlasten an Miteigentumsanteilen, so können solche Rechte nicht mehr zu Lasten des im Miteigentum stehenden Grundstückes eingetragen werden.

³ Werden Grundpfandrechte oder Grundlasten auf den besonderen Blättern von Miteigentumsanteilen eingetragen, so ist durch Anmerkung auf dem Blatt des gemeinschaftlichen Grundstückes darauf hinzuweisen.

(Vorbehaltener Vorgang und leere Pfandstelle)

48. Für die Eintragung des vorbehaltenen Vorganges (Art. 813 ZGB) und der leeren Pfandstelle gilt Artikel 40. Statt des Namens des Gläubigers wird jedoch «vorbehaltener Vorgang» oder «leere Pfandstelle» eingesetzt; unter «Grundpfandart» wird nichts eingetragen.

(Eintragung von Grundpfandrechten für Bodenverbesserungen)

49. ¹ Die Eintragung der Grundpfandrechte für Bodenverbesserungen (Art. 820 ZGB) erfolgt nach den Bestimmungen des Artikels 40 mit der Besonderheit, dass statt der Pfandstelle die Abkürzung «B-V» eingetragen wird.

² Wird das Pfandrecht für eine Bodenverbesserung eingetragen, die ohne staatliche Subvention durchgeführt wird, so ist in der Kolumne «Bemerkungen» ausserdem «Tilgung durch Annuitäten von …%» beizufügen.

³ Der Grundbuchverwalter hat allen denjenigen, die aus einem auf demselben Grundbuchblatt eingetragenen Grundpfandrecht oder aus einer Grundlast berechtigt sind, unverzüglich von der Eintragung eines solchen Pfandrechtes für Bodenverbesserungen Kenntnis zu geben und dessen Errichtung auf denjenigen Pfandtiteln anzumerken, in denen das Grundstück als Pfand haftet.

(Eintragung des Pfandrechtes der Handwerker und Unternehmer und der gesetzlichen Pfandrechte beim Baurecht)

50. ¹ Die Eintragung der Pfandrechte für die Forderungen der Handwerker und Unternehmer (Art. 837 Ziff. 3 ZGB) soll ausser den in Artikel 40 aufgezählten Angaben noch die Bezeichnung «Baupfandrecht» in der Kolumne «Bemerkungen» enthalten.

² Die entsprechende Bemerkung zum Eintrag des gesetzlichen Pfandrechtes für den Baurechtszins (Art. 779i und k ZGB) lautet: «Baurechtszins».

³ Zum Eintrag des Pfandrechtes für die Heimfallentschädigung (Art. 779d Abs. 2 und 3 ZGB) lautet sie: «Heimfallentschädigung».

⁴ Die Bezeichnung «Heimfallentschädigung» wird statt der Pfandstelle mit der Abkürzung «HfE» eingetragen und durch die Bemerkung ergänzt, dass das Pfandrecht den Rang des gelöschten Baurechtes hat.

(Bevollmächtigte bei Schuldbrief und Gült)

51. ¹ Die Angabe des Bevollmächtigten bei Schuldbrief oder Gült (Art. 860 ZGB) erfolgt in der Kolumne «Bemerkungen», auf schriftliches Begehren des Eigentümers und unter der Voraussetzung, dass der Bevollmächtigte im Ausweise über die Errichtung des Pfandrechts genannt ist.

² Zur nachträglichen Angabe eines Bevollmächtigten oder zur Streichung bedarf es der Zustimmung aller Beteiligten oder einer Verfügung des Richters.

³ Wird die Eintragung des Pfandrechtes, auf das sich die Bestellung des Bevollmächtigten bezieht, gelöscht, so ist die Bemerkung von Amtes wegen zu streichen.

(Eintragung von Pfandrechten bei Ausgabe von Pfandtiteln in Serie und bei Anleihensobligationen)

52. ¹ Bei Ausgabe von Pfandtiteln in Serien (Art. 876 ff. ZGB) ist ausser den Angaben nach Artikel 40 in der Kolumne «Gläubiger» noch die Anzahl der Titel einzutragen.

² Werden Anleihensobligationen durch Errichtung einer Grundpfandverschreibung oder eines Schuldbriefes gemäss Artikel 875 Ziffer 1 des Zivilgesetzbuches sichergestellt, so gelten die Bestimmungen des Artikels 40 mit den Abänderungen, dass als Gläubiger «die aus den Anleihensobligationen Berechtigten» eingetragen, ferner in der gleichen Kolumne der Betrag, die Anzahl und die Art der Obligationen (Namen- oder Inhaberobligationen) angegeben werden und der Name des Stellvertreters für die Gläubiger und den Schuldner unter den «Bemerkungen» erwähnt wird.

(Bezeichnung der beschränkten dinglichen Rechte und der Vor- und Anmerkungen)

52a. ¹ Dienstbarkeiten, Grundlasten und Grundpfandrechte können statt mit Literae auch mit Ziffern gekennzeichnet werden.

² Eine entsprechende Kennzeichnung kann auch in den Abteilungen «Eigentum», «Vormerkungen», «Anmerkungen» und in der Grundstücksbeschreibung vorgenommen werden.

IV. Ausstellung der Schuldbriefe und Gülten und der Urkunden über die Pfandverschreibungen

(Ausstellung eines Pfandtitels)

53. ¹ Soll ein Schuldbrief oder eine Gült errichtet werden, so stellt der Grundbuchverwalter sofort nach der Eintragung des Pfandrechts im Hauptbuch den Pfandtitel aus.

² Der Pfandtitel ist nach dem Muster des Amtes für Grundbuch- und Bodenrecht zu erstellen. Es ist darin mindestens aufzuführen:
 a. die Bezeichnung als Schuldbrief oder Gült und die Angabe des Gläubigers, oder die Angabe, dass der Titel auf den Inhaber lautet;
 b. das Datum der Eintragung des Pfandrechts und die Angabe des Belegs;
 c. eine Nummer oder eine andere eindeutige Kennzeichnung, wenn der Titel keine körperliche Einheit bildet; in diesem Fall muss der Titel im

Gläubigerregister oder in einem andern Hilfsregister (Art. 108 Abs. 2) erfasst werden;

d. die Pfandsumme, die Zins-, Kündigungs- und Abzahlungsbestimmungen sowie gegebenenfalls der Höchstzinsfuss (Art. 818 Abs. 2 ZGB) und die Bemerkungen über Änderungen im Rechtsverhältnis (Art. 874 ZGB);
e. die Bezeichnung des Grundstücks, das als Pfand eingesetzt ist, mit der Identifikation (Art. 1a und Art. 31 Abs. 1 Bst. e) und, wenn der Titel nicht mit einem Auszug aus dem Hauptbuch verbunden ist, mit seiner Rechtsnatur (Art. 655 ZGB); ist das Grundstück in einer kantonalen Grundbucheinrichtung aufgenommen, so ist ein entsprechender Hinweis anzubringen;
f. die Pfandstelle;
g. die bereits auf dem Grundstück ruhenden Rechte und die vorgehenden und gleichrangigen Lasten (Dienstbarkeiten, Grundlasten, Pfandrechte, mit Einschluss der leeren Pfandstellen und der vorbehaltenen Vorgänge, Vormerkungen);
h. bei Belastung von Miteigentum und Stockwerkeigentum zudem die vorgehende Pfandbelastung der ganzen Sache;
i. die Unterschrift der Person, die den Titel ausstellen darf.

³ Wird ein Gesamtpfandrecht errichtet, so muss dieses im Pfandtitel als solches bezeichnet werden. Zudem müssen für alle als Pfand eingesetzten Grundstücke die Angaben nach Absatz 2 Buchstaben e–h aufgeführt werden.

⁴ Anstelle der Angaben nach Absatz 2 Buchstaben g und h darf im Titel ein Auszug aus dem Hauptbuch wiedergegeben werden. Der Titel darf auch Hinweise auf ein Drittpfandverhältnis sowie auf die Übertragung, Aufbewahrung, Kraftloserklärung des Titels und ähnliches enthalten.

⁵ Umfasst der Titel einschliesslich eines Auszugs aus dem Hauptbuch mehrere Seiten und bilden diese keine körperliche Einheit, so ist auf jeder beschrifteten Seite die Titelnummer anzugeben; die Seiten sind durch gegenseitige Hinweise auf die Seitenzahl miteinander zu verbinden.

⁶ Ist die Darstellung der Angaben nach Absatz 2 Buchstaben g und h oder eines Auszugs nach Absatz 4 zu aufwendig oder würde der Titel dadurch unübersichtlich oder zu umfangreich, so dürfen die Angaben auf diejenigen über die vorgehenden und gleichrangigen Pfandrechte (mit Einschluss der leeren Pfandstellen und vorbehaltenen Vorgänge), Grundlasten, selbständigen und dauernden Rechte, Nutzniessungen und Wohnrechte beschränkt werden. In diesem Fall muss im Titel darauf hingewiesen werden, dass allfällige andere vorgehende Belastungen aus dem Hauptbuch ersichtlich sind.

⁷ Wird ein neuer Pfandtitel für einen kraftlos erklärten oder entkräfteten Titel (Art. 64) ausgestellt, so muss er die Angabe enthalten, dass er an die Stelle des bisherigen tritt.

(Ausstellung der Titel bei Gesamtpfandrechten und bei aufgeteilter Pfandsumme)

54. [1] Sollen für einen Schuldbrief- oder Gültbetrag mehrere Grundstücke zu Pfand gesetzt werden, so wird nur ein Pfandtitel ausgestellt, sofern die zu verpfändenden Grundstücke auf einem Kollektivblatt vereinigt sind oder sofern es sich um ein Gesamtpfandrecht (Art. 42 dieser Verordnung und Art. 798 Abs. 1 ZGB) handelt.

[2] In den andern Fällen (Art. 45 dieser Verordnung und Art. 798 Abs. 2 ZGB) kann entweder für jeden Teilbetrag, mit dem ein Grundstück belastet wird, ein besonderer Titel ausgestellt werden, oder es können, solange Verwirrung nicht zu besorgen ist, die verschiedenen verpfändeten Grundstücke, unter Angabe des auf jedem derselben lastenden Teilbetrages, in einem einzigen Pfandtitel aufgeführt werden.

(Ausstellung der Titel bei Pfandvermehrung)

55. Die Vorschriften des Artikels 54 finden entsprechende Anwendung, wenn nach Errichtung eines Schuldbriefes oder einer Gült noch weitere Grundstücke desselben Grundbuchkreises damit belastet werden sollen (Pfandvermehrung).

(Ausstellung der Pfandtitel bei Grundstücken in mehreren Grundbuchkreisen)

56. Soll ein Schuldbrief oder eine Gült auf mehrere, in verschiedenen Grundbuchkreisen gelegene Grundstücke als Gesamtpfand errichtet werden (Art. 42 Abs. 2), so hat jeder Grundbuchverwalter die in seinem Kreis gelegenen Grundstücke in den Pfandtitel aufzunehmen. Der Pfandtitel ist vom Grundbuchverwalter jedes betroffenen Kreises zu unterschreiben.

57. (Aufgehoben gemäss Änderung vom 23. November 1994 [AS 1995 S. 14].)

(Aushändigung der Pfandtitel)

58. [1] Der Grundbuchverwalter darf die Pfandtitel dem Gläubiger oder seinem Beauftragten nur dann aushändigen, wenn der Schuldner und der Eigentümer des belasteten Grundstücks schriftlich ihre Zustimmung erklärt haben (Art. 857 Abs. 3 ZGB).

[2] Diese Einwilligung kann in die Anmeldung des Pfandrechts zur Eintragung in das Grundbuch aufgenommen werden.

(Ausstellung von Grundpfandverschreibungen und Schuldbriefen bei Anleihensobligationen und Ausstellung von Titeln in Serie)

59. [1] Die Ausstellung von Grundpfandverschreibungen und Schuldbriefen zur Sicherstellung von Anleihensobligationen (Art. 875 Ziff. 1 ZGB) sowie von Serienschuldbriefen und Seriengülten (Art. 876 ff. ZGB) erfolgt nach Formularen, die für den einzelnen Fall festgestellt werden.

[2] Die Aufsichtsbehörde hat dem Grundbuchverwalter hierüber die nötigen Weisungen zu erteilen.

(Auszug über eine Grundpfandverschreibung)

60. Wird über eine Grundpfandverschreibung ein Auszug aus dem Grundbuch erstellt (Art. 825 Abs. 2 ZGB), so gelten die Bestimmungen über die Angaben, die in einem Pfandtitel enthalten sein müssen (Art. 53 und 64), sinngemäss.

V. Abänderungen und Löschungen. Entkräftung der Pfandtitel

(Anmeldung zur Löschung oder Änderung)

61. [1] Die für die Anmeldung zur Eintragung aufgestellten Vorschriften gelten auch für die Anmeldung zur Abänderung oder Löschung eines Eintrages.

[2] Ausserdem bedarf es einer schriftlichen Erklärung der aus dem Eintrage berechtigten Personen oder einer Ermächtigung des Richters oder einer andern zuständigen Behörde.

[3] Eintragungen von Schuldbriefen und Gülten dürfen nur abgeändert werden, wenn die entsprechende Änderung gleichzeitig im Pfandtitel vorgenommen wird. Ist der Pfandtitel abhanden gekommen, so darf eine Änderung nur vorgenommen werden, wenn der Titel vom Richter kraftlos erklärt und an seiner Stelle ein Ersatztitel (Duplikat) ausgestellt worden ist.

[4] Die besonderen Bestimmungen über die Voraussetzungen der Abänderung oder Löschung ungerechtfertigter oder bedeutungslos gewordener Einträge (Art. 975 und 976 ZGB) bleiben vorbehalten.

(Löschungen)

62. [1] Eine Eintragung wird gelöscht, indem sie vollständig gestrichen und bei der betreffenden Stelle die Bemerkung «... gelöscht» eingeschrieben wird. Datum und Beleg der Löschung müssen angegeben werden.

[2] Die Löschung erhält die gleiche Litera oder Ziffer, mit der die gelöschte Eintragung versehen war.

(Eintragung einer leeren Pfandstelle)

63. Wird ein vorgehendes Grundpfandrecht getilgt, ohne dass an dessen Stelle sofort und für die ganze ursprüngliche Pfandsumme ein neues errichtet wird, und ohne dass die nachgehenden Grundpfandgläubiger nachrücken, so ist zugleich mit der Löschung unter der bisherigen Litera eine leere Pfandstelle gemäss Artikel 48 einzutragen.

(Entkräftung und Neuausstellung von Pfandtiteln und Löschung des Grundpfandrechts)

64. [1] Schuldbrief und Gült dürfen im Grundbuch nicht gelöscht werden, bevor der Pfandtitel entkräftet oder durch den Richter für kraftlos erklärt worden ist.

² Ein Pfandtitel wird entkräftet, indem er zerschnitten, perforiert oder diagonal durchgestrichen und mit einem Löschungsvermerk versehen wird. Der Löschungsvermerk muss datiert und vom Grundbuchverwalter unterschrieben werden.

³ Ist ein Pfandtitel schadhaft, unleserlich oder unübersichtlich geworden oder erweist sich eine Neuausstellung als zweckmässiger als die Änderung, so stellt der Grundbuchverwalter unter Entkräftung des alten einen neuen Pfandtitel aus und vermerkt darauf die Neuausstellung. Wird ein Namentitel neu ausgestellt, so ist als Gläubiger diejenige Person anzugeben, an welche der Titel zuletzt übertragen wurde.

⁴ Der entkräftete Pfandtitel ist zusammen mit dem neu ausgestellten Titel der berechtigten Person auszuhändigen, wenn diese es verlangt. Das kantonale Recht kann eine andere Regelung vorsehen.

⁵ Wird das Grundpfandrecht im Grundbuch gelöscht, so ist der entkräftete Titel dem Grundeigentümer auf dessen Verlangen auszuhändigen.

(Änderungen)

65. ¹ Eine Eintragung wird abgeändert, indem entweder die ganze Eintragung oder bloss der zu ändernde Teil gestrichen und durch den neuen Wortlaut ersetzt wird. Datum und Beleg der Änderung müssen angegeben werden.

² Die Änderung erhält die gleiche Litera oder Ziffer, mit der die bisherige Eintragung versehen war.

(Gläubigerwechsel und Gläubigerregister)

66. ¹ Der Übergang des Gläubigerrechts aus Grundpfandforderungen wird im Grundbuch nicht eingetragen.

² In einem besonderen Register (Art. 108 Abs. 1 Bst. b) oder auf dem Hauptbuchblatt in der Abteilung «Grundpfandrechte» ist dagegen die Person zu bezeichnen (Art. 31 Abs. 2), die als Grundpfand- oder als Faustpfandgläubigerin an einer Grundpfandforderung berechtigt ist, wenn die Person darum ersucht und ihr Recht glaubhaft macht. Das Gläubigerregister kann auch aus den gesammelten, fortlaufend nummerierten Gläubigergesuchen bestehen.

³ Die Angabe der aus dem Pfandrecht berechtigten Personen hat zur Folge, dass der Grundbuchverwalter alle ihm durch Gesetz und Verordnung vorgeschriebenen Anzeigen an diese Personen zu machen hat, insoweit nicht ein Bevollmächtigter gemäss Artikel 51 bestellt ist.

(Einschreibung einer Änderung im Rechtsverhältnis einer
Grundpfandforderung im Hauptbuch)

67. ¹ Erleidet bei Grundpfandforderungen das Rechtsverhältnis durch Abzahlungen an die Schuld oder durch Ermässigung des Zinsfusses Änderungen, so werden sie auf schriftliches Begehren des Schuldners in der Kolumne «Bemerkungen» eingeschrieben.

² Andere Schulderleichterungen sind unter der gleichen Voraussetzung bei den Belegen zu erwähnen.

(Anmerkung einer Änderung im Rechtsverhältnis einer
Grundpfandforderung auf dem Titel)

68. ¹ Die in Artikel 67 vorgesehenen Abänderungen bezüglich des Grundpfandrechts sollen gleichzeitig in den Pfandtiteln angemerkt und vom Grundbuchverwalter unterzeichnet werden.

² Ausserdem sind in den Pfandtiteln von Amtes wegen alle diejenigen Änderungen anzumerken, die sich aus den Eintragungen und Löschungen in den anderen Abteilungen des Grundbuchblattes ergeben und die von Einfluss auf das Pfandrecht sind (Veräusserung des Grundstücks, Aufhebung von Dienstbarkeiten und Grundlasten, die dem verpfändeten Grundstücke zustanden).

³ Bei der Ausgabe von Anleihenstiteln können hierüber spezielle Vorschriften aufgestellt werden, auf die im Grundbuch in der Kolumne «Bemerkungen» zu verweisen ist.

(Aufbewahrung der Belege bei Änderungen und Löschungen)

69. Die Belege für die Abänderung oder Löschung eines Eintrages sind gemäss den Vorschriften der Artikel 28 und 29 aufzubewahren.

VI. Vormerkungen

(Allgemeine Vorschriften über Vormerkungen)

70. Die Vorschriften über die Eintragungen, wie insbesondere betreffend die Anmeldung zur Eintragung und die Prüfung des Verfügungsrechts (Art. 15–17), finden auf die Vormerkungen, unter Vorbehalt der nachfolgenden besonderen Bestimmungen, entsprechende Anwendung.

(Ausweis für die Vormerkung persönlicher Rechte)

71. ¹ Für den Ausweis zur Vormerkung persönlicher Rechte ist erforderlich:
bei Kaufsrecht, Rückkaufsrecht, Vereinbarung über das Nachrücken von Grundpfandgläubigern, Rückfall von Schenkungen, Vorkaufsrecht mit zum voraus bestimmtem Preis (limitiertes Vorkaufsrecht): öffentliche Beurkundung;
bei Vorkaufsrecht ohne Kaufpreisangabe (unlimitiertes Vorkaufsrecht), Miete und Pacht: einfache Schriftlichkeit.

² Die Vormerkungen persönlicher Rechte sollen stets die Bedingungen, unter denen das Recht geltend gemacht werden kann, und die Zeitdauer des Bestandes enthalten.

(Ausweis für Vormerkungen bei Stockwerkeigentum und
bei gesetzlichen Vorkaufsrechten)

71a.¹) ¹ Der für die Vormerkung des Vorkaufsrechtes und des Einspracherechtes der Stockwerkeigentümer gemäss Artikel 712c des Zivilgesetzbuches erforderliche Ausweis wird erbracht durch die Vorlegung des

Begründungsaktes oder einer besonderen Vereinbarung in schriftlicher Form.

² Zur Vormerkung der Aufhebung oder Abänderung des Vorkaufsrechtes der Miteigentümer, des Bauberechtigten und des Eigentümers des mit dem Baurecht belasteten Grundstückes sowie zur Vormerkung der Wegbedingung des Rechtes, die Aufhebung des Miteigentums zu verlangen, bedarf es einer Vereinbarung in der Form der öffentlichen Beurkundung.

³ Ist die Vormerkung vereinbart, so ist jeder aus dieser Vereinbarung Berechtigte oder Verpflichtete zu ihrer Anmeldung befugt.

---

¹) Siehe auch Artikel 10a GBV/Fn. 1.

(Ausweis für Vormerkungen beim Baurechtsverhältnis)

71b. ¹ Vereinbarungen über die Entschädigung für heimfallende Bauten und über die Wiederherstellung des ursprünglichen Zustandes nach dem Untergang des Baurechtes (Art. 779e ZGB) müssen als Ausweis für die Vormerkung öffentlich beurkundet sein.

² In schriftlicher Form bilden diese Vereinbarungen den Ausweis für die Vormerkung, wenn das Baurecht nicht ein selbständiges und dauerndes Recht ist.

³ Die Vormerkung ist auf dem Blatte des belasteten Grundstückes und gegebenenfalls zudem auf dem Blatte des Baurechtes einzuschreiben.

71c. (Aufgehoben gemäss Art. 7 VBB [Anhang IX B zum ZGB], i.K. 1. Januar 1994 [AS 1993 S. 2904].)

(Löschung der Vormerkung eines persönlichen Rechts)

72. ¹ Die Vormerkungen persönlicher Rechte sind von Amtes wegen zu löschen, wenn die in der Vormerkung angegebene Zeit abgelaufen ist.

² Vorgemerkte Vorkaufs-, Rückkaufs- oder Kaufsrechte sind ausserdem von Amtes wegen zu löschen, wenn der Berechtigte Eigentümer des Grundstücks geworden ist.

(Ausweis für die Vormerkung einer Verfügungsbeschränkung)

73. ¹ Der Ausweis für die Vormerkung von Verfügungsbeschränkungen wird geleistet:
a. bei streitigen oder vollziehbaren Ansprüchen sowie bei Pfändung, Pfandverwertung und Arrest: durch die Ermächtigung der zuständigen Behörde;
b. bei Errichtung einer Heimstätte: durch die Genehmigungsurkunde der zuständigen Behörde;
c. bei Nacherbeneinsetzung und Nachvermächtnis: durch eine beglaubigte Kopie der Verfügung von Todes wegen.

² Die Vormerkung einer Verfügungsbeschränkung zur Sicherung eines streitigen Anspruchs muss den Ansprecher und den Anspruch bezeichnen.

³ Die Vormerkung einer Verfügungsbeschränkung wegen Pfändung oder Arrest muss den Betrag angeben, für den gepfändet oder verarrestiert wurde.

74. (Aufgehoben gemäss Änderung vom 2. Dezember 1996 [AS 1996 S. 3106].)

(Vormerkung vorläufiger Eintragungen)

75. ¹ Für die Vormerkung vorläufiger Eintragungen bedarf es der schriftlichen Einwilligung des Eigentümers und der übrigen Beteiligten oder der Anordnung des Richters.

² Vorläufige Eintragungen sind mit der Abkürzung «V. E.» zu versehen und sollen in Stichworten den wesentlichen Inhalt des Rechts, den Berechtigten, das Datum der Anmeldung und den Hinweis auf den Beleg enthalten.

(Löschung der Vormerkung einer vorläufigen Eintragung von Amtes wegen)

76. ¹ Die Vormerkung einer vorläufigen Eintragung ist von Amtes wegen zu löschen, wenn die entsprechende definitive Eintragung vorgenommen wird oder wenn die vom Grundbuchverwalter oder vom Richter für deren Anmeldung festgesetzte Frist unbenützt abgelaufen ist.

² Tritt an Stelle der vorläufigen die endgültige Eintragung, so ist diese mit dem Datum der gelöschten Vormerkung zu versehen.

(Einschreibung einer Vormerkung im Hauptbuch)

77. ¹ Die Vormerkungen müssen in der gleichnamigen Abteilung des Hauptbuchblattes des belasteten Grundstücks eingeschrieben werden und enthalten:
a. die Bezeichnung mit einer Litera oder Ziffer;
b. den wesentlichen Inhalt des vorgemerkten Rechts;
c. die Bezeichnung der berechtigten Person (Art. 31 Abs. 2) oder die Bezeichnung des berechtigten Grundstücks;
d. das Datum der Eintragung;
e. den Hinweis auf den Beleg.

² Soll ein persönliches Recht vorgemerkt werden (Art. 959 ZGB), das dem jeweiligen Eigentümer eines Grundstücks zusteht, so muss die Vormerkung auch in der gleichnamigen Abteilung des Hauptbuchblattes des berechtigten Grundstücks eingetragen werden.

VII. Anmerkungen

(Allgemeine Vorschriften über Anmerkungen)

78. Soweit die Artikel 79 und 80 nichts anderes bestimmen, gelten für die Anmerkungen sinngemäss die Vorschriften über die Eintragungen.

(Anmerkungen des Privatrechts)

79. [1] Anmerkungen, die auf dem Privatrecht beruhen, sind auf dem Hauptbuchblatt oder in der Grundstücksbeschreibung mit einem Stichwort und dem Hinweis auf den Beleg einzuschreiben.

[2] Zugehör (Art. 946 Abs. 2 ZGB) wird auf Anmeldung des Eigentümers angemerkt; können die einzelnen Zugehörstücke aus Platzgründen in der Abteilung «Anmerkungen» oder in der Grundstücksbeschreibung nicht angegeben werden, so ist das Verzeichnis darüber bei den Belegen aufzubewahren.

[3] Der Zeitpunkt des Beginns eines Werkes (Art. 841 Abs. 3 ZGB) wird auf Anmeldung eines berechtigten Handwerkers oder Unternehmers angemerkt.

[4] Eine Nutzungs- und Verwaltungsordnung (Art. 647 ZGB) wird auf Anmeldung jedes Miteigentümers angemerkt; Ausweis zur Einschreibung bildet die von allen beteiligten Miteigentümern unterschriebene Nutzungs- und Verwaltungsordnung.

[5] Ein Reglement für die Stockwerkeigentümer-Gemeinschaft (Art. 712g ZGB) wird auf Anmeldung des Verwalters bzw. jedes Stockwerkeigentümers angemerkt; Ausweis zur Einschreibung bildet das von allen Stockwerkeigentümern unterzeichnete Reglement oder das Reglement, dem ein beglaubigter Auszug aus dem Protokoll über seine Annahme durch Beschluss der Stockwerkeigentümer-Gemeinschaft beigelegt ist.

[6] Das Vorpachtrecht (Art. 5 LPG[1])) wird auf Anmeldung eines Nachkommen des Eigentümers oder Nutzniessers (Verpächters) eines landwirtschaftlichen Gewerbes angemerkt; zur Anmeldung ist jeder Nachkomme befugt, der das 18. Altersjahr vollendet hat.

[7] ...[2])

---

[1]) SR 211.213.2, Anhang V A zum OR.
[2]) Aufgehoben gemäss Änderung vom 23. November 1994 (AS 1995 S. 14).

(Anmerkung gesetzlicher Eigentumsbeschränkungen)

80. [1] Öffentlich-rechtliche Eigentumsbeschränkungen sind auf dem Hauptbuchblatt oder in der Grundstücksbeschreibung mit einem Stichwort und dem Hinweis auf den Beleg und gegebenenfalls auf den Plan anzumerken.

[2] Gesetzliche Wegrechte von bleibendem Bestand (Art. 696 ZGB) werden ohne besonderen Ausweis auf Anmeldung des Eigentümers auf dem Hauptbuchblatt des belasteten Grundstücks mit einem Stichwort angemerkt. Das kantonale Recht kann vorsehen, dass die Anmerkung von Amtes wegen vorgenommen wird; es bezeichnet die hierfür nötigen Ausweise.

[3] Der Beitritt zu einer Körperschaft zum Zwecke der Bodenverbesserung (Art. 703 ZGB) wird auf Anmeldung des vom kantonalen Recht bezeichneten Organs angemerkt.

[4] Andere Beschränkungen nach kantonalem Recht, für die eine Anmerkung vorgeschrieben ist (Art. 962 ZGB), werden auf Grund einer rechts-

kräftigen Verfügung der zuständigen Behörde oder auf Anmeldung des Eigentümers angemerkt.

⁵ Beschränkungen auf Grund eines Bundesgesetzes, für die das Bundesrecht eine Anmerkung vorsieht, werden auf Grund einer rechtskräftigen Verfügung der zuständigen Behörde oder auf Anmeldung des Eigentümers angemerkt.

⁶ Eine Grundbuchsperre wird angemerkt, wenn:
a. der Richter sie zum Schutze der ehelichen Gemeinschaft angeordnet hat (Art. 178 ZGB);
b. der Richter das Grundstück nach eidgenössischem Strafprozessrecht mit Beschlag belegt hat;
c. eine Behörde vorsorgliche Massnahmen nach dem Bundesgesetz vom 16. Dezember 1983[1]) über den Erwerb von Grundstücken durch Personen im Ausland angeordnet hat;
d. bei einer Zwangsverwertung die Behörde dem Erwerber eines Grundstücks einen Zahlungstermin gewährt hat (Art. 137 SchKG[2])).

⁷ Kantonale Vorschriften über die Anmerkung von öffentlich-rechtlichen Eigentumsbeschränkungen, einschliesslich Beschränkungen der Verfügungsbefugnis, sind nur gültig, wenn der Bundesrat sie genehmigt hat (Art. 962 Abs. 2 ZGB).

⁸ Die Zugehörigkeit eines Grundstücks zu einem Gebiet mit dauernden Bodenverschiebungen wird auf Anmeldung einer vom Kanton bezeichneten Behörde angemerkt.

⁹ Die Konkurseröffnung (Art. 176 SchKG), die Nachlassstundung (Art. 296 SchKG), der Nachlassvertrag mit Vermögensabtretung (Art. 319 SchKG) und die Notstundung (Art. 345 SchKG) werden auf Mitteilung des Richters angemerkt.

¹⁰ Die Veräusserungsbeschränkung zur Sicherung des Vorsorgezwecks bei Förderung von Wohneigentum (Art. 30e Abs. 2 BVG[3])) wird mit Zustimmung des Eigentümers auf Anmeldung der Vorsorgeeinrichtung oder der Urkundsperson angemerkt.

---

[1]) SR 211.412.41, Anhang X A zum ZGB.
[2]) SR 281.1.
[3]) SR 831.40.

(Anmerkung einer Änderung der Landesgrenze)

80a. ¹ Soll die Landesgrenze geändert werden, so teilt dies der Kantonsgeometer dem Grundbuchverwalter des Kreises mit und bezeichnet die Grundstücke, die davon betroffen sind oder sein könnten. Diese Mitteilung gilt als Anmeldung zur Anmerkung.

² Der Grundbuchverwalter merkt den Tatbestand auf den Blättern der betroffenen Grundstücke an und gibt den Beteiligten nach Artikel 969 des Zivilgesetzbuches davon Kenntnis.

³ Ist die Änderung der Landesgrenze vollzogen und das Grundbuch nachgeführt, so löscht der Grundbuchverwalter die Anmerkungen von Amtes wegen.

(Weitere Anmerkungen)

81. Vorbehalten bleiben die weiteren Anmerkungen, die diese Verordnung vorsieht (Art. 24, 24a, 32, 33c, 47, 80a und 114).

82. (Aufgehoben gemäss Änderung vom 18. November 1987 [AS 1987 II 1600].)

82a. (Aufgehoben gemäss Änderung vom 18. November 1987 [AS 1987 II 1600].)

VIII. Bemerkungen zu den Grundpfandeinträgen

(Einschreibung von Bemerkungen zu den Grundpfandeinträgen)

83. [1] Die in dieser Verordnung vorgesehenen Einschreibungen in die Kolumne «Bemerkungen zu den Grundpfandeinträgen» sind in der Weise vorzunehmen, dass alle Bemerkungen zu einem Grundpfandeintrag unter dessen Litera angebracht und soweit möglich zusammengestellt werden.

[2] Ebenso ist bei dem Eintrag, auf den die Bemerkung Bezug hat, darauf zu verweisen, und es ist zum Zwecke der Einschreibung solcher Verweisungen nach jedem Grundbucheintrag in der Abteilung «Grundpfand» eine Zeile leer zu lassen.

(Streichung einer Bemerkung zu einem Grundpfandeintrag
von Amtes wegen)

84. [1] Die Bemerkungen werden von Amtes wegen gestrichen, wenn der entsprechende Eintrag gelöscht wird oder wenn eine frühere Bemerkung infolge einer späteren hinfällig wird.

[2] Mit der Bemerkung ist zugleich auch die Verweisung darauf beim Eintrag zu löschen bzw. entsprechend abzuändern.

IX. Teilung, Vereinigung und Umschreibung

(Anlage neuer Blätter bei Teilung eines Grundstücks)

85. [1] Wird die Teilung eines Grundstücks angemeldet, so führt der Grundbuchverwalter das ursprüngliche Hauptbuchblatt für einen Teil weiter. In der Grundstücksbeschreibung des Blattes, das weitergeführt wird, ist die Verminderung der Fläche und das Datum der Teilung anzugeben. Für die andern Teile eröffnet der Grundbuchverwalter neue Hauptbuchblätter.

[2] Der Grundbuchverwalter kann in besonderen Fällen auch für jeden Teil ein neues Hauptbuchblatt eröffnen.

[3] Auf den neuen Hauptbuchblättern muss er auf die bisherige Nummer verweisen.

[4] Der Grundbuchverwalter nimmt die Änderungen auf dem ursprünglichen Hauptbuchblatt und die Einträge auf den neuen Hauptbuchblättern nach Abrede der Parteien vor. Haben die Parteien nichts verabredet, so geht der Grundbuchverwalter gemäss den Artikeln 86–89 vor.

(Dienstbarkeiten bei Teilung eines Grundstücks)

86. Eintragungen über Dienstbarkeiten zugunsten oder zulasten des aufgeteilten Grundstücks sind auf dem Hauptbuchblatt, das weitergeführt wird, zu belassen und auf alle neuen Hauptbuchblätter zu übertragen, sofern sie nicht aufgrund des Verfahrens nach den Artikeln 743 und 744 des Zivilgesetzbuches gelöscht werden.

(Grundpfandrechte bei Teilung eines Grundstücks)

87. ¹ Die Grundpfandrechte sind auf dem Hauptbuchblatt, das weitergeführt wird, zu belassen und auf die neuen Hauptbuchblätter zu übertragen. Gehören die Teile verschiedenen nicht solidarisch verpflichteten Eigentümern, so ist die Pfandsumme jedoch so zu verteilen, dass jeder der Teile seinem Schätzungswert entsprechend verhältnismässig belastet wird.

² Der Grundbuchverwalter hat den Grundpfandgläubigern unverzüglich, unter Hinweis auf die ihnen nach Artikel 833 des Zivilgesetzbuches zustehenden Rechte, von dieser Verteilung Kenntnis zu geben.

³ Die Verteilung ist in den Pfandtiteln anzumerken.

(Grundlasten bei Teilung eines Grundstücks)

88. ¹ Die Vorschrift des Artikels 87 findet auch Anwendung bei Zerstückelung eines mit einer Grundlast beschwerten Grundstückes, und zwar bezüglich der Ablösungssumme und der teilbaren Leistungen.

² Ist die Leistung unteilbar, so ist die Leistungspflicht auf denjenigen Teil zu legen, der den höheren Schatzungswert aufweist oder sonst als am besten geeignet erscheint.

³ Der Grundbuchverwalter hat den aus der Grundlast Berechtigten unverzüglich von dieser Verteilung, unter Hinweis auf die ihnen nach Artikel 787 des Zivilgesetzbuches zustehenden Rechte, Kenntnis zu geben.

(Vor- und Anmerkungen bei Teilung eines Grundstücks)

89. ¹ Vormerkungen und Anmerkungen sind auf die Hauptbuchblätter aller Teile zu übertragen. Können sie sich nach ihrem Inhalt nur auf bestimmte Teile beziehen, so sind sie auf die entsprechenden Hauptbuchblätter zu übernehmen und auf den andern zu löschen.

² Sind die Anmerkungen in den Grundstücksbeschreibungen aufgenommen, so ist für sie Absatz 1 sinngemäss anwendbar.

(Teilung eines Grundstücks ohne Übertragung von
Rechten und Lasten)

90. ¹ Wird ein Teil eines Grundstücks abgetrennt, ohne dass eine Übertragung von Rechten und Lasten notwendig ist, so soll der Grundbuchverwalter, wenn Grundpfandeinträge vorhanden sind, auf dem Hauptbuchblatt unter «Bemerkungen» und in den Pfandtiteln auf eine allfällige Pfandentlassung hinweisen.

² Über den Grund der Abtrennung sind in der Grundstücksbeschreibung oder in einem Beleg, auf den zu verweisen ist, die näheren Angaben zu machen.

(Voraussetzungen zur Vereinigung von Grundstücken)

91. ¹ Die Vereinigung mehrerer Grundstücke desselben Eigentümers zu einem einzigen Grundstück mit neuer Nummer kann im Grundbuch nur stattfinden, wenn keine Grundpfandrechte oder Grundlasten aus den Grundbuchblättern der einzelnen Grundstücke auf das neue Grundbuchblatt des vereinigten Grundstücks übertragen werden müssen oder die Gläubiger dazu einwilligen.

² Lasten Dienstbarkeiten auf den Grundstücken, so kann die Vereinigung nur stattfinden, wenn die Berechtigten dazu einwilligen oder nach der Art der Belastung dadurch in ihren Rechten nicht verletzt werden.

³ Sind Grunddienstbarkeiten zugunsten der Grundstücke eingetragen, so kann die Vereinigung nur stattfinden, wenn die Eigentümer der belasteten Grundstücke dazu einwilligen oder wenn durch die Vereinigung keine Vergrösserung der Belastung eintritt.

(Übertragung der Einträge bei Vereinigung von Grundstücken)

92. ¹ Kann die Vereinigung stattfinden, so geschieht die Übertragung der Einträge unter Ausdehnung der Belastung auf das ganze neue Grundstück nach der Abrede der Beteiligten.

² Dienstbarkeiten, die zu Lasten des einen und zugunsten des andern der zu vereinigenden Grundstücke bestehen, sind bei der Vereinigung von Amtes wegen zu löschen.

(Vergrösserung des Flächeninhalts)

93. ¹ Nicht als Vereinigung im Sinne der Artikel 91 und 92 gilt es, wenn die Vermehrung des Flächeninhalts eines Grundstückes durch ein anderes Grundstück oder einen Grundstückteil in der Weise stattfindet, dass mit dieser Vergrösserung keine neuen Rechte oder Lasten auf dem Blatt des vergrösserten Grundstücks eingetragen werden müssen.

² Bei einer solchen Vergrösserung ist deren Umfang und Datum unter «Flächeninhalt» und, sofern Grundpfandeinträge oder Pfandtitel vorhanden sind, als Pfandvermehrung in den Pfandtiteln anzugeben.

³ Über den Grund der Vergrösserung sind in der Liegenschaftsbeschreibung oder in einem Beleg, auf das zu verweisen ist, die näheren Angaben zu machen.

(Umschreibung von einem Kollektivblatt auf Einzelblätter und von solchen auf ein Kollektivblatt)

94. ¹ Die Vorschriften der Artikel 86–89 finden entsprechende Anwendung, wenn ein Grundstück von einem Kollektivblatt auf ein Einzelblatt umgeschrieben wird.

² Ebenso kommen die Bestimmungen der Artikel 91 und 92 zur Anwendung, wenn mehrere Grundstücke von Einzelblättern auf ein Kollektivblatt umgeschrieben werden.

(Umschreibung auf ein neues Hauptbuchblatt bei Platzmangel
oder Unübersichtlichkeit)

95. Nehmen die Eintragungen in einer Abteilung eines Hauptbuchblattes mit der Zeit den ganzen verfügbaren Raum ein oder ist das Blatt unübersichtlich geworden, so hat der Grundbuchverwalter das Blatt unter der bisherigen Nummer auf ein neues Hauptbuchblatt umzuschreiben. Dabei müssen die nicht gelöschten Eintragungen und die nicht gestrichenen Angaben sämtlicher Abteilungen auf das neue Blatt übertragen werden.

(Schliessung eines Hauptbuchblattes)

96. ¹ Verliert ein Hauptbuchblatt infolge Teilung (Art. 85–90), Vereinigung (Art. 91–93) oder Umschreibung (Art. 95) seine Wirkung, so ist es mit einem entsprechenden Vermerk zu schliessen und diagonal zu streichen. Grund und Datum der Schliessung und gegebenenfalls der Beleg sind anzugeben.

² Scheidet ein Grundstück aus einem Kollektivblatt aus, so ist nur die betreffende Ordnungsziffer und die dazugehörige Nummer zu streichen, unter Angabe des Datums und der Verweisung, sowie des Belegs, das den Grund der Ausscheidung angibt.

³ Die Vorschriften der Absätze 1 und 2 finden auch Anwendung, wenn ein aufgenommenes Grundstück sich in ein solches verwandelt, das nicht aufzunehmen ist.

(Vorbehalt der Vorschriften über die Vermessung bei Teilung
und Vereinigung von Grundstücken)

97. Für die Teilung und Vereinigung von Grundstücken im Grundbuch bleiben im übrigen die Vorschriften über die Vermessung vorbehalten.

X. Berichtigungen

(Voraussetzungen für eine Berichtigung)

98. ¹ Ist aus Versehen in einer Abteilung des Hauptbuches ein unrichtiger Eintrag gemacht worden, so soll ihn der Grundbuchverwalter berichtigen.

² Wird die Unrichtigkeit eines Eintrages vom Grundbuchverwalter sogleich wahrgenommen, so darf er die Berichtigung ohne weiteres vornehmen.

³ Wird die Unrichtigkeit eines Eintrages erst erkannt, nachdem die Beteiligten oder Dritte von dem unrichtigen Eintrag Kenntnis erhalten haben, so soll der Grundbuchverwalter den Beteiligten davon Mitteilung machen, sie um schriftliche Einwilligung zur Berichtigung ersuchen und nach Eingang der Einwilligung aller Beteiligten die Berichtigung vornehmen.

⁴ Verweigert einer der Beteiligten seine Zustimmung, so hat der Grundbuchverwalter den zuständigen Richter um Anordnung der Berichtigung zu ersuchen.

(Berichtigung ohne Änderung des Inhalts des Rechts)

99. Wird durch die Berichtigung der Inhalt des einzutragenden Rechtes nicht berührt, so darf der Grundbuchverwalter die Berichtigung jederzeit von sich aus vornehmen (Art. 977 Abs. 3 ZGB).

(Berichtigungen im Hauptbuch)

100. ¹ Eine Eintragung wird berichtigt, in dem die unrichtige Eintragung gestrichen und die richtige Eintragung vorgenommen wird.

² Die Berichtigung durch Rasuren, Korrekturen, Randbemerkungen oder Einschiebungen irgendwelcher Art ist untersagt.

³ In der berichtigten Eintragung ist auf die Einschreibung im Tagebuch (Art. 14) hinzuweisen.

101. (Aufgehoben gemäss Änderung von 18. November 1987 [AS 1987 II 1600].)

XI. Aufsicht, Beschwerden

102. *Grundbuchbeschwerde.*[1] ¹ Gegen die Amtsführung des Grundbuchverwalters kann bei der kantonalen Aufsichtsbehörde, in letzter Instanz beim Bundesgericht, Beschwerde geführt werden.

² Die letztinstanzlichen kantonalen Entscheide sind dem Bundesamt für Justiz zu eröffnen. Dieses kann gegen den Entscheid Verwaltungsgerichtsbeschwerde an das Bundesgericht führen.

---

[1]) Die kursiv gesetzten Sachüberschriften sind Bestandteile der Verordnung, während die in Klammern und normal gesetzten Sachüberschriften bloss inoffizielle Titel sind, die das Eidgenössische Amt für Grundbuch- und Bodenrecht verwendet.

103. *Beschwerde gegen die Abweisung einer Anmeldung.* ¹ Weist der Grundbuchverwalter die Anmeldung gemäss Artikel 24 ab, so können der Anmeldende sowie alle übrigen, die von der Abweisung berührt sind, innert 30 Tagen bei der kantonalen Aufsichtsbehörde dagegen Beschwerde führen.

² Die gleiche Frist gilt für den Weiterzug an eine andere kantonale Behörde.

³ Wird Beschwerde geführt, so hat die Aufsichtsbehörde in kürzester Frist darüber zu entscheiden, ob der beanstandeten Anmeldung vom Grundbuchverwalter durch Vornahme der Eintragung Folge zu geben sei.

⁴ Gegen den letztinstanzlichen kantonalen Entscheid kann binnen 30 Tagen Verwaltungsgerichtsbeschwerde beim Bundesgericht erhoben werden.

104. *Beschwerde in anderen Fällen.* [1] Jeder, der durch eine Verfügung des Grundbuchverwalters berührt ist, die nicht die Abweisung einer Anmeldung zum Gegenstand hat, kann dagegen innert 30 Tagen bei der kantonalen Aufsichtsbehörde Beschwerde führen.

[2] Verweigert oder verzögert der Grundbuchverwalter eine Amtshandlung, so kann dagegen jederzeit Beschwerde geführt werden.

104a. *Oberaufsicht des Bundes.* [1] Das Eidgenössische Amt für Grundbuch- und Bodenrecht übt die Oberaufsicht über die Grundbuchführung in den Kantonen aus.

[2] Es kann namentlich:
a. allgemeine Weisungen und Empfehlungen über die Einführung, Einrichtung und Führung des Eidgenössischen Grundbuchs sowie über den Vollzug dieser Verordnung erlassen;
b. verbindliche Mustervorlagen für die Grundbuchführung und für Vereinbarungen über den Zugriff im Abrufverfahren auf elektronisch gespeicherte Grundbuchdaten abgeben;
c. einen Datenkatalog für die Grundbuchführung mittels Informatik erstellen;
d. Weisungen über die langfristige Sicherung, die Auslagerung, Aufbewahrung und Archivierung von Grundbuchdaten erlassen;
e. Inspektionen der Grundbuchämter durchführen.

[3] Es erfüllt bei der Grundbuchführung mittels Informatik die ihm übertragenen besonderen Aufgaben; es prüft namentlich Projekte, Informatiksysteme und Konzepte, und bereitet insbesondere die Festlegung von Datenmodellen und einheitlichen Schnittstellen vor.

104b. *Genehmigung kantonaler Vorschriften durch den Bund.* Die kantonalen Vorschriften über Anlage, System und Führung des Grundbuchs sowie über die Zugriffsberechtigung bedürfen der Genehmigung des Bundes.

XII. Auszüge und Auskünfte

105. *Auszüge.* [1] Auszüge aus dem Tagebuch, dem Hauptbuch, den Belegen oder den Hilfsregistern werden erstellt, indem die entsprechenden Stellen abgeschrieben, kopiert oder, wenn sie elektronisch gespeichert sind, ausgedruckt werden. Auszüge aus dem Hauptbuch müssen übersichtlich nach Abteilungen dargestellt werden.

[2] In den Auszügen über Stockwerke, über selbständige und dauernde Rechte und, wenn für sie eigene Blätter angelegt worden sind, über Miteigentumsanteile, sind die eingetragenen Rechte und vorgehenden Belastungen anzugeben, die sich auf dem Blatt des gemeinschaftlichen oder des belasteten Grundstückes befinden.

[3] Auszüge aus dem Hauptbuch geben die darin enthaltenen rechtsgültigen Angaben wieder. Erfordern die Umstände nicht etwas anderes, so

dürfen Auszüge, die durch Kopie des Hauptbuchblattes erstellt werden, auch gelöschte Angaben wiedergeben.

[4] Auszüge aus dem Hauptbuch enthalten ferner:
a. den Hinweis auf Anmeldungen, die im Tagebuch eingeschrieben, aber noch nicht im Hauptbuch eingetragen sind;
b. einen entsprechenden Hinweis, wenn es sich um eine kantonale Grundbucheinrichtung handelt.

[5] Ein Auszug aus dem Hauptbuch kann sich auf bestimmte Abteilungen oder auf die Aussage beschränken, dass eine bestimmte Eintragung im Hauptbuch nicht vorhanden ist.

[6] Auszüge müssen datiert sein und zur Bescheinigung der Richtigkeit die Unterschrift des Grundbuchverwalters tragen. Die Richtigkeit wird nicht bescheinigt, wenn der Empfänger des Auszuges dies ausdrücklich wünscht oder wenn der Auszug elektronisch übermittelt wird.

106. *Auszüge für Gerichte und Behörden.* Artikel 105 findet auch Anwendung auf Auszüge und Bescheinigungen, die für Gerichte und andere Behörden ausgestellt werden.

106a. *Öffentlichkeit des Grundbuchs.* [1] Jede Person kann vom Grundbuchamt ohne das Glaubhaftmachen eines Interesses Auskunft oder einen Auszug über die folgenden rechtsgültigen Daten des Hauptbuches verlangen:
a. die Bezeichnung des Grundstücks und die Grundstücksbeschreibung, den Namen und die Identifikation des Eigentümers, die Eigentumsform und das Erwerbsdatum (Art. 970 Abs. 2 ZGB);
b. die Dienstbarkeiten und Grundlasten;
c. die Anmerkungen mit Ausnahme von:
   1. Grundbuchsperren nach Artikel 80 Absatz 6 und nach kantonalem Recht,
   2. Veräusserungsbeschränkungen zur Sicherung des Vorsorgezwecks bei der Förderung von Wohneigentum nach Artikel 30e Absatz 2 BVG[1]),
   3. Eigentumsbeschränkungen zur Sicherung der Zweckerhaltung nach den Vorschriften des Bundes und der Kantone zur Förderung des Wohnbaus und des Wohneigentums,
   4. auf kantonalem Recht beruhenden Eigentumsbeschränkungen mit Pfandrechtscharakter.

[2] Eine Auskunft oder ein Auszug darf nur hinsichtlich eines bestimmten Grundstücks abgegeben werden.

---

[1]) SR 831.40.

XIIa. Form des Hauptbuches, Belege und Hilfsregister

107. *Hauptbuchblatt.* [1] Das Hauptbuchblatt muss die Abteilungen Eigentum, Dienstbarkeiten und Grundlasten, Grundpfandrechte (einschliesslich Bemerkungen), Vormerkungen und Anmerkungen enthalten. Werden die

Anmerkungen in der Grundstücksbeschreibung aufgeführt, so erübrigt sich eine entsprechende Abteilung auf dem Hauptbuchblatt.

² Das Hauptbuch kann in Buch- oder in Loseblattform geführt werden.

³ Das Hauptbuchblatt in Buchform ist nach einheitlichem Formular einzurichten. Das vom Kanton vorgesehene Hauptbuchblatt in Loseblattform muss vom Amt für Grundbuch- und Bodenrecht genehmigt werden.

⁴ Die Kantone haben alle erforderlichen Massnahmen anzuordnen, damit der Verlust eines Blattes sofort festgestellt und eine missbräuchliche Verwendung des Hauptbuchblattes verhindert werden kann.

107a.[1]) *Anlage eines Ersatzblattes bei Verlust eines Hauptbuchblattes.*
¹ Wird ein Hauptbuchblatt zerstört oder vermisst, so entscheidet die kantonale Aufsichtsbehörde, ob auf Grund der vorhandenen Sicherheitsmittel (insbesondere Doppel, Mikroverfilmung oder Speicherung auf einem elektronischen Datenträger) für das zerstörte oder vermisste Blatt ein Ersatzblatt angelegt werden kann.

² Ist dies der Fall, so legt der Grundbuchverwalter auf Grund der vorhandenen Unterlagen und Sicherheitsmittel ein Ersatzblatt an. Dieses muss alle nicht gelöschten Einschreibungen enthalten.

³ Das Ersatzblatt entfaltet Rechtswirkung, sobald die kantonale Aufsichtsbehörde seine Richtigkeit und Vollständigkeit bestätigt hat.

---

[1]) Ursprünglich Art. 107c.

107b.[1]) *Öffentliche Bekanntmachung bei unvollständigem Ersatzblatt.*
¹ Kann auf Grund der Belege und Sicherheitsmittel kein vollständiges Ersatzblatt angelegt werden, so erlässt der Grundbuchverwalter durch öffentliche Bekanntmachung eine Aufforderung, bestehende, allenfalls nicht berücksichtigte Rechte zur Eintragung anzumelden. Er verbindet damit die Androhung, dass das neue Blatt an die Stelle des verschwundenen trete, wenn solche Rechte nicht innerhalb von 30 Tagen nach der öffentlichen Bekanntgabe beim Grundbuchamt unter Hinweis auf die Belege und die frühere Eintragung angemeldet werden.

² Nach Ablauf der Frist tritt das allenfalls ergänzte Ersatzblatt an die Stelle des verschwundenen Blattes.

---

[1]) Ursprünglich Art. 107e.

107c.[1]) *Belege beim Ersatzblatt.* Wird ein Ersatzblatt angelegt, so muss ein Beleg erstellt und darauf angegeben werden, aufgrund welcher Unterlagen und Sicherheitsmittel das Ersatzblatt erstellt worden ist. Auf dem Ersatzblatt ist auf den Beleg hinzuweisen.

---

[1]) Ursprünglich Art. 107f.

108. *Hilfsregister.* ¹ Es werden folgende Hilfsregister geführt:
a. ein Eigentümerregister (Art. 109);
b. ein Gläubigerregister (Art. 66);
c. …[1])

² Die Kantone können die Anlage weiterer Register vorschreiben (insbesondere eines der Dienstbarkeiten, eines der Teilungen oder eines der Zusammenlegungen).

³ Die Hilfsregister dürfen in Buchform, auf losen Karten oder computerunterstützt geführt werden. Die Einschreibung im entsprechenden Hilfsregister ist in der Regel auf dem Hauptbuchblatt anzugeben.

⁴ In den Hilfsregistern dürfen auch die Adressen der Personen, denen Rechte an Grundstücken zustehen, geführt werden. Die Adressen dürfen elektronisch aus den entsprechenden kantonalen oder kommunalen Informationssystemen bezogen werden. Weitere Daten dürfen nur soweit in die Hilfsregister aufgenommen werden, wie es das kantonale Recht vorsieht.

⁵ Die Kantone regeln, wie die elektronisch gespeicherten Daten der Hilfsregister zu unterhalten und zu sichern sind.

---

¹) Aufgehoben gemäss Änderung vom 23. November 1994 (AS 1995 S. 14).

109. *Eigentümerregister.* ¹ Das Eigentümerregister ist so einzurichten, dass die Namen der Eigentümer in alphabetischer Reihenfolge eingeschrieben werden können.

² Beim Namen muss jedes zugehörige Grundstück mit seiner Identifikation aufgeführt werden.

³ Die Ingenieur-Geometerinnen und -Geometer dürfen zur Erfüllung ihrer Aufgaben in der amtlichen Vermessung auf die Namen und Adressen der Eigentümer zugreifen.

⁴ Wird das Eigentümerregister computerunterstützt geführt, so gilt für den Zugriff im Abrufverfahren Artikel 111m sinngemäss.

110. *Aufbewahrung der Bücher, Register und Grundbuchakten.* ¹ Die Bücher und Register sowie die ausgeschiedenen Hauptbuchblätter und Registerkarten sind sorgfältig und geordnet aufzubewahren und dürfen, wie auch die Grundbuchakten, nicht vernichtet werden.

² Der Grundbuchverwalter hat über sämtliche im Grundbuchamt vorhandenen Register ein Verzeichnis zu führen.

110a. *Elektronisches Einlesen der Belege.* ¹ Belege dürfen ausserhalb des Grundbuchamtes an einem sicheren Ort aufbewahrt werden, wenn sie hinsichtlich eines Geschäfts vollständig elektronisch eingelesen und derart gespeichert und gesichert sind, dass die eingelesenen Daten nicht mehr verändert werden können.

² Die eingelesenen Daten haben nicht die Rechtswirkungen des informatisierten Grundbuchs.

110b. *Herausgabe des Hauptbuches und von Belegen.* ¹ Das Hauptbuch darf nicht herausgegeben werden.

² Belege dürfen nur an Gerichte und nur gegen eine Empfangsbescheinigung herausgegeben werden. Eine vom Grundbuchamt beglaubigte Abschrift oder Kopie muss bei den Grundbuchakten bleiben. Nach Abschluss

des gerichtlichen Verfahrens sind die Belege dem Grundbuchamt zurückzugeben.

XIII. Besondere Bestimmungen zur Führung des Grundbuchs mittels Informatik (Art. 942 Abs. 3 und 4, Art. 949a ZGB)

111. *Grundsatz.* In der Grundbuchführung mittels Informatik (informatisiertes Grundbuch) werden die Daten des Hauptbuches, des Tagebuchs, der Grundstücksbeschreibung und der Hilfsregister gemeinsam in einem System gehalten, verwaltet und zueinander in Beziehung gesetzt.

111a. *Verhältnis zu den vorangehenden Abschnitten.* Soweit dieser Abschnitt keine besonderen Bestimmungen über die Führung des Grundbuchs mittels Informatik enthält, gelten die übrigen Bestimmungen dieser Verordnung.

111b. *Hauptbuch.* [1] Den Daten über ein Grundstück, die im System ordnungsgemäss gespeichert, gesichert (Art. 111i) und auf den Geräten des Grundbuchamtes durch technische Hilfsmittel in Schrift und Zahlen lesbar sind, kommen die Rechtswirkungen des Hauptbuches zu. Das System darf Änderungen dieser Daten nur mittels eines geregelten Bearbeitungsverfahrens (Art. 111g) zulassen.

[2] Aus der Darstellung der Daten muss ersichtlich sein, dass es sich um Angaben über ein bestimmtes Grundstück zu einem bestimmten Zeitpunkt handelt.

111c. *Aufnahme von Grundstücken.* [1] Die Anteile an selbständigem Miteigentum müssen als Grundstücke im Grundbuch aufgenommen werden, wenn ein Anteil mit einem Grundpfandrecht belastet wird.

[2] Die Kantone können für Grundstücke, die im Miteigentum von Ehegatten stehen, sowie für Autoabstellplätze und dergleichen abweichende Vorschriften erlassen.

111d. *Eintragungen.* [1] Gesellschaften und Gemeinschaften, die keine juristischen Personen sind und deren Mitglieder Gesamteigentümer sind, müssen als Einheit eindeutig bezeichnet und erfasst werden. Die Mitglieder solcher Gesellschaften und Gemeinschaften sind, soweit es sich nicht um Kollektiv- und Kommanditgesellschaften handelt, einzeln im System zu erfassen.

[2] Die Dienstbarkeiten und die Grundlasten dürfen gesondert dargestellt werden.

[3] Anstelle einer Ziffer oder Litera dürfen die Eintragungen mit andern Zeichen versehen werden. Die Bezeichnung muss jedoch eindeutig sein.

[4] Bemerkungen zu den Eintragungen dürfen in allen Abteilungen eingeschrieben werden.

111e. *Liste der Eigentümer.* Die Namen der Eigentümer müssen mindestens für einen ganzen Grundbuchkreis in alphabetischer Reihenfolge dargestellt werden können.

111f. *Anmeldung und Tagebuch.* ¹ Anmeldungen auf elektronischem Weg sind nur zulässig, soweit es diese Verordnung ausdrücklich vorsieht.

² Den Angaben über die Anmeldungen und über die von Amtes wegen eingeleiteten Verfahren, die im System ordnungsgemäss gespeichert, gesichert (Art. 111i) und auf den Geräten des Grundbuchamtes durch technische Hilfsmittel in Schrift und Zahlen lesbar sind, kommen die Rechtswirkungen des Tagebuches zu.

³ Aus der Darstellung der Daten muss ersichtlich sein, dass es sich um Angaben des Tagebuchs zu einem bestimmten Zeitpunkt handelt.

⁴ Jede Anmeldung ist stichwortartig mit der Identifikation der betroffenen Grundstücke im Tagebuch zu erfassen. Sind alle Angaben der Anmeldung (Art. 14 Abs. 1) bereits in einer Geschäftskontrolle erfasst, so genügt im Tagebuch der Hinweis auf diese.

⁵ Alle Änderungen und Ergänzungen müssen unter Angabe ihres Zeitpunkts vom System automatisch protokolliert werden.

⁶ Die Tagebuchdaten müssen in chronologischer Reihenfolge abgerufen werden können.

111g. *Bearbeitungsverfahren.* ¹ Das Verfahren zur Bearbeitung der Daten des Hauptbuchs wird mit der Einschreibung ins Tagebuch eingeleitet.

² Die Daten des Hauptbuchs, die aufgrund einer Tagebucheinschreibung erfasst, geändert, berichtigt oder gelöscht werden sollen, müssen während des Bearbeitungsverfahrens beliebig verändert werden können, ohne dass die rechtswirksamen Daten des Hauptbuchs in ihrem Bestand berührt werden.

³ Ist eine Einschreibung im Tagebuch hängig, so ist in den Daten des Hauptbuches darauf hinzuweisen. Ein Hinweis, aus dem der Stand der Bearbeitung ersichtlich ist, gilt als Anmerkung (Art. 24 und 24a).

⁴ Der Grundbuchverwalter schliesst das Bearbeitungsverfahren ab, indem er durch je einen besonderen Befehl:
a. die Aufnahme und die Änderung der Daten des Hauptbuchs für rechtswirksam erklärt;
b. eingibt, dass die Anmeldung rechtskräftig abgewiesen ist;
c. eingibt, dass die Anmeldung zurückgezogen wurde; oder
d. eine versehentliche Einschreibung im Tagebuch für ungültig erklärt.

111h. *Löschungen, Änderungen und Berichtigungen.* ¹ Einträge werden gelöscht, indem die Daten vom Bestand der rechtsgültigen in denjenigen der nicht mehr rechtsgültigen Daten übergeführt werden.

² Einträge werden geändert oder berichtigt, indem die neuen Daten in den Bestand der rechtsgültigen Hauptbuchdaten aufgenommen und die

geänderten oder berichtigten Daten in den Bestand der nicht mehr rechtsgültigen Daten übergeführt werden.

³ Nicht mehr rechtsgültige Daten sind als solche kenntlich zu machen.

111i. *Verfügbarkeit und Datensicherheit.* ¹ Alle rechtsgültigen Daten des informatisierten Grundbuchs einschliesslich der Tagebuchdaten hängiger Bearbeitungsverfahren müssen sofort abgerufen werden können. Die Kantone sorgen dafür, dass die elektronisch gespeicherten Grundbuchdaten während der Öffnungszeiten der Grundbuchämter verfügbar sind.

² Die Daten des informatisierten Grundbuchs sind so zu unterhalten und zu sichern, dass sie in Bestand und Qualität erhalten bleiben. Die Sicherung hat nach anerkannten Normen und entsprechend dem jeweiligen Stand der Technik gemäss kantonalem Konzept zu erfolgen.

³ Die im informatisierten Grundbuch gehaltenen Daten müssen periodisch in geeigneten Datenformaten ausgelagert und sicher aufbewahrt werden. Die archivierten Daten müssen auch ohne Informatikhilfsmittel lesbar und maschinell wieder einlesbar sein. Das Eidgenössische Amt für Grundbuch- und Bodenrecht erlässt Weisungen über die langfristige Sicherung, die Auslagerung, Aufbewahrung und Archivierung der Grundbuchdaten.

111k. *Veröffentlichung der Handänderungen.* Die Kantone dürfen die nach Artikel 970a ZGB zur Veröffentlichung bestimmten Daten in öffentlichen Datennetzen publizieren.

111 l. *Elektronische Auskunft und Einsichtnahme.* ¹ Die Kantone dürfen die Daten des Hauptbuches, über die jede Person ohne das Glaubhaftmachen eines Interesses Auskunft oder einen Auszug verlangen kann, in öffentlichen Datennetzen zur Verfügung stellen, wenn sie diese Daten in einem besonderen System halten.

² Sie müssen sicherstellen, dass die Daten nur grundstücksbezogen (Art. 106a Abs. 2) abgerufen werden können, und dass die Auskunftssysteme vor Serienabfragen geschützt sind.

111m. *Zugriff im Abrufverfahren.* ¹ Die Kantone können folgenden Personen und Behörden den Zugriff im Abrufverfahren auf die folgenden nach Artikel 111i verfügbaren Daten gestatten:
a. Urkundspersonen, Ingenieur-Geometerinnen und -Geometern, Steuerbehörden sowie anderen Behörden auf die Daten, die sie zur Erfüllung ihrer gesetzlichen Aufgaben benötigen;
b. Banken, Pensionskassen und Versicherungen auf die Daten, die sie zur Erfüllung ihrer Aufgaben im Hypothekargeschäft benötigen;
c. bestimmten Personen auf die Daten der Grundstücke, die ihnen gehören oder auf die zur Ausübung ihrer Geschäftstätigkeit benötigten Daten der Grundstücke, an denen ihnen Rechte zustehen.

² Alle Zugriffe müssen vom System automatisch protokolliert werden. Die Protokolle sind während zwei Jahren aufzubewahren.

³ Werden die bezogenen Daten missbräuchlich bearbeitet, so ist die Zugriffsberechtigung unverzüglich zu entziehen. Als Missbrauch gilt insbesondere die Datenbearbeitung zur Kundenwerbung.

⁴ Die Kantone schliessen mit den Benutzern gemäss dem verbindlichen Muster des Eidgenössischen Amtes für Grundbuch- und Bodenrecht Vereinbarungen ab. Diese regeln mindestens die Art und Weise des Zugriffs, die Zugriffskontrolle, den Verwendungszweck der bezogenen Daten, den Schutz vor unbefugtem Zugang zu den Daten, die Einschränkungen hinsichtlich ihrer Weitergabe an Dritte und die Folgen bei missbräuchlicher Bearbeitung der Daten.

111n. *Vorprüfungsverfahren.* ¹ Will ein Kanton das Grundbuch mittels Informatik führen, so stellt er beim Eidgenössischen Amt für Grundbuch- und Bodenrecht ein Begehren um Vorprüfung.

² Dem Begehren sind beizulegen:
a. die kantonalen Ausführungsbestimmungen im Entwurf oder als Beschluss;
b. eine Beschreibung des Systems;
c. ein Zeitplan für die Einführung des informatisierten Grundbuchs in den einzelnen Grundbuchämtern oder Grundbuchkreisen.

³ Die Beschreibung enthält namentlich:
a. die Darstellung des Aufbaus des Systems in Worten und mit einer Grafik;
b. den Datenkatalog mit den Typologien und ein Beziehungsschema;
c. die Ausführungen über technische und organisatorische Massnahmen zur Gewährleistung der Datenintegrität (Konsistenzen, Plausibilitäten);
d. das Betriebskonzept sowie die Konzepte über den Datenschutz und die Datensicherheit;
e. die Ergebnisse der angewandten funktionalen Prüfungen.

⁴ Das Amt für Grundbuch- und Bodenrecht:
a. prüft die eingereichten Unterlagen;
b. kann das Vorprojekt während der Vorprüfung begleiten;
c. beurteilt das System theoretisch und nach den Ergebnissen im praxisbezogenen Betrieb;
d. gibt dem Kanton innerhalb dreier Monate das Ergebnis der Vorprüfung bekannt.

111o. *Ermächtigung.* ¹ Das Eidgenössische Justiz- und Polizeidepartement (Departement) ermächtigt den Kanton zur Führung des informatisierten Grundbuchs, wenn:
a. die kantonalen Ausführungsbestimmungen genehmigt sind oder ohne Vorbehalt genehmigt werden können; und
b. das System den gesetzlichen Anforderungen entspricht.

² Mit der Ermächtigung genehmigt das Departement die kantonalen Ausführungsbestimmungen, wenn diese noch der Genehmigung bedürfen.

³ Im übrigen richtet sich das Verfahren nach der Verordnung vom 30. Januar 1991¹) über die Genehmigung kantonaler Erlasse durch den Bund.

⁴ Kann die Ermächtigung nicht erteilt werden, weil das System den gesetzlichen Anforderungen nicht entspricht oder weil die Ausführungsvorschriften nicht vollständig sind oder nur unter Vorbehalt genehmigt werden können, so weist das Departement die Gesuche an den Kanton zurück.

---

¹) SR 172.068.

111p. *Meldung von Systemänderungen.* Die Kantone oder in deren Auftrag die Systemhersteller bringen dem Eidgenössischen Amt für Grundbuch- und Bodenrecht wesentliche Änderungen des Systems, insbesondere Änderungen an den Konzepten nach Artikel 111n oder Weiterentwicklungen vor ihrer Einführung zur Kenntnis.

111q. *Eidgenössische Grundstücksidentifikation.* ¹ Der Bund stellt den Kantonen eine landesweit eindeutige Grundstücksidentifikation (E-GRID) zur Verfügung.

² Die Kantone nehmen die Zuordnung zu den einzelnen Grundstücken vor.

³ Das Departement regelt die Einzelheiten in einer Verordnung.

112. (Aufgehoben gemäss Änderung vom 23. November 1994 [AS 1995 S. 14].)

XIV. Schluss- und Übergangsbestimmungen

(Rechtskräftige Ansprüche nach altem Recht)

113. ¹ Ist unter dem bisherigen Recht ein Anspruch auf die Errichtung eines dinglichen Rechts rechtskräftig geworden, so kann die Eintragung in das Grundbuch verlangt werden (Art. 18 Abs. 1 SchlT ZGB).

² Der Anspruch ist als rechtskräftig zu betrachten, wenn er in der Form entweder den Vorschriften des bisherigen kantonalen Rechts, bzw. der kantonalen Einführungsgesetze, oder dem neuen Recht entspricht (Art. 18 Abs. 2 SchlT ZGB).

³ Im übrigen gelten für den Ausweis zur Eintragung die Vorschriften dieser Verordnung.

(Einführung des eidgenössischen Grundbuchs)

113a. ¹ Das eidgenössische Grundbuch wird aufgrund einer provisorisch oder definitiv anerkannten amtlichen Vermessung angelegt.

² Es kann für eine ganze Gemeinde oder für einen Teil einer Gemeinde eingeführt werden.

(Anmerkung altrechtlicher Verhältnisse)

114. ¹ Dingliche Rechte des bisherigen Rechts, die nach dem Grundbuchrecht nicht mehr begründet werden können (Art. 45 SchlT ZGB), sind im Grundbuch in der Kolumne «Anmerkungen» anzugeben.

² Die kantonalen Ausführungsgesetze können jedoch vorschreiben oder die Beteiligten können vereinbaren, dass diese dinglichen Rechte in einer dem Grundbuchrecht entsprechenden Weise eingetragen werden, wie beispielsweise bei Eigentum an Bäumen auf fremdem Boden, als Eigentum an Grund und Boden für den einen Berechtigten und als übertragbare Dienstbarkeit im Sinne von Artikel 781 des Zivilgesetzbuches für den andern.

(Kantonale Vorschriften über die Grundbuchaufsicht)

115. ¹ Die Kantone können die Aufsicht und das Disziplinarverfahren betreffend die Grundbuchämter auf Grund der Artikel 956 und 957 des Zivilgesetzbuches näher ordnen.

² Diese Vorschriften bedürfen zu ihrer Gültigkeit der Genehmigung des Bundes.

116. (Aufgehoben gemäss Änderung vom 23. November 1994 [AS 1995 S. 14].)

(Inkrafttreten der GBV)

117. Die gegenwärtige Verordnung tritt in Kraft auf den 1. Januar 1912 und, soweit es zur Ausführung von Bestimmungen des Zivilgesetzbuches, die früher in Kraft gesetzt werden, erforderlich ist, auf den gleichen Zeitpunkt wie diese Bestimmungen.

Übergangsbestimmungen zur Änderung vom 23. November 1994

(Übernahme der Daten in das EDV-Grundbuch)

¹ Wenn die Darstellung einer Eintragung im Hauptbuch dem neuen Recht nicht entspricht, muss sie erst angepasst werden, wenn sie von einer Anmeldung betroffen wird.

² Die Kantone können das Grundbuch auf Papier bis zum 31. Dezember 1995 nach den bisherigen Bestimmungen weiterführen. Sie publizieren rechtzeitig den Übergang zum neuen Recht in den öffentlichen Anzeigeblättern.

³ Wird das EDV-Grundbuch eingeführt, so muss das System die aktuellen Eintragungen materiell so wiedergeben können, wie sie im Grundbuch auf Papier aufgeführt sind.

⁴ Die Überführung des Grundbuchs auf Papier in ein EDV-Grundbuch kann wahlweise für eine ganze Gemeinde, für einen Teil einer Gemeinde, für jedes Grundstück einzeln oder für bestimmte Abteilungen erfolgen.

⁵ In das EDV-Grundbuch müssen alle aktuellen Eintragungen der einzelnen Abteilungen übernommen werden. Gelöschte Eintragungen und die

entsprechenden Hinweise auf die Belege müssen nicht erfasst werden. Für Daten, die nicht elektronisch erfasst werden, gelten weiterhin die Bestimmungen über die Führung des Grundbuchs auf Papier.

Anhang IX
A–B

Bäuerliches Bodenrecht

		Seite
A.	Bundesgesetz über das bäuerliche Bodenrecht (BGBB)	654
B.	Verordnung über das bäuerliche Bodenrecht (VBB)	689

Anhang IX A

Bundesgesetz

über

das bäuerliche Bodenrecht (BGBB)

(Vom 4. Oktober 1991, SR 211.412.11)

(Gestützt auf die Artikel 22ter, 31^{octies} und 64 der Bundesverfassung*, nach Einsicht in eine Botschaft des Bundesrates vom 19. Oktober 1988, BBl 1988 III 953)

Inhalt **

---

1. Titel

Allgemeine Bestimmungen

1. Kapitel

	Art.
Zweck, Gegenstand und Geltungsbereich	
1. Abschnitt. Zweck und Gegenstand	1
2. Abschnitt. Geltungsbereich	2/5

2. Kapitel

Begriffe	6/10

---

2. Titel

Privatrechtliche Beschränkungen des Verkehrs mit landwirtschaftlichen Gewerben und Grundstücken

1. Kapitel

Erbteilung	
1. Abschnitt. Im allgemeinen	11/24
2. Abschnitt. Kaufsrecht von Verwandten	25/7
3. Abschnitt. Gewinnanspruch der Miterben	28/35

---

* Diesen Bestimmungen entsprechen die Artikel 26, 36, 104 und 122 der neuen Bundesverfassung vom 18. April 1999 (AS 1999 S. 2556).
** Inhaltsverzeichnis vom Herausgeber.

	Art.

2. Kapitel

Aufhebung von vertraglich begründetem gemeinschaftlichem Eigentum 36/9

3. Kapitel

Veräusserungsverträge
1. Abschnitt. Allgemeine Verfügungsbeschränkungen
   bei Veräusserungen 40/1
2. Abschnitt. Vorkaufsrecht der Verwandten 42/6
3. Abschnitt. Vorkaufsrecht des Pächters 47/8
4. Abschnitt. Vorkaufsrecht an Miteigentumsanteilen 49
5. Abschnitt. Gemeinsame Bestimmungen zu den
   bundesrechtlichen Vorkaufsrechten 50/5
6. Abschnitt. Kantonale Vorkaufsrechte 56
7. Abschnitt. Grenzverbesserungen 57

---

3. Titel

Öffentlichrechtliche Beschränkungen des Verkehrs mit landwirtschaftlichen Gewerben und Grundstücken

1. Kapitel

Realteilung landwirtschaftlicher Gewerbe und Zerstückelung landwirtschaftlicher Grundstücke 58/60

2. Kapitel

Erwerb von landwirtschaftlichen Gewerben und Grundstücken 61/9

3. Kapitel

Zivil- und verwaltungsrechtliche Folgen 70/2

---

4. Titel

Massnahmen zur Verhütung der Überschuldung 73/9

Art.

5. Titel

Verfahren, Rechtsschutz

1. Kapitel

Verfahrensvorschriften
1. Abschnitt. Allgemeine Bestimmungen 80/5
2. Abschnitt. Besondere Bestimmungen 86/7

2. Kapitel

Rechtsschutz 88/9

---

6. Titel

Schlussbestimmungen

1. Kapitel

Vollzug 90/1

2. Kapitel

Änderung und Aufhebung von Bundesrecht 92/3

3. Kapitel

Übergangsrecht 94/5a

4. Kapitel

Referendum und Inkrafttreten 96

---

1. Titel

Allgemeine Bestimmungen

1. Kapitel

Zweck, Gegenstand und Geltungsbereich

1. Abschnitt

Zweck und Gegenstand

1. [1] Dieses Gesetz bezweckt:
a. das bäuerliche Grundeigentum zu fördern und namentlich Familienbetriebe als Grundlage eines gesunden Bauernstandes und einer leistungsfähigen, auf eine nachhaltige Bodenbewirtschaftung ausgerichteten Landwirtschaft zu erhalten und ihre Struktur zu verbessern;
b. die Stellung des Selbstbewirtschafters einschliesslich diejenige des Pächters beim Erwerb landwirtschaftlicher Gewerbe und Grundstücke zu stärken;
c. übersetzte Preise für landwirtschaftlichen Boden zu bekämpfen.
[2] Das Gesetz enthält Bestimmungen über:
a. den Erwerb von landwirtschaftlichen Gewerben und Grundstücken;
b. die Verpfändung von landwirtschaftlichen Grundstücken;
c. die Teilung landwirtschaftlicher Gewerbe und die Zerstückelung landwirtschaftlicher Grundstücke.

2. Abschnitt

Geltungsbereich

2. *Allgemeiner Geltungsbereich.*[1]) [1] Dieses Gesetz gilt für einzelne oder zu einem landwirtschaftlichen Gewerbe gehörende landwirtschaftliche Grundstücke:
a. die ausserhalb einer Bauzone nach Artikel 15 des Raumplanungsgesetzes vom 22. Juni 1979[2]) liegen; und
b. für welche die landwirtschaftliche Nutzung zulässig ist.
[2] Das Gesetz gilt ferner für:
a. Grundstücke und Grundstücksteile mit landwirtschaftlichen Gebäuden und Anlagen, einschliesslich angemessenem Umschwung, die in einer Bauzone liegen und zu einem landwirtschaftlichen Gewerbe gehören;
b. Waldgrundstücke, die zu einem landwirtschaftlichen Gewerbe gehören;
c. Grundstücke, die teilweise innerhalb einer Bauzone liegen, solange sie nicht entsprechend den Nutzungszonen aufgeteilt sind;

d. Grundstücke mit gemischter Nutzung, die nicht in einen landwirtschaftlichen und einen nichtlandwirtschaftlichen Teil aufgeteilt sind.

³ Das Gesetz gilt nicht für Grundstücke von weniger als 15 Aren Rebland oder 25 Aren anderem Land, die nicht zu einem landwirtschaftlichen Gewerbe gehören.¹)

---

1) Fassung gemäss BG vom 20. Juni 2003 über die Änderung des BGBB (AS 2003 S. 4123), i. K. 1. Januar 2004.

2) SR 700.

3. *Besonderer Geltungsbereich.* ¹ Für Miteigentumsanteile an landwirtschaftlichen Grundstücken gelten die Bestimmungen dieses Gesetzes über die landwirtschaftlichen Grundstücke, soweit das Gesetz nichts anderes vorsieht.

² Für Grundstücke, die zu einem nichtlandwirtschaftlichen Nebengewerbe gehören, das mit einem landwirtschaftlichen Gewerbe eng verbunden ist, gelten die Artikel 15 Absatz 2 und 51 Absatz 2.

³ Die Bestimmungen dieses Gesetzes über den Gewinnanspruch gelten für alle Gewerbe und Grundstücke, die der Veräusserer zur landwirtschaftlichen Nutzung erworben hat.

⁴ Die Bestimmungen über die Grenzverbesserungen (Art. 57) und die Massnahmen zur Verhütung der Überschuldung (Art. 73–79) gelten auch für kleine Grundstücke (Art. 2 Abs. 3).

4. *Besondere Bestimmungen für landwirtschaftliche Gewerbe.* ¹ Für Grundstücke, die für sich allein oder zusammen mit andern Grundstücken ein landwirtschaftliches Gewerbe bilden, gelten die besonderen Bestimmungen dieses Gesetzes über die landwirtschaftlichen Gewerbe.

² Die Bestimmungen über die landwirtschaftlichen Gewerbe gelten auch für eine Mehrheitsbeteiligung an einer juristischen Person, deren Aktiven zur Hauptsache aus einem landwirtschaftlichen Gewerbe bestehen.

³ Die Bestimmungen über landwirtschaftliche Gewerbe gelten nicht für landwirtschaftliche Grundstücke, die:
a. zu einem landwirtschaftlichen Gewerbe gemäss Artikel 8 gehören;
b. mit Genehmigung der Bewilligungsbehörde vom landwirtschaftlichen Gewerbe abgetrennt werden dürfen.

5. *Vorbehalte kantonalen Rechts.* Die Kantone können:
a. landwirtschaftliche Betriebe, welche die Voraussetzungen von Artikel 7 hinsichtlich der Standardarbeitskraft nicht erfüllen, den Bestimmungen über die landwirtschaftlichen Gewerbe unterstellen; die minimale Betriebsgrösse ist dabei in einem Bruchteil einer Standardarbeitskraft festzulegen und darf die Hälfte einer Standardarbeitskraft nicht unterschreiten;¹)
b. die Anwendung dieses Gesetzes auf Anteils- und Nutzungsrechte an Allmenden, Alpen, Wald und Weiden, die im Eigentum von Allmendgenossenschaften, Alpgenossenschaften, Waldkorporationen oder ähnlichen Körperschaften stehen, ausschliessen, es sei denn, diese Rechte

gehören zu einem landwirtschaftlichen Gewerbe, für das die Bestimmungen dieses Gesetzes über die landwirtschaftlichen Gewerbe gelten.

---

[1]) Fassung gemäss BG vom 20. Juni 2003 über die Änderung des BGBB (AS 2003 S. 4123), i.K. 1. Januar 2004.

2. Kapitel

Begriffe

6. *Landwirtschaftliches Grundstück.* [1] Als landwirtschaftlich gilt ein Grundstück, das für die landwirtschaftliche oder gartenbauliche Nutzung geeignet ist.

[2] Als landwirtschaftliche Grundstücke gelten auch Anteils- und Nutzungsrechte an Allmenden, Alpen, Wald und Weiden, die im Eigentum von Allmendgenossenschaften, Alpgenossenschaften, Waldkorporationen oder ähnlichen Körperschaften stehen.

7. *Landwirtschaftliches Gewerbe; im allgemeinen.* [1] Als landwirtschaftliches Gewerbe gilt eine Gesamtheit von landwirtschaftlichen Grundstücken, Bauten und Anlagen, die als Grundlage der landwirtschaftlichen Produktion dient und zu deren Bewirtschaftung, wenn sie landesüblich ist, mindestens drei Viertel einer Standardarbeitskraft nötig sind. Der Bundesrat[1]) legt die Faktoren und die Werte für die Berechnung einer Standardarbeitskraft in Abstimmung mit dem Landwirtschaftsrecht fest.[2])

[2] Unter den gleichen Voraussetzungen gelten auch Betriebe des produzierenden Gartenbaus als landwirtschaftliches Gewerbe.

[3] Bei der Beurteilung, ob ein landwirtschaftliches Gewerbe vorliegt, sind diejenigen Grundstücke zu berücksichtigen, die diesem Gesetz unterstellt sind (Art. 2).

[4] Zudem sind zu berücksichtigen:
a. die örtlichen Verhältnisse;
b. die Möglichkeit, fehlende betriebsnotwendige Gebäude zu erstellen oder vorhandene umzubauen, instandzustellen oder zu ersetzen, wenn die entsprechenden Aufwendungen für den Betrieb tragbar sind;
c. die für längere Dauer zugepachteten Grundstücke.

[5] Ein gemischtes Gewerbe gilt als landwirtschaftliches Gewerbe, wenn es überwiegend landwirtschaftlichen Charakter hat.

---

[1]) Siehe dazu die V vom 4. Oktober 1993 über das bäuerliche Bodenrecht (Anhang IX B zum ZGB).
[2]) Fassung gemäss BG vom 20. Juni 2003 über die Änderung des BGBB (AS 2003 S. 4123), i.K. 1. Januar 2004.

8.[1]) *Landwirtschaftliches Gewerbe; besondere Fälle.* Die Bestimmungen über die einzelnen landwirtschaftlichen Grundstücke finden auf ein landwirtschaftliches Gewerbe Anwendung, wenn es:

a. seit mehr als sechs Jahren rechtmässig ganz oder weitgehend parzellenweise verpachtet ist und diese Verpachtung im Sinne von Artikel 31 Absatz 2 Buchstaben e und f des Bundesgesetzes vom 4. Oktober 1985[2]) über die landwirtschaftliche Pacht weder vorübergehenden Charakter hat noch aus persönlichen Gründen erfolgt ist;
b. unabhängig von seiner Grösse wegen einer ungünstigen Betriebsstruktur nicht mehr erhaltungswürdig ist.

---

[1]) Fassung gemäss BG vom 26. Juni 1998 über die Änderung des BGBB (AS 1998 S. 3009), i. K. 1. Januar 1999.

[2]) LPG, Anhang V A zum OR.

9.[1]) *Selbstbewirtschafter.* [1] Selbstbewirtschafter ist, wer den landwirtschaftlichen Boden selber bearbeitet und, wenn es sich um ein landwirtschaftliches Gewerbe handelt, dieses zudem persönlich leitet.

[2] Für die Selbstbewirtschaftung geeignet ist, wer die Fähigkeiten besitzt, die nach landesüblicher Vorstellung notwendig sind, um den landwirtschaftlichen Boden selber zu bearbeiten und ein landwirtschaftliches Gewerbe persönlich zu leiten.

---

[1]) Fassung gemäss BG vom 26. Juni 1998 über die Änderung des BGBB (AS 1998 S. 3009), i. K. 1. Januar 1999.

10. *Ertragswert.* [1] Der Ertragswert entspricht dem Kapital, das mit dem Ertrag eines landwirtschaftlichen Gewerbes oder Grundstücks bei landesüblicher Bewirtschaftung zum durchschnittlichen Zinssatz für erste Hypotheken verzinst werden kann. Für die Feststellung des Ertrags und des Zinssatzes ist auf das Mittel mehrerer Jahre (Bemessungsperiode) abzustellen.

[2] Der Bundesrat regelt die Art der Berechnung, die Bemessungsperiode und die Einzelheiten der Schätzung.[1])

[3] Nichtlandwirtschaftlich genutzte Flächen, Gebäude und Anlagen oder Teile davon werden mit dem Ertragswert, der sich aus ihrer nichtlandwirtschaftlichen Nutzung ergibt, in die Schätzung einbezogen.[2])

---

[1]) Siehe dazu die V vom 4. Oktober 1993 über das bäuerliche Bodenrecht (Anhang IX B zum ZGB). Die Schätzungsanleitung des BR vom 7. Mai 1986, die einen Anhang dieser Verordnung bildet, wird nicht in der AS veröffentlicht.

[2]) Eingefügt gemäss Ziff. II des BG vom 20. März 1998 über die Änderung des Raumplanungsgesetzes (RPG) (AS 2000 S. 2042); Fassung gemäss BG vom 20. Juni 2003 über die Änderung des BGBB (AS 2003 S. 4123), i. K. 1. Januar 2004.

[**10a.** *Eingetragene Partnerschaften.* Die Bestimmungen dieses Gesetzes für Ehegatten und für die Wohnung der Familie gelten für eingetragene Partnerschaften sinngemäss.][1])

---

[1]) Neuer Art. 10a in eckigen Klammern eingefügt durch das Partnerschaftsgesetz (PartG, Anhang IV E zum ZGB), in Kraft erst am 1. Januar 2007.

2. Titel

Privatrechtliche Beschränkungen des Verkehrs mit landwirtschaftlichen Gewerben und Grundstücken

1. Kapitel

Erbteilung

1. Abschnitt

Im allgemeinen

11. *Anspruch auf Zuweisung eines landwirtschaftlichen Gewerbes.* ¹ Befindet sich in der Erbschaft ein landwirtschaftliches Gewerbe, so kann jeder Erbe verlangen, dass ihm dieses in der Erbteilung zugewiesen wird, wenn er es selber bewirtschaften will und dafür als geeignet erscheint.

² Verlangt kein Erbe die Zuweisung zur Selbstbewirtschaftung oder erscheint derjenige, der die Zuweisung verlangt, als ungeeignet, so kann jeder pflichtteilsgeschützte Erbe die Zuweisung verlangen.

³ Wird das landwirtschaftliche Gewerbe einem andern Erben als dem überlebenden Ehegatten zugewiesen, so kann dieser verlangen, dass ihm auf Anrechnung an seine Ansprüche die Nutzniessung an einer Wohnung oder ein Wohnrecht eingeräumt wird, wenn es die Umstände zulassen. Die Ehegatten können diesen Anspruch durch einen öffentlich beurkundeten Vertrag ändern oder ausschliessen.

12. *Aufschiebung der Erbteilung.* ¹ Hinterlässt der Erblasser als Erben unmündige Nachkommen, so können die Erben die Erbengemeinschaft weiterbestehen lassen, bis entschieden werden kann, ob ein Nachkomme das landwirtschaftliche Gewerbe zur Selbstbewirtschaftung übernimmt.

² Erfüllt jedoch im Zeitpunkt des Erbgangs ein gesetzlicher Erbe die Voraussetzungen zur Selbstbewirtschaftung, so ist das Gewerbe diesem zuzuweisen.

³ Ist das landwirtschaftliche Gewerbe auf längere Zeit verpachtet und will es ein Erbe zur Selbstbewirtschaftung übernehmen, so kann er verlangen, dass der Entscheid über die Zuweisung bis spätestens ein Jahr vor Ablauf des Pachtvertrages aufgeschoben wird.

13. *Anspruch auf Zuweisung von Miteigentumsanteilen.* Befindet sich in der Erbschaft ein Miteigentumsanteil an einem landwirtschaftlichen Gewerbe, so kann jeder Erbe unter den Voraussetzungen, unter denen er die Zuweisung des Gewerbes verlangen könnte, die Zuweisung des Miteigentumsanteils daran beanspruchen.

14. *Anspruch auf Zuweisung bei Gesamteigentum.* ¹ Befindet sich in der Erbschaft eine vererbliche Beteiligung an einem Gesamthandsverhältnis, so kann jeder Erbe unter den Voraussetzungen, unter denen er die Zuweisung des landwirtschaftlichen Gewerbes geltend machen könnte, verlangen, dass er an Stelle des Verstorbenen Gesamthänder wird.

² Befindet sich in der Erbschaft eine Beteiligung an einem Gesamthandsverhältnis und wird dieses durch den Tod eines Gesamthänders aufgelöst, so kann je der Erbe unter den Voraussetzungen, unter denen er die Zuweisung des landwirtschaftlichen Gewerbes geltend machen könnte, verlangen, dass er an Stelle des Verstorbenen an der Liquidation des Gesamthandsverhältnisses mitwirkt.

15. *Betriebsinventar, nichtlandwirtschaftliches Nebengewerbe.* ¹ Der Erbe, der die Zuweisung des landwirtschaftlichen Gewerbes zur Selbstbewirtschaftung geltend macht, kann zudem verlangen, dass ihm das Betriebsinventar (Vieh, Gerätschaften, Vorräte usw.) zugewiesen wird.

² Ist mit einem landwirtschaftlichen Gewerbe ein nichtlandwirtschaftliches Nebengewerbe eng verbunden, so kann der Erbe, der einen Anspruch auf Zuweisung geltend macht, die Zuweisung beider Gewerbe verlangen.

16. (Aufgehoben gemäss BG vom 20. Juni 2003 über die Änderung des BGBB [AS 2003 S. 4123].)

17. *Anrechnung an den Erbteil.* ¹ Das landwirtschaftliche Gewerbe wird dem selbstbewirtschaftenden Erben zum Ertragswert an den Erbteil angerechnet.

² Das Betriebsinventar ist zum Nutzwert und das nichtlandwirtschaftliche Nebengewerbe zum Verkehrswert anzurechnen.

18. *Erhöhung des Anrechnungswerts.* ¹ Ergibt sich bei der Anrechnung zum Ertragswert ein Überschuss an Erbschaftspassiven, so wird der Anrechnungswert entsprechend erhöht, höchstens aber bis zum Verkehrswert.

² Die Miterben können ferner eine angemessene Erhöhung des Anrechnungswerts verlangen, wenn besondere Umstände es rechtfertigen.

³ Als besondere Umstände gelten namentlich der höhere Ankaufswert des Gewerbes oder erhebliche Investitionen, die der Erblasser in den letzten zehn Jahren vor seinem Tod getätigt hat.

19. *Verfügungen des Erblassers bei mehreren übernahmewilligen Erben.* ¹ Erfüllen mehrere Erben die Voraussetzungen für die Zuweisung des landwirtschaftlichen Gewerbes, so kann der Erblasser durch letztwillige Verfügung oder durch Erbvertrag einen von ihnen als Übernehmer bezeichnen.

² Der Erblasser kann einem pflichtteilsgeschützten Erben, der das Gewerbe selber bewirtschaften will und dafür als geeignet erscheint, den Anspruch auf Zuweisung nicht entziehen zugunsten eines Erben, der das Gewerbe nicht selber bewirtschaften will oder dafür nicht als geeignet erscheint, oder zugunsten eines eingesetzten Erben.

³ Vorbehalten bleiben die Enterbung und der Erbverzicht.

20. *Fehlen einer Verfügung.* ¹ Hat der Erblasser keinen Erben als Übernehmer bezeichnet, so geht der Zuweisungsanspruch eines pflichtteilgeschützten¹) Erben demjenigen eines anderen Erben vor.

² Im übrigen sind die persönlichen Verhältnisse des Erben für die Zuweisung massgebend.

---

¹) Der Sprachgebrauch ist uneinheitlich. In den übrigen Artikeln spricht das Gesetz von pflichtteilsgeschützten Erben (pflichtteilsgeschützt mit s).

21. *Anspruch auf Zuweisung eines landwirtschaftlichen Grundstücks.* ¹ Befindet sich in der Erbschaft ein landwirtschaftliches Grundstück, das nicht zu einem landwirtschaftlichen Gewerbe gehört, so kann ein Erbe dessen Zuweisung zum doppelten Ertragswert verlangen, wenn er Eigentümer eines landwirtschaftlichen Gewerbes ist oder über ein solches wirtschaftlich verfügt und das Grundstück im ortsüblichen Bewirtschaftungsbereich dieses Gewerbes liegt.

² Die Bestimmungen über die Erhöhung des Anrechnungswerts bei landwirtschaftlichen Gewerben und die Beschränkung der Verfügungsfreiheit gelten sinngemäss.

22. (Aufgehoben gemäss BG vom 20. Juni 2003 über die Änderung des BGBB [AS 2003 S. 4123].)

23. *Sicherung der Selbstbewirtschaftung; Veräusserungsverbot.* ¹ Wird in der Erbteilung ein landwirtschaftliches Gewerbe einem Erben zur Selbstbewirtschaftung zugewiesen, so darf er es während zehn Jahren nur mit Zustimmung der Miterben veräussern.

² Keine Zustimmung ist nötig, wenn:
a. ein Nachkomme das landwirtschaftliche Gewerbe erwirbt, der es selber bewirtschaften will und dafür als geeignet erscheint;
b. der Erbe das landwirtschaftliche Gewerbe dem Gemeinwesen zur Erfüllung einer öffentlichen Aufgabe gemäss Artikel 65 veräussert oder wenn es ihm zwangsweise entzogen wird;
c. der Erbe mit Genehmigung der Bewilligungsbehörde einzelne landwirtschaftliche Grundstücke oder Grundstücksteile veräussert (Art. 60).

24. *Sicherung der Selbstbewirtschaftung; Kaufsrecht.* ¹ Gibt ein Erbe oder sein Nachkomme, an den das landwirtschaftliche Gewerbe übertragen worden ist, innert zehn Jahren die Selbstbewirtschaftung endgültig auf, so hat jeder Miterbe, der das landwirtschaftliche Gewerbe selber bewirtschaften will und dafür als geeignet erscheint, ein Kaufsrecht.

² Der Erbe, gegenüber dem das Kaufsrecht ausgeübt wird, hat Anspruch auf den Preis, zu dem ihm das landwirtschaftliche Gewerbe in der Erbteilung angerechnet worden ist. Er hat zudem Anspruch auf Entschädigung für die wertvermehrenden Aufwendungen; diese sind zum Zeitwert zu berechnen.

³ Das Kaufsrecht ist vererblich, aber nicht übertragbar. Es erlischt drei Monate, nachdem der Kaufsberechtigte von der Aufgabe der Selbstbewirt-

schaftung Kenntnis erhalten hat, spätestens aber zwei Jahre nachdem die Selbstbewirtschaftung aufgegeben worden ist.

[4] Das Kaufsrecht kann nicht geltend gemacht werden, wenn:
a. ein Nachkomme das landwirtschaftliche Gewerbe zur Selbstbewirtschaftung übernehmen will und dafür als geeignet erscheint;
b. der Erbe stirbt und einer seiner Erben das landwirtschaftliche Gewerbe zur Selbstbewirtschaftung übernehmen will und dafür als geeignet erscheint;
c. der Erbe das landwirtschaftliche Gewerbe dem Gemeinwesen zur Erfüllung einer öffentlichen Aufgabe gemäss Artikel 65 veräussert oder wenn es ihm zwangsweise entzogen wird;
d. der Erbe mit Genehmigung der Bewilligungsbehörde einzelne landwirtschaftliche Grundstücke oder Grundstücksteile veräussert (Art. 60).

[5] Wird die Selbstbewirtschaftung wegen Unfall oder Krankheit aufgegeben und hat der Eigentümer unmündige Nachkommen, so kann das Kaufsrecht so lange nicht geltend gemacht werden, bis entschieden werden kann, ob ein Nachkomme das landwirtschaftliche Gewerbe zur Selbstbewirtschaftung übernehmen kann.

2. Abschnitt

Kaufsrecht von Verwandten

25. *Grundsatz.*[1] Befindet sich in der Erbschaft ein landwirtschaftliches Gewerbe, so steht, sofern sie geeignete Selbstbewirtschafter sind, ein Kaufsrecht zu:
a. jedem Nachkommen, der nicht Erbe ist;
b. jedem Geschwister und Geschwisterkind, das nicht Erbe ist, aber beim Verkauf des landwirtschaftlichen Gewerbes ein Vorkaufsrecht geltend machen könnte.

[2] Artikel 11 Absatz 3 gilt sinngemäss.

26. *Konkurrenz mit erbrechtlichem Zuweisungsanspruch.* [1] Das Kaufsrecht kann nicht geltend gemacht werden, wenn:
a. das landwirtschaftliche Gewerbe bei der Erbteilung einem gesetzlichen Erben zugewiesen wird, der es selber bewirtschaften will und dafür als geeignet erscheint;
b. die Erbengemeinschaft das landwirtschaftliche Gewerbe einem Nachkommen des Verstorbenen überträgt, der es selber bewirtschaften will und dafür als geeignet erscheint, oder
c. ...[1])

[2] Konkurriert das Kaufsrecht mit einem erbrechtlichen Zuweisungsanspruch nach Artikel 11 Absatz 1, so sind die persönlichen Verhältnisse für die Zuweisung massgebend.

[3] Hinterlässt der Erblasser unmündige Nachkommen, so kann das Kaufsrecht so lange nicht geltend gemacht werden, bis entschieden werden kann,

ob ein Nachkomme das Gewerbe zur Selbstbewirtschaftung übernehmen kann.

---
[1]) Aufgehoben gemäss BG vom 20. Juni 2003 über die Änderung des BGBB (AS 2003 S. 4123).

27. *Voraussetzungen und Bedingungen.* [1] Das Kaufsrecht kann unter den Voraussetzungen und zu den Bedingungen ausgeübt werden, die für das Vorkaufsrecht gelten.

[2] Reicht der Preis, der für die Ausübung des Kaufsrechts nach den Bestimmungen über das Vorkaufsrecht zu zahlen ist, nicht aus, um die Erbschaftspassiven zu decken, so wird der Übernahmepreis entsprechend erhöht, höchstens aber bis zum Verkehrswert.

3. Abschnitt

Gewinnanspruch der Miterben

28. *Grundsatz.* [1] Wird einem Erben bei der Erbteilung ein landwirtschaftliches Gewerbe oder Grundstück zu einem Anrechnungswert unter dem Verkehrswert zugewiesen, so hat jeder Miterbe bei einer Veräusserung Anspruch auf den seiner Erbquote entsprechenden Anteil am Gewinn.

[2] Jeder Miterbe kann seinen Anspruch selbständig geltend machen. Dieser ist vererblich und übertragbar.

[3] Der Anspruch besteht nur, wenn der Erbe das landwirtschaftliche Gewerbe oder Grundstück innert 25 Jahren seit dem Erwerb veräussert.

29. *Veräusserung.* [1] Als Veräusserung im Sinne von Artikel 28 gelten:
a. der Verkauf und jedes andere Rechtsgeschäft, das wirtschaftlich einem Verkauf gleichkommt;
b. die Enteignung;
c. die Zuweisung zu einer Bauzone, ausser sie betreffe ein landwirtschaftliches Grundstück, das dem bäuerlichen Bodenrecht unterstellt bleibt (Art. 2 Abs. 2 Bst. a);
d. der Übergang von einer landwirtschaftlichen zu einer nichtlandwirtschaftlichen Nutzung; kein solcher Übergang liegt vor, wenn der Erbe, der ein landwirtschaftliches Gewerbe nach Artikel 28 übernommen und es während mindestens zehn Jahren selber bewirtschaftet hat, die Betriebsführung aufgibt und in einer zum Gewerbe gehörenden Wohnung verbleibt.[1])

[2] Massgebend für den Zeitpunkt der Veräusserung sind:
a. der Abschluss des Vertrags, mit dem sich der Veräusserer zur Eigentumsübertragung verpflichtet;
b. die Einleitung des Enteignungsverfahrens;
c. die Einleitung des Verfahrens für die Zuweisung eines landwirtschaftlichen Grundstücks zu einer Bauzone;

d. bei Zweckentfremdung das Geschäft, mit welchem dem Berechtigten die nichtlandwirtschaftliche Nutzung erlaubt wird, oder die Handlung des Eigentümers, welche die Nutzungsänderung bewirkt.

[1]) Fassung gemäss BG vom 20. Juni 2003 über die Änderung des BGBB (AS 2003 S. 4123), i.K. 1. Januar 2004.

30. *Fälligkeit.* Der Gewinnanspruch wird fällig:
a. bei Verkauf oder Enteignung mit der Fälligkeit der Gegenleistung, die der Verkäufer oder Enteignete fordern kann;
b. bei Zuweisung eines landwirtschaftlichen Grundstücks zu einer Bauzone im Zeitpunkt der Veräusserung oder der Nutzung als Bauland, spätestens aber nach 15 Jahren seit der rechtskräftigen Einzonung;
c. bei Zweckentfremdung, die der Eigentümer veranlasst, mit der Handlung, welche die Zweckentfremdung bewirkt.

31. *Gewinn.* [1] Der Gewinn entspricht der Differenz zwischen dem Veräusserungs- und dem Anrechnungswert. Wertvermehrende Aufwendungen am landwirtschaftlichen Gewerbe oder Grundstück kann der Erbe zum Zeitwert abziehen.

[2] Bei Zuweisung eines landwirtschaftlichen Grundstücks zu einer Bauzone wird für die Bemessung des Gewinns auf den mutmasslichen Verkehrswert abgestellt, wenn innert 15 Jahren keine Veräusserung erfolgt.

[3] Bei der Zweckentfremdung beträgt der Gewinn das Zwanzigfache des tatsächlichen oder möglichen jährlichen Ertrags der nichtlandwirtschaftlichen Nutzung.

[4] Der Erbe kann für jedes volle Jahr, während dessen das landwirtschaftliche Gewerbe oder Grundstück in seinem Eigentum stand, zwei Hundertstel vom Gewinn abziehen (Besitzesdauerabzug).

[5] Sofern dies für den Veräusserer günstiger ist, wird der Gewinnberechnung an Stelle des Besitzesdauerabzugs ein erhöhter Anrechnungswert zugrunde gelegt. Der Anrechnungswert wird um den Prozentsatz erhöht, um den der Ertragswert infolge Änderung der Bemessungsgrundlagen zugenommen hat.

32. *Abzug für Realersatz.* [1] Erwirbt der Erbe in der Schweiz Ersatzgrundstücke, um darauf sein bisher betriebenes landwirtschaftliches Gewerbe weiterzuführen, oder erwirbt er als Ersatz für das veräusserte Gewerbe ein anderes landwirtschaftliches Gewerbe in der Schweiz, so darf er vom Veräusserungspreis den Erwerbspreis für einen ertragsmässig gleichwertigen Ersatz abziehen. Der dabei bezahlte Preis darf nicht übersetzt sein (Art. 66).

[2] Ein Abzug ist nur dann zulässig, wenn der Kauf in den zwei Jahren vor oder nach der Veräusserung oder innerhalb fünf Jahren nach der Enteignung stattgefunden hat.

[3] Der Gewinnanspruch der Miterben bleibt erhalten, wenn die restlichen Grundstücke oder die Ersatzgrundstücke veräussert werden.

33. *Abzug für Ausbesserung und für Ersatz von Bauten und Anlagen.*
¹ Der Erbe kann vom Veräusserungspreis ferner den Betrag für die notwendige Ausbesserung einer landwirtschaftlichen Baute oder Anlage abziehen, sofern das Grundstück, auf dem sie sich befindet, aus der gleichen Erbschaft stammt und in seinem Eigentum bleibt.

² Berücksichtigt werden der Betrag, der im Zeitpunkt der Veräusserung nötig ist, und jener, den der Eigentümer in den letzten fünf Jahren vor der Veräusserung aufgewendet hat.

³ Erstellt der Erbe ersatzweise eine neue Baute oder Anlage, um damit den Weiterbestand der landwirtschaftlichen Nutzung zu sichern, so kann er vom Veräusserungspreis den für die Erstellung aufgewendeten Betrag abziehen.

⁴ Veräussert der Erbe später das Grundstück, auf dem sich die ausgebesserte oder neuerstellte Baute oder Anlage befindet, so darf er diesen Betrag nicht ein zweites Mal abziehen.

34. *Sicherung des Gewinnanspruchs.* ¹ Ein Miterbe kann seinen Gewinnanspruch durch Errichtung eines Grundpfandes (Grundpfandverschreibung) am zugewiesenen Gewerbe oder Grundstück gemäss den folgenden Bestimmungen sichern lassen.

² Der Berechtigte kann jederzeit, spätestens aber bis zum Zeitpunkt der Veräusserung des Gewerbes oder Grundstücks eine vorläufige Eintragung des Pfandrechts ohne Angabe des Pfandbetrags im Grundbuch vormerken lassen. Die vorläufige Eintragung bewirkt, dass das Recht für den Fall einer späteren Feststellung vom Zeitpunkt der Vormerkung an dinglich wirksam wird.

³ Die Vormerkung erfolgt auf einseitiges Begehren des Berechtigten. Der Grundbuchverwalter macht dem Eigentümer von der erfolgten Vormerkung Mitteilung.

⁴ Die vorläufige Eintragung fällt dahin, wenn der Miterbe nicht innert dreier Monate seit Kenntnis der Veräusserung des Gewerbes oder Grundstücks die definitive Eintragung des Pfandrechts verlangt. Im übrigen gelten die Bestimmungen des Zivilgesetzbuches über das Pfandrecht der Handwerker und Unternehmer.

35. *Aufhebung oder Änderung des Gewinnanspruchs.* Der gesetzliche Gewinnanspruch kann durch schriftliche Vereinbarung aufgehoben oder geändert werden.

2. Kapitel

Aufhebung von vertraglich begründetem gemeinschaftlichem Eigentum

36. *Zuweisungsanspruch; Grundsatz.* ¹ Wird vertraglich begründetes Gesamteigentum oder Miteigentum an einem landwirtschaftlichen Gewerbe aufgelöst, so kann jeder Mit- oder Gesamteigentümer verlangen, dass ihm das landwirtschaftliche Gewerbe zugewiesen wird, wenn er es selber bewirtschaften will und dafür als geeignet erscheint.

² Wird vertraglich begründetes Gesamteigentum oder Miteigentum an einem landwirtschaftlichen Grundstück aufgelöst, so kann jeder Mit- oder Gesamteigentümer dessen Zuweisung verlangen, wenn:
  a. er Eigentümer eines landwirtschaftlichen Gewerbes ist oder über ein solches wirtschaftlich verfügt;
  b. das Grundstück im ortsüblichen Bewirtschaftungsbereich dieses Gewerbes liegt.

³ Zum Schutz des Ehegatten bleiben die Artikel 242 und 243 des Zivilgesetzbuches vorbehalten.

37. *Anrechnungswert.*[1]) ¹ Bei der Auflösung von Mit- oder Gesamteigentum gelten folgende Anrechnungswerte:
  a. für ein landwirtschaftliches Gewerbe: der Ertragswert; für die Erhöhung des Anrechnungswertes gelten die Bestimmungen über die Erhöhung des Übernahmepreises beim Vorkaufsrecht (Art. 52) sinngemäss;
  b. für ein landwirtschaftliches Grundstück:
    1. für den Boden: der doppelte Ertragswert,
    2. für Gebäude und Anlagen: die Erstellungskosten abzüglich Abschreibungen, mindestens aber der doppelte Ertragswert.

² Bei der Auflösung von Mit- oder Gesamteigentum unter Ehegatten, die dem Güterstand der Errungenschaftsbeteiligung unterstehen, bleibt Artikel 213 des Zivilgesetzbuches über die Erhöhung des Ertragswerts vorbehalten.

³ Bei der Auflösung einer Gütergemeinschaft kann der Anrechnungswert angemessen erhöht werden, wenn die besonderen Umstände nach Artikel 213 des Zivilgesetzbuches dies rechtfertigen.

⁴ Die Mit- oder Gesamteigentümer, denen das landwirtschaftliche Gewerbe oder Grundstück nicht zugewiesen worden ist, haben bei einer späteren Veräusserung Anspruch auf den Gewinn nach den Bestimmungen über den Gewinnanspruch der Miterben.

---

[1]) Fassung gemäss BG vom 20. Juni 2003 über die Änderung des BGBB (AS 2003 S. 4123), i. K. 1. Januar 2004.

38. *Anwendung erbrechtlicher Bestimmungen.* Die erbrechtlichen Bestimmungen über den Zuweisungsanspruch bei mehreren übernahmewilligen Erben (Art. 20 Abs. 2), den Wegfall des Zuweisungsanspruchs (Art. 22) und über die Sicherung der Selbstbewirtschaftung (Art. 23 und 24) gelten sinngemäss.

39. *Aufhebung und Abänderung.* Vereinbarungen über den Anrechnungswert und die Aufhebung oder die Abänderung des Zuweisungsanspruchs bedürfen der öffentlichen Beurkundung. Sie können im Falle von Miteigentum im Grundbuch vorgemerkt werden.

3. Kapitel

Veräusserungsverträge

1. Abschnitt

Allgemeine Verfügungsbeschränkungen bei Veräusserungen

40. *Zustimmung des Ehegatten.* ¹ Der Eigentümer kann ein landwirtschaftliches Gewerbe, das er zusammen mit seinem Ehegatten bewirtschaftet, oder einen Miteigentumsanteil daran nur mit Zustimmung des Ehegatten veräussern.

² Kann er diese Zustimmung nicht einholen oder wird sie ihm ohne triftigen Grund verweigert, so kann er den Richter anrufen.

³ Zum Schutz der Wohnung der Familie bleibt Artikel 169 des Zivilgesetzbuches vorbehalten.

41. *Vertraglicher Gewinnanspruch und vertragliches Rückkaufsrecht.* ¹ Die Vertragsparteien können vereinbaren, dass der Veräusserer eines landwirtschaftlichen Gewerbes oder Grundstücks Anspruch auf den Gewinn hat, wenn diese weiterveräussert werden. Dieser Anspruch untersteht den Bestimmungen über den Gewinnanspruch der Miterben, sofern die Parteien nichts anderes vereinbart haben.

² Wird ein landwirtschaftliches Gewerbe oder Grundstück zu einem Preis unter dem Verkehrswert veräussert, ohne dass ein Gewinnanspruch vereinbart worden ist, so bleiben zum Schutz der Erben die Bestimmungen über die Ausgleichung und die Herabsetzung (Art. 626–632 und Art. 522–533 ZGB) vorbehalten. Die Klage auf Herabsetzung und Ausgleichung verjährt nicht, solange der Gewinn nicht fällig ist (Art. 30).

³ Der Veräusserer kann mit dem Erwerber für den Fall, dass dieser die Selbstbewirtschaftung aufgibt, ein Rückkaufsrecht vereinbaren. Stirbt der Veräusserer und gibt der Erwerber die Selbstbewirtschaftung auf, so kann jeder Erbe, der das Gewerbe selber bewirtschaften will und dafür als geeignet erscheint, das Rückkaufsrecht selbständig geltend machen.

2. Abschnitt

Vorkaufsrecht der Verwandten

42. *Gegenstand und Rangordnung.* ¹ Wird ein landwirtschaftliches Gewerbe veräussert, so haben daran die nachgenannten Verwandten des Veräusserers ein Vorkaufsrecht in folgender Rangordnung, wenn sie es selber bewirtschaften wollen und dafür als geeignet erscheinen:
1. jeder Nachkomme;
2. jedes Geschwister und Geschwisterkind, wenn der Veräusserer das Gewerbe vor weniger als 25 Jahren ganz oder zum grössten Teil von den Eltern oder aus deren Nachlass erworben hat.

² Wird ein landwirtschaftliches Grundstück veräussert, so hat jeder Nachkomme des Veräusserers ein Vorkaufsrecht daran, wenn er Eigentümer eines landwirtschaftlichen Gewerbes ist oder wirtschaftlich über ein solches verfügt und das Grundstück im ortsüblichen Bewirtschaftungsbereich dieses Gewerbes liegt.

³ Kein Vorkaufsrecht steht demjenigen zu, gegen den der Veräusserer Gründe geltend macht, die eine Enterbung rechtfertigen.

43. *Vorkaufsfall.* Ein Verwandter kann das Vorkaufsrecht auch dann geltend machen, wenn ein landwirtschaftliches Gewerbe oder Grundstück:
a. in eine Gütergemeinschaft, eine Gesellschaft, eine Genossenschaft oder eine andere Körperschaft eingebracht wird;
b. unentgeltlich übertragen wird;
c. an einen anderen Verwandten oder an den Ehegatten veräussert wird.

44. *Übernahmepreis.* Die Berechtigten können das Vorkaufsrecht an einem landwirtschaftlichen Gewerbe zum Ertragswert und an einem landwirtschaftlichen Grundstück zum doppelten Ertragswert geltend machen.

45. *Gemeinschaftliches Eigentum.* Wird ein landwirtschaftliches Gewerbe oder Grundstück, an dem gemeinschaftliches Eigentum (Mit- oder Gesamteigentum) besteht, veräussert, so kann das Vorkaufsrecht auch ausgeübt werden, wenn das Verwandtschaftsverhältnis, welches das Vorkaufsrecht begründet, nur zu einem der Gesamt- oder Miteigentümer besteht.

46. *Berechtigte im gleichen Rang.* ¹ Machen mehrere Berechtigte im gleichen Rang ein Vorkaufsrecht geltend, so kann der Veräusserer denjenigen bezeichnen, der in den Kaufvertrag eintreten soll.

² Verzichtet der Veräusserer darauf, so sind die persönlichen Verhältnisse der Berechtigten für die Zuweisung eines landwirtschaftlichen Gewerbes massgebend.

3. Abschnitt

Vorkaufsrecht des Pächters

47. *Gegenstand.* ¹ Wird ein landwirtschaftliches Gewerbe veräussert, so hat der Pächter ein Vorkaufsrecht, wenn:
a. er es selber bewirtschaften will und dafür als geeignet erscheint und
b. die gesetzliche Mindestpachtdauer nach den Bestimmungen des Bundesgesetzes vom 4. Oktober 1985[1]) über die landwirtschaftliche Pacht abgelaufen ist.

² Wird ein landwirtschaftliches Grundstück veräussert, so hat der Pächter am Pachtgegenstand ein Vorkaufsrecht, wenn[2]):
a. die gesetzliche Mindestpachtdauer nach den Bestimmungen des Bundesgesetzes vom 4. Oktober 1985[1]) über die landwirtschaftliche Pacht abgelaufen ist und

b. der Pächter Eigentümer eines landwirtschaftlichen Gewerbes ist oder wirtschaftlich über ein solches verfügt und das gepachtete Grundstück im ortsüblichen Bewirtschaftungsbereich dieses Gewerbes liegt.

³ Das Vorkaufsrecht der Verwandten geht demjenigen des Pächters vor.

---

¹) LPG, Anhang V A zum OR.
²) Fassung gemäss BG vom 20. Juni 2003 über die Änderung des BGBB (AS 2003 S. 4123), i. K. 1. Januar 2004.

48.¹) *Verzicht auf das Vorkaufsrecht.* ¹ Der Pächter kann auf sein gesetzliches Vorkaufsrecht zum Voraus nur hinsichtlich eines bestimmten bevorstehenden Vorkaufsfalls verzichten. Er hat seinen Verzicht in einer öffentlichen Urkunde zu erklären; diese hat die wesentlichen Bestimmungen des Vertrags zu enthalten, der zwischen dem Verkäufer und dem Dritten abgeschlossen werden soll.

² Der Verzicht wird unwirksam, wenn der Kaufvertrag zwischen dem Verkäufer und dem Käufer inhaltlich nicht entsprechend den Angaben in der Verzichterklärung oder nach Ablauf einer Frist von sechs Monaten seit der Verzichterklärung abgeschlossen wird.

---

¹) Fassung gemäss BG vom 20. Juni 2003 über die Änderung des BGBB (AS 2003 S. 4123), i. K. 1. Januar 2004.

4. Abschnitt

Vorkaufsrecht an Miteigentumsanteilen

49. ¹ Wird ein Miteigentumsanteil an einem landwirtschaftlichen Gewerbe veräussert, so haben daran in folgender Rangordnung ein Vorkaufsrecht:
1. jeder Miteigentümer, der das Gewerbe selber bewirtschaften will und dafür als geeignet erscheint;
2. jeder Nachkomme, jedes Geschwister und Geschwisterkind sowie der Pächter, unter den Voraussetzungen, zu den Bedingungen und in der Rangfolge, die für das Vorkaufsrecht an einem landwirtschaftlichen Gewerbe gelten;
3. jeder andere Miteigentümer nach Artikel 682 des Zivilgesetzbuches.

² Wird ein Miteigentumsanteil an einem landwirtschaftlichen Grundstück veräussert, so haben daran in folgender Rangordnung ein Vorkaufsrecht:
1. jeder Miteigentümer, der bereits Eigentümer eines landwirtschaftlichen Gewerbes ist oder über ein solches wirtschaftlich verfügt und das Grundstück im ortsüblichen Bewirtschaftungsbereich dieses Gewerbes liegt;
2. jeder Nachkomme und der Pächter, unter den Voraussetzungen, zu den Bedingungen und in der Rangfolge, die für das Vorkaufsrecht an einem landwirtschaftlichen Grundstück gelten;

3. jeder andere Miteigentümer nach Artikel 682 des Zivilgesetzbuches.

³ Der Miteigentümer, der ein landwirtschaftliches Gewerbe zur Selbstbewirtschaftung oder ein landwirtschaftliches Grundstück im ortsüblichen Bewirtschaftungsbereich des Gewerbes beansprucht, kann das Vorkaufsrecht geltend machen an einem landwirtschaftlichen Gewerbe zum Ertragswert und an einem landwirtschaftlichen Grundstück zum doppelten Ertragswert.

5. Abschnitt

Gemeinsame Bestimmungen zu den bundesrechtlichen Vorkaufsrechten

50. (Aufgehoben gemäss BG vom 20. Juni 2003 über die Änderung des BGBB [AS 2003 S. 4123].)

51. *Umfang des Vorkaufsrechts, Übernahmepreis.* ¹ Hat der Veräusserer das Betriebsinventar (Vieh, Gerätschaften, Vorräte usw.) mitverkauft, so kann er erklären, dass er dieses vom Verkauf ganz oder teilweise ausnehme, wenn das Vorkaufsrecht ausgeübt wird.

² Ist mit einem landwirtschaftlichen Gewerbe ein nichtlandwirtschaftliches Nebengewerbe eng verbunden, so kann der Vorkaufsberechtigte die Zuweisung beider Gewerbe verlangen.

³ Als Übernahmepreis für das Betriebsinventar und das nichtlandwirtschaftliche Nebengewerbe gilt der Anrechnungswert in der Erbteilung (Art. 17 Abs. 2).

52. *Erhöhung des Übernahmepreises.* ¹ Der Veräusserer kann eine angemessene Erhöhung des Übernahmepreises verlangen, wenn besondere Umstände es rechtfertigen.

² Als besondere Umstände gelten namentlich der höhere Ankaufswert des Gewerbes und alle erheblichen Investitionen, die in den letzten zehn Jahren vor der Veräusserung getätigt worden sind.

³ Der Übernahmepreis entspricht in jedem Fall mindestens den Grundpfandschulden.

53. *Gewinnanspruch des Veräusserers.* ¹ Hat der Eigentümer ein landwirtschaftliches Gewerbe oder Grundstück durch Ausübung eines gesetzlichen Vorkaufsrechts unter dem Verkehrswert erworben und veräussert er es weiter, so hat der Veräusserer, gegen den das Vorkaufsrecht ausgeübt wurde, Anspruch auf den Gewinn.

² Die Bestimmungen über den Gewinnanspruch der Miterben gelten sinngemäss.

54. *Sicherung der Selbstbewirtschaftung; Veräusserungsverbot.* ¹ Hat ein Eigentümer ein landwirtschaftliches Gewerbe durch Ausübung eines Vorkaufsrechts zur Selbstbewirtschaftung erworben, so darf er es während zehn Jahren nur mit Zustimmung des Verkäufers veräussern.

² Keine Zustimmung ist nötig, wenn:
a. ein Nachkomme das landwirtschaftliche Gewerbe erwirbt, der es selber bewirtschaften will und dafür als geeignet erscheint;
b. der Eigentümer das landwirtschaftliche Gewerbe dem Gemeinwesen zur Erfüllung einer öffentlichen Aufgabe gemäss Artikel 65 veräussert oder wenn es ihm zwangsweise entzogen wird;
c. der Eigentümer mit Genehmigung der Bewilligungsbehörde einzelne Grundstücke oder Grundstücksteile veräussert (Art. 60).

55. *Sicherung der Selbstbewirtschaftung; Rückkaufsrecht.* ¹ Gibt ein Eigentümer oder sein Nachkomme, an den das Gewerbe übertragen worden ist, innert zehn Jahren die Selbstbewirtschaftung endgültig auf, so hat der Verkäufer, gegen den das Vorkaufsrecht ausgeübt worden ist, ein Rückkaufsrecht.

² Das Rückkaufsrecht ist vererblich, aber nicht übertragbar. Ein Erbe, der das landwirtschaftliche Gewerbe selber bewirtschaften will und dafür als geeignet erscheint, kann das Rückkaufsrecht selbständig geltend machen.

³ Wird das Rückkaufsrecht ausgeübt, so hat der Eigentümer Anspruch auf den Preis, zu dem er das landwirtschaftliche Gewerbe übernommen hat. Er hat zudem Anspruch auf Entschädigung für die wertvermehrenden Aufwendungen; diese sind zum Zeitwert zu berechnen.

⁴ Das Rückkaufsrecht erlischt drei Monate nachdem der Berechtigte von der Aufgabe der Selbstbewirtschaftung Kenntnis erhalten hat, spätestens aber zwei Jahre nach dem die Selbstbewirtschaftung aufgegeben worden ist.

⁵ Das Rückkaufsrecht kann nicht geltend gemacht werden, wenn:
a. ein Nachkomme des Eigentümers das landwirtschaftliche Gewerbe zur Selbstbewirtschaftung übernehmen will und dafür als geeignet erscheint;
b. der Eigentümer stirbt und ein Erbe das landwirtschaftliche Gewerbe zur Selbstbewirtschaftung übernehmen will, der dafür als geeignet erscheint;
c. der Eigentümer das landwirtschaftliche Gewerbe dem Gemeinwesen zur Erfüllung einer öffentlichen Aufgabe gemäss Artikel 65 veräussert oder wenn es ihm zwangsweise entzogen wird;
d. der Eigentümer mit Genehmigung der Bewilligungsbehörde einzelne Grundstücke oder Grundstücksteile veräussert (Art. 60).

⁶ Hinterlässt der Eigentümer unmündige Nachkommen, so kann das Rückkaufsrecht so lange nicht geltend gemacht werden, bis feststeht, ob ein Nachkomme das Gewerbe zur Selbstbewirtschaftung übernehmen kann.

6. Abschnitt

Kantonale Vorkaufsrechte

56. ¹ Die Kantone können Vorkaufsrechte vorsehen:
a. an landwirtschaftlichen Grundstücken für Körperschaften, die zum Zwecke von Bodenverbesserungen gegründet worden sind, sofern das Grundstück in ihrem Beizugsgebiet liegt und der Erwerb dem Zweck der Körperschaft dient;
b. an privaten Allmenden, Alpen und Weiden für Gemeinden, Allmend- und Alpgenossenschaften und ähnliche Körperschaften ihres Gebiets;
c. an Nutzungs- und Anteilsrechten an einer Allmende, Alp oder Weide für Körperschaften wie Allmend- oder Alpgenossenschaften, die Eigentümer dieser Allmende, Alp oder Weide sind.

² Die gesetzlichen Vorkaufsrechte des Bundesrechts gehen den kantonalen Vorkaufsrechten vor. Die Kantone regeln die Rangfolge der von ihnen eingeführten Vorkaufsrechte.

7. Abschnitt

Grenzverbesserungen

57. ¹ Die Eigentümer benachbarter landwirtschaftlicher Grundstücke müssen bei der Verbesserung unzweckmässiger Grenzen mitwirken.

² Sie können einen Landabtausch im erforderlichen Umfang oder die Abtretung bis höchstens fünf Aren fordern, wenn dadurch die Grenze eine wesentliche Verbesserung erfährt.

3. Titel

Öffentlichrechtliche Beschränkungen des Verkehrs mit landwirtschaftlichen Gewerben und Grundstücken

1. Kapitel

Realteilung landwirtschaftlicher Gewerbe und Zerstückelung landwirtschaftlicher Grundstücke

58. *Realteilungs- und Zerstückelungsverbot.* ¹ Von landwirtschaftlichen Gewerben dürfen nicht einzelne Grundstücke oder Grundstücksteile abgetrennt werden (Realteilungsverbot).

² Landwirtschaftliche Grundstücke dürfen nicht in Teilstücke unter 25 Aren aufgeteilt werden (Zerstückelungsverbot). Für Rebgrundstücke be-

trägt diese Mindestfläche 10 Aren. Die Kantone können grössere Mindestflächen festlegen.

³ Landwirtschaftliche Gewerbe und Grundstücke dürfen zudem nicht in Miteigentumsanteile von weniger als einem Zwölftel aufgeteilt werden.

59. *Ausnahmen.* Das Realteilungs- und das Zerstückelungsverbot gilt nicht für eine Abtrennung oder Teilung:
a. im Rahmen einer Bodenverbesserung, bei der eine Behörde mitwirkt;
b. zum Zweck einer Grenzverbesserung (Art. 57) oder einer Grenzbereinigung bei der Erstellung eines Werks;
c. infolge einer Enteignung oder eines freihändigen Verkaufs, wenn dem Verkäufer die Enteignung angedroht wird;
d. bei einer Zwangsvollstreckung.

60. *Bewilligung von Ausnahmen.* ¹ Die kantonale Bewilligungsbehörde bewilligt Ausnahmen vom Realteilungs- und Zerstückelungsverbot, wenn:
a. das landwirtschaftliche Gewerbe oder Grundstück in einen Teil innerhalb und in einen Teil ausserhalb des Geltungsbereiches dieses Gesetzes aufgeteilt wird;
b. ...¹⁾
c.²⁾ Grundstücke oder Grundstücksteile eines landwirtschaftlichen Gewerbes mit oder ohne Aufpreis gegen Land, Gebäude oder Anlagen getauscht werden, die für den Betrieb des Gewerbes günstiger liegen oder geeigneter sind;
d. der abzutrennende Teil der einmaligen Arrondierung eines nichtlandwirtschaftlichen Grundstücks ausserhalb der Bauzone dient. Das nichtlandwirtschaftliche Grundstück darf dadurch höchstens um 1000 m² vergrössert werden;
e.³⁾ ein landwirtschaftliches Gebäude mit notwendigem Umschwung, das zur Bewirtschaftung eines landwirtschaftlichen Gewerbes oder Grundstücks nicht mehr benötigt wird, zwecks zonenkonformer Verwendung an den Eigentümer eines benachbarten landwirtschaftlichen Gewerbes oder Grundstücks übertragen werden soll und dadurch die Erstellung einer Baute vermieden werden kann, die nach Artikel 16a des Raumplanungsgesetzes vom 22. Juni 1979⁴⁾ bewilligt werden müsste;
f.⁵⁾ auf dem abzutrennenden Teil ein Baurecht zu Gunsten des Pächters des landwirtschaftlichen Gewerbes errichtet werden soll;
g.⁶⁾ die finanzielle Existenz der bäuerlichen Familie stark gefährdet ist und durch die Veräusserung von Grundstücken oder Grundstücksteilen eine drohende Zwangsverwertung abgewendet werden kann; oder
h.⁶⁾ eine öffentliche oder im öffentlichen Interesse liegende Aufgabe erfüllt werden soll;
i.⁷⁾ die Abtrennung erfolgt, um ein dem gemeinschaftlichen Betrieb dienendes Ökonomiegebäude oder eine entsprechende Anlage zu errichten.

² ⁶) Die Behörde bewilligt ferner eine Ausnahme vom Realteilungsverbot, wenn:
a. die Realteilung überwiegend dazu dient, andere landwirtschaftliche Gewerbe strukturell zu verbessern;
b. keine vorkaufs- oder zuweisungsberechtigte Person innerhalb der Verwandtschaft das Gewerbe zur Selbstbewirtschaftung übernehmen will, oder keine andere Person, die in der Erbteilung die Zuweisung verlangen könnte (Art. 11 Abs. 2), das Gewerbe zur Verpachtung als Ganzes übernehmen will; und
c. der Ehegatte, der das Gewerbe zusammen mit dem Eigentümer bewirtschaftet hat, der Realteilung zustimmt.

---

[1]) Aufgehoben gemäss BG vom 20. Juni 2003 über die Änderung des BGBB (AS 2003 S. 4123).

[2]) Fassung gemäss BG vom 26. Juni 1998 über die Änderung des BGBB (AS 1998 S. 3009), i. K. 1. Januar 1999.

[3]) Eingefügt gemäss Ziff. II des BG vom 20. März 1998 über die Änderung des Raumplanungsgesetzes (RPG) (AS 2000 S. 2042), i. K. 1. September 2000.

[4]) RPG, SR 700.

[5]) Fassung gemäss BG vom 20. Juni 2003 über die Änderung des BGBB (AS 2003 S. 4123), i. K. 1. Januar 2004.

[6]) Eingefügt gemäss BG vom 26. Juni 1998 über die Änderung des BGBB (AS 1998 S. 3009), i. K. 1. Januar 1999.

[7]) Eingefügt gemäss BG vom 20. Juni 2003 über die Änderung des BGBB (AS 2003 S. 4123), i. K. 1. Januar 2004.

2. Kapitel

Erwerb von landwirtschaftlichen Gewerben und Grundstücken

61. *Grundsatz.* ¹ Wer ein landwirtschaftliches Gewerbe oder Grundstück erwerben will, braucht dazu eine Bewilligung.

² Die Bewilligung wird erteilt, wenn kein Verweigerungsgrund vorliegt.

³ Als Erwerb gilt die Eigentumsübertragung sowie jedes andere Rechtsgeschäft, das wirtschaftlich einer Eigentumsübertragung gleichkommt.

62. *Ausnahmen.* Keiner Bewilligung bedarf der Erwerb:
a. durch Erbgang und durch erbrechtliche Zuweisung;
b. durch einen Nachkommen, den Ehegatten, die Eltern, ein Geschwister oder Geschwisterkind des Veräusserers;
c. durch einen Mit- oder Gesamteigentümer;
d. durch die Ausübung eines gesetzlichen Kaufs- oder Rückkaufsrechts;
e. im Rahmen einer Enteignung oder einer Bodenverbesserung, bei der eine Behörde mitwirkt;
f. zum Zweck der Grenzbereinigung;

g.[1]) beim Übergang von Eigentum durch Fusion oder Spaltung nach dem Fusionsgesetz vom 3. Oktober 2003[2]), wenn die Aktiven des übertragenden oder des übernehmenden Rechtsträgers nicht zur Hauptsache aus einem landwirtschaftlichen Gewerbe oder aus landwirtschaftlichen Grundstücken bestehen.

---
[1]) Eingefügt gemäss Ziff. 1 des Anhangs zum FusG (AS 2004 S. 2617), i.K. 1. Juli 2004.

[2]) FusG, Anhang IX zum OR.

63. *Verweigerungsgründe.* [1] Die Bewilligung zum Erwerb eines landwirtschaftlichen Gewerbes oder Grundstücks wird verweigert, wenn:
a. der Erwerber nicht Selbstbewirtschafter ist;
b. ein übersetzter Preis vereinbart wurde;
c. ...[1])
d. das zu erwerbende Grundstück ausserhalb des ortsüblichen Bewirtschaftungsbereichs des Gewerbes des Erwerbers liegt.

[2] Der Verweigerungsgrund von Absatz 1 Buchstabe b ist unbeachtlich, wenn ein landwirtschaftliches Gewerbe oder Grundstück in einem Zwangsvollstreckungsverfahren erworben wird.[2])

---
[1]) Aufgehoben gemäss BG vom 26. Juni 1998 über die Änderung des BGBB (AS 1998 S. 3009).

[2]) Eingefügt gemäss BG vom 26. Juni 1998 über die Änderung des BGBB (AS 1998 S. 3009), i.K. 1. Januar 1999.

64. *Ausnahmen vom Prinzip der Selbstbewirtschaftung.* [1] Bei fehlender Selbstbewirtschaftung ist die Bewilligung zu erteilen, wenn der Erwerber einen wichtigen Grund nachweist, namentlich wenn:
a.[1]) der Erwerb dazu dient, ein Gewerbe, das seit langem als Ganzes verpachtet ist, als Pachtbetrieb zu erhalten, einen Pachtbetrieb strukturell zu verbessern oder einen Versuchs- oder Schulbetrieb zu errichten oder zu erhalten;
b. der Erwerber über eine rechtskräftige Bewilligung für eine nach Artikel 24 des Bundesgesetzes vom 22. Juni 1979[2]) über die Raumplanung zulässige nichtlandwirtschaftliche Nutzung des Bodens verfügt;
c. der Erwerb im Hinblick auf einen nach dem Raumplanungsrecht zulässigen Abbau von Bodenschätzen erfolgt und die Fläche nicht grösser ist, als es der Bedarf des Unternehmens an einer sinnvollen Rohstoffreserve oder an Realersatzland für eine Fläche im Abbaugebiet, je für längstens 15 Jahre, erkennen lässt. Wird das Land nicht innert 15 Jahren seit dem Erwerb bestimmungsgemäss verwendet, so muss es nach den Vorschriften dieses Gesetzes veräussert werden. Das gleiche gilt nach erfolgter Rekultivierung;
d. das landwirtschaftliche Gewerbe oder Grundstück in einer Schutzzone liegt und der Erwerber den Boden zum Zwecke dieses Schutzes erwirbt;

e. mit dem Erwerb die schutzwürdige Umgebung einer historischen Stätte, Baute oder Anlage oder ein Objekt des Naturschutzes erhalten werden soll;
f. trotz öffentlicher Ausschreibung zu einem nicht übersetzten Preis (Art. 66) kein Angebot eines Selbstbewirtschafters vorliegt;
g.³) ein Gläubiger, der ein Pfandrecht am Gewerbe oder am Grundstück hat, dieses in einem Zwangsvollstreckungsverfahren erwirbt.

² Die Bewilligung kann mit Auflagen erteilt werden.

---

¹) Fassung gemäss BG vom 26. Juni 1998 über die Änderung des BGBB (AS 1998 S. 3009), i.K. 1. Januar 1999.
²) SR 700.
³) Eingefügt gemäss BG vom 26. Juni 1998 über die Änderung des BGBB (AS 1998 S. 3009), i.K. 1. Januar 1999.

65. *Erwerb durch das Gemeinwesen.* ¹ Der Erwerb durch das Gemeinwesen oder dessen Anstalten ist zu bewilligen, wenn er:
a. zur Erfüllung einer nach Plänen des Raumplanungsrechts vorgesehenen öffentlichen Aufgabe benötigt wird;
b. als Realersatz bei Erstellung eines nach Plänen des Raumplanungsrechts vorgesehenen Werkes dient und ein eidgenössisches oder kantonales Gesetz die Leistung von Realersatz vorschreibt oder erlaubt.

² Die Verweigerungsgründe von Artikel 63 gelten nicht im Falle von Absatz 1 Buchstabe a.

66. *Übersetzter Erwerbspreis.* Der Erwerbspreis gilt als übersetzt, wenn er die Preise für vergleichbare landwirtschaftliche Gewerbe oder Grundstücke in der betreffenden Gegend im Mittel der letzten fünf Jahre um mehr als 5 Prozent übersteigt.

67. *Zwangsversteigerung.* ¹ Bei einer Zwangsversteigerung muss der Ersteigerer die Bewilligung vorlegen oder die Kosten für eine neue Versteigerung hinterlegen und innert zehn Tagen nach erfolgtem Zuschlag ein Bewilligungsgesuch einreichen.

² Reicht der Ersteigerer kein Gesuch ein oder wird die Bewilligung verweigert, so hebt die Steigerungsbehörde den Zuschlag auf und ordnet eine neue Versteigerung an.

³ Der erste Ersteigerer haftet für die Kosten einer erneuten Versteigerung.

68. (Aufgehoben gemäss BG vom 26. Juni 1998 über die Änderung des BGBB [AS 1998 S. 3009].)

69. *Unzulässigkeit freiwilliger Versteigerung.* Landwirtschaftliche Gewerbe und Grundstücke dürfen nicht freiwillig versteigert werden.

3. Kapitel

Zivil- und verwaltungsrechtliche Folgen

70. *Nichtige Rechtsgeschäfte.* Rechtsgeschäfte, die den Verboten der Realteilung und der Zerstückelung von Grundstücken (Art. 58) oder den Bestimmungen über den Erwerb von landwirtschaftlichen Gewerben und Grundstücken (Art. 61–69) zuwiderlaufen oder deren Umgehung bezwecken, sind nichtig.

71. *Widerruf der Bewilligung.* [1] Die Bewilligungsbehörde widerruft ihren Entscheid, wenn der Erwerber ihn durch falsche Angaben erschlichen hat.

[2] Sind seit der Eintragung des Rechtsgeschäfts im Grundbuch mehr als zehn Jahre vergangen, so kann der Entscheid nicht mehr widerrufen werden.

72. *Berichtigung des Grundbuchs.* [1] Ist ein nichtiges Geschäft im Grundbuch eingetragen worden, so ordnet die Bewilligungsbehörde die Berichtigung des Grundbuchs an, nachdem sie ihren Entscheid widerrufen hat (Art. 71).

[2] Erfährt der Grundbuchverwalter nachträglich, dass ein Geschäft der Bewilligungspflicht unterliegt, so macht er die Bewilligungsbehörde darauf aufmerksam.

[3] Sind seit der Eintragung des Rechtsgeschäfts mehr als zehn Jahre vergangen, so ist eine Berichtigung des Grundbuchs gemäss Absatz 1 nicht mehr möglich.

[4] Eine Berichtigung des Grundbuchs ist ferner ausgeschlossen, wenn dadurch Rechte gutgläubiger Dritter (Art. 973 ZGB) verletzt würden. Die Bewilligungsbehörde erkundigt sich vor ihrem Entscheid beim Grundbuchverwalter darüber, ob solche Rechte bestehen.

4. Titel

Massnahmen zur Verhütung der Überschuldung

73. *Belastungsgrenze.* [1] Landwirtschaftliche Grundstücke dürfen nur bis zur Belastungsgrenze mit Grundpfandrechten belastet werden. Die Belastungsgrenze entspricht der Summe des um 35 Prozent erhöhten landwirtschaftlichen Ertragswerts und des Ertragswerts der nichtlandwirtschaftlichen Teile.[1])

[2] Die Belastungsgrenze muss beachtet werden für:
a. die Errichtung eines Grundpfandrechts;
b. die Bestellung eines Faustpfandes an einem Grundpfandtitel;
c. die Wiederbelebung eines abbezahlten Grundpfandtitels, über den der Eigentümer verfügen kann (Eigentümerschuldbrief).

³ Massgebend für die Beurteilung, ob die Belastungsgrenze erreicht wird, ist die Summe der im Grundbuch eingetragenen, vorgemerkten und angemerkten Grundpfandrechte. Nicht mitgezählt werden die Grundpfandrechte nach Artikel 75 Absatz 1.[1])

---

[1]) Fassung gemäss BG vom 20. Juni 2003 über die Änderung des BGBB (AS 2003 S. 4123), i. K. 1. Januar 2004.

74. *Gesamtpfandrechte.* ¹ Wird für eine Forderung ein Grundpfand auf mehreren Grundstücken errichtet (Gesamtpfand; Art. 798 Abs. 1 ZGB), so darf jedes Grundstück bis zum Betrag belastet werden, der der Summe der Belastungsgrenzen der verpfändeten Grundstücke entspricht.

² Die Errichtung eines Gesamtpfandrechtes auf Grundstücken, die diesem Gesetz unterstehen, und solchen, die diesem Gesetz nicht unterstehen, ist nicht zulässig.

75. *Ausnahmen von der Belastungsgrenze.* ¹ Keine Belastungsgrenze besteht für:
a. die gesetzlichen Grundpfandrechte nach den Artikeln 808 und 810 des Zivilgesetzbuches sowie die gesetzlichen Grundpfandrechte nach kantonalem öffentlichem Recht (Art. 836 ZGB);
b. Grundpfandrechte für Bodenverbesserungen (Art. 820 und 821 ZGB);
c.[1]) Grundpfandrechte zur Sicherung von Darlehen, die nach dem Landwirtschaftsgesetz vom 29. April 1998[2]) als Betriebshilfe oder Investitionskredite gewährt werden;
d. Grundpfandrechte zur Sicherung von Darlehen, die der Bund oder ein Kanton aufgrund der Gesetzgebung über die Wohnbauförderung gewährt oder verbürgt, soweit die Wohnungen den Bedürfnissen des Betriebes dienen;
e. Grundpfandrechte in Form von Grundpfandverschreibungen zur Sicherung des Gewinnanspruchs der Miterben und des Veräusserers.

² Vorläufige Eintragungen von Grundpfandrechten nach den Artikeln 837 und 961 Absatz 1 Ziffer 1 des Zivilgesetzbuches dürfen ungeachtet der Belastungsgrenze im Grundbuch vorgemerkt werden.

³ Durch Eintragung eines Grundpfandrechts nach Absatz 1 Buchstaben a und b werden bereits eingetragene Grundpfandrechte, die im Rang nachgehen, in ihrem Bestand nicht berührt.

---

[1]) Fassung gemäss BG vom 20. Juni 2003 über die Änderung des BGBB (AS 2003 S. 4123), i. K. 1. Januar 2004.
[2]) LwG; siehe insbes. Art. 105 ff. LwG mit zugehöriger V vom 7. Dezember 1998 über die Strukturverbesserungen in der Landwirtschaft (Strukturverbesserungsverordnung, SVV, SR 913.1).

76. *Überschreitung der Belastungsgrenze.* ¹ Ein Grundpfandrecht, für das die Belastungsgrenze gilt und das diese überschreitet, darf nur zur Sicherung eines Darlehens errichtet werden, das:

a. eine vom Bund anerkannte Genossenschaft oder Stiftung des Privatrechts oder eine Institution des kantonalen öffentlichen Rechts dem Schuldner zinslos gewährt;
b. eine dritte Person dem Schuldner gewährt und das durch eine Genossenschaft, Stiftung oder Institution im Sinne von Buchstabe a verbürgt oder verzinst wird.

[2] Die kantonale Behörde kann ein Darlehen von Dritten, das durch ein die Belastungsgrenze übersteigendes Pfandrecht gesichert wird, unter Beachtung der Vorschriften nach den Artikeln 77 und 78 bewilligen.

[3] Der Grundbuchverwalter weist eine Anmeldung ab, die keine dieser Voraussetzungen erfüllt.

77. *Gewährung von pfandgesicherten Darlehen.* [1] Ein Darlehen, das durch ein die Belastungsgrenze übersteigendes Pfandrecht gesichert wird, darf nur gewährt werden, wenn es:
a. dem Schuldner dazu dient, ein landwirtschaftliches Gewerbe oder Grundstück zu erwerben, zu erweitern, zu erhalten oder zu verbessern, oder notwendiges Betriebsinventar anzuschaffen oder zu erneuern, und
b. nicht zu einer für den Schuldner untragbaren Verschuldung führt.

[2] Zur Beurteilung, ob das Darlehen tragbar bleibt, ist ein Betriebsbudget aufzustellen. Dabei müssen die gesamten Aufwendungen des Schuldners zur Verzinsung und Rückzahlung seiner Pfand- und Kurrentschulden berücksichtigt werden. In die Prüfung sind auch Darlehen einzubeziehen, die durch Pfandrechte gesichert sind, für welche die Belastungsgrenze nicht gilt.

[3] Personen oder Institutionen, die das Darlehen verbürgen, verzinsen oder zinslos gewähren, und die Behörde, die das Darlehen überprüft hat, wachen darüber, dass es zum festgelegten Zweck verwendet wird. Die Person oder Institution, die das Darlehen verbürgt oder verzinst, und die Behörde, die das Darlehen überprüft hat, kann den Gläubiger verpflichten, das Darlehen zu kündigen, wenn es nicht seinem Zweck entsprechend verwendet wird.

78. *Rückzahlungspflicht.* [1] Dient ein Darlehen dazu, ein landwirtschaftliches Grundstück zu erwerben, zu erweitern, zu erhalten oder zu verbessern, so muss der die Belastungsgrenze übersteigende Teil innert 25 Jahren zurückbezahlt werden. Liegen besondere Umstände vor, so kann der Gläubiger dem Schuldner eine längere Frist für die Rückzahlung des Darlehens gewähren oder ihn ganz von der Pflicht zur ratenweisen Rückzahlung befreien. Solche Erleichterungen dürfen nur mit der Zustimmung der Person oder Institution, die das Darlehen verbürgt oder verzinst, oder der Behörde, die es überprüft hat, gewährt werden.

[2] Dient das Darlehen der Finanzierung von Betriebsinventar, so ist eine Rückzahlungsfrist festzusetzen, die der Abschreibungsdauer der finanzierten Sache entspricht.

[3] Ist ein zurückbezahltes Darlehen durch einen Schuldbrief oder eine Gült gesichert und werden diese nicht als Sicherheit für ein neues Darlehen

nach den Artikeln 76 und 77 verwendet, so muss der Gläubiger dafür sorgen, dass die Pfandsumme, soweit sie die Belastungsgrenze übersteigt, im Grundbuch und auf dem Pfandtitel geändert oder gelöscht wird. Personen oder Institutionen, die das Darlehen verbürgen oder verzinsen, und die Behörde, die es geprüft hat, sind berechtigt, zu diesem Zweck beim Grundbuchamt die Löschung zu beantragen.

[4] Der Pfandtitel darf dem Schuldner nicht herausgegeben werden, bevor die Erfordernisse nach Absatz 3 erfüllt sind.

79. *Anerkennung von Genossenschaften, Stiftungen und kantonalen Institutionen.* [1] Eine Genossenschaft oder Stiftung des Privatrechts wird anerkannt, wenn ihre Statuten:
a. vorsehen, Darlehen zu landwirtschaftlichen Zwecken unverzinslich zu gewähren oder solche Darlehen, wenn sie von Dritten gewährt werden, zu verbürgen oder zu verzinsen;
b. einen Höchstbetrag festlegen, für welchen dem einzelnen Schuldner solche Darlehen zinslos gewährt, verbürgt oder verzinst werden können;
c. ein Organ mit der Geschäftsführung betrauen, das sich aus sachkundigen Personen zusammensetzt;
d. die Ausrichtung ertragsabhängiger Leistungen wie Tantiemen an die Organe ausschliessen;
e. vorsehen, dass das Anteilscheinkapital und andere Einlagen der Genossenschafter höchstens zum Zinssatz für erste Hypotheken verzinst werden dürfen;
f. vorsehen, dass ein Reinertrag für Rückstellungen und Reserven verwendet wird.

[2] Das Eidgenössische Justiz- und Polizeidepartement entscheidet über die Anerkennung und veröffentlicht den Entscheid darüber im Bundesblatt.[1])

[3] Für die Anerkennung kantonaler Institutionen gelten sinngemäss die Bestimmungen über die Anerkennung von Genossenschaften und Stiftungen.

[4] Die anerkannten Genossenschaften, Stiftungen und kantonalen Institutionen sind verpflichtet, dem Eidgenössischen Justiz- und Polizeidepartement regelmässig über ihre Geschäftstätigkeit Bericht zu erstatten.

---

[1]) Verzeichnis der vom Eidgenössischen Justiz- und Polizeidepartement nach Artikel 79 Absatz 2 des BGBB anerkannten Körperschaften, veröffentlicht in BBl 1994 I 249, 1994 II 144, 1995 I 71, 1995 III 124 und 1997 II 457. Die bereinigte Liste ist beim Eidgenössischen Amt für Grundbuch- und Bodenrecht, Bundesamt für Justiz, in Bern erhältlich.

5. Titel

Verfahren, Rechtsschutz

1. Kapitel

Verfahrensvorschriften

1. Abschnitt

Allgemeine Bestimmungen

80. *Zuständigkeit.* ¹ Das Gesuch um Erteilung einer Bewilligung, Erlass einer Feststellungsverfügung oder Schätzung des Ertragswerts ist bei der kantonalen Behörde einzureichen.

² Liegt ein landwirtschaftliches Gewerbe in verschiedenen Kantonen, so ist für die Erteilung einer Bewilligung oder den Erlass einer Feststellungsverfügung derjenige Kanton zuständig, in dem sich der wertvollere Teil befindet.

81. *Behandlung durch den Grundbuchverwalter.* ¹ Dem Grundbuchamt sind nebst der Urkunde über das Rechtsgeschäft die erforderliche Bewilligung oder Urkunden, aus denen hervorgeht, dass keine Bewilligung nötig ist, sowie gegebenenfalls der Entscheid über die Festsetzung der Belastungsgrenze einzureichen.

² Ist offensichtlich, dass für das angemeldete Geschäft eine Bewilligung notwendig ist, und liegt eine solche nicht vor, so weist der Grundbuchverwalter die Anmeldung ab.

³ Besteht Ungewissheit darüber, ob für das angemeldete Geschäft eine Bewilligung notwendig ist, so schreibt der Grundbuchverwalter die Anmeldung im Tagebuch ein, schiebt jedoch den Entscheid über die Eintragung im Grundbuch auf, bis über die Bewilligungspflicht und allenfalls über das Gesuch entschieden ist.

⁴ Der Grundbuchverwalter setzt eine Frist von 30 Tagen zur Einreichung eines Gesuchs um einen Entscheid über die Bewilligungspflicht oder um Bewilligungserteilung. Läuft die Frist unbenutzt ab oder wird die Bewilligung verweigert, so weist er die Anmeldung ab.

82. (Art. 82 betreffend den Gerichtsstand für zivilrechtliche Klagen wurde aufgehoben gemäss Ziff. 3 des Anhangs zum GestG [Anhang I B zum ZGB]. Heute: Art. 18 Abs. 1 und Art. 19 Abs. 1 lit. a, c und Abs. 2 GestG.)

83. *Bewilligungsverfahren.* ¹ Das Gesuch um Erteilung einer Bewilligung ist bei der kantonalen Bewilligungsbehörde (Art. 90 Bst. a) einzureichen.

² Diese teilt ihren Entscheid den Vertragsparteien, dem Grundbuchverwalter, der kantonalen Aufsichtsbehörde (Art. 90 Bst. b), dem Pächter sowie Kaufs-, Vorkaufs- oder Zuweisungsberechtigten mit.

³ Gegen die Verweigerung der Bewilligung können die Vertragsparteien, gegen die Erteilung der Bewilligung die kantonale Aufsichtsbehörde, der Pächter sowie Kaufs-, Vorkaufs- oder Zuweisungsberechtigte bei der kantonalen Beschwerdeinstanz (Art. 88) Beschwerde führen.

84. *Feststellungsverfügung.* Wer ein schutzwürdiges Interesse hat, kann von der Bewilligungsbehörde insbesondere feststellen lassen, ob:
a. ein landwirtschaftliches Gewerbe oder Grundstück dem Realteilungsverbot, dem Zerstückelungsverbot, dem Bewilligungsverfahren oder der Belastungsgrenze unterliegt;
b. der Erwerb eines landwirtschaftlichen Gewerbes oder Grundstücks bewilligt werden kann.

85. *Änderung eines Nutzungsplanes.* Wird bei der Überprüfung eines Nutzungsplans im Sinne von Artikel 21 Absatz 2 des Bundesgesetzes vom 22. Juni 1979[1]) über die Raumplanung auch ein landwirtschaftliches Gewerbe oder Grundstück erfasst, so kann ein hängiger Prozess oder ein hängiges Verfahren auf Antrag eines Beteiligten bis zur Neufestsetzung der Nutzungszone, längstens aber für fünf Jahre, eingestellt werden.

---
[1]) SR 700.

2. Abschnitt

Besondere Bestimmungen

86. *Anmerkung im Grundbuch.* ¹ Im Grundbuch sind anzumerken:
a. landwirtschaftliche Grundstücke in der Bauzone, die diesem Gesetz unterstellt sind (Art. 2);
b. nichtlandwirtschaftliche Grundstücke ausserhalb der Bauzone, die diesem Gesetz nicht unterstellt sind (Art. 2).
² Der Bundesrat bestimmt die Ausnahmen von der Anmerkungspflicht und regelt die Voraussetzungen, unter denen eine Anmerkung von Amtes wegen gelöscht wird.[1])

---
[1]) Siehe dazu die Art. 3 und 4 VBB (Anhang IX B zum ZGB).

87. *Schätzung des Ertragswerts.* ¹ Der Ertragswert wird von einer Behörde von Amtes wegen oder auf Antrag eines Berechtigten geschätzt. Bei geplanten Bauten oder Anlagen kann die Behörde eine vorläufige Schätzung vornehmen.
[1bis]) Wer berechtigt ist, die Schätzung des Ertragswerts zu verlangen, kann beantragen, dass das Inventar mit seinem Nutzwert geschätzt wird.
² Der Ertragswert kann auch von einem Experten geschätzt werden; eine solche Schätzung ist verbindlich, wenn die Behörde sie genehmigt hat.

³ Die Schätzung des Ertragswerts können verlangen:
a. der Eigentümer und jeder seiner Erben;
b. jeder am betreffenden Grundstück oder Gewerbe nach diesem Gesetz Kaufs- oder Vorkaufsberechtigte, wenn er sein Recht ausüben könnte;
c. die Pfandgläubiger, Bürgen und Personen oder Institutionen nach Artikel 76, wenn sie ein pfandgesichertes Darlehen gewähren, verbürgen oder verzinsen oder wenn sich der Wert des Grundstücks oder Gewerbes infolge von Naturereignissen, Bodenverbesserungen, Vergrösserung oder Verminderung der Fläche, Neu- oder Umbauten, Abbruch oder Stillegung eines Gebäudes, Zweckentfremdung oder ähnlicher Umstände geändert hat.

⁴ ²) Die Behörde teilt dem Eigentümer, dem Antragsteller und dem Grundbuchamt den neuen Ertragswert mit; dabei muss sie auch angeben, welche Beträge auf den Wert der nichtlandwirtschaftlichen Teile entfallen. Sie gibt zudem den Nutzwert des Inventars an, wenn dieser geschätzt worden ist.

---

¹) Eingefügt gemäss BG vom 20. Juni 2003 über die Änderung des BGBB (AS 2003 S. 4123), i.K. 1. Januar 2004.

²) Fassung gemäss BG vom 20. Juni 2003 über die Änderung des BGBB (AS 2003 S. 4123), i.K. 1. Januar 2004.

2. Kapitel

Rechtsschutz

88. *Beschwerde an die kantonale Beschwerdeinstanz.* ¹ Gegen eine Verfügung aufgrund dieses Gesetzes (Art. 80 Abs. 1 und Art. 87) kann innert 30 Tagen bei der kantonalen Beschwerdebehörde (Art. 90 Bst. f) Beschwerde erhoben werden.

² Letztinstanzliche kantonale Entscheide sind dem Eidgenössischen Justiz- und Polizeidepartement mitzuteilen.

89. *Verwaltungsgerichtsbeschwerde an das Bundesgericht.* Letztinstanzliche kantonale Beschwerdeentscheide sowie Entscheide des Eidgenössischen Justiz- und Polizeidepartements über die Anerkennung von Genossenschaften, Stiftungen und kantonalen Institutionen nach den Bestimmungen über die Belastungsgrenze unterliegen der Verwaltungsgerichtsbeschwerde nach Artikel 97 des Bundesgesetzes über die Organisation der Bundesrechtspflege.¹)

---

¹) SR 173.110.

6. Titel

Schlussbestimmungen

1. Kapitel

Vollzug

90. *Zuständigkeit der Kantone.* [1] Die Kantone bezeichnen die Behörden, die zuständig sind:
a. eine Bewilligung nach den Artikeln 60, 63, 64 und 65 zu erteilen;
b. Entscheide der Bewilligungsbehörde gemäss Artikel 83 Absatz 3 anzufechten (Aufsichtsbehörde);
c. eine Bewilligung nach Artikel 76 Absatz 2 für Darlehen zu erteilen, mit denen die Belastungsgrenze überschritten werden darf;
d. eine Anmerkung nach Artikel 86 zu verlangen;
e. die Schätzung des Ertragswerts durchzuführen oder zu genehmigen (Art. 87);
f. über eine Beschwerde zu entscheiden (Beschwerdeinstanz).

[2] Kantonale Erlasse, die sich auf dieses Gesetz stützen, müssen dem Eidgenössischen Justiz- und Polizeidepartement zur Kenntnis gebracht werden.[1])

---

[1]) Eingefügt gemäss BG vom 20. Juni 2003 über die Änderung des BGBB (AS 2003 S. 4123), i. K. Januar 2004.

91. *Zuständigkeit des Bundes.* [1] Der Bundesrat erlässt die Vollzugsbestimmungen zu den Artikeln 10 Absatz 2 und 86 Absatz 2.

[2] ...[1])

[3] Das Eidgenössische Justiz- und Polizeidepartement entscheidet über die Anerkennung von Genossenschaften und Stiftungen des Privatrechts und von kantonalen Institutionen im Sinne von Artikel 79.

---

[1]) Aufgehoben gemäss BG vom 20. Juni 2003 über die Änderung des BGBB (AS 2003 S. 4123).

2. Kapitel

Änderung und Aufhebung von Bundesrecht

92. *Änderung bisherigen Rechts.*

1. Das Zivilgesetzbuch wird wie folgt geändert: ...[1])

---

[1]) Geändert (aufgehoben, verändert oder neu eingefügt) wurden die Art. 613a, 616, 617, 619, 619bis–625bis, 654a, 682a, 798a, 848. Die Änderungen sind in der Textausgabe berücksichtigt.

2. Das Obligationenrecht wird wie folgt geändert: ...¹)

---
¹) Geändert (aufgehoben oder verändert) wurden die Art. 218, 218bis–218^quinquies. Die Änderungen sind in der Textausgabe berücksichtigt.

3. Das Bundesgesetz vom 4. Oktober 1985 über die landwirtschaftliche Pacht wird wie folgt geändert: ...¹)

---
¹) Geändert wurde Art. 51 Abs. 1 zweiter Satz. Die Änderung ist in der Textausgabe berücksichtigt (LPG, Anhang V A zum OR).

4. Das Landwirtschaftsgesetz wird wie folgt geändert: ...¹)

---
¹) Dieses Gesetz ist seinerseits aufgehoben und ersetzt durch das LwG vom 29. April 1998.

93. *Aufhebung bisherigen Rechts.* Es werden aufgehoben:
a. das Bundesgesetz vom 12. Juni 1951 über die Erhaltung des bäuerlichen Grundbesitzes;
b. das Bundesgesetz vom 12. Dezember 1940 über die Entschuldung landwirtschaftlicher Heimwesen.

3. Kapitel

Übergangsrecht

94. *Privatrecht.* ¹ Die Erbteilung richtet sich nach dem Recht, das bei der Eröffnung des Erbgangs gegolten hat; wird das Teilungsbegehren nicht innert Jahresfrist seit Inkrafttreten dieses Gesetzes gestellt, so gilt in jedem Fall das neue Recht.

² Vertraglich begründetes gemeinschaftliches Eigentum (Mit- oder Gesamteigentum) wird nach altem Recht aufgehoben, wenn dies innert Jahresfrist seit Inkrafttreten dieses Gesetzes verlangt wird.

³ Ein bei Inkrafttreten dieses Gesetzes bereits bestehender gesetzlicher oder vertraglicher Gewinnanspruch behält auch unter dem neuen Recht seine Gültigkeit. Soweit vertraglich nichts Abweichendes vereinbart worden ist, richten sich jedoch Fälligkeit und Berechnung nach dem Recht, das im Zeitpunkt der Veräusserung gilt. Die Zuweisung eines landwirtschaftlichen Grundstücks zu einer Bauzone (Art. 29 Abs. 1 Bst. c) gilt nur dann als Veräusserung, wenn der Beschluss über die Einzonung nach Inkrafttreten dieses Gesetzes ergeht.

⁴ Für das Vorkaufsrecht an landwirtschaftlichen Gewerben und Grundstücken gilt das neue Recht, wenn der Vorkaufsfall nach dem Inkrafttreten dieses Gesetzes eingetreten ist.

95. *Übrige Bestimmungen.* ¹ Die Bestimmungen dieses Gesetzes über das Realteilungsverbot, das Zerstückelungsverbot, das Bewilligungsverfahren und die Belastungsgrenze gelten für alle Rechtsgeschäfte, die nach Inkrafttreten dieses Gesetzes beim Grundbuchamt angemeldet werden.

Anhang IX A
BG über das bäuerliche Bodenrecht (BGBB)

² Bewilligungs- und Beschwerdeverfahren, die beim Inkrafttreten hängig sind, werden nach dem neuen Recht beurteilt, wenn das Rechtsgeschäft beim Inkrafttreten dieses Gesetzes noch nicht beim Grundbuchamt angemeldet war.

95a.[1]) *Übergangsbestimmungen zur Änderung vom 20. Juni 2003.* Die übergangsrechtlichen Bestimmungen der Artikel 94 und 95 finden auch auf die Änderung vom 20. Juni 2003 Anwendung.

---

[1]) Eingefügt gemäss BG vom 20. Juni 2003 über die Änderung des BGBB (AS 2003 S. 4123), i.K. 1. Januar 2004.

4. Kapitel

Referendum und Inkrafttreten

96. ¹ Dieses Gesetz untersteht dem fakultativen Referendum.[1])
² Der Bundesrat bestimmt das Inkrafttreten.[2])

---

[1]) Dieses Gesetz ist vom Volk am 27. September 1992 angenommen worden.
[2]) In Kraft getreten am 1. Januar 1994 (AS 1993 S. 1442).

Anhang IX B

Verordnung

über

das bäuerliche Bodenrecht (VBB)

(Vom 4. Oktober 1993, SR 211.412.110)

(Gestützt auf die Artikel 7 Absatz 1, 10 Absatz 2 und 86 Absatz 2 des Bundesgesetzes vom 4. Oktober 1991 über das bäuerliche Bodenrecht [BGBB])

1. Abschnitt

Ertragswert

1. *Art der Berechnung und Bemessungsperiode.* [1] Als Ertragswert gilt das Kapital, für das der Zins (Landgutsrente), zum mittleren Satz für erste Hypotheken, bei landesüblicher Bewirtschaftung im Mittel mehrerer Jahre aus dem landwirtschaftlichen Gewerbe oder Grundstück erzielt werden kann.

[2] Für die Berechnung der Landgutsrente wird in der Regel das Betriebseinkommen auf die Produktionsfaktoren Kapital und Arbeit aufgeteilt und zwar im Verhältnis zu deren Ansprüchen. Der auf das Landgut entfallende Anteil des Kapitalertrages entspricht der Landgutsrente.

[3] Als Bemessungsperiode gelten die Jahre 1994–2010. Der Ertragswert bemisst sich nach dem Durchschnitt der für die Bemessungsperiode kalkulierten Landgutsrenten und einem mittleren Zinssatz von 4,41 Prozent.[1])

---

[1]) Fassung gemäss Ziff. I der Änderung der VBB vom 26. November 2003 (AS 2003 S. 4539), i.K. 1. Februar 2004.

2. *Schätzung*[1]). [1] Die Anleitung für die Schätzung des landwirtschaftlichen Ertragswertes findet sich im Anhang 1.[1])

[2] Die im Anhang 1 enthaltenen Normen und Ansätze sind für die Schätzungsbehörden und Schätzungsexperten verbindlich.[1])

[3] Bei der Schätzung sind die mit den Gewerben und Grundstücken verbundenen Nutzungen, Rechte, Lasten und Dienstbarkeiten zu berücksichtigen.

[4] Das Ergebnis der Schätzung ist in einem Protokoll festzuhalten.

---

[1]) Fassung gemäss Ziff. I der Änderung der VBB vom 26. November 2003 (AS 2003 S. 4539), i.K. 1. Februar 2004. Ziff. II der Änderung der VBB vom 26. November 2003 lautet: «[1] Anhang 1 wird gemäss Beilage geändert. [2] Anhang 2 wird aufgehoben.» Der Anhang 1 wird in der Amtlichen Sammlung nicht veröffentlicht, kann aber beim Bundesamt für Bauten und Logistik (BBL), Vertrieb Publikationen, 3003 Bern, bezogen werden.

1a. Abschnitt

Berechnung der Standardarbeitskraft[1])

2a.[1]) ¹ Für die Festlegung der Betriebsgrösse nach Standardarbeitskräften (SAK) gelten die Faktoren von Artikel 3 der Landwirtschaftlichen Begriffsverordnung vom 7. Dezember 1998[2]).

² Ergänzend zu Absatz 1 sind folgende Zuschläge und Faktoren zu berücksichtigen:

a.	Zuschlag Kartoffeln	0.045 SAK/ha
b.	Zuschlag Beeren, Heil- und Gewürzpflanzen	0.300 SAK/ha
c.	Zuschlag Rebbau mit eigener Kelterei	0.300 SAK/ha
d.	Zuschlag Christbaumkulturen	0.045 SAK/ha
e.	betriebseigener Wald	0.012 SAK/ha
f.	Milchkühe auf Sömmerungsbetrieb	0.015/Normalstoss
g.	Nutztiere auf Sömmerungsbetrieb	0.010/Normalstoss

³ Auf Sömmerungsbetrieben können eigene und fremde Tiere nach Absatz 2 Buchstaben f und g nur dann angerechnet werden, wenn der zum Gewerbe gehörende Sömmerungsbetrieb auf eigene Rechnung und Gefahr bewirtschaftet wird.

⁴ Für die Verarbeitung von in der Region üblichen Produkten in bereits bestehenden Anlagen der ersten Verarbeitungsstufe bemisst sich der Zuschlag in SAK nach dem effektiven Arbeitsaufwand.

⁵ Für die Tätigkeit in Gewächshäusern bemisst sich der Zuschlag in SAK nach dem effektiven Arbeitsaufwand.

---

[1]) Eingefügt gemäss Ziff. I der Änderung der VBB vom 26. November 2003 (AS 2003 S. 4539), i.K. 1. Januar 2004.
[2]) SR 910.91.

2. Abschnitt

Anmerkung im Grundbuch

3. *Ausnahmen von der Anmerkungspflicht.* ¹ Anmerkungen nach Artikel 86 Absatz 1 Buchstabe b BGBB dürfen nur unterbleiben, wenn die nichtlandwirtschaftliche Nutzung nach dem Bundesgesetz vom 22. Juni 1979[1]) über die Raumplanung bewilligt wurde.

² Grundstücke, die zu einem nichtlandwirtschaftlichen Nebengewerbe im Sinne von Artikel 3 Absatz 2 BGBB gehören, unterstehen der Anmerkungspflicht immer.

---

[1]) SR 700.

4. *Löschung der Anmerkungen von Amtes wegen.* ¹ Die Behörden, die nach dem Bundesgesetz vom 22. Juni 1979[1]) über die Raumplanung Nutzungspläne erlassen, ordnen die Löschung der Anmerkungen von Amtes wegen an, wenn diese aufgrund einer rechtskräftigen Änderung des Nutzungsplans gegenstandslos werden.

² Die Behörden, die Bewilligungen nach Artikel 60 Buchstabe a BGBB erteilen, ordnen die Löschung der Anmerkungen für die neuen Grundstücke von Amtes wegen an, soweit diese gegenstandslos werden.

---

¹) SR 700.

3. Abschnitt

Verfahrenskoordination und Rechtspflege¹)

4a.¹) *Verfahrenskoordination.* ¹ Im Verfahren um Bewilligung von Ausnahmen vom Realteilungs- und Zerstückelungsverbot und im Verfahren um Erlass einer entsprechenden Feststellungsverfügung oder einer solchen über die Nicht-Anwendbarkeit des BGBB stellt die Bewilligungsbehörde nach diesem Gesetz der kantonalen Behörde, die für den Entscheid über Bauvorhaben ausserhalb der Bauzonen zuständig ist (Art. 25 Abs. 2 RPG), die Akten zum Erlass einer Verfügung zu, wenn auf einem betroffenen Grundstück eine Baute oder Anlage besteht und sich diese ausserhalb einer Bauzone im Sinne des Raumplanungsrechts befindet.

² Die Bewilligungsbehörde entscheidet in diesen Fällen erst, wenn eine rechtskräftige raumplanungsrechtliche Verfügung vorliegt, in der die Rechtmässigkeit der Nutzung der betreffenden Baute oder Anlage festgestellt wird.

³ Die Verfahrenskoordination erübrigt sich, wenn offensichtlich ist, dass:
a. keine Ausnahmebewilligung nach dem BGBB erteilt werden kann; oder
b. das betroffene Grundstück dem BGBB unterstellt bleiben muss.

---

¹) Eingefügt gemäss Art. 51 der Raumplanungsverordnung vom 28. Juni 2000, i.K. 1. September 2000 (AS 2000 S. 2047, SR 700.1).

5. *Zuständigkeit des Bundesamtes für Justiz*¹). ¹ Das Bundesamt für Justiz ist zuständig zur Erhebung:
a. der Verwaltungsgerichtsbeschwerde ans Bundesgericht gegen letztinstanzliche kantonale Beschwerdeentscheide (Art. 89 BGBB);
b. der Beschwerde an die Rekurskommission EVD gegen letztinstanzliche kantonale Beschwerdeentscheide (Art. 51 LPG²).

² Letztinstanzliche kantonale Entscheide sind dem Bundesamt für Justiz zu eröffnen.

---

¹) Fassung gemäss Art. 51 der Raumplanungsverordnung vom 28. Juni 2000, i.K. 1. September 2000 (AS 2000 S. 2047, SR 700.1).
²) Anhang V A zum OR.

4. Abschnitt

Schlussbestimmungen

6. *Aufhebung bisherigen Rechts.* Es werden aufgehoben:
a. die Verordnung vom 28. Dezember 1951 über die Schätzung des landwirtschaftlichen Ertragswerts;
b. die Verordnung vom 16. November 1945 über die Entschuldung landwirtschaftlicher Heimwesen;
c. die Verordnung vom 16. November 1945 über die Verhütung der Überschuldung landwirtschaftlicher Liegenschaften;
d. die Artikel 37–44 der Verordnung vom 30. Oktober 1917[1]) betreffend die Viehverpfändung.

---

[1]) Anhang VII A zum ZGB.

7. *Änderung bisherigen Rechts.*
1. Die Verordnung vom 22. Februar 1910 betreffend das Grundbuch wird wie folgt geändert: ...[1])
2. Die Verordnung vom 11. Februar 1987 über die Bemessung des landwirtschaftlichen Pachtzinses wird wie folgt geändert: ...[2])

---

[1]) Hier folgen Artikel 71 Absatz 1 (Text siehe in Anhang VIII zum ZGB) und 71c (aufgehoben).
[2]) Hier folgt Artikel 1 Absatz 2, Text siehe in Anhang V B zum OR.

8. *Inkrafttreten.* Diese Verordnung tritt am 1. Januar 1994 in Kraft.

Anhang X

Grundstückerwerb durch Personen im Ausland

		Seite
A.	Bundesgesetz über den Erwerb von Grundstücken durch Personen im Ausland (BewG)	694
B.	Verordnung über den Erwerb von Grundstücken durch Personen im Ausland (BewV)	712

Anhang X A

Bundesgesetz

über

den Erwerb von Grundstücken durch Personen im Ausland (BewG)

(Vom 16. Dezember 1983, SR 211.412.41)

(Gestützt auf die Zuständigkeit des Bundes im Bereich der auswärtigen Angelegenheiten* sowie die Artikel 64 und 64bis der Bundesverfassung**, nach Einsicht in eine Botschaft des Bundesrates vom 16. September 1981, BBl 1981 III 585)

1. Kapitel

Zweck und Grundsätze

1. *Zweck.* Dieses Gesetz beschränkt den Erwerb von Grundstücken durch Personen im Ausland, um die Überfremdung des einheimischen Bodens zu verhindern.

2. *Bewilligungspflicht.* [1] Personen im Ausland bedürfen für den Erwerb von Grundstücken einer Bewilligung der zuständigen kantonalen Behörde.

[2] Keiner Bewilligung bedarf der Erwerb, wenn:
a. das Grundstück als ständige Betriebsstätte eines Handels-, Fabrikations- oder eines anderen nach kaufmännischer Art geführten Gewerbes, eines Handwerksbetriebes oder eines freien Berufes dient;
b. das Grundstück dem Erwerber als natürlicher Person als Hauptwohnung am Ort seines rechtmässigen und tatsächlichen Wohnsitzes dient; oder
c. eine Ausnahme nach Artikel 7 vorliegt.[1]

[3] Beim Erwerb von Grundstücken nach Absatz 2 Buchstabe a können durch Wohnanteilvorschriften vorgeschriebene Wohnungen oder dafür reservierte Flächen miterworben werden.[1]

---

[1] Eingefügt gemäss Ziff. I des BG vom 30. April 1997 über die Änderung des BewG (AS 1997 S. 2086), i. K. 1. Oktober 1997. Die Übergangsbestimmungen sind in dieser Textausgabe am Ende des BewG abgedruckt.

---

* Dieser allgemeinen Zuständigkeitsumschreibung entspricht Artikel 54 Absatz 1 der Bundesverfassung vom 18. April 1999 (SR 101).

** Diesen Bestimmungen entsprechen die Artikel 122 und 123 der Bundesverfassung vom 18. April 1999 (SR 101).

3. *Bundesrecht und kantonales Recht.* [1] Die Bewilligung wird nur aus den Gründen erteilt, die dieses Gesetz vorsieht.

[2] Die Kantone können zur Wahrung ihrer unterschiedlichen Interessen zusätzliche Bewilligungsgründe und weitergehende Beschränkungen vorsehen, soweit dieses Gesetz sie dazu ermächtigt.

2. Kapitel

Bewilligungspflicht

4. *Erwerb von Grundstücken.* [1] Als Erwerb eines Grundstückes gilt:
a. der Erwerb des Eigentums, eines Baurechts, eines Wohnrechts oder der Nutzniessung an einem Grundstück;
b.[1]) die Beteiligung an einer vermögensfähigen Gesellschaft ohne juristische Persönlichkeit, deren tatsächlicher Zweck der Erwerb von Grundstücken ist;
c. der Erwerb des Eigentums oder der Nutzniessung an einem Anteil an einem Immobilienanlagefonds, dessen Anteilscheine auf dem Markt nicht regelmässig gehandelt werden, oder an einem ähnlichen Vermögen;
d. ...[2])
e.[3]) der Erwerb des Eigentums oder der Nutzniessung an einem Anteil an einer juristischen Person, deren tatsächlicher Zweck der Erwerb von Grundstücken ist, sofern die Anteile dieser juristischen Person nicht an einer Börse in der Schweiz kotiert sind;
f.[1]) die Begründung und Ausübung eines Kaufs-, Vorkaufs- oder Rückkaufsrechts an einem Grundstück oder an einem Anteil im Sinne der Buchstaben b, c und e;
g. der Erwerb anderer Rechte, die dem Erwerber eine ähnliche Stellung wie dem Eigentümer eines Grundstückes verschaffen.

[2] Als Erwerb eines Grundstückes gilt auch, wenn eine juristische Person oder eine vermögensfähige Gesellschaft ohne juristische Persönlichkeit ihren statutarischen oder tatsächlichen Sitz ins Ausland verlegt und Rechte an einem Grundstück beibehält, das nicht nach Artikel 2 Absatz 2 Buchstabe a bewilligungsfrei erworben werden kann.[1])

---

[1]) Fassung gemäss Ziff. I des BG vom 30. April 1997 über die Änderung des BewG (AS 1997 S. 2086), i.K. 1. Oktober 1997. Die Übergangsbestimmungen sind in dieser Textausgabe am Ende des BewG abgedruckt.

[2]) Aufgehoben gemäss Ziff. I des BG vom 30. April 1997 über die Änderung des BewG (AS 1997 S. 2086). Die Übergangsbestimmungen sind in dieser Textausgabe am Ende des BewG abgedruckt.

[3]) Fassung gemäss Ziff. I des BG vom 8. Oktober 2004 über die Änderung des BewG (AS 2005 S. 1337), i.K. 1. April 2005.

Anhang X A
Erwerb von Grundstücken durch Personen im Ausland (BewG)

5. *Personen im Ausland.* [1] Als Personen im Ausland gelten:

a.[1]) Staatsangehörige der Mitgliedstaaten der Europäischen Gemeinschaft oder der Europäischen Freihandelsassoziation, die ihren rechtmässigen und tatsächlichen Wohnsitz nicht in der Schweiz haben;

a[bis].[2]) Staatsangehörige anderer ausländischer Staaten, die nicht das Recht haben, sich in der Schweiz niederzulassen;

b. juristische Personen oder vermögensfähige Gesellschaften ohne juristische Persönlichkeit, die ihren statutarischen oder tatsächlichen Sitz im Ausland haben;

c. juristische Personen oder vermögensfähige Gesellschaften ohne juristische Persönlichkeit, die ihren statutarischen und tatsächlichen Sitz in der Schweiz haben und in denen Personen im Ausland eine beherrschende Stellung innehaben;

d.[2]) natürliche und juristische Personen sowie vermögensfähige Gesellschaften ohne juristische Persönlichkeit, die nicht Personen im Ausland nach den Buchstaben a, a[bis] und c sind, wenn sie ein Grundstück für Rechnung von Personen im Ausland erwerben.

[2] ...[3])

---

[1]) Fassung gemäss Ziff. I 2. des BG vom 8. Oktober 1999 zum Abkommen zwischen der Schweizerischen Eidgenossenschaft einerseits und der Europäischen Gemeinschaft sowie ihren Mitgliedstaaten andererseits über die Freizügigkeit (AS 2002 S. 701, i.K. 1. Juni 2002), sowie gemäss Ziff. I 2. des BG vom 14. Dezember 2001 betreffend die Bestimmungen über die Personenfreizügigkeit im Abkommen vom 21. Juni 2001 zur Änderung des Übereinkommens vom 4. Januar 1960 zur Errichtung der Europäischen Freihandelsassoziation (EFTA) (AS 2002 S. 685, i.K. 1. Juni 2002). Die Schlussbestimmungen sind in dieser Textausgabe am Ende des BewG abgedruckt.

[2]) Fassung gemäss Ziff. I 2. des BG vom 8. Oktober 1999 zum Abkommen zwischen der Schweizerischen Eidgenossenschaft einerseits und der Europäischen Gemeinschaft sowie ihren Mitgliedstaaten andererseits über die Freizügigkeit (AS 2002 S. 701), i.K. 1. Juni 2002. Die Schlussbestimmungen sind in dieser Textausgabe am Ende des BewG abgedruckt.

[3]) Aufgehoben gemäss Ziff. I des BG vom 30. April 1997 über die Änderung des BewG (AS 1997 S. 2086). Die Übergangsbestimmungen sind in dieser Textausgabe am Ende des BewG abgedruckt.

6. *Beherrschende Stellung.* [1] Eine Person im Ausland hat eine beherrschende Stellung inne, wenn sie auf Grund ihrer finanziellen Beteiligung, ihres Stimmrechtes oder aus anderen Gründen allein oder gemeinsam mit anderen Personen im Ausland die Verwaltung oder Geschäftsführung entscheidend beeinflussen kann.

[2] Die Beherrschung einer juristischen Person durch Personen im Ausland wird vermutet, wenn diese:

a. mehr als einen Drittel des Aktien-, Stamm- oder Genossenschaftskapitals besitzen;[1])

b. über mehr als einen Drittel der Stimmen in der General- oder Gesellschafterversammlung verfügen;

c. die Mehrheit des Stiftungsrates oder der Begünstigten einer Stiftung des privaten Rechts stellen;

d. der juristischen Person rückzahlbare Mittel zur Verfügung stellen, die mehr als die Hälfte der Differenz zwischen den Aktiven der juristischen Person und ihren Schulden gegenüber nicht bewilligungspflichtigen Personen ausmachen.

[3] Die Beherrschung einer Kollektiv- oder Kommanditgesellschaft durch Personen im Ausland wird vermutet, wenn eine oder mehrere von ihnen:
a. unbeschränkt haftende Gesellschafter sind;
b. der Gesellschaft als Kommanditäre Mittel zur Verfügung stellen, die einen Drittel der Eigenmittel der Gesellschaft übersteigen;
c. der Gesellschaft oder unbeschränkt haftenden Gesellschaftern rückzahlbare Mittel zur Verfügung stellen, die mehr als die Hälfte der Differenz zwischen den Aktiven der Gesellschaft und ihren Schulden gegenüber nicht bewilligungspflichtigen Personen ausmachen.

---

[1]) Fassung gemäss Ziff. I des BG vom 8. Oktober 2004 über die Änderung des BewG (AS 2005 S. 1337), i.K. 1. April 2005.

7. *Übrige Ausnahmen von der Bewilligungspflicht.*[1]) Keiner Bewilligung bedürfen:
a. gesetzliche Erben im Sinne des schweizerischen Rechts im Erbgang;
b. Verwandte des Veräusserers in auf- und absteigender Linie sowie dessen Ehegatte[, eingetragene Partnerin oder eingetragener Partner];[2])
c.[3]) der Erwerber, der bereits Mit- oder Gesamteigentum am Grundstück hat;
d. Stockwerkeigentümer für den Tausch ihrer Stockwerke im selben Objekt;
e. der Erwerber, der ein Grundstück als Realersatz bei einer Enteignung, Landumlegung oder Güterzusammenlegung nach dem Recht des Bundes oder des Kantons erhält;
f. der Erwerber, der ein Grundstück als Ersatz für ein anderes erwirbt, das er an eine öffentlichrechtliche Körperschaft oder Anstalt veräussert hat;
g. der Erwerber, der eine geringfügige Fläche infolge einer Grenzbereinigung oder infolge einer Erhöhung der Wertquote von Stockwerkeigentum erwirbt;
h. ausländische Staaten und internationale Organisationen des Völkerrechts, wenn sie ein Grundstück zu einem in der Schweiz anerkannten öffentlichen Zweck erwerben, oder andere Erwerber, wenn das staatspolitische Interesse des Bundes es gebietet; die Fläche darf nicht grösser sein, als es der Verwendungszweck erfordert;
i.[4]) natürliche Personen, die infolge der Liquidation einer vor dem 1. Februar 1974 gegründeten juristischen Person, deren tatsächlicher Zweck der Erwerb von Grundstücken ist, eine Wohnung erwerben, wenn sie nach den damals geltenden Vorschriften im entsprechenden Umfang Anteile an der juristischen Person erworben haben;

j.[5]) Staatsangehörige der Mitgliedstaaten der Europäischen Gemeinschaft und der Europäischen Freihandelsassoziation, die als Grenzgänger in der Region des Arbeitsorts eine Zweitwohnung erwerben.

---

[1]) Fassung gemäss Ziff. I des BG vom 30. April 1997 über die Änderung des BewG (AS 1997 S. 2086), i.K. 1. Oktober 1997. Die Übergangsbestimmungen sind in dieser Textausgabe am Ende des BewG abgedruckt.

[2]) Text in eckigen Klammern hinzugefügt durch das Partnerschaftsgesetz (PartG, Anhang IV E zum ZGB), in Kraft erst am 1. Januar 2007.

[3]) Fassung gemäss Ziff. I des BG vom 8. Oktober 2004 über die Änderung des BewG (AS 2005 S. 1337), i.K. 1. April 2005.

[4]) Eingefügt gemäss Ziff. I des BG vom 30. April 1997 über die Änderung des BewG (AS 1997 S. 2086), i.K. 1. Oktober 1997. Die Übergangsbestimmungen sind in dieser Textausgabe am Ende des BewG abgedruckt.

[5]) Eingefügt gemäss Ziff. I 2. des BG vom 8. Oktober 1999 zum Abkommen zwischen der Schweizerischen Eidgenossenschaft einerseits und der Europäischen Gemeinschaft sowie ihren Mitgliedstaaten andererseits über die Freizügigkeit (AS 2002 S. 701, i.K. 1. Juni 2002), sowie gemäss Ziff. I 2. des BG vom 14. Dezember 2001 betreffend die Bestimmungen über die Personenfreizügigkeit im Abkommen vom 21. Juni 2001 zur Änderung des Übereinkommens vom 4. Januar 1960 zur Errichtung der Europäischen Freihandelsassoziation (EFTA) (AS 2002 S. 685, i.K. 1. Juni 2002). Die Schlussbestimmungen sind in dieser Textausgabe am Ende des BewG abgedruckt.

3. Kapitel

Bewilligungs- und Verweigerungsgründe

8. *Allgemeine Bewilligungsgründe.* ¹ Der Erwerb wird bewilligt, wenn das Grundstück dienen soll:

a. …[1])

b. als Kapitalanlage aus der Geschäftstätigkeit ausländischer und ausländisch beherrschter, in der Schweiz zum Geschäftsbetrieb zugelassener Versicherungseinrichtungen, sofern die allgemein anerkannten Anlagegrundsätze beachtet werden und der Wert aller Grundstücke des Erwerbers die von der Versicherungsaufsichtsbehörde als technisch notwendig erachteten Rückstellungen für das Schweizer Geschäft nicht übersteigt;

c. zur Personalvorsorge von inländischen Betriebsstätten oder zu ausschliesslich gemeinnützigen Zwecken, wenn der Erwerber für das Grundstück von der direkten Bundessteuer befreit ist;

d.[2]) zur Deckung pfandgesicherter Forderungen ausländischer und ausländisch beherrschter, in der Schweiz zum Geschäftsbetrieb zugelassener Banken und Versicherungseinrichtungen in Zwangsverwertungen und Liquidationsvergleichen.

² Einem Erben, welcher der Bewilligung bedarf und keinen Bewilligungsgrund hat, wird der Erwerb mit der Auflage bewilligt, das Grundstück innert zweier Jahre wieder zu veräussern. Weist der Erbe enge, schutzwür-

dige Beziehungen zum Grundstück nach, so kann die Bewilligung ohne diese Auflage erteilt werden.³)

³ Einer natürlichen Person, die von einer anderen eine Haupt-, Zweit- oder Ferienwohnung oder eine Wohneinheit in einem Apparthotel erwirbt und dafür mangels kantonaler Bestimmungen oder infolge einer örtlichen Bewilligungssperre keinen Bewilligungsgrund hat, wird die Bewilligung erteilt, wenn ein Härtefall für den Veräusserer vorliegt. Als Härtefall gilt eine nachträglich eingetretene, unvorhersehbare Notlage des Veräusserers, die er nur abwenden kann, indem er das Grundstück an eine Person im Ausland veräussert.⁴)

---

¹) Aufgehoben gemäss Ziff. I des BG vom 30. April 1997 über die Änderung des BewG (AS 1997 S. 2086). Die Übergangsbestimmungen sind in dieser Textausgabe am Ende des BewG abgedruckt.

²) Fassung gemäss Ziff. I des BG vom 30. April 1997 über die Änderung des BewG (AS 1997 S. 2086), i.K. 1. Oktober 1997. Die Übergangsbestimmungen sind in dieser Textausgabe am Ende des BewG abgedruckt.

³) Fassung gemäss Ziff. I des BG vom 8. Oktober 2004 über die Änderung des BewG (AS 2005 S. 1337), i.K. 1. April 2005.

⁴) Fassung gemäss Ziff. I des BG vom 22. März 2002 über die Änderung des BewG (AS 2002 S. 2467).

9. *Kantonale Bewilligungsgründe*¹). ¹ Die Kantone können durch Gesetz bestimmen, dass der Erwerb bewilligt wird, wenn das Grundstück dient:
  a. dem sozialen Wohnungsbau nach kantonalem Recht und ohne Bundeshilfe in Orten, die unter Wohnungsnot leiden, oder wenn sich auf dem Grundstück solche neuerstellten Wohnbauten befinden;
  b. …²)
  c. einer natürlichen Person als Zweitwohnung an einem Ort, zu dem sie aussergewöhnlich enge, schutzwürdige Beziehungen unterhält, solange diese andauern.

² Die Kantone können ausserdem durch Gesetz bestimmen, dass einer natürlichen Person der Erwerb als Ferienwohnung oder als Wohneinheit in einem Apparthotel im Rahmen des kantonalen Kontingents bewilligt werden kann.

³ Die Kantone bestimmen die Orte, die des Erwerbs von Ferienwohnungen oder von Wohneinheiten in Apparthotels durch Personen im Ausland bedürfen, um den Fremdenverkehr zu fördern.³)

⁴ Nicht an das Kontingent angerechnet wird eine Bewilligung:
  a. wenn bereits dem Veräusserer der Erwerb der Ferienwohnung oder Wohneinheit in einem Apparthotel bewilligt worden ist;
  b. die nach Artikel 8 Absatz 3 erteilt wird;
  c. für den Erwerb eines Miteigentumsanteils an einer Ferienwohnung oder Wohneinheit in einem Apparthotel, sofern der Erwerb eines anderen Miteigentumsanteils an derselben Ferienwohnung oder Wohneinheit in einem Apparthotel bereits an das Kontingent angerechnet worden ist.⁴)

---

¹) Fassung der Sachüberschrift gemäss Ziff. I des BG vom 22. März 2002 über die Änderung des BewG (AS 2002 S. 2467), i.K. 1. September 2002.

Anhang X A
700 Erwerb von Grundstücken durch Personen im Ausland (BewG)

²) Aufgehoben gemäss Ziff. I des BG vom 30. April 1997 über die Änderung des BewG (AS 1997 S. 2086). Die Übergangsbestimmungen sind in dieser Textausgabe am Ende des BewG abgedruckt.

³) Fassung gemäss Ziff. I des BG vom 8. Oktober 2004 über die Änderung des BewG (AS 2005 S. 1337), i.K. 1. April 2005.

⁴) Eingefügt gemäss Ziff. I des BG vom 22. März 2002 über die Änderung des BewG (AS 2002 S. 2467), i.K. 1. September 2002.

10. *Apparthotels.* Als Apparthotel gilt ein neues oder zu erneuerndes Hotel im Stockwerkeigentum des Betriebsinhabers, von Personen im Ausland und gegebenenfalls von Drittpersonen, wenn es folgende Voraussetzungen erfüllt:

a. Eigentum des Betriebsinhabers an den besonderen Anlagen und Einrichtungen für den Hotelbetrieb und an den Wohneinheiten im Umfang von insgesamt mindestens 51 Prozent der Wertquoten;
b. dauernde hotelmässige Bewirtschaftung der Wohneinheiten im Umfange von mindestens 65 Prozent der darauf entfallenden Wertquoten, einschliesslich aller dem Betriebsinhaber gehörenden Wohneinheiten;
c. angemessenes Dienstleistungsangebot, entsprechende bauliche und betriebliche Eignung sowie mutmassliche Wirtschaftlichkeit des Hotels gestützt auf ein Gutachten der Schweizerischen Gesellschaft für Hotelkredit.

11.¹) *Bewilligungskontingente.* ¹ Der Bundesrat bestimmt die jährlichen kantonalen Bewilligungskontingente²) für den Erwerb von Ferienwohnungen und Wohneinheiten in Apparthotels im Rahmen einer gesamtschweizerischen Höchstzahl; er berücksichtigt dabei die staatspolitischen und volkswirtschaftlichen Interessen des Landes.

² Die Höchstzahl nach Absatz 1 darf 1500 Kontingentseinheiten nicht überschreiten.

³ Der Bundesrat bemisst die kantonalen Kontingente nach der Bedeutung des Fremdenverkehrs für die Kantone, den touristischen Entwicklungsplanungen und dem Anteil an ausländischem Grundeigentum auf ihrem Gebiet.

⁴ Die Kantone regeln die Verteilung der Bewilligungen aus ihrem Kontingent.

¹) Fassung gemäss Ziff. I des BG vom 22. März 2002 über die Änderung des BewG (AS 2002 S. 2467), i.K. 1. September 2002.
²) Siehe Art. 9 BewV und Anhang 1 zur BewV (Anhang X B zum ZGB).

12. *Zwingende Verweigerungsgründe.* Die Bewilligung wird auf jeden Fall verweigert, wenn:

a. das Grundstück einer nach diesem Gesetz unzulässigen Kapitalanlage dient;
b. die Fläche grösser ist, als es der Verwendungszweck erfordert;
c. der Erwerber versucht hat, dieses Gesetz zu umgehen;

d.¹) dem Erwerber einer Zweitwohnung im Sinne von Artikel 9 Absatz 1 Buchstabe c, einer Ferienwohnung oder einer Wohneinheit in einem Apparthotel, seinem Ehegatten[, seiner eingetragenen Partnerin oder seinem eingetragenen Partner]²) oder seinen Kindern unter 18 Jahren bereits eine solche Wohnung in der Schweiz gehört;
e. ...³)
f. der Erwerb staatspolitischen Interessen widerspricht.

¹) Fassung gemäss Ziff. I 2. des BG vom 8. Oktober 1999 zum Abkommen zwischen der Schweizerischen Eidgenossenschaft einerseits und der Europäischen Gemeinschaft sowie ihren Mitgliedstaaten andererseits über die Freizügigkeit (AS 2002 S. 701), i.K. 1. Juni 2002. Die Schlussbestimmungen sind in dieser Textausgabe am Ende des BewG abgedruckt. Erneut geändert gemäss Ziff. I des BG vom 8. Oktober 2004 über die Änderung des BewG (AS 2005 S. 1337), i.K. 1. April 2005.

²) Text in eckigen Klammern hinzugefügt durch das Partnerschaftsgesetz (PartG, Anhang IV E zum ZGB) sowie Ziff. II des BG vom 8. Oktober 2004 über die Änderung des BewG (AS 2005 S. 1337), in Kraft erst am 1. Januar 2007.

³) Aufgehoben gemäss Ziff. I des BG vom 30. April 1997 über die Änderung des BewG (AS 1997 S. 2086). Die Übergangsbestimmungen sind in dieser Textausgabe am Ende des BewG abgedruckt.

13. *Weitergehende kantonale Beschränkungen.* ¹ Die Kantone können durch Gesetz den Erwerb von Ferienwohnungen und von Wohneinheiten in Apparthotels weitergehend einschränken, indem sie insbesondere:
a. eine Bewilligungssperre einführen;
b. den Erwerb von Ferienwohnungen nur im Rahmen von Stockwerkeigentum oder einer anderen Gesamtheit mehrerer Ferienwohnungen zulassen;
c. für eine Gesamtheit von Ferienwohnungen und für Wohneinheiten in Apparthotels den Erwerb nur bis zu einer bestimmten Quote des Wohnraums zulassen;
d. zugunsten von Personen, die keiner Bewilligung bedürfen, ein Vorkaufsrecht zum Verkehrswert einführen;
e. den Erwerb auf das Baurecht, das Wohnrecht oder die Nutzniessung beschränken.

² Die Gemeinden können diese Einschränkungen von sich aus einführen. Die Kantone regeln das Verfahren.

14. *Bedingungen und Auflagen.* ¹ Die Bewilligung wird unter Bedingungen und Auflagen erteilt, die sicherstellen, dass das Grundstück zu dem vom Erwerber geltend gemachten Zweck verwendet wird.

² Der Bundesrat regelt die Mindestbedingungen und -auflagen, soweit dieses Gesetz sie nicht regelt, und den Verfall von Bewilligungen.

³ Auflagen sind im Grundbuch anzumerken.

⁴ Sie können auf Antrag des Erwerbers aus zwingenden Gründen widerrufen werden.

⁵ Wird die Bewilligungspflicht verneint, weil Personen im Ausland keine beherrschende Stellung innehaben, so ist diese Feststellung an die Auflage zu knüpfen, dass der Erwerber vor jeder Änderung der Verhältnisse, wel-

che die Bewilligungspflicht begründen könnte, erneut um die Feststellung nachzusuchen hat.

4. Kapitel

Behörden und Verfahren

15. *Kantonale Behörden.* ¹ Jeder Kanton bezeichnet:
a. eine oder mehrere Bewilligungsbehörden, die über die Bewilligungspflicht, die Bewilligung und den Widerruf einer Bewilligung oder Auflage entscheiden;
b. eine beschwerdeberechtigte Behörde, die auch den Widerruf einer Bewilligung oder die Einleitung eines Strafverfahrens verlangen und auf Beseitigung des rechtswidrigen Zustandes klagen kann;
c. eine Beschwerdeinstanz.

² Zuständig ist die Behörde am Ort des Grundstückes; beim Erwerb von Anteilen an juristischen Personen oder der Beteiligung an einer vermögensfähigen Gesellschaft ohne juristische Persönlichkeit ist die Behörde zuständig, in deren Amtsbereich wertmässig der grösste Teil der Grundstücke liegt.

³ Das Eidgenössische Justiz- und Polizeidepartement entscheidet in Kompetenzkonflikten zwischen den Behörden verschiedener Kantone.

16. *Bundesbehörden.* ¹ Der Bundesrat stellt nach Anhören der Kantonsregierung fest, ob:
a. es sich um einen Erwerb handelt, für den der Erwerber aus Gründen des staatspolitischen Interesses des Bundes keiner Bewilligung bedarf;
b. der Erwerb staatspolitischen Interessen widerspricht; trifft dies zu, so verweigert er die Bewilligung.

² Das Eidgenössische Departement für auswärtige Angelegenheiten stellt nach Anhören der Kantonsregierung fest, ob der Erwerber ein ausländischer Staat oder eine internationale Organisation des Völkerrechts ist und das Grundstück zu einem in der Schweiz anerkannten öffentlichen Zweck erwirbt.

³ ...[1])

⁴ In den übrigen Fällen sind das Eidgenössische Justiz- und Polizeidepartement und, soweit dieses Gesetz es vorsieht, das Bundesamt für Justiz zuständig.

---

[1]) Aufgehoben gemäss Ziff. I des BG vom 30. April 1997 über die Änderung des BewG (AS 1997 S. 2086). Die Übergangsbestimmungen sind in dieser Textausgabe am Ende des BewG abgedruckt.

17. *Bewilligungsverfahren.* ¹ Erwerber, deren Bewilligungspflicht sich nicht ohne weiteres ausschliessen lässt, haben spätestens nach dem Abschluss des Rechtsgeschäftes oder, mangels dessen, nach dem Erwerb um die Bewilligung oder die Feststellung nachzusuchen, dass sie keiner Bewilligung bedürfen.

² Die Bewilligungsbehörde eröffnet ihre Verfügung mit Begründung und Rechtsmittelbelehrung den Parteien, der Gemeinde, in der das Grundstück liegt, und mit den vollständigen Akten der beschwerdeberechtigten kantonalen Behörde.

³ Verzichtet die beschwerdeberechtigte kantonale Behörde auf eine Beschwerde oder zieht sie diese zurück, so eröffnet sie die Verfügung mit den vollständigen Akten kostenlos dem Bundesamt für Justiz.

18. *Grundbuch und Handelsregister.* ¹ Kann der Grundbuchverwalter die Bewilligungspflicht nicht ohne weiteres ausschliessen, so setzt er das Verfahren aus und räumt dem Erwerber eine Frist von 30 Tagen ein, um die Bewilligung oder die Feststellung einzuholen, dass er keiner Bewilligung bedarf; er weist die Anmeldung ab, wenn der Erwerber nicht fristgerecht handelt oder die Bewilligung verweigert wird.

² Der Handelsregisterführer verfährt wie der Grundbuchverwalter; er verweist jedoch eine juristische Person oder vermögensfähige Gesellschaft ohne juristische Persönlichkeit, die ihren Sitz von der Schweiz ins Ausland verlegt, vor der Löschung in jedem Falle an die Bewilligungsbehörde.

³ Die abweisende Verfügung des Grundbuchverwalters und des Handelsregisterführers unterliegt der Beschwerde an die nach diesem Gesetz zuständige kantonale Beschwerdeinstanz; diese Beschwerde tritt an die Stelle der Beschwerde an die Aufsichtsbehörde für das Grundbuch oder Handelsregister.

⁴ ...[1])

---

[1]) Aufgehoben gemäss Ziff. I des BG vom 30. April 1997 über die Änderung des BewG (AS 1997 S. 2086). Die Übergangsbestimmungen sind in dieser Textausgabe am Ende des BewG abgedruckt.

19. *Zwangsversteigerung.* ¹ Ersteigert jemand ein Grundstück in einer Zwangsversteigerung, so hat er der Steigerungsbehörde nach dem Zuschlag schriftlich zu erklären, ob er eine Person im Ausland ist, namentlich ob er auf Rechnung einer Person im Ausland handelt; er ist darauf und auf die Bewilligungspflicht von Personen im Ausland für den Erwerb von Grundstücken in den Steigerungsbedingungen aufmerksam zu machen.

² Besteht Gewissheit über die Bewilligungspflicht und liegt noch keine rechtskräftige Bewilligung vor, oder lässt sich die Bewilligungspflicht ohne nähere Prüfung nicht ausschliessen, so räumt die Steigerungsbehörde dem Erwerber unter Mitteilung an den Grundbuchverwalter eine Frist von zehn Tagen ein, um:
a. die Bewilligung oder die Feststellung einzuholen, dass der Erwerber keiner Bewilligung bedarf;
b. den Kaufpreis sicherzustellen, wobei für die Dauer der Sicherstellung ein jährlicher Zins von 5 Prozent zu entrichten ist;
c. die Kosten einer erneuten Versteigerung sicherzustellen.

³ Handelt der Erwerber nicht fristgerecht oder wird die Bewilligung rechtskräftig verweigert, so hebt die Steigerungsbehörde unter Mitteilung an den Grundbuchverwalter den Zuschlag auf und ordnet eine neue Versteigerung an.

⁴ Die Aufhebungsverfügung der Steigerungsbehörde unterliegt der Beschwerde an die nach diesem Gesetz zuständige kantonale Beschwerdeinstanz; diese Beschwerde tritt an die Stelle der Beschwerde an die Aufsichtsbehörde für Schuldbetreibung und Konkurs.

⁵ Wird bei der erneuten Versteigerung ein geringerer Erlös erzielt, so haftet der erste Ersteigerer für den Ausfall und allen weiteren Schaden.

20. *Beschwerde an die kantonale Beschwerdeinstanz.* ¹ Der Beschwerde an die kantonale Beschwerdeinstanz unterliegen die Verfügungen der Bewilligungsbehörde, des Grundbuchverwalters, des Handelsregisterführers und der Steigerungsbehörde.

² Das Beschwerderecht steht zu:
a. dem Erwerber, dem Veräusserer und anderen Personen, die ein schutzwürdiges Interesse an der Aufhebung oder Änderung der Verfügung haben;
b. der beschwerdeberechtigten kantonalen Behörde oder, wenn diese auf die Beschwerde verzichtet oder sie zurückzieht, dem Bundesamt für Justiz;
c. der Gemeinde, in der das Grundstück liegt, gegen eine Bewilligung, gegen die Feststellung, dass der Erwerber keiner Bewilligung bedarf, und gegen den Widerruf einer Auflage.

³ Die Beschwerdefrist beträgt 30 Tage seit der Eröffnung der Verfügung an die Parteien oder die beschwerdeberechtigte Behörde.

⁴ Die kantonale Beschwerdeinstanz eröffnet ihren Entscheid mit Begründung und Rechtsmittelbelehrung den beschwerdeberechtigten Personen, der Bewilligungsbehörde und, kostenlos, den beschwerdeberechtigten Behörden.

21.[1]) *Beschwerde an Bundesbehörden.* ¹ Eidgenössische Beschwerdeinstanzen sind:
a. das Bundesgericht für Verwaltungsgerichtsbeschwerden gegen Entscheide kantonaler Beschwerdeinstanzen und des Eidgenössischen Justiz- und Polizeidepartements;
b.[2]) der Bundesrat für Beschwerden gegen Verfügungen des Eidgenössischen Departements für auswärtige Angelegenheiten;
c. das Eidgenössische Justiz- und Polizeidepartement für Beschwerden gegen Verfügungen des Bundesamtes für Justiz.

² Die zur Beschwerde an die kantonale Beschwerdeinstanz berechtigten Parteien und Behörden sind auch zur Verwaltungsgerichtsbeschwerde an das Bundesgericht berechtigt.

³ Die Verwaltungsgerichtsbeschwerde ist auch zulässig gegen Entscheide gestützt auf kantonales öffentliches Recht; rügt der Beschwerde-

führer die Verletzung einer Bestimmung selbständigen kantonalen Rechts, so beschränkt sich die Prüfung durch das Bundesgericht auf Willkür.

---

[1]) Mit Inkrafttreten des Verwaltungsgerichtsgesetzes (VGG) am 1. Januar 2007 **wird Art. 21 geändert** und lautet dann neu: «Beschwerde an Bundesbehörden. [1] Für die Beschwerde an Bundesbehörden gelten die allgemeinen Bestimmungen über die Bundesrechtspflege. [2] Die Parteien und Behörden, die zur Beschwerde an die kantonale Beschwerdeinstanz berechtigt sind, können auch bei Bundesbehörden Beschwerde führen.»

[2]) Fassung gemäss Ziff. I des BG vom 30. April 1997 über die Änderung des BewG (AS 1997 S. 2086), i.K. 1. Oktober 1997. Die Übergangsbestimmungen sind in dieser Textausgabe am Ende des BewG abgedruckt.

22. *Beweiserhebung.* [1] Die Bewilligungsbehörde und die kantonale Beschwerdeinstanz stellen den Sachverhalt von Amtes wegen fest. Sie stellen nur auf Vorbringen ab, die sie geprüft und über die sie nötigenfalls Beweis erhoben haben.

[2] Die Bewilligungsbehörde, die kantonale Beschwerdeinstanz, das Bundesgericht[1]) und, ausserhalb eines Verfahrens dieser Behörden, die beschwerdeberechtigte kantonale Behörde und das Bundesamt für Justiz können Auskunft über alle Tatsachen verlangen, die für die Bewilligungspflicht oder die Bewilligung von Bedeutung sind.

[3] Auskunftspflichtig ist, wer von Amtes wegen, berufsmässig, vertraglich, als Organ einer juristischen Person oder Gesellschaft ohne juristische Persönlichkeit oder eines Anlagefonds durch Finanzierung oder auf andere Weise an der Vorbereitung, dem Abschluss oder dem Vollzug eines Rechtsgeschäftes über den Erwerb mitwirkt; er hat auf Verlangen auch Einsicht in die Geschäftsbücher, Korrespondenzen oder Belege zu gewähren und sie herauszugeben.

[4] Die Behörde kann zu Ungunsten des Erwerbers entscheiden, wenn ein Auskunftspflichtiger die notwendige und zumutbare Mitwirkung verweigert.

---

[1]) Mit Inkrafttreten des Verwaltungsgerichtsgesetzes (VGG) am 1. Januar 2007 **wird Art. 22 Abs. 2 geändert;** statt «das Bundesgericht» heisst es dann neu «die eidgenössischen Gerichte».

23. *Vorsorgliche Massnahmen.* [1] Die kantonalen Behörden und, ausserhalb eines Verfahrens, auch das Bundesamt für Justiz können vorsorgliche Massnahmen anordnen, um einen rechtlichen oder tatsächlichen Zustand unverändert zu erhalten.

[2] Die Beschwerde gegen eine vorsorgliche Verfügung hat keine aufschiebende Wirkung.

24. *Rechts- und Amtshilfe.* [1] Die Verwaltungs- und Gerichtsbehörden des Bundes und der Kantone leisten sich gegenseitig Rechts- und Amtshilfe.

[2] Behörden und Beamte, die in ihrer amtlichen Eigenschaft Widerhandlungen wahrnehmen oder Kenntnis davon erhalten, sind verpflichtet, sie sofort der zuständigen kantonalen Strafverfolgungsbehörde, der be-

schwerdeberechtigten kantonalen Behörde oder dem Bundesamt für Justiz anzuzeigen.

³ Die zuständigen Behörden liefern dem Bundesamt für Justiz die zur Führung und Veröffentlichung einer Statistik über den Erwerb von Grundstücken durch Personen im Ausland notwendigen Angaben; das Bundesamt für Justiz erteilt den zuständigen Behörden Auskunft über Tatsachen, die für die Bewilligungspflicht oder die Bewilligung von Bedeutung sind.

5. Kapitel

Sanktionen

1. Abschnitt

Verwaltungsrecht

25. *Widerruf der Bewilligung und nachträgliche Feststellung der Bewilligungspflicht.*¹) ¹ Die Bewilligung wird von Amtes wegen widerrufen, wenn der Erwerber sie durch unrichtige Angaben erschlichen hat oder eine Auflage trotz Mahnung nicht einhält.

¹bis Die Bewilligungspflicht wird von Amtes wegen nachträglich festgestellt, wenn der Erwerber einer zuständigen Behörde, dem Grundbuchverwalter oder dem Handelsregisterführer über Tatsachen, die für die Bewilligungspflicht von Bedeutung sind, unrichtige oder unvollständige Angaben gemacht hat.²)

² Sanktionen nach dem Ausländerrecht bleiben vorbehalten.

---

¹) Fassung gemäss Ziff. I des BG vom 30. April 1997 über die Änderung des BewG (AS 1997 S. 2086), i. K. 1. Oktober 1997. Die Übergangsbestimmungen sind in dieser Textausgabe am Ende des BewG abgedruckt.

²) Eingefügt gemäss Ziff. I des BG vom 30. April 1997 über die Änderung des BewG (AS 1997 S. 2086), i. K. 1. Oktober 1997. Die Übergangsbestimmungen sind in dieser Textausgabe am Ende des BewG abgedruckt.

2. Abschnitt

Zivilrecht

26. *Unwirksamkeit und Nichtigkeit.* ¹ Rechtsgeschäfte über einen Erwerb, für den der Erwerber einer Bewilligung bedarf, bleiben ohne rechtskräftige Bewilligung unwirksam.

² Sie werden nichtig, wenn:
a. der Erwerber das Rechtsgeschäft vollzieht, ohne um die Bewilligung nachzusuchen oder bevor die Bewilligung in Rechtskraft tritt;
b. die Bewilligungsbehörde die Bewilligung rechtskräftig verweigert oder widerrufen hat;

c. der Grundbuchverwalter oder Handelsregisterführer die Anmeldung abweist, ohne dass die Bewilligungsbehörde die Bewilligung vorgängig verweigert hat;
d. die Steigerungsbehörde den Zuschlag aufhebt, ohne dass die Bewilligungsbehörde die Bewilligung vorgängig verweigert hat.
³ Unwirksamkeit und Nichtigkeit sind von Amtes wegen zu beachten.
⁴ Sie haben zur Folge, dass:
a. versprochene Leistungen nicht gefordert werden dürfen;
b. Leistungen innerhalb eines Jahres zurückgefordert werden können, seit der Kläger Kenntnis von seinem Rückforderungsanspruch hat, oder innerhalb eines Jahres seit Abschluss eines Strafverfahrens, spätestens aber innerhalb von zehn Jahren seit die Leistung erbracht worden ist;
c. von Amtes wegen auf Beseitigung eines rechtswidrigen Zustandes geklagt wird.

27. *Beseitigung des rechtswidrigen Zustandes.* ¹ Die beschwerdeberechtigte kantonale Behörde oder, wenn diese nicht handelt, das Bundesamt für Justiz, klagt gegen die Parteien auf:[1])
a. Wiederherstellung des ursprünglichen Zustandes, wenn ein Grundstück auf Grund eines mangels Bewilligung nichtigen Rechtsgeschäftes erworben wurde;
b. Auflösung der juristischen Person mit Verfall ihres Vermögens an das Gemeinwesen im Falle von Artikel 57 Absatz 3 des Schweizerischen Zivilgesetzbuches.
² Erweist sich die Wiederherstellung des ursprünglichen Zustandes als unmöglich oder untunlich, so ordnet der Richter die öffentliche Versteigerung nach den Vorschriften über die Zwangsverwertung von Grundstücken an. Der Erwerber kann nur seine Gestehungskosten beanspruchen; ein Mehrerlös fällt dem Kanton zu.
³ Die Klage auf Wiederherstellung des ursprünglichen Zustandes entfällt, wenn die Parteien ihn wieder hergestellt haben oder ein gutgläubiger Dritter das Grundstück erworben hat.
⁴ Beide Klagen sind anzubringen:
a. innerhalb eines Jahres seit einem rechtskräftigen Entscheid, der die Nichtigkeit bewirkt;
b. im übrigen innerhalb von zehn Jahren seit dem Erwerb, wobei die Klagefrist während eines Verwaltungsverfahrens ruht;
c. spätestens bis zur Verjährung der Strafverfolgung, wenn diese länger dauert.
⁵ Für den Schutz gutgläubig erworbener dinglicher Rechte und die Ersatzpflicht gilt Artikel 975 Absatz 2 des Schweizerischen Zivilgesetzbuches.

Gerichtsstand: GestG 19¹ lit. a.

---

[1]) Fassung gemäss Ziff. 4 des Anhangs zum GestG (Anhang I B zum ZGB), i. K. 1. Januar 2001.

3. Abschnitt

Strafrecht

28. *Umgehung der Bewilligungspflicht.* ¹ Wer vorsätzlich ein mangels Bewilligung nichtiges Rechtsgeschäft vollzieht oder als Erbe, der für den Erwerb der Bewilligung bedarf, nicht fristgerecht um diese nachsucht, wird mit Gefängnis oder mit Busse bis zu 100 000 Franken bestraft.

² Handelt der Täter gewerbsmässig, so ist die Strafe Gefängnis nicht unter sechs Monaten.

³ Handelt der Täter fahrlässig, so ist die Strafe Busse bis zu 50 000 Franken.

⁴ Stellt der Täter den ursprünglichen Zustand wieder her, so kann der Richter die Strafe mildern.

29. *Unrichtige Angaben.* ¹ Wer vorsätzlich einer zuständigen Behörde, dem Grundbuchverwalter oder dem Handelsregisterführer über Tatsachen, die für die Bewilligungspflicht oder für die Bewilligung von Bedeutung sind, unrichtige oder unvollständige Angaben macht oder einen Irrtum dieser Behörden arglistig benutzt, wird mit Gefängnis oder mit Busse bis zu 100 000 Franken bestraft.[1]

² Wer fahrlässig unrichtige oder unvollständige Angaben macht, wird mit Busse bis zu 50 000 Franken bestraft.

---

[1] Fassung gemäss Ziff. I des BG vom 30. April 1997 über die Änderung des BewG (AS 1997 S. 2086), i.K. 1. Oktober 1997. Die Übergangsbestimmungen sind in dieser Textausgabe am Ende des BewG abgedruckt.

30. *Missachtung von Auflagen.* ¹ Wer vorsätzlich eine Auflage missachtet, wird mit Gefängnis oder mit Busse bis zu 100 000 Franken bestraft.

² Handelt der Täter fahrlässig, so ist die Strafe Busse bis zu 50 000 Franken.

³ Wird die Auflage nachträglich widerrufen oder kommt der Täter nachträglich der Auflage nach, so ist die Strafe Busse bis zu 20 000 Franken.

⁴ Bis zur rechtskräftigen Erledigung eines Verfahrens auf Widerruf der Auflage darf der Strafrichter nicht urteilen.

31. *Verweigerung von Auskunft oder Edition.* Wer sich weigert, der Auskunfts- oder Editionspflicht nachzukommen, die ihm die zuständige Behörde unter Hinweis auf die Strafandrohung dieses Artikels auferlegt, wird mit Haft oder mit Busse bis zu 50 000 Franken bestraft. Er bleibt straflos, wenn er sich auf ein Berufsgeheimnis nach Artikel 321 des Schweizerischen Strafgesetzbuches[1] berufen kann.

---

[1] SR 311.0.

32. *Verjährung.* ¹ Die Strafverfolgung verjährt:
a. in zwei Jahren für die Verweigerung von Auskunft oder Edition;
b. in fünf Jahren für andere Übertretungen;
c. in zehn Jahren für Vergehen.
² Die Strafe für eine Übertretung verjährt in fünf Jahren.

33. *Einziehung unrechtmässiger Vermögensvorteile.* ¹ Wer durch eine Widerhandlung einen unrechtmässigen Vorteil erlangt, der nicht auf Klage hin beseitigt wird, ist bis zur Verjährung der Strafverfolgung ohne Rücksicht auf die Strafbarkeit einer bestimmten Person zu verpflichten, einen entsprechenden Betrag an den Kanton zu zahlen.
² Geschenke und andere Zuwendungen verfallen nach Artikel 59 des Schweizerischen Strafgesetzbuches.¹)

---

¹) SR 311.0.

34. *Widerhandlungen im Geschäftsbetrieb.* Für Widerhandlungen im Geschäftsbetrieb gelten die Artikel 6 und 7 des Verwaltungsstrafrechts¹) sinngemäss.

---

¹) SR 313.0.

35. *Strafverfolgung.* ¹ Die Strafverfolgung obliegt den Kantonen.
² Jede Einleitung eines Strafverfahrens, alle Einstellungsbeschlüsse, Strafbescheide und Strafurteile sind ohne Verzug und unentgeltlich der Bundesanwaltschaft mitzuteilen; diese kann jederzeit Auskunft über den Stand eines hängigen Strafverfahrens verlangen.
³ Die Artikel 258 und 259 des Bundesgesetzes über die Bundesstrafrechtspflege¹) sind anwendbar.

---

¹) SR 312.0.

6. Kapitel

Schlussbestimmungen

36. *Ausführungsbestimmungen.* ¹ Der Bundesrat und die Kantone erlassen die notwendigen Ausführungsbestimmungen.
² Die Kantone können ausser ihren notwendigen Ausführungsbestimmungen auch ergänzende gesetzliche Bestimmungen, zu deren Erlass dieses Gesetz sie ermächtigt, vorläufig durch nicht referendumspflichtige Verordnung erlassen; diese Verordnungen bleiben bis zum Erlass gesetzlicher Bestimmungen in Kraft, längstens jedoch für die Dauer von drei Jahren seit dem Inkrafttreten dieses Gesetzes.

³ Die Bestimmungen, welche die Kantone und die Gemeinden erlassen, sind dem Bundesamt für Justiz zur Kenntnis zu bringen.¹)

---
¹) Fassung gemäss Ziff. I des BG vom 8. Oktober 2004 über die Änderung des BewG (AS 2005 S. 1337), i.K. 1. April 2005.

37. *Aufhebung und Änderung anderer Erlasse.* ¹ Der Bundesbeschluss vom 23. März 1961 über den Erwerb von Grundstücken durch Personen im Ausland wird aufgehoben.

² Das Bundesgesetz vom 23. Juni 1950¹) über den Schutz militärischer Anlagen wird wie folgt geändert:
Artikel 3 Absatz 1bis. ...²)

---
¹) SR 510.518.
²) Dieser Absatz wurde inzwischen wieder aufgehoben.

38. *Übergangsbestimmung.* Dieses Gesetz und die gestützt darauf erlassenen Ausführungsbestimmungen sind auf Bewilligungen anwendbar, die nach dem Inkrafttreten dieses Gesetzes in erster Instanz erteilt werden, soweit sie nicht auf rechtskräftigen Grundsatzbewilligungen nach dem früheren Recht beruhen.

39. *Bewilligungskontingente.* Der Bundesrat setzt für die erste Periode von zwei Jahren die gesamtschweizerische Höchstzahl an Bewilligungen für Ferienwohnungen und Wohneinheiten in Apparthotels auf höchstens zwei Drittel der Bewilligungen fest, die im Durchschnitt der fünf letzten Jahre vor Inkrafttreten dieses Gesetzes für den Erwerb von Zweitwohnungen im Sinne des früheren Rechts erteilt worden sind.

40. *Referendum und Inkrafttreten.* ¹ Dieses Gesetz untersteht dem fakultativen Referendum.

² Es tritt am 1. Januar 1985 in Kraft, wenn die Volksinitiative «gegen den Ausverkauf der Heimat» vor diesem Zeitpunkt zurückgezogen oder verworfen wird.¹) Andernfalls bestimmt der Bundesrat das Inkrafttreten.

---
¹) Die Initiative wurde am 20. Mai 1984 verworfen (BBl 1984 II 989).

Übergangsbestimmungen¹) der Änderung vom 30. April 1997²)

¹ Die Änderung dieses Gesetzes ist auf Rechtsgeschäfte anwendbar, die vor dem Inkrafttreten dieser Änderung abgeschlossen, aber noch nicht vollzogen worden oder noch nicht rechtskräftig entschieden sind.

² An eine Bewilligung geknüpfte Auflagen fallen von Gesetzes wegen dahin, wenn das neue Recht sie nicht mehr vorschreibt oder es den Erwerb nicht mehr der Bewilligungspflicht unterstellt; ihre Löschung im Grundbuch erfolgt auf Antrag des Erwerbers.

³ Kann der Grundbuchverwalter nicht ohne weiteres feststellen, ob eine Auflage von Gesetzes wegen dahingefallen ist, verweist er den Anmelden-

den an die Bewilligungsbehörde; Artikel 18 Absatz 1 ist sinngemäss anwendbar.

---
[1]) In der SR «Schlussbestimmungen» statt «Übergangsbestimmungen».
[2]) Diese Änderung ist am 1. Oktober 1997 in Kraft getreten (AS 1997 S. 2086).

Schlussbestimmungen der Änderung vom 8. Oktober 1999[1])

Die Schlussbestimmungen der Änderung vom 30. April 1997 gelten für diese Änderung analog.

---
[1]) Diese Änderung ist am 1. Juni 2002 in Kraft getreten (AS 2002 S. 701).

Schlussbestimmungen der Änderung vom 14. Dezember 2001[1])

Die vorliegende Änderung ist anwendbar auf Rechtsakte, die zwar vor dem Inkrafttreten dieser Änderung abgeschlossen, aber noch nicht ausgeführt oder nicht von einer in Kraft getretenen Entscheidung erfasst worden sind.

---
[1]) Diese Änderung ist am 1. Juni 2002 in Kraft getreten (AS 2002 S. 685).

Anhang X B

Verordnung

über

**den Erwerb von Grundstücken
durch Personen im Ausland (BewV)**

(Vom 1. Oktober 1984, SR 211.412.411)

(Gestützt auf Artikel 36 Absatz 1 des Bundesgesetzes vom 16. Dezember 1983 über den Erwerb von Grundstücken durch Personen im Ausland [BewG])

1. Kapitel

Bewilligungspflicht

1. *Erwerb von Grundstücken.* [1] Als Erwerb von Grundstücken gelten auch:

a.[1]) die Beteiligung an der Gründung und, sofern der Erwerber damit seine Stellung verstärkt, an der Kapitalerhöhung von juristischen Personen, deren tatsächlicher Zweck der Erwerb von Grundstücken ist (Art. 4 Abs. 1 Bst. e BewG), die nicht nach Artikel 2 Absatz 2 Buchstabe a BewG ohne Bewilligung erworben werden können;

b.[1]) die Übernahme eines Grundstückes, das nicht nach Artikel 2 Absatz 2 Buchstabe a BewG ohne Bewilligung erworben werden kann, zusammen mit einem Vermögen oder Geschäft (Art. 181 OR) oder durch Fusion, Spaltung, Umwandlung oder Vermögensübertragung nach dem Fusionsgesetz vom 3. Oktober 2003 (FusG)[2]), sofern sich dadurch die Rechte des Erwerbers an diesem Grundstück vermehren;

c. der Erwerb von Anteilen an einer Gesellschaft, der eine Wohnung gehört, die dem Erwerber der Anteile als Haupt-, Zweit- oder Ferienwohnung dient.

[2] Als andere Rechte, die dem Erwerber eine ähnliche Stellung wie dem Eigentümer eines Grundstückes verschaffen (Art. 4 Abs. 1 Bst. g BewG), gelten insbesondere:

a. die langfristige Miete oder Pacht eines Grundstückes, wenn die Abreden den Rahmen des gewöhnlichen oder kaufmännischen Geschäftsverkehrs sprengen und den Vermieter oder Verpächter in eine besondere Abhängigkeit vom Mieter oder Pächter bringen;

b. die Finanzierung des Kaufes oder der Überbauung eines Grundstückes, wenn die Abreden, die Höhe der Kredite oder die Vermögensverhältnisse des Schuldners den Käufer oder Bauherrn in eine besondere Abhängigkeit vom Gläubiger bringen;

c. die Begründung von Bauverboten und ähnlichen Eigentumsbeschränkungen mit dinglicher oder obligatorischer Wirkung, welche ein Nachbargrundstück betreffen.

---

[1]) Fassung gemäss Änderung der BewV vom 10. September 1997 (AS 1997 S. 2122), i.K. 1. Oktober 1997, sowie gemäss Änderung der HRegV vom 21. April 2004 (AS 2004 S. 2669), i.K. 1. Juli 2004.

[2]) FusG, Anhang IX zum OR.

2.[1]) *Personen im Ausland.* [1] Staatsangehörige der Mitgliedstaaten der Europäischen Gemeinschaft (EG) und der Europäischen Freihandelsassoziation (EFTA) gelten nicht als Personen im Ausland, wenn sie in der Schweiz Wohnsitz nach den Artikeln 23, 24 Absatz 1, 25 und 26 des Zivilgesetzbuches (ZGB) haben (Art. 5 Abs. 1 Bst. a BewG).

[2] Die Rechtmässigkeit des Wohnsitzes setzt ausserdem eine gültige Kurzaufenthalts-, Aufenthalts- oder Niederlassungsbewilligung EG-EFTA (Art. 4 Abs. 1 und Art. 5 der Verordnung vom 23. Mai 2001 über die Einführung des freien Personenverkehrs [VEP][2]) zur Wohnsitznahme voraus.

[3] Als Personen, die nicht das Recht haben, sich in der Schweiz niederzulassen (Art. 5 Abs. 1 Bst. a^{bis} BewG), gelten Ausländer ohne gültige Niederlassungsbewilligung (Ausländerausweis C, Art. 6 und 9 Abs. 3 des Bundesgesetzes vom 26. März 1931 über Aufenthalt und Niederlassung der Ausländer, ANAG[3]).

[4] Ausländer, die für ihren rechtmässigen Aufenthalt keiner Bewilligung der Fremdenpolizei bedürfen (Art. 5 Abs. 3), unterliegen der Bewilligungspflicht für den Erwerb von Grundstücken wie Ausländer, die einer Bewilligung der Fremdenpolizei bedürfen.

---

[1]) Fassung gemäss Änderung der BewV vom 23. Januar 2002 (AS 2002 S. 1115).

[2]) SR 142.203.

[3]) SR 142.20.

2. Kapitel

Bewilligungs- und Verweigerungsgründe

3.[1]) *Erstellung und gewerbsmässige Vermietung von Wohnraum.* Die Verwendung des Grundstückes für die Erstellung oder gewerbsmässige Vermietung von Wohnraum, der nicht zu einem Hotel oder Apparthotel gehört, begründet keine Betriebsstätte im Sinne von Artikel 2 Absatz 2 Buchstabe a BewG.

---

[1]) Fassung gemäss Änderung der BewV vom 10. September 1997 (AS 1997 S. 2122), i.K. 1. Oktober 1997.

4. *Härtefall.* [1] Der Veräusserer, der einen Härtefall geltend macht (Art. 8 Abs. 3 BewG), muss ausser seiner Notlage nachweisen, dass er die Wohnung erfolglos zu den Gestehungskosten Personen angeboten hat, die keiner Bewilligung bedürfen; die Gestehungskosten erhöhen sich um den Betrag einer angemessenen Verzinsung, wenn die Wohnung dem Veräusserer seit mehr als drei Jahren gehört.

[2] Der Erwerb einer Ferienwohnung oder einer Wohneinheit in einem Apparthotel kann auch in einem Härtefall nur in Fremdenverkehrsorten im Sinne des geltenden (Art. 9 Abs. 3 BewG) oder des früheren Rechts (Art. 21 Abs. 2) bewilligt werden.

5. *Hauptwohnung.* [1] Der Wohnsitz, der zum bewilligungsfreien Erwerb einer Hauptwohnung berechtigt (Art. 2 Abs. 2 Bst. b BewG), bestimmt sich nach den Artikeln 23, 24 Absatz 1, 25 und 26 ZGB.[1])

[2] Die Rechtmässigkeit des Wohnsitzes setzt ausserdem die gültige Aufenthaltsbewilligung zur Wohnsitznahme (Ausländerausweis B, Art. 5 und 9 Abs. 1 ANAG) oder eine andere entsprechende Berechtigung voraus.

[3] Eine andere Berechtigung steht zu, wenn im übrigen die Voraussetzungen des Wohnsitzes vorliegen, den Personen im Dienste:

a.[1]) diplomatischer Missionen, konsularischer Posten, internationaler Organisationen mit Sitz in der Schweiz und ständiger Missionen bei diesen Organisationen (Legitimationskarte des Eidgenössischen Departementes für auswärtige Angelegenheiten);
b. von Betriebsstellen ausländischer Bahn-, Post- und Zollverwaltungen mit Sitz in der Schweiz (Dienstausweis).

---

[1]) Fassung gemäss Änderungen der BewV vom 10. September 1997 (AS 1997 S. 2122, i.K. 1. Oktober 1997) und vom 23. Januar 2002 (AS 2002 S. 1115, i.K. 1. Juni 2002).

6. *Zweitwohnung.* [1] Als aussergewöhnlich enge, schutzwürdige Beziehungen, die zum Erwerb einer Zweitwohnung berechtigen (Art. 9 Abs. 1 Bst. c BewG), gelten regelmässige Beziehungen, die der Erwerber zum Ort der Zweitwohnung unterhalten muss, um überwiegende wirtschaftliche, wissenschaftliche, kulturelle oder andere wichtige Interessen zu wahren.

[2] Verwandtschaft oder Schwägerschaft mit Personen in der Schweiz und Ferien-, Kur-, Studien- oder andere vorübergehende Aufenthalte begründen für sich allein keine engen schutzwürdigen Beziehungen.

7. *Apparthotels.* [1] ...[1])

[2] Die dauernde hotelmässige Bewirtschaftung (Art. 10 Bst. b BewG) wird sichergestellt, indem die Stockwerkeigentümer im Begründungsakt und im Verwaltungs- und Nutzungsreglement (Art. 712d ff. ZGB) darauf verpflichtet werden; die Bewilligungen werden unter den dafür vorgeschriebenen Auflagen erteilt (Art. 11 Abs. 2 Bst. g).

[3] Vorbehalten bleiben die nach kantonalem Recht für einen Hotelbetrieb erforderlichen Bewilligungen.

---

[1]) Aufgehoben gemäss Änderung der BewV vom 10. September 1997 (AS 1997 S. 2122).

8.[1]) *Erwerb einer Wohnung durch eine natürliche Person.* Als Erwerb einer Wohnung durch eine natürliche Person (Art. 2 Abs. 2 Bst. b, 7 Bst. j, 8 Abs. 3 sowie 9 Abs. 1 Bst. c und Abs. 2 BewG) gilt der unmittelbare Erwerb auf deren persönlichen Namen und bei Mieteraktiengesellschaften, deren Gründung vor dem 1. Februar 1974 erfolgte, der Erwerb von Anteilen im entsprechenden Umfang.

---

[1]) Fassung gemäss Änderungen der BewV vom 10. September 1997 (AS 1997 S. 2122, i.K. 1. Oktober 1997) und vom 23. Januar 2002 (AS 2002 S. 1115, i.K. 1. Juni 2002).

9. *Bewilligungskontingente.* [1] Der Anhang 1 dieser Verordnung[1]) führt die jährliche gesamtschweizerische Höchstzahl an Bewilligungen für Ferienwohnungen und Wohneinheiten in Aparthotels sowie die kantonalen Jahreskontingente auf (Art. 11 und 39 BewG).

[2] Die Bewilligungen werden im Zeitpunkt der Zusicherung an den Veräusserer durch die zuständige Behörde (Grundsatzbewilligung) oder, wenn keine Zusicherung vorliegt, im Zeitpunkt der Erteilung an den Erwerber auf das Kontingent angerechnet.

[3] In einem Jahr nicht gebrauchte Kontingentseinheiten werden auf das folgende Jahr übertragen.[2])

[4] Werden sie auch bis zum 31. Oktober des folgenden Jahres nicht gebraucht, so verteilt sie das Bundesamt für Justiz auf die Kantone, die bis zu diesem Zeitpunkt ihr Kontingent ausgeschöpft und um Zuteilung weiterer Einheiten nachgesucht haben.[2])

[5] Die Anzahl der zusätzlichen Einheiten für einen Kanton darf die Hälfte seines Jahreskontingents (Anhang 1) nicht überschreiten.[2])

[6] Verlangen die Kantone mehr zusätzliche Einheiten, als zur Verfügung stehen, so erfolgt die Verteilung im Verhältnis der Jahreskontingente der ersuchenden Kantone.[2])

[7] Die auf das folgende Jahr übertragenen (Abs. 3) wie auch die vom Bundesamt für Justiz zugeteilten zusätzlichen Einheiten (Abs. 4) verfallen, wenn sie bis zum 31. Dezember dieses Jahres nicht gebraucht werden.[2])

---

[1]) Abgedruckt am Ende dieser Verordnung.
[2]) Fassung gemäss Änderung der BewV vom 10. Juni 1996 (AS 1996 S. 2117), i.K. 1. August 1996.

10. *Zulässige Fläche.* [1] ...[1])

[2] Die Nettowohnfläche von Zweitwohnungen im Sinne von Artikel 9 Absatz 1 Buchstabe c BewG, Ferienwohnungen und Wohneinheiten in Aparthotels darf 200 m^2 in der Regel nicht übersteigen.[2])

[3] Ausserdem darf für Zweitwohnungen im Sinne von Artikel 9 Absatz 1 Buchstabe c BewG und für Ferienwohnungen, die nicht im Stockwerkeigentum stehen, die Gesamtfläche des Grundstückes 1000 m^2 in der Regel nicht übersteigen.[2])

[4] Ein nachträglicher Mehrerwerb darf nur im Rahmen der zulässigen Fläche erfolgen.

⁵ Führt ein Tausch von Wohnungen oder eine Grenzbereinigung dazu, dass die zulässige Fläche überschritten wird, so entfällt die für diesen Erwerb vorgesehene Ausnahme von der Bewilligungspflicht (Art. 7 Bst. d und g BewG); der Grundbuchverwalter verweist in diesem Falle den Erwerber an die Bewilligungsbehörde (Art. 18 Abs. 1 BewG).

---

¹) Aufgehoben gemäss Änderung der BewV vom 10. September 1997 (AS 1997 S. 2122).

²) Fassung gemäss Änderungen der BewV vom 10. September 1997 (AS 1997 S. 2122, i. K. 1. Oktober 1997), vom 23. Januar 2002 (AS 2002 S. 1115, i. K. 1. Juni 2002) und vom 28. Mai 2003 (AS 2003 S. 1635, i. K. 1. Juli 2003).

11. *Bedingungen und Auflagen.* ¹ Der Erwerb einer Zweitwohnung im Sinne von Artikel 9 Absatz 1 Buchstabe c BewG, einer Ferienwohnung oder einer Wohneinheit in einem Apparthotel darf, wenn dem Erwerber, seinem Ehegatten oder einem Kind unter 18 Jahren bereits eine solche Wohnung gehört, nur unter der Bedingung bewilligt werden, dass diese Wohnung vorher veräussert wird (Art. 12 Bst. d BewG).¹)

² An die Bewilligungen sind in der Regel mindestens die folgenden, im Grundbuch anzumerkenden Auflagen zu knüpfen (Art. 14 BewG):

a. die Verpflichtung, das Grundstück dauernd zu dem Zwecke zu verwenden, für den der Erwerb bewilligt wird, und für jede Änderung des Verwendungszweckes die Einwilligung der Bewilligungsbehörde einzuholen;
b. bei Bauland die Verpflichtung, den Bau innert bestimmter Frist zu beginnen und für alle erheblichen Änderungen der Baupläne die Einwilligung der Bewilligungsbehörde einzuholen;
c.²) bei Grundstücken, die als Kapitalanlage ausländischer Versicherer, der Personalvorsorge, gemeinnützigen Zwecken oder dem sozialen Wohnungsbau dienen, eine vom Erwerb an gerechnete zehnjährige Sperrfrist für die Wiederveräusserung;
d. bei Grundstücken des sozialen Wohnungsbaus das Verbot für den Erwerber, Wohnungen selber zu benützen;
e.³) bei Zweitwohnungen im Sinne von Artikel 9 Absatz 1 Buchstabe c BewG die Verpflichtung, sie innert zweier Jahre zu veräussern, wenn der Erwerber sie nicht mehr als solche verwendet;
f. bei Ferienwohnungen das Verbot, sie ganzjährig zu vermieten;
g. bei Apparthotels die Verpflichtung, die Wohneinheit dem Betriebsinhaber zur Bewirtschaftung gemäss dem Begründungsakt des Stockwerkeigentums und dem Verwaltungs- und Nutzungsreglement (Art. 7) zu überlassen;
h. beim Erwerb von Anteilen an Immobiliengesellschaften das Verbot, die Anteile während der Sperrfrist (Bst. c) zu veräussern oder zu verpfänden, und die Verpflichtung, die Titel auf den Namen des Erwerbers bei einer Depositenstelle, die der Kanton bestimmt, unwiderruflich zu hinterlegen.

³ Die Bewilligungsbehörde kann weitergehende Auflagen verfügen, um die Verwendung des Grundstückes zu dem Zwecke sicherzustellen, den der Erwerber geltend macht.

⁴ Als zwingender Grund für den ganzen oder teilweisen Widerruf einer Auflage (Art. 14 Abs. 4 BewG) gilt eine Veränderung der Verhältnisse für den Erwerber, welche die Erfüllung der Auflage unmöglich oder unzumutbar macht.

⁵ Die Überprüfung der Einhaltung der Auflagen ist Sache der Bewilligungsbehörde oder, wenn diese nicht handelt, der beschwerdeberechtigten Behörden.

---

¹) Fassung gemäss Änderung der BewV vom 23. Januar 2002 (AS 2002 S. 1115), i.K. 1. Juni 2002, und vom 11. März 2005 (AS 2005 S. 1341), i.K. 1. April 2005. Mit Inkrafttreten des PartG am 1. Januar 2007 wird Art. 11 Abs. 1 angepasst (s. dann www.schulthess.com/update).
²) Fassung gemäss Änderung der BewV vom 10. September 1997 (AS 1997 S. 2122), i.K. 1. Oktober 1997.
³) Fassung gemäss Änderungen der BewV vom 10. September 1997 (AS 1997 S. 2122, i.K. 1. Oktober 1997) und vom 23. Januar 2002 (AS 2002 S. 1115, i.K. 1. Juni 2002).

12. *Verfall der Bewilligungen.* ¹ Die Bewilligung für den Erwerb verfällt, wenn dieser nicht innert dreier Jahre erfolgt (Art. 14 Abs. 2 BewG).

² Die Bewilligungsbehörde kann diese Frist ausnahmsweise und aus wichtigen Gründen erstrecken, wenn der Erwerber vor Ablauf der Frist darum nachsucht.

³ Die Kantone regeln den Verfall der Zusicherungen von Bewilligungen an Veräusserer (Grundsatzbewilligungen).

⁴ Grundsatzbewilligungen, die nicht befristet worden sind, verfallen am 31. Dezember 2000, soweit von ihnen nicht Gebrauch gemacht worden ist.¹)

---

¹) Eingefügt gemäss Änderung der BewV vom 10. September 1997 (AS 1997 S. 2122), i.K. 1. Oktober 1997.

13. (Aufgehoben gemäss Änderung der BewV vom 10. September 1997 [AS 1997 S. 2122].)

14. (Aufgehoben gemäss Änderung der BewV vom 10. September 1997 [AS 1997 S. 2122].)

3. Kapitel

Behörden und Verfahren

15. *Feststellung der Bewilligungspflicht.* ¹ Der Erwerber ersucht die Bewilligungsbehörde um ihren Entscheid über die Bewilligungspflicht (Art. 2 und 4–7 BewG), wenn diese sich nicht ohne weiteres ausschliessen lässt (Art. 17 Abs. 1 BewG).¹)

² Steht der Entscheid einer Bundesbehörde zu (Art. 7 Bst. h, 16 Abs. 1 Bst. a und Abs. 2 BewG), so richtet der Erwerber sein Gesuch an die kantonale Bewilligungsbehörde zuhanden der Bundesbehörde.

Anhang X B
Erwerb von Grundstücken durch Personen im Ausland (BewV)

³ Im übrigen entscheidet die Bewilligungsbehörde über die Bewilligungspflicht, wenn:
a. der Erwerber auf Veranlassung des Grundbuchverwalters, des Handelsregisterführers oder der Steigerungsbehörde darum ersucht (Art. 18 und 19 BewG);
b. eine beschwerdeberechtigte kantonale Behörde oder das Bundesamt für Justiz darum ersucht (Art. 22 Abs. 2 BewG);
c. der Zivilrichter, der Strafrichter oder eine andere Behörde darum ersucht.

---

[1]) Fassung gemäss Änderung der BewV vom 10. September 1997 (AS 1997 S. 2122), i.K. 1. Oktober 1997.

16. *Örtliche Zuständigkeit.* Die Bestimmung über die örtliche Zuständigkeit im Falle des Erwerbes von Anteilen an einer Immobiliengesellschaft mit Grundstücken im Amtsbereich mehrerer Behörden (Art. 15 Abs. 2 BewG) ist auf einen anderen Erwerb sinngemäss anwendbar.

17. *Eröffnung von Verfügungen.* ¹ Die kantonalen Behörden eröffnen dem Bundesamt für Justiz die Verfügungen der Bewilligungsbehörde und die Beschwerdeentscheide mit den im Anhang 2 dieser Verordnung[1]) vorgeschriebenen Angaben in drei Exemplaren und mit den vollständigen Akten (Art. 17 Abs. 3, 20 Abs. 4 und 24 Abs. 3 BewG).

² Das Eidgenössische Justiz- und Polizeidepartement kann für eine automatisierte statistische Auswertung ein ergänzendes Formular vorschreiben.

[1]) Abgedruckt am Ende dieser Verordnung.

18. *Prüfung und Beweiserhebung.* ¹ Grundbuchamt, Handelsregisteramt und Steigerungsbehörde überlassen, unter Vorbehalt der Artikel 18a und 18b, eine nähere Prüfung der Bewilligungspflicht und gegebenenfalls die Beweiserhebung darüber der Bewilligungsbehörde, an die sie den Erwerber verweisen (Art. 18 Abs. 1 und 2 sowie 19 Abs. 2 BewG; Art. 15 Abs. 3 Bst. a).[1])

² Öffentliche Urkunden erbringen für durch sie bezeugte Tatsachen vollen Beweis, wenn die Urkundsperson darin bescheinigt, sich über die Tatsachen aus eigener Wahrnehmung vergewissert zu haben, und wenn keine Anhaltspunkte dafür bestehen, dass die Tatsachen nicht zutreffen (Art. 9 ZGB).

³ Allgemeine Erklärungen, die lediglich Voraussetzungen der Bewilligungspflicht bestreiten oder Voraussetzungen der Bewilligung behaupten, erbringen in keinem Falle Beweis; vorbehalten bleiben Erklärungen über die beabsichtigte Nutzung des Grundstücks (Art. 18a).[1])

⁴ Als Geschäftsbücher (Art. 22 Abs. 3 BewG) gelten auch das Aktienbuch (Art. 685 OR²)), das Anteilbuch (Art. 790 OR) und das Genossenschafterverzeichnis (Art. 835 OR).

---

¹) Fassung gemäss Änderung der BewV vom 10. September 1997 (AS 1997 S. 2122), i.K. 1. Oktober 1997.
²) Heute: Art. 686 OR.

18a.¹) *Prüfung durch Grundbuchamt und Steigerungsbehörde.* ¹ Für einen Erwerb nach Artikel 2 Absatz 2 Buchstabe a BewG (Betriebsstätte) verzichten das Grundbuchamt und die Steigerungsbehörde auf die Verweisung des Erwerbers an die Bewilligungsbehörde zur Abklärung der Bewilligungspflicht (Art. 18 Abs. 1), wenn:
  a. der Erwerber nachweist, dass das Grundstück für die Ausübung einer wirtschaftlichen Tätigkeit eines Unternehmens dient;
  b. er bei einem Grundstück, das nicht überbaut ist, schriftlich erklärt, es zu diesem Zweck zu überbauen;
  c. die Landreserven für einen weiteren Ausbau des Unternehmens einen Drittel der gesamten Fläche nicht übersteigen.

² Für einen Erwerb nach Artikel 2 Absatz 2 Buchstabe b BewG (Hauptwohnung) ist auf die Verweisung zu verzichten, wenn:
  a. der Erwerber eine gültige Aufenthaltsbewilligung zur Wohnsitznahme (Ausländerausweis B, Art. 5 Abs. 2) oder eine andere entsprechende Berechtigung (Art. 5 Abs. 3) vorlegt;
  b. er schriftlich erklärt, das Grundstück als Hauptwohnung zu erwerben;
  c. die Fläche des Grundstücks 3000 m² nicht übersteigt.

³ ²) Für den Erwerb einer Zweitwohnung durch einen Grenzgänger in der Region des Arbeitsorts (Art. 7 Bst. j BewG) ist auf die Verweisung zu verzichten, wenn:
  a. der Erwerber eine gültige Grenzgängerbewilligung EG-EFTA (Art. 4 Abs. 1 VEP³)) vorlegt;
  b. er schriftlich erklärt, das Grundstück als Zweitwohnung zu erwerben;
  c. die Fläche des Grundstücks 1000 m² nicht übersteigt.

---

¹) Eingefügt gemäss Änderung der BewV vom 10. September 1997 (AS 1997 S. 2122), i.K. 1. Oktober 1997.
²) Eingefügt gemäss Änderung der BewV vom 23. Januar 2002 (AS 2002 S. 1115), i.K. 1. Juni 2002.
³) SR 142.203.

18b.¹) *Prüfung durch das Handelsregisteramt.* Das Handelsregisteramt verweist die anmeldende Person in der Regel nur dann an die Bewilligungsbehörde (Art. 18 Abs. 1), wenn die Eintragung in das Handelsregister im Zusammenhang mit einer Beteiligung einer Person im Ausland an einer vermögensfähigen Gesellschaft ohne juristische Persönlichkeit oder an einer juristischen Person steht, deren tatsächlicher Zweck der Erwerb von Grundstücken ist (Art. 4 Abs. 1 Bst. b und e BewG; Art. 1 Abs. 1 Bst. a

Anhang X B
Erwerb von Grundstücken durch Personen im Ausland (BewV)

und b), die nicht nach Artikel 2 Absatz 2 Buchstabe a BewG ohne Bewilligung erworben werden können.

---

[1]) Eingefügt gemäss Änderung der BewV vom 10. September 1997 (AS 1997 S. 2122), i.K. 1. Oktober 1997.

19. *Stellungnahme anderer Behörden.* [1] Die Bewilligungsbehörde holt, bevor sie entscheidet, die Stellungnahme ein:
  a. des Sekretariates der Eidgenössischen Bankenkommission, wenn es sich um die Bewilligungspflicht für den Erwerb von Anteilen an einem Immobilienanlagefonds ohne regelmässigen Markt oder an einem ähnlichen Vermögen handelt (Art. 4 Abs. 1 Bst. c BewG);
  b. des Bundesamtes für Privatversicherungswesen, wenn es sich um die Bewilligung für den Erwerb als Anlage ausländischer und ausländisch beherrschter Versicherungseinrichtungen (Art. 8 Abs. 1 Bst. b BewG) oder um den Widerruf von Auflagen (Art. 11 Abs. 4) handelt;
  c. der kantonalen Steuerbehörde darüber, ob der Erwerber für das Grundstück von der direkten Bundessteuer befreit ist, wenn es sich um die Bewilligung für den Erwerb zur Personalvorsorge inländischer Betriebsstätten oder zu gemeinnützigen Zwecken handelt (Art. 8 Abs. 1 Bst. c BewG);
  d. der zuständigen kantonalen Behörde, wenn das Grundstück dem sozialen Wohnungsbau dient oder sich darauf solche neuerstellten Wohnungen befinden (Art. 9 Abs. 1 Bst. a BewG);
  e.[1]) der zuständigen kantonalen und Bundesbehörden darüber, ob Interessen vorliegen, die den Erwerb einer Zweitwohnung im Sinne von Artikel 9 Absatz 1 Buchstabe c BewG rechtfertigen.

[2] Die Bewilligungsbehörde kann die Stellungnahme anderer Bundes- oder kantonalen Behörden einholen, um einen Sachverhalt abzuklären (Art. 22 Abs. 1 und 24 Abs. 1 BewG).

---

[1]) Fassung gemäss Änderung der BewV vom 23. Januar 2002 (AS 2002 S. 1115), i.K. 1. Juni 2002.

20. *Statistik.* [1] Die Statistik über den Erwerb von Grundstücken durch Personen im Ausland (Art. 24 Abs. 3 BewG) erfasst:
  a.[1]) die Anzahl der Bewilligungen für den Erwerb von Ferienwohnungen und Wohneinheiten in Apparthotels, Ort, Art und Fläche des Grundstückes, Staatsangehörigkeit des Erwerbers und die entsprechenden Handänderungen;
  b. ...[2])
  c.[1]) den schweizerischen Rückerwerb von Ferienwohnungen und Wohneinheiten in Apparthotels.

[2] Die Grundbuchverwalter melden die entsprechenden Eintragungen dem Bundesamt für Justiz unverzüglich und unentgeltlich mit dem Formular, das ihnen das Bundesamt zur Verfügung stellt; die Kantone können bestimmen, dass die Meldungen über die Bewilligungs- oder beschwerdeberechtigte Behörde erfolgen.

³ Das Bundesamt für Justiz veröffentlicht alljährlich einen Auszug aus der Statistik in der «Volkswirtschaft».

⁴ Der Auszug aus der Statistik weist auch den ausländischen Erwerb ohne die Handänderungen zwischen ausländischen Veräusserern und Erwerbern und ohne den schweizerischen Rückerwerb aus (Nettozuwachs).

⁵ Eine Verwendung von Personendaten zu anderen als statistischen Zwecken ist nur zulässig, soweit das Gesetz es vorsieht.

---

¹) Fassung gemäss Änderung der BewV vom 10. September 1997 (AS 1997 S. 2122), i. K. 1. Oktober 1997.

²) Aufgehoben gemäss Änderung der BewV vom 23. November 1988 (AS 1988 S. 1998).

4. Kapitel

Schlussbestimmungen

21. *Aufhebung von Erlassen.* ¹ Es werden aufgehoben:
a. die Verordnung vom 21. Dezember 1973 über den Erwerb von Grundstücken durch Personen im Ausland;
b. die Verfügung vom 25. März 1964 des Eidgenössischen Militärdepartementes betreffend den Erwerb von Grundstücken in der Nähe wichtiger militärischer Anlagen durch Personen im Ausland.

² Auflagen auf Grund von Bewilligungen, die nach dem früheren Recht (BB vom 23. März 1961 über den Erwerb von Grundstücken durch Personen im Ausland, BRB vom 26. Juni 1972 betreffend Verbot der Anlage ausländischer Gelder in inländischen Grundstücken und V vom 10. November 1976 über den Erwerb von Grundstücken in Fremdenverkehrsorten durch Personen im Ausland) erteilt worden sind, bleiben in Kraft; vorbehalten bleiben Absatz 2 der Schlussbestimmungen der Änderung vom 30. April 1997¹) sowie die Schlussbestimmungen der Änderungen vom 8. Oktober 1999²) und 14. Dezember 2001³) des BewG.⁴)

---

¹) AS 1997 S. 2086; in der vorliegenden Textausgabe abgedruckt am Ende des BewG (Anhang X A zum ZGB).

²) AS 2002 S. 701; in der vorliegenden Textausgabe abgedruckt am Ende des BewG (Anhang X A zum ZGB).

³) AS 2002 S. 685; in der vorliegenden Textausgabe abgedruckt am Ende des BewG (Anhang X A zum ZGB).

⁴) Fassung gemäss Änderung der BewV vom 10. September 1997 (AS 1997 S. 2122, i. K. 1. Oktober 1997) und vom 23. Januar 2002 (AS 2002 S. 1115, i. K. 1. Juni 2002).

22. *Inkrafttreten.* Diese Verordnung tritt am 1. Januar 1985 in Kraft.

Anhang X B
Erwerb von Grundstücken durch Personen im Ausland (BewV)

Anhang 1[1])
(Art. 9 Abs. 1 und 5)

Bewilligungskontingente

[1] Die jährliche gesamtschweizerische Höchstzahl an Bewilligungen für Ferienwohnungen und Wohneinheiten in Apparthotels wird auf 1420 festgesetzt.

[2] Die jährlichen kantonalen Bewilligungskontingente werden wie folgt festgesetzt:

Kantonale Höchstzahlen

Bern	130	Appenzell Ausserrhoden	20
Luzern	50	St. Gallen	45
Uri	20	Graubünden	270
Schwyz	50	Tessin	180
Obwalden	20	Waadt	160
Nidwalden	20	Wallis	310
Glarus	20	Neuenburg	35
Freiburg	50	Jura	20
Schaffhausen	20		

[1]) Fassung gemäss Änderung der BewV vom 11. Januar 2006 (AS 2006 S. 93), i.K. 1. Februar 2006.

Anhang 2 zur BewV

Mindestangaben in den Verfügungen (Art. 17 Abs. 1)

1 Erwerber

11 Name oder Firma, vertreten durch:
12 Gewöhnlicher Aufenthalt oder Sitz (genaue Adresse und Staat)
13 Geburtsdatum (für natürliche Personen)
14 Staatsangehörigkeit (für natürliche Personen)
15 gegebenenfalls Bewilligung der Fremdenpolizei (für natürliche Personen): Art, Zeitpunkt der Ausstellung, Zeitpunkt der Einreise zur Übersiedlung
16 gegebenenfalls Gewerbe oder Beruf (für natürliche Personen), Zweck (für Firmen)

2 Veräusserer

21 Name oder Firma
22 Gewöhnlicher Aufenthalt oder Sitz (genaue Adresse und Staat)
23 Geburtsdatum (für natürliche Personen, wenn sie das Grundstück seinerzeit mit Bewilligung erworben haben)
24 Staatsangehörigkeit (für natürliche Personen)

3 Grundstücke

31 Kanton, Gemeinde, Ort, Grundbuch- und Parzellen-Nummer
32 Art (Verwendungszweck)
33 Miteigentumsanteil oder Zahl der Gesamteigentümer
34 Wohnfläche und Fläche der Parzelle in Quadratmetern (bei Stockwerkeigentum: Fläche der Stammparzelle und Wohnungsfläche; bei der Beteiligung an juristischen Personen oder an vermögensfähigen Gesellschaften ohne juristische Persönlichkeit: Fläche aller Grundstücke der Gesellschaft)

4 Rechtsgeschäft

41 Form und Zeitpunkt
42 Art des Rechtes
43 Preis in Franken

5 Bewilligungspflicht
(Art. 4–7 BewG, Art. 1 und 2 BewV)

6 Bewilligungs- oder Verweigerungsgründe
(Art. 8–13 BewG, Art. 3–14 BewV)

7 Entscheidungsformel mit Bedingungen und Auflagen
(Art. 14 BewG, Art. 11 BewV)

8 Mitteilung mit Zeitpunkt, Verteiler und Rechtsmittelbelehrung

———

Anhang XI
A–B

Datenschutz

		Seite
A.	Bundesgesetz über den Datenschutz (DSG)	726
B.	Verordnung zum Bundesgesetz über den Datenschutz (VDSG)	741

Anhang XI A

Bundesgesetz

über

den Datenschutz (DSG)*

(Vom 19. Juni 1992, SR 235.1)

(Gestützt auf die Artikel 31bis Absatz 2, 64, 64bis und 85 Ziffer 1 der Bundesverfassung**, nach Einsicht in die Botschaft des Bundesrates vom 23. März 1988 [BBl 1998 II 413])

1. Abschnitt

Zweck, Geltungsbereich und Begriffe

1. *Zweck.* Dieses Gesetz bezweckt den Schutz der Persönlichkeit und der Grundrechte von Personen, über die Daten bearbeitet werden.

2. *Geltungsbereich.* ¹ Dieses Gesetz gilt für das Bearbeiten von Daten natürlicher und juristischer Personen durch:
a. private Personen;
b. Bundesorgane.
² Es ist nicht anwendbar auf:
a. Personendaten, die eine natürliche Person ausschliesslich zum persönlichen Gebrauch bearbeitet und nicht an Aussenstehende bekanntgibt;
b. Beratungen in den Eidgenössischen Räten und in den parlamentarischen Kommissionen;
c. hängige Zivilprozesse, Strafverfahren, Verfahren der internationalen Rechtshilfe sowie staats- und verwaltungsrechtliche Verfahren mit Ausnahme erstinstanzlicher Verwaltungsverfahren;
d. öffentliche Register des Privatrechtsverkehrs;
e. Personendaten, die das Internationale Komitee vom Roten Kreuz bearbeitet.

---

* Gemäss Ziff. 4 des Anhangs zum BG vom 17. Dezember 2004 über das Öffentlichkeitsprinzip der Verwaltung (Öffentlichkeitsgesetz, BGÖ, SR 152.3) sind im DSG die Ausdrücke «Eidgenössischer Datenschutzbeauftragter» durch «Eidgenössischer Datenschutz- und Öffentlichkeitsbeauftragter», «Datenschutzbeauftragter» durch «Beauftragter» und «Datenschutzkommission» durch «Datenschutz- und Öffentlichkeitskommission» ersetzt worden. Diese Änderung ist im ganzen Erlass berücksichtigt.

Weitere Änderungen stehen bevor. Einschlägig ist das **BG vom 24. März 2006 über die Änderung des DSG** (publiziert als Referendumsvorlage in BBl 2006 S. 3547), das voraussichtlich im März 2007 in Kraft tritt. Der Text der Änderungen ist abgedruckt in Anhang XII zum ZGB, S. 755 ff., 761 ff.

** Diesen Bestimmungen entsprechen die Artikel 95, 122, 123 und 173 Absatz 3 der neuen Bundesverfassung vom 18. April 1999 (AS 1999 S. 2556).

3. *Begriffe.* Die folgenden Ausdrücke bedeuten:
a. *Personendaten (Daten):* alle Angaben, die sich auf eine bestimmte oder bestimmbare Person beziehen;
b. *betroffene Personen:* natürliche oder juristische Personen, über die Daten bearbeitet werden;
c. *besonders schützenswerte Personendaten:* Daten über:
   1. die religiösen, weltanschaulichen, politischen oder gewerkschaftlichen Ansichten oder Tätigkeiten,
   2. die Gesundheit, die Intimsphäre oder die Rassenzugehörigkeit,
   3. Massnahmen der sozialen Hilfe,
   4. administrative oder strafrechtliche Verfolgungen und Sanktionen;
d. *Persönlichkeitsprofil:* eine Zusammenstellung von Daten, die eine Beurteilung wesentlicher Aspekte der Persönlichkeit einer natürlichen Person erlaubt;
e. *Bearbeiten:* jeder Umgang mit Personendaten, unabhängig von den angewandten Mitteln und Verfahren, insbesondere das Beschaffen, Aufbewahren, Verwenden, Umarbeiten, Bekanntgeben, Archivieren oder Vernichten von Daten;
f. *Bekanntgeben:* das Zugänglichmachen von Personendaten wie das Einsichtgewähren, Weitergeben oder Veröffentlichen;
g. *Datensammlung:* jeder Bestand von Personendaten, der so aufgebaut ist, dass die Daten nach betroffenen Personen erschliessbar sind;
h. *Bundesorgane:* Behörden und Dienststellen des Bundes sowie Personen, soweit sie mit öffentlichen Aufgaben des Bundes betraut sind;
j. *Inhaber der Datensammlung:* private Personen oder Bundesorgane, die über den Zweck und den Inhalt einer Datensammlung entscheiden;
k. *formelles Gesetz:*
   1. Bundesgesetze und referendumspflichtige allgemeinverbindliche Bundesbeschlüsse,
   2. für die Schweiz verbindliche Beschlüsse internationaler Organisationen und von der Bundesversammlung genehmigte völkerrechtliche Verträge mit rechtsetzendem Inhalt.

2. Abschnitt

Allgemeine Datenschutzbestimmungen

4. *Grundsätze.* [1] Personendaten dürfen nur rechtmässig beschafft werden.

[2] Ihre Bearbeitung hat nach Treu und Glauben zu erfolgen und muss verhältnismässig sein.

[3] Personendaten dürfen nur zu dem Zweck bearbeitet werden, der bei der Beschaffung angegeben wurde, aus den Umständen ersichtlich oder gesetzlich vorgesehen ist.

5. *Richtigkeit der Daten.* [1] Wer Personendaten bearbeitet, hat sich über deren Richtigkeit zu vergewissern.

² Jede betroffene Person kann verlangen, dass unrichtige Daten berichtigt werden.

6. *Bekanntgabe ins Ausland.* ¹ Personendaten dürfen nicht ins Ausland bekanntgegeben werden, wenn dadurch die Persönlichkeit der betroffenen Personen schwerwiegend gefährdet würde, namentlich weil ein Datenschutz fehlt, der dem schweizerischen gleichwertig ist.

² Wer Datensammlungen ins Ausland übermitteln will, muss dies dem Eidgenössischen Datenschutz- und Öffentlichkeitsbeauftragten vorher melden, wenn:
a. für die Bekanntgabe keine gesetzliche Pflicht besteht und
b. die betroffenen Personen davon keine Kenntnis haben.

³ Der Bundesrat regelt die Meldungen im einzelnen[1]). Er kann vereinfachte Meldungen oder Ausnahmen von der Meldepflicht vorsehen, wenn das Bearbeiten die Persönlichkeit der betroffenen Personen nicht gefährdet.

---
[1]) Siehe dazu die VDSG, Anhang XI B zum ZGB.

7. *Datensicherheit.* ¹ Personendaten müssen durch angemessene technische und organisatorische Massnahmen gegen unbefugtes Bearbeiten geschützt werden.

² Der Bundesrat erlässt nähere Bestimmungen über die Mindestanforderungen an die Datensicherheit[1]).

---
[1]) Siehe dazu die VDSG, Anhang XI B zum ZGB.

8. *Auskunftsrecht.* ¹ Jede Person kann vom Inhaber einer Datensammlung Auskunft darüber verlangen, ob Daten über sie bearbeitet werden.

² Der Inhaber der Datensammlung muss ihr mitteilen:
a. alle über sie in der Datensammlung vorhandenen Daten;
b. den Zweck und gegebenenfalls die Rechtsgrundlagen des Bearbeitens sowie die Kategorien der bearbeiteten Personendaten, der an der Sammlung Beteiligten und der Datenempfänger.

³ Daten über die Gesundheit kann der Inhaber der Datensammlung der betroffenen Person durch einen von ihr bezeichneten Arzt mitteilen lassen.

⁴ Lässt der Inhaber der Datensammlung Personendaten durch einen Dritten bearbeiten, so bleibt er auskunftspflichtig. Der Dritte ist auskunftspflichtig, wenn er den Inhaber nicht bekanntgibt oder dieser keinen Wohnsitz in der Schweiz hat.

⁵ Die Auskunft ist in der Regel schriftlich, in Form eines Ausdrucks oder einer Fotokopie sowie kostenlos zu erteilen. Der Bundesrat regelt die Ausnahmen[1]).

⁶ Niemand kann im voraus auf das Auskunftsrecht verzichten.

---
[1]) Siehe dazu die VDSG, Anhang XI B zum ZGB.

9. *Einschränkungen des Auskunftsrechts; im allgemeinen.* ¹ Der Inhaber der Datensammlung kann die Auskunft verweigern, einschränken oder aufschieben, soweit:
 a. ein formelles Gesetz es vorsieht;
 b. es wegen überwiegender Interessen eines Dritten erforderlich ist.

² Ein Bundesorgan kann zudem die Auskunft verweigern, einschränken oder aufschieben, soweit:
 a. es wegen überwiegender öffentlicher Interessen, insbesondere der inneren oder äusseren Sicherheit der Eidgenossenschaft, erforderlich ist;
 b. die Auskunft den Zweck einer Strafuntersuchung oder eines andern Untersuchungsverfahrens in Frage stellt.

³ Private als Inhaber einer Datensammlung können zudem die Auskunft verweigern, einschränken oder aufschieben, soweit eigene überwiegende Interessen es erfordern und sie die Personendaten nicht an Dritte bekanntgeben.

⁴ Der Inhaber der Datensammlung muss angeben, aus welchem Grund er die Auskunft verweigert, einschränkt oder aufschiebt.

10. *Einschränkungen des Auskunftsrechts für Medienschaffende.* ¹ Der Inhaber einer Datensammlung, die ausschliesslich für die Veröffentlichung im redaktionellen Teil eines periodisch erscheinenden Mediums verwendet wird, kann die Auskunft verweigern, einschränken oder aufschieben, soweit:
 a. die Personendaten Aufschluss über die Informationsquellen geben;
 b. Einblick in Entwürfe für Publikationen gegeben werden müsste;
 c. die freie Meinungsbildung des Publikums gefährdet würde.

² Medienschaffende können die Auskunft zudem verweigern, einschränken oder aufschieben, wenn ihnen eine Datensammlung ausschliesslich als persönliches Arbeitsinstrument dient.

11. *Register der Datensammlungen.* ¹ Der Eidgenössische Datenschutz- und Öffentlichkeitsbeauftragte führt ein Register der Datensammlungen. Jede Person kann das Register einsehen.

² Bundesorgane müssen sämtliche Datensammlungen beim Eidgenössischen Datenschutz- und Öffentlichkeitsbeauftragten zur Registrierung anmelden.

³ Private Personen, die regelmässig besonders schützenswerte Personendaten oder Persönlichkeitsprofile bearbeiten oder Personendaten an Dritte bekanntgeben, müssen Sammlungen anmelden, wenn:
 a. für das Bearbeiten keine gesetzliche Pflicht besteht und
 b. die betroffenen Personen davon keine Kenntnis haben.

⁴ Die Datensammlungen müssen angemeldet werden, bevor sie eröffnet werden.

⁵ Der Bundesrat regelt die Anmeldung der Datensammlungen sowie die Führung und die Veröffentlichung des Registers[1]). Er kann für bestimmte Arten von Datensammlungen Ausnahmen von der Meldepflicht oder der

Registrierung vorsehen, wenn das Bearbeiten die Persönlichkeit der betroffenen Personen nicht gefährdet.

---

[1]) Siehe dazu die VDSG, Anhang XI B zum ZGB.

3. Abschnitt

Bearbeiten von Personendaten durch private Personen

12. *Persönlichkeitsverletzungen.* [1] Wer Personendaten bearbeitet, darf dabei die Persönlichkeit der betroffenen Personen nicht widerrechtlich verletzen.

[2] Er darf insbesondere nicht ohne Rechtfertigungsgrund:
a. Personendaten entgegen den Grundsätzen von Artikel 4, 5 Absatz 1, 6 Absatz 1 und 7 Absatz 1 bearbeiten;
b. Daten einer Person gegen deren ausdrücklichen Willen bearbeiten;
c. besonders schützenswerte Personendaten oder Persönlichkeitsprofile Dritten bekanntgeben.

[3] In der Regel liegt keine Persönlichkeitsverletzung vor, wenn die betroffene Person die Daten allgemein zugänglich gemacht und eine Bearbeitung nicht ausdrücklich untersagt hat.

13. *Rechtfertigungsgründe.* [1] Eine Verletzung der Persönlichkeit ist widerrechtlich, wenn sie nicht durch Einwilligung des Verletzten, durch ein überwiegendes privates oder öffentliches Interesse oder durch Gesetz gerechtfertigt ist.

[2] Ein überwiegendes Interesse der bearbeitenden Person fällt insbesondere in Betracht, wenn diese:
a. in unmittelbarem Zusammenhang mit dem Abschluss oder der Abwicklung eines Vertrags Personendaten über ihren Vertragspartner bearbeitet;
b. mit einer anderen Person in wirtschaftlichem Wettbewerb steht oder treten will und zu diesem Zweck Personendaten bearbeitet, ohne diese Dritten bekanntzugeben;
c. zur Prüfung der Kreditwürdigkeit einer anderen Person weder besonders schützenswerte Personendaten noch Persönlichkeitsprofile bearbeitet und Dritten nur Daten bekanntgibt, die sie für den Abschluss oder die Abwicklung eines Vertrages mit der betroffenen Person benötigen;
d. beruflich Personendaten ausschliesslich für die Veröffentlichung im redaktionellen Teil eines periodisch erscheinenden Mediums bearbeitet;
e. Personendaten zu nicht personenbezogenen Zwecken insbesondere in der Forschung, Planung und Statistik bearbeitet und die Ergebnisse so veröffentlicht, dass die betroffenen Personen nicht bestimmbar sind;
f. Daten über eine Person des öffentlichen Lebens sammelt, sofern sich die Daten auf das Wirken dieser Person in der Öffentlichkeit beziehen.

14. *Datenbearbeitung durch Dritte.* [1] Das Bearbeiten von Personendaten kann einem Dritten übertragen werden, wenn:
  a. der Auftraggeber dafür sorgt, dass die Daten nur so bearbeitet werden, wie er es selbst tun dürfte und
  b. keine gesetzliche oder vertragliche Geheimhaltungspflicht es verbietet.

[2] Der Dritte kann dieselben Rechtfertigungsgründe geltend machen wie der Auftraggeber.

15. *Rechtsansprüche und Verfahren.* [1] Für Klagen und vorsorgliche Massnahmen zum Schutz der Persönlichkeit gelten die Artikel 28–28l des Zivilgesetzbuches. Der Kläger kann insbesondere verlangen, dass die Personendaten berichtigt oder vernichtet werden oder dass ihre Bekanntgabe an Dritte gesperrt wird.

[2] Kann weder die Richtigkeit noch die Unrichtigkeit von Personendaten dargetan werden, so kann der Kläger verlangen, dass bei den Daten ein entsprechender Vermerk angebracht wird.

[3] Er kann verlangen, dass die Berichtigung, Vernichtung, Sperre, der Vermerk über die Bestreitung oder das Urteil Dritten mitgeteilt oder veröffentlicht wird.

[4] Über Klagen zur Durchsetzung des Auskunftsrechts entscheidet der Richter in einem einfachen und raschen Verfahren.[1])

Gerichtsstand: GestG 12 lit. d.

---

[1]) Fassung gemäss Ziff. 13 des Anhangs zum GestG (Anhang I B zum ZGB), i.K. 1. Januar 2001.

4. Abschnitt

Bearbeiten von Personendaten durch Bundesorgane

16. *Verantwortliches Organ.* [1] Für den Datenschutz ist das Bundesorgan verantwortlich, das die Personendaten in Erfüllung seiner Aufgaben bearbeitet oder bearbeiten lässt.

[2] Bearbeiten Bundesorgane Personendaten zusammen mit anderen Bundesorganen, mit kantonalen Organen oder mit Privaten, so kann der Bundesrat die Verantwortung für den Datenschutz besonders regeln.[1])

---

[1]) Siehe dazu die VDSG, Anhang XI B zum ZGB.

17. *Rechtsgrundlagen.* [1] Organe des Bundes dürfen Personendaten bearbeiten, wenn dafür eine gesetzliche Grundlage besteht.

[2] Besonders schützenswerte Personendaten sowie Persönlichkeitsprofile dürfen sie nur bearbeiten, wenn ein formelles Gesetz es ausdrücklich vorsieht oder wenn ausnahmsweise:

a. es für eine in einem formellen Gesetz klar umschriebene Aufgabe unentbehrlich ist;
b. der Bundesrat es bewilligt, weil die Rechte der betroffenen Personen nicht gefährdet sind oder
c. die betroffene Person im Einzelfall eingewilligt oder ihre Daten allgemein zugänglich gemacht hat.

18. *Beschaffen von Personendaten.* [1] Bei systematischen Erhebungen, namentlich mit Fragebogen, gibt das Bundesorgan den Zweck und die Rechtsgrundlage des Bearbeitens, die Kategorien der an der Datensammlung Beteiligten und der Datenempfänger bekannt.

[2] Das Beschaffen von besonders schützenswerten Personendaten sowie von Persönlichkeitsprofilen muss für die betroffenen Personen erkennbar sein.

19. *Bekanntgabe von Personendaten.* [1] Bundesorgane dürfen Personendaten bekanntgeben, wenn dafür Rechtsgrundlagen im Sinne von Artikel 17 bestehen oder wenn:
a. die Daten für den Empfänger im Einzelfall zur Erfüllung seiner gesetzlichen Aufgabe unentbehrlich sind;
b. die betroffene Person im Einzelfall eingewilligt hat oder die Einwilligung nach den Umständen vorausgesetzt werden darf;
c. die betroffene Person ihre Daten allgemein zugänglich gemacht hat oder
d. der Empfänger glaubhaft macht, dass die betroffene Person die Einwilligung verweigert oder die Bekanntgabe sperrt, um ihm die Durchsetzung von Rechtsansprüchen oder die Wahrnehmung anderer schutzwürdiger Interessen zu verwehren; der betroffenen Person ist vorher wenn möglich Gelegenheit zur Stellungnahme zu geben.

[1bis] Bundesorgane dürfen im Rahmen der behördlichen Information der Öffentlichkeit von Amtes wegen oder gestützt auf das Öffentlichkeitsgesetz vom 17. Dezember 2004[1]) auch Personendaten bekanntgeben, wenn:
a. die betreffenden Personendaten im Zusammenhang mit der Erfüllung öffentlicher Aufgaben stehen; und
b. an deren Bekanntgabe ein überwiegendes öffentliches Interesse besteht.[2])

[2] Bundesorgane dürfen auf Anfrage Name, Vorname, Adresse und Geburtsdatum einer Person auch bekanngeben, wenn die Voraussetzungen von Absatz 1 nicht erfüllt sind.

[3] Bundesorgane dürfen Personendaten durch ein Abrufverfahren zugänglich machen, wenn dies ausdrücklich vorgesehen ist. Besonders schützenswerte Personendaten sowie Persönlichkeitsprofile dürfen nur durch ein Abrufverfahren zugänglich gemacht werden, wenn ein formelles Gesetz es ausdrücklich vorsieht.

[3bis] Bundesorgane dürfen Personendaten mittels automatisierter Informations- und Kommunikationsdienste jedermann zugänglich machen, wenn eine Rechtsgrundlage die Veröffentlichung dieser Daten vorsieht

oder wenn sie gestützt auf Absatz 1bis Informationen der Öffentlichkeit zugänglich machen. Besteht das öffentliche Interesse an der Zugänglichmachung nicht mehr, so sind die betreffenden Daten wieder aus dem automatisierten Informations- und Kommunikationsdienst zu entfernen.[2])

[4] Das Bundesorgan lehnt die Bekanntgabe ab, schränkt sie ein oder verbindet sie mit Auflagen, wenn:
a. wesentliche öffentliche Interessen oder offensichtlich schutzwürdige Interessen einer betroffenen Person es verlangen oder
b. gesetzliche Geheimhaltungspflichten oder besondere Datenschutzvorschriften es verlangen.

---

[1]) SR 152.3.
[2]) Eingefügt gemäss Ziff. 4 des Anhangs zum Öffentlichkeitsgesetz vom 17. Dezember 2004 (AS 2006 S. 2319), i.K. 1. Juli 2006.

20. *Sperrung der Bekanntgabe.* [1] Eine betroffene Person, die ein schutzwürdiges Interesse glaubhaft macht, kann vom verantwortlichen Bundesorgan verlangen, dass es die Bekanntgabe von bestimmten Personendaten sperrt.

[2] Das Bundesorgan verweigert die Sperrung oder hebt sie auf, wenn:
a. eine Rechtspflicht zur Bekanntgabe besteht; oder
b. die Erfüllung seiner Aufgabe sonst gefährdet wäre.

[3] Die Sperrung steht unter dem Vorbehalt von Artikel 19 Absatz 1bis.[1])

---

[1]) Eingefügt gemäss Ziff. 4 des Anhangs zum Öffentlichkeitsgesetz vom 17. Dezember 2004 (AS 2006 S. 2319), i.K. 1. Juli 2006.

21. *Anonymisieren und Vernichten von Personendaten.* Bundesorgane müssen Personendaten, die sie nicht mehr benötigen, anonymisieren oder vernichten, soweit die Daten nicht:
a. Beweis- oder Sicherungszwecken dienen;
b. dem Bundesarchiv abzuliefern sind.

22. *Bearbeiten für Forschung, Planung und Statistik.* [1] Bundesorgane dürfen Personendaten für nicht personenbezogene Zwecke, insbesondere für Forschung, Planung und Statistik bearbeiten, wenn:
a. die Daten anonymisiert werden, sobald es der Zweck des Bearbeitens erlaubt;
b. der Empfänger die Daten nur mit Zustimmung des Bundesorgans weitergibt und
c. die Ergebnisse so veröffentlicht werden, dass die betroffenen Personen nicht bestimmbar sind.

[2] Die Anforderungen der folgenden Bestimmungen müssen nicht erfüllt sein:
a. Artikel 4 Absatz 3 über den Zweck des Bearbeitens;[1])

b. Artikel 17 Absatz 2 über die Rechtsgrundlagen für die Bearbeitung von besonders schützenswerten Personendaten und Persönlichkeitsprofilen;
c. Artikel 19 Absatz 1 über die Bekanntgabe von Personendaten.

[1]) Strichpunkt vom Herausgeber eingefügt.

23. *Privatrechtliche Tätigkeit von Bundesorganen.* [1] Handelt ein Bundesorgan privatrechtlich, so gelten die Bestimmungen für das Bearbeiten von Personendaten durch private Personen.

[2] Die Aufsicht richtet sich nach den Bestimmungen für Bundesorgane.

24. (Aufgehoben gemäss Art. 31 des BG vom 21. März 1997 über Massnahmen zur Wahrung der inneren Sicherheit [AS 1998 S. 1546].)

25. *Ansprüche und Verfahren.* [1] Wer ein schutzwürdiges Interesse hat, kann vom verantwortlichen Bundesorgan verlangen, dass es:
a. das widerrechtliche Bearbeiten von Personendaten unterlässt;
b. die Folgen eines widerrechtlichen Bearbeitens beseitigt;
c. die Widerrechtlichkeit des Bearbeitens feststellt.

[2] Kann weder die Richtigkeit noch die Unrichtigkeit von Personendaten bewiesen werden, so muss das Bundesorgan bei den Daten einen entsprechenden Vermerk anbringen.

[3] Der Gesuchsteller kann insbesondere verlangen, dass das Bundesorgan:
a. Personendaten berichtigt, vernichtet oder die Bekanntgabe an Dritte sperrt;
b. seinen Entscheid, namentlich die Berichtigung, Vernichtung, Sperre oder den Vermerk über die Bestreitung Dritten mitteilt oder veröffentlicht.

[4] Das Verfahren richtet sich nach dem Verwaltungsverfahrensgesetz[1]). Die Ausnahmen von Artikel 2 und 3 des Verwaltungsverfahrensgesetzes gelten nicht.

[5] Die Verfügungen des Bundesorgans können mit Beschwerde bei der Eidgenössischen Datenschutz- und Öffentlichkeitskommission angefochten werden. Deren Entscheid unterliegt der Verwaltungsgerichtsbeschwerde an das Bundesgericht.[2])

[1]) SR 172.021.
[2]) Mit Inkrafttreten des Verwaltungsgerichtsgesetzes (VGG) am 1. Januar 2007 **wird Art. 25 Abs. 5 aufgehoben.**

25bis.[1]) *Verfahren im Falle der Bekanntgabe von amtlichen Dokumenten, die Personendaten enthalten.* Solange ein Verfahren betreffend den Zugang zu amtlichen Dokumenten im Sinne des Öffentlichkeitsgesetzes vom 17. Dezember 2004[2]), welche Personendaten enthalten, im Gange ist, kann die betroffene Person im Rahmen dieses Verfahrens die Rechte geltend machen, die ihr aufgrund von Artikel 25 des vorliegenden Gesetzes bezogen auf diejenigen Dokumente zustehen, die Gegenstand des Zugangsverfahrens sind.

---

[1]) Eingefügt gemäss Ziff. 4 des Anhangs zum Öffentlichkeitsgesetz vom 17. Dezember 2004 (AS 2006 S. 2319), i.K. 1. Juli 2006.
[2]) SR 152.3.

5. Abschnitt

Eidgenössischer Datenschutz- und Öffentlichkeitsbeauftragter

26. *Wahl und Stellung.* [1] Der Eidgenössische Datenschutz- und Öffentlichkeitsbeauftragte (Beauftragte) wird vom Bundesrat gewählt.[1])
[2] Er erfüllt seine Aufgaben unabhängig und ist dem Eidgenössischen Justiz- und Polizeidepartement administrativ zugeordnet.[2])
[3] Er verfügt über ein ständiges Sekretariat.

---

[1]) Fassung gemäss Ziff. 4 des Anhangs zum Öffentlichkeitsgesetz vom 17. Dezember 2004 (AS 2006 S. 2319), i.K. 1. Juli 2006.
[2]) Heute der Bundeskanzlei.

27. *Aufsicht über Bundesorgane.* [1] Der Beauftragte überwacht die Einhaltung dieses Gesetzes und der übrigen Datenschutzvorschriften des Bundes durch die Bundesorgane. Der Bundesrat ist von dieser Aufsicht ausgenommen.
[2] Der Beauftragte klärt von sich aus oder auf Meldung Dritter hin den Sachverhalt näher ab.
[3] Bei der Abklärung kann er Akten herausverlangen, Auskünfte einholen und sich Datenbearbeitungen vorführen lassen. Die Bundesorgane müssen an der Feststellung des Sachverhaltes mitwirken. Das Zeugnisverweigerungsrecht nach Artikel 16 des Verwaltungsverfahrensgesetzes[1]) gilt sinngemäss.
[4] Ergibt die Abklärung, dass Datenschutzvorschriften verletzt werden, so empfiehlt der Beauftragte dem verantwortlichen Bundesorgan, das Bearbeiten zu ändern oder zu unterlassen. Er orientiert das zuständige Departement oder die Bundeskanzlei über seine Empfehlung.
[5] Wird eine Empfehlung nicht befolgt oder abgelehnt, so kann er die Angelegenheit dem Departement oder der Bundeskanzlei zum Entscheid vorlegen. Der Entscheid wird den betroffenen Personen mitgeteilt.

---

[1]) SR 172.021.

28. *Beratung Privater.* Der Beauftragte berät private Personen in Fragen des Datenschutzes.

29. *Abklärungen und Empfehlungen im Privatrechtsbereich.* [1] Der Beauftragte klärt von sich aus oder auf Meldung Dritter hin den Sachverhalt näher ab, wenn:

Anhang XI A
BG über den Datenschutz (DSG)

a. Bearbeitungsmethoden geeignet sind, die Persönlichkeit einer grösseren Anzahl von Personen zu verletzen (Systemfehler);
b. Datensammlungen registriert werden müssen (Art. 11);
c. Bekanntgaben ins Ausland gemeldet werden müssen (Art. 6).

² Er kann dabei Akten herausverlangen, Auskünfte einholen und sich Datenbearbeitungen vorführen lassen. Das Zeugnisverweigerungsrecht nach Artikel 16 des Verwaltungsverfahrensgesetzes[1]) gilt sinngemäss.

³ Der Beauftragte kann aufgrund seiner Abklärungen empfehlen, das Bearbeiten zu ändern oder zu unterlassen.

⁴ Wird eine solche Empfehlung des Beauftragten nicht befolgt oder abgelehnt, so kann er die Angelegenheit der Eidgenössischen Datenschutz- und Öffentlichkeitskommission[2]) zum Entscheid vorlegen.

---

[1]) SR 172.021.
[2]) Mit Inkrafttreten des Verwaltungsgerichtsgesetzes (VGG) am 1. Januar 2007 **wird Art. 29 Abs. 4 geändert;** statt «der Eidgenössischen Datenschutz- und Öffentlichkeitskommission» heisst es dann neu «dem Bundesverwaltungsgericht».

30. *Information.* ¹ Der Beauftragte erstattet dem Bundesrat periodisch und nach Bedarf Bericht. Die periodischen Berichte werden veröffentlicht.

² In Fällen von allgemeinem Interesse kann er die Öffentlichkeit über seine Feststellungen und Empfehlungen informieren. Personendaten, die dem Amtsgeheimnis unterstehen, darf er nur mit Zustimmung der zuständigen Behörde veröffentlichen. Verweigert diese die Zustimmung, so entscheidet der Präsident der Eidgenössischen Datenschutz- und Öffentlichkeitskommission[1]) endgültig.

---

[1]) Mit Inkrafttreten des Verwaltungsgerichtsgesetzes (VGG) am 1. Januar 2007 **wird Art. 30 Abs. 2 dritter Satz geändert;** statt «Präsident der Eidgenössischen Datenschutz- und Öffentlichkeitskommission» heisst es dann neu «Präsident der auf dem Gebiet des Datenschutzes zuständigen Abteilung des Bundesverwaltungsgerichts».

31. *Weitere Aufgaben.* ¹ Der Beauftragte hat insbesondere folgende weitere Aufgaben:
a. Er unterstützt Organe des Bundes und der Kantone in Fragen des Datenschutzes.
b. Er nimmt Stellung zu Vorlagen über Erlasse und Massnahmen des Bundes, die für den Datenschutz erheblich sind.
c. Er arbeitet mit in- und ausländischen Datenschutzbehörden zusammen.
d. Er begutachtet, inwieweit der Datenschutz im Ausland dem schweizerischen gleichwertig ist.
e. Er nimmt die ihm durch das Öffentlichkeitsgesetz vom 17. Dezember 2004[1]) übertragenen Aufgaben wahr.[2])

² Er kann Organe der Bundesverwaltung auch dann beraten, wenn dieses Gesetz nach Artikel 2 Absatz 2 Buchstaben c und d nicht anwendbar

ist. Die Organe der Bundesverwaltung können ihm Einblick in ihre Geschäfte gewähren.

---

1) SR 152.3.
2) Eingefügt gemäss Ziff. 4 des Anhangs zum Öffentlichkeitsgesetz vom 17. Dezember 2004 (AS 2006 S. 2319), i.K. 1. Juli 2006.

32. *Aufgaben im Bereich der medizinischen Forschung.* ¹ Der Beauftragte berät die Sachverständigenkommission für das Berufsgeheimnis in der medizinischen Forschung (Art. 321bis StGB1)).

² Hat die Kommission die Offenbarung des Berufsgeheimnisses bewilligt, so überwacht er die Einhaltung der damit verbundenen Auflagen. Er kann dazu Abklärungen nach Artikel 27 Absatz 3 vornehmen.

³ Der Beauftragte kann Kommissionsentscheide mit Beschwerde bei der Eidgenössischen Datenschutz- und Öffentlichkeitskommission2) anfechten.

⁴ Er wirkt darauf hin, dass die Patienten über ihre Rechte informiert werden.

---

1) SR 311.0.
2) Mit Inkrafttreten des Verwaltungsgerichtsgesetzes (VGG) am 1. Januar 2007 **wird Art. 32 Abs. 3 geändert;** statt «bei der Eidgenössischen Datenschutz- und Öffentlichkeitskommission» heisst es dann neu «beim Bundesverwaltungsgericht».

6. Abschnitt

Eidgenössische Datenschutz- und Öffentlichkeitskommission1)

33.1) ¹ Die Eidgenössische Datenschutz- und Öffentlichkeitskommission ist eine Schieds- und Rekurskommission im Sinne von Artikel 71a–c des Verwaltungsverfahrensgesetzes2). Sie entscheidet über:
a. Empfehlungen des Beauftragten, die ihr vorgelegt werden (Art. 29 Abs. 4);
b. Beschwerden gegen Verfügungen von Bundesorganen in Datenschutzfragen, ausgenommen solche des Bundesrates;
c. Beschwerden gegen Verfügungen der Kommission für das Berufsgeheimnis in der medizinischen Forschung (Art. 321bis StGB3));
d. Beschwerden gegen letztinstanzliche kantonale Entscheide, die sich auf öffentlichrechtliche Vorschriften des Bundes über den Datenschutz stützen.

² Stellt der Beauftragte bei einer Sachverhaltsabklärung nach Artikel 27 Absatz 2 oder nach Artikel 29 Absatz 1 fest, dass den betroffenen Personen ein nicht leicht wiedergutzumachender Nachteil droht, so kann er dem Präsidenten der Datenschutz- und Öffentlichkeitskommission1) vorsorgliche Massnahmen beantragen. Das Verfahren richtet sich sinngemäss nach den Artikeln 79–84 des Bundesgesetzes vom 4. Dezember 1947 über den Bundeszivilprozess4).

---

1) Mit Inkrafttreten des Verwaltungsgerichtsgesetzes (VGG) am 1. Januar 2007 **wird der 6. Abschnitt geändert.** Die Überschrift und Art. 33 Abs. 1 lauten dann neu:

«Rechtsschutz. Art. 33 [1] Der Rechtsschutz richtet sich nach den allgemeinen Bestimmungen über die Bundesrechtspflege.» In Abs. 2 heisst es dann statt «Präsidenten der Datenschutz- und Öffentlichkeitskommission» neu «Präsidenten der auf dem Gebiet des Datenschutzes zuständigen Abteilung des Bundesverwaltungsgerichts».

[2]) SR 172.021.
[3]) SR 311.0.
[4]) SR 273.

7. Abschnitt

Strafbestimmungen

34. *Verletzung der Auskunfts-, Melde- und Mitwirkungspflichten.* [1] Private Personen, die ihre Pflichten nach den Artikeln 8, 9 und 10 verletzen, indem sie vorsätzlich eine falsche oder eine unvollständige Auskunft erteilen, werden auf Antrag mit Haft oder mit Busse bestraft.

[2] Mit Haft oder mit Busse werden private Personen bestraft, die vorsätzlich:
a. Datensammlungen nach Artikel 11 oder Datenbekanntgaben ins Ausland nach Artikel 6 nicht melden oder bei der Meldung falsche Angaben machen;
b. dem Beauftragten bei der Abklärung eines Sachverhaltes (Art. 29) falsche Auskünfte erteilen oder die Mitwirkung verweigern.

35. *Verletzung der beruflichen Schweigepflicht.* [1] Wer vorsätzlich geheime, besonders schützenswerte Personendaten oder Persönlichkeitsprofile unbefugt bekanntgibt, von denen er bei der Ausübung seines Berufes, der die Kenntnis solcher Daten erfordert, erfahren hat, wird auf Antrag mit Haft oder mit Busse bestraft.

[2] Gleich wird bestraft, wer vorsätzlich geheime, besonders schützenswerte Personendaten oder Persönlichkeitsprofile unbefugt bekanntgibt, von denen er bei der Tätigkeit für den Geheimhaltungspflichtigen oder während der Ausbildung bei diesem erfahren hat.

[3] Das unbefugte Bekanntgeben geheimer, besonders schützenswerter Personendaten oder Persönlichkeitsprofile ist auch nach Beendigung der Berufsausübung oder der Ausbildung strafbar.

8. Abschnitt

Schlussbestimmungen

36. *Vollzug.* [1] Der Bundesrat erlässt die Ausführungsbestimmungen.[1])
[2] ...[2])
[3] Er kann für die Auskunftserteilung durch diplomatische und konsularische Vertretungen der Schweiz im Ausland Abweichungen von den Artikeln 8 und 9 vorsehen.

⁴ Er kann ferner bestimmen:
a. welche Datensammlungen ein Bearbeitungsreglement benötigen;
b. unter welchen Voraussetzungen ein Bundesorgan Personendaten durch einen Dritten bearbeiten lassen oder für Dritte bearbeiten darf;
c. wie die Mittel zur Identifikation von Personen verwendet werden dürfen.

⁵ Er kann völkerrechtliche Verträge über den Datenschutz abschliessen, wenn sie den Grundsätzen dieses Gesetzes entsprechen.

⁶ Er regelt, wie Datensammlungen zu sichern sind, deren Daten im Kriegs- oder Krisenfall zu einer Gefährdung von Leib und Leben der betroffenen Personen führen können.

---

¹) Siehe dazu die VDSG, Anhang XI B zum ZGB.
²) Aufgehoben gemäss Art. 25 des Archivierungsgesetzes vom 26. Juni 1998 (AS 1999 S. 2243).

37. *Vollzug durch die Kantone.* ¹ Soweit keine kantonalen Datenschutzvorschriften bestehen, gelten für das Bearbeiten von Personendaten durch kantonale Organe beim Vollzug von Bundesrecht die Artikel 1–11, 16–23 und 25 Absätze 1–3 dieses Gesetzes.

² Die Kantone bestimmen ein Kontrollorgan, welches für die Einhaltung des Datenschutzes sorgt. Die Artikel 27, 30 und 31 sind sinngemäss anwendbar.

38. *Übergangsbestimmungen.* ¹ Die Inhaber von Datensammlungen müssen bestehende Datensammlungen, die nach Artikel 11 zu registrieren sind, spätestens ein Jahr nach Inkrafttreten dieses Gesetzes anmelden.

² Sie müssen innert einem Jahr nach Inkrafttreten dieses Gesetzes die notwendigen Vorkehren treffen, damit sie die Auskünfte nach Artikel 8 erteilen können.

³ Bundesorgane dürfen eine bestehende Datensammlung mit besonders schützenswerten Personendaten oder mit Persönlichkeitsprofilen noch bis am 31. Dezember 2000 benützen, ohne dass die Voraussetzungen von Artikel 17 Absatz 2 erfüllt sind.¹)

⁴ Im Asyl- und Ausländerbereich wird die Frist nach Absatz 3 bis zum Inkrafttreten des totalrevidierten Asylgesetzes sowie der Änderung des Bundesgesetzes vom 26. März 1931²) über Aufenthalt und Niederlassung der Ausländer verlängert.³)

---

¹) Fassung gemäss Ziff. I des BB vom 26. Juni 1998 (AS 1998 S. 1586), i. K. 27. Juni 1998 bis 31. Dezember 2000.
²) SR 142.20.
³) Eingefügt gemäss Ziff. II des BB vom 20. Juni 1997 (AS 1997 S. 2372), i. K. 1. Januar 1998. Die genannten Gesetze sind seit 1. Oktober 1999 in Kraft.

39. *Referendum und Inkrafttreten.* ¹ Dieses Gesetz untersteht dem fakultativen Referendum.

² Der Bundesrat bestimmt das Inkrafttreten.[1])

---

[1]) In Kraft getreten am 1. Juli 1993 (AS 1993 S. 1958).

Änderung von Bundesgesetzen

Mit dem Inkrafttreten des Datenschutzgesetzes am 1. Juli 1993 wurden auch das Bundesrechtspflegegesetz, das Obligationenrecht (Art. 328b und 362 Abs. 1), das IPRG-Gesetz (Art. 130 Abs. 3 und 139 Abs. 3) sowie das StGB geändert. Der Text der Änderungen ist in AS 1993 S. 1962 aufgeführt.

Anhang XI B

Verordnung

zum

Bundesgesetz über den Datenschutz (VDSG) *

(Vom 14. Juni 1993, SR 235.11)

(Gestützt auf die Artikel 6, 7, 8, 11, 16, 24 und 36 des Bundesgesetzes vom 19. Juni 1992 über den Datenschutz [DSG])

1. Kapitel

Bearbeiten von Personendaten durch private Personen

1. Abschnitt

Auskunftsrecht

1. *Modalitäten.* ¹ Jede Person, die vom Inhaber einer Datensammlung Auskunft darüber verlangt, ob Daten über sie bearbeitet werden (Art. 8 DSG), muss dies in der Regel in schriftlicher Form beantragen und sich über ihre Identität ausweisen.

² Der Inhaber der Datensammlung erteilt die Auskunft in der Regel schriftlich, in Form eines Ausdrucks oder einer Fotokopie.

³ Im Einvernehmen mit dem Inhaber der Datensammlung oder auf dessen Vorschlag hin kann die betroffene Person ihre Daten auch an Ort und Stelle einsehen. Die Auskunft kann auch mündlich erteilt werden, wenn die betroffene Person eingewilligt hat und vom Inhaber identifiziert worden ist.

⁴ Die Auskunft oder der begründete Entscheid über die Beschränkung des Auskunftsrechts (Art. 9 und 10 DSG) wird innert 30 Tagen seit dem Eingang des Auskunftsbegehrens erteilt. Kann die Auskunft nicht innert 30 Tagen erteilt werden, so muss der Inhaber der Datensammlung den Gesuchsteller hierüber benachrichtigen und ihm die Frist mitteilen, in der die Auskunft erfolgen wird.

⁵ Werden eine oder mehrere Datensammlungen von mehreren Inhabern gemeinsam geführt, kann das Auskunftsrecht bei jedem Inhaber gel-

---

* Gemäss Ziff. 3 des Anhangs zur V vom 24. Mai 2006 über das Öffentlichkeitsprinzip der Verwaltung (Öffentlichkeitsverordnung, VBGÖ, AS 2006 S. 2331) sind in der VDSG die Ausdrücke «eidgenössischer Datenschutzbeauftragter» durch «eidgenössischer Datenschutz- und Öffentlichkeitsbeauftragter», «Datenschutzbeauftragter» durch «Beauftragter» und «Eidgenössische Datenschutzkommission» durch «Eidgenössische Datenschutz- und Öffentlichkeitskommission» ersetzt worden. Diese Änderung ist im ganzen Erlass berücksichtigt.

Mit Inkrafttreten des BG vom 24. März 2006 über die Änderung des DSG, voraussichtlich im März 2007 (s. Anhang XII zum ZGB, S. 755 ff., 761 ff.), wird auch die VDSG revidiert.

tend gemacht werden, sofern nicht einer von ihnen für die Behandlung aller Auskunftsbegehren verantwortlich ist. Wenn der Inhaber der Datensammlung zur Auskunftserteilung nicht ermächtigt ist, leitet er das Begehren an den Zuständigen weiter.

[6] Werden die verlangten Angaben von einem Dritten im Auftrag einer privaten Person bearbeitet, so leitet diese das Auskunftsbegehren an den Dritten zur Erledigung weiter, sofern sie nicht selber in der Lage ist, Auskunft zu erteilen.

[7] Wird Auskunft über Daten von verstorbenen Personen verlangt, so ist sie zu erteilen, wenn der Gesuchsteller ein Interesse an der Auskunft nachweist und keine überwiegenden Interessen von Angehörigen der verstorbenen Person oder von Dritten entgegenstehen. Nahe Verwandtschaft sowie Ehe mit der verstorbenen Person begründen ein Interesse.

2. *Ausnahmen von der Kostenlosigkeit.* [1] Eine angemessene Beteiligung an den Kosten kann ausnahmsweise verlangt werden, wenn:
a. der antragsstellenden Person in den zwölf Monaten vor dem Gesuch die gewünschten Auskünfte bereits mitgeteilt wurden und kein schutzwürdiges Interesse an einer neuen Auskunftserteilung nachgewiesen werden kann. Ein schutzwürdiges Interesse ist insbesondere gegeben, wenn die Personendaten ohne Mitteilung an die betroffene Person verändert wurden;
b. die Auskunftserteilung mit einem besonders grossen Arbeitsaufwand verbunden ist.

[2] Die Beteiligung beträgt maximal 300 Franken. Der Gesuchsteller ist über die Höhe der Beteiligung vor der Auskunftserteilung in Kenntnis zu setzen und kann sein Gesuch innert zehn Tagen zurückziehen.

2. Abschnitt

Anmeldung der Datensammlungen

3. *Anmeldung.* [1] Datensammlungen (Art. 11 Abs. 3 DSG) sind beim eidgenössischen Datenschutz- und Öffentlichkeitsbeauftragten (Beauftragter) anzumelden, bevor die Datensammlung eröffnet wird. Die Anmeldung enthält folgende Angaben:
a. Name und Adresse des Inhabers der Datensammlung;
b. Name und vollständige Bezeichnung der Datensammlung;
c. Person, bei welcher das Auskunftsrecht geltend gemacht werden kann;
d. Zweck der Datensammlung;
e. Kategorien der bearbeiteten Personendaten;
f. Kategorien der Datenempfänger;
g. Kategorien der an der Datensammlung Beteiligten, das heisst Dritte, die in die Datensammlung Daten eingeben und Änderungen an den Daten vornehmen dürfen.

[2] Jeder Inhaber einer Datensammlung aktualisiert diese Angaben laufend. Der Beauftragte erfasst periodisch die erfolgten Änderungen.

4. *Datensammlungen der Medien.* Datensammlungen sind nicht anzumelden, wenn:
a. sie vom Inhaber ausschliesslich für die Veröffentlichung im redaktionellen Teil eines periodisch erscheinenden Mediums verwendet werden und wenn ihre Daten Dritten nicht bekanntgegeben werden, ohne dass die betroffenen Personen davon Kenntnis haben;
b. sie ausschliesslich als persönliches Arbeitsinstrument des Journalisten verwendet werden.

3. Abschnitt

Bekanntgabe ins Ausland

5. *Meldepflichtige Datensammlungen.* Als meldepflichtige Übermittlung von Datensammlungen ins Ausland (Art. 6 Abs. 2 DSG) gelten namentlich:
a. das Zugänglichmachen von Personendaten durch Abrufverfahren;
b. die Übermittlung einer Datensammlung an einen Dritten, der die Personendaten im Auftrag des Übermittlers bearbeitet.

6. *Anmeldeverfahren.* ¹ Der Inhaber der Datensammlung meldet die Datensammlung vor der Übermittlung schriftlich an. Die Anmeldung enthält folgende Angaben:
a. Name und Adresse der Person, welche die Personendaten bekanntgibt;
b. Name und Adresse des Datenempfängers;
c. Name und vollständige Bezeichnung der Datensammlung;
d. Kategorien der bekanntgegebenen Personendaten;
e. Kreis und ungefähre Anzahl der betroffenen Personen;
f. Zweck der Datenbearbeitung durch den Empfänger;
g. Art und Häufigkeit der Bekanntgabe;
h. Datum der ersten Bekanntgabe.

² Erfolgt die Bekanntgabe der Daten regelmässig, muss die Anmeldung vor der ersten Bekanntgabe erfolgen. Nachträgliche Änderungen, insbesondere des Datenempfängers, der Kategorien der übermittelten Personendaten oder des Zwecks der Bekanntgabe, müssen ebenfalls angemeldet werden.

³ Die Bekanntgabe derselben Datenkategorien für den gleichen Bearbeitungszweck im Rahmen einer Gruppe von Unternehmen oder an verschiedene Empfänger kann Gegenstand einer globalen Anmeldung bilden.

7. *Ausnahme von der Meldepflicht.* ¹ Die Übermittlung von Datensammlungen für nicht personenbezogene Zwecke, insbesondere in der Forschung, Planung und Statistik, ist nicht meldepflichtig, sofern die Form der Veröffentlichung der Resultate eine Identifizierung der betroffenen Personen nicht zulässt.

² Die Übermittlung von Datensammlungen in Staaten, die über eine gleichwertige Datenschutzgesetzgebung verfügen, ist nicht meldepflichtig, es sei denn, die Datensammlungen enthalten besonders schützenswerte Personendaten oder Persönlichkeitsprofile, oder eine Weiterleitung in ein Drittland ohne gleichwertige Gesetzgebung sei vorgesehen.

³ Der Beauftragte erstellt eine Liste der Staaten, die über eine gleichwertige Datenschutzgesetzgebung verfügen, und stellt sie denjenigen zur Verfügung, die Personendaten ins Ausland übermitteln.

4. Abschnitt

Technische und organisatorische Massnahmen

8. *Allgemeine Massnahmen.* ¹ Wer als Privatperson Personendaten bearbeitet oder ein Datenkommunikationsnetz zur Verfügung stellt, sorgt für die Vertraulichkeit, die Verfügbarkeit und die Richtigkeit der Daten, um einen angemessenen Datenschutz zu gewährleisten. Insbesondere schützt er die Systeme gegen folgende Risiken:
a. unbefugte oder zufällige Vernichtung;
b. zufälligen Verlust;
c. technische Fehler;
d. Fälschung, Diebstahl oder widerrechtliche Verwendung;
e. unbefugtes Ändern, Kopieren, Zugreifen oder andere unbefugte Bearbeitungen.

² Die technischen und organisatorischen Massnahmen müssen angemessen sein. Insbesondere tragen sie folgenden Kriterien Rechnung:
a. Zweck der Datenbearbeitung;
b. Art und Umfang der Datenbearbeitung;
c. Einschätzung der möglichen Risiken für die betroffenen Personen;
d. gegenwärtiger Stand der Technik.

³ Diese Massnahmen sind periodisch zu überprüfen.

⁴ Der Beauftragte kann in diesem Bereich Empfehlungen in Form von Handbüchern erlassen.

9. *Besondere Massnahmen.* ¹ Der Inhaber der Datensammlung trifft insbesondere bei der automatisierten Bearbeitung von Personendaten die technischen und organisatorischen Massnahmen, die geeignet sind, namentlich folgenden Zielen gerecht zu werden:
a. Zugangskontrolle: unbefugten Personen ist der Zugang zu den Einrichtungen, in denen Personendaten bearbeitet werden, zu verwehren;
b. Personendatenträgerkontrolle: unbefugten Personen ist das Lesen, Kopieren, Verändern oder Entfernen von Datenträgern zu verunmöglichen;
c. Transportkontrolle: bei der Bekanntgabe von Personendaten sowie beim Transport von Datenträgern ist zu verhindern, dass die Daten unbefugt gelesen, kopiert, verändert oder gelöscht werden können;

d. Bekanntgabekontrolle: Datenempfänger, denen Personendaten mittels Einrichtungen zur Datenübertragung bekanntgegeben werden, müssen identifiziert werden können;
e. Speicherkontrolle: unbefugte Eingabe in den Speicher sowie unbefugte Einsichtnahme, Veränderung oder Löschung gespeicherter Personendaten sind zu verhindern;
f. Benutzerkontrolle: die Benutzung von automatisierten Datenverarbeitungssystemen mittels Einrichtungen zur Datenübertragung durch unbefugte Personen ist zu verhindern;
g. Zugriffskontrolle: der Zugriff der berechtigten Personen ist auf diejenigen Personendaten zu beschränken, die sie für die Erfüllung ihrer Aufgabe benötigen;
h. Eingabekontrolle: in automatisierten Systemen muss nachträglich überprüft werden können, welche Personendaten zu welcher Zeit und von welcher Person eingegeben wurden.

[2] Die Datensammlungen sind so zu gestalten, dass die betroffenen Personen ihr Auskunftsrecht und ihr Recht auf Berichtigung wahrnehmen können.

10. *Protokollierung.* [1] Der Inhaber der Datensammlung protokolliert die automatisierte Bearbeitung von besonders schützenswerten Personendaten oder Persönlichkeitsprofilen, wenn die präventiven Massnahmen den Datenschutz nicht gewährleisten können. Eine Protokollierung hat insbesondere dann zu erfolgen, wenn sonst nicht nachträglich festgestellt werden kann, ob die Daten für diejenigen Zwecke bearbeitet wurden, für die sie erhoben oder bekanntgegeben wurden. Der Beauftragte kann die Protokollierung auch für andere Bearbeitungen empfehlen.

[2] Die Protokolle sind während eines Jahres revisionsgerecht festzuhalten. Sie sind ausschliesslich den Organen oder privaten Personen zugänglich, denen die Überwachung der Datenschutzvorschriften obliegt, und dürfen nur für diesen Zweck verwendet werden.

11. *Bearbeitungsreglement.* Der Inhaber einer meldepflichtigen automatisierten Datensammlung (Art. 11 Abs. 3 DSG) erstellt ein Bearbeitungsreglement, das insbesondere die interne Organisation sowie das Datenbearbeitungs- und Kontrollverfahren umschreibt und die Unterlagen über die Planung, die Realisierung und den Betrieb der Datensammlung und der Informatikmittel enthält.

12. *Bekanntgabe der Daten.* Der Inhaber der Datensammlung meldet dem Datenempfänger die Aktualität und die Zuverlässigkeit der von ihm bekanntgegebenen Personendaten, soweit diese Informationen nicht aus den Daten selbst oder aus den Umständen ersichtlich sind.

2. Kapitel

Bearbeiten von Personendaten durch Bundesorgane

1. Abschnitt

Auskunftsrecht

13. *Modalitäten.* Artikel 1 und 2 sind auf die an Bundesorgane gerichteten Auskunftsbegehren sinngemäss anwendbar.

14. *Auskunftsbegehren an die diplomatischen Vertretungen der Schweiz im Ausland.* ¹ Die Vertretungen der Schweiz im Ausland sowie die Missionen bei den Europäischen Gemeinschaften und bei internationalen Organisationen übermitteln Auskunftsgesuche, die bei ihnen gestellt werden, der zuständigen Stelle im eidgenössischen Departement für auswärtige Angelegenheiten. Das Departement regelt die Zuständigkeiten.¹)

² Im übrigen gelten für die Auskunftsbegehren über die Militärkontrolle im Ausland die Bestimmungen der Verordnung vom 29. Oktober 1986 über das militärische Kontrollwesen²).

---

¹) Fassung gemäss Ziff. 3 des Anhangs 2 zur Öffentlichkeitsverordnung vom 24. Mai 2006 (VBGÖ, SR 152.31), i.K. 1. Juli 2006.
²) Heute: V vom 7. Dezember 1998 über das militärische Kontrollwesen (SR 511.22).

15. (Aufgehoben gemäss Art. 26 Abs. 2 der Archivierungsverordnung vom 8. September 1999 [AS 1999 S. 2424].)

2. Abschnitt

Anmeldung der Datensammlungen

16. *Ordentliche Anmeldung.* ¹ Die verantwortlichen Bundesorgane (Art. 16 DSG) melden alle von ihnen geführten Datensammlungen vor deren Eröffnung beim Beauftragten an. Die Anmeldung enthält folgende Angaben:
a. Name und Adresse des verantwortlichen Bundesorgans;
b. Name und vollständige Bezeichnung der Datensammlung;
c. das Organ, bei dem das Auskunftsrecht geltend gemacht werden kann;
d. Rechtsgrundlage und Zweck der Datensammlung;
e. Kategorien der bearbeiteten Personendaten;
f. Kategorien der Empfänger der Daten;
g. Kategorien der an der Datensammlung Beteiligten, das heisst Dritte, die Daten in eine Datensammlung eingeben und verändern dürfen;
h. Kreis und ungefähre Anzahl der betroffenen Personen.

² Das verantwortliche Bundesorgan aktualisiert diese Angaben laufend und meldet jährlich die eingetretenen Änderungen an.

17. *Vereinfachte Anmeldung und Veröffentlichung.* ¹ Folgende Datensammlungen bilden Gegenstand einer vereinfachten Anmeldung und Veröffentlichung, sofern die Bundesorgane sie ausschliesslich für verwaltungsinterne Zwecke verwenden:
a. Manuelle Korrespondenzregistraturen;
b. Datensammlungen von Lieferanten oder Kunden, soweit sie keine besonders schützenswerten Personendaten oder Persönlichkeitsprofile enthalten;
c. Adressensammlungen, die einzig der Adressierung dienen, soweit sie keine besonders schützenswerten Personendaten oder Persönlichkeitsprofile enthalten;
d. Listen für Entschädigungszahlungen;
e. Buchhaltungsunterlagen;
f. Hilfsdatensammlungen für die Personalverwaltung des Bundes, soweit sie keine besonders schützenswerten Personendaten oder Persönlichkeitsprofile enthalten;
g. Bibliothekdatensammlungen (Autorenkataloge, Ausleiher- und Benutzerverzeichnisse);
h. Datensammlungen, die beim Bundesarchiv hinterlegt sind.

² Die vereinfachte Anmeldung enthält folgende Angaben:
a. Name und Adresse des verantwortlichen Bundesorgans;
b. Name und vollständige Bezeichnung der Datensammlung;
c. das Organ, bei dem das Auskunftsrecht geltend gemacht werden kann.

³ Wenn ein Bundesorgan mehrere Datensammlungen verwaltet, die einer der in Absatz 1 erwähnten Kategorien angehören, bilden diese Datensammlungen Gegenstand einer globalen Anmeldung.

⁴ Der Beauftragte kann auf Ersuchen für andere Datensammlungen die vereinfachte Anmeldung zulassen, wenn diese die Persönlichkeit der betroffenen Personen nicht gefährden.

18. *Ausnahmen von der Veröffentlichung.* ¹ Datensammlungen werden im Register nicht veröffentlicht, wenn sie:
a. für höchstens zwei Jahre verwendet werden;
b. im Bundesarchiv aufbewahrt werden;
c. Hilfsdatensammlungen für die Personalverwaltung sind, soweit die verantwortlichen Bundesorgane die interne Veröffentlichung dieser Datensammlungen gewährleisten;
d. in Form von Jahrbüchern der Öffentlichkeit zugänglich sind.

² Artikel 7 Absätze 3 und 4 der Verordnung vom 14. Juni 1993[1]) über die Bearbeitung von Personendaten im präventiven Staatsschutz sind auf die Datensammlungen für die militärische Sicherheit sinngemäss anwendbar.

---
¹) AS 1993 S. 1979.

Anhang XI B
Verordnung zum BG über den Datenschutz (VDSG)

3. Abschnitt

Bekanntgabe ins Ausland

19. [1] Bundesorgane melden dem Beauftragten die Übermittlung von Datensammlungen und die regelmässige Bekanntgabe von Personendaten ins Ausland, wenn sie nicht ausdrücklich in einer gesetzlichen Bestimmung vorgesehen sind und die betroffenen Personen davon keine Kenntnis haben.

[2] Die schriftliche Anmeldung erfolgt vor der Bekanntgabe. Sie enthält folgende Angaben:
a. Name und Adresse des Organs, das die Personendaten bekanntgibt;
b. Name und Adresse des Datenempfängers;
c. Name und vollständige Bezeichnung der Datensammlung;
d. Kategorien der bekanntgegebenen Personendaten;
e. Kreis und ungefähre Anzahl der betroffenen Personen;
f. Rechtsgrundlage und Zweck der Bearbeitung durch den Empfänger;
g. Art und Häufigkeit der Bekanntgabe;
h. Datum der ersten Bekanntgabe.

[3] Die Bekanntgabe von Daten der gleichen Kategorien an verschiedene Empfänger für den nämlichen Bearbeitungszweck kann Gegenstand einer globalen Anmeldung bilden.

4. Abschnitt

Technische und organisatorische Massnahmen

20.[1]) *Grundsätze.* [1] Die verantwortlichen Bundesorgane treffen die nach den Artikeln 8–10 erforderlichen technischen und organisatorischen Massnahmen zum Schutz der Persönlichkeit und der Grundrechte der Personen, über die Daten bearbeitet werden. Bei der automatisierten Datenbearbeitung arbeiten die Bundesorgane mit dem Informatikstrategieorgan Bund (ISB) zusammen.

[2] Die verantwortlichen Bundesorgane melden dem Beauftragten unverzüglich alle Projekte zur automatisierten Bearbeitung von Personendaten, damit die Erfordernisse des Datenschutzes sogleich berücksichtigt werden. Die Meldung an den Beauftragten erfolgt über das ISB, wenn das Projekt auch bei diesem angemeldet werden muss.

[3] Der Beauftragte und das ISB arbeiten im Rahmen ihrer Aktivitäten betreffend die technischen Massnahmen zusammen. Der Beauftragte holt die Stellungnahme des ISB ein, bevor er solche Massnahmen empfiehlt.

⁴ Im übrigen ist die Bundesinformatikverordnung vom 23. Februar 2000²) anwendbar.

---

¹) Fassung gemäss Ziff. 7 des Anhangs zur V vom 23. Februar 2000 über die Informatik und Telekommunikation in der Bundesverwaltung (Bundesinformatikverordnung, BinfV) (AS 2000 S. 1227), i.K. 1. April 2000. Bei der Revision dieser Bestimmung wurde in der AS irrtümlicherweise die Sachüberschrift nicht aufgeführt (AS 2000 S. 1234).

²) SR 172.010.58; AS 2000 S. 1227.

21. *Bearbeitungsreglement.* ¹ Die verantwortlichen Bundesorgane erstellen ein Bearbeitungsreglement für automatisierte Datensammlungen, die:
a. besonders schützenswerte Daten oder Persönlichkeitsprofile beinhalten;
b. durch mehrere Bundesorgane benutzt werden;
c. Kantonen, ausländischen Behörden, internationalen Organisationen oder privaten Personen zugänglich gemacht werden; oder
d. mit anderen Datensammlungen verknüpft sind.

² Das verantwortliche Bundesorgan legt seine interne Organisation in dem Bearbeitungsreglement fest. Dieses umschreibt insbesondere die Datenbearbeitungs- und Kontrollverfahren und enthält alle Unterlagen über die Planung, Realisierung und den Betrieb der Datensammlung. Das Reglement enthält die für die Meldepflicht erforderlichen Angaben (Art. 16) sowie Angaben über:
a. das für den Datenschutz und die Datensicherheit der Daten verantwortliche Organ;
b. die Herkunft der Daten;
c. die Zwecke, für welche die Daten regelmässig bekanntgegeben werden;
d. die Kontrollverfahren und insbesondere die technischen und organisatorischen Massnahmen nach Artikel 20;
e. die Beschreibung der Datenfelder und die Organisationseinheiten, die darauf Zugriff haben;
f. Art und Umfang des Zugriffs der Benutzer der Datensammlung;
g. die Datenbearbeitungsverfahren, insbesondere die Verfahren bei der Berichtigung, Sperrung, Anonymisierung, Speicherung, Aufbewahrung, Archivierung oder Vernichtung der Daten;
h. die Konfiguration der Informatikmittel;
i. das Verfahren zur Ausübung des Auskunftsrechts.

³ Das Reglement wird regelmässig aktualisiert. Es wird den zuständigen Kontrollorganen in einer für diese verständlichen Form zur Verfügung gestellt.

22. *Datenbearbeitung im Auftrag.* ¹ Ein Bundesorgan kann Personendaten durch einen Dritten bearbeiten lassen, wenn der Datenschutz gewährleistet ist.

² Das Bundesorgan, das Personendaten durch Dritte bearbeiten lässt, bleibt für den Datenschutz verantwortlich. Es sorgt dafür, dass die Daten auftragsgemäss bearbeitet werden, insbesondere was deren Verwendung und Bekanntgabe betrifft.

³ Untersteht der Dritte dem DSG nicht, vergewissert sich das verantwortliche Organ, dass andere gesetzliche Bestimmungen einen gleichwertigen Datenschutz gewährleisten, andernfalls stellt es diesen auf vertraglichem Wege sicher.

23. *Berater für den Datenschutz.* Die Bundeskanzlei und die Departemente bezeichnen jeweils mindestens einen Berater für den Datenschutz. Dieser Berater hat folgende Aufgaben:
a. Unterstützung der verantwortlichen Organe und Benützer;
b. Förderung der Information und der Ausbildung der Mitarbeiter;
c. Mitwirkung beim Vollzug der Datenschutzvorschriften.

5. Abschnitt

Besondere Bestimmungen

24. *Beschaffung von Personendaten.* ¹ Ist die befragte Person gesetzlich zur Erteilung einer Auskunft verpflichtet, muss sie von dem Bundesorgan, das die Personendaten erhebt, auf die Folgen der Auskunftsverweigerung oder einer falschen Antwort hingewiesen werden.

² Ist die befragte Person nicht zur Auskunftserteilung verpflichtet, muss sie vom Bundesorgan, das die Personendaten systematisch mittels Fragebogen erhebt, auf die Freiwilligkeit der Auskunftserteilung hingewiesen werden.

25. *Persönliche Identifikationsnummer.* ¹ Das Bundesorgan, welches für die Verwaltung seiner Datensammlung eine persönliche Identifikationsnummer einführt, schafft eine nichtsprechende Nummer, die im eigenen Aufgabenbereich verwendet wird. Eine nichtsprechende Nummer ist jede eindeutige oder umkehrbar eindeutige Summe von Zeichen, die jeder Person, die in einer Datensammlung registriert ist, zugeteilt wird, und aus der keine Rückschlüsse auf die Person gezogen werden können.

² Die Verwendung der persönlichen Identifikationsnummer durch andere Organe des Bundes oder der Kantone sowie durch private Personen muss vom betroffenen Bundesorgan genehmigt werden.

³ Die Genehmigung kann erteilt werden, wenn ein enger Zusammenhang zwischen der vorgesehenen und derjenigen Datenbearbeitung besteht, für welche die persönliche Identifikationsnummer geschaffen wurde.

⁴ Im übrigen wird die Verwendung der AHV-Nummer von der AHV-Gesetzgebung geregelt.

26. *Bekanntgabe der Daten.* Das verantwortliche Bundesorgan meldet dem Datenempfänger die Aktualität und die Zuverlässigkeit der von ihm bekanntgegebenen Personendaten, soweit diese Informationen nicht aus den Daten selbst oder aus den Umständen ersichtlich sind.

27.[1]) *Angebot an das Bundesarchiv.* [1] Die Bundesorgane bieten nach dem Bundesgesetz vom 26. Juni 1998[2]) über die Archivierung alle Personendaten, die sie nicht mehr ständig benötigen, dem Schweizerischen Bundesarchiv zur Übernahme an, soweit sie nicht selbst für deren Archivierung zuständig sind.

[2] Die Bundesorgane vernichten die Personendaten, die vom Schweizerischen Bundesarchiv als nicht archivwürdig bezeichnet wurden, ausser wenn sie:
a. anonymisiert sind;
b. zu Beweis- oder Sicherungszwecken erhalten bleiben müssen.

---

[1]) Fassung gemäss Art. 27 Ziff. 2 der Archivierungsverordnung vom 8. September 1999 (AS 1999 S. 2424).
[2]) SR 152.1.

3. Kapitel

Register der Datensammlungen, eidgenössischer Datenschutz- und Öffentlichkeitsbeauftragter und Eidgenössische Datenschutz- und Öffentlichkeitskommission

1. Abschnitt

Register und Registrierung von Datensammlungen

28. *Register der Datensammlungen.* [1] Das vom Beauftragten geführte Register enthält die Informationen nach den Artikeln 3, 16 und 17.

[2] Das Register ist öffentlich und kann beim Beauftragten kostenlos eingesehen werden.

[3] Eine Liste der registrierten Datensammlungen wird periodisch im Bundesblatt veröffentlicht.

29. *Registrierung von Datensammlungen.* [1] Liegt eine vollständige und formgerechte Anmeldung vor, registriert der Beauftragte die Datensammlung. Bevor die Datensammlung registriert wird, prüft der Beauftragte summarisch die Rechtmässigkeit der Datenbearbeitung.

[2] Wenn die zu registrierende Datensammlung die Vorschriften des Datenschutzes verletzt, empfiehlt der Beauftragte, die vorgesehene Datenbearbeitung zu ändern, einzustellen oder zu unterlassen. Er schiebt die Registrierung auf, bis die Rechtslage geklärt ist.

[3] Wenn der Inhaber seine Datensammlung nicht oder nur unvollständig anmeldet, setzt ihm der Beauftragte eine Frist, um seinen Verpflichtungen nachzukommen. Nach Ablauf der Frist kann er gestützt auf die Angaben, die ihm zur Verfügung stehen, von Amtes wegen die Datensammlung registrieren oder die Einstellung der Bearbeitung empfehlen.

Anhang XI B
Verordnung zum BG über den Datenschutz (VDSG)

2. Abschnitt

Eidgenössischer Datenschutz- und Öffentlichkeitsbeauftragter

30. *Sitz und Rechtsstellung.* [1] Sitz und Sekretariat des Beauftragten befinden sich in Bern.

[2] Das Dienstverhältnis des Sekretariats des Beauftragten bestimmt sich nach dem Beamtengesetz[1]) sowie nach dessen Vollzugsbestimmungen.

---

[1]) Das Beamtengesetz wurde aufgehoben und ersetzt durch das Bundespersonalgesetz (BPG) vom 24. März 2000 (SR 172.220.1).

31. *Beziehungen zu anderen Behörden und privaten Personen.* [1] Der Beauftragte verkehrt mit dem Bundesrat über den Vorsteher des Eidgenössischen Justiz- und Polizeidepartements. Dieser übermittelt dem Bundesrat alle Empfehlungen und Berichte des Beauftragten, selbst wenn er diesen nicht zustimmen kann.

[2] Der Beauftragte verkehrt direkt mit den anderen Verwaltungseinheiten, mit dem Bundesgericht, dem Eidgenössischen Versicherungsgericht, den Schieds- und Rekurskommissionen, den ausländischen Datenschutzbehörden und mit allen anderen Behörden und privaten Personen, die der Datenschutzgesetzgebung des Bundes oder der Gesetzgebung über das Öffentlichkeitsprinzip der Verwaltung unterstehen.[1])

---

[1]) Fassung gemäss Ziff. 3 des Anhangs 2 zur Öffentlichkeitsverordnung vom 24. Mai 2006 (VBGÖ, SR 152.31), i. K. 1. Juli 2006.

32. *Dokumentation.* [1] Die Bundesämter legen dem Beauftragten alle Rechtssetzungsentwürfe vor, welche die Bearbeitung von Personendaten, den Datenschutz sowie den Zugang zu amtlichen Dokumenten betreffen. Im Bereich des Datenschutzes teilen ihm die Departemente und die Bundeskanzlei ihre Entscheide in anonymisierter Form sowie ihre Richtlinien mit.[1])

[2] Der Beauftragte muss über eine für seine Tätigkeit ausreichende Dokumentation verfügen. Er betreibt ein unabhängiges Informationssystem für die Dokumentation, die Aktenregistratur und das Register der Datensammlungen.

[3] Die Eidgenössische Datenschutz- und Öffentlichkeitskommission hat Zugriff auf die wissenschaftliche Dokumentation des Beauftragten.

---

[1]) Fassung gemäss Ziff. 3 des Anhangs 2 zur Öffentlichkeitsverordnung vom 24. Mai 2006 (VBGÖ, SR 152.31), i. K. 1. Juli 2006.

33. *Gebühren.* [1] Für die Gutachten (Art. 28 DSG) des Beauftragten wird eine Gebühr erhoben. Die Bestimmungen der Verordnung vom 30. Oktober 1985[1]) über Gebühren für Dienstleistungen des Bundesamtes für Justiz sind anwendbar.

² Gegenüber Verwaltungseinheiten des Bundes, der Behörden und der Kantone wird keine Gebühr erhoben.

---
¹) SR 172.041.14.

34. *Prüfung der Datenbearbeitung von Personendaten.* ¹ Für die Abklärung des Sachverhalts nach den Artikeln 27 und 29 DSG, insbesondere bei der Prüfung der Rechtmässigkeit der Datenbearbeitung, kann der Beauftragte vom Inhaber der Datensammlung insbesondere folgende Auskünfte verlangen:
  a. technische und organisatorische Massnahmen (Art. 8–10, 20), die getroffen wurden oder geplant sind;
  b. die Regelungen betreffend Berichtigung, Sperrung, Anonymisierung, Speicherung, Aufbewahrung und Vernichtung von Personendaten;
  c. die Konfiguration der Informatikmittel;
  d. die Verknüpfungen mit anderen Datensammlungen;
  e. die Art der Bekanntgabe der Daten;
  f. die Beschreibung der Datenfelder und die Organisationseinheiten, die darauf Zugriff haben;
  g. Art und Umfang des Zugriffs der Benutzer auf die Daten der Datensammlung.

² Bei Bekanntgaben ins Ausland kann der Beauftragte zusätzliche Angaben verlangen, insbesondere über die Bearbeitungsmöglichkeiten des Datenempfängers oder über die zum Datenschutz getroffenen Massnahmen.

3. Abschnitt

Eidgenössische Datenschutz- und Öffentlichkeitskommission

35. ¹ Die Kommission kann verlangen, dass ihr Datenbearbeitungen vorgelegt werden.
² Sie gibt dem Beauftragten ihre Entscheide bekannt.
³ Im übrigen ist die Verordnung vom 3. Februar 1993¹) über Organisation und Verfahren eidgenössischer Rekurs- und Schiedskommissionen anwendbar.

---
¹) SR 173.31.

4. Kapitel

Schlussbestimmungen

36. *Änderung des bisherigen Rechts.*
...[1]

---

[1]) Mit dem Inkrafttreten dieser Verordnung am 1. Juli 1993 wurden zahlreiche weitere Verordnungen geändert. Die betroffenen Verordnungen mit den einschlägigen Textstellen sind in AS 1993 S. 1962 aufgeführt.

37. *Übergangsbestimmungen.* [1] Die Datensammlungen, die bei Inkrafttreten des Datenschutzgesetzes und dieser Verordnung in Bearbeitung stehen, sind beim Beauftragten bis zum 30. Juni 1994 anzumelden.

[2] Die technischen und organisatorischen Massnahmen (Artikel 8–11, 20 und 21) sind innerhalb von fünf Jahren nach Inkrafttreten der vorliegenden Verordnung für sämtliche automatisierten Bearbeitungen und Datensammlungen zu verwirklichen.

38. *Inkrafttreten.* Diese Verordnung tritt am 1. Juli 1993 in Kraft.

Anhang XII

Bevorstehende Gesetzesänderungen

Die Gesetzgebung befindet sich in einem Prozess der dauernden Fortentwicklung, von der auch die in der vorliegenden Textausgabe (Teilband ZGB) publizierten Texte betroffen werden (vgl. S. XXXIV). Nachfolgend sind die wichtigsten Gesetzesänderungen aufgeführt, die der Gesetzgeber bereits beschlossen hat und deren Inkrafttreten bevorsteht, da die Referendumsfrist abgelaufen ist.

A. Bundesgesetz vom 18. Juni 2004 über die eingetragene Partnerschaft gleichgeschlechtlicher Paare (PartG)

Inkrafttreten am 1. Januar 2007 (AS 2005 S. 5685)

Das Partnerschaftsgesetz ist zusammen mit den für den ersten Teilband der Textausgabe (Teilband ZGB) bedeutsamen Änderungen bisherigen Rechts als Anhang IV E zum ZGB abgedruckt. Die massgeblichen Änderungen wurden an den einschlägigen Stellen der Textausgabe bereits im Wortlaut vorgemerkt.

B. Bundesgesetz vom 17. Juni 2005 über das Bundesgericht (Bundesgerichtsgesetz, BGG)

Inkrafttreten am 1. Januar 2007 (AS 2006 S. 1205)

Die im Zusammenhang mit dieser Textausgabe (ZGB/OR) einschlägigen Änderungen bisherigen Rechts sind in der Textausgabe bereits im Wortlaut vorgemerkt. Sie betreffen die folgenden Bestimmungen:

a. Bundesgesetz vom 18. Dezember 1987 über das Internationale Privatrecht (IPRG, Anhang I A zum ZGB)

Art. 191.

b. Gleichstellungsgesetz vom 24. März 1995 (GlG, Anhang VI D zum OR)

Art. 12 Abs. 2, Art. 13 Abs. 4 und 5 zweiter Satz.

C. Bundesgesetz vom 17. Juni 2005 über das Bundesverwaltungsgericht (Verwaltungsgerichtsgesetz, VGG)

Inkrafttreten am 1. Januar 2007 (AS 2006 S. 2197)

Die im Zusammenhang mit dieser Textausgabe (ZGB/OR) einschlägigen Änderungen bisherigen Rechts sind in der Textausgabe bereits im Wortlaut vorgemerkt. Sie betreffen die folgenden Bestimmungen:

a. Zivilgesetzbuch

Art. 269c Abs. 4.

b. Fortpflanzungsmedizingesetz vom 18. Dezember 1998 (FMedG, Anhang V E zum ZGB)

Art. 13, Art. 27 Abs. 5.

c. Bundesgesetz vom 16. Dezember 1983 über den Erwerb von Grundstücken durch Personen im Ausland (BewG, Anhang X A zum ZGB)

Art. 21, Art. 22 Abs. 2.

d. Bundesgesetz vom 19. Juni 1992 über den Datenschutz (DSG, Anhang XI A zum ZGB)

Art. 25 Abs. 5, Art. 29 Abs. 4, Art. 30 Abs. 2 dritter Satz, Art. 32 Abs. 3, 6. Abschnitt Art. 33.

e. Kartellgesetz vom 6. Oktober 1995 (KG, Anhang II A1 zum OR)

Art. 31 Abs. 1 zweiter Satz und Abs. 2, Art. 36 Abs. 1 zweiter Satz und Abs. 2, Art. 44, Art. 53 Sachüberschrift und Abs. 2.

f. Preisüberwachungsgesetz vom 20. Dezember 1985 (PüG, Anhang II B zum OR)

Art. 20, Art. 22.

g. Markenschutzgesetz vom 28. August 1992 (MSchG, Anhang II E1 zum OR)

4. Abschnitt (Art. 36), Art. 41 Abs. 1 erster Satz.

h. Designgesetz vom 5. Oktober 2001 (DesG, Anhang II F1 zum OR)

Gliederungstitel vor Art. 32 sowie Art. 32.

i. Strassenverkehrsgesetz vom 19. Dezember 1958 (SVG, Anhang III B1 zum OR)

Art. 2 Abs. 3bis, Art. 3 Abs. 3 zweiter Satz und Abs. 4 dritter und vierter Satz, Art. 24, Art. 89 Abs. 3.

j. Bundesgesetz vom 4. Oktober 1985 über die landwirtschaftliche Pacht (LPG, Anhang V A zum OR)

Art. 51.

k. Arbeitsvermittlungsgesetz vom 6. Oktober 1989 (AVG, Anhang VI B zum OR)

Art. 38 Abs. 2 Bst. b–d und Abs. 3 zweiter Satz.

l. Börsengesetz vom 24. März 1995 (BEHG, Anhang VIII zum OR)

8. Abschnitt (Art. 39).

———

D. Bundesgesetz vom 16. Dezember 2005 über die Änderung des OR (GmbH-Recht sowie Anpassungen im Aktien-, Genossenschafts-, Handelsregister- und Firmenrecht)

Publiziert als Referendumsvorlage in BBl 2005 S. 7289
Inkrafttreten voraussichtlich in der zweiten Hälfte des Jahres 2007

Der Text dieses Bundesgesetzes ist zusammen mit den für die Textausgabe (ZGB und OR) bedeutsamen Änderungen bisherigen Rechts als Anhang XIV zum OR abgedruckt. Einschlägig für den ersten Teilband der Textausgabe (Teilband ZGB) sind folgende Änderungen, auf die in der Textausgabe jeweils hingewiesen wird:

a. Zivilgesetzbuch

Art. 56. Der Sitz der juristischen Personen befindet sich, wenn ihre Statuten es nicht anders bestimmen, an dem Orte, wo ihre Verwaltung geführt wird. — D. Sitz.

Art. 61 Randtitel und Abs. 2.
² Der Verein ist zur Eintragung verpflichtet, wenn er:
1. für seinen Zweck ein nach kaufmännischer Art geführtes Gewerbe betreibt;
2. revisionspflichtig ist.

— II. Eintragung ins Handelsregister.

Art. 69 Randtitel.

— II. Vorstand. 1. Rechte und Pflichten im Allgemeinen.

Art. 69a. Der Vorstand führt Buch über die Einnahmen und Ausgaben sowie über die Vermögenslage des Vereins. Ist der Verein zur Eintragung in das Handelsregister verpflichtet, so finden die Vorschriften des Obligationenrechts über die kaufmännische Buchführung Anwendung. — 2. Buchführung.

Anhang XII
Bevorstehende Gesetzesänderungen

III. Revisionsstelle.

Art. 69b. ¹ Der Verein muss seine Buchführung durch eine Revisionsstelle ordentlich prüfen lassen, wenn zwei der nachstehenden Grössen in zwei aufeinander folgenden Geschäftsjahren überschritten werden:
1. Bilanzsumme von 10 Millionen Franken,
2. Umsatzerlös von 20 Millionen Franken,
3. 50 Vollzeitstellen im Jahresdurchschnitt.

² Der Verein muss seine Buchführung durch eine Revisionsstelle eingeschränkt prüfen lassen, wenn ein Vereinsmitglied, das einer persönlichen Haftung oder einer Nachschusspflicht unterliegt, dies verlangt.

³ Die Vorschriften des Obligationenrechts über die Revisionsstelle bei Aktiengesellschaften sind entsprechend anwendbar.

⁴ In den übrigen Fällen sind die Statuten und die Generalversammlung in der Ordnung der Revision frei.

IV. Mängel in der Organisation.

Art. 69c. ¹ Fehlt dem Verein eines der vorgeschriebenen Organe, so kann ein Mitglied oder ein Gläubiger dem Gericht beantragen, die erforderlichen Massnahmen zu ergreifen.

² Das Gericht kann dem Verein insbesondere eine Frist zur Wiederherstellung des rechtmässigen Zustandes ansetzen und, wenn nötig, einen Sachwalter ernennen.

³ Der Verein trägt die Kosten der Massnahmen. Das Gericht kann den Verein verpflichten, den ernannten Personen einen Vorschuss zu leisten.

⁴ Liegt ein wichtiger Grund vor, so kann der Verein vom Gericht die Abberufung von Personen verlangen, die dieses eingesetzt hat.

B. Organisation.
I. Im Allgemeinen.

Art. 83.[1]) Die Organe der Stiftung und die Art der Verwaltung werden durch die Stiftungsurkunde festgestellt.

---
[1]) Änderung der Fassung gemäss Ziff. I des BG vom 8. Oktober 2004 (AS 2005 S. 4545).

II. Buchführung.

Art. 83a.[1]) ¹ Das oberste Stiftungsorgan führt die Geschäftsbücher der Stiftung nach den Vorschriften des Obligationenrechts über die kaufmännische Buchführung.

² Betreibt die Stiftung für ihren Zweck ein nach kaufmännischer Art geführtes Gewerbe, so sind die Vorschriften des Obligationenrechts über die Rechnungslegung und die Offenlegung der Jahresrechnung für Aktiengesellschaften entsprechend anwendbar.

---
[1]) Änderung der Fassung gemäss Ziff. I des BG vom 8. Oktober 2004 (AS 2005 S. 4545).

Art. 83b.[1]) ¹ Das oberste Stiftungsorgan bezeichnet eine Revisionsstelle.

² Die Aufsichtsbehörde kann eine Stiftung von der Pflicht befreien, eine Revisionsstelle zu bezeichnen. Der Bundesrat legt die Voraussetzungen der Befreiung fest.

³ Soweit für Stiftungen keine besonderen Vorschriften bestehen, sind die Vorschriften des Obligationenrechts über die Revisionsstelle bei Aktiengesellschaften entsprechend anwendbar.

⁴ Ist die Stiftung zu einer eingeschränkten Revision verpflichtet, so kann die Aufsichtsbehörde eine ordentliche Revision verlangen, wenn dies für die zuverlässige Beurteilung der Vermögens- und Ertragslage der Stiftung notwendig ist.

III. Revisionsstelle.
1. Revisionspflicht und anwendbares Recht.

---

[1]) Änderung der Fassung gemäss Ziff. I des BG vom 8. Oktober 2004 (AS 2005 S. 4545).

Art. 83c. Die Revisionsstelle übermittelt der Aufsichtsbehörde eine Kopie des Revisionsberichts sowie aller wichtigen Mitteilungen an die Stiftung.

2. Verhältnis zur Aufsichtsbehörde.

Art. 83d. ¹ Ist die vorgesehene Organisation nicht genügend, fehlt der Stiftung eines der vorgeschriebenen Organe oder ist eines dieser Organe nicht rechtmässig zusammengesetzt, so muss die Aufsichtsbehörde die erforderlichen Massnahmen ergreifen. Sie kann insbesondere:
1. der Stiftung eine Frist ansetzen, binnen deren der rechtmässige Zustand wieder herzustellen ist; oder
2. das fehlende Organ oder einen Sachwalter ernennen.

² Kann eine zweckdienliche Organisation nicht gewährleistet werden, so hat die Aufsichtsbehörde das Vermögen einer anderen Stiftung mit möglichst gleichartigem Zweck zuzuwenden.

³ Die Stiftung trägt die Kosten der Massnahmen. Die Aufsichtsbehörde kann die Stiftung verpflichten, den ernannten Personen einen Vorschuss zu leisten.

⁴ Liegt ein wichtiger Grund vor, so kann die Stiftung von der Aufsichtsbehörde die Abberufung von Personen verlangen, die diese eingesetzt hat.

IV. Mängel in der Organisation.

Art. 84b.[1]) *Aufgehoben.*

---

[1]) Änderung der Fassung gemäss Ziff. I des BG vom 8. Oktober 2004 (AS 2005 S. 4545).

Art. 393 Ziff. 4. Aufgehoben.

II. Vertretung verpfändeter Aktien und Stammanteile von Gesellschaften mit beschränkter Haftung.	*Art. 905 Randtitel und Abs. 2.* ² Verpfändete Stammanteile einer Gesellschaft mit beschränkter Haftung werden in der Gesellschafterversammlung durch die Gesellschafter und nicht durch die Pfandgläubiger vertreten.

Schlusstitel: Anwendungs- und Einführungsbestimmungen

Erster Abschnitt:
Die Anwendung bisherigen und neuen Rechts

III. Juristische Personen. 1. Im Allgemeinen.	*Art. 6b Randtitel.*
2. Buchführung und Revisionsstelle.	*Art. 6c.* Die Bestimmungen der Änderung vom 16. Dezember 2005 betreffend die Buchführung und die Revisionsstelle gelten vom ersten Geschäftsjahr an, das mit dem Inkrafttreten dieses Gesetzes oder danach beginnt.

b. Bundesgesetz vom 18. Dezember 1987 über das Internationale Privatrecht (IPRG, Anhang I A zum ZGB)

Art. 162 Abs. 3. ³ Eine Kapitalgesellschaft hat vor der Eintragung durch den Bericht eines zugelassenen Revisionsexperten im Sinne des Revisionsaufsichtsgesetzes vom 16. Dezember 2005[1]) nachzuweisen, dass ihr Grundkapital nach schweizerischem Recht gedeckt ist.

---

[1]) Publiziert als Referendumsvorlage in BBl 2005 S. 7349.

Art. 164 Abs. 1 und Abs. 2 Bst. b. ¹ Eine im schweizerischen Handelsregister eingetragene Gesellschaft kann nur gelöscht werden, wenn durch einen Bericht eines zugelassenen Revisionsexperten bestätigt wird, dass die Forderungen der Gläubiger im Sinne von Artikel 46 des Fusionsgesetzes vom 3. Oktober 2003 sichergestellt oder erfüllt worden sind oder dass die Gläubiger mit der Löschung einverstanden sind.

² Übernimmt eine ausländische Gesellschaft eine schweizerische, schliesst sie sich mit ihr zu einer neuen ausländischen Gesellschaft zusammen oder spaltet sich eine schweizerische Gesellschaft in ausländische Gesellschaften auf, so muss überdies:
b. ein zugelassener Revisionsexperte bestätigen, dass die ausländische Gesellschaft den anspruchsberechtigten Gesellschaftern der schweizerischen Gesellschaft die Anteils- oder Mitgliedschaftsrechte eingeräumt oder eine allfällige Ausgleichszahlung oder Abfindung ausgerichtet oder sichergestellt hat.

E. Bundesgesetz vom 24. März 2006 über die Änderung des BG über den Datenschutz (DSG)

Publiziert als Referendumsvorlage in BBl 2006 S. 3547
Inkrafttreten voraussichtlich im März 2007

Gemäss Änderungsgesetz vom 24. März 2006 wird das BG vom 19. Juni 1992 über den Datenschutz (DSG, Anhang XI A zum ZGB) wie folgt geändert:

Art. 3 Bst. i, j und k. Die folgenden Ausdrücke bedeuten:
i. *Inhaber der Datensammlung:* private Personen oder Bundesorgane, die über den Zweck und den Inhalt der Datensammlung entscheiden;
j. *Gesetz im formellen Sinn:*
 1. Bundesgesetze,
 2. für die Schweiz verbindliche Beschlüsse internationaler Organisationen und von der Bundesversammlung genehmigte völkerrechtliche Verträge mit rechtsetzendem Inhalt.
k. *Aufgehoben.*

Art. 4 Abs. 1, 4 und 5. [1] Personendaten dürfen nur rechtmässig bearbeitet werden.
[4] Die Beschaffung von Personendaten und insbesondere der Zweck ihrer Bearbeitung müssen für die betroffene Person erkennbar sein.
[5] Ist für die Bearbeitung von Personendaten die Einwilligung der betroffenen Person erforderlich, so ist diese Einwilligung erst gültig, wenn sie nach angemessener Information freiwillig erfolgt. Bei der Bearbeitung von besonders schützenswerten Personendaten oder Persönlichkeitsprofilen muss die Einwilligung zudem ausdrücklich erfolgen.

Art. 5 Abs. 1. [1] *Erster Satz betrifft nur den französischen Text.* … Er hat alle angemessenen Massnahmen zu treffen, damit die Daten berichtigt oder vernichtet werden, die im Hinblick auf den Zweck ihrer Beschaffung oder Bearbeitung unrichtig oder unvollständig sind.

Art. 6. *Grenzüberschreitende Bekanntgabe.* [1] Personendaten dürfen nicht ins Ausland bekannt gegeben werden, wenn dadurch die Persönlichkeit der betroffenen Personen schwerwiegend gefährdet würde, namentlich weil eine Gesetzgebung fehlt, die einen angemessenen Schutz gewährleistet.
[2] Fehlt eine Gesetzgebung, die einen angemessenen Schutz gewährleistet, so können Personendaten ins Ausland nur bekannt gegeben werden, wenn:
a. hinreichende Garantien, insbesondere durch Vertrag, einen angemessenen Schutz im Ausland gewährleisten;
b. die betroffene Person im Einzelfall eingewilligt hat;
c. die Bearbeitung in unmittelbarem Zusammenhang mit dem Abschluss oder der Abwicklung eines Vertrags steht und es sich um Personendaten des Vertragspartners handelt;

Anhang XII
Bevorstehende Gesetzesänderungen

d. die Bekanntgabe im Einzelfall entweder für die Wahrung eines überwiegenden öffentlichen Interesses oder für die Feststellung, Ausübung oder Durchsetzung von Rechtsansprüchen vor Gericht unerlässlich ist;
e. die Bekanntgabe im Einzelfall erforderlich ist, um das Leben oder die körperliche Integrität der betroffenen Person zu schützen;
f. die betroffene Person die Daten allgemein zugänglich gemacht und eine Bearbeitung nicht ausdrücklich untersagt hat;
g. die Bekanntgabe innerhalb derselben juristischen Person oder Gesellschaft oder zwischen juristischen Personen oder Gesellschaften, die einer einheitlichen Leitung unterstehen, stattfindet, sofern die Beteiligten Datenschutzregeln unterstehen, welche einen angemessenen Schutz gewährleisten.

[3] Der Eidgenössische Datenschutz- und Öffentlichkeitsbeauftragte[1]) (Beauftragte, Art. 26) muss über die Garantien nach Absatz 2 Buchstabe a und die Datenschutzregeln nach Absatz 2 Buchstabe g informiert werden. Der Bundesrat regelt die Einzelheiten dieser Informationspflicht.

---

[1]) Bis zum Inkrafttreten des Öffentlichkeitsgesetzes vom 17. Dezember 2004 (SR 152.3; BBl 2004 S. 7269): «Eidgenössische Datenschutzbeauftragte».

Art. 7a. Informationspflicht beim Beschaffen von besonders schützenswerten Personendaten und Persönlichkeitsprofilen. [1] Der Inhaber der Datensammlung ist verpflichtet, die betroffene Person über die Beschaffung von besonders schützenswerten Personendaten oder Persönlichkeitsprofilen zu informieren; diese Informationspflicht gilt auch dann, wenn die Daten bei Dritten beschafft werden.

[2] Der betroffenen Person sind mindestens mitzuteilen:
a. der Inhaber der Datensammlung;
b. der Zweck des Bearbeitens;
c. die Kategorien der Datenempfänger, wenn eine Datenbekanntgabe vorgesehen ist.

[3] Wenn Daten nicht bei der betroffenen Person beschafft werden, hat deren Information spätestens bei Beginn der Speicherung der Daten oder, wenn auf die Speicherung verzichtet wird, mit der ersten Bekanntgabe an Dritte zu erfolgen.

[4] Die Informationspflicht des Inhabers der Datensammlung entfällt, wenn die betroffene Person bereits informiert wurde oder, in Fällen nach Absatz 3, wenn:
a. die Speicherung oder die Bekanntgabe der Daten ausdrücklich durch das Gesetz vorgesehen ist; oder
b. die Information nicht oder nur mit unverhältnismässigem Aufwand möglich ist.

Art. 8 Abs. 2, Einleitungssatz und Bst. a. [2] Der Inhaber der Datensammlung muss der betroffenen Person mitteilen:
a. alle über sie in der Datensammlung vorhandenen Daten einschliesslich der verfügbaren Angaben über die Herkunft der Daten;

Art. 9 Sachüberschrift und Abs. 1–3. Einschränkung der Informationspflicht und des Auskunftsrechts. ¹ Der Inhaber der Datensammlung kann die Information nach Artikel 7a oder die Auskunft nach Artikel 8 verweigern, einschränken oder aufschieben, soweit:
a. ein Gesetz im formellen Sinn dies vorsieht;
b. es wegen überwiegender Interessen Dritter erforderlich ist.

² Ein Bundesorgan kann zudem die Information oder die Auskunft verweigern, einschränken oder aufschieben, soweit:
a. es wegen überwiegender öffentlicher Interessen, insbesondere der inneren oder äusseren Sicherheit der Eidgenossenschaft, erforderlich ist;
b. die Information oder die Auskunft den Zweck einer Strafuntersuchung oder eines andern Untersuchungsverfahrens in Frage stellt.

³ Der private Inhaber einer Datensammlung kann zudem die Information oder die Auskunft verweigern, einschränken oder aufschieben, soweit eigene überwiegende Interessen es erfordern und er die Personendaten nicht Dritten bekannt gibt.

Art. 10a. Datenbearbeitung durch Dritte. ¹ Das Bearbeiten von Personendaten kann durch Vereinbarung oder Gesetz Dritten übertragen werden, wenn:
a. die Daten nur so bearbeitet werden, wie der Auftraggeber selbst es tun dürfte; und
b. keine gesetzliche oder vertragliche Geheimhaltungspflicht es verbietet.

² Der Auftraggeber muss sich insbesondere vergewissern, dass der Dritte die Datensicherheit gewährleistet.

³ Dritte können dieselben Rechtfertigungsgründe geltend machen wie der Auftraggeber.

Art. 11. Zertifizierungsverfahren. ¹ Um den Datenschutz und die Datensicherheit zu verbessern, können die Hersteller von Datenbearbeitungssystemen oder -programmen sowie private Personen oder Bundesorgane, die Personendaten bearbeiten, ihre Systeme, Verfahren und ihre Organisation einer Bewertung durch anerkannte unabhängige Zertifizierungsstellen unterziehen.

² Der Bundesrat erlässt Vorschriften über die Anerkennung von Zertifizierungsverfahren und die Einführung eines Datenschutz-Qualitätszeichens. Er berücksichtigt dabei das internationale Recht und die international anerkannten technischen Normen.

Art. 11a. Register der Datensammlungen. ¹ Der Beauftragte führt ein Register der Datensammlungen, das über Internet zugänglich ist. Jede Person kann das Register einsehen.

² Bundesorgane müssen sämtliche Datensammlungen beim Beauftragten zur Registrierung anmelden.

³ Private Personen müssen Datensammlungen anmelden, wenn:

a. regelmässig besonders schützenswerte Personendaten oder Persönlichkeitsprofile bearbeitet werden; oder
b. regelmässig Personendaten an Dritte bekannt gegeben werden.

[4] Die Datensammlungen müssen angemeldet werden, bevor sie eröffnet werden.

[5] Entgegen den Bestimmungen der Absätze 2 und 3 muss der Inhaber von Datensammlungen seine Sammlungen nicht anmelden, wenn:
a. private Personen Daten aufgrund einer gesetzlichen Verpflichtung bearbeiten;
b. der Bundesrat eine Bearbeitung von der Anmeldepflicht ausgenommen hat, weil sie die Rechte der betroffenen Personen nicht gefährdet;
c. er die Daten ausschliesslich für die Veröffentlichung im redaktionellen Teil eines periodisch erscheinenden Mediums verwendet und keine Daten an Dritte weitergibt, ohne dass die betroffenen Personen davon Kenntnis haben;
d. die Daten durch Journalisten bearbeitet werden, denen die Datensammlung ausschliesslich als persönliches Arbeitsinstrument dient;
e. er einen Datenschutzverantwortlichen bezeichnet hat, der unabhängig die betriebsinterne Einhaltung der Datenschutzvorschriften überwacht und ein Verzeichnis der Datensammlungen führt;
f. er aufgrund eines Zertifizierungsverfahrens nach Artikel 11 ein Datenschutz-Qualitätszeichen erworben hat und das Ergebnis der Bewertung dem Beauftragten mitgeteilt wurde.

[6] Der Bundesrat regelt die Modalitäten der Anmeldung der Datensammlungen, der Führung und der Veröffentlichung des Registers sowie die Stellung und die Aufgaben der Datenschutzverantwortlichen nach Absatz 5 Buchstabe e und die Veröffentlichung eines Verzeichnisses der Inhaber der Datensammlungen, welche nach Absatz 5 Buchstaben e und f der Meldepflicht enthoben sind.

Art. 12 Abs. 2. [2] Er darf insbesondere nicht:
a. Personendaten entgegen den Grundsätzen der Artikel 4, 5 Absatz 1 und 7 Absatz 1 bearbeiten;
b. ohne Rechtfertigungsgrund Daten einer Person gegen deren ausdrücklichen Willen bearbeiten;
c. ohne Rechtfertigungsgrund besonders schützenswerte Personendaten oder Persönlichkeitsprofile Dritten bekanntgeben.

Art. 14. Aufgehoben.

Art. 15 Abs. 1 und 3. [1] Für Klagen und vorsorgliche Massnahmen zum Schutz der Persönlichkeit gelten die Artikel 28 bis 28l des Zivilgesetzbuches. Der Kläger kann insbesondere verlangen, dass die Datenbearbeitung, namentlich die Bekanntgabe an Dritte, gesperrt wird oder die Personendaten berichtigt oder vernichtet werden.

[3] Der Kläger kann verlangen, dass die Berichtigung, die Vernichtung, die Sperre, namentlich die Sperre der Bekanntgabe an Dritte, der Ver-

merk über die Bestreitung oder das Urteil Dritten mitgeteilt oder veröffentlicht wird.

Art. 16. Verantwortliches Organ und Kontrolle.
Abs. 1. Betrifft nur den italienischen Text.
² Bearbeiten Bundesorgane Personendaten zusammen mit anderen Bundesorganen, mit kantonalen Organen oder mit Privaten, so kann der Bundesrat die Kontrolle und Verantwortung für den Datenschutz besonders regeln.

Art. 17 Abs. 2. ² Besonders schützenswerte Personendaten sowie Persönlichkeitsprofile dürfen sie nur bearbeiten, wenn ein Gesetz im formellen Sinn es ausdrücklich vorsieht oder wenn ausnahmsweise:
a. es für eine in einem Gesetz im formellen Sinn klar umschriebene Aufgabe unentbehrlich ist;
b. der Bundesrat es im Einzelfall bewilligt, weil die Rechte der betroffenen Person nicht gefährdet sind; oder
c. die betroffene Person im Einzelfall eingewilligt oder ihre Daten allgemein zugänglich gemacht und eine Bearbeitung nicht ausdrücklich untersagt hat.

Art. 17a. Automatisierte Datenbearbeitung im Rahmen von Pilotversuchen. ¹ Der Bundesrat kann, nachdem er die Stellungnahme des Beauftragten eingeholt hat, vor Inkrafttreten eines Gesetzes im formellen Sinn die automatisierte Bearbeitung von besonders schützenswerten Personendaten oder Persönlichkeitsprofilen bewilligen, wenn:
a. die Aufgaben, die diese Bearbeitung erforderlich machen, in einem Gesetz im formellen Sinn geregelt sind;
b. ausreichende Massnahmen zur Verhinderung von Persönlichkeitsverletzungen getroffen werden;
c. die praktische Umsetzung einer Datenbearbeitung eine Testphase vor dem Inkrafttreten des Gesetzes im formellen Sinn zwingend erfordert.
² Die praktische Umsetzung einer Datenbearbeitung kann eine Testphase dann zwingend erfordern, wenn:
a. die Erfüllung einer Aufgabe technische Neuerungen erfordert, deren Auswirkungen zunächst evaluiert werden müssen;
b. die Erfüllung einer Aufgabe bedeutende organisatorische oder technische Massnahmen erfordert, deren Wirksamkeit zunächst geprüft werden muss, insbesondere bei der Zusammenarbeit zwischen Organen des Bundes und der Kantone; oder
c. sie die Übermittlung von besonders schützenswerten Personendaten oder Persönlichkeitsprofilen an kantonale Behörden mittels eines Abrufverfahrens erfordert.
³ Der Bundesrat regelt die Modalitäten der automatisierten Datenbearbeitung in einer Verordnung.
⁴ Das zuständige Bundesorgan legt dem Bundesrat spätestens innert zwei Jahren nach Inbetriebnahme des Pilotsystems einen Evaluationsbericht vor. Es schlägt darin die Fortführung oder die Einstellung der Bearbeitung vor.

⁵ Die automatisierte Datenbearbeitung muss in jedem Fall abgebrochen werden, wenn innert fünf Jahren nach der Inbetriebnahme des Pilotsystems kein Gesetz im formellen Sinn in Kraft getreten ist, welches die erforderlichen Rechtsgrundlage[1]) umfasst.

---

[1]) So in BBl 2006 S. 3553.

Art. 18 Abs. 2. Aufgehoben.

Art. 19 Abs. 1 Bst. b und c sowie Abs. 3 zweiter Satz. ¹ Bundesorgane dürfen Personendaten nur bekannt geben, wenn dafür eine Rechtsgrundlage im Sinne von Artikel 17 besteht oder wenn:

b. die betroffene Person im Einzelfall eingewilligt hat;
c. die betroffene Person ihre Daten allgemein zugänglich gemacht und eine Bekanntgabe nicht ausdrücklich untersagt hat; oder

³ ... Besonders schützenswerte Personendaten sowie Persönlichkeitsprofile dürfen nur durch ein Abrufverfahren zugänglich gemacht werden, wenn ein Gesetz im formellen Sinn es ausdrücklich vorsieht.

Art. 21. Angebot von Unterlagen an das Bundesarchiv. ¹ In Übereinstimmung mit dem Archivierungsgesetz vom 26. Juni 1998[1]) bieten die Bundesorgane dem Bundesarchiv alle Personendaten an, die sie nicht mehr ständig benötigen.

² Die Bundesorgane vernichten die vom Bundesarchiv als nicht archivwürdig bezeichneten Personendaten, ausser wenn diese:

a. anonymisiert sind;
b. zu Beweis- oder Sicherheitszwecken aufbewahrt werden müssen.

---

[1]) SR 152.1.

Art. 26 Abs. 2 und 3. ² Er erfüllt seine Aufgaben unabhängig und ist der Bundeskanzlei administrativ zugeordnet.

³ Er verfügt über ein ständiges Sekretariat und ein eigenes Budget.

Art. 27 Abs. 5 zweiter Satz und 6. ⁵ ... Der Entscheid wird den betroffenen Personen in Form einer Verfügung mitgeteilt.

⁶ Der Beauftragte ist berechtigt, gegen die Verfügung nach Absatz 5 und gegen den Entscheid der Beschwerdebehörde Beschwerde zu führen.

Art. 29 Abs. 1 Bst. b und c sowie Abs. 4. ¹ Der Beauftragte klärt von sich aus oder auf Meldung Dritter hin den Sachverhalt näher ab, wenn:

b. Datensammlungen registriert werden müssen (Art. 11a);
c. eine Informationspflicht nach Artikel 6 Absatz 3 besteht.

⁴ Wird eine solche Empfehlung des Beauftragten nicht befolgt oder abgelehnt, so kann er die Angelegenheit der Eidgenössischen Daten-

schutzkommission[1]) zum Entscheid vorlegen. Er ist berechtigt, gegen diesen Entscheid Beschwerde zu führen.

---

[1]) Mit Inkrafttreten des Verwaltungsgerichtsgesetzes vom 17. Juni 2005 (AS 2006 S. 2197): «dem Bundesverwaltungsgericht».

Art. 31 Abs. 1 Bst. d–g. [1] Der Beauftragte hat insbesondere folgende weiteren Aufgaben:
  d. Er begutachtet, inwieweit die Datenschutzgesetzgebung im Ausland einen angemessenen Schutz gewährleistet.
  e. Er prüft die ihm nach Artikel 6 Absatz 3 gemeldeten Garantien und Datenschutzregeln.
  f. Er prüft die Zertifizierungsverfahren nach Artikel 11 und kann dazu Empfehlungen nach Artikel 27 Absatz 4 oder 29 Absatz 3 abgeben.
  g. Er nimmt die ihm durch das Öffentlichkeitsgesetz vom 17. Dezember 2004[1]) übertragenen Aufgaben wahr.

---

[1]) SR 152.3; AS 2006 S. 2319.

Art. 34 Abs. 1 sowie Abs. 2 Bst. a. [1] Mit Haft oder Busse werden private Personen auf Antrag bestraft:
  a. die ihre Pflichten nach den Artikeln 7a und 8–10 verletzen, indem sie vorsätzlich eine falsche oder eine unvollständige Auskunft erteilen;
  b. die es vorsätzlich unterlassen:
    1. die betroffene Person nach Artikel 7a Absatz 1 zu informieren, oder
    2. ihr die Angaben nach Artikel 7a Absatz 2 Buchstaben a–c zu liefern.

[2] Mit Haft oder Busse werden private Personen bestraft, die vorsätzlich:
  a. die Information nach Artikel 6 Absatz 3 oder die Meldung nach Artikel 11a unterlassen oder dabei vorsätzlich falsche Angaben machen;

Art. 37 Abs. 1. [1] Soweit keine kantonalen Datenschutzvorschriften bestehen, die einen angemessenen Schutz gewährleisten, gelten für das Bearbeiten von Personendaten durch kantonale Organe beim Vollzug von Bundesrecht die Artikel 1–11a, 16, 17, 18–22 und 25 Absätze 1–3 dieses Gesetzes.

Übergangsbestimmung.
Innert einem Jahr nach Inkrafttreten dieses Gesetzes haben die Inhaber der Datensammlungen die notwendigen Massnahmen zur Information der betroffenen Personen nach Artikel 4 Absatz 4 und Artikel 7a zu ergreifen.

Gesamtregister

Gesamtregister zum ZGB und OR

Das Sachregister ist im wesentlichen ohne Berücksichtigung der Anhänge erstellt. Zahlen ohne nähere Angaben verweisen in gewöhnlichem Druck auf **Artikel des ZGB**, in Fettdruck auf **Artikel des OR**. Römische Ziffern (teilweise mit beigefügten Buchstaben) bezeichnen die allenfalls berücksichtigten entsprechenden Anhänge zum ZGB (gewöhnlicher Druck) oder zum OR (Fettdruck).
Die Terminologie des Gesetzes wurde auch dann verwendet, wenn sie dogmatisch unexakt ist (z.B. Grundpfand statt Grundpfandrecht, Rücktritt statt Kündigung). Die fetten Hauptschlagwörter sind alphabetisch, die ihnen nachfolgenden Stichwörter nach der Systematik des Gesetzes geordnet. Zitiert werden immer die ganzen Artikel, auch wenn einschlägig nur ein einzelner Absatz des Artikels ist.

Abänderung. Des Scheidungsurteils 135, 121, 129, 134, SchlT 7a. Gerichtlicher Anordnungen über Kindeszuteilung und Kindesschutz 315b. Gesetzlicher Eigentumsbeschränkungen 680. Eines gesetzlichen Vorkaufsrechtes 681b. Von Grundbucheinträgen 964/5, 975 (Klage), VIII 61 (Voraussetzung), VIII 65 (Vornahme), VIII 66/7 (bei Grundpfandforderungen). *Siehe auch* Änderungen, Umwandlung.
Abänderung von Verträgen mit gesetzlich vorgeschriebener Form **12, 115,** von gesetzlichen Vorschriften durch Vereinbarung **19,** des Urteils über Schadenersatz bei Körperverletzung **46,** von Verjährungsfristen **129,** von Kündigungsfristen beim Arbeitsverhältnis **335c, 335b,** von Gesamtarbeitsverträgen **356c,** von Normalarbeitsverträgen **359a,** der Vollmacht des Anleihensvertreters **1162, 1180,** der Zins- und Rückzahlungsbedingungen bei Gläubigergemeinschaft **1170.** Nachträgliche Abänderung der Bürgschaft **493/4.** *Siehe auch* abweichende Vereinbarung, Änderung, Unabänderlichkeit, Vertragsanpassung.

Abberufung. Der Vereinsorgane 65. Des Verwalters bei Stockwerkeigentum 712r. Des Verwaltungsrates der AG **705, 762.** Der Revisionsstelle der AG **705, 727e, f, 762.** Der Verwaltung und Kontrollstelle bei der Genossenschaft **890, 926.** Der Geschäftsführer bei der GmbH **810, 814.** Der Liquidatoren: bei der Kollektivgesellschaft **583,** bei der AG **741,** bei der GmbH **823.** Der Ausschüsse, Delegierten, Direktoren: bei der AG **726,** bei der Genossenschaft **905.** *Siehe auch* Entzug.

Abfindung. Anstelle einer Rente bei Scheidung 126. Des Kindes für den Unterhaltsanspruch 288, 320. Eines Gemeinders 344/6. Des Stockwerkeigentümers 712f. Des ausscheidenden Kollektivgesellschafters **576/80,** Kommanditgesellschafters **619,** Gesellschafters der GmbH **794, 822,** Genossenschafters **864/5, 913.** *Siehe auch* Abgangsentschädigung, Auslösungssumme, Erbauskauf.

Abgaben bei der Nutzniessung 765, bei der Miete **256b, 257b,** bei der Pacht **280.** *Siehe auch* Aufwendungsersatz.

Abgangsentschädigung beim Arbeitsvertrag. Voraussetzungen **339b.** Höhe und Fälligkeit **339c.** Ersatzleistungen **339d.**

Abgraben von Quellen 706/7. *Siehe auch* Grabungen.

Abgrenzung des Grundeigentums. Verhältnis zu den Grundbuchplänen 668. Miteigentum der Nachbarn 670. Kosten 697. *Siehe auch* Abgrenzungspflicht, Grenze.

Abgrenzungspflicht 669. Vorbehalt des öffentlichen Rechts 702.

Abhandenkommen. Des Pfandtitels 870. Von Sachen 934/5. Des Schuldscheins 90. Des Wechsels **1072/80, 1006.** Des Checks **1112, 1119.** Des Inhaberpapiers **981/9.** *Siehe auch* gestohlene Sachen, Kraftloserklärung.

Abkommen s. Übereinkommen, Vertrag.

Ablehnung. Der Vormundschaft 383, 388/9, 443. Des Erwerbers von Namenaktien s. Vinkulierung.

Ableitung von Quellen 705, 708, 780.

Ablieferungshindernisse beim Frachtvertrag **444/6.**

Ablösung von Nutzniessung und Renten durch die Erben 530, einer Dienstbarkeit für einzelne Pflanzen und Anlagen von Pflanzen 678, der Grunddienstbarkeit 736, der Grundlasten 787/9, 786, der Grundpfandverschreibung 827, 828/30, der Gült 850/2.

Abmahnung. Des Mieters zur pflichtgemässen Sorgfalt **257f,** des Pächters **285.** Des Bestellers **365, 369, 376.** *Siehe auch* Anzeigepflicht, Mahnung.

Abrechnung. Über das Kindesvermögen 326. Des Vormundes 451/2, 425, 413. Beim Arbeitsvertrag **322c, 323b, 327c.** Beim Heimarbeitsvertrag **353a.** Des Absatzes beim Verlagsvertrag **389.** Beim Agenturvertrag **418k, 418t.**

Abrechnungsstelle im Wechsel- und Checkrecht **1028, 1118, 1124, 1127, 1128.**

Abschlagszahlung. Unterbrechung der Verjährung 135. Bei der Bürgschaft **504, 507.** *Siehe auch* Teilzahlung.

Abschlussagent 418b.

Abschluss der Erbteilung. Durch Teilungsvertrag oder Entgegennahme der Lose 634. Vertrag über angefallene Erbteile 635. Verträge vor dem Erbgang 636. Haftung der Miterben: unter sich 637, gegenüber Dritten 639/40. Anfechtung 638. *Siehe auch* Erbteilung.

Abschlussprovision s. Provision.

Abschreibungen bei der AG **664, 665, 669, 671.** *Siehe auch* Amortisation.

Abschrift s. Auszug.

Absender 440, s. Frachtvertrag.

Absicht, rechtswidrige. Wegbedingung der Haftung **100, 192, 199.** Keine Rückforderung aus ungerechtfertigter Bereicherung 66. Einstehen dafür: beim Entwehrungsprozess **193;** bei der Schenkung **248;** bei vorbehaltloser Annahme des Frachtgutes **452;** bei der Bürgschaft **503;** bei der Schadenzufügung 46 (Zivilstandswesen), 426 (Vormundschaft), 429a (fürsorgerische Freiheitsentziehung), 706 (Abgraben von Quellen), **41** (unerlaubte Handlung), **321e, 323b** (Arbeitsvertrag), **752/5** (Haftung bei der AG), **916/7** (Organe der Genossenschaft), **942** (Handelsregistereintrag), **1156** (Anleihensobligationen). *Siehe auch* absichtliche Täuschung, Haftung, Schadenersatzpflicht, (grobe) Fahrlässigkeit, böser Glaube.

Normale Zahlen = ZGB; fette Zahlen = OR

Absichtliche Täuschung 28 (Grundnorm), **31**. Bei der Eheschliessung 107. Im Gewährleistungsrecht **198** (Viehhandel), **192, 203, 210** (Kauf), **234** (Zwangsversteigerung), **370** (Werkmängel). Bei Annahme des Frachtgutes **452**. Bei Ausgabe eines Emissionsprospekts **752**. Bei Gründung einer AG **753**. *Siehe auch* Absicht, Arglist, Simulation.

Abstammung s. Kindesverhältnis.

Abstraktes Rechtsgeschäft 17, 1007.

Abtrennung. Von Bestandteilen einer Sache 642, 727, **187**. Natürlicher Früchte 643. Von Zugehör 644. Des Baumaterials vom Boden 471/3. Kleiner Teile von der Pfandsache 811. *Siehe auch* Stockwerkeigentum.

Abtretung. Von Vermögen durch den Erblasser 527, 626. Von Erbanteilen 635. Des Wassers bei Quellen oder Brunnen 710, 711. Des Bodens bei Quellen oder Brunnen 712. Von Forderungen in Nutzniessung 775. Gesetzlicher Vorkaufsrechte 681. Vertraglicher Vorkaufs-, Kaufs- und Rückkaufsrechte **216b**. Abtretung von Forderungen **164/74**. Erfordernisse **164/6**. Wirkung: für den Schuldner **167/9**, auf Nebenrechte und Beweismittel **170**, Gewährleistung **171/3, 248**. Vorbehalt besonderer Bestimmungen **174**. Einer simulierten Forderung **18**. Einer Forderung aus Vertretung **32**. Künftiger Lohnforderungen beim Arbeitsvertrag **325 (361)**. Künftiger Vorsorgeleistungen **331b**. Bei der Leibrente **519**. Bei der Verpfründung **529**. Des Anteils eines einfachen Gesellschafters **542**. Eines Anspruches im Konkurs der AG **757**. Eines Gesellschaftsanteiles der GmbH **791, 796**. Der Genossenschaftsanteile **849, 851**. Beim Wechsel **1001, 1053**. Eines Checks **1108**. *Siehe auch* Übergang, Übertragung.

Abtretung zahlungshalber 172.

Abwasser 689.

Abwehr. Von Gefahr und Schaden durch Eingriff ins Grundeigentum eines Dritten 701. Von Schädigungen durch den Stockwerkeigentumsverwalter 712s. Bei Angriffen auf den Besitz 926. Eines Angriffes oder einer andern Gefahr **52**.

Abweichende Bestimmungen des kantonalen Rechts s. kantonales Recht.

Abweichende Vereinbarung. Zulässigkeit **19**. Im Pflegekindverhältnis 294, 300. Bei der Ausgleichung 628. Durch Nutzungs- und Verwaltungsordnung 647 (Miteigentum), 712g (Stockwerkeigentum). Bei der Fristbestimmung **78**. Bei der Miete **256**. Bei der Pacht **288**. Von zwingenden Bestimmungen des Einzelarbeitsvertrages **324a, 329b**. Beim Gesamtarbeitsvertrag **357/8**. Beim Normalarbeitsvertrag **360**. Beim Frachtvertrag **447/8, 455/6**. Bei der AG **627** (Aufnahme in die Statuten), **654, 689**. Bei der GmbH **777** (Aufnahme in die Statuten), **810**. Bei der Genossenschaft **833** (Aufnahme in die Statuten), **861**. *Siehe auch* Unabänderlichkeit von Gesetzesvorschriften.

Abwesende. Vertragsabschluss **5, 10**.

Abwesenheitserklärung des bisherigen Rechts SchlT 6.

Abzahlung grundpfandversicherter Forderungen 809/11, 862, 874, verpfändeter Forderungen 906.

Abzahlungsvertrag s. Konsumkreditvertrag. Ersatz eines Vorauszahlungsvertrags durch einen Abzahlungsvertrag **227f**. Eigentumsvorbehalt bei Abzahlungsgeschäften 716. *Siehe auch* Vorauszahlungsvertrag.

Adoption (Kindesannahme, Annahme an Kindesstatt) 264/269c. Unmündiger: allgemeine Voraussetzungen 264, gemeinschaftliche Adoption 264a, Einzeladoption 264b, Alter und Zustimmung des Kindes 265, Zustimmung der Eltern 265a/d, Form 265a, Zeitpunkt 265b, Absehen von der Zustimmung 265c/d, Zustimmung der vormundschaftlichen Behörden 422. Mündiger und Entmündigter 266. Wirkung 267/267a, 252, 274, 312. Verfahren 268/268b. Anfechtung 269/269b. Als Ehehindernis 95. Übergangsrecht SchlT 12a/12c. Zuständigkeit und anwendbares Recht nach IPRG IA 75/7. Anerkennung ausländischer Adoptionen IA 78.

Adoptionsvermittlung 269c, SchlT 12c^{bis}.

Adoptionsgeheimnis 268b.

Affektionswert eines Tieres **43**.

Agent 418a. Pflichten: im allgemeinen und Delcredere **418c**, Geheimhaltungspflicht und Konkurrenzverbot **418d**, Rückgabepflicht **418v**. Vertretungsbefugnis **418e**. Provision s. dort. Entschädigung für Kundschaft **418u**. Retentionsrecht s. dort. *Siehe auch* Agenturvertrag.

Agenturvertrag 418a/418v. Begriff **418a**. Agent und Auftraggeber s. jeweils dort. Beendigung des Agenturvertrages: durch Zeitablauf **418p**; durch Kündigung im allgemeinen **418q**, aus wichtigen Gründen **418r**; infolge Tod, Handlungsunfähigkeit oder Konkurs **418s**; Übergangsrecht s. Schluss- und Übergangsbestimmungen. *Siehe auch* Rechtsagenten.

Akkordlohnarbeit beim Einzelarbeitsvertrag **319, 326/326a (361/2)**, beim Lehrvertrag **345a (362).**

Aktien. Begriff **620** (AG), **764** (Kommandit-AG). Arten **622**. Ausgabebetrag **624, 650, 671, 680/1**. Nennwert **622/4**, SchlB **5**. Zerlegung und Zusammenlegung **623**. Umwandlung **622, 627**. Angabe in den Statuten **626**. Zeichnung **630, 652, 652h, 753**. Emissionsprospekt und Liberierung s. jeweils dort. Nachträgliche Einzahlung **634a, 687**. Verzug in der Einzahlung und Verlustigerklärung **681/2**. Erwerb durch die AG **659/659a**, durch die Tochtergesellschaft **659b**. Ausgabe neuer Aktien s. Kapitalerhöhung. Nichtigkeit s. dort. Verpfändung **689b, 905**. Gemeinschaftliches Eigentum **690**. *Siehe auch* Inhaber-, Namen-, Stimmrechts-, Vorzugsaktien, persönliche Mitgliedschaftsrechte, Partizipationsscheine.

Aktienbuch. Eintragung **686, 685b, 685d, 685f**. Streichung **686a**. Verpflichtung zur Einzahlung der Namenaktien **687**. Ausübung der Mitgliedschaftsrechte **689a**.

Aktiengesellschaft 620/763. Begriff **620**. Mindestkapital **621**. Zahl der Mitglieder **625**. Erwerb der Persönlichkeit **643/5**. Beteiligung von Körperschaften des öffentlichen Rechts **762**. Vorbehalt des öffentlichen Rechts für öffentlichrechtliche Anstalten **763**. Für Fusion, Spaltung, Umwandlung und Vermögensübertragung s. Fusionsgesetz **IX**. *Siehe auch* Aktien, Aktienkapital, Statuten, Gründung, öffentliche Beurkundung, Eintragung im Handelsregister, Firma, Bilanz, Reserven, Aktionäre, Generalversammlung, Verwaltungsrat, Geschäftsführung, Revisionsstelle, Auflösung, Liquidation, Fusion, Verantwortlichkeit, Schluss- und Übergangsbestimmungen, Kommanditaktiengesellschaft.

Normale Zahlen = ZGB; fette Zahlen = OR

Aktienkapital 620. Mindestkapital **621, SchlB 2**. Angabe in den Statuten **626**. Mindesteinlage **632**. Eintrag im Handelsregister **641**. Und Partizipationskapital **656b**. Aufführung in Bilanz **663a**. Verbot der Verzinsung **675**, der Rückzahlung **680**. Bei Kapitalverlust **725**. *Siehe auch* Kapitalerhöhung, Kapitalherabsetzung.

Aktionäre 620. Anzahl **625**. Leistungspflicht **680**. Bezugsrecht s. dort. Recht auf Gewinn- und Liquidationsanteil **660, 661**. Klage auf Rückerstattung von Leistungen **678**. Auskunftsrecht **697**. Gesuch um Sonderprüfung **697a/b**. Einberufung der Generalversammlung **699**. Anfechtung von Generalversammlungsbeschlüssen **706, 691**. Verantwortlichkeitsansprüche **752/760**. *Siehe auch* Generalversammlung, persönliche Mitgliedschaftsrechte, Stimmrecht.

Aktiven und Passiven. Bei der Erbschaft 560. Übernahme eines Vermögens oder Geschäftes **181, 592**. Vermögensübertragung IX 69/77, 86, 98, 99. Unzulässigkeit der Verrechnung bei der AG **662a**.

Akzept s. Annahme.

Alimente s. Unterhaltsansprüche.

Allgemeine Bestimmungen. Zu den juristischen Personen 52/9. Zum Güterrecht der Ehegatten 181/195a. Zur Entstehung des Kindesverhältnisses 252/4. Zum Eigentum 641/54. Zum Grundpfand 793/823. Zur Anwendung bisherigen und neuen Rechts SchlT 1/4. Des Obligationenrechts **1/183**, deren Geltung für zivilrechtliche Verhältnisse 7.

Allgemeine Geschäftsbedingungen. Bei der Miete **256a**. Bei der Pacht **288**. Beim Handelsreisendenvertrag **348**. Missbräuchliche nach UWG II C 8. Der Post III A (5). Beim Versicherungsvertrag III C 2, 35. *Siehe auch* Vertragsbedingungen.

Allgemeine Gütergemeinschaft s. Gütergemeinschaft.

Allgemeinverbindlicherklärung von Gesamtarbeitsverträgen, BG darüber (AVEG: Anhang VI A). Begriff und Gegenstand VI A 1. Allgemeine Voraussetzungen VI A 2. Besondere Voraussetzungen VI A 3. Wirkung auf die nicht beteiligten Arbeitgeber und Arbeitnehmer VI A 4. Wirkung auf die Vertragsparteien VI A 5. Besonderes Kontrollorgan VI A 6. Zuständigkeit und Verfahren: Zuständige Behörde VI A 7, 20, Antrag und Veröffentlichung VI A 8/9, Einsprache VI A 10, Begutachtung und Entscheid VI A 11/2, Genehmigung der kantonalen Allgemeinverbindlicherklärung VI A 13, Veröffentlichung VI A 14, Kosten VI A 15, Änderung VI A 16, Ausserkraftsetzung VI A 17/8.

Allmendgenossenschaften. Vorbehalt des kantonalen Rechts 59, 796.

Allonge für das Indossament **1003**, für die Wechselbürgschaftserklärung **1021**.

Alternativobligation 72.

Altersschwäche als Bevormundungsgrund 372.

Altersvorsorge nach Scheidung 123, 125, 141. *Siehe auch* Personalvorsorge.

Altertümer. Öffentlich-rechtliche Beschränkung 702.

Altertumsfunde. Eigentumserwerb 724.

Altes Eherecht IV C.

Amortisation. Der Serientitel 878, s. auch Tilgung. Bei der Bürgschaft **505**. Abänderung der Amortisationsfristen bei Anleihensobligationen **1170**. *Siehe auch* Abschreibungen, Kraftloserklärung.

Amt. Des Vormundes: Übernahme 398/404, Fürsorge und Vertretung 405/12, Vermögensverwaltung 413/4, Dauer 415, Entschädigung 416, Ende 441/50. Des Beistandes 417/9.

Amtliche Liquidation der Erbschaft. Voraussetzung 593/4. Verfahren 595/7. Bei Ausschlagung der Erbschaft 573, 575, 578, 588. *Siehe auch* Liquidation.

Amtliche Schätzung von Grundstücken. Bei Ablösung von Grundpfandverschreibungen 830. Bei Errichtung eines Schuldbriefes 843. Bei Errichtung einer Gült 848/9. *Siehe auch* Schätzung.

Amtlicher Verkauf des Versatzpfandes 910.

Amtsdauer. Des Vormunds 415, 442. Des Beistands 417. Der Verwaltung der AG **710,** der Genossenschaft **896.** Der Revisionsstelle der AG **727e.** Der Kontrollstelle der Genossenschaft **906.** *Siehe auch* Dauer.

Amtsenthebung. Im Zivilstandswesen 47. Des Vormunds 445/50. In der Grundbuchverwaltung 957.

Amtsgeheimnis. Der Mitglieder der tripartiten Kommission **360c.** Der Zivilstandsbehörden III 44.

Amtspflichtverletzung. Der auf den Zivilstandsämtern tätigen Personen 47. Der in der Grundbuchverwaltung tätigen Personen 957. Des Handelsregisterführers **928, VII A 3, 4.**

Amtsstelle. Zur Aufbewahrung letztwilliger Verfügungen 504/5. Für den Verkauf zugesandter Sachen **204.** Bei Mietretention **268b (299c** Pacht). Für Verkauf und Versteigerung des Kommissionsgutes **427, 435,** des Frachtgutes **444, 453.** Zur Erhebung des Wechselprotestes **1035.** *Siehe auch* Grundbuch-, Handelsregisteramt.

Amtsübernahme durch den Vormund 398/404.

Amts- und Dienstbürgschaft 500, 503, 512, 509, 510.

Anatozismus 105, 314.

Andere Dienstbarkeiten 781.

Andere Gütergemeinschaften 224. Im übrigen s. Gütergemeinschaft.

Änderung. Des Namens 30, 271. Der Organisation einer Stiftung 85, 86b. Des Zweckes einer Stiftung 86, 86a, 86b. Des Unterhaltsbeitrages für das Kind 134, 135, 275. Des Güterstandes: durch Ehevertrag 182, durch Eintritt des ausserordentlichen Güterstandes s. dort, Schutz der Gläubiger 193. Der Beteiligung am Vorschlag bei Errungenschaftsbeteiligung 216/7. Der Teilung des Gesamtgutes 241/2. Der Zweckbestimmung beim Miteigentum 648. Der Wertquoten beim Stockwerkeigentum 712e. Der Belastung bei einer Grunddienstbarkeit 742/4. Der Sache durch den Nutzniesser 769. Im Rechtsverhältnis bei Schuldbrief und Gült 874. Des Wohnsitzes nach Entstehung der Schuld **74.** Der Mietsache **260/260a.** Der Pachtsache **289/289a, 299.** Der Vertragsbedingungen: beim Handelsreisendenvertrag **348, 349.** Eines Normalarbeitsvertrages **360b.** Des Gesellschaftszweckes der AG **704.** Der im Handelsregister einzutragenden Tatsachen **937.** Des Wechsels **1068, 1098.** Des Checks **1143 Ziff. 17.** *Siehe auch* Abänderung, Abweichung, Ausbesserung, Veränderung, veränderte Verhältnisse, Wechsel.

Normale Zahlen = ZGB; fette Zahlen = OR

Aneignung von Sachen 658, 656, 664/5, 699, 718/9, 780.

Anerkennung eines ausserehelichen Kindes 60/260c. Entstehungsgrund des Kindesverhältnisses 252. Zulässigkeit und Form 260. Anfechtung 260a/c, 259. Übergangsrecht SchlT 12. Zuständigkeit und anwendbares Recht nach IPRG IA 71/2. Anerkennung ausländischer Entscheidungen IA 73/4. *Siehe auch* Vaterschaftsklage, Wirkungen des Kindesverhältnisses.

Anerkennung und Vollstreckung ausländischer Entscheidungen nach IPRG IA 25/32, 199. *Siehe auch* Übereinkommen, Anerkennung eines ausserehelichen Kindes, Anerkennung einer Forderung.

Anerkennung einer Forderung. Voraussetzung zur Eintragung eines Pfandrechtes der Handwerker und Unternehmer 839. Als Verjährungsunterbrechung **135, 137**. *Siehe auch* Schuldbekenntnis.

Anfall, lediger 496.

Anfang der Persönlichkeit 31.

Anfangsmietzins, Anfechtung **270, 270c, 270d, 270e**.

Anfechtung. Der Namensänderung 30. Des Vereinsbeschlusses 75, 72. Der Stiftung 82. Der Vereinbarung über die vermögensrechtlichen Scheidungsfolgen 148. Der Ehelichkeit eines Kindes 256/256c, 258, 260a, 254, 309. Der Adoption 269/269b, 254. Der Anerkennung 260a/260c, 259, 254, 309. Der Ehelicherklärung unter altem Recht SchlT 12d. Des Kindesverhältnisses nach IPRG IA 66/70. Der Wahl zum Vormund 388/9. Der Erbausschlagung 578. Der Erbschaftsteilung 638. Von Beschlüssen der Gemeinschaft der Stockwerkeigentümer 712m. *Siehe auch* Grundbuchberichtigungsklage, Herabsetzungsklage, Ungültigkeit.
Von Verträgen **21** (Übervorteilung), **23/1** (Willensmängel). Der Verrechnung im Konkurs des Schuldners **123**. Der Versteigerung **230**. Der Mietzinse **270/270a, 270e, 253b**. Der Mietzinserhöhung und anderer einseitiger Vertragsänderungen **270b, 270e**. Indexierter Mietzinse **270c, 270e**. Gestaffelter Mietzinse **270d, 270e**. Der Kündigung bei Miete und Pacht s. Kündigungsschutz. Der Verpfründung **525**. Von Generalversammlungsbeschlüssen: der AG **706/6a, 691, 689e, 729c**, der Genossenschaft **891 (924)**. Von Gesellschaftsbeschlüssen der GmbH **808**. Von Beschlüssen der Gläubigergemeinschaft bei Anleihensobligationen **1182**. *Siehe auch* Widerruf, Einsprache.

Angebot s. Antrag. Bei der Versteigerung **229, 231/2**.

Angehörige. Des Getöteten **47**. Versorgerschaden s. dort. Des Schenkers **249**. Deren Enterbung 477. Beim Wohnrecht 777. *Siehe auch* Familiengemeinschaft, Familienvermögen.

Angeld 158.

Angemessene Entschädigung s. Entschädigung.

Angestellte s. Arbeitnehmer, öffentliche Beamte und Angestellte.

Angewiesener **466,** s. Anweisung.

Anhang zur Jahresrechnung der AG **662, 663b/c**.

Anhörung. Bei Scheidung auf gemeinsames Begehren 111, 112. Der Eltern ohne Sorgerecht 275a. Der Kinder im Scheidungsverfahren 144, 133, vor Erlass von Kindesschutzmassnahmen 314.

Anlagefondsgesetz. Haftungsbestimmungen **III A b (10)**.

Anlagevermögen in der Bilanz der AG **665, 665a, 663a.**

Anleihensgläubiger s. Gläubigergemeinschaft.

Anleihensobligationen 1156/86, IX. Prospektzwang **1156.** Gläubigergemeinschaft s. dort. Bei der AG **653, 653c** (bedingte Kapitalerhöhung), **663b** (Anhang), **663e** (Konzernrechnung), **697h, 727b.** Mit Pfandrecht 875/83, VIII 52, 59. *Siehe auch* Obligationen, Serientitel.

Anleihensvertreter. Bestellung **1158.** Befugnisse: im allgemeinen **1159,** Kontrolle des Schuldners **1160,** bei pfandgesicherten Anleihen **1161.** Dahinfallen der Vollmacht **1162.** Kosten für die Vertretung **1163.** *Siehe auch* Gläubigergemeinschaft.

Anmassung eines fremden Namens 29.

Anmeldung. Zum Erbgang 555. Der Eintragung: ins Eigentumsvorbehaltsregister VI A 1, 4, 9, 12, 13, 19, ins Grundbuch 963, 952, VIII 11/18a (Eintragungen), 964, VIII 61/9 (Löschungen), 948 (Tagebucheintrag), 966 (Abweisung). *Siehe auch* Anzeigepflicht, Eintragung ins Grundbuch, Rechnungsruf.
Der Forderung: durch den Bürgschaftsgläubiger im Konkurs und Nachlassverfahren des Hauptschuldners **505;** durch die Gläubiger der AG bei Kapitalherabsetzung **733,** bei Liquidation **742, 744.** Schuldenruf s. dort. Der Eintragungen ins Handelsregister: Form **VII A 19, 23/4, 26/7;** Inhalt **937, VII A 19, 20, 33** (einzutragende Tatsachen), **VII A 28/30** (Belege); anmeldende Personen **VII A 22, 25, 25a;** Ort s. Eintragung; Öffentlichkeit **930;** Folge **932;** Haftung und Ordnungsbussen bei Unterlassung **942/3.** *Siehe auch* Eintragung ins Handelsregister, Auflösung, Löschung.

Anmerkung. Der Nutzungs- und Verwaltungsordnung beim Miteigentum 647, VIII 79. Der Zugehörigkeit zu einem Gebiet mit dauernden Bodenverschiebungen 660a. Gesetzlicher Wegrechte im Grundbuch 696, VIII 80. Des Beitrittes zu einer Körperschaft zum Zwecke der Bodenverbesserung 703, VIII 80. Des Reglementes der Stockwerkeigentümergemeinschaft 712g, VIII 79. Öffentlicher Wege und öffentlich-rechtlicher Beschränkungen im Grundbuch 962, VIII 80. Des Beginnes eines Werkes bei Bauhandwerker- und Unternehmerpfandrecht 841, VIII 79. Der Zugehör im Grundbuch 946, VIII 79. Der Beschränkung der Verfügungsbefugnis (Grundbuchsperre) VIII 80.

Annahme. Der Vereinsstatuten 61. Der Erbschaft 422, 571, 588/9, s. Ausschlagung. Des Auftrages zur Willensvollstreckung 517. Des Stockwerkeigentümerreglements 712g. *Siehe auch* Adoption, Vermutung.
Des Antrages: im allgemeinen **3/10,** durch Schweigen **6,** 517, Widerruf s. dort, unrichtige Übermittlung **27,** bei der Schuldübernahme **176/7,** bei Kauf auf Probe **225,** bei der Schenkung **241, 244,** beim Auftrag **394/5,** beim Kreditbrief **407,** beim Kreditauftrag **408.** Einer Teilzahlung **69.** Der Erfüllung **79.** Der Kaufsache **211.** Des Darlehens **315.** Des Werkes **370, 368.** Des Frachtgutes **442, 444, 452, 454.** Der Anweisung **467/8.** Des Befriedigung durch den Bürgen **504.** Des Wechsels **1011/9, 999, 1005, 1081, 1084, 1033/52** (Verweigerung der Annahme). Ausschluss beim Check **1104, 1141.** Der Anweisung an Ordre **1148/9.** *Siehe auch* Akzept, Genehmigung, Ehreneintritt, Annahmevermerk.

Annahmefrist. Für Offerte **3/5.** Beim Wechsel **1011/4.**

Annahmevermerk beim Wechsel **1065,** beim Check **1104.**

Normale Zahlen = ZGB; fette Zahlen = OR

Annahmeverzug des Gläubigers **91/5**, des Mieters **264**, des Pächters **293**, des Arbeitgebers **324 (362), 326 (362)**, des Heimarbeitgebers **353b (362)**, des Bestellers im Werkvertrag **376**, des Auftraggebers **418m**. *Siehe auch* Annahme, Gläubigerverzug.

Annuitäten 821, 862, 874, **499, 505, 1170**.

Anonyme Gesellschaft s. Aktiengesellschaft.

Anordnung vorsorglicher Massnahmen s. vorsorgliche Massnahmen.

Anpassung s. veränderte Verhältnisse. Der Jahresrechnung der AG **663h**.

Anrechnung. Eines Wohnrechts auf Unterhaltsbeiträge 121. An den Erbteil 626, 628, 527, 535, 612a, 613, 613a. Von Grundstücken im Erbrecht 612a, 617/8. Landwirtschaftlicher Grundstücke 619. Des Besitzes des Vorgängers bei der Ersitzung 941. Der abgelaufenen Zeit bei Verschollenheit SchlT 6. Der Teilzahlung **85**. Mehrerer Schuldposten **86/7**. Bei Abtretung zahlungshalber **172**. Der Ersparnis bei Annahmeverzug des Mieters **264**, des Pächters **293**, des Arbeitgebers **324**. Des Gewinns bei der Kommission **428**. Der Sacheinlage bei der AG **628, 641**, bei der GmbH **778, 781**, bei der Genossenschaft **833**. *Siehe auch* Überlassung auf Anrechnung, Verrechnung.

Anries 687, 688.

Anschaffungen während der Ehe 197/8.

Anschluss einzelner Arbeitgeber oder Arbeitnehmer an einen Gesamtarbeitsvertrag **356b/356c, VI A 2.**

Anschlusspfändung des Pfründers **529**.

Anschüttung 659.

Anschwemmung 659.

Anspruch s. Abtretung, Verjährung, Obligationen, unmittelbarer Anspruch.

Anstalten. Als juristische Personen 52, 59. Zur Ausgabe von Pfandbriefen VII 1/5. Für das Versatzpfand 907/15. Bei Bürgschaften **493, 500, 509**. Pfrundanstalt **522, 524**. Ausschluss der Anwendung aktienrechtlicher Bestimmungen **763**, der Bestimmungen über die Gläubigergemeinschaft bei Anleihensobligationen **1157**.

Anstaltsversorgung s. fürsorgerische Freiheitsentziehung.

Anstifter. Haftung **50**.

Anstösser an öffentliche Gewässer 659. Im übrigen s. Nachbarn.

Anteilbuch bei der GmbH **790**.

Anteilscheine bei der Genossenschaft **833** (Statuten), **852/3, 859** (Verteilung Reingewinn), **860/1** (Reservefonds), **864** (Abfindung), **867** (Leistungspflicht), **870/1** (bei beschränkter Haftung und Nachschusspflicht), **874** (Herabsetzung, Aufhebung), **903** (Überschuldung). Bei der Wohnbaugenossenschaft 331d, 331e.

Antrag zum Vertragsabschluss **3/9**. Mit Annahmefrist **3**. Ohne Annahmefrist **4/5**. Widerruf s. dort. Unrichtige Übermittlung **27**. Bei der Schuldübernahme **176/7**. Bei der Versteigerung **229, 231/2**.

Anvertraute Sachen 933 (714, 884). *Siehe auch* Hinterlegungsvertrag.

Anwalt. Verjährung seiner Forderungen **128**. Anwaltsgesetz **XIV**.

Anweisender 466, s. Anweisung.

Anweisung 466/71. Begriff **466.** Verhältnis zwischen Anweisendem und Anweisungsempfänger **467.** Verpflichtung des Angewiesenen **468.** Anzeigepflicht bei ausgebliebener Zahlung **469.** Widerruf **470.** Bei Wertpapieren **471.** Beim Kreditbrief **407.** Beim Wechsel **991.** Beim Check **1100, 1102.** An Ordre **1147/50.** An die Schuldner eines geschiedenen Ehegatten 132, 135, eines Ehegatten 177, der Eltern 291.

Anweisungsempfänger 466, s. Anweisung.

Anwendbares Recht s. Übereinkommen, bisheriges und neues Recht. Vgl. auch IPRG, Anhang IA.

Anwendung bisherigen und neuen Rechts s. bisheriges und neues Recht, Schluss- und Übergangsbestimmungen.

Anzeige. Des Familienhauptes 333. Eines Bevormundungsfalles 368/9. Des Entscheides über Ablehnung oder Anfechtung der Wahl zum Vormund 390. Des Grundstückkaufvertrages an den Vorkaufsberechtigten 681a, 969. Eines Fundes 720. Bei Änderung der wirtschaftlichen Bestimmung eines Grundstückes durch den Nutzniesser 769. Der Schuldübernahme beim Grundpfand 834. Der Übertragung der Forderung aus Schuldbrief oder Gült 862. Der Viehverpfändung an das Betreibungsamt 885. Des Besitzüberganges beim Erwerb ohne Übergabe 924.

Anzeige. Bei Mängeln: der Kaufsache **201/4, 210,** der Mietsache **257g, 267a,** der Pachtsache **286, 299a,** des Materials zur Heimarbeit **352a,** des Werkstoffes **365,** des Werkes **367, 370.** Des Rücktritts bei Verzug des Käufers **214.** Des Grundstückkaufvertrages an den Vorkaufsberechtigten **216d,** 969. Des Zuschlags durch die Versteigerungsbehörde **235.** Des Einstellers von Unfall und Krankheit des Viehs **303.** Von Erfindungen und Designs an den Arbeitgeber **332.** Der Massenentlassung **335f/g.** Durch den Handelsreisenden **348.** Einer vorherigen Veröffentlichung an den Verleger **381.** An die Adressanten eines Kreditbriefes **407.** An den Agenten **418f.** An den Kommittenten **426/7, 435.** Beim Frachtvertrag: an den Absender **444,** an den Empfänger **450,** an den Frachtführer **452.** An den Anweisenden **469.** An den Hinterleger **479.** An den Einlagerer **483.** Des Schadens an den Gastwirt **489.** Des Todes eines einfachen Gesellschafters **547.** Des Ein- und Austrittes eines Genossenschafters **877, 902.** *Siehe auch* Anzeigepflicht, Benachrichtigung, Bekanntmachung, Mitteilung, Schuldenruf.

Anzeigepflicht. Des Grundbuchverwalters 969. Des Antragstellers bei verspäteter Annahme **5.** Des Grundstückeigentümers bei Schädigung durch fremde Tiere **57.** Des Anweisungsempfängers **469.** Der Verwaltung einer Gesellschaft bei Kapitalverlust und bei Überschuldung **725, 656b** (AG), **817** (GmbH), **903** (Genossenschaft). Der Revisionsstelle der AG **729b, 731a.** *Siehe auch* Anzeige, Abmahnung, Meldepflicht, Mitteilungspflicht.

Apports an die AG s. Sacheinlagen.

Arbeiter s. Arbeitnehmer, Arbeitnehmerpflichten.

Arbeitgeber 319, 344, 347, 351, s. Arbeitsvertrag, Arbeitgeberpflichten.

Arbeitgeberpflichten. Lohn s. dort. Arbeitsgeräte und Material **327.** Auslagenersatz **327a, 327b** (Motorfahrzeug), **327c** (Fälligkeit). Schutz der Persönlichkeit **328/328b.** Freizeit **329.** Ferien s. dort. Übrige Pflichten **330, 330a** (Zeugnis). Personalvorsorge s. dort. *Siehe auch* Arbeitsvertrag.

Normale Zahlen = ZGB; fette Zahlen = OR

Arbeitgeberverbände als Partei des Gesamtarbeitsvertrages 356/8, **VI A 1/18**.
Vorschlagsrecht für tripartite Kommission **360b**.

Arbeitgebervertretung. Einsitz in tripartite Kommission **360b**.

Arbeitnehmer 319, 344, 347, 351. Haftung des Geschäftsherrn **55** (aus unerlaubter Handlung), **101** (aus Vertrag). Anspruch aus Versicherung 113, **III C 60**, **87**. Verjährung ihrer Forderungen **128**, **134**. Verliehene Arbeitnehmer 360d. Aufsichtspflicht des Gläubigers bei Amts- und Dienstbürgschaft 503. Einer AG: **653** (Bezugsrecht), **657** (Genussschein), **697d** (Auskunftspflicht), **663e**, **727b**, **673**, **674**, **727c**. Beteiligung an der Verwaltung der Personalfürsorgestiftungen 89bis. Unter Hausgewalt 331. *Siehe auch* Arbeitnehmerpflichten, Arbeitnehmervertretung, Arbeitsvertrag, Mitwirkungsgesetz.

Arbeitnehmerpflichten. Persönliche Arbeitspflicht **321**. Sorgfalts- und Treuepflicht **321a**. Rechenschafts- und Herausgabepflicht **321b**. Überstundenarbeit **321c**. Befolgung von Weisungen **321d**. Überlassen von Erfindungen und Designs **332**. Konkurrenzverbot s. dort. Haftung **321e**. *Siehe auch* Arbeitsvertrag, Arbeitsunfähigkeit.

Arbeitnehmerverbände. Missbräuchliche Kündigung wegen Zugehörigkeit **336**. Als Partei des Gesamtarbeitsvertrages 356/8, **VI A 1/18**. Anhörung vor Erlass eines Normalarbeitsvertrages **359a**. Vorschlagsrecht für tripartite Kommission **360a**.

Arbeitnehmervertretung VI C 5/8. Konsultation bei Übertragung des Betriebs auf einen Dritten **333a**, bei Massenentlassung **335f/g**, **336**. Einsitz in tripartite Kommission **360b**. *Siehe auch* Mitwirkungsgesetz.

Arbeitsbedingungen 347a, 351a, 359.

Arbeitserwerb. Beim Güterstand der Errungenschaftsbeteiligung 197. Bei der Gütergemeinschaft 222. Ausschluss aus der Gütergemeinschaft 224. Des Kindes 323, 276, 285, 319. Des Bevormundeten 414. *Siehe auch* Errungenschaft.

Arbeitsfriede s. Friedenspflicht.

Arbeitsgeräte s. Arbeitgeberpflichten.

Arbeitsgesetz Note IV k 1 vor **Art. 319**.

Arbeitsleistung. Natur des Vertrages **394**. Als Gesellschafterbeitrag **531**, **533**. Des Kollektivgesellschafters **558**. Eines Ehegatten in Beruf oder Gewerbe des andern 165. Mündiger Kinder oder Grosskinder 334, 633.

Arbeitsmaterial s. Arbeitgeberpflichten.

Arbeits- und Hausordnung 321d, 524, **332**.

Arbeitspflicht, persönliche. Des Arbeitnehmers **321**.

Arbeitsunfähigkeit. Des Arbeitnehmers im allgemeinen **324a/b**, **328a**, **336e/f**, **337**, 197, 207, 237. Des Arbeitgebers **336d**. Des Handelsreisenden **349c**. Des Heimarbeitnehmers **353b**. Des Werkunternehmers **379**. Schadenersatz dafür bei Tötung und Körperverletzung **45/6**. *Siehe auch* Verhinderung.

Arbeitsvermittlung 417/Fn. 1, **VI B**.

Arbeitsvermittlungsgesetz (AVG), Anhang **VI B**.

Arbeitsvertrag (früher Dienstvertrag) **319/62**. Siehe Einzelarbeits-, Lehr-, Handelsreisenden-, Heimarbeits-, Gesamtarbeits-, Normalarbeitsvertrag. Zwingende Vorschriften: Unabänderlichkeit zuungunsten des Arbeitgebers und des Arbeitnehmers **361**, Unabänderlichkeit zuungunsten des Arbeitnehmers **362**. Wirkung auf die Vollmacht **34**. Wirkung auf Prokura- und Handlungsvollmacht **465**. Verjährung der Forderungen **128, 134**. Vermittlung **417**. Anwendung von Bestimmungen des Arbeitsvertragsrechts: auf den Werkvertrag **364**, auf den Auftrag **398**. Verhältnis zum Agenturvertrag **418a**. Schluss- und Übergangsbestimmungen s. dort. *Siehe auch* Arbeitsleistung.

Architekt. Verjährung der Mängelansprüche **371**.

Arglist der Mitglieder der vormundschaftlichen Behörden **429**, bei Verfügungen von Todes wegen **469**, 519, 540, des Verkäufers **199**, des Frachtführers **454**, der Mitglieder der Verwaltung der Kommandit-AG **769**, des Wertpapierschuldners **966, 1030**. *Siehe auch* absichtliche Täuschung.

Armenbehörde 329, 289, 293.

Arrha (Haft- und Reuegeld) **158**.

Ärztliche Bestätigung zur Fristabkürzung bei Trauung 100.

Ärztliche Behandlung. Verjährung der Ansprüche **128**. Verpflichtung dazu: bei Hausgemeinschaft im Arbeitsvertrag **328a**, bei der Verpfründung **524**.

Aufbewahrer 472, s. Hinterlegungsvertrag, Lagerhalter, Gast- und Stallwirt.

Aufbewahrung. Von Wertsachen des Mündelvermögens 399. Letztwilliger Verfügungen 504/5, 507, 556. Des Protokolls der Stockwerkeigentümerversammlung 712n. Der gefundenen Sache 721. Der Belege zum Grundbucheintrag 948.
Aufbewahrung. Pflicht des Käufers **204**, des Frachtführers **444**, des Aufbewahrers beim Hinterlegungsvertrag **472/80**, des Lagerhalters **482/6**, des Gastwirts **488**. Der Bücher und Papiere der aufgelösten Gesellschaft 590 (Kollektivgesellschaft), 619 (Kommanditgesellschaft), 747 (AG), 823 (GmbH). Der Geschäftsbücher und Korrespondenzen überhaupt 957, 962. Der Abschriften der Protesturkunden 1040. *Siehe auch* Hinterlegung.

Aufenthaltsort. Verhältnis zum Wohnsitz 23/6. Zuständige Behörde zur Anordnung von Kindesschutzmassnahmen 315, zur Anordnung und Mitteilung der fürsorgerischen Freiheitsentziehung 397b/c.

Aufforderung. Zur Anmeldung von Ansprüchen s. Schuldenruf. Zur Anhebung der Herabsetzungsklage 524. Zur Erklärung über den Erwerb der Erbschaft 587. Eines unbekannten Gläubigers bei Schuldbrief und Gült 871. Zur Einlösung des Pfandgegenstandes 910. Zur Anmeldung und Eintragung der dinglichen Rechte ins Grundbuch SchlT 43. Zur Leistung rückständiger Aktionärsbeiträge **682**. Zur schriftlichen Abstimmung bei der GmbH **777, 809**. Zur Zahlung der Stammeinlage bei der GmbH **799**. Zur Einzahlung von Genossenschaftsanteilen **867**. Zur Vorlegung eines abhandengekommenen Inhaberpapiers **983/4, 977**, eines Wechsels **1075/7**.

Aufforstung 730.

Aufgabedepesche 13.

Aufgabenteilung während der Ehe 163, 125.

Aufhebung. Der juristischen Person 57, 749, **35**. Der Stiftung 88/9. Des Wohnrechts des geschiedenen Ehegatten 121. Des gemeinsamen ehelichen Haushalts 137, 175/6, 256b, 297, 334bis. Der Unterhaltsbeiträge bei Scheidung 129, 135. Des Güterstandes 182. Des ausserordentlichen Güterstandes 187, 191. Der elterlichen Sorge s. Entziehung. Der elterlichen Obhut 310. Der Unterstützungspflicht 329. Der Gemeinderschaft 343/5, 348. Der Familienvormundschaft 366. Der Vormundschaft 433/8. Der Beistandschaft 439/40. Einer mangelhaften Verfügung von Todes wegen 469, SchlT 16. Der letztwilligen Verfügung 511, s. auch Widerruf. Des Erbvertrags 513/5. Der Erbunwürdigkeit 540. Der Verschollenheit 547. Der Erbengemeinschaft s. Erbteilung. Des Miteigentums 650/1. Des Gesamteigentums 654. Des gemeinschaftlichen Eigentums an landwirtschaftlichen Gewerben und Grundstücken 654a. Der gesetzlichen Eigentumsbeschränkungen 680. Des Stockwerkeigentums 712f. Des Baurechts s. Heimfall. Eines Grundbucheintrages s. Abänderung. Der dem ZGB entgegenstehenden kantonalen und bundesrechtlichen Bestimmungen SchlT 51, 60. *Siehe auch* Auflösung, Beendigung, Untergang, Ausschliessung.

Aufhebung. Des Mangels durch Genehmigung des Vertrages **31.** Einer Forderung durch Übereinkunft **115.** Der Gewährspflicht bei Kauf **192, 199.** Des Kaufvertrages bei Entwehrung **195/6.** Des Kaufvertrages nach Ausübung des Vorkaufsrechts **216e.** Der Schenkung 249/52, 241. Des Gesamtarbeitsvertrages **356c.** Des Normalarbeitsvertrages **359a, 360b.** Des Verpfründungsvertrages **526/8.** Der Vorrechte für Vorzugsaktien **654.** Der Genossenschaftsanteilscheine **874.** Der Stundung bei Anleihensobligationen **1166.** *Siehe auch* Anfechtung, Auflösung, Dahinfallen, Kündigung, Rücktritt, Widerruf, Wegbedingung, Erlöschen.

Aufkündung s. Kündigung.

Auflage. Bei der Stiftung 86. Bei Zuwendungen an das Kind 321. Bei letztwilliger Verfügung 482. Bei der Schenkung: Zulässigkeit **245,** Vollziehung **246,** Nichtvollziehung als Grund der Schenkungsaufhebung **249.** Eines literarischen oder künstlerischen Werkes: Anzahl und Höhe **383,** Untergang **391,** Verbesserungsrecht des Urhebers bei Neuauflage **385,** Honorar bei Folgeauflagen **388.**

Auflegung des Geschäftsberichtes der AG **696, 943,** der Bilanz der Genossenschaft **856.** *Siehe auch* Vorlegung.

Auflösung. Des Vereins: durch Vereinsbeschluss 76, von Gesetzes wegen 77, durch Urteil 78, Mitteilung ans Handelsregister 79. Des Verlöbnisses 91/3. Der Ehe 38, 109, 111/6, 21, im übrigen s. Ehescheidung, Eheungültigkeitserklärung. Der Errungenschaftsbeteiligung 204/14, 220. Der Gütergemeinschaft 236/46, 231, 251, 665. *Siehe auch* Aufhebung, Beendigung, Untergang, güterrechtliche Auseinandersetzung.
Der Miete bei Ablauf der vereinbarten Dauer **266,** durch Kündigung s. dort. Der Pacht bei Ablauf der vereinbarten Dauer **295,** durch Kündigung s. dort. Des Werkvertrages **373.** Der einfachen Gesellschaft: Auflösungsgründe **545/6,** Wirkung auf die Geschäftsführung **547,** Liquidation **548/50,** Haftung gegenüber Dritten **551.** Der Kollektivgesellschaft **574/5, 582, 591, 568.** Der Kommanditgesellschaft **619, 604, 610.** Der AG: mit Liquidation s. Liquidation; ohne Liquidation s. Fusion, Spaltung, Übernahme, Umwandlung; Auflösungsgründe **736, 625, 643;** Anmeldung beim Handelsregister **737;** von Amtes wegen **708;** Folgen **738, 660.** Der Kommandit-AG **770.** Der GmbH: Auflösungsgründe **820, 775, 793,** Abwendung der Auflösung **794,** Anmeldung beim Handelsregister **821,** Klage des Gesellschafters **822,** Feststellung der Haftungssummen **802,** Liquidation **823.** Der Genossenschaft: Auflösungsgründe **911, 831, 895,** Formvorschriften **888,** Anmeldung beim Handelsregister **912,** Weiterhaftung

876, Liquidation **913, 865,** Übernahme durch eine Körperschaft des öffentlichen Rechts **915.** *Siehe auch* Aufhebung, fristlose Auflösung, Ausscheiden, Dahinfallen, Erlöschen, Umwandlung, Übernahme, Kündigung, Rücktritt, Widerruf, Beendigung, wichtiger Grund.

Aufschlusspflicht s. Auskunftspflicht.

Aufsichtsbehörde. Für das Zivilstandswesen 41, 42, 43, 45, 47, 48, III 84 ff. Für die Stiftung 84. In Betreibungssachen 189, **230.** Für Adoptivkindervermittlung 269c, SchlT 12c^{bis}. Für Pflegekinder 316. Als vormundschaftliche Behörde 361, 422 (Zustimmung), 265 (Adoption), 287/8 (Änderung und Abfindung der Unterhaltsbeiträge), 311 (Entziehung der elterlichen Sorge), 363/4, 366 (Anordnung der Familienvormundschaft), 375 (Verzicht auf die Veröffentlichung einer Vormundschaft), 388/90 (Ablehnung des Vormundes), 398 (Anordnung eines öffentlichen Inventars), 404 (Veräusserung von Grundstücken), 423 (Rechnungsprüfung), 426/30 (Verantwortlichkeit), 420 und 450 (Beschwerdeinstanz). Für den Erbschaftsverwalter 595. Für die Tilgung von Gülten in Serien 882. Für das Eigentumsvorbehaltsregister VI A 21. Für das Grundbuchwesen 956/7, 953, 955, VIII 102/104a. Für das Handelsregister **927/9, VII A 1/5.**

Aufsichtspflicht über den Arbeitnehmer bei Amts- und Dienstbürgschaft **503.**

Aufsichtsstelle bei der Kommandit-AG **768/9.** *Siehe auch* Kontrollstelle, Revisionsstelle.

Auftrag s. einfacher Auftrag, Auftrag zur Ehe- oder zur Partnerschaftsvermittlung, Agenturvertrag, Kreditauftrag, Kreditbrief, Mäklervertrag. Vorbehalt bei Untergang der Vollmacht **34, 465.** Anwendung der Bestimmungen auf Verträge über Arbeitsleistungen **394,** auf die Geschäftsführung ohne Auftrag **424,** auf die Kommission **425,** auf den Frachtvertrag **440,** auf das Rückgriffsrecht des Hauptschuldners **507,** auf die einfache Gesellschaft **538,** auf die Vermögensverwaltung 195 (eheliches Vermögen), 231 (Gesamtgut), 327 (Kindesvermögen).

Auftrag zur Ehe- oder zur Partnerschaftsvermittlung. Begriff und anwendbares Recht 406a. Vermittlung von oder an Personen aus dem Ausland **406b, 406c.** Form und Inhalt **406d.** Inkrafttreten, Rücktritt **406e.** Rücktrittserklärung und Kündigung **406f.** Information und Datenschutz **406g.** Herabsetzung **406h.**

Auftraggeber 394 (einfacher Auftrag), **407** (Kreditbrief), **408** (Kreditauftrag), **412** (Mäklervertrag), **418a, 418f** (Agenturvertrag). Pflichten: Ersatz der Auslagen **402, 418n,** Befreiung des Beauftragten von Verbindlichkeiten **402,** Leistung einer Vergütung **394,** Provision s. dort, Mäklerlohn s. dort, Schadenersatzpflicht **402, 404** (bei Rücktritt zur Unzeit). Haftung mehrerer **403.** Weisungsrecht **397.** Direktes Forderungsrecht gegen Substitut **399.** Anwendung von Bürgschaftsregeln **408, 411.** *Siehe auch* Beauftragter, einfacher Auftrag.

Aufwand in der Erfolgsrechnung der AG **663.**

Aufwendungsersatz. Anspruch des Vermächtnisnehmers 485, des Miteigentümers 647d, e.
Bei Rücktritt von Preisausschreiben und Auslobung **8.** Anspruch des Unternehmers **374,** des Mäklers **413, 415,** des Aufbewahrers **475.** *Siehe auch* Auslagenersatz, Kosten, Verwendungsersatz.

Aufwertung bei der AG **670.** Aufwertungsreserven **671b.** Aufführung im Anhang zur Bilanz **663b.**

Ausbesserung. Von Sachen im Miteigentum 647a, im Stockwerkeigentum 712h. Betretung des Nachbargrundstücks 695. Des Nutzniessungsgegenstandes 764.
Der Mietsache: während der Mietzeit **257h, 260/260a,** Anzeigepflicht des Mieters **257g,** auf Kosten des Mieters **259,** auf Kosten des Vermieters **259a/c.** Des Pachtgegenstandes: während der Pachtzeit **284,** Anzeigepflicht des Verpächters **286, 288,** auf Kosten des Pächters **284,** auf Kosten des Verpächters **288.** Erstattung der Auslagen an den Lagerhalter **485.** *Siehe auch* Änderung, Nachbesserung, Unterhalt.

Ausbeutung s. Notlage, Leichtsinn, Unerfahrenheit.

Ausbildung s. Lehrvertrag. Aus- und Weiterbildung der im Zivilstandswesen tätigen Personen 45, 48.

Ausdrückliche Willensäusserung. Zur Beschränkung der Rechte an der Familienwohnung 169. Bei Scheidung, Trennung, Ungültigerklärung, gerichtlicher Gütertrennung: zur Vorschlagsänderung 217, zur Änderung der gesetzlichen Teilung des Gesamtgutes 242. Zur Beschränkung der Entziehung der elterlichen Sorge auf bestimmte Kinder 311. Bei Zuwendungen an das Kind 321. Zur Auslieferung der Erbschaft: an Vorerben 490, an eingesetzte Erben 559. Zur Beschränkung der Ausgleichungspflicht 626. Zur Beschränkung des Wohnrechts auf eine Person 777. Zur Ausscheidung von Zugehör bei Verpfändung 805. Zur Aushändigung von Schuldbrief und Gült 857. Zur Rückgabe des Pfandes gegen Pfandschein 912/3.
Beim Abschluss eines Vertrages **1.** Bei Verzicht auf die Konventionalstrafe **160.** Bei Gewährleistung durch den Verkäufer **192, 219.** Für den Vorbehalt des Rücktritts bei Verzug des Käufers **214.** Für die Geltung der Friedenspflicht **357a.** Zur Ermächtigung der Verbände zwecks gemeinsamer Durchführung von Gesamtarbeitsverträgen **357b.** Des Unternehmers für die Werkausführung **369.** Für Prokura und Handlungsvollmachten zu bestimmten Geschäften **462.** Zur Haftungsbefreiung für Handlungen im Namen der Gesellschaft vor Eintragung **645** (AG), **783** (GmbH), **838** (Genossenschaft). Zur Bildung von Vorzugsaktien **656.** Zur Einsichtnahme in Geschäftsbücher **697** (Aktionäre), **858** (Genossenschafter). Bei Beitritt in eine Genossenschaft mit persönlicher Haftung **840.** Zur Bezeichnung als Zweigniederlassung **952.** Zum Verzicht auf Gleichbehandlung als Gläubiger einer Anleihensgemeinschaft **1174.**

Auseinandersetzung. Bei der einfachen Gesellschaft **548/50, 680,** bei der Kollektivgesellschaft **582, 587/8,** bei der Kommanditgesellschaft **619.** *Siehe auch* Erbteilung, güterrechtliche Auseinandersetzung, Liquidation, Rückgabe.

Ausfallbürgschaft 495.

Ausflugsfahrt 40b, s. Haustürgeschäft.

Ausgabe von Anleihenstiteln 875/83, von Pfandbriefen VII 1/10, von Aktien **683/4, 752, 650/3, 680,** von Anleihensobligationen **1156, 1170 Ziff. 8.** *Siehe auch* Auflage, Aktie, Genussschein, Vorzugsaktie, Warenpapier.

Ausgaben s. Auslagen.

Ausgleichskassen bei Gesamtarbeitsvertrag **357b, VI A 3.**

Ausgleichung im Erbrecht 626/32. Pflicht der Erben 626, 527. Bei Wegfall von Erben 627. Berechnungsart 628/30. Erziehungskosten 631. Gelegenheitsgeschenke 632. Beim Erbvertrag 535/6. Im Fall der Ausschlagung 579. Bei Teilungsvorschriften 608.

Ausgrabung wissenschaftlicher Gegenstände 724. *Siehe auch* Grabungen.

Auskündung. Von Waren durch Versendung von Tarifen u. dgl. **7**. Einer Belohnung bei Preisausschreiben oder Auslobung **8**. Der Geschäftsübernahme **181**. Der Generalversammlung der Genossenschaft **882**. Amtliche s. Veröffentlichung. *Siehe auch* unlauterer Wettbewerb.

Auskunftspflicht. Bei Personalfürsorgestiftungen 89bis. Der Ehegatten 170, 185. Dritter an Eltern ohne elterliche Sorge 275a. Über die Vermögensverhältnisse des Erblassers bei Aufnahme eines öffentlichen Inventars 581. Der Miterben bei der Teilung 607, 610. Des Abtretenden **170**. Des Vermieters **256a**. Des Verpächters **278**. Des Arbeitgebers **322a, 322c**. Des Bürgschaftsgläubigers **503, 505**. Bei der Sonderprüfung einer AG **697d, 730**. Der Kontrollstelle an die Genossenschafter **857**. Der Schuldner von Anleihensobligationen **1160**. *Siehe auch* Auskunftsrecht, Berichterstattung, Einsichtsrecht, Mitteilung.

Auskunftsrecht. Der tripartiten Kommission **360b**. Bei der AG: des Aktionärs **697, 702;** des Partizipanten **656c, 702;** des Verwaltungsrates und der Geschäftsführung **715a;** der Revisionsstelle **728**. *Siehe auch* Auskunftspflicht, Einsichtsrecht, Offenlegung.

Auslage von Waren mit Preisangabe als Offerte **7**.

Auslagen s. Aufwendungsersatz, Auslagenersatz, Kosten, Verwendungsersatz.

Auslagenersatz. An die unverheiratete Mutter 295. Bei Feststellung der Abstammung eines Findelkindes 330. Bei der Nutzniessung 753, 754, 765. An den Finder 722. An den Pfandgläubiger 819.
Anspruch darauf: des Anbieters bei Widerruf eines Haustürgeschäftes oder ähnlichen Vertrages **40f**, des Mieters **260a**, des Pächters **299, 299b**, des Arbeitnehmers **327, 327a/c (362), 339, 339a**, des Handelsreisenden **349d (362), 347a**, des Werkunternehmers **373, 374, 376, 378**, des Beauftragten **402**, des Agenten **418n**, des Kommissionärs **431**, des Frachtführers **443**, des Aufbewahrers **473**, des Lagerhalters **485**, des einfachen Gesellschafters **537, 549**, des Kollektivgesellschafters **557, 570**, des Wechselinhabers beim Regress **1045**, des Wechseleinlösers **1046**, des Checkinhabers beim Regress **1130**. *Siehe auch* Aufwendungen, Kosten, Verwendungsersatz, Ausgleichung.

Ausländer. Eheschliessung III 73/4. Bewilligungspflicht für Verträge auf Übertragung von Grundeigentum in der Schweiz an Personen im Ausland 657/Fn. 1, X A/B, Note * vor **216**. Beim Auftrag zur Ehe- oder Partnerschaftsvermittlung **406b, 406c, 406d**. Als Mitglied der Verwaltung der AG **708, 640**, der Genossenschaft **895**. Anwendung schweizerischen oder ausländischen Rechtes: BG über das Internationale Privatrecht IA. *Siehe auch* ausländisches Recht.

Ausländischer Wohnsitz. Einer Partei beim Handelsreisendenvertrag **347a**. Des Hauptschuldners bei der Bürgschaft **501, 495, 506**. *Siehe auch* Sitzverlegung, ausländische Unternehmen.

Ausländisches Recht. BG über das Internationale Privatrecht IA. Für den Fahrniskauf **XI**. Bei der Bürgschaft **501**. Geltungsbereich: der Wechselgesetzgebung **1086/95**, der Checkgesetzgebung **1138/42**. *Siehe auch* Ausländer.

Ausländische Unternehmen. Zweigniederlassung in der Schweiz **935, 952, VII A 75/5a**. *Siehe auch* grenzüberschreitende Fusion, Spaltung und Vermögensübertragung, Sitzverlegung.

Auslegung des Gesetzes 1, des Vertrages **18**.

Auslieferung der Erbschaft. An den Erben 559. An den Nacherben 488/92. Bei Verschollenheit 546, 548.

Auslobung 8.

Auslösung des Versatzpfandes 912/3.

Auslösungssumme bei Austritt aus der Genossenschaft **842/3, 845, 864, 889.**

Ausscheiden. Aus dem Verein 70, 73. Aus der Gemeinderschaft 344/6. Aus der einfachen Gesellschaft **545.** Aus der Kollektivgesellschaft: durch Übereinkunft **576,** durch den Richter **577,** durch die übrigen Gesellschafter **578/9,** Abfindung **580,** Eintragung ins Handelsregister **581,** Verjährung der Forderungen von Gesellschaftsgläubigern **591,** Firma **948.** Aus der Kommanditgesellschaft **619.** Aus der Kommandit-AG **770, 948.** Aus der GmbH **822.** Aus der Genossenschaft: s. Austritt und Ausschliessung, durch Tod **847,** bei Wegfall der Beamtung oder Anstellung **848,** durch Übertragung der Mitgliedschaft **849/50,** Abfindung **864/5,** Haftung **876/8.** *Siehe auch* Ausscheidung, Ausschliessung, Auflösung.

Ausscheidung. Von Errungenschaft und Eigengut 207. Von Stockwerkeigentum 712e, 712b. Von Grundstücken aus dem Kollektivblatt 947. Der Kaufsache **185.** Bei Vermischung von Lagergütern **484.** *Siehe auch* Ausscheiden.

Ausschlagung der Erbschaft. Im allgemeinen 566/79. Durch einen Miterben 572. Aller nächsten Erben 573/5. Durch die Nachkommen 574. Durch einen Ehegatten 230. Durch den Vorerben 492. Einfluss auf Vermächtnisse 486. Zustimmung der Vormundschafts- und Aufsichtsbehörde 422. Keine Schenkung **239.**

Ausschliessung. Aus dem Verein 72/3, 65. Von der Vertretung der Gemeinderschaft 341. Aus der Gemeinschaft der Miteigentümer 649b/649c. Aus der Kollektivgesellschaft: durch den Richter **577,** durch die übrigen Gesellschafter **578/9.** Aus der Kommanditgesellschaft **619.** Aus der GmbH **822, 794, 799.** Aus der Genossenschaft **846.** Vom Stimmrecht: beim Verein 68, bei Entlastungsbeschlüssen in der AG **695,** in der Genossenschaft **887.** *Siehe auch* Aufhebung, Ausscheiden, Auflösung, Untergang.

Ausschliessungsgründe bei der Vormundschaft 384, 443.

Ausschluss. Der Klage auf Eingehung der Ehe 90. Der Teilung der Austrittsleistung nach FZG 123. Der Änderung der vereinbarten Scheidungsrente 127. Des Mehrwertanteils bei Errungenschaftsbeteiligung 206. Von Vermögenswerten bei der Gütergemeinschaft 224. Bewegliche Sachen von Zugehör 645. Der Rückforderung **66.** Der Verrechnung **125/6.** Der Verjährung s. Verjährung. Der Haftung s. Wegbedingung. Der Gewährspflicht beim Kauf **192, 199.** Der Mieterstreckung **272a.** Von Respekttagen **1083, 1143.** Der Annahme eines Checks **1104.** *Siehe auch* Ausschliessung, Verjährung, Verwirkung.

Ausschuss der Gemeinschaft der Stockwerkeigentümer 712m. *Siehe auch* Verwaltungsratsausschuss.

Ausserehelliches Kindesverhältnis s. Kindesverhältnis.

Ausserordentliche Bedürfnisse des Kindes 286.

Ausserordentliche Generalversammlung der AG. Einberuf **699, 700.** Bei Kapitalverlust **725.** Bei Einstellung von Bevollmächtigten in ihrer Funktion **726.**

Ausserordentliche Kündigung oder Beendigung. Der Miete **266g/k, 274g.** Der Pacht **297/297b.** Siehe auch wichtiger Grund, fristlose Auflösung Kündigung.

Ausserordentlicher Güterstand. Auf Begehren eines Ehegatten 185/7, 176. Bei Konkurs und Pfändung 188/91. Güterrechtliche Auseinandersetzung 192. *Siehe auch* Gütertrennung.

Ausspielgeschäfte 515.

Ausstattung. Des Neugeborenen 295. Pflicht zur Ausgleichung 626, 629. Herabsetzung 527. Bei Ausschlagung der Erbschaft 579.

Aussteller. Des gezogenen Wechsels: Unterschrift **991,** Wohnsitzbestimmung **992,** als Bezogener **993,** als Indossatar **1001,** Zinsversprechen **995,** Haftung **999,** Recht zur Aufstellung oder Beseitigung einer Präsentationspflicht **1012, 1013, 1024, 1050,** Bestimmung eines Umrechnungskurses **1031,** Protesterlass **1043,** ungerechtfertigte Bereicherung **1052,** Ehrenannahme zu seinen Gunsten **1056, 1061,** Pflicht zur Ausstellung von Wechselduplikaten **1063.** Des eigenen Wechsels **1096/9.** Des Checks: Unterschrift **1100,** Deckungserfordernis **1103,** Widerruf **1119/20.** Bei wechselähnlichen und anderen Ordrepapieren **1147, 1151, 1152.**

Austritt aus dem Verein 70, aus der Gemeinderschaft 344/5, aus der GmbH **822, 777,** aus der Genossenschaft **842/5, 851, 889** (Erhöhung der Leistungspflicht). *Siehe auch* Ausscheiden, Auflösung, Ausschliessung.

Austrittsleistung nach Freizügigkeitsgesetz bei Scheidung. Teilung 122, 141/2. Verzicht und Ausschluss der Teilung 123. Unmöglichkeit der Teilung 124. Berücksichtigung bei nachehelichem Unterhalt 125.

Ausweis. Zu grundbuchlicher Verfügung 965/6, 961, 972, VIII 18/24a. Zur Eintragung ins Aktienbuch **686.** Der Mitgliedschaft bei Genossenschaften **852.** Über das Gläubigerrecht bei Namenpapieren **975/6.** Zur Teilnahme an der Gläubigerversammlung bei Anleihensobligationen **1169.**

Ausweisung bei der Miete **274a, 274g,** bei der Pacht **301.**

Auszug. Aus den Zivilstandsregistern 44, 48, III 44/61, 33. Aus dem Güterrechtsregister IV B 6. Aus dem Eigentumsvorbehaltsregister VI A 17. Aus dem Grundbuch 967, 825, 970, VIII 105/6. Aus dem Handelsregister **VII A 9.**

Autor s. Verlaggeber.

Aval 1020/2 (Wechselbürge), **1114** (Checkbürgschaft).

Bank. Entgegennahme der Beträge beim Vorauszahlungsvertrag **227a/b.** Hinterlegung der Mietsicherheiten **257e.** Als Schuldnerin von Vorsorgeleistungen **331.** Leistung der Einlagen bei der AG **633, 653e.** Als Depotvertreter **689d.** Keine AG bei subsidiärer Haftung des Kantons **763.**

Bankdiskonto zur Berechnung des Verzugszinses **104.**

Bankengesetz. BG über die Banken und Sparkassen: dessen Vorbehalt und Abänderung **16/7 Schl- und UeB** am Ende des OR; Haftungsbestimmungen Anhang **III A (11), 38/45.**

Bankier. Begriff im Checkrecht **1135.** Als Bezogener **1102.** Als Dritter **1107.** Beim gekreuzten Check **1123/4.**

Banknoten. Ausschluss der Kraftloserklärung **988.**

Bankprovision während des Verzuges **104.**

Baracken 677.

Barschaft. Deren Behandlung bei der Bevormundung 401/2.

Barzahlung bei Versteigerung 233, beim Verrechnungscheck **1126.**

Bäuerlicher Grundbesitz s. bäuerliches Bodenrecht.

Bäuerliches Bodenrecht, BG darüber (BGBB: Anhang IX A; zugehörige Verordnung VBB: Anhang IX B). Zweck, Gegenstand und Geltungsbereich IX A 1/5. Begriffe IX A 6/10. Erbteilung: im allgemeinen IX A 11/24; Kaufsrecht von Verwandten IX A 25/7; Gewinnanspruch der Miterben IX A 28/35, 41. Aufhebung von vertraglich begründetem gemeinschaftlichem Eigentum IX A 36/9. Veräusserungsverträge: allgemeine Verfügungsbeschränkungen IX A 40/1; Vorkaufsrecht der Verwandten IX A 42/6; Vorkaufsrecht des Pächters IX A 47/8; Vorkaufsrecht an Miteigentumsanteilen IX A 49; gemeinsame Bestimmungen zu den bundesrechtlichen Vorkaufsrechten IX A 50/5; kantonale Vorkaufsrechte IX A 56; Grenzverbesserungen IX A 57. Realteilung und Zerstückelung IX A 58/60. Erwerb von landwirtschaftlichen Gewerben und Grundstücken IX A 61/9. Nichtige Rechtsgeschäfte IX A 70. Widerruf der Bewilligung IX A 71. Berichtigung des Grundbuchs IX A 72. Massnahmen zur Verhütung der Überschuldung (Belastungsgrenze) IX A 73/9. Verfahren und Rechtsschutz IX A 80/9. Vollzug IX A 90/1. Übergangsrecht IX A 94/5a. *Siehe auch* landwirtschaftliche Gewerbe, landwirtschaftliche Grundstücke, landwirtschaftliche Pacht.

Bäuerliches Erbrecht. Vorbehalt der Vorschriften bei Auflösung der Errungenschaftsbeteiligung 219, bei Teilung der Erbschaft 612a, 613a, 619. *Siehe auch* bäuerliches Bodenrecht.

Bauhandwerkerpfandrecht. Gesetzliches Grundpfandrecht 837. Eintrag 839. Rang bei mehreren Pfandrechten 840. Vorrecht 841. Anwendung der Bestimmungen auf Beitragsforderungen bei Stockwerkeigentum 712i, auf den Baurechtszins 779k.

Bauland. Anwendung der Vorschriften über Bodenverbesserungen 703. Mängel bei Ausführung eines Werkes **365, 376.**

Bauliche Massnahmen. An einer Sache im Miteigentum: notwendige 647c, nützliche 647d, der Verschönerung und Bequemlichkeit dienende 647e. Bei Stockwerkeigentum 712g, 712e, 712o.

Baulinien 962. *Siehe auch* Baute.

Baumaterial auf fremdem/eigenem Boden. Eigentumsverhältnis 671. Ersatz durch Grundeigentümer 672. Zuweisung des Grundeigentums an den Materialeigentümer 673. Anwendung der Bestimmungen auf Einpflanzungen 678.

Bäume. Übergreifen von Ästen und Wurzeln 687/8. Auf fremdem Boden SchlT 20, 45. *Siehe auch* Wald.

Baupolizei 702.

Baurecht 675, 779/779 l. Gegenstand und Aufnahme im Grundbuch 779. Vertrag 779a. Inhalt und Umfang 779b. Höchstdauer 779 l. Folgen des Ablaufs: Heimfall s. dort, Entschädigung 779d/e. Vorzeitiger Heimfall s. dort. Vorkaufsrecht 682. Keine Ausscheidung zu Stockwerkeigentum 712b, d, e, f. Dem Baurecht entsprechende Dienstbarkeit für Pflanzen 678. *Siehe auch* Baurechtszins, selbständige und dauernde Rechte.

Baurechtszins. Anspruch auf Errichtung und Eintragung eines Pfandrechts 779i/k.

Baute. Bestellung eines Beirates 395. Zustimmung der Vormundschaftsbehörde 421. Inhalt des Eigentums 667. Auf dem Grundstück 671/3. Überragende 674. Leitungen 676. Einwirkung auf nachbarliche Grundstücke 685. Abstände 686. Öffentlich-rechtliche Beschränkungen 702. *Siehe auch* Fahrnisbaute.

Bauwerk s. Werkvertrag (insbes. **368, 371, 375**), Werk.

Bauwert 848.

Bauzinse. Anspruch: der Aktionäre **676 (627), 678,** der Gesellschafter einer GmbH **804 (777).**

Beamte s. öffentliche Beamte und Angestellte.

Beauftragter 394 (einfacher Auftrag), **407** (Kreditbrief), **408** (Kreditauftrag), **412** (Mäklervertrag). Pflichten: Besorgung eines Geschäftes **394,** vorschriftsgemässe Ausführung **397,** persönliche Ausführung **398/9,** Rechenschaftsablegung **400,** Herausgabepflicht **400/1.** Haftung im allgemeinen **398,** bei Übertragung der Besorgung auf einen Dritten **399.** Haftung mehrerer **403.** Ermächtigung zur Besorgung des Geschäftes **396,** zur Übertragung an einen Dritten **398.** Auskunftspflicht gegenüber Sonderprüfer **697d.** *Siehe auch* Auftraggeber, einfacher Auftrag, Agent.

Bedenkzeit bei der Scheidung auf gemeinsames Begehren 111.

Bedeutende Aktionäre 663c.

Bedingte Entlassung. Wirkung auf Vormundschaft 432.

Bedingte Kapitalerhöhung s. Kapitalerhöhung.

Bedingung. Bei der Stiftung 86. Für Unterhaltsbeitrag nach Scheidung 126. Bei letztwilliger Verfügung 482, 519. Bei Erbausschlagung 570. Bei Schuldbrief und Gült 854.
Aufschiebende **151/3, 185, 413, 492, 791.** Auflösende **154, 247.** Erfüllung **155/6.** Unzulässige **157, 482.** Bedingter Kauf: Nutzen und Gefahr **185,** Grundbucheintrag **217.** Bedingte Schenkung **245, 247.** Bedingter Mäklervertrag **413.** Bedingte Bürgschaft **492.** Bedingungslose Aktienzeichnung **630.** Bedingter Austritt aus der GmbH **822, 851.** Keine Bedingung bei: gezogenem Wechsel **991,** Annahme des Wechsels **1016,** eigenem Wechsel **1096,** Check **1100,** Indossament **1002, 1109.** *Siehe auch* Arbeits-, Geschäfts-, Vertragsbedingungen.

Beendigung. Der Bevormundung 431/40. Des vormundschaftlichen Amtes 441/50. Folgen der Beendigung des vormundschaftlichen Amtes 451/6. *Siehe auch* Aufhebung, Auflösung, Untergang, Ende, Entlassung.
Der Miete **266/266o.** Der Pacht **295/8.** Der Gebrauchsleihe **309/11.** Der landwirtschaftlichen Pacht **V A 16/21.** Des Arbeitsverhältnisses: befristetes **334;** unbefristetes s. Kündigung; fristlose Auflösung s. dort; bei Tod des Arbeitnehmers oder Arbeitgebers **338/338a;** bei Übergabe des Betriebes **333/333a;** Folgen der Beendigung **339/339d** (Fälligkeit der Forderungen, Rückgabepflichten, Abgangsentschädigung), **340a/c** (Konkurrenzverbot), **321a** (Schweigepflicht), **330** (Kaution). Des Lehrvertrages **346/346a.** Des Handelsreisendenvertrages **350/350a.** Des Heimarbeitsvertrages **354.** Des Werkvertrages **375/9.** Des Verlagsvertrages **390/2.** Des einfachen Auftrages **404/6.** Des Agen-

turvertrages **418p/418v, 418d, 418 l.** Der Bürgschaft von Gesetzes wegen **509.** Der Bürgschaft auf Zeit **510.** Der unbefristeten Bürgschaft **511.** Der Amts- und Dienstbürgschaft **512.** *Siehe auch* Auflösung, Kündigung, Rücktritt, Liquidation.

Beeren. Deren Aneignung 699.

Befreiung. Des Schuldners: im Rahmen eines Vermächtnisses 484, durch Hinterlegung **92,** 861, bei Solidarschuld **147,** bei Solidarforderung **150,** bei der Abtretung **167, 168,** mangels Streitverkündung **193,** durch Ersatzleistung **206,** von übernommenen Verbindlichkeiten **402, 422,** von Verpflichtungen für eine zu bildende Gesellschaft **645, 783, 838,** durch Einzahlung des Stammkapitals **802,** beim Wertpapier **966, 975, 976,** beim Wechsel **1030.** Des Bürgen **506, 503, 509/11, 493, 497.** Des Aktienverkäufers von der Einzahlungspflicht **687.** *Siehe auch* Befriedigung des Gläubigers, Entlastung, Haftungsbefreiung, Schuldübernahme, Wegbedingung.

Befriedigung des Gläubigers. Aus der Erbschaft 497, 578, 594. Bei der Grundlast 791, 812. Beim Grundpfand 816/9, 827, 840. Aus dem Faustpfand 891/4. Aus der zurückbehaltenen Sache 898. Aus dem Versatzpfand 910/11. Aus dem Pfandbrief VII 27/31.

Durch einen Dritten **110.** Durch den Bürgen **503, 504, 507, 121.** *Siehe auch* Befreiung des Schuldners.

Befristung. Der Erbausschlagung 567/8, 576. Einer Verbindlichkeit **76/8.** Des Arbeitsverhältnisses **334.** Der Miete **255, 266.** Der Pacht **295.** Der Bürgschaft **509, 510.** *Siehe auch* Frist.

Begründung. Der Mietzinserhöhung **269d.** Der Mietkündigung **271.** Der Kündigung des Arbeitsverhältnisses **335.**

Begünstigung. Dritter während der Ehe 208, 220. Des überlebenden Ehegatten 473. Der Pflichtteilsberechtigten 523. Der Erben 629. Bei der Gründung einer AG s. besondere Vorteile, Vorzugsaktien.

Behörden s. Zuständigkeit.

Beibehaltung des bisherigen Güterstandes SchlT 9e/f. Zuständigkeit und Form der Beibehaltserklärung IV A. *Siehe auch* Wechsel, Unterstellung.

Beirat. Erforderliche Mitwirkung bei Beschränkung der Handlungsfähigkeit 395, 417. Beendigung 439.

Beistand. Vormundschaftliches Organ 360. Bestellung 397. Zur Vertretung 392. Zur Vermögensverwaltung 393. Auf eigenes Begehren 394. Für das Kind im Scheidungsprozess 126/7. Für das Kind unter elterlicher Sorge 308, 306. Zur Feststellung der Vaterschaft 309. Zur Verwaltung des Kindesvermögens 325, 326. Für den Nutzniesser bei Nichtleistung der Sicherheit 762. Für den unbekannten Grundpfandgläubiger 823. Ernennung durch die Vormundschaftsbehörde 392/3, 396/7, 308/9. Stellung 417. Inhalt seines Amtes 367, 418/9. Beendigung seines Amtes 439/40. Anwendung der Bestimmungen über den Vormund 367. *Siehe auch* Rechtsbeistand.

Beistandspflicht. Der Ehegatten 159. Der Eltern und Kinder 272. *Siehe auch* Unterstützungspflicht.

Beitragspflicht. Des Vereinsmitgliedes 71, 73. Bei Auflösung des Verlöbnisses 92. Der Ehegatten: während der Ehe 163, 165, 173, bei Aufhebung des gemeinsamen Haushaltes 176, bei Trennung 118, bei Scheidung s. nachehelicher

Unterhalt. Des Kindes 323, 319/20, 276, 285. Der Stockwerkeigentümer 712h/k. Des einfachen Gesellschafters **531, 548** (Behandlung bei der Liquidation). Des Genossenschafters **867**. *Siehe auch* Unterhaltspflicht.

Beitritt. Zu Gemeinschaften zwecks Bodenverbesserungen 703. Von Verbänden zum Gesamtarbeitsvertrag **356, 356c, VI 2**. Von Arbeitgebern und -nehmern: zu Verbänden **356a, VI 2**; zum Gesamtarbeitsvertrag s. Anschluss. Zur Kollektivgesellschaft **569, 612**. Zur Kommanditgesellschaft **612**. Zur Genossenschaft **839/41, 853, 877, 902**. *Siehe auch* Eintritt.

Bekanntgabe. Der Arbeitsbedingungen beim Heimarbeitsvertrag **351a**. Des Geschäftsberichtes der AG **696**, der Genossenschaft **856**. Der Beteiligung bei Publikumsgesellschaften **663c**. Der vertretenen Aktien **689e**. Der Generalversammlung der AG an die Partizipanten **656d**. Des Berichtes des Sonderprüfers **697f**. *Siehe auch* Bekanntmachung, Mitteilungspflicht.

Bekanntmachung. Des Entzugs der ehelichen Vertretungsbefugnis 174. Beim Fund 720. Der Löschung der Prokura **461**. Der AG **626, 641, 696, 700, 733, 742**. Der GmbH **776, 781**. Der Genossenschaft **832, 836, 883**. Der Handelsregistereinträge **931**. Bei Kraftloserklärung von Wertpapieren **983/4, 1075/6**. *Siehe auch* Anzeige, Veröffentlichung.

Belangbarkeit des Stellvertreters **39**, eines Solidarschuldners **144**, des Bürgen **501, 509, 511, 495, 496, 497**.

Belastung eines Grundstückes. Mitwirkung des Beirates 395. Zustimmung der Vormundschaftsbehörde 421, der Miteigentümer 648, 800, der Gesamteigentümer 800, der Stockwerkeigentümer 712c. Beim Gesamtpfand 798. Verzicht auf Mehrbelastung des Grundpfandes 812. Durch den Prokuristen **459**. *Siehe auch* Belastungsgrenze, Dienstbarkeit, Grundlast.

Belastungsgrenze. Beim Schuldbrief 843. Bei der Gült 848. Übergangsrecht SchlT 31/2. *Siehe auch* bäuerliches Bodenrecht, Erbengülten.

Belege. Bei den Zivilstandsregistern III 31/3. Beim Güterrechtsregister IV B 5. Beim Eigentumsvorbehaltsregister VI A 15. Beim Grundbuch 942, 948, 956, 971, VIII 28/30. Beim Handelsregister **VII A 9, 28, 34, 36/7, 50a**. Für Mietnebenkosten **257b**. Bei Gründung einer AG **631, VII A 78**, einer GmbH **779**. Bei der Aktienkapitalerhöhung **652g, VII A 80, 81b, 82a/b**. Bei nachträglicher Liberierung des Aktienkapitals **VII A 83**. Bei der Fusion **VII A 105a, 109, 109b, 109e, 110**. Bei der Spaltung **VII A 106a, 110a**. Bei der Umwandlung **VII A 107, 109c**. Bei der Vermögensübertragung **VII A 108, 109a, 109d, 110a**. *Siehe auch* kaufmännische Buchführung.

Belehnung der Grundpfänder VII 34/6.

Bemerkungen zu den Grundpfandeinträgen VIII 83/4.

Benachrichtigung des Vormannes und Ausstellers. Bei Nichtannahme und Nichtzahlung des Wechsels **1042**, des Checks **1143**. Bei Verhinderung der Vorlegung oder Protesterhebung beim Wechsel **1051**, beim Check **1131**. Bei Ehreneintritt **1054**. *Siehe auch* Anzeige.

Beneficium divisionis **497**, – excussionis **495/6**, – inventarii 580/92.

Beratungsstellen zum Schutz der ehelichen Gemeinschaft 171, 172.

Berechnung. Des Mehrwertanteils 206, 209, 211/4. Des Vorschlags 207/10, 211/4. Der Ersatzforderungen zwischen Errungenschaft und Eigengut 209. Des verfügbaren Teils bei letztwilliger Verfügung 474. Berechnungsart bei

Normale Zahlen = ZGB; fette Zahlen = OR

der Ausgleichung 628/30. Von Verzugszinsen **104/5.** Des Zinses beim Darlehen **314.** Des Anteils des Arbeitnehmers am Geschäftsergebnis **322a.** Der Entschädigung des Agenten für die Kundschaft **418u.** Der Stimmenmehrheit **534** (einfache Gesellschaft), **808** (GmbH), **1181** (Gläubigergemeinschaft bei Anleihensobligationen). Des Anteils eines Kollektivgesellschafters **558**, eines Aktionärs **611**, eines Gesellschafters der GmbH **804**, eines Genossenschafters **858, 864, 832.** Der Zinsen beim Wechselrückgriff **1045.** *Siehe auch* Fristberechnung, Schadenberechnung, Kaufpreis.

Bereicherung. Bei Erbverzicht 497. Des Erblassers bei Vorabsterben der Erben 515. Durch Verfügungen unter Lebenden 528. Des Vermächtnisnehmers gegenüber den Erben 565. Gutgläubiger Erben bei Erbausschlagung 579. Der Erben bei Haftung aus Inventar 590. Als Voraussetzung für eine Schenkung 239. *Siehe auch* ungerechtfertigte Bereicherung.

Bereicherungsanspruch. Umfang **64/5.** Ausschluss der Rückforderung **63, 66.** Verjährung **67.** *Siehe auch* ungerechtfertigte Bereicherung.

Bereinigung. Der Zivilstandsregister 42/3, III 29/30. Der Grundbücher bei Einführung des Stockwerkeigentums SchlT 20^{quater}. Der dinglichen Rechte bei Einführung des Grundbuches SchlT 43. Der Eigentumsvorbehaltsregister VI B.

Bergwerke. Gegenstand des Grundeigentums 655. Nutzniessung daran 771. Aufnahme ins Grundbuch 943, VIII 10.

Berichterstattung. Der Eltern oder Dritter über die Verwaltung des Kindesvermögens 318, 322. Des Vormundes 413, 451, 423, 425, 452. Des Beistandes 367. Des Sonderprüfers einer AG **697e.** Der Revisionsstelle der AG **729, 729a.** Der Revisoren der Genossenschaft **908.** *Siehe auch* Auskunftspflicht.

Berichtigung. Bei Persönlichkeitsverletzungen 28a. Im Zivilstandsregister 42, III 29/30. Des Testaments 469. Von Grundbuchplänen 669. Der Wertquoten bei Stockwerkeigentum 712e. Im Grundbuch 977, VIII 98/100. Von Rechnungsfehlern beim Vertragsabschluss **24.** Im Handelsregister **VII A 8.** *Siehe auch* Grundbuchberichtigungsklage.

Beruf oder Gewerbe. Der Ehegatten: Berücksichtigung bei Festsetzung des nachehelichen Unterhalts 125, Entschädigung bei Mithilfe 163, 164/5, 173, Wahl und Ausübung 167, Erklärung von Vermögenswerten zu Eigengut 199, Haftung für Schulden 202, 233, 249, kein Recht auf Zuteilung der Nutzniessung an Räumlichkeiten 219, 612a, Ausschluss der Vermögenswerte aus der Gütergemeinschaft 224, Ausübung mit Mitteln des Gesamtgutes 229, 233. Des Kindes 323. Des Mündels 412, 421. Besondere Verjährungsfristen **128.** Beschränkte Anwendung der Bestimmungen über den Vorauszahlungskauf **227i.** Ausbildung s. Berufsbildung, Lehrvertrag. *Siehe auch* Gewerbe.

Berufliche Vorsorge s. Personalvorsorge.

Berufsbildung. Anspruch des Kindes 302. Vorbehalt des öffentlichen Rechts 342. Unzulässigkeit ihrer Beschränkung durch Gesamtarbeitsvertrag **356a.**

Berufsfreiheit 356a.

Berufsgeheimnis 170.

Berufsmässige Ehe- oder Partnerschaftsvermittlung **406c.**

Berufsverbände. Als Parteien von Gesamtarbeitsverträgen **356 ff., VI A** (AVEG). Anhörung vor Erlass von Normalarbeitsverträgen **359a.** Firmenbildung der als Vereine konstituierten Berufsverbände **VII A 47.** Klagerecht nach UWG **II C 10.**

Berufung ans Bundesgericht. Bei Verweigerung der Namensänderung 30. Bei Absehen von der Zustimmung eines Elternteils zur Adoption 265c. Bei Verweigerung der Adoption 268/9. Bei Entziehung und Wiederherstellung der elterlichen Sorge 314/Fn. 1. Bei Entmündigung 373. Bei Aufhebung der Entmündigung 434. Bei Anordnung einer Beistandschaft 397 (373). Bei fürsorgerischer Freiheitsentziehung 397d/Fn. 1.

Beschäftigungsgrad des Zivilstandsbeamten 48.

Beschlussfassung s. Stimmrecht, Generalversammlungsbeschlüsse, Verwaltungsrat.

Beschränkte dingliche Rechte 730/915, s. Dienstbarkeit, Grundlast, Grundpfand, Fahrnispfand, dingliche Rechte. Erwerb durch die Erben 560. Besitzer der Sache 920, 931, 933. Übergangsrecht SchlT 17/36. An der Mietsache **261a.** An der Pachtsache **290.**

Beschränkte Gütergemeinschaften 223/4. Im übrigen s. Gütergemeinschaft.

Beschränkte Haftung s. Beschränkung, Gesellschaft mit beschränkter Haftung, Kommanditär, Genossenschaft, Wegbedingung.

Beschränkte Handlungsfähigkeit. Eines Mündigen 365. Eines Kindes 305. Eines Entmündigten 410/2. *Siehe auch* Beirat, Handlungsfähigkeit, Urteilsfähigkeit.

Beschränkung. Der Verfügungsbefugnis eines Ehegatten 178. Der Verfügungsfreiheit des Erblassers 470 ff., 516, 527. Der Vollmacht **34.** Der Vertragshaftung **100, 101.** Der Gewährleistung beim Kauf **192, 199, 203.** Des Konkurrenzverbotes **340a (362).** Der Prokura **460.** Der Bürgschaft auf den zuerst abgetragenen Teil der Hauptschuld **493.** Der Geschäftsführung bei der einfachen Gesellschaft **539,** bei der Kollektivgesellschaft **554/5, 564,** bei der Kommanditgesellschaft **596.** Der Vertretungsbefugnis bei der AG **718a,** bei der GmbH **814,** bei der Genossenschaft **899.** Des Stimmrechts bei der AG **627, 692, 695, 691,** bei der Genossenschaft **833.** Des Kontrollrechts bei der AG **697,** bei der Genossenschaft **857.** Der Übertragbarkeit von Aktien s. Vinkulierung. Der Abtretung von Anteilen an einer GmbH **777.** Des Austrittes aus der Genossenschaft **843.** Der Annahme auf einen Teil der Wechselsumme **1016, 1091.** Von Gemeinschaftsbeschlüssen bei Anleihensobligationen **1173/5.** *Siehe auch* Belastungsgrenze, beschränkte Haftung, Kündigungsschutz, Unabänderlichkeit.

Beschränkungen des Grundeigentums. Im allgemeinen 680. Veräusserungsbeschränkungen s. dort. Nachbarrecht s. dort. Gemäss öffentlichem Recht 702/3, 962. *Siehe auch* Erwerb von Grundstücken, Verfügungsbeschränkungen.

Beschwerde. Gegen Verfügungen der Aufsichtsbehörde über die Adoptivkindervermittlung 269c. Gegen eine Kindesschutzmassnahme 314. Gegen den Vormund 420. Gegen die Vormundschaftsbehörde 378, 420, 450. Gegen den Erbschaftsverwalter 595. Gegen den Eigentumsvorbehaltsregisterführer VI A 21. Gegen den Grundbuchverwalter 956, VIII 102/4. Gemäss BewG X A 20/1. Im Konkurs der Genossenschafter **873.** Gegen Verfügungen des Handelsregisterführers **929, VII A 3/5.** Gegen Verfügungen des Preisüberwachers **II B 20/2.** Nach LPG **V A 50/1.** *Siehe auch* Bund, Verwaltungsgerichtsbeschwerde.

Beseitigungsanspruch. Bei Verletzung in der Persönlichkeit 28a, 28c. Bei Überschreitung des Eigentumsrechts durch den Grundeigentümer 679. Des Gläubigers bei Wertverminderung des Grundpfands 810. Bei Besitzesstörung 928/9. Des Gläubigers bei rechtswidrigem Zustand 98. Des Mieters **259a, 259b/c.** Des Arbeitgebers bei Übertretung des Konkurrenzverbotes **340b.**

Besitz 919/41, SchlT 37. Begriff 919. Selbständiger und unselbständiger Besitz 920. Unterbrechung 921. Des Nutzniessers 755, 762. Übertragung s. dort. Bedeutung s. Besitzesschutz, Rechtsschutz, Verantwortlichkeit, Ersitzung. Voraussetzung zur Übertragung von Fahrnis 714, zur Geltendmachung von Forderungen aus Schuldbrief und Gült 868, zur Bestellung eines Faustpfandes 884, für das Retentionsrecht 895, **485,** für die Fälligkeit des Kaufpreises 213, zur Ausübung des Aktienstimmrechts **689a,** zur Kraftloserklärung von Wertpapieren **981, 1074, 1143.**

Besitzanweisung 924.

Besitzesentziehung s. Besitzesschutz.

Besitzeskonstitut 924, 717.

Besitzesrechtsklage s. Rechtsschutz.

Besitzesregeln 938/40. Bei Aufhebung einer Verschollenheit und Rückerstattung 547. Bei Herausgabe der Erbschaft durch die gesetzlichen Erben 560. Bei der Erbschaftsklage 599. Bei der Ausgleichung 630. Bei Übertragung von Fahrnis 714.

Besitzesschutz. Abwehr von Angriffen 926. Klage aus Besitzesentziehung 927. Klage aus Besitzesstörung 928. Zulässigkeit und Verjährung der Klagen 929.

Besitzesstörung 928, s. Besitzesschutz.

Besitzesverlust. Untergang des Faustpfandrechtes 888. Im übrigen s. Besitzesschutz.

Besondere Vorteile bei der AG. Aufnahme in die Statuten **627, 628,** in den Gründungsbericht **635.** Eintrag ins Handelsregister **641.** Bei Kapitalerhöhung **650, 652e.** Beschlussfassung darüber **704.** Nicht für Revisoren **727c.** Haftung bei unrichtiger Angabe **753.** *Siehe auch* Genussschein, Vorrecht, Vorzugsaktien.

Besonders befähigter Revisor. Bei der Stiftung 83a. Bei der AG **727b, 729a, 653f, 653i, 731a, 732, 734, 745.**

Bestandteile. Einer Sache: Begriff 642/3, bei Verbindung und Vermischung 727, bei der Nutzniessung 756, Gegenstand der Pfandhaft 805, 892. Eines Grundstückes: Baumaterial 671, überragende Bauten 674, Quellen 704, Bauwerke beim Heimfall 779c, als Gegenstand eines Fahrniskaufs **187.**

Bestattung III 36.

Bestattungskosten 45.

Besteller 363. Lieferung des Stoffes **365.** Rücktritt s. dort. Recht zur Ersatzvornahme **366.** Prüfungspflicht **367.** Verantwortlichkeit **369.** Genehmigung des Werkes **370.** Vergütung, Rücktritt, Mängelhaftung s. jeweils dort. *Siehe auch* Werkvertrag.

Bestellung. Des Vormunds 379/91, 298. Des Beistands 397, 397f, 147. Eines Willensvollstreckers 517. Eines Baurechts s. dort. Des Verwalters bei Stockwerkeigentum 712m, 712q/r. Der Nutzniessung s. dort. Des Grundpfandes 793/4.

Des Fahrnispfandes s. dort. Der Prokura und anderer Handlungsvollmachten **458, 462.** Der Bürgschaft **492, 135.** Einer Leibrente **516.** *Siehe auch* Geschäftsführung, Organe, Vertretung.

Beteiligung. Am Vorschlag s. Vorschlag. Der AG **665a, 663a, 663b.**

Beteiligungsverhältnisse bei Publikumsgesellschaften **663c.**

Betrag eines Ehegatten zur freien Verfügung 164, 173, 176. *Siehe auch* Beitragspflicht.

Betreibung s. Schuldbetreibung.

Betreibungsamt. Mitteilung: der Bevormundung 375, 395, 435, der Ernennung eines Beistandes 397, 440, des Pfandrechts an Vieh 885.

Betreibungsbeamter. Führung des Eigentumsvorbehaltsregisters 715. Bei Retention von Namenpapieren 898.

Betreuung der Kinder. Berücksichtigung bei Festsetzung des nachehelichen Unterhalts 125, bei Bemessung des Unterhaltsbeitrages 285. Im übrigen s. elterliche Sorge, Obhut, Pflegeeltern.

Betrieb s. Gewerbe.

Betriebsnachfolge 333.

Betriebsordnung 321d/Fn. 1.

Betriebsrechnung. Auflegung zur Einsicht bei der Genossenschaft **856, 902,** Abnahme **879, 908,** Prüfung **907.** Bilanzvorschriften **958/62.** *Siehe auch* Gewinn- und Verlustrechnung.

Betriebsunfall s. Unfall.

Betrug s. absichtliche Täuschung, Arglist.

Beurkundung des Personenstandes 39/49. *Siehe auch* öffentliche Beurkundung, Zivilstandsregister.

Bevollmächtigte s. Ermächtigung, Stellvertretung.

Bevormundeter. Wohnsitz 25. Adoption 265, 422. Mitwirkung beim Inventar 398. Anspruch auf einen Beistand 392. Fürsorge 405/6. Vertretung 407/9. Eigenes Handeln 410/2, 421. Vermögensverwaltung 413/4. Beschwerderecht 420. Antragsrecht auf Amtsenthebung des Vormunds 446. Als Erbe 553. Als Erblasser 554. *Siehe auch* Entmündigter, Bevormundung.

Bevormundung. Wegen Unmündigkeit 368. Wegen Geisteskrankheit und Geistesschwäche 369. Wegen Verschwendung, Trunksucht, lasterhaftem Lebenswandel, Misswirtschaft 370. Wegen einer Freiheitsstrafe 371. Auf eigenes Begehren 372. Mündiger Kinder 385. Verfahren 373/5, 434. Beendigung 431/8. Zuständigkeit 376/8. Übergangsrecht SchlT 14, 12c. Zuständigkeit und anwendbares Recht gemäss IPRG IA 85. Übereinkommen über die Zuständigkeit der Behörden und das anwendbare Recht auf dem Gebiet des Schutzes von Minderjährigen II E3. *Siehe auch* vormundschaftliche Organe, fürsorgerische Freiheitsentziehung.

Bevormundung des einfachen Gesellschafters **545,** des Kollektivgesellschafters **574,** des Kommanditgesellschafters **619.** *Siehe auch* Entmündigung, Handlungsunfähigkeit.

Bewährte Lehre 1.

Bewegliche Sachen s. Fahrniseigentum.

Beweis. Mit öffentlicher Urkunde 9. Der abweichenden Übung 5. Des Lebens und des Todes 32, 548. Des Eigentums an Vermögenswerten: beim ordentlichen Güterstand 200, bei der Gütergemeinschaft 226, bei der Gütertrennung 248. Der Nichtvaterschaft 256a, 260b, SchlT 13a. Des Inhalts dinglicher Rechte 971.
Beweis: Des Nichtgelingens der Leistung beim Preisausschreiben **8.** Der Kenntnis: des Urkundeninhaltes durch einen Blinden **14,** der mangelhaften Vollmacht **39,** der Haftungsbeschränkung eines Kommanditärs **606,** einer nicht im Handelsregister eingetragenen Tatsache **933.** Des Zeitpunktes der Kenntnis der Angaben nach Artikel 40d OR **40e.** Des Schadens **42, 503.** Des Rücktrittsrechts bei der Konventionalstrafe **160.** Bei Streitverkündung mit ungünstigem Prozessergebnis **193.** Bei Mängeln einer übersandten Kaufsache **204.** Beim Kauf nach Muster **222.** Des Pächters bei Ersatz fehlender Pachtgegenstände **299b.** Des Interesses am Konkurrenzverbot **340c.** Des mangelhaften Zustandes des Kommissionsgutes **427.** Der Schadenabwendung beim Verkauf unter dem Mindestpreis **428.** Der Schenkungsabsicht bei der Verpfründung **526.** Des schutzwürdigen Interesses bei der Editionspflicht bezüglich Geschäftsbücher **963.** Der Berechtigung des Inhaberpapieres **975,** beim Wechsel **1006,** beim Check **1110, 1112.** Des Gegenteils **1010, 1019, 1113.** *Siehe auch* Entlastungsbeweis, Beweiswürdigung, Beweislast, Beweismittel, Beweissicherung, Beweisvorschriften.

Beweislast 8. Bei Beweis von Geburt und Tod 32. Bei der Enterbung 479. Für Schaden bei unerlaubter Handlung **42.** Für Mängel bei Versendungskauf **204.** Bezüglich Identität des Musters beim Kauf nach Muster **222.** Bei Schadenersatz wegen Mängeln der Mietsache **259c.** Hinsichtlich Fristversäumnis bei Protesterlass im Wechselrecht **1043.** Bezüglich Verschulden s. Entlastungsbeweis.

Beweismittel. Öffentliche Urkunden 9. Bei Klage auf Gegendarstellung 28 l. Bei Beweis von Geburt und Tod 33/4. Im Scheidungsverfahren 138. Bei vorläufigen Unterhaltszahlungen 283. Grundbuchauszug bei Grundpfandverschreibungen 825. Herausgabepflicht: bei Forderungsabtretung **170,** des Gläubigers bei der Bürgschaft **503.** Urkunde über Gesellschaftsanteil bei der GmbH **789.** Genossenschaftsanteilschein **853.** Aufzeichnung von Geschäftsbüchern **963, 957.** Warenscheine **1155.**

Beweissicherung 28c, **418e.**

Beweisvorschriften. Des kantonalen Rechts 10. *Siehe auch* Beweiswürdigung.

Beweiswürdigung, freie. Im Scheidungsverfahren 139, 145. Im Verfahren zur Feststellung oder Anfechtung des Kindesverhältnisses 254. Bei der Unterhaltsklage 280. Bei Streitigkeiten aus dem Mietverhältnis **274d,** aus dem Pachtverhältnis **301,** aus dem Arbeitsverhältnis **343.**

Bewertung. Von Grundstücken im allgemeinen 617/8. Von landwirtschaftlichen Grundstücken und Gewerben 619, 212. Der Sacheinlage bei der AG **628,** bei der GmbH **778.** In der Bilanz: im allgemeinen **960,** bei der AG **664/70,** bei der Kommandit-AG **764,** bei der GmbH **805,** bei Versicherungs- und Kreditgenossenschaften **858.** *Siehe auch* kaufmännische Buchführung.

Bewilligungspflicht. Zur Adoptionsvermittlung 269c, SchlT 12c[bis]. Zur Aufnahme von Kindern zur Pflege und zur Adoption 316. Zur Führung eines Pfandleihgewerbes 907/8. Für Erwerb von Grundeigentum in der Schweiz durch Personen im Ausland 657/Fn. 1, X A/B, Note* vor **216**. Für Erwerb landwirtschaftlicher Gewerbe und Grundstücke 657/Fn. 1, IX A. Zur Ehe- oder Partnerschaftsvermittlung **406c**. Zur Stellenvermittlung **417/Fn. 1**. Zur Ausgabe von Warenpapieren **482, 1155**. Für Lotterie- und Ausspielgeschäfte **515**. Für Spielbanken **515a**. Für öffentliche Auskündung und Durchführung von Ausverkäufen **II C 21**.

Bezogener. Beim Wechsel **991 Ziff. 3, 993, 1001, 1011/9, 1064** (Annahme des Wechsels durch den Bezogenen), **1029, 1033/4** (Zahlungsunfähigkeit), **1054** (Ehreneintritt). Beim Check **1100, 1102, 1109, 1126** (Zahlungsunfähigkeit). Bei Anweisung an Ordre **1147/9**.

Bezugsrecht. Des Käufers beim Vorauszahlungsvertrag **227c**. Des Aktionärs **652b, 656**. Beschränkung oder Aufhebung bei der AG **650, 652b, 652e, 653b/c, 704**. Des Gläubigers und des Arbeitnehmers der AG **653**. Des Partizipanten **656g, 656f**. Des Genussscheininhabers **657**. Des Gesellschafters der GmbH **787**.

Bienenschwarm. Zuführung **725**. Auf fremdem Grundstück **700, 719**.

Bilanz. Allgemeine Vorschriften **958/61**. Vorbehalt besonderer Bilanzvorschriften bei ausserordentlichen Verhältnissen **5 Schl- und UeB** am Ende des OR. Der Kollektivgesellschaft **558, 587**. Der Kommanditgesellschaft **600, 611**. Der AG: Mindestgliederung **663a**; Gründungs-, Kapitalerhöhungs- und Organisationskosten **664**; Anlagevermögen **665a**; Beteiligungen **665a**; Vorräte **666**; Wertschriften **667**; Abschreibungen s. dort; bei Liquidation **742**; Reserven, Rückstellungen s. jeweils dort. Der GmbH **805, 810**. Der Genossenschaft: Auflegung zur Einsicht **856/7**, Grundsätze für ihre Aufstellung **858**, Abnahme **879**, Pflicht der Verwaltung **902/3**, Prüfung und Bericht der Kontrollstelle **906/8**. Vorlage an Gläubigerversammlung bei Anleihensobligationen **1175**. *Siehe auch* Jahresrechnung, Zwischenbilanz.

Bilanzgewinn. Anspruch des Aktionärs **660, 706**, des Partizipanten **656f**, des Genussscheinberechtigten **657**. Aufführung in Bilanz **663a**. Verwendung: Beschluss **698, 729c**, Antrag **728**, für Reserve zu Wohlfahrtszwecken **674**, für Dividende **675**, für Tantiemen **677**. *Siehe auch* Jahresgewinn.

Bilanzsumme 663e, 727b.

Bilanzverlust 663a, 670.

Bildung neuen Landes **659**.

Bisheriges und neues Recht. Anwendung im allgemeinen SchlT 1/4. Im Personenrecht SchlT 5/6b. Im Eherecht SchlT 7/8b. Im ehelichen Güterrecht SchlT 9/11a. Im Kindesrecht SchlT 12/13a. Im Vormundschaftsrecht SchlT 14/14a. Im Erbrecht SchlT 15/6. Im Sachenrecht SchlT 17/48. Verjährung SchlT 49. Vertragsformen SchlT 50. *Siehe auch* Schluss- und Übergangsbestimmungen.

Blankoindossament 1002/4, 1006, 1109/10.

Blankowechsel 1000, 1098, 1143.

Blinde. Deren Unterschrift **14, 1085**.

Blutsverwandtschaft s. Verwandtschaft.

Boden und Baumaterial bei Bauten auf (eigenen oder fremden) Grundstücken s. Baumaterial.

Normale Zahlen = ZGB; fette Zahlen = OR

Bodenverbesserungen. Bei Miteigentum 674b. Als öffentlich-rechtliche Beschränkung 702. Mitwirkung dazu 703. Pfandrecht 820/1, **VIII** 21, 49. Keine Eintragungsgebühren 954.

Bodenverschiebung 660/660a. Bildung neuen Landes 659. Vom Kanton bezeichnete Gebiete 668, 973.

Bodenwert 848.

Borger 312, s. Darlehen.

Börsengesetz (BEHG), Anhang **VIII.**

Börsenkotierte Aktien. Beteiligungsverhältnisse 663c. Pflicht zur Konzernrechnung 663e. Übertragbarkeit von Namenaktien 685d/g. Offenlegung von Jahres- und Konzernrechnung 697h. Besonders befähigter Revisor **727b.**

Börsenmäkler 418.

Börsenpapiere. Lieferungsgeschäfte darüber **513.** Anleihensobligationen **1156.** *Siehe auch* Wertpapiere.

Börsen- und Marktpreis. Für die hinterlegte Sache 93. Zur Schadenberechnung im Kaufrecht **191, 215.** Bei Eintritt des Kommissionärs als Eigenhändler **436.**

Böser Glaube. Des Bevormundeten bei mangelnder Genehmigung des Geschäftes 411. Des Bedachten 521. Des Erbschaftsbeklagten 600. Des Material- oder Grundstückeigentümers bei Bauten auf dem Grundstück 672. Des Verarbeiters 726. Des Besitzers 936, 940. Des Dritten beim Grundbucheintrag 974.

Des Bereicherten **64/5.** Des Vermieters **268a.** Des Verpächters **299c.** Des vertragsunfähigen Geschäftsführers **421.** Des Aktionärs und des Verwaltungsrates **678.** Des Wechselinhabers **1000, 1006.** Des Checkinhabers **1112.** *Siehe auch* Gutglaubensschutz, gutgläubige Dritte.

Bote. Dessen Irrtum 27.

Brachweg 695.

Brandversicherungswerte bei der AG **663b.**

Brunnen. Pflicht zur Durchleitung 691. Abgrabung oder Verunreinigung 706/7. Benutzung 709. Notbrunnen 710. Pflicht zur Abtretung des Wassers 711. *Siehe auch* Quelle.

Buchführung s. kaufmännische Buchführung.

Buden 677.

Bund s. Bundesrat, Genehmigung kantonaler Vorschriften, Eidgenossenschaft. Betrieb der zentralen Datenbank 45a. Vermögensverwendung bei Aufhebung einer juristischen Person 57. Oberaufsicht im Zivilstandswesen 45. Stiftungsaufsicht 84. Aufsicht über die Vermittlung von Kindern zur Adoption 269c. Einsetzung der tripartiten Kommission **360b.**

Bundesanleihen 1157.

Bundesgericht. Als Beschwerdeinstanz bei Absehen von der Elternzustimmung zur Adoption 265d, bei Entziehung der elterlichen Sorge 314, bei Entmündigung 373, bei Aufhebung der Vormundschaft 434, bei Anordnung fürsorgerischer Freiheitsentziehung 397d, bei Genehmigung oder Widerruf von Gemeinschaftsbeschlüssen mit Eingriff in Gläubigerrechte **1178/9.** Zuständigkeit: Zum Erlass der V über den Genossenschaftskonkurs **873**. Bei Anleihen von Eisenbahn- oder Schifffahrtsunternehmungen **1185**. *Siehe auch* Verwaltungsgerichtsbeschwerde.

Bundesrat. Zuständig im Zivilstandswesen für: Meldepflicht 40, Datenschutz 43a, 45a, Ernennung von Zivilstandsbeamten im Ausland 44, Regelung der zentralen Datenbank 45a. Anlegung des Grundbuchs 950, SchlT 38/42. Ermächtigung zur Verschiebung der Grundbucheinführung SchlT 46. Als Beschwerdeinstanz bei Quellenstreitigkeiten unter Kantonen 705. Genehmigung von Ausnahmen mit Bezug auf die Nationalitäten- und Wohnsitzregel für Verwaltungsräte der AG **708**.
Zuständigkeit zum Erlass: Der ZStV 40, 43a, 44, 48, 103; der V über die Adoptionsvermittlung 269c; der V über die Aufnahme von Kindern zur Pflege und zur Adoption 316; der V betreffend die Viehverpfändung 885; der GBV 949, 858, 943, 945, 967, 977; von Ersatzverordnungen SchlT 53.
Zuständigkeit zum Erlass: Der V über die Gewährleistung im Viehhandel **202;** der V über die Miete und Pacht von Wohn- und Geschäftsräumen **253a;** der Normalarbeitsverträge **359a;** der V über die berufsmässige Vermittlung von Personen aus dem Ausland oder ins Ausland zu Ehe oder fester Partnerschaft **406c;** der V über das Handelsregister und den Gebührentarif dazu **929, 936, 944;** der V über das Schweizerische Handelsamtsblatt **931**; der V über die Führung und Aufbewahrung der Geschäftsbücher **957;** der V über die Gläubigergemeinschaft bei Anleihensobligationen **1169;** abweichender Bilanzvorschriften **5 Schl- und UeB** am Ende des OR.

Bundesrecht. Verhältnis zum kantonalen Recht 5, 6, 10. *Siehe auch* öffentliches Recht, öffentlich-rechtliche Körperschaften und Anstalten.

Bürge 492. Verhältnis zum Gläubiger: Umfang der Bürgschaft **499,** gesetzliche Verringerung des Haftungsbetrages **500,** Belangbarkeit **501,** Einreden **502, 121, 141,** Sorgfalts- und Herausgabepflicht des Gläubigers **503,** Anspruch auf Zahlungsannahme **504,** Mitteilungspflicht des Gläubigers und Anmeldung seiner Forderung im Konkurs und Nachlassverfahren des Schuldners **505.** Verhältnis zum Hauptschuldner: Recht auf Sicherstellung und Befreiung **506,** Rückgriffsrecht **507** (im allg.), **508** (Anzeigepflicht). Rücktritt **510.** *Siehe auch* Bürgschaft.

Bürgerliche Ehren und Rechte. Voraussetzung der Wahl zum Vormund 384. Voraussetzung der Zeugenfähigkeit 503.

Bürgerrecht. Im allgemeinen 22. Eintrag im Zivilstandsregister 39. Der Ehefrau 161, 109, 119, SchlT 8b. Des Kindes 271, SchlT 12. Des Adoptivkindes 267a. Des Findelkindes 330. Bei Bevormundung 376. Zustimmung der vormundschaftlichen Aufsichtsbehörde zum Erwerb 422. Von Verwaltungsräten der AG **708,** der Genossenschaft **895.**

Bürgschaft 492/512. Begriff **492.** Bestand der Hauptschuld **492.** Form **493.** Zustimmung des Ehegatten oder eingetragenen Partners **494.** Einfache Bürgschaft, Solidarbürgschaft, Mitbürgschaft, Nachbürgschaft, Rückbürgschaft, Amts- und Dienstbürgschaft, Bürge, Beendigung s. jeweils dort. Übergangsrecht s. Schluss- und Übergangsbestimmungen. Bei Teilzahlung **85.** Als Nebenrecht **114, 178** (bei Schuldnerwechsel). Keine Neuerung durch Ausstellung eines neuen Bürgschaftsscheines **116.** Bei Verrechnungsrecht des Hauptschuldners **121.** Grund für die Unterbrechung der Verjährung **135/6.** Bei Verjährungsverzicht des Hauptschuldners **141.** Aufführung im Anhang zur Jahresrechnung der AG **663b.** Wechsel- und Checkbürgschaft s. jeweils dort. Zustimmung des Beirats 395. Verbot ihrer Eingehung zulasten des Bevormundeten 408. *Siehe auch* Bürge, Bürgschaftsgläubiger.

Bürgschaftsarten s. Bürgschaft.

Bürgschaftsgläubiger. Rechnungsruf beim öffentlichen Inventar einer Erbschaft 582. *Siehe auch* Bürge, Bürgschaft.

Bürgschaftsschein. Keine Neuerung durch erneute Ausstellung **116.**

Bürgschaftsschulden des Erblassers 591.

Busse. Bei Meldepflichtverletzung im Zivilstandswesen 40. Gegen die auf Zivilstandsämtern tätigen Personen 47. Gegen den Vormund 447. Gegen den Grundbuchverwalter 957. Wegen mutwilliger Prozessführung im Arbeitsrecht **343.** Wegen Nichtanmeldung im Handelsregister **943, VII A 2.** Bei Ausstellung von Warenpapieren ohne Bewilligung **1155.** *Siehe auch* Disziplinarmassnahme, strafbare Handlung, Strafbestimmungen.

Check 1100/44. Ausstellung und Form: Erfordernisse **1100/1,** passive Checkfähigkeit **1102,** Deckungserfordernis **1103,** Ausschluss der Annahme **1104,** Remittent **1105,** Zinsvermerk **1106,** Zahlstelle **1107.** Erfüllungsort s. dort. Übertragung: Übertragbarkeit **1108,** Erfordernisse **1109,** Legitimation des Inhabers **1110,** Inhabercheck **1111,** abhanden gekommener Check **1112,** Nachindossament **1113.** Checkbürgschaft **1114.** Vorlegung und Zahlung: Verfallzeit **1115,** Vorlegung zur Zahlung **1116,** Einlieferung in Abrechnungsstelle **1118,** Widerruf **1119/20,** Prüfung der Indossamente **1121,** Zahlung in fremder Währung **1122.** Gekreuzter Check, Verrechnungscheck, Rückgriff s. jeweils dort. Gefälschter Check **1132.** Ausfertigung mehrerer Stücke **1133.** Bankier s. dort. Fristbestimmungen **1136/7.** Geltungsbereich der Gesetze (Internationales Privatrecht) **1138/42.** Anwendbarkeit des Wechselrechts **1143.** Vorbehalt des Postcheckrechts **1144.** Beim Vorauszahlungsvertrag **228.** Beim Konsumkreditvertrag **XII B1 20.** Vorbehalt des Checkrechts bei der Anweisung **471,** bei den allgemeinen Bestimmungen über die Wertpapiere **973.**

Checkbürgschaft 1114.

Clearing, ausländische Vorschriften. Wirkung auf die Bürgschaft **501.**

Confusio 727.

Constitutum possessorum s. Besitzeskonstitut.

Coupons. Verfahren bei deren Abhandenkommen 987. *Siehe auch* Couponsbogen, Zinscoupons.

Couponsbogen. Verfahren zur Kraftloserklärung bei Abhandenkommen 981/8. *Siehe auch* Coupons.

Dahinfallen. Vorsorglicher Massnahmen im Persönlichkeitsrecht 28e. Des Gesuchs um Verschollenerklärung 37. Der Eheschutzmassnahmen 179. Der Enterbung 480. Des Erbverzichts 496. Des Erbvertrages 515.
Des Vertrages **26, 39, 109, 499.** Des Schuldübernahmevertrages **180.** Des Provisionsanspruches des Arbeitnehmers **322b,** des Agenten **418h, 418 l,** des Kommissionärs **433.** Des Konkurrenzverbotes des Arbeitnehmers **340c.** Der Mängelrechte des Bestellers **369.** Der Mitgliedschaft bei der Genossenschaft

848. Der Vollmacht des Anleihensvertreters **1162.** Von Vorauszahlungsverträgen **3** SchlB vom 23. 3. 1962 am Ende des OR. *Siehe auch* Schadenersatz, Rücktritt, Aufhebung, Auflösung.

Dampfschifffahrtsunternehmungen s. Schiffahrtsunternehmungen.

Darlehen 312/8. Begriff **312.** Verzinslichkeit **313/4.** Verjährung des Anspruches auf Aushändigung und Annahme **315.** Verweigerung der Aushändigung bei Zahlungsunfähigkeit des Borgers **316.** Erfüllung durch Hingabe an Geldesstatt **317.** Rückzahlung **318.** Vollmacht zur Aufnahme **462.** Unklagbarkeit bei Spiel und Wette **513.** Von Spielbanken **515a.** Des Ehegatten **165.** Mitwirkung des Beirates **395.** Zustimmung der Vormundschaftsbehörde **421.** Der Pfandbriefzentralen VII 11/3, 26, 19/25 (Deckung). *Siehe auch* Anleihensobligationen, Gebrauchsleihe.

Darleiher 312, s. Darlehen.

Datenschutz. Bei der Beurkundung des Personenstandes **43a.** Beim Betrieb der zentralen Datenbank **45a.** Bei der Führung des Grundbuchs mittels Informatik **949a.** Im Arbeitsverhältnis **328b (362).** Beim Auftrag zur Ehe- oder Partnerschaftsvermittlung **406g.**

Datenschutzgesetz (DSG), Anhang XI A zum ZGB.

Datenschutzverordnung (VDSG), Anhang XI B zum ZGB.

Dauer. Der Trennung als Voraussetzung für Scheidung auf Klage **114.** Der Gemeinderschaft **338.** Des Familienrates **364.** Der Bevormundung und des vormundschaftlichen Amtes s. Beendigung. Der Sicherheitsleistung bei Beerbung eines Verschollenen **546/7.** Der Aufhebung des Teilungsanspruches bei Miteigentum **650.** Der Nutzniessung **749.** Des selbständigen Baurechtes **779 l.** Der Bewilligung zur Betreibung einer Versatzanstalt **908.** Des Vorkaufs-, Rückkaufs- und Kaufsrechts **216a.** Der Mieterstreckung **272b.** Der Ferien beim Arbeitsvertrag **329a (362).** Der Lehre **344a, 346a.** Der Bewilligung zur Ehe- oder Partnerschaftsvermittlung **406c.** Der einfachen Gesellschaft **545/6.** Der Kollektivgesellschaft **574.** Der Kommanditgesellschaft **619.** Der AG **736, 627, 641.** Der GmbH **777, 781.** *Siehe auch* Amtsdauer, Frist, Gültigkeitsdauer, Höchstdauer, Vertragsdauer.

Décharge s. Entlastung.

Deckung. Der Beteiligungsforderung (Vorschlag) **220.** Der Forderung der Erbengläubiger **524, 578.** Der Schenkungsauflage **246.** Der Mietzinsforderung **268b (299c** Pacht). Von 4/5 des Lohns bei Verhinderung des Arbeitnehmers **324b.** Der Auslagen beim Arbeitsvertrag **327a.** Der Frachtkosten **445.** Des Ausfalls s. Ausfallbürgschaft. Der Spiel- und Wettsumme mit einem Wechsel **514.** Streitiger oder nicht fälliger Verbindlichkeiten bei Liquidation der Kollektivgesellschaft **586.** Bei der AG: des Aktienkapitals durch Sacheinlage **634,** bei Kapitalverlust **725,** bei Bilanzverlust **670;** der Gläubigerforderungen im allgemeinen **725,** bei Herabsetzung des Aktienkapitals **732.** Der Stammeinlage bei der GmbH **774, 779, 780, 817.** Von Bilanzverlusten der GmbH **803.** Von Verlusten der Genossenschaft **860.** Der Forderung der Genossenschaftsgläubiger **903.** Des Genossenschaftskapitals **903.** Übergang derselben beim Wechsel **1053, 1094,** beim Check **1143.** Deckungserfordernis beim Check **1103, 1141** Ziff. 6.

Deckungskauf 191.

Décompte s. Lohnrückbehalt.

Delcredere-Stehen und Delcredere-Provision des Kommissionärs **430**, des Agenten **418a, 418c**, des Handelsreisenden **348a**.

Delegiertenversammlung der Genossenschaft **892**, eines Genossenschaftsverbandes **922**.

Delegierter des Verwaltungsrates der AG **718**. Übertragung der Vertretung **718/20**. Abberufung **726**. Haftung **722, 754**.

Deponent, Depositar s. Hinterlegung, depositum.

Depositenkonto 227b.

Depositenstelle zur Einzahlung der Aktien **633**.

Depositum irregulare **481**. *Siehe auch* Hinterlegung.

Depotvertreter 689d, 689e, 702.

Designgesetz (DesG), Anhang **II F (1)**.

Designs des Arbeitnehmers **332**.

Designverordnung (DesV), Anhang **II F (2)**.

Dienstbarkeiten 730/81, s. Grunddienstbarkeiten, Nutzniessung, Wohnrecht, Baurecht, Quellenrecht, andere Dienstbarkeiten, Wasserrecht, Überbau, Leitungen, Einpflanzungen.

Dienstboten s. Arbeitnehmer.

Dienstbürgschaft s. Amts- und Dienstbürgschaft.

Dienstnehmer s. Arbeitnehmer, Arbeitsvertrag.

Dienstpflichtige s. Arbeitnehmer.

Dienstvertrag s. Arbeitsvertrag.

Differenzgeschäft 513.

Dingliche Last am Kaufgegenstand **196**. Im übrigen siehe Dienstbarkeiten.

Dingliche Rechte. Eintragung ins Grundbuch 958, 949, SchlT 43/4. Vorläufige Eintragung 961. Wirkung der Eintragung ins Grundbuch 971/4. Ungerechtfertigter Eintrag ins Grundbuch 975. Untergang s. dort. Übergangsrecht SchlT 17 ff. Des kantonalen Rechts SchlT 45. Des bisherigen Rechtes SchlT 17/8. Zuständigkeit und anwendbares Recht nach IPRG IA 97/107. Anerkennung ausländischer Entscheide IA 108. *Siehe auch* beschränkte dingliche Rechte, Eigentum.
Schenkung dinglicher Rechte an Grundstücken 242/3, 247. Gemeinschaftliches Eigentum bei der einfachen Gesellschaft 544. Deren Übertragung beim Wertpapier **967**.

Direktoren. Bei der AG: Begriff **718**, Übertragung der Vertretung **718/20**, Abberufung **726**, Haftung **722, 754**. Bei der Genossenschaft **898, 905**.

Diskonto 81. *Siehe auch* Bankdiskonto.

Diskontsatz bei Wechselrückgriff **1045**.

Distanzkauf 204.

Disziplinarmassnahmen. Für die auf den Zivilstandsämtern tätigen Personen 47. Für die in der Grundbuchverwaltung tätigen Personen 957. *Siehe auch* Amtsenthebung, Busse.

Dividende 674, 675. Rückerstattung **678**. Angabe bei Kapitalerhöhung **652a**. Bei Vorzugsaktien **656**. Und stille Reserven **669**. Und Reserven **674, 671**. Und

Tantiemen **677**. Festsetzung **698**. Bei der Verpfändung von Aktien **904**. *Siehe auch* Bilanzgewinn.

Domizil einer juristischen Person. Eintragung ins Handelsregister **VII A 43**. Verlust **VII A 88a**.

Domizilcheck 1107.

Domiziliat. Und Zahlstelle **1017**. Bereicherungsanspruch gegen ihn **1052, 1093, 1142.**

Domizilverzeigung einer Firma ohne Geschäftsbureau am statutarischen Sitz **VII A 43**.

Domizilwechsel beim gezogenen Wechsel **994**, beim Eigenwechsel **1098**.

Draufgeld 158.

Dritte. Mitteilung des Urteils bei Persönlichkeitsverletzung **28a**. Vertretung der Ehegatten gegenüber Dritten **166, 174**. Auskunftspflicht **170**. Haftung der Ehegatten gegenüber Dritten **202, 233, 249**. Bei güterrechtlicher Auseinandersetzung **208, 220**. Mitwirkung bei Anfechtung des Kindesverhältnisses **254**. Zeugung **256, 256c, 260c, 262**, SchlT **13a**. Anspruch auf persönlichen Verkehr mit dem Kind **274a**. Verwaltung des Pflichtteils des Kindes **322**. Als Begünstigte einer Versicherung **476, 529**. Als Begünstigte eines Erbvertrages **494**. Beim Vertrag über anfallende Erbanteile **636**. Haftung der Erben gegenüber Dritten **639**. Bei Abwehr von Gefahr und Schaden **701**. Bei Erwerb des Eigentums ohne Besitz **717**. Rechte an Zugehör **805**. Bei Erwerb des Besitzes ohne Übergabe **924**. Bei Beibehaltung der Güterverbindung SchlT **9e**. Rechtskraft des Güterstandes gegenüber Dritten SchlT **10a**. Einrede der Simulation gegenüber dem Dritten **18**. Täuschung und Drohung **28/9**. Mitteilung der Vollmacht **33, 34, 37**. Stellung bei Erlöschen der Vollmacht **37**. Haftung für Dritte: bei unerlaubter Handlung **55**, durch Bund und Kanton **61**, bei Vertragsverletzung **101**, bei unlauterem Wettbewerb **II C 11**. Eintritt eines Dritten an die Stelle des Gläubigers **110**. Vertrag zu Lasten eines Dritten **111**. Vertrag zugunsten eines Dritten **112/3, 122**. Stellung des Dritterwerbers bei Verbot der Forderungsabtretung **164**. Wirksamkeit des gesetzlichen oder durch Urteil bestimmten Forderungsübergangs gegenüber Dritten **166**. Vom Dritten bestellte Pfänder bei Schuldnerwechsel **178**. Rechte und Pflichten: bei Kauf **192/6**, bei Miete **261/261b, 259f**, an den vom Mieter eingebrachten Sachen **268a**, bei Pacht **299c, 286**. Im Arbeitsvertrag **321a, 321b, 322b, 329e, 333, 333a, 339a, 339d**. Im Handelsreisendenvertrag **348**. Fortführung eines Werkes durch Dritte **366**. Beim Verlagsvertrag **381**. Übertragung des Auftrages an Dritte **398/9, 403**. Übergang der Rechte gegen Dritte beim Auftrag **401**. Stellung des Dritten bei Kreditauftrag **408/11**. Beim Agenturvertrag **418g, 418o, 418v**. Kreditgewährung durch den Kommissionär **429**. Beim Frachtvertrag **444, 453**. Eigentumsansprüche Dritter an hinterlegten Sachen **479**. Pfandbestellung bei der Bürgschaft **507**. Bei der Leibrente **516**. Verhältnis zu Dritten: bei einfacher Gesellschaft **543/4, 542, 551**, bei Kollektivgesellschaft **562/72**, bei Kommanditgesellschaft **602/18**. Übertragung der Geschäftsführung an Dritte: bei der einfachen Gesellschaft **535**, bei der AG **716b, 627**, bei der GmbH **812**. Vertretung des Aktionärs **689**. Übernahme des Gesellschaftsanteils bei der GmbH **794**. Wirkung der Handelsregistereinträge gegenüber Dritten **932/3, 647, 785**. Beim gezogenen Wechsel **993/4,**

1012, 1017, 1020, 1054. Beim Eigenwechsel **1098.** Beim Check **1107, 1144, 1119, 1143.** *Siehe auch* gutgläubige Dritte.

Drohung. Bei der Eheschliessung 107/8. Bei Anerkennung eines Kindes 260a, c. Bei Errichtung oder Widerruf einer Verfügung von Todes wegen 469, 540. Bei Vertragsabschluss **29/31.**

Duldungspflicht des Mieters **257h,** des Pächters **287.**

Dünste aus Nachbarliegenschaft 684.

Durchleitungen. Bei Entwässerung 690. Pflicht zur Duldung 691. Wahrung der Interessen des Belasteten 692. Verlegung bei Änderung der Verhältnisse 693, 742. *Siehe auch* Leitungen.

Edition von Geschäftsbüchern, Buchungsbelegen und Geschäftskorrespondenz **963.**

Effektiv, Effektivvermerk. Bedeutung bei Geldschulden **84,** beim Wechsel **1031,** beim Check **1122.**

Ehe s. Eheschliessung, Wirkungen, Auflösung, Ehescheidung, Eheungültigkeit, Trennung, Ungültigkeit, Auftrag zur Ehe- oder zur Partnerschaftsvermittlung.

Eheberatungsstellen 171, 172, 139.

Ehefähigkeit 94. Persönliche Erklärung 98. Prüfung 99. *Siehe auch* Ehehindernisse.

Ehefähigkeitszeugnis III 75.

Ehefrau. Familienname 30. Mitteilung der Vaterschaftsklage 261. Als Einzelfirmeninhaberin **945.** *Siehe auch* Ehegatten.

Ehegatten. Schwägerschaft 21. Unvereinbarkeitsgrund 68, 503. Unterstützungspflicht 159, 163, 328. Bei Pfändung und Konkurs 188/9. Gemeinschaftliche Adoption 264a/b. Zustimmung zur Adoption 266. Unterhalt der Kinder 278. Elterliche Sorge 297, 299. Antragsrecht für Familienvormundschaft 363/4. Vorrecht und Pflicht zur Vormundschaft 380, 382. Verjährungsstillstand ihrer Forderungen **134.** Kündigung der Familienwohnung **266m/o.** Geltendmachung des Kündigungsschutzes **273a.** Bei Tod als Arbeitnehmer **338, 339b.** Zustimmung: zur Verpfändung von Vorsorgeleistungen **331d,** zum Vorbezug von Vorsorgeleistungen **331e,** zur Bürgschaft **494.** *Siehe auch* Wirkungen der Ehe, Güterrecht, überlebender Ehegatte.

Ehehindernisse. Verwandtschaft 95. Frühere Ehe 96. Persönliche Erklärung 98. Prüfung 99. *Siehe auch* Ehefähigkeit.

Eheliche Gemeinschaft. Im allgemeinen 159, 163, 167, 227. Vertretung 166, 174, 228, 233. Schutz 171/80. Bei Schulden zwischen Ehegatten 203, 235, 250. Unzumutbarkeit 115.

Ehelicherklärung SchlT 12d. Im übrigen s. Anerkennung eines ausserehelichen Kindes.

Eheliches Güterrecht 181/251, s. Güterrecht.

Eheliche Pflichten s. Erfüllung.

Eheliche Wohnung. Bestimmung 162. Zustimmung des Ehegatten zu Verfügungen darüber 169. Bei Aufhebung des gemeinsamen Haushaltes 176, 137.

Nutzniessung oder Wohnrecht des überlebenden Ehegatten 219, 244. Zuteilung des Eigentums auf Anrechnung an den überlebenden Ehegatten 244, 612a. *Siehe auch* Familienwohnung.

Ehemann. Als Vater 255, 257. Anfechtung der Vaterschaft 256 ff., 258. Anfechtung der Kindsanerkennung 259. *Siehe auch* Ehegatten.

Eherecht 90/251. Altes IV C. Im übrigen s. Eheschliessung, Ehescheidung, Wirkungen der Ehe, Güterrecht.

Ehescheidung 111/49 s. Scheidung auf gemeinsames Begehren, Scheidung auf Klage, Scheidungsfolgen, Scheidungsverfahren. Anwendung bisherigen und neuen Rechts SchlT 7a, 7b. Zuständigkeit und anwendbares Recht nach IPRG IA 59/64. Anerkennung ausländischer Entscheidungen IA 65. Übereinkommen über die Anerkennung von Ehescheidungen und Ehetrennungen II C. *Siehe auch* Trennung.

Eheschliessung 90/110. Durch Zustimmung 102. Zivilstandstatsache 39. Wirkung auf das Kindsverhältnis 252, 256a/b, 257, 259. Von Ausländern III 73/4. Im Ausland IA 45. Zuständigkeit und anwendbares Recht nach IPRG IA 43/4. Anwendung bisherigen und neuen Rechts SchlT 7. *Siehe auch* Verlöbnis, Ehefähigkeit, Vorbereitungsverfahren, Trauung, Wirkungen der Ehe.

Eheschutzmassnahmen. Im allgemeinen 172. Während des Zusammenlebens 173/4. Aufhebung des gemeinsamen Haushaltes 175/6. Anweisungen an die Schuldner 177. Beschränkung der Verfügungsbefugnis 178. Anpassung oder Aufhebung 179, 315b.

Ehetrennung s. Trennung.

Eheungültigkeitserklärung. Grundsatz 104. Unbefristete Ungültigkeit 105/6. Nach Auflösung der Ehe 106. Befristete Ungültigkeit 107/8. Wirkungen des Urteils 109. Zuständigkeit und Verfahren 110. Der früheren Ehe 96.

Ehevermittlung s. Auftrag zur Ehe- oder zur Partnerschaftsvermittlung.

Eheversprechen s. Verlöbnis.

Ehevertrag. Änderung des ordentlichen Güterstandes 181. Inhalt 182. Vertragsfähigkeit 183. Form 184, I 56. Aufhebung des ausserordentlichen Güterstandes 187. Vereinbarung der Errungenschaftsbeteiligung nach Konkurs oder Pfändung eines Ehegatten 191. Abänderung der Beteiligung am Vorschlag 216/7. Vereinbarung über die Teilung des Gesamtgutes 241/2. Erklärung von Vermögenswerten zu Eigengut 199, 225. Beschränkung der Gütergemeinschaft auf die Errungenschaft 223. Ausschluss von Vermögenswerten aus der Gütergemeinschaft 224. Erklärung des Pflichtteils zu Gesamtgut 225. Zustimmung der Vormundschaftsbehörde 421. Und Erwerb von Grundeigentum 657, 665, 970a. Weitergeltung unter dem neuen Recht SchlT 10, 10a, 10c. Unterstellung unter das neue Recht SchlT 10b. Abschluss im Hinblick auf das neue Recht ohne Genehmigung der Vormundschaftsbehörde SchlT 10d.

Ehevoraussetzungen s. Ehefähigkeit, Ehehindernisse.

Ehrenannahme s. Ehreneintritt.

Ehreneintritt. Beim gezogenen Wechsel: allgemeine Vorschriften **1054**, Ehrenannahme **1055/7**, Ehrenzahlung **1058/62**. Beim Eigenwechsel **1098**.

Ehrenkränkung als Scheidungsgrund 138.

Ehrenzahlung s. Ehreneintritt.

Eid als Beweismittel. Ausschluss im Scheidungsverfahren 158.

Eidgenossenschaft. Behandlung der Bürgschaft ihr gegenüber 493, 500, 509. Anleihen des Bundes **1157**.

Eigenbedarf an der Mietsache 261, 271a, 272.

Eigene Aktien. Erwerb **659/659b**. Angabe im Anhang **663b**. Und Partizipationskapital **656b**. Stimmrecht **659a**. Reserven **659a, 671a**.

Eigener Wechsel. Erfordernisse **1096/7**. Verweisung auf den gezogenen Wechsel **1098**. Haftung des Ausstellers und Vorlegung zur Sichtnahme **1099, 1090**. Mangels Wechselbezeichnung **1151**.

Eigengut 196, 221. Beim ordentlichen Güterstand: nach Gesetz 198, nach Ehevertrag 199, Vermutung der Errungenschaft 200, Verwaltung und Nutzung durch jeden Ehegatten 201, Ausscheidung im Zeitpunkt der Auflösung des Güterstandes 207, Ersatzforderungen gegenüber Errungenschaft 209, Mehrwertanteil s. dort. Bei Gütergemeinschaft: nach Gesetz 225, 222, nach Ehevertrag 225, 223/4, Vermutung des Gesamtgutes 226, Verwaltung durch jeden Ehegatten 232, Haftung für Vollschulden 233, Haftung für Eigenschulden 234, im Zeitpunkt der Auflösung des Güterstandes 236/9, 242/3, Ersatzforderungen gegenüber dem Gesamtgut 238, Mehrwertanteil s. dort. Bei Wechsel von Güterverbindung zu Errungenschaftsbeteiligung SchlT 9b.

Eigenhändige letztwillige Verfügung 498, 505, 520a. *Siehe auch* letztwillige Verfügung.

Eigenhändige Unterschrift im allgemeinen **14,** von Aktien **622,** von Wechselerklärungen **1085,** des Checks **1143**.

Eigenhändler. Recht auf Eintritt bei der Kommission **436**. Preisberechnung und Provision **436**. Vermutung des Eintritts **437**. Wegfall des Eintrittsrechts **438**.

Eigenkapital. Zur Erhöhung des Aktienkapitals **652d, 704**. Zum Erwerb eigener Aktien **659**. In der Bilanz der AG **663a**.

Eigenschriftlichkeit für Bürgschaftserklärung natürlicher Personen **493**. Im übrigen s. Schriftlichkeit.

Eigenschulden eines Ehegatten in Gütergemeinschaft 234, 189.

Eigentum 641/729. Inhalt 641. Umfang 642/5. Dessen Verschaffung als Zweck des Kaufes **184**. *Siehe auch* gemeinschaftliches Eigentum, Grundeigentum, Fahrniseigentum, dingliche Rechte, Erwerb.

Eigentümerpfandrecht 827, 845, 859, 863, **110.**

Eigentümerverzeichnis beim Grundbuch VIII 108/9.

Eigentümerwechsel. Bei der Miete **261, 261a, 271a**. Bei der Pacht **290**.

Eigentumsbeschränkungen s. Beschränkungen.

Eigentumsklage 641. Beim Hinterlegungsvertrag **479**.

Eigentumsübertragung s. Übertragung.

Eigentumsvorbehalt 715/6. Bei Abzahlungsgeschäften 716, VI A 10. Ausschluss beim Viehhandel 715. Beim Grundstückkauf **217**. *Siehe auch* Eigentumsvorbehaltsregister.

Eigentumsvorbehaltsregister. Verordnung des Bundesgerichts betr. Eintragung der Eigentumsvorbehalte (Anhang VI A). Verordnung des Bundesgerichts betr. Bereinigung der Eigentumsvorbehaltsregister (Anhang VI B). Registerführung durch das Betreibungsamt 715, VI A 1. Aufsicht VI A 21. Ort der Eintragung 715, VI A 1/3. Voraussetzungen und Inhalt des Eintrags VI A 4/11. Löschung der Einträge: im allgemeinen VI A 12/4, im Bereinigungsverfahren VI B 1/5. Einsichtnahme und Auszüge VI A 17. Gebühren VI A 22, VI B 6.

Eigenwechsel s. eigener Wechsel.

Einfache Bürgschaft 495. Zustimmung des Ehegatten oder eingetragenen Partners bei Umwandlung in eine Solidarbürgschaft **494**. Anwendung der Bestimmung auf die Haftung der Miterben unter sich 637.

Einfache Gesellschaft 530/51. Begriff 530. Verhältnis der Gesellschafter unter sich **531/42**. Verhältnis nach aussen **543/4**. Auflösungsgründe **545/6**. Wirkung der Auflösung **547**. Liquidation s. dort. Haftung gegenüber Dritten bei Auflösung 551. Verhältnis unter den Parteien eines Gesamtarbeitsvertrages **357b**. Anwendung der Bestimmungen über den Auftrag **538, 540**, über die Geschäftsführung ohne Auftrag **540**. Anwendung der Vorschriften auf die Kollektivgesellschaft **557, 574**, auf die Kommanditgesellschaft **598, 619**. *Siehe auch* einfache Gesellschafter, Beitragspflicht, Einlage.

Einfache Gesellschafter 530. Unter sich: Beitragspflicht **531**; Teilung des Gewinnes **532**; Gewinnbeteiligung **533**; Beschlussfassung **534**; Geschäftsführung **535** (allg.), **539** (Entzug und Beschränkung), **540, 541** (Einsichtsrecht); Konkurrenzverbot **536**; Ersatz der Auslagen und Verluste **537**; Vergütung **537/8**; Mass der Sorgfalt **538**; Schadenersatzpflicht **538**; Aufnahme neuer Gesellschafter und Unterbeteiligung **542**. Gegenüber Dritten: Vertretung **543**; Wirkung der Vertretung **544**; Haftung **544, 551**. *Siehe auch* einfache Gesellschaft.

Einfacher Auftrag 394/406. Begriff **394**. Abschluss **395**. Umfang **396**. Obrigkeitliche Bestellung und öffentliche Empfehlung zur Besorgung **395**. Ermächtigung des Beauftragten: zur Besorgung des Geschäfts **396**, zur Übertragung an einen Dritten **398**. Pflichten und Haftung des Auftraggebers, des Beauftragten s. Auftraggeber, Beauftragter. Übergang der erworbenen Rechte (Legalzession) **401**. Beendigung: durch Widerruf oder Kündigung **404**; durch Tod, Handlungsunfähigkeit, Konkurs **405**; Wirkung **406**. Schadenersatz bei Auflösung zur Unzeit **404**. Anwendung der Bestimmungen auf den Auftrag zur Ehe- oder zur Partnerschaftsvermittlung **406a**, auf den Mäklervertrag **412**, auf die Geschäftsführung ohne Auftrag **424**, auf die Kommission **425**, auf den Frachtvertrag **440**, auf die Bürgschaft für eine verjährte Schuld **507**, auf den geschäftsführenden Gesellschafter der einfachen Gesellschaft **538, 540**, auf den Ehegatten **195, 231**, auf die Eltern **327**. *Siehe auch* Auftrag, Auftraggeber, Beauftragter.

Einfaches und rasches Verfahren. Bei Mietstreitigkeiten **274d**. Bei der Pacht **301**. Bei Streitigkeiten aus Arbeitsvertrag **343**.

Einfriedung von Grundstücken **697**.

Einführung des Grundbuches SchlT **38/42**. Verschiebung SchlT **46**. Wirkung kantonaler Formen SchlT **48**. *Siehe auch* Einrichtung.

Einführungsbestimmungen s. Schluss- und Übergangsbestimmungen.

Einführungs- und Übergangsbestimmungen zum ZGB SchlT **51/61**. *Siehe auch* bisheriges und neues Recht.

Eingebrachte Gegenstände. Der Hausgenossen 332. Der Gäste bei Beherbergung **487**. Des einfachen Gesellschafters **531, 548**. Retentionsrecht daran: des Vermieters **268/268b**, des Verpächters **299c**, des Gast- und Stallwirtes **491**.

Eingebrachtes Gut bei Wechsel von Güterverbindung zur Errungenschaftsbeteiligung SchlT 9b, c. Im übrigen s. Eigengut.

Eingesetzte Erben 483. Vermächtnis zu deren Gunsten 486. Bei Ersatzverfügung 487. Als Vorerbe 488, 491. Durch Erbvertrag 494, 534. Anstelle eines Verzichtenden 496. Anerkennung als Erben 559. Erwerb der Erbschaft 560. Als Pfrundgeber **521**. *Siehe auch* Erben, Verfügungen von Todes wegen, Vermächtnis.

Einkaufskommissionär 425, s. Kommissionär.

Einkommen s. Arbeitserwerb.

Einlage. Bei der einfachen Gesellschaft **531, 548**. Bei der Kollektivgesellschaft **558/60, 570, 588**. Bei der Kommanditgesellschaft **598**, s. auch Kommanditsumme. Bei der AG s. Liberierung, Sacheinlage. Bei der GmbH s. Sacheinlage und Stammeinlage. Bei der Genossenschaft **867**. *Siehe auch* Bank.

Einlagerer 482. Rechte **483/4**. Pflichten **485**. Im übrigen s. Lagergeschäft, Lagerhalter.

Einleitung zum ZGB 1/10.

Einpflanzungen auf dem Grundstück 678.

Einrede. Der Ungültigkeit einer Verfügung von Todes wegen 521. Des Herabsetzungsanspruches 533. Des Schuldners bei Schuldbrief 845, bei Schuldbrief und Gült 872.
Unterbricht Verjährung **135, 138/9**. Der Simulation **18**. Der Nichterfüllung **82**. Des Solidarschuldners **145**. Der Nichtabtretbarkeit einer Forderung **164**. Des Schuldners nach der Abtretung **169**. Bei der Schuldübernahme **179**. Der höheren Gewalt s. dort. Des Käufers wegen Mängeln **210**. Bei Vorauszahlungsverträgen **228**. Bei Konsumkreditverträgen **XII B1 19**. Der Handlungsunfähigkeit des Dritten beim Kreditauftrag **409**. Gegen den Frachtführer **454**. Des Angewiesenen gegen den Anweisungsempfänger **468**. Des Bürgen **502, 501, 507**. Des Wechselschuldners **1007/9**. Beim Check **1143**. Bei Ordrepapieren **1146**. Bei Inhaberpapieren **979/80**.

Einrichtung des Grundbuches. Im allgemeinen 942. Aufnahme der Grundstücke 943. Hauptbuch 945, VIII 1, 1a, 105/107c, 111b. Grundbuchblatt s. dort. Kollektivblätter 947, VIII 41. Tagebuch, Belege 948. Verordnung 949, VIII 105/10. Führung mittels Informatik 949a, VIII 111/111p, UeB. *Siehe auch* Einführung, Grundbuchführung.

Einrichtungen der beruflichen Vorsorge s. Personalvorsorge.

Einschreibegebühr beim Auftrag zur Ehe- oder Partnerschaftsvermittlung **406d**.

Einseitige Unverbindlichkeit s. Unverbindlichkeit.

Einsichtnahme. In die Zivilstandsregister III 92, 81, 44/61, 33. Ins Güterrechtsregister SchlT 10e, IV B 6. Ins Eigentumsvorbehaltsregister VI A 17. Ins Grundbuch 970. *Siehe auch* Auszug, Einsichtsrecht.

Einsichtsrecht. Ins Rückgabeprotokoll bei der Miete **256a**, bei der Pacht **278**. In die Belege für die Mietnebenkosten **257b**. In die Geschäftsbücher des gewinnbeteiligten Arbeitnehmers **322a**. Des provisionsberechtigten Arbeitnehmers **322c.** Der tripartiten Kommission **360a.** Des einfachen Gesellschafters **541.** Bei der AG: des Aktionärs **697,** des Gläubigers **697h,** des Partizipanten **656c, d,** des Verwaltungsrates **715a.** Des Genossenschafters **875.** *Siehe auch* Auskunftsrecht, Geschäftsbücher, Einsichtnahme, Auszug.

Einsprache. Gegen missbräuchliche Kündigung im Arbeitsverhältnis **336b.** Gegen den Antrag auf Allgemeinverbindlicherklärung eines Gesamtarbeitsvertrages **VI A 10.** *Siehe auch* Anfechtung, Einspruch.

Einspruch. Bei der Ersitzung 662. Gegen Löschung einer Dienstbarkeit 743/4. Bei der Nutzniessung wegen unangemessenen Gebrauchs der Sache 759. *Siehe auch* Einsprache.

Einstehen. Für einen Dritten **111, 430.** Für Schaden s. Haftung, Schadenersatz.

Einsteller s. Viehpacht.

Einstellplätze, Miete **266e.**

Einstellung. Der Scheidungsrente 129. Der Betreibung gegen den Bürgen bei Leistung von Realsicherheit **501.**

Einstimmigkeit. Der Vereinsmitglieder 66. Der Miteigentümer 648. Der Gesamteigentümer 653.

Eintragung in das Grundbuch. Voraussetzung s. Anmeldung, Ausweis. Von Eigentum und dinglichen Rechten 958, VIII 31/4, 35/8, 40/52, 52a. Von Vormerkungen 959/61 (mit Querverweisen), VIII 40, 70/2, 73, 75/6, 77. Art der Eintragung 967/9, VIII 25/52a. Wirkung 971/4. Aufhebung und Veränderung 975/7. Zum Erwerb von Grundeigentum 656. Anspruch des Erwerbers von Grundeigentum 665. Zur Errichtung einer Grunddienstbarkeit 731, VIII 35/8. Zur Bestellung einer Nutzniessung 746. Zur Errichtung einer Grundlast 783. Zur Errichtung eines Grundpfandes 799. Bestimmung für die Pfandstelle 813, 825. Von gesetzlichen Grundpfandrechten 836/41. Von Schuldbrief und Gült 856, 865, 867. Von Anleihenstiteln mit Grundpfandrecht (Serientitel) 879. Beim Grundstückkauf **217, 219.** Bei der Versteigerung **235.** Bei der Schenkung **242.** Übergangsrecht SchlT 18, 43/5, VIII 113, UeB. *Siehe auch* Löschung, Anmerkung, Vormerkung, Nichteintragung.

Eintragung ins Handelsregister 932/43. Formelle Eintragungsvorschriften **VII A 19/37,** s. auch Anmeldung. Eintragspflicht **934/5, 941, VII A 52.** Beginn der Wirksamkeit **932.** Wirkung **933.** Arten der eintragungspflichtigen Gewerbe **VII A 53, 54/6** (Ausnahmen). Zwangsweise Eintragung **VII A 57.** Änderungen **937, VII A 59/60, 33, 49/51a, 67, 74a.** Auflösung, Löschung s. jeweils dort. Anpassung **VII A 61.** Prüfungspflicht des Registerführers **940, VII A 21.** Mahnung und Eintrag von Amtes wegen **941, VII A 52/63, 64/8, 89, 100, 104, 112d.** Bei Konkurs **939, VII 64/8.** Kosten **VII A 62.** Betr. Prokura **458, 461, VII A 10, 112, 112a.** Betr. Kollektivgesellschaften **552/6, 574, 581, 583, 589, VII A 10, 64/8.** Betr. Kommanditgesellschaft **594/7, 606, 609, 619, VII A 10, 64/8.** Betr. AG **640/5, 633, 647, 650, 652h, 653h, 642, 711, 718a, 720, 727e, 735, 737, 746, 751, VII A 10, 64/7, 78/89.** Betr. Kommandit-AG **764/5, 768, VII A 10, 64/7, 87.** Betr. GmbH **780/1, 783, 785/6, 788, 815/6, 821, 823, VII A 10, 64/7, 90/1.** Betr. Genossenschaft **830, 835/8, 876/7, 901, 912, VII A10, 64/7, 92/6.** Der juristischen Personen im allgemeinen 52. Betr. Vereine 61, 79, **VII A 10, 97/100.** Betr. Stiftungen 81, 89, **VII A 10, 101/4a.** Betr. Institute des öffentlichen Rechts **VII A 10.** Betr. Vertreter von Gemeinderschaften 341, **VII A**

Normale Zahlen = ZGB; fette Zahlen = OR 41*

112b/d. Betr. Zweigniederlassungen **935, VII A 10, 69/77.** Bei Sitzverlegung vom Ausland in die Schweiz **VII A 50b,** von der Schweiz ins Ausland **VII A 51a.** Bei Fusion **IX 21/2, 83, 95, VII A 105b/d, 109, 109b, 109e, 110.** Bei Spaltung IX 51/2, **VII A 106b/e, 110a.** Bei Umwandlung IX 66/7, 97, **VII A 107a, 109c.** Bei Vermögensübertragung IX 73, 87, 98, **VII A 108a/c, 109a, 109d, 110a.** *Siehe auch* Anmeldung, Löschung, Handelsregister.

Eintragung in die Zivilstandsregister 48, 39/43a, III 15/31. Einer ausländischen Entscheidung oder Urkunde 45, IA 32.

Eintritt. In den Verein 70. Eines Gemeinders in die Wirtschaft 348. Des Erwerbers eines Miteigentumsanteils 649a. Eines Dritten **110.** Des Schuldübernehmers **176.** Als Eigenhändler bei der Kommission s. Eigenhändler. *Siehe auch* Beitritt.

Einweisung s. fürsorgerische Freiheitsentziehung.

Einwendung. Der fehlenden Kenntnis eines Grundbucheintrages 970. Der fehlenden Kenntnis eines Handelsregistereintrages **933.** *Siehe auch* Einrede.

Einwerfung bei der Teilung 628.

Einwilligung. Des Verletzten **28.** Des Ehegatten zur Verpflichtung der Gemeinschaft 228. Zur Pfandtitelaushändigung an den Gläubiger oder seinen Beauftragten 857. Zur Zahlung einer Forderung für gepfändete Aktien 906. Zur Eintragung eines Grundstücks auf ein Kollektivblatt 947. Zur Vormerkung vorläufiger Eintragungen 961, 966. Zur Berichtigung des Grundbuches 977. Des Schuldners zur Abtretung **164.** Des Kommittenten zur Kreditierung **429.** Des Geschäftsherrn zu Konkurrenzgeschäften des Prokuristen und Handlungsbevollmächtigten **464.** Des Hinterlegers zum Gebrauch der Sache **474.** Der einfachen Gesellschafter: zur Bestellung eines Generalbevollmächtigten **535,** zur Aufnahme eines Dritten **542.** Der Kollektivgesellschafter zur Bestellung der Prokura oder Handlungsvollmacht **566.** *Siehe auch* Zustimmung.

Einwirkungen. Abwehrrecht des Eigentümers 641. Auf das Eigentum des Nachbarn 684. Des Eigentümers auf die Pfandsache 808. *Siehe auch* Nachbarrecht.

Einwirkungspflicht der Verbände (Vertragsparteien) bei Gesamtarbeitsvertrag **357a.**

Einzahlung s. Liberierung.

Einzeladoption 264b.

Einzelarbeitsvertrag 319/43. Begriff **319.** Entstehung **320.** Rechte an Erfindungen und Designs **332.** Übernahme des Arbeitsverhältnisses **333/333a.** Beendigung **334/340c.** Verjährung **341.** Unverzichtbarkeit von Forderungen aus unabdingbaren Vorschriften **341.** Vorbehalt und zivilrechtliche Wirkungen des öffentlichen Rechts **342.** Zivilrechtspflege **343.** Und Ermächtigung **34.** Und Prokura **465.** Und Handlungsvollmachten **465.** Mäklerlohn bei Vermittlung des Arbeitsvertrages **417.** *Siehe auch* Arbeitsvertrag, Arbeitgeber- und Arbeitnehmerpflichten, Arbeitsunfähigkeit, Gesamtarbeitsvertrag, Kündigung, Normalarbeitsvertrag, Schluss- und Übergangsbestimmungen.

Einzelausgabe im Verlagsgeschäft **386.**

Einzelfirma. Wesentlicher Inhalt 945. Ausschliesslichkeit der eingetragenen Firma 946. Schutz der Firma 956. Eintragung ins Handelsregister **VII A 10.** Vermögensübertragung IX 69/77, **VII A 108/108c.** Eingeschränkter Geltungsbereich der Bestimmungen über den Vorauszahlungsvertrag **227i.**

Einzelkaufmann s. Einzelfirma.

Eisenbahnen. Weitergeltung der Spezialgesetze SchlT 60. Vorbehalt spezieller Bestimmungen: für Frachtgeschäft **455/7**, für Anleihensobligationen **1185**. BG über die Haftpflicht der Eisenbahn- und Dampfschifffahrtsunternehmungen und der Post **III A b (2)**.

Elektronische Daten. Bei der Zivilstandsregisterführung 39, 45a, 48, SchlT 6a, III 15, 76/80. Bei der Grundbuchführung 949a, VIII 111/111p. Bei der kaufmännischen Buchführung **957, 963, VII C**. Bei der Handelsregisterführung **929a, VII A 119**.

Elektronische Signatur 14. Haftung für Signaturschlüssel **59a**.

Elterliche Obhut s. Obhut.

Elterlicher Stamm 458, 462.

Elterliche Sorge 296/317. Voraussetzungen im allgemeinen 296. Verheirateter Eltern 297. Unverheirateter Eltern 298, 298a. Der Stiefeltern 299. Der Pflegeeltern 300. Inhalt: im allgemeinen 301, Erziehung 302, religiöse Erziehung 303, Vertretung 304/6, Verwaltung des Kindesvermögens s. elterliche Vermögensrechte. Kindesschutzmassnahmen s. dort. Entziehung s. dort. Im Scheidungsverfahren 133/4, 144/7, 297. Statt Bevormundung entmündigter Kinder 385. *Siehe auch* Eltern, Obhut.

Elterliche Vermögensrechte. Verwaltung 318. Verwendung der Erträge 319. Anzehrung des Kindesvermögens 320. Beim freien Kindesvermögen s. Vermögen. Schutz des Kindesvermögens: geeignete Vorkehrungen 324, Entziehung der Verwaltung 325. Haftung der Eltern 326/7. Verjährung der Forderungen der Kinder **134**.

Eltern. Zustimmung zur Anerkennung eines ausserehelichen Kindes 260, zur Adoption 265a, c, d, 269. Anfechtungsklage 258. Heirat 259. Unterhaltspflicht s. dort. Wünsche bei Wahl des Vormundes 381. Pflichtteil 471. *Siehe auch* elterliche Sorge, Kindesverhältnis.

Elternrechte. Bei Ungültigerklärung der Ehe 109. Bei der Ehescheidung 133/4, 144/7. *Siehe auch* elterliche Sorge, Kindesschutzmassnahmen, elterliche Vermögensrechte, persönlicher Verkehr.

Eltern- und Kindesrecht s. Kindesverhältnis.

Emission s. Ausgabe.

Emissionsprospekt bei der AG **652a, 652, 653d/f, 752** (Haftung), bei Anleihensobligationen **1156**.

Empfehlung, öffentliche. Zur Besorgung eines Geschäftes **395**.

Ende. Der Persönlichkeit 31. Der Bevormundung 431/8. Der Beistandschaft 439/40. Des vormundschaftlichen Amtes 441/50. *Siehe auch* Beendigung.

Enseignes VII A 48.

Entbindungskosten 282, 295.

Enteignung. Erwerb des Eigentums 656. Recht auf Eintragung im Grundbuch 665. Zeitpunkt des Verlustes des Grundeigentums 666. Bei Durchleitungen 691. Bei Quellen und Brunnen 712. Einer Sache in Nutzniessung 750. Eines grundpfändlich belasteten Grundstückes 801. Ausweis zur Eintragung im Grundbuch VIII 18. Der Miet- und Pachtsache **261, 290**.

Enterbung. Gründe 477. Wirkung 478. Beweislast 479. Eines Zahlungsunfähigen 480. Aufhebung des Erbvertrages 513. Rechte der Gläubiger 524.

Entlassung. Des Vormunds 453, 442/4, 445. Bei fürsorgerischer Freiheitsentziehung 397a, b, d, e. Ungerechtfertigte Entlassung des Arbeitnehmers **337c**. Des Bürgen **504**. Eines Mitbürgen **497**. *Siehe auch* Beendigung, fristlose Auflösung, Pfandentlassung.

Entlastung. Des Geschäftsführers **423**. Des Bürgen **506**. Bei der AG: Beschluss durch die Generalversammlung **698**; Ausschluss der geschäftsführenden Personen vom Stimmrecht **695**; Wirkung **758**. Bei der GmbH **808, 810**. Bei der Genossenschaft **879, 887**. *Siehe auch* Befreiung.

Entlastungsbeweis. Bei Billigkeitshaftung 54. Des Geschäftsherrn 55. Des Tierhalters 56. Des Frachtführers 447/8. Des Gastwirtes **487**. Des Stallwirtes **490**. Des Schuldners für das Verschulden: im allgemeinen **97**, bei Verzug **103, 106**, bei Rücktritt vom Vertrag **109**, bei Wandelung im Kaufrecht **208**, bei vertragswidrigem Zustand der Mietsache **255**, bei der Viehpacht **303**, bei Schaden aus einem Auftrag **402**, bei Schaden aus einem Hinterlegungsvertrag **473**. Bei Zufall: im Verzug **103, 106**, bei Geschäftsführung ohne Auftrag **420**, bei Hinterlegung **474**. *Siehe auch* Beweis.

Entlehner 305, s. Gebrauchsleihe.

Entmündigte. Handlungsfähigkeit 17, 19. Verlobung 90. Eingehen einer Ehe 94. Abschluss eines Ehevertrages 183. Anerkennung eines Kindesverhältnisses 260. Deren Adoption 266. Keine Ausübung elterlicher Sorge 296, 298. Verantwortlichkeit des Familienoberhauptes bei Schadenverursachung 333. *Siehe auch* Bevormundeter, Bevormundung, Vormundschaft.

Entmündigung. Des Schenkers wegen Verschwendung 240. *Siehe auch* Bevormundung, Handlungsunfähigkeit.

Entschädigung. Für Wohnrecht des geschiedenen Ehegatten 121. Für fehlende Austrittsleistung nach FZG bei Scheidung 124. An den Vormund 416. An den Beistand 417. Für Tiere bei Aufhebung des Miteigentums 651a, bei Verletzung oder Tötung **42, 43**. Für heimfallende Bauwerke 779d/e. Bei vorzeitigem Heimfall 779g. Für verpfändete Grundstücke bei Güterzusammenlegung 804. Beim Rücktritt vom Vorauszahlungsvertrag **227h**. Für Mehrwert der Mietsache **260a**. *Siehe auch* Ersatz, Lidlohn, Mietzins, Vergütung, Schadenersatzpflicht.

Entstehung des Kindesverhältnisses 252/269. Im allgemeinen 252. Verfahren 254. Vaterschaft des Ehemannes, Anerkennung, Vaterschaftsklage, Adoption s. jeweils dort. Übergangsrecht SchlT 12/13a.

Entstehung der Obligationen 1/67. Aus Vertrag **1/40**. Aus unerlaubter Handlung **41/61**. Aus ungerechtfertigter Bereicherung **62/7**.

Entwässerungen. Nachbarliche Verhältnisse 690. Durch ein gemeinschaftliches Unternehmen 703. *Siehe auch* Wasser.

Entwehrung. Beim Kauf s. Rechtsgewährleistung. Beim Tausch **238**.

Entwendung. Der von Gästen eingebrachten Sachen **487**. Der beim Stallwirt eingestellten Sachen **490**.

Entwertung der Sicherheiten bei der Bürgschaft **506**.

Entziehung. Der elterlichen Sorge: durch die vormundschaftliche Aufsichtsbehörde 311, durch die Vormundschaftsbehörde 312, s. auch Kindesschutzmassnahmen. Der elterlichen Vermögensrechte 325.

Entzug. Der Vertretungsbefugnis der Ehegatten 174. Der Geschäftsführung und Vertretung: bei der einfachen Gesellschaft **539**, bei der Kollektivgesellschaft **565**, bei der Kommandit-AG **767**. Von Rechten der Aktionäre **706**. *Siehe auch* Beschränkung.

Erbanteile. Vertrag darüber 635. Bei Rückgriff auf die Miterben 640. *Siehe auch* Ausgleichung, Herabsetzung.

Erbauskauf 495, 527. *Siehe auch* Erbverzicht.

Erbeinsetzung 483. Beim Verpfründungsvertrag **521/2**. *Siehe auch* Nacherbeneinsetzung.

Erbeinsetzungsvertrag 494. Bei Herabsetzung 528. Im übrigen s. Erbvertrag.

Erben s. eingesetzte Erben, gesetzliche Erben. Klagerecht bei Eheungültigkeitsklage 108. Erfüllung einer Bedingung **155**. Klagerecht und Widerruf bei Tod des Schenkers 251. Kündigung des Mietvertrages **266i**, des Pachtvertrags **297b**. Bei Tod des Arbeitnehmers **338**, des Arbeitgebers **338a**. Abgangsentschädigung **339b**. Bei Tod des Auftraggebers oder Beauftragten **405, 406**. Bei Tod des Agenten oder Auftraggebers **418s, 418u**. Erhebung ihrer Einreden durch den Bürgen des Erblassers **502**. Des Rentengläubigers **516**. Als Pfrundgeber **521**. Des Pfrundgebers **528**. Bei der einfachen Gesellschaft **545, 547**. Bei der Kollektivgesellschaft **574, 584, 590**. Des Genossenschafters **847, 864, 865, 877, 913**. Einer Geschäftsfirma **938**.

Erbengemeinschaft. Entstehung durch Erbgang 602. Solidarische Haftung für Erbschaftsschuldner 603. *Siehe auch* Teilungsanspruch, Erbteilung.

Erbengläubiger. Geltendmachung der Herabsetzungsklage 524. Vorrang vor Vermächtnisnehmer 564. Anfechtung der Ausschlagung 578. Begehren um Mitwirkung der Behörde bei der Erbschaftsteilung 609. *Siehe auch* Erbschaftsgläubiger.

Erbengülten 853.

Erbenschein 559. Ausweis für die Eintragung des Eigentums ins Grundbuch VIII 18.

Erbfähigkeit. Rechtsfähigkeit 539. Erbunwürdigkeit s. dort. Fehlt den Mitwirkenden an der letztwilligen Verfügung 503.

Erbfolge s. Erbrecht.

Erbgang 537/640, s. Eröffnung des Erbganges, Wirkungen des Erbganges, Erbteilung. Bei Namenaktien **685, 685b/d**. Bei der GmbH **792.**

Erbrecht 457/640, s. gesetzliche Erben, eingesetzte Erben, Pflichtteil, Verfügungen von Todes wegen, Erbgang. Übergangsrecht SchlT 15/6. Zuständigkeit und anwendbares Recht nach IPRG IA 86/95. Anerkennung ausländischer Entscheidungen, Massnahmen, Urkunden und Rechte IA 96.

Erbschaftsausschlagung s. Ausschlagung.

Erbschaftserwerb. Durch den Erben 542, 560. Durch den Vorerben 491. Durch den Nacherben 492. Durch den Vermächtnisnehmer s. dort. *Siehe auch* Ausschlagung.

Erbschaftsgläubiger. Rückgriff: auf den Verzichtenden 497, auf den Ausschlagenden 579. Gleichstellung mit Erbengläubigern 564. Bei öffentlichem Inventar 589/90. Anspruch auf amtliche Liquidation 594. *Siehe auch* Erbengläubiger.

Erbschaftsklage. Voraussetzung 598. Wirkung 599. Verjährung 600. *Siehe auch* Klage des Vermächtnisnehmers.

Erbschaftsverwaltung. Im allgemeinen 554/5. Bei Nacherbeneinsetzung 490. Bei Verschollenheit eines Erben 548. Bei Eröffnung der letztwilligen Verfügung 556, 559. Bei amtlicher Liquidation 595.

Erbteilung. Im allgemeinen 607. Nach Vorschrift des Erblassers 608. Mitwirkung der Behörden 609. Gleichberechtigung der Erben 610. Bildung von Losen 611, 634. Zuweisung und Verkauf einzelner Sachen 612. Zuweisung der Wohnung und des Hausrates an den überlebenden Ehegatten oder eingetragenen Partner 612a. Zusammengehörende Sachen, Familienschriften 613. Landwirtschaftliches Inventar 613a. Forderungen des Erblassers gegen Erben 614. Verpfändete Erbschaftssachen 615. Grundstücke s. Übernahme, landwirtschaftliche Gewerbe. Verschiebung 604/5. Berücksichtigung bei Aufhebung einer Gemeinderschaft 348. Kein Vorkaufsfall **216c**. Namenaktien **685, 685b/d**. Ausgleichung s. dort. Und Schuldübernahme **183**. *Siehe auch* Erbengemeinschaft, Teilungsanspruch, Abschluss der Erbteilung.

Erbunwürdigkeit. Gründe 540. Wirkung auf Nachkommen 541. Der Vorerben 492. Im Verhältnis zu Vermächtnissen 486.

Erbvertrag. Eine Verfügung von Todes wegen 481. Verfügungsfähigkeit 468. Mangelhafter Wille 469. Zustimmung der Aufsichtsbehörde 422. Arten s. Erbeinsetzungsvertrag, Erbverzicht, Vermächtnisvertrag. Form 512. Für die Form anwendbares Recht IA 93, 95. Aufhebung: unter Lebenden 513/4, bei Vorabsterben des Erben 515. Klagen daraus 534/6. Im Scheidungsverfahren 120. Anwendung der Bestimmungen auf die Verpfründung **521, 522**. *Siehe auch* Verfügungsfreiheit, Ungültigkeitsklage, Herabsetzung.

Erbverzicht. Durch Vertrag 495. Bedeutung 495. Lediger Anfall 496. Rechte der Erbschaftsgläubiger 497. Ausgleichung 535. *Siehe auch* Erbvertrag.

Erfindungen des Arbeitnehmers **332**. BG betr. Erfindungspatente **332/Fn. 2**.

Erfolgsrechnung bei der AG **663**, s. Jahresrechnung.

Erfüllbarkeit 75, 81, 108. *Siehe auch* Gläubigerverzug.

Erfüllung. Ehelicher Pflichten 159, 163/4, 278, 172, 177. Der Unterhaltspflicht 289/292.
Persönliche s. dort. Gegenstand **69/73**. Durch Zahlung **84/90**. Durch Hinterlegung **92/6**. Anwendung der allgemeinen Bestimmungen des OR auf andere zivilrechtliche Verhältnisse **7**. Ausbleiben s. Nichterfüllung, Unmöglichkeit, Konventionalstrafe. Bei Vertrag zugunsten eines Dritten **112**. Als Erlöschungsgrund der Obligation **114**. Durch mehrere s. Solidarität. Der Bedingung **155/6**. Einer sittlichen Pflicht **239** (keine Schenkung). Gesetzlicher Pflichten **324a, 329b, 335b, 336**. *Siehe auch* Amortisation, Neuerung, Tilgung.

Erfüllungsort. Der Obligation im allgemeinen **74, 84**. Konventionalstrafe bei Nichteinhalten **160**. Zur Feststellung des mittleren Marktpreises der Kaufsache **212**. Beim Hinterlegungsvertrag **477**. *Siehe auch* Zahlungsort.

Erfüllungszeit 75/83. Zug um Zug **82, 184.** *Siehe auch* Fälligkeit, Erfüllbarkeit.

Ergänzung. Des Vertrages durch den Richter **2.** Des ZGB durch kantonale Anordnungen SchlT 52.

Erhöhung. Der Rente bei Scheidung **128, 129, 143.** Des Aktienkapitals s. Kapitalerhöhung. Der Mietzinse s. Mietzinserhöhung.

Erklärungsirrtum 24 Abs. 1 Ziff. 1/3.

Erläuterungsbericht der Revisionsstelle der AG **729a.**

Erleben des Erbganges. Als Erbe **542.** Als Vermächtnisnehmer **543.** Kind vor der Geburt **544.** Nacherben **545.**

Erlöschen. Der Pflicht zum nachehelichen Unterhalt **130.** Der rechtsgeschäftlichen Ermächtigung **35.** Der Obligation: durch Erfüllung **114,** durch Übereinkunft **115,** durch Neuerung **116/7,** durch Vereinigung **118,** infolge Unmöglichkeit der Leistung **119,** durch Verrechnung **120/6.** Des Pachtverhältnisses bei Konkurs des Pächters **297a.** Des Auftrages **405/6.** Des Verlagsvertrages **392.** Der Prokura und der andern Handlungsvollmachten **465, 461.** *Siehe auch* Auflösung, Aufhebung, Beendigung.

Ermächtigung. Zur Trauung **99, 101.** Des Beistandes zur Vermögensverwaltung **419.** Des Bevormundeten zum Betrieb eines Berufes oder Gewerbes **421.** Zur Klage auf Ausschluss aus der Miteigentümergemeinschaft **649b.** Des Grundpfandgläubigers zur Vornahme von Sicherungsmassregeln **808.** Zur Führung des Grundbuchs mittels Informatik **949a.** Zur vorläufigen Eintragung im Grundbuch **961, 598.** Zur Stellvertretung im allgemeinen **32/7, 40.** Durch den Richter zur Ersatzvornahme **98.** Des Schuldners zur Mitteilung der Schuldübernahme **176.** Zum Zuschlag bei der Versteigerung **229.** Des Handelsreisenden **348b, 348.** Des Beauftragten: zur Besorgung des Geschäftes **396,** zur Übertragung des Geschäftes an einen Dritten **398, 403.** Des Agenten **418e.** Des Prokuristen **458/61, 465.** Des Handlungsbevollmächtigten **462, 465.** Des Angewiesenen **466.** Zur Eingehung einer Bürgschaft **493.** Zur Übertragung der Geschäftsführung bei der AG **716b, 627 Ziff. 12,** bei der Genossenschaft **898.** Des Verwaltungsrates der AG zur Kapitalerhöhung **651.** Zur Einsicht in Geschäftsbücher und Korrespondenzen der AG **697, 715a,** der Genossenschaft **857.** *Siehe auch* Stellvertretung, Vertretung.

Ermessen, gerichtliches **4.**

Erneuerung s. Änderung, Ausbesserung.

Eröffnung. Des Erbganges: Voraussetzungen auf seiten des Erblassers **537,** Ort **538,** Voraussetzungen auf seiten der Erben s. Erbfähigkeit, Erleben des Erbganges. Der letztwilligen Verfügung: Pflicht zur Einlieferung **556/7,** Frist **557,** Mitteilung an die Beteiligten **558,** Auslieferung der Erbschaft **559.** *Siehe auch* Konkurs.

Errichtung. Der Stiftung im allgemeinen **80/2, 408,** der Personalfürsorgestiftung **89bis,** der Familienstiftung **335.** Der Gemeinderschaft **336/7.** Der letztwilligen Verfügung s. dort. Des Erbvertrags s. dort. Des öffentlichen Inventars **581.** Der Grunddienstbarkeit **731/3.** Der Grundlast **783/5.** Des Grundpfands **799/800, 796/98a, 812, 813/5,** SchlT 23. Der Grundpfandverschreibung **825, 837.** Des Schuldbriefes **854/62, 843.** Der Gült **854/62, 847, 848, 853.** Des Fahrnispfandes **884/6, 900/3, 909.**

Einer Schenkung **242/3.** Einer Kollektivgesellschaft **552/6.** Einer Kommanditgesellschaft **594/7.** Einer Genossenschaft: Erfordernisse im allgemeinen

Normale Zahlen = ZGB; fette Zahlen = OR

830, Zahl der Mitglieder **831**, Aufstellung der Statuten **832/3**, konstituierende Generalversammlung **834**, Eintragung ins Handelsregister **835/7, VII A 92/6**, Erwerb der Persönlichkeit **838**. Der Bilanz s. dort. *Siehe auch* Gründung.

Errichtungsakt bei der AG **629, 640**.

Errungenschaft 197. Vermutung der Zugehörigkeit 200. Verwaltung und Nutzung 201. Klage gegen Dritte 220. Vorschlag s. dort. Bei beschränkter Gütergemeinschaft 223. *Siehe auch* Errungenschaftsbeteiligung, Eigengut, Vorschlag.

Errungenschaftsbeteiligung. Ordentlicher Güterstand 181, 196 ff. Vereinbarung bei Aufhebung des ausserordentlichen Güterstandes 191. Haftung der Ehegatten: gegenüber Dritten 202, unter sich 203. Bei Auflösung der Gütergemeinschaft 242/3. Auflösung s. dort. Wechsel von Güterverbindung zu Errungenschaftsbeteiligung SchlT 9b/d. *Siehe auch* Errungenschaft, Eigengut, Ersatzforderung, Mehrwertanteil, Vorschlag, güterrechtliche Auseinandersetzung, Güterverbindung.

Errungenschaftsgemeinschaft 223. Im übrigen s. Gütergemeinschaft.

Ersatz. Bei Untergang der Sache in Nutzniessung 750. Verbrauchbarer und geschätzter Sachen in Nutzniessung 772. Der Unterschrift **15**. Von Gegenständen des Pachtinventars **299b**. Des Mehrwertes der Pachtsache **299b**. *Siehe auch* Auslagenersatz, Entschädigung, Schadenersatz, Mängel.

Ersatzanschaffungen während der Ehe 197/8.

Ersatzerbe 487.

Ersatzforderungen. Zwischen Errungenschaft und Eigengut 209, SchlT 9b/c. Zwischen Gesamtgut und Eigengut 238. Des gutgläubigen Besitzers 939. *Siehe auch* Schadenersatzpflicht.

Ersatzmieter 264.

Ersatzverfügung 487.

Ersatzverordnungen des Bundes SchlT 53.

Ersatzvornahme. Im allgemeinen **98**. Beim Werkvertrag **366**.

Ersitzung. Von Grundeigentum: ordentliche 661, ausserordentliche 662, Fristen 663. Von Fahrniseigentum 728. Von Tieren 728. Von Kulturgütern 728. Von Grunddienstbarkeiten 731. An Erbschaftssachen 599. Anrechnung des Besitzes des Vorgängers 941. Keine Ersitzung von herrenlosen Naturkörpern oder Altertümern von wissenschaftlichem Wert 724. Übergangsrecht SchlT 19.

Erstreckung. Der Miete: Anspruch des Mieters **272**, Ausschluss **272a**, Dauer **272b**, Weitergeltung des Mietvertrages **272c**, Kündigung während Erstreckung **272d**, Verfahren **273**, bei Familienwohnung **273a**, bei Untermiete **273b**, Prüfung von Amtes wegen **274e, 274f**, durch die Ausweisungsbehörde **274g**. Angaben zum Vorgehen auf Kündigungsformular **266 l**. Übergangsrecht Schl und UeB **5** am Ende des OR. Der Pacht **298, 300, 301**. *Siehe auch* Kündigungsschutz.

Ertrag. Des Eigengutes bei Errungenschaftsbeteiligung 197, 199, bei Gütergemeinschaft 223/4, 232, 233. Des Kindesvermögens 319, 321, 325. Des Vermögens eines beschränkt Handlungsfähigen 395. Einer Forderung in Nutzniessung 733. Aus der Mietsache **269, 270a**. Bei der Pacht **275, 283**. In der Erfolgsrechnung der AG **663, 662a, 663b, e, g**. *Siehe auch* Früchte.

Ertragsgemeinderschaft 347/8. *Siehe auch* Gemeinderschaft.

Ertragswert. Eines landwirtschaftlichen Grundstückes oder Gewerbes IX 10, 87. Bei güterrechtlicher Auseinandersetzung 212. Bei der Gült 848. *Siehe auch* Verkehrswert.

Erwerb. Der Erbschaft s. Erbschaftserwerb. Des Vermächtnisses s. Vermächtnis. Von Grundeigentum s. Eintragung ins Grundbuch, Erwerbsarten. Von Fahrniseigentum s. Erwerbsarten. Einer Grunddienstbarkeit 731. Einer Nutzniessung 746. Einer Grundlast 783. *Siehe auch* Übertragung, Übergang der Rechte, Kauf, Abtretung.
Von Grundstücken durch Personen im Ausland BewG Anhang X A zum ZGB, BewV Anhang X B zum ZGB. *Siehe auch* Grundstückkauf.

Erwerbsarten. Beim Grundeigentum: Übertragung 657, Aneignung 658, Bildung neuen Landes 659, Bodenverschiebungen 660/660b; Ersitzung, Grundstückkauf s. jeweils dort. Beim Fahrniseigentum: Übertragung s. dort, Aneignung 718/9, Fund s. dort, Zuführung 725, Verarbeitung 726, Verbindung und Vermischung 727, Ersitzung s. dort.

Erwerbseinkommen s. Arbeitserwerb.

Erwerb von Grundstücken durch Personen im Ausland. BG vom 16. Dezember 1983 X A. Verordnung vom 1. Oktober 1984 X B.

Erziehung des Kindes. Im allgemeinen 301/3. Weisungen der Vormundschaftsbehörde 307. Kosten 276, 631, 579. Verwendung der Erträge des Kindesvermögens 319. Anzehrung des Kindesvermögens 320. Religiöse Erziehung s. dort. Des künftigen Adoptivkindes 264, 266, 268a. Eines bevormundeten Unmündigen 405, 378.

Erziehungsanstalt 26.

Erziehungskosten bei der Ausgleichung 631, 579.

Exkulpationsbeweis s. Entlastungsbeweis.

Expropriation s. Enteignung.

Fabrikationsgeheimnisse s. Geschäftsgeheimnisse.

Fabrikationsgewerbe s. kaufmännisches Gewerbe.

Fahrlässigkeit. Des Irrenden **26**. Wegbedingung der Haftung **100/1**. Einstehen für fahrlässige Schadenzufügung **41** (unerlaubte Handlung), **99** (Nichterfüllung einer Verbindlichkeit), **321e** (Arbeitsvertrag), **420** (Geschäftsführung ohne Auftrag), **752/5** (AG), **916/7** (Organe der Genossenschaft). *Siehe auch* grobe Fahrlässigkeit.

Fahrnisbaute. Eigentumsverhältnisse daran 677. Miete **266b**.

Fahrniseigentum 713/29. Gegenstand 713. Erwerbsarten s. dort. Verlust 729. Zuständigkeit und anwendbares Recht nach IPRG IA 98, 100/7. Anerkennung ausländischer Entscheidungen IA 108. Miete **266f, 266k**.

Fahrniskauf 187/215. Begriff **187**. Verpflichtung des Verkäufers zur Übergabe **188/91**. Schadenersatzpflicht des Verkäufers **191**. Rechtsgewährleistung **(192/6)**, Sachgewährleistung **(197/210)** s. jeweils dort. Verpflichtung des Käufers: zur Annahme der Kaufsache **211**, zur Preiszahlung **212/5**. Anwendung der Bestimmungen auf den Grundstückkauf **221**. Internationales Privatrecht s. Übereinkommen. *Siehe auch* Kauf, Abtretung.

Normale Zahlen = ZGB; fette Zahlen = OR 49*

Fahrnispfand 884/915, s. Faustpfand, Retentionsrecht, Pfandrecht an Forderungen und anderen Rechten, Versatzpfand, Pfandbriefe, Pfandrecht. Übergangsrecht SchlT 34/6. Dessen Einfluss auf die Verjährung der Forderung **140**. Bedeutung und Behandlung im Bürgschaftsrecht s. Faustpfand.

Fahrnispfandrecht s. Fahrnispfand.

Fahrzeug des Arbeitnehmers **321a, 327b, 339a**.

Fälligkeit. Im allgemeinen **75/83**. Beim Kauf **184, 213**. Beim Tausch **237**. Des Mietzinses **257c**. Des Pachtzinses **281**. Der Rückgabe der entlehnten Sache 309. Der Rückzahlung des Darlehens **318**. Der Lohnzahlung **323, 339, 339b, 353a**. Der Provision: bei Beendigung des Arbeitsvertrages **339**; bei Beendigung des Handelsreisendenvertrages **350a**. Der Vergütung im Werkvertrag **372**. Des Honorars im Verlagsvertrag **389**. Des Mäklerlohns **413**. Der Provision im Agenturvertrag **418k, 418t**. Der Rückgabe der hinterlegten Sache **475/6**. Der Bürgschaft **501**. Der Leibrente **518**. Beim Wechsel **991 Ziff. 4, 992, 1023/7, 1084, 1088**. Beim eigenen Wechsel **1096 Ziff. 3, 1097/8**. Beim Check **1115/7, 1136/7**. *Siehe auch* Verzug, Verfalltag.

Falscherklärung bei der Beurkundung des Personenstandes 41.

Fälschung und Änderungen. Des Wechsels **997, 1068, 1098**. Des Checks **1143 Ziff. 17, 1132**. *Siehe auch* absichtliche Täuschung.

Familienberatungsstellen 171, 172, 139.

Familienfideikommiss 335.

Familiengemeinschaft s. Unterstützungspflicht, Hausgewalt, Familienvermögen.

Familienhaupt 331/3.

Familienmediation 139.

Familienname. Der Ehegatten 160, 30, 109, 119, SchlT 8a. Des Kindes 270, 271, SchlT 12. Firmenbildung **945/8**. *Siehe auch* Name.

Familienrat 362, 364/6, 382.

Familienrecht 90/456, s. Eherecht, Verwandtschaft, Vormundschaft.

Familienrechtliche Pflichten. Deren Verletzung als Enterbungsgrund 477, als Rückforderungsgrund bei der Schenkung **249/50**. Sicherung durch Abtretung und Verpfändung von Lohnforderungen **325**. *Siehe auch* Unterhalt.

Familienschriften bei der Erbteilung 613.

Familienstiftung. Begriff 335. Keine Eintragung ins Handelsregister 52. Keine Aufsichtsbehörde, keine Revisionsstelle 87. Aufhebung 88.

Familienvermögen s. Familienstiftung, Gemeinderschaften.

Familienvormundschaft. Zulässigkeit und Bedeutung 362. Anordnung 363. Familienrat 364. Sicherheitsleistung 365. Aufhebung 366.

Familienwohnung. Bei der Scheidung 121. Kündigung 169, **266m/o, 271a**. Kündigungsschutz **273a**. *Siehe auch* eheliche Wohnung.

Faustpfand 884/94. Bestellung durch Besitz des Gläubigers 884. Umgehung durch Erwerb ohne Besitz 717. Nachverpfändung 886. Verpfändung durch den Pfandgläubiger 887. Untergang: durch Besitzesverlust 888, durch Tilgung der Forderung 889. Haftung des Gläubigers 890. Rechte des Gläubigers 891. Umfang der Pfandhaft 892. Rang der Pfandrechte 893. Verfallsvertrag 894.

Bedeutung und Behandlung bei der Bürgschaft **495/7, 499, 501, 503, 506/7, 510/1.** *Siehe auch* Fahrnispfand, Pfandrecht.

Fehler s. Berichtigung.

Fehlgeburt III 9.

Feiertag als Erfüllungstag **78, 1081, 1098, 1136.**

Ferien des Arbeitnehmers **329a/329d (362),** der lernenden Person **344a, 345a (362).** Ferienlohn **329d (361).** *Siehe auch* Freizeit.

Ferienwohnung 253a.

Feststellung. Des Kindesverhältnisses im allgemeinen 254, IA 66/9, IA 70. Der Vaterschaft 255/6, 260, 261, 309. Einer ungewissen Grenze 669. *Siehe auch* Vaterschaftsklage.
Bei der AG **629** (Gründung), **652g/h** (Kapitalerhöhung), **702** (Stimmrecht), **725, 743** (Überschuldung), **732, 734** (Kapitalherabsetzung). Der Haftungssummen der Gesellschafter mit beschränkter Haftung **802.** Des Reinertrags der Genossenschaft **858.** Der Haftungsanteile oder Nachschussbeträge der Genossenschafter **873.** *Siehe auch* Mängelrüge.

Feststellungsklage. Zum Schutz der Persönlichkeit 28a. Zum Schutz des Namens 29. *Siehe auch* Vaterschaftsklage.

Feuerpolizei 702.

Feuerversicherung 822, 712m, 767.

Filiale s. Zweigniederlassung.

Findelkind. Unterhalt 330.

Finderlohn 722, 723, 724, 725.

Findling s. Findelkind.

Firma 944. Eintragung im Handelsregister **934/5.** Löschung **938.** Der Kollektivgesellschaft **552, 554, 556, 562, 589.** Der Kommanditgesellschaft **594, 596/7, 602, 607.** Der AG **620, 626, 641, 719, 739, 746, 751.** Der GmbH **772, 776, 781, 815.** Der Genossenschaft **832, 836, 899, 900, 915.** *Siehe auch* Firmenbildung, Firmenschutz, Einzelfirma.

Firmenbildung. Allgemeine Bestimmungen **944, VII A 44/8.** Bei der Einzelfirma **945/6.** Bei der Kollektiv-, Kommandit- und Kommanditaktiengesellschaft **947/8, 951.** Bei der GmbH **949, 951.** Bei der AG und der Genossenschaft **950/1.** Ausschliesslichkeit **951.** Bei Zweigniederlassungen **952.** Bei Namensänderung von Gesetzes wegen **954.** Überwachung der Bestimmungen durch den Registerführer **955.** *Siehe auch* Firma, Firmenschutz.

Firmenschutz 956.

Firmenverzeichnis beim Handelsregister **VII A 14.**

Fischerei 699.

Fixgeschäft 108, 190.

Forderung s. Obligation, Abtretung, Verjährung, Schulden. Gegen den Arbeitgeber bei der Personalfürsorgestiftung 89bis. Erwerb im Erbrecht 560. Des Erblassers an den Erben 614. Nutzung daran 773/5. Angabe bei Bestellung eines Grundpfandes 794. Keine Verjährung bei grundpfändlicher Sicherung 807. Bei der Grundpfandverschreibung 824/5, 835. Bei Schuldbrief und Gült 842, 847, 855, 891. *Siehe auch* Pfandrecht an Forderungen. Aus Spiel und Wette **513/515a.**

Forderungspfandrecht s. Pfandrecht an Forderungen und andern Rechten.

Form. Der Trauung 102. Der Zustimmung zur Adoption 265a. Der letztwilligen Verfügung s. dort. Der Ausschlagung 570. Der Errichtung eines Pfandrechtes an Forderungen 900/3. Der Verträge im allgemeinen **11, 16**. Gesetzlich vorgeschriebene **12**/5. Von den Parteien vorbehaltene **16**. Des Vorvertrages **22, 165, 216, 493**. Des Widerrufs bei Haustürgeschäften **40e**. Der Aufhebung einer Forderung **115**. Der Abtretung von Forderungen **165**/6. Der Gewährleistung beim Viehhandel **198**. Des Liegenschaftskaufs **216**. Des Vertrags über ein Vorkaufs-, Kaufs- oder Rückkaufsrecht **216, 216b**. Des Vorauszahlungsvertrages **227a**. Des Steigerungskaufs **229**. Der Schenkung **242**/3. Der Mahnung des Vermieters zur Sorgfalt **257f**. Der Kündigung von Wohn- und Geschäftsräumen **266 l/o, 271, 298**. Der Mietzinserhöhung **269d**. Des Pachtinventars **277**. Des Arbeitsvertrages **320**. Mitteilung der Massenentlassung **335f/g**. Des Lehrvertrages **344a**. Des Handelsreisendenvertrages **347a**. Des Gesamtarbeitsvertrages **356c**. Des Konkurrenzverbotes beim Arbeitsvertrag **340**. Bei der Ehe- oder Partnerschaftsvermittlung: des Auftrags **406d**, der Rücktrittserklärung und Kündigung **406f, 406e**. Des Kreditauftrages **408**. Der Bürgschaft **493**. Der Verlängerung der Bürgschaft **509**. Des Leibrentenvertrages **517**. Der Verpfründung **522**. Der Errichtung der Kollektivgesellschaft **552/6**, der Kommanditgesellschaft **594/7**, der Aktiengesellschaft **626/43**, der GmbH **776/83, 784/5, 786, 788**, der Genossenschaft **830/7**. Der Einberufung der Generalversammlung der AG **700**. Des Beitrittes zur Genossenschaft **840**. Des Wechsels: im allgemeinen **991/2, 996/7, 1087/9, SchlB 12**; des Indossamentes **1003, 1087**; der Annahme **1015, 1088**; des Protestes **1037, 1088**; ausländischer Wechselerklärungen **1087**; ausländischer Wechselhandlungen **1088**. Des Checks **1100/1, SchlB 12**. Des gekreuzten Checks **1123**. Des Verrechnungschecks **1125**. Der Anweisung an Ordre **1147**. Des Zahlungsversprechens an Ordre **1151**. Anderer indossierbarer Papiere **1152**. *Siehe auch* Formulare, Formvorschriften, Schriftlichkeit, öffentliche Beurkundung, Veröffentlichung.

Form letztwilliger Verfügungen. Übereinkommen über das anzuwendende Recht II F. Im übrigen s. letztwillige Verfügung.

Formmangel s. Formvorschriften.

Formulare. Der Pfandtitel 858, VIII 53/60. Für die Pfandbriefe VII 7. Für das Grundbuch 949, VIII 105/10. Im Zivilstandsdienst III 6, 47. Für das Eigentumsvorbehaltsregister VI A 7. Für die Kündigung der Miete **266 l**. Zur Mietzinserhöhung **269d**. Für den Abschluss eines Mietvertrags **270**. Für die Kündigung der Pacht **298**.

Formvorschriften. Des kantonalen Rechts: für die Beweisbarkeit von Rechtsgeschäften 10; für das öffentliche Inventar bei Übernahme der Vormundschaft 398; für das Inventar im Erbrecht 581, 553, 490; statt Einführung des Grundbuches SchlT 46. Nichtbeachtung bei der Verfügung von Todes wegen 520, 520a, SchlT 16, Übergangsrecht SchlT 50. *Siehe auch* Form, Schriftlichkeit, öffentliche Beurkundung, Veröffentlichung, Formulare.

Forstwesen 702.

Fortschaffung s. gewaltsame Fortschaffung.

Fortsetzung. Des Geschäfts des Erblassers durch einen Erben 585. Der einfachen Gesellschaft bei Tod eines Gesellschafters **545**. Der Kollektivgesellschaft bei Ausscheiden von Gesellschaftern **576, 579, 581**. Der Kommanditgesellschaft **619**. Der AG über die in den Statuten bestimmte Zeit **766**.

Unzumutbarkeit der Fortsetzung: der Miteigentümergemeinschaft 649b, des Mietverhältnisses **257f,** der Pacht **285,** des Arbeitsverhältnisses **337,** der Verpfründung **527.** *Siehe auch* stillschweigende Erneuerung, Scheidungsgründe.

Frachtbrief 443.

Frachten. Verbürgung **493, 500, 509.** Im übrigen s. Frachtvertrag.

Frachtführer 440. Behandlung des Frachtgutes: bei Ablieferungshindernissen **444,** bei schnell verderblichen Gütern **445,** Schadenersatzpflicht **446.** Haftung: bei Verlust und Untergang des Gutes **447;** bei Verspätung, Beschädigung, teilweisem Untergang **448;** für den Zwischenfrachtführer **449;** Verwirkung der Haftungsansprüche **452;** Verjährung **454.** Anzeigepflicht **450.** Retentionsrecht **451.** Verfahren in Streitfällen **453.** Wahrung der Rechte gegen den Frachtführer durch den Kommissionär **427.** *Siehe auch* Frachtvertrag, Lagerhalter.

Frachtvertrag 440/57. Begriff **440.** Stellung des Absenders: notwendige Angaben **441,** Verpackungspflicht **442,** Verfügung über das reisende Gut **443.** Frachtführer s. dort. Verfahren in Streitfällen **453.** Stellung öffentlicher Transportanstalten **455/7.** Anwendung von Frachtvertragsrecht auf die Spedition **439.** *Siehe auch* Fracht, Frachtführer, Transportanstalt, Warenpapiere.

Frankolieferung 189.

Franko- und **zollfreie** Lieferung **189.**

Frauengut nach altem Eherecht. Bei Konkurs und Pfändung des Ehemannes SchlT 9c. *Siehe auch* Sondergut.

Freie Beweiswürdigung s. Beweiswürdigung.

Freies Vermögen. Des Kindes: Zuwendungen **321;** Pflichtteil **322;** Arbeitserwerb, Berufs- und Gewerbevermögen **323.** Des Bevormundeten **414.**

Freiexemplare beim Verlagsvertrag **389.**

Freiheit als Rechtsgut s. Persönlichkeitsschutz.

Freiheitsentziehung s. fürsorgerische Freiheitsentziehung, Persönlichkeitsschutz.

Freiheitsstrafe als Bevormundungsgrund **371, 432.**

Freiwillige Versteigerung s. Versteigerung.

Freiwillige Zahlung. Einer Nichtschuld **63.** Des Pfandeigentümers für eine verbürgte Forderung **507.** Bei Spiel und Wette **514.**

Freizeit. Des Arbeitnehmers **329 (362).** Der lernenden Person **344a, 345a (362).** Regelung durch Normalarbeitsvertrag **359.** Zur Ausgleichung von Überstundenarbeit **321c.** *Siehe auch* Ferien.

Freizügigkeit der Anwältinnen und Anwälte (BGFA), Anhang **XIII.**

Freizügigkeitsgesetz, scheidungsbezogene Bestimmungen, Anhang IV A zum ZGB.

Freizügigkeitsleistung 331d, 331e.

Fremde Währung bei der Zahlung **84,** beim Wechsel **1031, 1092,** beim Check **1122.**

Fremdkapital der AG **663a.**

Friedenspflicht der Parteien eines Gesamtarbeitsvertrages **357a/b.**

Frist. Zur Ablieferung der Gegendarstellung 28i. Zur Verschollenerklärung 36, 548. Zur Anzeige der Geburt 46. Zur Anzeige des Todes 48. Zur Trauung nach dem Vorbereitungsverfahren 99, 100. Für Wechsel zur Scheidung auf Klage 113. Für Getrenntleben vor Scheidung 114. Für Namenserklärung nach Scheidung 119. Zur Festsetzung oder Erhöhung einer Scheidungsrente bei Verbesserung der wirtschaftlichen Verhältnisse 129. Für Vermutung der Vaterschaft des Ehemannes 255, 256a. Zur Ablehnung oder Anfechtung der Vormundschaft 388. Zur Anlage von Bargeld durch den Vormund 401. Zur Auslieferung des Erbteils eines Verschollenen 548. Zur Anmeldung zum Erbgang 555. Zur Eröffnung der letztwilligen Verfügung 557. Zur Auslieferung der Erbschaft 559. Zur Ausschlagung 567. Zur Annahmeerklärung: durch den überlebenden Ehegatten 574, durch nachfolgende Erben 575. Zur Anfechtung der Ausschlagung durch die Erbschaftsgläubiger 578. Beim öffentlichen Inventar 580, 582, 584, 587. Für das Begehren zur amtlichen Liquidation 594. Zur Ersitzung: von Grundeigentum 661/3, von beweglichen Sachen 728, von Kulturgütern 728. Zur Ausübung eines gesetzlichen Vorkaufsrechtes 681a. Zur gerichtlichen Abberufung des Verwalters bei Stockwerkeigentum 712r. Beim Fund 721/2. Zum Einspruch gegen Löschung einer Dienstbarkeit 743/4, 976. Zur Eintragung des gesetzlichen Pfandrechts an einem Baurecht 779d. Bei der Ablösung einer Grundpfandverschreibung 829, 832/4. Zur Eintragung gesetzlicher Grundpfandrechte 838/9, 779d. Zur Ablösung einer Gült 850, 852. Bei Kraftloserklärung eines Pfandtitels 870/1. Zur Auslösung des Versatzpfandes 912. Zur Rückforderung: abhanden gekommener Sachen 934, 936; von Kulturgütern 934. Zur Anfechtung der Löschung eines dinglichen Rechtes 743/4. *Siehe auch* Bedenkzeit, Beschwerdefrist, Dauer, Gültigkeitsdauer, Klagefrist, Kündigung, Verjährungsfrist, Wartefrist, Zahlungsfrist.

Frist zur Annahme einer Offerte **3/5.** Zur Ablehnung der Offerte **6.** Zum Widerruf bei Haustürgeschäften **40e.** Zur Anfechtung: wegen Übervorteilung **21;** wegen Irrtums, Täuschung und Furchterregung **31.** Zur nachträglichen Erfüllung **107/8.** Zur Annahme der Schuldübernahme **177.** Für Haftung des alten Schuldners bei Geschäftsübernahme **181.** Zur Prüfung und Rüge: beim Kaufvertrag **201/3,** beim Werkvertrag **367.** Zur Ausübung eines vertraglichen Vorkaufsrechts **216e.** Zur Genehmigung bei Kauf auf Probe **224/5.** Zum Verzicht auf den Abschluss eines Vorauszahlungsvertrages **228, 227a.** Zur Anfechtung der Versteigerung **230.** Zur Behebung von Mängeln der Mietsache **259b/c.** Zur Anfechtung des Anfangsmietzinses **270,** von Mietzinserhöhungen **270b,** der Kündigung der Miete **273.** Für Mieterstreckungsbegehren **273.** Zur Auflösung der Miete und Pacht s. Kündigung. Für Darlehensrückzahlung **318.** Zu vertragsgemässer Erfüllung des Werkvertrages **366.** Zur Herstellung einer neuen Auflage nach Verlagsvertrag **383.** Für Inkrafttreten des Auftrags zur Ehe- oder Partnerschaftsvermittlung **406e.** Zur Erhebung der Forderung gegen den Bürgen **510/1.** Zur Einberufung der Generalversammlung der AG **700.** Zur Rückerstattung der Tantiemen im Konkurs der AG **679.** Für Verteilung des Vermögens: einer aufgelösten AG **745,** einer aufgelösten Genossenschaft **913.** Für Verantwortlichkeitsklage nach Entlastungsbeschluss bei der AG **758.** Für die Aufbewahrung von Geschäftsbüchern, Buchungsbelegen und Geschäftskorrespondenz **962.** Zur Vorlegung und Herausgabe abhanden gekommener Inhaberpapiere **983, 985.** Beim Wechsel **1011/4** (Annahme), **1023/7** (Verfall), **1028, 1081/3** (Zahlung), **1034** (Protesterhebung), **1042** (Benachrichtigung bei Nichtannahme oder -zahlung), **1050** (Präjudizierung), **1073/80** (Kraftloserklärung). Beim Check **1115/8** (Zahlung), **1128/9, 1134** (Rückgriff und Protest). Bei der Gläubigerversammlung: für Einberufung **1165,** für Genehmigung der Beschlüsse durch die Nachlassbehörde **1176.** *Sie-*

he auch Annahmefrist, Dauer, Fristberechnung, Fristbestimmung, Fristenlauf, Fristverlängerung, Verjährungsfrist. Anzeigefrist s. Anzeigepflicht. Kündigungsfrist s. Kündigung.

Fristberechnung. Bei der Ersitzung 663, 728. Bei der Erfüllung von Verbindlichkeiten **77/80.** Bei der Verjährung **132.** Bei Verzug des Mieters **265,** des Pächters **293.** Beim Wechsel **1026/7, 1081/2, 1098.** Beim Check **1116/7, 1136/7.**

Fristbestimmung. Auslegungsregeln **76/8.**

Fristenlauf an Samstagen **78/Fn. 1, 1081, 1136.**

Fristlose Auflösung. Des Mietvertrages **257d, 257f, 259b, 266h.** Des Pachtvertrages **282, 285, 288, 289a.** Des Arbeitsvertrages: aus wichtigen Gründen **337 (361), 349,** bei Zahlungsunfähigkeit des Arbeitgebers **337a (362),** Folgen **337b/d (361/2), 339c.** Des Lehrvertrages **346 (361).** Des einfachen Auftrages **404.** Des Agenturvertrages **418r, 418a.**

Fristlose Kündigung s. fristlose Auflösung.

Fristverlängerung 80.

Früchte. Bei der Ausgleichung 630. Eigentum 643. Bei Überragen auf bebauten oder überbauten Boden (Anries) 687. Bei der Nutzniessung 756, 768, 773. Beim Grundpfand 805/6. Beim Fahrnispfand 892. Des gutgläubigen Besitzers 939. Des bösgläubigen Besitzers 940. Beim Fahrniskauf **187, 195, 213.** Bei der Pacht **275.** *Siehe auch* Ertrag.

Frühere Ehe. Beweis der Auflösung 96. Unbefristeter Ungültigkeitsgrund 105.

Fund. Bekanntmachung, Nachfrage im allgemeinen 720, bei Tieren 720a. Aufbewahrung und Versteigerung 721. Eigentumserwerb, Herausgabe 722, 934. Schatzfund 723. Wissenschaftliche Gegenstände 724. *Siehe auch* Findelkind, Finderlohn, Leichenfund.

Furchterregung bei Vertragsabschluss **29/31.**

Fürsorgerische Freiheitsentziehung 397a/397f. Voraussetzungen 397a. Zuständigkeit 397b. Mitteilungspflicht 397c. Gerichtliche Beurteilung 397d. Verfahren in den Kantonen 397e/f. Bei Unmündigen 314a, 405a. Durch den Vormund 405a, 406. Schadenersatz und Genugtuung 429a. Übergangsrecht SchlT 14a.

Fusion. FusG, Anhang **IX** zum OR; **VII A 105/105d, 109, 109b, 109e, 110, 111.** Keine Liquidation der AG **738.** Unübertragbarkeit der Befugnis zur Fusion bei Versicherungsgenossenschaften **893.** Zuständigkeit und anwendbares Recht nach IPRG I A 163a/c, 164, 164a/b.

Fusionsgesetz, FusG. BG über Fusion, Spaltung, Umwandlung und Vermögensübertragung, Anhang **IX** zum OR. Gerichtsstand I B 29a.

Fussweg 740.

Garantie s. Mängelhaftung, Gewährleistung.

Garantiefunktion des Indossamentes **1005.**

Garantieverpflichtungen der AG. Aufführung im Anhang **663b.**

Garantieversprechen 111.

Gastaufnahmevertrag 487/91. Haftung der Gastwirte **487/9.** Haftung der Stallwirte **490.** Retentionsrecht **491.** *Siehe auch* Hinterlegungsvertrag.

Gastwirte 487, s. Gastaufnahmevertrag, Wirtsschulden.

Gattungsschuld 71, 185 (Übergang von Nutzen und Gefahr). *Siehe auch* vertretbare Sachen.

Gebäude s. Grundstück, Grundstückkauf, Werk.

Gebrauchsleihe 305/11. Begriff 305. Gebrauchsrecht des Entlehners 306. Haftung: für Zufall 306, mehrerer Entlehner 308. Kosten der Erhaltung 307. Beendigung: bei bestimmtem Gebrauch 309, bei unbestimmtem Gebrauch 310, bei Tod des Entlehners 311. *Siehe auch* Darlehen.

Gebrechen. Grund zur Bevormundung auf eigenes Begehren 372. Ablehnungsgrund bei Bestellung zum Vormund 383.

Gebrechlichkeit des Kindes. Erziehung 302. Vorausbezugsrecht bei der Erbteilung 631.

Gebühren. Im Zivilstandswesen 48. Bei der Viehverpfändung 885. Bei der Versatzpfandanstalt 907. Für Eintragungen ins Grundbuch 954. Gemäss EigVV VI A 22. Für die öffentliche Beurkundung der Bürgschaft **493.**

Geburt. Als Ausgangspunkt der Persönlichkeit 31, des Kindesverhältnisses 252/4. Beweis 33. Zivilstandstatsache 39.

Gefahr s. Gefahrtragung, Kosten und Gefahr, Todesgefahr.

Gefahrtragung. Bei Unmöglichwerden einer Leistung **119.** Beim Kauf **185.** Beim Werkvertrag **376, 378.** Des Kommissionars bei Kreditgewährung **429.** Bei der einfachen Gesellschaft **531.** *Siehe auch* Zufall, Gefahrübergang, Kosten und Gefahr.

Gefahrübergang. Vor Erfüllung **185, 324a, 531.** Beim Grundstückkauf **220.** Bei Hinterlegung vertretbarer Sachen **481.** *Siehe auch* Gefahrtragung.

Gefundene Sachen s. Fund.

Gegendarstellung. Voraussetzung 28g. Form und Inhalt 28h. Verfahren 28i. Veröffentlichung 28k. Klage beim Gericht 28 l.

Gegendarstellungsrecht s. Gegendarstellung.

Gegenforderung s. Verrechnung.

Geheimhaltungspflicht des Beauftragten bei Ehe- und Partnerschaftsvermittlung **406g,** des Arbeitnehmers **321a,** des Agenten **418d.** *Siehe auch* Geschäftsgeheimnis, Verschwiegenheit.

Gehilfen 55, 101. Solidarische Haftung bei unerlaubter Handlung **50.**

Geisteskrankheit. Bedeutung bezüglich Urteilsfähigkeit 16. Erziehung des Kindes 302. Verantwortlichkeit des Familienoberhauptes 333. Bevormundung 369, 374, 375, 436. Grund zur fürsorgerischen Freiheitsentziehung 397a, 397c, 397e, 314a. *Siehe auch* Krankheit.

Geistesschwäche s. Geisteskrankheit, Gebrechen.

Gekreuzter Check 1123/4, 1141.

Geldschulden. Erfüllungsort **74.** Zahlung **84/90.** Verzug **104.** *Siehe auch* fremde Währung.

Geldsorte s. Landeswährung, fremde Währung.

Gelegenheitsgeschenke. Beim Verlöbnis 91. Bei der Ausgleichung 527, 632. *Siehe auch* Schenkung.

Gemeinde. Vermögensverwendung bei Aufhebung einer juristischen Person 57. Stiftungsaufsicht 84. Übergang des Unterhaltsanspruches des geschiedenen Ehegatten 131, des Kindes 289. Unterhalt von Findelkindern 330. Haftung für Vormund und vormundschaftliche Behörden 427, 430, 454. Als gesetzlicher Erbe 466, 550, 555. Erwerb einer Erbschaft 592. Übergang des Anspruchs der zu vermittelnden Person bei Ehe- oder Partnerschaftsvermittlung **406b.** *Siehe auch* Heimatgemeinde.

Gemeindeanleihen 1157.

Gemeinder. Deren gesetzliches Pfandrecht 837/8.

Gemeinderschaft. Begründung 336/7. Dauer 338. Wirkung 339/42. Aufhebung 343/6. Ertragsgemeinderschaft, Gemeinderschaftsvertreter s. jeweils dort.

Gemeinderschaftsvertreter. Eintragung und Löschung im Handelsregister **VII A 10, 112b/d.**

Gemeinsame Bestimmungen von Schuldbrief und Gült 854/74. *Siehe auch* Schuldbrief, Gült, Pfandtitel.

Gemeinsame elterliche Sorge. Verheirateter Eltern 297. Unverheirateter Eltern 298a. Bei Scheidung 133.

Gemeinsamer Haushalt s. Aufhebung.

Gemeinschaft. Eheliche s. dort. Der Eltern und Kinder: Familienname 270, Heimat 271, gegenseitiger Beistand 272, persönlicher Verkehr s. dort. Der Erben vor der Teilung s. Erbengemeinschaft, Teilungsanspruch. Der Eigentümer s. Gesamteigentum, Miteigentum. Der Stockwerkeigentümer s. Stockwerkeigentümergemeinschaft.

Gemeinschaftliches Eigentum s. Gesamteigentum, Miteigentum. An Aktien **690.**

Gemeinschaftsbeschlüsse bei Gläubigergemeinschaften. Eingriffe in Gläubigerrechte: Zulässigkeit und erforderliche Mehrheit **1170/2;** Beschränkungen **1173/5;** Genehmigung durch obere kantonale Nachlassbehörde **1176/7, 1178** (Weiterzug ans BGer), **1179** (Widerruf). Andere Beschlüsse **1180/2.** *Siehe auch* Gläubigerversammlung.

Gemeinwesen s. Gemeinde, Kanton, öffentlich-rechtliche Körperschaften.

Gemischtwirtschaftliche Unternehmen **762.**

Genehmigte Kapitalerhöhung s. Kapitalerhöhung.

Genehmigung. Kantonaler Vorschriften durch den Bund 49, 425, 949, 953, 962, SchlT 52. Der Vereinbarung über die Scheidungsfolgen 111, 140, 141. Mangelhafter Geschäfte **21** (Übervorteilung), **31** (Willensmängel), **38** (Stellvertretung). Der gekauften Sache **201.** Beim Kauf auf Probe **224/5.** Bei der Versteigerung **232.** Des Werkes **370.** Der Geschäftsführung ohne Auftrag **424.** Der Beschlüsse der Gläubigerversammlung bei Anleihensobligationen **1176/9.**

Generalbevollmächtigter. Bestellung bei der einfachen Gesellschaft **535.**

Generalversammlung. Der AG **698/706b:** Befugnisse **698, 697a/b, 705, 739,** Einberufung und Traktanden **699, 700, 626, 656d,** Universalversammlung **701,** Leitung und Protokoll **702,** Teilnahmerecht **689, 656c.** Der Kommandit-AG **766, 764.** Der Genossenschaft: Einberufung **881/4,** Befugnisse **879,** Urabstimmung s. dort, Abberufung der Verwaltung und Kontrollstelle **890,** Delegiertenversammlung **829.** *Siehe auch* Generalversammlungsbeschlüsse, Stimmrecht, Vertretung.

Normale Zahlen = ZGB; fette Zahlen = OR

Generalversammlungsbeschlüsse. Der AG: Beschlussfassung **703, 704, 627, SchlB 6**; Bekanntgabe an Partizipanten **656d**; Anfechtung, Nichtigkeit s. jeweils dort; über Geschäftsbericht **729c**; auf Auflösung **736**; über Erhöhung des Aktienkapitals **650, 651, 653**; auf Herabsetzung des Aktienkapitals **732**. Der Genossenschaft: Beschlussfassung **888/9**, Anfechtung **891**. *Siehe auch* Entlastung, Generalversammlung, Gesellschaftsbeschlüsse.

Genossenschaft 828/926. Begriff **828**. Öffentlich-rechtliche **829**. Mitgliederzahl **831**. Konstituierende Versammlung **834**. Eintragung ins Handelsregister **835/7, VII A 92/6**. Erwerb der Persönlichkeit **838**. Anpassung an das neue Recht **SchlB 2/3**. Für Fusion, Spaltung, Umwandlung und Vermögensübertragung s. Fusionsgesetz, **IX**. Als Revisionsstelle der AG **727d**. Wohnbaugenossenschaft **331d, 331e**. Anwendung der Bestimmungen des OR auf juristische Personen 58/9. Bei der Viehverpfändung **885**. *Siehe auch* Auflösung, Beendigung, Errichtung, Generalversammlung, Genossenschafterverzeichnis, Genossenschaftsanteile, Genossenschaftsgläubiger, Genossenschaftskonkurs, Geschäftsführung, Kontrollstelle, Liquidation, Statuten, Verantwortlichkeit.

Genossenschafter 828. Mindestzahl **831**. Erwerb der Mitgliedschaft **839/41**. Verlust der Mitgliedschaft: durch Austritt **842/5**, durch Ausschluss **846**, durch Tod **847**, durch Wegfall einer Beamtung oder Anstellung oder eines Vertrages **848**. Übertragung der Mitgliedschaft **849/50**. Rechte und Pflichten **852/78**. Stimmrecht **855, 885**. Kontrollrecht **856/7**. Vermögensrechte **858/65**. Abfindungsanspruch **864/5**. Treuepflicht **866**. Pflicht zu Beiträgen und Leistungen **867**. Persönliche Haftung **868, 869/78**. Eintragung ins Handelsregister bei persönlicher Haftung **877, VII A 94/5**. Einberufung der Generalversammlung **881**. Abberufung der Verwaltung und Kontrollstelle **890**. Verteilung des Liquidationsergebnisses **913**. Verantwortlichkeitsansprüche **917**. *Siehe auch* Genossenschaft, Nachschusspflicht.

Genossenschafterverzeichnis. Eintrag ins Handelsregister **835, VII A 94/5**. Führung durch die Verwaltung **902**. Prüfung durch die Kontrollstelle **907**.

Genossenschaftsanteile 853. Aufnahme in die Statuten **833 Ziff. 1**. Abtretung **849**. *Siehe auch* Anteilschein.

Genossenschaftsgläubiger. Rechte bei persönlicher Haftung der Genossenschafter **869**. Antrag auf Aufschiebung des Konkurses der Genossenschaft **903**. Verantwortlichkeitsansprüche **917**. *Siehe auch* Genossenschaftskonkurs.

Genossenschaftskonkurs. Geltendmachung des Antrittsrechtes **845**. Haftung der Gesellschafter **869/71**. Verfahren **873**. Eröffnung bei Überschuldung **903**. Rückerstattung der Gewinnanteile durch die Verwaltung **904**.

Genossenschaftsverbände 921/5.

Genugtuung. Bei Verletzung in der Persönlichkeit 28a, **49**. Bei Körperverletzung und Tötung **47**. Im Namensrecht 29. Bei Verletzung durch die im Zivilstandswesen tätigen Personen 46. Bei fürsorgerischer Freiheitsentziehung 429a. Bei Schädigung durch öffentliche Beamte und Angestellte **61**. Nach SVG **III B(1)** 62. Nach KG **II A(1)** 12. Nach UWG **II C** 9.

Genussscheine. Deren Ausgabe durch die Aktiengesellschaft **657, 627 Ziff. 9, 641, 652a, SchlB 3**.

Gerichtliche Massnahmen zum Schutz der ehelichen Gemeinschaft. Im allgemeinen 172. Während des Zusammenlebens 173/4. Aufhebung des gemeinsamen Haushaltes 175/6. Anweisung an die Schuldner 177. Beschränkungen der Verfügungsbefugnis 178. Bei Veränderung der Verhältnisse 179. Anwendung der Bestimmungen auf die Ehetrennung 118, auf das Scheidungsverfahren 137.

Gerichtliches Ermessen 4.

Gerichts- oder Parteikosten im Scheidungsverfahren 147.

Gerichtsstand. Bei Trennung 117. Bei Scheidung 135. Bei mangelnder Zustimmung des Ehegatten zur Ausschlagung oder Annahme von Erbschaften 230.

Gerichtsstandsgesetz (GestG), Anhang IB zum ZGB, Anhang I zum OR.

Gerüche aus Nachbarliegenschaft 684.

Gesamtarbeitsvertrag 356/8. Begriff und Inhalt 356. Freiheit der Organisation und der Berufsausübung 356a. Anschluss **356b**. Form und Dauer **356c**. Wirkungen: auf die beteiligten Arbeitgeber und Arbeitnehmer **357,** unter den Vertragsparteien **357a**. Gemeinsame Durchführung **357b**. Verhältnis zum zwingenden Recht 358. *Siehe auch* Allgemeinverbindlicherklärung.

Gesamtausgabe im Verlagsvertrag **386.**

Gesamteigentum. Voraussetzung 652. Wirkung 653. Aufhebung 654, 654a. Der Ehegatten s. Gesamtgut. Der Gemeinder 342. Bei Verpfändung eines Grundstückes 800.

Gesamtgut. Bei allgemeiner Gütergemeinschaft 222. Bei beschränkten Gütergemeinschaften 223/4. Vermutung der Zugehörigkeit allen Vermögens 226. Verwaltung und Verfügung 227/31. Haftungssubstrat für Voll- und Eigenschulden 233/4. Massgeblicher Zeitpunkt: für die Zusammensetzung 236, für die Bewertung 240. Ersatzforderungen gegenüber Eigengut 238. Mehrwertanteil 239. Wertbestimmung 240. Anteil des Ehegatten bei Teilung 241/2. *Siehe auch* Eigengut, Gütergemeinschaft, Gesamteigentum.

Gesamtschuldner s. Solidarschuld.

Geschäft s. Gewerbe, Beruf oder Gewerbe. Eintragung ins Handelsregister **934.** Übernahme **181.**

Geschäftsbedingungen 348. *Siehe auch* allgemeine Geschäftsbedingungen.

Geschäftsbericht der AG 662. Jahresrechnung, Jahresbericht s. dort, Konzernrechnung s. Konzern. Abnahme **689.** Bekanntgabe **696.** Erstellung durch den Verwaltungsrat **716a.**

Geschäftsbriefe (und -telegramme) s. Geschäftskorrespondenz.

Geschäftsbücher. Einsichtnahme **541.** Führung und Aufbewahrung: im allgemeinen **957/64;** bei der AG **697, 715a, 747;** bei der Genossenschaft **902.**

Geschäftsbureau s. Geschäftslokal.

Geschäftsergebnis. Anteil des Arbeitnehmers **322a (362), 323** (Fälligkeit), **339** (bei Beendigung des Arbeitsverhältnisses).

Geschäftsfirma 944, s. Firma.

Geschäftsführer 419, s. Geschäftsführung ohne Auftrag.

Geschäftsführung beim Auftrag **396/401,** bei der einfachen Gesellschaft **535/42, 547,** bei der Kollektivgesellschaft **557,** bei der Kommanditgesellschaft **599,** bei der Aktiengesellschaft **716/7, 715a, 722, 731,** bei der Kommandit-AG **765,** bei der GmbH **811/8,** bei der Genossenschaft **898/901.** *Siehe auch* Geschäftsführung ohne Auftrag, Vertretung.

Geschäftsführung ohne Auftrag 419/24. Im Interesse des Geschäftsherrn **422**. Im Interesse des Geschäftsführers **423**. Art der Ausführung **419**. Haftung: des Geschäftsführers im allgemeinen **420**, des vertragsunfähigen Geschäftsführers **421**. Stellung des Geschäftsherrn **422/4**. Anwendung des Auftragsrechts bei Genehmigung der Geschäftsführung **424**. Anwendung der Bestimmungen: auf die einfache Gesellschaft **540**, auf die Klage auf Herausgabe des Gewinns bei Persönlichkeitsverletzung 28a, auf den mit einem Vermächtnis Beschwerten 485, auf die Nutzniessung 753. *Siehe auch* Geschäftsführung.

Geschäftsgeheimnis. Beachtung bei Auskunfterteilung: an den Aktionär **697, 730**, an den Genossenschafter **857**. Wahrung durch den Sonderprüfer **697e**. Dessen Verletzung als Tatbestand des unlauteren Wettbewerbs **II C 6**. *Siehe auch* Geheimhaltungspflicht, Konkurrenzverbot.

Geschäftsherr. Verantwortlichkeit für Arbeitnehmer oder andere Hilfspersonen: bei unerlaubten Handlungen 55 (im allg.), **II C 11** (nach UWG), bei Nichterfüllung einer Obligation **101**. Verhältnis zum Prokuristen und zum Handlungsbevollmächtigten **464/5**. *Siehe auch* Geschäftsführung ohne Auftrag.

Geschäftskorrespondenz. Einsichtnahme **541**. Aufbewahrungs- und Vorlegungspflicht **957, 962/3**.

Geschäftslokal bei wechselrechtlichen Handlungen **1084, 1098,** bei checkrechtlichen Handlungen **1143**. Eintragung ins Handelsregister **VII A 42**.

Geschäftsräume. Übertragung der Miete **263**. Kündigung **266d**. Retentionsrecht **268/268b**. *Siehe auch* Wohn- und Geschäftsräume.

Geschäftsübernahme. Mit Aktiven und Passiven **181, 953**.

Geschäftszeit bei der Erfüllung **79**.

Geschenke. Rückerstattung bei Auflösung der Verlobung 91. *Siehe auch* Gelegenheitsgeschenke, Schenkung.

Geschwister. Ehehindernis 95. Als gesetzliche Erben 458. Keine Mitwirkung bei Errichtung einer öffentlichen letztwilligen Verfügung 503. *Siehe* auch Verwandtschaft.

Gesellschafter der GmbH 772. Haftung **802**. *Siehe auch* Gesellschaft mit beschränkter Haftung, Gesellschaftsanteil, Stammeinlage, Nachschusspflicht.

Gesellschafterversammlung bei der GmbH **808/10**. *Siehe auch* Geschäftsführung und Vertretung.

Gesellschaft mit beschränkter Haftung 772/827. Begriff **772**. Mitgliederzahl **775**. Gründung **779**. Eintragung ins Handelsregister **780/2, VII A 90/1**. Erwerb der Persönlichkeit **783**. Erwerbung oder Pfandnahme eigener Anteile **807**. Für Fusion, Spaltung, Umwandlung und Vermögensübertragung s. Fusionsgesetz, **IX**. Firma **949, 951**. *Siehe auch* Auflösung, Ausscheiden, Gesellschaftsanteil, Geschäftsführung, Gesellschafter, Gesellschafterversammlung, Stammeinlage, Stammkapital, Statuten, Liquidation, Verantwortlichkeit.

Gesellschaftsanteil bei der GmbH. Im allgemeinen **789**. Aufnahme in die Statuten **777**. Bezugsrecht **787**. Eintragung im Anteilbuch **790**. Übertragung: durch Abtretung **791,** durch Erbgang **792**. Pfändbarkeit **793**. Teilung **795, 810**. Erwerb durch Mitgesellschafter **796**. Im Eigentum mehrerer **797**. Verwertung bei Verzug **800/1**. Erwerb durch die Gesellschaft **807**. Zu Gesellschaftsanteil *siehe auch* Aktie, Genossenschaftsanteil, Kapitalanteil.

Gesellschaftsbeschlüsse bei der einfachen Gesellschaft **534,** bei der GmbH **808.** Vgl. auch Generalversammlungsbeschlüsse.

Gesellschaftsgläubiger. Der Kollektivgesellschaft **568/73, 591/2.** Der Kommanditgesellschaft **610, 614/8, 619.** Der Aktiengesellschaft **725, 725a, 753/5, 757** (Verantwortlichkeitsansprüche), **697h, 643, 733, 735, 744.** *Siehe auch* Aktionäre, Genossenschaftsgläubiger.

Gesellschaftsvertrag 530. Und damit verbundene Ermächtigungen **34, 40, 465.** *Siehe auch* einfache Gesellschaft, Kollektivgesellschaft, Kommanditgesellschaft, Aktiengesellschaft, Kommanditaktiengesellschaft, Gesellschaft mit beschränkter Haftung, Genossenschaft.

Gesetzliche Erben 457/66. Nachkommen 457. Elterlicher Stamm 458. Grosselterlicher Stamm 459/60. Überlebender Ehegatte oder eingetragener Partner 462. Gemeinwesen 466. Geschiedener Ehegatte 120. Pflichtteil s. dort. *Siehe auch* Erben, Miterben, Verfügungen von Todes wegen.

Gesetzliche Reserven bei der AG. Allgemeine **671, 656b.** Für eigene Aktien **659a/b, 671a.** Aufwertungsreserven **671b.** Verhältnis zum Gewinnanteil **674.** Bei Kapitalverlust **725.** *Siehe auch* Reserven.

Gesetzlicher Vertreter. Eltern 304. Vormund 367, 407. Zustimmung: zu den Geschäften urteilsfähiger Unmündiger oder Entmündigter 19, 410, 305; zur Verlobung 90; zur Eheschliessung 94; zum Vorauszahlungsvertrag **228;** zum Konsumkreditvertrag **XII B1 13.** Unterzeichnung des Ehevertrages 184. Der lernenden Person **345, 346, 346a.** *Siehe auch* Vertretung.

Gesetzliches Grundpfandrecht 836/41. Ohne Eintragung 836. Mit Eintragung 837. Des Verkäufers, Miterben und Gemeinders 837/8. Der Handwerker und Unternehmer s. Bauhandwerkerpfandrecht. Der Stockwerkeigentümergemeinschaft 712i. Am Baurecht 779i/k. Des Pfründers **523.**

Gesetzliche Vertretung s. gesetzlicher Vertreter.

Gestaffelte Mietzinse 269c. Anfechtung **270d/e.**

Gestohlene (und verlorene) Sachen 934. Retentionsrecht des Vermieters **268a,** des Verpächters **299c.**

Getrenntleben als Scheidungsgrund 114, 116.

Gewährleistung. Der Miterben 637. Bei der Abtretung **171/3.** Beim Fahrniskauf **192/210.** Beim Viehhandel **198, 202,** Anhang **IV.** Beim Grundstückkauf **219.** Bei der Versteigerung **234.** Beim Tausch **238.** Bei der Schenkung **248.** Bei der Miete **256, 258, 259a, 259f.** Bei der Pacht **288.** Beim Werkvertrag **367/71.** Beim Verlagsvertrag **381.** Bei der einfachen Gesellschaft **531.** Beim Indossament **1005.** *Siehe auch* Sachgewährleistung, Rechtsgewährleistung, Mängelhaftung.

Gewalt s. elterliche Sorge, Gewaltanwendung, tatsächliche Gewalt, höhere Gewalt.

Gewaltanwendung gegen verbotene Eigenmacht 926.

Gewaltsame Fortschaffung von Retentionsgegenständen **268b, 299c.**

Gewässer s. Wasser.

Gewässerschutzgesetz. Haftpflichtbestimmung **III A b (7).**

Gewerbe. Grund für Familienvormundschaft 362. Eines Bevormundeten 403. Im Nachbarrecht 684. Obrigkeitlich konzessioniertes **100/1, 455.** Übertragung

Normale Zahlen = ZGB; fette Zahlen = OR

auf einen Dritten **333/333a, 850.** *Siehe auch* Beruf oder Gewerbe, Geschäft, landwirtschaftliches –, kaufmännisches Gewerbe, Pfandleihgewerbe.

Gewinnanspruch an landwirtschaftlichen Gewerben. Bei Errungenschaftsbeteiligung 212. Bei Gütergemeinschaft 246. Der Miterben IX 28/35, 41. Des Veräusserers IX 53. *Siehe auch* Gewinnanteil.

Gewinnanteil. Beim Arbeitsvertrag **322a, 323, 339.** Bei der AG **660, 657, 674, 671, 677/9.** Bei der GmbH **804/6.** *Siehe auch* Bilanzgewinn, Gewinn und Verlust, Gewinnanspruch.

Gewinnbeteiligung s. Gewinnanspruch, Gewinnanteil, Gewinn und Verlust, Geschäftsergebnis.

Gewinnherausgabe s. Herausgabe, Herausgabepflicht. *Siehe auch* Gewinnanteil, Gewinnanspruch.

Gewinn und Verlust bei der einfachen Gesellschaft **532/3,** bei der Kollektivgesellschaft **558/60,** bei der Kommanditgesellschaft **601.**

Gewinn- und Verlustrechnung. Abschrift an Arbeitnehmer bei Gewinnbeteiligung **322a.** *Siehe auch* Erfolgsrechnung, Gewinn und Verlust, Betriebsrechnung.

Gewohnheitsrecht 1.

Gezogener Wechsel 991/1095. Ausstellung und Form **991/1000.** Indossament, Vorlegung, Annahme, Wechselbürgschaft s. jeweils dort. Verfall **1023/7.** Zahlung **1028/32.** Rückgriff s. Wechselregress, Protest, Präjudizierung. Übergang der Deckung **1053.** Ehreneintritt, Wechselduplikate, Wechselkopie s. jeweils dort. Änderungen **1068.** Verjährung **1069/71.** Kraftloserklärung **1072/80.** Allgemeine Vorschriften **1081/85.** Geltungsbereich der Gesetze **1086/95.** *Siehe auch* Wechsel.

Gläubiger. Annahme der Leistung **69/70, 85/90.** *Siehe auch* Gläubigerverzug, Gesellschaftsgläubiger, Genossenschaftsgläubiger, Gläubigergemeinschaft, Gläubigerversammlung, Gläubigerschutz, Erbengläubiger, Erbschaftsgläubiger.

Gläubigergemeinschaft bei Anleihensobligationen. Voraussetzungen **1157.** Anleihensvertreter, Gläubigerversammlung, Gemeinschaftsbeschlüsse s. jeweils dort. Im Konkurs des Schuldners **1183.** Im Nachlassverfahren **1184.** Anwendung der Bestimmungen auf Anleihen von Eisenbahn- oder Schifffahrtsunternehmungen **1185,** auf Genussscheininhaber einer AG **657.** Zwingendes Recht **1186.** Anwendung der Vorschriften auf Pfandbriefgläubiger VII 30. Schl- und UeB am Ende des OR. *Siehe auch* Anleihensobligationen.

Gläubigerregister beim Grundbuch VIII 108, 66. *Siehe auch* Hilfsregister.

Gläubigerschutz. Anfechtungsrecht bei Stiftungen 82. Im ehelichen Güterrecht 193, 188/9. Bei der AG **744.**

Gläubigerversammlung bei Anleihensobligationen. Im allgemeinen **1164.** Einberufung **1165.** Stundung ihrer Ansprüche **1166.** Stimmrecht **1167.** Vertretung einzelner Anleihensgläubiger **1168.** Verfahrensvorschriften **1169** (beachte dazu die V über die Gläubigergemeinschaft bei Anleihensobligationen, Anhang **IX** zum OR). *Siehe auch* Gläubigergemeinschaft, Anleihensvertreter.

Gläubigerverzug 91/5. Voraussetzung **91.** Wirkung bei Sachleistungen **92/4** (Hinterlegung, Verkauf). Rücktrittsrecht des Schuldners **95.** *Siehe auch* Annahmeverzug.

Gleichstellungsgesetz (GlG), Anhang **VI D.**

Glücksspiele s. Spiel und Wette.

Grabungen im Nachbarrecht 685/6. *Siehe auch* Abgraben, Ausgrabung.

Gratifikation des Arbeitnehmers **322d.**

Grenze. Bestimmung 668/9. Bei Bodenverschiebungen 660/660b, 973. *Siehe auch* Abgrenzung, Abgrenzungspflicht, Grundbuchpläne.

Grenzüberschreitende Fusion, Spaltung und Vermögensübertragung I A 163a/164b, **VII A 110/1.**

Grenzzeichen s. Abgrenzungspflicht.

Grobe Fahrlässigkeit. Wegbedingung der Haftung **100, 101.** Einstehen dafür: im Zivilstandswesen 46, bei der fürsorgerischen Freiheitsentziehung 429a, beim Entwehrungsprozess **193,** bei der Schenkung **248,** bei vorbehaltloser Annahme des Frachtgutes **452,** bei Erwerb eines abhanden gekommenen Wechsels **1006.**

Grosseltern. Erbrecht ihres Stammes 459.

Grundbesitz s. Grundeigentum.

Grundbuch 942/977, s. Grundbuchamt, Grundbuchbeamter, Einrichtung des Grundbuches, Grundbuchführung, Einführung des Grundbuches, Anmeldung, Eintragung, Löschung, Anmerkung, Vormerkung, Bemerkungen, vorläufige Eintragung, Belege, Bereinigung, Berichtigung, Öffentlichkeit.

Grundbuchamt 953, SchlT 52. Des Bundes VIII 104a.

Grundbuchbeamter s. Grundbuchverwalter.

Grundbuchberichtigungsklage 975, 661. *Siehe auch* Berichtigung.

Grundbuchblatt. Inhalt 946, VIII 6/10a, 107/107c. *Siehe auch* Kollektivblatt.

Grundbucheintragung s. Eintragung ins Grundbuch, Anmerkung, Vormerkung.

Grundbuchführung. Kreise 951/2. Grundbuchämter 953, VIII 104a. Gebühren 954. Aufsicht 956/7, VIII 104a. *Siehe auch* Einführung, Einrichtung.

Grundbuchkreis. Zugehörigkeit 951. Grundstücke in mehreren Kreisen 952. Umschreibung durch die Kantone 953.

Grundbuchpläne. Zur Aufnahme der Grundstücke ins Grundbuch 950, VIII 1/3. Massgebend für die Grenze 668. Mitwirkung des Grundeigentümers bei Berichtigungen 669. Teil des Grundbuches 942.

Grundbuchvermessung SchlT 38/42.

Grundbuchverordnung (GBV), Anhang VIII. *Siehe auch* Grundbuch.

Grundbuchverwalter. Haftbarkeit 955. Aufsicht 956. Disziplinarmassnahmen bei Amtspflichtverletzungen 957. Mitteilung und Vornahme der Löschung einer Grunddienstbarkeit 743/4, 976. Ausstellung von Schuldbrief und Gült 857. Anmerkung von Änderungen auf dem Pfandtitel 874. Vornahme öffentlicher Beurkundungen 948. Mitteilung bei Grundstücken in mehreren Kreisen 952. Anzeige der grundbuchlichen Verfügungen an die Beteiligten 969. Vornahme von Berichtigungen 977.

Grunddienstbarkeit 730/44. Gegenstand 730. Errichtung 731/3. Untergang 734/6. Umfang 737/40. Last des Unterhaltes 741. Verlegung 742. Teilung des berechtigten oder belasteten Grundstückes 743/4. Wirkung auf Ablösung einer Grundlast 788. Errichtung nach einem Grundpfandrecht 812. Übergangsrecht SchlT 21. *Siehe auch* Eintragung ins Grundbuch, Dienstbarkeit.

Grundeigentum 655/712t. Gegenstand 655. Erwerb s. Eintragung ins Grundbuch, Erwerbsarten. Verlust 666. Umfang 667. Fahrnisbaute 677. Leitungen 676. Einpflanzungen 678. Schenkung **242**. *Siehe auch* Abgrenzung, Baute, Baumaterial, Baurecht, Beschränkungen, Brunnen, Quellen, Grundstückkauf, Erwerb durch Ausländer.

Grundeigentümerhaftung 679.

Gründer einer AG **625, 697d**. *Siehe auch* besondere Vorteile, Gründerhaftung, Gründung.

Gründerhaftung bei der AG **753, 752, 755, 759/61**, bei der GmbH **827**.

Gründervorteile s. besondere Vorteile.

Grundkapital. Nicht zum voraus festgesetzt bei der Genossenschaft **828**. Für die AG s. Aktienkapital, Partizipationskapital.

Grundlagenirrtum 24 Abs. 1 Ziff. 4.

Grundlast 782/92. Gegenstand 782. Errichtung 783/5. Untergang 786/90. Gläubigerrecht 791. Schuldpflicht bei Wechsel des Grundeigentümers 792. Belastungsgrenze s. dort. *Siehe auch* Eintragung ins Grundbuch.

Grundpfand 793/883. Arten 793. Angabe des Forderungsbetrages 794. Zinse 795. Verpfändbarkeit der Grundstücke 796. Auf einem Grundstück 797. Auf mehreren Grundstücken 798. Auf landwirtschaftlichen Grundstücken 798a. Errichtung 799/800. Untergang 801. Bei Güterzusammenlegung 802/4. Umfang der Pfandhaft 805/6. Umfang der Sicherung 818/9. Verjährung der Forderung 807. Sicherungsbefugnis s. dort. Weitere Belastung 812. Pfandstelle s. dort. Befriedigung aus dem Pfand 816/9. Bei Bodenverbesserung 820/1. Anspruch auf die Versicherungssumme 822. Belastungsgrenze s. dort. Bedeutung und Behandlung bei der Bürgschaft **495, 496, 499, 500/1, 503, 506/7, 510/1**. Bei der Verpfründung **523**. Übergangsrecht SchlT 22/33. Kantonale Grundpfandrechte SchlT 33. *Siehe auch* Pfandrecht, gesetzliche Grundpfandrechte, Grundpfandverschreibungen, Schuldbrief, Gült, Anleihensobligationen, Eintragung im Grundbuch, Grundpfandgläubiger.

Grundpfandgläubiger. Sicherungsbefugnis s. dort. Vertretung 823. Vereinbarung über das Nachrücken 814, VIII 40. Recht auf Befriedigung aus dem Pfand 816/9. Vertretung 823. Register VIII 108, 66.

Grundpfandverschreibung 824/41. Zweck und Gestalt 824. Errichtung 825. Untergang 826/31. Veräusserung des Grundstückes 832. Zerstückelung des Grundstückes 833. Anzeige der Schuldübernahme 834. Übertragung der gesicherten Forderung 835. *Siehe auch* Grundpfand, gesetzliche Grundpfandrechte.

Grundrechtsschutz im Zivilstandswesen 43a.

Grundstücke. Begriff 655. Bei der Gütergemeinschaft 224. Verfügung darüber unter Mitwirkung des Beirates 395. Veräusserung bei Bevormundung 404. Zustimmung der Vormundschaftsbehörde zu Verfügungen 421. Auslieferung an den Vorerben 490. Bei amtlicher Liquidation der Erbschaft 596. Bei der Erbteilung 617/9a. Aufnahme ins Grundbuch 943/4, 951/2, VIII 1/10. Zuständigkeit und anwendbares Recht nach IPRG IA 97, 99. Anerkennung ausländischer Entscheidungen IA 108. Als Gegenstand von Grundeigentum,

Grunddienstbarkeiten, Nutzniessung, Baurecht, anderen Dienstbarkeiten, Grundlasten, Pfandrechten s. jeweils dort. *Siehe auch* landwirtschaftliche Grundstücke, landwirtschaftliche Gewerbe, Bergwerke, selbständige und dauernde Rechte, Miteigentumsanteil.

Kauf s. Grundstückkauf. Schenkung **242/3, 247**. Miete **261b**. Pacht **290, V A 1 ff**. Verpfründung **523**.

Grundstückkauf 216/21. Form **216**. Erwerb durch Personen im Ausland s. Ausländer. Bedingung und Eigentumsvorbehalt **217**. Landwirtschaftliche Grundstücke **218**. Gewährleistung **219**. Übergang von Nutzen und Gefahr **220**. Anwendung der Bestimmungen über den Fahrniskauf **221**. Besondere Ermächtigung: des Beauftragten **396**, des Prokuristen **459**. Mitwirkung des Beirates 395. Zustimmung der Vormundschaftsbehörde 421, 404. *Siehe auch* Grundbucheintragung.

Gründung. Des Vereins als körperschaftliche Personenverbindung 60, Eintragung ins Handelsregister 61, Vereine ohne Persönlichkeit 62. Der AG **629/635a, 625, 643**. Der GmbH **779**. *Siehe auch* Errichtung, Gründerhaftung.

Gründungsbericht bei der AG **635, 635a, 634**.

Gründungskosten bei der AG **664**.

Grundwasser 704.

Gült 847/53. Zweck und Gestalt 847. Belastungsgrenze s. dort. Haftung des Staates 849. Ablösbarkeit 850. Schuldpflicht und Eigentum 851. Zerstückelung 852. Kantonale Gülten 853. Errichtung 854/62. Pfandtitel s. dort. Zahlungsort 861. Untergang 863/4. Gutglaubensschutz auf Grund des Eintrages 865. Verhältnis des Titels zum Eintrag 867. Einreden des Schuldners 872. Änderungen im Rechtsverhältnis 874. *Siehe auch* Grundpfand, Eintragung im Grundbuch, Pfandtitel, Serientitel.

Gültigkeit. Des Schuldbekenntnisses **17.** Des Vertrages **11** (Form), **20** (Inhalt), **21** (Übervorteilung), **23/31** (Willensmängel). *Siehe auch* Anfechtung, Form, Nichtigkeit, Ungültigkeit.

Gültigkeitsdauer der mündlichen letztwilligen Verfügung 508.

Gutachten s. Sachverständige.

Gütergemeinschaft 221/46. Zusammensetzung der Vermögen 221. Allgemeine 222. Beschränkte 223/4. Beruf oder Gewerbe der Gemeinschaft 229. Ausschlagung und Annahme von Erbschaften 230. Verantwortlichkeit der Ehegatten unter sich 231. Haftung gegenüber Dritten: Vollschulden 233, Eigenschulden 234. Schulden unter Ehegatten 235. Änderungen am Grundeigentum 665. *Siehe auch* Gesamtgut, Eigengut, Ersatzforderungen, Mehrwertanteil, güterrechtliche Auseinandersetzung, Teilung, Verwaltung, Nutzung, Verfügung. Übergangsrecht: im allgemeinen SchlT 9/9a, bei ehevertraglicher Abänderung SchlT 10/10a.

Guter Glaube 3. *Siehe auch* Gutglaubensschutz, gutgläubige Dritte, böser Glaube.

Güterrecht der Ehegatten 181/251, s. ordentlicher Güterstand, Ehevertrag, ausserordentlicher Güterstand, Inventar, Errungenschaftsbeteiligung, Gütergemeinschaft, Gütertrennung, Güterverbindung, Sondergut, Frauengut. Als Beschränkung des Schenkungsrechtes **240**. Als Erwerbsgrund eines Gesellschaftsanteiles der GmbH **792**. Zuständigkeit und anwendbares Recht nach IPRG IA 51/7. Anerkennung ausländischer Entscheidungen IA 58.

Güterrechtliche Auseinandersetzung. Bei Ungültigerklärung der Ehe 109. Bei Scheidung 120. Bei Trennung 118. Bei Eintritt der Gütertrennung 192. Bei Errungenschaftsbeteiligung 204/20: Zeitpunkt der Auflösung 204, Rücknahme von Vermögenswerten und Regelung der Schulden 205/6, Wertbestimmung 211/4. Klage gegen Dritte 220. Bei der Gütergemeinschaft 236/46: Zeitpunkt der Auflösung 236, Wertbestimmung 240, Teilung 241/6. *Siehe auch* Ersatzforderungen, Mehrwertanteil, Zahlungsfristen, Vorschlag. Übergangsrecht SchlT 9d, 11.

Güterrechtsregister. Neues Eherecht: Beibehaltungserklärung SchlT 9e, Unterstellungserklärung SchlT 10b. Keine neuen Eintragungen mehr SchlT 10e. Kreisschreiben an die Aufsichtsbehörden über das Güterrechtsregister IV A. Auszug aus der Verordnung IV B.

Güterstand. Ordentlicher 181. Ausserordentlicher s. dort. Vereinbarung durch Ehevertrag s. Ehevertrag. Haftung bei Wechsel 193. *Siehe auch* Errungenschaftsbeteiligung, Gütergemeinschaft, Gütertrennung, Güterverbindung.

Gütertrennung 247/51. Bei der Ehetrennung 118. Als ausserordentlicher Güterstand s. dort. Verwaltung, Nutzung und Verfügung 247. Beweis des Eigentums 248. Haftung gegenüber Dritten 249. Schulden zwischen Ehegatten 250. Zuweisung bei Miteigentum 251. Übergangsrecht: im allgemeinen SchlT 9/9a, bei Beibehaltung der gesetzlichen oder gerichtlichen Gütertrennung SchlT 9f, bei vertraglich vereinbarter Gütertrennung SchlT 10c.

Güterverbindung. Wechsel zu Errungenschaftsbeteiligung SchlT 9b/d. Beibehaltung durch Erklärung SchlT 9e. Bei ehevertraglicher Abänderung vor dem 1. 1. 1988: Weitergeltung SchlT 10, Rechtskraft gegenüber Dritten SchlT 10a, Unterstellung unter das neue Recht SchlT 10b.

Güterzusammenlegung. Durch ein gemeinschaftliches Unternehmen 703. Vorbehalt des öffentlichen Rechts 702/3. Behandlung der Grundpfandrechte 802/4.

Gute Sitten, deren Verletzung. Nichtigkeit des Vertrages **20**. Schadenersatz **41**. Anfechtung der Versteigerung **230**. Verweigerung des Gegendarstellungsrechtes 28h.

Gutglaubensschutz. Des Verlobten 92. Bei der erbrechtlichen Herabsetzung 528. Bei Aufhebung der Verschollenheit und Rückerstattung der Erbschaft 547. Der ausschlagenden Erben 579. Bei der Erbschaftsklage 600. Bei der Ersitzung 661, 728. Des Material- oder Grundstückeigentümers bei Bauten 673. Des Überbauenden 674. Bei Eigentumsübertragung 714. Bezüglich Inhalt der Dienstbarkeit 738. Im Besitzesrecht 931, 933/5, 938/9, 714, 884, 895. Kein Schutz bei herrenlosen Naturkörpern oder Altertümern von wissenschaftlichem Wert 724. Des Empfängers der Pfandsache 884. Beim Retentionsrecht 895. Bei Warenpapieren 925. Gemäss Grundbuch 973, 975, 865, 867, SchlT 21, 44, 48. Bei Pfandtiteln 865/7, 874. Des Besitzers der Abtretung **167**. Des Arbeitnehmers bei ungültigem Arbeitsvertrag **320**. Bei Bezug von Zinsen und Gewinn **611** (Kommanditär), **806** (GmbH). Des Schuldners beim hinkenden Inhaberpapier **976**. Des Erwerbers eines kraftlos erklärten Wechsels **1080**.

Gutgläubige Dritte. Bei Entzug der Vertretungsbefugnis eines Ehegatten 174. Bei ausserordentlicher Verwaltung des Gesamtgutes 228. Bei Vertretung des Kindes 304, der Gemeinderschaft 341. Vor Veröffentlichung der Vormundschaft 375. Bei Errichtung von Schuldbrief oder Gült ohne Neuerungswirkung 855. Bei Eintragung ins Grundbuch 973/4, 975, SchlT 21, 44, 48.

Bei der Simulation **18.** Bei der Zession **164**. Bei Dahinfallen eines Schuldübernahmevertrages **180**. Bei Schuldverschreibung aus Spiel und Wette **514**. Bei der Vertretung im allgemeinen **33, 34, 36, 37**. Bei besonderen Vertretungsverhältnissen **459/61** (Prokura), **348b** (Handelsreisendenvertrag), **563, 564** (Kollektivgesellschaft), **603, 605** (Kommanditgesellschaft), **718a** (AG), **899** (Genossenschaft). *Siehe auch* Dritte.

Haftbarkeit s. Haftung.

Haftgeld 158.

Haftpflicht s. Haftung, Schadenersatz, Haftpflichtbestimmungen, Haftpflichtversicherung.

Haftpflichtbestimmungen ausserhalb des OR Anhang **III A.**

Haftpflichtversicherung. Bei Stockwerkeigentum **712m, 712q**. Vertrag zugunsten Dritter **113**. Für Motorfahrzeug des Arbeitnehmers **327b**. *Siehe auch* Anhang **III** zum OR, Versicherung.

Haftung. Der juristischen Person und ihrer Organe **55**. Der im Zivilstandswesen tätigen Personen **46**. Beim Verein **75a**. Bei Wechsel des Güterstandes **193**. Der Ehegatten: bei Errungenschaftsbeteiligung **202**, bei Gütergemeinschaft **231, 233/4**, bei Gütertrennung **249**. Der Eltern für das Kindesvermögen **326/7**. Des Bevormundeten bei selbständigem Beruf oder Gewerbe **412**. Der Erben: im Falle der Ausschlagung **579**, bei Annahme der Erbschaft unter öffentlichem Inventar **589/90**, für Bürgschaftsschulden **591**. Bei mehreren Erben: vor der Teilung **603**, nach der Teilung **637/40**. Des Gemeinwesens als gesetzlicher Erbe **592**. Für Beiträge der Stockwerkeigentümer **712i**. Für den Baurechtszins **779i**. Des Pfandschuldners bei Veräusserung des Grundstückes **832**. Ausschliesslich mit dem Grundstück: bei der Grundlast **782**, bei der Gült **847**. Für die Schätzung von Liegenschaften **849**. Des Gläubigers für die Pfandsache **890**. *Siehe auch* Pfandhaft, Schadenersatz, Verantwortlichkeit. Für unerlaubte Handlungen im allgemeinen **41**, bei Tötung und Körperverletzung **45/7**, bei Verletzung der Persönlichkeit ZGB 28, **49**, des Begünstigers **50**, bei Notwehr **52**. Urteilsunfähiger Personen **54**. Des Geschäftsherrn **55**. Des Tierhalters **56**. Des Inhabers eines Signaturschlüssels **59a**. Des Werkeigentümers **58**. Öffentlicher Beamter und Angestellter **61**. Des Handelsregisterführers **928, VII A 3, 4**. Bei Nichterfüllung einer Obligation: im allgemeinen **97, 99**, für Hilfspersonen **101**. Im Verzug **103, 106/7, 109**. Für Zufall s. dort. Bei Aktienausgabe vor Eintragung **644**. Für Verpflichtungen der AG vor Eintragung **645**. Des Verzug des Aktionärs **681/2**. Bei Ablehnung des Erwerbers börsenkotierter Namenaktien **685f**. Für nicht voll einbezahlte Namenaktien **687**. Des Wechselausstellers **999, 1099**. Der Wechselverpflichteten **1044**. Für gefälschten Check **1132**. Nach SVG **III B(1)**. Nach KG **II A(1) 12**. Nach UWG **II C 9**. *Siehe auch* Stichwörter zu den einzelnen Vertragsverhältnissen. Für Personen- und Handelsgesellschaften s. Verantwortlichkeit, Organhaftung. Im übrigen s. Haftung mehrerer, Haftpflichtbestimmungen, Haftungsbefreiung, unerlaubte Handlungen, Schadenersatzpflicht, Gewährleistung, Mängelhaftung, Wegbedingung, Bürgschaft. Haftungsausschluss s. Wegbedingung.

Haftungsbefreiung. Des Ehegatten **193**. Des Schuldners bei Verzug **103**. Bei Genehmigung der Kaufsache **201**, des Werkes **370**. *Siehe auch* Befreiung, Wegbedingung.

Haftungsbetrag bei der Bürgschaft. Angabe in der Bürgschaftsurkunde **493**. Gesetzliche Verringerung **500**. Bedeutung **494, 499, 500**.

Haftung mehrerer. Aus gemeinsamem Verschulden **50**. Aus verschiedenen Rechtsgründen **51**. Im Auftragsrecht **403**. Beim Hinterlegungsvertrag **478**. Bei der AG **759**.

Handelsagent s. Agenturvertrag.

Handelsamtsblatt VII A 120. Einrichtung **931**. Veröffentlichung: im allgemeinen **931, 932**, VII A 113, 116, 118; bei der Kollektivgesellschaft **591**; bei der AG **643, 681, 682, 696, 697h, 704, 733, 742**; bei der Genossenschaft **836**; der Firma **956**; der Aufforderung zur Vorlegung eines vermissten Inhaberpapiers **984**, eines vermissten Wechsels **1077**; der Kraftloserklärung eines Inhaberpapiers **986**. *Siehe auch* Veröffentlichung.

Handels-, Fabrikations- oder anderes nach kaufmännischer Art geführtes Gewerbe s. kaufmännisches Gewerbe.

Handelsgesellschaften 552/827. Beim Vorauszahlungsvertrag **227i**. Als Kommanditäre **594, 596**. Im Verwaltungsrat der AG **707**. Als Revisionsstelle der AG **727d**. Bei der GmbH **772, 781, 815**. Bei der Genossenschaft **828, 894**. Im Konkurs **939**. Schutz der Firma **956**. *Siehe auch* Kollektiv-, Kommandit-, Aktien-, Kommanditaktiengesellschaft, Gesellschaft mit beschränkter Haftung, kaufmännisches Gewerbe.

Handelsgewerbe s. kaufmännisches Gewerbe.

Handelsregister 927/43, VII A. Zweck und Einrichtung **927**, VII A 1, 10/8 (Registerinhalt, Tagebuch, Hauptregister, Firmenverzeichnis, Bücher, Kartenregister, Formulare). Zentralregister VII A 119. Haftung des Registerführers und der Aufsichtsbehörde **928**, VII A 3. Beschwerden VII A 3/4, 5. Oberaufsicht VII A 4. Gebühren **929**. Sprache VII A 7. Führung mittels Informatik **929a**. Öffentlichkeit **930**, VII A 9. Haftung für Schaden und Ausfällung von Ordnungsbussen bei Nichtbeachtung der Vorschriften **942/3**, VII A 2. *Siehe auch* Anmeldung, Eintragung ins Handelsregister, Löschung, Handelsregisteramt, Handelsregisterführer.

Handelsregisteramt (eidgenössisches Amt für das Handelsregister) **927**, VII A 113/20.

Handelsregisterführer. Haftung **928**, VII A 3. Eintragung des Konkurses von Handelsgesellschaften und Genossenschaften **939**, VII A 64/6. Prüfungspflicht VII A 21. Aufforderung zur Eintragung VII A 57, zur Änderung und Löschung VII A 60/1. Ermittlung der Eintragspflichtigen und der eingetretenen Änderungen VII A 63. Auflösung der AG **708**, der GmbH **813**, der Genossenschaft **895**. Antrag zur Ernennung einer Revisionsstelle der AG **727f**.

Handelsregisterverordnung (HRegV), Anhang VII A. *Siehe auch* Handelsregister.

Handelsreisendenvertrag 347/350a. Begriff **347**. Form und Inhalt **347a**. Beendigung durch besondere Kündigung **350**. Folgen der Beendigung **350a**. Anwendung der Bestimmungen über den Einzelarbeitsvertrag **355**. *Siehe auch* Handelsreisender, Provision.

Handelsreisender 347. Besondere Pflichten **348**. Delcredere **348a**. Vollmachten **348b**. Tätigkeitskreis **349**. Lohn: im allgemeinen **349a**, Provision **349b**, bei Verhinderung an der Reisetätigkeit **349c**. Auslagen **349d**. Retentionsrecht **349e**. *Siehe auch* Handelsreisendenvertrag, Provision.

Handlungsagent s. Agenturvertrag.

Handlungsbevollmächtigter 462, 464/5, 40, s. Handlungsvollmacht.

Handlungsfähigkeit. Inhalt 12. Voraussetzungen: Mündigkeit 14, Urteilsfähigkeit 16. Der juristischen Personen 54/5. Des Kindes 305/6. Der Gemeinschaft der Stockwerkeigentümer 712 l. Des Schenkers 240. Voraussetzung für das Konkurrenzverbot **340.** Übergangsrecht SchlT 5. Nach IPRG IA 35/6. *Siehe auch* Handlungsunfähigkeit, beschränkte Handlungsfähigkeit, Verfügungsfähigkeit, Urteilsfähigkeit.

Handlungsunfähigkeit. Im allgemeinen 17. Fehlen der Urteilsfähigkeit 18. Urteilsfähige Unmündige oder Entmündigte 19. Erlöschungsgrund: für das Amt des Vormundes 441, der Vollmacht **35,** des Auftrages **405,** des Agenturvertrages **418s,** der Kommission **425 (405).** Kein Erlöschen: der Prokura oder anderer Handlungsvollmachten **465,** des Vollmachtsindossaments **1008,** der Wirksamkeit des Checks **1120.** Bedeutung bei der Schenkung **240/1,** bei der Geschäftsführung ohne Auftrag **421.** Beendigungsgrund bei der Kommandit-AG **770.**

Handlungsvollmacht 458/65. Vorbehalt besonderer Vorschriften **40.** Umfang **462.** Konkurrenzverbot **464.** Erlöschen **465.** Bei der Kollektivgesellschaft **566.** Bei der GmbH **777, 810, 816.** *Siehe auch* Prokura.

Handwerker und Unternehmer s. Bauhandwerkerpfandrecht.

Handwerksarbeit. Verjährung der Ansprüche daraus **128.**

Handzeichen, beglaubigtes. Im allgemeinen **15.** Beim Wechsel und Check **1085, 1143 Ziff. 20.**

Haupt. Der Familie 331, 332, 333. Der Gemeinderschaft 341.

Hauptbuch beim Grundbuch 942. Ein Blatt pro Grundstück 945. Eintragungen 967, VIII 25/52a. Bedeutung der Eintragung 972, VIII 26/7.

Hauptregister beim Handelsregister **VII A 10/8.**

Hauptreparaturen bei der Pacht **279.** *Siehe auch* Unterhalt.

Hauptschuld bei der Bürgschaft **492 ff.** Deren Verrechnung **121.** Verjährung **136** (Unterbrechung), **141** (Verzicht).

Haus s. eheliche Wohnung, Familienwohnung.

Hausdienst s. Normalarbeitsvertrag.

Hausgemeinschaft. Im Arbeitsvertrag **322, 328a, 134.** Bei der Verpfründung **524, 527.** *Siehe auch* Hausgenossen, Hausgewalt.

Hausgenossen. Als Erben 606. Beim Wohnrecht 777. Als Hilfsperson **101.** *Siehe auch* Hausgemeinschaft, Hausgewalt.

Hausgewalt. Voraussetzung 331. Hausordnung und Fürsorge 332. Verantwortlichkeit nach aussen 333. Forderungen mündiger Kinder und Grosskinder 334, 334bis, 603.

Hausordnung 332. Beim Arbeitsvertrag **321d.** Bei der Verpfründung **524.**

Hausrat. Bei Aufhebung des gemeinsamen Haushaltes 176. Zuteilung zu Eigentum an den überlebenden Ehegatten 219, 244, 612a.

Haustürgeschäfte und ähnliche Verträge **40a/g,** s. Widerrufsrecht.

Heilquellen 702.

Normale Zahlen = ZGB; fette Zahlen = OR

Heilungskosten bei Tieren **42,** bei Körperverletzung **46,** für versuchte Heilung bei Tötung **45.**

Heimarbeitnehmer 351, s. Heimarbeitsvertrag.

Heimarbeitsvertrag 351/5. Begriff **351.** Bekanntgabe der Arbeitsbedingungen **351a.** Besondere Pflichten des Arbeitnehmers: rechtzeitige Ausführung der Arbeit **352,** unentgeltliche Verbesserung bei Verschulden **352,** Haftung für Material und Arbeitsgeräte **352a.** Besondere Pflichten des Arbeitgebers: Abnahme- und Rügepflicht **353,** Lohn **353a/b.** Beendigung **354.** Anwendung der Vorschriften über den Einzelarbeitsvertrag **355.**

Heimat. Einer Person 22. Veröffentlichungsort: der Bevormundung 375, der Bestellung als Vormund 387, der vorläufigen Fürsorge 386. *Siehe auch* Heimatgemeinde, Heimatkanton, Bürgerrecht, Gemeinde.

Heimatgemeinde. Zuständigkeit: zur Anfechtung der Anerkennung 259, 260a, zur Anfechtung der Adoption 269a, zur Bevormundung und Armenunterstützung 376. *Siehe auch* Bürgerrecht, Gemeinde, Heimat.

Heimatkanton. Rechte bei Bevormundung seiner Angehörigen 378. Als Erbe 550. *Siehe auch* Bürgerrecht, Heimat, Kanton.

Heimfall beim Baurecht 779c/779e. Vormerkung der Vereinbarung im Grundbuch VIII 71 b. Vorzeitiger Heimfall s. dort.

Heirat s. Ehe.

Heiratsgut. Erbrechtliche Herabsetzung 527. Keine Haftung bei Ausschlagung der Erbschaft 579. Ausgleichungspflicht 626, 629.

Heiratsvermittlung s. Ehe- oder Partnerschaftsvermittlung.

Herabsetzung. Der Rente bei Scheidung 128, 129, 135, 143. Des Schadenersatzes **44,** 28f. Der Konventionalstrafe **163.** Bei Mängeln **205** (Kaufpreis), **259a, 259d, 258** (Mietzins), **289, 288** (Pachtzins), **368** (Werklohn). Des Mietzinses: wegen Arbeit an der Mietsache **257h, 260;** bei Anfechtung **270, 270a, 270c.** Des Pachtzinses wegen Arbeit an der Pachtsache **287, 289.** Des landwirtschaftlichen Pachtzinses **V A 44, V B 12.** Der Provision des Arbeitnehmers **322b.** Der Entschädigung wegen Nichtantritt der Arbeitsstelle **337d.** Der Abgangsentschädigung **339c.** Des Werklohns bei Kostenüberschreitung **375.** Von Vergütung oder Kosten beim Auftrag zur Ehe- oder Partnerschaftsvermittlung **406h.** Des Mäklerlohnes **417.** Des Haftungsbetrages bei Mitbürgschaft **497.** Der Verpfründung **525.** Des Aktienkapitals der AG und des Stammkapitals der GmbH s. Kapitalherabsetzung. *Siehe auch* Herabsetzungsklage, Herabsetzung der Verfügungen von Todes wegen.

Herabsetzung der Verfügungen von Todes wegen. Im allgemeinen 525. Des Vermächtnisses einer einzelnen Sache 526. Von Verfügungen unter Lebenden 527/8. Von Versicherungsansprüchen 529. Von Nutzniessungen und Renten 530. Bei Nacherbeneinsetzung 531. Der Vermächtnisse 486, 565. Durchführung 532. *Siehe auch* Herabsetzungsklage.

Herabsetzungsklage. Im Eherecht 220. Im Erbrecht: Voraussetzungen im allgemeinen 522, 494, Begünstigung der Pflichtteilsberechtigten 523, Rechte der Gläubiger 524, Wirkung 525/32, s. Herabsetzung, Verjährung 533, beim Erbverzicht 535, kein Klagerecht des Enterbten 478. Des Käufers **205** (Minderung). Der Erben bei einem Verpfründungsvertrag **525.** *Siehe auch* Herabsetzung, Herabsetzung der Verfügungen von Todes wegen.

Herausgabe. Eines Gewinns s. Gewinnherausgabe. Des Gewinns bei Verletzung in der Persönlichkeit 28a/b. Der Erbschaft 598, 547. Der Fundsache 722. Von herrenlosen Naturkörpern oder Altertümern mit wissenschaftlichem Wert 724. Des Pfandtitels 873. Der Pfandsache 889. Des Überschusses über die Pfandsumme 911. Des Versatzpfandes 912/3. Einer beweglichen Sache 933/6, 938/40. Der ungerechtfertigten Bereicherung s. dort. Der Sache durch Käufer an einen Dritten **194.** Der Beweismittel bei Forderungsabtretung **170.** Des hinterlegten Mietzinses **259h.** Des hinterlegten Pachtzinses **288.** Des Gewinns: an den Kommittenten **428,** an den Geschäftsherrn **423,** nach UWG **II C 9.** Der Beweismittel an den zahlenden Bürgen **503.** Von Wechsel, Protest und Quittung **1047.** Klage auf Herausgabe eines Inhaberpapiers **985,** eines Wechsels **1073, 1078,** eines Checks **1143** Ziff. **19,** anderer indossierbarer Ordrepapiere **1152.** *Siehe auch* Herausgabepflicht, Retentionsrecht, Rückforderung.

Herausgabepflicht des Arbeitnehmers gegenüber dem Arbeitgeber **321b, 339a, 350a, 352a,** des Beauftragten **400/1,** des Gläubigers bei der Bürgschaft **503.** *Siehe auch* Herausgabe, Rückforderung, Rückgabe, Rückgabepflicht.

Herrenlose Sachen. Grundstücke 658, 659, 664. Bewegliche Sachen 718. Tiere 719. Schatz 723. Wissenschaftliche Gegenstände 724. *Siehe auch* Fund.

Heuervertrag der Schiffsleute s. Bemerkung IV. i) vor **319.**

Hilfspersonen 55, 101. *Siehe auch* Gehilfen.

Hilfsregister beim Grundbuch 949, VIII 108/10.

Hinderung der Erfüllung **96,** der Verjährung **134,** des Eintritts einer Bedingung **156.** *Siehe auch* Gläubigerverzug, Verhinderung, Verzug des Schuldners.

Hinterleger 472, 482, 487, s. Hinterlegungsvertrag.

Hinterlegung. Von Unterhaltsbeiträgen 281/2, 284. Des Kindesvermögens 324. Letztwilliger Verfügungen 504/5, 507, 556. Von Wertpapieren bei der Nutzniessung 760. Durch den Schuldner bei Nutzniessung an Forderungen 774. Der Zahlung bei Schuldbrief und Gült 861. Für Coupons von Schuldbriefen und Gülten in Serien 881. Der Zahlung einer verpfändeten Forderung 906. Der Vollmachtsurkunde bei Gericht **36.** Der geschuldeten Sache: beim Gläubigerverzug **92/4,** bei anderer Hinderung des Gläubigers an der Erfüllung **96.** Der Zahlung beim Prätendentenstreit **168.** Von Mietsicherheiten **257e.** Des Mietzinses **259a, 259g/i.** Des Pachtzinses **288.** Der Kaution des Arbeitnehmers **330.** Des Frachtgutes **444, 453.** Der auf dem Frachtgut haftenden Forderungsbeträge **451, 453.** Der Einlage bei Gründung der AG 633. Von Aktien **689b, d.** Bei der Liquidation der AG 744. Des Betrages abhanden gekommener Inhaberpapiere **987.** Der Wechselsumme **1032, 1072, 1080, 1098.** *Siehe auch* Aufbewahrung, Hinterlegungsvertrag, Sicherstellung.

Hinterlegungsvertrag 472/91. Begriff **472.** Vergütung des Aufbewahrers **472.** Auslagen- und Schadenersatz: durch den Hinterleger **473, 475;** durch den Aufbewahrer bei Gebrauch der Sache **474.** Rückgabe der Sache durch den Aufbewahrer: Pflicht dazu **475, 477, 479;** Recht dazu **476/7.** Haftung mehrerer **478,** Verjährung **125.** Anzeigepflicht des Aufbewahrers bei Eigentumsansprüchen Dritter **479.** Bei vertretbaren Sachen **481.** *Siehe auch* Hinterlegung, Lagergeschäft, Sequester, Gast- und Stallwirte.

Höchstbetrag. Des Pfandrechts zur Sicherung des Baurechtszinses 779i. Der Pfandforderung 794. Des Zinsfusses der Pfandforderung 795. Der Entschädigung beim Auftrag zur Ehe- oder Partnerschaftsvermittlung **406b, 406d.** Der Haftung des Bürgen **493, 494, 499, 500.** *Siehe auch* Haftungsbetrag.

Höchstdauer. Für den Ausschluss des Anspruches auf Aufhebung von Miteigentum 650. Der Nutzniessung 749. Des Baurechts 779 l. Der Vormerkung von Vorkaufs-, Rückkaufs- und Kaufsrechten 216a. Des Vorauszahlungsvertrages **227g, 227a.** Der Haftung bei Übertragung der Geschäftsmiete auf einen Dritten 263. Der Erstreckung 272b. Gesundheitlicher Vorbehalte von Vorsorgeeinrichtungen **331c.** Des befristeten Einzelarbeitsvertrages 334. Der Probezeit im Arbeitsvertrag 335b. Beim Kreditbrief **407.** Der Bürgschaft **509, 510.** Der Amtsdauer des Verwaltungsrates einer AG **710,** einer Genossenschaft **896.** Der Amtsdauer der Revisionsstelle **727e.** Der Beschränkung des Austrittes aus der Genossenschaft **843.** *Siehe auch* Verjährung.

Höhere Gewalt. Einwirkung auf die Haftung: des Pächters **299b,** des Gastwirtes **487,** des Stallwirtes **490.** Vorbehalt im Wechselrecht **1051,** im Checkrecht **1131.** *Siehe auch* Naturgewalt, Zufall.

Holdinggesellschaften. Reservefonds **671.** Nationalität der Verwaltungsmitglieder **708.** *Siehe auch* Konzern.

Holz. Holzlass 695. Holzweg, Holzungsrecht 740. *Siehe auch* Wegrechte.

Honorar beim Verlagsvertrag **388/9,** beim Auftrag **394,** bei der Kollektivgesellschaft **559/60, 572,** bei der Kommanditgesellschaft **598, 613.** *Siehe auch* Lohn, Vergütung.

Honorat im Wechselrecht s. Ehreneintritt.

Hotelmobiliar 805.

Hydrantenanlagen 711.

Identifikationsnummer im Handelsregister **936a, VII A 111a/b.**

Identität des Musters. Beweislast **222.**

Identitätsüberprüfung 43a.

Immaterialgüterrecht. Zuständigkeit, anwendbares Recht und Anerkennung ausländischer Entscheide nach IPRG IA 109/11. Erfindungen und Designs des Arbeitnehmers 332. BG über den Schutz von Design **II F.**

Immissionen 684.

Indexierte Miezinse 269b. Anfechtung **270c, 270e.**

Indossable Papiere. Ordrepapiere 967 (s. auch dort). Namenaktien **684.** Wechsel **1001.** Check **1108.** Wechselähnliche **1147.** Andere **1152.** *Siehe auch* Indossament.

Indossament. Form im allgemeinen **968.** Wirkung im allgemeinen **969.** Bei der Namenaktie **684.** Beim Wechsel **1001/10, 1044, 1047, 1063, 1066/7, 1069, 1098.** Beim Check **1108/13, 1143.** *Siehe auch* indossable Papiere, Nach-, Pfand-, Vollmachtsindossament, Ordrepapiere.

Informatik bei der Registerführung (Zivilstandsregister, Grundbuch, kaufmännische Buchführung, Handelsregister) s. elektronische Daten.

Information s. Anzeige, Auskunftspflicht, Mitwirkungsrechte. Des Arbeitgebers **330b.** Des Auftraggebers bei der Ehe- oder Partnerschaftsvermittlung **406g.**

Ingenieur. Verjährung der Mängelansprüche **371.**

Inhaberaktien 622, 627. Ausgabe **683.** Interimsscheine **688.** Berechtigung gegenüber der Gesellschaft **689a.** Vertretung **689b.** *Siehe auch* Aktien.

Inhaberanweisung 471.

Inhabercheck 1105, 1111.

Inhaberpapiere 978/89. Begriff **978.** Hinkendes Inhaberpapier **976.** Einreden des Schuldners **979/80.** Kraftloserklärung **981/88.** Vorbehalt der besonderen Bestimmungen über Inhaberschuldbrief und Gült **989.** Check **1105, 1111.** Warenpapiere **1153, 482.** Inhaberaktien s. dort. Interimsscheine **688.** Schuldbrief oder Gült **859, 861/2, 868, 870.** Pfandbriefe VII 7. Deren Verpfändung **901.** Kein Rückforderungsrecht gegenüber dem gutgläubigen Empfänger **935.** *Siehe auch* Blankoindossament, Wertpapier.

Inhalt. Der Rechtsverhältnisse: Handeln nach Treu und Glauben 2, guter Glaube 3, gerichtliches Ermessen 4, Übergangsrecht SchlT 3. Des Eigentums im allgemeinen 641. Des Grundeigentums s. Umfang, Abgrenzung, Bauten, Einpflanzungen, Verantwortlichkeit. Des Stockwerkeigentums 712a. Der Grunddienstbarkeit s. Umfang, Unterhalt, Änderung der Belastung. Der Nutzniessung 755/75. Des Baurechtes 779b. Der Grundlast 791/2. Des Vertrages **19/21, 18.**

Inkasso. Vollmacht des Handelsreisenden **348b, 349e.** Inkassoindossament **1008.** Vollmacht und Inkassoprovision beim Agenturvertrag **418e, 418 l, 418o.**

Inkassohilfe beim nachehelichen Unterhalt 131.

Institute des öffentlichen Rechts. FusG **IX 2, 99/101, VII A 10, 109e.**

Interimsscheine für Aktien **688.**

Internationale Schiedsgerichtsbarkeit nach IPRG IA 176/94.

Internationales Privatrecht Anhang IA, s. ausländisches Recht, Übereinkommen, ferner die einzelnen Stichwörter.

Internationale Übereinkommen s. Übereinkommen.

Intertemporales Recht s. bisheriges und neues Recht, Einführungs- und Übergangsbestimmungen, Schluss- und Übergangsbestimmungen.

Intervention beim Wechsel s. Ehreneintritt.

Invalidität als Risiko bei der Personalvorsorge **331, 331a, 331c, 331e.**

Inventar. Im ehelichen Güterrecht 195a. Über das Kindesvermögen 318. Bei Übernahme der Vormundschaft 398. Bei der Nacherbeneinsetzung 490. Zur Sicherung des Erbganges 553, 568, 474. Bei der Erbschaftsausschlagung s. öffentliches Inventar. Bei der amtlichen Liquidation 595. Bei der Nutzniessung 763. Bei der Pacht **277, 297a, 299, 299b,** 613a. Bei der Genossenschaft **903, 907.** Bei der kaufmännischen Buchführung **958, 960.**

Irrtum. Bei Eintragung im Zivilstandsregister 43. Bei der Eheschliessung 107. Bei der Kindesanerkennung 260a, c. Bei Annahme der Handlungsfähigkeit eines Bevormundeten 411. Bei der Verfügung von Todes wegen 469, 510. Über den Enterbungsgrund 479. Bei Festsetzung der Wertquote eines Stockwerkeigentümers 712e. Bei Zusendung einer Sache **6a.** Beim Vertragsabschluss **18, 23/7, 31, 373.** Absichtliche Täuschung **28.** Bei Zahlung einer Nichtschuld **63.** Bei der Bürgschaft **492, 502, 507.** *Siehe auch* absichtliche Täuschung.

Jagd 699.

Jahresamortisation bei der Bürgschaft **505.**

Jahresbericht bei der AG 662, 663d, 663h, 698, s. Geschäftsbericht.

Jahresgewinn 663. Zuweisung an Reserven 671, **672.** *Siehe auch* Bilanzgewinn.

Jahresrechnung. Bei der Stiftung 84b. Bei der AG **662:** Ordnungsmässige Rechnungslegung **662a;** Erfolgsrechnung **663;** Bilanz s. dort. Anhang **663b/c;** Verzicht auf Angaben **663h;** Offenlegung **697h;** Genehmigung **698, 729, 729c;** Prüfung durch die Revisionsstelle **728;** Revisionshaftung **755;** bei Kapitalerhöhung **652a, d.** *Siehe auch* Geschäftsbericht, Konzernrechnung.

Journal s. Tagebuch.

Jugendhilfe 302, 317.

Jugendurlaub 329e, 329b (362).

Juristische Personen 52/89bis. Entstehung 52. Rechtsfähigkeit 53. Handlungsfähigkeit 54/5. Verantwortlichkeit 55. Wohnsitz 56. Vermögensverwendung bei der Aufhebung 57. Liquidation 58. Vorbehalt des öffentlichen und des Gesellschafts- und Genossenschaftsrechtes 59. Bei der Nutzniessung 749. Deren Auflösung als Grund zur Aufhebung der Ermächtigung **35.** Als Kommanditär **594, 596.** Begründung durch Eintragung ins Handelsregister **643** (AG), **764** (Kommandit-AG), **783** (GmbH), **838** (Genossenschaft). In Liquidation **739** (AG), **770** (Kommandit-AG), **823** (GmbH), **913** (Genossenschaft). Im Verwaltungsrat der AG **707.** In der Verwaltung der Genossenschaft **894.** *Siehe auch* Verein, Stiftung. Übergangsrecht SchlT 6b.

Kaduzierung bei der AG **681/2,** bei der GmbH **799,** bei der Genossenschaft **867.**

Kampfmassnahmen beim Gesamtarbeitsvertrag **357a.**

Kanton. Vollstreckung vorsorglicher Massnahmen im Persönlichkeitsschutz 28e. Bewilligung der Namensänderung 30. Bestellung der Aufsichtsbehörde im Zivilstandswesen 45. Finanzierung der zentralen Datenbank 45a. Festlegung der Zivilstandskreise 49. Vermögensverwendung bei Aufhebung einer juristischen Person 57. Stiftungsaufsicht 84. Klage auf Ungültigerklärung der Ehe 107. Eheberatungsstellen 171. Adoption 268, 269c. Bestimmung der vormundschaftlichen Behörden 361. Bestimmung der Behörden für die Entmündigung 373. Bei der fürsorgerischen Freiheitsentziehung 397b, c. Aufhebung der Vormundschaft 434. Haftung: für die im Zivilstandswesen tätigen Personen 46, für Vormund und vormundschaftliche Behörden 427/30, 454/5, bei fürsorgerischer Freiheitsentziehung 429a, für die Schätzung von Liegenschaften 849, für die Führung des Grundbuches 955. Als Erbe 466, 555, 592. Als Eigentümer: bei Bildung neuen Landes 659, bei Fund wissenschaftlicher Gegenstände 724. Bezeichnung der Gebiete mit dauernden Bodenverschiebungen 660a, 668, 973. Viehverpfändung 885. Zuständigkeit zur Erteilung der Gewerbebefugnis an die Versatzpfandanstalt 907, 915. Aufnahme öffentlicher Grundstücke im Grundbuch 944. Urkundenprotokoll beim Grundbuch 948, 972. Führung des Grundbuchs mittels Informatik 949a. Ordnung der Grundbuchämter 953. Grundbuchgebühren 954. Grundbuchaufsicht 956/7. Veröffentlichung des Erwerbs von Grundstücken 970a. Genehmigung der Formulare für Mietkündigung **266l,** für Mietzinserhöhung **269d,** für Pachtkündigung 298. Obligatorischerklärung eines Formulars für Mietverträge 270. Einsetzung der tripartiten Kommission 360b. Bürgschaften ihm gegenüber 493, 500, 509. Übernahme des Vermögens einer AG 751, einer Genossenschaft 915. Beteiligung an einer AG 762, an einer Genossenschaft 926. Führung des Handelsregisters 927. Subsidiäre Haftung für Handelsregisterbeamte 928. Kantonale Anleihen 1157. *Siehe auch* Heimatkanton, Heimat, kantonales Recht.

Kantonales Recht. Öffentliches Recht der Kantone 6. Beweisvorschriften 10. Im Zivilstandswesen 49,103. Für Vollstreckung des Unterhaltsanspruches bei Scheidung 131. Im Verfahren zur Feststellung oder Anfechtung des Kindesverhältnisses 254. Im Verfahren für Streitigkeiten über die Unterhaltspflicht 280. Vollstreckung des Unterhaltsanspruches 290. Verfahren im Kindesschutz 314. Pflegekinderbewilligung 316. Verfahren bei der fürsorgerischen Freiheitsentziehung 397e, 314a. Verordnung über die Mitwirkung der vormundschaftlichen Behörden 425, 401. Siegelung der Erbschaft 552. Inventaraufnahme 553, 581. Amtliche Mitwirkung bei der Teilung 609. Bestimmungen über herrenlose und öffentliche Sachen 664. Enteignung 666, 691, 801. Abstände bei Grabungen und Bauten 686. Anpflanzungen 688. Wegrechte 695, 740. Einfriedung 697. Zutrittsrecht bei Jagd und Fischerei 699. Öffentlich-rechtliche Beschränkungen des Grundeigentums im allgemeinen 702, für Bodenverbesserungen 703. Ableitung von Quellen 705. Benutzung von Quellen 709. Bestimmung des Zinsfusses für Grundpfandforderungen 795. Verpfändung von öffentlichem Grund und Boden 796. Vorschriften über die Feuerversicherung 822. Einseitige Ablösung von Grundpfandrechten 828/30. Gesetzliche Pfandrechte kantonalen Rechts 836. Beim Schuldbrief 843, 844. Bei der Gült 848, 849, 853, 882. Eintragung dinglicher Rechte im Grundbuch 949. Anmerkung öffentlich-rechtlicher Beschränkungen im Grundbuch 962. Bäume auf fremdem Boden SchlT 20. Für schädigende Handlungen von Beamten 61. Von Vollstreckungsvorschriften 97. Für Forderungen aus dem Kleinvertrieb geistiger Getränke 186. Über die öffentliche Versteigerung 236. Für Mietsicherheiten 257e. Für das öffentlich-rechtliche Dienstverhältnis 342. Für Ehe- oder Partnerschaftsvermittlung 406c. Für Börsenmäkler, Sensale und Stellenvermittler 418. Für öffentlich-rechtliche Anstalten 763. Für öffentlich-rechtliche Genossenschaften 829. *Siehe auch* bisheriges und neues Recht, Kanton, kantonales Zivilrecht.

Kantonales Zivilrecht 5. Aufhebung SchlT 51. Ergänzende Anordnungen SchlT 52/3. *Siehe auch* Übergangsrecht bei den einzelnen Stichwörtern, kantonales Recht.

Kantons- und Gemeindebürgerrecht s. Bürgerrecht.

Kapital s. Aktienkapital, Partizipationskapital, Stammkapital, Stammeinlage.

Kapitalanteil des Kollektivgesellschafters **558/60, 577/80, 588.** Bei der Kommanditgesellschaft **598, 613, 619.**

Kapitaleinlagen der Kollektivgesellschafter **570.**

Kapitalerhöhung. Bei der AG: Ordentliche **650, 652, 652h**; genehmigte **651/651a, 652/652h,** 627, 656b, 663b; bedingte **653/653i,** 627, 656b, 663b; Beschlussfassung **704**; aus Eigenkapital **652d, 704**; Kapitalerhöhungsbericht **652e, 753**; Aufführung im Jahresbericht **663d**; Kosten **664**; Verzinsung der neuen Aktien **676**; Bezugsrecht, Emissionsprospekt, Prüfungsbestätigung,

Normale Zahlen = ZGB; fette Zahlen = OR

Statutenänderung s. jeweils dort; Eintrag ins Handelsregister **VII A 80/82b**. Bei der GmbH: Form **786**, Bezugsrecht der Gesellschafter **787**.

Kapitalherabsetzung. Bei der AG: Herabsetzungsbeschluss **732**, Revisionsbericht **732, 755**, Aufforderung an die Gläubiger **733**, Durchführung **734**, Eintrag ins Handelsregister **734, VII A 84**, bei Unterbilanz **735**, Nennwert der Aktien **622**, bei Erwerb eigener Aktien **659**. Bei der GmbH **788**.

Kapitalrückstand bei Bürgschaft. Mitteilungspflicht des Gläubigers **505**.

Kapitalverlust. Bei der AG **725, 656b, 735**. Bei der GmbH **817**. Bei der Genossenschaft **903**.

Kapitalzinse s. Zins.

Kapprecht 687.

Kartellgesetz (KG), Anhang **II A(1)**. Allgemeine Bestimmungen **II A(1) 1/4**. Materiellrechtliche Bestimmungen **II A(1) 5/8** (unzulässige Wettbewerbsbeschränkungen), **II A(1) 9/11** (Unternehmenszusammenschlüsse). Zivilrechtliches Verfahren **II A(1) 12/7**. Verwaltungsrechtliches Verfahren **II A(1) 18/25** (Wettbewerbsbehörden), **II A(1) 26/31** (Untersuchung von Wettbewerbsbeschränkungen), **II A(1) 32/8** (Prüfung von Unternehmenszusammenschlüssen), **II A(1) 39/44** (Verfahren und Rechtsschutz), **II A(1) 45/9** (übrige Aufgaben und Befugnisse der Wettbewerbsbehörden), **II A(1) 50/3** (Verwaltungssanktionen). Strafsanktionen **II A(1) 54/7**. Ausführung internationaler Abkommen **II A(1) 58/9**. Schlussbestimmungen **II A(1) 60/3**.

Kartenregister beim Handelsregister **VII A 17**.

Kauf 184/236. Rechte und Pflichten der Parteien **184**. Übergang von Nutzen und Gefahr **185**. Vorbehalt kantonalen Rechtes **186**. Kauf nach Muster **222**. Kauf auf Probe und Besicht **223/5**. Vorauszahlungskauf **227a/228**. Kauf der Mietsache **261**, der Pachtsache **290**. Eintritt des Kommissionärs als Eigenhändler **436**. Kauf auf Rückkauf **914**. Mitwirkung des Beirates 395. Zustimmung der Vormundschaftsbehörde 421. *Siehe auch* Abzahlungs-, Vorauszahlungsvertrag, Fahrniskauf, Grundstückkauf, Versteigerung, Abtretung.

Käufer 184, 227a, s. Kauf.

Kaufleute. Deren Retentionsrecht 895. Verzugszinse **104**. *Siehe auch* kaufmännische Übung, kaufmännischer Verkehr.

Kaufmännische Buchführung 957/64. Pflicht dazu **957**. Bilanzvorschriften **958/61**. Pflicht zur Aufbewahrung der Bücher und Korrespondenzen **957, 962/3**. Bei der Stiftung 84b. Bei der AG **662a**. Bei der GmbH **805**. Bei der Genossenschaft **858**. *Siehe auch* Bewertung, Prüfungspflicht, Rechnungslegung.

Kaufmännische Grundsätze 959, 322a, 669, s. kaufmännische Buchführung.

Kaufmännischer Verkehr. Vermutung des Rücktritts bei Verzug des Verkäufers **190**. Schadenberechnung **191, 215**. Verzinsung des Darlehens **313/4**. *Siehe auch* Kaufleute, kaufmännische Übung.

Kaufmännisches Gewerbe. Begriff **VII A 52, 53**. Eintragung ins Handelsregister **934, VII A 52, 54/63**. Beim Vorauszahlungsvertrag **227i**. Beim Handelsreisendenvertrag **347**. Bei der Prokura **458**. Bei anderen Handlungsvollmachten **462**. Bei der Kollektivgesellschaft **552**. Bei der Kommanditgesellschaft **594**. Bei der GmbH **772**. Beim Verein 61. Bei der Stiftung 84b. Eines Kindes 305, 323. Eines Bevormundeten 403, 412. Zuweisung der Räumlichkeiten bei der Erbteilung 612a. Nachbarrecht 684.

Kaufmännische Übung. Bei der Verrechnung 124. Bei Kaufpreisbestimmung 212. Zinseszinse beim Darlehen 314. *Siehe auch* Kaufleute, kaufmännischer Verkehr, Übung.

Kaufpreis. Bestimmung 184, 212, 227e. Zahlung 211. Fälligkeit und Verzinsung 213, 227d. Verzug in der Zahlung 214/5. In Teilzahlungen 227a. Übersetzter Kaufpreis der Mietsache 269. Bei Eintritt des Kommissionärs als Eigenhändler 436.

Kaufsrecht. Form 216. Befristung und Vormerkung 216a, 959, VIII 71, 72, 77. Vererblichkeit und Abtretung 216b. An einem landwirtschaftlichen Gewerbe IX 25/7.

Kaution. Des Arbeitnehmers 330 (362). Beim Gesamtarbeitsvertrag 357b.

Kenntnis s. Anzeige.

Kind vor der Geburt. Rechtsfähigkeit 31. Ernennung eines Beistandes 393. Erbfähigkeit 544.

Kinder. Verjährung ihrer Ansprüche an die Eltern 134. Im übrigen s. elterliche Sorge, elterliche Vermögensrechte, Elternrechte, Kindesschutzmassnahmen, persönlicher Verkehr.

Kindesalter 16.

Kindesanerkennung s. Anerkennung eines ausserehelichen Kindes, ferner Kindesverhältnis.

Kindesannahme s. Adoption.

Kindesschutzmassnahmen. Geeignete Massnahmen 307. Anordnung der Beistandschaft: im allgemeinen 308, zur Feststellung der Vaterschaft 309. Aufhebung der elterlichen Obhut 310. Entziehung der elterlichen Sorge 311/2. Anpassung bei Änderung der Verhältnisse 313, 315a, 315b. Verfahren: im allgemeinen 314, bei fürsorgerischer Freiheitsentziehung 314a. Zuständigkeit 315/315b, 179, 275. Pflegekinderaufsicht 316. Zusammenarbeit in der Jugendhilfe 317. Kosten 276. Im Scheidungsprozess 146, 147. *Siehe auch* Schutz des Kindesvermögens, fürsorgerische Freiheitsentziehung.

Kindesverhältnis s. Entstehung des Kindesverhältnisses, Wirkungen des Kindesverhältnisses, Elternrechte.

Kindesvermögen 318/27, s. elterliche Vermögensrechte, freies Vermögen.

Kindeswohl 301. Und Zuteilung der elterlichen Sorge bei Scheidung 133/4, bei unverheirateten Eltern 298/298a. Bei der Adoption 264, 269. Und Anspruch auf persönlichen Verkehr 274, 274a. Gefährdung s. Kindesschutzmassnahmen.

Kirchliche. Stiftung 52, 87, 88. Körperschaften und Anstalten 52, 59. Trauung 97.

Klagbarkeit von Forderungen. Ausschluss durch kantonales Recht 186. Bei Spiel und Wette 513/5a. *Siehe auch* Unklagbarkeit, Verjährung.

Klage. Wegen Verletzung der Persönlichkeit 28a. Im Namensrecht 29. Bei der Beurkundung des Personenstandes 42. Gegen einen Vereinsbeschluss 75. Auf Aufhebung: des Vereins 78, der Stiftung 88/9. Zur Ungültigerklärung der Ehe 106, 108, 109/10. Scheidung s. Scheidung auf Klage. Auf Anweisung an die Schuldner oder auf Sicherstellung der Unterhaltsbeiträge nach Scheidung 135. Auf Anfechtung: der Vermutung der Vaterschaft 256/256c, 258, der Kindesanerkennung 259, 260a/c, der Adoption 269/269b. Auf Feststellung

des Kindesverhältnisses s. Vaterschaftsklage. Des Kindes auf Unterhalt s. Unterhaltsklage. Der unverheirateten Mutter auf Auslagenersatz 295. Auf Unterstützung 329/30. Verantwortlichkeitsklage gegen die vormundschaftlichen Organe 430, 454/5. Aus Erbverträgen 534/6. Des Vermächtnisnehmers 601. Der Gläubiger bei Ausschlagung der Erbschaft 578. Aus der Gewährleistungspflicht der Miterben 537. Auf Ausschluss eines Miteigentümers 649b. Gegen den Grundeigentümer 679. Aus Besitzesentzug 927, 929. Aus Besitzesstörung 928/9. Auf Löschung oder Abänderung des Grundbucheintrages 975. Auf Wiedereintragung ins Grundbuch 976. Besitzesrechtsklagen s. Rechtsschutz. *Siehe auch* Erbschaftsklage, Herabsetzungsklage, Ungültigkeitsklage, Teilungsklage, Klagefrist, Verfahren.
Klage als Verzugsvoraussetzung **105.** Als Unterbrechungsgrund der Verjährung **135, 138, 139, 1070.** Der Vormundschaftsbehörde auf Ungültigerklärung einer Schenkung **240.** Auf Vollziehung einer Auflage bei der Schenkung **246.** Bei Schenkungswiderruf **251.** Aus dem Mietverhältnis **271a** (Kündigungsschutz). Auf Entschädigung wegen missbräuchlicher Kündigung des Arbeitsverhältnisses **336b.** Des Arbeitgebers bei ungerechtfertigtem Nichtantritt oder Verlassen der Arbeitsstelle **337d.** Der Arbeitgeber- und Arbeitnehmerverbände auf Einhaltung des Normalarbeitsvertrages **360e.** Der Kollektivgesellschaft **562.** Der Kommanditgesellschaft **602.** Der Gesellschaftsgläubiger gegen den Kommanditär **610.** Auf Auflösung der einfachen Gesellschaft **545,** der Kollektivgesellschaft **574,** der Kommanditgesellschaft **619,** der AG **736, 625, 643,** der GmbH **822, 775,** der Genossenschaft **831.** Von Generalversammlungsbeschlüssen der AG **706, 706a, 689e,** der Genossenschaft **891.** Des Aktionärs auf Abberufung eines Revisors **727e,** auf Leistung an die Gesellschaft **678, 756.** Auf Herausgabe eines abhanden gekommenen Inhaberpapiers **985.** Auf Herausgabe eines Wechsels bei Kraftloserklärung **1073.** Wegen unzulässiger Wettbewerbsbeschränkungen **II A(1) 12/7.** Wegen unlauteren Wettbewerbs **II C 9/11.** Aus dem landwirtschaftlichen Pachtvertrag **V A 48.** *Siehe auch* Minderung, Wandelung, Anfechtung, Haftung, Schadenersatzpflicht.

Klagefrist. Für Anfechtung der Namensänderung 30. Für Anfechtung von Vereinsbeschlüssen 75. Zur Einreichung der Eheungültigkeitsklage 108. Für Anfechtung der Vaterschaft 256c, 258. Für Anfechtung der Anerkennung 260c. Für Feststellung der Vaterschaft 263. Für Anfechtung der Adoption 269b. *Siehe auch* Klage.

Klagerecht s. Klage.

Kleinverkauf von Waren. Verjährung **128.**

Kleinvertrieb geistiger Getränke **186.**

Kollektivblatt beim Grundbuch 947, VIII 41.

Kollektivgesellschaft 552/93. Kaufmännische und nichtkaufmännische Gesellschaft **552/3.** Eintrag ins Handelsregister **554/6.** Firma **947/8, 951.** Gewinn- und Verlustrechnung **558.** Rechtsfähigkeit **562.** Vertretung **563/7.** Haftung aus unerlaubten Handlungen der Gesellschafter **567.** Stellung der Gesellschaftsgläubiger **568/71.** Verrechnung von Gesellschaftsforderungen **573.** Verjährung **592/3.** Für Fusion, Umwandlung und Vermögensübertragung s. Fusionsgesetz, **IX.** Anwendung der Bestimmungen auf die Kommanditgesellschaft **598, 603, 614, 619,** auf die Kommanditaktiengesellschaft **764, 767, 771,** auf die GmbH **802, 814.** *Siehe auch* Kollektivgesellschafter, Auflösung, Ausscheiden, Kündigung, Liquidation.

Kollektivgesellschafter 552. Verhältnis unter sich gemäss Gesellschaftsvertrag und Vorschriften über die einfache Gesellschaft **557.** Anspruch auf Gewinn, Zinse und Honorar **559.** Keine Nachschusspflicht **560.** Konkurrenzverbot **561.** Haftung: für Verbindlichkeiten der Gesellschaft **568,** neu eintretender Gesellschafter **569.** Teilnahme am Konkurs der Gesellschaft **570.** Stellung der Privatgläubiger **572.** Verjährung der Forderungen von Gesellschaftsgläubigern gegen einen Gesellschafter **591/3.** *Siehe auch* Kollektivgesellschaft.

Kollektivprokura 460.

Kollektivvertrag s. Gesamtarbeitsvertrag.

Kollektivvertretung bei der Prokura **460, 555.**

Kommanditaktiengesellschaft 764/71. Begriff und Anwendbarkeit der Bestimmungen über die Aktiengesellschaft **764.** Verwaltung **765/7, VII A 87.** Aufsichtsstelle **768/9.** Auflösung **770, VII A 87.** Kündigung **771.** Firma **947/8, 951.**

Kommanditär 594. Stellung **600.** Gewinn- und Verlustbeteiligung **601.** Haftung **594, 605/9, 612.** Klagerecht der Gläubiger **610.** Anspruch auf Zinsen und Gewinn **611.** Verrechnung **614.** Stellung seiner Privatgläubiger **613.** Im Konkurs der Gesellschaft **615/6.** *Siehe auch* Kommanditgesellschafter, Kommanditgesellschaft.

Kommanditgesellschaft 594/619. Kaufmännische und nichtkaufmännische Gesellschaft **594/5.** Eintrag ins Handelsregister **596/7.** Firma **947/8, 951.** Geschäftsführung **599.** Rechtsfähigkeit **602.** Vertretung **603.** Konkurs **615/8.** Anwendung der Bestimmungen der Kollektivgesellschaft für Auflösung, Liquidation, Verjährung **619.** Für Fusion, Umwandlung und Vermögensübertragung s. Fusionsgesetz, **IX.** *Siehe auch* Kommanditgesellschafter, Kommanditär, Kommanditsumme.

Kommanditgesellschafter, unbeschränkt haftender **594.** Verhältnis unter sich und zu Kommanditären gemäss Gesellschaftsvertrag und Vorschriften über die Kollektivgesellschaft **598.** Gewinn- und Verlustbeteiligung **601.** Haftung **604.** Stellung der Privatgläubiger **613.** Verrechnung **614.** Im Konkurs **615/7.** *Siehe auch* Kommanditär, Kommanditgesellschaft.

Kommanditsumme 594. Eintrag ins Handelsregister **596.** Umfang der Haftung des Kommanditärs **608.** Verminderung **601, 609, 611.** *Siehe auch* Kommanditär.

Kommission (Einkaufs- und Verkaufskommission) **425/38.** Begriff **425.** Anwendung der Bestimmungen über den Auftrag **425.** *Siehe auch* Kommissionär, Speditionsvertrag.

Kommissionär 425. Anzeigepflicht **426.** Versicherung des Kommissionsgutes **426.** Behandlung des Kommissionsgutes **427.** Schadenersatzpflicht **427/8.** Gewinnherausgabe **428.** Vorschuss- und Kreditgewährung an Dritte **429.** Delcredere **430.** Auslagenersatz **431.** Provision **432/3.** Retentionsrecht **434.** Recht auf Versteigerung des Kommissionsgutes **435, 444** (Frachtführer). Eintritt als Eigenhändler **436/8.** *Siehe auch* Abschlussagent, Lagerhalter, Spediteur, Kommission.

Kommissionsgebühr 425, s. Provision.

Kommittent 425, s. Kommission, Kommissionär.

Kommodat 305, s. Gebrauchsleihe.

Kompensation s. Verrechnung.

Komplementär s. Kommanditgesellschafter.

Konfusion s. Vereinigung.

Konkurrenzierung des Arbeitgebers durch Arbeitsleistung gegen Entgelt an einen Dritten 321a, 329d.

Konkurrenzverbot. Des Arbeitnehmers: Voraussetzungen **340 (362)**, Beschränkungen **340a (362)**, Folgen der Übertretung **340b (361)**, Wegfall **340c (362)**. Beim Agenturvertrag **418d, 418a**. Bei Handlungsvollmacht und Prokura **464**. Bei der einfachen Gesellschaft **536**. Bei der Kollektivgesellschaft **561**. Bei der GmbH **818, 777**.

Konkurs. Der Stiftung 84a. Eines Ehegatten 188, 236. Des Schuldners bei Forderungen der Kinder und Grosskinder 334a. Eines Gemeinders 343. Des Grundpfandgläubigers 806, 818. *Siehe auch* Konkursamt, Konkursverwaltung, Pfändung, Schuldbetreibung.
Konkurs 35 (Vollmacht), **83** (zweiseitige Verträge), **123** (Verrechnung), **134/5, 138** (Verjährungsunterbrechung), **250** (Schenkung), **261, 266h, 271a, 272a, 274g** (Miete), **290, 297a, 300, 301** (Pacht), **316** (Darlehen), **330, 337a** (Arbeitsvertrag), **392** (Verlagsvertrag), **401, 405** (Auftrag), **418s** (Agenturvertrag), **425** (Kommission), **440** (Frachtvertrag), **470** (Anweisung), **495/6, 501, 504/5** (Bürgschaft), **518/9** (Leibrente), **529** (Verpfründung), **545** (einfache Gesellschaft), **568, 570/1, 574/5, 578, 582** (Kollektivgesellschaft), **615/8, 619** (Kommanditgesellschaft), **679, 687, 725a, 736/7, 740, 743, 757** (Aktiengesellschaft), **770, 793/4, 802, 820** (GmbH), **845, 869/73, 876, 903/4, 911** (Genossenschaft), **939** (von Handelsgesellschaften und Genossenschaften), **1033, 1034, 1053, 1070** (Wechselrecht), **1120, 1126** (Check), **1149** (wechselähnliche Papiere), **1166, 1183** (Anleihensobligationen). Behandlung nach Handelsregisterverordnung **VII A 64/8**. *Siehe auch* Konkursverwaltung, Pfändung, Schuldbetreibung.

Konkurs und Nachlassvertrag nach IPRG IA 166/75.

Konkursamt als Liquidationsbehörde der Erbschaft 573, 597.

Konkursverwaltung. Deren Herabsetzungsklage 524. Anfechtung der Ausschlagung 578. Begehren um Auflösung der Kollektivgesellschaft **575**. Klagerecht bei Auflösung der Kommanditgesellschaft **610**. Liquidation einer AG **740**. Ansprüche im Konkurs der AG **757**. Begehren um Auflösung der GmbH **793/4**. Feststellung der Haftungssummen der Gesellschafter der GmbH **802**. Im Konkurs der Genossenschaft **873**. Geltendmachung des Austrittsrechts eines Genossenschafters **845**, der Haftung der Genossenschafter **869/70, 873**, der Nachschusspflicht **871, 873**. Einberufung der Versammlung der Anleihensgläubiger **1183**.

Konsensus 1.

Konsolidierungsregeln 663g, 731a. *Siehe auch* Konzernrechnung.

Konsultation der Arbeitnehmervertretung 333a, 335f, 335g.

Konsumenteninformationsgesetz (KIG), Anhang **XII A.**

Konsumkreditgesetz (KKG), Anhang **XII B1**. Anwendung der Bestimmungen auf den Vorauszahlungsvertrag **228**.

Konsumkreditvertrag XII B1 1. Tatbestände unlauteren Wettbewerbs bei Konsumkreditverträgen **II C 3 lit. k–n, 4 lit. d**.

Kontokorrent. Neuerung **117**. Verrechnung **124**. Zinseszinse **314**. Verbürgung **500**.

Kontrollrecht. Der Aktionäre **696/7, 706b,** Sonderprüfung **697a/g.** Der Gesellschafter bei der GmbH **819.** Der Genossenschafter **856/7.**

Kontrollstelle. Bei der Kommandit-AG **768.** Bei der GmbH **819, 777, 810, 827.** Bei der Genossenschaft: Statuten **832,** Wahl **906, 879,** Einberufung der Generalversammlung **881,** keine Ausschliessung vom Stimmrecht **887,** Abberufung **890, 926,** Tätigkeit **907/9,** besondere Vorschriften **910,** Verantwortlichkeit **916/20.** Für die AG s. Revisionsstelle.

Kontrollvorschriften beim Gesamtarbeitsvertrag **356, 357b, VI A 3** und **6.**

Konventionalstrafe 160/3. Verhältnis zur Vertragserfüllung **160.** Verhältnis zum eingetretenen Schaden **161.** Anwendung der Bestimmungen auf den Verfall von Teilzahlungen **162.** Höhe und Zulässigkeit **163.** In Gestalt verabredeter Verzugszinse **105.** Bei Vorauszahlungsverträgen **227h.** Bei Lohnrückbehalt **323a.** Beim Konkurrenzverbot **340b.** Beim Gesamtarbeitsvertrag **357b, VI A 3.** Haftung des Bürgen dafür **499.** Bei Verzug in der Einzahlung der Aktien **681/2, 627,** in der Einzahlung der Stammeinlagen der GmbH **799, 777.**

Konzern 663e.

Konzernrechnung. Erstellung **663e/g, 662.** Schutz und Anpassung **663h.** Offenlegung **697h.** Genehmigung **698.** Prüfung **731a.** Revisionshaftung **755.** Bei Kapitalerhöhung **652a.**

Konzessionierte Gewerbe. Wegbedingung der Haftung **100/101.** Reserven **671.**

Konzessionierte Versicherungsgenossenschaft s. Versicherungsgenossenschaft.

Kopfanteil bei Mitbürgschaft **497, 504.**

Kopie beim Wechsel **1066/7, 1098.**

Koppelungsgeschäfte bei der Miete **254.**

Körperschaften. Erlangung der Persönlichkeit **52.** Verein **60.** Ernennung eines Beistandes **393.** Genossenschaft **828.** *Siehe auch* juristische Personen, öffentlich-rechtliche Körperschaften.

Körperverletzung 46/7.

Kosten. Des öffentlichen Inventars **584.** Der Zuleitung bei Entwässerung **690.** Der Verlegung einer Durchleitung **693.** Der Einfriedung **697.** Der Vorrichtungen zur Ausübung der nachbarrechtlichen Befugnisse **698.** Bei Quellengemeinschaft **708.** Der Verlegung einer Dienstbarkeit **742.** Des Inventars bei der Nutzniessung **763.** Zur Sicherung des Grundpfandes **808, 810.** Der Vermessung zur Anlegung des Grundbuches SchlT **39.**
Bei Tötung eines Menschen **45.** Bei Körperverletzung **46.** Der Abtretung **163.** Der Übergabe der Kaufsache **188.** Des Transportes der Kaufsache **189.** Ersatz bei Entwehrung und Mängeln der Kaufsache **195, 208.** Der Schenkungsauflage **246.** Der Nachbesserung nach Werkvertragsrecht **368.** Der Verbesserung eines Werkes beim Verlagsvertrag **385.** Beim Auftrag zur Ehe- oder zur Partnerschaftsvermittlung: im allgemeinen **406d, 406h;** Rückreisekosten **406b, 406c, 406d.** Des Agenten **418n.** Der Aufbewahrung des Frachtgutes **444.** Der Rückgabe der hinterlegten Sache **477.** Der Betreibung und Ausklagung des Hauptschuldners **499.** Der Herausgabe von Pfändern und der Übertragung von Pfandrechten zulasten des Bürgen **499.** Für Gründung, Kapitalerhöhung und Organisation der AG **664.** Der Sonderprüfung **697g.** Der Anfechtung von Generalversammlungsbeschlüssen **706a.** Der Klage auf Leistung an

Normale Zahlen = ZGB; fette Zahlen = OR

die AG **756**. Des Protestes und der Benachrichtigung: beim Wechsel **1045/6**, beim Check **1130**. Der Vertretung bei Anleihensobligationen **1163**. Für die Gläubigerversammlung **1164**. Für das Genehmigungsverfahren bei Anleihensobligationen **1176**. *Siehe auch* Kosten und Gefahr, Kosten und Lasten, Aufwendungsersatz, Auslagenersatz, Entbindungskosten, Unterhalt, Verwaltungskosten.

Kostenansatz im Werkvertragsrecht 375.

Kosten und Gefahr. Bei Ersatzvornahme **98, 366** (Werkvertrag). Des Absenders beim Frachtvertrag **444**. Des Hinterlegers **477**. *Siehe auch* Gefahrtragung, Kosten.

Kosten und Lasten. Bei Miteigentum 649. Bei Stockwerkeigentum 712h/k, 712s. *Siehe auch* Kosten.

Kraftloserklärung. Des Grundpfandtitels 870/1, 864, 868. Von Schuldscheinen **90**. Von Wertpapieren im allgemeinen **971/2**. Von Namenpapieren **977, SchlB 9**. Von Inhaberpapieren **981/8, 980**. Des abhanden gekommenen Wechsels **1072/80, 1095, 1098**. Des Checks **1143**. Wechselähnlicher Papiere **1147, 1151**. Anderer indossabler Papiere **1152**. Von Versicherungspolicen III C 13.

Krankheit. Vertretung der ehelichen Gemeinschaft 166. Entziehung der elterlichen Sorge 311. Des Kindes bei fürsorgerischer Freiheitsentziehung 314a. Ernennung eines Beistandes 392. Des eingestellten Viehs **303**. Des Arbeitnehmers: Lohn **324a/b**, bei Hausgemeinschaft mit Arbeitgeber **328a**, Ferien **329b**, während Probezeit **335b**, Kündigungsschutz **336c**, keine fristlose Auflösung des Arbeitsverhältnisses **337**. Des Handelsreisenden **349c** (Lohn), **355**. Des Heimarbeitnehmers **353b** (Lohn), **355**. Des Agenten **418m**. Des Pfründers 524. *Siehe auch* Geisteskrankheit.

Kreditauftrag 408/11. Pflicht des Beauftragten zur Krediteröffnung gegenüber einem Dritten **408**. Schriftliche Form **408**. Haftung des Auftraggebers: wie ein Bürge **408**, Erlöschen bei eigenmächtiger Stundung **410**. Keine Einrede der Vertragsunfähigkeit des Dritten **409**. Anwendung von Bestimmungen des Bürgschaftsrechts **411**.

Kreditbrief 407.

Kreditgenossenschaften 858, 861, 920, 960, **SchlB 2**.

Kreditgewährung durch den Kommissionär **429, 430**.

Kreise s. Zivilstandskreise, Vormundschaftskreise, Grundbuchkreise. Für die Viehverpfändung 885.

Kulturgüter. Ersitzungsfrist 728. Verjährung: des Rückforderungsrechts aus Besitzesschutz 934, der Klage auf Rechtsgewährleistung **196a**, der Klage auf Sachgewährleistung **210**.

Kundenkreis. Einblick des Arbeitnehmers **340**. Des Handelsreisenden **348, 349, 349b**. Des Agenten **418, 418g, 418u**. *Siehe auch* Kundenverzeichnisse.

Kundenverzeichnisse. Des Handelsreisenden **350a, 349e**. Beim Agenturvertrag **418o, 418v**. *Siehe auch* Kundenkreis.

Kündigung. Der Gemeinderschaft 338, 343, 344. Von Forderungen bei der Nutzniessung 773. Bei Ablösung einer Grundlast 788. Von Pfandrechten bei Güterzusammenlegung 803. Zur Ablösung einer Grundpfandverschreibung 828. Der grundpfändlich gesicherten Forderung 831. Des Schuldbriefes 844. Zur Ablösung der Gült oder der Gültforderung 850, 952. Der verpfändeten

Forderung **906**. Übergangsrecht für Kündbarkeit von Pfandforderungen SchlT **28**.
Als Voraussetzung: des Verzuges **102**, des Verjährungsbeginnes **130**. Des Vorauszahlungsvertrages **227f/g**. Der Miete: wegen Pflichtverletzung durch den Mieter **257f, 270e**; wegen Verzugs des Mieters **257d, 266n**; bei Wechsel des Eigentümers **261**; während der Erstreckung **272d**; ordentliche **266a/f**; ausserordentliche **266g/k, 274g**; Form **266 l/o**; durch den Ehegatten (oder eingetragenen Partner) **266m**, 169. Der Pacht: wegen Verzugs des Pächters **282**; wegen Pflichtverletzung des Pächters **285**; bei Wechsel des Eigentümers **290**; ordentliche **296**; ausserordentliche **297, 297b**; Form **298**. Der Viehpacht **304**. Des Darlehens **318**. Des Arbeitsverhältnisses im allgemeinen **335/6**, während der Probezeit **335b**, nach Ablauf der Probezeit **335c**, Massenentlassung s. dort. Des Lehrvertrages **346 (361)**. Des Handelsreisendenvertrages **350/350a**. Des Heimarbeitsvertrages **354**. Des Gesamtarbeitsvertrages **356c**. Des Auftrages **404**. Des Auftrags zur Ehe- oder Partnerschaftsvermittlung **406d, 406f**. Des Agenturvertrages **418p/r**. Der Hauptschuld bei der Bürgschaft **501, 511**. Der Amts- und Dienstbürgschaft **512**. Der Verpfründung **526**. Bei der einfachen Gesellschaft **545/6**. Bei der Kollektivgesellschaft **574/5**. Bei der Kommanditgesellschaft **619**. Bei der GmbH **793**. Bei der Genossenschaft **842/5**. *Siehe auch* Auflösung, fristlose Auflösung, Beendigung, Rücktritt, Erstreckung, Kündigungsschutz, Kündigung zur Unzeit.

Kündigungsbeschränkung s. Kündigungsschutz.

Kündigungsfrist s. Kündigung, Frist.

Kündigungsschutz. Bei der Miete von Wohn- und Geschäftsräumen: Anfechtbarkeit der Kündigung **271/271a, 266 l, 273a, 274e/g**, Erstreckung s. dort, Verfahren **273**, Familienwohnung **273a**, bei Untermiete **273b**, zwingende Bestimmungen **273c**. Bei der Pacht von Wohn- und Geschäftsräumen **298, 300**. Beim Arbeitsvertrag **336/336d**. Bei der landwirtschaftlichen Pacht **V A 7/9, 16/21**. *Siehe auch* Erstreckung.

Kündigung zur Unzeit. Der Viehpacht **304**. Des Arbeitsvertrages: durch den Arbeitgeber **336c (362)**, durch den Arbeitnehmer **336d (361)**. Des Auftrages **404**. Des Auftrags zur Ehe- oder Partnerschaftsvermittlung **406d**. Bei der einfachen Gesellschaft **546**. *Siehe auch* Unzeit.

Kundschaft s. Kundenkreis.

Künftige Schuld oder Forderung. Unterhaltsbeiträge s. dort. Pfandrechtliche Sicherstellung **824**. Mietzins **259g, 266k**. Lohnforderungen **325**. Vorsorgeleistungen **331b, 339d**. Bürgschaft dafür **492, 510**. Der Kommandit-AG bei Entziehung der Geschäftsführung und Vertretung **767**.

Künftiger Vertrag 22.

Kurs (Kurswert). Bei Zahlung im allgemeinen **84**. Beim Darlehen **317**. Von Wertpapieren bei der Erbteilung **637**, in der Bilanz der AG **667**. *Siehe auch* fremde Währung.

Kurzbezeichnungen in der Firma **VII A 47**.

Ladeschein 1152.

Ladung zum Sühneversuch **135** (Verjährungsunterbrechung).

Lagergeld 485.

Normale Zahlen = ZGB; fette Zahlen = OR

Lagergeschäft 482/6. *Siehe auch* Einlagerer, Lagerhalter, Hinterlegung.

Lagerhalter 482. Ausgabe von Warenpapieren **482, 1153/5,** 925. Aufbewahrungspflicht wie Kommissionär **483.** Vermengung der Güter **484.** Anspruch auf Lagergeld und Auslagenersatz **485.** Retentionsrecht **485.** Rückgabe der Güter **486.**

Lagerschein 1152, s. Warenpapier.

Landesmünze. Angabe des Gesamtwertes der Grundlast 783. Angabe der Grundpfandforderung 794. *Siehe auch* Landeswährung.

Landeswährung bei der Zahlung **84,** beim Wechsel **1031,** beim Check **1122.** *Siehe auch* Landesmünze.

Landschaftsbild 702.

Landwirtschaftliche Arbeitsverhältnisse. Erlass eines Normalarbeitsvertrages **359.** Im übrigen s. Arbeitsvertrag.

Landwirtschaftliche Einrichtung 772.

Landwirtschaftliche Gewerbe IX A 7, 8. Bei der güterrechtlichen Auseinandersetzung 212, 213. Kündigung bei Gemeinderschaften 338. Inventar 613a. Übernahme und Anrechnung bei der Erbteilung 619. Aufhebung von gemeinschaftlichem Eigentum 654a. Vorkaufsrechte 682a. *Siehe auch* bäuerliches Bodenrecht, landwirtschaftliche Pacht.

Landwirtschaftliche Grundstücke IX A 6, 8. Übernahme und Anrechnung bei der Erbteilung 619. Aufhebung von gemeinschaftlichem Eigentum 654a. Vorkaufsrechte 682a. Verpfändung 798a. Belastungsgrenze bei der Gült 848. Veräusserung **218.** *Siehe auch* bäuerliches Bodenrecht, landwirtschaftliche Pacht.

Landwirtschaftliche Pacht 276a, V A. Inventar bei Tod des Pächters 613a. Geltungsbereich des LPG **V A 1/3.** Parzellenweise Verpachtung **V A 30/2.** Zupacht **V A 33/5.** Verfahren und Rechtsmittel **V A 47/52.** Strafbestimmungen **V A 54.** *Siehe auch* landwirtschaftlicher Pachtvertrag, landwirtschaftlicher Pachtzins, Pachtzinskontrolle, Pachtzinsbemessung.

Landwirtschaftlicher Pachtvertrag. Begriff **V A 4.** Vorpachtrecht **V A 5/6.** Pachtdauer **V A 7/9.** Anpassung an veränderte Verhältnisse **V A 10/3.** Veräusserung des Pachtgegenstandes **V A 14/5.** Beendigung **V A 16/21.** Pflichten des Pächters und des Verpächters **V A 21a/5.** Pachterstreckung **V A 26/8.** *Siehe auch* landwirtschaftliche Pacht.

Landwirtschaftlicher Pachtzins. Höhe **V A 35a/41.** Anpassung **V A 10/3.** *Siehe auch* Pachtzinskontrolle, Pachtzinsbemessung.

Landwirtschaftliches Inventar 613a.

Lärm aus Nachbarliegenschaft 684.

Lasterhafter Lebenswandel. Bevormundungsgrund 370, 374, 437. Ausschliessungsgrund für das Amt des Vormundes 384.

Leasingverbindlichkeiten der AG **663b.**

Leasingvertrag XII B1 1, 8.

Ledige Mutter. Auslagenersatz bei Geburt eines Kindes 295. Inhaber der elterlichen Sorge 298. Ernennung eines Beistandes für das Kind 309. *Siehe auch* Mutter.

Lediger Anfall 496. *Siehe auch* Erbverzicht.

Leere Pfandstelle 814, 815, 871, VIII 48, 63. *Siehe auch* Nachrücken.

Legalzession 166. Fälle s. Subrogation.

Legitimation. Nach Abtretung **167/8**. Als Namenaktionär **686**. Zur Anfechtung von Generalversammlungsbeschlüssen der AG **706**. Des Inhabers: beim Wechsel **1006**, beim Check **1110**, bei anderen indossierbaren Papieren **1152**. Zur Teilnahme an der Anleihensgläubigerversammlung **1169**.

Lehre, bewährte 1.

Lehrling s. lernende Person.

Lehrvertrag 344/346a. Begriff **344**. Form und Inhalt **344a**. Pflichten der lernenden Person und ihrer gesetzlichen Vertretung **345**. Besondere Pflichten des Arbeitgebers **345a**. Beendigung **346**. Lehrzeugnis **346a**. Ferien **344a, 345a, 329d**. Anwendung der Vorschriften über den Einzelarbeitsvertrag **355**. Zustimmung der Vormundschaftsbehörde **421**.

Leibrente. Zusprechung als Schadenersatz **43**. Verjährung **128, 131**. Als Ersatz für einen Verpfründungsvertrag **527**. *Siehe auch* Leibrentenvertrag.

Leibrentenvertrag 516/20. Inhalt **516**. Form **517**. Rechte des Gläubigers **518/9**. Verhältnis zum Versicherungsvertragsgesetz **520**. Zustimmung der vormundschaftlichen Aufsichtsbehörde **422**.

Leiche. Nichtauffindung **34**. Fund III 20.

Leichtsinn. Dessen Ausbeutung **21**.

Leihe 305/18, s. Gebrauchsleihe und Darlehen.

Leistung s. Erfüllung, Unmöglichkeit, unteilbare Leistung, periodische Leistung.

Leistungsunmöglichkeit s. Unmöglichkeit.

Leistungsversprechen s. Garantieversprechen.

Leitungen durch fremdes Grundstück 676, 742. *Siehe auch* Durchleitungen.

Lernende Person 344, s. Lehrvertrag.

Letztwillige Verfügung. Als Verfügungsart **481**. Verfügungsfähigkeit **467**. Mangelhafter Wille **469**. Errichtung im allgemeinen **498**. Öffentliche s. öffentliche letztwillige Verfügung. Mündliche Verfügung s. dort. Eigenhändige Verfügung s. dort. Widerruf **509**. Vernichtung **510**. Spätere Verfügung **511**. Zur einseitigen Aufhebung eines Erbvertrages **513**. Eröffnung 556/9, 551. Im Scheidungsverfahren **120**. Zur Anerkennung der Vaterschaft **260**. Zur Ausnahme des Pflichtteils des Kindes von der elterlichen Verwaltung **322**. Für die Form anwendbares Recht I 93. Übereinkommen über das auf die Form letztwilliger Verfügungen anzuwendende Recht II F. *Siehe auch* Verfügungsfreiheit, Eröffnung, Willensvollstrecker, Ungültigkeitsklage, Herabsetzungsklage, Zuwendung von Todes wegen.

Liberierung von Aktien. Mindesteinlage **632**. Durch Einzahlung **633**. Durch Sacheinlage **634**. Durch Verrechnung **635, 634a**. Nachträgliche **634a**. Inhaberaktien **683**. Namenaktien **685, 687**. Stimmrechtsaktien **693/4**. Bei Kapitalerhöhung **652c, 653, 653e**.

Lidlohn 334, 334bis, 603.

Lieferungsgeschäft mit Charakter von Spiel und Wette **513**.

Normale Zahlen = ZGB; fette Zahlen = OR

Lieferungstermin im kaufmännischen Verkehr **190.**

Liegenschaften s. Grundstücke, landwirtschaftliche Gewerbe, landwirtschaftliche Grundstücke.

Liegenschaftsverzeichnisse und -beschreibungen 942, SchlT 40.

Limitiertes Vorkaufsrecht VIII 71.

Liquidation. Des Vermögens der juristischen Person 58. Eines Geschäftes durch die Vormundschaftsbehörde 403, 422. Der Erbschaft s. amtliche Liquidation. Bei der einfachen Gesellschaft **548/50.** Bei der Kollektivgesellschaft **582/90.** Bei der Kommanditgesellschaft **619.** Bei der Aktiengesellschaft **738, 739/47, 685a.** Bei der Kommanditaktiengesellschaft **770.** Bei der GmbH **823.** Bei der Genossenschaft **913.** *Siehe auch* Liquidationsanteil, Liquidatoren.

Liquidationsanteil der einfachen Gesellschafter **544/5, 549,** der Kollektivgesellschafter **588, 572, 575, 578,** der Kommanditgesellschafter **619, 613,** der Aktionäre **660/1, 656, 745,** des Partizipanten **656f,** des Genussscheininhabers **657,** der Gesellschafter der GmbH **823, 793,** der Genossenschafter **913, 833.** *Siehe auch* Gesellschaftsanteil.

Liquidatoren. Bei der Kollektivgesellschaft **583:** Eintragung ins Handelsregister **583;** Rechte und Pflichten **585;** Haftung der Gesellschaft **585;** vorläufige Verteilung von Geldern und Werten **586;** Aufstellung einer Bilanz **587;** Anmeldung zur Löschung der Firma im Handelsregister **589, VII A 60, 68;** Aufbewahrung der Bücher und Papiere **590.** Bei der Kommanditgesellschaft **619, 610.** Bei der AG: Bestellung und Abberufung **740/1;** Eintragung ins Handelsregister **740;** Liquidationstätigkeit **742/5;** Haftung der AG für ihre Tätigkeit **743;** Anmeldung zur Löschung der AG im Handelsregister **746, VII A 60;** Aufbewahrung der Geschäftsbücher **747;** Verantwortlichkeit **754, 756/61;** Auskunftspflicht **697d;** Einberufung der Generalversammlung **699.** Bei der GmbH **823, 827, 802.** Bei der Genossenschaft **881, 913, 916/20.** *Siehe auch* Liquidation.

Lohn. Des Arbeitnehmers **319:** Art und Höhe **322;** für Überstundenarbeit **321c;** Anteil am Geschäftsergebnis s. Geschäftsergebnis; Provision s. dort; Gratifikation **322d;** Fälligkeit **323, 339;** Vorschuss **323;** Lohnrückbehalt **323a;** Lohnsicherung **323b;** Beschränkung der Verrechnung **323b, 125;** bei Annahmeverzug des Arbeitgebers **324;** bei Verhinderung des Arbeitnehmers an der Arbeitsleistung **324a/b, 328a, 349c, 350b;** Abtretung und Verpfändung **325;** Akkordlohn **326/326a;** Verjährung **341, 128.** Der lernenden Person **344a, 345a.** Des Handelsreisenden **347, 349a, 349c.** Des Heimarbeiters **351, 351a, 353a/b.** Des Unternehmers und des Beauftragten s. Vergütung. Des Mäklers s. Mäklerlohn. *Siehe auch* Auslagenersatz.

Lohnrückbehalt 323a.

Lohnsicherung 323b.

Lohnzession 325.

Löschung. In den Zivilstandsregistern 42. Im Eigentumsvorbehaltsregister VI A 12/4, 22, VI B. *Siehe auch* Löschung im Grundbuch, Löschung im Handelsregister.

Löschung im Grundbuch. Voraussetzung 964, 965, VIII 61. Vornahme VIII 62. Klage 975. Bei Untergang des dinglichen Rechtes 976. Berichtigung 977. Von Grundeigentum 666. Von Stockwerkeigentum 712f. Von Grunddienstbarkeiten 734/6. Von Dienstbarkeiten bei Teilung des Grundstückes 743/4. Einer

Nutzniessung 748. Keine Löschung des Pfandrechtes für Baurechtszins im Zwangsverwertungsverfahren 779k. Einer Grundlast 786. Des Grundpfandes 801. Von späteren Belastungen 812. Einer Grundpfandverschreibung 826. Von Schuldbrief und Gült 864, 863, VIII 61, 64. Bei Serientiteln 881.

Löschung im Handelsregister 932, 938, VII A 33, 60. Der Prokura **461.** Der Handlungsvollmacht **465.** Der nichtkaufmännischen Prokura und der Vertreter von Gemeinderschaften **VII A 112a, 112d.** Der Geschäftsfirma **938.** Der Kollektivgesellschaft **589, VII A 68.** Der Kommanditgesellschaft **619, VII A 68.** Der AG **746, 751, VII A 89.** Der Eintragung des Verwaltungsrates der AG **711, VII 25a,** des Revisors der AG **727e, VII 25a.** Der GmbH **823, VII A 90.** Der Genossenschaft **913, 915, VII A 96.** Der in Konkurs geratenen Einzelfirma **VII A 66.** Der infolge Konkurs aufgelösten Gesellschaft oder Genossenschaft **939, VII A 66.** Der Zweigniederlassung **VII A 77.** Des Vereins **79, VII A 100.** Der Stiftung **88, 89, VII A 104, 104a.** *Siehe auch* Eintragung ins Handelsregister.

Lose bei der Erbteilung 611, 634.

Losvertrieb 515.

Lotteriegeschäfte 515.

Luftraum über dem Grundstück 667.

Lugano-Übereinkommen, Anhang II B2.

Luxuriöse Wohnungen. Keine Anwendung der Bestimmungen über den Schutz vor missbräuchlichen Mietzinsen **253b.**

Mahnung. Als Verzugsvoraussetzung **102.** Bei der Bürgschaft **496.** Des Handelsregisterführers zur Eintragung **941.** *Siehe auch* Abmahnung. Frist.

Mäkler 412, s. Mäklervertrag.

Mäklerlohn. Entstehung des Anspruches bei Zustandekommen des vermittelten Vertrages **413.** Höhe **414.** Verwirkung bei Verhalten gegen Treu und Glauben **415.** Herabsetzung durch den Richter auf angemessene Höhe **417.** Mäklergebühr bei Rückwechsel **1049.**

Mäklervertrag 412/18. Begriff **412.** Mäklerlohn s. dort. Aufwendungsersatz **413, 415.** Anwendung der Vorschriften über den einfachen Auftrag **412.** Vorbehalt kantonalen Rechts **418.** Anwendung der Vorschriften auf den Vermittlungsagenten **418b.**

Mängel. Formmangel **11, 1087, 1139,** s. auch Formvorschriften. Des Vertragsinhaltes **20.** Des Vertragsabschlusses **23/31,** 148. Der Kaufsache **197/210, 219, 234.** Der eingetauschten Sache **238.** Der geschenkten Sache **248.** Der Mietsache **258, 257g, 257h, 259/259i, 267a.** Des Pachtgegenstandes **288, 286, 287, 299a.** An Material und Arbeitsgerät des Heimarbeitnehmers **352a.** Am Arbeitserzeugnis des Heimarbeitnehmers **352, 353.** Des Werkstoffes **365.** Des Werkes **367/71.** Der Kommissionsware **427.** Der Verpackung beim Frachtvertrag **442.**

Mängelhaftung. Beim Kaufvertrag: Rechtsgewährleistung **192/6;** Sachgewährleistung **197/210.** Beim Mietvertrag **258, 259/259i, 267a.** Beim Pachtvertrag **288, 299a.** Beim Werkvertrag: Feststellung der Mängel **367;** Recht des Bestellers auf Schadenersatz, Minderung, Nachbesserung **368;** bei Selbstverschulden des Bestellers **369;** bei Genehmigung des Werkes **370;** Verjährung **371.** *Siehe auch* Mängel.

Normale Zahlen = ZGB; fette Zahlen = OR

Mängelrüge. Des Käufers **201/2, 204**. Des Bestellers eines Werkes 367, 370. Entgegennahme durch einen Agenten **418e**. *Siehe auch* Anzeige.

Mangelhafter Wille. Bei Scheidung auf gemeinsames Begehren 149. Bei Errichtung einer Verfügung von Todes wegen 469, 519. Bei Vertragsabschluss im allgemeinen **23/31**.

Markenschutzgesetz (MSchG), Anhang **II E(1)**.

Markenschutzverordnung (MSchV), Anhang **II E(2)**.

Markt. Übertragung abhanden gekommener Sachen 934. Kein Widerrufsrecht beim Vertragsabschluss **40c**. Für Wohn- und Geschäftsräume **270, 272**.

Marktpreis. Bei Verkauf wegen Gläubigerverzuges **93**. Zur Schadenberechnung im Kaufrecht **191, 215**. Zur Bestimmung des Kaufpreises **212**. Beim Darlehen **317**. Bei Eintritt des Kommissionärs als Eigenhändler **436**. Von Vorräten der AG **666**.

Maschinen. Als Zugehör 805. Beim Arbeitsvertrag **321a**.

Mass. Gewährleistung beim Grundstückkauf 219.

Mass der Haftung 99. *Siehe auch* Mass der Sorgfalt.

Mass der Sorgfalt des Familienoberhauptes 333, des Arbeitnehmers **321e**, des Unternehmers **364**, des Beauftragten **398**, des Geschäftsführers ohne Auftrag **420**, des einfachen Gesellschafters **538**. *Siehe auch* Sorgfaltspflicht, Mass der Haftung.

Massenentlassung. Begriff **335d**. Geltungsbereich **335e**. Konsultation der Arbeitnehmervertretung **335f**. Verfahren **335g**. Kündigungsschutz **336, 336a**.

Massnahmen. Notwendige und dringliche bei Miteigentum 647, 647a, bei Stockwerkeigentum 712s. Des Geschädigten **42**. Zum Schutz der Arbeitnehmer **328**. Bei Übergang eines Betriebes **333a**. Bei Verlust des Wechsels **1072/80, 1095**. Bei Verlust des Checks **1141**. Der Gläubigergemeinschaft bei Anleihensobligationen **1164, 1170, 1171, 1175**. *Siehe auch* Massregeln, bauliche Massnahmen, gerichtliche Massnahmen, Kindesschutzmassnahmen, Sanierung, vorsorgliche Massnahmen.

Massregeln. Vor der Wahl des Vormundes 386. Bei Amtsenthebung des Vormundes 448/9. Des Lagerhalters **483**. *Siehe auch* vorsorgliche Massregeln, Sicherungsmassregeln.

Medien, Verletzung in der Persönlichkeit. Vorsorgliche Massnahmen 28c/f. Gegendarstellungsrecht 28g/l.

Mehrarbeit s. Überstundenarbeit.

Mehrerlös bei Ausgabe von Aktien **624, 671**.

Mehrheit. Beim Vereinsbeschluss 67. Erbrechtliche Zuwendung an eine Personenmehrheit insgesamt 539. Bei Beschlüssen der Miteigentümer 647/647e, der Stockwerkeigentümer 712g, 712m. Miterben s. dort.
Von Kaufsachen **208**. Bei Beschlüssen der einfachen Gesellschaft **534**, der Kollektivgesellschaft **557**, der Kommanditgesellschaft **598**, der Generalversammlung der AG **703**, der Inhaber von Genussscheinen **657**, des Verwaltungsrates der AG **713**, der Gesellschafter der GmbH **808**, der Generalversammlung der Genossenschaft **888**. *Siehe auch* Stimmrecht.

Mehrwert. Bei Neufestsetzung der Grenze 660b. Bei Rückerstattung aus ungerechtfertigter Bereicherung 65. Der Mietsache 260a. Der Pachtsache 299, 299b, V A 25. *Siehe auch* Mehrwertanteil.

Mehrwertanteil. Bei Errungenschaftsbeteiligung 206, 212, 218. Bei Gütergemeinschaft 239. *Siehe auch* Mehrwert.

Meldepflicht. Für zur Beurkundung des Personenstandes nötige Angaben 40, 48. Bei Verkauf börsenkotierter Namenaktien **685e.** *Siehe auch* Abmahnung, Anzeige, Anzeigepflicht.

Messestand. Kein Widerrufsrecht bei Vertragsabschluss **40c.**

Mietausweisung s. Ausweisung.

Miete 253/274g. Begriff **253.** Geltungsbereich **253a/b.** Koppelungsgeschäfte **254.** Dauer **255.** Rechte und Pflichten des Vermieters **(256/256b)** s. Vermieter. Rechte und Pflichten des Mieters **(257/257h)** s. Mieter. Nichterfüllung oder mangelhafte Erfüllung bei Übergabe der Sache **258.** Mängel der Mietsache s. Mängel, Rechtsgewährleistung. Wechsel des Eigentümers **261/261b.** Untermiete **(262)** s. dort. Übertragung auf einen Dritten **263.** Vorzeitige Rückgabe der Sache **264.** Verrechnung **265.** Beendigung **(266/266o)** s. Beendigung, Kündigung, ausserordentliche Kündigung. Rückgabe der Sache **267/267a.** Retentionsrecht s. dort. Der verpachteten Sache **291.** Übertragung bei Scheidung 121. Zustimmung der Vormundschaftsbehörde 421. Einer Sache im Miteigentum 647a, 647b. Bei Stockwerkeigentum 712c. Einer verpfändeten Sache 806. Vormerkung 959. *Siehe auch* Anfechtung, Erstreckung, Kündigungsschutz, Mietzins, missbräuchliche Forderungen, Wohn- und Geschäftsräume.

Mieter 253. Zahlung des Mietzinses **(257)** s. Mietzins. Nebenkosten **(257a/b)** s. dort. Leistung von Sicherheiten **257e.** Sorgfalt s. Sorgfaltspflicht. Rücksichtnahme s. dort. Meldepflicht **257g.** Duldungspflicht **257h.** Erneuerung und Änderung der Mietsache **260a.** *Siehe auch* Ausbesserung, Unterhalt, Mängel, Rechtsgewährleistung, Verzug.

Mieterstreckung s. Erstreckung.

Mieterverbände 269a, 274a.

Miet-Kauf-Vertrag s. Leasingvertrag.

Mietzins 257/257d. Begriff **257.** Zahlungstermin **257c.** Zahlungsrückstand **257d.** Sicherheit **257e.** Des Vorgängers **256a.** Herabsetzung bei Arbeit an der Mietsache **257h, 260,** wegen Mängeln **259a, 259d, 258.** Hinterlegung **259g/i, 259a.** Bei Widerruf eines Haustürgeschäftes **40f.** Bei Rücktritt vom Vorauszahlungsvertrag **227h.** Bei Scheidung 121. Bei Abzahlungsgeschäften mit Eigentumsvorbehalt 716. Bei verpfändeten Grundstücken 806. *Siehe auch* Anfangsmietzins, gestaffelte –, indexierte Mietzinse, Mietzinserhöhung, missbräuchlicher Mietzins.

Mietzinserhöhung 269d. Anfechtung **270b, 270e.** Bei Kündigung **271a.** *Siehe auch* gestaffelte –, indexierte Mietzinse.

Militärdienst. Ersatz der Gerichtsbehörde durch einen Offizier bei mündlicher letztwilliger Verfügung 507. Bedeutung für den Arbeitsvertrag: Lohn bei Verhinderung des Arbeitnehmers an der Arbeitsleistung **324a/324b,** Beschränkung der Kündigung durch den Arbeitgeber **336, 336c.** Bedeutung für den Agenturvertrag **418m.**

Militärpflichtige Arbeitnehmer s. Militärdienst.

Mindererlös bei Aktienausgabe **671, 681.**

Minderheitenschutz bei der AG **709.**

Minderheitsinteressen bei Erlass eines Normalarbeitsvertrages über Mindestlöhne **360a.**

Minderjährige. Mündigkeit 14. Ihre Stellung bei Abschluss eines Vorauszahlungsvertrages **228,** eines Konsumkreditvertrages **XII B1 13.** Bei Tod des Arbeitnehmers **338, 339b.** Übereinkommen über die Zuständigkeit der Behörden und das anzuwendende Recht auf dem Gebiet des Schutzes von Minderjährigen II E(3). *Siehe auch* Unmündige, Handlungsunfähigkeit, Bevormundung, Vormundschaft.

Minderung. Klage des Käufers **205/7, 210** (Verjährung). Recht des Bestellers **368, 371** (Verjährung). *Siehe auch* Mängelhaftung, Sachgewährleistung, Verminderung.

Minderwert. Bei Errungenschaftsbeteiligung 206, 209. Bei Neufestsetzung der Grenze 660b. Bei der Nutzniessung 752, 754. Der Kaufsache **205, 207.** Bei der Pacht **299b, V A 25.** Des mangelhaften Werkes **368.** *Siehe auch* Verminderung, Verschlechterung.

Mindestbetrag bei der Kommission **428.**

Mindesteinlage. Auf Aktien bei der Gründung **632, 626, 656b,** bei der Kapitalerhöhung **650, 652c,** bei der bedingten Kapitalerhöhung **653a,** bei Stimmrechtsaktien **693.** Stammeinlage bei der GmbH **774, 777.**

Mindestkapital. Bei der AG **621, 656b.** Stammkapital der GmbH **773.**

Mindestlöhne 360a/f.

Missbrauch. Eines Rechts 2. Der elterlichen Sorge 311. Der vormundschaftlichen Befugnisse 445. Des Signaturschlüssels **59a.**

Missbräuche im Zinswesen. Verweis auf das öffentliche Recht **73.** Bei Grundpfandzinsen 795. *Siehe auch* Konsumkreditgesetz.

Missbräuchliche Forderungen des Vermieters s. missbräuchliche –, indexierte –, gestaffelte Mietzinse, Mietzinserhöhung, Vertragsänderung.

Missbräuchliche Geschäftsbedingungen nach UWG **II C 8.**

Missbräuchliche Kündigung. Beim Arbeitsvertrag **336/6b.** *Siehe auch* Kündigungsschutz.

Missbräuchliche Mietzinse. Regel 269. Ausnahme 269a. Anfechtung 270/270a, 270e. Anwendung der Bestimmungen auf nichtlandwirtschaftliche Pacht und andere Verträge 253b. *Siehe auch* missbräuchliche Forderungen.

Missbräuchliche Löhne 360a, 360b.

Missverhältnis. Zwischen Aufwendungen und Vermögenswert des Miteigentumsanteils 647d. Zwischen Leistung und Gegenleistung **21, 373** (Werkvertrag), **678** (AG).

Mitbürgschaft 497, 504.

Miteigentum 646/51. Verhältnis der Miteigentümer 646. Nutzungs- und Verwaltungsordnung 647. Gewöhnliche Verwaltungshandlungen 647a. Wichtigere Verwaltungshandlungen 647b. Bauliche Massnahmen s. dort. Verfügung über die Sache 648. Tragung der Kosten und Lasten 649. Eintritt des Erwerbers eines Anteils 649a. Ausschluss aus der Gemeinschaft: eines Miteigentümers 649b, anderer Berechtigter 649c. Anspruch auf Teilung 650. Art der Teilung

651. Aufhebung bei landwirtschaftlichen Grundstücken 654a. Vermutung bei Vorrichtungen zur Abgrenzung 670, 697. Vorkaufsrecht 682, 712c. Bei Verbindung und Vermischung 727. Verpfändung 800, 648. Behandlung im Grundbuch 943, VIII 10a, 32, 47, 53, 71a, 79, 105. *Siehe auch* Stockwerkeigentum, Miteigentum im ehelichen Güterrecht, Miteigentumsanteile.

Miteigentum im ehelichen Güterrecht. Vermutung beim ordentlichen Güterstand 200. Zustimmung des Ehegatten zur Verfügung über einen Anteil 201. Zwischen Ehegatten bei Auflösung des ordentlichen Güterstandes 205. Anwendung der Vorschriften über das Miteigentum auf die Teilung bei der Gütergemeinschaft 246. Vermutung bei Gütertrennung 248. Zuweisung an einen Ehegatten bei Auflösung der Gütertrennung 251.

Miteigentumsanteile an Grundstücken. Als Gegenstand des Grundeigentums 655. Beim Miteigentum 646. Beim Stockwerkeigentum 712a/b. *Siehe auch* Miteigentum.

Miterben. Erbschaftsverzicht zu deren Gunsten 496. Eines Verschollenen 549. Ausschlagung 572. Sicherstellung bei Fortsetzung des Geschäftes während des Inventars 585. Vor der Teilung: Erbengemeinschaft 602, Haftung 603, Teilungsanspruch 604. Bei der Teilung 607/19. Herabsetzungsklage s. dort. Pflicht zur Ausgleichung s. Ausgleichung. Teilungsvertrag 634. Abtretung der Erbanteile 635. Vertrag vor dem Erbgang 636. Haftung nach Abschluss der Teilung: unter sich 637/8, gegenüber Dritten 639, Rückgriff 640. Anspruch auf Errichtung eines gesetzlichen Pfandrechtes 837/8. Im übrigen s. Erben.

Mitgliedschaft im Verein. Ein- und Austritt 70. Beitragspflicht 71. Ausschliessung 72. Stellung ausgeschiedener Mitglieder 73. Schutz: des Vereinszweckes 74, der Mitgliedschaft 75. Haftung 75a.

Mitgliedschaftsrechte der Aktionäre s. persönliche Mitgliedschaftsrechte.

Mitteilung. Des Urteils bei Persönlichkeitsverletzung 28a. Des Entzuges der ehelichen Vertretungsbefugnis 174. An das Betreibungsamt: der Bevormundung 375, 435, der Ernennung eines Beistandes 397, 440. Der Wahl des Vormundes 387. Der Entlassung des Vormundes 453. Des Auftrages zur Willensvollstreckung 517. Der letztwilligen Verfügung an Beteiligte 558, 567. Der Grundpfandverwertung an die Mieter und Pächter 806. Des Eigentumserwerbs durch einen Dritten beim Vorkaufsrecht 969. *Siehe auch* Anzeige, Auskunftspflicht, Bekanntmachung, Mitteilungspflicht, Veröffentlichung.

Mitteilungspflicht. Bei fürsorgerischer Freiheitsentziehung 397c. Des Gläubigers bei der Bürgschaft **505.** Des Bürgen **508.** Der Verwaltung über die stillen Reserven **663.** Gegenüber dem Anleihensvertreter **1160.** *Siehe auch* Anzeigepflicht, Orientierungspflicht.

Mittelbarer Schaden. Haftung dafür bei der Genossenschaft **917.** *Siehe auch* weiterer Schaden.

Mitverpflichtete. Verjährung ihnen gegenüber **136.**

Mitverschulden bei der unerlaubten Handlung **44.**

Mitwirkungsgesetz, Anhang **VI C.** BG vom 17. Dezember 1993 über die Information und Mitsprache der Arbeitnehmerinnen und Arbeitnehmer in den Betrieben **VI C.**

Möblierte Zimmer, Miete **266e.**

Modelle s. Muster und Modelle.

Motorfahrzeug des Arbeitnehmers. Vergütung dafür **327b (362).**

Mündige 14. Unterhaltsanspruch 133, 135, 277. Deren Adoption 266, 268. Entschädigung für Arbeit in gemeinsamem Haushalt 334, 334bis. Deren Bevormundung 369/72, 385. *Siehe auch* Bevormundung, Entmündigte, fürsorgerische Freiheitsentziehung, Unmündige, Mündigkeit.

Mündigkeit 14. Bedeutung für die Handlungsfähigkeit 13, 17, 19. Voraussetzung für die Verlobung 90, für die Eheschliessung 94, für den Abschluss eines Erbvertrages 468. Klagefrist ein Jahr nach Mündigkeit für: Anfechtung der Vaterschaft 256c, Anfechtung der Anerkennung 260c, Vaterschaftsklage 263. Dauer der Unterhaltspflicht 277, 156. Ende der Vormundschaft über eine unmündige Person 431. *Siehe auch* Mündige, Unmündige, Handlungsfähigkeit, Urteilsfähigkeit.

Mündliche letztwillige Verfügung 498. Errichtung 506. Beurkundung 507. Verlust der Gültigkeit 508. Widerruf 509. Im übrigen s. letztwillige Verfügung.

Muster und Modelle. Rückgabe bei Beendigung des Handelsreisendenvertrages **350a.**

Mutter. Entstehung des Kindesverhältnisses 252. Recht zur Anfechtung der Anerkennung 260a, 259. Klagerecht auf Feststellung der Vaterschaft 261, 263. Bei Teilung der Erbschaft 605. *Siehe auch* ledige Mutter, Ehegatten, Eltern, Entstehung des Kindesverhältnisses, Wirkungen des Kindesverhältnisses.

Mutterschaftsurlaub 329f.

Nachbarn. Abgrenzungspflicht 669. Miteigentum an Vorrichtungen zur Abgrenzung 670. Quellengemeinschaft 708. Benutzung von Quellen 709. Notbrunnen 710. Rücksichtnahme durch den Mieter **257f,** durch den Pächter **283.** *Siehe auch* Nachbarrecht.

Nachbarrecht als Beschränkung des Grundeigentums. Art der Bewirtschaftung 684. Graben und Bauen 685/6. Pflanzen 687/8. Wasserablauf 689. Entwässerungen 690. Durchleitungen s. dort. Wegrechte s. dort. Einfriedung 697. Unterhaltspflicht 698.

Nachbesserung der Mietsache **259a/c, 259g;** der Pachtsache **288;** des Werkes **368.** *Siehe auch* Ausbesserung.

Nachbildung der eigenhändigen Unterschrift **14.** Auf dem Wechsel **1085.** Auf dem Check **1143.**

Nachbürgschaft 498, 497.

Nachehelicher Unterhalt. Voraussetzungen 125. Modalitäten des Unterhaltsbeitrages 126. Rente: besondere Vereinbarung 127, Anpassung an die Teuerung 128, 129, 143, Abänderung durch Urteil 129, 135, Erlöschen von Gesetzes wegen 130, nachträgliche Erhöhung 129, 143. Inkassohilfe und Vorschüsse 131. Anweisungen an die Schuldner und Sicherstellung 132. Verfahren zur Festlegung 143. Rechtsmittel 148/9. Unterhaltsbeiträge während des Scheidungsverfahrens 137.

Nacherbeneinsetzung. Bezeichnung des Nacherben 488. Zeitpunkt der Auslieferung 489. Sicherungsmittel 490, 960. Rechtsstellung: des Vorerben 491, des Nacherben 492. Herabsetzungsklage 531. Zuwendung an Person, die noch nicht lebt 545. *Siehe auch* Vorerbe.

Nachfrist bei Schuldnerverzug **107**, bei Verjährung **139**. Zur Zahlung des Ausgabebetrages von Aktien **682**, der Stammeinlagen **799**. *Siehe auch* Frist.

Nachindossament 1010, 1098, 1113.

Nachkommen als Erben 457, 471.

Nachlassbehörde. Genehmigung der Beschlüsse der Anleihensgläubigerversammlung **1176/9, 1184**.

Nachlassstundung. Bedeutung bei der Bürgschaft **495/6, 505**.

Nachlassvertrag. Zustimmung der Vormundschaftsbehörde 421. Vorbehalt für das Erlöschen von Nebenrechten **114**. Bei der Bürgschaft **495, 501, 505**. Bei Anleihensobligationen **1184**.

Nachrücken der Grundpfandgläubiger 814, VIII 63, 40.

Nachschüsse der Gesellschafter der GmbH **803, 777, 810, 817**.

Nachschusspflicht der Genossenschafter. Im allgemeinen **871, 893, 903**. Aufnahme in die Statuten **833, 871, 874**. Eintragung ins Handelsregister **835, 836**. Beitrittserklärung **840**. Im Konkurs der Genossenschaft **873**. Änderung **874, 893**. Neu eintretender Genossenschafter **875**. Nach Ausscheiden oder nach Auflösung **876**. Eintragung ins Handelsregister **877**. Beschluss über Erhöhung **889, 893**.

Nachsichtwechsel 1012/3, 1014, 1025, 1052, 1099.

Nachverpfändung 886, 903. Beim Faustpfand 886. Beim Forderungspfand 903.

Nachvermächtnis 488, 545.

Name. Schutz 29. Änderung 30. Zivilstandsregister 39. Der Ehegatten: bei Ungültigerklärung der Ehe 109, bei Scheidung 119. Familienname s. dort. Der Ehefrau 160. Des Kindes 270. Des Adoptivkindes 267. Nach IPRG IA 37/40. Zur Firmenbildung **945/54**. *Siehe auch* Namenserklärung, Vorname.

Namenaktien 622, 627. Übertragung **684, 627**. Vinkulierung s. dort. Eintragung im Aktienbuch **686/686a**. Nicht (voll) einbezahlte **682, 687**. Interimsscheine **688**. Berechtigung gegenüber der Gesellschaft **689a**. Stimmrechtsaktien als Namenaktien **693**. *Siehe auch* Aktien.

Namenpapiere 974/7. Begriff **974**. Ausweis über das Gläubigerrecht in der Regel **975**, beim hinkenden Inhaberpapier **976**. Kraftloserklärung **977**. Übertragung **967**. Umwandlung **970**. Warenpapiere **482, 1153/5**. Deren Verwertung bei Retention 898. Pfandbriefe VII 7.

Namenserklärung. Der Brautleute 30, III 12. Der Braut 160, III 12, SchlT 8a. Des Bräutigams III 12. Des Ehegatten nach gerichtlicher Auflösung der Ehe 119, 109, III 13. Unterstellung unter das Heimatrecht III 14.

Nationale Bezeichnungen in der Firma **944**.

Nationalität s. Ausländer.

Naturallohn 322, 324a, 329d. Im übrigen s. Lohn.

Naturdenkmäler. Öffentlich-rechtliche Beschränkung 702.

Naturgewalt. Zuführung von Sachen 700, 725.

Naturkörper 724.

Naturkräfte 713. Im übrigen s. Fahrniseigentum.

Natürliche Früchte. Eigentumsverhältnisse 643, 687/8. Sammeln 699. Bei der Nutzniessung 756, 768. Beim Faustpfand 892. *Siehe auch* Früchte.

Normale Zahlen = ZGB; fette Zahlen = OR

Natürliche Personen 11/51, s. Rechtsfähigkeit, Handlungsfähigkeit, Verwandtschaft, Heimat, Wohnsitz, Persönlichkeit, Persönlichkeitsschutz, Personenstand. Bei der Bürgschaft **493, 500, 509.** Als Kollektivgesellschafter **552.** Als Kommanditgesellschafter **594.**

Naturschutz 702.

Nebenansprüche. Ihre Verjährung 133.

Nebenbestimmungen, ergänzende. Form **12.** *Siehe auch* Nebenpunkte.

Nebenbürge 497.

Nebenkosten. Beim Mietvertrag: Begriff **257a/b;** Pflicht zur Bezahlung **257a;** Einsicht in die Belege **257b;** Zahlungstermin **257c;** Zahlungsrückstand **257d;** Einführung neuer Nebenkosten **269d, 270b.** Bei der Pacht: Begriff **281;** Zahlungstermin **281;** Zahlungsrückstand **282.**

Nebenpunkte beim Vertragsabschluss **2.**

Nebenrechte 114. Bei Rücknahme der hinterlegten Sache im Gläubigerverzug **94.** Verjährung 133. Übergang 170, 178. Wiederaufleben 180. Umfang der Pfandhaft 904.

Nebensachen bei der Wandelung **209.**

Nennwert. Der Aktie **622/4, 626, SchlB 5.** Des Partizipationsscheines **656a.** Des Genussscheines **657.** Der Stammeinlage bei der GmbH **774, 777.**

Neuerung (Novation) **116/7.** Bei Errichtung von Schuldbrief oder Gült 855.

Neues Recht s. bisheriges und neues Recht, Schluss- und Übergangsbestimmungen.

Neue Tatsachen und Beweismittel im Scheidungsverfahren 138.

Nichtantritt der Arbeitsstelle durch den Arbeitnehmer **337d (361).**

Nichteintragung im Grundbuch. Bedeutung 971. Dinglicher Rechte des bisherigen Rechts SchlT 44.

Nichterfüllung der Obligation. Folgen **97/109.** Bei Unmöglichwerden einer Leistung **119.** Verabredung einer Konventionalstrafe **160.** Bei der Miete **258.** Bei der Pacht **288.** Durch Kunden des Handelsreisenden **348a.** *Siehe auch* Schadenersatzpflicht, Schuldnerverzug, Unmöglichkeit.

Nicht gehörige Erfüllung s. nicht richtige Erfüllung.

Nichtigkeit. Formungültigkeit **11.** Des Vertrages: im allgemeinen **20,** bei Widerspruch zum allgemeinverbindlich erklärten Gesamtarbeitsvertrag **VI A 4.** Der Abänderung von Verjährungsfristen **129.** Bei unzulässiger Bedingung **157.** Der Wegbedingung der Haftung **100, 101, 192, 199, 219, 237, 256.** Der Kündigung bei der Miete **266o,** bei der Pacht **298,** beim Arbeitsvertrag **336c, 336d.** Von Koppelungsgeschäften bei der Miete **254.** Der Mietzinserhöhung **269d.** Der Abmachung: bezüglich Rückgabe der Mietsache **267,** zum Verzicht auf die Rechte aus Kündigungsschutz **273c.** Der Vereinbarung einer Entschädigung durch den Pächter im voraus **299.** Der Pachtzinsvereinbarung **V A 45.** Der Berechnung der Darlehenssumme **317.** Der Abtretung und Verpfändung von Lohnforderungen **325.** Von Abreden: über die Verwendung des Lohnes **323b,** über die Tragung der Auslagen **327a, 349d,** über die berufliche Tätigkeit nach beendeter Lehre **344a,** über das Delcredere-Stehen **348a.** Von Abreden im Widerspruch zu ein- oder beidseitig zwingenden Vorschriften des Arbeitsvertragsrechts **361/2.** Bestimmter Abreden im Gesamtarbeitsvertrag

356/8. Der Kündigung im Arbeitsrecht **336e.** Des Konkurrenzverbots **340.** Des Verzichts auf das Aufsichtsrecht der Gesellschafter **541, 557, 598.** Der vor Handelsregistereintrag ausgegebenen Aktien **644, 652h.** Von Wandel- oder Optionsrechten **653b.** Der vor Volleinzahlung ausgegebenen Inhaberaktien **683,** Interimsscheine **688.** Der Generalversammlungsbeschlüsse **706b, 729c.** Von Beschlüssen des Verwaltungsrates der AG **714.** Des Zinsversprechens: beim Wechsel **995,** beim Check **1106.** Des Teilindossamentes **1002, 1109.** Von Verfallzeiten des Wechsels **1023.** *Siehe auch* Anfechtung, Unabänderlichkeit, Ungültigkeit, Unverbindlichkeit.

Nicht richtige Erfüllung 97 ff., 160, 258. Im übrigen s. Nichterfüllung. *Siehe auch* Mängelhaftung, Gewährleistung.

Nichtrückwirkung des ZGB SchlT 1.

Nichtschuld. Deren Rückforderung **63.**

Niederkunft s. Mutterschaftsurlaub, Schwangerschaft.

Niederlassung. Als Wohnsitz 23. *Siehe auch* Zweigniederlassung.

Normalarbeitsvertrag 359/60. Begriff und Inhalt **359.** Zuständigkeit und Verfahren **359a.** Wirkungen **360.** Verhältnis zum zwingenden Recht **358/9, 361/2.** Kantonale Normalarbeitsverträge für das Arbeitsverhältnis der landwirtschaftlichen Arbeitnehmer und der Arbeitnehmer im Hausdienst **359.** Vom Bundesrat erlassene **359a/Fn. 1.** Zur Festsetzung von Mindestlöhnen **360a/f.**

Notadresse beim Wechsel **1054/5, 1059, 1040.**

Notare. Berufsgeheimnis 170. Verjährung ihrer Forderungen **128.** Zuständigkeit beim Wechselprotest **1035.**

Notbrunnen 710.

Noterbenrecht s. Pflichtteil.

Notlage. Deren Ausbeutung **21, 30.** Grund für: Ermässigung des Schadenersatzes **44,** Anfechtung des Anfangsmietzinses **270,** Lohnvorschuss **323.** Bedeutung für die Höhe der Abgangsentschädigung beim Arbeitsvertrag **339c.** Des Schuldners bei Anleihensobligationen **1164, 1177.** *Siehe auch* Unterstützungspflicht.

Notstand 52.

Nottrauung 100, III 68.

Notweg 694.

Notwehr 52.

Novation s. Neuerung.

Nutzen. Übergang: beim Kauf **185,** beim Grundstückkauf **220,** bei der Hinterlegung **481.** Bei bedingten Verträgen **153.** Bei Entwehrung **195, 196.** Bei Wandelung **208.**

Nutzen und Gefahr s. Gefahrtragung, Gefahrübergang, Nutzen.

Nutzniesser 745. Rechte: im allgemeinen 755, an natürlichen Früchten 756, an Zinsen 757, zur Übertragung 758, zur Aufnahme eines Inventars 763. Pflicht: zur Erhaltung der Sache 765, zum Unterhalt und zur Bewirtschaftung 765, zur Verzinsung bei Nutzniessung an einem Vermögen 766, zur Versicherung 767. Rückleistungspflicht 751. Verantwortlichkeit 752. Aufwendungsersatz 753. *Siehe auch* Nutzniessung.

Nutzniessung 745/75. Gegenstand 745. Entstehung 746. Übertragbarkeit 758. Untergang 748/54. Untergang der Sache 750. Inhalt 755/75. Verjährung der Ersatzansprüche 754. Rechte des Eigentümers 759/63. Nutzniesser s. dort. An Grundstücken 768/71. An einem Wald 770. An einem Bergwerk 771. An verbrauchbaren und geschätzten Sachen 772. An Forderungen 773/5. Anwendung der Bestimmungen auf das Wohnrecht 776. Des überlebenden Ehegatten: an Wohnung und Hausrat 219, 244, 612a, an der Erbschaft 473. Als Vermächtnis 484, 563. Herabsetzung oder Ablösung nach Erbrecht 530. Am Miteigentumsanteil 649c. Am Stockwerkeigentum 712c, 712o. Keine Verjährung der Forderung in Nutzniessung **134**. An Aktien **686, 685a, 690.** Bedeutung bei Anleihensobligationen **1167.**

Nutzung. Des ehelichen Vermögens: bei Errungenschaftsbeteiligung 201, bei Gütertrennung 247. Des Kindesvermögens 319/23, s. auch freies Vermögen. Von Quellen 709/11. Des gutgläubigen Besitzers 938. Von Vieh s. Viehpacht. *Siehe auch* Miteigentum, Stockwerkeigentum, Nutzniessung, Wohnrecht, Pacht.

Nutzungspfandrecht SchlT 45.

Nutzungs- und Verwaltungsordnung. Anmerkung im Grundbuch VIII 79. Beim Miteigentum 647, 649a. Beim Stockwerkeigentum 712g, 712s. *Siehe auch* Verwaltungshandlungen.

Nutzwert des landwirtschaftlichen Inventars 613a.

Obhut über die Kinder. Wohnsitz des Kindes 25. Anspruch der Eltern auf persönlichen Verkehr 273, 275. Aufhebung der elterlichen Obhut 310, 276.

Obligation s. Entstehung, Wirkung, Erfüllung, Erfüllungsort, Fälligkeit, Erlöschen, Forderung, Anleihensobligationen, Obligationen.

Obligationen. Verantwortlichkeit für die Ausgabe **752.** Als Inhaberpapiere **981** (Kraftloserklärung). *Siehe auch* Anleihensobligationen, Wertpapier.

Obligationenrecht. Anwendung der Bestimmungen: auf zivilrechtliche Verhältnisse 7, auf den Rücktritt vom Erbvertrag 514, auf den mit einer Rente Bedachten 563, auf die landwirtschaftliche Pacht **276a.** Zuständigkeit und anwendbares Recht nach IPRG IA 112/48. Anerkennung ausländischer Entscheidungen IA 149.

Offenbarer Missbrauch eines Rechts 2. *Siehe auch* Missbrauch.

Offenlegung. Der Jahresrechnung bei der Stiftung 84b. Von Jahres- und Konzernrechnung bei der AG **697h.**

Öffentliche Abgaben s. Abgaben.

Öffentliche Anleihen 1157.

Öffentliche Beamte und Angestellte. Ablehnungsgrund für Übernahme einer Vormundschaft 383. Schätzungsbeamte 849. Zur Führung der Protokolle für die Viehverpfändung 885. Haftung **61.** Vorbehalt des öffentlichen Rechts für ihr Dienstverhältnis **342.** *Siehe auch* Amtsbürgschaft, Betreibungsbeamter, Grundbuchverwalter, Handelsregisterführer, Zivilstandsbeamter.

Öffentliche Beurkundung. Zuständigkeit der Kantone SchlT 55. Beweiskraft 9. Zur Errichtung einer Stiftung 81. Des Ehevertrages 184. Des Inventars: im ehelichen Güterrecht 195a, bei der Nutzniessung 763. Des Vertrages über die Begründung einer Gemeinderschaft 337. Der letztwilligen Verfügung 498,

499/504. Des Erbvertrages 512, 499/504. Des Vertrages auf Eigentumsübertragung von Grundeigentum 657. Des Ausschlusses oder der Abänderung gesetzlicher Vorkaufsrechte 681b (beachte aber 681b Abs. 2). Des Rechtsgeschäftes zur Begründung von Stockwerkeigentum 712d. Des Vertrages zur Errichtung: einer Nutzniessung 746, eines Wohnrechts 776, eines selbständigen und dauernden Baurechtes 779a, einer Grundlast 783, eines Grundpfandes 799. Von Vereinbarungen über die Entschädigung beim Heimfall 779e, VIII 71b. *Siehe auch* Formvorschriften.

Als Ersatz der Unterschrift **15**. Der Tilgung bei Verlust des Schuldscheins **90**. Tragung der Beurkundungskosten beim Kauf **188**. Des Grundstückkaufs **216**. Des Vorvertrages über ein Grundstück **216**. Des Vertrages über ein Vorkaufs-, Kaufs- oder Rückkaufsrecht **216** (siehe aber **216 Abs. 3**). Der Schenkung **243**. Der Bürgschaft **493**. Der Vollmacht zur Eingehung einer Bürgschaft **493**. Des Bürgschaftsversprechens **493**. Der Beschlüsse der AG **629**, **631** (Gründung), **652g**, **653g**, **653i** (Kapitalerhöhung), **647** (Statutenänderung), **734** (Kapitalherabsetzung), **736** (Auflösungsbeschluss). Der Beschlüsse der Kommandit-AG **764**. Der Beschlüsse der GmbH **779** (Gründung), **784** (Statutenänderung), **791** (Abtretung eines Gesellschaftsanteils), **820** (Auflösung). Für Fusion, Spaltung, Umwandlung und Vermögensübertragung s. Fusionsgesetz **IX**.

Öffentliche Gewässer s. Wasserrecht.

Öffentliche Körperschaften s. öffentlich-rechtliche Körperschaften und Anstalten.

Öffentliche letztwillige Verfügung. Errichtungsform 499. Mitwirkung der Zeugen 501. Errichtung ohne Lesen und Unterschrift des Erblassers 502. Mitwirkende Personen 503. Aufbewahrung der Verfügung 504. Anwendung der Formvorschriften auf den Erbvertrag 512. *Siehe auch* letztwillige Verfügung.

Öffentliche Ordnung 19.

Öffentlicher Aufruf s. Veröffentlichung.

Öffentliche Register s. Zivilstandsregister, Güterrechtsregister, Eigentumsvorbehaltsregister, Pfandregister, Grundbuch, Handelsregister.

Öffentliche Sachen 659, 664.

Öffentliches Interesse. Bei Verletzung in der Persönlichkeit 28. An der Vollziehung der Schenkungsauflage **246**. An einer Genossenschaft **926**.

Öffentliches Inventar im Erbrecht. Voraussetzung 580. Verfahren 581/4. Verhältnis der Erben 585/6. Wirkung 587/90. Haftung für Bürgschaftsschulden 591. Bei Erwerb der Erbschaft durch das Gemeinwesen 592. Bei Erbverträgen 534. *Siehe auch* Inventar.

Öffentliches Recht. Der Kantone 6. Bevorschussung des nachehelichen Unterhalts 131. Als Grund der Ermächtigung 33. Dessen Vorbehalt: für Missbräuche im Zinswesen **73**, für das Recht der Beamten **61, 342**. Ausschluss der Verrechnung gegen Forderungen aus öffentlichem Recht **125**. Zivilrechtliche Wirkungen im Arbeitsrecht **342**. *Siehe auch* kantonales Recht, öffentlichrechtliche.

Öffentliche Urkunde s. öffentliche Beurkundung.

Öffentliche Versteigerung 229/36. Abschluss 229. Anfechtung 230. Gebundenheit des Bietenden 231/2. Barzahlung 233. Gewährleistung 234. Eigentumsübertragung 235. Vorbehalt des kantonalen Rechts 236. Des Kommissionsgutes **435**. Des Anteils eines Gesellschafters mit beschränkter Haftung **800**. Nach

Weisung der Vormundschaftsbehörden: von beweglichen Sachen 400, von Grundstücken 404. Von Grundstücken bei amtlicher Liquidation der Erbschaft 596. Einer Erbschaftssache 612. Der Sache im Miteigentum 651. Der gefundenen Sache 721. Durch die Gläubiger bei Ablösung einer Grundpfandverschreibung 829/30. Wirkung auf das Rückforderungsrecht bei abhanden gekommenen Sachen 934. *Siehe auch* Zwangsversteigerung, Versteigerung.

Öffentlichkeit. Der Trauung 102. Der Zivilstandsregister III 44/61, 33, 81, 82. Des Eigentumsvorbehaltsregisters VI A 17. Des Grundbuches 970/970a, VIII 105/6. Des Handelsregisters **VII A 9.**

Öffentlich-rechtliche Beschränkungen des Grundeigentums 702/3, 962.

Öffentlich-rechtliche Grundlasten 782, 784, Pfandrechte 836.

Öffentlich-rechtliche Körperschaften und Anstalten. Keine Eintragung im Handelsregister 52. Vorbehalt des öffentlichen Rechtes des Bundes und der Kantone 59, 796, **763.** Übernahme einer AG **751, 738,** einer Genossenschaft **915.** Beteiligung an einer AG **762, 763,** an einer Genossenschaft **926.** Bei Anleihensobligationen **1157.** *Siehe auch* Körperschaften.

Öffentlich-rechtliche Personenverbände 829.

Öffentlich-rechtliche Verpflichtungen. Bürgschaft dafür **493, 500, 509.** Verrechnung **125.**

Offerte s. Antrag.

Ohne Kosten s. Protesterlass.

Optionsrechte bei der AG **653, 653b, 653c, 653d, 653e, 653i, 663b, 663c.**

Ordnungsbusse bei Nichteintrag ins Handelsregister **943, VII A 2,** bei Ausgabe von Warenpapieren ohne Bewilligung **1155.** *Siehe auch* Busse.

Ordnungsstrafen s. Disziplinarmassnahmen.

Ordreklausel bei Wertpapieren **1001, 1105, 1108, 1145/52, 1153/5.** Negative Ordreklausel beim Wechsel **1001, 1098,** beim Check **1105, 1108.** *Siehe auch* Ordrepapier.

Ordrepapiere. Voraussetzungen **1145.** Einreden des Schuldners **1146.** Übertragung 967. Umwandlung 970. Wechsel **991, 993, 1001, 1096, 1098.** Anweisung an Ordre **1147/50.** Zahlungsversprechen an Ordre **1151.** Andere indossierbare Papiere **1152, 1153, 482.** *Siehe auch* Ordreklausel.

Organe. Der juristischen Personen 54/5. Des Vereins s. Vereinsversammlung, Vorstand. Der Stiftung 83, 85. Der Vormundschaft 360, s. vormundschaftliche Behörden, Vormund, Beistand. Der Aktiengesellschaft **698/731a.** Der Kommandit-AG **764/9.** Der GmbH **808/19.** Der Genossenschaft **879/910.** *Siehe auch* Generalversammlung, Verwaltung, Verwaltungsrat, Kontrollstelle, Revisionsstelle, Versammlung der Stockwerkeigentümer.

Organhaftung 55. Bei der AG **722.** Bei der GmbH **814.** Bei der Genossenschaft **899.**

Organvertretung 689c, 689e, 702.

Organisation s. Organe, Arbeitnehmer-, Genossenschafts-, Mieterverbände.

Organisationskosten in der Bilanz der Aktiengesellschaft **664.**

Organisationsreglement zur Übertragung der Geschäftsführung bei der AG **716b, 718.**

Orientierungspflicht. Des Anbieters bei Haustürgeschäften und ähnlichen Verträgen **40d.**

Ort. Der Erfüllung s. Erfüllungsort, Zahlungsort. Der Hinterlegung **92.** Für Vornahme wechselrechtlicher Handlungen **1084,** checkrechtlicher Handlungen **1143.** *Siehe auch* Aufenthaltsort, Heimat, Heimatgemeinde.

Ortsgebrauch 5. Bei Kündigung der Gemeinderschaft 338. Bei der Erbteilung 611, 613. Zur Bestimmung als Bestandteil einer Sache 642, als Zugehör 644. Bei nachbarrechtlichen Einwirkungen 684. Für das Recht auf Zutritt zu Wald und Weide 699. Zur Bestimmung der Wegrechte 740. Bei Versicherung des Nutzniessungsgegenstandes 767.
Beim Haftgeld **158.** Für Zahlungstermine bei der Miete **257c,** bei der Pacht **281.** Für die Mängelbehebung bei der Miete **259,** bei der Pacht **284.** Bei Kündigung der Miete **266b, c, d,** der Pacht **296,** der Viehpacht **304.** Für missbräuchliche Mietzinse **269a.** Bei der Viehpacht **302, 304.** Für den Vergütungsanspruch des Kommissionärs **432.**

Pacht 275/304. Begriff **275.** Geltungsbereich **276/276a.** Inventaraufnahme **277.** Wechsel des Eigentümers **290.** Unterpacht **291.** Übertragung auf einen Dritten **292.** Vorzeitige Rückgabe der Sache **293.** Verrechnung **294.** Beendigung s. Beendigung, Kündigung, ausserordentliche Kündigung. Rückgabe der Sache **299/299b.** Retentionsrecht s. dort. Anwendung der Bestimmungen über den Schutz vor missbräuchlichen Mietzinsen **253b.** Zustimmung der Vormundschaftsbehörde 421. Einer Sache im Miteigentum 647a, 647b. Einer verpfändeten Sache 806. Vormerkung 959. *Siehe auch* Pächter, Verpächter, Pachtzins, Ausbesserung, Unterhalt, landwirtschaftliche Pacht, Viehpacht, Wohn- und Geschäftsräume.

Pächter 275. Zahlung des Pachtzins s. Pachtzins. Nebenkosten, Sorgfaltspflicht, Rücksichtnahme s. jeweils dort. Meldepflicht **286.** Duldungspflicht **287.** Rechte bei Nichterfüllung des Vertrages und bei Mängeln **288.** Erneuerung und Änderung der Pachtsache **289a.** *Siehe auch* Pacht.

Pachterstreckung s. Erstreckung.

Pachtzins 275, 302. Begriff **281.** Zahlungstermin **281.** Zahlungsrückstand **282.** Des Vorgängers **278.** Sicherheiten **297a.** Herabsetzung **289.** Verjährung **128.** *Siehe auch* Pachtzinsverordnung.

Pachtzinsbemessung. Verordnung darüber Anhang **V B.**

Pachtzinskontrolle V A 42/6.

Pachtzinsverordnung V B.

Papiere s. Namen-, Ordre-, Inhaber-, Wertpapiere.

Parentelenordnung 457/60.

Partizipant. Rechtsstellung allgemein **656c.** Bekanntgabe von Einberufung und Beschlüssen der Generalversammlung **656d.** Vertretung im Verwaltungsrat **656e.** Vermögensrechte **656f/g.**

Partizipationskapital 656a, 656b, 656g.

Partizipationsscheine 656a/g, 627, s. Partizipant, Partizipationskapital. Übergangsrecht **SchlB 3.**

Partnerschaftsgesetz (PartG), Anhang IV E.

Normale Zahlen = ZGB; fette Zahlen = OR

Partnerschaftsvermittlung s. Auftrag zur Ehe- oder Partnerschaftsvermittlung.

Passiven s. Aktiven und Passiven.

Pauschalreisen, BG darüber (PauRG), Anhang XII C. Begriffe **XII C 1, 2.** Prospekte **XII C 3.** Information des Konsumenten **XII C 4, 5.** Inhalt des Vertrages **XII C 6.** Preiserhöhungen **XII C 7.** Wesentliche Vertragsänderungen **XII C 8/10.** Annullierung der Pauschalreise **XII C 11.** Nichterfüllung und nicht gehörige Erfüllung des Vertrages **XII C 12/6.** Abtretung der Buchung **XII C 17.** Sicherstellung **XII C 18.** Zwingendes Recht **XII C 19.**

Periodische Erhöhung s. gestaffelte Mietzinse.

Periodische Leistungen. Bei der Nutzniessung 757. Vermutung der Zahlung früherer Leistungen bei Quittung **89.** Periodische Bankprovision **104.** Verjährungsfrist **128.** Verjährungsbeginn **131.** Keine gesetzliche Verringerung des Bürgschaftsbetrages **500.** Kein Dahinfallen der Bürgschaft von Gesetzes wegen **509.** *Siehe auch* Mietzins, Pachtzins, Teilzahlung, Rente, Zins, Zinscoupons.

Personalfürsorgestiftungen 89bis. *Siehe auch* Personalvorsorge.

Personalien. Der Verlobten 98. Der leiblichen Eltern eines Adoptivkindes 268c.

Personalvorsorge. Bei der Scheidung 122/4, 141/2. Errungenschaft 197. Beitrags- und Auskunftspflicht des Arbeitgebers **331 (361/2).** Vorsorgeschutz s. dort. Abtretung **331b.** Verpfändung **331b, 331d, 331e, 331f.** Vorbezug **331e, 331f.** Wohneigentumsförderung **331e.** Ersatz für Abgangsentschädigung **339d.** *Siehe auch* Personalvorsorgeeinrichtungen, Personalfürsorgestiftung, Wohlfahrtsfonds, Versicherungsvertrag.

Personalvorsorgeeinrichtungen. Stiftung (89bis), Genossenschaft oder Einrichtung des öffentlichen Rechts als Träger **331.** Unterdeckung **331f.** Erfüllung ihrer Schuldpflicht **339d.** Fusion, Umwandlung und Vermögensübertragung **IX 88/98, VII A 109f/l.** *Siehe auch* Personalvorsorge.

Personalverleih VI B.

Personen s. natürliche Personen, juristische Personen.

Personendaten s. Datenschutz.

Personenname s. Name, Familienname.

Personenstand, Beurkundung 39/49. *Siehe auch* Zivilstandsregister.

Personenverbindungen. Persönlichkeit 52, SchlT 6b. Mit wirtschaftlichem Zweck 59. Im übrigen s. Verein, einfache Gesellschaft, Kollektivgesellschaft, Kommanditgesellschaft, Genossenschaft.

Persönliche Erfüllung der Obligation. Im allgemeinen **68.** Bei der Bedingung **155.** Durch den Arbeitnehmer **321.** Durch den Unternehmer **364, 379.** Durch den Beauftragten **398.** *Siehe auch* Unübertragbarkeit.

Persönliche Mitgliedschaftsrechte der Aktionäre. Teilnahme an der Generalversammlung **689/91.** Stimmrecht in der Generalversammlung **692/5.** Kontrollrecht **696/7.** Recht auf Sonderprüfung **697a/g.**

Persönliche Rechte. Vormerkung im Grundbuch 959, VIII 70/2, 77.

Persönlicher Verkehr mit dem unmündigen Kind. Anspruch der Eltern und Kinder 273. Schranken 274. Anspruch Dritter 274a. Zuständigkeit für die Anordnung 275, 179. Bei Scheidung 133/4, 146/7, 315a, 315b. Überwachung durch den Beistand 308.

Persönliches Erscheinen zum Vorbereitungsverfahren der Eheschliessung 98.

Persönliche Verhältnisse. Berücksichtigung beim Unterhalt der Familie 163, bei der Adoption 268a, bei Wahl eines Verwandten zum Vormund 380, bei der Erbteilung 611, 613. Grund zur Anfechtung des Anfangsmietzinses **270**. Bei Mieterstreckung **272**. Als Einrede: bei der Schuldübernahme **179, 181**, bei der Anweisung **468**, beim Inhaberpapier **979**, beim Ordrepapier **1146**. *Siehe auch* Persönlichkeit.

Persönlichkeit. Anfang und Ende: durch Geburt und Tod 31, Beweis 32/4, durch Verschollenerklärung s. dort. Deren Verletzung s. Persönlichkeitsschutz. Einer juristischen Person 52. Des Vereins 60, 62. Im übrigen s. natürliche Personen, juristische Personen, Persönlichkeitsrecht.

Persönlichkeitsrecht. Verstoss dagegen **19**. Erwerb: durch die AG **643, 739**, durch die Kommandit-AG **764**, durch die GmbH **783**, durch die Genossenschaft **838**.

Persönlichkeitsschutz. Vor übermässiger Bindung 27. Gegen Verletzungen: Grundsatz 28, Klage 28a, vorsorgliche Massnahmen s. dort. Gegendarstellung s. dort. Bei der Beurkundung des Personenstandes 43a. Bei Führung des Grundbuchs mittels Informatik 970. Pflicht des Arbeitgebers: im allgemeinen **328 (362)**, bei Hausgemeinschaft **328a (362)**, bei der Bearbeitung von Personendaten **328b (362)**. Bei Kündigung des Arbeitsverhältnisses **336 (361)**. *Siehe auch* Persönlichkeit, Persönlichkeitsrecht, Persönlichkeitsverletzung.

Persönlichkeitsverletzung 49. *Siehe auch* Persönlichkeitsschutz.

Pfandbestellung. Bedeutung für Verjährung **135**. Behandlung im Verhältnis zur Bürgschaft **507, 495/8, 501, 503, 510/1**. Aufführung in der Bilanz der AG **663b**.

Pfandbriefe. Ausgabe VII 7/10. Deckung VII 14/8. Befriedigung aus dem Pfand VII 27/31. Nach kantonalem Recht VII 51. Bewertung in der Bilanz **SchlB 5** (am Ende des OR). *Siehe auch* Pfandbriefgesetz, Pfandbriefzentrale.

Pfandbriefgesetz (PfG), Anhang VII. Zivilrechtliche Haftung VII 44. Straftatbestände VII 45/6. Verwaltungsstrafrecht VII 47. *Siehe auch* Pfandbriefe, Pfandbriefzentrale, Pfandregister.

Pfandbriefzentrale VII 1/6. Ausgabe von Pfandbriefen und Darlehen VII 7/13. Deckung der Pfandbriefe und Darlehen VII 14/26. Schätzung und Belehnung der Grundpfänder VII 32/6. Überwachung und Entzug der Ermächtigung VII 37/43. *Siehe auch* Pfandbriefe, Pfandbriefgesetz, Pfandregister.

Pfandentlassung 860, 874, SchlT 24.

Pfandforderung. Angabe des Betrages im allgemeinen 794. Zinspflicht 795. Umfang der Sicherung 818/9. Bei der Grundpfandverschreibung 824/7, 832/5. Beim Schuldbrief 842, 854/5, 865. Bei der Gült 847, 854/5, 865.

Pfandgläubiger s. Grundpfandgläubiger, Fahrnispfand.

Pfandhaft. Umfang: beim Grundpfand 805/7, beim Fahrnispfand 892, beim Pfandrecht an Forderungen 904, Übergangsrecht SchlT 25. Bei Abtrennung kleiner Stücke 811. Bei Veräusserung oder Zerstückelung des mit einer Grundpfandverschreibung belasteten Grundstückes 832/3.

Pfandhalter 860.

Pfandindossament 1009, 899, 901.

Pfandleihgewerbe s. Versatzanstalt.

Pfandrecht. An Grundstücken s. Grundpfand. An Fahrnis s. Fahrnispfand. An Forderungen und andern Rechten s. Pfandrecht an Forderungen. An Erbschaftssachen 590, 615. Am Miteigentumsanteil 648. Am Stockwerkeigentumsanteil 712i. Am Baurecht 779d, 779i/k. Eintragung im Grundbuch 958, 946. Gesetzliche Pfandrechte s. dort. Und Teilzahlung einer Schuld **85.** Als Nebenrecht **94, 110, 114, 178.** Einfluss auf die Verjährung **135, 140.** In Verbindung mit einer Bürgschaft **495/6, 499, 500, 501, 503, 506/7, 509, 510/1.** An eigenen Anteilen der GmbH **807.** Bei Anleihensobligationen **1167, 1170, 1174, 1184.** *Siehe auch* Pfändung, Verpfändung.

Pfandrecht an Forderungen und andern Rechten 899/906. Im allgemeinen 899. Bei Forderungen mit oder ohne Schuldschein 900. Bei Wertpapieren 901. Bei Warenpapieren 902. Nachverpfändung 903. Umfang der Pfandhaft 904. Vertretung verpfändeter Aktien 905. Verwaltung und Abzahlung der verpfändeten Forderung 906. Übergangsrecht SchlT 34/5. Anwendbares Recht nach IPRG IA 105/6. Bedeutung und Behandlung bei der Bürgschaft **495/7, 499, 501, 503, 506/7, 511.** *Siehe auch* Fahrnispfand, Pfandrecht.

Pfandregister. Der Zentralen VII 16, 26. Der Mitglieder VII 21/3. *Siehe auch* Note* vor VII 1.

Pfandschein (Warrant) 902. Bei Wertpapieren **1154.**

Pfandstelle beim Grundpfand. Wirkung 813. Pfandstellen untereinander 814. Leere Pfandstellen 815. Bei der Grundpfandverschreibung 825. Für kantonale Gülten 853. Bei Kraftloserklärung von Pfandtiteln 871. Übergangsrecht SchlT 30/1. *Siehe auch* Rang, Nachrücken.

Pfandtitel bei Schuldbrief und Gült. Ausstellung 856, 859. Ausfertigung 857, VIII 53/60. Form 858. Bezeichnung des Gläubigers 859/60. Zahlungsort 861. Zahlung nach Übertragung der Forderung 862. Untergang des Pfandrechts 863/4. Gutglaubensschutz 866. Verhältnis zum Grundbucheintrag 867. Als Voraussetzung: zur Geltendmachung der Forderung 868, zur Übertragung der Forderung 869. Kraftloserklärung 870/1, 864, VIII 61, 64, 68. Einreden des Schuldners 872. Herausgabe bei Zahlung 873. Anmerkung von Änderungen im Rechtsverhältnis 874. Serientitel s. dort. Vorbehalt der Vorschriften für Wertpapiere **973.** Übergangsrecht SchlT 22, 28.

Pfändung. Eines Anteils am Gesamtgut 185, 189. Eines Anteils am Gemeinschaftsgut 343, 344. Des Vormundes oder der vormundschaftlichen Behörden 456. Eines Erbanspruches 609. Eines Miteigentumsanteils 646. Schadenstiftender Tiere **57.** Des Schuldners im zweiseitigen Vertrag **83.** Des Pfrundgebers **529.** Des Liquidationsanteils des Kollektivgesellschafters **575, 578,** des Kommanditärs **619.** Des Gesellschaftsanteils bei der GmbH **793.** Des Genossenschaftsanteils **845.** *Siehe auch* Zwangsvollstreckung, Schuldbetreibung, Konkurs, Pfandrecht, Verpfändung.

Pflanzen. Als Inhalt des Grundeigentums 667. Auf fremdem Grundstück 678. Im Nachbarrecht 687/8.

Pflege. Des Adoptivkindes 264, 266, 268a. Des Kindes 276, 301, 307. Beim Arbeitsvertrag mit Hausgemeinschaft **328a.** Bei der Verpfründung **521, 524.**

Pflegeeltern. Ausübung der elterlichen Sorge 300. Anspruch auf Entgelt 294. Weisungen der Vormundschaftsbehörde 307. Verbot der Rücknahme des Kindes durch die Eltern 310. Bewilligung 316, V D.

Pflegekinder. Aufnahme zum Zweck der späteren Adoption 316. Verordnung über die Aufnahme von Kindern zur Pflege und zur Adoption V D. Im übrigen s. Pflegeeltern.

Pflegekinderaufsicht 316.

Pflichten s. Beistandspflicht, Beitragspflicht, Unterhaltspflicht, elterliche Sorge, Unterstützungspflicht.

Pflichtteil. Begriff 470. Berechtigte 470. Umfang 471. Begünstigung des Ehegatten 473. Berechnung des verfügbaren Teils 474/6. Entzug s. Enterbung. Verletzung s. Herabsetzungsklage. Der nichtgemeinsamen Kinder und deren Nachkommen: bei Errungenschaftsbeteiligung 216, bei Güterverbindung SchlT 10. Der Nachkommen bei Gütergemeinschaft 241. Erklärung zu Gesamtgut 225. Als freies Kindesvermögen 322. Bei Nacherbeneinsetzung 531.

Pfrundanstalten. Staatlich anerkannte **522, 524.**

Pfründer 521, s. Verpfründung.

Pfrundgeber 521, s. Verpfründung.

Pilzsammeln 699.

Pläne s. Grundbuchpläne.

Polizei. Anzeige des Fundes 720. Aufbewahrung der Fundsache 721. Ihre Anordnungen bei drohendem Gebäudeschaden **59.** Ihre Hilfe zur Erhaltung der Retentionsobjekte beim Mietvertrag **268b,** beim Pachtvertrag **299c.** Zahlungsverbot bei Inhaberpapieren **978.** Nachfrage nach Ort für wechselrechtliche Handlungen **1084.**

Postaufgabe der Rücktrittserklärung bei Ehe- oder Partnerschaftsvermittlung **406e.**

Postcheck 1144.

Postverkehr. Vorbehalt besonderer Vorschriften für den Frachtvertrag **455.** Haftung **III A b 5.**

Präjudizierung des Wechsels **1050/52, 1098, 1131.**

Präsentation zur Annahme. Des gezogenen Wechsels **1011/7, 1033/4, 1050/1, 1055, 1081/4, 1088.** Des Checks und der Ordreanweisung (Unstatthaftigkeit) **1104, 1136, 1148.**

Präsentation zur Sichtnahme 1013/4, 1024/5.

Präsentation zur Zahlung. Des Wechsels **1028, 1033/9, 1055, 1059, 1081/4, 1088, 1091/2.** Des Checks **1116, 1118.**

Preis s. Kaufpreis, Marktpreis, Börsen- und Marktpreis.

Preisausschreiben 8.

Preisbekanntgabeverordnung (PBV), Anhang **II D.**

Preisbezeichnung bei Warenauslage **7.**

Preisliste 7, 349e, 350, 418o.

Preisüberwachungsgesetz (PüG), Anhang **II B.**

Presse s. Gegendarstellung.

Normale Zahlen = ZGB; fette Zahlen = OR

Primawechsel 1063.

Privatgläubiger des Kollektivgesellschafters **570, 572, 575, 578,** des unbeschränkt haftenden Kommanditgesellschafters **613, 616/8.**

Probe. Kauf nach Probe **222,** Kauf auf Probe **223/5.**

Probezeit beim Arbeitsvertrag **335b, 336c/d,** beim Lehrvertrag **344a, 346,** beim Handelsreisendenvertrag **349a,** bei Heimarbeit **354.**

Produktehaftpflichtgesetz (PrHG), Anhang III B(2). Grundsatz III B(2) 1. Herstellerin III B(2) 2. Produkt III B(2) 3. Fehler III B(2) 4. Ausnahmen von der Haftung III B(2) 5. Selbstbehalt bei Sachschäden III B(2) 6. Solidarhaftung III B(2) 7. Wegbedingung der Haftung III B(2) 8. Verjährung III B(2) 9. Verwirkung III B(2) 10. Verhältnis zu anderen Bestimmungen des eidgenössischen oder kantonalen Rechts III B(2) 11.

Prokura 458/61. Begriff und Bestellung **458.** Umfang der Vollmacht **459/60.** Eintragung im Handelsregister VII A 112, 112a. Löschung im Handelsregister **461.** Konkurrenzverbot **464.** Erlöschen **465, 461.** Bei der Kollektivgesellschaft **555, 566.** Bei der Kommanditgesellschaft **606.** Bei der AG **721, 726.** Bei der GmbH **777, 810, 816.** *Siehe auch* Handlungsvollmacht, Prokuraindossament, Prokurist.

Prokuraindossament 1008, 1098.

Prokurist 458/61, 465, 40. *Siehe auch* Prokura.

Prospekt s. Emissionsprospekt.

Prospekthaftung bei der AG **752.**

Protest. Beim gezogenen Wechsel: Fristen und Erfordernisse **1034, 1081, 1084, 1088.** Zuständigkeit **1035,** Inhalt **1036,** Form **1037, 1088,** bei Teilnahme **1038,** gegen mehrere Personen **1039,** Abschrift der Protesturkunde **1040,** mangelhafter Protest **1041,** Benachrichtigung nach Protesterhebung **1042,** Protesterlass **1043,** Rückgriff für Kosten **1045,** Aushändigung bei Rückgriff **1047/8,** Versäumung der Fristen **1050/1,** bei Ehrenannahme **1055,** bei Ausbleiben der Ehrenzahlung **1059, 1061,** bei Verweigerung des Wechselduplikates **1065, 1067,** und Indossament **1010,** und nochmalige Vorlegung **1014, 1036,** bei Nachsichtwechseln **1015, 1025.** Beim Eigenwechsel **1098/9.** Beim Check **1143, 1128/31, 1113, 1136, 1141.**

Protesterlass 1043, 1143.

Protokoll. Bei der Adoption 265a. Bei der letztwilligen Verfügung 507, 556. Bei der Ausschlagung der Erbschaft 570. Der Beschlüsse der Stockwerkeigentümer 712n. Bei der Viehverpfändung 885. Beim Grundbuch 948, 972. Bei der Versteigerung 235. Bei der Miete 256a. Bei der Pacht 278. Der Verwaltungsrates der AG **713, 640.** Der Generalversammlung der AG **702, 691.** Bei der Genossenschaft **902.** Der Gläubigerversammlung bei Anleihensobligationen **1169.**

Provision. Des Arbeitnehmers im allgemeinen: Entstehung **322b (362),** Abrechnung **322c (362),** Ausrichtung **323,** Fälligkeit bei Beendigung des Arbeitsverhältnisses **339.** Des Handelsreisenden: Delcredere-Provision **348a,** als Bestandteil des Lohnes **349a/c,** Ausrichtung **349b (362),** Fälligkeit bei Verhinderung an der Reisetätigkeit **349c,** und Auslagenersatz **349d,** als Grund für Kündigungsschutz **350,** bei Beendigung des Arbeitsverhältnisses **350a (362).** Des Agenten: Umfang und Entstehung **418g, 418t,** Dahinfallen **418h,** Fälligkeit **418i, 418t,** Abrechnung **418k,** Inkassoprovision **418 l,** bei Verhinderung an der Tätigkeit **418m.** Bei der Kommission: Begriff **425,** Delcredere-Provision **430,** Anspruch **432,** Verwirkung **433,** bei Eintritt als Eigenhändler **436.** Beim Wechselrückgriff **1045/6.** Beim Checkrückgriff **1130.**

Prozessfähigkeit der Gemeinschaft der Stockwerkeigentümer 712 l, 712t. *Siehe auch* Handlungsfähigkeit.

Prozessführung. Zustimmung des Beirates 395, der Vormundschaftsbehörden 421. Während des öffentlichen Inventars im Erbrecht 586. Ermächtigung durch die Stockwerkeigentümer 712t. Bei Entwehrung der Kaufsache **193/4.** Bei der Miete von Wohn- und Geschäftsräumen **274d.** Beim Arbeitsverhältnis **343.** Ermächtigung: des Beauftragten **396,** des Handlungsbevollmächtigten **462;** der Liquidatoren der Kollektivgesellschaft **585,** der Kommanditgesellschaft **619,** der AG **743;** der Aufsichtsstelle der Kommandit-AG **769.** *Siehe auch* Beweis, Klage, Verfahren.

Prozesskosten. Bei Entwehrung der Kaufsache **195.** Bei Wandelung **208.**

Prüfung. Durch die Vormundschaftsbehörden: der Sicherheit von Werttiteln 401, der Rechnungsführung des Vormundes 413, 423, des Schlussberichtes und der Schlussrechnung des Vormundes 452. Der Geschäftsführung des Verwalters von Stockwerkeigentum 712m. Der Ware: auf Mängel beim Kauf **201,** bei Kauf auf Probe **224/5.** Des Musters beim Kauf **222.** Bei Rückgabe der Mietsache **267a,** der Pachtsache **299a.** Der Provisionsabrechnung durch den Arbeitnehmer **322c.** Der Heimarbeitserzeugnisses **353.** Des Werkes **367, 370.** Des Frachtgutes bei Ablieferung **452.** Durch den Agenten **418e.** Von Gewinn-/ Verlustrechnung und Bilanz durch den Kommanditär **600.** Der Einlagen bei Gründung der AG **635, 631, 634.** Der Geschäftsführung bei der AG s. Revisionsstelle, bei der GmbH **819,** bei der Genossenschaft **906/10, 902.** Der Zwischenbilanz bei Überschuldung der AG **725.** Der Indossamente **1030, 1121.** *Siehe auch* Prüfungsbestätigung, Prüfungspflicht.

Prüfungsbestätigung durch den Revisor bei der AG **635a** und **634** (Gründungsbericht), **652f/h** (ordentliche und genehmigte Kapitalerhöhung), **653f/h** (bedingte Kapitalerhöhung), **663d** (Jahresbericht), **729a** (Erläuterungsbericht), **755** (Haftung).

Prüfungspflicht. Des Käufers **201.** Des Bestellers **367, 370.** Der Revisoren der AG **728, 731a,** der Genossenschaft **907.** Des Handelsregisterführers **940, VII A 21.**

Publikumsgesellschaften 663c.

Qualität. Bei Gattungsobligationen 71. Des Vertragsgegenstandes s. Mängelhaftung.

Quellen. Als Inhalt des Grundeigentums 667, 704. Ableitung 705. Abgrabung 706/7. Benutzung 709. Notbrunnen 710. Pflicht zur Abtretung: des Wassers 711, des Bodens 712. *Siehe auch* Quellengemeinschaft, Quellenrecht.

Quellengemeinschaft 708.

Quellenrecht als Grunddienstbarkeit oder als selbständiges und dauerndes Recht 704, 780. *Siehe auch* selbständige und dauernde Rechte.

Quittung. Bei der Zahlung **86/89.** Ausstellung durch Handelsreisende **348b.** Im Wechselrecht **1029, 1047, 1098.** Beim Check **1143.**

Normale Zahlen = ZGB; fette Zahlen = OR

Rahmenmietvertrag 274a. BG darüber, Anhang **V D.** Verordnung darüber, Anhang **V E.**

Rang. Der dinglichen Rechte im Grundbuch 972. Der Grundpfandrechte im allgemeinen 813/5. Der Grundpfandverschreibung 825. Der Bauhandwerker- und Unternehmerpfandrechte 840. Der Faustpfandrechte 893. Übergangsrecht SchlT 29. *Siehe auch* Pfandstelle.

Rate s. Teilzahlung.

Ratifikation s. Genehmigung.

Rauch aus Nachbarliegenschaft 684.

Realsicherheit. Bedeutung bei der Bürgschaft **497, 501, 510.**

Realteilungsverbot für landwirtschaftliche Gewerbe IX 58/60.

Rebland s. landwirtschaftliche Pacht.

Rechenschaftsablegung. Durch den Arbeitnehmer **321b.** Durch den Heimarbeitnehmer **352a.** Durch den Beauftragten **400.** Durch den einfachen Gesellschafter **550.** *Siehe auch* Abrechnung.

Rechnungsfehler. In der Vormundschaftsrechnung 455. Bei Vertragsabschluss **24.**

Rechnungsführung s. Rechnungslegung.

Rechnungslegung bei der Stiftung 83b, 84b; bei der AG **662a, 663g/h.** *Siehe auch* kaufmännische Buchführung.

Rechnungsruf im Erbgang. Beim öffentlichen Inventar 582. Bei Erwerb durch das Gemeinwesen 592. Bei amtlicher Liquidation 595.

Rechnungsstellung s. Abrechnung.

Rechtfertigungsgründe bei unerlaubten Handlungen **52.**

Rechtsagenten. Verjährung ihrer Forderungen **128.**

Rechtsbeistand 397f.

Rechtsfähigkeit. Im allgemeinen 11. Des Kindes vor der Geburt 31, 393, 544. Der juristischen Person 53. Nach IPRG IA 34.

Rechtsgeschäfte. Vorbehalt des öffentlichen Rechtes der Kantone 6. Kantonale Beweisvorschriften 10. Abschluss durch Organe der juristischen Person 55. Zwischen Verein und Mitglied 68. Unter Ehegatten 168/9. Über den Ausschluss der Aufhebung von Miteigentum 650.

Rechtsgeschäftliche Ermächtigung 33/7.

Rechtsgewährleistung. Beim Kauf: Verpflichtung des Verkäufers **192,** Verfahren **193/4,** Ansprüche des Käufers **195/6,** Verjährung bei Kulturgütern **196a.** Bei der Miete **259a.** Bei der Pacht **288.** *Siehe auch* Gewährleistung, Streitverkündung.

Rechtshandlung. Vertretung **33,** 459, 462, 535. Erfüllung **77.**

Rechtshängigkeit im Scheidungsverfahren 136, 114, SchlT 7b.

Rechtsmittel im Scheidungsverfahren 148, 149, 147.

Rechtsschutz aus dem Besitz. Vermutung des Eigentums: im allgemeinen 930, bei unselbständigem Besitz 931, bei Grundstücken 937, bei Klage gegen den Besitzer 932. Verfügungs- und Rückforderungsrecht: bei anvertrauten Sachen 933, bei abhanden gekommenen Sachen 934, bei Geld und Inhaberpapieren 935, bei bösem Glauben 936.

Rechtsverhältnis 71, 72, 75.

Rechtswidrigkeit. Einer Verfügung von Todes wegen 512, 521. Von Auflagen und Bedingungen bei einer Verfügung von Todes wegen 482. *Siehe auch* Widerrechtlichkeit.

Reckweg 702.

Register s. öffentliche Register.

Reglemente s. Nutzungs- und Verwaltungsordnung, Organisationsreglement.

Regress s. Regressbestimmungen, Rückgriff, Wechselregress.

Regressbestimmungen im Sozialversicherungsrecht Anhang **IV.**

Reinertrag. Rechte darauf und Verwendung bei der Genossenschaft **858/63.**

Reingewinn bei der GmbH **804.** *Siehe auch* Bilanzgewinn, Jahresgewinn, Reinertrag.

Reisende s. Handelsreisendenvertrag.

Reistweg 695.

Rektaindossament 1001.

Rektawechsel 1001.

Rektifikationsvorbehalt im Urteil bei Ersatz für Körperverletzung **46.**

Rekurskommission für die Adoptionsvermittlung 269c.

Religiöse Eheschliessung 97.

Religiöse Erziehung. Des Kindes 303. Des bevormundeten Unmündigen 378.

Remittent beim Check **1105.**

Rente. Bei der Ehescheidung s. nachehelicher Unterhalt. Herabsetzung bei Überschreiten der Verfügungsbefugnis im Erbrecht 530. Als Vermächtnis 563. Verzugszinse dabei **105.** Als Form des Schadenersatzes **43.** Deren Verjährung **128, 131.** *Siehe auch* Leibrente, Sozialversicherungsleistung, Unterhaltsbeiträge.

Rentengläubiger, -schuldner 516, s. Leibrente.

Reparaturen s. Ausbesserung, Unterhalt. Verbesserung des Werkes **368.**

Reservefonds bei der Genossenschaft **860/1, 863.** *Siehe auch* Wohlfahrtsfonds.

Reserven s. gesetzliche –, statutarische –, stille Reserven, Wiederbeschaffungsreserven. Für eigene Aktien **659a, 671a.** Aufwertungsreserven **671b.**

Resolutivbedingung s. Bedingung.

Respekttage. Deren Ausschluss: beim Wechsel **1083, 1098,** beim Check **1143.**

Retentionsrecht 895/8. Voraussetzungen 895. Ausnahmen 896. Bei Zahlungsunfähigkeit 897. Wirkung 898. Für den durch zugeführte Sachen entstandenen Schaden 700. Für Beitragsforderungen bei Stockwerkeigentum 712k. Des Tierpfänders **57.** Des Vermieters **268/268b.** Des Verpächters **299c.** Des Handelsreisenden **349e.** Des Beauftragten **401.** Des Agenten **418o, 418v.** Des Kommissionärs **434.** Des Frachtführers **451.** Des Lagerhalters **485.** Des Gast- und Stallwirts **491.** Des Gläubigers bei der Bürgschaft **503.** Übergangsrecht SchlT 36. *Siehe auch* Fahrnispfand.

Reugeld. Begriff **158.** Beim Vorauszahlungsvertrag **227a, 227f.** Beim Verlöbnis 91.

Revisionshaftung 755.

Revisionsstelle. Bei der Stiftung: Bezeichnung 83a; Tätigkeit 83b; bei Überschuldung 84a; bei Familien- und kirchlichen Stiftungen 87. Bei der AG **727/731a:** Befähigung **727a/b, 727d, 729;** Unabhängigkeit s. dort; Wahl **727, 727a, 698, 693;** Sitz **727;** Einsetzung durch den Richter **727f;** Eintragung ins Handelsregister **641, 727e;** Abberufung **727e, 705;** Amtsdauer, Rücktritt **727e, f;** Aufgaben **728/729b, 730, 731, 627, 635a, 652f, 653f, 699, 725, 670, 697, 739;** Mitteilung von Wiederbeschaffungs- und stillen Reserven **669;** Organisation **731;** für Konzerne **731a;** Haftung **755.** *Siehe auch* besonders befähigter Revisor, Kontrollstelle.

Revisionsverbände als Kontrollstelle der Genossenschaft **906.**

Revisoren s. Revisionsstelle.

Risikobeiträge bei der Personalvorsorge **331a.**

Rohrleitungsanlagen. Haftung des Inhabers **III A b 4.**

Rückbürgschaft 498.

Rückerstattung s. Rückforderung.

Rückfall der Schenkung 247.

Rückforderung (Rückerstattung, Rückleistung). Der Verlobungsgeschenke 91. Von Unterhaltszahlungen 284. Des Kindesvermögens 326, 327. Aus Geschäften des Bevormundeten 411. Bei der Herabsetzung: von Verfügungen unter Lebenden 528, von Leistungen an den Erbverzichtenden 536, von Vermächtnissen 565. Der Erbschaft bei Verschollenheit 547, 546, 550. Aus Verträgen über eine noch nicht angefallene Erbschaft 636. Bei Abzahlungsgeschäften mit Eigentumsvorbehalt 716. Bei der Nutzniessung 751/3. Einer Forderung in Nutzniessung 774. Von Schuldbriefen und Gülten in Serien 881/3. Einer beweglichen Sache 933/6, 938/40. Von Kulturgütern 934. Bei Übervorteilung **21.** Bei Widerruf von Haustürgeschäften und ähnlichen Verträgen **40f.** Bei ungerechtfertigter Bereicherung **62/7.** Bei Rücktritt vom Vertrag **109, 195, 208, 227h, 238, 249, 309/10.** Bei unmöglich gewordener Gegenleistung **119.** Bei der Wandelung **208** (Kauf), **368** (Werkvertrag). Der Schenkung **249, 240/1.** Der Mietsicherheiten **257e.** Des Ferienlohns **329d.** Der Kaution des Arbeitnehmers **330.** Des Bürgen im Falle der Verminderung der Sicherheiten durch den Gläubiger **503.** Bei Spiel und Wette und Lotteriegeschäft **514/5.** Bei Aufhebung des Verpfründungsvertrages **526/7.** Von Dividenden und Bauzinsen durch den Aktionär **678.** Der Gewinnanteile der Verwaltung: bei Konkurs der AG **679,** der GmbH **806,** der Genossenschaft **904.** *Siehe auch* Herausgabe, Retentionsrecht, Rückgabe.

Rückgabe der Fundsache 722, des Versatzscheines 912, der Vollmachtsurkunde **36,** des Schuldscheins **88/90,** der Kaufsache **205, 208/9,** der eingetauschten Sache **238,** des Mietgegenstandes **267/267a, 264,** des Pachtgegenstandes **299/299b, 293,** der Sache bei der Gebrauchsleihe **305, 309/10,** des Darlehens **312, 318,** des vom Besteller gelieferten Stoffes **365,** der hinterlegten Sache **475/7, 479/80,** des Lagergutes **486.** *Siehe auch* Auseinandersetzung, Rückforderung, Rückgabepflicht, Herausgabepflicht.

Rückgabepflicht. Bei Untergang des Faustpfandrechtes 889. Bei Besitzesentziehung 927, 929. Bei Beendigung des Arbeitsverhältnisses **339a.** Des Handelsreisenden **350a.** Des Heimarbeitnehmers **352a.** Beim Agenturvertrag **418v.** *Siehe auch* Rückgabe, Herausgabepflicht.

Rückgabeprotokoll. Bei der Miete **256a.** Bei der Pacht **278.**

Rückgriff. Des Kantons 46, 429a, 849, 955. Auf die Miterben 640. Auf die Miteigentümer 649. Bei Haftung mehrerer: aus unerlaubter Handlung **50,** aus verschiedenen Rechtsgründen **51.** Des Geschäftsherrn **55.** Des Tierhalters **56.** Des Werkeigentümers **58.** Des Mitschuldners einer unteilbaren Leistung **70.** Des Solidarschuldners **148/9.** Des Frachtführers **449.** Des Spediteurs **457.** Des Bürgen **507/8, 497/8, 502, 504, 509.** Mehrerer Verantwortlicher: bei der AG **759,** bei der GmbH **827,** bei der Genossenschaft **918.** Der Gesellschafter bei der GmbH **802.** Der Genossenschafter **873, 878.** Des Inhabers beim Check **1128/31, 1143.** Bei der Anweisung an Ordre **1149.** Bei anderen indossierbaren Papieren **1152.** *Siehe auch* Wechselregress, Regressbestimmungen.

Rückkaufsrecht. Form **216.** Befristung und Vormerkung **216a,** 959, VIII 71, 72, 77. Vererblichkeit und Abtretung **216b.**

Rückkaufswert von Versicherungsansprüchen. Zur Berechnung des verfügbaren Teiles 476. Bei der Herabsetzung 529.

Rückleistung s. Rückforderung.

Rückreisekosten beim Auftrag zur Ehe- oder zur Partnerschaftsvermittlung **406b, 406d.**

Rückschlag. Bei der Errungenschaftsbeteiligung 210. Bei der Güterverbindung ZGB SchlT 10.

Rücksichtnahme. Der Ehegatten untereinander 167. Der Eltern und Kinder 272, 301. Auf die Hausgenossen 332. Pflicht des Mieters **257f, 271a, 272a, 274g,** des Vermieters **257h, 260,** des Pächters **283, 285, 300, 301,** des Verpächters **287, 289,** des Arbeitgebers **328, 329, 329c.**

Rückstellungen bei der AG **663a, 669.**

Rücktritt von der Auslobung 8.

Rücktritt vom Vertrag. Beim Erbvertrag 514. Bei Zahlungsunfähigkeit der Gegenpartei **83.** Beim Gläubigerverzug und anderer Hinderung an der Erfüllung **95/6.** Bei Verzug des Schuldners **107/9.** Bei Vereinbarung von Reugeld und Wandelpön **158, 160, 162.** Durch den Käufer **190.** Durch den Verkäufer **214, 233.** Beim Vorauszahlungsgeschäft **227h.** Beim Konsumkreditvertrag **XII B1 18.** Bei der Versteigerung **233.** Beim Tausch **237.** Durch den Mieter **258, 264.** Durch den Vermieter s. Kündigung. Durch den Pächter **288, 293.** Durch den Verpächter s. Kündigung. Durch den Besteller **366, 375, 377.** Durch den Unternehmer s. Auflösung. Beim Auftrag **404.** Beim Auftrag zur Ehe- oder zur Partnerschaftsvermittlung **406e, 406f, 406d.** Durch den Bürgen **510.** Bei der Verpfründung **526/7.** Des Revisors der AG **727e, 727f.** *Siehe auch* (fristlose) Auflösung, Kündigung, Rückgabe, Wandelung.

Rückwechsel 1049, 1098.

Rückwirkung. Der Verschollenenerklärung 38. Des Grundbucheintrags 972. Des Gesetzes SchlT 1/4. Bei auflösender Bedingung **154.**

Rückzahlung s. Rückforderung, Darlehen.

Sachen s. Fahrniseigentum, Grundeigentum, Bestandteile, Zugehör, Früchte, herrenlose Sachen, öffentliche Sachen, verbrauchbare Sachen, vertretbare Sachen.

Sacheinlagen bei der Kommanditgesellschaft **596, 608,** bei der AG **634, 628, 631, 634a, 635, 641, 650, 652e, 652g, 704, 753,** bei der GmbH **774, 778, 779, 780, 781, 786, 798, 827,** bei der Genossenschaft **833, 834, 835.**

Sachenrecht 641/977, s. Grundeigentum, Fahrniseigentum, beschränkte dingliche Rechte, Besitz, Grundbuch.

Sachgewährleistung. Beim Kauf: Gegenstand **197/8**; Wegbedingung **199**; für vom Käufer gekannte Mängel **200**; Mängelrüge **201/2**; bei absichtlicher Täuschung **203**; Klage auf Wandelung, Minderung oder Ersatzleistung **205/7**; Verjährung **210**. Beim Werkvertrag s. Mängelhaftung. *Siehe auch* Gewährleistung, Minderung, Wandelung.

Sachübernahme bei der AG **628, 631, 635, 641, 650, 651, 652e/g, 704, 753.**

Sachverständige. Bei Anordnungen über Kinder im Scheidungsverfahren 145. Beim Schutz der ehelichen Gemeinschaft 172. Bei der Adoption 268a. Bei Bevormundung Geisteskranker 374, 436. Beim fürsorgerischen Freiheitsentzug 397c. Bei der Übernahme von Erbgrundstücken 618.
Beim Viehhandel **202**. Beim Arbeitsvertrag: zur Feststellung des Geschäftsergebnisses **322a**, für die Provisionsabrechnung **322c**. Für die Prüfung des Werkes **367**. Für die Bestimmung des Honorars des Verlaggebers **388**. Bei der Kommanditgesellschaft **600**. Bei der AG: zur Prüfung der Geschäftsführung **731, 693**; besonders befähigter Revisor s. dort. *Siehe auch* Sonderprüfung.

Sachwalter bei der Stiftung 83, bei der AG **725a, 697d,** bei der Genossenschaft **903.**

Saldoziehung im Kontokorrent **117.**

Sanierung. Der AG **725, 725a, 692.** Der GmbH **817.** Der Genossenschaft **903.**

Schaden. Festsetzung **42**. *Siehe auch* mittelbarer Schaden, weiterer Schaden, Schadenberechnung, Schadenersatzpflicht.

Schadenberechnung. Durch den Richter **42**. Im Kaufrecht **191, 215.**

Schadenersatz. Art und Grösse **43**. Umfang **99.**

Schadenersatzpflicht. Des Unmündigen oder Entmündigten 19, 411. Bei Verletzung in den persönlichen Verhältnissen 28a. Bei Anordnung vorsorglicher Massnahmen im Persönlichkeitsschutz 28f. Im Namensschutz 29. Bei Vernichtung der letztwilligen Verfügung 510. Der Erben gegenüber den Vermächtnisnehmern 562. Bei Verbindung, Vermischung und Verarbeitung 672, 726/7. Bei Eingriffen in fremdes Grundeigentum 700/1. Bei Quellenabgrabungen 706. Des Pfandgläubigers beim Bauhandwerkerpfandrecht 841. Bei Besitzesentzug und Besitzesstörung 927/8. Bei ungerechtfertigtem Grundbucheintrag 975. *Siehe auch* Haftung, Verantwortlichkeit, Ersatzforderungen, Entschädigung, Vergütung.
Umfang **43, 44, 99,** s. auch Mass der Sorgfalt. Herabsetzung **44**. Bei unerlaubter Handlung und Nichterfüllung einer Obligation s. Haftung. Bei Rücktritt von der Auslobung **8**. Bei fahrlässigem Irrtum **26**. Bei Furchterregung und absichtlicher Täuschung **29, 31**. Bei Nichtrückzug der Vollmachtsurkunde **36**. Bei Stellvertretung ohne Ermächtigung **39**. Beim Vertrag zu Lasten eines Dritten **111**. Bei Vereinbarung einer Konventionalstrafe **161**. Bei Dahinfallen der Schuldübernahme **180**. Beim Kauf **190/1, 195/6, 204, 206, 208, 214**. Beim Tausch **238**. Bei der Schenkung **248**. Bei der Miete **259a, 259e, 260, 261, 257g/h, 266g**. Bei der Pacht **286, 288, 289, 290, 299**. Bei der Viehpacht und -verstellung **303**. Bei der Gebrauchsleihe **306**. Beim Arbeitsvertrag **321e, 323b, 330, 336g,**

337b/338a, 340b, 352a. Beim Werkvertrag **364/6, 368/9, 376, 377, 378.** Beim Auftrag **402, 404.** Bei der Geschäftsführung ohne Auftrag **421/2.** Bei der Kommission **427/8.** Beim Frachtvertrag **446/8.** Bei der Handlungsvollmacht **464.** Bei der Anweisung **467, 469.** Beim Hinterlegungsvertrag **473/4.** Der Gast- und Stallwirte **487/90.** Des Gläubigers gegenüber dem Bürgen **503, 505.** Des Bürgen gegenüber dem Gläubiger **510.** Bei der Verpfründung **528.** Bei mangelhafter Handelsregisterführung **928.** Bei Nichteintrag ins Handelsregister **942.** Bei unbefugtem Gebrauch der Firma **956.** Bei Versäumung der Benachrichtigung nach Wechselrecht **1042, 1054.** Bei Ausstellung eines Checks ohne Deckung **1103.** Nach KG **II A(1) 12.** Nach UWG **II C 9.** *Siehe auch* Haftung, Schaden, Schadenersatz, Schadenberechnung, Genugtuung, Gewährleistung, Mängelhaftung, unerlaubte Handlungen, Verantwortlichkeit.

Schadlosbürgschaft (Ausfallbürgschaft) **495.**

Schadloshaltung s. Schadenersatz, Schadenersatzpflicht. Des Unternehmers bei Rücktritt des Bestellers **377.**

Schatzfund 723, 724.

Schätzung. Beim öffentlichen Inventar des Erbrechts 581, 587. Von Grundstücken bei der Erbteilung 618. Bei der Nutzniessung 772. Bei der Ablösung von Grundpfandrechten 830. Bei Schuldbriefen 843. Bei der Gült 848/9. Des Schadens **42, 106.** Der Inventarstücke bei der Pacht **277, 299b.**

Scheidung s. Scheidung auf gemeinsames Begehren, Scheidung auf Klage, Scheidungsfolgen, Scheidungsverfahren. Übergangsrecht SchlT 7, 7a.

Scheidung auf gemeinsames Begehren. Umfassende Einigung 111. Teileinigung 112. Wechsel zur Scheidung auf Klage 113. Bei Zustimmung zur Scheidungsklage 116. Widerruf der Zustimmung zur Scheidung 149. *Siehe auch* Scheidungsverfahren.

Scheidung auf Klage. Nach Getrenntleben 114. Bei Unzumutbarkeit 115. Zustimmung zur Scheidungsklage, Widerklage 116. Bei fehlenden Voraussetzungen zur Scheidung auf gemeinsames Begehren 113. Umwandlung in Trennungsklage 138. *Siehe auch* Scheidungsverfahren.

Scheidungsfolgen. Stellung geschiedener Ehegatten 119. Güterrecht und Erbrecht 120. Wohnung der Familie 121. Berufliche Vorsorge 122/4, **331e.** Nachehelicher Unterhalt s. dort. Kinder 133/4. Anwendung der Bestimmungen auf die Eheungültigerklärung 109. Vereinbarung s. dort. Bei Teileinigung 112. *Siehe auch* Scheidungsverfahren.

Scheidungsgründe s. Scheidung auf gemeinsames Begehren, Scheidung auf Klage.

Scheidungsklage s. Scheidung auf Klage.

Scheidungsrente s. nachehelicher Unterhalt.

Scheidungsurteil. Bei Teileinigung 112. Abänderung 135, 136, 129, 134, 315b, SchlT 7a. Aufnahme der Vereinbarung 140. Eröffnung an Einrichtungen der beruflichen Vorsorge 141. Angaben bezüglich Unterhaltsbeiträge 143.

Scheidungsvereinbarung s. Vereinbarung.

Scheidungsverfahren. Zuständigkeit 135. Rechtshängigkeit 136, SchlT 7b. Vorsorgliche Massnahmen 137. Neue Anträge 138. Erforschung des Sachverhalts 139. Genehmigung der Vereinbarung 140. Berufliche Vorsorge 141/2. Unterhaltsbeiträge 143. Kinder 144/7, 315a, 315b. Rechtsmittel 148/9. Anwendung

Normale Zahlen = ZGB; fette Zahlen = OR 111*

der Bestimmungen auf die Ungültigerklärung der Ehe 110, auf die Trennung 117. Rechtshängige Scheidungsprozesse, Übergangsrecht SchlT 7b.

Scheidungsvoraussetzungen s. Scheidung auf gemeinsames Begehren, Scheidung auf Klage.

Schenker 239, s. Schenkung.

Schenkung 239/52. Inhalt **239.** Persönliche Fähigkeit: des Schenkers **240,** des Beschenkten **241.** Bedingungen und Auflagen **245/6.** Verabredung des Rückfalls **247.** Verantwortlichkeit des Schenkers **248.** Wiederkehrende Leistungen **252.** Verhältnis zu ehelichem Güterrecht und Erbrecht **240.** Verzug **105.** Durch den Beauftragten **396.** Beim Verlöbnis 91. Vor Auflösung der Errungenschaftsbeteiligung 208. Mitwirkung des Beirats 395. Zu Lasten des Bevormundeten 408. Anrechnung im Erbrecht 527, 494. Ausgleichung 632. Des Nutzniessungsgegenstandes 761. *Siehe auch* Schenkung von Hand zu Hand, Schenkungsversprechen, Schenkung von Todes wegen, Gelegenheitsgeschenke, Geschenke.

Schenkungsabsicht bei der Verpfründung **526.**

Schenkungsversprechen. Form **243.** Möglichkeit des Rückzuges vor der Annahme **244.** Widerruf: der vollzogenen Schenkung **249,** des Schenkungsversprechens **250,** durch die Erben **251,** Verjährung **251.** *Siehe auch* Schenkung.

Schenkung von Hand zu Hand. Form **242.** Vollzogenes Schenkungsversprechen **243.** Widerruf **249, 251.** *Siehe auch* Schenkung.

Schenkung von Todes wegen 245.

Schiedsgericht. Unterbrechung der Verjährung **135.** Beim Kauf **194.** Bei der Miete **274a, 274c.** Bei der Pacht **301.** Annahme durch den Beauftragten **396.** *Siehe auch* Schiedsvertrag.

Schiedsgerichtsbarkeit s. Internationale Schiedsgerichtsbarkeit.

Schiedsvertrag. Zustimmung der Vormundschaftsbehörde dazu 421. Abschluss durch die Liquidatoren: der Kollektivgesellschaft **585,** der Kommanditgesellschaft **619,** der AG **743,** der GmbH **823,** der Genossenschaft **913.**

Schiessübungen. Inhalt einer Dienstbarkeit 781.

Schiffahrtsunternehmungen. Ausgabe von Anleihensobligationen **1185.**

Schlichtungsbehörde bei Mietstreitigkeiten **274a,** bei Pachtstreitigkeiten **301.** Kein Ausschluss durch Schiedsgerichte **274c.**

Schlichtungsverfahren 274d/274f. Für Herausgabe hinterlegter Mietzinse **259h, 259i.** Zur Anfechtung: des Mietzinses **270/270c, 270e;** der Kündigung **273, 271a.**

Schlussbericht und Schlussrechnung des Vormunds 451/3. Verantwortlichkeit 426, 454/5.

Schluss- und Übergangsbestimmungen. Im allgemeinen SchlT 51/61. Zu Miet-, Pacht-, Arbeits-, Agenturvertrag, Bürgschaft, Handels- und Wertpapierrecht, Aktienrecht, Anleihensobligationen abgedruckt als Sammlung am Ende des OR. *Siehe auch* bisheriges Recht.

Schriftlichkeit. Der Vereinsstatuten 60. Beim Vereinsbeschluss 66. Des Vorbereitungsverfahrens zur Eheschliessung 98. Der Bestätigung des Scheidungswillens 111. Zum Ausschluss des Mehrwertanteils des Ehegatten 206. Der Zustimmung zur Adoption 265a. Des Entscheides bei Absehen von der

Zustimmung eines Elternteils zur Adoption 265d. Der Mitteilung zur Wahl als Vormund 387. Bei fürsorgerischem Freiheitsentzug 397d, 397e. Der eigenhändigen letztwilligen Verfügung 505. Der Aufhebung des Erbvertrages 513. Der Ausschlagung 570. Des Teilungsvertrages 634. Von Verträgen über Abtretung der Erbanteile 635. Der Abänderung eines gesetzlichen Vorkaufsrechtes 681b. Des Vertrags über Errichtung einer Grunddienstbarkeit 732. Bei Mitteilung der Ablösung einer Grundpfandverschreibung 828. Der Beibehaltserklärung bei Veräusserung belasteter Grundstücke 832, 833. Bei der Nachverpfändung 886, 903. Bei Verpfändungen von Forderungen mit oder ohne Schuldschein 900. Bei Nachverpfändung 903. Der Anmeldung zur Eintragung im Grundbuch 963/4. Der Einwilligung zur Berichtigung im Grundbuch 977. Gesetzlich vorgeschriebene: Bedeutung **12**, Erfordernisse **13**, Unterschrift **14/5**. Vertraglich vorbehaltene **16**. Im übrigen s. Form.

Schuldbekenntnis. Ohne Verpflichtungsgrund **17**. Bei der Simulation **18**. Bei der Abtretung **164**.

Schuldbetreibung. Eines Ehegatten in Gütergemeinschaft 189. Während des öffentlichen Inventars 586. Der Stockwerkeigentümer 712 l. Beim Grundpfand 806, 816, 818, 828. Als Voraussetzung des Verzuges **105**. Als Unterbrechungsgrund der Verjährung **135, 138, 1070**. Des Vermieters **261**. Des Verpächters **290**. Des Arbeitnehmers bei ungerechtfertigtem Nichtantritt oder Verlassen der Arbeitsstelle **337d**. Des Hauptschuldners und des Solidarbürgen als Voraussetzung für die Belangbarkeit des Bürgen **495, 497**. Haftung für Kosten bei der Bürgschaft **499**. Einstellung gegen den Bürgen **501**. Des Pfrundgebers **529**. Des Ehegatten in Gütergemeinschaft **SchlB 15** (am Ende des OR). *Siehe auch* Konkurs, Pfändung, Wechselbetreibung.

Schuldbetreibungs- und Konkursrecht. Vorbehalt: für die Rückforderung einer bezahlten Nichtschuld **63**, für die Art der Zwangsvollstreckung bei Ausbleiben der Erfüllung **97**, bei Verjährungsstillstand **134**.

Schuldbrief. Art des Grundpfandes 793. Zweck und Gestalt 842. Schätzung 843. Belastungsgrenze s. dort. Kündigung 844. Stellung des Eigentümers 845. Veräusserung und Zerstückelung 846. Errichtung 854/62. Pfandtitel s. dort. Zahlungsort 861. Untergang 863/4. Gutglaubensschutz auf Grund des Eintrages 865, auf Grund des Pfandtitels 866. Verhältnis des Titels zum Eintrag 867. Einreden des Schuldners 872. Änderungen im Rechtsverhältnis 874. Bei Anleihensobligationen 875. Vorbehalt der Vorschriften bei Inhaberpapieren **989**. *Siehe auch* Grundpfand, Eintragung im Grundbuch, Pfandtitel, Serientitel.

Schulden. Des Vereins 75a. Bei Anordnung des ausserordentlichen Güterstandes 193. Unter Ehegatten 195, 203, 205, 209, 235, 250, s. auch Zahlungsfristen. Vollschulden 233. Eigenschulden 234. Der Gemeinderschaft 342. Des Erblassers: bei Berechnung des verfügbaren Teils 474, Bezahlung durch den Willensvollstrecker 518, Übergang auf die Erben 560, 565, 589, Aufnahme ins Inventar 581/3, 591, bei Erwerb der Erbschaft durch das Gemeinwesen 592, bei amtlicher Liquidation der Erbschaft 593, Tilgung vor Teilung 610, solidarische Haftung der Erben 603, 639/40, Übergang auf den Erben bei Zuteilung der Pfandsache 615.

Schuldenruf. Bei Herabsetzung des Aktienkapitals der AG **733, 735,** des Stammkapitals der GmbH **788**. Bei Liquidation der AG **742/3, 745,** der GmbH **823,** der Genossenschaft **913**. *Siehe auch* Anmeldung der Forderung, Rechnungsruf.

Schuldner s. Obligation, Erfüllung, Haftung, Schadenersatzpflicht, Solidarschuldner, Verzug des Schuldners sowie die einzelnen Vertragsverhältnisse.

Schuldnerverzug s. Verzug des Schuldners.

Schuldschein 88/90, 116, 170, 977, 900.

Schuldübernahme 175/83. Vertrag zwischen altem und neuem Schuldner 175. Vertrag mit dem Gläubiger 176/7. Wirkung: auf Nebenrechte 178, auf die Bürgschaft 493. Einreden 179. Dahinfallen 180. Übernahme eines Vermögens oder eines Geschäftes 181. Vorbehalt der Bestimmungen betreffend Schuldübernahme bei Erbteilung und Veräusserung verpfändeter Grundstücke 183. Bei der Stellvertretung 32. Bei der Kollektivgesellschaft 592. Für Fusion, Spaltung, Umwandlung und Vermögensübertragung s. Fusionsgesetz, **IX**. Bei Veräusserung oder Zerstückelung des Grundstückes: bei der Grundpfandverschreibung 832/4, beim Schuldbrief 846. *Siehe auch* Übergang.

Schuldurkunde. Aushändigung bei Forderungsabtretung 170. *Siehe auch* Schuldschein.

Schuldverschreibung zur Deckung von Spiel- und Wettschulden 514.

Schutz. Der Persönlichkeit s. Persönlichkeitsschutz. Des Vereinszweckes 74. Der Vereinsmitgliedschaft 75. Der ehelichen Gemeinschaft s. dort. Der Gläubiger im ehelichen Güterrecht 193, SchlT 11a. Des Kindes s. Kindesschutzmassnahmen. Des Kindesvermögens 324/5, s. auch elterliche Vermögensrechte. Des guten Glaubens s. Gutglaubensschutz. Des Besitzes s. Besitzesschutz. Vor missbräuchlichen Mietzinsen und anderen missbräuchlichen Forderungen bei Miete 269/270e, 253b. Kündigungsschutz s. dort. Des Arbeitnehmers s. Persönlichkeitsschutz. Datenschutz s. dort. Gläubigerschutz s. dort. Der Firma 956. Der Anleihensgläubiger 1162. Der Aktionäre 653c. Der Wandel- oder Optionsberechtigten 653d.

Schutzmassnahmen für Leben, Gesundheit usw. des Arbeitnehmers 328.

Schützenswertes persönliches Interesse bei Klage auf Bereinigung der Zivilstandsregister 42.

Schutzwürdiges Interesse. Zur Bekanntgabe: von Personendaten 43a; von Personalien der leiblichen Eltern an das Adoptivkind 268c. Für Ausschluss von Berufsausübung durch Gesamtarbeitsvertrag 356a. Der AG 697, 697e. Der Gläubiger der AG 697h, 716b. Zur Edition von Geschäftsunterlagen 963.

Schwägerschaft 21, 948.

Schwangerschaft der Arbeitnehmerin 324a, 328a, 329b, 336c.

Schwarzarbeit 321a, 329d.

Schweigen auf Offerte 6, beim Auftrag 395, beim Auftrag zur Willensvollstreckung 517. Im übrigen s. stillschweigend.

Schweizerbürgerrecht als Voraussetzung der Verwaltungsratsmitgliedschaft bei der AG 708, bei der Genossenschaft 895.

Schweizerisches Handelsamtsblatt s. Handelsamtsblatt.

Seeschiffahrt s. Schiffahrtsunternehmungen.

Selbständiger und unselbständiger Besitz 920.

Selbständige und dauernde Rechte. Als Gegenstand des Grundeigentums 655. Aufnahme im Grundbuch 943, VIII 7, 9. Baurecht: Aufnahme ins Grundbuch

779, öffentliche Beurkundung des Begründungsvertrages 779a, Dauer 779 l, Vorkaufsrecht 682. Quellenrecht 780. Wasserrechtsverleihungen SchlT 56.

Selbsteintritt des Kommissionärs **436/8.**

Selbsthilfe. Zur Sicherung der Pfandsache 808. Zum Zweck der Sicherung eines berechtigten Anspruchs **52.** Zweck der Genossenschaft **828.**

Selbstverschulden als Herabsetzungsgrund für Schadenersatz **44.**

Sensal 418.

Sequester 480.

Serientitel. Anwendung der Vorschriften über Schuldbrief und Gült 876. Gestalt 877, VIII 59. Amortisation 878. Eintragung im Grundbuch 879, VIII 52. Ausgabestelle 877, 880. Rückzahlung 881/3.

Servituten s. Dienstbarkeiten.

Sicherheiten s. Sicherheitsleistung, Sicherstellung.

Sicherheitsleistung. Bei vorsorglichen Massnahmen im Persönlichkeitsschutz 28d, 28f. Für das Kindesvermögen 324. Des Familienrates 365. Bei Beerbung eines Verschollenen 546. *Siehe auch* Sicherstellung, Hinterlegung.

Sicherheitsvorkehrungen gegen Missbrauch des Signaturschlüssels **59a.**

Sichernde Massregeln bei drohendem Gebäude- und Werkschaden **59.** *Siehe auch* vorsorgliche Massnahmen.

Sicherstellung. Der Entschädigung für fehlende Austrittsleistung nach FZG bei Scheidung 124. Künftiger Unterhaltsbeiträge 132, 135, 292. Der Forderungen unter Ehegatten 203, 235, 250. Der Beteiligungsforderungen und des Mehrwertanteils bei güterrechtlicher Auseinandersetzung 218, 239. Bei Nacherbeneinsetzung 489. Bei Fortsetzung eines Gewerbes durch die Erben 585. Der Vermächtnisnehmer 594. Bei der Erbschaftsklage 598. Der Erbschaftsschulden vor der Teilung 610. Bei der Nutzniessung 760/2, 775. Bei Herausgabe der Versicherungssumme an den Pfandeigentümer 822. Durch die Grundbuchbeamten 955. *Siehe auch* Sicherheitsleistung, Hinterlegung, Schutz, vorsorgliche Massnahmen, Sicherungsmassregeln, Bürgschaft, Pfandrecht.

Sicherstellung (Sicherheit, Sicherheitsleistung). Durch den Schuldner bei Schadenersatz in Rentenform **43.** Wegen Zahlungsunfähigkeit bei zweiseitigen Verträgen **83.** Keine Anrechnung der Teilzahlung auf den gesicherten Teil der Forderung **85.** Beim Kontokorrentverhältnis **117.** Bei schwebender Bedingung **152.** Bei der Schuldübernahme **175.** Beim Vorauszahlungsvertrag: der Zahlungen des Käufers **227b,** der Teillieferung des Verkäufers **227c.** Bei der Miete **257e.** Bei Konkurs des Mieters **266h,** des Pächters **297a.** Beim Arbeitsvertrag: des Lohns **323b, 337a;** Forderung des Arbeitgebers **323a, 330;** familienrechtlicher Unterhalts- und Unterstützungspflichten **325;** der Forderung des Handelsreisenden **349e.** Beim Verlagsvertrag **392.** Der Kosten für die Rückreise bei Ehe- oder Partnerschaftsvermittlung **406c.** Der Ansprüche aus dem Agenturverhältnis **418o.** Bei der Bürgschaft **506, 497, 501, 503, 510, 494.** Bei der Verpfründung **523.** Bei der Liquidation der AG **744,** der GmbH **823,** der Genossenschaft **913.** Der Gläubiger: bei Herabsetzung des Aktienkapitals **733/5,** des Stammkapitals der GmbH **788.** Bei Inhaberzinscoupons **980.**

Sicherung durch Pfandrecht. Umfang beim Grundpfand 818/9. *Siehe auch* Pfandhaft.

Sicherungsbefugnisse des Grundpfandgläubigers. Bei Wertverminderung der Pfandsache 808/9. Bei unverschuldeter Wertverminderung 810. Bei Abtrennung kleiner Stücke 811. Bei weiterer Belastung 812. Für erhaltende Auslagen 819. Bei Auszahlung der Versicherungssumme an den Eigentümer 822. Übergangsrecht SchlT 27.

Sicherungsinventar 553, 568, 474.

Sicherungsmassregeln. Beim Erbgang: im allgemeinen 551, für die Vermächtnisnehmer 594, bei der Erbschaftsklage 598, bei der Teilung 604; Siegelung der Erbschaft, Sicherungsinventar, Erbschaftsverwaltung, Eröffnung der letztwilligen Verfügung s. jeweils dort. Des bedingt Berechtigten **152**. *Siehe auch* sichernde Massregeln, Sicherungsbefugnisse, Sicherungsmittel.

Sicherungsmittel bei der Nacherbeneinsetzung 490.

Sicht. Auf Sicht zahlbare Inhaberpapiere **988**. Auf Sicht zahlbarer Check **1115**. Auf Sicht oder nach Sicht zahlbare wechselähnliche Papiere **1145/52**.

Sichtwechsel 992, 995, 1023, 1024.

Siegelung der Erbschaft 551/2, 474.

Signaturschlüssel. Haftung **59a**. Elektronische Signatur **14**.

Simulation 18.

Sittliche Pflicht 63, 239.

Sittlichkeit 19, 20, 328. Verletzung durch übermässige Bindung 27. Gefährdung im Lehrverhältnis 346. *Siehe auch* Unsittlichkeit.

Sitz s. statutarischer Sitz, Wohnsitz, Sitzverlegung. Eintragung ins Handelsregister **554** (Kollektivgesellschaft), **596** (Kommanditgesellschaft), **640** (AG), **780** (GmbH), **835** (Genossenschaft), **935** (Zweigniederlassung).

Sitzverlegung. Innerhalb der Schweiz **VII A 49**. Vom Ausland in die Schweiz **VII A 50/50b**, I 161/2. Von der Schweiz ins Ausland **VII A 51/51a**, I 163.

Sofortige Auflösung s. fristlose Auflösung.

Solidarbürgschaft. Im allgemeinen **496, 497, 493, 494, 504**. Des Kollektivgesellschafters zugunsten der Gesellschaft **568**.

Solidarforderung 150.

Solidarhaftung 143, s. Solidarschuld.

Solidarische Haftung, Solidarität 143. Bei unerlaubter Handlung **50**. Wirkung der Verjährungsunterbrechung **136**, des Verjährungsverzichts **141**. Bei Übernahme eines Vermögens oder Geschäftes **181**. Bei Übertragung der Miete auf einen Dritten **263**. Mehrerer Entlehner **308**. Bei Übergang des Arbeitsverhältnisses **333**. Mehrerer Auftraggeber **403**. Mehrerer Aufbewahrer **478**. Der einfachen Gesellschafter **544**. Der Kollektivgesellschafter **568, 569**. Bei der AG **645, 759**. Bei der Kommandit-AG **764, 783**. Bei der GmbH **790, 797, 802, 826**. Bei der Genossenschaft **838, 869, 918**. Beim Wechsel **1044**. Beim Check **1143**. Bei Anleihensobligationen **1156**. Bei Übertragung der Miete infolge Scheidung 121. Der Ehegatten 166. Bei der Gemeinderschaft 342. Der vormundschaftlichen Organe bei Arglist 429. Der Erben für die Schulden des Erblassers 603, 639. *Siehe auch* Solidarschuld, Solidarschuldner.

Solidarschuld. Entstehung durch Erklärung der Schuldner **143** oder von Gesetzes wegen **143** (mit Querverweisen). Erlöschen **147**. *Siehe auch* Solidarschuldner, solidarische Haftung.

Solidarschuldner. Haftung **144**. Einreden **145**. Wirkung seiner persönlichen Handlungen **146**. Befreiung **147**. Beteiligung an der Schuld **148**. Rückgriff **148**. Übergang der Gläubigerrechte **149**. Unterbrechung der Verjährung **136**. Verzicht auf die Verjährung **141**. Errichtung eines Grundpfandes **798**. *Siehe auch* Solidarschuld.

Sondergut. Bei Wechsel von Güterverbindung zu Errungenschaftsbeteiligung SchlT **9b**. Bei Beibehaltung der Güterverbindung SchlT **9e**. Bei Abschluss eines Ehevertrages unter dem alten Eherecht SchlT **10**.

Sonderprüfung bei der AG **697a/g**. Einleitung **697a/b, 656b/c, 693, 700**. Einsetzung eines Sachverständigen **697c**. Tätigkeit **697d**. Bericht und dessen Bekanntgabe **697e/f**. Kostentragung **697g**. Bei AG mit Partizipationskapital **656b, c**.

Sonntag. Als Erfüllungstag bei Obligationen **78, 1081, 1136**. Freizeit des Arbeitnehmers **329**.

Sorgfaltspflicht des Geschäftsherrn **55**, des Tierhalters **56**, des Schuldners im allgemeinen **99**, bei Abtretung zahlungshalber **172**, des Mieters **257f, 271a, 272a, 274g**, des Pächters **283, 285, 300, 301**, des Arbeitnehmers **321a, 321e**, des Heimarbeitnehmers **352a**, des Unternehmers **364, 365**, des Beauftragten **398, 399**, des Agenten **418c**, des Geschäftsführers ohne Auftrag **420, 422**, des Frachtführers **447**, des Gläubigers bei der Amtsbürgschaft **503**, des einfachen Gesellschafters **538, 547**, des Verwaltungsrates einer AG **717**, der Verwaltung der Genossenschaft **902**. Des Vertreters bei pfandgesicherten Anleihenstiteln **1161**. Bei der Verwaltung des Kindesvermögens 324. Des Familienhauptes 332, 333. Des Nutzniessers 755, 767, 773. Des Staates bei der Gült 849. Des Bevollmächtigten bei Schuldbrief und Gült 860. *Siehe auch* Mass der Sorgfalt.

Sozialversicherungsleistung. Berücksichtigung der Anwartschaften für nachehelichen Unterhalt 125. Errungenschaft 197. Neben Unterhaltsbeitrag 285. Regress **IV**.

Spaltung. FusG, Anhang **IX** zum OR; **VII A 106/106e, 110a, 111**. Zuständigkeit und anwendbares Recht nach IPRG I A 163d, 164, 164a/b.

Spargeld des Kindes 321.

Sparkassen. Zinsberechnung 314. Haftung **III A b 11**. *Siehe auch* Bank.

Sparkonto s. Bank.

Spediteur. Anwendung der Bestimmungen über die Kommission **439**, über den Frachtvertrag **439**. Bei Mitwirkung einer öffentlichen Transportanstalt **456**. Haftung **457**.

Speditionsvertrag s. Spediteur.

Sperrfrist für die Kündigung des Arbeitsverhältnisses **336c**. *Siehe auch* Erstreckung, Kündigungsschutz.

Spesen s. Aufwendungsersatz.

Spielbanken 515a.

Spiel und Wette 513/5a. Unklagbarkeit der Forderung **513**. Schuldverschreibungen und freiwillige Zahlung **514**. Lotterie- und Ausspielgeschäfte **515**. Spiel in Spielbanken, Darlehen von Spielbanken **515a**. Einrede und Rückgriff des Bürgen **502, 507**.

Sprengstoffanlage. Haftung **III A b 9**.

Normale Zahlen = ZGB; fette Zahlen = OR

Staatsangehörigkeit. Eintrag im Zivilstandsregister 39. Nach IPRG IA 22/4. Eintrag ins Handelsregister: bei der Kollektivgesellschaft **554**, bei der Kommanditgesellschaft **596**, bei der AG **640/1**, bei der GmbH **765, 780, 781**, bei der Genossenschaft **835/6**. Des Verwaltungsrates der AG **708, 640, 641**. *Siehe auch* Ausländer.

Stallwirte 487, s. Gastaufnahmevertrag.

Stammaktie 656.

Stämme. Erbberechtigung: der Nachkommen 457, 462, des elterlichen Stammes 458, 462, des grosselterlichen Stammes 459, 460. Beim Erbverzicht 496.

Stammeinlage bei der GmbH **772, 774** (Höhe), **776/7** (Aufnahme in die Statuten), **779, 780/1** (Eintragung ins Handelsregister), **789/90** (Übertragung), **798/802** (Einzahlung), **803** (Nachschüsse).

Stammkapital der GmbH **772/3** (Höhe), **776/7** (Aufnahme in die Statuten), **780/1** (Eintragung ins Handelsregister), **784, 786/7** (Erhöhung), **788** (Herabsetzung), **802** (Haftung), **803** (Nachschüsse), **804** (Zinsen), **817** (Anzeigepflicht bei Minderung der Deckung und bei Überschuldung).

Standesregister s. Zivilstandsregister, Personenstand.

Status bei Gläubigergemeinschaft aus Anleihensobligationen **1175**.

Statutarische Reserven. Bei der AG: im allgemeinen **672**, zu Wohlfahrtszwecken für Arbeitnehmer **673/4**, Verhältnis zum Gewinnanteil **674**, Aufnahme in die Bilanz **663a**. Bei der GmbH **805**. Bei der Genossenschaft **860/1, 863**.

Statutarischer Sitz juristischer Personen **VII A 43, 88a**. Der AG **626, 641, 704**. Der GmbH **776, 781**. Der Genossenschaft **832, 836**.

Statuten. Der juristischen Person 54, 56/7. Des Vereins: zur Erlangung der Persönlichkeit 60, Form 60, bei Eintragung ins Handelsregister 61, Verhältnis zum Gesetz 63.
Der AG: Inhalt **626/8**, bei der Gründung **629**, als Beleg **631**, Eintragung ins Handelsregister **640/1**, deren Missachtung bei der Gründung **643**, für bedingte Kapitalerhöhung **653, 653b**. Der Kommandit-AG **764, 766**. Der GmbH: Inhalt **776/8**, Festsetzung in der Gründerversammlung **779**, Eintragung ins Handelsregister **780/1**. Der Genossenschaft: Inhalt **832/3, 856, 864/5**, Annahme **830, 834**, Eintragung ins Handelsregister **835/6**, Abänderung **879**. *Siehe auch* statutarische Reserven, Statutenänderung.

Statutenänderung. Bei der AG: Zuständigkeit der Generalversammlung **698**; Form und Wirkung **647**; bei Kapitalerhöhung **651a** (genehmigte), **652g/h** (ordentliche und genehmigte), **653g/h/i** (bedingte); bei Ausgabe von Vorzugsaktien **654**; bei Ausgabe von Genussscheinen **657**; bei Herabsetzung des Aktienkapitals **732**. Bei der GmbH: Zuständigkeit der Gesellschafterversammlung **810**; Beschluss **784**; Eintragung ins Handelsregister **785**; bei Erhöhung des Stammkapitals **786**.

Stellenvermittler 417, 418, AVG **VI B**.

Stellvertretung. Mit Ermächtigung s. dort. Ohne Ermächtigung **33/4, 36/9**. Beim Wechsel **998**. *Siehe auch* Vertretung.

Steuern. Bei Miteigentum 649. Bei Stockwerkeigentum 712h. Bei der Nutzniessung 765. Beim Fahrniskauf 189. Deren Verbürgung **493, 500, 509**.

Stichentscheid des Vorsitzenden des Verwaltungsrates **713**.

Stiefeltern, Stiefkinder. Ausübung der elterlichen Sorge 299.

Stiftung 80/89bis. Juristische Person 52. Errichtung im allgemeinen 80. Form der Errichtung 81. Eintragung ins Handelsregister 81, **VII A 101/4a.** Anfechtung 82. Organisation und Aufsicht 83/4. Revisionsstelle 83a/b. Überschuldung und Zahlungsunfähigkeit 84a. Buchführung 84b. Umwandlung: der Organisation 85, des Zweckes 86. Familien- und kirchliche Stiftungen 87. Aufhebung: durch die zuständige Behörde 88, Antrags- und Klagerecht 89, Löschungseintrag 89. Fürsorgestiftungen für das Personal 89bis. Familienstiftungen 335. Anordnung der Beistandschaft bei fehlender Verwaltung 393. Des Erblassers 493, 539. Stiftungen des bisherigen Rechts SchlT 6b. Fusion und Vermögensübertragung **IX 78/87, VII A 109b, 109e.** Personalfürsorgestiftung s. Personalfürsorgeeinrichtung.

Stiftungsaufsicht 84, 87.

Stille Reserven bei der AG **669, 663b.**

Stillschweigende Erneuerung der Miete **266,** der Pacht **295,** des Arbeitsvertrages **334,** des Agenturvertrages **418p,** der einfachen Gesellschaft **546.** *Siehe auch* stillschweigende Willensäusserung.

Stillschweigende Fortsetzung s. stillschweigende Erneuerung. Der Gemeinderschaft 343.

Stillschweigende Willensäusserung. Bei Vertragsabschluss im allgemeinen **1.** Bei der Stellvertretung **34, 39.** Bei Genehmigung des Werkes **370.** Bei der Prokura **458.** Bei der Hinterlegung vertretbarer Sachen **481.** Zur Fortführung der Firma bei Übernahme eines Geschäftes **953.** *Siehe auch* stillschweigende Erneuerung, Schweigen.

Stillstand. Der Ersitzung 663, 728. Der Verjährung s. Verjährungsstillstand.

Stimmrecht. In der Vereinsversammlung 67/8. Des Stockwerkeigentümers 712o, 712p. Der Aktionäre **703, 692, 626, 627, 694, 695, 691, 706b.** Des Partizipanten **656c, 656a.** Eigener Aktien **659a.** Bei vinkulierten Namenaktien **685c, 685f.** Bei Vertretung des Aktionärs **689b/d.** Beschränkung s. dort. Bei der Kommandit-AG **764.** Bei der GmbH **808.** Bei der Genossenschaft **880, 885, 887, 888.** In der Versammlung der Anleihensgläubiger **1167, 1170/3, 1180/2.**

Stimmrechtsaktien 693. Beschluss zur Einführung **704.** Übergangsrecht **SchlB 5.** *Siehe auch* Aktien.

Stimmrechtsverbundene Aktionärsgruppen 663c.

Stimmrechtsvertreter bei der AG **689c, 689e, 702.**

Stockwerkeigentum 712a/712t, SchlT 20bis/quater. Inhalt 712a. Gegenstand 712b. Begründungsakt und Eintragung im Grundbuch 712d, VIII 10a, 33a/c. Untergang und Aufhebung 712f, 650. Anwendbare Bestimmungen für Verwaltung und Benutzung 712g. Gemeinschaftliche Kosten und Lasten 712h/k. Organisation s. Versammlung der Stockwerkeigentümer, Verwalter. Übergangsrecht SchlT 20bis/20ter. *Siehe auch* Stockwerkeigentumsanteil, Wertquoten, Stockwerkeigentümergemeinschaft, Nutzungs- und Verwaltungsordnung.

Stockwerkeigentümergemeinschaft. Handlungsfähigkeit 712 l. Bei Beitragsforderungen: Anspruch auf ein gesetzliches Pfandrecht 712i, Retentionsrecht 712k. *Siehe auch* Versammlung der Stockwerkeigentümer.

Stockwerkeigentumsanteil. Als Miteigentumsanteil 712a. Verfügung darüber 712c. Vorkaufsrecht 712c. Bestellung eines Baurechtes ausgeschlossen 675. *Siehe auch* Wertquoten.

Stockwerkeigentumsreglement 712g.

Strafanstalt. Kein Wohnsitz 26.

Strafbare Handlung. Bei Erklärung vor dem Zivilstandsbeamten 41. Der auf den Zivilstandsämtern tätigen Personen 47. Des Vormundes 445/50, 455. Der in der Grundbuchverwaltung tätigen Personen 957. Nach dem PfG VII 44/9. *Siehe auch* Busse, Ordnungsbusse, Strafrecht, Straftat.

Strafbestimmungen. Nach KG **II A(1)** 54/7. Nach UWG **II C** 23/7. Nach LPG **V A** 54/7. *Siehe auch* strafbare Handlungen.

Strafe s. Konventionalstrafe.

Strafrecht. Verhältnis zur unerlaubten Handlung 53. Verjährung der Ersatzklage aus einer strafbaren Handlung **60, 760, 919,** 455.

Straftat. Berücksichtigung bei Festsetzung des nachehelichen Unterhalts 125. Als Bevormundungsgrund 371, 432. Als Enterbungsgrund 477. Als Aufhebungsgrund der Schenkung **249/50.** *Siehe auch* strafbare Handlung.

Strasse. Kantonales Recht 664. Öffentlich-rechtliche Vorschriften 702. Zugang s. Wegrechte.

Strassenverkehr. Haftpflicht und Versicherung **III B(1)** 58/89.

Streitverkündung. Bei güterrechtlicher Auseinandersetzung 208. Beim Kauf **193/4, 195.** Bei der Miete **259a, 259f.** Bei der Pacht **288.** Unterbrechung der Verjährung beim Wechsel **1070.**

Stücklohn s. Akkordlohnarbeit.

Stundung. Beim Kreditauftrag **410.** Keine Befugnis des Agenten **418e.** Bei Gläubigergemeinschaft aus Anleihensobligationen **1166, 1170, 1185.** *Siehe auch* Nachlassstundung.

Subrogation. Bei Unterhaltszahlungen durch das Gemeinwesen 131, 289. Bei unteilbarer Leistung **70.** Bei Eintritt eines Dritten **110.** Bei Solidarschuldnerschaft **149.** Der Vorzugs- und Nebenrechte bei der Abtretung **170.** Beim Auftrag **401.** Beim Auftrag zur Ehe- oder zur Partnerschaftsvermittlung **406b.** Bei der Bürgschaft **507.** Im Sozialversicherungsrecht **IV.** *Siehe auch* Übergang der Rechte.

Substitution. Zulässigkeit beim Auftrag **399.** Haftung des Beauftragten **399.** Direkte Ansprüche des Auftraggebers **399.**

Suchterkrankungen. Grund zur fürsorgerischen Freiheitsentziehung 397a. *Siehe auch* Trunksucht.

Sühneversuch. Kein Sühneverfahren bei Scheidung auf gemeinsames Begehren 136. Unterbrechungsgrund für die Verjährung **135.**

Sukzessivlieferungsvertrag. Behandlung im Bürgschaftsrecht **500.**

Suspensivbedingung s. Bedingung.

Tage s. Fristberechnung, Fristbestimmung.

Tagebuch. Beim Grundbuch: Teil des Grundbuches 942; Eintrag der Anmeldungen 948, VIII 14, 14a; Löschung eines Eintrages 964; Wirkung der dinglichen Rechte 972. Beim Handelsregister **932; VII A 11, 15.**

Taglöhner. Verjährung ihrer Ansprüche **128.**

Tantième. Beim Arbeitsvertrag s. Geschäftsergebnis. Bei der AG **627, 677/9, 698.**

Taragewicht s. Verpackung.

Tarife. Versendung **7.** Beim Handelsreisendenvertrag **349e, 350a.** Beim Agenturvertrag **418o, 418v.**

Tarifvertrag s. Gesamtarbeitsvertrag.

Tatsächliche Gewalt. Als Besitzvoraussetzung im allgemeinen 919. An Grundeigentum 937. *Siehe auch* Gewalt.

Tausch 237/8.

Täuschung s. absichtliche Täuschung, Arglist, Irrtum.

Taxe 414. *Siehe auch* Mäklerlohn.

Teilannahme des Wechsels **1016, 1038, 1048, 1091.**

Teileinigung bei der Scheidung auf gemeinsames Begehren 112.

Teillieferung beim Vorauszahlungsvertrag **227c.**

Teilnichtigkeit des Vertrages **20.**

Teilpfand 797, 792 (Grundlast), 833 (Grundpfandverschreibung).

Teilübergang der Pfandrechte auf den zahlenden Bürgen **507.**

Teilung. Der Austrittsleistung nach Freizügigkeitsgesetz bei Scheidung 122/4, 141/2. Des Vorschlages 215/7. Des Gesamtgutes bei der Gütergemeinschaft 241/6. Des Gemeinderschaftsvermögens 346, 339, 837. Der Erbschaft s. Erbteilung. Des Miteigentums 650/1. Des Gesamteigentums 653/4. Der Lasten und Kosten bei Stockwerkeigentum 712h, 712m. Des Grundstückes: bei der Grunddienstbarkeit 743, beim Grundpfand 797, bei der Grundpfandverschreibung 833, Verfahren 945. Des Gewinns bei der einfachen Gesellschaft 532. Eines Gesellschaftsteils der GmbH **795, 810.** *Siehe auch* Aufhebung, Verteilung, Zerstückelung, Zuteilung.

Teilungsanspruch. Des Erben 604. Des Miteigentümers 650. Des Gesamteigentümers 653.

Teilungsklage im Erbrecht 604.

Teilungsvertrag 634.

Teilungsvorschriften des Erblassers 522, 608.

Teilweise Wandelung beim Kauf **209.**

Teilzahlung. Zulässigkeit **69.** Anrechnung **85.** Recht des Zahlenden **88.** Einfluss auf die Verjährung **135.** Bei Mitbürgschaft **504.** Als Konventionalstrafabrede im Falle des Rücktritts **162.** Beim Vorauszahlungsvertrag **227a/227i.** Beim Werkvertrag **372.** Verlustigerklärung bei Verzug des Aktionärs **681.** Beim Wechsel **1029, 1037, 1048, 1091, 1098.** Beim Check **1141, 1143.** *Siehe auch* Anzahlung, Teilannahme.

Teilzahlungsgeschäfte s. Abzahlungs-, Konsumkredit-, Leasing-, Vorauszahlungsvertrag.

Teilzeitarbeit 319.

Telegramme. Beim Vertragsabschluss **13**. *Siehe auch* Geschäftskorrespondenz.

Telephon. Benützung beim Vertragsabschluss **4**.

Testament s. letztwillige Verfügung.

Testamentsvollstrecker s. Willensvollstrecker.

Testierfähigkeit s. Verfügungsfähigkeit.

Teuerung. Anpassung der Rente bei Scheidung 128, 129, 143. Berücksichtigung beim Mietzins **269a, 269b.**

Tiere. Begriff und anwendbare Vorschriften 641a. Als Adressat einer Zuwendung von Todes wegen 482. Tiere des häuslichen Bereichs: Aufhebung des Miteigentums 651a; Fund 720a, 722, 728, 934; Heilungskosten **42;** Affektionswert bei Verletzung oder Tötung **43**. Zugelaufene 700, 725. Herrenlose 719. Geliehene **307.** Haftung des Stallwirtes **490**. *Siehe auch* Tierhalterhaftung, Vieh, Viehverpfändung.

Tierhalterhaftung 56/7. *Siehe auch* Tiere.

Tierheim 722.

Tilgung. Von Schulden zwischen Ehegatten 203, 235, 250, 195. Von Schulden bei Nutzniessung an einem Vermögen 766. Der Schuld und des Pfandrechts: bei Bodenverbesserungen 821; bei Grundpfandverschreibung 826/7; beim Faustpfand 889. Von Serientiteln 878, 881/3. Von Schulden: bei abhanden gekommenem Schuldschein **90,** ohne Vorweisung und ohne Kraftloserklärung von Namenpapieren **977**. *Siehe auch* Amortisation, Erfüllung, Neuerung.

Tod. Als Beendigungsgrund der Persönlichkeit 31, 33, 34. Beweislast, Beweismittel s. jeweils dort. Verschollenerklärung s. dort. Zivilstatsache 39. Eines Verlobten 91. Eines Ehegatten: Auflösung der Ehe 105, Auflösung des Güterstandes 204, 236, 241, 243, 244, Zuteilung der elterlichen Sorge 297. Des geschiedenen Ehegatten: Erlöschen der Scheidungsrente 130, Neuregelung der elterlichen Sorge und des Kindsunterhaltes 134. Des Vaters vor Geburt des Kindes 255, 256a, 257, bei der Vaterschaftsklage 261. Des Adoptierenden 268. Eines Gemeinders 345. Des Vormundes 441. Des erstbezeichneten Erben bei der Ersatzverfügung 487. Des Vorerben 489. Des Erben beim Erbvertrag 515. Des Erblassers 537. Des Nutzniessers 748/9. *Siehe auch* Erbrecht. Des Vollmachtgebers oder des Bevollmächtigten **35.** Des Käufers beim Vorauszahlungsvertrag **227f.** Des Schenkers **252.** Des Mieters **266i.** Des Pächters **297b.** Des Entlehners **311.** Des Arbeitnehmers **338, 339b, 331a, 331c, 331e.** Des Arbeitgebers **338a.** Des Unternehmers **379.** Des Auftraggebers oder Beauftragten **405.** Des Agenten oder Auftraggebers **418s.** Bei der Kommission **425.** Beim Frachtvertrag **440.** Des Geschäftsherrn bei Prokura und andern Handlungsvollmachten **465.** Beim Leibrentenvertrag **516, 518.** Des Pfrundgebers **528.** Eines Gesellschafters **545, 547.** Eines Kollektivgesellschafters **574.** Eines Kommanditgesellschafters **619.** Eines Kommanditaktiengesellschafters **770.** Eines Genossenschafters **847, 865, 876, 877.** Des Vollmachtgebers bei Vollmachtindossament **1008.** *Siehe auch* Tötung.

Todeserklärung des bisherigen Rechts SchlT 6.

Todesgefahr. Einwirkung: auf die Verschollenerklärung 35/6, 38, auf die gesetzliche Frist für die Trauung 100. Drohung damit bei der Eheschliessung 107. Als Rechtfertigungsgrund zu mündlicher letztwilliger Verfügung 506.

Totgeburt III 9.

Tötung. Eines Menschen: Schadenersatz und Genugtuung **45, 47.** Von Tieren **43, 57.** Des Schenkers **251.** *Siehe auch* Tod.

Trächtigkeit. Gewährleistung im Viehhandel **202.**

Traktandierung für die Generalversammlung der AG **699, 700.**

Tränkerecht. Als Wegrecht 695, 740. Zur Benutzung von Quellen 709.

Transport s. Frachtvertrag, Frachtführer, Spediteur.

Transportanstalten. Öffentliche **455/6, 457.** Staatlich genehmigte und staatliche **455.** Als AG **671.** Als Schuldner von Anleihensobligationen **1185.**

Transportkommission (Spedition) **439, 456.**

Transportkosten s. Kosten.

Trassant s. Aussteller.

Trassat s. Bezogener.

Tratte s. gezogener Wechsel.

Trauung. Vollzug durch den Zivilstandsbeamten 44. Ort 101, III 70. Form 102, III 71. Fristen 100, III 68. Besondere organisatorische Vorschriften III 72. *Siehe auch* Eheschliessung, Vorbereitungsverfahren, Einspruch.

Trauungsermächtigung 99, 101.

Trauzeugen 102.

Trennung der Ehe. Voraussetzungen und Verfahren 117. Folgen 118. Voraussetzung zur Scheidung auf Klage 114/5. Zuständigkeit und anwendbares Recht nach IPRG IA 59/64. Anerkennung ausländischer Entscheidungen IA 65. Übereinkommen über die Anerkennung von Ehescheidungen und Ehetrennungen II C. *Siehe auch* Abtrennung.

Trennungsurteil 117.

Tretrecht 695.

Treuepflicht des Arbeitnehmers **321a,** des Verwaltungsrates und Geschäftsführers der AG **717,** des Genossenschafters **866.**

Treuhandgesellschaften als Kontrollstelle der Genossenschaft **906.**

Treu und Glauben 2.

Trinkwasserversorgung 707, 711/2.

Tripartite Kommission 360b. Antrag auf Erlass eines Normalarbeitsvertrages **360a.** Amtsgeheimnis **360c.**

Trolleybusunternehmungen. Haftung **III A b 3.**

Trunkenheit 16.

Trunksucht. Als Bevormundungsgrund 370, 374, 437. Als Grund zur fürsorgerischen Freiheitsentziehung 397a. Aufhebung der Vormundschaft 437.

Überbau. Dienstbarkeit darauf 674.

Übereinkommen. Vom 18. Dezember 1979 zur Beseitigung jeder Form von Diskriminierung der Frau II A1. Vom 20. November 1989 über die Rechte des Kindes II A2. Vom 16. September 1988 über die gerichtliche Zuständigkeit und die Vollstreckung gerichtlicher Entscheidungen in Zivil- und Handelssachen II B2. Vom 1. Juni 1970 über die Anerkennung von Ehescheidungen und Ehetrennungen II C. Vom 2. Oktober 1973 über das auf Unterhaltspflichten anzuwendende Recht II D(2). Vom 1. August 1976 über die Anerkennung und Vollstreckung von Unterhaltsentscheidungen II D(3). Vom 20. Juni 1956 über die Geltendmachung von Unterhaltsansprüchen im Ausland II D(4). Vom 20. Mai 1980 über die Anerkennung und Vollstreckung von Entscheidungen über das Sorgerecht für Kinder und die Wiederherstellung des Sorgerechts II E(1). Vom 25. Oktober 1980 über die zivilrechtlichen Aspekte internationaler Kindesentführung II E(2). Vom 5. Oktober 1961 über die Zuständigkeit der Behörden und das anzuwendende Recht auf dem Gebiet des Schutzes von Minderjährigen II E(3). Vom 5. Oktober 1961 über das auf die Form letztwilliger Verfügungen anzuwendende Recht II F. Vom 29. Mai 1993 über den Schutz von Kindern und die Zusammenarbeit auf dem Gebiet der Internationalen Adoption V A.

Übereinkommen betreffend das auf internationale Kaufverträge über bewegliche Sachen anzuwendende Recht **XI A.** Der Vereinten Nationen über Verträge über den internationalen Warenkauf **XI B.** Über das auf Strassenverkehrsunfälle anzuwendende Recht **XI C.**

Übergabe. Der Sache bei der Besitzübertragung: unter Anwesenden 922, unter Abwesenden 923, bei Warenpapieren 925. Des Pfandtitels zur Übertragung der Forderung aus Schuldbrief und Gült 869. Des Kaufgegenstandes **188/91.** Der Mietsache **256, 256a.** Der Pachtsache **278.** Der Sache bei Schenkung von Hand zu Hand **242.**

Übergang. Des Besitzes bei der Erbschaft 560. Des Gläubigerrechts bei Grundpfandforderungen VIII 66. Vom alten zum neuen Eherecht SchlT 9a/11a, im einzelnen s. Güterrecht. Des Mietverhältnisses **261.** Der Pacht **290.** Des Arbeitsverhältnisses bei Betriebsnachfolge **333/333a,** bei Tod des Arbeitgebers **338a.** *Siehe auch* Gefahrtragung, Übertragung, Übergang der Rechte.

Übergang der Gefahr s. Gefahrtragung.

Übergang der Rechte. Durch rechtsgeschäftliche Übertragung s. Abtretung. Durch richterliches Urteil **166.** Von Gesetzes wegen s. Subrogation. *Siehe auch* Übergang, Übertragung.

Übergangsbestimmungen SchlT 51/61. Zum IPRG IA 196/9. *Siehe auch* Schluss- und Übergangsbestimmungen.

Übergangsrecht s. Schluss- und Übergangsbestimmungen.

Überlassung auf Anrechnung. Der Nutzniessung und des Wohnrechtes bei der Errungenschaftsbeteiligung 219. Des Eigengutes, der Wohnung und des Hausrates und anderer Vermögenswerte bei Auflösung der Gütergemeinschaft 243/5. Der Wohnung und des Hausrates an den überlebenden Ehegatten oder eingetragenen Partner 612a. *Siehe auch* Anrechnung, Übernahme, Zuweisung.

Überleben. Beweislast 32.

Überlebender Ehegatte. Erbanspruch 462. Pflichtteil 471. Begünstigung 473. Zuweisung der Wohnung und des Hausrates 612a, 219, 244. Wegfall des Erbrechts bei Ungültigerklärung der Ehe 109, bei Scheidung 120. Übergangsrecht SchlT 15. Bei Tod des Arbeitnehmers **338, 339b.**

Übermässige Einwirkung durch Russ, Rauch, lästige Dünste, Lärm, Erschütterung u. dgl. 684.

Übermittlung s. unrichtige Übermittlung.

Übernahme. Von Grundstücken bei der Erbteilung: Anrechnungswert 617, Schatzungsverfahren 618, landwirtschaftlicher Grundstücke und Gewerbe 619, gesetzliches Grundpfandrecht 837, Verbot der Veröffentlichung der Gegenleistung 970a. Eines Vermögens oder eines Geschäftes **181, 592.** Des Rechtsstreites s. Streitverkündung. Von Vermögenswerten: bei der AG s. Sacheinlage; bei der GmbH **778/9;** bei der Genossenschaft **833/4.** Einer AG durch eine Körperschaft des öffentlichen Rechts **751, 738.** Eines Unternehmens **652b.** *Siehe auch* Fusion, Umwandlung, Vereinigung, Fortsetzung einer Kollektiv- und Kommanditgesellschaft.

Überragende Äste 687.

Überragende Bauten 674, 685.

Überschuldung. Der Stiftung 84a. Eines Ehegatten 185. Der AG **725, 725a, 729b, 731a, 743.** Der Kommandit-AG **764.** Der GmbH **817.** Der Genossenschaft **903.**

Überschuss s. Bilanzgewinn, Gewinnanteil, Jahresgewinn, Liquidationsanteil, Reingewinn.

Übersendung der Kaufsache. Mängelfeststellung **204.**

Übersetzung des in Verlag gegebenen Werkes **387.**

Überstundenarbeit beim Arbeitsvertrag **321c (361).**

Übertragbarkeit. Der Nutzniessung zur Ausübung 758. Der Forderung als Voraussetzung der Verpfändbarkeit 899. *Siehe auch* Übertragung, Unübertragbarkeit, Vinkulierung.

Übertragung. Des Mietverhältnisses bei Scheidung 121. Des Grundeigentums 657. Des Fahrniseigentums: Besitzübergang 714, Eigentumsvorbehalt 715/6, Erwerb ohne Besitz 717. Der pfandgesicherten Forderung: bei der Grundpfandverschreibung 835, bei Schuldbrief und Gült 869. Des Besitzes: durch Übergabe der Sache s. Übergabe, ohne Übergabe 924. *Siehe auch* Erwerb, Übergang.

Übertragung. Eines Vermögens s. Fusionsgesetz **IX.** Des Eigentums bei Versteigerung **235,** beim Darlehen **312,** bei der einfachen Gesellschaft **531 (548).** Der Miete **263.** Der Pacht **292.** Der Verbesserung oder Fortführung des Werkes **366.** Des Urheberrechts **381.** Des Verlagsrechts **383, 392.** Des Auftrages an einen Dritten **398/9.** Von Namenaktien s. Namenaktien, Vinkulierung. Von Interimsscheinen **688.** Der Geschäftsführung und Vertretung der AG **716b, 718, 754,** der GmbH **811, 812,** der Genossenschaft **898.** Der Genossenschaftsmitgliedschaft **849/50.** Des Wertpapiers **967/9.** Des Wechsels **1001.** Des Checks **1108.** Anderer indossierbarer Papiere **1152.** *Siehe auch* Substitution, Übergabe, Übergang, Abtretung, Indossament.

Übervorteilung beim Vertragsabschluss **21.**

Überweisungsverbote der ausländischen Gesetzgebung. Wirkung auf die Bürgschaft **501.**

Übung 5. *Siehe auch* kaufmännische Übung.

Umfang. Des Eigentums im allgemeinen: Bestandteile 642, natürliche Früchte 643, Zugehör 644/5. Des Grundeigentums 667. Der Grunddienstbarkeiten: im allgemeinen 737, nach dem Eintrag 738, bei veränderten Bedürfnissen 739. Des Baurechts 779b. Der Pfandhaft: beim Grundpfand 805, SchlT 25, beim Faustpfand 892, bei verzinslichen Forderungen 904. *Siehe auch* Inhalt.

Umfang der Haftung. Im allgemeinen 99. Des Bürgen **499.** Des Kommanditärs **608.**

Umgehung der Bürgschaftsform durch Aufteilung des Haftungsbetrages **493.** Der Stimmrechtsbeschränkung bei der AG **691.**

Umkehr der Beweislast s. Beweislast, Entlastungsbeweis.

Umlaufvermögen in der Bilanz der AG **663a.**

Umrechnungskurs s. fremde Währung.

Umsatzbeteiligung des Arbeitnehmers 322a, 323, 339.

Umsatzerlös bei der AG **663e, 727b.**

Umstände. Würdigung: bei Bestimmung des Ersatzes 43, bei Leistung von Genugtuung 47. Veränderte s. veränderte Verhältnisse.

Umwandlung. FusG, Anhang **IX** zum OR; **VII A 107/107a, 109c, 109e, 111.** Der Stiftung 85/86a. Der Scheidungsklage in eine Trennungsklage 138. Einer einfachen Bürgschaft in eine solidarische **493/4.** Des Gesellschaftszweckes der Kommandit-AG **766.**

Unabänderlichkeit von Gesetzesvorschriften. Im allgemeinen 19. Von Verjährungsfristen 129. Zuungunsten des Käufers im Vorauszahlungsvertrag 227e. Beim Gesamtarbeitsvertrag 356, 357, 358. Zuungunsten des Arbeitgebers und des Arbeitnehmers 361. Zuungunsten des Arbeitnehmers 362. Beim Agenturvertrag 418a, 418m. Bei der Bürgschaft 492. Beim Konsumkreditvertrag **XII B1 37.** Beim landwirtschaftlichen Pachtvertrag **V A 29.** Beim Versicherungsvertrag **III C 97/8.** *Siehe auch* abweichende Vereinbarung, zwingendes Recht.

Unabhängigkeit der Revisionsstelle der Stiftung 83a, der AG **727c/d, 729, 731, 731a.**

Unbefristete Verträge. Miete 255, 266 ff. Pacht 296. Arbeitsverhältnisse 335/336d. Bürgschaft 511.

Unbeschränkt haftender Gesellschafter s. Kommanditgesellschafter.

Unbestellte Sache 6a.

Unbewegliche Sachen s. Grundeigentum.

Unechtheit des Musters bei Kauf nach Muster 222.

Unentgeltlicher Gebrauch s. Gebrauchsleihe.

Unerfahrenheit. Ausbeutung 21.

Unerlaubte Handlungen. Des urteilsfähigen Unmündigen oder Entmündigten 19. Zuständigkeit und anwendbares Recht nach IPRG IA 129/42. Entstehungsgrund einer Obligation 46/61. Verhältnis zum Strafrecht 53. Der Kollektivgesellschafter 567. Der Geschäftsführer und Vertreter der AG **722,** der GmbH **814,** der Genossenschaft **899.** Bestimmungen darüber ausserhalb des OR im Anhang **III A.** *Siehe auch* Haftung.

Unfähigkeit. Zur elterlichen Sorge 311. Eines Mündigen zur Besorgung seiner Angelegenheiten: Anordnung der Vormundschaft 369/72, Ernennung eines Beistandes 392/3, Ernennung eines Beirates 395. Zur Beurkundung oder zum Zeugnis bei der letztwilligen Verfügung 503. *Siehe auch* Handlungsunfähigkeit, Verfügungsunfähigkeit.

Unfall. Des Arbeitnehmers: Lohn 324a, 324b, Kündigungsschutz 336c, 337. Des Handelsreisenden 349c. Des Heimarbeitnehmers 353b. *Siehe auch* Unfallversicherung.

Unfallversicherung. Regressbestimmungen im UVG **IV.** Des Arbeitnehmers **328/Fn. 1.** *Siehe auch* Versicherung.

Ungerechtfertigte Bereicherung. Entstehungsgrund einer Obligation **62/7.** Voraussetzung: im allgemeinen **62,** bei Zahlung einer Nichtschuld **63.** Des Vertretenen **39.** Bei Unmöglichwerden einer Leistung **119.** Bei Widerruf der Schenkung **249.** Des vertragsunfähigen Geschäftsführers **421.** Des Geschäftsherrn **423.** Bei Konkurs einer Genossenschaft **904.** Des Bürgschaftsgläubigers **508.** Des Ausstellers und Annehmers eines Wechsels **1052, 1093,** eines Checks **1143, 1142.** Bei Aufhebung des Verlöbnisses **91.** Der Gemeinschaft bei ehelicher Gütergemeinschaft **234.** Des urteilsfähigen Bevormundeten **411.** Bei Verarbeitung einer fremden Sache **726.** Bei Verbindung und Vermischung beweglicher Sachen **727.** Zuständigkeit und anwendbares Recht nach IPRG IA **127/8.** *Siehe auch* Bereicherung, Bereicherungsanspruch.

Ungeteilte Übernahme eines landwirtschaftlichen Gewerbes s. landwirtschaftliche Gewerbe.

Ungültigerklärung. Der Ehe s. Eheungültigkeitserklärung. Einer Schenkung bei Bevormundung wegen Verschwendung **240.** *Siehe auch* Ungültigkeit.

Ungültigkeit. Der Ehe s. Eheungültigkeitserkläruung. Der Verfügungen von Todes wegen s. Ungültigkeitsklage.

Ungültigkeit. Des Verzichtes auf das Recht zum Vollmachtswiderruf **34.** Der Konventionalstrafe **163.** Der Nachforderung beim Vorauszahlungsvertrag **227e.** Der Behaftung beim Steigerungsangebot **232.** Des Versprechens von Zinseszinsen **314.** Des Arbeitsvertrages, Folgen **320.** Der Erschwerung oder des Verbotes des Austritts aus der Genossenschaft **842.** Von Haftungsbeschränkungen bei der Genossenschaft **872.** Von Zusicherungen an einzelne Gläubiger von Anleihensobligationen **1174.** *Siehe auch* Anfechtung, Nichtigkeit, Unabänderlichkeit, Unverbindlichkeit.

Ungültigkeitsklage. Bei der Eheschliessung 106, 108, SchlT 7. Bei Verfügungen von Todes wegen: wegen Verfügungsunfähigkeit, mangelhaftem Willen, Rechtswidrigkeit und Unsittlichkeit 519; bei Formmangel 520, 520a; Verjährung 521. *Siehe auch* Herabsetzung.

Universalversammlung der AG **701,** der Genossenschaft **884.**

Unklagbarkeit. Des Anspruchs auf Eingehung der Ehe 90. Einer Forderung: bei Spiel und Wette **513/5a;** Einrede des Bürgen **502;** Bezahlung durch den Bürgen **507.** *Siehe auch* Klagbarkeit, Verjährung.

Unlauterer Wettbewerb, BG darüber (UWG), Anhang **II C.** Widerrechtlichkeit **II C 2/8.** Klageberechtigung **II C 9/11.** Klage auf Schadenersatz und Genugtuung **II C 9.** Haftung des Geschäftsherren **II C 11.** Prozessrechtliche Bestimmungen **II C 12/5.** Verwaltungsrechtliche Bestimmungen **II C 16/20.** Strafbestimmungen **II C 23/7.** Schlussbestimmungen **II C 28/9.** *Siehe auch* Verfahren, vorsorgliche Massnahmen.

Unlimitiertes Vorkaufsrecht VIII 71.

Unmittelbarer Anspruch. Des Vermieters gegen den Untermieter **262.** Des Verpächters gegen Unterpächter und Mieter **291.** Des Auftraggebers gegen Dritte **399.** Des Geschädigten gegen den Haftpflichtversicherer nach SVG **III B(1) 65.**

Unmöglichkeit. Ursprüngliche Leistungsunmöglichkeit **20.** Der Erfüllung: verschuldete **97 ff.,** unverschuldete **119, 163.** Des Zweckes der einfachen Gesellschaft **545.** Der Benutzung der Mietsache s. Miete. *Siehe auch* veränderte Verhältnisse.

Unmündige. Handlungsfähigkeit 17, 19. Verlobung 90. Abschluss eines Ehevertrages 183. Anerkennung eines Kindes 260. Adoption s. dort. Keine Ausübung elterlicher Sorge 296, 298. Verantwortlichkeit des Familienhauptes bei Schadenverursachung 333. Bevormundung s. dort. *Siehe auch* elterliche Sorge, Minderjährige, Kind.

Unredlichkeit. Des Kommissionärs **433.** Bei Ausführung von Spiel und Wette **514.**

Unrichtige Übermittlung beim Vertragsabschluss **27.**

Unselbständiger Besitz 920.

Unsittlichkeit. Der übermässigen Bindung 27. Des Zweckes: einer juristischen Person 52, 57; eines Vereins 78, einer Stiftung 88. Von Auflagen und Bedingungen bei Verfügungen von Todes wegen 482, 519, 521. Des Vertrages **20.** Ausschluss der Rückforderung aus ungerechtfertigter Bereicherung **66.** Der Bedingung **157.** Unzulässigkeit der Konventionalstrafe **163.** Des Verbots des Geschäftsherrn **420.**

Unteilbare Leistung 70, 136, 141.

Unterbilanz 670, 735, 788.

Unterbrechung. Im Besitz 921. Der Verjährung **135/9.** Des Rechtsweges bei der Bürgschaft **510/1, 505.**

Unterdeckung der Vorsorgeeinrichtung **331f.**

Untergang. Des Grundeigentums 666. Des Stockwerkeigentums 712f. Des Fahrniseigentums 729. Der Grunddienstbarkeit 734/6. Der Nutzniessung 748/54. Des Wohnrechts 776. Des Baurechts s. Heimfall. Der Grundlast 786/90. Des Grundpfandes im allgemeinen 801. Der Grundpfandverschreibung 826/31. Von Schuldbrief und Gült 863/4. Des Faustpfandrechtes 888/90. Eines im Grundbuch eingetragenen Rechtes 976. Der Forderung s. Erlöschen. Der Kaufsache **207.** Des Werkes **376.** Des Verlagswerkes **390/1.** Des Frachtgutes **447/8, 454.** *Siehe auch* Aufhebung.

Unterhalt. Der Ehegatten: Bei Ungültigerklärung der Ehe 109; bei Trennung 118; bei Scheidung s. nacheheliche Unterhalt. Der Familie 163/5, 173, 176, 177, 278, **125.** Des Kindes s. Unterhaltsbeiträge, Unterhaltsklage, Unterhaltspflicht. Von Findelkindern 330. Anordnung durch den Vormund 405. Der werdenden Mutter auf Kosten der Erbschaft 605. Der Hausgenossen auf Kosten der Erbschaft 606, 474. *Siehe auch* Unterhaltspflicht, Unterstützungspflicht, Übereinkommen.

Unterhalt der Mietsache **256, 259;** der Pachtsache im allgemeinen **284, 285, 279, 288,** bei der landwirtschaftlichen Pacht **V A 22;** der entlehnten Sache **307.** *Siehe auch* Ausbesserung.

Unterhaltsansprüche. Verrechnung **125.**

Unterhaltsbeiträge. Verrechnung mit bezahltem Mietzins 121. An den Ehegatten s. Unterhalt. An nichtgemeinsame Kinder 278. An das Kind: Klage 279/86, Verträge darüber 287/8, Erfüllung 289, Vollstreckung 290/1, Sicherstellung 292, **325,** bei Scheidung 133/4, 143, 148. *Siehe auch* Beitragspflicht, Unterhalt, Unterhaltspflicht.

Unterhaltsklage des Kindes. Klagerecht 279. Verfahren 280. Vorsorgliche Massnahmen 281/4. Zuständigkeit und anwendbares Recht nach IPRG IA 79/80, 83. *Siehe auch* Beitragspflicht, Unterhalt.

Unterhaltskosten s. Unterhaltsbeiträge, Unterhaltsklage.

Unterhaltspflicht. Der Ehegatten s. Unterhalt. Der Eltern: Gegenstand und Umfang 276, Dauer 277, Vertrag darüber 287/8, s. auch Unterhaltsbeiträge. Öffentliches Recht 293. Sicherung durch Abtretung oder Verpfändung von Lohnforderungen **325.** Des Grundeigentümers im Nachbarrecht 698. Bei Grunddienstbarkeiten 741. Bei Nutzniessung 765. *Siehe auch* Beitragspflicht, Unterstützungspflicht, Unterhaltsbeiträge, Übereinkommen.

Unterhaltsvertrag 134.

Unterlassungsklage. Zum Schutz der Persönlichkeit 28a. Zum Schutz des Namens 29. Bei Besitzesstörung 928.

Untermiete 262, 273b, 268. Miete einer Pachtsache **291.**

Unternehmer 363. Haftung für Sorgfalt **364.** Persönliche Ausführung des Werkes **364.** Lieferung des Stoffes **365.** Mängelhaftung s. dort. Tod und Unfähigkeit **379.** Vergütung s. dort. *Siehe auch* Werkvertrag, Bauhandwerkerpfandrecht.

Unternehmenszusammenschlüsse. Verordnung über die Kontrolle von Unternehmenszusammenschlüssen, Anhang **II A(2).**

Unterpacht 291.

Unterschrift. Der Gemeinder 337. Bei der öffentlichen Verfügung 500/3. Bei der eigenhändigen Verfügung 505. Bei der mündlichen Verfügung 507. Beim Erbvertrag 512. Des Grundbuchverwalters 857. Bei einfacher Schriftlichkeit **13/5.** Bei der Prokura **458, 460.** Der Vertreter der AG **719/20.** Beim Wechsel **1085.** Beim Check **1143.** *Siehe auch* elektronische Signatur, Wechselunterschrift, Zeichnung.

Unterstellung der eheventraglichen Abänderung der Güterverbindung unter das neue Recht SchlT 10b.

Unterstützungsansprüche bei der Verpfründung **525.**

Unterstützungspflicht. Pflichtige 328. Umfang und Geltendmachung des Anspruches 329. Unterhalt von Findelkindern 330. Subsidiarität des öffentlichen Rechts 293. Sicherung **325.** *Siehe auch* Unterhaltspflicht.

Untersuchung der Kaufsache **201,** des Werkes 367.

Unübertragbarkeit. Der Vereinsmitgliedschaft 70. Der Nutzniessung 758. Des Wohnrechts 776. Beschränkter persönlicher Dienstbarkeiten 781. Der Befugnisse der Generalversammlung der AG **698.** Der Aufgaben des Verwaltungsrates der AG **716a.** *Siehe auch* persönliche Erfüllung, Übertragbarkeit.

Unverbindlichkeit des Vertrages (einseitige). Wegen Übervorteilung **21.** Wegen Irrtums **23.** Wegen absichtlicher Täuschung und Furchterregung **28/9.** Aufhebung des Mangels **31.** Bei Eingehung einer Bürgschaft **492.** Einrede des Bürgen **502.** *Siehe auch* Nichtigkeit, Ungültigkeit.

Unverbindlichkeit des Verzichts. Auf die Rechts- und Handlungsfähigkeit 27. Auf weitere Belastung eines Grundstückes 812. Auf gesetzliche Grundpfandrechte 837. Auf das Rücktrittsrecht bei Ehe- oder Partnerschaftsvermittlung **406e.** *Siehe auch* Verzicht.

Normale Zahlen = ZGB; fette Zahlen = OR

Unvererblichkeit. Der Vereinsmitgliedschaft 70. Der Nutzniessung 749. Des Wohnrechts 776. *Siehe auch* Vererblichkeit.

Unverheiratete Eltern. Familienname des Kindes 270. Bürgerrecht des Kindes 271. Elterliche Sorge 298, 298a. *Siehe auch* ledige Mutter.

Unverjährbarkeit des Herausgabeanspruchs bei herrenlosen Naturkörpern und Altertümern von wissenschaftlichem Wert 724.

Unverzichtbarkeit. Forderungen des Arbeitnehmers **341**. *Siehe auch* Unabänderlichkeit von Gesetzesvorschriften.

Unvorhergesehene Umstände s. veränderte Verhältnisse.

Unzeit. Teilung des Gemeinschaftsgutes 346. Umwandlung von Kapitalanlagen bei der Vormundschaft 402. Aufhebung des Miteigentums 650. *Siehe auch* Kündigung zur Unzeit.

Unzüchtiger Lebenswandel s. lasterhafter Lebenswandel.

Unzumutbarkeit der Fortsetzung der Ehe 115, 116.

Urabstimmung bei der Genossenschaft **880**.

Urheber 380. Der unerlaubten Handlung **50/1**. Eines Verlagswerkes: Übertragung der Urheberrechte **381**, Verbesserungs- und Berichtigungsrecht **385**. *Siehe auch* Verlaggeber, Urheberrecht.

Urheberrecht 381, 393. Bundesgesetze und internationale Abkommen darüber **381** mit Bemerkungen.

Urkundenprotokoll beim Grundbuch 948, 972, VIII 27.

Urteil. Voraussetzung für Ungültigkeit der Ehe 109. Bei Scheidung s. Scheidungsurteil. Bei Trennung 117. Strafrechtliches 371, 432, 503. Über fürsorgerische Freiheitsentziehung 397d, 405a. Über Miteigentum 649a. Erwerb von Grundeigentum ohne Eintragung 656, 665, 963. Unterbrechung der Verjährung **137**. Übergang einer Forderung ohne besondere Form oder Willenserklärung **166**. *Siehe auch* Klage, Streitverkündung.

Urteilsänderung bei Schadenersatz für Körperverletzung **46**. *Siehe auch* Abänderung.

Urteilsdispositiv bei Scheidung 140.

Urteilsfähigkeit. Im allgemeinen 16. Voraussetzung: zur Handlungsfähigkeit 13, zur Eingehung der Ehe 94, zum Abschluss eines Ehevertrages 183, zur letztwilligen Verfügung über ein Vermögen 467. Unmündiger oder Entmündigter 19. Des Kindes 306, 146. Des Bevormundeten 398, 409/10, 413, 416. Beurteilung im Verhältnis zum Strafrecht **53**. Voraussetzung zur Annahme einer Schenkung **241**. *Siehe auch* beschränkte Handlungsfähigkeit, Urteilsunfähigkeit.

Urteilspublikation 28a.

Urteilsunfähigkeit. Im allgemeinen 18. Bei der Eheschliessung 105, 107. Haftung urteilsunfähiger Personen **54**. *Siehe auch* Handlungsunfähigkeit, Urteilsfähigkeit.

Urteilsveröffentlichung. Nach UWG **II C 9**.

Vaterschaft des Ehemannes 255/9. Vermutung 255. Anfechtung 256/256c. Zusammentreffen zweier Vermutungen 257. Klage der Eltern des Ehemannes

258. Heirat der Kindeseltern 259. *Siehe auch* Vaterschaftsklage, Entstehung des Kindesverhältnisses.

Vaterschaftsklage. Klagerecht 261. Vermutung 262. Klagefrist 263. Übergangsrecht SchlT 13/13a. Zuständigkeit und anwendbares Recht nach IPRG IA 66/9.

Veränderte Verhältnisse (Umstände). Nach der Scheidung 129, 134. Nach Anordnung: von Eheschutzmassnahmen 179/80, von Unterhaltsbeiträgen 286, von Kindesschutzmassnahmen 313, 315a. Nach Zuteilung der elterlichen Sorge 298a, 134. Bei Durchleitungen 693. Beim Notbrunnen 710. Bei der Mieterstreckung **272c.** Bei der Gebrauchsleihe **309.** Beim Arbeitsvertrag **324.** Beim Werkvertrag **373.** Beim Hinterlegungsvertrag **476, 486.** Bei der Verpfründung **527.** *Siehe auch* Teuerung, Vertragsanpassung, Vertragsänderung, Unmöglichkeit, wichtiger Grund, Zahlungsunfähigkeit.

Veränderung. Der Lebenskosten s. Teuerung. Des Miteigentums 647b, 647d, 648. Des Wechsels **1068, 1096.** *Siehe auch* Fälschung, Änderung.

Verantwortlichkeit. Des Ehegatten für das Gesamtgut 231. Des Familienoberhauptes 333. Des Familienrates 362. Der vormundschaftlichen Organe 426, 428/30, 454/5. Der Gemeinden, Kreise und des Kantons für die vormundschaftlichen Organe 427/30, 454/5. Des Grundeigentümers 679. Des Nutzniessers 752. Des gutgläubigen Besitzers 938/9. Des bösgläubigen Besitzers 940. Für die Führung des Grundbuches 955. Gemäss PfG VII 44. *Siehe auch* Amtspflichtverletzung, Haftung, Schadenersatz, Verjährung.

Verantwortlichkeit der einfachen Gesellschafter unter sich **536/8,** gegenüber Dritten **544.** Der Kollektivgesellschafter unter sich **557,** gegenüber Dritten **568/9.** Der Kollektivgesellschaft **567, 585.** Bei der Kommanditgesellschaft **598, 603/5, 619.** Bei der AG **752/61, 693:** Prospekthaftung **752,** Haftung für Verwaltung, Geschäftsführung und Liquidation **753,** Revisionshaftung **755,** Gründerhaftung s. dort. Bei der Kommandit AG **769.** Bei der GmbH **827.** Bei der Genossenschaft **869/78, 916/20.** *Siehe auch* Haftung, Schadenersatzpflicht, unerlaubte Handlungen.

Verantwortlichkeitsgesetz des Bundes. Anwendung im Zivilstandswesen 46.

Verarbeitung als Eigentumserwerbsgrund 726.

Veräusserung. Einer Sache im Miteigentum 648. Eines Teils des Pfandgrundstückes 811. Des verpfändeten Grundstückes: bei der Grundpfandverschreibung 832/4, bei Schuldbrief und Gült 868. Der Forderung aus Schuldbrief oder Gült 868. Des Faustpfandes 890. *Siehe auch* Veräusserungsbeschränkungen. Von Grundstücken **216 ff., 183.** Der mangelhaften Kaufsache **207.** Der Mietsache **261, 271a.** Der Pachtsache **290.** Von Grundstücken durch den Beauftragten und den Prokuristen **396, 459.** Landwirtschaftlicher Grundstücke **218.** *Siehe auch* Kauf, Tausch, Schenkung, Veräusserungsbeschränkungen.

Veräusserungsbeschränkungen, gesetzliche Vorkaufsrechte 681/82a. *Siehe auch* Beschränkungen, Vorkaufsrecht, Rückkaufsrecht, Kaufsrecht, Sperrfristen, Verfügungsbeschränkungen, Erwerb von Grundstücken.

Verbände s. Arbeitnehmer-, Genossenschafts-, Mieterverbände.

Verbandsklage. Nach UWG **II C 10.**

Verbandszwang. Verbot bei Gesamtarbeitsverträgen 356a, 356b, VI A 2.

Verbesserung. Der Pachtsache **299.** Des Werkes **368.** Des Verlagswerkes **385.** *Siehe auch* Berichtigung, Reparaturen, veränderte Verhältnisse.

Normale Zahlen = ZGB; fette Zahlen = OR

Verbindlichkeit s. Obligation.

Verbindung als Eigentumserwerbsgrund 727.

Verbotene Eigenmacht beim Besitz s. Besitzesschutz.

Verbrauchbare Sachen bei der Nutzniessung 760, 772.

Verbrechen s. Straftat.

Verein 60/79, s. Gründung, Mitgliedschaft, Statuten, Vereinsversammlung, Vorstand, Zweck. Eintragung ins Handelsregister 61, **VII A 97/100.**

Vereinbarung. Über die Scheidungsfolgen: bei umfassender Einigung 111, bei Teileinigung 112, Verzicht auf Anspruch aus beruflicher Vorsorge 123, Ausschluss der Änderung der Rente 127, Weitergeltung der Rente bei Wiederverheiratung 130, Genehmigung durch das Gericht 140, Verbindlichkeit für Einrichtungen der beruflichen Vorsorge 141, Festlegung der Unterhaltsbeiträge 143, Rechtsmittel 148, 149. Über die Betreuung des Kindes 133, 298a. Des Güterstandes 182, 204, 241. Über die Beteiligung am Vorschlag 216. Über die Teilung des Gesamtgutes 241.

Vereinigung. Von Grundstücken: Anspruch auf Löschung von Dienstbarkeiten 735, Behandlung im Grundbuch 945, VIII 91/7. *Siehe auch* Zusammenlegung.
Von Gläubiger- und Schuldnereigenschaft (Konfusion) **118.** Der Hauptschuld und der Bürgschaft **509.** *Siehe auch* Fusion.

Vereinsfreiheit bei Gesamtarbeitsverträgen **356a, 356b, VI A 2.**

Vereinsversammlung. Bedeutung und Einberufung 64. Zuständigkeit 65. Beschlussfassung 66. Stimmrecht und Mehrheit 67. Ausschliessung vom Stimmrecht 68.

Vererblichkeit. Des Rechtes zur Ungültigerklärung der Ehe 108. Des Klagerechts bei Anfechtung der Vaterschaft 258. Gesetzlicher Vorkaufsrechte 681. Vertraglicher Vorkaufs-, Kaufs- und Rückkaufsrechte **216b.** *Siehe auch* Unvererblichkeit.

Verfahren. Bei der Verschollenerklärung 36. Bei der Eheungültigerklärung 110. Bei der Scheidung s. Scheidungsverfahren. Zur Feststellung oder Anfechtung des Kindesverhältnisses 254. Bei der Adoption 268/268b. Bei der Unterhaltsklage 280. Bei der Anordnung von Kindesschutzmassnahmen: im allgemeinen 314, bei fürsorgerischer Freiheitsentziehung 314a. Bei der Bevormundung 373/5. Bei Aufhebung der Bevormundung 434/8. Bei Amtsenthebung des Vormundes 446/50. Bei fürsorgerischer Freiheitsentziehung 397b/397f. Zur Errichtung des öffentlichen Inventars im Erbrecht 581/4. Bei amtlicher Liquidation der Erbschaft 595/7. Bei Bodenverbesserungen 703. Vor der zuständigen Behörde SchlT 54.
Bei Rechtsgewährleistung **193/4.** Bei Gewährleistung im Viehhandel **IV.** Bei Mietstreitigkeiten allgemein **274/274g.** Bei Hinterlegung von Mietzinsen **259i,** von Pachtzinsen **288.** Bei Mieterstreckung **273,** Pachterstreckung **300.** Bei Pachtstreitigkeiten allgemein **301.** Bei Streitigkeiten aus Arbeitsvertrag **343.** Bei Allgemeinverbindlicherklärung von Gesamtarbeitsverträgen **VI 7/18.** Nach KG: zivilrechtliches Verfahren **II A(1) 12/7;** verwaltungsrechtliches Verfahren **II A(1) 18/53.** Nach UWG **II C 12/5.** Nach LPG **V A 47/52.** *Siehe auch* Klage, Zuständigkeit.

Verfall des Wechsels **1023/7, 1098,** des Checks **1115.**

Verfallsklausel 162.

Verfallsvertrag. Beim Grundpfand 816. Beim Faustpfand 894.

Verfalltag. Im allgemeinen **81, 84, 87, 102.** Bei der Konventionalstrafe **161, 162.** Im Mietrecht **257c.** Im Pachtrecht **281, 293.** Im Wertpapierrecht **980, 982, 987, 991, 992, 1010, 1011, 1023 ff., 1040, 1045, 1051, 1055, 1058, 1069, 1072, 1076, 1081, 1092, 1096, 1097, 1098, 1115, 1149, 1154, 1170.** *Siehe auch* Fälligkeit.

Verfügbarer Teil im Erbrecht 470. Bei Begünstigung des Ehegatten mit einer Nutzniessung 473. Berechnung: Schuldenabzug 474, Zuwendung unter Lebenden 475, Versicherungsansprüche 476. *Siehe auch* Pflichtteil, Herabsetzung.

Verfügung. Über die Errungenschaft 201. Über das Gesamtgut 227/31. Über das Eigengut 201, 232. Bei der Gütertrennung 247. *Siehe auch* letztwillige Verfügung.

Verfügungen von Todes wegen 467/536, s. letztwillige Verfügung, Erbvertrag. Zur Errichtung einer Stiftung 81. Im Scheidungsverfahren 120. Übergangsrecht SchlT 16. Für die Form anwendbares Recht I 93, 95, II F. Anwendung der Bestimmungen auf die Schenkung **245.**

Verfügungsarten (Erbrecht) 481/97. Auflagen und Bedingungen 482. Erbeinsetzung 483. Vermächtnis s. dort. Ersatzverfügung 487. Nacherbeneinsetzung s. dort. Stiftungen 493. Erbeinsetzungs- und Vermächtnisvertrag 494. Erbverzichtsvertrag 495. *Siehe auch* letztwillige Verfügung, Erbvertrag.

Verfügungsbefugnis (Erbrecht) s. Pflichtteil, Pflichtteilsanspruch, verfügbarer Teil.

Verfügungsbeschränkungen. Nach Errichtung einer Verfügung von Todes wegen 516. Bei Grundstücken: Vormerkung im Grundbuch 960, VIII 73, 77. Anmerkung im Grundbuch VIII 80. *Siehe auch* Beschränkungen, Sperrfristen, Veräusserungsbeschränkungen.

Verfügungsfähigkeit (Erbrecht) 467/9. Bei letztwilliger Verfügung 467, 469, 502, 507. Beim Erbvertrag 468/9. Übergangsrecht SchlT 16. Anwendbares Recht nach IPRG IA 94. *Siehe auch* Verfügungsunfähigkeit.

Verfügungsformen (Erbrecht) 498/516, s. letztwillige Verfügung, Erbvertrag.

Verfügungsfreiheit. Beschränkung nach Errichtung einer Verfügung von Todes wegen 516. Begünstigung des Ehegatten 473. Übergangsrecht SchlT 16. *Siehe auch* verfügbarer Teil, Pflichtteil, Enterbung.

Verfügungsunfähigkeit im Erbrecht. Grund für die Ungültigkeitsklage 519, 521. *Siehe auch* Verfügungsfähigkeit.

Vergleich. Im Vormundschaftsrecht 395, 421. Beim Mietvertrag **274e, 271a.** Beim Auftrag **396.** Bei der Liquidation der Kollektivgesellschaft **585,** der Kommanditgesellschaft **619,** der AG **743.**

Vergütung. An den Willensvollstrecker 517. Beim Fund 722/4. *Siehe auch* Entschädigung, Schadenersatz.
Beim Werkvertrag: durch den Besteller 363, Fälligkeit 372, Höhe **373/4,** bei Überschreitung des Kostenansatzes **375,** bei Untergang des Werkes **376,** bei Rücktritt des Bestellers **377,** bei Unmöglichkeit der Erfüllung **378,** bei Tod oder Unfähigkeit des Unternehmers **379,** bei Mängeln **368.** Beim Auftrag **394.** Beim Auftrag zur Ehe- oder zur Partnerschaftsvermittlung: durch den Beauftragten **406a,** Schriftlichkeit **406d,** bei Rücktritt **406e,** Herabsetzung

406h. Beim Arbeitsvertrag s. Lohn. Beim Mäklervertrag s. Mäklerlohn. Beim Frachtvertrag **440.** Bei der Hinterlegung **472, 474.** Beim Lagergeschäft **485.** An den einfachen Gesellschafter **538.** An den Verwaltungsrat und die Geschäftsleitung **663b**bis**.** *Siehe auch* Auslagenersatz, Entschädigung, Honorar, Lohn, Provision, Tantieme.

Verhinderung. An der Ausübung des Gegendarstellungsrechts 28 l. Am Erlass einer letztwilligen Verfügung 506, 540. An der Ausübung einer Dienstbarkeit 737. An der Ausübung der tatsächlichen Gewalt über eine Sache 921. Des Arbeitnehmers an der Arbeitsleistung: beim Einzelarbeitsvertrag **324/324b, 328a, 329b, 336, 336c, 337**; des Arbeitgebers **336d**; beim Handelsreisendenvertrag **349c**; beim Heimarbeitsvertrag **353b.** Der Fertigstellung eines Werkes **373.** Des Werkunternehmers **379.** Des Urhebers **392.** Des Agenten an der Tätigkeit **418m.** *Siehe auch* Hinderung, Gläubigerverzug, Verzug des Schuldners.

Verjährte Schuld. Bezahlung **63.** Verrechnung **120.** Verbürgung **492, 502, 507.**

Verjährung. Allgemeine Bestimmungen **127/42.** Der Nebenansprüche **133.** Stillstand **134, 1166.** Unterbrechung **135/9, 593.** Wirkung des Fahrnispfandes darauf **140.** Verzicht **141, 341.** Geltendmachung **142.** Keine Verjährung: der Grundlast 790, der grundpfändlich gesicherten Forderung 807. *Siehe auch* Verjährungsfrist, verjährte Schuld.

Verjährungsfrist. Für die Ansprüche aus Verlöbnis 93. Für die Verantwortlichkeitsklagen gegen den Vormund und die vormundschaftlichen Behörden 454/5. Für die erbrechtliche Ungültigkeitsklage 521. Für die Herabsetzungsklage 533. Für die Erbschaftsklage 600. Für die Klage des Vermächtnisnehmers 601. Für die Gewährleistungspflicht unter Erben 637. Für die solidarische Haftung der Miterben 639. Für die Ersatzansprüche bei der Nutzniessung 754. Für die einzelnen Leistungen bei der Grundlast 790. Für den Anspruch auf den Überschuss beim Versatzpfand 911. Für die Besitzesschutzklagen 929. Übergangsrecht SchlT 49. *Siehe auch* Verjährung, Verjährungsstillstand, Frist, Klagefrist.

Verjährungsfrist für Ansprüche: aus unerlaubter Handlung **60,** aus ungerechtfertigter Bereicherung **67,** aus Verträgen im allgemeinen **127/8,** aus Darlehen **315,** aus Arbeitsvertrag **341,** wegen Mängel des Werkes **371,** aus Frachtvertrag **454.** Für Klagen aus Gewährleistung: beim Kauf **210, 219**; beim Kauf von Kulturgütern **196a, 210.** Beim Schenkungswiderruf **251.** Für die Rückgriffsforderung des Bürgen **507.** Für Forderungen gegen die Gesellschafter: bei der Kollektivgesellschaft **591/2,** bei der Kommanditgesellschaft **619.** Für Rückerstattung von Leistungen an die AG **678.** Für Verantwortlichkeitsansprüche: bei der AG **760,** bei der GmbH **827,** bei der Genossenschaft **919.** Für wechselmässige Ansprüche **1069/71, 1098.** Für Checkansprüche **1134.** *Siehe auch* Verjährung.

Verjährungsstillstand 134. Während der Aufnahme des öffentlichen Inventars 586. Während Stundung der Ansprüche der Anleihensgläubiger **1166.**

Verkauf s. Kauf. Von Sachen: bei Gläubigerverzug **93,** bei Distanzkauf **204.** Des Kommissionsgutes **427.** Des Frachtgutes **444/5, 453.**

Verkäufer 184, 227a, s. Kauf. Gesetzliches Pfandrecht 837/8.

Verkaufskommissionär 425, 428, s. Kommissionär.

Verkehr s. kaufmännischer Verkehr.

Verkehrswert. Der Vermögensgegenstände bei der güterrechtlichen Auseinandersetzung 211. Von Grundstücken bei der Erbteilung 617/8, 619. *Siehe auch* Ertragswert.

Verlaggeber 380. Übertragung des Urheberrechtes und Gewährleistung **381.** Verfügungsrecht **382.** Übersetzungsrecht **387.** Honoraranspruch **388/92.** *Siehe auch* Urheber, Verlagsvertrag.

Verlagsvertrag 380/93. Begriff 380. Wirkungen **381/9.** Beendigung **390/2.** Bearbeitung eines Werkes nach Plan des Verlegers **393.** *Siehe auch* Auflage, Verlaggeber, Verlagswerk, Verleger, Urheber.

Verlagswerk 380. Verfügungsrecht des Verlaggebers **382.** Vervielfältigung und Vertrieb **384.** Verbesserungen und Berichtigungen **385.** Gesamtausgaben und Einzelausgaben **386.** Übersetzungsrecht **387.** Untergang **390.** Bearbeitung nach Plan des Verlegers **393.** *Siehe auch* Verlagsvertrag, Auflage.

Verlängerung. Einer Frist **80.** Der Bürgschaft **509.**

Verlassen der Arbeitsstelle durch den Arbeitnehmer **337d.**

Verleger 380. Verlagsrecht **383, 392.** Pflicht zu Vervielfältigung und Vertrieb **384.** Preisbestimmung **384.** *Siehe auch* Verlagsvertrag, Verlaggeber.

Verlegung. Der Grunddienstbarkeit 742. Der Grundpfandrechte: bei Güterzusammenlegung 802, bei Zerstückelung des Grundstückes 833, 846, 852. Des Sitzes s. Sitzverlegung.

Verleiher 305, s. Gebrauchsleihe.

Verletzung. Persönlicher Verhältnisse s. Persönlichkeitsschutz. Familienrechtlicher Pflichten: als Enterbungsgrund 477, bei der Schenkung **249/50.** Eines Tieres **42, 43.** Körperverletzung **46/7.**

Verlöbnis 90/3. Begründung durch Eheversprechen 90. Auflösung 91/3.

Verlobung 90.

Verlorene Sachen s. Abhandenkommen.

Verlust. Des Grundeigentums 666. Des Fahrniseigentums 729. Des Besitzes s. Besitzesschutz. Im Geschäftsbetriebe der Gesellschaften **560, 601.** *Siehe auch* Gewinn und Verlust, Abhandenkommen.

Verlustigerklärung s. Kaduzierung.

Verlustschein. Gegen einen Nachkommen des Erblassers 480. Seine Bedeutung bei der Bürgschaft **495, 501.** Einfluss auf die Schenkung **250.**

Vermächtnis. Inhalt 484. Verpflichtung des Beschwerten 485. Verhältnis zur Erbschaft 486. Ersatzvermächtnis 487. Einsetzung eines Nachvermächtnisnehmers 488. Aufhebung: durch spätere Verfügung 511, bei Vermächtnisvertrag 513, 515. Herabsetzung 525/6, 565. Erwerb 543, 562. *Siehe auch* Vermächtnisnehmer, Vermächtnisvertrag.

Vermächtnisnehmer. Erwerb des Vermächtnisses 543, 562/3. Verhältnis zu den Gläubigern des Erblassers 564. Rückleistung nach Ausrichtung der Vermächtnisse 565. Anspruch auf Sicherstellung 594. Klagen 484, 562. Verjährung der Klagen 601. *Siehe auch* Vermächtnis, Vermächtnisvertrag.

Vermächtnisvertrag 494. Aufhebung: unter Lebenden 513/4, bei Vorabsterben des Vermächtnisnehmers 515. *Siehe auch* Vermächtnis, Vermächtnisnehmer, Erbvertrag.

Normale Zahlen = ZGB; fette Zahlen = OR

Vermengungsdepot 484.

Vermessung. Voraussetzung für die Grundbuchpläne 950, SchlT 40. Kosten SchlT 39. Zeit und Art der Durchführung SchlT 41/2.

Vermieter 253. Allgemeine Pflicht **256.** Auskunftspflicht **256a.** Abgaben und Lasten **256b.** Erneuerung und Änderung der Mietsache **260.** *Siehe auch* Miete, Ausbesserung, Unterhalt, Mängel, Rechtsgewährleistung, Erstreckung, Kündigungsschutz, missbräuchliche Forderungen, Verzug des Schuldners.

Verminderung. Von Pfandrechten, Sicherheiten und Vorzugsrechten durch den Bürgschaftsgläubiger **503, 494.** Der Haftung von Mitbürgen bei Verweigerung der Zahlungsannahme durch den Gläubiger **504.** Des Haftungsbetrages bei der Bürgschaft infolge Verminderung der Sicherheiten durch den Gläubiger **503.** Des Kapitalanteils des Kollektivgesellschafters **558, 560.** Der Kommanditsumme **601, 609, 611.** Des Stammkapitals bei der GmbH **802.** *Siehe auch* Herabsetzung, Minderwert, Verringerung, Wertverminderung.

Vermischung als Eigentumserwerbsgrund 727.

Vermittlung. Von Geschäften: durch den Handelsreisenden **347,** durch den Mäkler **412/7,** durch Börsenmäkler, Sensale und Stellenvermittler **418,** durch den Agenten **418a ff.** *Siehe auch* Auftrag zur Ehe- oder zur Partnerschaftsvermittlung.

Vermittlungsprovision s. Provision, Vergütung.

Vermögen. Gegenstand der letztwilligen Verfügung und des Erbvertrags 481. Gegenstand der Nutzniessung 745.

Vermögensabtretung. Verhältnis zur Herabsetzungsklage 527, zur Ausgleichung 626.

Vermögensrechte s. elterliche Vermögensrechte.

Vermögensübernahme 181/2.

Vermögensübertragung. FusG, Anhang **IX** zum OR; **VII A 108/108c, 109a, 109d, 109e, 110a, 111.** Zuständigkeit und anwendbares Recht nach IPRG IA 163d, 164, 164a/b. Verpfründung **521.**

Vermögensverhältnisse des Hauptschuldners bei der Bürgschaft **506, 510.**

Vermögensverwaltung. Mangelnde Fähigkeit dazu: als Grund von Bevormundung 370, 437, als Grund der Verbeiständung 393/4, 439. *Siehe auch* Verwaltung.

Vermutung. Des guten Glaubens 3. Des gleichzeitigen Todes mehrerer Personen 32. Der Richtigkeit des Inventars 195a. Des Miteigentums an Vermögenswerten: bei der Errungenschaftsbeteiligung 200, bei Gütertrennung 248. Der Zugehörigkeit: zur Errungenschaft 200, zum Gesamtgut 226. Der Ehelichkeit des Kindes 255, 257. Der Vaterschaft 262. Beim Erbverzicht zugunsten von Miterben 496. Der Ausschlagung 466. Der Begünstigung eines Erben 629. Der Richtigkeit der Grundbuchpläne 668. Des Miteigentums an Grenzvorrichtungen 670. Der Zugehör 805. Aus dem Besitz: des Eigentums 930/2, des Bestandes beschränkter dinglicher oder persönlicher Rechte 931, bei Grundstücken 937.

Vernachlässigung der Unterhaltspflicht gegenüber der Familie 177, gegenüber einem geschiedenen Ehegatten 132, gegenüber dem Kind 291/2.

Vernichtung der letztwilligen Verfügung 510.

Vernunftgemässes Handeln 16.

Veröffentlichung. Des Urteils bei Verletzung in der Persönlichkeit 28a. Der Gegendarstellung 28i/l. Des Gesuchs um Verschollenerklärung 36. Des Entzuges der Vertretungsbefugnis eines Ehegatten 174. Der Bevormundung 375, 377. Der vorläufigen Fürsorge 386. Der Wahl des Vormundes 387. Der Ernennung des Beistandes 397. Des Endes: der Vormundschaft 431, der Beistandschaft 440. Der letztwilligen Verfügung 558. Des Rechnungsrufes beim öffentlichen Inventar 582, 592, 595. Der Frist bei der Ersitzung 662. Der Versteigerung der Fundsache 721. Der Kraftloserklärung von Pfandtiteln 870. Bei unbekanntem Grundpfandgläubiger 871. Des Eigentumserwerbs an Grundstücken 970a. Der Aufforderung zur Anmeldung und Eintragung bereits bestehender dinglicher Rechte bei Einführung des Grundbuches SchlT 43/4.
Veröffentlichung des Antrages und des Entscheides betr. Allgemeinverbindlicherklärung des Gesamtarbeitsvertrages **VI A 9, 14.** Der Normalarbeitsverträge **359a.** Der Löschung der Prokura **461.** Der Verminderung der Kommanditsumme **609.** Der Handelsregistereinträge im allgemeinen **931/2, VII A 113, 116, 118.** Der Einladung zur Gläubigerversammlung **1169.** Des Urteils betr. unlauteren Wettbewerbes **II C 9.** *Siehe auch* Bekanntmachung, Handelsamtsblatt.

Verordnung. Zivilstandsverordnung III. Betreffend das Güterrechtsregister IV B. Über die Adoptionsvermittlung V C. Über die Aufnahme von Kindern zur Pflege und zur Adoption V D. Betreffend die Eintragung der Eigentumsvorbehalte VI A. Betreffend die Bereinigung der Eigentumsvorbehaltsregister VI B. Grundbuchverordnung VIII. Über das bäuerliche Bodenrecht IX B. Über den Erwerb von Grundstücken durch Personen im Ausland X B. Zum Bundesgesetz über den Datenschutz XI B.
Über die Kontrolle von Unternehmenszusammenschlüssen **II A(2).** Über die Sanktionen bei unzulässigen Wettbewerbsbeschränkungen (KG-Sanktionsverordnung) **II A (3).** Über die Bekanntgabe von Preisen (Preisbekanntgabeverordnung) **II D.** Markenschutzverordnung **II E(2).** Betreffend das Verfahren bei Gewährleistung im Viehhandel **IV.** Über die Miete und Pacht von Wohn- und Geschäftsräumen **V C.** Pachtzinsverordnung **V B.** Über Rahmenmietverträge und deren Allgemeinverbindlicherklärung (VRA) **V E.** Handelsregisterverordnung **VII A.** Zum Konsumkreditgesetz **XII B2.** Über die Führung und Aufbewahrung der Geschäftsbücher **957.**

Verpächter 275. Übergabe der Sache 278. Hauptreparaturen 279. Abgaben und Lasten 280. Rücksichtnahme 287. Erneuerung und Änderung der Pachtsache 289. *Siehe auch* Ausbesserung, Unterhalt, Gewährleistung, Rechtsgewährleistung, Mängel, Pacht, Verzug des Schuldners.

Verpachtung s. Pacht, Pächter, Verpächter.

Verpackung. Bei Kaufpreisbestimmung nach Gewicht 212. Durch den Absender **442.**

Verpfändung. Zustimmung des Beirates 395, der Vormundschaftsbehörde 421. Einer Erbschaftssache 615. Von Lohnforderungen **325 (361), 323b (361).** Der Forderung auf künftige Vorsorgeleistungen **331b (361), 331d, 331e.** Von Aktien **689b,** 905. Von Obligationen **1167.** *Siehe auch* Pfandrecht.

Verpflegung. Als Teil des Lohns **322.** Bei Hausgemeinschaft **328a.** Im Lehrvertrag **344a.**

Verpflichtungsgrund. Unterlassung der Angabe 17.

Verpfründung 521/9. Begriff **521.** Form **522.** Sicherstellung des Pfründers **523.** Inhalt **524.** Anfechtung und Herabsetzung **525.** Aufhebung **526/8.** Unübertragbarkeit des Anspruches **529.** Behandlung im Konkurs **529.** Zustimmung der vormundschaftlichen Aufsichtsbehörde 422.

Verrechnung. Im allgemeinen **120/6.** Voraussetzungen **120/3.** Wirkung **124.** Ausschluss **125.** Verzicht **126.** Bei der Solidarschuld **147.** Bei der Miete **265.** Bei der Pacht **294.** Mit Lohnforderungen **323b.** Bei der Verpfründung **526.** Bei der Kollektivgesellschaft **573.** Bei der AG **635, 634a, 652e, 653, 662a.** Bei der Kommanditgesellschaft **614.** Des Mietzinses mit Unterhaltsbeiträgen 121.

Verrechnungscheck 1125/7.

Verringerung. Des Haftungsbetrages der Bürgschaft **500.** *Siehe auch* Verminderung.

Versammlung der Stockwerkeigentümer. Zuständigkeit und rechtliche Stellung 712m. Einberufung und Leitung 712n. Ausübung des Stimmrechts 712o. Beschlussfähigkeit 712p. Bestellung und Abberufung des Verwalters 712q/r. Ermächtigung des Verwalters zur Prozessführung 712t. *Siehe auch* Stockwerkeigentümergemeinschaft.

Versatzanstalt. Erteilung der Gewerbebefugnis 907. Dauer 908. Kantonale Vorschriften 915. *Siehe auch* Versatzpfand.

Versatzpfand 907/15. Errichtung 909. Verkauf des Pfandes 910. Recht auf Überschuss 911. Auslösung des Pfandes 912/3. Kauf auf Rückkauf 914. Kantonale Vorschriften 915. Versatzanstalt s. dort. *Siehe auch* Fahrnispfandrecht.

Versatzpfandrecht s. Versatzpfand.

Versatzschein 909.

Verschlechterung. Der Pachtsache **295.** Der entlehnten Sache **309.** Der Vermögensverhältnisse des Schuldners **83,** des Hauptschuldners bei der Bürgschaft **506, 510.** *Siehe auch* Minderwert.

Verschollenerklärung. Im allgemeinen 35. Verfahren 36. Von Amtes wegen 550. Wegfall des Gesuches 37. Wirkung 38, **35.** Nach IPRG IA 41/2. *Siehe auch* Verschollenheit.

Verschollenheit. Beerbung eines Verschollenen 546/7. Erbrecht des Verschollenen 548. Verhältnis des Erben des Verschollenen zu den Miterben des Verschollenen 549. Übergangsrecht SchlT 6. *Siehe auch* Verschollenerklärung.

Verschulden s. Fahrlässigkeit, Absicht, Schadenersatzpflicht, Haftung, Verantwortlichkeit.

Verschwendung als Bevormundungsgrund 370, 374, 437, **240.**

Verschwiegenheit. Pflicht der Revisoren der AG **730,** der Genossenschaft **909.** Des Sonderprüfers **697d.** *Siehe auch* Geschäftsgeheimnis.

Verschwundene Person s. Verschollenheit.

Versehen. Bei Einträgen: in die Zivilstandsregister 43, III 29, ins Grundbuch 977, VIII 98/100.

Versicherung. Des Nutzniessungsgegenstandes 767. Der Pfandsache 819. Bei Verhinderung an der Arbeitsleistung **324b (362).** Des Kommissionsgutes **426.** *Siehe auch* Haftpflichtversicherung, Personalvorsorge, Sozialversicherung, Unfallversicherung, Versicherungsanspruch, Versicherungsvertrag.

Versicherungsanspruch. Bei Berechnung des verfügbaren Teils **476**. Bei der Herabsetzung **529**. Als Vermächtnis **563**. Für den untergegangenen Nutzniessungsgegenstand **750**. Auszahlung an den Eigentümer des grundpfändlich belasteten Grundstückes **822**. *Siehe auch* Versicherung.

Versicherungseinrichtungen als AG **763**.

Versicherungsgenossenschaften 841, 848, 858, 869, 870, 877, 893, 896, 903, 920, 960, SchlB 2 (am Ende des OR).

Versicherungsvertrag. Bundesgesetz darüber (VVG), Anhang **III C.** Zustimmung der Vormundschaftsbehörde **421**. Keine Anwendung der Bestimmungen über das Widerrufsrecht bei Haustürgeschäften **40a**. Vorbehalt des VVG **100, 348b, 418e, 520, 841**. Provision **322b, 339, 418i**. Des Handelsreisenden (Versicherungsvermittler) **348a**. Verbindung mit Zugehörigkeit zu einer Genossenschaft **841**. *Siehe auch* Haftpflichtversicherung, Haftpflichtbestimmungen, Personalvorsorge, Versicherung, Versicherungsanspruch.

Versorgerschaden 45.

Verspätung. Der Ankunft der Annahmeerklärung **5**. Der Ablieferung des Frachtgutes **448, 454**. Verzug s. dort.

Verspätungsschaden 103, 106.

Versteckte Mängel. An der Kaufsache **201**. An der Mietsache **267a**. An der Pachtsache **299a**. Am Werk **370**.

Versteigerung 229/36, s. öffentliche Versteigerung, Zwangsversteigerung. Einer Erbschaftssache **612**. Einer Sache im Miteigentum **651**. Des Gesellschaftsanteils eines betriebenen Gesellschafters der GmbH **794**.

Versteller s. Viehpacht.

Verteilung. Von Gewinn und Verlust der einfachen Gesellschafter **533, 534, 549**, der Kollektivgesellschafter **557, 558/60**, der Kommanditgesellschafter **598, 601**. Des Bilanzgewinns der AG **660, 656f, 657**. Des Reingewinns der GmbH **777, 804**. Des Reinertrags der Genossenschaft **859, 861, 863, 879**. Bei Liquidation der Kollektivgesellschaft **586, 588**, der Kommanditgesellschaft **619**, der AG **660, 656f, 657, 745**, der GmbH **823**, der Genossenschaft **913**. Der Nachschüsse auf die Genossenschafter **871**.

Vertrag. Allgemeine Bestimmungen des OR anwendbar auf andere zivilrechtliche Verhältnisse **7**. Über die Scheidungsfolgen s. Vereinbarung. Über die Unterhaltspflicht **287/8**. Zwischen Vormund und Mündel **422**. Über angefallene Erbanteile **635**. Über noch nicht angefallene Erbschaft **636**. Auf Eigentumsübertragung **657**. Über die Ausgestaltung von Miteigentumsanteilen zu Stockwerkeigentum **712d**. Auf Begründung einer Grunddienstbarkeit **732**, eines selbständigen und dauernden Baurechts **779a**. Zuständigkeit und anwendbares Recht gemäss IPRG IA **112/26**. *Siehe auch* Ehevertrag, Erbvertrag, Vereinbarung.

Vertragsabschluss **1/10**. Form **11/6**. Verpflichtungsgrund **17**. Auslegung **18**. Inhalt **19/22**. Mängel beim Abschluss **23/31**. Vertretung beim Abschluss **32/40**. Zugunsten eines Dritten **112/3, 399**. Zu Lasten eines Dritten **111, 430**. Bedingte Verträge **151/7**. Haft- und Reugeld **158**. Konventionalstrafe **160/3**. Einzelne Vertragsverhältnisse **184/551**.

Vertragsänderung, einseitige. Durch den Vermieter **269d, 270b**. *Siehe auch* veränderte Verhältnisse.

Normale Zahlen = ZGB; fette Zahlen = OR

Vertragsanpassung bei der Mieterstreckung 272. *Siehe auch* Vertragsänderung, veränderte Verhältnisse.

Vertragsauslegung 18.

Vertragsbedingungen. Beim Vorkaufsfall 216d. Bei mehreren Auflagen eines Werkes 388. Beim Verpfründungsvertrag 522.

Vertragsbruch. Verleitung dazu II C 4.

Vertragsdauer. Der Miete 255. Des Arbeitsvertrages **334/5.** Des Gesamtarbeitsvertrages **356c.** *Siehe auch* Dauer, Höchstdauer.

Vertragsdoppel bei Ehe- oder Partnerschaftsvermittlung 406e.

Vertragsergänzung 2.

Vertragsfähigkeit beim Ehevertrag 183.

Vertragsinhalt 19/20.

Vertragskonsens 1.

Vertragsstrafe s. Konventionalstrafe.

Vertretbare Sachen 206 (Ersatzleistung beim Kauf), **312** (Darlehen), **466** (Anweisung), **481** (Hinterlegung), **484** (Vermengung durch den Lagerhalter), **1152** (als Gegenstand eines indossierbaren Papiers).

Vertreter s. gesetzlicher Vertreter, Vertretung, Stellvertretung.

Vertretung. Des Vereins 69. Der ehelichen Gemeinschaft (Familie) 166. Entzug der Vertretungsbefugnis eines Ehegatten 174. Des Kindes 304/6, 146/7. Des Bevormundeten 407/12. Beim Stockwerkeigentum 712f. Eines Grundpfandgläubigers 823. Bei Schuldbrief und Gült 860. Verpfändeter Aktien 905. *Siehe auch* gesetzlicher Vertreter, Beistand, Beirat.
Vertretung der einfachen Gesellschaft **543/4**, der Kollektivgesellschaft **563/7**, der Kommanditgesellschaft **603**, der AG **718/21, 716a, 722**, der AG in Liquidation **740, 743**, des Aktionärs **689, 689b/e, 627, 640/1**, von Aktionärskategorien und -gruppen **709**, der Partizipanten im Verwaltungsrat **656e**, der Kommandit-AG **765, 767**, der GmbH **811/6**, der Genossenschaft **898/901**, der Gläubigergemeinschaft bei Anleihensobligationen **1158/63**. *Siehe auch* Ermächtigung, Stellvertretung, Anleihensvertreter.

Verwalter bei Stockwerkeigentum. Bestellung 712m, 712q. Abberufung 712r. Aufgaben 712s, 712t. Einberufung der Versammlung der Stockwerkeigentümer 712n.

Verwaltung. Der Errungenschaft 201. Des Gesamtgutes 227/31. Des Eigengutes 201, 232. Bei Gütertrennung 247. Des Kindesvermögens 318. Des Vermögens des Bevormundeten 413/4. Der Erbschaft s. Erbschaftsverwaltung. Des Miteigentums s. Nutzungs- und Verwaltungsordnung. *Siehe auch* Vermögensverwaltung, Verwalter.
Der AG s. Verwaltungsrat. Der Genossenschaft: Wählbarkeit **894**, Nationalität und Wohnsitz **895**, Amtsdauer **896**, Geschäftsführung und Vertretung **898/901**, Pflichten **902/3**, Rückerstattung entrichteter Zahlungen **904**, Einstellung und Abberufung **905**, Verantwortlichkeit **916/20**. *Siehe auch* Verwaltungsrat, Verwaltungsausschuss, Verwaltungsratsausschuss.

Verwaltungsausschuss der Genossenschaft **897**. *Siehe auch* Verwaltungsratsausschuss.

Verwaltungsgerichtsbeschwerde. Gemäss ZStV III 90. Bei Umwandlung der Stiftung 85/86a. Gemäss GBV 956, VIII 103. Gemäss BewG X A 21. Gemäss BGBB IX 89. Nach PüG **II B 20**. Nach HRegV **VII A 5**. *Siehe auch* Beschwerde.

Verwaltungshandlungen. Beim Miteigentum 647a/b. Beim Stockwerkeigentum 712g.

Verwaltungskosten bei der Gütergemeinschaft 231/2, bei Miteigentum 649.

Verwaltungsordnung s. Nutzungs- und Verwaltungsordnung.

Verwaltungsrat der AG. Wahl **698**. Wählbarkeit **707**. Nationalität und Wohnsitz **708**. Vertretung von Aktionärsgruppen **709**, von Partizipanten **656e**. Amtsdauer **710**. Ausscheiden **711**. Abberufung **705**. Präsident und Sekretär **712**. Beschlüsse **713/4, 716**. Einberufung **715**. Auskunfts- und Einsichtsrecht **715a**. Auskunftspflicht **697, 728**. Aufgaben **716/716b, 699, 740, 739**. Sorgfalts- und Treuepflicht **717**. Vertretung der AG **718/21, 726**. Anzeigepflicht bei Kapitalverlust und Überschuldung **725**. Statutenänderungen **647, 651a, 652g/h, 653g/h, 653i**. Kapitalerhöhungsbericht **652e**. Tantiemen **677/9**. Angabe der Vergütungen in der Bilanz **663b**[bis]. Organhaftung **722**. Haftung **754**.

Verwaltungsratsausschuss der AG **716a, 726**. *Siehe auch* Verwaltungsausschuss.

Verwandtschaft. Begriff 20/1. Bei der Stiftung 83a. Bei der Eheschliessung 95, 105. Vorkaufsrecht der Verwandten auf landwirtschaftliche Grundstücke IX B 6/17. *Siehe auch* Entstehung des Kindesverhältnisses, Wirkungen des Kindesverhältnisses, Familiengemeinschaft, Familienvormundschaft.

Verwendungsersatz. Bei der Ausgleichung 630. Anspruch des Nutzniessers 753/4, des Bestellers eines Feldes 756, des gutgläubigen Besitzers 939, des bösgläubigen Besitzers 940.
Anspruch des Bereicherten **65**, des Käufers **195, 208**, des Pächters **299, V A 23/4**, des Entlehners **307**, des Beauftragten **402**, des Geschäftsführers ohne Auftrag **422**, des Kommissionärs **431**, des einfachen Gesellschafters **549**. *Siehe auch* Aufwendungsersatz, Auslagenersatz, bauliche Massnahmen, Baumaterial.

Verwertung von Pfandrechten bei der Bürgschaft **495/8, 501, 510/1**.

Verwirkung s. Frist, Klagefrist.

Verzeihung bei Erbunwürdigkeit 540.

Verzicht. Auf Teilung der Austrittsleistung nach FZG bei Scheidung 123, 141. Auf die Erbschaft s. Erbverzicht. Auf ein gesetzliches Vorkaufsrecht 681b. *Siehe auch* Unverbindlichkeit des Verzichts.
Auf das Widerrufsrecht des Vollmachtgebers **34**. Auf die Verjährung **141**. Auf die Konventionalstrafe **160**. Keine Schenkung **239**. Des Mieters auf das Rücktrittsrecht wegen ungeeignetem Zustand der Mietsache **258**. Des Bürgen auf seine Rechte **492**. Des Hauptschuldners auf eine Einrede **502**. *Siehe auch* Unabänderlichkeit, Unverbindlichkeit des Verzichts, Unverzichtbarkeit, Wegbedingung, Widerruf, Widerrufsrecht.

Verzug des Gläubigers s. Annahmeverzug, Gläubigerverzug.

Verzug des Schuldners. Voraussetzung **102**. Wirkung **103** (Schadenersatz und Haftung für Zufall), **104/6** (Verzugszinse), **107/9** (Rücktritt und Schadenersatz). Bei einer Teilzahlung **162, XII B1 18**. Des Verkäufers **190/1**. Des Käufers **214/5**. Beim Vorauszahlungsvertrag **227h**. Des Mieters **257d, 271a, 272a, 274g**. Des Pächters **282, 300, 301**. Beim Darlehen **315**. Des Unternehmers **366**. Des Bestellers in der Annahme des Werkes **376**. Des Beauftragten **400**. Des Kommittenten **435**. Des Absenders und des Empfängers beim Frachtvertrag **444**. Des Anweisungsempfängers **467, 469**. Des Hauptschuldners bei der Bürgschaft **496, 499, 505, 506**. Des Aktionärs **681/2**. Des Gesellschafters der GmbH **799/801**. Des Genossenschafters **867**. Des Schuldners bei Anleihensobligationen **1160**. Bei Konsumkreditverträgen **XII B1 18**. *Siehe auch* Verzugszinse.

Verzugszinse. Haftung des Pfandes dafür 818, 891. Bei Geldschulden (im allgemeinen und unter Kaufleuten) **104**. Bei Zinsen, Renten, Schenkungen **105**. Des Aktionärs **681**. Des Gesellschafters der GmbH **799**. *Siehe auch* Verzug.

Vieh. Auf fremdem Boden 700. Bei der Pacht **277**, 613a, s. auch Viehpacht. *Siehe auch* Tiere.

Viehhandel. Ausschluss des Eigentumsvorbehalts dabei 715. Gewährleistung **198, 202**. Verordnung dazu **IV**. *Siehe auch* Vieh.

Viehpacht und **Viehverstellung.** Rechte und Pflichten des Einstellers **302**. Haftung **303**. Kündigung **304**.

Viehverpfändung 885.

Vinkulierung von Namenaktien. Beschränkung der Übertragbarkeit **685** (gesetzliche); **685a/685g, 627, 704** (statutarische). Bei nicht börsenkotierten Namenaktien **685b/c**. Bei börsenkotierten Namenaktien **685d/685g, SchlB 4**. Bei Kapitalerhöhung **650, 653b**. Vorrang des Bezugsrechts **652b**. Verhältnis zu Wandel- oder Optionsrecht **653d**. Bei Erwerb eigener Aktien **659**.

Vollmacht s. Ermächtigung.

Vollmachtsindossament 1008/9, 1098, 1143.

Vollmachtsurkunde. Rückgabe oder Hinterlegung **36**.

Vollstreckung des Anspruchs auf nachehelichen Unterhalt 131. Im übrigen s. Übereinkommen.

Vorausbezug 631.

Vorauszahlung s. Vorauszahlungsvertrag.

Vorauszahlungsvertrag 227a/228. Begriff, Form und Inhalt **227a**. Zustimmung des gesetzlichen Vertreters **228**. Widerrufsrecht **228**. Sicherung der Vorauszahlungen **227b**. Bezugsrecht des Käufers **227c**. Zahlung des Kaufpreises **227d**. Preisbestimmung **227e**. Kündigung **227f**. Vertragsdauer **227g**. Verzug des Käufers **227h**. Einreden **228**. Geltungsbereich **227i**. Anwendung des Konsumkreditgesetzes **228**.

Vorbehalt. Von Nebenpunkten **2**. Der Form **16**. Von Risiken bei der Personalvorsorge **331c**. Des kantonalen Rechts s. dort.

Vorbereitungsverfahren zur Eheschliessung. Durchführung 44. Grundsatz 97. Verfahren 98/100, III 62/9.

Vorbezug von der Personalvorsorgeeinrichtung **331e**.

Vorbürge 498.

Vorerbe. Als eingesetzter Erbe 488. Als gesetzlicher Erbe 545. Auslieferung der Erbschaft an ihn 490. Erwerb der Erbschaft 491. Dessen Tod als Zeitpunkt der Auslieferung an den Nacherben 489. *Siehe auch* Nacherbeneinsetzung.

Vorfragen bei Miet- und Pachtstreitigkeiten **274f, 301.**

Vorgang bei Pfandstellen 813/5.

Vorkaufsfall 216c. Wirkungen des Vorkaufsfalls **216d.**

Vorkaufsrechte. Gesetzliche Vorkaufsrechte 681/82b. Vertragliche Vorkaufsrechte **216/216e.** Vorrang der gesetzlichen Vorkaufsrechte 681. Des Miteigentümers 682. An landwirtschaftlichen Gewerben 682a. Beim Stockwerkeigentum 712c. Limitierte und unlimitierte Vorkaufsrechte VIII 71. Vormerkung im Grundbuch s. dort. Mitteilung durch den Grundbuchverwalter bei Eigentumserwerb durch einen Dritten 969. *Siehe auch* bäuerliches Bodenrecht.

Vorkaufsvertrag über ein Grundstück **216.**

Vorläufige Eintragung im Grundbuch 961, 966, VIII 75/6.

Vorlegung. Der Geschäftsbücher **963.** Des Inhaberpapiers zur Kraftloserklärung **985/6.** Des Wechsels: zur Annahme **1011/9, 1055;** zur Zahlung **1028, 1034, 1051, 1059, 1084;** zur Kraftloserklärung **1078/9.** Des Checks zur Zahlung **1116, 1131.** *Siehe auch* Auflegung.

Vormerkung im Grundbuch VIII 70/7. Persönlicher Rechte 959, VIII 71/2. Von Verfügungsbeschränkungen 960, VIII 73. Vorläufiger Eintragungen s. dort. Eintragung nachgehender Rechte 961a. Der Auslieferungspflicht des Vorerben 490. Bei der Erbschaftsklage 598. Des Gewinnanteils des Ehegatten 212. Persönlicher Nutzungsrechte am Miteigentum 649c. Der Abänderung eines gesetzlichen Vorkaufsrechts 681b. Des Vorkaufs- und Einspruchrechts der Stockwerkeigentümer 712c, VIII 71a. Der Entschädigung und Wiederherstellung des ursprünglichen Zustandes beim Baurecht 779e, VIII 71b. Des Nachrückens von Grundpfandgläubigern 814.
Des vertraglichen Vorkaufsrechts **216a, 216e,** 959, 969, VIII 71, 72. Des Rückkaufsrechts **216a,** 959, VIII 71, 72. Des Kaufsrechts **216a,** 959, VIII 71, 72. Des Schenkungsrückfalls **247.** Der Miete **261b,** 959. Der Pacht **290,** 959. Des Übergangs der Mitgliedschaft bei einer Genossenschaft infolge Grundstücksveräusserung **850.**

Vormund. Bestellung 379/91. Amtsübernahme 398/404. Amtsführung 405/14. Amtsdauer 415. Entschädigung 416. Ausscheiden 441/50. Verantwortlichkeit 426, 429/30. Verjährungsstillstand für Mündelforderungen **134.** *Siehe auch* gesetzlicher Vertreter, Bevormundeter.

Vormundschaft 360/456, s. Bevormundung, vormundschaftliche Organe, fürsorgerische Freiheitsentziehung.

Vormundschaftliche Behörden 361. Als vormundschaftliches Organ 360. Im übrigen s. Vormundschaftsbehörde, Aufsichtsbehörde.

Vormundschaftliche Organe 360/7, s. vormundschaftliche Behörden, Vormund, Beistand.

Vormundschaftsbehörde. Als staatliches Organ 361. Beschwerdeinstanz gegen Handlungen des Vormundes 420. Zustimmung zum Abschluss von Geschäften 421, 424. Prüfung von Berichten und Rechnungen 423, 452. Entlassung des Vormundes 453. Verantwortlichkeit 426/30, 454/5. Verjährungsstillstand für Mündelforderungen **134.** Mitwirkung bei der Schenkung **240.** *Siehe auch* Bevormundung, Vormundschaft.

Vormundschaftskreise. Deren Haftung 427, 430, 454.

Vorname. Des Adoptivkindes 267. Des Kindes 301, III 37, 38.

Normale Zahlen = ZGB; fette Zahlen = OR 143*

Vorpachtrecht V A 5/6. Anmerkung im Grundbuch VIII 79.

Vorräte der AG **666, 663a.**

Vorrecht. Für Forderungen der Ehefrau bei der Zwangsvollstreckung in Vermögenswerte des Ehemannes SchlT 9c. Beim Bauhandwerkerpfandrecht 841. Von Aktienkategorien **627, 650, 653b, 653g, 660, 745.** Von Partizipanten **656f.** *Siehe auch* Vorzugsaktien, besondere Vorteile.

Vorrichtungen. Bei Abgrenzung von Grundstücken 670, 698. Bei Grunddienstbarkeiten 741. Bei der Nutzniessung 753.

Vorsatz s. Absicht.

Vorschlag bei der Errungenschaftsbeteiligung 210. Berechnung 207/10. Beteiligung: nach Gesetz 215, nach Vertrag 216/7. Behandlung der Beteiligungsforderung 218/20.

Vorschlagsrecht bei Wahl der tripartiten Kommission **360b.**

Vorschuss. Für den nachehelichen Unterhalt 131. Für den Unterhalt des Kindes 293. Beim Arbeitsvertrag **323, 327c, 339a.** Bei der Kommission **429/31.** Beim Spiel **513.** Des Gesellschafters **537.**

Vorsorge s. Personalvorsorge.

Vorsorgeeinrichtung s. Personalvorsorgeeinrichtung.

Vorsorgefall bei Scheidung 124, 122/3.

Vorsorgeschutz bei der Personalvorsorge. Beginn und Ende **331a.** Bei Vorbezug **331e.**

Vorsorgliche Massnahmen. Bei Verletzung in der Persönlichkeit: Voraussetzungen 28c, Verfahren 28d, Vollstreckung 28e, Ersatz für entstandenen Schaden 28f. Während des Scheidungsverfahrens 137. Bei Aufhebung des Miteigentums an Tieren 651a. Nach IPRG IA 10. *Siehe auch* Massnahmen, gerichtliche Massnahmen, Massregeln, vorsorgliche Massregeln.
Bei drohendem Gebäude- und Werkschaden **59.** Bei Anfechtung des Mietzinses und anderer Forderungen **270e.** Bei Mietstreitigkeiten **274f.** Bei der Pacht **301.** Bei Klage auf Auflösung der Kollektivgesellschaft **574,** der AG **625, 643,** der GmbH **775,** der Genossenschaft **831.** Bei Sanierung einer überschuldeten AG **725a.** Bei Kraftloserklärung eines Wechsels **1072, 1095.** Nach KG **II A(1) 17.** Nach UWG **II C 14.** *Siehe auch* sichernde Massregeln.

Vorsorgliche Massregeln. Bei der Unterhaltsklage des Kindes 281/4. *Siehe auch* vorsorgliche Massnahmen, Sicherungsmassregeln.

Vorstand des Vereins 69.

Vorteile s. besondere Vorteile.

Vorvertrag. Im allgemeinen **22.** Beim Grundstückkauf **216.** Zur Bürgschaft **493.**

Vorwegzeichnungsrecht der Aktionäre **653c.**

Vorzahlungsgeschäfte s. Vorauszahlungsvertrag.

Vorzeitige Rückgabe. Der Mietsache **257.** Der Pachtsache **293.** *Siehe auch* Zufall.

Vorzeitiger Heimfall. Voraussetzungen 779f. Entschädigung 779g.

Vorzugsaktien 654, 656, 627.

Vorzugsrechte. Bei Forderungsabtretung **170.** Behandlung im Bürgschaftsrecht **503.**

Wahlkindschaft s. Adoption.

Wahlobligation 72.

Wahrheit. Der Eintragungen im Handelsregister **VII A 38.** *Siehe auch* Falscherklärung.

Währung s. fremde Währung, Kurs, Landeswährung.

Wald. Eigentum an Bäumen auf fremdem Boden SchlT 20, 45. Kein Kapp- und Anriesrecht **687.** Zutritt **699.** Nutzniessung **770.** Vereinfachte Planaufnahme SchlT 42. *Siehe auch* Bäume.

Wandelrechte bei der AG **653, 653b, 653c/e, 653i, 663b**bis**, 663c.**

Wandelung. Beim Kauf: Klage des Käufers **195, 205/6,** Untergang der Sache **207,** Durchführung **208/9,** Schadenersatz **208,** Verjährung **210, 196a** (Kulturgüter). Beim Werkvertrag: Recht des Bestellers **368,** bei Selbstverschulden des Bestellers **369,** bei Genehmigung des Werkes **370,** Verjährung **371.**

Waren. Verjährung der Ansprüche bei Kleinverkauf **128.** Beim Darlehen **317.** Unklagbarkeit von Lieferungsgeschäften bei Spiel und Wette **513.** Ansatz in der Bilanz **666.** *Siehe auch* vertretbare Sachen, Warenpapiere.

Warenauslage als Offerte **7.**

Warenkauf s. Fahrniskauf, Wiener Kaufrecht.

Warenpapier. Bewilligung zur Ausgabe **482.** Retentionsrecht am Gut **485.** Rückgabe der Güter an den aus dem Papier Berechtigten **486.** Erfordernisse **1153.** Bezeichnung als Pfandschein (Warrant) **1154.** Bedeutung der Formvorschriften **1155.** Verpfändung **902.** Übertragung der Ware **925.**

Warrant 902, 1152, 1154. *Siehe auch* Warenpapier, Pfandschein.

Wasser. Ablauf **689, 690.** Entwässerung, Wasserleitungen, Wässerungsrechte s. dort. *Siehe auch* Quelle.

Wasserleitungen s. Durchleitungen, Leitungen.

Wasserrecht an öffentlichen Gewässern SchlT 56, VIII 8, 23.

Wässerungsrechte. Inhalt gemäss kantonalem Recht und Ortsgebrauch **740.**

Wechsel 990/1099. Wechselfähigkeit **990.** Geltungsbereich des Wechselrechts **1086/95.** Verhältnis zur Neuerung **116.** Beim Vorauszahlungsvertrag **228.** Beim Konsumkreditvertrag **XII B1 20.** Für Spiel- und Wettschulden **514.** *Siehe auch* Aussteller, eigener Wechsel, gezogener Wechsel, Zahlungsort.

Wechsel. Zur Scheidung auf Klage 113, 114. Von der Güterverbindung zur Errungenschaftsbeteiligung SchlT 9b. *Siehe auch* Änderung, Beibehaltung, Eigentümerwechsel, Unterstellung.

Wechselabschrift s. Wechselkopie.

Wechselähnliche Papiere. Anweisung an Ordre **1147/50.** Zahlungsversprechen an Ordre **1151.**

Wechselakzept 1011/9.

Wechselaussteller s. Aussteller.

Wechselbetreibung. Ausschluss bei Anweisung an Ordre **1150**, bei Zahlungsversprechen an Ordre **1151**.

Wechselbürgschaft 1020/2, 1098.

Wechselduplikate 1063/5.

Wechselfähigkeit 990. Nach internationalem Recht **1086**.

Wechselfälschungen und -veränderungen **997, 1068, 1098**.

Wechselkopie 1066/7, 1098.

Wechselkurs 1049. *Siehe auch* fremde Währung, Kurs.

Wechselprotest s. Protest.

Wechselrecht 990/1099. Geltungsbereich (international) **1086/95**. *Siehe auch* Wechsel.

Wechselrechtliche Verbindlichkeiten. Mitwirkung des Beirates 395. Zustimmung der Vormundschaftsbehörde 421.

Wechselregress. Des Inhabers **1033, 1042, 1044, 1045, 1047/8**. Des Einlösers **1046/8**. Durch Rückwechsel **1049**. Solidarische Haftung der Wechselverpflichteten **1044**. Bei Eigenwechsel **1098**. *Siehe auch* Ehreneintritt, Protest, Präjudizierung.

Wechselschuldner. Einreden **1007, 1098**. Rechte des Zahlenden **1029, 1031/2, 1058/62, 1098**.

Wechselsumme. Angabe im Wechsel **991**. Verschiedene Bezeichnung **996**. Hinterlegung **1032**.

Wechselunterschrift. Wesentliches Erfordernis **991, 1096**. Von Wechselunfähigen **997, 1098**. Ohne Ermächtigung **998, 1098**. Bei der Wechselbürgschaft **1021**. Aus verändertem Wechsel **1068, 1098**.

Wechselverjährung 1069/71, 1098.

Weganlage 703.

Wegbedingung der Haftung. Für die Erfüllung einer Verbindlichkeit **100**. Für eine Hilfsperson **101**. Durch eine staatliche Transportanstalt **455**. Durch den Gastwirt **489**. Für Gewährleistung beim Kauf **192, 199**, beim Tausch **237**. Bei der Genossenschaft **872**. Für die Annahme eines Wechsels **999, 1050**. *Siehe auch* beschränkte Haftung.

Wegrechte. Notweg 694. Andere Wegrechte 695. Anmerkung im Grundbuch 696, VIII 80. Inhalt nach kantonalem Recht oder Ortsgebrauch 740.

Weide. Zutritt 699. Verpfändung 796, Planaufnahme SchlT 42. Nutzungs- und Weiderechte s. Weiderechte.

Weiderechte. Inhalt nach kantonalem Recht und Ortsgebrauch 740.

Weisungsrecht. Der Vormundschaftsbehörde für den persönlichen Verkehr 273. Des Arbeitgebers **321d**. Des vertretenen Aktionärs **689b, 689d**.

Weiterer Schaden. Bei fahrlässigem Irrtum **26**. Bei vollmachtloser Stellvertretung **39**. Im Verzug **106**. Bei Gewährleistung im Kaufrecht **195, 208**. *Siehe auch* mittelbarer Schaden.

Welturheberrechtsabkommen 381.

Werbeveranstaltung 40b, s. Haustürgeschäft.

Werk. Herstellung durch den Unternehmer **363**. Ablieferung **367**. Genehmigung **370**. Untergang **376**. *Siehe auch* Werkeigentümerhaftung, Werkvertrag, Verlagswerk.

Werkeigentümerhaftung 58/9.

Werklohn s. Vergütung.

Werkvertrag 363/79. Begriff **363**. Mängelhaftung s. dort. Rücktritt s. dort. *Siehe auch* Besteller, Unternehmer, Vergütung, Werk.

Wertberichtigung in der Bilanz der AG **669**.

Wertbestimmung. Der Vermögensgegenstände bei der Errungenschaftsbeteiligung: Verkehrswert **211**, Ertragswert **212/3**, massgeblicher Zeitpunkt **214**. Des Gesamtgutes bei Gütergemeinschaft **240**.

Wertpapier 965/1186. Begriff **965**. Verpflichtung daraus **966**. Übertragung im allgemeinen **967**. Indossierung **968**. Umwandlung **970**. Kraftloserklärung **971**. Vorbehalt besonderer Vorschriften **973**. Unterschrift **14**. Als Mietsicherheit **257e**. Als Gegenstand eines Darlehens **317**. Beim Agenturvertrag **418o**. Bei der Kommission **425, 436**. Bei der Anweisung **466**. Bei der Hinterlegung **481, 488**. Beim Lagergeschäft **482**. Verfügung darüber unter Mitwirkung des Beirates **395**. Keine Gewährleistung der Miterben unter sich **637**. Bei der Nutzniessung **760, 773**. Retentionsrecht daran **895**. Deren Verpfändung **901/2**, s. auch Pfandrecht an Forderungen und anderen Rechten. Als Warenpapiere **902, 925**. *Siehe auch* Namenpapier, Inhaberpapier, Wechsel, Check, Pfandtitel.

Wertschriften in der Bilanz der AG **667**.

Wertquoten bei Stockwerkeigentum **712e**. Massgebend für die Beteiligung an den Kosten und Lasten **712h**. *Siehe auch* Stockwerkeigentumsanteil.

Wertverminderung. Eines belasteten Grundstückes **787**. Des Grundpfandes **808/10, 890**. Der Kaufsache beim Vorauszahlungsvertrag **227h**. *Siehe auch* Mängel, Minderwert, Verminderung.

Wesentliche Vertragspunkte **2**.

Wettbewerb s. unlauterer Wettbewerb.

Wette s. Spiel und Wette.

Wichtiger Grund 4. Für Namensänderung **30**. Für Abberufung von Vereinsorganen **65**. Für Ausschluss aus dem Verein **72**. Gegen Anhörung der Kinder im Scheidungsverfahren **144**. Für Anordnung eines Kind-Beistandes im Scheidungsprozess **146/7**. Für Anordnung der Gütertrennung **185**. Für verspätete Anfechtung der Vaterschaft **256c, 260c**. Für verspätete Vaterschaftsklage **263**. Für Adoption Mündiger oder Entmündigter **266**. Für den Entzug des Rechts auf persönlichen Verkehr mit dem Kind **274**, der elterlichen Sorge auf Begehren der Eltern **312**. Zur Aufhebung der Gemeinderschaft **343, 348**. Bei Wahl zum Vormund: eines Verwandten **380**, einer Vertrauensperson **381**. Zur Fristverlängerung bei Erbausschlagung **576**. Für Einsprache der Stockwerkeigentümer gegen Verfügungen über ein Stockwerk **712c**. Bei Abberufung des Verwalters von Stockwerkeigentum **712r**. Bei Übertragung der Miete auf einen Dritten **263**. Zur Aufhebung: der Miete **266g, 271a, 274g**, der Pacht **297, 300, 301**, des Arbeitsvertrages **337, 337b**, des Lehrvertrages **346**, des Agenturvertrages **418r, 418a**, der Verpfründung **527**, der einfachen Gesellschaft **545**, der Kollektivgesellschaft **577**. Für Entzug der Geschäftsführung: bei der

Normale Zahlen = ZGB; fette Zahlen = OR

einfachen Gesellschaft **539**, bei der Kollektivgesellschaft **565**. Für Ausschluss und Austritt: aus der Kollektivgesellschaft **577**, aus der GmbH **822**, aus der Genossenschaft **843, 846**. Zur Aufhebung des Bezugsrechts des Aktionärs **652b**. Zur Ablehnung der Übertragbarkeit von Namenaktien **685b**. Zur Abberufung eines vom Richter ernannten Revisors 727f. Zur Auflösung der AG 736. Zur richterlichen Abberufung der Liquidatoren der AG 741.

Widerklage bei der Scheidung 116.

Widerrechtlichkeit. Der Verletzung in der Persönlichkeit 28. Des Zweckes einer juristischen Person 52, 57. Des Vereinszweckes 78. Des Stiftungszweckes 88. Des Vertragsinhaltes **20, 157, 163**. Der Furchterregung **29**. Als Element der unerlaubten Handlung **41**. Der Verletzung der Persönlichkeit **49**. Des Erfolgs **66**. Rechtfertigungsgründe **52**. Nach UWG **II C 2/8**.

Widerruf. Der letztwilligen Verfügung 509/11. Des Antrages und der Annahme **9, 40e/f**. Der Vollmacht **34, 465, 470, 562**. Der Schenkung **249, 251**. Des Schenkungsversprechens **250/1**. Des Auftrages **404, 438**. Des Frachtvertrages **443**. Der Anweisung **470**. Der Bürgschaft **510**. Der Vollmacht der Gläubigervertreter bei Anleihensobligationen **1162, 1180**. Der Beschlüsse der Gläubigergemeinschaft bei Anleihensobligationen **1179**. *Siehe auch* Anfechtung, Widerrufsrecht.

Widerrufsrecht. Bei Haustürgeschäften und ähnlichen Verträgen: Geltungsbereich **40a**, Grundsatz **40b**, Ausnahmen **40c**, Orientierungspflicht des Anbieters **40d**, Widerruf **40e**, Folgen **40f**. Beim Vorauszahlungsvertrag **228, 227a**. Beim Konsumkreditvertrag **XII B1 16**.

Wiederbeschaffungsreserven bei der AG **669, 674, 663b**.

Wiedereintragung im Grundbuch 976.

Wiederherstellung. Der Gütergemeinschaft 191. Der elterlichen Sorge 313. Der Quelle 707. Der Pfandsache 809, 822. Des früheren Zustandes der Mietsache **260a**, der Pachtsache **289a**.

Wiederverheiratung. Erlöschen der Scheidungsrente 130. Wegfall zugewendeter Nutzniessung 473.

Wiener Kaufrecht. Übereinkommen der Vereinten Nationen über Verträge über den internationalen Warenkauf, Anhang **XI B**.

Willensäusserung. Übereinstimmende gegenseitige **1**. *Siehe auch* ausdrückliche –, stillschweigende Willensäusserung.

Willensmängel s. mangelhafter Wille.

Willensvollstrecker. Erteilung des Auftrags in letztwilliger Verfügung 517. Inhalt 518. Berufung zur Erbschaftsverwaltung 554.

Winterweg 695, 740.

Wirkung. Der Eheungültigerklärung 109. Der Scheidung s. Scheidungsfolgen. Der Trennung 118.

Wirkung der Obligationen **68/113**. Erfüllung **68/96**. Folgen der Nichterfüllung **97/109**. Beziehungen zu dritten Personen **110/3**. *Siehe auch* Erfüllungsort, Fälligkeit, Verzug, Schadenersatzpflicht, Unmöglichkeit.

Wirkungen der Ehe. Im allgemeinen 159/80, 278, 297. Im Verfahren zur Ungültigerklärung der Ehe 109. Name 160, 119, 270. Bürgerrecht 161, 119, 271. Begründung des Kindesverhältnisses zum Vater 252, 255. Für das vorher geborene Kind 259. Abfindung des Gemeinders 344. Wegfall erbrechtlicher Nutzniessung aus früherer Ehe 473. Zuständigkeit und anwendbares Recht nach IPRG IA 46/9. Anerkennung ausländischer Entscheidungen IA 50. *Siehe auch* Güterrecht, über lebender Ehegatte.

Wirkungen des Erbganges 551/601, s. Sicherungsmassregeln, Eröffnung der letztwilligen Verfügung, Erbschaftserwerb, Ausschlagung, öffentliches Inventar, amtliche Liquidation, Erbschaftsklage, Erbengemeinschaft, Haftung der Erben.

Wirkungen des Kindesverhältnisses 270/327, s. Gemeinschaft der Eltern und Kinder, Unterhaltspflicht, elterliche Sorge, Kindesschutzmassnahmen, Kindesvermögen, Elternrechte. Anwendung der Bestimmungen bei Scheidung 133, 134. Zuständigkeit und anwendbares Recht nach IPRG IA 75/83. Anerkennung ausländischer Entscheidungen IA 84.

Wirtsschulden. Verjährung **128.** Klagbarkeit **186.**

Witwe s. überlebender Ehegatte.

Wochen. Berechnung der Zeit danach **77.**

Wohl. Der ehelichen Gemeinschaft 159, 167. Der Familie 159, 175, 272. Des Kindes s. Kindeswohl.

Wohlfahrtsfonds bei der Genossenschaft **862/3, 331.** *Siehe auch* Personalvorsorgeeinrichtung, Wohlfahrtszwecke.

Wohlfahrtsstiftungen für das Personal 89bis.

Wohlfahrtszwecke bei der AG **673, 671, 674, 331/331e.** *Siehe auch* Personalvorsorge.

Wohnbaugenossenschaft 331d, 331e.

Wohneigentumsförderung 331d, 331e.

Wohnrecht. Im allgemeinen 776. Des geschiedenen Ehegatten 121. Des überlebenden Ehegatten 219, 244. Ansprüche des Wohnungsberechtigten 777. Lasten 778. Anwendung der Bestimmungen über die Nutzniessung 776. Eintragung ins Grundbuch VIII 19.

Wohnsitz. Begriff 23. Wechsel 24. Nicht selbständiger Personen 25, 421, Aufenthalt 26. Juristischer Personen 56. Des Verwalters von Stockwerkeigentum 712t. Nach IPRG IA 20/1. Und Heimatangehörigkeit 22. Bewilligung der Namensänderung 30. Eheungültigkeitsklage von Amtes wegen 106. Anfechtung der Anerkennung 259, 260a. Vaterschaftsklage 261. Adoption 265a, 265d, 268, 269a. Vormundschaft 375, 376/8, 387. Beistandschaft 396, 397, 440. Fürsorgerische Freiheitsentziehung 397c. Bei Fehlen von Erben 466. Und Erbgang 538, 551. Zahlungsort bei Schuldbrief und Gült 861. *Siehe auch* Zuständigkeit. Wohnsitz. Des Schuldners als Erfüllungsort **74.** Angabe beim Vorauszahlungsvertrag **227a,** beim Auftrag zur Ehevermittlung **406d.** Des Verwaltungsrates der AG **708, 640,** der Genossenschaft **895.** Des Revisors der AG **727.** Des Liquidators einer AG **740.** Des Geschäftsführers der GmbH **813.** *Siehe auch* ausländischer Wohnsitz, Sitzverlegung, statutarischer Sitz.

Wohnsitzgemeinde. Zuständigkeit zur Anfechtung der Anerkennung 260a. *Siehe auch* Gemeinde. Wohnung s. eheliche Wohnung.

Wohnsitzverlegung s. ausländischer Wohnsitz, Sitzverlegung.

Wohn- und Geschäftsräume im Miet- und Pachtrecht. Geltungsbereich der Vorschriften **253a/b, 276.** Schutz vor missbräuchlichen Mietzinsen und andern missbräuchlichen Forderungen des Vermieters s. missbräuchliche Mietzinse, missbräuchliche Forderungen. Kündigungsschutz s. dort. Verfahren **274d/f.** Im übrigen s. Miete, Pacht und weitere Stichworte dort.

Wohnung. Miete **266c.** *Siehe auch* eheliche Wohnung, Familienwohnung.

Wohnungsmangel 270.

Würdigung der Umstände durch das Gericht 4.

Zahlstelle beim Wechsel **994, 1017.**

Zahltag beim Arbeitsvertrag **323.**

Zahlung. Von Zinsen, Annuitäten und Kapital nach Übertragung von Schuldbrief und Gült 862.
Einer Nichtschuld **63.** In Landeswährung **84.** Teilzahlung s. dort. Bei mehreren Schulden **86/7.** Quittung und Schuldscheinrückgabe **88/90.** Verzug in der Annahme **91/4.** Durch einen Dritten **110.** Durch den Solidarschuldner **147/8.** An den Solidargläubiger **150.** Des Drittschuldners bei der Abtretung **167/8.** Des Bürgen **504, 507/8.** Beim Wechsel **1028/32, 1098.** Beim Check **1115/22.** *Siehe auch* Erfüllung.

Zahlungsannahme. Anspruch des Bürgen gegen den Gläubiger **504.** *Siehe auch* Annahme-, Gläubigerverzug.

Zahlungsaufforderung s. Aufforderung.

Zahlungsbedingungen beim Auftrag zur Ehe- oder Partnerschaftsvermittlung **406d, 406e.**

Zahlungseinstellung 1033, 1098.

Zahlungsfähigkeit. Des Erbschaftsschuldners nach der Teilung 637. Haftung dafür bei der Abtretung **171/3.** Einstehen dafür: des Agenten **418c,** des Kommissionärs **430,** des Handelsreisenden **348a.** *Siehe auch* Zahlungsunfähigkeit.

Zahlungsfristen für Ehegatten. Bei Errungenschaftsbeteiligung 203, 218. Bei Gütergemeinschaft 235. Bei Gütertrennung 250. Bei güterrechtlicher Auseinandersetzung im Zusammenhang mit dem Inkrafttreten des neuen Eherechts SchlT 11.

Zahlungshalber. Abtretung **172.** Anweisung **467.**

Zahlungsort. Bei Schuldbrief und Gült 861. Zur Berechnung des Verzugszinses unter Kaufleuten **104.** Beim gezogenen Wechsel **991 Ziff. 5, 992, 994, 1017, 1027, 1031, 1084, 1090/2, 1095.** Beim eigenen Wechsel **1096 Ziff. 4, 1097/8.** Des Checks **1100 Ziff. 4, 1101, 1107, 1116, 1117, 1122, 1139, 1141.** *Siehe auch* Erfüllungsort.

Zahlungsrückstand s. Verzug des Schuldners.

Zahlungstermin s. Fälligkeit.

Zahlungsunfähigkeit. Des Vereins 77. Der Stiftung 84a. Eines Ehegatten 185, 188/9. Erklärung durch die Vormundschaftsbehörde 421. Des Vormunds 445. Eines Nachkommen des Erblassers 480. Des Erblassers: Rechte der Gläubiger 497, Vermutung der Ausschlagung 566. Des Erben 604. Beim Retentionsrecht 897.
Des Schuldners im zweiseitigen Vertrag **83, 316** (Darlehen), **337a** (Arbeitsvertrag). Bei der Bürgschaft **496, 502.** *Siehe auch* Zahlungsfähigkeit, Zahlungsfristen.

Zahlungsversprechen an Ordre **1151**.

Zeichnung. Per procura **458**. Der vertretungsberechtigten Personen bei der AG **719/20**, bei der GmbH **815**, bei der Genossenschaft **900/1**. Von Aktien s. Aktien. *Siehe auch* Unterschrift.

Zeitlohn 319, 323, 326.

Zelgweg 740.

Zentrale Datenbank im Zivilstandswesen 45a, SchlT 6a.

Zerlegung von Aktien **623**.

Zerstückelung von Grundstücken. Als öffentlich-rechtliche Beschränkung des Grundeigentums 702. Bei der Grundlast 787, 792. Beim Grundpfand 797. Bei der Grundpfandverschreibung 833. Beim Schuldbrief 846. Bei der Gült 852. Von landwirtschaftlichen Grundstücken IX 58/60.

Zession s. Abtretung.

Zeugen. Bei der Trauung 102. Bei der öffentlichen letztwilligen Verfügung 499, 501/3. Bei der mündlichen Verfügung 506/7. Beim Erbvertrag 512.

Zeugnis. Pflicht des Arbeitgebers zur Ausstellung **330a**. Lehrzeugnis **346a**.

Zins. Für Beteiligungsforderung und Mehrwertanteil bei Errungenschaftsbeteiligung 218. Für Bargeld des Mündels 401. Bei der Nutzniessung 757, 765, 766, 770, 774. Bei der pfandversicherten Forderung 818, 862, 891. Bei der Gült 851. Bei der verpfändeten Forderung 904. Höhe **73**. Bei Teilzahlung **85**. Vermutung der Zahlung bei Quittung **89**. Nachforderung nach Untergang der Hauptforderung **114**. Verjährung **128, 133, 135**. Bei der Abtretung **170, 173**. Beim Vorauszahlungsvertrag **227h**. Beim Konsumkreditvertrag **XII B1 5, 16, 17**. Beim Kauf **195/6, 208, 213**. Beim Darlehen **313/4**. Beim Auftrag **400, 402**. Bei der Geschäftsführung ohne Auftrag **422**. Bei der Kommission **431**. Bei der Bürgschaft **499, 505**. Bei der Kollektivgesellschaft **558/9, 572**. Auf die Kommanditsumme **611, 613**. Beim Wechsel **995**. Beim Check **1106**. *Siehe auch* Zinsfuss, Zinsverbot, Baurechtszins, Verzugszins, Mietzins, Pachtzins, Konkordat.

Zinscoupons. Zinszahlung an den Vorweiser 861/2. Kraftloserklärung 870. Bei Rückzahlung von Anleihenstiteln **881**. Beim Pfandbrief VII 7. Einreden **980**. Kraftloserklärung **981/8**.

Zinseszins. Unzulässigkeit **105, 314**.

Zinsfuss. Festsetzung der Kantone beim Grundpfand 795. Umfang der grundpfändlichen Sicherung bei Erhöhung 818.
Zinsfuss im allgemeinen **73**. Bei Verzugszinsen **104**. Beim Darlehen **314**. Für den Kapitalanteil des Kollektivgesellschafters **558**. Bei der Genossenschaft **859, 861**. Beim Wechsel **995**.

Zinspflicht. Des Vormunds 401. Beim Versatzpfand 913.

Zinsverbot. Für das Aktienkapital **675**. Für das Stammkapital bei der GmbH **804**.

Zinsvermerk beim Wechsel **995**, beim Check **1106**.

Zinsverpflichtung bei Anleihensobligationen **1170/1**.

Zirkulationsbeschlüsse des Verwaltungsrates der AG **713**.

Zivilrechtspflege s. Prozessführung, Verfahren.

Zivilschutzdienst im Arbeitsverhältnis **336, 336c**.

Zivilstand s. Personenstand, Zivilstandswesen.

Zivilstandsbeamte. Aufgaben 44, 41, s. auch Vorbereitungsverfahren, Trauung, Zivilstandsregister. Haftung 46. Disziplinarmassnahmen 47. Mindestanforderungen an die Ausbildung 48. Abgabe der Namenserklärung 119, 160. Anzeige eines Bevormundungsfalles 368.

Zivilstandsbehörden 44/5, s. Aufsichtsbehörde, Zivilstandsbeamte.

Zivilstandskreise. Festlegung durch die Kantone 49. Trauung 97, 99.

Zivilstandsregister 39/43a, 44, 48, SchlT 6a; III 7, 8, 15. *Siehe auch* Auszug, Eintragung, Löschung.

Zivilstandsverordnung (ZStV), Anhang III. *Siehe auch* Zivilstandswesen.

Zivilstandswesen s. Zivilstandsbeamte, Zivilstandsregister, Aufsichtsbehörde, Namenserklärung, Vorbereitungsverfahren, Eheschliessung, Trauung.

Ziviltrauung 97.

Zölle. Übernahme der Kosten beim Kauf **189,** beim Agenturvertrag **418n,** beim Lagergeschäft **485.** Deren Verbürgung **493, 500, 509.**

Zufall. Einstehen für dessen Folgen beim Verzug des Schuldners **103,** bei der Wandelung **207,** bei der Gebrauchsleihe **306,** beim Werkvertrag **376, 378,** beim Verlagsvertrag **390/1,** bei der Geschäftsführung ohne Auftrag **420,** beim Hinterlegungsvertrag **474,** bei Spiel und Wette **514,** bei Präjudizierung oder Verjährung des Wechsels **1051.** *Siehe auch* vorzeitige Rückgabe.

Zufallshaftung s. Zufall.

Zuführung als Eigentumserwerb 725. *Siehe auch* zugeführte Sachen.

Zugeführte Sachen. Anwendung der Bestimmungen auf Bodenverschiebungen 660. Wegschaffung 700. *Siehe auch* Zuführung, Fund.

Zugehör. Begriff 644/5. Bei der Pfandhaft 805, 892. Anmerkung im Grundbuch 946, VIII 79.

Zukünftige Schuld oder Forderung. Bürgschaft dafür **492, 510.**

Zupacht V 33/5.

Zusammenlegung von ländlichen Fluren s. Güterzusammenlegung. Von Aktien **623.**

Zuschlag bei der Versteigerung **229, 235.**

Zusendung unbestellter Sachen 6a.

Zuständige Behörden. Bezeichnung durch die Kantone SchlT 54, 52.

Zuständigkeit. Zur Eheungültigerklärung 110. Bei Ehetrennung 117. Im Scheidungsverfahren 135. Für Kindesschutzmassnahmen 315, 315a. Zur Bevormundung 376/8. Nach IPRG IA 2/12, 33, 43, 46, 51, 59, 66, 71, 75/6, 79/81, 86/9, 97/8, 109, 112/5, 127, 129/31, 151/3, 167, 186, 197. *Siehe auch* zuständige Behörden.

Zustimmung. Der gesetzlichen Vertreter zu Handlungen Unmündiger und Entmündigter: im allgemeinen 19, zur Verlobung 90, zur Eheschliessung 94, 98, durch den Beirat 395, durch den Vormund 410/2, durch die Vormundschaftsbehörde 421, 424, durch die vormundschaftliche Aufsichtsbehörde 422, 424. Zur Scheidungsklage 116. Zur Scheidung s. Scheidung auf gemeinsames Begehren. Zu Verfügungen über die Wohnung der Familie 169, **266m.** Des gesetzlichen Vertreters zum Abschluss eines Ehevertrages 183/4. Eines Ehegatten zur Verfügung über seinen Anteil am Miteigentum 201, zur Ausübung eines Berufes oder Gewerbes mit Mitteln des Gesamtgutes 229, zur Ausschlagung und Annahme einer Erbschaft 230, zur Adoption seines Partners 266. Des Kindes zur Adoption 265, 269. Der Eltern zur Adoption 265a/265d, 269. Des gesetzlichen Vertreters zum Vorauszahlungsvertrag **228,** zum Konsumkreditvertrag **XII B1 13.** Des Vermieters: Zur Untermiete 262, zur Übertragung der Miete auf einen Dritten 263. Des Verpächters: zur Unterpacht **291,** zur Übertragung der Pacht auf einen Dritten **292.** Des Ehegatten oder eingetragenen Partners zur Kündigung der Familienwohnung **266m,** zur Verpfändung von Vorsorgeleistungen **331d,** zum Vorbezug von Vorsorgeleistungen **331e,** zur Bürgschaft des andern **494.** Der AG zur Übertragung von Namenaktien s. Vinkulierung. *Siehe auch* Einwilligung.

Zuteilung. Der elterlichen Sorge 133/4, 144/7, 275, 298a, 315b. Des Eigentums am Hausrat 219.

Zuweisung. Von Kapitalleistungen zum Eigengut 237. Bei Aufhebung von Miteigentum an Vermögenswerten 651, 205, 251, an Tieren 651a. Einzelner Erbschaftssachen 608, 612. Der Wohnung und des Hausrates 612a. Zusammengehörender Sachen 613. Des landwirtschaftlichen Inventars 613a. Landwirtschaftlicher Gewerbe und Grundstücke 619, 212. Des Grundeigentums an den Materialeigentümer 673, an den Überbauenden 674. Des Pfanderlöses bei leeren Pfandstellen 815. Kein Vorkaufsfall **216c.** Von Akkordlohnarbeit **326.** Eines Kundenkreises oder Gebietes **349, 349b, 418f, 418g.** An die Reserven der AG **671, 672, 674, 677,** der Genossenschaft **860, 861.** *Siehe auch* Anrechnung, Übernahme.

Zuwendung von Todes wegen s. letztwillige Verfügung, Erbvertrag. An Tiere 482.

Zuwendungen unter Lebenden. Anrechnung: bei Berechnung des verfügbaren Teiles 475, bei der Ausgleichungspflicht 626/7.

Zwang s. Drohung, Furchterregung. Bei Verfügung von Todes wegen 469, 540.

Zwangsversteigerung. Abschluss des Kaufvertrages **229.** Anfechtung bei der Aufsichtsbehörde **230.** Behaftung des Bietenden beim Angebot **232.** Gewährleistung **234.** Eigentumserwerb **235.** Und Vorkaufsrechte **216c,** 681. Eines Miteigentumsanteils 649b. *Siehe auch* öffentliche Versteigerung, Versteigerung.

Zwangsverwertung des Anteiles des einfachen Gesellschafters **545.**

Zwangsvollstreckung. Vorbehalt des Schuldbetreibungs- und Konkursrechts und der eidgenössischen und kantonalen Vollstreckungsvorschriften **97.** Erwerb von Grundeigentum ohne Eintragung 656, 665. *Siehe auch* Pfändung, Schuldbetreibung, Konkurs.

Zweck. Der juristischen Person 52, 59. Des Vereins: Aufnahme in die Statuten 60, Umwandlung 74. Der Stiftung: im allgemeinen 80, 88, massgebend für die Vermögensverwendung 84, bei Umwandlung der Stiftung 85 (Änderung der Organisation), 86, 86a (Änderung des Zwecks), öffentlicher oder gemeinnütziger Zweck 86a, unerreichbarer Zweck 88, unsittlicher oder widerrechtlicher Zweck 88, unwesentliche Änderungen 86b. Einer Sache im Miteigentum 648. Der einfachen Gesellschaft **530.** Der Kollektivgesellschaft **552/3.** Der Kommanditgesellschaft **594/5.** Der AG **620, 626, 641, 704.** Der GmbH **772.** Der Genossenschaft **828, 832, 836.**

Zweigniederlassung. Eintrag in das Handelsregister **935, VII A 69/77.** Ort der Eintragung: bei der AG **642,** bei der GmbH **782,** bei der Genossenschaft **837.** Firma **952.** Beschränkung der Prokura darauf **460.** Beschränkung der Vertretung bei der AG **718a,** bei der GmbH **814,** bei der Genossenschaft **899.**

Zweiseitige Verträge. Einrede der Nichterfüllung **82.** Zahlungsunfähigkeit einer Vertragspartei **83.** Schuldnerverzug **107/9.** Unmöglichwerden einer Leistung **119.**

Zwingendes Recht. Im internationalen Privatrecht IA 18/9. Beim Mietvertrag **273c.** Im Arbeitsvertragsrecht **361/2.** Vorrang vor Gesamtarbeitsverträgen **358.** Beim Normalarbeitsvertrag **359, 360d.** Für die Gläubigergemeinschaft bei Anleihensobligationen **1186.** Im übrigen s. Unabänderlichkeit von Gesetzesvorschriften, Nichtigkeit, Ungültigkeit.

Zwischenbilanz bei der Stiftung 84a, bei der Kollektivgesellschaft **587,** bei der AG **725, 743,** bei der Genossenschaft **903.**

Zwischenfrachtführer. Haftung für sie **449.**

Zwischenrevision bei der Genossenschaft **910.**

Vorspann

Abkürzungen	S. IX
Inhaltsverzeichnis	S. XIX
Laufende Revisionen ZGB	S. XXXIV

Anhänge zum ZGB

Übersicht	S. 279
BG über das Internationale Privatrecht	S. 286
Gerichtsstandsgesetz	S. 338
Internationale Übereinkommen unter Einschluss des «Lugano-Übereinkommens»	S. 351
Zivilstandsverordnung	S. 471
Freizügigkeitsgesetz, scheidungsbezogene Bestimmungen	S. 508
Partnerschaftsgesetz	S. 517
Haager Adoptionsübereinkommen	S. 532
BG zum Haager Adoptionsübereinkommen	S. 544
Verordnung über die Adoptionsvermittlung	S. 553
Verordnung über die Aufnahme von Kindern zur Pflege und zur Adoption	S. 559